BUSINESS ENGLISH

Großes Wörterbuch

Fachbegriffe,
Mustersätze und
Redewendungen

Bisher sind in dieser Reihe erschienen:

◆ Großes Wörterbuch Business English
◆ Großes Wörterbuch Englisch
◆ Großes Wörterbuch Französisch
◆ Großes Wörterbuch Italienisch
◆ Großes Wörterbuch Russisch
◆ Großes Wörterbuch Spanisch
◆ Großes Wörterbuch Deutsch Rechtschreibung
◆ Großes Wörterbuch Deutsch Fremdwörter
◆ Großes Wörterbuch Latein

Weitere Titel sind in Vorbereitung.

© Compact Verlag GmbH
Baierbrunner Straße 27, 81379 München
Ausgabe 2014
6. Auflage

Text: Sarah Lewis-Schätz, Dorte Süchting
Chefredaktion: Dr. Matthias Feldbaum
Redaktion: Helga Aichele
Produktion: Ute Hausleiter
Umschlaggestaltung: Inga Koch

ISBN 978-3-8174-7666-4
7276662/6

www.compactverlag.de

Inhalt

Benutzerhinweise

Diese neue Ausgabe ermöglicht mit rund 120.000 Angaben den schnellen Zugriff auf einen umfassenden Fachwortschatz der modernen Industrie- und Wirtschaftssprache. Somit bietet dieses Nachschlagewerk schnelle Hilfe und zuverlässige Unterstützung für alle Bereiche der internationalen Geschäftswelt.

1. Wörterverzeichnis Englisch–Deutsch, Deutsch–Englisch

Alphabetisierung
Alle Stichwörter sind alphabetisch geordnet.

Die Buchstaben ä, ö, ü werden wie a, o, u alphabetisiert; ß wird wie ss eingeordnet.

Abkürzungen stehen in Klammern hinter dem Stichwort: *Master of Business Administration (MBA), Automatic Transferservice (ATS)*. Die in Klammern stehenden Abkürzungen unterliegen nicht der Alphabetisierung.

Gliederung der Stichwörter
Abkürzungen, die einer Erläuterung oder mehrerer Übersetzungen bedürfen (z. B. *GmbH & Co. KG*), werden als Stichwörter aufgeführt.

Um einen raschen Zugriff auf das gesuchte Wort zu ermöglichen, steht jedes Stichwort als eigener Eintrag; *multilateral* und *multilateraler Handel* stehen zum Beispiel nicht zusammen in einem Abschnitt, sondern sind selbstständige Stichwörter mit Lautschriftangabe.

Aufbau eines Eintrags
Innerhalb eines Stichworteintrages wird das fett gedruckte Stichwort nicht wiederholt, sondern durch eine Tilde (~) ersetzt, es sei denn, es steht in einer Form, die eine andere Schreibweise nach sich zieht. Im Eintrag *cancel* z. B. steht statt *cancelled* einfach *~led*. Die Tilde bezieht sich nie auf eventuelle Klammerergänzungen im Stichwort.

Innerhalb eines Stichworteintrags sind die einzelnen Übersetzungen nach Wortart und Häufigkeit geordnet. Bedeutungsgleiche (synonyme) Übersetzungen werden durch Komma voneinander getrennt. Nicht bedeutungsgleiche Übersetzungen werden entsprechend der Häufigkeit ihrer Verwendung durchnummeriert und mit Strichpunkt abgetrennt.

Englische Verben werden in diesem Buch im Infinitiv ohne *to* aufgeführt. Eine Ausnahme bilden Wendungen mit *to be*, z. B. *to be in first place*.

Sind Auslassungszeichen (...) direkt an ein Wort angehängt, bedeutet dies, dass das Wort als Teil einer Zusammensetzung wiedergegeben wird.
Beispiel: *speculative* ['spekjʊlətɪv] *adj* Spekulations...

Lautschrift

Der Stichwortangabe folgt jeweils in eckigen Klammern die dazugehörige Aussprache. Die Lautschrift richtet sich nach der international gebräuchlichen Phonetik. Eine Übersicht über die Lautschriftzeichen befindet sich auf Seite VIII. Das Betonungszeichen (') steht jeweils vor der Silbe, die betont werden muss. Die Lautschrift eines englischen Stichwortes orientiert sich an der britischen Hochsprache („Received Pronunciation").
Steht in einem Eintrag eine zusätzliche Lautschriftangabe, bedeutet dies, dass alle folgenden Bedeutungen entsprechend dieser Phonetikangabe ausgesprochen werden.

Wortart

Nach Stichwort und Lautschrift wird die Wortart des fett gedruckten Stichwortes in abgekürzter Form angegeben. Sie ist kursiv gedruckt. Die Abkürzungen werden auf Seite VII erläutert. Gibt es für ein Stichwort mehrere Bedeutungen mit unterschiedlichen Wortarten, so werden diese durch Strichpunkt voneinander getrennt aufgeführt.

Hat ein Stichwort sowohl eine maskuline als auch eine feminine Form oder werden für ein Wort zwei unterschiedliche Genera gleich häufig verwendet, so stehen die entsprechenden Angaben kursiv hinter dem betreffenden Wort.

Alle unregelmäßigen Verben sind mit der Abkürzung *v irr* gekennzeichnet. Die unregelmäßigen Formen der Verben beider Sprachen werden im Anhang (Seiten 583–592) aufgeführt.

Redewendungen

Die zahlreichen Wendungen und idiomatischen Ausdrücke sind dem bedeutungstragenden Wort der Wendung – in der Regel dem Substantiv – zugeordnet. (z. B. stock; *take ~ of the situation* die Lage abschätzen).

Britisches und amerikanisches Englisch

Wichtige Unterschiede und Unregelmäßigkeiten in der Rechtschreibung werden aufgeführt. Ob Wörter oder Wortformen nur im britischen *(UK)* oder nur im amerikanischen *(US)* Englisch gebräuchlich sind, wird hinter dem Wort gekennzeichnet. Können Verben sowohl mit -ise als auch mit -ize geschrieben werden (*realise/realize, criticise/criticize*), ist in diesem Buch lediglich die Schreibweise mit -ize angegeben.

2. Begriffe und Wendungen

Der zweite Teil des Buches „Begriffe und Wendungen" (Seiten 359–556) ist in zehn Kapitel untergliedert. Hier steht der praxisnahe Aspekt der englischen Business-Sprache im Vordergrund. Die Anwendung der häufigsten Begriffe und Wendungen aus dem Geschäftsleben wird in Beispielsätzen, Textbausteinen und Dialogen verdeutlicht. Hierbei sind die Schlüsselbegriffe im Text durch Fettung hervorgehoben.

So wird dem Benutzer der wesentliche Wortschatz einprägsam und praxisnah vermittelt – von der Unternehmensstruktur über die Auftragsabwicklung bis hin zu Besprechungen und Konversation im Geschäftsumfeld.

Ein ausführliches Kapitel widmet sich der Geschäftskorrespondenz mit zahlreichen Textbausteinen und stellt Beispiele für Geschäftsbriefe, Faxe und E-Mails mit den jeweiligen Übersetzungen vor.

3. Anhang

Der ausführliche Anhang (Seiten 557–600) bietet dem Benutzer zusätzliches Informationsmaterial, das übersichtlich in tabellarischer Form dargestellt ist. Enthalten sind jeweils deutsche und englische Übersichten zu Themen wie Berufsbezeichnungen, Rechtsformen, Aufbau von Unternehmen, wichtige Abkürzungen, Maße und Gewichte sowie den Staaten der Welt. Ebenso enthält der Anhang einen Musterlebenslauf, ein SMS-Glossar und eine Darstellung der unregelmäßigen Verben beider Sprachen.

Im Text verwendete Abkürzungen

adj	Adjektiv
adv	Adverb
art	Artikel
dem	demonstrativ
etw	etwas
f	weiblich
fam	umgangssprachlich
fig	bildlich
interj	Interjektion
interr	interrogativ
irr	unregelmäßig
jdm	jemandem
jdn	jemanden
jds	jemandes
jmd	jemand
konj	Konjunktion
m	männlich
n	sächlich
num	Zahlwort
o.s.	oneself
pl	Plural
pref	Präfix
prep	Präposition
pron	Pronomen
rel	relativ
sb	Substantiv
s.o.	someone
sth	something
UK	britisches Englisch
US	amerikanisches Englisch
v	Verb

Lautschrift

Konsonanten

Baum	b	big	Post, ab	p	pass	
mich	ç		Rand	r	road	
denn	d	day	nass, besser	s	sun, cellar	
fünf, vier	f	fish, photo	Schule, Sturm	ʃ	shot	
gut	g	get	Tisch, Sand	t	tap	
Hemd	h	hat		θ	think	
ja, Million	j	yes		ð	that	
Kind	k	keep, cat	Weg	v	vote	
Lob	l	life		w	wish	
mir	m	me	lachen	x		
nein	n	no, knit	sein	z	zoo, is	
links, lang	ŋ	hang	Genie	ʒ	pleasure	

Vokale

blass	a
Bahn, Saal	aː
	ɑː	jar, heart
	æ	back
egal	e	yes
weh, See	eː
hätte, fett	ɛ
Säge	ɛː
gefallen	ə	above
	ɜː	turn, whirl
ist	ɪ	if
Diamant	i
Liebe	iː	be, meet
Moral	o
Boot	oː
von	ɔ
	ɔː	short, warm
	ɒ	dog
ökonomisch	ø
Öl	øː
völlig	œ
Zunge	u	to
Zug	uː	blue, mood
	ʊ	put, hood
	ʌ	run, shove
Stück	y
Typ	yː

Diphthonge

heiß	aɪ	by, buy, lie
Maus	au	
	aʊ	round, now
	eɪ	late, day
	ɛə	chair, stare
	əʊ	mow, go
	ɪə	near, here
neu, Häuser	ɔy	
	ɔɪ	joy, boil
	ʊə	sure, pure

Nasale (nur bei Fremdwörtern)

Orange	ɑ̃	fiancée
Cousin	ɛ̃	
Saison	ɔ̃	bouillon

Englisch – Deutsch

A

abandon [əˈbændən] v (a plan) aufgeben
abandonment [əˈbændənmənt] sb 1. (of a plan) Aufgabe f; 2. (of a claim) Verzicht m; 3. (a plant) Stilllegung f, Abandon m
abatement [əˈbeɪtmənt] sb Erstattung f
ABC evaluation analysis [eɪ biː ˈsiː ɪˈvæljuˈeɪʃən əˈnæləsɪz] sb ABC-Analyse f
abeyance [əˈbeɪəns] sb 1. Schwebezustand m; 2. (legal) Anwartschaft f
ability [əˈbɪlɪtɪ] sb Fähigkeit f, Befähigung f, Können n
ability to inherit [əˈbɪlɪtɪ tu ɪnˈherɪt] sb Erbenfähigkeit f
able [ˈeɪbl] adj 1. fähig; to be ~ to do sth etw können, imstande sein, etw zu tun; 2. (efficient) tüchtig
abolition [æbəˈlɪʃən] sb Abschaffung f; Aufhebung f
above-average [əˈbʌv ˈævərɪdʒ] adv überdurchschnittlich
abroad [əˈbrɔːd] adv 1. (in another country) im Ausland; 2. (to another country) ins Ausland
abrogate [ˈæbrəgeɪt] v aufheben, abschaffen
abrogation [æbrəʊˈgeɪʃən] sb Widerruf m, Aufhebung f
absence [ˈæbsəns] sb Abwesenheit f, Fehlzeit f, Fehlzeiten f/pl
absence rate [ˈæbsəns reɪt] sb Fehlzeitenquote f
absent [ˈæbsənt] adj abwesend, nicht erschienen
absenteeism [æbsənˈtiːɪzəm] sb Absentismus m
absolute monopoly [ˈæbsəluːt məˈnɒpəlɪ] sb absolutes Monopol n
absolute value [ˈæbsəluːt ˈvæljuː] sb Absolutwert m, absoluter Wert m
absorption [əbˈzɔːpʃən] sb Absorption f, Übernahme f, Vollkostenrechnung f
absorption account [əbˈzɔːpʃən əˈkaʊnt] sb Wertberichtigungskonto n
absorption costing [əbˈzɔːpʃən ˈkɒstɪŋ] sb Durchschnittskostenrechnung f
absorption of liquidity [əbˈzɔːpʃən əv lɪˈkwɪdɪtɪ] sb Liquiditätsabschöpfung f
absorption system [əbˈzɔːpʃən ˈsɪstəm] sb Abschöpfungssystem n
absorptive capacity of the market [əbˈzɔːptɪv kəˈpæsətɪ əv ðə ˈmɑːkɪt] sb Aufnahmefähigkeit des Marktes f

abuse [əˈbjuːz] v 1. missbrauchen, misshandeln; [əˈbjuːs] sb 2. Missbrauch m
abuse of authority [əˈbjuːs əv ɔːˈθɒrɪtɪ] sb Amtsmissbrauch m
acceleration clause [əksɛləˈreɪʃən klɔːz] sb Fälligkeitsklausel f
acceleration in demand [əksɛləˈreɪʃən ɪn dɪˈmɑːnd] sb Nachfragebelebung f
acceleration maturity [əksɛləˈreɪʃən məˈtjʊərɪtɪ] sb frühzeitige Fälligstellung f
acceleration of inflation [əksɛləˈreɪʃən əv ɪnˈfleɪʃən] sb Inflationsbeschleunigung f
acceleration principle [əksɛləˈreɪʃən ˈprɪnsɪpl] sb Akzelerationsprinzip n
accelerator [əkˈsɛləreɪtə] sb Akzelerator m, Beschleuniger m
accept [əkˈsɛpt] v 1. annehmen, akzeptieren; (responsibility) übernehmen; 2. Übernahme f
acceptability as collateral [əksɛptəˈbɪlɪtɪ æz kəˈlætərəl] sb Lombardfähigkeit f
acceptable risk [əkˈsɛptəbl rɪsk] sb Restrisiko n
acceptance [əkˈsɛptəns] sb 1. (receipt) Annahme f; 2. (of a bill of exchange) Akzept n
acceptance banks [əkˈsɛptəns bæŋks] pl Akzepthäuser n/pl
acceptance bill [əkˈsɛptəns bɪl] sb Dokumententratte f
acceptance commitments [əkˈsɛptəns kəˈmɪtments] pl Wechselverbindlichkeiten f/pl
acceptance credit [əkˈsɛptəns ˈkredɪt] sb Akzeptkredit m, Wechselkredit m, Trassierungskredit m
acceptance credit scheme [əkˈsɛptəns ˈkredɪt ˈskiːm] sb Wechselkreditverfahren n
acceptance for collection [əkˈsɛptəns fɔː kəˈlekʃən] sb Inkassoakzept m
acceptance in blank [əkˈsɛptəns ɪn blæŋk] sb Blanko-Akzept m
acceptance in the marketplace [əkˈsɛptəns ɪn ðə ˈmɑːkɪtpleɪs] sb Marktakzeptanz f
acceptance liability [əkˈsɛptəns laɪəˈbɪlɪtɪ] sb Akzeptverbindlichkeit f
acceptance of a bid [əkˈsɛptəns əv ə bɪd] sb Auftragsvergabe f, Zuschlag m
acceptance of a bill [əkˈsɛptəns əv ə bɪl] sb Wechselakzept m
acceptance of a shipment [əkˈsɛptəns əv ə ˈʃɪpmənt] sb Frachtannahme f

acceptance test [ək'septəns test] *sb* Markttest *m*
acceptance without reservation [ək'septəns wɪ'ðaut rezə'veɪʃən] *sb* vorbehaltlose Annahme *f*
accepted bill [ək'septɪd bɪl] *sb* Akzept *n*
accepted finance bill [ək'septɪd 'faɪnæns bɪl] *sb* Finanzakzept *m*
acceptor [ək'septə] *sb* Akzeptant(in) *m/f*
access ['ækses] *sb* Zugang *m*, Zutritt *m*, Zugriff *m*
access code ['ækses kəʊd] *sb* Zugangscode *m*, Zugriffscode *m*
accession [ək'seʃən] *sb* Eintritt *m*, Beitritt *m*
accident-prevention rules ['æksɪdənt prɪ'venʃən ruːlz] *pl* Unfallverhütungsvorschriften *f/pl*
accommodation [əkɒmə'deɪʃən] *sb* Kulanz *f*, Entgegenkommen *n*
accommodation acceptance [əkɒmə'deɪʃən ək'septəns] *sb* Gefälligkeitsakzept *m*
accommodation allowance [əkɒmə'deɪʃən ə'lauəns] *sb* Wohngeld *n*
accommodation credit [əkɒmə'deɪʃən 'kredɪt] *sb* Überbrückungskredit *m*
accommodation endorsement [əkɒmə'deɪʃən en'dɔːsmənt] *sb* Gefälligkeitsgiro *n*
accompanying documents [ə'kɒmpəniːɪŋ 'dɒkjʊmənts] *pl* Begleitpapiere *n/pl*
account [ə'kaunt] *v 1.* ~ *for (substantiate)* belegen; ~ *for (explain)* erklären; *2.* Konto *n*
account analysis [ə'kaunt ə'næləsɪs] *sb* Kostenanalyse *f*
account balance [ə'kaunt 'bæləns] *sb* Kontostand *m*
account billing [ə'kaunt 'bɪlɪŋ] *sb* Werbekostenabrechnung *f*
account books and balance-sheets [ə'kaunt bʊks ənd 'bælənzʃiːts] *pl* Geschäftsbücher *n/pl*
account classification [ə'kaunt klæsɪfɪ'keɪʃən] *sb* Kontengliederung *f*
account costing [ə'kaunt 'kɒstɪŋ] *sb* Kontenkalkulation *f*
account current [ə'kaunt 'kʌrənt] für Konto, für Rechnung (a/c)
account day [ə'kaunt deɪ] *sb* Börsentag *m*
account development [ə'kaunt dɪ'veləpmənt] *sb* Kundenakquisition *f*
account executive [ə'kaunt ɪk'zekjʊtɪv] *sb (in advertising)* Klientenbetreuer(in) *m/f*
account expenditures [ə'kaunt ɪk'spendɪtʃəz] *pl* Aufwandsrechnung *f*

account expenses [ə'kaunt ɪk'spensɪz] *pl* Spesenkonto *n*
account for reimbursements of expenses [ə'kaunt fɔː riːɪm'bɜːsmənts əv ɪk'spensəz] *sb* Aufwandsausgleichkonto *n*
account heading [ə'kaunt 'hedɪŋ] *sb* Kontobezeichnung *f*
account holder [ə'kaunt 'həʊldə] *sb* Kontoinhaber(in) *m/f*
account in arrears [ə'kaunt ɪn ə'rɪəz] *sb* Rechnungsrückstand *m*
account in foreign currency [ə'kaunt ɪn 'fɒrən 'kʌrənsɪ] *sb* Fremdwährungskonto *n*
account management [ə'kaunt 'mænɪdʒmənt] *sb* Kontoführung *f*
account movement [ə'kaunt 'muːvmənt] *sb* Kontenbewegung *f*
account number [ə'kaunt 'nʌmbə] *sb* Kontonummer *f*
account receivable [ə'kaunt rɪ'siːvəbl] *sb* Buchforderung *f*
accountable [ə'kauntəbl] *adj* verantwortlich, rechenschaftspflichtig
accountancy [ə'kauntənsɪ] *sb* Buchführung *f*, Buchhaltung *f*, Rechnungswesen *n*
accountant [ə'kauntənt] *sb* Buchhalter(in) *m/f*, Rechnungsprüfer(in) *m/f*
accounting [ə'kauntɪŋ] *sb* Buchführung *f*, Buchhaltung *f*, Rechnungslegung *f*
Accounting and Reporting Law [ə'kauntɪŋ ænd rɪ'pɔːtɪŋ lɔː] *sb* Bilanzrichtliniengesetz *n*
accounting department [ə'kauntɪŋ dɪ'pɑːtmənt] *sb* Buchhaltung *f*, Rechnungstelle *f*
accounting exchange on the asset side [ə'kauntɪŋ ɪks'tʃeɪndʒ ɒn ðɪ 'æset saɪd] *sb* Aktivtausch *m*
accounting exchange on the liabilities side [ə'kauntɪŋ ɪks'tʃeɪndʒ ɒn ðə leɪə'bɪlɪtiːz saɪd] *sb* Passivtausch *m*
accounting loss [ə'kauntɪŋ lɒs] *sb* Buchverlust *m*
accounting period [ə'kauntɪŋ 'pɪərɪəd] *sb* Abrechnungszeitraum *m*
accounting policy [ə'kauntɪŋ 'pɒlɪsɪ] *sb* Bilanzpolitik *f*
accounting principles [ə'kauntɪŋ 'prɪnsɪpəlz] *pl* Bilanzierungsgrundsätze *m/pl*
accounting profit [ə'kauntɪŋ 'prɒfɪt] *sb* Buchgewinn *m*
accounting reference day [ə'kauntɪŋ 'refrəns deɪ] *sb* Bilanzstichtag *m*
accounting regulations [ə'kauntɪŋ regju'leɪʃənz] *pl* Bilanzierungsvorschriften *f/pl*

accounting rules [ə'kaʊntɪŋ ruːlz] *pl* Buchführungsrichtlinien *f/pl*
accounting statement [ə'kaʊntɪŋ 'steɪtmənt] *sb* Rechnungsaufstellung *f*
accounting system [ə'kaʊntɪŋ 'sɪstəm] *sb* Rechnungswesen *n*, Buchführung *f*
accounting transparency [ə'kaʊntɪŋ trænz'pærənsɪ] *sb* Bilanzklarheit *f*
accounting value [ə'kaʊntɪŋ 'væljuː] *sb* Buchwert *m*
accounting voucher [ə'kaʊntɪŋ 'vaʊtʃə] *sb* Buchungsbeleg *m*
accounts collection method [ə'kaʊnts kə'lekʃən 'meθəd] *sb* Rechnungseinzugsverfahren *n*
accounts payable [ə'kaʊnts 'peɪəbl] *pl* 1. Verbindlichkeiten *f/pl;* 2. Lieferkonto *n*
accounts payable department [ə'kaʊnts 'peɪəbl dɪ'pɑːtmənt] *sb* Kreditorenbuchhaltung *f*
accounts receivable [ə'kaʊnts rɪ'siːvəbl] *pl* Außenstände *m/pl*, Forderungen *f/pl*
accounts receivable accounting [ə'kaʊnts rɪ'siːvəbl ə'kaʊntɪŋ] *sb* Debitorenbuchhaltung *f*
accounts receivable department [ə'kaʊnts rɪ'siːvəbl dɪ'pɑːtmənt] *sb* Debitorenbuchhaltung *f*
accounts receivable risk [ə'kaʊnts rɪ'siːvəbl rɪsk] *sb* Vertriebswagnis *n*
accredit [ə'kredɪt] *v (a representative)* akkreditieren, beglaubigen
accretion [ə'kriːʃən] *sb* 1. *(growth)* Zunahme *f*, Wachstum *n;* 2. *(growing together)* Verschmelzung *f*
accrual basis [ə'kruːəl 'beɪsɪs] *sb* Fälligkeitsbasis *f*
accruals [ə'kruːəlz] *pl* Rückstellungen *f/pl*, Abgrenzungsposten *m/pl*, antizipative Posten *m/pl*
accruals and deferrals [ə'kruːəlz ænd də'fɜːrəlz] *pl* Rechnungsabgrenzungsposten *m/pl*
accrue [ə'kruː] *v* 1. anfallen, entstehen; 2. *(interest)* auflaufen
accrued expense [ə'kruːd ɪk'spens] *sb* passive Rechnungsabgrenzung *f*
accumulation [əkjuːmjʊ'leɪʃən] *sb* Akkumulation *f*, Ansammlung *f*
accumulation of capital [əkjuːmjʊ'leɪʃən əv 'kæpɪtl] *sb* Kapitalbildung *f*, Kapitalakkumulation *f*, Thesaurierung *f*, Kapitalansammlung *f*
accumulative investment fund [ə'kjuːmjʊlətɪv ɪn'vestmənt fʌnd] *sb* Thesaurierungsfonds *m*

accusation [ækjuː'zeɪʃən] *sb* Anklage *f*, Anschuldigung *f*, Beschuldigung *f*
acknowledgement of a debt [ək'nɒlɪdʒmənt əv ə det] *sb* Schuldanerkenntnis *n*
acknowledgement of receipt [ək'nɒlɪdʒmənt əv rɪ'siːt] *sb* Empfangsbestätigung *f*
acquire [ə'kwaɪə] *v* 1. erwerben, erlangen, aneignen *(fam);* 2. *(purchase)* ankaufen
acquirer model [ə'kweɪrə 'mɒdl] *sb* Erwerbermodell *n*
acquisition [ækwɪ'zɪʃən] *sb* 1. Erwerb *m*, Anschaffung *f*, Akquisition *f;* 2. *(purchase)* Ankauf *m*, Kauf *m*
acquisition agreement [ækwɪ'zɪʃən ə'griːmənt] *sb* Unternehmenskaufvertrag *m*
acquisition value [ækwɪ'zɪʃən 'væljuː] *sb* Anschaffungswert *m*
acquittal [ə'kwɪtl] *sb* Schulderlass *m; (in court)* Freispruch *m*
act [ækt] *v (function)* handeln, tätig sein; ~ upon sth, ~ on sth aufgrund von etw handeln; ~ for (~ on behalf of) vertreten
Act on Foreign Trade and Payments [ækt ɒn 'fɒrən treɪd ænd 'peɪmənts] *sb* Außenwirtschaftsgesetz *n*
acting ['æktɪŋ] *adj (president, director)* stellvertretend
action ['ækʃən] *sb* Tat *f*, Handlung *f*, Aktion *f; (measure)* Maßnahme *f*
action for damages ['ækʃən fɔː 'dæmɪdʒɪz] *sb* Schadensersatzklage *f*
action parameters ['ækʃən pə'rɑːmɪtəz] *pl* Aktionsparameter *m/pl*
active balance ['æktɪv 'bæləns] *sb* Aktivsaldo *m*
active partner ['æktɪv 'pɑːtnə] *sb* aktiver Teilhaber *m*
activity accounting [æk'tɪvɪtɪ ə'kaʊntɪŋ] *sb* Grenzplankostenrechnung *f*
activity base [æk'tɪvɪtɪ beɪs] *sb* Planbeschäftigung *f*
activity rate [æk'tɪvɪtɪ reɪt] *sb* Erwerbsquote *f*, Erwerbsrate *f*
actual accounting ['æktʃuəl ə'kaʊntɪŋ] *sb* Nachkalkulation *f*
actual amount ['æktʃuəl ə'maʊnt] *sb* ausmachender Betrag *m*
actual costs ['æktʃuəl kɒsts] *pl* Istkosten *pl*, tatsächliche Kosten *pl*
actual cost system ['æktʃuəl kɒst 'sɪstəm] *sb* Istkostenrechnung *f*
actual currency clause ['æktʃuəl 'kʌrɪnsɪ klɔːz] *sb* Effektivvermerk *m*

actual profit ['æktʃuəl 'prɒfɪt] sb bereinigter Gewinn m
actual transaction ['æktʃuəl træn'zækʃən] sb Effektivgeschäft n
actual value comparison ['æktjuəl 'vælju kəm'pærɪsən] (production) Soll-Ist-Vergleich m
actual wage ['æktʃuəl weɪdʒ] sb Effektivlohn m
actuarial [æktʃu'eərɪəl] adj versicherungsstatistisch, versicherungsmathematisch
actuary ['æktʃuərɪ] sb Versicherungsstatistiker m, Versicherungsmathematiker m
ad [æd] sb (fam: advertisement) Anzeige f, Annonce f, Inserat n
ad hoc cooperation [æd 'hɒk kəʊɒpə'reɪʃən] sb Ad-hoc-Kooperation f
ad hoc disclosure [æd 'hɒk dɪs'kləʊʒə] sb Ad-hoc-Publizität f
ad valorem [æd væl'ɔːrəm] adj dem Wert entsprechend, dem Wert nach
ad valorem duty [æd væl'ɔːrəm 'djuːtɪ] sb Wertzoll m
ad valorem tax [æd væl'ɔːrəm tæks] sb Wertzollsteuer f
adaptation [ædæp'teɪʃən] sb Anpassung f, Umstellung f, Einstellung f
adaptive inflation [ə'dæptɪv ɪn'fleɪʃən] sb Anpassungsinflation f
add [æd] v 1. hinzufügen, anfügen, anschließen; 2. (contribute) beitragen; 3. (numbers) addieren, summieren
added value ['ædɪd 'væljuː] sb Wertschöpfung f
adding machine ['ædɪŋ mə'ʃiːn] sb Addiermaschine f
adding machine reel ['ædɪŋ mə'ʃiːn rɪəl] sb Additionsrolle f
addition [ə'dɪʃən] sb 1. Addition f; 2. (adding sth to sth) Beigabe f, Zusatz m
addition of accrued interest [ə'dɪʃən əv ə'kruːd 'ɪntrɪst] sb Aufzinsung f
additional capital [ə'dɪʃənl 'kæpɪtl] sb Zusatzkapital n, zusätzliches Kapital n
additional carriage [ə'dɪʃənl 'kærɪdʒ] sb Frachtzuschlag m
additional contribution [ə'dɪʃənl kɒntrɪ'bjuːʃən] sb Zuzahlung f
additional cost [ə'dɪʃənl kɒst] sb Zusatzkosten pl
additional delivery [ə'dɪʃənl dɪ'lɪvərɪ] sb Mehrlieferung f, zusätzliche Lieferung f
additional expenses [ə'dɪʃənl ɪk'spensɪz] pl Nebenkosten pl, Mehrkosten pl

additional payment of taxes [ə'dɪʃənl 'peɪmənt əv 'tæksɪz] sb Steuernachzahlung f
additional period [ə'dɪʃənl 'pɪərɪəd] sb Nachfrist f
additional risk premium [ə'dɪʃənl rɪsk 'priːmjəm] sb Risikozuschlag m
additional sale [ə'dɪʃənl seɪl] sb Zusatzverkauf m
address [ə'dres] v 1. (a letter) adressieren; (speak to) ansprechen; sb 2. (where one lives) Adresse f, Anschrift f; 3. (speech) Ansprache f
address index [ə'dres 'ɪndeks] sb Adresskartei f
address labels [ə'dres 'leɪblz] pl Adressetiketten n/pl
addressee [ædre'siː] sb Empfänger m, Adressat m
adequate and orderly accounting ['ædɪkwət ənd 'ɔːdəlɪ ə'kaʊntɪŋ] sb ordnungsgemäße Buchführung f
adequate and orderly preparation of a balance sheet ['ædɪkwət ænd 'ɔːdəlɪ prepə'reɪʃən əv ə 'bæləns ʃiːt] sb ordnungsmäßige Bilanzierung f
adhesive [əd'hiːsɪv] sb Klebstoff m
adhesive stick [əd'hiːsɪv stɪk] sb Klebestift m
adhesive tape [əd'hiːsɪv teɪp] sb Klebeband n
adjacent right [ə'dʒeɪsənt reɪt] sb Nachbarrecht n
adjourn [ə'dʒɜːn] v 1. (stop for the time being) vertagen; 2. (to another place) sich begeben; 3. (end for good) (US) beenden
adjournment [ə'dʒɜːnmənt] sb Vertagung f; (within a day) Unterbrechung f
adjudicated bankrupt [ə'dʒuːdɪkeɪtɪd 'bæŋkrʌpt] sb Gemeinschuldner m
adjunct ['ædʒʌŋkt] sb (person) Mitarbeiter(in) m/f, Assistent(in) m/f
adjust [ə'dʒʌst] v 1. (a device) einstellen, regulieren, justieren; 2. (an account) ausgleichen; 3. ~ to sich einstellen auf, sich anpassen an; 4. (settle differences) schlichten; 5. (coordinate) abstimmen; 6. (parameter) bereinigen, korrigieren
adjustment bond [ə'dʒʌstmənt bɒnd] sb Gewinnschuldverschreibung f
adjustment clause [ə'dʒʌstmənt klɔːz] sb Wertanpassungsklausel f, Preisanpassungsklausel f
adjustment item [ə'dʒʌstmənt 'aɪtəm] sb Ausgleichsposten m/pl

adjustment lag [ə'dʒʌstmənt læg] *sb* Anpassungsverzögerung *f*
adjustment of an account [ə'dʒʌstmənt əv ən ə'kaʊnt] *sb* Kontobereinigung *f*
adjustment of value [ə'dʒʌstmənt əv 'vælju:] *sb* Wertberichtigung *f*
adjustment project [ə'dʒʌstmənt 'prɒdʒekt] *sb* Anpassungsinvestition *f*
administer [əd'mɪnɪstə] *v (run a business)* verwalten; ~ *an oath* vereidigen
administration [ədmɪnɪs'treɪʃən] *sb 1.* Verwaltung *f; 2. (government under a certain leader)* Regierung *f*
administration of the finances [əd'mɪnɪstreɪʃən əv ðə faɪ'nænsəz] *sb* Finanzverwaltung *f*
administrative [əd'mɪnɪstrətɪv] *adj* Verwaltungs..., administrativ
administrator [əd'mɪnɪstreɪtə] *sb* Verwalter(in) *m/f*, Verwaltungsbeamter/Verwaltungsbeamtin *m/f*
administrator in bankruptcy (proceedings) [əd'mɪnɪstreɪtə ɪn 'bæŋkrʌpsɪ (prə'si:dɪŋz)] *sb* Konkursverwalter *m*
administrator of the deceased's estate [əd'mɪnɪstreɪtə əv ðə dɪ'si:sts ɪ'steɪt] *sb* Nachlassverwalter *m*
admission [əd'mɪʃən] *sb* Zulassung *f; (entry)* Zutritt *m*
admission of shares to official quotation [əd'mɪʃən əv ʃeɪz tu ə'fɪʃəl kwəʊ'teɪʃən] *sb* Kotierung *f*
admission to the stock exchange [əd'mɪʃən tu ðə stɒk ɪks'tʃeɪndʒ] *sb* Börsenzulassung *f*
advance [əd'vɑ:ns] *v 1.* fortschreiten, vordringen, vorankommen; *2. (to be promoted)* aufsteigen; *3. (further sth)* fördern; *sb 4. (of money)* Vorschuss *m*
advance against securities [əd'vɑ:ns ə'genst sɪ'kjʊərɪti:z] *sb* Lombardkredit *m*
advance on receivables [əd'vɑ:ns ɒn rɪ'zi:vəbəlz] *sb* Zessionskredit *m*
advance payment [əd'vɑ:ns 'peɪmənt] *sb* Vorauszahlung *f*
advanced vocational training [əd'vɑ:nst vəʊ'keɪʃənəl 'treɪnɪŋ] *sb* berufliche Fortbildung *f*, Weiterbildung *f*
advancement [əd'vɑ:nsmənt] *sb 1. (progress)* Fortschritt *m; 2. (promotion)* Beförderung *f; 3. (career ~)* Aufstieg *m*
advances against securities [əd'vɑ:nsəz ə'genst se'kju:rɪti:z] *pl* Effektenlombard *m*

advantage [əd'vɑ:ntɪdʒ] *sb* Vorteil *m*, Vorzug *m; take ~ of sth* etw ausnutzen
adventure marketing [əd'ventʃə 'mɑ:ketɪŋ] *sb* Erlebnis-Marketing *n*
adverse selection ['ædvɜ:s sɪ'lekʃən] *sb* Adverse Selektion *f*
advert ['ædvɜ:t] *sb (fam: advertisement)* Anzeige *f*, Annonce *f*, Inserat *n*
advertise ['ædvətaɪz] *v 1.* Werbung machen für, anzeigen, ankündigen; *2. (place an advertisement)* annoncieren, inserieren; *3. ~ a vacancy* eine Stelle ausschreiben; *4. (promote)* werben für
advertisement [əd'vɜ:tɪsmənt] *sb 1.* Werbung *f*, Reklame *f; 2. (in the newspaper)* Anzeige *f*, Annonce *f*, Inserat *n; 3. (announcement)* Bekanntmachung *f*, Ankündigung *f; 4. an ~ for sth (fig: a fine representative)* ein Aushängeschild für etw
advertisement of a vacancy [əd'vɜ:tɪsmənt əv ə 'veɪkənsɪ] *sb* Stellenausschreibung *f*
advertiser ['ædvətaɪzə] *sb* Werbekunde/Werbekundin *m/f*
advertising ['ædvətaɪzɪŋ] *sb* Werbung *f*, Reklame *f*
advertising activity ['ædvətaɪzɪŋ æk'tɪvɪtɪ] *sb* Werbeaktion *f*
advertising agency ['ædvətaɪzɪŋ 'eɪdʒənsɪ] *sb* Werbeagentur *f*
advertising aids ['ædvətaɪzɪŋ eɪdz] *pl* Werbemittel *n/pl*
advertising budget ['ædvətaɪzɪŋ 'bʌdʒɪt] *sb* Werbebudget *n*, Werbeetat *m*
advertising campaign ['ædvətaɪzɪŋ kæm'peɪn] *sb* Werbekampagne *f*
advertising copy ['ædvətaɪzɪŋ 'kɒpɪ] *sb* Werbetext *m*
advertising expert ['ædvətaɪzɪŋ 'ekspɜ:t] *sb* Werbefachmann/Werbefachfrau *m/f*
advertising frequency ['ædvətaɪzɪŋ 'fri:kwənsɪ] *sb* Werbefrequenz *f*
advertising gift ['ædvətaɪzɪŋ gɪft] *sb* Werbegeschenk *n*
advertising spot ['ædvətaɪzɪŋ spɒt] *sb* Werbespot *m*
advice [əd'vaɪs] *sb (counsel)* Beratung *f*, Rat *m*
advice note [əd'vaɪs nəʊt] *sb* Benachrichtigung *f*, Avis *m/n*
advice of delivery [əd'vaɪs əv dɪ'lɪvərɪ] *sb* Rückschein *m*
advise [əd'vaɪz] *v 1. (give advice)* raten, anraten, *(professionally)* beraten; ~ *against* abraten; *2. (inform)* verständigen, benachrichtigen

adviser [əd'vaɪzə] *sb* Berater(in) *m/f*
advisory board [əd'vaɪzəri bɔːd] *sb* beratendes Gremium *n*, Beratungsgremium *n*
aeroplane ['eərəpleɪn] *sb (UK)* Flugzeug *n*
affidavit [æfɪ'deɪvɪt] *sb* Affidavit *n*
affiliated [ə'fɪlieɪtɪd] *adj* angegliedert, Tochter...
affiliated company [ə'fɪlieɪtɪd 'kʌmpəni] *sb* Tochtergesellschaft *f*
affiliation [əfɪlɪ'eɪʃən] *sb* Affiliation *f*
affluent society ['æfluənt sə'saɪtɪ] *sb* Wohlstandsgesellschaft *f*
afford [ə'fɔːd] *v 1.* sich leisten; *2. (provide)* bieten
affordable [ə'fɔːdəbl] *adj* erschwinglich
after treatment ['ɑːftə 'triːtmənt] *sb* Nachbereitung *f*
after-date bill ['ɑːftə deɪt bɪl] *sb* Datowechsel *m*
after-hours dealing ['ɑːftə 'aʊəz 'diːlɪŋ] *sb* Nachbörse *f*
after-sales service ['ɑːftə 'seɪlz 'sɜːvɪs] *sb* Kundendienst *m*, After-Sales-Services *m/pl*
after-sight bill ['ɑːftə saɪt bɪl] *sb* Nachsichtwechsel *m*
against cash [ə'genst kæʃ] gegen Barzahlung
against letter of credit [ə'genst 'letə əv 'kredɪt] gegen Akkreditiv
age profile [eɪdʒ 'prəʊfaɪl] *sb* Altersprofil *n*
agency ['eɪdʒənsɪ] *sb 1.* Agentur *f; 2. (government ~)* Amt *n*, Behörde *f*
agency abroad ['eɪdʒənsɪ ə'brɔːd] *sb* Auslandsvertretung *f*
agency agreement ['eɪdʒənsɪ ə'griːmənt] *sb* Geschäftsbesorgungsvertrag *m*
agency of equity financing transactions ['eɪdʒənsɪ əv 'ekwɪtɪ faɪ'nænsɪŋ træn'zækʃənz] *sb* Beteiligungsvermittlung *f*
agenda [ə'dʒendə] *sb* Tagesordnung *f*, Agenda *f*
agent ['eɪdʒənt] *sb 1.* Agent(in) *m/f*, Makler(in) *m/f; 2. (representative)* Stellvertreter(in) *m/f*
agglomeration [əglɒmə'reɪʃən] *sb* Agglomeration *f*, Anhäufung *f*
aggregate property ['ægrɪgət 'prɒpətɪ] *sb* Gesamtvermögen *n*
aggregation [ægrɪ'geɪʃən] *sb* Agglomeration *f*, Ansammlung *f*
agio ['ædʒɪəʊ] *sb* Aufgeld *n*, Agio *n*
agiotage ['ædʒɪəʊtədʒ] *sb* Agiotage *f*
agree [ə'griː] *v 1.* übereinstimmen; *(express ~ment)* zustimmen; *2. (come to an ~ment)*

sich einigen, vereinbaren, sich absprechen; *3. ~ to, ~ with (approve, consent to)* billigen, einwilligen, auf etw eingehen
agreed [ə'griːd] *adj* vereinbart; *Agreed!* Abgemacht!
agreement [ə'griːmənt] *sb 1.* Vereinbarung *f*, Übereinkunft *f*, Verständigung *f; 2. come to an ~* übereinkommen, sich einigen; *3. (consent)* Einwilligung *f*, Zustimmung *f; 4. (between different countries)* Abkommen *n*
agreement between interlocking companies [ə'griːmənt bɪ'twiːn ɪntə'lɒkɪŋ 'kʌmpəniːz] *sb* Organschaftsvertrag *m*
agreement of purchase and sale [ə'griːmənt əv 'pɜːtʃəs ænd seɪl] *sb* Kaufvertrag *m*
agreement to cancel an obligatory relation [ə'griːmənt tu 'kænsəl ən ə'blɪgətɪrɪ'leɪʃən] *sb* Aufhebungsvertrag *m*
agricultural [ægrɪ'kʌltʃərəl] *adj* landwirtschaftlich, Landwirtschafts..., Agrar...
agricultural crisis [ægrɪ'kʌltʃərəl 'kraɪsɪs] *sb* Agrarkrise *f*
agricultural economics [ægrɪ'kʌltʃərəl iːkə'nɒmɪks] *sb* Agrarwissenschaften *f/pl*
agricultural enterprise [ægrɪ'kʌltʃərəl 'entəpraɪz] *sb* Agrarbetrieb *m*
agricultural goods [ægrɪ'kʌltʃərəl gʊdz] *pl* Agrargüter *n/pl*
agricultural loan [ægrɪ'kʌltʃərəl ləʊn] *sb* Landwirtschaftskredit *m*
agricultural market [ægrɪ'kʌltʃərəl 'mɑːkɪt] *sb* Agrarmarkt *m*
agricultural mortgage bond [ægrɪ'kʌltʃərəl 'mɔːgɪdʒ bɒnd] *sb* Landwirtschaftsbrief *m*
agricultural policy [ægrɪ'kʌltʃərəl 'pɒləsɪ] *sb* Agrarpolitik *f*
agricultural producer cooperative [ægrɪ'kʌltʃərəl prə'djuːsə kəʊ'ɒprətɪv] *sb* Landwirtschaftliche Produktionsgenossenschaft (LPG) *f*
agricultural protectionism [ægrɪ'kʌltʃərəl prə'tekʃənɪzm] *sb* Agrarprotektionismus *m*
agricultural state [ægrɪ'kʌltʃərəl steɪt] *sb* Agrarstaat *m*
agricultural subsidies [ægrɪ'kʌltʃərəl 'sʌbsɪdiːz] *pl* Agrarsubventionen *f/pl*
agricultural surpluses [ægrɪ'kʌltʃərəl 'sɜːpləsɪz] *pl* Agrarüberschüsse *m/pl*
agriculture ['ægrɪkʌltʃə] *sb* Landwirtschaft *f*, Ackerbau *m*
aide [eɪd] *sb* Assistent(in) *m/f*, Helfer(in) *m/f*

air freight [εə freɪt] *sb* Luftfracht *f*
airline ['εəlaɪn] *sb* Fluggesellschaft *f,* Airline *f*
air mail [εə meɪl] *sb* Luftpost *f*
air route [εə ruːt] *sb* Luftweg *m*
airplane ['εəpleɪn] *sb (US)* Flugzeug *n*
airport ['εəpɔːt] *sb* Flughafen *m*
airwaybill ['εəweɪbɪl] *sb* Luftfrachtbrief *m*
allegiance [ə'liːdʒəns] *sb* Treuepflicht *f*
allocation [ælə'keɪʃən] *sb* Verteilung *f,* Zuteilung *f, (of tasks)* Vergabe *f,* Allokation *f*
allocation of capital [ælə'keɪʃən əv 'kæpɪtəl] *sb* Kapitalallokation *f*
allocation policy [ælə'keɪʃən 'pɒləsɪ] *sb* Allokationspolitik *f*
allonge [ə'lɑ̃ŋ] *sb* Allonge *f*
allot [ə'lɒt] *v* verteilen, zuweisen
allotment [ə'lɒtmənt] *sb* Verteilung *f,* Zuteilung *f,* Zuweisung *f*
allotment right [ə'lɒtmənt raɪt] *sb* Zuteilungsrechte *n/pl*
allowance [ə'laʊəns] *sb 1.* Zuschuss *m; 2. (supplement to salary)* Gehaltszulage *f,* Zuschuss *m; 3. (paid by the state)* Beihilfe *f; 4. (pocket money)* Taschengeld *n,* Bewilligung *f*
allowance for expenses [ə'laʊəns fɔː ɪk'spensɪz] *sb* Spesenpauschale *f*
all-round bank ['ɔːlraʊnd bæŋk] *sb* Universalbank *f*
all-share certificate [ɔːl'ʃεə sə'tɪfɪkət] *sb* Global-Anleihe *f*
alteration of a balance sheet [ɔːltə'reɪʃən əv ə 'bæləns ʃiːt] *sb* Bilanzänderung *f*
alternating current ['ɔːltəneɪtɪŋ 'kʌrənt] *sb (AC)* Wechselstrom *m*
alternative [ɔːl'tɜːnətɪv] *sb 1. (choice)* Alternative *f,* Wahl *f; 2. I have no other ~.* Ich habe keine andere Wahl. *3. (substitute)* Ersatz *m*
amalgamate [ə'mælgəmeɪt] *v (companies)* verschmelzen, fusionieren
amalgamation [əmælgə'meɪʃən] *sb* Fusion *f*
amalgamation tax [əmælgə'meɪʃən tæks] *sb* Fusionssteuer *f*
amendment [ə'mendmənt] *sb (to a bill)* Abänderung *f,* Änderung *f*
amendment of a contract [ə'mendmənt əv ə 'kɒntrækt] *sb* Vertragsänderung *f*
amendment of the statutes [ə'mendmənt əv ðə 'stætjuːts] *sb* Satzungsänderung *f*
amends [ə'mendz] *pl* Wiedergutmachung *f; make ~ for sth* etw wiedergutmachen

American accounting system [ə'mærɪkən ə'kaʊntɪŋ 'sɪstəm] *sb* amerikanisches Rechnungswesen *n*
American Bankers Association [ə'mærɪkən 'bæŋkəs əsəʊsiː'eɪʃən] *sb* American Bankers Association *f*
amnesty ['æmnəstɪ] *sb* Amnestie *f*
amortizable mortgage loan [ə'mɔːtɪzəbəl 'mɔːgɪdʒ ləʊn] *sb* Tilgungshypothek *f*
amortization [əmɔːtɪ'zeɪʃən] *sb* Amortisierung *f,* Tilgung *f*
amortization fund [əmɔːtɪ'zeɪʃən fʌnd] *sb* Tilgungsfonds *m*
amortization instalment [əmɔːtɪ'zeɪʃən ɪn'stɔːlmənt] *sb* Tilgungsrate *f*
amount [ə'maʊnt] *sb 1. (of money)* Betrag *m,* Summe *f,* Geldbetrag *m; 2. (quantity)* Menge *f,* Quantität *f; v 3.* ~ *to* sich belaufen auf
analyse ['ænəlaɪz] *v* analysieren, auswerten
analysis [ə'nælɪsɪs] *sb* Analyse *f*
analysis of actual performance [ə'nælɪsɪs əv 'æktʃʊəl pə'fɔːməns] *sb* Istanalyse *f*
analysis of competitors [ə'nælɪsɪs əv kəm'petɪtəs] *sb* Konkurrenzanalyse *f*
analysis of fixed-cost allocation [ə'nælɪsɪs əv fɪkstkɒst ælə'keɪʃən] *sb* Fixkostendeckungsrechnung *f*
analysis of purchasing power [ə'nælɪsɪs əv 'pɜːtʃəsɪŋ 'paʊə] *sb* Kaufkraftanalyse *f*
analysis of requirements [ən'ælɪsɪs əv rɪ'kwaɪəmənts] *sb* Bedarfsanalyse *f*
analysis of shares [ə'nælɪsɪs əv ʃεəs] *sb* Aktienanalyse *f*
anchorage ['æŋkərɪdʒ] *sb 1. (place for anchoring)* Ankerplatz *m,* Liegeplatz *m; 2. (fees)* Liegegebühren *f/pl*
ancillary costs [æn'sɪlərɪ kɒsts] *pl* Nebenkosten *pl*
ancillary wage costs [æn'sɪlərɪ weɪdʒ kɒsts] *pl* Lohnnebenkosten *pl*
angible fixed assets ['ændʒɪbəl fɪkst 'æsets] *pl* Realkapital *n*
anniversary sales [ænɪ'vɜːsərɪ seɪlz] *pl* Jubiläumsverkauf *m*
announcement effect of price [ə'naʊnsmənt ɪ'fekt əv praɪs] *sb* Signalfunktion des Preises *f*
annual ['ænjʊəl] *adj* jährlich, alljährlich, jährlich, Jahres...
annual accounts ['ænjʊəl ə'kaʊnts] *pl* Jahresabschluss *m*
annual audit ['ænjʊəl 'ɔːdɪt] *sb* Jahresabschlussprüfung *f*

annual balance sheet ['ænjʊəl 'bæləns ʃiːt] *sb* Jahresbilanz *f*

annual economic report ['ænjʊəl ɪkə'nɒmɪk rɪ'pɔːt] *sb* Jahreswirtschaftsbericht *m*

annual general meeting ['ænjʊəl 'dʒenərəl 'miːtɪŋ] *sb* Jahreshauptversammlung *f*

annual holiday ['ænjʊəl 'hɒlɪdeɪ] *sb* Betriebsferien *pl*

annual income ['ænjʊəl 'ɪnkʌm] *sb* Jahreseinkommen *n*

annual need ['ænjʊəl niːd] *sb* Jahresbedarf *m*

annual profits ['ænjʊəl 'prɒfɪts] *pl* Jahresgewinn *m*

annual report ['ænjʊəl rɪ'pɔːt] *sb* Geschäftsbericht *m*, Jahresgutachten *n*, Lagebericht *m*

annual statement of accounts ['ænjʊəl 'steɪtmənt əv ə'kaʊnts] *sb* Jahresabschluss *m*

annual surplus ['ænjʊəl 'sɜːplʌs] *sb* Jahresüberschuss *m*

annuity [ə'njuːɪtɪ] *sb* Rente *f*, Jahreszahlung *f*, Annuität *f*

annuity bond [ə'njuːɪtɪ bɒnd] *sb* Annuitätenanleihe *f*

annuity certificate [ə'njuːɪtɪ sə'tɪfɪkət] *sb* Rentenbrief *m*

annuity department [ə'njuːɪtɪ dɪ'pɑːtmənt] *sb* Rentenabteilung *f*

annuity loan [ə'njuːɪtɪ ləʊn] *sb* Annuitätendarlehen *n*

annul [ə'nʌl] *v* annullieren; *(a will)* umstoßen

annulment [ə'nʌlmənt] *sb* Annullierung *f*, Aufhebung *f*

anonymous savings accounts [ə'nɒnɪməs 'seɪvɪŋz ə'kaʊnts] *pl* anonyme Sparkonten *n/pl*

answering machine ['ɑːnsərɪŋ mə'ʃiːn] *sb* Anrufbeantworter *m*

answering service ['ɑːnsərɪŋ 'sɜːvɪs] *sb* Telefonauftragsdienst *m*

antedated cheque ['æntɪdeɪtɪd tʃek] *sb* zurückdatierter Scheck *m*

anticipation term [æntɪsɪ'peɪʃən tɜːm] *sb* Erwartungswert *m*

anticyclical reserve [æntɪ'saɪklɪkəl rɪ'sɜːv] *sb* Konjunkturausgleichsrücklage *f*

anti-dumping duty [æntɪ'dʌmpɪŋ 'djuːtɪ] *sb* Antidumpingzoll *m*

antitrust [æntɪ'trʌst] *adj (US)* Antitrust..., kartellfeindlich

antitrust authority [æntɪ'trʌst ɔː'θɒrɪtɪ] *sb* Kartellbehörde *f*

appeal [ə'piːl] *sb* Berufung *f*, Rechtsbeschwerde *f*; *(actual trial)* Revision *f*

applicant ['æplɪkənt] *sb* Bewerber(in) *m/f*, Antragsteller(in) *m/f*, Akkreditivsteller *m*

application [æplɪ'keɪʃən] *sb 1.* Antrag *m*, Bewerbung *f*, Gesuch *n; letter of* ~ Bewerbungsschreiben *n; 2. (use)* Verwendung *f*, Anwendung *f*; *(software* ~*)* Anwendungsprogramm *n*

application documents [æplɪ'keɪʃən 'dɒkjumənts] *pl* Bewerbungsunterlagen *pl*

application file [æplɪ'keɪʃən faɪl] *sb* Bewerbungsunterlagen *pl*

application form [æplɪ'keɪʃən fɔːm] *sb* Anmeldeformular *n*, Antragsformular *n*

application for quotation [æplɪ'keɪʃən fɔː kwəʊ'teɪʃən] *sb* Antrag auf Börsenzulassung *m*

application service provider [æplɪ'keɪʃən 'sɜːvɪs prə'vaɪdə] *sb* Application Service Provider (ASP) *m*

appointment [ə'pɔɪntmənt] *sb 1. (arranged meeting)* Termin *m*, Verabredung *f*; *2. (to office)* Ernennung *f*, Berufung *f*, Bestellung *f*

appointment book [ə'pɔɪntmənt bʊk] *sb* Terminkalender *m*

appointment for a meeting [ə'pɔɪntmənt fɔːr ə 'miːtɪŋ] *sb* Gesprächstermin *m*

apportionment [ə'pɔːʃənmənt] *sb 1.* Verteilung *f*, Einteilung *f*; *2.* Erteilung *f*

apportionment between accounting periods [ə'pɔːʃənmənt bɪ'twiːn ə'kaʊntɪŋ 'pɪərɪəds] *sb* Rechnungsabgrenzung *f*

appraisal [ə'preɪzəl] *sb* Bewertung *f*, Schätzung *f*, Taxierung *f*

appraise [ə'preɪz] *v* abschätzen, einschätzen, beurteilen

appreciation [əpriːʃɪ'eɪʃən] *sb 1.* Wertzuwachs *m; 2. (esteem)* Wertschätzung *f*

apprentice [ə'prentɪs] *sb* Lehrling *m*, Auszubildende(r) *f/m*

apprenticeship [ə'prentɪsʃɪp] *sb* Lehre *f*, Lehrstelle *f*, Ausbildung *f*; *(period)* Lehrzeit *f*

appropriation account [əprəʊprɪ'eɪʃən ə'kaʊnt] *sb* Bereitstellungskonto *n*

approval procedure [ə'pruːvəl prə'siːdʒə] *sb* Genehmigungsverfahren *n*

aptitude test ['æptɪtjuːd test] *sb* Eignungstest *m*, Eignungsprüfung *f*

arbitrage ['ɑːbɪtrɪdʒ] *sb* Arbitrage *f*

arbitrage clause ['ɑːbɪtrɪdʒ klɔːz] *sb* Arbitrageklausel *f*

arbitrage dealings ['ɑːbɪtrɪdʒ 'diːlɪŋz] *pl* Arbitragegeschäft *n*

arbitrage in bullion ['ɑːbɪtrɪdʒ ɪn 'bʊljən] *sb* Goldarbitrage *f*
arbitrage in securities ['ɑːbɪtrɪdʒ ɪn sɪ-'kjʊərɪtiːz] *sb* Wertpapierarbitrage *f*
arbitrageur [ɑːbɪtrɑː'ʒʊə] *sb* Arbitrageur *m*, Arbitragehändler *m*
arbitrage value ['ɑːbɪtrɪdʒ 'væljuː] *sb* Arbitragewert *m*
arbitrage voucher ['ɑːbɪtrɪdʒ 'vaʊtʃə] *sb* Arbitragerechnung *f*
arbitrate ['ɑːbɪtreɪt] *v* schlichten
arbitration [ɑːbɪ'treɪʃən] *sb* Schlichtung *f*
arbitration in foreign exchange ['ɑːbɪtreɪʃən ɪn 'fɒrən ɪks'tʃeɪndʒ] *sb* Devisenarbitrage *f*
arbitrator ['ɑːbɪtreɪtə] *sb* Vermittler(in) *m/f*, Schlichter(in) *m/f*
archive ['ɑːkaɪv] *sb* Archiv *n*
archives ['ɑːkaɪvz] *pl* Aktenablage *f*
area calculation ['ɛərɪə kælkjʊ'leɪʃən] *sb* Flächenbedarfsermittlung *f*
area code ['ɛərɪə kəʊd] *sb (US)* Vorwahl *f*
argue ['ɑːgjuː] *v 1.* streiten; *2. (with one another)* sich streiten; *3. (a case)* diskutieren
argument ['ɑːgjʊmənt] *sb 1.* Wortstreit *m*, Streit *m*, Auseinandersetzung *f; 2. (reason)* Argument *n; 3. (line of reasoning)* Beweisführung *f*, Debatte *f; 4. (discussion)* Diskussion *f*
argumentation [ɑːgjʊmən'teɪʃən] *sb* Argumentation *f*
arithmetical average [ærɪθ'metɪkəl 'ævərɪdʒ] *sb* arithmetisches Mittel *n*
arraign [ə'reɪn] *v* to be ~ed angeklagt werden, beschuldigt werden
arrangement [ə'reɪndʒmənt] *sb* Disposition *f*
arranging for a credit [ə'reɪndʒɪŋ fɔːr ə 'kredɪt] *sb* Kreditvermittlung *f*
arrears of payment [ə'rɪəz əv 'peɪmənt] *pl* Zahlungsrückstände *m/pl*
arrear on interests [ə'rɪə ɒn 'ɪntrɪsts] *sb* Zinsrückstand *m*
arrears [ə'rɪəz] *pl* Rückstand *m*, Rückstände *m/pl*
arrival of goods [ə'raɪvəl əv gʊdz] *sb* Wareneingang *m*
article ['ɑːtɪkl] *sb 1. (item)* Gegenstand *m; 2.* ~ of clothing Kleidungsstück *n; 3. (in a contract)* Paragraf *m; 4.* ~s of incorporation Satzung *f; 5. (goods)*Ware *f*, Artikel *m*
article coding system ['ɑːtɪkl 'kəʊdɪŋ 'sɪstəm] *sb* Artikelnummernsystem *n*

articulated lorry [ɑː'tɪkjʊleɪtɪd 'lɒrɪ] *sb (UK)* Sattelschlepper *m*
as agreed [æz ə'griːd] *adv* vereinbarungsgemäß, wie vereinbart
as guarantor of payment [æz gærən'tə əv 'peɪmənt] *sb* per aval
ASAP [eɪeseɪ'piː] *(fam: as soon as possible)* so bald wie möglich
Asian Dollar market ['eɪʒən 'dɒlə 'mɑːkɪt] *sb* Asiendollarmarkt *m*
ask [ɑːsk] *v* fragen; ~ a question eine Frage stellen; If you ~ me... Wenn Sie mich fragen... ~ after s.o. nach jdm fragen; *(require, demand)* verlangen, fordern
ask drawn by lot [ɑːsk drɔːn baɪ lɒt] Brief verlost (BV)
ask(ed) price [ɑːsk(d) 'praɪs] *sb* Briefkurs *m*
asking price ['ɑːskɪŋ praɪs] *sb* offizieller Verkaufspreis *m*
assemble [ə'sembl] *v 1. (come together, convene)* sich versammeln, sich ansammeln, zusammentreten; *2. (an object)* zusammenbauen, montieren
assembler [ə'semblə] *sb* Monteur(in) *m/f*
assembly [ə'semblɪ] *sb 1.* Versammlung *f, 2. (of an object)* Zusammenbau *m*, Montage *f*
assembly line [ə'semblɪ laɪn] *sb* Fließband *n*, Montageband *n*
assess [ə'ses] *v* bewerten, einschätzen
assessment [ə'sesmənt] *sb* Beurteilung *f*, Bewertung *f*
assessment basis [ə'sesmənt 'beɪsɪs] *sb* Bemessungsgrundlage *f*
assessment centre [ə'sesmənt 'sentə] *sb* Assessment Center *n*
assessment note [ə'sesmənt nəʊt] *sb* Steuerbescheid *m*, Steuerfestsetzung *f*
assessor [ə'sesə] *sb 1.* Beisitzer(in) *m/f; 2.* Steuereinschätzer(in) *m/f*
asset ['æset] *sb 1.* Vermögenswert *m; 2. (fig)* Vorzug *m*, Plus *n*, Vorteil *m*
asset and liability statement ['æset ænd leɪə'bɪlɪtɪ 'steɪtmənt] *sb* Vermögensbilanz *f*
asset erosion ['æset ɪ'rəʊʒən] *sb* substanzielle Abnutzung *f*
asset management ['æset 'mænɪdʒmənt] *sb* Asset Management *n*, Vermögensverwaltung *f*
asset market ['æset 'mɑːkɪt] *sb* Asset Market *m*
asset write-down ['æset 'raɪtdaʊn] *sb* Anlagenabschreibung *f*
assets ['æsets] *pl* Vermögen *n*, Guthaben *n*, Güter *pl; (on a balance sheet)* Aktiva *pl*

assets account ['æsets ə'kaʊnt] *sb* Bestandskonto *n*
assign [ə'saɪn] *v 1. (a task)* anweisen, zuweisen; *2. (someone to a task)* beauftragen, aufgeben; *3. (sth to a purpose)* bestimmen; *4. (classify)* zuordnen; *5. (transfer rights or titles)* übereignen, übertragen
assignee [əsaɪ'niː] *sb* Zessionar *m*, Assignat(in) *m/f*
assigner [ə'saɪnə] *sb* Zedent *m*
assignment [ə'saɪnmənt] *sb 1. (instruction)* Anweisung *f; 2. (assigned task)* Aufgabe *f,* Auftrag *m; 3. (legally)* Übertragung *f,* Abtretung *f*
assignment by way of security [ə'seɪnmənt baɪ weɪ əv sɪ'kjʊərɪtɪ] *sb* Sicherungsabtretung *f*
assistant [ə'sɪstənt] *sb* Assistent(in) *m/f,* Gehilfe/Gehilfin *m/f*
associate [ə'səʊʃɪət] *sb 1.* Kollege/Kollegin *m/f,* Mitarbeiter(in) *m/f; 2. (partner in a firm)* Gesellschafter(in) *m/f*
associated companies [ə'səʊsɪeɪtəd 'kʌmpəniːz] *pl* verbundene Unternehmen *n/pl*
association [əsəʊsɪ'eɪʃən] *sb* Verein *m,* Verband *m,* Vereinigung *f,* Gemeinschaft *f,* Gesellschaft *f; articles of ~* Gesellschaftsvertrag *m*
Association of German Chambers of Industry and Commerce [əsəʊsɪ'eɪʃən əv dʒɜːmən 'tʃeɪmbəz əv 'ɪndəstrɪ ænd 'kɒməs] *sb* Deutscher Industrie- und Handelstag (DIHT) *m*
association on which the law confers the attributes of a merchant, regardless of the object of its business [əsəʊsɪ'eɪʃən ɒn wɪtʃ ðə lɔː 'ætrɪbjuːts əv ə 'mɜːtʃənt rɪ'gɑːdlɪs əv ðə 'ɒbdʒekt əv ɪts 'bɪznɪs] *sb* Formkaufmann *m*
associations of shareholders [əsəʊsɪ'eɪʃənz əv 'ʃɛəhəʊldəz] *pl* Aktionärsvereinigungen *f/pl*
assort [ə'sɔːt] *v* sortieren, ordnen, assortieren
assorted [ə'sɔːtɪd] *adj* gemischt, assortiert
assortment [ə'sɔːtmənt] *sb* Sortiment *n,* Mischung *f*
assortment policy [ə'sɔːtmənt 'pɒlɪsɪ] *sb* Sortimentspolitik *f*
assumption of an obligation [ə'sʌmpʃən əv ən ɒblɪ'geɪʃən] *sb* Schuldübernahme *f*
assurance [ə'ʃʊərəns] *sb* Assekuranz *f,* Versicherung *f*

asynchronous data transfer [eɪsɪŋ'krənəs 'deɪtə 'trænsfɜː] *sb* asynchrone Datenübertragung *f*
asynchronous transmission [eɪsɪŋ'krənəs trænz'mɪʃən] *sb* asynchrone Datenübertragung *f*
at best [æt best] bestens
at lowest [æt 'ləʊəst] billigst
atomic energy [ə'tɒmɪk 'enədʒɪ] *sb* Atomenergie *f*
attach [ə'tætʃ] *v* beschlagnahmen, pfänden
attachable [ə'tætʃəbl] *adj* beschlagnahmefähig, pfändbar
attaché case [ə'tæʃeɪ keɪs] *sb* Aktenkoffer *m,* Aktentasche *f*
attached [ə'tætʃt] *adj 1.* verbunden; *2. Please find ~ ...* In der Anlage erhalten Sie ...
attachment [ə'tætʃmənt] *sb 1.* Beschlagnahme *f,* Pfändung *f; 2. (accessory)* Zubehörteil *n,* Zusatzteil *n*
attachment of earnings [ə'tætʃmənt əv 'ɜːnɪŋz] *sb* Lohnpfändung *f*
attendance stock exchange [ə'tendəns stɒk ɪks'tʃeɪndʒ] *sb* Präsenzbörse *f*
attend to [ə'tend tu] *v 1. (see to)* sich kümmern um, erledigen, sorgen für; *2. (serve)* bedienen, betreuen, abfertigen
attest [ə'test] *v* beglaubigen, bescheinigen; *~ to* bezeugen
attestation [ætes'teɪʃən] *sb (document)* Bescheinigung *f,* Attest *n*
attorney [ə'tɜːnɪ] *sb* Anwalt/Anwältin *m/f,* Rechtsanwalt/Rechtsanwältin *m/f; power of ~* Vollmacht *f;* Bevollmächtigte(r) *f/m*
auction ['ɔːkʃən] *sb* Auktion *f,* Versteigerung *f*
audio conference ['ɔːdɪəʊ 'kɒnfərəns] *sb* Audiokonferenz *f*
audit ['ɔːdɪt] *v 1.* prüfen; *2. sb* Buchprüfung *f; 3. (final ~)* Abschlussprüfung *f,* Revision *f*
audit department ['ɔːdɪt dɪ'pɑːtmənt] *sb* Revisionsabteilung *f*
auditing ['ɔːdɪtɪŋ] *sb* Wirtschaftsprüfung *f,* Rechnungsprüfung *f,* Buchprüfung *f*
auditing association ['ɔːdɪtɪŋ əsəʊsɪ'eɪʃən] *sb* Prüfungsverband *m*
auditing requirements ['ɔːdɪtɪŋ rɪ'kwaɪəmənts] *pl* Revisionspflicht *f*
audit of prospectus ['ɔːdɪt əv 'prɒspektəs] *sb* Prospektprüfung *f*
audit opinion ['ɔːdɪt ə'pɪnjən] *sb* Testat *n*
auditor ['ɔːdɪtə] *sb* Wirtschaftsprüfer *m,* Rechnungsprüfer *m*

audit report ['ɔːdɪt rɪ'pɔːt] *sb* Prüfungsbericht *m*
autarky ['ɔːtəkiː] *sb* Autarkie *f*
authenticate [ɔː'θentɪkeɪt] *v* beglaubigen, authentifizieren
authentication [ɔːθentɪ'keɪʃən] *sb* Beglaubigung *f*
authorisation [ɔːθəraɪ'zeɪʃən] *(UK) see "authorization"*
authoritative style of leadership [ɔː'θɒrɪteɪtɪv staɪl əv 'liːdəʃɪp] *sb* autoritärer Führungsstil *m*
authority [ɔː'θɒrɪtɪ] *sb 1. (power)* Autorität *f; 2. (of a ruler)* Staatsgewalt *f; 3. authorities pl* Obrigkeit *f; 4. (entitlement)* Befugnis *f; 5. (specifically dedicated)* Vollmacht *f; 6. (government, government department)* Amt *n*, Behörde *f; 7. (an expert)* Sachverständige(r) *f/m*, Fachmann *m*, Fachfrau *f*
authorization [ɔːθəraɪ'zeɪʃən] *sb 1.* Ermächtigung *f*, Genehmigung *f*, Berechtigung *f; 2. (delegation of authority)* Bevollmächtigung *f*, Mandat *n*
authorization to sign [ɔːθəraɪ'zeɪʃən tʊ saɪn] *sb* Zeichnungsberechtigung *f*
authorize ['ɔːθəraɪz] *v* ermächtigen, genehmigen, berechtigen; *(delegate authority)* bevollmächtigen
authorized ['ɔːθəraɪzd] *adj* berechtigt, befugt
authorized balance sheet ['ɔːθəraɪzd 'bæləns ʃiːt] *sb* genehmigte Bilanz *f*
authorized capital ['ɔːθəraɪzd 'kæpɪtəl] *sb* autorisiertes Kapital *n*, genehmigtes Kapital *n*
authorized clerk ['ɔːθəraɪzd klɑːk] *sb* Prokurist(in) *m/f*
authorized deposit ['ɔːθəraɪzd dɪ'pɒzɪt] *sb* Ermächtigungsdepot *n*
authorized person ['ɔːθəraɪzd 'pɜːsən] *sb* Bevollmächtigte(r) *f/m*
authorized representative ['ɔːθəraɪzd reprɪ'zentətɪv] *sb* Prokurist(in) *m/f*
authorized to undertake collection ['ɔːθəraɪzd tu ʌndə'teɪk kə'lekʃən] *adj* inkassoberechtigt
autocorrelation [ɔːtəʊkɒrə'leɪʃən] *sb* Autokorrelation *f*
automate ['ɔːtəmɪt] *v* automatisieren
automatic quotation [ɔːtə'mætɪk kwəʊ'teɪʃən] *sb* automatische Kursanzeige *f*
automated teller machine [ɔːtə'meɪtɪd 'telə mə'ʃiːn] *sb (US)* Geldautomat *m*

Automatic Transfer Service [ɔːtə'mætɪk 'trænsfɜː 'sɜːvɪs] *sb* Automatic Transfer Service (ATS) *m*
automation [ɔːtə'meɪʃən] *sb* Automation *f*, Automatisierung *f*
automation degree [ɔːtə'meɪʃən dɪ'griː] *sb* Automatisationsgrad *m*
automatism [ɔː'tɒmətɪzm] *sb* Automatismus *m*
automaton [ɔː'tɒmətən] *sb* Roboter *m*, Automat *m*
autonomous teams [ɔː'tɒnəməs tiːmz] *pl* autonome Arbeitsgruppen *f/pl*
autonomous variables [ɔː'tɒnəməs 'værɪəbəlz] *pl* autonome Größen *f/pl*
autonomous wage bargaining [ɔː'tɒnəməs weɪdʒ 'bɑːgənɪŋ] *sb* Tarifautonomie *f*
autonomy [ɔː'tɒnəmɪ] *sb* Autonomie *f*
autumn fair ['ɔːtəm feə] *sb* Herbstmesse *f*, Herbstausstellung *f*
auxiliary [ɔːg'zɪljərɪ] *adj* mitwirkend, Hilfs..., Zusatz...
availability [əveɪlə'bɪlɪtɪ] *sb* Verfügbarkeit *f*, Vorhandensein *n*, Wertstellung *f*
available [ə'veɪləbl] *adj 1.* verfügbar, vorhanden, zu haben; *2. (not busy)* abkömmlich; *3. (to be bought)* erhältlich; *4. (from a supplier)* lieferbar; *5. (in stock)* vorrätig
available funds [ə'veɪləbəl fʌndz] *pl* Finanzdecke *f*
average ['ævərɪdʒ] *adj 1.* durchschnittlich; *sb 2.* Durchschnitt *m; on ~* durchschnittlich
average costs ['ævərɪdʒ kɒsts] *pl* Durchschnittskosten *pl*
averaging ['ævərɪdʒɪŋ] *sb* Averaging *n*
average price ['ævərɪdʒ praɪs] *sb* Durchschnittspreis *m*
average product ['ævərɪdʒ 'prɒdʌkt] *(ecomomics)* Durchschnittserlöse *m/pl*
average rate ['ævərɪdʒ reɪt] *sb* Durchschnittssatz *m*
average value ['ævərɪdʒ 'væljuː] *sb* Mittelwert *m*
average value date ['ævərɪdʒ 'væljuː deɪt] *sb* Durchschnittsvaluta *f*
average yield ['ævərɪdʒ 'jiːld] *sb* Durchschnittsertrag *m*
avoidance [ə'vɔɪdəns] *sb 1.* Vermeidung *f; 2. tax ~* Steuerhinterziehung *f*
avoirdupois [ævwɑːdjuː'pwɑː] *sb ~ weight* Handelsgewicht *n*

B

baby bonds ['beɪbi bɒndz] *pl* Baby-Bonds *pl*
back delegation [bæk delɪ'geɪʃən] *sb* Rückdelegation *f*
back instalment [bæk ɪn'stɔːlmənt] *sb* rückständige Rate *f*
backlog ['bæklɒg] *sb* Rückstand *m*
back-office career ['bækɒfɪs kə'rɪə] *sb* Innendienstkarriere *f*
back-office manager ['bækɒfɪs 'mænɪdʒə] *sb* Innendienstleiter(in) *m/f*
backpay ['bækpeɪ] *sb* Nachzahlung *f*
back-to-back letter of credit [bæk tu bæk 'letə əv 'kredɪt] *sb* Gegenakkreditiv *n*
backup ['bækʌp] *sb* Backup *n*, Sicherungskopie *f*
backwardation [bækwə'deɪʃən] *1.* Rückdatierung *f; 2.* Deport *m*, Kursabschlag *m*
bad debt loss [bæd det lɒs] *sb* Ausfallforderung *f*
bad-weather compensation [bæd 'weðə kɒmpən'seɪʃən] *sb* Schlechtwettergeld *n*
bail [beɪl] *sb* Kaution *f*
bail bond ['beɪl bɒnd] *sb* Sicherheitsleistung *f*
bailiff ['beɪlɪf] *sb* Gerichtsvollzieher *m*
bailment ['beɪlmənt] *sb* Bürgschaftsleistung *f*, Kaution *f*
bail-out ['beɪlaʊt] *sb* Sanierung *f*
balance ['bæləns] *sb 1. (account ~)* Saldo *m; ~ carried forward* Übertrag *m; 2. (remainder)* Rest *m*, Restbetrag *m; v 3. (to be ~d)* ausgeglichen sein; *4. (~ the accounts, ~ the budget)* ausgleichen
balance analysis ['bæləns ə'næləsɪs] *sb* Bilanzanalyse *f*
balance date ['bæləns deɪt] *sb* Bilanzstichtag *m*
balance of account ['bæləns əv ə'kaʊnt] *sb* Kontenstand *m*, Saldo *m*
balance of capital transactions ['bæləns əv 'kæpɪtl træn'zækʃənz] *sb* Kapitalbilanz *f*
balance of goods and services ['bæləns əv gʊdz ænd 'sɜːvɪsɪz] *sb* Leistungsbilanz *f*
balance of interest ['bæləns əv 'ɪntrəst] *sb* Zinssaldo *m*
balance of payments ['bæləns əv 'peɪmənts] *sb* Zahlungsbilanz *f*
balance of payments deficit ['bæləns əv 'peɪmənts 'defəsɪt] *sb* Zahlungsbilanzdefizit *n*

balance of payments equilibrium ['bæləns əv 'peɪmənts ɪkwə'lɪbrɪəm] *sb* Zahlungsbilanzgleichgewicht *n*
balance of payments surplus ['bæləns əv 'peɪmənts 'sɜːpləs] *sb* Zahlungsbilanzüberschuss *m*
balance of trade ['bæləns əv 'treɪd] *sb* Handelsbilanz *f*
balance sheet ['bæləns ʃiːt] *sb* Bilanz *f*, Handelsbilanz *f*
balance sheet account ['bæləns ʃiːt ə'kaʊnt] *sb* Bilanzkonto *n*
balance sheet analysis ['bæləns ʃiːt ə'nælɪsɪs] *sb* Bilanzanalyse *f*, Bilanzkritik *f*
balance sheet audit ['bæləns ʃiːt 'ɔːdɪt] *sb* Bilanzprüfung *f*
balance sheet continuity ['bæləns ʃiːt kɒntɪ'njuːɪtɪ] *sb* Bilanzkontinuität *f*
balance sheet equation ['bæləns ʃiːt ɪ'kweɪʒən] *sb* Bilanzgleichung *f*
balance sheet figures ['bæləns ʃiːt 'fɪgəz] *pl* Bilanzzahlen *f/pl*
balance sheet statistics ['bæləns ʃiːt stə'tɪstɪks] *pl* Bilanzstatistik *f*
balance sheet total ['bæləns ʃiːt 'təʊtəl] *sb* Bilanzsumme *f*
balance sheet valuation ['bæləns ʃiːt vælju:'eɪʃən] *sb* Bilanzbewertung *f*
balance sheet value ['bæləns ʃiːt 'vælju:] *sb* Bilanzwert *m*
balance-sheet items ['bælənsʃiːt 'aɪtɪmz] *pl* Bilanzpositionen *f/pl*
balance statement ['bæləns 'steɪtmənt] *sb* Saldoanzeige *f*
balance transparency ['bæləns træns'pærənsɪ] *sb* Bilanzklarheit *f*
balancing item ['bælənsɪŋ 'aɪtɪm] *sb* Ausgleichsposten *m*
balancing of the budget ['bælənsɪŋ əv ðə 'bʌdʒɪt] *sb* Budgetausgleich *m*
ballot ['bælət] *sb* Stimmzettel *m; ~ vote* geheime Abstimmung *f*
ban on advertising [bæn ɒn 'ædvətaɪzɪŋ] *sb* Werbeverbot *n*
ban on competition [bæn ɒn kɒmpə'tɪʃən] *sb* Wettbewerbsverbot *n*
ban on exports [bæn ɒn 'ekspɔːts] *sb* Ausfuhrverbot *n*
ban on imports [bæn ɒn 'ɪmpɔːts] *sb* Importverbot *n*

ban on new issues [bæn ɒn njuː 'ɪʃuːz] sb Emissionssperre f
ban on recruitment [bæn ɒn rɪ'kruːtmənt] sb Einstellungsstopp m
bandwagon effect ['bændwægən ɪ'fekt] sb Nachahmungseffekt m, Bandwagon-Effekt m
bank [bæŋk] sb (for financial affairs) Bank f
bank acceptance [bæŋk ɪk'septəns] sb Bankakzept n
bank account [bæŋk ə'kaʊnt] sb Bankkonto n
bank audit [bæŋk 'ɔːdɪt] sb Bankrevision f
bank automation [bæŋk ɔːtə'meɪʃən] sb Bankautomation f
bank balance [bæŋk 'bæləns] sb Bankguthaben n, Kontostand m
bank balance sheet [bæŋk 'bæləns ʃiːt] sb Bankbilanz f
bank bonds ['bæŋk bɒndz] pl Bankanleihen f/pl, Bankobligation f, Bankschuldverschreibung f
bank branch numbering [bæŋk braːntʃ 'nʌmbərɪŋ] sb Bankennummerierung f
bank charges [bæŋk 'tʃɑːdʒɪz] pl Kontogebühren f/pl, Bankspesen pl
bank clerk ['bæŋk klaːk] sb Bankangestellter m, Bankkaufmann m
bank conditions [bæŋk kən'dɪʃənz] pl Bankkonditionen f/pl
bank credit [bæŋk 'kredɪt] sb Bankkredit m
Bank Custody Act [bæŋk 'kʌstɪdi ækt] sb Bankdepotgesetz n
bank customer [bæŋk 'kʌstəmə] sb Bankkunde m
bank debit [bæŋk 'debɪt] sb Lastschrift f, Kontobelastung f
bank debts ['bæŋk dets] pl Bankschulden f/pl
bank deposit [bæŋk dɪ'pɒzɪt] sb Bankeinlage f
bank deposit insurance [bæŋk dɪ'pɒzɪt ɪn'ʃʊərəns] sb Depositenversicherung f
bank discount [bæŋk 'dɪskaʊnt] sb Wechseldiskont m, Bankdiskont m
bank endorsed bill [bæŋk ɪn'dɔːst bɪl] sb bankgirierter Warenwechsel m
Bank for International Settlements (BIS) [bæŋk fɔː ɪntə'næʃənəl 'setəlmənts] sb Bank für Internationalen Zahlungsausgleich (BIZ) f
bank guarantee [bæŋk gærən'tiː] sb Bankgarantie f, Bankaval m/n
bank holding securities on deposit [bæŋk 'həʊldɪŋ sɪ'kjʊərətiz ɒn dɪ'pɒzɪt] sb Depotbank f

bank holiday [bæŋk 'hɒlɪdeɪ] sb gesetzlicher Feiertag m
bank identification number [bæŋk aɪdentɪfɪ'keɪʃən 'nʌmbə] sb Bankleitzahl f
bank inquiry [bæŋk ɪn'kwaɪrɪ] sb Bankauskunft f
bank letter of credit [bæŋk 'letə əv 'kredɪt] sb Bankakkreditiv n
bank liquidity [bæŋk lɪ'kwɪdɪtɪ] sb Bankliquidität f
bank manager [bæŋk 'mænɪdʒə] sb Filialleiter(in) m/f
bank money order [bæŋk 'mʌnɪ 'ɔːdə] sb Bankanweisung f
bank notification [bæŋk nəʊtɪfɪ'keɪʃən] sb Bankavis m/n
bank of deposit [bæŋk əv dɪ'pɒzɪt] sb Depositenbank f
bank office network [bæŋk 'ɒfɪs 'netwɜːk] sb Bankstellennetz n
bank order [bæŋk 'ɔːdə] sb Zahlungsanweisung f
bank place ['bæŋk pleɪs] sb Bankplatz m
bank rate ['bæŋk reɪt] sb Diskontsatz m
bank rate for loans on securities ['bæŋk reɪt fɔː ləʊns ɒn sɪ'kjʊərətɪz] sb Lombardsatz m
bank rate policy ['bæŋk reɪt 'pɒlɪsɪ] sb Diskontpolitik f
bank relations [bæŋk rɪ'leɪʃəns] pl Bankbeziehungen f/pl
bank return [bæŋk rɪ'tɜːn] sb Bankausweis m
bank shares ['bæŋk ʃeəz] pl Bankaktie f
bank sort code [bæŋk 'sɔːt kəʊd] sb Bankleitzahl f
bank statement [bæŋk 'steɪtmənt] sb Kontoauszug m, Bankauszug m
bank status [bæŋk 'steɪtɪs] sb Bankstatus m
bank stock ['bæŋk stɒk] sb Bankkapital n
bank supervision [bæŋk suːpə'vɪʒən] sb Bankkontrolle f
bank transfer [bæŋk 'trænsfə] sb Banküberweisung f
bank turnover [bæŋk 'tɜːnəʊvə] sb Bankumsätze m/pl
bankbook ['bæŋkbʊk] sb Kontobuch n
banker ['bæŋkə] sb Bankier m, Banker m
banker's commission ['bæŋkəz kə'mɪʃən] sb Bankprovision f
banker's duty of secrecy ['bæŋkəz 'djuːti əv 'siːkrɪsɪ] sb Bankgeheimnis n
banker's guarantee ['bæŋkəz gærən'tiː] sb Bankgarantie f

banker's note ['bæŋkəz nəʊt] *sb* Dispositionsschein *m*

banker's order ['bæŋkəz 'ɔːdə] *sb* Dauerauftrag *m*

banker's reference ['bæŋkəz 'refərɪns] *sb* Bankauskunft *f*

banking ['bæŋkɪŋ] *sb* Bankwesen *n*, Bankgeschäft *n*

banking business ['bæŋkɪŋ 'bɪznɪs] *sb* Bankgewerbe *n*

banking cover ['bæŋkɪŋ 'kʌvə] *sb* Bankdeckung *f*

banking crisis ['bæŋkɪŋ 'kraɪsɪs] *sb* Bankenkrise *f*

banking industry ['bæŋkɪŋ 'ɪndəstrɪ] *sb* Kreditwirtschaft *f*, Bankgewerbe *n*

banking inquiry ['bæŋkɪŋ ɪn'kwaɪərɪ] *sb* Bankenquete *f*

banking interest ['bæŋkɪŋ 'ɪntrɪst] *sb* Bankzinsen *m/pl*

Banking Law ['bæŋkɪŋ lɔː] *sb* Kreditwesengesetz *n*

banking legislation ['bæŋkɪŋ ledʒɪs'leɪʃən] *sb* Bankengesetzgebung *f*

banking organization ['bæŋkɪŋ ɔːgənaɪ-'zeɪʃən] *sb* Bankorganisation *f*

banking secrecy ['bæŋkɪŋ 'siːkrəsɪ] *sb* Bankgeheimnis *n*

banking statistics ['bæŋkɪŋ stə'tɪstɪks] *pl* Bankenstatistik *f*

banking stocks ['bæŋkɪŋ stɒks] *pl* Bankaktien *f/pl*, Bankwerte *m/pl*

banking syndicate ['bæŋkɪŋ 'sɪndɪkət] *sb* Bankenkonsortium *n*

banking system ['bæŋkɪŋ 'sɪstɪm] *sb* Bankensystem *n*

banking transactions ['bæŋkɪŋ træn-'zækʃənz] *pl* Bankgeschäft *n*

banknote ['bæŋknəʊt] *sb* Banknote *f*, Geldschein *m*

bankrate for advances against collateral ['bæŋkreɪt fɔː æd'vansız ə'genst kə-'lætərəl] *sb* Lombardsatz *m*

bankrupt ['bæŋkrʌpt] *adj* bankrott, nicht zahlungsfähig

bankruptcy ['bæŋkrʌptsɪ] *sb* Bankrott *m*, Konkurs *m;* ~ *proceedings* Konkursverfahren *n*

Bankruptcy Act ['bæŋkrʌptsɪ ækt] *sb* Konkursordnung *f*

bankruptcy assets ['bæŋkrʌptsɪ 'æsets] *pl* Konkursmasse *f*

bankruptcy court ['bæŋkrʌptsɪ kɔːt] *sb* Konkursgericht *n*

bankruptcy offence ['bæŋkrʌptsɪ ə'fens] *sb* Konkursdelikt *n*

bankruptcy petition ['bæŋkrʌptsɪ pə'tɪʃən] *sb* Konkursantrag *m*

bankruptcy proceedings ['bæŋkrʌptsɪ prə'siːdɪŋz] *pl* Konkursverfahren *n*

bankrupt's creditor ['bæŋkrʌpts 'kredɪtə] *sb* Konkursgläubiger *m*

bankrupt's estate ['bæŋkrʌpts ɪ'steɪt] *sb* Konkursmasse *f*

bank's accounting [bæŋks ə'kaʊntɪŋ] *sb* Bankbuchhaltung *f*

bank's confirmation of a letter of credit [bæŋks kɒnfə'meɪʃən əv ə 'letə əv 'kredɪt] *sb* Bankavis *m/n*

banks' duty to publish [bæŋks 'djuːti tu 'pʌblɪʃ] *sb* Bankpublizität *f*

bank's transaction dealing with cashless [bæŋks træn'zækʃən 'diːlɪŋ wɪθ 'kæʃləs] *sb* Girogeschäft *n*

banks' voting rights [bæŋks 'vəʊtɪŋ raɪts] *pl* Bankenstimmrecht *n*

bar chart ['bɑː tʃɑːt] *sb* Balkendiagramm *n*, Säulenschaubild *n*, Blockdiagramm *n*

bar code ['bɑː kəʊd] *sb* Strichcode *m*, Barcode *m*, Balkencode *m*

bargain ['bɑːgɪn] *v 1.* feilschen, handeln; *2.* ~ *for* rechnen mit, erwarten; *sb 3. (transaction)* Handel *m*, Geschäft *n*, Abkommen *n; 4. drive a hard* ~ hart feilschen; *5. strike a* ~ sich einigen; *6. (sth bought at a* ~ *price)* Gelegenheitskauf *m; 7. (lower-than-usual price)* preiswertes Angebot *n*

bargaining ['bɑːgənɪŋ] *sb* Verhandeln *n*, Bargaining *n*

barrel ['bærəl] *sb* Fass *n*, Tonne *f*, Barrel *n*

barriers to entry ['bærɪəz tu 'entrɪ] *pl* Markteintrittsbarrieren *f/pl*

barrister ['bærɪstə] *sb* Rechtsanwalt/ Rechtsanwältin *m/f*, Barrister *m*

barter ['bɑːtə] *v* tauschen; *sb* Tauschhandel *m*, Tausch *m*

barter transaction ['bɑːtə træn'zækʃən] *sb* Kompensationsgeschäft *n*, Tauschgeschäft *n*, Bartergeschäft *n*

base [beɪs] *sb* Basis *f*, Grundlage *f*

base level ['beɪs levl] *sb* Ausgangsniveau *n*

base line ['beɪs laɪn] *sb* Vergleichsbasis *f*

base period [beɪs 'pɪərɪəd] *sb* Vergleichszeitraum *m*

base rate ['beɪs reɪt] *sb* Leitzins *m*

base year ['beɪs jɪə] *sb* Vergleichsjahr *n*, Basisjahr *n*

basic collective agreement ['beɪsɪk kə'lektɪv ə'griːmənt] sb Manteltarifvertrag m
basic income ['beɪsɪk 'ɪnkʌm] sb Grundgehalt n, Basiseinkommen n
basic knowledge ['beɪsɪk 'nɒlɪdʒ] sb Grundwissen n, Grundkenntnisse pl
basic price ['beɪsɪk praɪs] sb Basispreis m
basic rate ['beɪsɪk reɪt] sb Eingangssteuersatz m
basic rate of interest ['beɪsɪk reɪt əv 'ɪntrɪst] sb Eckzins m
basic salary ['beɪsɪk 'sælərɪ] sb Grundgehalt n, Basislohn m
basic savings ['beɪsɪk 'seɪvɪŋz] pl Spareckzins m
basic trend ['beɪsɪk trend] sb Basistrend m
basic wage ['beɪsɪk weɪdʒ] sb Grundgehalt n, Basislohn m
basis ['beɪsɪs] sb Basis f, Grundlage f, Fundament n
basis price ['beɪsɪs praɪs] sb Grundpreis m, Erwerbskurs m
basis rate ['beɪsɪs reɪt] sb Basiszins m
basket currency ['bɑːskɪt 'kʌrɪnsɪ] sb Korbwährung f
batch of commodities [bætʃ əv kə'mɒdɪtiːz] sb Warenkorb m
batch production [bætʃ prə'dʌkʃən] sb Chargenproduktion f
batch size [bætʃ saɪz] (production) Losgröße f, Seriengröße f
baud rate ['bɔːd reɪt] sb Baudrate f
bear ['beə] sb Baissespekulant m, Baissier m
bear clause ['beə klɔːz] sb Baisseklausel f
bearer ['beərə] sb 1. (of a message, of a cheque) Überbringer(in) m/f; 2. (of a document) Inhaber(in) m/f; 3. (carrier) Träger(in) m/f
bearer bond ['beərə bɒnd] sb Inhaberschuldverschreibung f
bearer cheque ['beərə tʃek] sb Inhaberscheck m, Überbringerscheck m
bearer clause ['beərə klɔːz] sb Inhaberklausel f
bearer instrument ['beərə 'ɪnstrəmənt] sb Inhaberpapier n
bearer land charge ['beərə lænd tʃɑːdʒ] sb Inhabergrundschuld f
bearer share ['beərə ʃeə] sb Inhaberaktie f
bearer-type mortgage ['beərə taɪp 'mɔːgɪdʒ] sb Inhaberhypothek f
bearish ['beərɪʃ] adj (market) bearish, auf Baisse gerichtet, flau
bear market [beə 'mɑːkɪt] sb Baisse f
bear sale ['beə seɪl] sb Leerverkauf m

bear seller [beə 'selə] (Börse) Fixer m
bear selling [beə 'selɪŋ] sb Leerverkauf m
bear selling position [beə 'selɪŋ pə'zɪʃən] sb Leerposition f
bear slide ['beə slaɪd] sb Kursrutsch m
beat [biːt] v irr 1. (s.o. to sth) zuvorkommen; 2. (surpass) überbieten
beat down [biːt 'daʊn] v irr (prices) herunterdrücken, herunterhandeln
before hours dealing [bɪ'fɔːr 'aʊəz 'diːlɪŋ] sb Vorbörse f
belong [bɪ'lɒŋ] v gehören
belongings [bɪ'lɒŋɪŋz] pl Habe f, Besitz m, Eigentum n
benchmark rate ['bentʃmɑːk reɪt] sb Ecklohn m
benchmarking ['bentʃmɑːkɪŋ] sb Benchmarking n, Leistungsvergleich m
beneficial [benɪ'fɪʃəl] adj nützlich, gut, von Vorteil
beneficiary [benɪ'fɪʃəri] sb Nutznießer(in) m/f, Begünstigte(r) f/m
beneficiary of payment [benɪ'fɪʃəri əv 'peɪmənt] sb Zahlungsberechtigte(r) f/m
benefit ['benɪfɪt] v 1. Nutzen ziehen, profitieren, gewinnen; sb 2. Vorteil m, Nutzen m, Gewinn m; 3. give s.o. the ~ of the doubt im Zweifelsfalle zu jds Gunsten entscheiden; (insurance ~) Leistung f, Unterstützung f
benefit analysis ['benɪfɪt ə'nælɪsɪs] sb Nutzwertanalyse f
benefit in money's worth ['benɪfɪt ɪn 'mʌnɪz wɜːθ] sb geldwerter Vorteil m
bequeath [bɪ'kwiːð] v vermachen, vererben
bequest [bɪ'kwest] sb Vermächtnis n; (to a museum) Stiftung f
bespoke [bɪ'spəʊk] adj (UK) nach Maß angefertigt, Maß...
best price [best 'praɪs] adj billigst
bestow [bɪ'stəʊ] v schenken, erweisen
bestseller [best'selə] sb Bestseller m
bestselling ['bestselɪŋ] adj Erfolgs..., bestverkauft
beta factor ['biːtə 'fæktə] sb Betafaktor m
beverage tax ['bevərɪdʒ tæks] sb Getränkesteuer f
bid [bɪd] v irr 1. bieten; sb 2. Angebot n; 3. (at an auction) Gebot n
bidder ['bɪdə] sb Bieter(in) m/f; the highest ~ der/die Meistbietende m/f; the lowest ~ der/die Mindestbietende m/f
bidding ['bɪdɪŋ] sb Bieten n, Gebot n; do s.o.'s ~ wie geheißen tun
bid price [bɪd 'praɪs] sb Geldkurs m

big bank [bɪg bæŋk] *sb* Großbank *f*
bilateral [baɪˈlætərəl] *adj* zweiseitig, bilateral, beiderseitig
bill [bɪl] *v 1. (charge)* in Rechnung stellen; *sb 2.* Rechnung *f,* Abrechnung *f; 3. (US: banknote)* Banknote *f,* Geldschein *m; 4.* ~ *of sale* Verkaufsurkunde *f*
billboard [ˈbɪlbɔːd] *sb* Reklametafel *f,* Werbetafel *f*
bill brokerage provision [bɪl ˈbrəʊkərɪdʒ prəˈvɪʒən] *sb* Wechselcourtage *f*
bill business [bɪl ˈbɪznɪs] *sb* Wechselgeschäft *n*
bill discount rate [bɪl ˈdɪskaʊnt reɪt] *sb* Wechseldiskontsatz *m*
bill drawn by the drawer himself [bɪl ˈdrɔːn baɪ ðə ˈdrɔːə hɪmˈself] *sb* trassierteigener Wechsel *m*
billed [bɪld] *adj* in Rechnung gestellt, berechnet
bill endorsement [bɪl ɪnˈdɔːsmənt] *sb* Wechselindossament *n*
bill finance [bɪl ˈfaɪnæns] *sb* Wechselfinanzierung *f*
bill for collection [bɪl fɔː kəˈlekʃən] *sb* Inkassowechsel *m*
bill guarantee [bɪl gærənˈtiː] *sb* Wechselbürgschaft *f,* Wechselgarantie *f*
bill in foreign currency [bɪl ɪn ˈfɒrɪn ˈkʌrɪnsɪ] *sb* Devisen-Wechsel *m*
billion [ˈbɪlɪən] *sb 1. (a thousand millions)* Milliarde *f; 2. (formerly UK: a million millions)* Billion *f*
bill jobbing [bɪl ˈdʒɒbɪŋ] *sb* Wechselreiterei *f*
bill of entry [bɪl əv ˈentrɪ] *sb* Zolleinfuhrschein *m*
bill of exchange [bɪl əv ɪkˈstʃeɪndʒ] *sb* Wechsel *m*
bill of exchange drawn for third-party account [bɪl əv ɪkˈstʃeɪndʒ drɔːn fɔː θɜːd ˈpɑːtɪ əˈkaʊnt] *sb* Kommissionstratte *f*
bill of lading [bɪl əv ˈleɪdɪŋ] *sb* Konnossement *m,* Seefrachtbrief *m*
bill of quantity [bɪl əv ˈkwɒntɪtɪ] *sb* Kostenvoranschlag *m*
bill of receipts and expenditures [bɪl əv rɪˈsiːts ænd ɪkˈspendɪtʃəz] Einnahmen-Ausgabenrechnung *f*
bill on deposit [bɪl ɒn dɪˈpɒzɪt] *sb* Depotwechsel *m*
bill payable [bɪl ˈpeɪəbəl] *sb* Schuldwechsel *m*
bill payable at sight [bɪl ˈpeɪəbəl ət saɪt] *sb* Sichtwechsel *m*
bill payable in instalments [bɪl ˈpeɪəbəl ɪn ɪnˈstɔːlmənts] *sb* Ratenwechsel *m*

bills and checks returned unpaid [bɪlz ænd tʃeks rɪˈtɜːnd ʌnˈpeɪd] *pl (finance)* Retouren *f/pl*
bills discounted [bɪlz ˈdɪskaʊntɪd] *pl* Diskonten *pl,* inländische Wechsel *m/pl*
bills discounted ledger [bɪlz ˈdɪskaʊntɪd ˈledʒə] *sb* Obligobuch *n*
bills drawn on debtors [bɪlz drɔːn ɒn ˈdetəz] *pl* Debitorenziehung *f*
bills receivable [bɪlz rɪˈsiːvəbəl] *pl* Besitzwechsel *m*
bills rediscountable at the Federal Bank [bɪlz rɪdɪsˈkaʊntɪbəl æt ðə ˈfedərəl bæŋk] *pl* bundesbankfähige Wertpapiere *n/pl*
binding [ˈbaɪndɪŋ] *adj* verbindlich, bindend, verpflichtend
biodegradable [baɪəʊdɪˈgreɪdəbl] *adj* biologisch abbaubar
biotechnology [baɪəʊtekˈnɒlədʒɪ] *sb* Biotechnologie *f*
birthday [ˈbɜːθdeɪ] *sb* Geburtstag *m*
birthplace [ˈbɜːθpleɪs] *sb* Geburtsort *m*
bit [bɪt] *sb 1.* Stückchen *n,* Stück *n;* ~ *by* ~ stückweise, Stück für Stück; *every* ~ *as good as ...* genauso gut wie ...; *2. (UK: coin)* Münze *f; 3. (computer)* Bit *n*
black box model [blæk bɒks ˈmɒdəl] *sb* Black-Box-Modell *n*
black list [blæk lɪst] *sb* Black list *f,* schwarze Liste *f*
black market [blæk ˈmɑːkɪt] *sb* Schwarzmarkt *m*
black stock exchange [blæk stɒk ɪksˈtʃeɪndʒ] *sb* schwarze Börse *f*
blank [blæŋk] *adj* Blanko..., leer
blank bill [blæŋk bɪl] *sb* Blanko-Wechsel *m*
blank cheque [blæŋk tʃek] *sb* Blankoscheck *m*
blanket agreement [ˈblæŋkɪt əˈgriːmənt] *sb* Rahmenvereinbarung *f*
blanket allowance for special expenses [ˈblæŋkɪt əˈlaʊəns fɔː ˈspeʃəl ɪkˈspensɪz] *sb* Sonderausgaben-Pauschbetrag *m*
blank form [blæŋk fɔːm] *sb* Blankoformular *n*
blank indorsement [blæŋk ɪnˈdɔːsmənt] *sb* Blanko-Indossament *n*
blank signature [blæŋk ˈsɪgnətʃə] *sb* Blankounterschrift *f*
block [blɒk] *v (credit)* sperren
block credit [blɒk ˈkredɪt] *sb* Rahmenkredit *m*
blocked account [blɒkt əˈkaʊnt] *sb* Sperrkonto *n*

blocked balance [blɒkt 'bæləns] *sb* Sperrguthaben *n*
blocked deposit [blɒkt dɪ'pɒzɪt] *sb* gesperrtes Depot *n*
blocked safe-deposit [blɒkt seɪf dɪ'pɒzɪt] *sb* Sperrdepot *n*
blocked shares [blɒkt 'ʃɛəz] *sb* gesperrte Stücke *n/pl*
block floating [blɒk 'fləʊtɪŋ] *sb* Blockfloating *n*
block grant [blɒk 'grɑːnt] *sb* Pauschalsubvention *f*
block of shares [blɒk əv 'ʃɛəz] *pl* Aktienpaket *n*
blue chips ['bluː tʃɪps] *pl* erstklassige Aktien *f,* Blue Chips *m/pl*
board [bɔːd] *sb 1. (of a computer)* Platine *f;* 2. (~ *of directors)* Vorstand *m,* Direktorium *n,* Verwaltungsrat *m*
board of directors [bɔːd əv dɪ'rektəz] *sb* Direktion *f,* Vorstand *m*
board of trustees [bɔːd əv trʌs'tiːz] *sb* Kuratorium *n*
boardroom ['bɔːdruːm] *sb* Sitzungssaal *m*
body ['bɒdɪ] *sb 1. (group of people)* Gruppe *f,* Gesellschaft *f;* 2. *(administrative)* Körperschaft *f*
body of assets ['bɒdɪ əv 'æsets] *sb* Vermögensmasse *f*
bogus company ['bəʊgəs 'kʌmpənɪ] *sb* Briefkastenfirma *f,* Scheinfirma *f*
bond [bɒnd] *sb* Obligation *f,* festverzinsliches Wertpapier *n*
bond and share [bɒnd ænd 'ʃɛə] *sb* Manteltresor *m*
bond capital [bɒnd 'kæpɪtəl] *sb* Anleihekapital *n*
bond certificate [bɒnd sə'tɪfɪkɪt] *sb* Anleiheschein *m*
bond coupon [bɒnd 'kuːpɒn] *sb* Zinsschein *m*
bonded ['bɒndɪd] *adj* unter Zollverschluss *m*
bonded warehouse ['bɒndɪd 'wɛəhaʊs] *sb* Zolllagerhaus *n*
bondholder ['bɒndhəʊldə] *sb* Pfandbriefinhaber *m,* Obligationär *m*
bond issue [bɒnd 'ɪʃuː] *sb* Obligationsausgabe *f*
bond market [bɒnd 'mɑːkɪt] *sb* Rentenmarkt *m*
bond option [bɒnd 'ɒpʃən] *sb* Bond-Option *f*
bonds [bɒndz] *pl* Rentenpapiere *n/pl,* Bonds *m/pl,* Obligation *f*
bond trading [bɒnd 'treɪdɪŋ] *sb* Rentenhandel *m*

bond warrant [bɒnd 'wɒrənt] *sb* Zollbegleitschein *m*
bonus ['bəʊnəs] *sb (monetary)* Prämie *f,* Bonus *m,* Gratifikation *f,* Bonifikation *f,* Zulage *f*
bonus-aided saving ['bəʊnəs 'eɪdɪd 'seɪvɪŋ] *sb* Prämiensparen *n*
bonus savings contract ['bəʊnəs 'seɪvɪŋz 'kɒntrækt] *sb* Prämiensparvertrag *m*
bonus share ['bəʊnəs ʃɛə] *sb* Berichtigungsaktie *f,* Gratisaktie *f,* Zusatzaktie *f*
book [bʊk] *v (reserve)* buchen, reservieren, vorbestellen; *to be ~ed up* ausgebucht sein
book credit [bʊk 'kredɪt] *sb* Buchkredit *m*
book debt [bʊk det] *sb* Buchschuld *f*
booking ['bʊkɪŋ] *f* Buchung *f,* Bestellung *f*
booking amount ['bʊkɪŋ ə'maʊnt] *sb* Buchungsbetrag *m*
bookkeeper ['bʊkkiːpə] *sb* Buchhalter(in) *m/f*
bookkeeping ['bʊkkiːpɪŋ] *sb* Buchhaltung *f,* Buchführung *f*
bookkeeping department ['bʊkkiːpɪŋ dɪ'pɑːtment] *sb* Buchhaltungsabteilung *f*
bookkeeping error ['bʊkkiːpɪŋ 'erə] *sb* Buchungsfehler *m*
book profit [bʊk 'prɒfɪt] *sb* Buchgewinn *m*
books [bʊks] *pl* Bücher *n/pl,* Geschäftsbücher *n/pl; keep the ~s* die Bücher führen
book value [bʊk 'væljuː] *sb* Bilanzkurs *m,* Buchbestände *m/pl;* Buchwert *m*
boom [buːm] *v 1. (prosper)* einen Aufschwung nehmen; *Business is ~ing.* Das Geschäft blüht. *sb 2. (upswing)* Aufschwung *m,* Boom *m,* Hochkonjunktur *f*
boot disk ['buːt dɪsk] *sb* Bootdiskette *f*
borrow ['bɒrəʊ] *v* borgen, sich leihen, sich entleihen
borrowed funds ['bɒrəʊd fʌndz] *pl* aufgenommene Gelder *n/pl,* fremde Mittel *n/pl*
borrower ['bɒrəʊə] *sb* Entleiher(in) *m/f; (with a bank)* Kreditnehmer *m*
borrowing ['bɒrəʊɪŋ] *sb* Passivkredit *m*
borrowing customers' card index ['bɒrəʊɪŋ 'kʌstəməz kɑːd 'ɪndeks] *sb* Kreditkartei *f*
borrowing limit ['bɒrəʊɪŋ 'lɪmɪt] *sb* Kreditlimit *n*
borrowing line ['bɒrəʊɪŋ 'laɪn] *sb* Kreditlinie *f*
bottleneck ['bɒtlnek] *sb (fig)* Engpass *m*
bottle-neck factor ['bɒtlnek 'fæktə] *sb* Engpassfaktor *m*
bottom ['bɒtəm] *v* auf dem Tiefpunkt sein, den tiefsten Stand erreicht haben; *~ out* die Talsohle verlassen

bottom line ['bɒtəm 'laɪn] sb Saldo m
bottom-up planning system ['bɒtəmʌp 'plænɪŋ 'sɪstɪm] sb Gegenstromverfahren n
bottom-up principle ['bɒtəmʌp 'prɪnsɪpəl] sb Bottom-Up-Prinzip n
bottom wage groups ['bɒtəm weɪdʒ gruːps] pl Leichtlohngruppen f/pl
bourse [baʊəs] sb Börse f (auf dem europäischen Kontinent)
box [bɒks] v 1. (put in boxes) verpacken; 2. sb Kasten m, Kiste f; (made of thin cardboard) Schachtel f
boxboard ['bɒksbɔːd] sb Wellpappe f, Karton m
boxcar ['bɒkskɑː] sb geschlossener Güterwagon m
box number ['bɒks 'nʌmbə] sb Postfach n
boycott ['bɔɪkɒt] sb 1. Boykott m; v 2. boykottieren
brain drain [breɪn dreɪn] sb (fam) Braindrain m, Abwanderung hochqualifizierter Arbeitskräfte f
brains trust [breɪnz trʌst] sb Expertenausschuss m, Braintrust m
brainstorming ['breɪnstɔːmɪŋ] sb Brainstorming n, Ideensammeln n
branch [brɑːntʃ] sb 1. (area) Zweig m, Sparte f, Branche f; 2. (~ office) Filiale f, Zweigstelle f; v 3. ~ out sich ausdehnen
branch abroad [brɑːntʃ ə'brɔːd] sb Auslandsniederlassung f
branch manager [brɑːntʃ 'mænɪdʒə] sb Filialleiter m
branch office [brɑːntʃ 'ɒfɪs] sb Geschäftsstelle f, Zweigstelle f, Filiale f
branch operation [brɑːntʃ ɒpə'reɪʃən] sb Zweigstelle f
brand [brænd] sb (name) Marke f, Schutzmarke f
brand family [brænd 'fæmɪlɪ] sb Markenfamilie f
brand leader [brænd 'liːdə] sb führende Marke f
brand management [brænd 'mænɪdʒmənt] sb Produktmanagement n, Markenmanagement n
brand marketing [brænd 'mɑːkɪtɪŋ] sb Brandmarketing n
brand name ['brænd neɪm] sb Markenname m
brand name article ['brænd neɪm 'ɑːtɪkl] sb Markenartikel m
brand (name) loyalty [brænd (neɪm) 'lɔɪjəltɪ] sb Markentreue f

brand switching [brænd 'swɪtʃɪŋ] sb Markenwechsel m
brand trademark [brænd 'treɪdmɑːk] sb Marke f
brand trend survey [brænd trend 'sɜːveɪ] sb Markenanalyse f
branding ['brændɪŋ] sb Branding n
breach [briːtʃ] v 1. (a contract) brechen, verletzen; sb 2. Übertretung f, Verstoß m, Verletzung f; 3. ~ of contract Vertragsbruch m
break [breɪk] v irr 1. brechen; 2. ~ even Kosten decken; 3. ~ the news to s.o. jdm etw eröffnen; 4. (stop functioning) kaputtgehen; 5. (put out of working order) kaputtmachen; sb 6. (pause) Pause f; take a ~ eine Pause machen
breakage ['breɪkɪdʒ] sb Bruch m; (damage) Bruchschaden m
breakage frequency ['breɪkɪdʒ 'friːkwənsɪ] sb Ausschussquote f
break down [breɪk 'daʊn] v irr (machine) versagen, stehen bleiben
breakdown ['breɪkdaʊn] sb 1. (of a machine) Versagen n, Betriebsstörung f; 2. (of a car) Panne f; 3. (analysis) Aufgliederung f
breakeven analysis [breɪk'iːvən ə'nælɪsɪs] Break-Even-Analyse f, Gewinnschwellenanalyse f
break-even point [breɪk'iːvən pɔɪnt] sb Gewinnschwelle f, Rentabilitätsschwelle f, Break-Even-Point m
breakthrough ['breɪkθruː] sb Durchbruch m
bribe [braɪb] v 1. bestechen, schmieren; 2. sb (money) Bestechung f, Bestechungsgeld n
bridging loan ['brɪdʒɪŋ ləʊn] sb Überbrückungskredit m
brief [briːf] sb 1. Instruktionen f/pl; v 2. ~ s.o. jdn einweisen, jdn instruieren
briefcase ['briːfkeɪs] sb Aktentasche f, Aktenmappe f
briefing ['briːfɪŋ] sb Briefing n, vorbereitende Besprechung f
bring [brɪŋ] v irr 1. bringen; 2. ~ a charge against s.o. gegen jdn Anklage erheben
bring forward [brɪŋ 'fɔːwəd] v irr 1. übertragen; 2. (a meeting) vorverlegen
broadcast ['brɔːdkɑːst] v irr 1. senden, übertragen; sb 2. Übertragung f, Sendung f
brochure ['brəʊʃə] sb Broschüre f, Prospekt m
broken-period interest ['brəʊkənpɪərɪəd 'ɪntrest] sb Stückzinsen pl
broker ['brəʊkə] sb Broker m; Makler(in) m/f
brokerage ['brəʊkərɪdʒ] sb Maklergeschäft n, Maklergebühr f, Provision f, Courtage f

brokerage bank ['brəʊkərɪdʒ bæŋk] *sb* Maklerbank *f*
brokerage business ['brəʊkərɪdʒ 'bɪznɪs] *sb* Vermittlungsgeschäft *n*
brokers' code of conduct ['brəʊkəz kəʊd əv 'kɒndʌkt] *sb* Maklerordnung *f*
broker's note ['brəʊkəz nəʊt] *sb* Schlussnote *f*
bubble company ['bʌbəl 'kʌmpənɪ] *sb* Briefkastenfirma *f*, Scheinfirma *f*
bucket shop ['bʌkɪt ʃɒp] *sb* Winkelbörse *f*
budget ['bʌdʒɪt] *v 1.* ~ *for sth* einplanen, einkalkulieren; *sb 2.* Etat *m*, Budget *n*, Haushalt *m*
budget adjustment ['bʌdgɪt ə'dʒʌstmənt] *sb* Planrevision *f*
budgetary deficit ['bʌdʒɪtəri 'defəsɪt] *sb* Haushaltsdefizit *n*, Budgetdefizit *n*
budgetary planning ['bʌdʒɪtəri 'plænɪŋ] *sb* Budgetplanung *f*
budget control ['bʌdʒɪt kən'trəʊl] *sb* Budgetkontrolle *f*
budget credit ['bʌdʒɪt 'kredɪt] *sb* Haushaltskredit *m*
budget cut ['bʌdʒɪt kʌt] *sb* Etatkürzung *f*, Budgetkürzung *f*
budgeted balance sheet ['bʌdʒɪtɪd 'bæləns ʃiːt] *sb* Planbilanz *f*
budgeted costs ['bʌdʒɪtɪd kɒsts] *pl* Sollkosten *pl*
budget law ['bʌdʒɪt lɔː] *sb* Haushaltsgesetz *n*
budgeting ['bʌdʒɪtɪŋ] *sb* Budgetierung *f*, Finanzplanung *f*
buffer stock ['bʌfə stɒk] *sb* Pufferbestand *m*
bug [bʌg] *v 1.* verwanzen, abhören; *sb 2. (programming error)* Defekt *m*
build [bɪld] *v irr 1.* bauen, erbauen, errichten; *2. (fig: business, career, relationship)* aufbauen; *3. (assemble)* bauen, konstruieren, herstellen
builder ['bɪldə] *sb 1. (contractor)* Bauunternehmer *m; 2.* Erbauer *m*, Bauträger *m*
building and contracting industry ['bɪldɪŋ ənd kɒn'træktɪŋ 'ɪndəstrɪ] *sb* Bauwirtschaft *f*
building financing ['bɪldɪŋ 'faɪnænsɪŋ] *sb* Baufinanzierung *f*
building loan ['bɪldɪŋ ləʊn] *sb* Baukredit *m*, Baudarlehen *n*
building site ['bɪldɪŋ saɪt] *sb* Bauland *n*, Baustelle *f*
building society ['bɪldɪŋ sə'saɪɪtɪ] *sb (UK)* Bausparkasse *f*

build-up account ['bɪldʌp ə'kaʊnt] *sb* Aufbaukonto *n*
bulk [bʌlk] *sb 1. (size)* Größe *f*, Masse *f; 2. (large quantity)* Masse *f*
bulk buyer [bʌlk 'baɪə] *sb* Großabnehmer *m*
bulk buying [bʌlk 'baɪɪŋ] *sb* Großeinkauf *m*
bulk carrier [bʌlk 'kærɪə] *sb* Frachtschiff *n*, Frachter *m*
bulk delivery [bʌlk dɪ'lɪvərɪ] *sb* Großlieferung *f*
bulk goods [bʌlk gʊdz] *pl* Massengüter *n/pl*
bulk mail ['bʌlk meɪl] *sb* Postwurfsendung *f*
bull [bʊl] *sb* Haussespekulant *m*, Haussier *m*
bull market [bʊl 'mɑːkɪt] *sb* Hausse *f*
bullion ['bʊljən] *sb 1.* Bullion *n; 2.* Barren *m*
bullion broker ['bʊljən 'brəʊkə] *sb* Bullionbroker *m*
bullish ['bʊlɪʃ] *sb* Bullish *n*
buoyant ['bɔɪjənt] *adj* freundlich, lebhaft
burden ['bɜːdn] *v 1.* belasten; ~ *s.o. with sth* jdm etw aufbürden; *sb 2.* Last *f; 3. (of taxes)* Belastung *f*
burden department ['bɜːdn dɪ'pɑːtment] *sb* Kostenstelle *f*
bureau ['bjʊərəʊ] *sb (of the government)* Amt *n*, Behörde *f*
bureaucracy [bjʊə'rɒkrəsɪ] *sb* Bürokratie *f*
bureaucrat ['bjʊərəkræt] *sb* Bürokrat *m*
bureaucratic [bjʊərə'krætɪk] *adj* bürokratisch
business ['bɪznɪs] *sb 1. (firm)* Geschäft *n*, Betrieb *m*, Unternehmen *n; 2. go out of* ~ zumachen; *3. (trade)* Geschäft *n*, Gewerbe *n; (matter)* Sache *f*, Affäre *f*, Angelegenheit *f; 4. get down to* ~ zur Sache kommen
business acquisition ['bɪznɪs ækwɪ'zɪʃən] *sb* Geschäftsübernahme *f*
business administration ['bɪznɪs ədmɪnɪ'streɪʃən] *sb* Betriebswirtschaftslehre *f*
business barometer ['bɪznɪs bə'rɒmɪtə] *sb* Konjunkturbarometer *n*
business card ['bɪznɪs kɑːd] *sb* Geschäftskarte *f*, Visitenkarte *f*
business category costing ['bɪznɪs 'kætəgərɪ 'kɒstɪŋ] *sb* Geschäftsspartenkalkulation *f*
business combination ['bɪznɪs kɒmbɪ'neɪʃən] *sb* Unternehmenszusammenschluss *m*
business concentration ['bɪznɪs kɒnsɪn'treɪʃən] *sb* Unternehmenskonzentration *f*
business connections ['bɪznɪs kə'nekʃənz] *pl* Geschäftsbeziehungen *f/pl*, Geschäftsverbindungen *f/pl*

business consulting ['bɪznɪs kən'sʌltɪŋ] sb Unternehmensberatung f
business cycle ['bɪznɪs 'saɪkəl] sb Konjunkturverlauf m, Konjunkturzyklus m
business data processing ['bɪznɪs 'deɪtə 'prəʊsesɪŋ] sb Wirtschaftsinformatik f
business deal ['bɪznɪs diːl] sb Geschäftsabschluss m
business economics ['bɪznɪs iːkə'nɒmɪks] pl Betriebswirtschaftslehre f
business engaged in the distributive trade ['bɪznɪs ɪn'geɪdʒd ɪn ðə dɪs'trɪbjutɪv treɪd] sb Handelsbetrieb m
business enterprise ['bɪznɪs 'entəpraɪz] sb Erwerbsbetrieb m, Unternehmung f
business environment risk index ['bɪznɪs en'vaɪənmənt rɪsk 'ɪndeks] sb BERI-Index m
business excise tax ['bɪznɪs 'eksaɪz tæks] sb Gewerbeertragssteuer f
business forecasting ['bɪznɪs 'fɔːkɑːstɪŋ] sb Konjunkturprognose f
business friend ['bɪznɪs frend] sb Geschäftsfreund m
business hours ['bɪznɪs 'aʊəz] sb Geschäftszeit f
business in foreign countries ['bɪznɪs ɪn 'fɒrɪn 'kʌntrɪz] sb Auslandsgeschäft n
business income ['bɪznɪs 'ɪnkʌm] sb Erwerbseinkünfte f/pl
business indicator ['bɪznɪs 'ɪndɪkeɪtə] sb Konjunkturindikator m
business letter ['bɪznɪs 'letə] sb Handelsbrief m
business licence ['bɪznɪs 'laɪsəns] sb Gewerbeschein m
businessman ['bɪznɪsmæn] sb Geschäftsmann m, Kaufmann m
business over the counter ['bɪznɪs 'əʊvə ðə 'kaʊntə] sb Schaltergeschäft n
business papers ['bɪznɪs 'peɪpəz] pl Geschäftspapiere n/pl
business park ['bɪznɪs pɑːk] sb Gewerbegebiet n
business partner ['bɪznɪs 'pɑːtnə] sb Geschäftspartner(in) m/f
business practice ['bɪznɪs 'præktɪs] sb Handelsbrauch m
business relations ['bɪznɪs rɪ'leɪʃənz] pl Geschäftsverbindung f, Geschäftsbeziehung f
business report ['bɪznɪs rɪ'pɔːt] sb Geschäftsbericht m
business reply ['bɪznɪs rɪ'plaɪ] sb Werbeantwort f

business secret ['bɪznɪs 'siːkrət] sb Geschäftsgeheimnis n
business taxation ['bɪznɪs tæk'seɪʃən] sb Unternehmensbesteuerung f
business-to-business (B2B) ['bɪznɪs tʊ 'bɪznɪs] sb Business-to-Business, B2B (Abwicklung von Geschäftsvorgängen zwischen Unternehmen)
business-to-customer (B2C) ['bɪznɪs tʊ 'kʌstəmə] sb Business-to-Costumer, B2C (Abwicklung von Geschäftsvorgängen zwischen Unternehmen und Endkunden)
businesswoman ['bɪznɪswʊmən] sb Geschäftsfrau f
business year ['bɪznɪs jɪə] sb Wirtschaftsjahr n
busy ['bɪzɪ] adj 1. beschäftigt, tätig; 2. (telephone line) (US) besetzt
buy [baɪ] v irr 1. kaufen, einkaufen; sb 2. (fam) Kauf m; a good ~ ein günstiger Kauf m
buy-back ['baɪbæk] sb Anteilsrückkauf m
buy-back arrangements ['baɪbæk ə'reɪndʒmənts] pl Rückkaufgeschäfte n/pl
buyer ['baɪə] sb Käufer(in) m/f, Abnehmer(in) m/f
buyer's commission ['baɪəz kə'mɪʃən] sb Käuferprovision f
buyers ahead ['baɪəz ə'hed] sb bezahlt und Geld (BG, bzG)
buyer's market ['baɪəz 'mɑːkɪt] sb Käufermarkt m
buying or selling for customers ['baɪɪŋ ɔː 'selɪŋ fə 'kʌstəməz] sb Anschaffungsgeschäft n
buying rate ['baɪɪŋ reɪt] sb Geldkurs m
buying-up wholesale trade ['baɪɪŋʌp 'həʊlseɪl treɪd] sb Aufkaufgroßhandel m
buy off [baɪ 'ɒf] v irr (s.o.) jdn abfinden
buy out [baɪ 'aʊt] v irr 1. (s.o.) auszahlen; 2. (s.o.'s stock) aufkaufen
by express [baɪ ɪk'spres] per Express
by lorry [baɪ 'lɒrɪ] per Lastkraftwagen
by order [baɪ 'ɔːdə] im Auftrag
by procuration [baɪ prəkju'reɪʃən] per procura
by registered post [baɪ 'redʒɪstəd 'pəʊst] per Einschreiben
by return of post [baɪ rə'tɜːn əv 'pəʊst] postwendend
bylaws ['baɪlɔːz] pl Satzung f
by-product ['baɪprɒdʌkt] sb Nebenprodukt n, Abfallprodukt n
byte [baɪt] sb Byte n

C

cable transfer ['keɪbl 'trænsfɜ:] sb Kabel-überweisung f, telegrafische Überweisung f
cabotage ['kæbətaʒ] sb Kabotage f
calculable ['kælkjʊləbl] adj berechenbar, kalkulierbar
calculate ['kælkjʊleɪt] v 1. rechnen; (sth) berechnen, errechnen; 2. (estimate) kalkulieren
calculation [kælkjʊ'leɪʃən] sb Berechnung f, Kalkulation f, Rechnung f
calculation of compound interest [kælkjʊ'leɪʃən əv 'kɒmpaʊnd 'ɪntrɪst] sb Zinseszinsrechnung f
calculation of earning power [kælkjʊ'leɪʃən əv 'ɜːnɪŋ 'paʊə] sb Rentabilitätsberechnung f
calculation of price of shares [kælkjʊ'leɪʃən əv praɪs əv ʃɛəz] sb Effektenrechnung f
calculation of probabilities [kælkjʊ'leɪʃən əv prɒbə'bɪlɪtɪz] sb Wahrscheinlichkeitsrechnung f
calculation of the budget costs [kælkjʊ'leɪʃən əv ðə 'bʌdʒɪt kɒsts] sb Plankostenrechnung f
calculation unit [kælkjʊ'leɪʃən 'juːnɪt] sb Recheneinheit f
calculator ['kælkjʊleɪtə] sb (pocket ~) Taschenrechner m
calendar year ['kæləndə jɪə] sb Kalenderjahr n
call [kɔ:l] v 1. (on the telephone) anrufen; (a meeting) einberufen; 2. (a bond) aufrufen; 3. (a loan) abrufen; sb 4. (telephone ~) Anruf m; 5. make a ~ telefonieren; 6. (summons) Aufruf m
callable ['kɔ:ləbl] adj rückkaufbar, rückforderbar
callable forward transaction anticipato m ['kɔ:ləbəl 'fɔːwəd træn'zækʃən æntɪsɪ'patə] sb Wandelgeschäft n
callable bond ['kɔ:ləbəl 'bɒnd] sb Anleihe mit Emittentenkündigungsrecht f, Schuldverschreibung mit Emittentenkündigungsrecht f
called ['kɔ:ld] adj eingefordert
called in [kɔ:ld 'ɪn] adj eingefordert
called in capital ['kɔ:ld ɪn 'kæpɪtl] sb eingefordertes Kapital n
call forwarding [kɔ:l 'fɔːwədɪŋ] sb Anrufumleitung f
call letter [kɔ:l 'letə] sb Einzahlungsaufforderung f

call off [kɔ:l 'ɒf] v (cancel) absagen
call officer [kɔ:l 'ɒfɪsə] sb Firmenkundenbetreuer(in) m/f
call option [kɔ:l 'ɒpʃən] sb Kaufoption f
call order [kɔ:l 'ɔːdə] sb Abrufauftrag m
call transaction [kɔ:l træn'zækʃən] sb Call-Geschäft n
call up [kɔ:l 'ʌp] v 1. aufrufen; 2. (telephone) anrufen
call-box ['kɔ:lbɒks] sb (UK) Telefonzelle f, Münzfernsprecher m
caller ['kɔ:lə] sb (on the telephone) Anrufer m; (visitor) Besucher m
calling card ['kɔ:lɪŋ kɑ:d] sb (fig, US) Visitenkarte f
call-number ['kɔ:lnʌmbə] sb (UK) Rufnummer f
camouflaged advertising ['kæməflɑːʒd 'ædvətaɪzɪŋ] sb Schleichwerbung f
canban system ['kænbæn 'sɪstɪm] sb Kanban-System n
cancel ['kænsəl] v 1. streichen, durchstreichen; 2. ~ each other out (fig) sich gegenseitig aufheben; 3. (a command) widerrufen, aufheben; 4. (call off) absagen; 5. (an order for goods) abbestellen, stornieren; 6. (a contract) annullieren, kündigen; 7. to be ~led ausfallen
cancellation [kænsə'leɪʃən] sb 1. Streichung f, Aufhebung f, Annullierung f; 2. (of a contract) Kündigung f; Abbestellung f, Stornierung f, Löschung f
cancellation fee [kænsə'leɪʃən fi:] sb Rücktrittsgebühr f, Stornogebühr f
cancellation notice [kænsə'leɪʃən 'nəʊtɪs] sb Kündigungsschreiben n
cancellation of a debt [kænsə'leɪʃən əv ə det] sb Schuldenerlass m
cancelled ['kænsld] adj 1. ungültig, gestrichen; 2. (order) storniert; 3. (meeting) abgesagt
candidate ['kændɪdeɪt] sb Kandidat(in) m/f, Anwärter(in) m/f, Bewerber(in) m/f
candidature ['kændɪdətʃə] sb Anwartschaft f, Kandidatur f
cap [kæp] sb Cap n, Obergrenze f
capable of acting in law ['kæpəbl əv 'æktɪŋ ɪn lɔ:] adv rechtsfähig
capacity [kə'pæsɪtɪ] sb 1. (ability) Fähigkeit f; 2. (role) Eigenschaft f; 3. in an advisory ~ in beratender Funktion; 4. (content) Inhalt m, Umfang m; 5. Kapazität f, Leistung f

capacity to contract [kə'pæsətɪ tu 'kɒntrækt] *sb* Geschäftsfähigkeit *f*
capacity to compete [kə'pæsətɪ tu kəm-'piːt] *sb* Wettbewerbsfähigkeit *f*
capacity to draw cheques [kə'pæsɪtɪ tu drɔː tʃeks] *sb* Scheckfähigkeit *f*
capacity to pay [kə'pæsətɪ tu peɪ] *sb* Zahlungsfähigkeit *f*
capital ['kæpɪtəl] *sb* Kapital *n*
capital account ['kæpɪtəl ə'kaʊnt] *sb* Vermögensrechnung *f*
capital accumulation ['kæpɪtəl əkjuːmjʊ-'leɪʃən] *sb* Kapitalansammlung *f*
capital addition ['kæpɪtəl ə'dɪʃən] *sb* Anlagenzugang *m*
capital adjustment ['kæpɪtəl ə'dʒʌstmənt] *sb* Kapitalberichtigung *f*
capital aid ['kæpɪtəl eɪd] *sb* Kapitalhilfe *f*
capital analysis ['kæpɪtəl ə'nælɪsɪs] *sb* Kapitalanalyse *f*
capital assets ['kæpɪtəl 'æsets] *pl* Kapitalvermögen *n*
capital base ['kæpɪtəl beɪs] *sb* Kapitalbasis *f*
capital drain ['kæpɪtəl dreɪn] *sb* Kapitalabfluss *m*
capital encouragement treaty ['kæpɪtəl en'kʌrɪdʒmənt 'triːtɪ] *sb* Kapitalförderungsvertrag *m*
capital export ['kæpɪtəl 'ekspɔːt] *sb* Kapitalexport *m*
capital flow ['kæpɪtəl fləʊ] *sb* Capital flow *m*, Kapitalfluss *m*
capital formation ['kæpɪtəl fɔː'meɪʃən] *sb* Vermögensbildung *f*
capital forming payment ['kæpɪtəl 'fɔː-mɪŋ 'peɪmənt] *sb* vermögenswirksame Leistungen *f/pl*
capital fund ['kæpɪtəl fʌnd] *sb* Kapitalfonds *m*
capital gains tax ['kæpɪtəl geɪnz tæks] *sb* Kapitalertragssteuer *f*
capital gearing ['kæpɪtəl 'gɪərɪŋ] *sb* Fremdkapitalanteil *m*, Verschuldungsgrad *m*
capital goods ['kæpɪtəl gʊdz] *pl* Investitionsgüter *pl*, Anlagegüter *pl*
capital grant ['kæpɪtəl grɑːnt] *sb* Kapitalzuschuss *m*
capital import ['kæpɪtəl 'ɪmpɔːt] *sb* Kapitalimport *m*
capital industry ['kæpɪtəl 'ɪndəstrɪ] *sb* Produktionsgüterindustrie *f*
capital investment ['kæpɪtəl ɪn'vestmənt] *sb* Kapitalanlage *f*

capital investment company ['kæpɪtəl ɪn'vestmənt 'kʌmpənɪ] *sb* Kapitalanlagegesellschaft *f*
capital investment law ['kæpɪtəl ɪn'vestmənt lɔː] *sb* Kapitalanlagegesetz *n*
capital issue ['kæpɪtəl 'ɪʃuː] *sb* Aktienemission *f,* Effektenemission *f*
capital levy ['kæpɪtəl 'levɪ] *sb* Vermögensabgabe *f*
capital majority ['kæpɪtəl mə'dʒɒrɪtɪ] *sb* Kapitalmehrheit *f*
capital market ['kæpɪtəl 'mɑːkɪt] *sb* Kapitalmarkt *m*
Capital Market Encouragement Law ['kæpɪtəl 'mɑːkɪt ɪn'kʌrɪdʒmənt lɔː] *sb* Kapitalmarktförderungsgesetz *n*
capital market interest rate ['kæpɪtəl 'mɑːkɪt 'ɪntrɪst reɪt] *sb* Kapitalmarktzins *m*
capital market research ['kæpɪtəl 'mɑː-kɪt rɪ'sɜːtʃ] *sb* Kapitalmarktforschung *f*
capital movements ['kæpɪtəl 'muːvmənts] *pl* Kapitalbewegungen *f/pl*
capital outflows ['kæpɪtəl 'aʊtfləʊz] *pl* Kapitalabfluss *m*
capital productivity ['kæpɪtəl prɒdʌk'tɪ-vɪtɪ] *sb* Kapitalproduktivität *f*
capital program ['kæpɪtəl 'prəʊgræm] *sb* Investitionsprogramm *n*
capital protection ['kæpɪtəl prə'tekʃən] *sb* Kapitalschutz *m*
capital reduction ['kæpɪtəl rɪ'dʌkʃən] *sb* Kapitalherabsetzung *f*
capital requirement calculation ['kæpɪtəl rɪ'kwaɪəmənt kælkjʊ'leɪʃən] *sb* Kapitalbedarfsrechnung *f*
capital requirement(s) ['kæpɪtəl rɪ'kwaɪə-mənt(s)] *sb* Kapitalbedarf *m*
capital reserves ['kæpɪtəl rɪ'zɜːvz] *pl* Kapitalrücklage *f*
capital resources ['kæpɪtəl rɪ'sɔːsɪz] *pl* Kapitalausstattung *f*
capital serving as a guarantee ['kæpɪtəl 'sɜːvɪŋ æz ə gærən'tiː] *sb* Garantiekapital *n*
capital share ['kæpɪtəl ʃɛə] *sb* Kapitalanteil *m*
capital spending ['kæpɪtəl 'spendɪŋ] *sb* Investitionsaufwand *m*, Kapitalaufwand *m*
capital stock ['kæpɪtəl stɒk] *sb* Grundkapital *n*
capital sum required as cover ['kæpɪtəl sʌm rɪ'kwaɪəd æz 'kʌvə] *sb* Deckungskapital *n*
capital tie-up ['kæpɪtəl 'taɪʌp] *sb* Kapitalbindung *f*

capital transaction tax ['kæpɪtəl træn-'zækʃən tæks] *sb* Kapitalverkehrssteuer *f*
capital transactions ['kæpɪtəl træn'zæk-ʃənz] *pl* Kapitalverkehr *m*
capital transfer tax ['kæpɪtəl 'trænsfɜː tæks] *sb (UK)* Erbschaftssteuer *f*
capital turnover ['kæpɪtəl 'tɜːnəʊvə] *sb* Kapitalumschlag *m*
capital value ['kæpɪtəl 'væljuː] *sb* Kapitalwert *m*
capital yield tax ['kæpɪtəl 'jiːld tæks] *sb* Kapitalertragsteuer *f*
capitalism ['kæpɪtəlɪzm] *sb* Kapitalismus *m*
capitalist ['kæpɪtəlɪst] *sb* Kapitalist(in) *m/f*
capitalization [kæpɪtəlaɪ'zeɪʃən] *sb* Kapitalisierung *f*
capitalized value ['kæpɪtəlaɪzd 'væljuː] *sb* Ertragswert *m*
capitation [kæpɪ'teɪʃən] *sb* Kopfsteuer *f*
cap rate of interest [kæp reɪt əv 'ɪntrɪst] *sb* Zinskappe *f*
car [kɑː] *sb* Auto *n*, Wagen *m*
cardboard ['kɑːdbɔːd] *sb* Karton *m*, Pappe *f*; ~ *box* Pappkarton *m*
cardphone ['kɑːdfəʊn] *sb* Kartentelefon *n*
card holder [kɑːd 'həʊldə] *sb* Karteninhaber(in) *m/f*
card index [kɑːd 'ɪndeks] *sb* Kartei *f*
career [kə'rɪə] *sb* Karriere *f*, Laufbahn *f*
cargo ['kɑːgəʊ] *sb* Ladung *f*, Fracht *f*
carnet ['kɑːneɪ] *sb* Zollcarnet *n*, Carnet *n*
car phone ['kɑː fəʊn] *sb* Autotelefon *n*
carriage ['kærɪdʒ] *sb* Fracht *f*
carriage charges ['kærɪdʒ 'tʃɑːdʒɪz] *pl* Frachtkosten *pl*, Transportkosten *pl*
carriage of goods ['kærɪdʒ əv 'gʊdz] *sb* Güterbeförderung *f*, Gütertransport *m*
carriage paid ['kærɪdʒ peɪd] *adj* franko, portofrei
carrier ['kærɪə] *sb 1.* Träger *m*, Frachtführer *m; 2. (shipping firm)* Spediteur *m*
carry ['kærɪ] *v 1.* tragen; *2. (the cost of sth)* bestreiten; *3. (ship goods)* befördern
carry forward ['kærɪ fɔːwəd] *v* vortragen
carry-forward of the losses [kærɪ'fɔːwəd əv ðə 'lɒsɪz] *sb* Verlustvortrag *m*
carry over ['kærɪ 'əʊvə] *v* vortragen
carte blanche ['kɑːt 'blɒʃ] *sb* Blankovollmacht *f*, Carte blanche *f*
cartel [kɑː'tel] *sb* Kartell *n*
cartel act [kɑː'tel ækt] *sb* Kartellgesetz *n*
cartel authority [kɑː'tel ɔː'θɒrɪtɪ] Kartellbehörde *f*
cartel law [kɑː'tel lɔː] *sb* Kartellgesetz *n*

cartel to be registered [kɑː'tel tu bɪ 're-dʒɪstəd] *sb* genehmigungspflichtiges Kartell *n*
carton ['kɑːtən] *sb* Karton *m*, Pappschachtel *f*
cascade tax [kæ'skeɪd tæks] *sb* Kaskadensteuer *f*
case [keɪs] *sb 1. (packing* ~) Kiste *f; (display* ~) Vitrine *f*, Schaukasten *m; 2. (situation)* Angelegenheit *f*, Fall *m*
cash [kæʃ] *sb 1.* Bargeld *n; 2.* ~ *on delivery* per Nachnahme; *adj 3.* bar; *v 4.* einlösen, einkassieren
cash accountancy [kæʃ ə'kaʊntənsɪ] *sb* Kassenhaltung *f*
cash against documents (c. a. d.) [kæʃ ə'genst 'dɒkjʊmənts] *sb* Zahlung gegen Dokumente (c.a.d.) *f*
cash and carry [kæʃ ænd 'kærɪ] *sb* Cash & Carry (C & C) *n*
cash-and-carry clause [kæʃənd'kærɪ klɔːz] *sb* Cash-and-carry-Klausel *f*
cash assets [kæʃ 'æsets] *pl* Barvermögen *n*
cash audit [kæʃ 'ɔːdɪt] *sb* Kassenrevision *f*
cash-based ['kæʃbeɪst] *adj* pagatorisch
cash basis of accounting [kæʃ 'beɪsɪs əv ə'kaʊntɪŋ] *sb* Geldrechnung *f*
cash book ['kæʃ bʊk] *sb* Kassenbuch *n*
cash card ['kæʃ kɑːd] *sb* Bankautomatenkarte *f*, Geldautomatenkarte *f*
cash cheque ['kæʃ tʃek] *sb (UK)* Barscheck *m*
cash contribution [kæʃ kɒntrɪ'bjuːʃən] *sb* Bareinlage *f*
cash cover [kæʃ 'kʌvə] *sb* Bardeckung *f*
cash cow [kæʃ kaʊ] *sb* Cashcow *f*
cash credit [kæʃ 'kredɪt] *sb* Kassenkredit *m*, Barkredit *m*
cash deposit [kæʃ dɪ'pɒzɪt] *sb* Bardepot *n*, Bareinlage *f*
cash desk ['kæʃ desk] *sb* Kasse *f*
cash discount [kæʃ 'dɪskaʊnt] *sb* Barzahlungsrabatt *m*, Skonto *n*
cash dispenser [kæʃ dɪs'pensə] *sb* Geldautomat *m*
cash dividend [kæʃ 'dɪvɪdend] *sb* Bardividende *f*
cash flow [kæʃ fləʊ] *sb* Cash-Flow *m*
cashier [kæ'ʃɪə] *sb 1.* Kassierer(in) *m/f; 2.* ~*'s check (US)* Bankscheck *m*
cash in [kæʃ 'ɪn] *v* ~ *on sth* aus etw Kapital schlagen
cash in advance (c. i. a.) [kæʃ ɪn əd-'vɑːns] *sb* Vorauszahlung (c.i.a.) *f*
cash in hand ['kæʃ ɪn hænd] *sb* Bargeldbestand *m*, Kassenbestand *m*

cash inpayment [kæʃ 'ɪnpeɪmənt] sb Bareinzahlung f
cashless checkout systems ['kæʃlɪs 'tʃekaʊt 'sɪstɪmz] pl bargeldlose Kassensysteme n/pl
cashless payments ['kæʃlɪs 'peɪmənts] pl bargeldloser Zahlungsverkehr m
cash letter of credit [kæʃ 'letə əv 'kredɪt] sb Bar-Akkreditiv n
cash loss payment [kæʃ lɒs 'peɪmənt] sb Bareinschuss m
cash on delivery (c. o. d.) [kæʃ ɒn dɪ'lɪvərɪ] sb (Lieferung gegen) Nachnahme f, Zahlung per Nachnahme f, Cash on delivery (c.o.d.)
cash on shipment (c. o. s.) [kæʃ ɒn 'ʃɪpmənt] sb zahlbar bei Verschiffung (c.o.s.)
cash payment [kæʃ 'peɪmənt] sb Barzahlung f
cash point ['kæʃ pɔɪnt] sb Kasse f
cash purchase [kæʃ 'pɜːtʃɪs] sb Barkauf m
cash receipts and disbursement method [kæʃ rɪ'siːts ænd dɪs'bɜːsmənt 'meθɪd] sb Überschussrechnung f
cash sale [kæʃ seɪl] sb Barverkauf m
cash transactions [kæʃ træn'zækʃənz] pl Bargeschäft n, Kassageschäft n
cash transfer [kæʃ 'trænsfɜː] sb Barüberweisung f
cash with order (c. w. o.) [kæʃ wɪθ 'ɔːdə] sb Zahlung bei Auftragserteilung (c.w.o.)
casualty insurance ['kæʒʊəltɪ ɪn'sʊərəns] sb Schadensversicherung f
catalogue-based purchase ['kætəlɒg beɪst 'pɜːtʃɪs] sb Katalogkauf m
catalogue ['kætəlɒg] v 1. katalogisieren; sb 2. Katalog m, Verzeichnis n
catalytic converter [kætə'lɪtɪk kən'vɜːtə] sb Katalysator m
category of goods ['kætɪgərɪ əv 'gʊdz] sb Gütergruppe f, Güterkategorie f
cause [kɔːz] v 1. verursachen, anstiften, bewirken; ~ s.o. to do sth jdn veranlassen, etw zu tun; sb 2. Ursache f; ~ and effect Ursache und Wirkung
caution ['kɔːʃən] v warnen; (officially) verwarnen
cautionary land charge ['kɔːʃənərɪ lænd tʃɑːdʒ] sb Sicherungsgrundschuld f
cautionary mortgage ['kɔːʃənərɪ 'mɔːgɪdʒ] sb Sicherungshypothek f
CD-I [siːdiː'aɪ] sb CD-I f
CD-ROM [siːdiː'rɒm] sb CD-ROM f
cease [siːs] v 1. aufhören, enden; 2. (payments) einstellen

ceiling ['siːlɪŋ] sb Plafond m
ceiling rate ['siːlɪŋ reɪt] sb Höchstzinssatz m
cellular phone ['seljʊlə fəʊn] sb Funktelefon n, Handy n
centigrade ['sentɪgreɪd] adj degrees ~ Grad Celsius
centimetre ['sentɪmiːtə] sb Zentimeter m
central bank ['sentrəl bæŋk] sb Zentralbank f, Notenbank f
Central Bank Council ['sentrəl bæŋk 'kaʊnsəl] sb Zentralbankrat m
central bank money ['sentrəl bæŋk 'mʌnɪ] sb Zentralbankgeld n
central credit institution ['sentrəl 'kredɪt ɪnstɪ'tjuːʃən] sb Zentralkasse f
central depository for securities ['sentrəl dɪ'pɒzɪtərɪ fɔː sə'kjʊərɪtɪz] sb Wertpapiersammelbank f
central giro institution ['sentrəl 'dʒaɪrəʊ ɪnstɪ'tjuːʃən] sb Girozentrale f
central rate ['sentrəl reɪt] sb Leitkurs m
centralization [sentrəlaɪ'zeɪʃən] sb Zentralisierung f, Zentralisation f
centralize ['sentrəlaɪz] v zentralisieren
centralized purchasing ['sentrəlaɪzd 'pɜːtʃəsɪŋ] sb Zentraleinkauf m
certificate [sə'tɪfɪkət] sb Bescheinigung f, Attest n, Urkunde f, Zertifikat n
certificate of audit [sə'tɪfɪkət əv 'ɔːdɪt] sb Prüfungsvermerk m
certificate of good delivery [sə'tɪfɪkət əv gʊd dɪ'lɪvərɪ] sb Lieferbarkeitsbescheinigung f
certificate of indebtedness [sə'tɪfɪkət əv ɪn'detɪdnəs] sb Schuldschein m, Schuldbrief m
certificate of inheritance [sə'tɪfɪkət əv ɪn'herɪtəns] sb Erbschein m
certificate of insurance (C/I) [sə'tɪfɪkət əv ɪn'ʃʊərəns] sb Versicherungszertifikat (C/I) n
certificate of origin [sə'tɪfɪkət əv 'ɒrɪdʒɪn] sb Ursprungszeugnis n, Ursprungszertifikat n
certificate of participation in an investment program [sə'tɪfɪkət əv pɑːtɪsɪ'peɪʃən ɪn ən ɪn'vestmənt 'prəʊgræm] sb Programmzertifikat n
certificate of pledge [sə'tɪfɪkət əv pledʒ] sb Pfandschein m
certificate of warranty [sə'tɪfɪkət əv 'wɒrəntɪ] sb Garantiekarte f
certificated land charge [sə'tɪfɪkeɪtɪd lænd tʃɑːdʒ] sb Briefgrundschuld f

certificated mortgage [sə'tıfıkeıtıd 'mɔːgıdʒ] *sb* Briefhypothek *f*

certificate of deposit [sə'tıfıkıt əv dı'pɒzıt] *sb* Einlagenzertifikat *n*

certification [sɜːtıfı'keıʃən] *sb* Bescheinigung *f,* Beurkundung *f,* Beglaubigung *f*

certified ['sɜːtıfaıd] *adj 1.* bescheinigt, bestätigt, beglaubigt; *sb 2.* ~ *public accountant* amtlich zugelassener Bücherrevisor *m*

certified bonds ['sɜːtıfaıd bɒndz] *pl* zertifizierte Bonds *m/pl*

certified cheque ['sɜːtıfaıd tʃek] *sb* als gedeckt bestätigter Scheck *m*

certified copy ['sɜːtıfaıd 'kɒpı] *sb* beglaubigte Abschrift *f,* beglaubigte Kopie *f*

certify ['sɜːtıfaı] *v* bescheinigen, bestätigen, beglaubigen; *this is to* ~ hiermit wird bescheinigt

cessation [se'seıʃən] *sb* Einstellung *f,* Ende *n*

cessation of payments [se'seıʃən əv 'peımənts] *sb* Zahlungseinstellung *f*

cession ['seʃən] *sb* Abtretung *f,* Zession *f*

chain store [tʃeın stɔː] *sb* Filialbetrieb *m,* Filiale *f*

chair [tʃɛə] *sb 1. (chairmanship)* Vorsitz *m; v 2.* ~ *a committee* den Vorsitz über ein Komitee haben

chairman ['tʃɛəmən] *sb* Vorsitzender *m*

chairman of the board ['tʃɛəmən əv ðə bɔːd] *sb* Vorstandsvorsitzender *m*

chairman of the supervisory board ['tʃɛəmən əv ðə suːpə'vaızəri bɔːd] *sb* Aufsichtsratsvorsitzender *m*

chairmanship ['tʃɛəmənʃıp] *sb* Vorsitz *m*

chairwoman ['tʃɛəwʊmən] *sb* Vorsitzende *f*

challenge ['tʃælındʒ] *v 1.* anfechten; *sb 2.* Anfechtung *f; 3.* Ablehnung *f; 4.* Herausforderung *f*

chamber of commerce ['tʃeımbər əv 'kɒmɜːs] *sb* Handelskammer *f*

chamber of foreign trade ['tʃeımbər əv 'fɒrən treıd] *sb* Außenhandelskammer *f*

chamber of handicrafts ['tʃeımbər əv 'hændıkrɑːfts] *sb* Handwerkskammer *f*

Chamber of Industry and Commerce ['tʃeımbər əv 'ındʌstrı ænd 'kɒmɜːs] *sb* Industrie- und Handelskammer (IHK) *f*

Chancellor of the Exchequer ['tʃɑːnsələr əv ði: ıks'tʃekə] *sb (UK)* Finanzminister(in) *m/f*

chancery ['tʃɑːnsərı] *sb* Amtsvormundschaft *f,* Vormundschaft *f*

change [tʃeındʒ] *sb 1. (money)* Wechselgeld *n; (small ~)* Kleingeld *n; v 2. (money: into*

smaller denominations) wechseln; *3. (money: into another currency)* umtauschen

change in plant operation [tʃeındʒ ın plɑːnt ɒpə'reıʃən] *sb* Betriebsänderung *f*

change of shift [tʃeındʒ əv ʃıft] *sb* Schichtwechsel *m*

changeover ['tʃeındʒəʊvə] *sb* Umstellungsmaßnahme *f,* Wechsel *m*

channel ['tʃænl] *sb 1.* Kanal; *2. official* ~*s pl* Dienstweg *m,* amtlicher Weg *m*

channel discount ['tʃænl 'dıskaʊnt] *sb* Großkundenrabatt *m*

channel of distribution ['tʃænl əv dıstrı-'bjuːʃən] *sb* Absatzweg *m,* Absatzkanal *m*

channel of information ['tʃænəl əv ınfə-'meıʃən] *sb* Informationsweg *m*

character ['kærıktə] *sb (sign)* Zeichen *n*

character reference ['kærıktə 'refərəns] *sb* Leumundszeugnis *n,* Referenz *f*

charge [tʃɑːdʒ] *v 1.* ~ *s.o. with a task* jdn mit einer Arbeit beauftragen; *2. (ask in payment)* berechnen, anrechnen; *3. (set as the price)* fordern; *4.* ~ *s.o. for sth* jdn mit etw belasten, jdm etw in Rechnung stellen; *5. (arrange to be billed for)* in Rechnung stellen lassen, anschreiben lassen; ~ *sth to s.o.* etw auf Rechnung eines anderen kaufen; *6. (a battery)* laden, aufladen; *sb 7.* Belastung *f; 8. (official accusation)* Anklage *f, (in a civil case)* Klage *f; press* ~*s against s.o. pl* gegen jdn Anzeige erstatten; *9. (fee)* Gebühr *f; free of* ~ kostenlos; *10. in* ~ verantwortlich; *put s.o. in* ~ *of sth* jdm die Leitung übertragen; *Who's in* ~ *here?* Wer ist hier der Verantwortliche?

charge card [tʃɑːdʒ kɑːd] *sb* Kundenkreditkarte *f*

charge levied [tʃɑːdʒ 'leviːd] *sb* Umlage *f*

charge material [tʃɑːdʒ mə'tıərıəl] *sb (manufacturing)* Fertigungslos *n*

chargeable to ['tʃɑːdʒəbl tu] *adj* zu Lasten von, auf Kosten von

charge-back ['tʃɑːdʒbæk] *sb* Ausgleichsbuchung *f*

charge-off ['tʃɑːdʒɒf] *sb* Abschreibung *f*

chart [tʃɑːt] *sb* Tabelle *f; (diagram)* Schaubild *n*

chart analysis [tʃɑːt ə'nælısıs] *sb* Chartanalyse *f*

chart of accounts [tʃɑːt əv ə'kaʊnts] *sb* Kontenplan *m*

charter ['tʃɑːtə] *sb 1.* Charter *f; v 2. (plane, bus, ship)* chartern, mieten

charter flight ['tʃɑːtə flaıt] *sb* Charterflug *m*

charter member ['tʃɑːtə 'membə] *sb* Gründungsmitglied *n*

chartered accountant ['tʃɑːtəd ə'kaʊntənt] *sb* Wirtschaftsprüfer(in) *m/f,* Bilanzbuchhalter(in) *m/f*

cheap [tʃiːp] *adj* billig, preiswert

cheapen ['tʃiːpn] *v (price)* herabsetzen, senken, verbilligen

cheapening ['tʃiːpnɪŋ] *adj* Verbilligung *f,* Herabsetzung *f*

cheat [tʃiːt] *v (s.o.) 1.* betrügen; *sb 2.* Betrüger *m,* Schwindler *m*

check [tʃek] *v 1. (make sure)* nachprüfen; *2. (~ figures)* nachrechnen; *3. (examine)* prüfen, kontrollieren, nachsehen; *sb 4. (examination)* Kontrolle *f,* Überprüfung *f; 5. (US: cheque)* Scheck *m; 6. (US: bill)* Rechnung *f*

checker ['tʃekə] *sb* Kontrolleur(in) *m/f; (cashier)* Kassierer(in) *m/f*

check in [tʃek ɪn] *v* sich anmelden; *(at an airport)* einchecken

checking account ['tʃekɪŋ ə'kaʊnt] *sb (US)* Girokonto *n*

check list [tʃek lɪst] *sb* Checkliste *f*

checkout scanner ['tʃekaʊt 'skænə] *sb* Scannerkasse *f*

check truncation procedure [tʃek trʌn'keɪʃən prə'siːdjə] *sb* belegloser Scheckeinzug *m*

cheque [tʃek] *sb (UK)* Scheck *m; pay by ~* mit Scheck bezahlen

cheque book ['tʃek bʊk] *sb* Scheckheft *n*

cheque card ['tʃek kɑːd] *sb* Scheckkarte *f*

cheque certification [tʃek sɜːtɪfɪ'keɪʃən] *sb* Scheckbestätigung *f*

cheque clause [tʃek klɔːz] *sb* Scheckklausel *f*

cheque clearance [tʃek 'klɪərəns] *sb* Scheckabrechnung *f*

cheque collection [tʃek kə'lekʃən] *sb* Scheckeinzug *m*

cheque department [tʃek dɪ'pɑːtmənt] *sb* Scheckabteilung *f*

cheque drawn by the drawer himself [tʃek drɔːn baɪ ðə 'drɔːə hɪm'self] *sb* trassiert-eigener Scheck *m*

cheque fraud [tʃek frɔːd] *sb* Scheckbetrug *m*

cheque recourse [tʃek rɪ'kɔːs] *sb* Scheckregress *m*

cheque to bearer [tʃek tu 'beərə] *sb* Inhaberscheck *m*

cheque transactions [tʃek træn'zækʃənz] *pl* Scheckverkehr *m*

cheque voucher [tʃek 'vaʊtʃə] *sb* Belegabschnitt *m*

chief accountancy [tʃiːf ə'kaʊntənsɪ] *sb* Hauptbuchhaltung *f*

chief executive officer [tʃiːf ɪg'zekjʊtɪv 'ɒfɪsə] *sb (US)* Generaldirektor(in) *m/f*

child allowance [tʃaɪld ə'laʊəns] *sb* Kinderfreibetrag *m*

child benefit [tʃaɪld 'benɪfɪt] *sb* Kindergeld *n*

child-rearing period ['tʃaɪldrɪərɪŋ 'pɪərɪəd] *sb* Erziehungszeit *f*

chip [tʃɪp] *sb* Chip *m*

choice [tʃɔɪs] *sb 1. (variety to choose from)* Auswahl *f; 2. (chance to choose, act of choosing)* Wahl *f; 3. make a ~, take one's ~* wählen, eine Wahl treffen; *4. (thing chosen)* Wahl *f,* Option *f*

choice of location [tʃɔɪs əv ləʊ'keɪʃən] *sb* Standortwahl *f*

circular ['sɜːkjʊlə] *sb (letter)* Rundschreiben *n*

circular letter from board to shareholders ['sɜːkjʊlə 'letə frɒm bɔːd tu 'ʃeəhəʊldəz] *sb* Aktionärsbrief *m*

circulate ['sɜːkjʊleɪt] *v (blood, money)* fließen; *(news: get around)* in Umlauf sein, kursieren, sich verbreiten

circulation [sɜːkjʊ'leɪʃən] *sb 1.* Kreislauf *m,* Zirkulation *f; out of ~* außer Kurs; *2. (number of copies sold)* Auflagenziffer *f*

circulation of money [sɜːkjʊ'leɪʃən əv 'mʌnɪ] *sb* Geldumlauf *m*

circumstances ['sɜːkəmstænsɪz] *pl (financial state)* Vermögensverhältnisse *f/pl*

citizenship ['sɪtɪzənʃɪp] *sb* Staatsangehörigkeit *f,* Staatsbürgerschaft *f*

civic ['sɪvɪk] *adj* bürgerlich, Bürger...

civil ['sɪvəl] *adj* zivil, bürgerlich, Zivil...

civil code ['sɪvəl kəʊd] *sb* bürgerliches Gesetzbuch *n*

civil engineer ['sɪvəl endʒɪ'nɪə] *sb* Bauingenieur(in) *m/f*

civil engineering ['sɪvəl endʒɪ'nɪərɪŋ] *sb* Tiefbau *m*

civil law ['sɪvəl lɔː] *sb* Zivilrecht *n*

civil partnership ['sɪvəl pɑːtnəʃɪp] *sb* Gesellschaft bürgerlichen Rechts (GbR) *f*

civil servant ['sɪvəl 'sɜːvənt] *sb* Beamter/Beamtin *m/f,* Staatsbeamter/Staatsbeamtin *m/f*

civil service ['sɪvəl 'sɜːvɪs] *sb* Staatsdienst *m*

claim [kleɪm] *v 1. (demand)* fordern, Anspruch erheben auf, beanspruchen; *sb 2. (demand)* Anspruch *m,* Forderung *f; lay ~ to sth* auf etw Anspruch erheben

claimable ['kleɪməbl] *adj* einforderbar, rückforderbar

claimant ['kleɪmənt] *sb (by application)* Antragsteller(in) *m/f*

claim for return [kleɪm fɔː rɪ'tɜːn] *sb* Herausgabeanspruch *m*

claim in default [kleɪm ɪn də'fɔːlt] *sb* Not leidende Forderung *f*

claim of damages [kleɪm əv 'dæmɪdgɪz] *sb* Schadenersatzansprüche *m/pl*, Schadensforderungen *f/pl*

class of goods ['klɑːs əv gʊdz] *sb* Warenart *f*, Klasse *f*

classified advertisements ['klæsɪfaɪd əd'vɜːtɪsmənts] *pl* Kleinanzeigen *f/pl*

classified directory ['klæsɪfaɪd daɪ'rektərɪ] *sb* Branchenverzeichnis *n*

classify ['klæsɪfaɪ] *v* klassifizieren, einteilen, einstufen

clause [klɔːz] *sb* Klausel *f*

clean bill of lading [kliːn bɪl əv 'leɪdɪŋ] *sb* reines Konossement *n*

clean factoring [kliːn 'fæktərɪŋ] *sb* echtes Factoring *n*

clear [klɪə] *v (approve)* abfertigen; ~ *sth through customs* etw zollamtlich abfertigen

clear off [klɪər 'ɒf] *v 1. (debt)* zurückzahlen; *2. (mortgage)* abzahlen

clear up [klɪər 'ʌp] *v (a point, a situation)* klären, bereinigen, ausräumen

clearance ['klɪərəns] *sb 1. (go-ahead)* Freigabe *f*; *2. (by customs)* Abfertigung *f*; *3. (of a debt)* volle Bezahlung *f*

clearance sale ['klɪərəns seɪl] *sb* Ausverkauf *m*, Räumungsverkauf *m*; *(end-of-season ~)* Schlussverkauf *m*

clearing bank ['klɪərɪŋ bæŋk] *sb* Clearingbank *f*

clearing house ['klɪərɪŋ haʊs] *sb* Abrechnungsstelle *f*

clearing system ['klɪərɪŋ 'sɪstɪm] *sb* Abrechnungsverkehr *m*, Gironetz *n*

clearing unit ['klɪərɪŋ 'juːnɪt] *sb* Verrechnungseinheit *f*

clerical work ['klerɪkl wɜːk] *sb* Büroarbeit *f*

clerk [klɑːk] *sb 1. (office ~)* Büroangestellte(r) *f/m*, kaufmännische(r) Angestellte(r) *f/m*; *2. (US: shop assistant)* Verkäufer(in) *m/f*

client ['klaɪənt] *sb* Kunde/Kundin *m/f*, Auftraggeber(in) *m/f*; *(of a solicitor)* Klient(in) *m/f*; *(of a barrister)* Mandant(in) *m/f*

client base ['klaɪənt beɪs] *sb* Kundenstamm *m*

clientele [kliːɒn'tel] *sb* Kundschaft *f*, Kundenkreis *m*

climb [klaɪm] *v (prices)* steigen, klettern

clock off [klɒk 'ɒf] *v* stempeln (wenn man die Arbeit verlässt)

clock on [klɒk 'ɒn] *v* stempeln (wenn man zur Arbeit kommt)

close [kləʊz] *v 1. (sth)* zumachen, schließen, verschließen; *2. (a deal)* abschließen; *3. (bring to an end)* schließen, beendigen; *sb 4.* Ende *n*, Schluss *m; bring to a* ~ abschließen, beendigen

close down [kləʊz 'daʊn] *v* schließen, einstellen, beenden

close off [kləʊz 'ɒf] *v* abbuchen

closed-end real estate fund [kləʊzdend rɪəl ɪ'steɪt fʌnd] *sb* geschlossener Immobilienfonds *m*

close of stock exchange business [kləʊz əv stɒk ɪk'stʃeɪndʒ 'bɪznɪs] *sb* Börsenschluss *m*

closed shop principle [kləʊzd ʃɒp 'prɪnsɪpəl] *sb* Closed-Shop-Prinzip *n*

closing balance ['kləʊzɪŋ 'bæləns] *sb* Schlussbilanz *f*

closing date ['kləʊzɪŋ deɪt] *sb* letzter Termin *m*, letzter Tag *m*

closing price ['kləʊzɪŋ praɪs] *sb* Schlusskurs *m*, Schlussnotierung *f*

closing time ['kləʊzɪŋ taɪm] *sb* Geschäftsschluss *m*, Büroschluss *m*, Ladenschluss *m*

closure ['kləʊʒə] *sb* Schließung *f*, Schließen *n*, Stilllegung *f*, Schluss *m*

code [kəʊd] *v 1.* kodieren; *sb* Gesetzbuch *n*, Kodex *m; 2. (of a computer)* Code *m*

code number [kəʊd 'nʌmbə] *sb* Kennzahl *f*

Code of Civil Procedure [kəʊd əv 'sɪvəl prə'siːdjə] *sb* Zivilprozessordnung (ZPO) *f*

codeword ['kəʊdwɜːd] *sb* Kodewort *n*, Kennwort *n*

co-contractor [kəʊkən'træktə] *sb* Mitunternehmer *m*

co-entrepreneur [kəʊɒntrəprə'nɜː] *sb* Mitunternehmer *m*

coin [kɔɪn] *sb* Münze *f*, Geldstück *n*

cold call [kəʊld kɔːl] *sb* Telefonaktion zur Werbung von Neukunden *f*

cold storage lorry [kəʊld 'stɔːrɪdʒ 'lɒrɪ] *sb* Kühlwagen *m*

collaborate [kə'læbəreɪt] *v* zusammenarbeiten, mitarbeiten

collaboration [kəlæbə'reɪʃən] *sb* Zusammenarbeit *f*, Mitarbeit *f*

collaborator [kə'læbəreɪtə] *sb (associate)* Mitarbeiter(in) *m/f*

collapse [kə'læps] *sb* Deroute *f,* Preissturz *m*

collapse of prices [kə'læps əv 'praɪsɪz] *sb* Kurszusammenbruch *m*

collateral credit [kə'lætərəl 'kredɪt] *sb* Lombardkredit *m*

collateral deposit [kə'lætərəl dɪ'pɒzɪt] *sb* Lombarddepot *n*

collateral guarantee [kə'lætərəl gærən-'tiː] *sb* Nachbürgschaft *f*

collateral holdings [kə'lætərəl 'həʊldɪŋz] *pl* Lombard *m*

collateral loan based on a bill of exchange [kə'lætərəl ləʊn beɪst ɒn ə bɪl əv ɪk'stʃeɪndʒ] *sb* Wechsellombard *m*

collateral loan business [kə'lætərəl ləʊn 'bɪznɪs] *sb* Lombardgeschäft *n*

colleague ['kɒliːg] *sb* Kollege/Kollegin *m/f,* Mitarbeiter(in) *m/f*

collect [kə'lekt] *v 1. (accumulate)* sich ansammeln, sich sammeln; *2. (get payment)* kassieren, einkassieren; *3. (taxes)* einnehmen, einziehen; *4. (debts)* einziehen

collect call [kə'lekt kɔːl] *sb (US)* R-Gespräch *n*

collection [kə'lekʃən] *sb 1. (line of fashions)* Kollektion *f; 2. (assortment)* Sortiment *n,* Ansammlung *f; 3. (of taxes)* Einziehen *n; 4. (of debts)* Eintreiben *n,* Inkasso *n*

collection business [kə'lekʃən 'bɪznɪs] *sb* Inkassogeschäft *n,* Einziehungsgeschäft *n*

collection commission [kə'lekʃən kə-'mɪʃən] *sb* Inkassoprovision *f*

collection department [kə'lekʃən dɪ'pɑːtmənt] *sb* Inkasso-Abteilung *f*

collection fee [kə'lekʃən fiː] *sb* Inkassogebühr *f*

collection of bills of exchange [kə'lekʃən əv bɪlz əv ɪk'stʃeɪndʒ] *sb* Wechselinkasso *n*

collection on delivery (c. o. d.) [kə'lekʃən ɒn də'lɪvərɪ] *sb* Zahlung gegen Nachnahme (c.o.d.) *f*

collection procedure [kə'lekʃən prə'siːdʒə] *sb* Einzugsermächtigungsverfahren *n*

collection receipt [kə'lekʃən rɪ'siːt] *sb* Einzugsquittung *f*

collective [kə'lektɪv] *adj* Kollektiv..., Gemeinschafts...

collective account [kə'lektɪv ə'kaʊnt] *sb* Sammelkonto *n*

collective agreement [kə'lektɪv ə'griː-mənt] *sb* Tarifvertrag *m*

collective bargaining [kə'lektɪv 'bɑːgə-nɪŋ] *sb* Tarifverhandlungen *f/pl*

collective bill [kə'lektɪv bɪl] *sb* Sammeltratte *f*

collective debt register claim [kə'lektɪv det 'redʒɪstə kleɪm] *sb* Sammelschuldbuchforderung *f*

collective deposit [kə'lektɪv dɪ'pɒzɪt] *sb* Sammeldepot *n*

collective order [kə'lektɪv 'ɔːdə] *sb* Sammelauftrag *m*

collective property [kə'lektɪv 'prɒpətɪ] *sb* Gemeinschaftseigentum *n*

collective saving [kə'lektɪv 'seɪvɪŋ] *sb* Kollektivsparen *n*

collective transport [kə'lektɪv 'trænspɔːt] *sb* Sammeltransport *m*

combat ['kɒmbæt] *v (sth)* bekämpfen, kämpfen gegen

combating rising costs ['kɒmbætɪŋ 'raɪsɪŋ kɒsts] *adj* kostendämpfend

combination bank [kɒmbɪ'neɪʃən bæŋk] *sb* Gemeinschaftsbank *f*

combine ['kɒmbaɪn] *sb 1.* Konzern *m;* [kəm'baɪn] *v 2.* kombinieren, verbinden, vereinigen

combined bank transfer [kəm'baɪnd bæŋk 'trænsfɜː] *sb* Sammelüberweisung *f*

come down [kʌm 'daʊn] *v irr (prices)* sinken, heruntergehen

come off [kʌm 'ɒf] *v irr 1. (take place)* stattfinden; *2. ~ successfully* erfolgreich verlaufen; *3. ~ well/badly* gut/schlecht abschneiden

come out [kʌm 'aʊt] *v irr ~ on the market* erscheinen, herauskommen

commencement of bankruptcy proceedings [kə'mensmənt əv 'bæŋkrʌpsɪ prə'siːdɪŋz] *sb* Konkurseröffnung *f*

comment ['kɒment] *sb ~ on* Stellungnahme *f,* Kommentar *m*

commerce ['kɒmɜːs] *sb* Handel *m,* Handelsverkehr *m*

commercial [kə'mɜːʃəl] *adj 1.* kommerziell, kaufmännisch, geschäftlich; *sb 2. (advertisement)* Werbespot *m*

commercial agency [kə'mɜːʃəl 'eɪdʒənsɪ] *sb* Handelsvertretung *f,* Auskunftei *f*

commercial agent [kə'mɜːʃəl 'eɪdʒənt] *sb* Handelsvertreter *m*

commercial balance sheet [kə'mɜːʃəl 'bæləns ʃiːt] *sb* Handelsbilanz *f*

commercial bank [kə'mɜːʃəl bæŋk] *sb* Handelsbank *f,* Geschäftsbank *f,* Kreditbank *f*

commercial bill [kə'mɜːʃəl bɪl] *sb* Warenwechsel *m,* Handelswechsel *m*

commercial book [kə'mɜːʃəl bʊk] *sb* Handelsbuch *n*

commercial broker [kə'mɜːʃəl 'brəʊkə] *sb* Handelsmakler *m*

Commercial Code [kə'mɜːʃəl kəʊd] *sb* Handelsgesetzbuch *n*

commercial credit [kə'mɜːʃəl 'kredɪt] *sb* Handelskredit *m*, Warenkredit *m*

commercial employee [kə'mɜːʃəl ɪmˈplɔɪˈiː] *sb* Handlungsgehilfe *m*

commercial enterprise [kə'mɜːʃəl 'entəpraɪz] *sb* Handelsgewerbe *n*

commercial instruments to order [kə-'mɜːʃəl 'ɪnstrʊmənts tu 'ɔːdə] *pl* kaufmännische Orderpapiere *n/pl*

commercial invoice [kə'mɜːʃəl 'ɪnvɔɪs] *sb* Handelsfaktura *f*

commercial law [kə'mɜːʃəl lɔː] *sb* Handelsrecht *n*

commercial letter of credit [kə'mɜːʃəl 'letər əv 'kredɪt] *sb* Handelskreditbrief *m*, Akkreditiv (L/C) *n*

commercial paper [kə'mɜːʃəl 'peɪpə] *sb* Commercial Paper *n*

commercial papers [kə'mɜːʃəl 'peɪpəz] *pl* Geschäftspapier *n*, Handelspapiere *n/pl*

commercial policy [kə'mɜːʃəl 'pɒlɪsɪ] *sb* Handelspolitik *f*

commercial power of attorney [kə'mɜːʃəl 'paʊə əv ə'tɜːnɪ] *sb* Handlungsvollmacht *f*

commercial principle [kə'mɜːʃəl 'prɪnsɪpəl] *sb* erwerbswirtschaftliches Prinzip *n*

commercial register [kə'mɜːʃəl 'redʒɪstə] *sb* Handelsregister *n*

commercial sample [kə'mɜːʃəl 'sɑːmpəl] *sb* Warenmuster *n*

commercial transactions [kə'mɜːʃəl træn'zækʃənz] *pl* Handelsgeschäfte *n/pl*

commercialism [kə'mɜːʃəlɪzəm] *sb* Kommerz *m*, Kommerzialisierung *f*

commercialize [kə'mɜːʃəlaɪz] *v* kommerzialisieren, vermarkten

commission [kə'mɪʃən] *v 1. (a person)* beauftragen; *(a thing)* in Auftrag geben; *2. ~ s.o. to do sth* jdn damit beauftragen, etw zu tun; *sb 3. ~ to do sth* Auftrag *m; (form of pay)* Provision *f*, Kommission *f; 4. out of ~* außer Betrieb; *5. (committee)* Kommission *f*, Ausschuss *m*

commission agent [kə'mɪʃən 'eɪdʒənt] *sb* Kommissionär *m*

commission business [kə'mɪʃən 'bɪznɪs] *sb* Kommissionsgeschäft *n*

commission fee [kə'mɪʃən fiː] *sb* Provisionsgebühr *f*

commission for acceptance [kə'mɪʃən fɔː ək'septəns] *sb* Akzeptprovision *f*

commission guarantee [kə'mɪʃən gærən-'tiː] *sb* Provisionsgarantie *f*

Commission of the European Union [kə-'mɪʃən əv ðə jʊərə'pɪən 'juːnjən] *sb* EU-Kommission *f*

commission on bank guarantee [kə-'mɪʃən ɒn bæŋk gærən'tiː] *sb* Aval-Provision *f*

commission on turnover [kə'mɪʃən ɒn 'tɜːnəʊvə] *sb* Umsatzprovision *f*

commission payment [kə'mɪʃən 'peɪmənt] *sb* Provisionszahlung *f*

commission trade [kə'mɪʃən treɪd] *sb* Kommissionshandel *m*

commission-bearing account [kə'mɪʃən 'bɛərɪŋ ə'kaʊnt] *sb* provisionspflichtiges Konto *n*

commissioner [kə'mɪʃənə] *sb* Bevollmächtigte(r) *f/m*

commission-free account [kə'mɪʃənfriː ə'kaʊnt] *sb* provisionsfreies Konto *n*

commissioning [kə'mɪʃənɪŋ] *sb 1.* Auftragsvergabe *f; 2.* Inbetriebnahme *f*

commitment [kə'mɪtmənt] *sb* Engagement *n*

commitment fee [kə'mɪtmən fiː] *sb* Bereitstellungskosten *pl*

committee of inspection [kə'mɪtɪ əv ɪn-'spekʃən] *sb* Gläubigerausschuss *m*

commodities [kə'mɒdɪtɪz] *pl 1. manufactured ~* Bedarfsartikel *m; 2. (on the stock exchange)* Rohstoffe *m/pl*, Commodities *f/pl*

commodities cartel [kə'mɒdɪtɪz kɑː'tel] *sb* Rohstoffkartell *n*

commodity [kə'mɒdɪtɪ] *sb* Ware *f*, Artikel *m*

commodity exchange [kə'mɒdɪtɪ ɪks-'tʃeɪndʒ] *sb* Warenbörse *f*

commodity forward trading [kə'mɒdɪtɪ 'fɔːwəd 'treɪdɪŋ] Warenterminhandel *m*

commodity forward transaction [kə'mɒdɪtɪ 'fɔːwəd træn'zækʃən] *sb* Rohstoffmarkt *m*

commodity futures [kə'mɒdɪtɪ 'fjuːtʃəz] *pl* Commodity Futures *n/pl*

commodity futures exchange [kə'mɒdɪtɪ 'fjuːtʃəz ɪks'tʃeɪndʒ] *sb* Warenterminbörse *f*

commodity futures trading [kə'mɒdɪtɪ 'fjuːtʃəz 'treɪdɪŋ] *sb* Warentermingeschäft *n*

commodity market [kə'mɒdɪtɪ 'mɑːkɪt] *sb* Gütermarkt *m*

commodity money [kə'mɒdɪtɪ 'mʌnɪ] *sb* Naturalgeld *n*

commodity restriction scheme [kə'mɒdɪtɪ rɪ'strɪkʃən skiːm] *sb* Quotenkartell *n*

commodity securities [kə'mɒdɪtɪ sɪ'kjʊərɪtɪz] *pl* Warenwertpapiere *n/pl*
common business-oriented language ['kɒmən bɪznɪs'ɒrɪəntɪd 'læŋgwɪdʒ] *sb* Programmiersprache *f*
common debtor ['kɒmən 'detə] *sb* Gemeinschaftsschuldner *m*
common law ['kɒmən lɔː] *sb* Gewohnheitsrecht *n*
common market ['kɒmən 'mɑːkɪt] *sb* gemeinsamer Markt *m*
communicate [kə'mjuːnɪkeɪt] *v 1. (with one another)* kommunizieren, sich verständigen; *2. (news, ideas)* vermitteln, übermitteln, mitteilen
communication facilities [kəmjuːnɪ'keɪʃən fə'sɪlɪtiːz] *pl* Kommunikationsmittel *n*
communism ['kɒmjʊnɪzm] *sb* Kommunismus *m*
community [kə'mjuːnɪtɪ] *sb* Gemeinde *f,* Gemeinschaft *f*
community of heirs [kə'mjuːnɪtɪ əv ɛəz] *sb* Erbengemeinschaft *f*
community of interests [kə'mjuːnɪtɪ əv 'ɪntrɪsts] *sb* Interessengemeinschaft (IG) *f*
community of property [kə'mjuːnɪtɪ əv 'prɒpətɪ] *sb* eheliche Gütergemeinschaft *f*
commute [kə'mjuːt] *v 1. (travel back and forth)* pendeln; *2. (a right)* umwandeln
commuter [kə'mjuːtə] *sb* Pendler(in) *m/f*
compact ['kɒmpækt] *sb (agreement)* Vereinbarung *f,* Abmachung *f*
Companies Act ['kʌmpənɪz ækt] *sb* Aktiengesetz *n*
company ['kʌmpənɪ] *sb (firm)* Firma *f,* Unternehmen *n,* Gesellschaft *f*
company account ['kʌmpənɪ ə'kaʊnt] *sb* Firmenkonto *n*
company address ['kʌmpənɪ ə'dres] *sb* Firmenanschrift *f*
company assets ['kʌmpənɪ 'æsets] *pl* Gesellschaftsvermögen *n*
company audit ['kʌmpənɪ 'ɔːdɪt] *sb* Unternehmensprüfung *f,* Betriebsprüfung *f*
company board ['kʌmpənɪ bɔːd] *sb* Aufsichtsrat *m,* Verwaltungsrat *m*
company car ['kʌmpənɪ kɑː] *sb* Firmenwagen, Dienstwagen *m*
company exploiting third-party rights ['kʌmpənɪ ɪks'plɔɪtɪŋ θɜːd 'pɑːtɪ raɪts] *sb* Verwertungsgesellschaft *f*
company law ['kʌmpənɪ lɔː] *sb* Aktienrecht *n,* Firmenrecht *n*
company limited by shares ['kʌmpənɪ 'lɪmɪtɪd baɪ ʃɛəz] *sb* Kapitalgesellschaft *f*

company merger ['kʌmpənɪ 'mɜːdʒə] *sb* Firmenzusammenschluss *m,* Fusion *f*
company name ['kʌmpənɪ neɪm] *sb* Firmenname *m*
company objective ['kʌmpənɪ əb'dʒektɪv] *sb* Unternehmensziel *n*
company pension ['kʌmpənɪ 'penʃən] *sb* Betriebsrente *f*
company philosophy ['kʌmpənɪ fɪ'lɒsəfɪ] Unternehmensphilosophie *f*
company planning ['kʌmpənɪ 'plænɪŋ] Unternehmensplanung *f*
company policy ['kʌmpənɪ 'pɒlɪsɪ] *sb* Unternehmenspolitik *f*
company profile ['kʌmpənɪ 'prəʊfaɪl] *sb* Unternehmensprofil *n,* Firmenportrait *n*
company profit ['kʌmpənɪ 'prɒfɪt] *sb* Unternehmensgewinn *m*
company register ['kʌmpənɪ 'redʒɪstə] *sb* Firmenregister *n*
company stability ['kʌmpənɪ stə'bɪlɪtɪ] *sb* Firmenbeständigkeit *f*
company tax ['kʌmpənɪ tæks] *sb* Gesellschaftssteuer *f*
company-owned shares ['kʌmpənɪ əʊnd ʃɛəz] *pl* eigene Aktien *f/pl*
company's bank ['kʌmpənɪz bæŋk] *sb* Hausbank *f*
company's debts ['kʌmpənɪz dets] *pl* Gesellschaftsschulden *f/pl*
comparative balance sheet [kəm'pærɪtɪv 'bæləns ʃiːt] *sb* Vergleichsbilanz *f*
comparison [kəm'pærɪsən] *sb* Vergleich *m; in ~ with* im Vergleich zu; *by way of ~* vergleichsweise
comparison of prices [kəm'pærɪsən əv 'praɪsɪz] *sb* Kursvergleich *m*
compatibility [kəmpætə'bɪlɪtɪ] *sb* Kompatibilität *f,* Vereinbarkeit *f*
compensate ['kɒmpenseɪt] *v 1. (recompense)* entschädigen; *2. (US: pay in wages)* bezahlen; *3. ~ for (in money, in goods)* ersetzen, vergüten, wettmachen; *4. ~ a loss* einen Verlust ersetzen
compensating item ['kɒmpenseɪtɪŋ 'eɪtəm] *sb* Ausgleichsposten *m*
compensation [kɒmpen'seɪʃən] *sb 1. (damages)* Entschädigung *f,* Ersatz *m,* Schadenersatz *m; 2. in ~* als Entschädigung; *3. (settlement)* Abfindung *f,* Kompensation *f,* Verrechnung *f; 4. (US: pay)* Vergütung *f,* Entgelt *n*
compensation for loss suffered [kɒmpen'seɪʃən fɔː lɒs 'sʌfəd] *sb* Schadensersatz *m*

compensation fund [kɒmpen'seɪʃən fʌnd] *sb* Ausgleichsfonds *m*
compensation offer [kɒmpen'seɪʃən ɒfə] *sb* Abfindungsangebot *n*
compensation payment [kɒmpen'seɪʃən 'peɪmənt] *sb* Ausgleichszahlung *f*
compensatory pricing [kɒmpen'səɪtərɪ 'praɪsɪŋ] *sb* Mischkalkulation *f*
compete [kəm'piːt] *v* konkurrieren, in Wettstreit treten
competence ['kɒmpətəns] *sb 1.* Fähigkeit *f; 2. (authority, responsibility)* Kompetenz *f,* Zuständigkeit *f*
competence to decide ['kɒmpətəns tu dɪ'saɪd] *sb* Entscheidungskompetenz *f*
competent ['kɒmpɪtənt] *adj 1. (responsible)* zuständig; *2. (witness)* zulässig
competing firm [kəm'piːtɪŋ fɜːm] *sb* Konkurrenzfirma *f,* konkurrierende Firma *f*
competition [kɒmpə'tɪʃən] *sb 1.* Konkurrenz *f; 2. to be in ~ with s.o.* mit jdm konkurrieren, mit jdm wetteifern; *3. a ~* Wettbewerb *m,* Wettkampf *m; 4. (write-in contest)* Preisausschreiben *n*
competition supervisory office [kɒmpə-'tɪʃən suːpə'vaɪzərɪ 'ɒfɪs] *sb* Wettbewerbsaufsicht *f*
competitive [kəm'petɪtɪv] *adj 1. (able to hold its own)* konkurrenzfähig, wettbewerbsfähig; *2. (nature, person)* vom Konkurrenzdenken geprägt; *3. (industry, market)* mit starker Konkurrenz
competitive advantage [kəm'petɪtɪv əd'vɑːntɪdʒ] *sb* Wettbewerbsvorteil *m*
competitive policy [kəm'petətɪv 'pɒlɪsɪ] *sb* Wettbewerbspolitik *f*
competitiveness [kəm'petɪtɪvnəs] *sb (of a thing)* Wettbewerbsfähigkeit *f,* Konkurrenzfähigkeit *f*
competitor [kəm'petɪtə] *sb* Konkurrent(in) *m/f,* Gegner(in) *m/f*
complain [kəm'pleɪn] *v* sich beklagen, sich beschweren; *~ about* klagen über
complainant [kəm'pleɪnənt] *sb* Kläger(in) *m/f*
complaint [kəm'pleɪnt] *sb 1.* Reklamation *f,* Beanstandung *f; 2.* Strafanzeige *f*
complementary goods [kɒmplə'mentərɪ gʊdz] *pl* komplementäre Güter *pl*
complete [kəm'pliːt] *v (finish)* beenden, abschließen, absolvieren; *(a form)* ausfüllen; *adj (finished)* fertig
completion [kəm'pliːʃən] *sb* Fertigstellung *f,* Beenden *n*

compliance [kəm'plaɪəns] *sb* Einhalten *n,* Befolgung *f*
comply [kəm'plaɪ] *v 1. ~ with (a rule)* befolgen; *2. ~ with (a request)* nachkommen, entsprechen
component [kəm'pəʊnənt] *sb 1.* Bestandteil *m;* Komponente *f; 2. (technical ~)* Bauelement *n*
composition proceedings [kɒmpə'zɪʃən prə'siːdɪŋz] *pl* Ausgleichsverfahren *n,* Vergleichsverfahren *n*
compound interest ['kɒmpaʊnd 'ɪntrəst] *sb* Zinseszins *m*
comprehensive insurance [kɒmprɪ'hensɪv ɪn'ʃʊərəns] *sb* Vollkaskoversicherung *f*
compromise ['kɒmprəmaɪz] *sb 1.* Kompromiss *m; v 2. (agree on a ~)* einen Kompromiss schließen; *3. (put at risk)* kompromittieren, gefährden
compulsory [kəm'pʌlsərɪ] *adj* obligatorisch, Pflicht...
compulsory auction [kəm'pʌlsərɪ 'ɔːkʃən] *sb* Zwangsversteigerung *f*
compulsory contribution [kəm'pʌlsərɪ kɒntrɪ'bjuːʃən] *sb* Pflichteinlage *f*
compulsory disclosure [kəm'pʌlsərɪ dɪs-'kləʊʒə] *sb* Publikationspflicht *f*
compulsory health insurance funds [kəm'pʌlsərɪ helθ ɪn'ʃʊərəns fʌndz] *pl* Pflichtkrankenkassen *f/pl*
compulsory loan [kəm'pʌlsərɪ ləʊn] *sb* Zwangsanleihe *f*
compulsory saving [kəm'pʌlsərɪ 'seɪvɪŋ] *sb* Zwangssparen *n*
compulsory settlement [kəm'pʌlsərɪ 'setlmənt] *sb* Zwangsvergleich *m*
computation [kɒmpjʊ'teɪʃən] *sb* Berechnung *f,* Kalkulation *f*
compute [kəm'pjuːt] *v (make calculations)* rechnen; *(sth)* berechnen, errechnen
computer [kəm'pjuːtə] *sb* Computer *m,* Rechner *m*
computer-aided design (CAD) [kəm-'pjuːtə 'eɪdɪd dɪ'zaɪn] *sb* Computer Aided Design (CAD) *n*
computer-aided engineering (CAE) [kəm'pjuːtə 'eɪdɪd endʒɪ'nɪərɪŋ] *sb* Computer Aided Engineering (CAE) *n*
computer-aided manufacturing (CAM) [kəm'pjuːtə 'eɪdɪd mænjuː'fæktʃʊərɪŋ] *sb* Computer Aided Manufacturing (CAM) *n*
computer-aided quality assurance (CAQ) [kəm'pjuːtə 'eɪdɪd 'kwɒlɪtɪ ə'ʃʊərəns] *sb* Computer Aided Quality Assurance (CAQ) *f*

computer-aided selling (CAS) [kəm-'pju:tə 'eɪdɪd 'selɪŋ] *sb* Computer Aided Selling (CAS) *n*
computer centre [kəm'pju:tə 'sentə] *sb* Rechenzentrum *n*
computer graphics [kəm'pju:tə 'græfɪks] *pl* Computergrafik *f*
computer-integrated manufacturing (CIM) [kəm'pju:tə ɪntə'greɪtɪd mænju:-'fæktʃʊərɪŋ] *sb* Computer Integrated Manufacturing (CIM) *n*
computer network [kəm'pju:tə 'netwɜ:k] *sb* Computernetzwerk *n*
computer ordering system [kəm-'pju:tə 'ɔ:derɪŋ 'sɪstəm] *sb* EDV-Bestellwesen *n*
computer program [kəm'pju:tə 'prəʊgræm] *sb* Computerprogramm *n*
computerise [kəm'pju:təraɪz] *v* computerisieren, auf Computer umstellen
concentration [kɒnsən'treɪʃən] *sb* Konzentration *f*
concentration of banks [kɒnsen'treɪʃən əv bæŋks] *sb* Bankenkonzentration *f*
concentration of capital [kɒnsen'treɪʃən əv 'kæpɪtəl] *sb* Kapitalkonzentration *f*
concept ['kɒnsept] *sb* Konzept *n*, Vorstellung *f*
conception [kən'sepʃən] *sb* Konzeption *f*, Vorstellung *f*
concern [kən'sɜ:n] *v 1. ~ o.s. with sth* sich mit etw beschäftigen, sich für etw interessieren; *2. (worry)* beunruhigen; *3. to be ~ed about* sich kümmern um; *4. (to be about)* sich handeln um, gehen um
concerted [kən'sɜ:tɪd] *adj* konzertiert, gemeinsam
concession [kən'seʃən] *sb* Zugeständnis *n*, Konzession *f*
concessionary [kən'seʃənərɪ] *adj* in Konzession, Konzessions...
conciliation board [kɒnsɪlɪ'eɪʃən bɔ:d] *sb* Einigungsstelle *f*
conclusion [kən'klu:ʒən] *sb* Abschluss *m*
conclusion of a contract [kən'klu:ʒən əv ə 'kɒntrækt] *sb* Vertragsabschluss *m*
conclusion of a deal [kən'klu:ʒən əv ə di:l] *sb* Geschäftsabschluss *m*
concordance of maturities [kɒn'kɔ:dəns əv mə'tʊərɪtɪz] *sb* Fristenkongruenz *f*
concretion [kən'kri:ʃən] *sb* Konkretisierung *f*, Verwirklichung *f*
concurrent [kən'kʌrənt] *adj* zusammentreffend

condition [kən'dɪʃən] *sb 1. (stipulation)* Bedingung *f*, Voraussetzung *f*, Kondition *f*; *2. on ~ that ...* unter der Bedingung, dass ...
condition cartel [kən'dɪʃən cɑ:'tel] *sb* Konditionenkartell *n*
conditional capital increase [kən'dɪʃənəl 'kæpɪtəl 'ɪnkri:s] *sb* bedingte Kapitalerhöhung *f*
conditions [kən'dɪʃənz] *pl* Konditionen *f/pl*
conditions of acceptance [kən'dɪʃənz əv ək'septəns] *pl* Übernahmebedingungen *f/pl*
conditions of competition [kən'dɪʃənz əv kɒmpə'tɪʃən] *pl* Wettbewerbsverhältnisse *n/pl*, Wettbewerbsbedingungen *f/pl*
conditions of a contract [kən'dɪʃənz əv ə 'kɒntrækt] *pl* Vertragsbedingungen *f/pl*
conditions of delivery [kən'dɪʃənz əv dɪ-'lɪvərɪ] *pl* Lieferbedingungen *f/pl*
conduct [kən'dʌkt] *v 1. (direct)* führen, leiten, verwalten; *sb 2.* ['kɒndʌkt] *(management)* Führung *f*, Leitung *f*; *3. (document)* Geleitbrief *m*
confer [kən'fɜ:] *v 1. (consult together)* sich beraten, sich besprechen; *2. (bestow)* verleihen, übertragen
conference ['kɒnfərəns] *sb* Konferenz *f*, Besprechung *f*, Sitzung *f*, Tagung *f*
conference call ['kɒnfərəns kɔ:l] *sb* Konferenzgespräch *n*
conference date ['kɒnfərəns deɪt] *sb* Besprechungstermin *m*
confidence goods ['kɒnfɪdəns gʊdz] *pl* Vertrauensgüter *n/pl*
confidential [kɒnfɪ'denʃəl] *adj* vertraulich, geheim
confidential communication [kɒnfɪ'denʃəl kəmju:nɪ'keɪʃən] *sb* vertrauliche Mitteilung *f*
confidentiality [kɒnfɪdenʃɪ'ælɪtɪ] *sb* Vertraulichkeit *f*, Schweigepflicht *f*
configuration [kənfɪgjʊ'reɪʃən] *sb* Konfiguration *f*
confirmation [kɒnfə'meɪʃən] *sb* Bestätigung *f*
confirmation note [kɒnfə'meɪʃn nəʊt] *sb* Bestätigungsschreiben *n*
confirmation of cover [kɒnfə'meɪʃən əv 'kʌvə] *sb* Deckungszusage *f*
confirmation of order [kɒnfə'meɪʃən əv 'ɔ:də] *sb* Auftragsbestätigung *f*
confiscate ['kɒnfɪskeɪt] *v* beschlagnahmen, einziehen, sicherstellen
confiscation [kɒnfɪs'keɪʃən] *sb* Beschlagnahme *f*, Einziehung *f*

conglomerate [kən'glɒmərɪt] *sb* Konglomerat *n*
congress ['kɒŋgres] *sb* Kongress *m*, Tagung *f*
congruent ['kɒŋgrʊənt] *adj 1.* deckungsgleich, kongruent; *2. (in agreement, corresponding)* übereinstimmend, sich deckend
connection [kə'nekʃən] *sb* Verbindung *f*, Beziehung *f*
consent [kən'sent] *v 1.* zustimmen, einwilligen, mit einverstanden sein; *sb 2.* Zustimmung *f*, Einwilligung *f*, Genehmigung *f*; *age of ~* Mündigkeit *f*
consequence ['kɒnsɪkwəns] *sb 1. (importance)* Bedeutung *f*, Wichtigkeit *f*; *2. (effect)* Konsequenz *f*, Folge *f*, Wirkung *f*; *take the ~s* die Folgen tragen
consequential [kɒnsɪ'kwenʃəl] *adj* sich ergebend, folgend
conservation technology [kɒnsə'veɪʃən tek'nɒlədʒɪ] *sb* Umwelttechnik *f*
consign [kən'saɪn] *v* versenden, verschicken, schicken
consignee [kɒnsaɪ'niː] *sb* Adressat *m*, Empfänger *m*, Konsignatar *m*
consignment [kən'saɪnmənt] *sb 1.* Übersendung *f*; *2. on ~* in Kommission; *(overseas)* in Konsignation
consignment note [kən'saɪnmənt nəʊt] *sb* Frachtbrief *m*
consignment of goods [kən'saɪnmənt əv gʊdz] *sb* Warensendung *f*
consignment sale [kən'saɪnmənt seɪl] *sb* Kommissionsverkauf *m*
consignment stock [kən'saɪnmənt stɒk] *sb* Konsignationslager *n*, Kommissionslager *n*
consignment with value declared [kən'saɪnmənt wɪð 'væljuː dɪ'kleəd] *sb* Wertsendung *f*
consistency [kən'sɪstənsɪ] *sb (of a substance)* Konsistenz *f*, Beschaffenheit *f*
consoles ['kɒnsəʊlz] *pl* Konsols *m/pl*
consolidate [kən'sɒlɪdeɪt] *v 1.* konsolidieren, fundieren; *2. (combine)* zusammenlegen, vereinigen, zusammenschließen
consolidated balance sheet [kən'sɒlɪdeɪtɪd 'bæləns ʃiːt] *sb* konsolidierte Bilanz *f*
consolidated financial statement [kən'sɒlɪdeɪtɪd faɪ'nænʃəl 'steɪtmənt] *sb* Konzernabschluss *m*
consolidation [kənsɒlɪ'deɪʃən] *sb 1. (bringing together)* Zusammenlegung *f*, Vereinigung *f*, Zusammenschluss *m*, Unifizierung *f*; *2.* Konsolidierung *f*

consolidation of shares [kən'sɒlɪdeɪʃən əv ʃeəz] *sb* Aktienzusammenlegung *f*
consortium [kən'sɔːtɪəm] *sb* Konsortium *n*, Zusammenschluss *m*
constant issuer ['kɒnstənt 'ɪʃjuːə] *sb* Dauerremittent *m*
Constitutional Court [kɒnstɪ'tjuːʃənəl kɔːt] *sb* Verfassungsgericht *n*
construction [kən'strʌkʃən] *sb (constructing)* Bau *m*, Konstruktion *f*, Errichtung *f*; *under ~* im Bau
construction industry [kən'strʌkʃən 'ɪndəstrɪ] *sb* Bauindustrie *f*
consular invoice ['kɒnsjuːlə 'ɪnvɔɪs] *sb* Konsulatsfaktura *f*
consult [kən'sʌlt] *v 1.* konsultieren, befragen, um Rat fragen; *2. (files)* einsehen
consultant [kən'sʌltənt] *sb* Berater(in) *m/f*
consultant on pensions [kən'sʌltənt ɒn 'penʃənz] *sb* Rentenberater *m*
consultation [kɒnsəl'teɪʃən] *sb* Beratung *f*, Rücksprache *f*
consulting [kən'sʌltɪŋ] *adj* beratend
consumable [kən'sjuːməbl] *adj* Konsum...
consume [kən'sjuːm] *v (use up)* verbrauchen, verzehren
consumer [kən'sjuːmə] *sb* Verbraucher(in) *m/f*, Konsument(in) *m/f*
consumer acceptance [kən'sjuːmə ək'septəns] *sb* Kaufbereitschaft *f*
consumer advice [kən'sjuːmə əd'vaɪs] *sb* Kundenberatung *f*
consumer cooperative [kən'sjuːmə kəʊ'ɒpərətɪv] *sb* Konsumgenossenschaft *f*
consumer credit [kən'sjuːmə 'kredɪt] *sb* Konsumkredit *m*, Konsumentenkredit *m*
consumer credit act [kən'sjuːmə 'kredɪt ækt] *sb* Verbraucherkreditgesetz *n*
consumer goods [kən'sjuːmə gʊdz] *pl* Verbrauchsgüter *pl*, Konsumgüter *pl*
consumer loan [kən'sjuːmə ləʊn] *sb* Anschaffungsdarlehen *n*
consumer market [kən'sjuːmə 'mɑːkɪt] *sb* Verbrauchermarkt *m*
consumer protection [kən'sjuːmə prə'tekʃən] *sb* Verbraucherschutz *m*
consumer society [kən'sjuːmə sə'saɪtɪ] *sb* Konsumgesellschaft *f*
Consumers' Central Offices [kən'sjuːməz 'sentrəl 'ɒfɪsɪz] *sb* Verbraucherzentralen *f/pl*
consumption [kən'sʌmpʃən] *sb* Verbrauch *m*, Konsum *m*, Verzehr *m*
consumption financing [kən'sʌmpʃən faɪ'nænsɪŋ] *sb* Konsumfinanzierung *f*

contact ['kɒntækt] *sb 1. (communication)* Verbindung *f; to be in ~ with s.o.* mit jdm in Verbindung stehen; *lose ~ with s.o.* die Verbindung zu jdm verlieren; *(person to ~)* Kontaktperson *f,* Ansprechpartner(in) *m/f;* 2. *(useful acquaintance)* Verbindung *f; make ~s* Verbindungen knüpfen; *v 3.* sich in Verbindung setzen mit, Kontakt aufnehmen zu
contain [kən'teɪn] *v (have room for)* fassen, umfassen
container [kən'teɪnə] *sb* Behälter *m,* Gefäß *n,* Container *m*
container transport [kən'teɪnə 'trænspɔːt] *sb* Behälterverkehr *m*
containerize [kən'teɪnəraɪz] *v* in Container verpacken
contamination [kəntæmɪ'neɪʃən] *sb* Kontamination *f,* Verschmutzung *f*
contango [kən'tæŋgəʊ] *sb* Report *m*
contango securities [kən'tæŋgəʊ sɪ'kjuːrɪtiz] *pl* Reporteffekten *f/pl*
contango transaction [kən'tæŋgəʊ træn-'zækʃən] *sb* Reportgeschäft *n*
content ['kɒntent] *sb ~s pl* Inhalt *m*
content norms ['kɒntent nɔːmz] *pl* Inhaltsnormen *f/pl*
contest [kən'test] *v* anfechten; *(dispute)* angreifen, bestreiten
contingency budget [kən'tɪndʒensɪ 'bʌdʒɪt] *sb* Eventualhaushalt *m*
contingency plan [kən'tɪndʒənsɪ plæn] *sb* Ausweichplan *m*
contingent [kən'tɪndʒənt] *adj ~ upon* abhängig von
contingent liability [kən'tɪndʒent laɪə'bɪlɪtɪ] *sb* Eventualverbindlichkeit *f*
continued pay [kən'tɪndjuːd peɪ] *sb* Entgeltfortzahlung *f*
continuous flow production [kən'tɪnjuəs fləʊ prə'dʌkʃən] *sb* Fließfertigung *f*
contract ['kɒntrækt] *sb 1.* Vertrag *m; (order)* Auftrag *m; v* [kən'trækt] *2. ~ sth out* etw außer Haus machen lassen; *~ to do sth* sich vertraglich verpflichten, etw zu tun
contract goods ['kɒntrækt ɡʊdz] *pl* Kontraktgüter *n/pl*
contract of assignment ['kɒntrækt əv ə'saɪnmənt] *sb* Abtretungsvertrag *m*
contract of carriage ['kɒntrækt əv 'kærɪdʒ] *sb* Frachtvertrag *m*
contract of employment ['kɒntrækt əv ɪm'plɔɪmənt] *sb* Arbeitsvertrag *m,* Dienstvereinbarung *f*

contract of pledge ['kɒntrækt əv pledʒ] *sb* Pfandvertrag *m*
contract of sale ['kɒntrækt əv seɪl] *sb* Kaufvertrag *m*
contract of service ['kɒntrækt əv 'sɜːvɪs] *sb* Dienstvertrag *m*
contract period ['kɒntrækt 'pɪərɪəd] *sb* Vertragsdauer *f*
contraction [kən'trækʃən] *sb* Kontrahierung *f*
contractor [kən'træktə] *sb* Auftragnehmer *m*
contractor work and services [kən-'træktə 'wɒk ənd 'sɜːvɪsɪz] *sb* Werkvertrag *m*
contracts on capital collecting ['kɒntrækts ɒn 'kæpɪtəl kə'lektɪŋ] *pl* Kapitalsammlungsverträge *m/pl*
contractual [kən'træktʃuəl] *adj* vertraglich, Vertrags...
contractual obligation [kən'trækʃuəl ɒblɪ'geɪʃən] *sb* Vertragsbindung *f*
contractual penalty [kən'træktʃuəl 'penəltɪ] *sb* Konventionalstrafe *f,* Vertragsstrafe *f*
contribute [kən'trɪbjuːt] *v 1.* beitragen; *2. ~ to charity* spenden; *3. (food, supplies)* beisteuern
contribution [kɒntrɪ'bjuːʃən] *sb 1.* Beitrag *m; make a ~ to sth* einen Beitrag zu etw leisten; *2. (donation)* Spende *f*
contribution margin [kɒntrɪ'bjuːʃən 'mɑːdʒɪn] *sb* Deckungsbeitrag *m*
contribution receipt [kɒntrɪ'bjuːʃən rɪ-'siːt] *sb* Einschussquittung *f*
contribution refund [kɒntrɪ'bjuːʃən 'riːfʌnd] *sb* Beitragserstattung *f*
contributions [kɒntrɪ'bjuːʃənz] *pl* Beiträge *m/pl*
contributions paid to the building society [kɒntrɪ'bjuːʃənz peɪd tu ðə 'bɪldɪŋ sə'saɪətɪ] *sb* Bausparkassenbeiträge *m/pl*
control [kən'trəʊl] *v (sth) 1.* Kontrolle haben über, kontrollieren; *(regulate)* kontrollieren; *(keep within limits)* in Schranken halten, in Rahmen halten, beschränken; *sb 2.* Kontrolle *f; get under ~* unter Kontrolle bringen; *get out of ~* außer Kontrolle geraten; *3. (authority)* Gewalt *f,* Macht *f,* Herrschaft *f; have no ~ over sth* keinen Einfluss auf etw haben; *4. (check)* Kontrolle *f*
control agreement [kən'trəʊl ə'griːmənt] *sb* Beherrschungsvertrag *m*
control board [kən'trəʊl bɔːd] *sb* Aufsichtsamt *n*

control by foreign capital [kən'trəʊl baɪ 'fɒrən 'kæpɪtəl] *sb* Überfremdung *f*
control group [kən'trəʊl gruːp] *sb* Kontrollgruppe *f*
control key [kən'trəʊl kiː] *sb* Control-Taste *f*
controllable [kən'trəʊləbl] *adj* kontrollierbar
controlled company [kən'trəʊld 'kʌmpənɪ] *sb* Organgesellschaft *f*
controlled corporate group [kən'trəʊld 'kɔːpərət gruːp] *sb* Beteiligungskonzern *m*
controlled economy [kən'trəʊld ɪ'kɒnəmɪ] *sb* Dirigismus *m*
controlling [kən'trəʊlɪŋ] *sb 1.* Controlling; *adj 2.* have a ~ interest in sth eine Mehrheitsbeteiligung an etw besitzen
controlling [kən'trəʊlɪŋ] *sb* Controlling *n*
control of advertising effectiveness [kən'trəʊl əv 'ædvətaɪzɪŋ ɪ'fektɪvnɪs] *sb* Werbeerfolgskontrolle *f*
control panel [kən'trəʊl pænl] *sb* Schalttafel *f*, Bedienungsfeld *n*
convene [kən'viːn] *v (call together)* einberufen, versammeln
convenience goods [kən'viːnɪəns gʊdz] *pl* Verbrauchsgüter *pl*, Convenience Goods *pl*
convenient [kən'viːnɪənt] *adj 1.* günstig, passend, geeignet; *2.* ~ly located (shop) verkehrsgünstig; *3. (functional)* brauchbar, praktisch, zweckmäßig
convention [kən'venʃən] *sb 1. (conference)* Fachkongress *m*, Tagung *f*; *2. (agreement)* Abkommen *n*; *3. (social rule)* Konvention *f*
conversion [kən'vɜːʒən] *sb* Konvertierung *f*
conversion charge [kən'vɜːʒən tʃɑːdʒ] *sb* Transaktionskosten *pl*
conversion table [kən'vɜːʃən teɪbl] *sb* Umrechnungstabelle *f*
convert [kən'vɜːt] *v 1.* umwandeln, verwandeln; *2. (measures)* umrechnen; *3. (of currency)* konvertieren, umwandeln
convertibility [kən'vɜːtɪbɪlɪtɪ] *sb* Konvertibilität *f*, Konvertierbarkeit *f*
convertibility for residents [kənvɜːtɪ'bɪlɪtɪ fɔː 'rezɪdənts] *sb* Inländerkonvertibilität *f*
convertible [kən'vɜːtɪbl] *adj* konvertibel, austauschbar
convertible bonds [kən'vɜːtɪbl bɒndz] *pl* Wandelschuldverschreibung *f*
convey [kən'veɪ] *v (rights, title)* übertragen
conveyance [kən'veɪəns] *sb* Übertragung *f*
conveyance by agreement [kən'veɪəns baɪ ə'griːmənt] *sb* Auflassung *f*
conveyor [kən'veɪə] *sb* Fördergerät *n*

conveyor belt [kən'veɪə belt] *sb* Fließband *n*, Förderband *n*
cooperate [kəʊ'ɒpəreɪt] *v 1.* zusammenarbeiten; *2. (comply)* mitmachen
cooperation [kəʊɒpə'reɪʃən] *sb* Zusammenarbeit *f*, Kooperation *f*
cooperation loan [kəʊɒpə'reɪʃən ləʊn] *sb* Kooperationsdarlehen *n*
cooperative [kəʊ'ɒpərətɪv] *adj 1. (prepared to comply)* kooperativ, kollegial; *sb 2.* Genossenschaft *f*
cooperative apartment [kəʊ'ɒpərətɪv ə'pɑːtmənt] *sb* Eigentumswohnung *f*
cooperative banking sector [kəʊ'ɒpərətɪv 'bæŋkɪŋ 'sektə] *sb* genossenschaftlicher Bankensektor *m*
cooperative central banks [kəʊ'ɒpərətɪv 'sentrəl bæŋks] *pl* genossenschaftliche Zentralbanken *f/pl*
coordination [kəʊɔːdɪ'neɪʃən] *sb* Koordination *f*, Koordinierung *f*
co-owner [kəʊ'əʊnə] *sb* Mitinhaber(in) *m/f*, Mitbesitzer(in) *m/f*
co-ownership [kəʊ'əʊnəʃɪp] *sb* Miteigentum *n*
co-partner [kəʊ'pɑːtnə] *sb* Partner(in) *m/f*, Teilhaber(in) *m/f*, Mitunternehmer *m*
copier ['kɒpɪə] *sb* Kopierer *m*, Kopierautomat *m*
co-plaintiff [kəʊ'pleɪntɪf] *sb* Nebenkläger *m*
co-product [kəʊ'prɒdʌkt] *sb* Nebenerzeugnis *n*
copy ['kɒpɪ] *v 1. (reproduce)* kopieren, nachbilden; *2. (imitate)* nachmachen; *sb* Kopie *f*; *3. (written out separately)* Abschrift *f*; *4. (text of an advertisement or article)* Text *m*
copy machine ['kɒpɪ mə'ʃiːn] *sb (fam)* Kopierer *m*
copyright ['kɒpɪraɪt] *sb* Copyright *n*, Urheberrecht *n*
copy test ['kɒpɪ test] *sb* Copy-Test *m*
copywriter ['kɒpɪraɪtə] *sb* Werbetexter(in) *m/f*
core time [kɔː taɪm] *sb* Kernarbeitszeit *f*
corner ['kɔːnə] *v* in die Ecke treiben; ~ the market den Markt beherrschen
corporate ['kɔːpərɪt] *adj (of a corporation)* korporativ, Unternehmens...
corporate culture ['kɔːpərɪt 'kʌltʃə] *sb* Unternehmenskultur *f*
corporate design ['kɔːpərɪt dɪ'saɪn] *sb* Corporate Design *n*
corporate identity ['kɔːpərɪt aɪ'dentɪtɪ] *sb* Corporate Identity *f*

corporate management ['kɔːpərɪt 'mæ-nɪdʒmənt] *sb* Unternehmensleitung *f*
corporate profit ['kɔːpərɪt 'prɒfɪt] *sb* Unternehmensgewinn *m*
corporate strategy ['kɔːpərɪt 'strætədʒɪ] *sb* Unternehmensstrategie *f*
corporate value ['kɔːpərɪt 'væljuː] *sb* Unternehmungswert *m*
corporation [kɔːpə'reɪʃən] *sb 1. (UK)* Handelsgesellschaft *f;* 2. *(US)* Aktiengesellschaft *f,* Unternehmen *n*
corporation tax [kɔːpə'reɪʃən tæks] *sb* Unternehmenssteuer *f,* Körperschaftssteuer *f*
corporative ['kɔːpərətɪv] *adj* Unternehmens..., Firmen...
correct [kə'rekt] *v* korrigieren, berichtigen
correction [kə'rektʃən] *sb* Berichtigung *f,* Korrektur *f*
correction of a balance sheet [kə'rekʃən əv ə 'bæləns ʃiːt] *sb* Bilanzberichtigung *f*
correlation [kɒrə'leɪʃən] *sb* Korrelation *f,* Wechselbeziehung *f*
correspond [kɒrɪs'pɒnd] *v (exchange letters)* korrespondieren, in Briefwechsel stehen
correspondence [kɒrɪs'pɒndəns] *sb (letter writing)* Korrespondenz *f,* Briefwechsel *m*
correspondent bank [kɒrəs'pɒndənt bæŋk] *sb* Korrespondenzbank *f*
cost [kɒst] *v irr 1.* kosten; *sb 2.* Kosten *pl; at no ~* kostenlos; *3. (fig)* Preis *m; at all ~s, at any ~* um jeden Preis
cost accounting centre [kɒst ə'kauntɪŋ 'sentə] *sb* Kostenstelle *f*
cost advantage [kɒst əd'vɑːntɪdʒ] *sb* Kostenvorteil *m*
cost allocation [kɒst ælə'keɪʃən] *sb* Kostenverrechnung *f*
cost and freight (c. & f.) [kɒst ænd freɪt] *sb* Kosten und Fracht (c. & f.)
cost-benefit analysis [kɒst'benɪfɪt ə'næ-lɪsɪs] *sb* Kosten-Nutzen-Analyse *f*
cost centre [kɒst 'sentə] *sb* Kostenstelle *f*
cost-effective [kɒstɪ'fektɪv] *adj* rentabel
cost escalation [kɒst eskə'leɪʃən] *sb* Kostenexplosion *f*
cost estimate [kɒst 'estɪmət] *sb* Kostenvoranschlag *m*
cost factor [kɒst 'fæktə] *sb* Kostenfaktor *m*
costing expenditures ['kɒstɪŋ ɪks'pendɪtʃəz] *pl* Anderskosten *pl*
costing rate ['kɒstɪŋ reɪt] *sb* Zuschlagssatz *m*
cost, insurance (c. & i.) [kɒst ɪn'ʃuərəns] *sb* Kosten und Versicherung (c. & i.)

cost, insurance, freight (c. i. f.) [kɒst ɪn-'ʃuərəns freɪt] *sb* Kosten, Versicherung, Fracht eingeschlossen (c.i.f.)
cost, insurance, freight, commission (c. i. f. & c.) [kɒst ɪn'ʃuərəns freɪt kə'mɪʃən] *sb* Kosten, Versicherung, Fracht und Kommission eingeschlossen (c.i.f.& c.)
cost, insurance, freight, commission, interest (c. i. f. c. & i.) [kɒst ɪn'ʃuərəns freɪt kə'mɪʃən 'ɪntrɪst] *sb* Kosten, Versicherung, Fracht, Kommission und Zinsen (c.i.f.c.& i.)
costly ['kɒstlɪ] *adj* teuer, kostspielig
cost of acquisition ['kɒst əv ækwɪ'zɪʃən] *sb* Anschaffungskosten *pl*
cost of capital [kɒst əv 'kæpɪtəl] *sb* Kapitalkosten *pl*
cost of credit [kɒst əv 'kredɪt] *sb* Kreditkosten *pl*
cost of services [kɒst əv 'sɜːvɪsɪz] *sb* Dienstleistungskosten *pl*
cost-of-service principle [kɒst əv 'sɜːvɪs 'prɪnsɪpəl] *sb* Äquivalenzprinzip *n*
cost of wages ['kɒst əv 'weɪdʒɪz] *sb* Lohnkosten *pl*
cost per unit [kɒst pə 'juːnɪt] *sb* Stückkosten *pl*
cost pressure [kɒst 'preʃuə] *sb* Kostendruck *m*
cost price [kɒst praɪs] *sb* Selbstkostenpreis *m*, Einstandspreis *m*
cost recovery [kɒst rɪ'kʌvərɪ] *sb* Kostendeckung *f*
cost reduction [kɒst rɪ'dʌkʃən] *sb* Kostensenkung *f*
costs [kɒsts] *pl* Kosten *pl*
cost schedule [kɒst 'ʃedjuːl] *sb* Kostenplan *m*
cost types [kɒst taɪps] *pl* Kostenarten *f/pl*
cost unit [kɒst 'juːnɪt] *sb* Kostenträger *m*
cost variance analysis [kɒst 'veərɪəns ə'nælɪsɪs] *sb* Abweichungsanalyse *f*
Cotton Exchange ['kɒtən ɪks'tʃeɪndʒ] *sb* Baumwollbörse *f*
council tax ['kaunsl tæks] *sb (UK)* Gemeindesteuer *f*
counsel ['kaunsl] *sb 1.* Rat *m,* Gremium *n; 2. (US)* Anwalt/Anwältin *m/f*
counseling ['kaunsəlɪŋ] *sb* Beratung *f*
count [kaunt] *v 1.* zählen; *sb 2.* Zählung *f;*
count in [kaunt ɪn] *v* mitzählen, mitrechnen
counter ['kauntə] *sb* Ladentisch *m,* Tresen *m,* Theke *f*
counterclaim ['kauntəkleɪm] *sb* Gegenanspruch *m,* Gegenforderung *f*

countercyclical development [kaʊntə-ˈsɪklɪkəl dəˈveləpmənt] *sb* antizyklisches Verhalten *n*
countercyclical fiscal policy [kaʊntəˈsɪklɪkəl ˈfɪskəl ˈpɒlɪsɪ] *sb* antizyklische Finanzpolitik *f*
counter entry [ˈkaʊntə ˈentrɪ] *sb* Storno *n*, Gegenbuchung *f*
counterfeit [ˈkaʊntəfɪt] *sb 1.* Fälschung *f; adj 2.* gefälscht
counterfeit money [ˈkaʊntəfɪt ˈmʌnɪ] *sb* Falschgeld *n*
counterfeiting [ˈkaʊntəfɪtɪŋ] *1.* Produktpiraterie *f; 2.* Falschmünzerei *f*
countermand [kaʊntəˈmɑːnd] *sb* Abbestellung *f,* Widerruf *m,* Storno *m/n*
counteroffer [ˈkaʊntərɒfə] *sb* Gegenangebot *n,* Gegengebot *n*
countersign [ˈkaʊntəsaɪn] *v* gegenzeichnen
counter stock [ˈkaʊntə stɒk] *sb* Schalterstücke *n/pl*
countertrade [ˈkaʊntətreɪd] *sb* Gegengeschäft *n*
countervailing duty [kaʊntəˈveɪlɪŋ ˈdjuːtɪ] *sb* Ausgleichsabgabe *f*
counting [ˈkaʊntɪŋ] *sb* Auszählung *f*
countries outside the customs frontier [ˈkʌntriz aʊtˈsaɪd ðə ˈkʌstəmz ˈfrʌntɪə] *pl* Zollausland *n*
country of origin [ˈkʌntrɪ əv ˈɒrɪdʒɪn] *sb* Herkunftsland *n*
country of purchase [ˈkʌntrɪ əv ˈpɜːtʃɪs] *sb* Einkaufsland *n*
country risk [ˈkʌntrɪ rɪsk] *sb* Länderrisiko *n*
coupon [ˈkuːpɒn] *sb (voucher)* Gutschein *m,* Kupon *m,* Zinsschein *m*
coupon collection department [ˈkuːpɒn kəˈlekʃən dəˈpɑːtmənt] *sb* Kuponkasse *f*
coupon market [ˈkuːpɒn ˈmɑːkɪt] *sb* Kuponmarkt *m*
coupon price [ˈkuːpɒn praɪs] *sb* Kuponkurs *m*
coupon sheet [ˈkuːpɒn ʃiːt] *sb* Kuponbogen *m*
coupon tax [ˈkuːpɒn tæks] *sb* Kuponsteuer *f*
courier [ˈkʊrɪə] *sb* Eilbote *m,* Kurier *m*
course of business [kɔːs əv ˈbɪznɪs] *sb* Geschäftsprozess *m*
court [kɔːt] *sb 1. (~ of law)* Gericht *n; 2.* take *s.o. to ~* jdn verklagen
court fees [ˈkɔːt fiːz] *pl* Gerichtskosten *pl,* Prozesskosten *pl*
court of arbitration [kɔːt əv ɑːbɪˈtreɪʃən] *sb* Schiedsgericht *n*

Court of Auditors [kɔːt əv ˈɔːdɪtəz] *sb* Rechnungshof *m*
Court of Justice of the European Community [kɔːt əv ˈdʒʌstɪs əv ðə jʊərəˈpiən kəˈmjuːnɪtɪ] *sb* Europäischer Gerichtshof (EuGH) *m*
court order [kɔːt ˈɔːdə] *sb* Gerichtsbeschluss *m*
court proceedings for order to pay debt [kɔːt prəˈsiːdɪŋz fɔː ɔːdə tu peɪ det] *pl* gerichtliches Mahnverfahren *n*
courtroom [ˈkɔːtruːm] *sb* Gerichtssaal *m*
cover [ˈkʌvə] *sb 1.* Deckung; *under separate ~* mit getrennter Post; *v 2. (a loan, a check)* decken; *3. (costs)* bestreiten; *4. (insure)* versichern; *5. (include)* einschließen, umfassen, enthalten
cover clause [ˈkʌvə klɔːz] *sb* Deckungsklausel *f*
cover note [ˈkʌvə nəʊt] *sb (UK)* Deckungszusage *f*
cover of note circulation [ˈkʌvə əv nəʊt sɜːkjʊˈleɪʃən] *sb* Notendeckung *f*
coverage [ˈkʌvrɪdʒ] *sb (insurance ~)* Versicherungsschutz *m,* Deckung *f*
coverage interest rate [ˈkʌvrɪdʒ ˈɪntrɪst reɪt] *sb* Deckungszinsen *m/pl*
coverage loan [ˈkʌvrɪdʒ ləʊn] *sb* Deckungsdarlehen *n*
covered cheque [ˈkʌvəd tʃek] *sb* gedeckter Scheck *m*
covered credit [ˈkʌvəd ˈkredɪt] *sb* gedeckter Kredit *m*
covering claim [ˈkʌvərɪŋ kleɪm] *sb* Deckungsforderung *f*
covering letter [ˈkʌvərɪŋ ˈletə] *sb* Begleitbrief *m*
covering operation [ˈkʌvərɪŋ ɒpəˈreɪʃən] *sb* Deckungsgeschäft *n*
covin [ˈkʌvɪn] *sb* Komplott *n*
coworker [kəʊˈwɜːkə] *sb* Mitarbeiter(in) *m/f*
craft [krɑːft] *sb (trade)* Handwerk *n,* Gewerbe *n*
craft trade [krɑːft treɪd] *sb* Handwerk *n*
craftsman [ˈkrɑːftsmən] *sb* Handwerker *m*
crank [kræŋk] *v ~ up the economy* die Wirtschaft ankurbeln
crash [kræʃ] *v 1. (fam: computer)* abstürzen; *sb 2. (stock market ~)* Börsenkrach *m*
crate [kreɪt] *sb* Kiste *f,* Kasten *m*
creation of credit [kriˈeɪʃən əv ˈkredɪt] *sb* Kreditschöpfung *f*
creation of deposit money [kriˈeɪʃən əv dɪˈpɒzɪt ˈmʌnɪ] *sb* Giralgeldschöpfung *f*

creation of money [kri'eɪʃən əv 'mʌnɪ] *sb* Geldschöpfung *f*
credential [krɪ'denʃəl] *sb 1.* Beglaubigungsschreiben *n; pl 2.* ~s *(papers)* Ausweispapiere *pl*
credible promise ['kredɪbəl 'prɒmɪs] *sb* glaubhafte Zusicherung *f*
credit ['kredɪt] *sb 1.* Kredit *m; 2. (balance)* Guthaben *n,* Haben *n; v 3.* gutschreiben
credit account ['kredɪt ə'kaʊnt] *sb* Kreditkonto *n*
credit advice ['kredɪt əd'vaɪs] *sb* Gutschriftsanzeige *f*
credit against securities ['kredɪt ə'genst sɪ'kjʊrɪtiz] *sb* Lombardkredit *m*
credit agreement ['kredɪt ə'griːmənt] *sb* Krediteröffnungsvertrag *m,* Kreditvertrag *m*
credit authorizing negotiation of bills ['kredɪt 'ɔːθəraɪzɪŋ nɪɡəʊʃi'eɪʃən əv bɪlz] *sb* Negoziationskredit *m*
credit balance ['kredɪt 'bæləns] *sb* Guthaben *n*
credit bank ['kredɪt bæŋk] *sb* Kreditbank *f*
credit based on collateral security ['kredɪt beɪst ɒn kə'lætərəl sɪ'kjʊrɪtɪ] *sb* Sachkredit *m*
credit business ['kredɪt 'bɪznɪs] *sb* Kreditgeschäft *n*
credit by way of bank guarantee ['kredɪt baɪ weɪ əv bæŋk gærən'tiː] *sb* Bürgschaftskredit *m,* Aval-Kredit *m*
credit by way of discount of bills ['kredɪt baɪ weɪ əv 'dɪskaʊnt əv bɪlz] *sb* Wechseldiskontkredit *m*
credit by way of overdraft ['kredɪt baɪ weɪ əv 'əʊvədrɑːft] *sb* Überziehungskredit *m,* Dispositionskredit *m*
credit card ['kredɪt kɑːd] *sb* Kreditkarte *f*
credit ceiling ['kredɪt 'siːlɪŋ] *sb* Kreditplafond *m*
credit check ['kredɪt tʃek] *sb* Bonitätsprüfung *f*
credit-checking sheets [kredɪt'tʃekɪŋ ʃiːts] *pl* Kreditprüfungsblätter *n/pl*
credit commission ['kredɪt kə'mɪʃən] *sb* Kreditprovision *f*
credit committee ['kredɪt kə'mɪtɪ] *sb* Kreditausschuss *m*
credit control ['kredɪt kən'trəʊl] *sb* Kreditkontrolle *f*
credit cooperative ['kredɪt kəʊ'ɒpərətɪv] *sb* Kreditgenossenschaft *f*
credit culture ['kredɪt 'kʌltʃə] *sb* Kreditkultur *f*

credit demand ['kredɪt də'mɑːnd] *sb* Kreditbedarf *m*
credit department ['kredɪt də'pɑːtmənt] *sb* Kreditabteilung *f*
credit facilities ['kredɪt fə'sɪlɪtiz] *pl* Kreditfazilität *f*
credit financing register ['kredɪt faɪ'nænsɪŋ 'redʒɪstə] *sb* Teilzahlungsbuch *n*
credit folder ['kredɪt fəʊldə] *sb* Kreditakte *f*
credit granted in kind ['kredɪt 'grɑːntɪd ɪn kaɪnd] *sb* Naturalkredit *m*
credit granted to a local authority ['kredɪt 'grɑːntɪd tu ə 'ləʊkəl ə'θɒrɪtɪ] *sb* Kommunalkredit *m*
credit granted to the issuer by the bank ['kredɪt 'grɑːntɪd tu ðə 'ɪsjuə baɪ ðə bæŋk] *sb* Emissionskredit *m*
credit guarantee ['kredɪt gærən'tiː] *sb* Kreditgarantie *f*
credit inflation ['kredɪt ɪn'fleɪʃən] *sb* Kreditinflation *f*
credit information ['kredɪt ɪnfə'meɪʃən] *sb* Kreditauskunft *f*
credit institution ['kredɪt ɪnstɪ'tjuːʃən] *sb* Kreditinstitut *n*
credit insurance ['kredɪt ɪn'ʃʊərəns] *sb* Kreditversicherung *f*
credit interest ['kredɪt 'ɪntrəst] *sb* Habenzinsen *pl*
credit item ['kredɪt 'aɪtəm] *sb* Aktivposten *m*
credit limit ['kredɪt 'lɪmɪt] *sb* Kreditlimit *n*
credit limitation ['kredɪt lɪmɪ'teɪʃən] *sb* Kreditplafondierung *f*
credit line ['kredɪt laɪn] *sb* Rahmenkredit *m,* Kreditlinie *f*
credit margin ['kredɪt 'mɑːdʒɪn] *sb* Kreditrahmen *m*
credit money ['kredɪt 'mʌnɪ] *sb* Kreditgeld *n*
credit on real estate ['kredɪt ɒn rɪəl ɪ'steɪt] *sb* Realkredit *m*
creditor ['kredɪtə] *sb* Gläubiger *m,* Kreditor *m*
creditor paper ['kredɪtə 'peɪpə] *sb* Gläubigerpapier *n*
creditors' meeting ['kredɪtəz 'miːtɪŋ] *sb* Gläubigerversammlung *f*
credit period ['kredɪt 'pɪərɪəd] *sb* Kreditfrist *f*
credit policy ['kredɪt 'pɒlɪsɪ] *sb* Kreditpolitik *f*
credit purchase ['kredɪt 'pɜːtʃəs] *sb* Kreditkauf *m*

credit rating ['kredɪt 'reɪtɪŋ] *sb* Kreditwürdigkeit *f*
credit restriction ['kredɪt rɪ'strɪkʃən] *sb*
Kreditrestriktion *f*
credit risk ['kredɪt rɪsk] *sb* Kreditrisiko *n*
credit share ['kredɪt ʃɛə] *sb* Kreditaktie *f*
credit side ['kredɪt saɪd] *sb* Habenseite *f*,
Haben *n*
credit slip ['kredɪt slɪp] *sb* Einzahlungsbeleg *m*
credits extended to public authorities
['kredɪts ɪks'tendɪd tu 'pʌblɪk ə'θɒrɪtiz] *pl*
öffentliche Kredite *m/pl*
credit solvency risk ['kredɪt 'sɒlvənsɪ
rɪsk] *sb* Bonitätsrisiko *n*
credit standing ['kredɪt 'stændɪŋ] *sb* Kreditwürdigkeit *f*, Kreditstatus *m*
credit status investigation ['kredɪt 'steɪtəs ɪnvestɪ'geɪʃən] *sb* Kreditprüfung *f*
credit system ['kredɪt 'sɪstɪm] *sb* Kreditwesen *n*
credit tranche ['kredɪt trɑːnʃ] *sb* Kredittranche *n*
credit transaction ['kredɪt træn'zækʃən]
sb Aktivgeschäft *n*
credit transfer ['kredɪt 'trænsfɜː] *sb* Kredit-
transfer *m*, Giro *n*
creditworthiness ['kredɪt'wɜːðɪnəs] *sb*
Kreditwürdigkeit *f*
creditworthy ['kredɪtwɜːðɪ] *adj* kredit-
würdig
creeping inflation ['kriːpɪŋ ɪn'fleɪʃən] *sb*
schleichende Inflation *f*
crisis ['kraɪsɪs] *sb* Krise *f*
crisis feeling ['kraɪsɪs 'fiːlɪŋ] *sb* Krisenstimmung *f*
crisis-proof ['kraɪsɪspruːf] *adj* krisenfest,
krisensicher
criteria of decision [kraɪ'tɪərɪə əv də'sɪ-
ʒən] *sb* Entscheidungskriterien *n/pl*
critical factors of performance ['krɪtɪkəl
'fæktəz əv pə'fɔːməns] *pl* kritische Erfolgsfaktoren *m/pl*
cross [krɒs] *v (a cheque: UK)* zur Verrechnung ausstellen
cross rate [krɒs reɪt] *sb* Kreuzparität *f*
crossed cheque [krɒst tʃek] *sb* Verrechnungsscheck *m*, gekreuzter Scheck *m*
crowding-out competition ['kraʊdɪŋ aʊt
kɒmpə'tɪʃən] *(finance)* Verdrängungswettbewerb *m*
crude oil [kruːd ɔɪl] *sb* Rohöl *n*
cubic measures ['kjuːbɪk 'mæʒəz] *pl*
Raummaße *n/pl*

culpa in contrahendo ['kʊlpə ɪn kɒntrə-
'hendəʊ] *sb* Verschulden vor Vertragsabschluss (culpa in contrahendo) *n*
culpable ['kʌlpəbl] *adj* schuldig, schuldhaft
culprit ['kʌlprɪt] *sb* Täter(in) *m/f*, Schul-
dige(r) *f/m*
cum [kʌm] *adj* eingeschlossen
cumulate ['kjuːmjʊleɪt] *v* akkumulieren,
anhäufen
cumulative dividend ['kjuːmjʊlətɪv 'dɪ-
vɪdend] *sb* kumulative Dividende *f*
cure [kjʊə] *sb* Kur *f*
currency ['kʌrənsɪ] *sb* Währung *f*, Devisen *f/pl*
currency account ['kʌrənsɪ ə'kaʊnt] *sb*
Währungskonto *n*
currency accounting ['kʌrənsɪ ə'kaʊntɪŋ]
sb Devisenbuchhaltung *f*
currency agreement ['kʌrənsɪ ə'griː-
mənt] *sb* Währungsabkommen *n*
currency area ['kʌrənsɪ 'ɛərɪə] *sb* Währungsgebiet *n*
currency basket ['kʌrənsɪ 'bɑːskɪt] *sb*
Währungskorb *m*
currency clause ['kʌrənsɪ klɔːz] *sb* Währungsklausel *f*, Kursklausel *f*
currency conversion ['kʌrənsɪ kən'vɜː-
ʒən] *sb* Währungsumstellung *f*
currency conversion compensation
['kʌrənsi kən'vɜːʒən kɒmpen'seɪʃən] *sb*
Währungsausgleich *m*
currency dumping ['kʌrənsɪ 'dʌmpɪŋ] *sb*
Währungsdumping *n*
currency erosion ['kʌrənsɪ ɪ'rəʊʒən] *sb*
Geldwertschwund *m*
currency exchange business ['kʌrənsɪ
ɪks'tʃeɪndʒ 'bɪznɪs] *sb* Geldwechselgeschäft *n*
currency future ['kʌrənsɪ 'fjuːtʃə] *sb*
Devisentermingeschäft *n*
currency in circulation ['kʌrənsɪ ɪn
sɜːkjuː'leɪʃən] *sb* Bargeldumlauf *m*
currency of investment ['kʌrənsɪ ɒv ɪn-
'vestmənt] *sb* Anlagewährung *f*
currency policy ['kʌrənsɪ 'pɒlɪsɪ] *sb*
Valutapolitik *f*
currency pool ['kʌrənsɪ puːl] *sb* Währungspool *m*
currency risk ['kʌrənsɪ rɪsk] *sb* Währungsrisiko *n*
currency substitution ['kʌrənsɪ sʌbstɪ-
'tjuːʃən] *sb* Währungssubstitution *f*
currency swap ['kʌrənsɪ swɒp] *sb* Währungsswap *m*
currency transactions ['kʌrənsɪ træn-
'zækʃənz] *pl* Valutageschäft *n*

currency union ['kʌrənsı 'juːnjən] *sb* Währungsunion *f*
currency zone ['kʌrənsı zəʊn] *sb* Währungszone *f*
current ['kʌrənt] *sb* 1. *(of electricity)* Strom *m; adj* 2. gegenwärtig
current account ['kʌrənt ə'kaʊnt] *sb* Girokonto *n*, Kontokorrent *n*, laufende Rechnung *f*
current account credit ['kʌrənt ə'kaʊnt 'kredıt] *sb* Kontokorrentkredit *m*
current account with a bank ['kʌrənt ə'kaʊnt wıθ ə bæŋk] *sb* Bankkontokorrent *n*
current assets ['kʌrənt 'æsets] *pl* Umlaufvermögen *n*
current market value ['kʌrənt 'mɑːkıt 'væljuː] *sb* Zeitwert *m*, gegenwärtiger Marktwert *m*
current quotation ['kʌrənt kwəʊ'teıʃən] *sb* Tageskurs *m*
current value ['kʌrənt 'væljuː] *sb* Tageswert *m*
curriculum vitae [kə'rıkjʊləm 'viːtaı] *sb (UK)* Lebenslauf *m*
cursor ['kɜːsə] *sb* Cursor *m*
custody ['kʌstədı] *sb* Verwahrung *f*, Gewahrsam *m*
custody fee ['kʌstədı fiː] *sb* Verwahrungskosten *pl*
custody ledger ['kʌstədı 'ledʒə] *sb* Verwahrungsbuch *n*
custom of trade ['kʌstəm əv treıd] *sb* Handelsusancen *f/pl*
customary law ['kʌstəmɛərı lɔː] *sb* Stammrecht *n*
custom-built ['kʌstəmbılt] *adj* maßgefertigt, spezialgefertigt
customer ['kʌstəmə] *sb* Kunde/Kundin *m/f*
customer account ['kʌstəmə ə'kaʊnt] *sb* Debitorenkonto *n*
customer costing ['kʌstəmə 'kɒstıŋ] *sb* Kundenkalkulation *f*
customer service ['kʌstəmə 'sɜːvıs] *sb* Kundenbetreuung *f*, Kundendienst *m*
customer survey ['kʌstəmə 'sɜːveı] *sb* Kundenbefragung *f*, Kundenumfrage *f*
customers' credit ['kʌstəməz 'kredıt] *sb* Kundschaftskredit *m*
customer's liability on bills ['kʌstəməz laıə'bılıtı ɒn bılz] *sb* Wechselobligo *n*
customer's order ['kʌstəməz 'ɔːdə] *sb* Kundenauftrag *m*
customer's reference number ['kʌstəməz 'refərəns 'nʌmbə] *sb* Kundennummer *f*
customer's security deposit ['kʌstəməz sı'kjʊərıtı də'pɒzıt] *sb* Personendepot *n*

customize ['kʌstəmaız] *v* individuell herrichten, speziell anfertigen
customs ['kʌstəmz] *pl* Zoll *m*
customs application ['kʌstəmz æplı'keıʃən] *sb* Zollantrag *m*
customs convention ['kʌstəmz kən'venʃən] *sb* Zollabkommen *n*
customs declaration ['kʌstəmz deklə'reıʃən] *sb* Zollerklärung *f*
customs documents ['kʌstəmz 'dɒkjumənts] *pl* Zollpapiere *n/pl*
customs drawback ['kʌstəmz 'drɔːbæk] *sb* Rückzoll *m*
customs duties ['kʌstəmz 'djuːtız] *pl* Zollgebühren *f/pl*
customs duty ['kʌstəmz 'djuːtı] *sb* Zoll *m*
customs frontier ['kʌstəmz 'frʌntıə] *sb* Zollgrenze *f*
customs inspection ['kʌstəmz ın'spekʃən] *sb* Zollkontrolle *f*
customs invoice ['kʌstəmz 'ınvɔıs] *sb* Zollfaktura *f*
customs official ['kʌstəmz ə'fıʃəl] *sb* Zollbeamter/Zollbeamtin *m/f*
customs procedure ['kʌstəmz prə'siːdʒə] *sb* Zollverkehr *m*
customs seal ['kʌstəmz siːl] *sb* Zollverschluss *m*
customs tariff ['kʌstəmz 'tærıf] *sb* Zolltarif *m*
customs territory ['kʌstəmz 'terıtərı] *sb* Zollgebiet *n*
customs union ['kʌstəmz 'juːnjən] *sb* Zollunion *f*
customs warehouse ['kʌstəmz 'wɛəhaʊs] *sb* Zolllager *n*
customs warehouse procedure ['kʌstəmz 'wɛəhaʊs prə'siːdʒə] *sb* Zolllagerung *f*
cut back [kʌt 'bæk] *v irr (reduce)* kürzen, verringern
cut down [kʌt 'daʊn] *v irr (reduce expenditures)* sich einschränken
cut in working time [kʌt ın 'wɜːkıŋ taım] *sb* Arbeitszeitverkürzung *f*
cutback ['kʌtbæk] *sb* Verringerung *f*, Kürzung *f*
cybernetics [saıbə'netıks] *pl* Kybernetik *f*
cycle ['saıkl] *sb* Zyklus *m*, Kreislauf *m*
cycle operations ['saıkəl ɒpə'reıʃənz] *pl* Taktproduktion *f*
cyclical ['sıklıkəl] *adj* zyklisch, konjunkturell
cyclical unemployment ['sıklıkəl ʌnım'plɔımənt] *sb* konjunkturelle Arbeitslosigkeit *f*

D

daily statement ['deɪlɪ 'steɪtmənt] *sb* Tagesauszug *m*
daily trial balance sheet ['deɪlɪ 'traɪəl 'bæləns ʃiːt] *sb* Tagesbilanz *f*
damage ['dæmɪdʒ] *v 1.* schaden, beschädigen, schädigen; *sb 2.* Schaden *m*, Beschädigung *f*; ~*s pl 3. (compensation for* ~*s)* Schadenersatz *m*
damage by sea ['dæmɪdʒ baɪ siː] *sb* Havarie *f*
damage limitation ['dæmɪdʒ lɪmɪ'teɪʃən] *sb* Schadensbegrenzung *f*
damage report ['dæmɪdʒ rɪ'pɔːt] *sb* Schadensbericht *m*, Havariezertifikat *n*
damaged share certificates ['dæmɪdʒd ʃeə sə'tɪfɪkɪts] *pl* beschädigte Aktie *f*
danger ['deɪndʒə] *sb* Gefahr *f*
danger money ['deɪndʒə 'mʌnɪ] *sb* Gefahrenzulage *f*
data ['deɪtə] *sb* Daten *pl*, Angaben *pl*
data access security ['deɪtə 'ækses sɪ'kjuːrɪtɪ] *sb* Datensicherheit *f*
data acquisition ['deɪtə ækwɪ'zɪʃn] *sb* Datenerfassung *f*
data administration ['deɪtə ədmɪnɪ'streɪʃən] *sb* Datenverwaltung *f*
data analysis ['deɪtə ə'nælɪsɪs] *sb* Datenanalyse *f*
data bank ['deɪtə bæŋk] *sb* Datenbank *f*
database ['deɪtəbeɪs] *sb* Datenbank *f*
database access ['deɪtəbeɪs 'ækses] *sb* Datenbankabfrage *f*
data collection ['deɪtə kə'lekʃən] *sb* Datenerfassung *f*
data entry ['deɪtə 'entrɪ] *sb* Datenerfassung *f*
data integration ['deɪtə ɪntə'greɪʃən] *sb* Datenintegration *f*
data medium ['deɪtə 'miːdɪəm] *sb* Datenträger *m*
data processing ['deɪtə 'prəʊsesɪŋ] *sb* Datenverarbeitung *f*
data protection ['deɪtə prə'tekʃən] *sb* Datenschutz *m*
Data Protection Act ['deɪtə prə'tekʃən ækt] *sb* Datenschutzgesetz *n*
data record ['deɪtə 'rekɔːd] *sb* Datensatz *m*
data security ['deɪtə sɪ'kjuərɪtɪ] *sb* Datensicherung *f*
data transmission ['deɪtə trænz'mɪʃən] *sb* Datenfernübertragung *f*

date [deɪt] *v* datieren; *sb* Datum *n*, Termin *m*
date bill ['deit bɪl] *sb* Datowechsel *m*
date of application ['deɪt əv æplɪ'keɪʃn] *sb* Bewerbungsdatum *n*, Antragsdatum *n*
date of arrival ['deɪt əv ə'raɪvl] *sb* Ankunftsdatum *n*, Ankunftstermin *m*
date of balance sheet ['deɪt əv 'bæləns ʃiːt] *sb* Bilanzstichtag *m*
date of delivery ['deɪt əv dɪ'lɪvərɪ] *sb* Liefertermin *m*
date of departure ['deɪt əv dɪ'pɑːtʒə] *sb* Abreisedatum *n*, Abreisetermin *m*
date of dispatch ['deɪt əv dɪ'spætʃ] *sb* Versanddatum *n*
date of entry ['deɪt əv 'entrɪ] *sb* Buchungsdatum *n*
date of payment ['deɪt əv 'peɪmənt] *sb* Zahlungstermin *m*
date of receipt ['deɪt əv rɪ'siːt] *sb* Empfangsdatum *n*
date of the balance ['deɪt əv ðə 'bæləns] *sb* Bilanzstichtag *m*
date stamp ['deɪt stæmp] *sb* Datumsstempel *m*
DAX-index [dæks 'ɪndeks] *sb* DAX-Index *m*
day bill ['deɪ bɪl] *sb* Tageswechsel *m*
day of account ['deɪ əv ə'kaʊnt] *sb* Abrechnungstag *m*
day of expiry [deɪ əv ɪks'paɪrɪ] *sb* Verfallstag *m*
day rate ['deɪ reɪt] *sb* Tageskurs *m*
day-to-day money [deɪ tu deɪ 'mʌnɪ] *sb* Tagesgeld *n*
de facto employer/employee relationship [dɪ 'fæktəʊ ɪm'plɔɪə/ɪm'plɔɪiː rɪ'leɪʃənʃɪp] *sb* faktisches Arbeitsverhältnis *n*
de facto group [dɪ 'fæktəʊ gruːp] *sb* faktischer Konzern *m*
de facto standard [dɪ 'fæktəʊ 'stændəd] *sb* De-facto-Standard *m*
dead capital [ded 'kæpɪtl] *sb* totes Kapital *n*, ungenutzte Mittel *n/pl*
dead freight (d.f.) [ded 'freɪt] *sb* Leerfracht (d.f.) *f*
deadline ['dedlaɪn] *sb* letzter Termin *m*, Frist *f; set a* ~ eine Frist setzen; *meet the* ~ die Frist einhalten
deadweight [ded'weɪt] *sb* Leergewicht *n*, Eigengewicht *n*

deal [diːl] *v irr 1.* ~ *in sth* mit etw handeln; *sb 2.* Geschäft *n,* Handel *m,* Abkommen *n; make a* ~ *with s.o.* mit jdm ein Geschäft machen
dealer ['diːlə] *sb 1.* Händler(in) *m/f; 2. (wholesaler)* Großhändler(in) *m/f; 3.* Eigenhändler *m; 4.* Händlerfirma *f*
dealer commission ['diːlə kə'mɪʃən] *sb* Händlerprovision *f*
dealer in securities ['diːlə ɪn sɪ'kjʊərɪtiːz] *pl* Effektenhändler *m*
dealer transaction ['diːlə træn'zækʃən] *sb* Händlergeschäft *n*
dealer's brand ['diːləz brænd] *sb* Handelsmarke *f*
dealership ['diːləʃɪp] *sb* Händlerbetrieb *m*
dealing before official hours ['diːlɪŋ bɪ-'fɔː ə'fɪʃəl 'aʊəz] *adv* Vorbörse *f*
dealing in foreign notes and coins ['diːlɪŋ ɪn 'fɒrən nəʊts ænd kɔɪnz] *sb* Sortenhandel *m*
dealing in large lots ['diːlɪŋ ɪn lɑːdʒ lɒts] *sb* Pakethandel *m*
debenture [dɪ'bentʃə] *sb* Schuldschein *m*
debenture bond [dɪ'bentʃə bɒnd] *sb* Pfandbrief *m,* Obligation *f,* Schuldverschreibung *f*
debenture loan [dɪ'bentʃə ləʊn] *sb* Obligationsanleihe *f*
debenture stock [dɪ'bentʃə stɒk] *sb* Schuldverschreibung *f*
debit ['debɪt] *v 1.* debitieren, belasten; *sb 2.* Soll *n,* Belastung *f,* Debet *n*
debit card ['debɪt kɑːd] *sb* Kundenkreditkarte *f,* Lastschriftkarte *f*
debit entry ['debɪt 'entrɪ] *sb* Lastschrift *f*
debiting ['debɪtɪŋ] *sb* Einziehung *f,* Belastung *f*
debit interest ['debɪt 'ɪntrəst] *sb* Kreditzins *m,* Sollzins *m*
debit note ['debɪt nəʊt] *sb* Lastschrift *f,* Debet Nota (D/N) *f*
debt [det] *sb 1.* Schuld *f; to be in* ~ verschuldet sein; *repay a* ~ eine Schuld begleichen
debt agency [det 'eɪdʒənsɪ] *sb* Inkassobüro *n*
debt capital [det 'kæpɪtəl] *sb* Fremdkapital *n,* Leihkapital *n*
debt deferral [det dɪ'fərəl] *sb* (money) Moratorium *n*
debt discount [det 'dɪskaʊnt] *sb* Damnum *n*
debt facility [det fə'sɪlətɪ] *sb* Dispositionskredit *m,* Kreditrahmen *m*
debt financing [det faɪ'nænsɪŋ] *sb* Fremdfinanzierung *f*

debtor ['detə] *sb* Schuldner(in) *m/f,* Debitor(in) *m/f*
debtor interest rates ['detə 'ɪntrəst reɪts] *pl* Sollzinsen *m/pl*
debtor warrant ['detə 'wɒrənt] *sb* Besserungsschein *m*
debt-register claim [det'redʒɪstə kleɪm] *sb* Schuldbuchforderung *f*
debt rescheduling [det rɪ'ʃedjuːlɪŋ] *sb* Umschuldung *f*
debt service [det 'sɜːvɪs] *sb* Schuldendienst *m*
debt terms ['det tɜːms] *pl* Kreditbedingungen *f/pl*
debt to be discharged at the domicile of the debtor [det tu biː dɪs'tʃɑːdʒd æt ðə 'dɒmɪsaɪl əv ðə 'detə] *sb* Holschuld *f*
debts [dets] *sb* Schulden *pl*
debts profit levy [dets 'prɒfɪt 'levɪ] *sb* Kreditgewinnabgabe *f*
debug [diː'bʌg] *v* von Fehlern befreien
decease [dɪ'siːs] *v* sterben
deceit [dɪ'siːt] *sb* Betrug *m,* Täuschung *f*
deceitful [dɪ'siːtfʊl] *adj* betrügerisch, falsch, hinterlistig
deceive [dɪ'siːv] *v* täuschen, betrügen
decentralization [diːsentrəlaɪ'zeɪʃn] *sb* Dezentralisierung *f*
decentralize [diː'sentrəlaɪz] *v* dezentralisieren
decimetre ['desɪmiːtə] *sb* Dezimeter *m/n*
decision [dɪ'sɪʒən] *sb* Entscheidung *f,* Entschluss *m,* Beschluss *m; make a* ~ eine Entscheidung treffen
decision exercise [dɪ'sɪʒn 'eksəsaɪz] *sb* Unternehmensplanspiel *n*
decision-making [dɪ'sɪʒənmeɪkɪŋ] *sb* Entscheidungsfindung *f*
decision-making hierarchy [dɪ'sɪʒənmeɪkɪŋ 'haɪərɑːkɪ] *sb* Entscheidungshierarchie *f*
decision of accession [dɪ'sɪʒn əv ək-'seʃən] *sb* Beitrittsbeschluss *m*
decision rule [dɪ'sɪʒən ruːl] *sb* Entscheidungsregel *f*
decision to purchase [dɪ'sɪʒən tu 'pɜːtʃəs] *sb* Kaufentscheidung *f*
declarable [dɪ'kleərəbl] *adj* zu verzollen
declaration inwards [deklə'reɪʃən 'ɪnwədz] *pl* Zolleinfuhrdeklaration *f*
declaration of intention [deklə'reɪʃən əv ɪn'tenʃən] *sb* Willenserklärung *f*
declaration to exercise the subscription right [deklə'reɪʃən tu 'eksəsaɪz ðə sʌb'skrɪpʃən raɪt] *sb* Bezugsrechterklärung *f*

declaratory protest [dɪ'klærətərɪ 'prəʊtest] *sb* Deklarationsprotest *m*
declare [dɪ'kleə] *v (to customs)* verzollen
decline [dɪ'klaɪn] *v 1. (business, prices)* zurückgehen; *2. (not accept)* ablehnen
decline in gross profits [dɪ'klaɪn ɪn grəʊs 'prɒfɪts] *sb* Rohertragsminderung *f*
decline in prices [dɪ'klaɪn ɪn 'praɪsɪz] *sb* Preisverfall *m*, Preisrückgang *m*
declining balance depreciation [dɪ'klaɪnɪŋ 'bæləns dəprɪʃɪ'eɪʃən] *sb* Buchwertabschreibung *f*
decline in profits [dɪ'klaɪn ɪn 'prɒfɪts] *sb* Gewinnabschwächung *f*
decode [diː'kəʊd] *v* dekodieren, entschlüsseln, dechiffrieren
decommission [diːkə'mɪʃən] *v* außer Betrieb setzen, stilllegen
decoration [dekə'reɪʃən] *sb* Schmuck *m*, Dekoration *f*, Verzierung *f*
decrease [dɪ'kriːs] *v 1.* abnehmen, sich vermindern, nachlassen; verringern, vermindern, reduzieren; *sb 2.* Abnahme *f*, Verminderung *f*, Verringerung *f*, Rückgang *m*
decrease in demand ['diːkriːs ɪn 'dɪmɑːnd] *sb* Nachfragerückgang *m*, Verringerung der Nachfrage *f*
decrease in value ['diːkriːs ɪn 'væljuː] *sb* Wertminderung *f*
decree [dɪ'kriː] *sb* Verordnung *f*, Erlass *m/f*
deduct [dɪ'dʌkt] *v* abziehen, abrechnen, absetzen
deductible [dɪ'dʌktɪbl] *adj* abzugsfähig; *(tax ~)* absetzbar
deduction [dɪ'dʌkʃən] *sb 1. (from a price)* Nachlass *m*, Dekort *m; 2. (from one's wage)* Abzug *m*
deduction of input tax [dɪ'dʌkʃən əv 'ɪnpʊt tæks] *sb* Vorsteuerabzug *m*
deduction of travelling expenses [dɪ'dʌkʃən əv 'trævəlɪŋ ɪk'spensɪz] *sb* Reisekostenabrechnung *f*, Reisekostenabzug *m*
deed [diːd] *sb (document)* Urkunde *f*, Dokument *n*
deed of partnership ['diːd əv 'pɑːtnəʃɪp] *sb* Gesellschaftsvertrag *m*
default [dɪ'fɔːlt] *sb 1.* Versäumnis *n*, Nichterfüllung *f; 2. (failure to pay)* Nichtzahlung *f; v ~ on a debt* seine Schuld nicht bezahlen
default action [dɪ'fɔːlt 'ækʃn] *sb* Mahnverfahren *n*
default interest [dɪ'fɔːlt 'ɪntrest] *sb* Verzugszinsen *pl*

default of acceptance [dɪ'fɔːlt əv ək'septəns] *sb* Annahmeverzug *m*
default of delivery [dɪ'fɔːlt əv dɪ'lɪvərɪ] *sb* Lieferverzug *m*
default risk [dɪ'fɔːlt rɪsk] *sb* Ausfallrisiko *n*
defaulter [dɪ'fɔːltə] *sb* säumiger Schuldner *m*
defect ['diːfekt] *sb* Fehler *m*, Defekt *m*, Mangel *m*
defective [dɪ'fektɪv] *adj* fehlerhaft, mangelhaft, schadhaft, defekt
defects rate [dɪ'fekts reɪt] *sb* Ausschussquote *f*
defence of fraud [dɪ'fens əv frɔːd] *sb* Einrede der Arglist *f*
deferment [dɪ'fɜːmənt] *sb* Verschiebung *f*, Verlegung *f*
deferrals [dɪ'fɜːrəlz] *sb* transitorische Posten *m/pl*
deferred payment [dɪ'fɜːd 'peɪmənt] *sb* Ratenzahlung *f*
deferred taxes [dɪ'fɜːd 'tæksɪz] *pl* latente Steuern *f/pl*
deficiency [dɪ'fɪʃənsɪ] *sb 1. (shortage)* Mangel *m*, Fehlen *n; 2. (defect)* Mangelhaftigkeit *f*, Schwäche *f*
deficiency guarantee [dɪ'fɪʃənsɪ gærən'tiː] *sb* Ausfallbürgschaft *f*
deficiency payment [dɪ'fɪʃənsɪ 'peɪmənt] *sb* Ausgleichszahlung *f*
deficient [dɪ'fɪʃənt] *adj* unzulänglich, mangelhaft
deficit ['defɪsɪt] *sb* Defizit *n*, Fehlbetrag *m*
deficit balance ['defɪsɪt 'bæləns] *sb* Unterbilanz *f*
deficit financing ['defɪsɪt faɪ'nænsɪŋ] *sb* Defizitfinanzierung *f*
deficit spending ['defɪsɪt 'spendɪŋ] *sb* Deficit Spending *n*
definite ['defɪnət] *adj 1.* endgültig, eindeutig; *2. (confirmation)* bindend, fest
definitive [dɪ'fɪnətɪv] *adj* maßgeblich
deflation [diː'fleɪʃən] *sb* Deflation *f*
deflection [dɪ'flekʃən] *sb* Umlenkung *f*, Ablenkung *f*
defraud [dɪ'frɔːd] *v* betrügen; *~ the revenue (UK)* Steuern hinterziehen
defrauder [dɪ'frɔːdə] *sb* Steuerhinterzieher *m*
defray [dɪ'freɪ] *v (costs)* tragen, übernehmen
defrayal [dɪ'freɪəl] *sb (of costs)* Übernahme *f*
degradable [dɪ'greɪdəbl] *adj* abbaubar
degree of unionization [dɪ'griː əv juːnjə-naɪ'zeɪʃən] *(employees)* Organisationsgrad *m*
degree of utilisation [dɪ'griː əv juːtɪlaɪ'zeɪʃən] *sb* Auslastungsgrad *m*

degression [dɪ'greʃən] *sb* Degression *f*
degressive costs [dɪ'gresɪv kɒsts] *pl* degressive Kosten *pl*
degressive depreciation [dɪ'gresɪv dɪpriː'eɪʃən] *sb* degressive Abschreibung *f*
del credere [del krə'dərə] *sb* Delkredere *n*
delay [dɪ'leɪ] *v 1. (sth, s.o.) (hold up)* aufhalten, hinhalten; *2. (postpone)* verschieben, aufschieben, hinausschieben; *3. to be ~ed* aufgehalten werden; *sb 4.* Verspätung *f,* Verzögerung *f,* Aufschub *m,* Verzug *m*
delay in delivery [dɪ'leɪ ɪn dɪ'lɪvərɪ] *sb* Lieferverzug *m,* Lieferungsverzögerung *f*
delay penalty [dɪ'leɪ 'penəltɪ] *sb* Säumniszuschlag *m*
delegate ['delɪgeɪt] *v 1. (a task)* delegieren, übertragen; *2. (a person)* abordnen, delegieren, bevollmächtigen; *3. sb* Delegierte(r) *f/m,* bevollmächtigter Vertreter *m*
delegated authority ['delɪgeɪtɪd ɔː'θɒrətɪ] *sb* Untervollmacht *f*
delegation [delɪ'geɪʃən] *sb* Delegation *f,* Abordnung *f*
delete [dɪ'liːt] *v* streichen; *(data)* löschen
delete reservation [dɪ'liːt rezə'veɪʃən] *sb* Löschungsvormerkung *m*
deletion [dɪ'liːʃən] *sb* Streichung *f*
deliver [dɪ'lɪvə] *v 1.* liefern, zustellen, überbringen; *2. (by car)* ausfahren; *(on foot)* austragen; *3. (a message)* überbringen; *(~ the post each day)* zustellen; *(~ up: hand over)* aushändigen, übergeben, überliefern; *4. (an ultimatum)* stellen
deliverable [dɪ'lɪvərəbl] *adj* lieferbar
deliverable security [dɪ'lɪvərəbl sɪ'kjʊərɪtɪ] *sb* lieferbares Wertpapier *n*
deliverer [dɪ'lɪvərə] *sb* Lieferant(in) *m/f*
delivery [dɪ'lɪvərɪ] *sb* Lieferung *f,* Auslieferung *f; (of the post)* Zustellung *f,* Erfüllungsgeschäft *n*
delivery capacity [dɪ'lɪvərɪ kə'pæsɪtɪ] *sb* Lieferkapazität *f*
delivery clause [dɪ'lɪvərɪ klɔːz] *sb* Lieferklausel *f*
delivery costs [dɪ'lɪvərɪ kɒsts] *pl* Bezugskosten *pl,* Lieferkosten *pl*
delivery note [dɪ'lɪvərɪ nəʊt] *sb* Lieferschein *m*
delivery order [dɪ'lɪvərɪ 'ɔːdə] *sb* Auslieferungsschein (D.O.) *m*
delivery van [dɪ'lɪvərɪ væn] *sb* Lieferwagen *m*
demand [dɪ'maːnd] *v 1.* verlangen, fordern; *2. (task)* erfordern, verlangen; *sb 3.* Verlangen

n, Forderung *f; 4. in ~* gefragt, begehrt; *5. (for goods)* Nachfrage *f*
demandable [dɪ'maːndəbl] *adj* einzufordernd
demand assessment [dɪ'maːnd ə'sesmənt] *sb* Bedarfsermittlung *f*
demand bill [dɪ'maːnd bɪl] *sb* Sichtwechsel *m*
demand for money [dɪ'maːnd fɔː 'mʌnɪ] *sb* Geldnachfrage *f*
demand for payment [dɪ'maːnd fɔː 'peɪmənt] *sb* Mahnung *f*
demand instrument [dɪ'maːnd 'ɪnstrʊmənt] *sb* Sichtpapier *n*
demand price [dɪ'maːnd praɪs] *sb* Geldkurs *m*
demarcation [dɪmaː'keɪʃən] *sb* Abgrenzung *f,* Begrenzung *f*
demote [dɪ'məʊt] *v* zurückstufen, degradieren
demurrage [dɪ'mʌrɪdʒ] *sb* Liegegeld *n,* Standgeld *n,* Lagergeld *n*
denationalization [diːnæʃənlaɪ'zeɪʃən] *sb* Privatisierung *f*
denomination [dɪnɒmɪ'neɪʃən] *sb (of money)* Nennwert *m*
denote [dɪ'nəʊt] *v* kennzeichnen, bezeichnen
density of population ['densɪtɪ əv pɒpjuː'leɪʃən] *sb* Bevölkerungsdichte *f*
department [dɪ'paːtmənt] *sb* Abteilung *f;* Ministerium *n,* Ressort *n*
department manager [dɪ'paːtmənt 'mænɪdʒə] *sb* Abteilungsleiter(in) *m/f*
department store [dɪ'paːtmənt stɔː] *sb* Kaufhaus *n,* Warenhaus *n*
departure [dɪ'paːtʃə] *sb (of a train, of a bus)* Abfahrt *f; (of a plane)* Abflug *m*
deposit [dɪ'pɒzɪt] *v 1. (money)* deponieren, einzahlen; *sb 2. (to a bank account)* Einzahlung, Depot *f; 3. (returnable security)* Kaution, Aufbewahrung *f; 4. (down payment)* Anzahlung *f*
depositary [dɪ'pɒzɪtərɪ] *sb* Treuhänder *m*
deposit account [dɪ'pɒzɪt ə'kaʊnt] *sb* Sparkonto *n*
deposit acknowledgement [dɪ'pɒzɪt æk'nɒlɪdʒmənt] *sb* Depotanerkenntnis *f*
deposit at call [dɪ'pɒzɪt æt kɔːl] *sb* täglich fälliges Geld *n*
deposit at notice [dɪ'pɒzɪt æt 'nəʊtɪs] *sb* Kündigungsgeld *n*
deposit balance [dɪ'pɒzɪt 'bæləns] *sb* Guthabenkonto *n*

deposit banking [dɪ'pɒzɪt 'bæŋkɪŋ] *sb* Depotgeschäft *n*, Depositengeschäft *n*
deposit book [dɪ'pɒzɪt bʊk] *sb* Depotbuch *n*
deposit business [dɪ'pɒzɪt 'bɪznɪs] *sb* Einlagengeschäft *n*
deposit clause [dɪ'pɒzɪt klɔːz] *sb* Depositenklausel *f*
deposit clearing bank [dɪ'pɒzɪt 'klɪərɪŋ bæŋk] *sb* Girobank *f*
deposited share [dɪ'pɒzɪtɪd ʃeə] *sb* Depotaktie *f*
deposit for insurance payments [dɪ'pɒzɪt fɔː ɪn'ʃʊərəns 'peɪmənts] *sb* Prämiendepot *n*
deposit guarantee fund [dɪ'pɒzɪt gærən'tiː fʌnd] *sb* Einlagensicherungsfonds *m*
deposit money [dɪ'pɒzɪt 'mʌnɪ] *sb* Buchgeld *n*
deposit money creation multiplier [dɪ'pɒzɪt 'mʌnɪ kriː'eɪʃən 'mʌltɪplaɪə] *sb* Buchgeldschöpfungsmultiplikator *m*
deposit of securities [dɪ'pɒzɪt əv sɪ'kjʊərɪtɪz] *sb* Effektendepot *n*
depositor [dɪ'pɒzɪtə] *sb* Einzahler *m*, Deponent *m*
depository [dɪ'pɒzɪtərɪ] *sb* Verwahrungsort *m*, Aufbewahrungsort *m*
deposit payment [dɪ'pɒzɪt 'peɪmənt] *sb* Anzahlung *f*
deposit policy [dɪ'pɒzɪt 'pɒlɪsɪ] *sb* Einlagenpolitik *f*
deposit receipt [dɪ'pɒzɪt rɪ'siːt] *sb* Depotschein *m*
deposit transactions passive [dɪ'pɒzɪt træn'zækʃəns 'pæsɪv] *sb* Passivgeschäft *n*
deposits [dɪ'pɒzɪts] *sb* Depositen *f/pl*
deposits on a current account [dɪ'pɒzɪts ɒn ə 'kʌrənt ə'kaʊnt] *sb* Giroeinlage *f*
depot ['depəʊ] *sb* Depot *n*
depreciate [dɪ'priːʃɪeɪt] *v 1. (fall in value)* an Kaufkraft verlieren; *2. (sth)* mindern
depreciation [dɪpriːʃɪ'eɪʃən] *sb 1.* Kaufkraftverlust *m, 2.* Abschreibung; *f 3.* Entwertung *f*
depreciation fund [dɪpriːʃɪ'eɪʃən fʌnd] *sb* Abschreibungsfonds *m*
depreciation per period [dɪpriːʃɪ'eɪʃən pɜː 'pɪərɪəd] *sb* Zeitabschreibung *f*
depressed [dɪ'presd] *adj (market)* schleppend
depression [dɪ'preʃən] *sb* Wirtschaftskrise *f*, Depression *f*

depute ['depjʊt] *v* deligieren
deputize ['depjʊtaɪz] *v (for s.o.)* die Vertretung übernehmen
deputy ['depjʊtɪ] *sb* Stellvertreter *m*
deregulate [diː'regjʊleɪt] *v* freigeben
deregulation [diːregjʊ'leɪʃən] *sb* Deregulierung *f*
derelict ['derɪlɪkt] *adj (in one's duties)* pflichtvergessen, nachlässig
dereliction [derɪ'lɪkʃən] *sb* Vernachlässigung *f*, Versäumen *n*
derivative financial instruments [dɪ'rɪvɪtɪv faɪ'nænʃəl 'ɪnstrəmənts] *pl* Derivate *n/pl*
design [dɪ'zaɪn] *v 1.* entwerfen, zeichnen; *2. (machine, bridge)* konstruieren; *sb 3. (planning)* Entwurf *m; 4. (of a machine, of a bridge)* Konstruktion *f; 5. (as a subject)* Design *n; 6. (pattern)* Muster *n; 7. (intention)* Absicht *f*
designation [dezɪg'neɪʃən] *sb* Designation *f*
designer [dɪ'zaɪnə] *sb* Entwerfer(in) *m/f*, Designer(in) *m/f*
design fault [dɪ'zaɪn fɔːlt] *sb* Konstruktionsfehler *m*
design patent [dɪ'zaɪn 'pætɪnt] *sb* Geschmacksmuster *n*
desk [desk] *sb 1.* Schreibtisch *m,* Pult *n; 2. (in a store)* Kasse *f*
desktop ['desktɒp] *sb* Arbeitsfläche *f*
desktop publishing ['desktɒp 'pʌblɪʃɪŋ] *sb* Desktop-Publishing (DTP) *n*
despatch [dɪ'spætʃ] *v* versenden, verschicken
destroyed securities [dɪs'trɔɪd sɪ'kjʊərɪtiːz] *pl* vernichtete Wertpapiere *n/pl*
destructive price cutting [dɪs'trʌktɪv praɪs 'kʌtɪŋ] *sb* Verdrängungswettbewerb *m*
details of order ['diːteɪlz əv 'ɔːdə] *pl* Bestelldaten *pl*, Bestellangaben *pl*
determination [dɪtɜːmɪ'neɪʃən] *sb 1. (specifying)* Bestimmung *f*, Festsetzung *f; 2. (decision)* Entschluss *m*, Beschluss *m*
determination of profits [dɪtɜːmɪ'neɪʃən əv 'prɒfɪts] *sb* Gewinnermittlung *f*
determination of the value [dɪtɜːmɪ'neɪʃən əv ðə 'væljuː] *sb* Wertermittlung *f*
determine [dɪ'tɜːmɪn] *v 1. (resolve)* sich entschließen, beschließen; *2. (fix, set)* festsetzen, festlegen; *3. (be a decisive factor in)* bestimmen, determinieren; *4. (ascertain)* ermitteln
detriment ['detrɪmənt] *sb* Nachteil *m,* Schaden *m; to the ~ of sth* zum Nachteil einer Sache, zum Schaden von etw

devaluation [diːvæljuːˈeɪʃən] *sb* Abwertung *f*

devaluation race [diːvæljuːˈeɪʃən reɪs] *sb* Abwertungswettlauf *m*

devalue [diːˈvæljuː] *v* abwerten, entwerten

develop [dɪˈveləp] *v* 1. *(sth)* entwickeln; 2. *(~ something already begun)* weiterentwickeln; 3. *(a plot of land)* erschließen

developer [dɪˈveləpə] *sb (property ~)* Baulandentwickler *m*

developing [dɪˈveləpɪŋ] *adj ~ country* Entwicklungsland *n*

development [dɪˈveləpmənt] *sb* 1. Entwicklung *f,* Ausführung *f,* Entfaltung *f,* Erschließung *f;* 2. *(economic)* Wachstum *n,* Aufbau *m*

development aid [dɪˈveləpmənt eɪd] *sb* Entwicklungshilfe *f*

development area [dɪˈveləpmənt ˈeərɪə] *sb* Entwicklungsgebiet *n*

development bank [dɪˈveləpmənt bæŋk] *sb* Entwicklungsbank *f*

development costs [dɪˈveləpmənt kɒsts] *pl* Entwicklungskosten *pl,* Erschließungsbeiträge *m/pl*

development fund [dɪˈveləpmənt fʌnd] *sb* Entwicklungsfonds *m*

development phase [dɪˈveləpmənt feɪz] *sb* Aufbauphase *f,* Entwicklungsphase *f*

deviation [diːvɪˈeɪʃən] *sb* Abweichen *n,* Abweichung *f*

device [dɪˈvaɪs] *sb* 1. Gerät *n,* Vorrichtung *f,* Apparat *m;* 2. *(scheme)* List *f;* 3. *leave s.o. to his own ~s* jdn sich selbst überlassen

dexterity [deksˈterɪtɪ] *sb* Geschicklichkeit *f,* Gewandtheit *f,* Fingerfertigkeit *f*

dexterous [ˈdekstərəs] *adj* gewandt, geschickt, behände

diagram [ˈdaɪəgræm] *sb* Diagramm *n,* Schaubild *n,* Schema *n*

dial [daɪl] *v (telephone)* wählen

dialling code [ˈdaɪlɪŋ kəʊd] *sb (UK)* Vorwahl *f*

diameter [daɪˈæmɪtə] *sb* Durchmesser *m,* Diameter *m*

diary [ˈdaɪərɪ] *sb (appointment book)* Terminkalender *m*

dictaphone [ˈdɪktəfəʊn] *sb* Diktaphon *n,* Diktiergerät *n*

dictate [dɪkˈteɪt] *v* diktieren

dictating machine [dɪkˈteɪtɪŋ məˈʃiːn] *sb* Diktiergerät *n*

dictation [dɪkˈteɪʃən] *sb* Diktat *n; take ~* ein Diktat aufnehmen

dictionary [ˈdɪkʃənrɪ] *sb* Wörterbuch *n,* Lexikon *n*

differ [ˈdɪfə] *v* 1. sich unterscheiden; 2. *(hold a different opinion)* anderer Meinung sein

difference between purchase and hedging price [ˈdɪfrəns bɪˈtwiːn ˈpɜːtʃəs ænd ˈhedʒɪŋ praɪs] *sb* Kursspanne *f*

differential piece-rate system [dɪfəˈrentʃəl ˈpiːsreɪt ˈsɪstɪm] *sb* Differenziallohnsystem *n*

differentiated tariffs [dɪfəˈrentʃɪeɪtɪd ˈtærɪfs] *pl* gespaltener Tarif *m*

differentiation [dɪfərenʃɪˈeɪʃən] *sb* Unterscheidung *f,* Differenzierung *f*

diffusion barriers [dɪˈfjuːʒən ˈbærɪəz] *pl* Diffusionsbarrieren *f/pl*

diffusion process [dɪˈfjuːʒən ˈprɒses] *sb* Diffusion *f*

diffusion strategy [dɪˈfjuːʒən ˈstrætɪdʒɪ] *sb* Diffusionsstrategie *f*

digest [ˈdaɪdʒest] *sb* Auslese *f,* Auswahl *f*

digit [ˈdɪdʒɪt] *sb* Ziffer *f,* Stelle *f*

digital [ˈdɪdʒɪtəl] *adj* digital, Digital

diminish [dɪˈmɪnɪʃ] *v (to be ~ed)* sich vermindern, abnehmen; *(sth)* verringern, vermindern, verkleinern

diminished [dɪˈmɪnɪʃt] *adj* verringert, reduziert

dip into [dɪp ˈɪntuː] *v ~ funds* Reserven angreifen

diploma [dɪpˈləʊmə] *sb* Diplom *n*

dipstick [ˈdɪpstɪk] *sb* Messtab *m*

direct [daɪˈrekt] *v* 1. *(aim, address)* richten; 2. *~ s.o.'s attention to sth* jds Aufmerksamkeit auf etw lenken; 3. *(order)* anweisen, befehlen; 4. *(supervise)* leiten, lenken, führen

direct access [daɪˈrekt ˈækses] *sb* Direktzugriff *m*

direct advertising [daɪˈrekt ˈædvɜːtaɪzɪŋ] *sb* Direktwerbung *f*

direct and indirect material [daɪˈrekt ænd ˈɪndaɪrekt məˈtɪrɪəl] *(cost accounting)* Fertigungslos *n*

direct bank [daɪˈrekt bæŋk] *sb* Direktbank *f*

direct cost [daɪˈrekt kɒst] *sb* Einzelkosten *pl*

direct costing [daɪˈrekt kɒstɪŋ] *sb* Direct Costing *n*

direct current [daɪˈrekt ˈkʌrənt] *sb* Gleichstrom *m*

direct debit [daɪˈrekt ˈdebɪt] *sb (UK)* Einzugsermächtigung *f*

direct debit authorization [daɪˈrekt ˈdebɪt ɔːθəraɪˈzeɪʃən] *sb* Einziehungsermächtigung *f*

direct debit instruction [daɪˈrekt ˈdebɪt ɪnˈstrʌkʃən] *sb* Abbuchungsauftrag *m*, Einzugsermächtigung *f*
direct debit procedure [daɪˈrekt ˈdebɪt prəˈsiːdʒə] *sb* Abbuchungsverfahren *n*
direct debiting [daɪˈrekt ˈdebɪtɪŋ] *sb* Bankeinzugsverfahren *n*, Lastschrifteinzugsverfahren *n*
direct debiting transactions [daɪˈrekt ˈdebɪtɪŋ trænˈzækʃənz] *pl* Lastschriftverkehr *m*
direct discount [daɪˈrekt ˈdɪskaʊnt] *sb* Direktdiskont *m*
direct exchange [daɪˈrekt ɪksˈtʃeɪndʒ] *sb* Mengenkurs *m*
direct export [daɪˈrekt ˈekspɔːt] *sb* Direktausfuhr *f*
direct insurance [daɪˈrekt ɪnˈʃʊərəns] *sb* Direktversicherung *f*
direct investments [daɪˈrekt ɪnˈvestmənts] *pl* Direktinvestitionen *pl*
direction [daɪˈrekʃən] *sb 1. (management)* Leitung *f,* Führung *f; 2. ~s pl* Anweisungen *pl; 3. (~s for use)* Gebrauchsanweisung *f*
directive [daɪˈrektɪv] *sb* Direktive *f,* Vorschrift *f*
direct marketing [daɪˈrekt ˈmɑːkɪtɪŋ] *sb* Direct Marketing *n*
director [daɪˈrektə] *sb* Direktor(in) *m/f,* Leiter(in) *m/f*
direct ordering [daɪˈrekt ˈɔːdərɪŋ] *sb* Direktbestellung *f*
director general [daɪˈrektə ˈdʒenərəl] *sb* Generaldirektor *m*
directorate [daɪˈrektərɪt] *sb (body of directors)* Direktorium *n*, Vorstand *m*
directors' fees tax [daɪˈrektəz fiːz tæks] *sb* Aufsichtsratsteuer *f*
directory [dɪˈrektərɪ] *v 1.* Telefonbuch *n; 2. (yellow pages)* Branchenverzeichnis *n; 3. (table of contents)* Inhaltsverzeichnis *n*
directory enquiries [daɪˈrektərɪ ɪnˈkwaɪəriːz] *pl (UK)* Telefonauskunft *f*
direct selling [daɪˈrekt ˈselɪŋ] *sb* Direktverkauf *m*, Direktvertrieb *m*, direkter Absatz *m*
direct taxes [daɪˈrekt ˈtæksɪz] *pl* direkte Steuern *pl*
direct telex transfer system [daɪˈrekt ˈteleks ˈtrænsfɜː ˈsɪstɪm] *sb* Blitzgiro *n*
dirigisme [dɪrɪˈʒiːzm] *sb* Dirigismus *m*
disability for work [dɪsəˈbɪlɪtɪ fɔː wɜːk] *sb* Erwerbsunfähigkeit *f,* Arbeitsunfähigkeit *f*
disabled [dɪsˈeɪbld] *adj 1.* behindert, arbeitsunfähig, erwerbsunfähig; *2. (machine)* unbrauchbar

disadvantage [dɪsədˈvɑːntɪdʒ] *sb* Nachteil *m,* Schaden *m*
disaffirm [dɪsəˈfɜːm] *v* widerrufen
disagio [dɪsˈeɪdʒəʊ] *sb* Disagio *n*
disapproval [dɪsəˈpruːvl] *sb (of sth)* Missbilligung *f*
disapprove [dɪsəˈpruːv] *v* dagegen sein; *~ of sth* etw missbilligen
disarmament [dɪsˈɑːməmənt] *sb* Abrüstung *f*
disassemble [dɪsəˈsembl] *v* auseinander nehmen, zerlegen
disburse [dɪsˈbɜːs] *v* auszahlen, ausbezahlen
disbursement [dɪsˈbɜːsmənt] *sb* Auszahlung *f,* Ausbezahlung *f*
discard [dɪsˈkɑːd] *v* ablegen, aufgeben, ausrangieren
discharge [dɪsˈtʃɑːdʒ] *v 1. (electricity)* entladen; *2. (cargo)* löschen; *3. (a debt)* begleichen; *sb 1. (dɪstʃɑːdʒ] 4. (of electricity)* Entladung *f; 5. (dismissal)* Entlassung *f; 6. (~ papers)* Entlassungspapier *n; 7.* Freispruch *m*
discharging expenses [dɪsˈtʃɑːdʒɪŋ ɪksˈpensɪz] *pl* Entladungskosten *pl*, Löschgebühren *pl*
disciplinary [ˈdɪsəplɪnərɪ] *adj* Disziplinar..., disziplinarisch
discipline [ˈdɪsəplɪn] *v* disziplinieren; *sb* Disziplin *f*
disclaim [dɪsˈkleɪm] *v* ausschlagen, ablehnen
disclaimer [dɪsˈkleɪmə] *sb* Dementi *n,* Widerruf *m*
disclose [dɪsˈkləʊz] *v* bekannt geben, bekannt machen
disconnection [dɪskəˈnekʃən] *sb (on the telephone)* Unterbrechung *f*
discontinue [dɪskənˈtɪnjuː] *v 1. (a line of products)* auslaufen lassen; *(2. a subscription)* abbestellen
discount [ˈdɪskaʊnt] *sb* Preisnachlass *m,* Rabatt *m,* Abschlag *m,* Skonto *n,* Diskont *m*
discountable [dɪsˈkaʊntəbl] *adj* abzugsfähig
discountable paper [dɪsˈkaʊntəbl ˈpeɪpə] *sb* Diskontpapier *n*
discount bank [ˈdɪskaʊnt bæŋk] *sb* Diskontbank *f*
discount broker [ˈdɪskaʊnt ˈbrəʊkə] *sb* Diskontmakler *m,* Wechselmakler *m*
discount business [ˈdɪskaʊnt ˈbɪznɪs] *sb* Diskontgeschäft *n*
discount calculation [ˈdɪskaʊnt kælkjuːˈleɪʃən] *sb* Diskontrechnung *f*

discount commission ['dɪskaʊnt kə'mɪ-ʃən] *sb* Diskontprovision *f*
discount credit ['dɪskaʊnt 'kredɪt] *sb* Diskontkredit *m*
discount deduction ['dɪskaʊnt dɪ'dʌk-ʃən] *sb* Skontoabzug *m*
discount factor ['dɪskaʊnt 'fæktə] *sb* Diskontierungsfaktor *m*
discount houses ['dɪskaʊnt 'haʊzɪz] *pl* Diskonthäuser *n/pl*
discounting ['dɪskaʊntɪŋ] *sb* Diskontierung *f,* Abzinsung *f*
discount market ['dɪskaʊnt 'mɑːkɪt] *sb* Diskontmarkt *m*
discount of bills ['dɪskaʊnt əv bɪls] *sb* Wechseldiskont *m*
discount on advance orders ['dɪskaʊnt ɒn ə'dvɑːns ɔːdəz] *sb* Vorbestellrabatt *m*
discount on repurchase ['dɪskaʊnt ɒn rɪ'pɜːtʃəs] *sb* Rückkaufdisagio *n*
discount rate ['dɪskaʊnt reɪt] *sb* Diskontsatz *m*
discount store ['dɪskaʊnt stɔː] *sb* Discountgeschäft *n,* Discountladen *m*
discredit [dɪs'kredɪt] *v* in Misskredit bringen, in Verruf bringen; *sb* Misskredit *m*
discrepancy [dɪs'krepənsɪ] *sb* Diskrepanz *f,* Unstimmigkeit *f*
discretion [dɪs'kreʃən] *sb 1. (tact)* Diskretion *f; 2. (prudence)* Besonnenheit *f; 3. (freedom to decide)* Gutdünken *n,* Ermessen *n; use your own ~* handle nach eigenem Ermessen; *at one's ~* nach Belieben
discretionary [dɪ'skreʃənrɪ] *adj* Ermessens...
discriminate [dɪ'skrɪmɪneɪt] *v ~ against s.o.* jdn diskriminieren
discrimination [dɪskrɪmɪ'neɪʃən] *sb (differential treatment)* Diskriminierung *f*
discrimination of flags [dɪskrɪmɪ'neɪʃən əv flægz] *sb* Flaggendiskriminierung *f*
discussion [dɪs'kʌʃən] *sb* Diskussion *f,* Erörterung *f; (meeting)* Besprechung *f*
disencumberment [dɪsɪn'kʌmbəmənt] *sb* Entschuldung *f*
disinflation [dɪsɪn'fleɪʃən] *sb* Deflation *f*
disinvestment [dɪsɪn'vestmənt] *sb* Desinvestition *f*
disk [dɪsk] *sb* Platte *f,* Diskette *f*
disk crash ['dɪsk kræʃ] *sb* Diskcrash *m,* Störung eines Laufwerkes *f*
disk drive ['dɪsk draɪv] *sb* Laufwerk *n*
diskette [dɪs'ket] *sb* Diskette *f*
disloyalty [dɪs'lɔɪjəltɪ] *sb* Untreue *f*

dismantlement [dɪs'mæntlmənt] *sb* Abbruch *m,* Demontage *f*
dismiss [dɪs'mɪs] *v* entlassen, gehen lassen
dismissal [dɪs'mɪsəl] *sb* Entlassung *f*
disparity [dɪs'pærɪtɪ] *sb* Disparität *f*
dispatch [dɪ'spætʃ] *v 1.* senden, schicken, absenden; *sb 2. (sending)* Versand *m,* Absendung *f,* Abfertigung *f*
dispatch agent [dɪ'spætʃ 'eɪdʒənt] *sb* Abfertigungsspediteur *m*
dispatch case [dɪ'spætʃ keɪs] *sb (UK)* Aktenmappe *f*
dispatch department [dɪ'spætʃ dɪ'pɑːtmənt] *sb* Versandabteilung *f*
dispatch manager [dɪ'spætʃ 'mænɪdʒə] *sb* Versandleiter(in) *m/f*
display [dɪs'pleɪ] *v 1. (show)* zeigen, beweisen; *2. (goods)* ausstellen, auslegen; *sb 3.* Zeigen *n,* Zurschaustellung *f,* Vorführung *f; to be on ~* ausgestellt sein; *4. (of goods)* Ausstellung *f,* Auslage *f*
displayer [dɪs'pleɪə] *sb* Aussteller *m*
disposable [dɪs'pəʊzəbl] *adj 1. (to be thrown away)* wegwerfbar; *2. (available)* verfügbar; *~ income* verfügbares Einkommen *n*
disposable income [dɪs'pəʊzəbl 'ɪnkʌm] *sb* verfügbares Einkommen *n*
disposable share [dɪs'pəʊzəbl ʃeə] *sb* Vorratsaktie *f*
disposal [dɪs'pəʊzəl] *sb 1. (throwing away)* Wegwerfen *n; 2. (waste ~ unit)* Müllschlucker *m; 3. (removal)* Beseitigung *f; 4. (control)* Verfügungsrecht *n; 5. place sth at s.o.'s ~* jdm etw zur Verfügung stellen; *have sth at one's ~* über etw verfügen; *6. (positioning)* Aufstellung *f*
disposal business [dɪ'spəʊzl 'bɪznɪs] *sb* Entsorgungsunternehmen *n*
dispose [dɪs'pəʊz] *v ~ of (have at one's disposal)* verfügen über
disposition [dɪspə'zɪʃən] *sb* Verfügung *f*
dispossess [dɪspə'zes] *v* enteignen
disproportionate [dɪsprə'pɔːʃənɪt] *adj* unverhältnismäßig
dispute [dɪs'pjuːt] *v 1.* streiten; *2. (a claim)* anfechten; *sb 3.* Streit *m,* Disput *m*
dissaving [dɪs'seɪvɪŋ] *sb* Entsparen *n*
dissociate [dɪ'səʊʃɪeɪt] *v ~ o.s. from* sich distanzieren von
distribute [dɪ'strɪbjuːt] *v 1. (goods)* vertreiben; *2. (dividends)* ausschütten
distribution [dɪstrɪ'bjuːʃən] *sb 1. (of dividends)* Ausschüttung *f; 2. (of goods)* Vertrieb *m,* Verteilung *f*

distribution centre [dɪstrɪ'bjuːʃən 'sentə] *sb* Auslieferungslager *n*
distribution channel [dɪstrɪ'bjuːʃən 'tʃænl] *sb* Vertriebskanal *m*, Vertriebsweg *m*
distribution cost [dɪstrɪ'bjuːʃən kɒst] *sb* Distributionskosten *pl*
distribution of income [dɪstrɪ'bjuːʃən əv 'ɪnkʌm] *sb* Einkommensverteilung *f*
distribution of profit [dɪstrɪ'bjuːʃən əv 'prɒfɪt] *sb* Gewinnausschüttung *f*
distribution organs [dɪstrɪ'bjuːʃən 'ɔːgənz] *pl* Distributionsorgane *n/pl*
distribution policy [dɪstrɪ'bjuːʃən 'pɒlɪsɪ] *sb* Distributionspolitik *f*
distribution store [dɪstrɪ'bjuːʃən stɔː] *sb* Auslieferungslager *n*
distributor [dɪ'strɪbjʊtə] *sb (wholesaler)* Großhändler(in) *m/f*
diversification [daɪvɜːsɪfɪ'keɪʃən] *sb* Diversifizierung *f*, Streuung der Aktivitäten *f*
diversified holdings [daɪ'vɜːsɪfaɪd 'həʊldɪŋz] *pl* Streubesitz *m*
diversify [daɪ'vɜːsɪfaɪ] *v* diversifizieren, streuen
dividend ['dɪvɪdənd] *sb* Dividende *f; pay ~s (fig)* sich bezahlt machen
dividend coupon ['dɪvɪdend 'kuːpɒn] *sb* Gewinnanteilsschein *m*
dividend guarantee ['dɪvɪdend gærən'tiː] *sb* Dividendengarantie *f*
dividend in bankruptcy ['dɪvɪdend ɪn 'bæŋkrʌpsɪ] *sb* Konkursquote *f*
dividend on account ['dɪvɪdend ɒn ə'kaʊnt] *sb* Abschlagsdividende *f*
dividend tax ['dɪvɪdend tæks] *sb* Dividendenabgabe *f*
division [dɪ'vɪʒən] *sb 1.* Teilung *f*, Aufteilung *f*, Einteilung *f; 2. (of a firm)* Abteilung *f; 3.* Sparte *f*
divisional organization [dɪ'vɪʒənl ɔːgənaɪ'zeɪʃən] *sb* Geschäftsbereichsorganisation *f*
division of labour [dɪ'vɪʒən əv 'leɪbə] *sb* Arbeitsteilung *f*
dock [dɒk] *sb* Dock *n; ~s* Hafen *m*
dockage ['dɒkɪdʒ] *sb* Hafengebühren *pl*, Dockgebühren *pl*
dockyard ['dɒkjɑːd] *sb* Werft *f*
doctoring a balance sheet ['dɒktərɪŋ ə 'bæləns ʃiːt] *sb* Bilanzverschleierung *f*
document ['dɒkjumənt] *v* beurkunden, dokumentieren; *sb* Dokument *n, Urkunde f, Unterlage f*
documentary [dɒkju'mentərɪ] *adj ~ evidence* Urkundenbeweis *m*

documentary acceptance credit [dɒkju'mentərɪ ək'septəns 'kredɪt] *sb* Rembourskredit *m*
documentary letter of credit [dɒkju'mentərɪ 'letər əv 'kredɪt] *sb* Dokumentakkreditiv *n*
document of title ['dɒkjumənt əv 'taɪtəl] *sb* Warenpapier *n*
documents against acceptance (D/A) ['dɒkjumənts ə'genst ək'septəns] *pl* Dokumente gegen Akzept (d/a)
documents against payment (D/P) ['dɒkjumənts ə'genst 'peɪmənt] *pl* Dokumente gegen Bezahlung (d/p) *pl*
dole [dəʊl] *sb (fam)* Stempelgeld *n; to be on the ~* stempeln gehen
dollar area ['dɒlə 'æriə] *sb* Dollarblock *m*
dollar bond ['dɒlə bɒnd] *sb* Dollaranleihe *f*
dollar clause ['dɒlə klɔːz] *sb* Dollarklausel *f*
dollar quotation ['dɒlə kwəʊ'teɪʃn] *sb* Dollarnotierung *f*
dollar standard ['dɒlə 'stændəd] *sb* Dollar-Standard *m*
domestic [də'mestɪk] *adj* Innen..., Inland..., Binnen...
domestic capital [də'mestɪk 'kæpɪtəl] *sb* Inlandsvermögen *n*
domestic customs territory [də'mestɪk 'kʌstəmz 'terɪtərɪ] *sb* Zollinland *n*
domestic market [də'mestɪk 'mɑːkɪt] *sb* Binnenmarkt *m*
domestic trade [də'mestɪk treɪd] *sb* Binnenhandel *m*
donation [dəʊ'neɪʃən] *sb 1. (thing donated)* Spende *f*, Stiftung *f*, Gabe *f*, Schenkung *f; 2. (the act of donating)* Spenden *n*, Stiften *n*
dormant deposit ['dɔːmənt dɪ'pɒzɪt] *sb* totes Depot *n*
dormant partnership ['dɔːmənt 'pɑːtnəʃɪp] *sb* stille Gesellschaft *f*
double currency ['dʌbl 'kʌrənsɪ] *sb* Doppelwährung *f*
double currency loan ['dʌbl 'kʌrənsɪ ləʊn] *sb* Doppelwährungsanleihe *f*
double entry book-keeping ['dʌbl 'entrɪ 'bʊkkiːpɪŋ] *sb* doppelte Buchführung *f*
double housekeeping ['dʌbl 'haʊskiːpɪŋ] *sb* doppelte Haushaltsführung *f*
double option operation ['dʌbl 'ɒpʃən ɒpə'reɪʃən] *sb* Stellagegeschäft *n*
double taxation ['dʌbl tæk'seɪʃən] *sb* Doppelbesteuerung *f*

double time ['dʌbl taɪm] *sb (payment)* hundert Prozent Überstundenzuschlag *m*
doubtful account ['daʊtfəl ə'kaʊnt] *sb* zweifelhafte Forderung *f*
doubtful debts ['daʊtfəl dets] *pl* dubiose Forderung *f*
down cycle ['daʊn saɪkl] *sb* rückläufiger Konjunkturzyklus *m*
downfall ['daʊnfɔːl] *sb (fig)* Niedergang *m*, Untergang *m*
download ['daʊnləʊd] *v (a computer)* laden
down payment [daʊn 'peɪmənt] *sb* Anzahlung *f,* Abschlagszahlung *f*
down-ship [daʊn'ʃɪp] *sb* Abschwung *m*
downsizing ['daʊnsaɪzɪŋ] *sb* Abbau *m*, Verkleinerung *f*
downswing ['daʊnswɪŋ] *sb* Abwärtstrend *m*
down time ['daʊn taɪm] *sb* Ausfalldauer *f,* Stillstandszeit *f*
downturn ['daʊntɜːn] *sb* Rückgang *m*, Abnahme *f*
downward trend ['daʊnwəd trend] *sb* Abwärtstrend *m*
draft [drɑːft] *v 1. (draw)* entwerfen, skizzieren; *2. (write)* aufsetzen, abfassen; *sb 3.* Entwurf *m*, Tratte *f*
draft book ['drɑːft bʊk] *sb* Wechselbuch *n*
draft collection ['drɑːft kə'lekʃən] *sb* Wechselinkasso *n*
drag [dræg] *sb* Belastung *f*
draw [drɔː] *v irr 1. (money from a bank)* abheben; *2. (a salary)* beziehen
drawee [drɔː'iː] *sb* Bezogener *m*, Trassat *m*
drawer ['drɔːə] *sb* Trassant *m*
drawer of a bill ['drɔːə əv ə bɪl] *sb* Wechselaussteller *m*
drawing ['drɔːɪŋ] *sb* Trassierung *f,* Ziehung *f*
drawing authorization ['drɔːɪŋ ɔːθəraɪ'zeɪʃən] *sb* Kontovollmacht *f,* Verfügungsermächtigung *f*
drawing credit ['drɔːɪŋ 'kredɪt] *sb* Wechselkredit *m*, Trassierungskredit *m*
drawing limit ['drɔːɪŋ 'lɪmɪt] *sb* Abhebungshöchstbetrag *m*
drawing rights ['drɔːɪŋ raɪts] *pl* Ziehungsrechte *pl*
drawing up of a budget ['drɔːɪŋ ʌp əv ə 'bʌdʒɪt] *sb* Budgetierung *f*
drawn bill [drɔːn 'bɪl] *sb* gezogener Wechsel *m*
drive [draɪv] *sb (of a computer)* Laufwerk *n;* *(energy)* Schwung *m*

drop [drɒp] *sb (fall)* Sturz *m*, Fall *m;* *(decrease)* Rückgang *m*, Abfall *m*
drop in demand [drɒp ɪn dɪ'mɑːnd] *sb* Nachfragerückgang *m*
drop in expenditure [drɒp ɪn ɪk'spendɪtʃə] *sb* Ausgabensenkung *f*
drop in investment [drɒp ɪn ɪn'vestmənt] *sb* Investitionsrückgang *m*
duality [djuː'ælɪtɪ] *sb* Dualität *f*
dud [dʌd] *sb* ungedeckter Scheck *m*
due [djuː] *adj 1. (owed)* fällig; *(expected)* fällig, erwartet; *2. in ~ time* zur rechten Zeit
due date [djuː deɪt] *sb* Fälligkeitstag *m*, Fälligkeitstermin *m*
due payment reserved [djuː 'peɪmənt rɪ'zɜːvd] *adv* Eingang vorbehalten
dues [djuːz] *pl* Gebühren *pl*
dumping ['dʌmpɪŋ] *sb* Dumping *n*
dun [dʌn] *v* (an)mahnen
duopoly [djuː'ɒpəlɪ] *sb* Dyopol *n*
duplicate ['djuːplɪkət] *v 1.* kopieren, vervielfältigen; *sb 2.* Duplikat *n*, Kopie *f,* Doppel *n; in ~* in zweifacher Ausfertigung
durability [djʊərə'bɪlɪtɪ] *sb (of goods)* Haltbarkeit *f*
durable ['djʊərəbl] *adj (material, goods)* haltbar
durable consumer goods ['djʊərəbl kən'sjuːmə gʊdz] *pl* Gebrauchsgüter *pl*
duration [djuː'reɪʃən] *sb* Länge *f,* Dauer *f,* Duration *f*
duration of capital tie-up [djuː'reɪʃən əv 'kæpɪtəl 'taɪʌp] *sb* Kapitalbindungsdauer *f*
duration of credit [djuː'reɪʃən əv 'kredɪt] *sb* Kreditlaufzeit *f*
dutiable ['djuːtɪəbl] *adj* zollpflichtig
duty ['djuːtɪ] *sb 1. (task)* Aufgabe *f,* Pflicht *f;* *2. (working hours)* Dienst *m; on ~* Dienst habend; *3. to be off ~* dienstfrei haben; *4. (tax)* Zoll *m*
duty based on weight ['djuːtɪ beɪst ɒn weɪt] *sb* Gewichtszoll *m*
duty on exports ['djuːtɪ ɒn 'ekspɔːts] *sb* Ausfuhrzoll *m*
duty on imports ['djuːtɪ ɒn 'ɪmpɔːts] *sb* Einfuhrzoll *m*
duty to deliver ['djuːtɪ tu dɪ'lɪvə] *sb* Lieferungspflicht *f*
duty unpaid ['djuːtɪ ʌn'peɪd] *adj* unverzollt
duty-free [djuːtɪ'friː] *adj* zollfrei, unverzollt
duty-paid [djuːtɪ'peɪd] *adj* verzollt

E

early retirement ['ɜ:lɪ rɪ'taɪəmənt] *sb* Vorruhestand *m*

earn [ɜ:n] *v* verdienen; *(interest)* bringen

earned income [ɜ:nd 'ɪnkʌm] *sb* Arbeitseinkommen *n*

earner ['ɜ:nə] *sb* Erwerbsfähige(r) *f/m*, Verdiener(in) *m/f*

earnest of intent ['ɜ:nɪst əv ɪn'tent] *sb* Absichtserklärung *f*

earning power ['ɜ:nɪŋ 'paʊə] *sb* Verdienstchancen *f/pl*

earnings ['ɜ:nɪŋz] *pl 1.* Verdienst *m*, Bezüge *pl; 2. (of a business)* Einnahmen *f/pl*

earnings after tax ['ɜ:nɪŋz 'ɑftə tæks] *pl* Gewinn nach Steuern *m*

earnings analysis ['ɜ:nɪŋz ə'næləsɪs] *pl* Erfolgsanalyse *f*

earnings available for distribution ['ɜ:nɪŋz ə'veɪləbl fɔ: dɪstrɪ'bju:ʃən] *pl* ausschüttungsfähiger Gewinn *m*

earnings before tax ['ɜ:nɪŋz bɪ'fɔ: tæks] *pl* Bruttogewinn *m*, Vorsteuergewinn *m*

earnings per share ['ɜ:nɪŋz pɜ: ʃeə] *pl* Aktienrendite *f*

earnings retention ['ɜ:nɪŋz rɪ'tenʃən] *pl* Gewinnthesaurierung *f*

earnings statement ['ɜ:nɪŋz 'steɪtmənt] *pl* Erfolgsrechnung *f*

ecological [i:kə'lɒdʒɪkəl] *adj* ökologisch

ecological balance [i:kə'lɒdʒɪkəl 'bæləns] *sb* Öko-Bilanz *f*

ecological tax reform [i:kə'lɒdʒɪkəl tæks rɪ'fɔ:m] *sb* ökologische Steuerreform *f*

ecologist [ɪ'kɒlədʒɪst] *sb* Ökologe/Ökologin *m/f*, Umweltschützer(in) *m/f*

e-commerce [i:kɒmɜ:s] *sb* elektronischer Handel *m*, E-commerce *m*

economic [i:kə'nɒmɪk] *adj* wirtschaftlich, ökonomisch, Wirtschafts...

economical [i:kə'nɒmɪkəl] *adj* wirtschaftlich, sparsam

economic circulation [i:kə'nɒmɪk sɜ:kju:-'leɪʃən] *sb* Wirtschaftskreislauf *m*

economic cycle [i:kə'nɒmɪk 'saɪkl] *sb* Konjunktur *f*

economic miracle [i:kə'nɒmɪk 'mɪrəkəl] *sb* Wirtschaftswunder *n*

economic order [i:kə'nɒmɪk 'ɔ:də] *sb* Wirtschaftsordnung *f*

economic policy [i:kə'nɒmɪk 'pɒlɪsɪ] *sb* Wirtschaftspolitik *f*, Konjunkturpolitik *f*

economic process [i:kə'nɒmɪk 'prəʊses] *sb* Wirtschaftskreislauf *m*

economic purchasing quantity [i:kə'nɒmɪk 'pɜ:tʃəsɪŋ 'kwɒntɪtɪ] *sb* optimale Bestellmenge *f*

economics [i:kə'nɒmɪks] *pl (subject)* Volkswirtschaft *f*, Wirtschaftswissenschaften *f/pl*

economic union [i:kə'nɒmɪk 'ju:njən] *sb* Wirtschaftsunion *f*

economic upturn [i:kə'nɒmɪk 'ʌptɜ:n] *sb* Konjunkturbelebung *f*

economies of scale [ɪ'kɒnəmiz əv skeɪl] *pl* Größenvorteile *m/pl*

economist [ɪ'kɒnəmɪst] *sb* Volkswirtschaftler(in) *m/f; Betriebswirt(in) *m/f*

economize [ɪ'kɒnəmaɪz] *v* sparen, haushalten

economy [ɪ'kɒnəmɪ] *sb 1. (system)* Wirtschaft *f*, Ökonomie *f; 2. (thrift)* Sparsamkeit *f; 3. (measure to save money)* Einsparung *f*, Sparmaßnahme *f*

economy drive [ɪ'kɒnəmɪ draɪv] *sb* Sparprogramm *n*

ECU loan [i:si:ju: ləʊn] *sb* ECU-Anleihe *f*

ECU option [i:si:ju: 'ɒptʃn] *sb* ECU-Option *f*

education [edju'keɪʃən] *sb* Erziehung *f*, Ausbildung *f*, Bildung *f*

educational policy [edju'keɪʃənəl 'pɒlɪsɪ] *sb* Bildungspolitik *f*

effective [ɪ'fektɪv] *adj 1. (getting results)* wirksam, erfolgreich, wirkungsvoll; *2. (in effect)* gültig, in Kraft, rechtskräftig; *3. (real)* effektiv, tatsächlich, wirklich

effective interest [ɪ'fektɪv 'ɪntrəst] *sb* Effektivzins *m*

effective interest yield [ɪ'fektɪv 'ɪntrəst ji:əld] *sb* Effektivverzinsung *f*

effectiveness [ɪ'fektɪvnɪs] *sb* Wirksamkeit *f*

effectivity [efek'tɪvɪtɪ] *sb* Effektivität *f*, Wirksamkeit *f*

efficiency [ɪ'fɪʃənsɪ] *sb 1. (of a person)* Tüchtigkeit *f*, Fähigkeit *f; 2. (of a method)* Effizienz *f; 3. (of a machine, of a firm)* Leistungsfähigkeit *f*

efficiency audit [ɪ'fɪʃənsɪ 'ɔ:dɪt] *sb* Wirtschaftlichkeitsprüfung *f*

efficiency bonus [ɪ'fɪʃənsɪ 'bəʊnəs] *sb* Leistungsprämie *f,* Leistungszulage *f*
efficiency drive [ɪ'fɪʃənsɪ draɪv] *sb* Rationalisierungsprogramm *n*
efficiency improvement [ɪ'fɪʃənsɪ ɪm-'pruːvmənt] *sb* Produktivitätssteigerung *f*
efficiency review [ɪ'fɪʃənsɪ rɪ'vjuː] *sb* Erfolgskontrolle *f*
efficient [ɪ'fɪʃənt] *adj (person)* tüchtig, fähig, effizient; *(method)* effizient; *(machine, firm)* leistungsfähig
elasticity of purchasing power [ɪlæs'tɪsɪtɪ əv 'pɜːtʃəsɪŋ 'paʊə] *sb* Kaufkraftelastizität *f*
electrical engineering [ɪ'lektrɪkəl endʒɪ-'nɪərɪŋ] *sb* Elektrotechnik *f*
electricity and fuels funds [ɪlek'trɪsɪtɪ ænd 'fjuːlz fʌndz] *pl* Energiefonds *m/pl*
electronic [ɪlek'trɒnɪk] *adj* elektronisch
electronic commerce [ɪlek'trɒnɪk 'kɒməs] *sb* Electronic Commerce *m*
electronic fund transfer [ɪlek'trɒnɪk fʌnd 'trænsfɜː] *sb* elektronischer Zahlungsverkehr *m*
electronics [ɪlek'trɒnɪks] *pl* Elektronik *f*
element of costs ['elɪmənt əv kɒsts] *sb* Kostenbestandteil *m*
element in demand ['elɪmənt ɪn dɪ'mɑːnd] *sb* Nachfragekomponente *f*
eligibility [elɪdʒə'bɪlɪtɪ] *v 1. (entitlement)* Berechtigung *f,* Anspruch *m; 2. (for a job)* Eignung *f,* Qualifikation *f*
eligible paper ['elɪdʒɪbəl 'peɪpə] *sb* discontfähiges Wechselmaterial *n*
e-mail ['iːmeɪl] *sb (electronic mail)* elektronische Post *f,* E-Mail *n*
embargo [ɪm'bɑːgəʊ] *sb* Embargo *n*
embark [ɪm'bɑːk] *v* einschiffen; *(goods)* verladen
embarkation [embɑː'keɪʃən] *sb (of freight)* Verschiffung *f,* Verladung *f*
embezzlement [ɪm'bezlmənt] *sb* Veruntreuung *f,* Unterschlagung *f*
emblem ['embləm] *sb* Emblem *n,* Symbol *n,* Abzeichen *n*
emergency meeting [ɪ'mɜːdʒənsɪ 'miːtɪŋ] *sb* Krisensitzung *f*
emergency money [ɪ'mɜːdʒənsɪ 'mʌnɪ] *sb* Notgeld *n*
emission [ɪ'mɪʃən] *sb 1. (bonds)* Ausgabe *f,* Emission *f; 2. (environment)* Schadstoffausstoß *m,* Emission *f*
emit [ɪ'mɪt] *v 1.* ausstoßen; *2. (bonds)* ausgeben, emittieren

empirical contents [ɪm'pɪrɪkəl 'kɒntents] *sb* empirischer Gehalt *m*
empirical economic research [ɪm'pɪrɪkəl ɪkə'nɒmɪk rɪ'sɜːtʃ] *sb* empirische Wirtschaftsforschung *f*
employ [ɪm'plɔɪ] *v 1.* beschäftigen; *(take on)* anstellen; *2. (use)* anwenden, einsetzen, verwenden
employed [ɪm'plɔɪd] *adj* berufstätig, beschäftigt
employee [ɪmplɔɪ'iː] *sb* Arbeitnehmer(in) *m/f,* Angestellte(r) *f/m*
employee appraisal [ɪmplɔɪ'iː ə'preɪzl] *sb* Mitarbeiterbeurteilung *f*
employee leasing [ɪmplɔɪ'iː 'liːsɪŋ] *sb* Arbeitnehmerüberlassung *f*
employee meeting [ɪmplɔɪ'iː 'miːtɪŋ] *sb* Betriebsversammlung *f*
employee pension scheme [ɪmplɔɪ'iː 'penʃən skiːm] *sb* betriebliche Altersversorgung *f*
employee's contribution [ɪmplɔɪ'iːz kɒntrɪ'bjuːʃən] *sb* Arbeitnehmeranteil *m*
employee selection [ɪmplɔɪ'iː sɪ'lekʃən] *sb* Personalauswahl *f*
employee's allowable deduction [ɪmplɔɪ'iːz ə'laʊəbəl dɪ'dʌkʃən] *sb* Arbeitnehmer-Freibetrag *m*
employee's savings premium [ɪmplɔɪ'iːz 'seɪvɪŋz 'priːmɪəm] *sb* Arbeitnehmersparzulage *f*
employee's shares [ɪmplɔɪ'iːz ʃeəz] *sb* Arbeitnehmeraktie *f*
employee suggestion system [ɪmplɔɪ'iː sʌ'dʒestʃən 'sɪstɪm] *sb* betriebliches Vorschlagswesen *n*
employee's zero bracket amount [ɪmplɔɪ'iːz 'zɪərəʊ 'brækɪt ə'maʊnt] *sb* Arbeitnehmer-Pauschbetrag *m*
employer [ɪm'plɔɪə] *sb* Arbeitgeber(in) *m/f*
employer's association [ɪm'plɔɪəz əsəʊsɪ'eɪʃən] *sb* Arbeitgeberverband *m*
employer's contribution [ɪm'plɔɪəz kɒntrɪ'bjuːʃən] *sb* Arbeitgeberanteil *m,* Arbeitgeberzuschüsse *m/pl*
employer's duty of care [ɪm'plɔɪəz 'djuːtɪ əv keə] *sb* Fürsorgepflicht *des* Arbeitgebers *f*
employer's pension commitment [ɪm-'plɔɪəz 'penʃən kə'mɪtmənt] *sb* Pensionszusage *f*
employment [ɪm'plɔɪmənt] *sb 1.* Arbeit *f,* Stellung *f,* Beschäftigung *f,* Dienstverhältnis *n; 2. (employing)* Beschäftigung *f, 3. (taking*

on) Anstellung *f; 4. (use)* Anwendung *f,* Verwendung *f,* Einsatz *m*
employment agency [ɪm'plɔɪmənt 'eɪdʒənsɪ] *sb* Stellenvermittlung *f*
employment costs [ɪm'plɔɪmənt kɒsts] *pl* Personalkosten *pl*
employment exchange [ɪm'plɔɪmənt ɪks-'tʃeɪndʒ] *sb (UK)* Arbeitsamt *n*
employment policy [ɪm'plɔɪmənt 'pɒlɪsɪ] *sb* Beschäftigungspolitik *f,* Arbeitspolitik *f*
employment protection [ɪm'plɔɪmənt prə'tekʃən] *sb* Arbeitsplatzschutz *m*
employment rate [ɪm'plɔɪmənt reɪt] *sb* Erwerbsquote *f*
employment relationship [ɪm'plɔɪmənt rɪ'leɪʃənʃɪp] *sb* Arbeitsverhältnis *n*
employment structure [ɪm'plɔɪmənt 'strʌkʃə] *sb* Beschäftigtenstruktur *f*
emporium [em'pɔːrɪəm] *sb* Warenhaus *n*
empower [ɪm'paʊə] *v* ermächtigen, bevollmächtigen
enclose [ɪn'kləʊz] *v (in a package)* beilegen, beifügen
enclosure [ɪn'kləʊʒə] *sb (in a package)* Anlage *f*
encode [ɪn'kəʊd] *v* verschlüsseln, chiffrieren, kodieren
end of the month ['end əv ðə mʌnθ] *sb* Ultimo *m,* Monatsende *m*
end of the quarter ['end əv ðə 'kwɔːtə] *sb* Quartalsende *n*
end of the year [end əv ðə jɪə] *sb* Jahresultimo *m*
end of term [end əv tɜːm] *sb* Fristablauf *m*
end-of-period inventory [end əv 'pɪərɪəd 'ɪnventərɪ] *sb* Stichtagsinventur *f*
endogenous variable [en'dɒdʒənəs 'vɛərɪəbəl] *sb* endogene Variable *f*
endorsable [ɪn'dɔːsəbl] *adj* indossabel
endorsable securities [ɪn'dɔːsəbl sɪ'kjʊərɪtɪz] *sb* indossable Wertpapiere *n/pl*
endorse [ɪn'dɔːs] *v 1. (approve of)* billigen, gutheißen; *2. (a cheque)* auf der Rückseite unterzeichnen, indossieren
endorsee [ɪndɔː'siː] *sb* Indossatar(in) *m/f*
endorsement [ɪn'dɔːsmənt] *sb 1. (approval)* Billigung *f; 2. (on a cheque)* Indossament *n,* Giro *n*
endorsement for collection [ɪn'dɔːsmənt fɔː kə'lekʃən] *sb* Inkasso-Indossament *n*
endorsement liabilities [ɪn'dɔːsmənt leɪə'bɪlɪtɪz] *pl* Indossamentverbindlichkeiten *f/pl*

endorsement made out to bearer [ɪn-'dɔːsmənt meɪd aʊt tu 'bɛərə] *sb* Inhaberindossament *n*
endorsement of an overdue bill of exchange [ɪn'dɔːsmənt əv æn 'əʊvədjuː bɪl əv ɪks'tʃeɪndʒ] *sb* Nachindossament *n*
endorser [ɪn'dɔːsə] *sb* Girant *m,* Indossant *m*
endow [ɪn'daʊ] *v* stiften; ~ *s.o. with sth* jdm etw schenken
endowment [ɪn'daʊmənt] *sb* Dotierung *f*
endowment funds [ɪn'daʊmənt fʌndz] *pl* Dotationskapital *n*
energizer ['enədʒaɪzə] *sb* Energiequelle *f*
energy ['enədʒɪ] *sb* Energie *f*
energy balance statement ['enədʒɪ 'bæləns 'steɪtmənt] *sb* Energiebilanz *f*
energy policy ['enədʒɪ 'pɒlɪsɪ] *sb* Energiepolitik *f*
energy tax ['enədʒɪ tæks] *sb* Energiesteuer *f*
energy taxation ['enədʒɪ tæk'seɪʃən] *sb* Energiebesteuerung *f*
enforce [ɪn'fɔːs] *v* durchführen, Geltung verschaffen
enforcement [ɪn'fɔːsmənt] *sb* Durchführung *f; (judicial)* Vollstreckung *f*
enforcement fine [ɪn'fɔːsmənt faɪn] *sb* Zwangsgeld *n*
engage [ɪn'geɪdʒ] *v 1. (employ)* anstellen, einstellen; *2. ~ in sth* sich an etw beteiligen, sich mit etw beschäftigen
engagement [ɪn'geɪdʒmənt] *sb (job)* Anstellung *f,* Stellung *f; (appointment)* Verabredung *f*
engagement book [ɪn'geɪdʒmənt bʊk] *sb* Terminkalender *m*
engagement clause [ɪn'geɪdʒmənt klɔːz] *sb* Freizeichnungsklausel *f*
enrol [ɪn'rəʊl] *v 1.* verzeichnen, registrieren; *2. (sign in)* einschreiben
entailment [ɪn'teɪlmənt] *sb* Fideikommiss *n,* unveräußerliches Erbe *n*
enterprise ['entəpraɪz] *sb 1. (an undertaking, a firm)* Unternehmen *n, 2. (in general)* Unternehmertum *n; free ~* freies Unternehmertum *n*
enterprise commercial by its nature ['entəpraɪz kə'mɜːʃəl baɪ ɪts 'neɪtʃə] *sb* Musskaufmann *m*
entitle [ɪn'taɪtl] *v ~ to (authorize)* berechtigen zu, ein Anrecht geben auf
entitlement [ɪn'taɪtlmənt] *sb* Berechtigung *f,* Anspruch *m*
entrant ['entrənt] *sb* Bewerber(in) *m/f*

entrepôt ['ɒntrəpəʊ] *sb (warehouse)* Lagerhalle *f; (port)* Umschlaghafen *m*
entrepreneur [ɒntrəprə'nɜ:] *sb* Unternehmer(in) *m/f*
entrepreneurial [ɒntrəprə'nɜ:rɪəl] *adj* unternehmerisch
entrepreneurship [ɒntrəprə'nɜ:ʃɪp] *sb* Unternehmertum *n*
entry ['entrɪ] *sb 1. (notation)* Eintrag *m; 2. (act of entering)* Eintragung *f,* (Ver-)Buchung *f*
entry certificate ['entrɪ sə'tɪfɪkət] *sb* Einfuhrbescheinigung *f*
entry form ['entrɪ fɔ:m] *sb* Anmeldeformular *n*
entry formula ['entrɪ 'fɔ:mjʊlə] *sb* Buchungssatz *m*
entry inwards ['entrɪ 'ɪnwədz] *sb* Einfuhrerklärung *f,* Einfuhrdeklaration *f*
entry outwards ['entrɪ 'aʊtwədz] *sb* Ausfuhrerklärung *f,* Ausfuhrdeklaration *f*
entry strategies ['entrɪ 'strætədʒi:z] *pl* Eintrittsstrategien *f/pl*
envelope ['envələʊp] *sb* Briefumschlag *m,* Kuvert *n*
environment [ɪn'vaɪrənmənt] *sb* Umwelt *f*
environmental [ɪnvaɪrən'mentəl] *adj* umweltbedingt
environmental label [ɪnvaɪrən'mentəl 'leɪbəl] *sb* Umweltzeichen *n*
environmental levy [ɪnvaɪrən'mentəl 'levɪ] *sb* Umweltabgabe *f*
environmental policy [ɪnvaɪrən'mentəl 'pɒlɪsɪ] *sb* Umweltpolitik *f*
environmental pollution [ɪnvaɪrən'mentəl pɒ'lu:ʃən] *sb* Umweltverschmutzung *f*
environmentalist [ɪnvaɪrə'mentəlɪst] *sb* Umweltschützer(in) *m/f*
environmentally damaging activities [ɪnvaɪrən'mentəlɪ 'dæmɪdʒɪŋ æk'tɪvɪtɪz] *pl* Umweltbelastungen *f/pl*
equalization and covering claim [i:kwəlaɪ'zeɪʃən ænd 'kʌvərɪŋ kleɪm] *sb* Ausgleichs- und Deckungsforderung *f*
equalization claim [i:kwəlaɪ'zeɪʃən kleɪm] *sb* Ausgleichsforderung *f*
equalization of burdens [i:kwəlaɪ'zeɪʃən əv 'bɜ:dənz] *sb* Lastenausgleich *m*
Equalization of Burdens Fund [i:kwəlaɪ'zeɪʃən əv 'bɜ:dənz fʌnd] *sb* Lastenausgleichsfonds *m*
equal opportunity ['i:kwəl ɒpə'tju:nɪtɪ] *sb* Chancengleichheit *f*
equalization right [i:kwəlaɪ'zeɪʃən raɪt] *sb* Ausgleichsrecht *n*

equilibrium interest rate [ɪkwɪ'lɪbrɪəm 'ɪntrɪst reɪt] *sb* Gleichgewichtszins *m*
equilibrium on current account [ɪkwɪ'lɪbrɪəm ɒn 'kʌrənt ə'kaʊnt] *sb* Leistungsbilanzausgleich *m*
equilibrium price [ɪkwɪ'lɪbrɪəm praɪs] *sb* Gleichgewichtspreis *n*
equip [ɪ'kwɪp] *v* ausrüsten, ausstatten, einrichten; *to be ~ped with* verfügen über, ausgestattet sein mit
equipment [ɪ'kwɪpmənt] *sb* Ausrüstung *f; (appliances)* Geräte *n/pl,* Anlagen *f/pl,* Apparatur *f*
equity ['ekwɪtɪ] *sb 1.* Gerechtigkeit *f; 2.* Eigenkapital *n*
equity account ['ekwɪtɪ ə'kaʊnt] *sb* Eigenkapitalkonto *n*
equity capital ['ekwɪtɪ 'kæpɪtl] *sb* Eigenkapital *n*
equity financing ['ekwɪtɪ faɪ'nænsɪŋ] *sb* Beteiligungsfinanzierung *f*
equity financing transactions ['ekwɪtɪ faɪ'nænsɪŋ træns'ækʃənz] *pl* Beteiligungshandel *m*
equity fund ['ekwɪtɪ fʌnd] *sb* Aktienfonds *m,* Beteiligungsfonds *m*
equity holder ['ekwɪtɪ 'həʊldə] *sb* Anteilseigner(in) *m/f,* Aktionär(in) *m/f*
equity investment ['ekwɪtɪ ɪn'vestmənt] *sb* Kapitalinvestition *f,* Kapitalbeteiligung *f*
equity participation ['ekwɪtɪ pɑ:tɪsɪ'peɪʃən] *sb* Kapitalbeteiligung *f*
equity ratio ['ekwɪtɪ 'reɪʃɪəʊ] *sb* Eigenkapitalquote *f*
equity return ['ekwɪtɪ rɪ't3:n] *sb* Eigenkapitalrentabilität *f*
equity security ['ekwɪtɪ sɪ'kjʊərɪtɪ] *sb* Anteilspapiere *n/pl*
equity yield rate ['ekwɪtɪ ji:ld reɪt] *sb* Eigenkapitalzinsen *m/pl*
equivalence coefficient costing [ɪ'kwɪvələns kəʊɪ'fɪʃənt 'kɒstɪŋ] *sb* Äquivalenzzifferkalkulation *f*
error ['erə] *sb 1.* Irrtum *m,* Fehler *m,* Versehen *n; 2. ~ of omission* Unterlassungssünde *f*
errors and omissions excepted (E. & O.E.) ['erəz ænd ə'mɪʃənz ɪk'septɪd] Irrtümer und Auslassungen vorbehalten (E. & O.E.)
escalation clause [eskə'leɪʃən klɔ:z] *sb* Gleitklausel *f*
escalation parity [eskə'leɪʃən 'pærɪtɪ] *sb* Gleitparität *f*
escape clause [ɪ'skeɪp klɔ:z] *sb* Rücktrittsklausel *f*

establish [ɪ'stæblɪʃ] *v 1. (found)* gründen; *2. (relations)* herstellen, aufnehmen; *3. (power, a reputation)* sich verschaffen
establishment [ɪ'stæblɪʃmənt] *sb (institution)* Institution *f,* Anstalt *f; (founding)* Gründung *f*
estate [ɪ'steɪt] *sb 1. (possessions)* Besitz *m,* Eigentum *n; 2. (land)* Gut *n; 3. (dead person's)* Nachlass *m,* Erbmasse *f; 4. (rank)* Stand *m; 5. the fourth ~ (fam)* die Presse *f*
estate agent [ɪ'steɪt 'eɪdʒənt] *sb (UK)* Immobilienmakler(in) *m/f*
estate register [ɪ'steɪt 'redʒɪstə] *sb* Grundbuch *n,* Kataster *m/n*
estimate ['estɪmeɪt] *v* schätzen; *sb* Schätzung *f; rough* ~ grober Überschlag *m; (of cost)* Kostenvoranschlag *m*
estimated ['estɪmeɪtɪd] *adj* geschätzt
estimated quotation ['estɪmeɪtɪd kwəʊ'teɪʃən] *sb* Taxkurs *m*
estimated value ['estɪmeɪtɪd 'væljuː] *sb* Schätzwert *m,* Taxwert *m*
estimation [estɪ'meɪʃən] *sb* Einschätzung *f; in my* ~ meiner Einschätzung nach
estimation of cost [estɪ'meɪʃən əv kɒst] *sb* Vorkalkulation *f*
euro ['jʊərəʊ] *sb* Euro *m*
Eurobank ['jʊərəʊbæŋk] *sb* Euro-Bank *f*
Eurobond ['jʊərəʊbɒnd] *sb* Euroanleihe *f*
Eurobond market ['jʊərəʊbɒnd 'mɑːkɪt] *sb* Euro(bond)markt *m*
Eurocapital market ['jʊərəʊkæpɪtəl 'mɒkɪt] *sb* Euro-Kapitalmarkt *m*
Eurocheque ['jʊərəʊtʃek] *sb* Euroscheck *m*
Eurocheque card ['jʊərəʊtʃek kɑːd] *sb* Euroscheck-Karte *f*
Eurocurrency ['jʊərəʊkʌrənsɪ] *sb* Eurowährung *f*
Eurocurrency loan market ['jʊərəʊkʌrənsɪ ləʊn 'mɑːkɪt] *sb* Euro-Anleihenmarkt *m*
Eurocurrency loans ['jʊərəʊkʌrənsɪ ləʊnz] *pl* Euro-Anleihe *f*
Eurocurrency market ['jʊərəʊkʌrənsɪ 'mɑːkɪt] *sb* Euro-Geldmarkt *m*
Eurodollar ['jʊərəʊdɒlə] *sb* Euro-Dollar *m*
Eurodollar market ['jʊərəʊdɒlə 'mɑːkɪt] *sb* Euro-Dollarmarkt *m*
Euromarket ['jʊərəʊmɑːkɪt] *sb* Euromarkt *m*
Euronotes ['jʊərəʊnəʊts] *pl* Euronotes *pl*
European article number (EAN) [jʊərə'piːən 'ɑːtɪkəl 'nʌmbə] *sb* Einheitliche Europäische Artikelnummer (EAN) *f*

European Central Bank (ECB) [jʊərə'piːən 'sentrəl bæŋk] *sb* Europäische Zentralbank (EZB) *f*
European Commission [jʊərə'piːən kə'mɪʃən] *sb* Europäische Kommission *f*
European Community [jʊərə'piːən kə'mjuːnɪtɪ] *sb* Europäische Gemeinschaft *f*
European Council [jʊərə'piːən 'kaʊnsəl] *sb* Europäischer Rat *m*
European Court of Auditors [jʊərə'piːən kɔːt əv 'ɔːdɪtəz] *sb* Europäischer Rechnungshof (EuRH) *m*
European Currency Unit (ECU) [jʊərə'piːən 'kʌrənsɪ 'juːnɪt] *sb* Europäische Währungseinheit (ECU) *f*
European Development Fund (EDF) [jʊərə'piːən dɪ'veləpmənt fʌnd] *sb* Europäischer Entwicklungsfonds *m*
European Investment Bank [jʊərə'piːən ɪn'vestmənt bæŋk] *sb* Europäische Investitionsbank *f*
European Monetary Agreement [jʊərə'piːən 'mʌnɪtərɪ ə'griːmənt] *sb* Europäisches Währungsabkommen *n*
European Monetary Cooperation Fund (EMCF) [jʊərə'piːən 'mʌnɪtərɪ kəʊɒpə'reɪʃən fʌnd] *sb* Europäischer Fonds für Währungspolitische Zusammenarbeit (EFWZ) *m*
European Monetary System [jʊərə'piːən 'mʌnɪtərɪ 'sɪstəm] *sb* Europäisches Währungssystem *n*
European monetary union (EMU) [jʊərə'piːən 'mʌnɪtərɪ 'juːnjən] *sb* Europäische Währungsunion *f*
European Parliament [jʊərə'piːən 'pɑːləmənt] *sb* Europäisches Parlament *n*
European patent [jʊərə'piːən 'peɪtənt] *sb* Europapatent *n*
European Patent Office [jʊərə'piːən 'peɪtənt 'ɒfɪs] *sb* Europäisches Patentamt *n*
European Payments Union [jʊərə'piːən 'peɪmənts 'juːnjən] *sb* Europäische Zahlungsunion *f*
European single market [jʊərə'piːən 'sɪŋgl 'mɑːkɪt] *sb* EG-Binnenmarkt *m*
European standard specification [jʊərə'piːən 'stændəd spesɪfɪ'keɪʃən] *sb* europäische Norm *f*
European stock exchange guide-lines [jʊərə'piːən stɒk ɪks'tʃeɪndʒ 'gaɪdlaɪnz] *pl* europäische Börsenrichtlinien *f/pl*
European trading company [jʊərə'piːən 'treɪdɪŋ 'kʌmpənɪ] *sb* Europäische Handelsgesellschaft *f*

European Union [jʊərə'piːən 'juːnjən] *sb* Europäische Union *f*
Euro security issue ['jʊərəʊ sɪ'kjʊərɪtɪ 'ɪsjuː] *sb* Euro-Emission *f*
Euro share market ['jʊərəʊ ʃɛə 'mɑːkɪt] *sb* Euro-Aktienmarkt *m*
evade [ɪ'veɪd] *v 1. (taxes)* hinterziehen; *2. (an obligation)* sich entziehen
evaluation [ɪvælju'eɪʃən] *sb* Bewertung *f,* Beurteilung *f,* Einschätzung *f,* Auswertung *f*
evasion of taxes [ɪ'veɪʃən əv 'tæksɪz] *sb* Steuerhinterziehung *f*
evening stock exchange ['iːvnɪŋ stɒk ɪks'tʃeɪndʒ] *sb* Abendbörse *f*
eviction notice [ɪ'vɪkʃən 'nəʊtɪs] *sb* Räumungsbefehl *m*
evidence ['evɪdəns] *sb* Beweis *m*
examination [ɪgzæmɪ'neɪʃən] *sb* Prüfung *f*
examining commission [ɪk'sæmɪnɪŋ kə'mɪʃən] *sb* Prüfungskommission *f*
exceed [ɪk'siːd] *v* überschreiten, übersteigen; *(expectations)* übertreffen
excess [ɪk'ses] *sb* Übermaß *n; (remainder)* Überschuss *m; in ~ of* mehr als
excess of authority [ɪk'ses əv ɔː'θɒrətɪ] *sb* Kompetenzüberschreitung *f,* Währungsgarantie *f*
excess of weight [ɪk'ses əv weɪt] *sb* Mehrgewicht *n*
excessive indebtedness [ɪk'sesɪv ɪn'detɪdnɪs] *sb* Überschuldung *f*
excessive supply of money [ɪk'sesɪv sə'plaɪ əv 'mʌnɪ] *sb* Geldüberhang *m*
exchange [ɪks'tʃeɪndʒ] *v 1.* tauschen; *2. (letters, glances, words)* wechseln; *3. (currency)* wechseln, umtauschen; *4. (ideas, stories)* austauschen; *sb 5.* (Um-)Tausch *m; 6. (act of exchanging)* Wechseln *n, 7. bill of ~* Wechsel *m; 8. (place)* Wechselstube *f; 9. (Stock Exchange)* Börse *f; 10. (telephone ~)* Fernvermittlungsstelle *f; (switchboard)* Telefonzentrale *f*
exchange arbitrage [ɪks'tʃeɪndʒ 'ɑːbɪtrɑːʒ] *sb* Devisenarbitrage *f*
exchange broker [ɪks'tʃeɪndʒ 'brəʊkə] *sb* Devisenkursmakler *m*
exchange clearing [ɪks'tʃeɪndʒ 'klɪərɪŋ] *sb* Devisenclearing *n*
exchange cover [ɪks'tʃeɪndʒ 'kʌvə] *sb* Devisendeckung *f*
exchange department [ɪks'tʃeɪndʒ də-'pɑːtmənt] *sb* Börsenabteilung *f*
exchange for forward delivery [ɪks-'tʃeɪndʒ fɔː 'fɔːwəd də'lɪvərɪ] *sb* Termindevisen *f/pl*

exchange guarantee [ɪks'tʃeɪndʒ gærən-'tiː] *sb* Devisenkurssicherung *f*
exchange listing [ɪks'tʃeɪndʒ 'lɪstɪŋ] *sb* Börsennotierung *f*
exchange market intervention [ɪks-'tʃeɪndʒ 'mɑːkɪt ɪntə'venʃən] *sb* Devisenmarktinterventionen *f*
exchange of acceptances [ɪks'tʃeɪndʒ əv ɪk'septənsɪz] *sb* Akzeptaustausch *m*
exchange of shares [ɪks'tʃeɪndʒ əv ʃɛəz] *sb* Aktienaustausch *m*
exchange office [ɪks'tʃeɪndʒ 'ɒfɪs] *sb* Wechselstube *f*
exchange option [ɪks'tʃeɪndʒ 'ɒpʃən] *sb* Devisenoption *f*
exchange price [ɪks'tʃeɪndʒ praɪs] *sb* Börsenpreis *m*
exchange rate [ɪks'tʃeɪndʒ reɪt] *sb* Umrechnungskurs *m,* (Wechsel-)Kurs *m,* Devisenkurs *m*
exchange rate formation [ɪks'tʃeɪndʒ reɪt fɔː'meɪʃən] *sb* Devisenkursbildung *f*
exchange rate mechanism [ɪks'tʃeɪndʒ reɪt 'mekənɪzəm] *sb* Wechselkursmechanismus *m*
exchange risk [ɪks'tʃeɪndʒ rɪsk] *sb* Valutarisiko *n*
exchequer [ɪks'tʃekə] *sb (UK)* Schatzamt *n,* Fiskus *m,* Staatskasse *f*
exchequer bond [ɪks'tʃekə bɒnd] *sb (UK)* Schatzanweisung *f*
excisable [ɪk'saɪzəbl] *adj* steuerpflichtig
excise tax ['eksaɪz tæks] *sb* Verbrauchssteuer *f*
exclusion principle [ɪks'kluːʒən 'prɪnsɪpl] *sb* Ausschlussprinzip *n*
exclusive service clause [ɪks'kluːsɪv 'sɜːvɪs klɔːz] *sb* Wettbewerbsklausel *f*
ex coupon [eks 'kuːpɒn] *adj* ohne Kupon
ex dividend [eks 'dɪvɪdənd] *adj* ohne Dividende
ex drawing [eks 'drɔːɪŋ] *adj* ex Ziehung
execute ['eksɪkjuːt] *v (a task)* durchführen, ausführen, erfüllen
execution [eksɪ'kjuːʃən] *sb (of a task)* Durchführung *f,* Ausführung *f,* Erfüllung *f*
executive [ɪg'zekjʊtɪv] *adj 1.* exekutiv, geschäftsführend; *sb 2.* Exekutive *f,* Verwaltung *f; 3. (of a firm)* leitende(r) Angestellte(r) *f/m*
executive employee [ɪg'zekjʊtɪv ɪm-plɔɪ'iː] *sb* leitende(r) Angestellte(r) *f/m*
executive level [ɪg'zekjʊtɪv 'levl] *sb* Führungsebene *f*
exemption [ɪg'zempʃən] *sb 1.* Befreiung *f,* Freistellung *f; 2. (tax)* Freibetrag *m*

exemption from liability [ɪg'zempʃən frɒm laɪə'bɪlətɪ] *sb* Haftungsausschluss *m*
exercise ['eksəsaɪz] *v 1. (use)* ausüben, geltend machen, anwenden; *sb 2. (use)* Ausübung *f,* Gebrauch *m,* Anwendung *f*
exhaust [ɪg'zɔːst] *sb* Ermattung *f*
exhibit [ek'zɪbɪt] *v (merchandise)* ausstellen, auslegen
exhibition [eksɪ'bɪʃən] *sb 1.* Ausstellung *f,* Schau *f; 2. (act of showing)* Vorführung *f*
exhibitor [ek'zɪbɪtə] *sb* Aussteller *m*
exodus of capital ['eksədəs əv 'kæpɪtəl] *sb* Kapitalflucht *f*
expand [ɪk'spænd] *v 1.* expandieren, sich ausweiten; *2. (production)* zunehmen
expansion [ɪks'pænʃən] *sb* Ausdehnung *f,* Expansion *f,* Ausweitung *f*
expansion investment [ɪk'spænʃən ɪn-'vestmənt] *sb* Erweiterungsinvestition *f*
expansion of credit [ɪk'spænʃən əv 'kredɪt] *sb* Kreditausweitung *f*
expectancy cover procedure [ɪk'spektənsɪ 'kʌvə prəʊ'siːdʒə] *sb* Anwartschaftsdeckungsverfahren *n*
expected inflation [ɪk'spektɪd ɪn'fleɪʃən] *sb* Inflationserwartung *f*
expend [ɪk'spend] *v 1. (energy, time)* aufwenden; *2. (money)* ausgeben
expenditure [ɪks'pendɪtʃə] *sb 1.* Ausgabe *f; (money spent)* Ausgaben *pl; 3. (time, energy)* Aufwand *m*
expenditure of material [ɪks'pendɪtʃər əv mə'tɪrɪəl] *sb* Materialaufwand *m*
expenditure of time [ɪks'pendɪtʃər əv taɪm] *sb* Zeitaufwand *m*
expense [ɪk'spens] *sb 1.* Kosten *pl; at great ~* mit großen Kosten; *pl 2. ~s (business ~, travel ~)* Spesen *pl,* Kosten *pl; incur ~* Unkosten haben
expense account [ɪk'spens ə'kaʊnt] *sb* Spesenkonto *n,* Aufwandskonto *n*
expenses [ɪk'spensɪz] *pl* Ausgaben *pl,* Spesen *pl*
expenses incurred [ɪk'spensɪz ɪn'kɜːd] *sb* Aufwandskosten *pl*
expensive [ɪk'spensɪv] *adj* teuer, kostspielig
experience curve [ɪk'spiːrɪəns kɜːv] *sb* Erfahrungskurve *f*
expert ['ekspɜːt] *sb* Sachverständige(r) *f/m,* Experte/Expertin *m/f,* Fachmann/Fachfrau *m/f*
expert interview ['ekspɜːt 'ɪntəvjuː] *sb* Expertenbefragung *f*
expert opinion ['ekspɜːt ə'pɪnjən] *sb* Gutachten *n*

expert witness ['ekspɜːt 'wɪtnɪs] *sb* Sachverständige(r) *f/m*
expiration [ekspɪ'reɪʃən] *sb* Ablauf *m,* Verfall *m*
expiration date [ekspɪ'reɪʃən deɪt] *sb (US)* Verfallsdatum *n*
expire [ɪk'spaɪə] *v* ablaufen, ungültig werden
expiry date [ɪks'paɪrɪ deɪt] *sb (UK)* Verfallsdatum *n*
explanation [eksplə'neɪʃən] *sb* Erklärung *f*
exploit [eks'plɔɪt] *v* ausbeuten, ausnutzen; *(commercially)* verwerten
exploitation [eksplɔɪ'teɪʃən] *sb* Ausbeutung *f,* Ausnutzung *f; (commercial)* Verwertung *f*
export ['ekspɔːt] *sb 1.* Export *m,* Ausfuhr *f;* [ɪks'pɔːt] *v 2.* exportieren, ausführen
export clearance ['ekspɔːt 'klɪərəns] *sb* Ausfuhrabfertigung *f*
export control ['ekspɔːt kɒn'trəʊl] *sb* Ausfuhrkontrolle *f,* Exportkontrolle *f*
export coverage ['ekspɔːt 'kʌvərɪdʒ] *sb* Ausfuhrdeckung *f*
Export Credit Company ['ekspɔːt 'kredɪt 'kʌmpənɪ] *sb* Ausfuhrkreditanstalt (AKA) *f*
export credit guarantee ['ekspɔːt 'kredɪt gærən'tiː] *sb* Ausfuhrbürgschaften *f/pl,* Ausfuhrgarantie *f*
export credits ['ekspɔːt 'kredɪts] *pl* AKA-Kredite *m/pl;* Exportkredit *m*
export declaration ['ekspɔːt deklə'reɪʃn] *sb* Ausfuhrerklärung *f,* Zollerklärung *f*
export department ['ekspɔːt də'pɑːtmənt] *sb* Außenhandelsabteilung *f*
export documents ['ekspɔːt 'dɒkjʊmənts] *pl* Ausfuhrpapiere *n/pl,* Exportpapiere *n/pl*
export duties ['ekspɔːt 'djuːtiːz] *pl* Ausfuhrabgaben *f/pl*
export duty ['ekspɔːt 'djuːtɪ] *sb* Exportzoll *m,* Ausfuhrzoll *m*
export exchange ['ekspɔːt ɪks'tʃeɪndʒ] *sb* Exportdevisen *f/pl*
export financing ['ekspɔːt faɪ'nænsɪŋ] *sb* Ausfuhrfinanzierung *f*
export licence ['ekspɔːt 'laɪsəns] *sb* Ausfuhrgenehmigung *f*
export of capital ['ekspɔːt əv 'kæpɪtəl] *sb* Kapitalausfuhr *f*
export premium ['ekspɔːt 'priːmɪəm] *sb* Exportprämie *f*
export promotion ['ekspɔːt prə'məʊʃən] *sb* Exportförderung *f*

export regulations ['ekspɔːt regjʊ'leɪ-ʃənz] *pl* Exportbestimmungen *f/pl*, Ausfuhr-bestimmungen *f/pl*

export restriction ['ekspɔːt rɪs'trɪkʃən] *sb* Exportbeschränkung *f*, Ausfuhrbeschränkung *f*

export subsidy ['ekspɔːt 'sʌbsɪdɪ] *sb* Exportsubvention *f*

export surplus ['ekspɔːt 'sɜːpləs] *sb* Exportüberschuss *m*, Ausfuhrüberschuss *m*

export trade ['ekspɔːt treɪd] *sb* Ausfuhr-handel *m*

express delivery [ɪk'spres dɪ'lɪvərɪ] *sb* Eilzustellung *f*

express goods [ɪk'spres gʊdz] *sb* Express-gut *n*

express letter [ɪk'spres 'letə] *sb* Eil-brief *m*

express messenger [ɪk'spres 'mesɪndʒə] *sb* Eilbote *m*

express parcel [ɪk'spres 'pɑːsl] *sb* Eil-paket *n*

express tariff [ɪk'spres 'tærɪf] *sb* Eilgut-tarif *m*

express train [ɪks'pres treɪn] *sb* Schnell-zug *m*

expropriate [ɪk'sprəʊprɪeɪt] *v* enteignen

expropriation [ɪksprəʊprɪ'eɪʃən] *sb* Ent-eignung *f*

ex-rights markdown [eks'raɪts 'mɑːk-daʊn] *sb* Bezugsrechtabschlag *m*

extension [ɪks'tenʃən] *sb 1.* Verlängerung *f*, Prolongation *f*; *2.* Nebenanschluss *m*, Apparat *m*; *3. (individual number)* Durchwahl *f*

extension of contract [ɪks'tenʃən əv 'kɒntrækt] *sb* Vertragsverlängerung *f*

extension of credit [ɪks'tenʃən əv 'kre-dɪt] *sb* Zahlungsaufschub *m*

extension of liability [ɪks'tenʃən əv laɪə-'bɪlətɪ] *sb* Haftungserweiterung *f*

extension of time for payment [ɪks-'tenʃən əv taɪm fɔː 'peɪmənt] *sb* Zahlungs-aufschub *m*

extent [ɪks'tent] *sb 1. (degree)* Grad *m*, Maß *n*; *to some* ~ einigermaßen; *to a certain* ~ in gewissem Maße; *to what* ~ inwieweit; *2. (scope)* Umfang *m*, Ausmaß *n*; *3. (size)* Aus-dehnung *f*

external accounting [ɪks'tɜːnəl ə'kaʊn-tɪŋ] *sb* externes Rechnungswesen *n*

external analysis [ɪks'tɜːnəl ə'nælɪsɪs] *sb* Betriebsvergleich *m*

external balance [ɪks'tɜːnəl 'bæləns] *sb* außenwirtschaftliches Gleichgewicht *n*

external bonds validation [ɪks'tɜːnəl bɒndz vælɪ'deɪʃən] *sb* Auslandsbondsberei-nigung *f*

external effects [ɪks'tɜːnəl ɪ'fekts] *pl* externe Effekte *m/pl*

external financing [ɪks'tɜːnəl faɪ'nænsɪŋ] *sb* Außenfinanzierung *f*

external funds [ɪks'tɜːnəl fʌndz] *pl* fremde Gelder *n/pl*

external income [ɪks'tɜːnəl 'ɪnkʌm] *sb* externe Erträge *m/pl*

external indebtedness [ɪks'tɜːnəl ɪn'det-ɪdnəs] *sb* Auslandsverschuldung *f*

external investment [ɪks'tɜːnəl ɪn'vest-mənt] *sb* Fremdinvestition *f*

external market [ɪks'tɜːnəl 'mɑːkɪt] *sb* Außenmarkt *m*

external procurement [ɪks'tɜːnəl prə-'kjʊəmənt] *sb* Fremdbezug *m*

external value of the currency [ɪks'tɜː-nəl 'væljuː əv ðə 'kʌrənsɪ] *sb* Außenwert der Währung *m*

extort [ɪk'stɔːt] *v* erpressen

extortion [ɪks'tɔːʃən] *sb* Erpressung *f*

extra ['ekstrə] *adv (costing ~)* gesondert berechnet, extra berechnet; *sb* Zugabe *f*

extra charge ['ekstrə tʃɑːdʒ] *sb* Zu-schlag *m*

extra dividend ['ekstrə 'dɪvɪdend] *sb* Bonus *m*, Sonderausschüttung *f*

extra pay ['ekstrə peɪ] *sb* Zulage *f*

extradite ['ekstrədaɪt] *v* ausliefern

extradition [ekstrə'dɪʃən] *sb* Auslieferung *f*

extrajudicial [ekstrədʒuː'dɪʃəl] *adj* außer-gerichtlich

extraordinary budget [ɪk'strɔːdənərɪ 'bʌdʒɪt] *sb* außerordentlicher Haushalt *m*

extraordinary depreciation [ɪk'strɔːdə-nərɪ dɪprɪ:ʃiː'eɪʃən] *sb* außerordentliche Abschreibung *f*

extraordinary expenditures [ɪk'strɔːdə-nərɪ ɪk'spendɪtʃəz] *pl* außerordentliche Aufwendungen *f/pl*, außerordentliche Aus-gaben *f/pl*

extraordinary expenses [ɪk'strɔːdənərɪ ɪk'spensɪz] *pl* außergewöhnliche Belastung *f*

extraordinary income [ɪk'strɔːdənərɪ 'ɪnkʌm] *sb* außerordentliche Einkünfte *pl*, außerordentliche Einnahmen *f/pl*, außeror-dentliche Erträge *m/pl*

extraordinary trend [ɪk'strɔːdənərɪ trend] *sb* Sonderbewegung *f*

extrapolation [ɪkstrəpə'leɪʃən] *sb* Extra-polation *f*

F

face value [feɪs 'væljuː] *sb* Nennwert *m*, Nominalwert *m*
face-to-face communication ['feɪs tu feɪs kəmjuːnɪ'keɪʃən] *sb* Face-to-Face-Kommunikation *f*, direkte Kommunikation *f*
facility [fə'sɪlɪtɪ] *sb (building)* Anlage *f*
facility location [fə'sɪlɪtɪ ləʊ'keɪʃən] *sb* Betriebsstandort *m*
facility management [fə'sɪlɪtɪ 'mænɪdʒmənt] *sb* Objektverwaltung *f*, Immobilienverwaltung *f*
facsimile [fæk'sɪməlɪ] *sb 1.* Reproduktion *f*, Kopie *f; 2. (fax)* Fax *n*
fact [fækt] *sb* Tatsache *f*
factorage ['fæktərɪdʒ] *sb* Kommissionsgebühr *f*, Provision *f*
factor costs ['fæktə kɒsts] *sb* Faktorkosten *pl*
factor income ['fæktə 'ɪnkʌm] *sb* Leistungseinkommen *n*, Faktoreinkommen *n*
factoring ['fæktərɪŋ] *sb* Finanzierung von Forderungen *f*, Factoring *n*
factory ['fæktərɪ] *sb* Fabrik *f*, Werk *n*, Betrieb *m*
factory costs ['fæktərɪ kɒsts] *pl* Herstellungskosten *pl*, Produktionskosten *pl*
factory outlet store ['fæktərɪ 'aʊtlət stɔː] *sb* Fabrikverkauf *m*
factory supplies ['fæktərɪ sə'plaɪz] *pl (manufacturing)* Betriebsstoffe *m/pl*
facts [fækts] *pl 1.* Daten *pl*, Sachverhalt *m; 2. (~ of the case)* Tatbestand *m*
factsheet ['fæktʃiːt] *sb* Tatsachendokument *n*, Informationsblatt *n*
facultative money ['fækəlteɪtɪv 'mʌnɪ] *sb* fakultatives Geld *n*
failure ['feɪljə] *sb 1. (unsuccessful thing)* Misserfolg *m*, Fehlschlag *m*, Scheitern *n;* Pleite *f; 2. (breakdown)* Ausfall *m*, Versagen *n*, Störung *f; 3. (to do sth)* Versäumnis *n*, Unterlassung *f*
failure cause ['feɪljə kɔːz] *sb* Ausfallursache *f*
failure to complete ['feɪljə tu kəm'pliːt] *sb* Nichtfertigstellung *f*
failure to pay on due date ['feɪljə tu peɪ ɒn djuː deɪt] *sb* Zahlungsverzug *m*
failure to perform ['feɪljə tu pə'fɔːm] *sb* mangelnde Vertragserfüllung *f*, Nichterfüllung *f*

fair [fɛə] *sb (trade show)* Messe *f*, Ausstellung *f*
fair market value [fɛə 'mɑːkɪt 'væljuː] *sb* Marktwert *m*
fairness in trade ['fɛənɪs ɪn treɪd] *sb* Kulanz *f*
fake [feɪk] *v 1.* vortäuschen, fingieren; *2. (forge)* fälschen; *sb 3.* Fälschung *f*
fall [fɔːl] *v irr 1. (decrease)* fallen, sinken, abnehmen; *sb 2. (decrease)* Fallen *n*, Sinken *n*, Abnahme *f*
fall-back ['fɔːlbæk] *sb* Abschwächung *f*, Rückgang *m*
falling ['fɔːlɪŋ] *adj* rückläufig, nachgebend
fall-off ['fɔːlɒf] *sb* Rückgang *m*, Abnahme *f*
fallow ['fæləʊ] *sb 1.* brachliegendes Land *n; adj 2.* brachliegend
false factoring [fɒls 'fæktərɪŋ] *sb* unechtes Factoring *n*
falsification [fɒːlsɪfɪ'keɪʃən] *sb* Falsifikat *n*
falsification of the balance sheet [fɒːlsɪfɪ'keɪʃən əv ðə 'bæləns ʃiːt] *sb* Bilanzfälschung *f*
family allowance ['fæmlɪ ə'laʊəns] *sb* Familienzulage *f*
family-owned companies ['fæmlɪ əʊnd 'kʌmpəniz] *pl* Familiengesellschaften *f/pl*
fare [fɛə] *sb 1. (bus ~, train ~) (charge)* Fahrpreis *m; 2. air ~* Flugpreis *m; 3. (money)* Fahrgeld *n*
fare cut [fɛə kʌt] *sb* Tarifsenkung *f*
farm product [fɑːm 'prɒdəkt] *sb* Agrarprodukt *n*, landwirtschaftliches Produkt *n*
farming ['fɑːmɪŋ] *sb* Agrarwirtschaft *f*, Landwirtschaft *f*
fashion ['fæʃən] *sb* Mode *f*
fashion article ['fæʃən 'ɑːtɪkl] *sb* Modeartikel *m*
fax [fæks] *sb 1. (facsimile transmission)* Fax *n*, Telefax *n; v 2.* faxen
fax machine ['fæks mə'ʃiːn] *sb* Telefaxgerät *n*, Faxgerät *n*
fax number ['fæks 'nʌmbə] *sb* Telefaxnummer *f*, Faxnummer *f*
feasibility study [fiːzə'bɪlɪtɪ 'stʌdɪ] *sb* Durchführbarkeits-Studie *f*
Federal Administrative Court ['fedərəl əd'mɪnɪstrətɪv kɔːt] *sb* Bundesverwaltungsgericht (BVerwG) *n*
Federal Audit Office ['fedərəl 'ɔːdɪt 'ɒfɪs] *sb* Bundesrechnungshof *m*

Federal Bank assets ['fedərəl bæŋk 'æsets] *sb* Bundesbankguthaben *n*
Federal bonds ['fedərəl bɒndz] *sb* Bundesobligation *f*
federal budget ['fedərəl 'bʌdʒɪt] *sb* Bundeshaushalt *m*
Federal Cartel Authority ['fedərəl kɑː'tel ɔː'θɒrɪtɪ] *sb* Bundeskartellamt *n*
Federal Cartel Register ['fedərəl kɑː'tel 'redʒɪstə] *sb* Kartellregister *n*
Federal Collective Agreement for Public Employees ['fedərəl kə'lektɪv ə'griːmənt fɔː 'pʌblɪk ɪmplɔɪ'iːz] *sb* Bundes-Angestellten-Tarifvertrag (BAT) *m*
Federal Constitutional Court ['fedərəl kɒnstɪ'tjuːʃənəl kɔːt] *sb* Bundesverfassungsgericht (BverfG) *n*
Federal Court ['fedərəl kɔːt] *sb* Bundesgericht *n*
Federal Fiscal Court ['fedərəl 'fɪskəl kɔːt] *sb* Bundesfinanzhof (BFH) *m*
Federal guarantee ['fedərəl gærən'tiː] *sb* Bundesbürgschaft *f*
Federal Labour Court ['fedərəl 'leɪbə kɔːt] *sb* Bundesarbeitsgericht *n*
Federal Labour Office ['fedərəl 'leɪbə 'ɒfɪs] *sb* Bundesagentur für Arbeit (BA) *f*
Federal loan ['fedərəl ləʊn] *sb* Bundesanleihe *f*
Federal Official Gazette ['fedərəl ə'fɪʃəl gə'zet] *sb* Bundesanzeiger *m*
federal revenue authorities ['fedərəl 'revɪnjuː ɔː'θɒrɪtiːz] *sb* Bundesfinanzbehörden *f/pl*
Federal Statistical Office ['fedərəl stə'tɪstɪkəl 'ɒfɪs] *sb* Statistisches Bundesamt *n*
Federal Supervisory Office ['fedərəl suːpə'vaɪzərɪ 'ɒfɪs] *sb* Bundesaufsichtsamt *n*
Federal Supreme Court ['fedərəl suː'priːm kɔːt] *sb* Bundesgerichtshof (BGH) *m*
federal tax ['fedərəl tæks] *sb* Bundessteuer *f*
federal treasury bill ['fedərəl 'treʒərɪ bɪl] *sb* Bundesschatzbrief *m*
federation [fedə'reɪʃən] *sb* Vereinigung *f*, Verband *m*
fee [fiː] *sb* Gebühr *f*, Honorar *n*
feedback ['fiːdbæk] *sb* Rückkopplung *f*, Feedback *n*
fictitious bill [fɪk'tɪʃəs bɪl] *sb* Kellerwechsel *m*
fictitious formation [fɪk'tɪʃəs fɔː'meɪʃən] *sb* Scheingründung *f*
fictitious independence [fɪk'tɪʃəs ɪndə'pendəns] *sb* Scheinselbständigkeit *f*

fictitious invoice [fɪk'tɪʃəs 'ɪnvɔɪs] *sb* fingierte Rechnung *f*
fictitious order [fɪk'tɪʃəs 'ɔːdə] *sb* fingierte Order *f*
fictitious overheads [fɪk'tɪʃəs 'əʊvəhedz] *pl* unechte Gemeinkosten *pl*
fictitious profit [fɪk'tɪʃəs 'prɒfɪt] *sb* Scheingewinn *m*
fictitious quotation price [fɪk'tɪʃəs kwəʊ'teɪʃən praɪs] *sb* Scheinkurs *m*
fictitious security price [fɪk'tɪʃəs sɪ'kjʊərɪtɪ praɪs] *sb* Ausweichkurs *m*
fictitious transaction [fɪk'tɪʃəs træn'zækʃən] *sb* Scheingeschäft *n*
fiduciary [fɪ'djuːʃɪərɪ] *sb 1.* Treuhänder *m; adj 2.* treuhänderisch
fiduciary account [fɪ'djuːʃɪərɪ ə'kaʊnt] *sb* Anderkonto *n*
fiduciary deposit [fɪ'djuːʃɪərɪ dɪ'pɒzɪt] *sb* Anderdepot *n*, Fremddepot *n*
fiduciary funds [fɪ'djuːʃɪərɪ fʌndz] *sb* fiduziäres Geld *n*
field [fiːld] *sb 1. (profession, ~ of study)* Gebiet *n*, Fach *n*, Bereich *m; 2. the ~ (for a salesman)* Außendienst *m*
field audit [fiːld 'ɔːdɪt] *(accountancy)* Außenprüfung *f*
field of activity [fiːld əv æk'tɪvɪtɪ] *sb* Tätigkeitsfeld *n*, Tätigkeitsbereich *m*
field of application [fiːld əv æplɪ'keɪʃən] *sb* Einsatzgebiet *n*, Anwendungsgebiet *n*
field of reference [fiːld əv 'refrəns] *sb* Sachgebiet *n*
field of the economy [fiːld əv ðiː ɪ'kɒnəmɪ] *sb* Wirtschaftszweig *m*, Wirtschaftsbereich *m*
field office [fiːld 'ɒfɪs] *sb* Außenstelle *f*, Geschäftsstelle *f*
field research [fiːld rɪ'sɜːtʃ] *sb* Feldforschung *f*
field staff [fiːld stɑːf] *sb* Außendienstmitarbeiter *m*
field survey [fiːld 'sɜːveɪ] *sb* Marktforschung vor Ort *f*
field work ['fiːld wɜːk] *sb (for a salesman)* Außendienst *m*
figure ['fɪgə] *sb 1. (number)* Zahl *f; (digit)* Ziffer *f; 2. (sum)* Summe *f; 3. facts and ~s* klare Informationen *pl*, genaue Daten *pl*
figure out ['fɪgə aʊt] *v (calculate)* berechnen, ausrechnen
file [faɪl] *v 1. (put in files)* ablegen, abheften, einordnen; *2. (a petition, a claim)* einreichen, erheben; *sb 3.* Akte *f; on ~* bei den Akten;

4. *(holder)* Aktenordner *m*, Aktenhefter *m*, Sammelmappe *f; 5.* *(computer)* Datei *f*
file access [faɪl 'ækses] *sb* Datenzugriff *m*
file card ['faɪlkɑːd] *sb* Karteikarte *f*
file index [faɪl 'ɪndeks] *sb* Aktenverzeichnis *n*
filename ['faɪlneɪm] *sb* Dateiname *m*
filing ['faɪlɪŋ] *sb* Aktenablage *f*, Archivierung *f*
filing cabinet ['faɪlɪŋ 'kæbɪnət] *sb* Aktenschrank *m*
filing clerk ['faɪlɪŋ klɑːk] *sb* Archivar(in) *m/f*, Registrator(in) *m/f*
fill [fɪl] *v 1. (a job opening)* besetzen; *2. (take a job opening)* einnehmen
fill in [fɪl 'ɪn] *v 1. ~ for s.o.* für jdn einspringen; *2. (a form)* ausfüllen; *(information)* eintragen
final control ['faɪnəl kən'trəʊl] *sb* Endkontrolle *f*, Schlusskontrolle *f*
final cost center ['faɪnəl kɒst 'sentə] *sb* Endkostenstelle *f*
final demand ['faɪnəl dɪ'mɑːnd] *sb* Endnachfrage *f*
final dividend ['faɪnəl 'dɪvɪdend] *sb* Schlussdividende *f*
final order ['faɪnəl 'ɔːdə] *sb* Abschlussauftrag *m*
finance ['faɪnæns] *v 1.* finanzieren; *sb 2.* Finanz *f*, Finanzwesen *n; 3. ~s pl* Finanzen *pl*, Vermögenslage *f*, Finanzlage *f*
finance bill ['faɪnæns bɪl] *sb* Finanzwechsel *m*, Leerwechsel *m*
finance deficit ['faɪnæns 'defɪsɪt] *sb* Finanzierungsdefizit *n*
finance house ['faɪnæns haʊs] *sb* Finanzierungsgesellschaft *f*, Kreditinstitut *n*
financial [faɪ'nænʃəl] *adj* finanziell, pagatorisch, Finanz..., Wirtschafts...
financial acceptance [faɪ'nænʃəl ɪk'septəns] *sb* Kreditakzept *n*
financial account [faɪ'nænʃəl ə'kaʊnt] *sb* Finanzkonto *n*
financial accounting [faɪ'nænʃəl ə'kaʊntɪŋ] *sb* Finanzbuchhaltung *f*
financial aid [faɪ'nænʃəl eɪd] *sb* Beihilfe *f*
financial analysis [faɪ'nænʃəl ə'nælɪsɪs] *sb* Finanzanalyse *f*
financial arrangement [faɪ'nænʃəl ə'reɪndʒmənt] *sb* Finanzdisposition *f*
financial assets [faɪ'nænʃəl 'æsets] *sb* Geldvermögen *n*, Finanzanlagevermögen *n*, Finanzvermögen *n*

financial assistance [faɪ'nænʃəl ə'sɪstəns] *sb* finanzieller Beistand *m*
financial capital [faɪ'nænʃəl 'kæpɪtəl] *sb* Finanzkapital *n*
financial credit [faɪ'nænʃəl 'kredɪt] *sb* Finanzkredit *m*
financial difficulties [faɪ'nænʃəl 'dɪfɪkəltiz] *pl* Zahlungsschwierigkeit *f*
financial equalization [faɪ'nænʃəl iːkwəlaɪ'zeɪʃən] *sb* Finanzausgleich *m*
financial equilibrium [faɪ'nænʃəl ɪkwə'lɪbriəm] *sb* finanzielles Gleichgewicht *n*
financial facilities [faɪ'nænʃəl fə'sɪlɪtiz] *pl* Finanzierungsmöglichkeiten *f/pl*, Finanzierungsinstrumente *n/pl*
financial failure [faɪ'nænʃəl 'feɪljə] *sb* finanzieller Zusammenbruch *m*
financial futures contract [faɪ'nænʃəl 'fjuːtʃəz 'kɒntrækt] *sb* Finanzterminkontrakt *n*
financial hedging [faɪ'nænʃəl 'hedʒɪŋ] *sb* Finanzhedging *n*
financial innovation [faɪ'nænʃəl ɪnəʊ'veɪʃən] *sb* Finanzinnovationen *f/pl*
financial institution [faɪ'nænʃəl ɪnstɪ'tjuːʃən] *sb* Geldinstitut *n*
financial investment [faɪ'nænʃəl ɪn'vestmənt] *sb* Finanzanlage *f*
financial market [faɪ'nænʃəl 'mɑːkɪt] *sb* Finanzmarkt *m*
financial mathematics [faɪ'nænʃəl mæθə'mætɪks] *sb* Finanzmathematik *f*
financial obligation [faɪ'nænʃəl ɒblɪ'geɪʃən] *sb* Obligo *n*
financial plan [faɪ'nænʃəl plæn] *sb* Finanzplan *m*
financial policy [faɪ'nænʃəl 'pɒlɪsi] *sb* Geldpolitik *f*, Finanzpolitik *f*
financial press [faɪ'nænʃəl pres] *sb* Finanzpresse *f*
financial reform [faɪ'nænʃəl rɪ'fɔːm] *sb* Finanzreform *f*
financial report [faɪ'nænʃəl rɪ'pɔːt] *sb* Finanzbericht *m*
financial requirements [faɪ'nænʃəl rɪ'kwaɪəmənts] *pl* Finanzbedarf *m*
financial reserve [faɪ'nænʃəl rɪ'zɜːv] *sb* Finanzierungsreserve *f*
financial sector [faɪ'nænʃəl 'sektə] *sb* Finanzsektor *m*
financial services [faɪ'nænʃəl 'sɜːvɪsɪz] *pl* Finanzdienstleistungen *f/pl*
financial soundness [faɪ'nænʃəl 'saʊndnɪs] *sb* Bonität *f*

financial sovereignty [faɪˈnænʃəl ˈsɒvrɪntɪ] *sb* Finanzhoheit *f*
financial standing [faɪˈnænʃəl ˈstændɪŋ] *sb* Kreditfähigkeit *f*
financial statement [faɪˈnænʃəl ˈsteɪtmənt] *sb* Bilanz *f*
financial strength [faɪˈnænʃəl streŋθ] *sb* Finanzkraft *f*
financial system [faɪˈnænʃəl ˈsɪstəm] *sb* Finanzverfassung *f*
financial transaction [faɪˈnænʃəl trænˈzækʃən] *sb* Finanztransaktion *f*
financial year [faɪˈnænʃəl jɪə] *sb (UK)* Geschäftsjahr *n*, Rechnungsjahr *n*
financier [faɪˈnænsɪə] *sb* Finanzier *m*
financing [faɪˈnænsɪŋ] *sb* Finanzierung *f*
financing mix [faɪˈnænsɪŋ mɪks] *sb* Kapitalstruktur *f*
financing of building projects [faɪˈnænsɪŋ əv ˈbɪldɪŋ ˈprɒdʒekts] *sb* Baufinanzierung *f*
financing of capital projects [faɪˈnænsɪŋ əv ˈkæpɪtl ˈprɒdʒekts] *sb* Investitionsfinanzierung *f*
financing of exports [faɪˈnænsɪŋ əv ˈekspɔːts] *sb* Exportfinanzierung *f*
financing of investment in fixed assets [faɪˈnænsɪŋ əv ɪnˈvestmənt ɪn fɪkst ˈæsets] *sb* Anlagenfinanzierung *f*
financing power [faɪˈnænsɪŋ ˈpaʊə] *sb* Finanzierungsvermögen *n*
financing principles [faɪˈnænsɪŋ ˈprɪnsɪpəlz] *pl* Finanzierungsgrundsätze *m/pl*
financing ratio [faɪˈnænsɪŋ ˈreɪʃɪəʊ] *sb* Finanzierungskennzahl *f*
financing rules [faɪˈnænsɪŋ ruːlz] *sb* Finanzierungsregeln *f/pl*
financing theory [faɪˈnænsɪŋ ˈθɪərɪ] *sb* Finanzierungstheorie *f*
fine [faɪn] *v 1.* mit einer Geldstrafe belegen; *sb 2.* Geldstrafe *f*, Bußgeld *n*
fine print [faɪn ˈprɪnt] *sb the ~* das Kleingedruckte *n*
finished product [ˈfɪnɪʃt ˈprɒdʌkt] *sb* Fertigprodukt *n*, Endprodukt *n*
finishing technique [ˈfɪnɪʃɪŋ tekˈniːk] *sb* Abschlusstechnik *f*
fire-fighting fund [ˈfaɪəfaɪtɪŋ fʌnd] *sb* Feuerwehrfonds *m*
firm [fɜːm] *sb* Firma *f*, Unternehmen *n*
firm deal [fɜːm diːl] *sb* Festgeschäft *n*
firm name derived from the object of the enterprise [fɜːm neɪm dəˈraɪvd frɒm ði ˈɒbdʒɪkt əv ði ˈentəpraɪz] *sb* Sachfirma *f*

firm's bank [fɜːmz bæŋk] *sb* Hausbank *f*
first acquisition [fɜːst ækwɪˈzɪʃən] *sb* Ersterwerb *m*
first class [fɜːst klɑːs] *adj 1.* erstklassig; *2. (train ticket)* erster Klasse
first-class quality [ˈfɜːstklɑːs ˈkwɒlɪtɪ] *sb* beste Qualität *f*
first issue [fɜːst ˈɪʃuː] *sb* Erstemission *f*
first of exchange [fɜːst əv ɪksˈtʃeɪndʒ] *sb* Prima Warenwechsel *m*
first-quarter [ˈfɜːstkwɔːtə] *adj* im ersten Quartal
fiscal [ˈfɪskəl] *adj* fiskalisch, Finanz..., Steuer...
fiscal audit of operating results [ˈfɪskəl ˈɔːdɪt əv ˈɒpəreɪtɪŋ rɪˈzʌlts] *sb* Betriebsprüfung *f*
fiscal code [ˈfɪskəl kəʊd] *sb* Abgabenordnung *f*
fiscal fraud [ˈfɪskəl frɔːd] *sb* Steuerbetrug *m*
fiscal illusion [ˈfɪskəl ɪˈluːʒən] *sb* Fiskalillusion *f*
fiscal monopoly [ˈfɪskəl məˈnɒpəlɪ] *sb* Finanzmonopol *n*
fiscal policy [ˈfɪskəl ˈpɒlɪsɪ] *sb* Steuerpolitik *f*, Finanzpolitik *f*, Fiskalpolitik *f*
fitter [ˈfɪtə] *sb* Monteur *m; (for machines)* Schlosser *m*
fixed annual salary [fɪkst ˈænjʊəl ˈsælərɪ] *sb* Jahresfixum *n*
fixed assets [fɪkst ˈæsets] *pl* feste Anlagen *pl*, Anlagevermögen *n*
fixed cost degression [fɪkst kɒst dəˈgreʃən] *sb* Fixkostendegression *f*
fixed costs [fɪkst kɒsts] *pl* Festkosten *pl*, Fixkosten *pl*
fixed-date land charge [ˈfɪkstdeɪt lænd tʃɑːdʒ] *sb* Fälligkeitsgrundschuld *f*
fixed-date land mortgage [ˈfɪkstdeɪt lænd ˈmɔːgɪdʒ] *sb* Fälligkeitshypothek *f*
fixed department costs [fɪkst dəˈpɑːtmənt kɒsts] *pl* bereichsfixe Kosten *pl*
fixed deposit [fɪkst dɪˈpɒsɪt] *sb* Festgeld *n*, befristete Einlagen *f/pl*
fixed exchange rate [fɪkst ɪksˈtʃeɪndʒ reɪt] *sb* Mengennotierung *f*, starrer Wechselkurs *m*
fixed income [fɪkst ˈɪnkʌm] *sb* Festeinkommen *n*
fixed-interest bearing account [fɪkst ˈɪntrəst ˈbeərɪŋ əˈkaʊnt] *sb* Festzinskonto *n*
fixed interest (rate) [fɪkst ˈɪntrəst (reɪt)] *sb* fester Zins *m*, Festzins *m*

fixed-interest securities [fɪkst'ɪntrəst sɪ'kjʊərɪtiz] *pl* festverzinsliche Wertpapiere *n/pl*
fixed-interest securities fund [fɪkst'ɪntrəst sɪ'kjʊərɪtiz fʌnd] *sb* Rentenfonds *m*
fixed issue of notes [fɪkst 'ɪʃuː əv nəʊts] *sb* Notenkontingent *n*
fixed price [fɪkst praɪs] *sb* Festpreis *m*
fixed property [fɪkst prɒpətɪ] *sb* Gebäude und Grundstücke *pl*
fixed-rate mortgage ['fɪkstreɪt 'mɔːgɪdʒ] *sb* Festzinshypothek *f*
fixed sum [fɪkst sʌm] *sb* Fixum *n*
fixed value [fɪkst 'væljuː] *sb* Festwert *m*
fixing ['fɪksɪŋ] *sb (fig)* Festsetzen *n*, Fixing *n*
fixing of a quota ['fɪksɪŋ əv ə 'kwəʊtə] *sb* Kontingentierung *f*
fixing of exchange rate ['fɪksɪŋ əv ɪks-'tʃeɪndʒ reɪt] *sb* Valutierung *f*
fixing of prices ['fɪksɪŋ əv 'praɪsɪz] *sb* Kursfestsetzung *f*
flat [flæt] *adj 1. (market)* lau, lahm, lustlos; *2. (rate, fee)* Pauschal...
flat fee [flæt fiː] *sb* Pauschalgebühr *f*
flat rate [flæt reɪt] *sb* Pauschalbetrag *m*
flexibility [fleksɪ'bɪlɪtɪ] *sb* Flexibilität *f*
flexible ['fleksɪbəl] *adj* flexibel
flexible age limit ['fleksɪbəl eɪdʒ 'lɪmɪt] *sb* flexible Altersgrenze *f*
flexible budgeting ['fleksɪbəl 'bʌdʒɪtɪŋ] *sb* flexible Plankostenrechnung *f*
flexible currency rates ['fleksɪbəl 'kʌrənsɪ reɪts] *pl* flexible Wechselkurse *m/pl*
flexible discount rate ['fleksɪbəl 'dɪskaʊnt reɪt] *sb* flexibler Diskontsatz *m*
flexible exchange rate ['fleksɪbəl ɪks-'tʃeɪndʒ reɪt] *sb* flexibler Wechselkurs *m*
flexible retirement ['fleksɪbəl rɪ'taɪəmənt] *sb* gleitender Ruhestand *m*
flexible working hours ['fleksɪbəl 'wɜːkɪŋ aʊəz] *pl* gleitende Arbeitszeit *f*
flexitime ['fleksɪtaɪm] *sb* Gleitzeit *f*
flight into real assets [flaɪt 'ɪntʊ rɪəl 'æsets] *sb* Flucht in die Sachwerte *f*
float [fləʊt] *sb* Float *m*
floatation [fləʊ'teɪʃən] *sb 1. (bond)* Ausgabe *f*, Emission *f*; *2. (company)* Börseneinführung *f*, Börsengang *m*, Gründung *f*
floater ['fləʊtə] *sb* Springer *m/f*
floating ['fləʊtɪŋ] *sb* Floating *n*
floating assets ['fləʊtɪŋ 'æsets] *pl* Umlaufvermögen *n*
floating debt ['fləʊtɪŋ det] *sb* schwebende Schuld *f*

floating policy ['fləʊtɪŋ 'pɒlɪsɪ] *sb* offene Police (O.P.) *f*
floating rate note ['fləʊtɪŋ reɪt nəʊt] *sb* Floating Rate Note *f*
floor [flɔː] *sb (stock market)* Floor *m*, Parkett *n*
floor price [flɔː praɪs] *sb* Niedrigstkurs *m*
floor trader [flɔː 'treɪdə] *sb* freier Makler *m*
floppy disk ['flɒpɪ 'dɪsk] *sb* Diskette *f*, Floppy Disk *f*
flow chart [fləʊ tʃɑːt] *sb* Flussdiagramm *n*, Ablaufdiagramm *n*
flow of capital [fləʊ əv 'kæpɪtl] *sb* Kapitalverkehr *m*, Kapitalwanderung *f*
flow shop production [fləʊ ʃɒp prə-'dʌkʃən] *sb* Reihenfertigung *f*
flow statement [fləʊ 'steɪtmənt] *sb* Bewegungsbilanz *f*
flow-of-funds analysis [fləʊ əv fʌndz ə'nælɪsɪs] *sb* Geldstromanalyse *f*
fluctuate ['flʌktjʊeɪt] *v* schwanken, fluktuieren
fluctuation [flʌktjʊ'eɪʃən] *sb* Schwankung *f*, Fluktuation *f*
fluctuation inventory [flʌktjʊ'eɪʃən 'ɪnvəntrɪ] *sb* Sicherheitsbestand *m*
folder ['fəʊldə] *sb 1.* Aktendeckel *m*, Mappe *f*, Schnellhefter *m*; *2. (brochure)* Faltblatt *n*, Broschüre *f*
follow-up financing ['fɒləʊʌp faɪ'nænsɪŋ] *sb* Anschlussfinanzierung *f*
follow-up order ['fɒləʊʌp 'ɔːdə] *sb* Folgeauftrag *m*, Nachorder *f*
for account only [fə ə'kaʊnt 'əʊnlɪ] *adv* nur zur Verrechnung
for safekeeping [fə seɪf'kiːpɪŋ] *adv* zu treuen Händen
for the monthly settlement [fə ðə 'mʌnθlɪ 'setəlmənt] *adv* per Ultimo
force [fɔːs] *v 1.* ~ sth on s.o. jdm etw aufdrängen; *2. (conditions)* jdm etw auferlegen
force down [fɔːs 'daʊn] *v (prices)* drücken
force majeure [fɔːs mæ'ʒɜː] *sb* höhere Gewalt *f*
forced sale [fɔːst seɪl] *sb* Zwangsverkauf *m*
forecast ['fɔːkɑːst] *sb* Voraussage *f*, Vorhersage *f*, Prognose *f*
foreclosure [fɔː'kləʊʒə] *sb* Zwangsvollstreckung *f*
foreign acceptance ['fɒrən ək'septəns] *sb* Auslandsakzept *n*
foreign account ['fɒrən ə'kaʊnt] *sb* Auslandskonto *n*
foreign assets ['fɒrən 'æsets] *sb* Auslandsvermögen *n*

foreign bank ['fɒrən bæŋk] *sb* Auslandsbank *f*
foreign bill of exchange ['fɒrən bɪl əv ɪks't∫eɪndʒ] *sb* Auslandswechsel *m*
foreign bond ['fɒrən bɒnd] *sb* Auslandsanleihe *f*
foreign business ['fɒrən 'bɪznɪs] *sb* Auslandsgeschäft *n*
foreign capital ['fɒrən 'kæpɪtl] *sb* Auslandskapital *n*
foreign cheque ['fɒrən t∫ek] *sb* Auslandsscheck *m*
foreign credit ['fɒrən 'kredɪt] *sb* Auslandskredit *m*
foreign currencies eligible as cover ['fɒrən 'kʌrənsiz 'elɪdʒɪbəl æz 'kʌvə] *pl* deckungsfähige Devisen *f/pl*
foreign currency ['fɒrən 'kʌrənsɪ] *sb* Devisen *pl*
foreign currency accept ['fɒrən 'kʌrənsɪ ək'sept] *sb* Valuta-Akzept *n*
foreign currency account ['fɒrən 'kʌrənsɪ ə'kaʊnt] *sb* Währungskonto *n*
foreign currency bill ['fɒrən 'kʌrənsɪ bɪl] *sb* Fremdwährungswechsel *m*
foreign currency bonds ['fɒrən 'kʌrənsɪ bɒndz] *pl* Auslandsbonds *m/pl*
foreign currency clause ['fɒrən 'kʌrənsɪ klɔːz] *sb* Valutaklausel *f*
foreign currency coupon ['fɒrən 'kʌrənsɪ 'kuːpɒn] *sb* Valutakupon *m*
foreign currency debt ['fɒrən 'kʌrənsɪ det] *sb* Währungsschuld *f*
foreign currency loan ['fɒrən 'kʌrənsɪ ləʊn] *sb* Valutakredit *m*
foreign currency rate ['fɒrən 'kʌrənsɪ reɪt] *sb* Sortenkurs *m*
foreign customer ['fɒrən 'kʌstəmə] *sb* Auslandskunde *m*
foreign debts ['fɒrən dets] *pl* Auslandsschulden *pl*
foreign demand ['fɒrən dɪ'mɑːnd] *sb* Auslandsnachfrage *f*
foreigner ['fɒrənə] *sb* Ausländer(in) *m/f*
foreign exchange ['fɒrən ɪks't∫eɪndʒ] *sb* Devisen *pl*, Valuta *f*
foreign exchange account ['fɒrən ɪks't∫eɪndʒ ə'kaʊnt] *sb* Devisenkonto *n*
foreign exchange advisor ['fɒrən ɪks't∫eɪndʒ əd'vaɪzə] *sb* Devisenberater *m*
foreign exchange balance ['fɒrən ɪks't∫eɪndʒ 'bæləns] *sb* Devisenbilanz *f*
foreign exchange business ['fɒrən ɪks't∫eɪndʒ 'bɪznɪs] *sb* Devisengeschäft *n*

foreign exchange control ['fɒrən ɪks't∫eɪndʒ kən'trəʊl] *sb* Devisenbewirtschaftung *f*, Devisenkontrolle *f*
foreign exchange dealer ['fɒrən ɪks't∫eɪndʒ 'diːlə] *sb* Devisenhändler *m*
foreign exchange dealings ['fɒrən ɪks't∫eɪndʒ 'diːlɪŋz] *pl* Devisenhandel *m*
foreign exchange market ['fɒrən ɪks't∫eɪndʒ 'mɑːkɪt] *sb* Devisenmarkt *m*, Devisenbörse *f*
foreign exchange operations ['fɒrən ɪks't∫eɪndʒ ɒpə'reɪ∫ənz] *sb* Devisenverkehr *m*
foreign exchange outflow ['fɒrən ɪks't∫eɪndʒ 'aʊtfləʊ] *sb* Devisenabschluss *m*
foreign exchange quotas ['fɒrən ɪks't∫eɪndʒ 'kwəʊtəz] *sb* Devisenquoten *f/pl*
foreign exchange quotations ['fɒrən ɪks't∫eɪndʒ kwəʊ'teɪ∫ənz] *pl* Devisennotierung *f*
foreign exchange rate ['fɒrən ɪks't∫eɪndʒ reɪt] *sb* Devisenkurs *m*
foreign exchange risk ['fɒrən ɪks't∫eɪndʒ rɪsk] *sb* Wechselkursrisiko *n*
foreign exchange spot dealings ['fɒrən ɪks't∫eɪndʒ spɒt 'diːlɪŋz] *pl* Devisenkassageschäft *n*
foreign exchange spot operations ['fɒrən ɪks't∫eɪndʒ spɒt ɒpə'reɪ∫ənz] *pl* Devisenkassakurs *m*
foreign exchange surplus ['fɒrən ɪks't∫eɪndʒ 'sɜːpləs] *sb* Devisenüberschuss *m*
foreign exchange transactions for customers ['fɒrən ɪks't∫eɪndʒ træn'zæk∫ənz fɔː 'kʌstəməz] *pl* Devisenkommissionsgeschäft *n*
foreign investment ['fɒrən ɪn'vestmənt] *sb* Auslandsinvestition *f*
foreign loan ['fɒrən ləʊn] *sb* Auslandsanleihe *f*
foreign markets ['fɒrən 'mɑːkɪts] *pl* Auslandsmärkte *m/pl*
foreign patents ['fɒrən 'pætənts] *pl* Auslandspatente *n/pl*
foreign security ['fɒrən sɪ'kjʊərɪtɪ] *sb* ausländisches Wertpapier *n*
foreign shareholder ['fɒrən '∫eəhəʊldə] *sb* ausländischer Anteilseigner *m*
foreign trade ['fɒrən treɪd] *sb* Außenhandel *m*, Außenwirtschaft *f*
foreign trade and payments transactions ['fɒrən treɪd ænd 'peɪmənts træn'zæk∫ənz] *pl* Außenwirtschaftsverkehr *m*
foreign trade deficit ['fɒrən treɪd 'defɪsɪt] *sb* Außenhandelsdefizit *n*

foreign trade monopoly ['fɒrən treɪd məˈnɒpəlɪ] *sb* Außenhandelsmonopol *n*
foreign trade structure ['fɒrən treɪd 'strʌkʃə] *sb* Außenhandelsrahmen *m*
foreign workers ['fɒrən 'wɜːkəz] *pl* ausländische Arbeitnehmer *pl*
forfaiting ['fɔːfeɪtɪŋ] *sb* Forfaitierung *f*
forfeit ['fɔːfɪt] *v* verwirken
forfeiture ['fɔːfɪtʃə] *sb* Verwirkung *f*, Verfall *m*
forfeiture of shares ['fɔːfɪtʃə əv ʃɛəz] *sb* Kaduzierung *f*
forge [fɔːdʒ] *v (counterfeit)* fälschen
forged cheque [fɔːdʒd tʃek] *sb* gefälschter Scheck *m*
form [fɔːm] *sb (document)* Formular *n*, Vordruck *m*
form of address ['fɔːm əv əˈdres] *sb* Anrede *f*
form of application [fɔːm əv æplɪˈkeɪʃən] *sb* Anmeldeformular *n*, Antragsformular *n*
formal identity ['fɔːməl aɪˈdentɪtɪ] *sb* Bilanzkontinuität *f*
formal requirements ['fɔːməl rɪˈkwaɪəmənts] *pl* Formvorschriften *f/pl*
formality [fɔːˈmælɪtɪ] *sb (a ~)* Formalität *f;* *Let's dispense with the formalities.* Lassen wir die Formalitäten beiseite.
format ['fɔːmæt] *(a disk) v* formatieren; *sb* Format *n*
format of the balance sheet ['fɔːmæt əv ðə 'bæləns ʃiːt] *sb* Bilanzgliederung *f*
formation [fɔːˈmeɪʃən] *sb* Gründung *f*
formation by founders' non-cash capital contributions [fɔːˈmeɪʃən baɪ 'faʊndəz 'nɒnkæʃ 'kæpɪtəl kɒntrɪˈbjuːʃənz] *pl* Illationsgründung *f*
formation involving subscription in kind [fɔːˈmeɪʃən ɪnˈvɒlvɪŋ sʌbˈskrɪpʃən ɪn kaɪnd] *sb* qualifizierte Gründung *f*
formation of capital [fɔːˈmeɪʃən əv 'kæpɪtəl] *sb* Kapitalbildung *f*
formation report [fɔːˈmeɪʃən rɪˈpɔːt] *sb* Gründungsbericht *m*
forward ['fɔːwəd] *v 1. (send on)* nachsenden; *2. (dispatch)* befördern
forward contract ['fɔːwəd 'kɒntrækt] *sb* Terminkontrakt *m*
forwarder ['fɔːwədə] *sb* Absender *m; (freight)* Spediteur *m*
forward exchange dealings ['fɔːwəd ɪksˈtʃeɪndʒ 'diːlɪŋz] *pl* Devisentermingeschäft *n*
forward exchange market ['fɔːwəd ɪksˈtʃeɪndʒ 'mɑːkɪt] *sb* Devisenterminmarkt *m*

forward exchange rate ['fɔːwəd ɪksˈtʃeɪndʒ reɪt] *sb* Devisenterminkurs *m*
forward exchange trading ['fɔːwəd ɪksˈtʃeɪndʒ 'treɪdɪŋ] *sb* Devisenterminhandel *m*
forwarding ['fɔːwədɪŋ] *sb* Versand *m*
forwarding address ['fɔːwədɪŋ əˈdres] *sb* Nachsendeadresse *f*
forwarding agent ['fɔːwədɪŋ 'eɪdʒənt] *sb* Spediteur *m*
forwarding conditions ['fɔːwədɪŋ kənˈdɪʃənz] *pl* Beförderungsbedingungen *f/pl*
forwarding goods ['fɔːwədɪŋ gʊdz] *pl* Speditionsgut *n*
forwarding merchandise ['fɔːwədɪŋ 'mɜːtʃəndaɪz] *sb* Speditionsgut *n*
forward merchandise dealings ['fɔːwəd 'mɜːtʃəndaɪz 'diːlɪŋz] *pl* Warentermingeschäft *n*
forward price ['fɔːwəd praɪs] *sb* Terminkurs *m*
forward sale ['fɔːwəd seɪl] *sb* Terminverkauf *m*
forward securities ['fɔːwəd sɪˈkjʊərɪtɪz] *pl* Terminpapiere *n/pl*
found [faʊnd] *v* gründen, errichten
foundation [faʊnˈdeɪʃən] *sb 1. (founding)* Gründung *f*, Errichtung *f; 2. (institution)* Stiftung *f; 3. (fig: basis)* Grundlage *f*, Basis *f*
foundation in which founders take all shares [faʊnˈdeɪʃən ɪn wɪtʃ 'faʊndəz teɪk ɔːl ʃɛəz] *sb* Übernahmegründung *f*
founder ['faʊndə] *sb* Gründer(in) *m/f*
fraction ['frækʃən] *sb* Bruchteil *m*
fractional amount ['frækʃənəl əˈmaʊnt] *sb* Kleinstücke *n/pl*
fractional order ['frækʃənəl 'ɔːdə] *sb* Fraktion *f*
fragile ['frædʒaɪl] *adj* zerbrechlich; *"~, handle with care"* „Vorsicht, zerbrechlich"
fragmentation [frægmenˈteɪʃən] *sb* Stückelung *f*
framework ['freɪmwɜːk] *sb* Gefüge *n*, Rahmen *m*
franchise ['fræntʃaɪz] *sb* Konzession *f*, Franchise *n*
franchisee [fræntʃaɪˈziː] *sb* Franchisenehmer *m*
franchising ['fræntʃaɪzɪŋ] *sb* Franchising *n*
frank [fræŋk] *v* frankieren, freimachen
fraud [frɔːd] *sb* Betrug *m*
fraud foundation [frɔːd faʊnˈdeɪʃən] *sb* Schwindelgründung *f*
fraudulent ['frɔːdjʊlənt] *adj* betrügerisch

fraudulent bankruptcy ['frɔːdjʊlənt 'bæŋk-rʌptsɪ] *sb* betrügerischer Bankrott *m*
free [friː] *adj* (~ *of charge*) kostenlos, frei, gratis; *get sth* ~ etw umsonst bekommen
free access to the market [friː 'æksɪs tu ðə 'mɑːkɪt] *sb* freier Marktzutritt *m*
free alongside ship (f. a. s.) [friː ə'lɒŋsaɪd ʃɪp] frei Längsseite Schiff (f.a.s.)
free currency area [friː 'kʌrənsɪ 'eərɪə] *sb* freier Währungsraum *m*
free domicile [friː 'dɒmɪsaɪl] frei Haus
freedom of contract ['friːdəm əv 'kɒntrækt] *sb* Vertragsfreiheit *f*
freedom of occupation ['friːdəm əv ɒkjuːʹpeɪʃən] *sb* Berufsfreiheit *f*
freedom of trade ['friːdəm əv treɪd] *sb* Gewerbefreiheit *f*
free enterprise [friː 'entəpraɪz] *sb* freies Unternehmertum *n*
free ex station ['friː eks 'steɪʃən] frei Station
free ex warehouse ['friː eks 'wɛəhaʊs] frei Lager
free export [friː 'ekspɔːt] frei Hafen
free frontier [friː 'frɒntɪə] frei Grenze
free goods [friː gʊdz] *pl* freie Güter *n/pl*
free in and out (f. i. o.) [friː ɪn ænd aʊt] freie Ein- und Ausladung (f.i.o.)
freelance ['friːlæns] *v* freiberuflich tätig sein; *adj* freiberuflich, freischaffend
freelancer ['friːlænsə] *sb 1.* Freiberufler(in) *m/f; 2. (with a particular firm)* freie(r) Mitarbeiter(in) *m/f*
free liquid reserves [friː 'lɪkwɪd rɪ'zɜːvz] *pl* freie Liquiditätsreserven *f/pl*
freely convertible ['friːli kən'vɜːtɪbəl] *adj* frei konvertierbar
freely convertible currency ['friːli kən'vɜːtɪbəl 'kʌrənsɪ] *sb* freie Währung *f*
freely fluctuating exchange rate ['friːli 'flʌktʃueɪtɪŋ ɪks'tʃeɪndʒ reɪt] *sb* freier Wechselkurs *m*
free market economy [friː 'mɑːkɪt ɪ'kɒnəmɪ] *sb* freie Marktwirtschaft *f*
free movement of capital [friː 'muːvmənt əv 'kæpɪtl] *sb* freier Kapitalverkehr *m*
free of all average (f. a. a.) [friː əv ɔːl 'ævərɪdʒ] frei von jeder Beschädigung (f.a.a.)
free of charge (f. o. c.) [friː əv 'tʃɑːdʒ] gratis, kostenfrei, kostenlos, unentgeltlich (f.o.c.)
free of damage (f. o. d.) [friː əv 'dæmɪdʒ] keine Beschädigung (f.o.d.)
free of defects [friː əv 'diːfekts] mangelfrei

free on board (f. o. b.) [friː ɒn bɔːd] frei an Bord (f.o.b.)
free on board harbour (f. b. h.) [friː ɒn bɔːd 'hɑːbə] frei an Bord im Hafen (f.b.h.)
free on board railroad station (f. o. r.) [friː ɒn bɔːd 'reɪlrəʊd 'steɪʃən] frei Bahnhof (f.o.r.)
free on rail [friː ɒn reɪl] ab Bahnhof
free on ship [friː ɒn ʃɪp] frei Schiff
free on steamer (f. o. s.) [friː ɒn 'stiːmə] frei Schiff (f.o.s.)
free on truck (f. o. t.) [friː ɒn trʌk] frei Waggon (f.o.t.)
free port [friː pɔːt] *sb* Freihafen *m*
free rider principle [friː 'raɪdə 'prɪnsɪpəl] *sb* Trittbrettfahrer-Verhalten *n*
free station [friː 'steɪʃən] *sb* frei Station
free trade [friː treɪd] *sb* Freihandel *m*
free trade area [friː treɪd 'eərɪə] *sb* Freihandelszone *f*
free trade zone [friː treɪd zəʊn] *sb* Freihandelszone *f*
free warehouse [friː 'wɛəhaʊs] *sb* frei Lager
freeze [friːz] *v irr 1. (wages)* stoppen, einfrieren; *2. (assets)* festlegen
freight [freɪt] *sb (goods transported)* Fracht *f*, Frachtgut *n*, Ladung *f*
freight and charges paid [freɪt ænd 'tʃɑːdʒɪz peɪd] fracht- und spesenfrei
freight basis [freɪt 'beɪsɪs] *sb* Frachtbasis *f*
freight bill (w/b) [freɪt bɪl] *sb* Frachtbrief *m*, Frachtzettel (w/b) *m*
freight charges [freɪt 'tʃɑːdʒɪz] *pl* Frachtkosten *pl*, Frachtgebühren *pl*
freighter ['freɪtə] *sb* Frachter *m*, Frachtschiff *n*
freight exchange [freɪt ɪks'tʃeɪndʒ] *sb* Frachtbörse *f*
freight forward (frt. fwd.) [freɪt 'fɔːwəd] *sb* Frachtnachnahme (frt. fwd.) *f*
freight goods [freɪt gʊdz] *pl* Frachtgut *n*
freight management [freɪt 'mænɪdʒmənt] *sb* Transportdisposition *f*
freight operator [freɪt 'ɒpəreɪtə] *sb* Fuhrunternehmer *m*
freight paid [freɪt peɪd] Fracht bezahlt
freight per weight or measurement (w/m) [freɪt pə weɪt ɔː 'meʒəmənt] Fracht nach Gewicht oder Maß (w/m)
freight prepaid (frt. pp.) [freɪt priː'peɪd] Fracht vorausbezahlt (frt. pp.)
freight train ['freɪt treɪn] *sb* Güterzug *m*
frequency of contact ['friːkwɪnsɪ əv 'kɒntækt] *sb* Kontakthäufigkeit *f*

fringe benefits [frɪndʒ 'benəfɪts] pl zusätzliche Leistungen f/pl, freiwillige Sozialleistungen des Arbeitgebers f/pl
front desk [frʌnt desk] sb Rezeption f, Empfang m
front money [frʌnt 'mʌnɪ] sb Vorschuss m
frozen ['frəʊzn] adj (wages) eingefroren
frustrate [frʌ'streɪt] v (plans) vereiteln, zunichte machen
frustration of contract [frʌ'streɪʃən əv 'kɒntrækt] sb Wegfall der Geschäftsgrundlage m
full cost [fʊl kɒst] sb Vollkosten pl
full employment [fʊl ɪm'plɔɪmənt] sb Vollbeschäftigung f
full power [fʊl 'paʊə] adj Vollmacht f
full power of attorney [fʊl 'paʊə əv ə'tɜːnɪ] sb Prokura f
Fullarton reflux principle ['fʊlatən 'riːflʌks 'prɪnsɪpəl] sb Fullartonsches Rückströmungsprinzip n
full-scale ['fʊlskeɪl] adj in vollem Umfang
full-time ['fʊltaɪm] adj 1. ganztägig, Ganztags...; adv 2. ganztags
full-time job ['fʊltaɪm dʒɒb] sb Ganztagsstellung f, Full-time-Job m
function ['fʌŋkʃən] v 1. funktionieren; sb 2. Funktion f; 3. (duties) Aufgaben f/pl, Pflichten f/pl; 4. (official ceremony) Feier f
function key ['fʌŋkʃən kiː] sb (of a computer) Funktionstaste f
function of markets ['fʌŋkʃən əv 'mɑːkɪts] sb Funktionsweise von Märkten f
functional ['fʌŋkʃənl] adj (in working order) funktionsfähig
functional analysis ['fʌŋkʃənəl ə'nælɪsɪs] sb Aufgabenanalyse f, Funktionsanalyse f
functional organization ['fʌŋkʃənəl ɔːɡənaɪ'zeɪʃən] sb Funktionalorganisation f
functionary ['fʌŋkʃənərɪ] sb Funktionär m
functions of money ['fʌŋkʃənz əv 'mʌnɪ] pl Geldfunktionen f/pl
fund [fʌnd] v 1. (put up money for) das Kapital aufbringen für; sb 2. Fonds m; pl 3. ~s Mittel n/pl, Gelder n/pl
fund assets [fʌnd 'æsets] pl Fondsvermögen n
funded debts ['fʌndɪd dets] pl fundierte Schulden f/pl
funding cutback ['fʌndɪŋ 'kʌtbæk] sb Mittelkürzung f
funding start-up of a business ['fʌndɪŋ 'stɑːtʌp əv ə 'bɪznɪs] sb Gründungsfinanzierung f

funding loan ['fʌndɪŋ ləʊn] sb Fundierungsanleihe f
funding paper ['fʌndɪŋ 'peɪpə] sb Finanzierungspapier n
fund-linked life insurance ['fʌndlɪŋkt laɪf ɪn'ʃʊərəns] sb fondsgebundene Lebensversicherung f
fund management [fʌnd 'mænɪdʒmənt] sb Fondsverwaltung f
fund of funds [fʌnd əv fʌndz] sb Dachfonds m
fund raiser [fʌnd 'reɪzə] sb Kapitalnehmer(in) m/f, Geldbeschaffer(in) m/f
funds flow [fʌndz fləʊ] sb Kapitalströme pl, Kapitalfluss m
funds statement [fʌndz 'steɪtmənt] sb Kapitalflussrechnung f
funds transfer [fʌndz 'trænsfɜː] sb Mittelumschichtung f
fungibility [fʌndʒɪ'bɪlɪtɪ] sb Fungibilität f
fungible securities ['fʌndʒɪbəl sɪ'kjʊərɪtiz] pl vertretbare Wertpapiere n/pl
fungible security deposit ['fʌndʒɪbəl sɪ'kjʊərɪtɪ dɪ'pɒzɪt] sb Aberdepot n
further processing ['fɜːðə 'prəʊsesɪŋ] sb Weiterverarbeitung f
furtherance granted to set up new business ['fɜːðərəns 'grɑːntɪd tu set ʌp nju: 'bɪznɪs] sb Existenzgründungsförderung f
fuse [fjuːz] v verschmelzen, vereinigen
fusion ['fjuːʒən] sb Fusion f, Verschmelzung f
futile ['fjuːtaɪl] adj nutzlos, vergeblich
future bonds ['fjuːtʃə bɒndz] pl Zukunftswert m
future deal ['fjuːtʃə diːl] sb Fixkauf m
futures exchange ['fjuːtʃəz ɪks'tʃeɪndʒ] sb Terminbörse f
futures price ['fjuːtʃəz praɪs] sb Terminkurs m, Terminpreis m
future prospects ['fjuːtʃə 'prɒspekts] pl Zukunftschancen pl, Zukunftsaussichten pl
futures ['fjuːtʃəz] pl Termingeschäfte pl, Futures pl
futures business ['fjuːtʃəz 'bɪznɪs] sb Termingeschäft n
futures market ['fjuːtʃəz 'mɑːkɪt] sb Terminbörse f, Terminkontraktmarkt m, Futures-Markt m
futures quotation ['fjuːtʃəz kwəʊ'teɪʃən] sb Terminnotierung f
futures trading in stocks and bonds ['fjuːtʃəz 'treɪdɪŋ ɪn stɒks ænd bɒndz] sb Effektenterminhandel m
fuzzy logic ['fʌzɪ 'lɒdʒɪk] sb Fuzzy-Logik f

G

gain [geɪn] *v 1.* gewinnen, erwerben, sich verschaffen; *2. (profit)* profitieren; *sb 3. (increase)* Zunahme *f,* Zuwachs *m,* Gewinn *m,* Profit *m*
gainful ['geɪnfəl] *adj* Gewinn bringend, einträglich
gainfully-employed ['geɪnfəlɪ ɪm'plɔɪd] *adj* erwerbstätig
gainfully-employed person ['geɪnfəlɪ ɪm'plɔɪd 'pɜːsən] *sb* Erwerbstätige(r) *f/m*
gain in efficiency [geɪn ɪn ɪ'fɪʃnsɪ] *sb* Produktivitätsgewinn *m,* Produktivitätszuwachs *m*
gainings ['geɪnɪŋz] *pl* Gewinn *m,* Verdienst *m,* Einkünfte *n/pl*
gain of redemption [geɪn əv rɪ'dempʃən] *sb* Tilgungsgewinn *m*
gain on disposal [geɪn ɒn dɪs'pəuzəl] *sb* Veräußerungsgewinn *m*
gains from trade [geɪnz frɒm treɪd] *sb* Außenhandelsgewinn *m*
gains tax [geɪnz tæks] *sb* Gewinnabgabe *f*
galloping inflation ['gæləpɪŋ ɪn'fleɪʃən] *sb* galoppierende Inflation *f*
gambling in futures ['gæmblɪŋ ɪn 'fjuːtʃəz] *sb* Terminspekulation *f*
gambling on the exchange ['gæmblɪŋ ɒn ðɪ ɪks'tʃeɪndʒ] *sb* Börsenspekulation *f*
gap analysis [gæp ə'nælɪsɪs] *sb* Gap-Analyse *f,* Lückenanalyse *f*
gap between interest rates [gæp bɪ'twiːn 'ɪntrəst reɪts] *sb* Zinsgefälle *n*
garnish ['gɑːnɪʃ] *v (impound)* pfänden
garnishment ['gɑːnɪʃmənt] *sb* Zahlungsverbot *n*
gather ['gæðə] *v 1.* erfassen, (auf)sammeln; *2. (taxes)* einziehen
gear up [gɪə ʌp] *v (production)* hochfahren
general agent ['dʒenərəl 'eɪdʒənt] *sb* Generalvertreter *m,* Handelsbevollmächtigter *m*
General Arrangements to Borrow ['dʒenərəl ə'reɪndʒmənts tu 'bɒrəu] *sb* Allgemeine Kreditvereinbarung *f*
general assembly ['dʒenərəl ə'semblɪ] *sb* Generalversammlung *f*
general bad-debt provision ['dʒenərəl bæd det prə'vɪʒən] *sb* Pauschalwertberichtigung *f*
general charge ['dʒenərəl tʃɑːdʒ] *sb* Arbeitnehmer-Pauschbetrag *m*

general contractor ['dʒenərəl kən'træktə] *sb* Generalunternehmer *m*
general credit agreements ['dʒenərəl 'kredɪt ə'griːmənts] *sb* allgemeine Kreditvereinbarungen *pl*
General Insurance Conditions ['dʒenərəl ɪn'ʃuərəns kən'dɪʃənz] *sb* Allgemeine Versicherungsbedingungen *f/pl*
general mortgage ['dʒenərəl 'mɔːgɪdʒ] *sb* Gesamthypothek *f*
general partner ['dʒenərəl 'pɑːtnə] *sb* Komplementär *m*
general partnership ['dʒenərəl 'pɑːtnəʃɪp] *sb* offene Handelsgesellschaft *f*
general power of attorney ['dʒenərəl 'pauər əv ə'tɜːnɪ] *sb* Generalvollmacht *f*
general public ['dʒenərəl 'pʌblɪk] *sb* Öffentlichkeit *f,* Allgemeinheit *f*
general-purpose ['dʒenərəl 'pɜːpəs] *adj* Mehrzweck..., Universal...
General Standard Terms and Conditions ['dʒenərəl 'stændəd tɜːmz ænd kən'dɪʃənz] *sb* Allgemeine Geschäftsbedingungen (AGB) *f/pl*
general strike ['dʒenərəl straɪk] *sb* Generalstreik *m*
general tax on consumption ['dʒenərəl tæks ɒn kən'sʌmpʃən] *sb* Verbrauchsteuern *f/pl*
generic [dʒə'nerɪk] *adj* nicht geschützt
generic product [dʒə'nerɪk 'prɒdʌkt] *sb* No-Name-Produkt *n*
German bond market ['dʒɜːmən bɒnd 'mɑːkɪt] *sb* Markt für deutsche Staatsanleihen *m*
German commercial code ['dʒɜːmən kə'mɜːʃəl kəud] *sb* Handelsgesetzbuch (HGB) *n*
German Council of Economic Experts ['dʒɜːmən 'kaunsəl əv iːkə'nɒmɪk 'ekspɜːts] *sb* Sachverständigenrat *m*
German Salaried Employee Union ['dʒɜːmən 'sælərɪd ɪmplɔɪ'iː 'juːnjən] *sb* Deutsche Angestellten-Gewerkschaft (DAG) *f*
German Trade Union Federation ['dʒɜː mən treɪd 'juːnjən fedə'reɪʃən] *sb* Deutscher Gewerkschaftsbund (DGB) *m*
gestation period [dʒe'steɪʃən 'pɪərɪəd] *sb* Entwicklungszeit *f,* Ausreifungszeit *f*
gift advertising [gɪft 'ædvətaɪzɪŋ] *sb* Zugabewerbung *f*

gift tax [gɪft tæks] *sb* Schenkungssteuer *f*

gilt-edged securities [gɪlt'edʒd sɪ'kjʊərɪtiz] *pl* mündelsichere Wertpapiere *pl*

gilts [gɪlts] *sb* Staatsanleihen *f/pl*, Staatspapiere *f/pl*

giro ['dʒaɪrəʊ] *sb (UK)* Giro *n*

giro account ['dʒaɪrəʊ ə'kaʊnt] *sb (UK)* Girokonto *n*

giro inpayment form ['dʒaɪrəʊ 'ɪnpeɪmənt fɔːm] *sb* Zahlkarte *f*

giro slip ['dʒaɪrəʊ slɪp] *sb* Überweisungsformular *n*

giro transfer ['dʒaɪrəʊ 'trænsfɜː] *sb* Banküberweisung *f*, Postscheckübeweisung *f*

giveaway ['gɪvəweɪ] *sb 1. (gift)* Geschenk *n; 2. (of prizes)* Preisraten *n*

giving for a call ['gɪvɪŋ fɔː ə kɔːl] *sb* Erwerb einer Kaufoption *m*

glamour stock ['glæmə stɒk] *sb* spekulativer Wachstumswert *m*

global ['gləʊbəl] *adj* global, Welt..., Global...

global control ['gləʊbəl kən'trəʊl] *sb* Globalsteuerung *f*

global delcredere ['gləʊbəl delkre'dɜːrɪ] *sb* Pauschaldelkredere *n*

globalization [gləʊbəlaɪ'zeɪʃən] *sb* Globalisierung *f*

global share ['gləʊbəl ʃɛə] *sb* Sammelaktie *f*

global value adjustment ['gləʊbəl 'vælju: ə'dʒʌstmənt] *sb* Sammelwertberichtigung *f*

glossary ['glɒsərɪ] *sb* Wörterverzeichnis *n*, Glossar *n*

glut [glʌt] *v 1.* überschwemmen; *sb 2.* Schwemme *f*, Überangebot *n*

go about [gəʊ ə'baʊt] *v irr (set to work at)* anpacken, in Angriff nehmen

go against [gəʊ ə'genst] *v* ungünstig verlaufen

go-ahead ['gəʊəhed] *sb 1.* Zustimmung *f*, grünes Licht *n; adj 2.* fortschrittlich, modern

goal [gəʊl] *sb (objective)* Ziel *n*

go-between ['gəʊbɪtwiːn] *sb* Vermittler *m*, Unterhändler *m*

go down [gəʊ 'daʊn] *v irr (decrease)* zurückgehen, sinken, fallen

going ['gəʊɪŋ] *adj* in Betrieb

go into [gəʊ 'ɪntu] *v irr (a profession)* gehen in, einsteigen in

gold [gəʊld] *sb* Gold *n*

gold and foreign exchange balance [gəʊld ænd 'fɒrən ɪks't ʃeɪndʒ 'bæləns] *sb* Gold- und Devisenbilanz *f*

gold auction [gəʊld 'ɔːkʃən] *sb* Goldauktion *f*

gold backing [gəʊld 'bækɪŋ] *sb* Golddeckung *f*

gold bar [gəʊld 'baː] *sb* Goldbarren *m*

gold card ['gəʊld kaːd] *sb* goldene Kreditkarte *f*

gold certificate [gəʊld sə'tɪfɪkɪt] *sb* Goldzertifikat *n*

gold characteristics [gəʊld kærəktə'rɪstɪks] *pl* Goldeigenschaften *f/pl*

gold coin [gəʊld kɔɪn] *sb* Goldmünze *f*

gold content [gəʊld 'kɒntent] *sb* Goldgehalt *m*

gold convertibility [gəʊld kən'vɜːtəbɪlɪtɪ] *sb* Goldkonvertibilität *f*

gold cover [gəʊld 'kʌvə] *sb* Golddeckung *f*

gold currency [gəʊld 'kʌrənsɪ] *sb* Goldwährung *f*

golden parachute ['gəʊldn 'pærəʃuːt] *sb (fig)* reichliche Abfindung eines leitenden Angestellten *f*

gold quotation [gəʊld kwəʊ'teɪʃn] *sb* Goldnotierung *f*

golden rule of financing ['gəʊldən ruːl əv faɪ'nænsɪŋ] *sb* goldene Finanzierungsregel *f*

gold exchange standard [gəʊld ɪks'tʃeɪndʒ 'stændəd] *sb* Gold-Devisen-Standard *m*

gold in bars [gəʊld ɪn baːz] *sb* Barrengold *n*

gold market [gəʊld 'maːkɪt] *sb* Goldmarkt *m*

gold option [gəʊld 'ɒpʃən] *sb* Goldoption *f*

gold parity [gəʊld 'pærɪtɪ] *sb* Goldparität *f*

gold point [gəʊld pɔɪnt] *sb* Goldpunkt *m*

gold pool [gəʊld puːl] *sb* Goldpool *m*

gold price [gəʊld praɪs] *sb* Goldpreis *m*

gold production [gəʊld prə'dʌkʃən] *sb* Goldproduktion *f*

gold reserve [gəʊld rə'zɜːv] *sb* Goldreserven *f/pl*

gold reserves [gəʊld rə'zɜːvz] *pl* Goldreserven *pl*

gold share [gəʊld ʃɛə] *sb* Goldaktie *f*

gold specie standard [gəʊld 'spiːʃiː 'stændəd] *sb* Goldumlaufswährung *f*

gold standard [gəʊld 'stændəd] *sb* Goldwährung *f*, Goldstandard *m*

gold swap [gəʊld swɒp] *sb* Goldswap *m*

gold trade [gəʊld treɪd] *sb* Goldhandel *m*

gold transactions [gəʊld træn'zækʃənz] *pl* Goldgeschäft *n*

good faith [gʊd feɪθ] *sb* guter Glauben *m*, Treu und Glaube

goods [gʊdz] *pl* Güter *pl*, Waren *pl*

goods department [gʊdz dɪ'pɑːtmənt] *sb* Güterabfertigungsstelle *f*

goods on approval [gʊdz ɒn ə'pruːvəl] *sb* Ware zur Ansicht *f*

goods on hand [gʊdz ɒn hænd] *sb* Lagerbestand *m*, Warenbestand *m*

goods on sale or return [gʊdz ɒn seɪl ɔː rɪ'tɜːn] *sb* Kommissionsware *f*

goods receipt [gʊdz rɪ'siːt] *sb* Warenempfangsschein *m*

goods returned [gʊdz rɪ'tɜːnd] *sb* Rückwaren *f/pl*, Retouren *f/pl*

goods tariff [gʊdz tærɪf] *sb* Gütertarif *m*

goods to declare [gʊdz tu dɪ'kleə] *sb* anmeldepflichtige Ware *f*

goodwill [gʊd'wɪl] *sb* (immaterieller) Firmenwert *m*, Geschäftswert *m*

goodwill advertising [gʊd'wɪl 'ædvətaɪzɪŋ] *sb* Vertrauenswerbung *f*, Imagewerbung *f*

go-slow ['gəʊsləʊ] *sb (UK)* Bummelstreik *m*

government ['gʌvənmənt] *sb* Regierung *f*

government assistance ['gʌvənmənt ə'sɪstəns] *sb* staatliche Unterstützung *f*, Subvention *f*

government audit ['gʌvənmənt 'ɔːdɪt] *(taxes)* Außenprüfung *f*

government bond ['gʌvənmənt bɒnd] *sb* Staatsanleihe *f*, Regierungsanleihe *f*

government expenditure rate ['gʌvənmənt ɪk'spendɪtʃə reɪt] *sb* Staatsquote *f*

government grant ['gʌvənmənt grɑːnt] *sb* Staatszuschuss *m*, Regierungszuschuss *m*

government loan ['gʌvənmənt ləʊn] *sb* Staatsanleihen *pl*

government supervision of certain economic branches ['gʌvənmənt suːpə-'vɪʒən əv 'sɜːtən ɪːkə'nɒmɪk 'brɑːntʃɪz] *sb* Fachaufsicht *f*

government unit ['gʌvənmənt 'juːnɪt] *sb* Gebietskörperschaft *f*

government-inscribed debt ['gʌvənmənt ɪn'skraɪbd det] *sb* Wertrechtanleihe *f*

governor ['gʌvənə] *sb (UK: of a bank or prison)* Direktor *m*

grace [greɪs] *sb (until payment is due)* Aufschub *m*, Zahlungsfrist *f*

gradation [grə'deɪʃən] *sb* Gradeinteilung *f*, Abstufung *f*

grade [greɪd] *sb 1. (quality)* Qualität *f*, Handelsklasse *f*, Güteklasse *f*; *v 2. (classify)* klassifizieren, sortieren

grade labeling [greɪd 'leɪblɪŋ] *sb* Qualitätskennzeichnung *f*, Gütekennzeichnung *f*

graduated ['grædjueɪtɪd] *adj* gestaffelt

graduated price ['grædjueɪtɪd praɪs] *sb* Staffelpreis *m*

graduated tariff ['grædjueɪtɪd 'tærɪf] *sb* Staffeltarif *m*

graduated-interest loan ['grædjueɪtɪd 'ɪntrɪst ləʊn] *sb* Staffelanleihe *f*

grain exchange [greɪn ɪks'tʃeɪndʒ] *sb* Getreidebörse *f*

gram [græm] *sb (US) see "gramme"*

gramme [græm] *sb* Gramm *n*

grant [grɑːnt] *v 1. (permission)* erteilen; *2. (a request)* stattgeben; *3. (land, pension)* zusprechen, bewilligen; *sb 4.* Subvention *f*

grant of delay [grɑːnt əv dɪ'leɪ] *sb* Stundung *f*

grant of discharge [grɑːnt əv 'dɪstʃɑːdʒ] *sb* Entlastung *f*

gratis ['grætɪs] *adj* gratis, unentgeltlich, umsonst

gratuitous [grə'tjuːɪtəs] *adj* kostenlos, unentgeltlich, gratis

gratuity [grə'tjuːɪtɪ] *sb* Gratifikation *f*

greenback ['griːnbæk] *sb* US-Dollarnote *f*

green card ['griːn kɑːd] *sb 1. (US: for foreigners)* Arbeits- und Aufenthaltsgenehmigung *f*; *2. (for motorists)* grüne Versicherungskarte *f*

grocery ['grəʊsərɪ] *sb 1. (~ store)* Lebensmittelgeschäft *n; pl 2.* groceries Lebensmittel *pl*

gross [grəʊs] *adj (total)* brutto, Brutto...

gross dividend [grəʊs 'dɪvɪdend] *sb* Brutto-Dividende *f*

gross domestic product (GDP) [grəʊs də'mestɪk 'prɒdʌkt] *sb* Bruttoinlandsprodukt *n*

gross earnings [grəʊs 'ɜːnɪŋz] *sb* Bruttoverdienst *m*

gross income [grəʊs 'ɪnkʌm] *sb* Bruttoeinkommen *n*

grossing up ['grəʊsɪŋ ʌp] *sb* Bruttoberechnung *f*

gross monetary reserve [grəʊs 'mɒnətərɪ rɪ'zɜːv] *sb* Bruttowährungsreserve *f*

gross national product (GNP) [grəʊs 'næʃənl 'prɒdʌkt] *sb* Bruttosozialprodukt *n*

gross pay [grəʊs peɪ] *sb* Bruttolohn *m*

gross price [grəʊs praɪs] *sb* Bruttopreis *m*

gross proceeds [grəʊs 'prəʊsiːdz] *sb* Rohertrag *m*

gross profit [grəʊs 'prɒfɪt] *sb* Rohgewinn *m*, Bruttogewinn *m*

gross register(ed) ton [grəʊs 'redʒɪstə(d) tʌn] *sb* Bruttoregistertonne *f*

gross return [grəʊs rɪ'tɜːn] *sb* Brutto-ertrag *m*
gross wage [grəʊs weɪdʒ] *sb* Bruttolohn *m*
gross weight [grəʊs weɪt] *sb* Brutto-gewicht *n*
ground annual [graʊnd 'ænjʊəl] *sb* Jahres-pacht *f*
ground rent [graʊnd rent] *sb* Grundrente *f*
ground work [graʊnd wɜːk] *sb* Vorarbeit *f*, Grundlagenarbeit *f*
group [gruːp] *sb* Konzern *m*
group account [gruːp ə'kaʊnt] *sb* Kon-zernkonto *n*
group accounting [gruːp ə'kaʊntɪŋ] *sb* Konzernbuchhaltung *f*
group assets [gruːp 'æsets] *sb* Konzern-vermögen *n*
group balance sheet [gruːp 'bæləns ʃiːt] *sb* Konzernbilanz *f*
group collection security [gruːp kə'lek-ʃən sɪ'kjʊərɪtɪ] *sb* Sammelinkassoversiche-rung *f*
group depreciation [gruːp dəpriːʃɪ'eɪ-ʃən] *sb* Pauschalabschreibung *f*
group funds [gruːp fʌndz] *sb* Konzern-eigenmittel *pl*
group holding [gruːp 'həʊldɪŋ] *sb* Kon-zernbeteiligung *f*
group interim benefits [gruːp 'ɪntərɪm 'benɪfɪts] *sb* Konzernzwischengewinn *m*
group manufacturing [gruːp mænjʊ-'fækʃərɪŋ] *sb* Fertigungsinsel *f*
group of Seventy-Seven [gruːp əv 'se-vɪntɪ 'sevən] *sb (at UN)* Gruppe der 77 *f* (loser Zusammenschluss von Staaten der Dritten Welt)
group orders [gruːp 'ɔːdəz] *sb* Konzern-aufträge *m/pl*
group piece rate [gruːp piːs reɪt] *sb* Gruppenakkordlohn *m*
group piecework [gruːp 'piːswɜːk] *sb* Gruppenakkord *m*
group relationships [gruːp rɪ'leɪʃənʃɪps] *sb* Unternehmensvernetzung *f*
group valuation [gruːp væljuː'eɪʃən] *sb* Pauschalbewertung *f*
grow [grəʊ] *v irr 1.* wachsen, größer werden; *2. (number)* zunehmen
growing ['grəʊɪŋ] *adj 1.* wachsend; *2. (in-creasing)* zunehmend
growth [grəʊθ] *sb* Wachstum *n*
growth centre [grəʊθ 'sentə] *sb* Entwick-lungsschwerpunkt *m*
growth fund [grəʊθ 'fʌnd] *sb* Wachstums-fonds *m*

growth impulse [grəʊθ 'ɪmpʌls] *sb* Wachstumsimpuls *m*
growth industry [grəʊθ 'ɪndəstrɪ] *sb* Wachstumsindustrie *f*
growth policy [grəʊθ 'pɒlɪsɪ] *sb* Wachs-tumspolitik *f*
growth rate ['grəʊθ reɪt] *sb* Wachstumsrate *f*
guarantee [gærən'tiː] *v 1.* garantieren, Gewähr leisten; *2. (a loan, a debt)* bürgen für; *sb 3.* Garantie *f; 4. (pledge of obligation)* Bürgschaft *f; 5. (deposit, money as a ~)* Kaution *f*, Haftsumme *f*
guarantee authorization [gærən'tiː ɔːθə-raɪ'zeɪʃən] *sb* Garantiezusage *f*
guarantee business [gærən'tiː 'bɪznɪs] *sb* Garantiegeschäft *n*
guarantee commission [gærən'tiː kə'mɪ-ʃən] *sb* Delkredereprovision *f*
guarantee for proper execution [gærən-'tiː fɔː 'prɒpə eksɪ'kjuːʃən] *sb* Gewähr-leistungsgarantie *f*
guarantee limit [gærən'tiː 'lɪmɪt] *sb* Bürg-schaftsplafond *m*
guarantee obligation [gærən'tiː ɒblɪ'geɪ-ʃən] *sb* Garantieverpflichtung *f*
guarantee of a bill [gærən'tiː əv ə bɪl] *sb* Aval *m*
guarantee of delivery [gærən'tiː əv də'lɪ-vərɪ] *sb* Liefergarantie *f*
guarantee of deposit [gærən'tiː əv dɪ-'pɒzɪt] *sb* Einlagensicherung *f*
guarantee of foreign exchange transfer [gærən'tiː əv 'fɒrən ɪks'tʃeɪndʒ 'trænsfɜː] *sb* Transfergarantie *f*
guarantee of tender [gærən'tiː əv 'tendə] *sb* Submissionsgarantie *f*
guarantee period [gærən'tiː 'pɪərɪəd] *sb* Garantiezeit *f*, Gewährleistungsfrist *f*
guarantee securities [gærən'tiː sɪ'kjʊərɪ-tiz] *pl* Kautionseffekten *f/pl*
guaranteed interest [gærən'tiːd 'ɪntrɪst] *sb* Zinsgarantie *f*, garantierter Zins *m*
guarantor [gærəntɔː] *sb* Bürge *m*, Garant *m*, Garantiegeber *m*
guaranty ['gærəntɪ] *sb 1.* Garantie *f; 2. (pledge of obligation)* Bürgschaft *f*
guaranty fund ['gærəntɪ fʌnd] *sb* Garan-tiefonds *m/pl*
guide price [gaɪd praɪs] *sb* Orientierungs-preis *m*
guideline ['gaɪdlaɪn] *sb (fig)* Richtlinie *f*
guild [gɪld] *sb* Gilde *f*, Zunft *f*, Innung *f*
guildsman ['gɪldzmən] *sb* Mitglied einer Innung *n*

H

half-year ['hɑːfjɪə] *adj* Halbjahres...
hall [hɔːl] *sb (building)* Halle *f*
hallmark ['hɔːlmɑːk] *sb 1.* Gütesiegel *n,*
Kennzeichen *n; 2. (on precious metals)* Fein-
gehaltsstempel *m*
halt [hɔːlt] *v (come to a ~)* zum Stillstand
kommen, anhalten, stehen bleiben
hand [hænd] *sb 1. cash in ~* Kassenbestand
m; 2. (worker) Arbeitskraft *f,* Arbeiter *m*
hand assembly [hænd ə'semblɪ] *sb* manuelle
Fertigung *f*
handfast ['hændfɑːst] *sb* durch Handschlag
besiegeltes Geschäft *n*
handicraft ['hændɪkrɑːft] *sb* Kunsthandwerk *n,* Handwerk *n*
handle ['hændl] *v 1. (work with, deal with)*
sich befassen mit, handhaben; *2. (succeed in
dealing with)* fertig werden mit, erledigen
handling ['hændlɪŋ] *sb 1.* Behandlung
f, Handhabung *f,* Handling *n; 2.* Beförderung *f*
handling capacity ['hændlɪŋ kə'pæsətɪ]
sb Umschlagskapazität *f*
handling fee ['hændlɪŋ fiː] *sb* Bearbeitungsgebühr *f,* Verwaltungsgebühr *f*
handling of business ['hændlɪŋ əv 'bɪznɪs]
sb Geschäftsabwicklung *f*
handling of goods ['hændlɪŋ əv gʊdz] *sb*
Güterumschlag *m*
handling of mail ['hændlɪŋ əv meɪl] *sb*
Postbearbeitung *f*
hand-made ['hændmeɪd] *adj* handgearbeitet, von Hand gemacht
hand-over ['hændəʊvə] *sb* Übergabe *f*
handwork ['hændwɜːk] *sb* Handarbeit *f*
handy ['hændɪ] *adj 1. (useful)* praktisch;
2. come in ~ gelegen kommen; *(skilled)*
geschickt, gewandt
hanging file ['hæŋɪŋ faɪl] *sb* Hängeordner *m*
hang up [hæŋ 'ʌp] *v irr (a telephone receiver)* auflegen, aufhängen
harbour ['hɑːbə] *sb* Hafen *m*
harbour dues ['hɑːbə djuːz] *sb* Hafengebühren *f/pl*
hard currency [hɑːd 'kʌrənsɪ] *sb* harte
Währung *f*
hard disk ['hɑːd dɪsk] *sb* Festplatte *f*
hardening ['hɑːdnɪŋ] *sb (stock-exchange)*
Befestigung *f,* Anstieg *m*
hardware ['hɑːdwɛə] *sb* Hardware *f*

hardware failure ['hɑːdwɛə 'feɪljə] *sb*
Maschinenstörung *f*
hard-wearing [hɑːd'wɛərɪŋ] *adj* ver-
schleißfest, strapazierfähig
harmonization [hɑːmənaɪ'zeɪʃən] *sb* Harmonisierung *f*
haul [hɔːl] *v (transport by lorry)* befördern,
transportieren
haulage ['hɔːlɪdʒ] *sb* Spedition *f,* Rollgeld *n*
haulage contractor ['hɔːlɪdʒ kən'træktə]
sb Transportunternehmer *m*
haulage fleet ['hɔːlɪdʒ fliːt] *sb* Fahrzeug-
park *m*
haulage trade ['hɔːlɪdʒ treɪd] *sb* Spedi-
tionsgewerbe *n,* Straßengüterverkehr *m*
have in stock [hæv ɪn stɒk] *v irr* auf Lager
haben, vorrätig haben
having legal capacity [hævɪŋ 'liːgl kə'pæsɪtɪ]
adj rechtsfähig
head [hed] *v 1. (lead)* anführen, führen, an
der Spitze stehen von; *sb 2. (leader, boss)*
Chef(in) *m/f,* Leiter(in) *m/f,* Führer(in) *m/f*
head agency [hed 'eɪdʒənsɪ] *sb* General-
vertretung *f*
head branch [hed brɑːntʃ] *sb* Hauptfiliale *f*
head clerk [hed klɑːk] *sb* Bürovorsteher(in) *m/f*
header information ['hedə ɪnfə'meɪʃən]
sb Vorlaufinformation *f*
headhunter ['hedhʌntə] *sb* Headhunter *m*
heading ['hedɪŋ] *sb (on a letter)* Briefkopf *m*
head of administration [hed əv ədmɪnɪ-
'streɪʃən] *sb* Verwaltungsdirektor(in) *m/f*
head of department ['hed əv de'pɑːtmənt]
sb Abteilungsleiter(in) *m/f*
head of division [hed əv dɪ'vɪʒn] *sb*
Abteilungsleiter(in) *m/f*
head office [hed 'ɒfɪs] *sb* Zentrale *f,* Hauptbüro *n,* Hauptgeschäftsstelle *f*
head organization [hed ɔːgənaɪ'zeɪʃən]
sb Dachverband *m,* Dachorganisation *f*
headquarters ['hedwɔːtəz] *sb* Zentrale *f,*
Hauptgeschäftsstelle *f*
head reduction [hed rɪ'dʌkʃən] *sb (US)*
Personalabbau *m*
health and safety legislation [helθ ænd
'seɪftɪ ledʒɪs'leɪʃən] *sb* Arbeitsschutzgesetze *n/pl*
health care [helθ kɛə] *sb* Gesundheits-
fürsorge *f; ~ reform* Gesundheitsreform *f*
health certificate [helθ sə'tɪfɪkət] *sb*
Gesundheitszeugnis *n*

health insurance [helθ ɪn'ʃʊərəns] *sb* Krankenversicherung *f*
health insurance contribution [helθ ɪn-'ʃʊərəns kɒntrɪ'bjuːʃən] *sb* Krankenkassenbeitrag *m*
health insurance society [helθ ɪn'ʃʊərəns sə'saɪətɪ] *sb* Ersatzkasse *f*
health protection [helθ prə'tekʃən] *sb* Gesundheitsschutz *m*
hearing ['hɪərɪŋ] *sb* Verhandlung *f,* Vernehmung *f,* Hearing *n*
heartland ['hɑːtlænd] *sb* Hauptabsatzgebiet *n*
heavy-duty [hevɪ'djuːtɪ] *adj 1.* Hochleistungs...; *2.* strapazierfähig
heavyfreight [hevɪ'freɪt] *sb* Schwergut *n*
heavy-priced securities ['hevɪpraɪst sɪ-'kjʊərɪtiz] *pl* schwere Papiere *n/pl*
hectogram ['hektəɡræm] *sb* Hektogramm *n*
hectolitre ['hektəliːtə] *sb* Hektoliter *m*
hedge [hedʒ] *sb* Sicherungsgeschäft *n,* Deckungsgeschäft *n*
hedge fund [hedʒ fʌnd] *sb* spekulativer Fonds *m,* Hedge-Fonds *m*
hedge operation [hedʒ ɒpə'reɪʃən] *sb* Hedgegeschäft *n*
height [haɪt] *sb1.* Höhe *f; 2. (of a person)* Größe *f*
heir [ɛə] *sb* Erbe *m*
heirdom ['ɛədəm] *sb* Erbe *n*
heiress ['ɛəres] *sb* Erbin *f*
heritage ['herɪtɪdʒ] *sb* Erbe *n,* Erbschaft *f*
heterogeneous goods [hetərəʊ'dʒiːnɪəs ɡʊdz] *pl* heterogene Güter *n/pl*
hidden inflation ['hɪdən ɪn'fleɪʃən] *sb* versteckte Inflation *f*
hidden reserves ['hɪdn rɪ'zɜːvz] *pl* stille Reserve *f*
hidden unemployment ['hɪdən ʌnɪm-'plɔɪmənt] *sb* versteckte Arbeitslosigkeit *f*
hierarchy ['haɪərɑːkɪ] *sb* Hierarchie *f,* Rangordnung *f*
hierarchy of authority ['haɪərɑkɪ əv ɔː'θɒrətɪ] *sb* Entscheidungshierarchie *f*
Hifo-procedure ['haɪfəʊ prə'siːdʒə] *sb* Hifo-Verfahren *n*
high [haɪ] *adj 1.* hoch; *the ~ season* die Hochsaison *f; It's ~ time that...* Es wird höchste Zeit, dass ...; *adv 2. aim ~ (fig)* sich hohe Ziele setzen
high-bay racking ['haɪbeɪ 'rækɪŋ] *sb* Hochregallager *n*
high-coupon [haɪ'kuːpɒn] *adj* hochverzinslich
high-end ['haɪend] *adj* hochwertig

Higher Administrative Court ['haɪə əd-'mɪnɪstrətɪv kɔːt] *sb* Oberverwaltungsgericht (OVG) *n*
higher bid ['haɪə bɪd] *sb* Übergebot *n*
highest-bidding ['haɪɪstbɪdɪŋ] *adj* meistbietend
highest rate ['haɪɪst reɪt] *sb* Höchstkurs *m*
high-freight ['haɪfreɪt] *adj* frachtintensiv
high-income [haɪ'ɪnkʌm] *adj* einkommensstark
high interest rate policy [haɪ 'ɪntrɪst reɪt 'pɒlɪsɪ] *sb* Hochzinspolitik *f*
highly speculative securities ['haɪlɪ 'spekjʊlətɪv sɪ'kjʊərɪtiz] *pl* Exoten *m/pl*
high-margin [haɪ'mɑːdʒɪn] *adj* mit hoher Gewinnspanne, gewinnträchtig
high point [haɪ pɔɪnt] *sb* Höhepunkt *m*
high-return [haɪrɪ'tɜːn] *adj* hochrentierlich
high voltage [haɪ 'vəʊltɪdʒ] *sb* Hochspannung *f*
high-wage [haɪ'weɪdʒ] *adj* lohnintensiv
high-yielding ['haɪjiːldɪŋ] *adj* hochverzinslich, renditenstark
hike [haɪk] *sb* Steigerung *f,* (Preis-)Anstieg *m*
hire [haɪə] *v 1. (give a job to)* anstellen, engagieren; *2.* mieten; *~ out* vermieten, verleihen
hired car ['haɪəd kɑː] *sb* Leihwagen *m,* Mietwagen *m*
hire-purchase ['haɪəpətʃɪs] *sb (UK)* Ratenkauf *m,* Teilzahlungskauf *m*
hiring ['haɪərɪŋ] *sb 1.* Anmietung *f; 2. (of personnel)* Anwerbung *f,* Einstellung *f*
histogram ['hɪstəɡræm] *sb* Stabdiagramm *n,* Säulengrafik *f*
historical costing [hɪ'stɒrɪkəl 'kɒstɪŋ] *sb* Nachkalkulation *f*
historical securities [hɪs'tɒrɪkəl sɪ'kjʊərɪtiz] *sb* historische Wertpapiere *n/pl*
hitch [hɪtʃ] *sb* Stockung *f,* Störung *f*
hive off [haɪv ɒf] *v* abstoßen, verkaufen, ausgliedern
hold [həʊld] *v irr 1. (shares)* besitzen; *2. (contain)* fassen; *3. (truck, plane)* Platz haben für; *4. (a meeting)* abhalten; *5. (an office, a post)* innehaben, bekleiden; *sb 6.* Laderaum *m*
holder ['həʊldə] *sb (person)* Besitzer(in) *m/f,* Inhaber(in) *m/f*
holder in due course ['həʊldər ɪn djuː kɔːs] *sb* rechtmäßige(r) Inhaber(in) *m/f*
holder of an interest ['həʊldər əv ən 'ɪntrəst] *sb* Anteilsinhaber(in) *m/f,* Miteigentümer(in) *m/f*
holding company ['həʊldɪŋ 'kʌmpənɪ] *sb* Dachgesellschaft *f,* Holdinggesellschaft *f*
holding costs ['həʊldɪŋ kɒsts] *pl* Lagerhaltungskosten *pl*

holding fund ['həʊldɪŋ fʌnd] *sb* Dachfonds *m*
holding level ['həʊldɪŋ levl] *sb* Bestandshöhe *f,* Lagerbestand *m*
holding period ['həʊldɪŋ 'pɪərɪəd] *sb* Sperrfrist *f*
holdings ['həʊldɪŋz] *pl* Besitz *m; (financial)* Anteile *m/pl*
holdings of foreign exchange ['həʊldɪŋz əv 'fɒrən ɪks'tʃeɪndʒ] *pl* Währungsreserven *f/pl,* Devisenbestände *m/pl*
holdings of securities ['həʊldɪŋz əv sɪ-'kjʊərɪtiz] *pl* Wertpapierbestand *m*
hold order [həʊld 'ɔːdə] *sb* Arbeitsunterbrechungsanweisung *f*
holdover ['həʊldəʊvə] *sb* übertragene Konzession *f*
hold-up ['həʊldʌp] *sb (delay)* Verzögerung *f*
holiday ['hɒlɪdeɪ] *sb* Feiertag *m; (day off)* freier Tag *m*
holiday allowance ['hɒlɪdeɪ ə'laʊəns] *sb* Urlaubsgeld *n*
holiday closing ['hɒlɪdeɪ 'kləʊzɪŋ] *sb* Feiertagsruhe *f*
holiday deputy ['hɒlɪdeɪ 'depjʊtɪ] *sb* Urlaubsvertretung *f*
home banking [həʊm 'bæŋkɪŋ] *sb* Homebanking *n*
home consumption [həʊm kən'sʌmʃən] *sb* Inlandsverbrauch *m*
home delivery [həʊm dɪ'lɪvərɪ] *sb* Hauszustellung *f*
home demand [həʊm dɪ'mɑːnd] *sb* Inlandsnachfrage *f*
home market [həʊm 'mɑːkɪt] *sb* Binnenmarkt *m*
homepage ['həʊmpeɪdʒ] *sb* Homepage *f*
home trade [həʊm treɪd] *sb* Binnenwirtschaft *f,* Binnenhandel *m*
homework ['həʊmwɜːk] *sb* Heimarbeit *f*
homogeneous products [həʊməʊ'dʒiː-nɪəs 'prɒdʌkts] *pl* homogene Güter *n/pl*
honorary degree ['ɒnərərɪ dɪ'griː] *sb* ehrenhalber verliehener akademischer Grad *m*
honour ['ɒnə] *v 1. (a cheque)* annehmen, einlösen; *2. (a credit card)* anerkennen; *3. (a debt)* begleichen; *4. (a commitment)* stehen zu; *5. (a contract)* erfüllen
horizontal corporate concentration [hɒ-rɪ'zɒntəl 'kɔːpərɪt kɒnsen'treɪʃən] *sb* horizontale Unternehmenskonzentration *f*
horizontal diversification [hɒrɪ'zɒntəl daɪ-vɜːsɪfɪ'keɪʃən] *sb* horizontale Diversifikation *f*

horizontal financing rules [hɒrɪ'zɒntəl faɪ-'nænsɪŋ ruːlz] *pl* horizontale Finanzierungsregeln *f*
horizontal restraints of competition [hɒrɪ'zɒntəl rɪ'streɪnts əv kɒmpɪ'tɪʃən] *pl* horizontale Wettbewerbsbeschränkung *f*
hospitality [hɒspɪ'tælɪtɪ] *sb* Gastfreundschaft *f,* Bewirtung *f*
hotline ['hɒtlaɪn] *sb* Hotline *f*
hourly wage ['aʊəlɪ weɪdʒ] *sb* Stundenlohn *m*
hours of business ['aʊəz əv 'bɪznɪs] *sb* Öffnungszeiten *f/pl,* Geschäftszeiten *f/pl*
hours reduction ['aʊəz rɪ'dʌkʃən] *sb* Arbeitszeitverkürzung *f*
house bill [haʊs bɪl] *sb* Spediteur-Konnossement *n*
house brand [haʊs brænd] *sb* Eigenmarke *f,* Hausmarke *f*
house cheque [haʊs tʃek] *sb* Filialscheck *m*
housebreaking insurance ['haʊsbreɪkɪŋ ɪn'ʃʊərəns] *sb* Einbruchversicherung *f*
household ['haʊshəʊld] *sb* Haushalt *m*
housekeeping account ['haʊskiːpɪŋ ə'kaʊnt] *sb* Wirtschaftsstatistik *f*
housing construction ['haʊzɪŋ kən'strʌk-ʃən] *sb* Wohnungsbau *m*
hub [hʌb] *sb 1.* Verkehrsknotenpunkt *m; 2. (centre)* Zentrum *n*
huckster ['hʌkstə] *sb 1. (person preparing advertising)* Werbemensch *m; 2. (peddler)* Straßenhändler *m,* Trödler *m*
human assets ['hjuːmən 'æsets] *pl* Humanvermögen *n*
human capital ['hjuːmən 'kæpɪtəl] *sb* Humankapital *n*
human resources ['hjuːmən rə'sɔːsɪz] *pl* Humanvermögen *n,* Arbeitskraft *f*
hundredweight ['hʌndrɪdweɪt] *sb (UK: 50,8 kg) (US: 45,4 kg)* Zentner *m*
hybrid competitive strategies ['haɪbrɪd kɒm'petɪtɪv 'strætɪdʒiːz] *pl* hybride Wettbewerbsstrategien *f/pl*
hybrid financing instruments ['haɪbrɪd faɪ'nænsɪŋ 'ɪnstrʊmənts] *pl* hybride Finanzierungsinstrumente *n/pl*
hybrid forms of organization ['haɪbrɪd fɔːmz əv ɔːgənaɪ'zeɪʃən] *pl* hybride Organisationsformen *f/pl*
hype [haɪp] *v 1. (promote, publicize)* aggressiv propagieren; *sb 2. (publicity)* Publizität *f,* aggressive Propaganda *f*
hyperinflation [haɪpərɪn'fleɪʃən] *sb* Hyperinflation *f*
hypermarket ['haɪpəmɑːkɪt] *sb (UK)* Großmarkt *m,* Verbrauchermarkt *m*

I

ID card [aɪ'diː kaːd] *sb* Dienstausweis *m*, Personalausweis *m*
idea [aɪ'dɪə] *sb* 1. Idee *f*, Einfall *m*; 2. *(concept)* Vorstellung *f*, Ansicht *f*; *give s.o. an ~ of ...* jdm eine ungefähre Vorstellung von ... geben
identification [aɪdentɪfɪ'keɪʃən] *sb (proof of identity)* Ausweis *m*, Legitimation *f*
identification character [aɪdentɪfɪ'keɪʃən 'kærəktə] *sb* Kennung *f*
identification paper [aɪdentɪfɪ'keɪʃən 'peɪpə] *sb* Ausweispapier *n*, Legitimationspapier *n*
idle ['aɪdl] *adj* 1. *(not working)* müßig, untätig; 2. *(machine)* stillstehend, außer Betrieb; 3. *(threat, words)* leer
ill-effect [ɪlɪ'fekt] *sb* nachteilige Folge *f*
illegal [ɪ'liːɡəl] *adj* illegal, ungesetzlich, gesetzwidrig
illegality [ɪlɪ'ɡælətɪ] *sb* Rechtswidrigkeit *f*
illegible [ɪ'ledʒɪbl] *adj* unleserlich
illicit [ɪ'lɪsɪt] *adj* verboten, illegal
illicit trade [ɪ'lɪsɪt treɪd] *sb* Schwarzhandel *m*
illicit work [ɪ'lɪsɪt wɜːk] *sb* Schwarzarbeit *f*
illiquidity [ɪlɪ'kwɪdɪtɪ] *sb* Illiquidität *f*
image advertising ['ɪmɪdʒ 'ædvətaɪzɪŋ] *sb* Prestigewerbung *f*
image building ['ɪmɪdʒ 'bɪldɪŋ] *sb* Imagepflege *f*
imaginary profit [ɪ'mædʒɪnərɪ 'prɒfɪt] *sb* imaginärer Gewinn *m*
imitate ['ɪmɪteɪt] *v* nachahmen, imitieren, nachmachen
imitation [ɪmɪ'teɪʃən] *sb* Imitation *f*, Nachahmung *f*
immaterial [ɪmə'tɪərɪəl] *adj* unwesentlich, unerheblich
immediate delivery [ɪ'miːdɪət dɪ'lɪvərɪ] *sb* sofortige Lieferung *f*
immediately [ɪ'miːdɪətlɪ] *adv* umgehend, sofort
immediate payment [ɪ'miːdɪət 'peɪmənt] *sb* sofortige Zahlung *f*
immobilization [ɪməʊbɪlaɪ'zeɪʃən] *sb* 1. Stilllegung *f*, Immobilisierung *f*; 2. *(money)* Festlegung *f*, Bindung *f*
immovable property [ɪ'muːvəbəl 'prɒpətɪ] *sb* Liegenschaft *f*, unbewegliches Vermögen *n*
immovables [ɪ'muːvəbəlz] *pl* Immobilien *f/pl*

immunity [ɪ'mjuːnɪtɪ] *sb* Immunität *f*, Straffreiheit *f*
impact analysis ['ɪmpækt ə'næləsɪs] *sb* Werbewirksamkeitsanalyse *f*
impact of tax ['ɪmpækt əv tæks] *sb* Steuerbelastung *f*
impairment in value [ɪ'mpɛəmənt ɪn 'væljuː] *sb* Wertminderung *f*
impediment [ɪm'pedɪmənt] *sb* Hindernis *n*, Hemmnis *n*
imperfect market [ɪm'pɜːfekt 'maːkɪt] *sb* unvollkommener Markt *m*
impersonal security deposit [ɪm'pɜːsənəl sɪ'kjʊərɪtɪ də'pɒzɪt] *sb* Sachdepot *n*
impersonal taxes [ɪm'pɜːsənəl 'tæksɪz] *pl* Realsteuern *f/pl*
implement ['ɪmplɪment] *v* durchführen, ausführen
implementation [ɪmplɪmen'teɪʃən] *sb* 1. Ausführung *f*, Durchführung *f*, Handhabung *f*; 2. *(EDV)* Implementierung *f*
implication [ɪmplɪ'keɪʃən] *sb* Auswirkung *f*, Begleiterscheinung *f*
implicit basis of a contract [ɪm'plɪsɪt 'beɪsɪs əv ə 'kɒntrækt] *sb* Geschäftsgrundlage *f*
implicit costs [ɪm'plɪsɪt kɒsts] *sb* kalkulatorische Kosten *pl*
import [ɪm'pɔːt] *v* einführen, importieren; ['ɪmpɔːt] *sb* Einfuhr *f*, Import *m* ; *~s pl (goods)* Einfuhrartikel *m/pl*, Einfuhrwaren *f/pl*
import and export merchant ['ɪmpɔːt ənd 'ekspɔːt 'mɜːtʃənt] *sb* Außenhandelskaufmann/Außenhandelskauffrau *m/f*
import cartel ['ɪmpɔːt kaː'tel] *sb* Importkartell *n*
import ceiling ['ɪmpɔːt 'siːlɪŋ] *sb* Importquote *f*
import declaration ['ɪmpɔːt deklə'reɪʃən] *sb* Einfuhrerklärung *f*, Importerklärung *f*
import deposit ['ɪmpɔːt dɪ'pɒzɪt] *sb* Importdepot *n*
import documents ['ɪmpɔːt 'dɒkjʊmənts] *pl* Einfuhrpapiere *n/pl*, Importdokumente *m/pl*
import duty ['ɪmpɔːt 'djuːtɪ] *sb* Einfuhrzoll *m*, Einfuhrabgabe *f*
import financing ['ɪmpɔːt faɪ'nænsɪŋ] *sb* Importfinanzierung *f*
import levy ['ɪmpɔːt 'levɪ] *sb* Einfuhrabschöpfung *f*

import licence ['ɪmpɔːt 'laɪsəns] *sb* Einfuhrgenehmigung *f,* Importlizenz *f*
import of capital ['ɪmpɔːt əv 'kæpɪtəl] *sb* Kapitalimport *m*
import penetration ['ɪmpɔːt penɪ'treɪ-ʃən] *sb* Importanteil *m*
import permit ['ɪmpɔːt 'pɜːmɪt] *sb* Einfuhrgenehmigung *f,* Importerlaubnis *f*
import quota ['ɪmpɔːt 'kwəʊtə] *sb* Importquote *f,* Importkontingent *n*
import restriction ['ɪmpɔːt rɪ'strɪkʃən] *sb* Einfuhrbeschränkung *f,* Importbeschränkung *f*
import restrictions ['ɪmpɔːt rɪ'strɪkʃənz] *pl* Importrestriktionen *f/pl*
import surcharge ['ɪmpɔːt 'sɜːtʃɑːdʒ] *sb* Einfuhrsonderzoll *m*
import surplus ['ɪmpɔːt 'sɜːpləs] *sb* Importüberschuss *m*
import tariff ['ɪmpɔːt 'tɛərɪf] *sb* Importzoll *m*
import trade ['ɪmpɔːt treɪd] *sb* Importhandel *m*
import turnover tax [ɪm'pɔːt 'tɜːnəʊvə tæks] *sb* Einfuhrumsatzsteuer *f*
imported inflation [ɪm'pɔːtɪd ɪn'fleɪʃən] *sb* importierte Inflation *f*
importer [ɪm'pɔːtə] *sb* Importeur(in) *m/f*
impose [ɪm'pəʊz] *v 1. (a fine)* verhängen; *2. (a tax)* erheben
imposition [ɪmpə'zɪʃən] *sb* Auferlegung *f,* Verhängung *f,* Erhebung *f*
impost ['ɪmpəʊst] *sb 1. (tax, duty)* Ausgleichsabgabe *f,* Steuer; *2.* Einfuhrzoll *m*
impound [ɪm'paʊnd] *v* beschlagnahmen, sicherstellen
imprest [ɪm'prest] *sb* Vorschuss *m,* Spesenvorschuss *m*
improper [ɪm'prɒpə] *adj* unsachgemäß, nicht sachgerecht
improve [ɪm'pruːv] *v 1. (sth)* verbessern; *2. (refine)* verfeinern; *3. (sth's appearance)* verschönern
improvement [ɪm'pruːvmənt] *sb* Verbesserung *f,* Besserung *f,* Verschönerung *f*
improvement area [ɪm'pruːvmənt 'ɛərɪə] *sb* Erschließungsgebiet *n*
improvement grant [ɪm'pruːvmənt grɑːnt] *sb* Modernisierungszuschuss *m*
improvement of efficiency [ɪm'pruːvmənt əv ɪ'fɪʃənsɪ] *sb* Rationalisierungserfolg *m*
improver [ɪm'pruːvə] *sb* Praktikant(in) *m/f,* Volontär(in) *m/f*
impulse purchase ['ɪmpʌls 'pɜːtʃɪs] *sb* Impulskauf *m*
imputation [ɪmpjʊ'teɪʃən] *sb* Anrechnung *f,* Zuschreibung *f*

impute [ɪm'pjuːt] *v* zuschreiben, beimessen
in cash [ɪn kæʃ] in bar
in duplicate [ɪn 'djuːplɪkət] in zweifacher Ausfertigung
in lieu of payment [ɪn ljuː əv 'peɪmənt] zahlungsstatt
in liquidation [ɪn lɪkwɪ'deɪʃən] in Liquidation
in prospect [ɪn 'prɒspekt] Exante
in rem [ɪn 'rem] dinglich
in retrospect [ɪn 'retrəspekt] Expost
in stock [ɪn 'stɒk] auf Lager, vorrätig
in total [ɪn 'təʊtəl] unter dem Strich
inactive security [ɪn'æktɪv sɪ'kjʊərɪtɪ] *sb* totes Papier *n*
inaugurate [ɪ'nɔːgjʊreɪt] *v (an official)* ins Amt einsetzen; *(a building)* einweihen
incapacitated [ɪnkə'pæsɪteɪtɪd] *adj (unable to work)* erwerbsunfähig
incapacity to contract [ɪnkə'pæsətɪ tuː kən'trækt] *sb* Geschäftsunfähigkeit *f*
incentive [ɪn'sentɪv] *sb* Ansporn *m,* Anreiz *m*
incentive bonus [ɪn'sentɪv 'bəʊnəs] *sb* Leistungsprämie *f*
incentive payment [ɪn'sentɪv 'peɪmənt] *sb* Erfolgsprämie *f,* Gratifikation *f*
incentive system [ɪn'sentɪv 'sɪstəm] *sb* Anreizsystem *n*
inch [ɪntʃ] *sb (measurement)* Zoll *m; ~ by ~* Zentimeter um Zentimeter
incidence of taxation ['ɪnsɪdəns əv tæk-'seɪʃən] *sb* Steuerbelastung *f*
incidental [ɪnsɪ'dentl] *sb (~ expenses)* Nebenkosten *pl*
incidental labour costs [ɪnsɪ'dentl 'leɪbə kɒsts] *sb* Lohnnebenkosten *pl*
incidentals [ɪnsɪ'dentəlz] *pl* Nebenkosten *pl*
include [ɪn'kluːd] *v* einschließen, enthalten, umfassen; *tax ~d* einschließlich Steuer, inklusive Steuer
included [ɪn'kluːdɪd] *adj* eingeschlossen, inbegriffen
included in the price [ɪn'kluːdɪd ɪn ðə praɪs] *adv* im Preis inbegriffen, im Preis enthalten
including [ɪn'kluːdɪŋ] *adv* einschließlich, inklusive
inclusion on the liabilities side [ɪn'kluːʒən ɒn ðə laɪə'bɪlɪtiːz saɪd] *sb* Passivierung *f*
inclusive [ɪn'kluːsɪv] *adj ~ of* einschließlich, inklusive
income ['ɪnkʌm] *sb* Einkommen *n,* Einkünfte *pl,* Erfolgsrechnung *f*

income after tax ['ɪnkʌm 'ɑːftə tæks] *sb*
Gewinn nach Abzug der Steuern *m*
income band ['ɪnkʌm bænd] *sb* Gehalts-
stufe *f,* Gehaltsklasse *f*
income before tax ['ɪnkʌm bɪ'fɔː tæks]
sb Gewinn vor Abzug der Steuern *m*
income bond ['ɪnkʌm bɒnd] *sb* Gewinnobligation *f*
income bracket ['ɪnkʌm 'brækɪt] *sb 1.*
Einkommensgruppe *f,* Einkommenskategorie
f; 2. (tax) Einkommensteuerklasse *f*
income declaration ['ɪnkʌm deklə'reɪʃən]
sb Einkommenserklärung *f*
income effect ['ɪnkʌm ɪ'fekt] *sb* Einkommenseffekt *m*
income from capital ['ɪnkʌm frɒm
'kæpɪtəl] *sb* Kapitalertrag *m*
income from gainful employment ['ɪnkʌm frɒm 'geɪnfəl ɪm'plɔɪmənt] *sb* Erwerbseinkommen *n*
income from interests ['ɪnkʌm frɒm 'ɪn-
trɪsts] *sb* Zinsertrag *m*
income from investments ['ɪnkʌm
frɒm ɪn'vestmənts] *sb* Kapitalerträge *m/pl*
income fund ['ɪnkʌm fʌnd] *sb* Ein-
kommensfond *m*
income generating effect ['ɪnkʌm 'dʒenə-
reɪtɪŋ ɪ'fekt] *sb* Einkommenseffekt *m*
**income limit for the assessment of
contributions** ['ɪnkʌm 'lɪmɪt fɔː ðiː ə'sesmənt əv kɒntrɪ'bjuːʃənz] *sb* Beitragsbemessungsgrenze *f*
income statement ['ɪnkʌm 'steɪtmənt] *sb*
Erfolgsbilanz *f*
income tax ['ɪnkʌm tæks] *sb* Einkommen-
steuer *f; ~ return* Einkommensteuererklärung *f*
income tax allowance ['ɪnkʌm tæks
ə'lauəns] *sb* Einkommensteuerfreibetrag *m*
income value ['ɪnkʌm 'væljuː] *sb* Ertragswert *m*
incoming ['ɪnkʌmɪŋ] *adj (post)* eingehend
incoming order ['ɪnkʌmɪŋ 'ɔːdə] *sb* Auftragseingang *m*
incompetence [ɪn'kɒmpɪtəns] *sb* Unfähigkeit *f,* Untauglichkeit *f,* Inkompetenz *f,* Unzuständigkeit *f*
incompetent [ɪn'kɒmpɪtənt] *adj* unfähig;
(for sth) untauglich, inkompetent; *(legally)*
nicht zuständig
incomplete [ɪnkəm'pliːt] *adj* unvollständig,
unvollendet, unvollkommen
incorporate [ɪn'kɔːpəreɪt] *v 1.* gesellschaftlich organisieren; *2. (US)* als Aktiengesellschaft eintragen

incorporation [ɪnkɔːpə'reɪʃən] *sb* Gründung *f,* Eintragung einer Gesellschaft *f*
increase [ɪn'kriːs] *v 1.* zunehmen; *2. (amount,
number)* anwachsen; *3. (sales, demand)* steigen;
4. (sth) vergrößern; *5. (taxes, price, speed)* erhöhen; *6. (performance)* steigern; ['ɪnkriːs] *sb
7.* Zunahme *f,* Erhöhung *f,* Steigerung *f*
increase in efficiency ['ɪnkriːs ɪn 'ɪfɪʃənsɪ]
sb Leistungssteigerung *f*
increase in own capital ['ɪnkriːs ɪn əʊn
'kæpɪtəl] *sb* Eigenkapitalerhöhung *f*
increase in salary ['ɪnkriːs ɪn 'sælərɪ] *sb*
Gehaltserhöhung *f*
increase in taxes ['ɪnkriːs ɪn 'tæksɪz] *sb*
Steuererhöhung *f*
increase in total assets and liabilities
['ɪnkriːs ɪn 'təʊtəl 'æsets ænd laɪə'bɪlɪtiːz]
sb Bilanzverlängerung *f*
increase in wages ['ɪnkriːs ɪn 'weɪdʒɪz]
sb Lohnerhöhung *f*
increase of capital ['ɪnkriːs əv 'kæpɪtl]
sb Kapitalerhöhung *f*
increase of the share capital ['ɪnkriːs əv
ðə ʃɛə 'kæpɪtl] *sb* Kapitalerhöhung *f*
**increased valuation on previous balan-
ce-sheet figures** [ɪn'kriːst vælju'eɪʃən ɒn
'priːvɪəs 'bælənsʃiːt 'fɪgəz] *(taxes)* Wertaufholung *f*
increment ['ɪnkrəmənt] *sb* Zuwachs *m,*
(Wert-)Steigerung *f*
incriminate [ɪn'krɪmɪneɪt] *v* belasten
incrimination [ɪnkrɪmɪ'neɪʃən] *sb* Belastung *f*
indebtedness [ɪn'detɪdnɪs] *sb* Verschuldung *f*
indemnification [ɪndemnɪfɪ'keɪʃən] *sb 1.*
Entschädigung *f; 2. (insurance)* Versicherung *f*
indemnify [ɪn'demnɪfaɪ] *v 1.* entschädigen;
2. (insurance) versichern
indemnity [ɪn'demnɪtɪ] *sb 1.* Entschädigung
f; 2. (insurance) Versicherung *f*
indemnity bond [ɪn'demnətɪ bɒnd] *sb*
Garantieverpflichtung *f,* Ausfallbürgschaft *f*
indemnity claim [ɪn'demnətɪ kleɪm] *sb*
Schadensersatzanspruch *m*
indemnity clause [ɪn'demnətɪ klɔːz] *sb*
Haftungsfreistellungsklausel *f*
independence [ɪndɪ'pendəns] *sb* Unabhängigkeit *f,* Selbstständigkeit *f*
independent [ɪndɪ'pendənt] *adj* unab-
hängig, selbstständig
index ['ɪndeks] *sb 1. (number showing ratio)*
Index *m; 2. (card ~)* Kartei *f*
index card ['ɪndeks kɑːd] *sb* Karteikarte *f*
index clause ['ɪndeks klɔːz] *sb* Indexklausel *f*

index numbers ['ɪndeks 'nʌmbəz] *pl* Kennziffern *f/pl*
index tracker fund ['ɪndeks 'trækə fʌnd] *sb* dynamischer Fonds *m*, Indexfonds *m*
indexation [ɪndek'seɪʃən] *sb* Indexierung *f*
index-based ['ɪndeksbeɪsd] *adj* indexgebunden, indexiert, Index...
index-linked ['ɪndekslɪŋkd] *adj* sich nach der Inflationsrate richtend
index-linked currency ['ɪndekslɪŋkt 'kʌrənsɪ] *sb* Indexwährung *f*
index-linked loan ['ɪndekslɪŋkt ləʊn] *sb* Indexanleihe *f*
index-linked wage ['ɪndekslɪŋkt weɪdʒ] *sb* Indexlohn *m*
index-linking ['ɪndeks'lɪŋkɪŋ] *sb* Indexbindung *f*
indicator ['ɪndɪkeɪtə] *sb* Indikator *m*
indifferent goods [ɪn'dɪfərənt gʊdz] *pl* indifferente Güter *n/pl*
indirect center ['ɪndaɪrekt 'sentə] *sb* Nebenkostenstelle *f*
indirect method of depreciation ['ɪndaɪrekt 'meθəd əv dɪpriːʃi'eɪʃən] *sb* indirekte Abschreibung *f*
indirect selling ['ɪndaɪrekt 'selɪŋ] *sb* indirekter Absatz *m*
indirect taxes ['ɪndaɪrekt 'tæksɪz] *pl* indirekte Steuern *f/pl*
individual [ɪndɪ'vɪdjʊəl] *adj* einzeln, Einzel...
individual credit insurance [ɪndɪ'vɪdjʊəl 'kredɪt ɪn'ʃʊərəns] *sb* Einzelkreditversicherung *f*
individual deposit of securities [ɪndɪ'vɪdjʊəl də'pɒzɪt əv sɪ'kjʊərɪtiːz] *sb* Streifbanddepot *n*
individual employment contract [ɪndɪ'vɪdjʊəl ɪm'plɔɪmənt 'kɒntrækt] *sb* Einzelarbeitsvertrag *m*
individual income [ɪndɪ'vɪdjʊəl 'ɪnkʌm] *sb* Individualeinkommen *n*
individual labor law [ɪndɪ'vɪdjʊəl 'leɪbə lɔː] *sb* Individualarbeitsrecht *n*
individually [ɪndɪ'vɪdjʊəlɪ] *adv (separately)* einzeln
individual power of procuration [ɪndɪ'vɪdjʊəl 'paʊə əv prɒkjuː'reɪʃən] *sb* Einzelprokura *f*
individual power of representation [ɪndɪ'vɪdjʊəl 'paʊə əv reprɪzən'teɪʃən] *sb* Einzelvollmacht *f*
individual production *sb* [ɪndɪ'vɪdjʊəl prə'dʌkʃən] *sb* Einzelfertigung *f*
indorsement [ɪn'dɔːsmənt] *sb* Indossament *n*

induce [ɪn'djuːs] *v 1. (a reaction)* herbeiführen; *2. ~ s.o. to do sth (persuade)* jdn veranlassen, etw zu tun/jdn dazu bewegen, etw zu tun/jdn dazu bringen, etw zu tun
inducement [ɪn'djuːsmənt] *sb (incentive)* Anreiz *m*, Ansporn *m*
industrial [ɪn'dʌstrɪəl] *adj* industriell, Industrie..., Betriebs..., Arbeits...
industrial accident [ɪn'dʌstrɪəl 'æksɪdənt] *sb* Arbeitsunfall *m*
industrial area [ɪn'dʌstrɪəl 'ɛərɪə] *sb* Industriegebiet *n*
industrial bank [ɪn'dʌstrɪəl bæŋk] *sb* Gewerbebank *f*
industrial bond [ɪn'dʌstrɪəl bɒnd] *sb* Industrieobligation *f*
Industrial Constitution Law [ɪn'dʌstrɪəl kɒnstɪ'tjuːʃən lɔː] *sb* Betriebsverfassungsgesetz (BetrVerfG, BetrVG) *n*
industrial credit [ɪn'dʌstrɪəl 'kredɪt] *sb* Industriekredit *m*
industrial credit bank [ɪn'dʌstrɪəl 'kredɪt bæŋk] *sb* Industriekreditbank *f*
industrial design [ɪn'dʌstrɪəl dɪ'zaɪn] *sb* Industriedesign *n*
industrial enterprise [ɪn'dʌstrɪəl 'entəpraɪz] *sb* Industriebetrieb *m*
industrial espionage [ɪn'dʌstrɪəl 'espiənɑːʒ] *sb* Industriespionage *f*
industrial estate [ɪn'dʌstrɪəl ɪ'steɪt] *sb (UK)* Industriegebiet *n*
industrial injury [ɪn'dʌstrɪəl 'ɪndʒərɪ] *sb* Arbeitsunfall *m*, Betriebsunfall *m*
industrialism [ɪn'dʌstrɪəlɪzm] *sb* Industrialismus *m*
industrialist [ɪn'dʌstrɪəlɪst] *sb* Industrielle(r) *f/m*
industrialization [ɪndʌstrɪəlaɪ'zeɪʃən] *sb* Industrialisierung *f*
industrial loan [ɪn'dʌstrɪəl ləʊn] *sb* Industrieanleihe *f*, Industriekredit *m*
industrial plant [ɪn'dʌstrɪəl plɑːnt] *sb* Industrieanlage *f*
industrial production [ɪn'dʌstrɪəl prə'dʌkʃn] *sb* Industrieproduktion *f*, industrielle Herstellung *f*
industrial robot [ɪn'dʌstrɪəl 'rəʊbɒt] *sb* Industrieroboter *m*
industrial shares [ɪn'dʌstrɪəl ʃɛəz] *pl* Industrieaktie *f*
industrial stock exchange [ɪn'dʌstrɪəl stɒk ɪks't ʃeɪndʒ] *sb* Industriebörse *f*
industrial syndicate [ɪn'dʌstrɪəl 'sɪndɪkət] *sb* Industriekonsortium *n*

industrial undertaking [ɪn'dʌstrɪəl ʌndə-'tækɪŋ] *sb* Industrieunternehmen *n*
industry ['ɪndəstrɪ] *sb* Industrie *f,* Branche *f,* Industriezweig *m*
industry ratio ['ɪndəstrɪ 'reɪʃɪəʊ] *sb* Branchenkennziffer *f*
industry standard ['ɪndəstrɪ 'stændəd] *sb* Industriestandard *m*
industry statistics ['ɪndəstrɪ stə'tɪstɪks] *sb* Branchenstatistik *f*
industry survey and appraisal ['ɪndəstrɪ 'sɜːveɪ ænd ə'preɪzəl] *sb* Branchenbeobachtung *f*
industry-wide union ['ɪndəstrɪwaɪd 'juːnjən] *sb* Industriegewerkschaft (IG) *f*
inefficiency [ɪnɪ'fɪʃənsɪ] *sb 1. (of a method)* Unproduktivität *f; 2. (of a person)* Untüchtigkeit *f; 3. (of a machine, of a company)* Leistungsunfähigkeit *f*
inefficient [ɪnɪ'fɪʃənt] *adj 1. (method)* unproduktiv; *(person)* untüchtig; *2. (machine, company)* leistungsunfähig
inexpensive [ɪnɪk'spensɪv] *adj* nicht teuer, billig
inexperienced [ɪnɪks'pɪərɪənst] *adj* unerfahren
inexpert [ɪn'ekspɜːt] *adj* unfachmännisch, laienhaft
inferior [ɪn'fɪərɪə] *adj 1.* niedriger, geringer, geringwertiger; *2. to be ~ to s.o.* jdm unterlegen sein; *(low-quality)* minderwertig
inferior goods [ɪn'fɪərɪə gʊdz] *pl* geringwertige Güter *pl*
inflate [ɪn'fleɪt] *v (prices)* hochtreiben, in die Höhe treiben
inflation [ɪn'fleɪʃən] *sb* Inflation *f; rate of ~* Inflationsrate *f*
inflation import [ɪn'fleɪʃən 'ɪmpɔːt] *sb* Inflationsimport *m*
inflationary [ɪn'fleɪʃənərɪ] *adj* inflationär
influence ['ɪnfluəns] *sb* Einfluss *m*
influence of demand ['ɪnfluːəns əv də-'mɑːnd] *sb* Bedarfsbeeinflussung *f*
influential [ɪnflu'enʃəl] *adj* einflussreich
influx ['ɪnflʌks] *sb* Zufuhr *f,* Zufluss *m*
infomercial [ɪnfəʊ'mɜːʃəl] *sb* Werbesendung *f*
informal [ɪn'fɔːməl] *adj* zwanglos, ungezwungen, inoffiziell
informal groups [ɪn'fɔːməl gruːps] *pl* informelle Gruppen *f/pl*
informal organization [ɪn'fɔːməl ɔːgənaɪ'zeɪʃən] *sb* informelle Organisation *f*
information [ɪnfə'meɪʃən] *sb 1.* Information *f; 2. (provided)* Auskunft *f,* Informationen *f/pl*

information and communications system [ɪnfə'meɪʃən ænd kəmjuːnɪ'keɪʃənz 'sɪstɪm] *sb* Informations- und Kommunikationssystem (IuK-System) *n*
information broker [ɪnfə'meɪʃən 'brəʊkə] *sb* Informationsbroker *m*
information bureau [ɪnfə'meɪʃən 'bjʊərəʊ] *sb* Auskunftei *f,* Informationsbüro *n*
information centre [ɪnfə'meɪʃən 'sentə] *sb* Evidenzzentrale *f*
information costs [ɪnfə'meɪʃən kɒsts] *pl* Informationskosten *pl*
information desk [ɪnfə'meɪʃən desk] *sb* Auskunft *f,* Information *f,* Informationsstand *m*
information file [ɪnfə'meɪʃən faɪl] *sb* Auskunftdatei *f*
information highway [ɪnfə'meɪʃən 'haɪweɪ] *sb* Datenautobahn *f,* Datenhighway *m*
information markets [ɪnfə'meɪʃən 'mɑːkɪts] *pl* Informationsmärkte *m/pl*
information processing [ɪnfə'meɪʃən 'prəʊsesɪŋ] *sb* Datenverarbeitung *f*
information resource management [ɪnfə'meɪʃən rɪ'sɜːs 'mænɪdʒmənt] *sb* Informationsmanagement *n*
information retrieval [ɪnfə'meɪʃən rɪ-'triːvl] *sb* Datenabruf *m*
information science [ɪnfə'meɪʃən 'saɪəns] *sb* Informatik *f*
information search [ɪnfə'meɪʃən sɜːtʃ] *sb* Informationsbeschaffung *f*
information services [ɪnfə'meɪʃən 'sɜːvɪsɪz] *pl* Informationsdienste *m/pl*
information technology [ɪnfə'meɪʃən tek'nɒlədʒɪ] *sb* Informationstechnologie *f*
information theory [ɪnfə'meɪʃən 'θɪərɪ] *sb* Informationstheorie *f*
information value [ɪnfə'meɪʃən 'væljuː] *sb* Informationswert *m*
infrastructural credit [ɪnfrə'strʌktʃərəl 'kredɪt] *sb* Infrastrukturkredit *m*
infrastructural measures ['ɪnfrə-'strʌktʃərəl 'meʒəz] *sb* Infrastrukturmaßnahmen *f/pl*
infrastructure ['ɪnfrəstrʌktʃə] *sb* Infrastruktur *f*
infrastructure policy ['ɪnfrəstrʌktʃə 'pɒlɪsɪ] *sb* Infrastrukturpolitik *f*
infringe [ɪn'frɪndʒ] *v 1. ~ upon* verstoßen gegen; *2. (law, copyright)* verletzen; *~ upon s.o.'s rights* in jds Rechte eingreifen
infringement [ɪn'frɪndʒmənt] *sb* Verletzung *f,* Verstoß *m*
inherit [ɪn'herɪt] *v* erben

inheritable [ɪn'herɪtəbl] *adj* vererbbar, erblich
inheritance [ɪn'herɪtəns] *sb* Nachlass *m*, Erbschaft *f*
inheritance tax [ɪn'herɪtəns tæks] *sb* Erbschaftssteuer *f*
in-house training ['ɪnhaʊs 'treɪnɪŋ] *sb* betriebliche Ausbildung *f*
initial allowance set [ɪ'nɪʃəl ə'laʊəns set] *sb* Erstausstattung *f*
initial contribution [ɪ'nɪʃəl kɒntrɪ'bjuːʃən] *sb* Stammeinlage *f*
initial period [ɪ'nɪʃəl 'pɪərɪəd] *sb* Anlaufperiode *f,* Anlaufzeit *f*
initialize [ɪ'nɪʃəlaɪz] *v (a computer)* initialisieren
initiative right [ɪ'nɪʃətɪv raɪt] *sb* Initiativrecht *n*
injection of credit [ɪn'jekʃən əv 'kredɪt] *sb* Kreditspritze *f*
injunction [ɪn'dʒʌŋkʃən] *sb* gerichtliche Verfügung *f*
ink pad ['ɪŋkpæd] *sb* Stempelkissen *n*
inland ['ɪnlænd] *adj 1.* Inland...; *adv 2.* landeinwärts
Inland Revenue ['ɪnlænd 'revənjuː] *sb (UK)* Finanzamt *n*
inland revenue office ['ɪnlænd 'revənuː 'ɒfɪs] *sb* Finanzamt *n*
inner notice to terminate ['ɪnə 'nəʊtɪs tu 'tɜːmɪneɪt] *sb* innere Kündigung *f*
innovate ['ɪnəveɪt] *v* Neuerungen vornehmen
innovation [ɪnə'veɪʃən] *sb* Neuerung *f,* Innovation *f*
innovation management [ɪnə'veɪʃən 'mænɪdʒmənt] *sb* Innovationsmanagement *n*
innovative ['ɪnəvətɪv] *adj* auf Neuerungen aus, innovatorisch, innovativ
innovator ['ɪnəveɪtə] *sb* Neuerer *m*
inoperative [ɪn'ɒpərətɪv] *adj (not working)* außer Betrieb, nicht einsatzfähig
inoperative account [ɪn'ɒpərətɪv ə'kaʊnt] *sb* totes Konto *n*
input ['ɪnpʊt] *v 1.* eingeben; *sb 2.* Input *m*
input factor ['ɪnpʊt 'fæktə] *sb* Einsatzfaktor *m*
input tax ['ɪnpʊt tæks] *sb* Vorsteuer *f*
input-output analysis [ɪnpʊt'aʊtpʊt ə'nælɪsɪs] *sb* Input-Output-Analyse *f*
inquest ['ɪnkwest] *sb* gerichtliche Untersuchung *f*
inquiry [ɪn'kwaɪrɪ] *sb* Anfrage *f*
insert [ɪn'sɜːt] *v 1. (an advertisement)* setzen; ['ɪnsɜːt] *sb 2. (in a magazine or newspaper)* Beilage *f*

inserted [ɪn'sɜːtɪd] *adj* beigefügt, beigelegt, hineingesteckt
insertion of an advertisement [ɪn'sɜːʃən əv ən əd'vɜːtɪsmənt] *sb* Anzeigenschaltung *f*
in-service training ['ɪnsɜːvɪs 'treɪnɪŋ] *sb* innerbetriebliche Weiterbildung *f*
inside money ['ɪnsaɪd 'mʌnɪ] *sb* Innengeld *n*
insider information ['ɪnsaɪdə ɪnfə'meɪʃən] *sb* Insiderinformation *f*
insider security ['ɪnsaɪdə sɪ'kjʊərɪtɪ] *sb* Insiderpapier *n*
insider trading ['ɪnsaɪdə 'treɪdɪŋ] *sb* Insiderhandel *m*
insolvency [ɪn'sɒlvənsɪ] *sb* Zahlungsunfähigkeit *f,* Insolvenz *f*
insolvent [ɪn'sɒlvənt] *adj* zahlungsunfähig
insourcing ['ɪnsɔːsɪŋ] *sb* Insourcing *n*
inspect [ɪn'spekt] *v* kontrollieren, prüfen
inspection [ɪn'spekʃən] *sb* Kontrolle *f,* Prüfung *f,* Einsichtnahme *f*
inspection of records [ɪn'spekʃən əv 'rekɔːds] *sb* Akteneinsicht *f*
installation [ɪnstə'leɪʃən] *sb* Installation *f,* Montage *f,* Aufbau *m,* Aufstellung *f*
installment *(US see "instalment")*
instalment [ɪn'stɔːlmənt] *sb (payment)* Rate *f*
instalment arrears [ɪn'stɔːlmənt ə'rɪəz] *sb* Ratenverzug *m,* Ratenrückstand *m*
instalment contract [ɪn'stɔːlmənt 'kɒntrækt] *sb* Abzahlungskauf *m*
instalment credit [ɪn'stɔːlmənt 'kredɪt] *sb* Teilzahlungskredit *m*
instalment loans [ɪn'stɔːlmənt ləʊnz] *pl* Ratenanleihen *f/pl*
instalment mortgage [ɪn'stɔːlmənt 'mɔːgɪdʒ] *sb* Abzahlungshypothek *f,* Amortisationshypothek *f*
instalment plan [ɪn'stɔːlmənt plæn] *sb (US)* Ratenzahlung *f*
instalment rate [ɪn'stɔːlmənt reɪt] *sb* Amortisationsquote *f*
instalment sale transaction [ɪn'stɔːlmənt seɪl træn'zækʃən] *sb* Abzahlungsgeschäft *n*
instalment sales credit [ɪn'stɔːlmənt seɪlz 'kredɪt] *sb* Ratenkredit *m*
instalment sales financing institution [ɪn'stɔːlmənt seɪlz faɪ'nænsɪŋ ɪnstɪ'tjuːʃən] *sb* Teilzahlungsbank *f*
instance ['ɪnstəns] *sb (legal system)* Instanz *f*
institutional investor [ɪnstɪ'tjuːʃənəl ɪn'vestə] *sb* institutioneller Anleger *m*
institutional investors [ɪnstɪ'tjuːʃənəl ɪn'vestəz] *sb* Kapitalsammelstelle *f*

institutional trustee [ˌɪnstɪˈtjuːʃənəl trʌs-ˈtiː] *sb* Treuhandanstalt *f*
in-store [ˈɪnstɔː] *adj* ladeneigen
instruct [ɪnˈstrʌkt] *v 1.* unterrichten; *2. (tell, direct)* anweisen; *3. (a jury)* instruieren
instruction [ɪnˈstrʌkʃən] *sb 1. (order)* Anweisung *f*, Instruktion *f;* ~s *pl 2. (for use)* Gebrauchsanweisung *f*
instrument made out to order [ˈɪnstrʊmənt meɪd aʊt tu ˈɔːdə] *sb* Orderpapier *n*
instruments conferring title [ˈɪnstrʊmənts kənˈfɜːrɪŋ ˈtaɪtəl] *pl* Forderungspapiere *n/pl*
instruments of balance sheet policy [ˈɪnstrʊmənts əv ˈbæləns ʃiːt ˈpɒlɪsɪ] *pl* bilanzpolitische Instrumente *n/pl*
instruments to order by law [ˈɪnstrʊmənts tu ˈɔːdə baɪ lɔː] *pl* geborene Orderpapiere *n/pl*
instruments to order by option [ˈɪnstrʊmənts tu ˈɔːdə baɪ ˈɒpʃən] *pl* gewillkürte Orderpapiere *n/pl*
insubordination [ˌɪnsʌbɔːdɪˈneɪʃən] *sb* Ungehorsamkeit *f*, Insubordination *f*
insurance [ɪnˈʃʊərəns] *sb* Versicherung *f*
insurance agent [ɪnˈʃʊərəns ˈeɪdʒənt] *sb* Versicherungsvertreter *m*
insurance benefit [ɪnˈʃʊərəns ˈbenɪfɪt] *sb* Versicherungsleistung *f*
insurance clause [ɪnˈʃʊərəns klɔːz] *sb* Versicherungsklausel *f*
insurance company [ɪnˈʃʊərəns ˈkʌmpənɪ] *sb* Versicherungsgesellschaft *f*
insurance company share [ɪnˈʃʊərəns ˈkʌmpənɪ ʃeə] *sb* Versicherungsaktie *f*
insurance contract [ɪnˈʃʊərəns ˈkæntrɒkt] *sb* Versicherungsvertrag *m*
insurance coverage [ɪnˈʃʊərəns ˈkʌvərɪdʒ] *sb* Versicherungsschutz *m*
insurance fund [ɪnˈʃʊərəns fʌnd] *sb* Versicherungsfonds *m*
insurance industry principle [ɪnˈʃʊərəns ˈɪndəstrɪ ˈprɪnsɪpəl] *sb* Assekuranzprinzip *n*
insurance of persons [ɪnˈʃʊərəns əv ˈpɜːsənz] *sb* Personenversicherung *f*
insurance policy [ɪnˈʃʊərəns ˈpɒlɪsɪ] *sb* Versicherungspolice *f*
insurance premium [ɪnˈʃʊərəns ˈpriːmɪəm] *sb* Versicherungsprämie *f*
insurance reserve [ɪnˈʃʊərəns rɪˈzɜːv] *sb* Deckungsrücklage *f*
insurance system [ɪnˈʃʊərəns ˈsɪstəm] *sb* Assekuranz *f*
insure [ɪnˈʃʊə] *v* versichern
insured [ɪnˈʃʊəd] *adj* versichert
insured letter [ɪnˈʃʊəd ˈletə] *sb* Wertbrief *m*

insured person [ɪnˈʃʊəd ˈpɜːsən] *sb* Versicherungsnehmer(in) *m/f*, Versicherte(r) *f/m*
insured sum [ɪnˈʃʊəd sʌm] *sb* Versicherungssumme *f*
insurer [ɪnˈʃʊərə] *sb* Versicherer *m*, Versicherungsgesellschaft *f*
intake [ˈɪnteɪk] *sb 1.* Aufnahme *f*, Abnahme *f; 2. (of orders)* Eingang *m*
intangible assets [ɪnˈtændʒɪbəl ˈæsets] *pl* immaterielle Werte *m/pl*
intangible stocks and bonds [ɪnˈtændʒɪbəl stɒks ænd bɒndz] *pl* intangible Effekte *f/pl*
integral part [ˈɪntɪɡrəl pɑːt] *sb* wesentlicher Bestandteil *m*
integration [ˌɪntɪˈɡreɪʃən] *sb* Integration *f*, Eingliederung *f*
interact [ˌɪntərˈækt] *v* aufeinander wirken, interagieren
interaction [ˌɪntərˈækʃən] *sb* Wechselwirkung *f*, Interaktion *f*
interactive [ˌɪntərˈæktɪv] *adj* interaktiv
interbank rate [ˈɪntəbæŋk reɪt] *sb* Interbankrate *f*, Interbankensatz *m*
intercom [ˈɪntəkɒm] *sb* Gegensprechanlage *f; (in a building)* Lautsprecheranlage *f*
inter-company agreements [ˌɪntəˈkʌmpənɪ əˈɡriːmənts] *pl* Unternehmensverträge *m/pl*
intercontinental [ˌɪntəkɒntɪˈnentl] *adj* interkontinental
interdependence [ˌɪntədɪˈpendəns] *sb* Interdependenz *f*
interest [ˈɪntrest] *sb 1.* Zinsen *m/pl; 2. (share, stake)* Anteil *m*, Beteiligung *f; 3. taxation of* ~ Zinsbesteuerung *f*
interest account [ˈɪntrest əˈkaʊnt] *sb* Zinsmarge *f*
interest balance [ˈɪntrest ˈbæləns] *sb* Zinssaldo *m*
interest differential [ˈɪntrest dɪfəˈrenʃəl] *sb* Zinsgefälle *n*
interested party [ˈɪntrestɪd ˈpɑːtɪ] *sb* Interessent *m*
interest elasticity [ˈɪntrest ɪlæsˈtɪsɪtɪ] *sb* Zinselastizität *f*
interest-free [ˌɪntrestˈfriː] *adj* zinslos
interest group [ˈɪntrest ɡruːp] *sb* Interessenverband *m*
interest margin [ˈɪntrest ˈmɑːdʒɪn] *sb* Zinsmarge *f*, Zinsspanne *f*
interest on borrowed capital [ˈɪntrest ɒn ˈbɒrəʊd ˈkæpɪtəl] *sb* Fremdkapitalzins *m*
interest on capital [ˈɪntrest ɒn ˈkæpɪtl] *sb* Kapitalzins *m*

interest on debts ['ıntrest ɒn dets] *sb* Schuldzins *m*

interest on long-term debts ['ıntrest ɒn 'lɒŋtɜːm dets] *sb* Dauerschuldzinsen *m/pl*

interest on money ['ıntrest ɒn 'mʌnı] *sb* Geldzins *m*

interest parity ['ıntrest 'pærıtı] *sb* Zinsparität *f*

interest payable ['ıntrest 'peıjəbl] *sb* Passivzins *m*

interest payment date ['ıntrest 'peımənt deıt] *sb* Zinstermin *m*

interest rate ['ıntrest reıt] *sb* Zinssatz *m*

interest rate arbitrage ['ıntrest reıt 'ɑːbıtrıdʒ] *sb* Zinsarbitrage *f*

interest rate control ['ıntrest reıt kən-'trəʊl] *sb* Zinsbindung *f*

interest rate customary in the market ['ıntrest reıt 'kʌstəmərı ın ðə 'mɑːket] *sb* marktüblicher Zins *m/pl*

interest rate for accounting purposes ['ıntrest reıt fɔːr ə'kaʊntıŋ 'pɜːpəsıs] *sb* Rechnungszins *m*

interest rate future ['ıntrest reıt 'fjuːtʃə] *sb* Interest Rate Future *n*

interest rate level ['ıntrest reıt 'levl] *sb* Zinsniveau *n*

interest rate on a loan ['ıntrest reıt ɒn ə ləʊn] *sb* Leihzins *m*

interest rate policy ['ıntrest reıt 'pɒlısı] *sb* Zinspolitik *f*

interest rate structure ['ıntrest reıt 'strʌktʃə] *sb* Zinsstruktur *f*

interest rate swap ['ıntrest reıt swɒp] *sb* Zinsswap *m*

interest rate table ['ıntrest reıt 'teıbl] *sb* Zinsstaffel *f*

interest receivable ['ıntrest rı'siːvəbl] *sb* Aktivzins *m*

interest service ['ıntrest 'sɜːvıs] *sb* Zinsendienst *m*

interest surplus ['ıntrest 'sɜːplʌs] *sb* Zinsüberschuss *m*

interest tender ['ıntrest 'tendə] *sb* Zinstender *m*

interface ['ıntəfeıs] *sb* Interface *n*, Schnittstelle *f*

inter-generation compact [ıntədʒenə-'reıʃən 'kɒmpækt] *sb* Generationenvertrag *m*

interim ['ıntərım] *adj* 1. vorläufig, Übergangs..., Interims...; *sb* 2. Zwischenzeit *f*

interim account ['ıntərım ə'kaʊnt] *sb* Zwischenkonto *n*

interim balance sheet ['ıntərım 'bæləns ʃiːt] *sb* Zwischenbilanz *f*

interim budget ['ıntərım 'bʌdʒıt] *sb* Nachtragshaushalt *m*

interim financing ['ıntərım faı'nænsıŋ] *sb* Zwischenfinanzierung, Überbrückungsfinanzierung *f*

interim interest ['ıntərım 'ıntrest] *sb* Zwischenzinsen *m/pl*

interim loan ['ıntərım ləʊn] *sb* Zwischenkredit *m*

interim retirement pension ['ıntərım rı'taıəmənt 'penʃən] *sb* Überbrückungsrente *f*

interim shareholder ['ıntərım 'ʃɛəhəʊldə] *sb* Zwischenaktionär *m*

interim solution ['ıntərım sə'luːʃən] *sb* Interimslösung *f*, Übergangslösung *f*

interior [ın'tıərıə] *adj (domestic)* Binnen..., Innen...

interlocking ['ıntəlɒkıŋ] *sb* Verschachtelung *f*

interlocking directorate ['ıntəlɒkıŋ daı-'rektərıt] *sb* Überkreuzverflechtung *f*

intermediary [ıntə'miːdıərı] *sb* 1. Vermittler *m*, Mittelsmann *m; 2. act as* ~ vermitteln

intermediate broker [ıntə'miːdjət 'brəʊkə] *sb* Untermakler *m*

intermediate company [ıntə'miːdjət 'kʌmpənı] *sb* Zwischengesellschaft *f*

Intermediate Court of Appeals [ıntə-'miːdjət kɔːt əv ə'piːlz] *sb* Oberlandesgericht (OLG) *n*

intermediate inventory [ıntə'miːdjət 'ınventrı] *sb* Zwischenlager *n*

intermediate products [ıntə'miːdjət 'prɒdʌkts] *pl* Vorprodukte *n/pl*

intermediate share certificate [ıntə'miːdjət ʃɛə sɜː'tıfıkıt] *sb* Anrechtscheine *m/pl*

intermediation [ıntəmiːdı'eıʃən] *sb* Mitwirkung *f*

internal [ın'tɜːnl] *adj* 1. *(within an organization)* intern; 2. *(within a country)* Innen..., Binnen...

internal accounting [ın'tɜːnl ə'kaʊntıŋ] *sb* internes Rechnungswesen *n*

internal audit [ın'tɜːnl 'ɔːdıt] *sb* interne Revision *f*

internal financing [ın'tɜːnl faı'nænsıŋ] *sb* Innenfinanzierung *f*

internal interest rate [ın'tɜːnl 'ıntrest reıt] *sb* interner Zinsfuß *m*

internalization of external effects [ıntɜː-nəlaı'zeıʃən əv 'ekstɜːnl ı'fekts] *sb* Internalisierung externer Effekte *f*

Internal Market of the European Community [ɪn'tɜːnl 'mɑːkɪt əv ðɪ 'juərəpɪən kə'mjuːnɪtɪ] *sb* Europäischer Binnenmarkt *m*
internal partnership [ɪn'tɜːnl 'pɑːtnəʃɪp] *sb* Innengesellschaft *f*
internal services [ɪn'tɜːnl 'sɜːvɪsɪz] *pl* innerbetriebliche Leistungen *f/pl*
internal supervision system [ɪn'tɜːnl suːpə'vɪʒən 'sɪstɪm] *sb* internes Überwachungssystem *n*
internal syndicate [ɪn'tɜːnl 'sɪndɪkɪt] *sb* Innenkonsortium *n*
international [ɪntə'næʃnəl] *adj* international
international capital transactions [ɪntə'næʃnəl 'kæpɪtəl træn'zækʃənz] *sb* internationaler Kapitalverkehr *m*
international cash position [ɪntə'næʃnəl kæʃ pə'zɪʃən] *sb* internationale Liquidität *f*
International Commodity Agreements [ɪntə'næʃnəl kə'mɒdɪtɪ ə'griːmənts] *sb* Rohstoffabkommen *n*
international commodity exchange [ɪntə'næʃnəl kə'mɒdɪtɪ ɪks'tʃeɪndʒ] *sb* Internationale Warenbörsen *f/pl*
international consignment note [ɪntə'næʃnəl kən'saɪnmənt nəʊt] *sb* internationaler Frachtbrief *m*
international credit markets [ɪntə'næʃnəl 'kredɪt 'mɑːkɪts] *pl* internationale Kreditmärkte *m/pl*
international economic order [ɪntə'næʃnəl iːkə'nɒmɪk 'ɔːdə] *sb* Weltwirtschaftsordnung *f*
international economic policy [ɪntə'næʃnəl iːkə'nɒmɪk 'pɒlɪsɪ] *sb* Außenwirtschaftspolitik *f*
international economic system [ɪntə'næʃnəl iːkə'nɒmɪk 'sɪstɪm] *sb* Weltwirtschaftsordnung *f*
International Federation of Stock Exchanges [ɪntə'næʃnəl fedə'reɪʃən əv stɒk ɪks'tʃeɪndʒɪz] *sb* Internationale Vereinigung der Wertpapierbörsen *f*
international foreign exchange markets [ɪntə'næʃnəl 'fɒrən ɪks'tʃeɪndʒ 'mɑːkɪts] *pl* Internationale Devisenbörsen *f/pl*
internationalization strategy [ɪntə'næʃənəlaɪ'zeɪʃən 'strætɪdʒɪ] *sb* Internationalisierungsstrategie *f*
international law ['ɪntənæʃnəl lɔː] *sb* Völkerrecht *n*
international monetary system [ɪntə'næʃnəl 'mʌnɪtərɪ 'sɪstəm] *sb* Weltwährungssystem *n*, internationales Währungssystem *n*

international payments [ɪntə'næʃnəl 'peɪmənts] *sb* internationaler Zahlungsverkehr *m*
international price system [ɪntə'næʃnəl praɪs 'sɪstɪm] *sb* internationaler Preiszusammenhang *m*
international product liability [ɪntə'næʃnəl 'prɒdʌkt laɪə'bɪlɪtɪ] *sb* internationale Produkthaftung *f*
Internet ['ɪntənet] *sb* Internet *n*
Internet economy ['ɪntənet ɪ'kɒnəmɪ] *sb* Internet-Ökonomie *f*
internship ['ɪntɜːnʃɪp] *sb* Praktikum *n*, Volontariat *n*
interpolation [ɪntəpə'leɪʃən] *sb* Interpolation *f*
interprete [ɪn'tɜːprɪt] *v* dolmetschen, übersetzen
interpreter [ɪn'tɜːprɪtə] *sb* Dolmetscher(in) *m/f*, Übersetzer(in) *m/f*
interrelation [ɪntərɪ'leɪʃən] *sb* Verflechtung *f*, Wechselbeziehung *f*
intertemporal trade [ɪntə'tempərəl treɪd] *sb* intertemporaler Handel *m*
intervene [ɪntə'viːn] *v* intervenieren, eingreifen
intervention [ɪntə'venʃən] *sb* Intervention *f*, Eingreifen *n*
intervention buying [ɪntə'venʃən 'baɪɪŋ] *sb* Interventionskäufe *m/pl*
intervention point [ɪntə'venʃən pɔɪnt] *sb* Interventionspunkte *m/pl*
interview ['ɪntəvjuː] *sb* 1. *(formal talk)* Gespräch *n*; 2. *(job ~)* Vorstellungsgespräch *n*
interviewer ['ɪntəvjuːə] *sb (for a job)* Leiter eines Vorstellungsgesprächs *m*
intra-Community deliveries [ɪntrəkə'mjuːnɪtɪ də'lɪvəriːz] *pl* innergemeinschaftliche Lieferungen *f/pl*
intra-Community trade [ɪntrəkə'mjuːnɪtɪ treɪd] *sb* innergemeinschaftlicher Verkehr *m*
Intranet ['ɪntrənet] *sb* Intranet *n*
intra-trade statistics ['ɪntrətreɪd stə'tɪstɪks] *pl* Intrahandelsstatistik *f*
intrinsic motivation [ɪn'trɪnzɪk məʊtɪ'veɪʃən] *sb* intrinsische Motivation *f*
intrinsic value [ɪn'trɪnzɪk 'væljuː] *sb* innerer Wert *m*, Substanzwert *m*
introduce [ɪntrə'djuːs] *v (s.o.)* vorstellen; *(to a subject)* einführen; ~ o.s. sich vorstellen; *(reforms, a method, a fashion)* einführen
introduction [ɪntrə'dʌkʃən] *sb* 1. *(to a person)* Vorstellung *f*; 2. *letter of ~* Empfehlungsschreiben *n*, Empfehlungsbrief *m*; 3. *(of a method)* Einführung *f*

introduction stage [ɪntrə'dʌkʃən steɪdʒ] *sb* Einführungsphase *f*

introductory discount [ɪntrə'dʌktərɪ 'dɪskaʊnt] *sb* Einführungsrabatt *m*

introductory price [ɪntrə'dʌktərɪ praɪs] *sb* Einführungskurs *m*

inure [ɪn'juːə] *v* in Kraft treten

invent [ɪn'vent] *v* erfinden

invention [ɪn'venʃən] *sb* Erfindung *f*

inventor [ɪn'ventə] *sb* Erfinder(in) *m/f*

inventory ['ɪnvəntərɪ] *sb* Inventar *n*, Bestandsaufnahme *f; take an ~ of sth* Inventar von etw aufnehmen

inventory accounting ['ɪnvəntərɪ ə'kaʊntɪŋ] *sb* Lagerbuchführung *f*, Materialbuchhaltung *f*

inventory balance sheet ['ɪnvəntərɪ 'bæləns ʃiːt] *sb* Inventurbilanz *f*

inventory change ['ɪnvəntərɪ tʃeɪndʒ] *sb* Bestandsveränderung *f*

inventory-sales ratio ['ɪnvəntərɪ seɪlz 'reɪʃɪəʊ] *sb* Umschlagshäufigkeit eines Lagers *f*

inventory valuation at average prices ['ɪnvəntərɪ væljuː'eɪʃən æt 'ævərɪdʒ 'praɪsɪz] *sb* Durchschnittsbewertung *f*

inventory value ['ɪnvəntərɪ 'væljuː] *sb* Inventarwert *m*

inverse interest rate structure ['ɪnvɜːs 'ɪntrɪst reɪt 'strʌktʃə] *sb* inverse Zinsstruktur *f*

inverse method of cost estimating ['ɪnvɜːs 'meθəd əv kɒst 'estɪmeɪtɪŋ] *sb* retrograde Kalkulation *f*

inverse method of determining income ['ɪnvɜːs 'meθəd əv də'tɜːmɪnɪŋ 'ɪnkʌm] *sb* retrograde Erfolgsrechnung *f*

invested capital [ɪn'vestɪd 'kæpɪtəl] *sb* investiertes Kapital *n*

invested wages [ɪn'vestɪd 'weɪdʒɪz] *pl* Investivlohn *m*

investigation [ɪnvestɪ'geɪʃən] *sb* Nachforschung *f*, Ermittlung *f*

investigation by the tax authorities [ɪnvestɪ'geɪʃən baɪ ðə tæks ɔː'θɒrɪtiːz] *sb* Betriebsprüfung *f*

investigation into tax evasion [ɪnvestɪ'geɪʃən 'ɪntuː 'tæks ɪ'veɪʃən] *sb* Steuerfahndung *f*

investment [ɪn'vestmənt] *sb* Anlage *f*, Geldanlage *f*, Investition *f*, Vermögensanlage *f*

investment accounts [ɪn'vestmənt ə'kaʊnts] *pl* Anlagekonten *n/pl*

investment aid [ɪn'vestmənt æɪd] *sb* Investitionshilfe *f*

investment advisor [ɪn'vestmənt əd'vaɪzə] *sb* Vermögensberater *m*, Anlageberater *m*, Wertpapierberater *m*

investment appraisal [ɪn'vestmənt ə'preɪzəl] *sb* Investitionsrechnung *f*

investment assistance [ɪn'vestmənt ə'sɪstəns] *sb* Investitionshilfe *f*

investment bank [ɪn'vestmənt bæŋk] *sb* Investmentbank *f*, Investitionsbank *f*

investment banking [ɪn'vestmənt 'bæŋkɪŋ] *sb* Effektenbankgeschäft *n*

investment bond [ɪn'vestmənt bɒnd] *sb* festverzinsliches Anlagepapier *n*

investment boom [ɪn'vestmənt buːm] *sb* Investmentboom *m*

investment business [ɪn'vestmənt 'bɪznɪs] *sb* Emissionsgeschäft *n*

investment capital [ɪn'vestmənt 'kæpɪtl] *sb* Kapitalanlage *f*, Anlagekapital *n*

investment certificate [ɪn'vestmənt sə'tɪfɪkət] *sb* Investmentzertifikat *n*

investment committee [ɪn'vestmənt kə'mɪtɪ] *sb* Anlageausschuss *m*

investment company [ɪn'vestmənt 'kʌmpənɪ] *sb* Investmentgesellschaft *f*

investment counseling [ɪn'vestmənt 'kaʊnsəlɪŋ] *sb* Anlageberatung *f*, Vermögensberatung *f*

investment credit [ɪn'vestmənt 'kredɪt] *sb* Investitionskredit *m*, Anlagekredit *m*

investment credit insurance [ɪn'vestmənt 'kredɪt ɪn'ʃʊərəns] *sb* Investitionskreditversicherung *f*

investment fund [ɪn'vestmənt fʌnd] *sb* Investmentfonds *m*

investment fund certificates [ɪn'vestmənt fʌnd sə'tɪfɪkɪts] *pl* Investmentzertifikate *n/pl*

investment grant [ɪn'vestmənt grɑːnt] *sb* Investitionszulage *f*

investment in kind [ɪn'vestmənt ɪn kaɪnd] *sb* Sacheinlage *f*

investment in securities [ɪn'vestmənt ɪn sɪ'kjʊərɪtiːz] *sb* Wertpapieranlage *f*

investment index [ɪn'vestmənt 'ɪndeks] *sb* Investitionskennzahl *f*

investment mix [ɪn'vestmənt mɪks] *sb* Anlagestruktur *f*

investment loan [ɪn'vestmənt ləʊn] *sb* Investitionskredit *m*

investment program [ɪn'vestmənt 'prəʊgræm] *sb* Programmgesellschaft *f*

investment promotion [ɪn'vestmənt prə'məʊʃən] *sb* Investitionsförderung *f*

investment return [ɪn'vestmənt rɪ't3:n] *sb* Anlageertrag *m*, Kapitalrendite *f*
investment risk [ɪn'vestmənt rɪsk] *sb* Anlagewagnis *n*
investment scheme [ɪn'vestmənt ski:m] *sb* Investitionsplan *m*
investment securities [ɪn'vestmənt sɪ-'kjʊərɪti:z] *pl* Anlagepapiere *n/pl*
investment share [ɪn'vestmənt ʃeə] *sb* Investmentanteil *m*
investment subsidy [ɪn'vestmənt 'sʌbsədɪ] *sb* Investitionszuschuss *m*
investment tax [ɪn'vestmənt tæks] *sb* Investitionssteuer *f*
investor [ɪn'vestə] *sb* Kapitalanleger *m*, Investor *m*
invisible hand [ɪn'vɪzɪbəl hænd] *sb* Ausgleichsfunktion des Preises *f;* unsichtbare Hand *f* (nach Adam Smith)
invitation to tender [ɪnvɪ'teɪʃən tu 'tendə] *sb* Ausschreibung *f,* Submission *f*
invoice ['ɪnvɔɪs] *sb 1.* Rechnung *f,* Faktura *f; v 2.* fakturieren, in Rechnung stellen
invoice amount ['ɪnvɔɪs ə'maʊnt] *sb* Rechnungssumme *f*
invoice number ['ɪnvɔɪs 'nʌmbə] *sb* Rechnungsnummer *f*
invoice total ['ɪnvɔɪs 'təʊtl] *sb* Rechnungsbetrag *m*
invoicing ['ɪnvɔɪsɪŋ] *sb 1.* Fakturierung *f,* Rechnungsstellung *f; 2.* Inrechnungstellung *f,* Berechnung *f*
iron and steel producing industry ['aɪən ænd sti:l prə'dju:sɪŋ 'ɪndəstrɪ] *sb* Eisen schaffende Industrie *f*
iron exchange ['aɪən ɪks'tʃeɪndʒ] *sb* Eisenbörse *f*
irredeemable [ɪrɪ'di:məbl] *adj 1. (bonds)* unkündbar; *2. (currency)* nicht einlösbar; *3. (debt, pawned object)* nicht ablösbar
irregularity [ɪregjʊ'lærətɪ] *sb* Unregelmäßigkeit *f*
ISO standards [aɪ es əʊ 'stændədz] *pl* ISO-Normen *f/pl*
issue ['ɪʃu:] *v 1. (a command)* ausgeben, erteilen; *2. (currency)* ausgeben, emittieren; *3. (documents)* ausstellen; *4. (stamps, a newspaper, a book)* herausgeben; *sb 5. (magazine, currency, stamps)* Ausgabe *f; 6. (of documents)* Ausstellung *f;* date of ~ Ausstellungsdatum *n; 7. (of stocks)* Emission *f,* Ausgabe *f; 8. (goods)* Abgang *m*
issue at par ['ɪʃu: æt pa:] *sb* Pari-Emission *f*

issue below par ['ɪʃu: bə'ləʊ pa:] *sb* Unter-Pari-Emission *f*
issue broker ['ɪʃu: 'brəʊkə] *sb* Emissionsmakler *m*
issue calendar ['ɪʃu: 'kælɪndə] *sb* Emissionskalender *m*
issue commission ['ɪʃu: kə'mɪʃən] *sb* Emissionsvergütung *f*
issue date ['ɪʃu: deɪt] *sb* Ausstellungstag *m*
issue department ['ɪʃu: də'pa:tmənt] *sb* Emissionsabteilung *f*
Issue Law ['ɪʃu: lɔ:] *sb* Emissionsgesetz *n*
issue market ['ɪʃu: ma:kət] *sb* Emissionsmarkt *m*, Primärmarkt *m*
issue of securities ['ɪʃu: əv sɪ'kjʊərɪti:z] *sb* Effektenemission *f,* Wertpapieremission *f*
issue of shares ['ɪʃu: əv ʃeəz] *sb* Aktienemission *f,* Aktienausgabe *f*
issue permit ['ɪʃu: 'pɜ:mɪt] *sb* Emissionsgenehmigung *f*
issue premium ['ɪʃu: 'pri:mɪəm] *sb* Emissionsagio *n*
issue price ['ɪʃu: praɪs] *sb* Emissionskurs *m*
issuer ['ɪʃu:ə] *sb* Emittent *m*, emittierendes Unternehmen *n*
issue yield ['ɪʃu: ji:ld] *sb* Emissionsrendite *f*
issuing ['ɪʃu:ɪŋ] *sb* Emission *f,* Erscheinen *n*
issuing bank ['ɪʃu:ɪŋ bæŋk] *sb* Effektenbank *f,* Emissionsbank *f*
issuing house ['ɪʃu:ɪŋ haʊs] *sb* Emissionshaus *n*
issuing of shares ['ɪʃu:ɪŋ əv ʃeəz] *sb* Aktienausgabe *f*
issuing price ['ɪʃu:ɪŋ praɪs] *sb* Ausgabepreis *m*, Begebungspreis *m*, Ausgabekurs *m*
issuing procedure ['ɪʃu:ɪŋ prəʊ'si:dʒə] *sb* Emissionsverfahren *n*
item ['aɪtəm] *sb 1. (object, thing)* Stück *n*, Ding *n*, Gegenstand *m; 2. (on an agenda)* Punkt *m; 3. (in an account book)* Posten *m*
item charge ['aɪtəm tʃa:dʒ] *sb* Postengebühr *f*
item free of charge ['eɪtəm fri: əv tʃa:dʒ] *sb* Frankoposten *m*
itemization [aɪtəmaɪ'zeɪʃən] *sb* Aufgliederung *f,* Spezifizierung *f*
itemize ['aɪtəmaɪz] *v* einzeln aufführen, spezifizieren
item numbering system ['eɪtəm 'nʌmbərɪŋ 'sɪstɪm] *sb* Artikelnummernsystem *n*
item of real estate ['aɪtəm əv 'rɪəl ɪ'steɪt] *sb* Immobilie *f*
itinerant trade [aɪ'tɪnərənt treɪd] *sb* ambulantes Gewerbe *n*

J/K

jacket ['dʒækɪt] *sb* Schutzhülle *f,* Umschlag *m*
jam [dʒæm] *sb* 1. *(blockage)* Stauung *f;* 2. *traffic ~* (Verkehrs-)Stau *m*
janitor ['dʒænɪtə] *sb* Hausmeister(in) *m/f*
jargon ['dʒɑːgən] *sb* Jargon *m,* Fachsprache *f*
jet [dʒet] *sb (~ plane)* Düsenflugzeug *n,* Jet *m*
jingle ['dʒɪŋgl] *sb* Werbemelodie *f,* Erkennungsmelodie *f*
job [dʒɒb] *sb* 1. *(employment)* Stelle *f,* Job *m,* Stellung *f;* 2. *(piece of work)* Arbeit *f;* 3. *to be paid by the ~* pro Auftrag bezahlt werden; *pl* 4. *odd ~s* Gelegenheitsarbeiten *pl,* 5. *(responsibility, duty)* Aufgabe *f; That's not my ~.* Dafür bin ich nicht zuständig.
job account log [dʒɒb ə'kaʊnt lɒg] *sb* Auftragsabrechnungsbuch *n*
job account number [dʒɒb ə'kaʊnt 'nʌmbə] *sb* Auftragsnummer *f*
job allocation [dʒɒb ælə'keɪʃən] *sb* Aufgabenverteilung *f,* Aufgabenzuweisung *f*
job application [dʒɒb æplɪ'keɪʃən] *sb* Bewerbung *f,* Stellengesuch *n*
jobbing ['dʒɒbɪŋ] *sb* Jobben *n*
job card [dʒɒb 'kɑːd] *sb* Arbeitszettel *m*
job centre ['dʒɒb sentə] *sb (UK)* Arbeitsamt *n*
job changeover [dʒɒb 'tʃeɪndʒəʊvə] *sb* Auftragswechsel *m*
job controlling [dʒɒb kən'trəʊlɪŋ] *sb* Auftragssteuerung *f*
job counselor [dʒɒb 'kaʊnsələ] *sb* Berufsberater(in) *m/f*
job demand ['dʒɒb dɪ'mɑːnd] *sb* Arbeitsnachfrage *f*
job description ['dʒɒb dɪskrɪpʃən] *sb* Tätigkeitsbeschreibung *f*
job engineering ['dʒɒb endʒɪn'iːrɪŋ] *sb* Arbeitsplatzgestaltung *f*
job enlargement [dʒɒb ɪn'lɑːdʒmənt] *sb* Erweiterung des Aufgabenbereichs *f*
job entrant [dʒɒb 'entrənt] *sb* Berufsanfänger(in) *m/f*
job experience [dʒɒb ɪk'spɪəriəns] *sb* Berufserfahrung *f*
job execution [dʒɒb eksɪ'kjuːʃən] *sb* Auftragsdurchführung *f*
job evaluation ['dʒɒb ɪvælju'eɪʃən] *sb* Arbeitsbewertung *f*

job freeze ['dʒɒb friːz] *sb* Einstellungsstopp *m,* Einstellungssperre *f*
job history [dʒɒb 'hɪstrɪ] *sb* beruflicher Werdegang *m*
job interview [dʒɒb 'ɪntəvjuː] *sb* Vorstellungsgespräch *n,* Bewerbungsgespräch *n*
job layout [dʒɒb 'leɪaʊt] *sb* Arbeitsplatzgestaltung *f*
jobless ['dʒɒbləs] *adj* arbeitslos
job lot [dʒɒb lɒt] *sb (of articles)* Posten *m*
job order [dʒɒb 'ɔːdə] *sb* Arbeitsauftrag *m,* (Lohn-)Fertigungsauftrag *m*
job order costing [dʒɒb 'ɔːdə 'kɒstɪŋ] *sb* Zuschlagskalkulation *f*
job placement [dʒɒb 'pleɪsmənt] *sb* Stellenvermittlung *f*
job preparation [dʒɒb prepə'reɪʃən] *sb* Arbeitsvorbereitung *f*
job pricing [dʒɒb 'praɪsɪŋ] *sb* Lohnkostenkalkulation *f*
job production [dʒɒb prə'dʌkʃən] *sb* Einzelfertigung *f,* Auftragsfertigung *f*
job rate [dʒɒb 'reɪt] *sb* 1. Tarifgrundlohn *m;* 2. *(piece work)* Akkordlohnsatz *m*
job record [dʒɒb 'rekɔːd] *sb* beruflicher Werdegang *m*
job rotation [dʒɒb rəʊ'teɪʃən] *sb* Jobrotation *f,* systematischer Arbeitsplatzwechsel *m*
job satisfaction ['dʒɒb sætɪs'fækʃən] *sb* Arbeitszufriedenheit *f*
job search ['dʒɒb sɜːtʃ] *sb* Stellensuche *f*
job sequence [dʒɒb 'siːkwəns] *sb* Arbeitsfolge *f,* Arbeitsablauf *m*
job sharing [dʒɒb 'ʃeərɪŋ] *sb* Jobsharing *n,* Teilen einer Arbeitsstelle *n*
job shop operation [dʒɒb ʃɒp ɒpə'reɪʃn] *sb* Werkstattfertigung *f*
job shop schedule [dʒɒb ʃɒp 'ʃedjuːl] *sb* Maschinenbelegungsplan *m*
job time [dʒɒb taɪm] *sb* Stückzeit *f,* Auftragszeit *f*
join [dʒɔɪn] *v* 1. eintreten, beitreten; 2. *(combine)* zusammenfügen, verbinden
joining ['dʒɔɪnɪŋ] *sb* Beitritt *m*
joint [dʒɔɪnt] *adj* gemeinsam, gemeinschaftlich, Gemeinschafts...; *~ and several* solidarisch
joint account [dʒɔɪnt ə'kaʊnt] *sb* Gemeinschaftskonto *n,* Oder-Konto *n*

joint and several debtor [dʒɔɪnt ænd 'sevərəl 'detə] *sb sb* Gesamtschuldner *m*
joint and several guaranty [dʒɔɪnt ænd 'sevərəl gærən'tiː] *sb* gesamtschuldnerische Bürgschaft *f*
joint and several liability ['dʒɔɪnt ænd 'sevərəl laɪlə'bɪlɪtɪ] *sb* Solidarhaftung *f*
joint committee [dʒɔɪnt kə'mɪtɪ] *sb* gemischter Ausschuss *m*
joint debt [dʒɔɪnt det] *sb* Gesamthandschuld *f*
joint debtor [dʒɔɪnt 'detə] *sb* Mitschuldner(in) *m/f*
joint deposit [dʒɔɪnt dɪ'pɒsɪt] *sb* Oderdepot *n*
joint funds [dʒɔɪnt fʌnds] *pl* Gemeinschaftsfonds *m*
joint issue [dʒɔɪnt 'ɪʃjuː] *sb* Gemeinschaftsemission *f*
joint loan [dʒɔɪnt ləʊn] *sb* Gemeinschaftsanleihe *f*
joint loan issue [dʒɔɪnt ləʊn 'ɪʃuː] *sb* Sammelanleihe *f*
joint owner [dʒɔɪnt 'əʊnə] *sb* Miteigentümer *m*, Mitbesitzer *m*
joint power of attorney [dʒɔɪnt 'paʊə əv ə'tɜːnɪ] *sb* Gesamtvollmacht *f*
joint proxy [dʒɔɪnt 'prɒksɪ] *sb* Gesamtprokura *f*
joint property [dʒɔɪnt 'prɒpertɪ] *sb* gemeinschaftliches Eigentum *n*
joint publicity [dʒɔɪnt pʌ'blɪsɪtɪ] *sb* Gemeinschaftswerbung *f*
joint saving [dʒɔɪnt 'seɪvɪŋ] *sb* Gemeinschaftssparen *n*
joint security deposit [dʒɔɪnt sɪk'jʊərɪtɪ dɪ'pɒsɪt] *sb* Gemeinschaftsdepot *n*
joint stock [dʒɔɪnt stɒk] *sb* Aktienkapital *n*
joint stock bank [dʒɔɪnt stɒk bæŋk] *sb* Aktienbank *f*
joint stock company [dʒɔɪnt stɒk 'kʌmpənɪ] *sb* Aktiengesellschaft *f*
joint tenancy [dʒɔɪnt 'tenənsɪ] *sb* Gesamthandeigentum *n*
jointly owned claim ['dʒɔɪntlɪ əʊnd kleɪm] *sb* Gesamthandforderung *f*
joint-stock company [dʒɔɪntstɒk 'kʌmpənɪ] *sb* Kapitalgesellschaft *f*, Aktiengesellschaft *f*
joint venture [dʒɔɪnt 'ventʃə] *sb* Gemeinschaftsunternehmen *n*, Joint Venture *n*
joint-venture company [dʒɔɪnt'ventʃə 'kʌmpənɪ] *sb* Projektgesellschaft *f*

jottings ['dʒɒtɪŋz] *pl* Notizen *f/pl*
journal ['dʒɜːnəl] *sb 1.* Journal *n; 2. (Rechnungswesen)* Primanota *f*
journeyman ['dʒɜːnɪmən] *sb* Geselle *m*
judge [dʒʌdʒ] *v 1.* urteilen; *2. (sth)* beurteilen; *3. (consider, deem)* halten für, erachten für; *4. (estimate)* einschätzen
judge in bankruptcy [dʒʌdʒ ɪn 'bæŋkrəpsɪ] *sb* Konkursrichter(in) *m/f*
judgement ['dʒʌdʒmənt] *sb 1.* Urteil *n*, Beurteilung *f; 2. (estimation)* Einschätzung *f*
judgement debt ['dʒʌdʒmənt det] *sb* Vollstreckungsschuld *f*
judgement note ['dʒʌdʒmənt nəʊt] *sb* Schuldanerkenntnisschein *m*
judgement on appeal ['dʒʌdʒmənt ɒn ə'piːl] *sb* Berufungsurteil *n*
judicial [dʒuː'dɪʃəl] *adj* gerichtlich, Justiz...
judicial authority [dʒuː'dɪʃəl ɔː'θɒrətɪ] *sb* Gerichtsbehörde *f*, gerichtliche Instanz *f*
jumbo bond issue ['dʒʌmbəʊ bɒnd 'ɪʃuː] *sb* Großemission *f*
jump [dʒʌmp] *v 1.* sprunghaft ansteigen; *sb 2.* sprunghafter Anstieg *m*
jump in prices [dʒʌmp ɪn 'praɪsɪz] *sb* Kurssprung *m*
junior financing ['dʒuːnjə faɪ'nænsɪŋ] *sb* nachrangige Finanzierung *f*
junior lawyer ['dʒuːnɪə 'lɔːjə] *sb* Rechtsreferendar(in) *m/f*
junior market ['dʒuːnɪə 'mɑːkɪt] *sb* nachrangiger Markt *m*
junior mortgage ['dʒuːnɪə 'mɔːgɪdʒ] *sb* nachrangige Hypothek *f*
junior partner ['dʒuːnɪə 'pɑːtnə] *sb* jüngere(r) Teilhaber(in) *m/f*, jüngere(r) Partner(in) *m/f*
junior stock ['dʒuːnɪə stɒk] *sb* junge Emission *f*
junk bond [dʒʌŋk bɒnd] *sb* niedrig eingestuftes Wertpapier *n*
junk mail ['dʒʌŋk meɪl] *sb* Postwurfsendungen *f/pl*, Reklame *f*
jurisdiction [dʒʊərɪs'dɪkʃən] *sb* Zuständigkeitsbereich *m*, Zuständigkeit *f*
jurisdiction at the place of performance [dʒʊərɪs'dɪkʃən ət ðə pleɪs əv pə'fɔːməns] *sb* Gerichtsstand des Erfüllungsortes *m*
jurisdiction clause [dʒʊərɪs'dɪkʃən klɔːz] *sb* Zuständigkeitsklausel *f*
jurisdiction to tax [dʒʊərɪs'dɪkʃen tu 'tæks] *sb* Steuerhoheit *f*

jurisprudence [dʒʊərɪs'pruːdəns] *sb* Rechtswissenschaft *f*
juror ['dʒʊərə] *sb* Geschworene(r) *f/m*, Schöffe/Schöffin *m/f*
jury ['dʒʊərɪ] *sb* Geschworene *pl*
justice ['dʒʌstɪs] *sb (system)* Gerichtsbarkeit *f*, Justiz *f*
just-in-time [dʒʌstɪn'taɪm] *adv* just-in-time, produziert zur sofortigen Auslieferung
juxtaposition [dʒʌkstəpə'zɪʃən] *sb* Nebeneinanderdarstellung *f*
keelage ['kiːlɪdʒ] *sb* Hafengebühr *f*
keep [kiːp] *v irr 1. (accounts, a diary)* führen; *2. (an appointment)* einhalten; *3. (a promise)* halten, einhalten, einlösen; *4. (run a shop, a hotel)* führen
keeping of an account ['kiːpɪŋ əv ən ə'kaʊnt] *sb* Kontoführung *f*
keeper ['kiːpə] *sb* Verwahrer(in) *m/f*, Halter(in) *m/f*
keeping in stock ['kiːpɪŋ ɪn stɒk] *sb* Lagerhaltung *f*
keeping of the minutes ['kiːpɪŋ əv ðə 'mɪnɪts] *sb* Protokollführung *f*
keeping of the records ['kiːpɪŋ əv ðə 'rekɔːdz] *sb* Registerführung *f*, Geschäftsbuchführung *f*
keeping period ['kiːpɪŋ 'pɪərɪəd] *sb* Aufbewahrungsfrist *f*
kerb market [kɜːb 'maːkɪt] *sb* Nachbörse *f*, Freiverkehr *m*
key [kiː] *sb 1.* Schlüssel *m; 2. (of a typewriter, of a keyboard)* Taste *f*
key account manager [kiː ə'kaʊnt 'mænɪdʒə] *sb* Key-account-Manager *m*
keyboard ['kiːbɔːd] *sb* Tastatur *f*
key costs [kiː kɒsts] *sb* Hauptunkosten *f*
key currency [kiː 'kʌrensɪ] *sb* Leitwährung *f*
key customer [kiː 'kʌstəmə] *sb* Hauptkunde *m*, Großkunde *m*
key data [kiː 'deɪtə] *sb* Eckdaten *pl*, Schlüsselwerte *m/pl*
key date [kiː deɪt] *sb* Stichtag *m*
key employee [kiː ɪmplɔɪ'iː] *sb* leitende(r) Angestellte(r) *f/m*
key indicator [kiː 'ɪndɪkeɪtə] *sb* Primärindikator *m*
key industry [kiː 'ɪndəstrɪ] *sb* Schlüsselindustrie *f*
key interest rate [kiː 'ɪntrest reɪt] *sb* Leitzinssatz *m*
keylock ['kiːlɒk] *sb* Tastensperre *f*
key money [kiː 'mʌnɪ] *sb (UK)* Provision *f*

Keynes Theory [kiːns 'θɪərɪ] *sb* Keynes'sche Theorie *f*
key number [kiː 'nʌmbə] *sb* Kontrollnummer *f*
key of payment [kiː əv 'peɪmənt] *sb* Kostenschlüssel *m*
key of ratings [kiː əv 'reɪtɪŋz] *sb* Bewertungsschlüssel *m*
key operating area [kiː 'ɒpəreɪtɪŋ 'eərɪə] *sb* Hauptgeschäftsbereich *m*
key qualification [kiː kwɒlɪfɪ'keɪʃn] *sb* Schlüsselqualifikation *f*
key rate [kiː reɪt] *sb* Leitzins *m*
key responsibility area [kiː rɪspɒnsə-'bɪlətɪ 'eərɪə] *sb* Hauptverantwortungsbereich *m*
keystroke ['kiːstrəʊk] *sb* Anschlag *m*
key word [kiː wɜːd] *sb* Schlüsselwort *n*
key workers [kiː 'wɜːkəs] *sb* Stammbelegschaft *f*
kill [kɪl] *v 1. (fam) (a proposal)* zu Fall bringen; *2. (an engine)* abschalten
kilobyte ['kɪləbaɪt] *sb* Kilobyte *n*
kilogramme ['kɪləgræm] *sb (UK)* Kilogramm *n*
kilohertz ['kɪləhɜːts] *sb* Kilohertz *n*
kilometre [kɪ'lɒmɪtə] *sb* Kilometer *m; ~s per hour* Stundenkilometer *m/pl*
kiloton ['kɪlətʌn] *sb* Kilotonne *f*
kilovolt ['kɪləvɒlt] *sb* Kilovolt *n*
kilowatt ['kɪləwɒt] *sb* Kilowatt *n*
king-sized ['kɪŋsaɪzd] *adj* Riesen..., sehr groß
kite [kaɪt] *sb 1.* Gefälligkeitswechsel *m; 2. (uncovered cheque)* ungedeckter Scheck *m*
kite flying [kaɪt 'flaɪɪŋ] *sb* Wechselreiterei *f*
knitwear industry ['nɪtwɛə 'ɪndəstrɪ] *sb* Strickwarenindustrie *f*
knock down [nɒk daʊn] *v (Auktion)* zuschlagen
knock-down price ['nɒkdaʊn praɪs] *sb 1.* Schleuderpreis *m; 2. (auction)* Mindestgebot *n*
knock-for-knock [nɒkfɔː'nɒk] *sb (insurance)* gegenseitige Aufrechnung *f*
knockoff ['nɒkɒf] *sb* Imitation *f*
knock-on ['nɒkɒn] *adj ~ effect* Dominoeffekt *m*
knowhow ['nəʊhaʊ] *sb* Sachkenntnis *f*, Know-how *n*
knowhow agreement ['nəʊhaʊ ə'griːmənt] *sb* Lizenzvertrag *m*
knowledge management ['nɒlɪdʒ 'mænɪdʒmənt] *sb* Wissensmanagement *n*

L

label ['leɪbl] *v 1.* etikettieren; *sb 2.* Etikett *n,* Schild *n*
labeling ['leɪbəlɪŋ] *sb* Etikettierung *f,* Kennzeichnung *f*
labeling provisions ['leɪbəlɪŋ prə'vɪʃns] *pl* Kennzeichnungsverordnung *f*
labor market policy ['leɪbə 'mɑːkɪt 'pɒlɪsɪ] *sb* Arbeitsmarktpolitik *f*
Labor Promotion Law ['leɪbə prɒ'məʊʃn lɔː] *sb* Arbeitsförderungsgesetz (AFG) *n*
labor/employment costs ['leɪbə ɪm'plɔɪmənt kɒsts] *sb (Personal)* Arbeitskosten *f*
laboratory [lə'bɒrətrɪ] *sb* Laboratorium *n,* Labor *n*
labour ['leɪbə] *sb 1.* Arbeit *f,* Anstrengung *f,* Mühe *f; 2. (workers)* Arbeiter *pl,* Arbeitskräfte *pl*
labour and management ['leɪbə ænd 'mænɪdʒmənt] *sb* Tarifpartner *m/pl,* Tarifparteien *f/pl*
labour agreement ['leɪbə ə'griːmənt] *sb* Tarifvertrag *m*
labour cost level ['leɪbə kɒst 'levl] *sb* Lohnkostenniveau *n*
labour costs ['leɪbə kɒsts] *pl* Lohnkosten *pl*
labour cost subsidy ['leɪbə kɒst 'sʌbsədɪ] *sb* Lohnkostenzuschuss *m*
labour court ['leɪbə kɔːt] *sb* Arbeitsgericht *n*
labour exchange ['leɪbər ɪk'stʃeɪndʒ] *sb (UK)* Arbeitsamt *n*
labour grading ['leɪbə 'greɪdɪŋ] *sb* Arbeitsbewertung *f*
labour law ['leɪbə lɔː] *sb* Arbeitsrecht *n*
labour leader ['leɪbə 'liːdə] *sb* Gewerkschaftsführer *m*
labour market ['leɪbə 'mɑːkɪt] *sb* Arbeitsmarkt *m*
labour permit ['leɪbə 'pɜːmɪt] *sb* Arbeitserlaubnis *f,* Arbeitsgenehmigung *f*
labour relations ['leɪbə rɪ'leɪʃənz] *pl* Arbeitsverhältnis, Arbeitsklima *n*
labour time standard ['leɪbə taɪm 'stændəd] *sb* Arbeitszeitvorgabe *f*
labourer ['leɪbərə] *sb* Arbeiter *m,* Arbeitskraft *f*
labour-intensive ['leɪbərɪntensɪv] *adj* arbeitsintensiv
lack [læk] *v 1.* Mangel haben an, nicht haben, nicht besitzen; *sb 2.* Mangel *m*
lack of foreign exchange [læk əv 'fɒrɪn ɪk'stʃeɪndʒ] *sb* Devisenmangel *m*

lack of jurisdiction [læk əv dʒʊərɪs'dɪkʃən] *sb* Unzuständigkeit *f*
lack of liquidity [læk əv lɪ'kwɪdɪtɪ] *sb* Unterliquidität *f*
lading ['leɪdɪŋ] *sb* Ladung *f*
lag [læg] *sb* Verzögerung *f,* Rückstand *m*
lagged adjustment of variable costs [lægd ə'dʒʌstmənt əv 'veəriəbl kɒsts] *sb* Kostenremanenz *f*
land bank [lænd bæŋk] *sb* Bodenkreditanstalt *f,* Hypothekenbank *f*
land central bank [lænd 'sentrəl bæŋk] *sb* Landeszentralbank (LZB) *f*
land charge ['lænd tʃɑːdʒ] *sb* Grundschuld *f*
land charge certificate [lænd tʃɑːdʒ sə'tɪfɪkət] *sb* Grundschuldbrief *m*
land charge in favour of the owner [lænd tʃɑːdʒ ɪn 'feɪvə əv ðiː 'əʊnə] *sb* Eigentümer-Grundschuld *f*
land charge not repayable until called [lænd tʃɑːdʒ nɒt riː'peɪəbl ʌn'tɪl kɔːld] *sb* Kündigungsgrundschuld *f*
land credit [lænd 'kredɪt] *sb* Immobiliarkredit *m*
land holder [lænd 'həʊldə] *sb* Grundbesitzer *m*
land investment [lænd ɪn'vestmənt] *sb* Grundstücksanlage *f*
land price ['lænd praɪs] *sb* Bodenpreis *m*
land reform [lænd rɪ'fɔːm] *sb* Bodenreform *f*
land surveying [lænd sə'veɪɪŋ] *sb* Landvermessung *f*
land tenancy [lænd 'tenənsɪ] *sb* Landpacht *f,* Grundstückspacht *f*
land transfer tax [lænd 'trænsfɜː tæks] *sb* Grunderwerbssteuer *f*
landlord ['lændlɔːd] *sb* Vermieter *m*
lane [leɪn] *sb 1. (shipping route)* Schifffahrtsweg *m; 2. (of an aircraft)* Route *f*
lapse [læps] *sb 1. (of time)* Zeitspanne *f,* Zeitraum *m; 2. (expiration)* Ablauf *m; 3. (of a claim)* Verfall *m; 4. (mistake)* Fehler *m,* Versehen *n*
lapse profit [læps 'prɒfɪt] *sb* Stornogewinn *m*
lapse provision [læps prə'vɪʒən] *sb* Stornoklausel *f*
laptop ['læptɒp] *sb* Laptop *m*
large container [lɑːdʒ kən'teɪnə] *sb* Großcontainer *m*

large-scale ['lɑːdʒskeɪl] *adj* Groß..., groß, umfangreich

large-scale chain operation ['lɑːdʒskeɪl tʃeɪn ɒpə'reɪʃn] *sb* Massenfilialbetrieb *m*

large-scale lending ['lɑːdʒskeɪl 'lendɪŋ] *sb* Großkredit *m*

large-scale operation ['lɑːdʒskeɪl ɒpə'reɪʃən] *sb* Großbetrieb *m*, Großunternehmen *n*

large-scale order ['lɑːdʒskeɪl 'ɔːdə] *sb* Großauftrag *m*

laser printer ['leɪzə 'prɪntə] *sb* Laserdrucker *m*

last will and testament ['lɑːst wɪl ænd 'testəmənt] *sb* Testament *n*

last-day business [lɑːst'deɪ 'bɪznɪs] *sb* Ultimogeschäft *n*

last-day money [lɑːst'deɪ 'mʌnɪ] *sb* Ultimogeld *n*

latency time ['leɪtənsɪ taɪm] *sb* Zugriffszeit *f*, Wartezeit *f*

lateness ['leɪtnɪs] *sb 1.* Zuspätkommen *n*; *2. (of payments, of a train)* Verspätung *f*

latent funds ['leɪtənt fʌndz] *pl* stille Rücklage *f*

launch [lɔːntʃ] *v 1. (a product)* auf den Markt bringen; *2. (with publicity)* lancieren; *3. (a company)* gründen

launch customer [lɔːntʃ 'kʌstəmə] *sb* Pilotkunde/Pilotkundin *m/f*

launch of a product [lɔːntʃ əv ə 'prɒdʌkt] *sb* Produkteinführung *f*

launching costs ['lɔːntʃɪŋ kɒsts] *pl* Anlaufkosten *pl*

launching finance ['lɔːntʃɪŋ 'faɪnæns] *sb* Anschubfinanzierung *f*

law [lɔː] *sb 1. (system)* Recht *n*; *under German* ~ nach deutschem Recht

law of balancing organizational plans [lɔː əv 'bælənsɪŋ ɔːɡənaɪ'zeɪʃnl plænz] *sb* Ausgleichsgesetz der Planung *n*

law of non-proportional returns [lɔː əv nɒnprɒ'pɔːʃənl rɪ'tɜːns] *sb* Ertragsgesetz *n*

law of obligations [lɔː əv ɒblɪ'ɡeɪʃns] *sb* Schuldrecht *n*

law of real and personal property [lɔː əv 'rɪəl ænd 'pɜːsənl 'prɒpətɪ] *sb* Sachenrecht *n*

Law of Succession [lɔː əv sʌk'seʃn] *sb* Erbrecht *n*

law of taxation [lɔː əv tæk'seɪʃn] *sb* Steuerrecht *n*

law on competition [lɔː ɒn kɒmpə'tɪʃən] *sb* Wettbewerbsrecht *n*

Law on Environmental Issues [lɔː ɒn ɪnvaɪrən'mentl 'ɪʃuːs] *sb* Umwelthaftungsgesetz (UmweltHG) *n*

Law on food processing and distribution [lɔː ɒn fuːd 'prəʊsesɪŋ ænd dɪstrɪ'bjuːʃn] *sb* Lebensmittelgesetz *n*

Law on old-age part-time employment [lɔː ɒn 'əʊld-eɪdʒ 'pɑːt-taɪm ɪm'plɔɪmənt] *sb* Altersteilzeitgesetz *n*

lawful ['lɔːfəl] *adj* rechtmäßig

lawless ['lɔːləs] *adj* gesetzlos

lawsuit ['lɔːsuːt] *sb* Prozess *m*, Klage *f*

lawyer ['lɔːjə] *sb* Anwalt/Anwältin *m/f*, Rechtsanwalt/Rechtsanwältin *m/f*

lay off [leɪ 'ɒf] *v irr (worker)* entlassen

layoff ['leɪɒf] *sb* Massenentlassung *f*

lay out [leɪ aʊt] *v irr 1. (money)* ausgeben; *2. (invest)* investieren; *3. (design)* anlegen, planen

layout ['leɪaʊt] *sb 1.* Anordnung *f*, Anlage *f*, Planung *f*; *2. (of a publication)* Layout *n*

lead [liːd] *v irr* führen; ~ *the way* vorangehen

lead contractor [liːd kən'træktə] *sb* Generalunternehmer(in) *m/f*

lead hand ['liːd hænd] *sb* Vorarbeiter(in) *m/f*

leader ['liːdə] *sb (of a project)* Leiter(in) *m/f*

leadership ['liːdəʃɪp] *sb 1.* Führung *f*, Leitung *f*; *2. (quality)* Führungsqualitäten *pl*

lead time [liːd taɪm] *sb 1. (production)* Produktionszeit *f*; *2. (delivery)* Lieferzeit *f*

leaflet ['liːflɪt] *sb* Prospekt *m*, Flugblatt *n*

learning curve ['lɜːnɪŋ kɜːv] *sb* Lernkurve *f*

lease [liːs] *v 1. (take)* pachten, in Pacht nehmen, mieten; *2. (give)* verpachten, in Pacht geben, vermieten; *sb 3.* Pacht *f*, Miete *f*

leasehold ['liːshəʊld] *sb* Pacht *f*

leasehold rent ['liːshəʊld rent] *sb* Pachtzins *m*

leaseholder ['liːshəʊldə] *sb* Pächter *m*

lease renewal option [liːs rɪ'njuːəl 'ɒpʃn] *sb* Mietverlängerungsoption *f*

lease with option to purchase [liːs wɪθ 'ɒpʃn tuː 'pɜːtʃɪs] *sb* Mietkauf *m*

leasing ['liːsɪŋ] *sb* Leasing *n*

leasing company ['liːsɪŋ 'kʌmpənɪ] *sb* Leasing-Gesellschaft *f*

leasing contract ['liːsɪŋ 'kɒntrækt] *sb* Leasing-Vertrag *m*

leasing payment ['liːsɪŋ 'peɪmənt] *sb* Leasing-Rate *f*

leasing rate ['liːsɪŋ reɪt] *sb* Leasingrate *f*

leasing rental ['liːsɪŋ 'rentl] *sb* Pachtertrag *m*

leave [liːv] *v irr 1.* weggehen; *2. (car, bus, train)* abfahren; *3. (plane)* abfliegen; ~ *for* fahren nach; *3. (a message, a scar)* ~ *behind* hinterlassen; *4. (entrust)* überlassen; *sb 5. (time off)* Urlaub *m*

leave bonus [li:v 'bəunəs] *sb* Urlaubsgeld *n*
ledger ['ledʒə] *sb* Hauptbuch *n*
ledger account ['ledʒə ə'kaunt] *sb* Sachkonto *n*
legacy ['legəsɪ] *sb* Vermächtnis *n*
legal ['li:gl] *adj (lawful)* legal; *(tender, limit)* gesetzlich
legal action ['li:gl 'ækʃən] *sb* Klage *f,* Rechtsstreit *m; take ~ against s.o.* gegen jdn gerichtlich vorgehen
legal adviser ['li:gl əd'vaɪzə] *sb* Syndikus *m,* Rechtsbeistand *m*
legal aid ['li:gəl eɪd] *sb* Rechtsbeistand *m,* Rechtshilfe *f*
legal capacity ['li:gəl kə'pæsɪtɪ] *sb* Rechtsfähigkeit *f*
legal competence ['li:gl 'kɒmpɪtəns] *sb* Geschäftsfähigkeit *f*
legal costs ['li:gəl kɒsts] *pl* Gerichtskosten *pl*
legal entity ['li:gəl 'entɪtɪ] *sb* juristische Person *f*
legal fees ['li:gəl fi:z] *pl* Gerichtskosten *pl*
legal forms of commercial entities ['li:gəl fɔ:mz əv kə'mɜ:ʃl 'entɪtɪs] *pl* Gesellschaftsformen *f/pl*
legalize ['li:gəlaɪz] *v* legalisieren
legally restricted retained earnings ['li:gəlɪ rɪ'strɪktɪd rɪ'teɪnd 'ɜ:nɪŋs] *pl* gesetzliche Rücklage *f*
legal obligation to capitalize ['li:gəl ɒblɪ-'geɪʃn tu: 'kæpɪtəlaɪz] *sb* Aktivierungspflicht *f*
legal obligation to disclose one's results ['li:gəl ɒblɪ'geɪʃn tu: dɪs'kləuz wʌns rɪ-'zʌlts] *sb* Anzeigepflicht *f*
legal position ['li:gəl pə'zɪʃən] *sb* Rechtslage *f,* rechtliche Lage *f*
legal prohibition to capitalize ['li:gəl preu-hɪ'bɪʃn tu: 'kæpɪtəlaɪz] *sb* Aktivierungsverbot *n*
legal recourse for non-payment of a bill ['li:gəl rɪ'kɔ:s fɔ: nɒn'peɪmənt əv a bɪl] *sb* Wechselregress *m*
legal relationship ['li:gəl rɪ'leɪʃənʃɪp] *sb* Rechtsverhältnis *n*
legal remedy ['li:gəl 'remədɪ] *sb* Rechtsbehelf *m*
legal responsibility ['li:gəl rɪspɒnsə'bɪlɪtɪ] *sb* Rechtshaftung *f*
legal settlement in bankruptcy ['li:gəl 'setlmənt ɪn 'bæŋkrʌpsɪ] *sb* Zwangsvergleich *m*
legal situation ['li:gəl sɪtju'eɪʃən] *sb* Rechtslage *f,* rechtliche Lage *f*

legal structure ['li:gəl 'strʌkʃə] *sb* Rechtsform *f*
legal succession ['li:gəl sʌk'seʃn] *sb* Rechtsnachfolge *f*
legal supervision ['li:gəl su:pə'vɪʒn] *sb* Rechtsaufsicht *f*
legal system ['li:gəl 'sɪstəm] *sb* Rechtsordnung *f*
legal tender ['li:gəl 'tendə] *sb* gesetzliches Zahlungsmittel *n*
legal transaction ['li:gəl træn'zækʃən] *sb* Rechtsgeschäft *n*
legal transaction in fulfillment of an obligation ['li:gəl træn'zækʃn ɪn ful'fɪlmənt əv ən ɒblɪ'geɪʃn] *sb* Erfüllungsgeschäft *n*
legislation [ledʒɪ'sleɪʃən] *sb* Gesetzgebung *f; (laws)* Gesetze *n/pl*
legislative sovereignty ['ledʒɪslətɪv 'sɒvərɪntɪ] *sb* Gesetzgebungshoheit *f*
lend [lend] *v irr* leihen, verleihen
lender ['lendə] *sb* Darlehensgeber *m*
lending limit ['lendɪŋ 'lɪmɪt] *sb* Beleihungssatz *m*
lending margin ['lendɪŋ 'mɑ:dʒɪn] *sb* Kreditrente *f,* Kreditzinsen *pl*
lending on bills ['lendɪŋ ɒn bɪlz] *sb* Wechsellombard *m*
lending on goods ['lendɪŋ ɒn gudz] *sb* Warenbeleihung *f*
lending on securities ['lendɪŋ ɒn sɪ'kjuə-rɪti:z] *sb* Wertpapierleihe *f,* Lombardgeschäft *n*
lending rate ['lendɪŋ reɪt] *sb* Lombardzinsfuß *m*
lend-lease ['lend'li:s] *sb ~ agreement* Leih-Pacht-Abkommen *n*
less [les] *prep* abzüglich
lessee [le'si:] *sb* 1. Pächter *m,* 2. Mieter *m,* 3. Leasing-Nehmer *m*
lessor ['lesɔ:] *sb* Verpächter(in) *m/f,* Vermieter(in) *m/f*
let [let] *v irr* 1. *(UK: hire out)* vermieten; *sb* 2. Vermietung *f,* Verpachtung *f*
let-down ['letdaun] *sb* Abnahme *f,* Rückgang *m*
letter ['letə] *sb (written message)* Brief *m,* Schreiben *n*
letter-box ['letəbɒks] *sb* Briefkasten *m*
letterhead ['letəhed] *sb* Briefkopf *m; (paper with ~)* Kopfbogen *m*
letter of acceptance ['letər əv ək'septəns] *sb* Akzept *n*
letter of allotment ['letər əv ə'lɒtmənt] *sb* Bezugsrechtsmitteilung *f*

letter of application ['letər əv æplɪ'keɪ-ʃən] *sb* Bewerbungsschreiben *n*, Bewerbung *f*
letter of authority ['letər əv ɔː'θɒrətɪ] *sb* Vollmachtserklärung *f*
letter of confirmation ['letər əv kɒnfə-'meɪʃn] *sb* Bestätigungsschreiben *n*
letter of credit (L/C) ['letər əv 'kredɪt] *sb* Kreditbrief (L/C) *m*, Akkreditiv *n*
letter of deposit ['letər əv dɪ'pɒzɪt] *sb* Hinterlegungsurkunde *f*
letter of recommendation ['letər əv rekə-men'deɪʃən] *sb* Empfehlungsschreiben *n*, Referenz *f*
letter of reference ['letər əv 'refərəns] *sb* Zeugnis *n*
letter of renunciation ['letər əv rɪnʌnsɪ-'eɪʃən] *sb* Verzichtserklärung *f*
letter of thanks ['letər əv θæŋks] *sb* Dankschreiben *n*
level ['levl] *sb (standard)* Niveau *n*, Ebene *f*
level of employment ['levl əv ɪm'plɔɪmənt] *sb* Beschäftigungsgrad *m*
level of internationalization ['levl əv ɪntənæʃənəlaɪ'zeɪʃn] *sb* Internationalisierungsgrad *m*
level of organization ['levl əv ɔːgənaɪ-'zeɪʃn] *sb (Betrieb)* Organisationsgrad *m*
level of taxation ['levl əv tæk'seɪʃən] *sb* Steuerlastquote *f*
levelling ['levəlɪŋ] *sb* Nivellierung *f*
leverage effect ['liːvərɪdʒ ɪ'fekt] *sb* Leverage-Effekt *m*
leveraged buyout ['liːvərɪdʒd 'baɪaʊt] *sb* Management-Buyout *n*
levy ['levɪ] *sb 1. (tax)* Steuer *f*, Abgaben *pl*; *2. (act of ~ing)* Erhebung *f*, Umlage *f*
levy on mortgage profits ['levɪ ɒn 'mɔːgɪdʒ 'prɒfɪts] *sb* Hypothekengewinnabgabe *f*
liabilities [laɪə'bɪlɪtiːz] *pl* Passiva *pl*
liability [laɪə'bɪlɪtɪ] *sb 1.* Obligo *n*, Verbindlichkeit *f*; *2. assets and liabilities* Aktiva und Passiva *pl*; *3. (responsibility)* Haftung *f*
liability account [laɪə'bɪlətɪ ə'kaʊnt] *sb* Passivkonto *n*
liability for breach of warranty [laɪə'bɪlɪtɪ fɔː 'briːtʃ əv 'wɒrəntɪ] *sb* Gewährleistungshaftung *f*, Garantiehaftung *f*
liability for damages [laɪə'bɪlɪtɪ fɔː 'dæmɪdʒɪz] *sb* Schadensersatzpflicht *f*
liability of heirs [laɪə'bɪlɪtɪ əv ɛəz] *sb* Erbenhaftung *f*
liability to insure [laɪə'bɪlɪtɪ tuː ɪn'ʃʊə] *sb* Versicherungspflicht *f*

liable equity capital ['laɪəbl 'ekwɪtɪ 'kæpɪtl] *sb* Haftungskapital *f*
liable funds ['laɪəbl 'fʌnds] *pl* haftendes Eigenkapital *n*
liable to prosecution ['laɪəbl tuː prɒsɪ-'kjuːʃən] *adj* straffällig
liable to tax ['laɪəbl tuː tæks] *adj* abgabenpflichtig, steuerpflichtig
liaison [liː'eɪzən] *sb 1.* Verbindung *f*, Zusammenarbeit *f*; *2. (person)* Verbindungsmann *m*
liberal ['lɪbərəl] *adj (supply)* großzügig; *(politically)* liberal
liberal profession ['lɪbərəl prɒ'feʃn] *sb* freier Beruf *m*
liberalism ['lɪbərəlɪzm] *sb* Liberalismus *m*
liberalization of foreign trade [lɪbərəlaɪ-'zeɪʃn əv 'fɒrɪn 'treɪd] *sb* Liberalisierung *f*
liberation of capital [lɪbə'reɪʃn əv 'kæpɪtl] *sb* Kapitalfreisetzung *f*
Libor loan ['laɪbə ləʊn] *sb* Liboranleihe *f*
licence ['laɪsəns] *sb* Genehmigung *f*, Erlaubnis *f*, Lizenz *f*, Konzession *f*
licence agreement ['laɪsəns ə'griːmənt] *sb* Lizenzvertrag *m*
licence fee ['laɪsəns fiː] *sb* Lizenzgebühr *f*
licence number ['laɪsəns 'nʌmbə] *sb* Kraftfahrzeugnummer *f*, Kraftfahrzeugkennzeichen *n*
license ['laɪsəns] *v 1.* eine Lizenz vergeben an; *2. (a product)* lizensieren, konzessionieren; *sb 3. (US: see "licence")*
license to trade ['laɪsəns tuː treɪd] *sb* Gewerbeschein *n*
licensee [laɪsən'siː] *sb* Konzessionsinhaber *m*, Lizenzinhaber *m*
licenser ['laɪsənsə] *sb* Lizenzgeber *m*
licensing application ['laɪsənsɪŋ æplɪ'keɪʃən] *sb* Zulassungsantrag *m*
licensor ['laɪsənsə] *sb (US: siehe „licenser")*
lien ['liːn] *sb* Pfandrecht *n*
life annuity [laɪf ə'njuːɪtɪ] *sb* Leibrente *f*
life assurance [laɪf ə'ʃʊərəns] *sb (UK)* Lebensversicherung *f*
life cycle of a product [laɪf 'saɪkl əv ə 'prɒdʌkt] *sb* Lebenszyklus eines Produkts *m*
life insurance ['laɪf ɪn'ʃʊərəns] *sb* Lebensversicherung *f*
limit ['lɪmɪt] *v 1.* begrenzen, beschränken, einschränken; *sb 2.* Grenze *f*, Beschränkung *f*, Begrenzung *f*; *"off ~s" pl* „Zutritt verboten"
limitation [lɪmɪ'teɪʃən] *sb* Beschränkung *f*, Einschränkung *f*; *(statutory period of ~)* Verjährung *f*, Verjährungsfrist *f*

limitation of actions [lɪmɪˈteɪʃən əv ˈækʃənz] *sb* Verjährung *f*
limited [ˈlɪmɪtɪd] *adj* begrenzt, beschränkt
limited capacity to enter into legal transactions [ˈlɪmɪtɪd kəˈpæsɪtɪ tuː ˈentə ˈɪntuː ˈliːgəl trænˈzækʃns] *sb* beschränkte Geschäftsfähigkeit *f*
limited commercial partnership [ˈlɪmɪtɪd kɒˈmɜːʃl ˈpɑːtnəʃɪp] *sb* Kommanditgesellschaft (KG) *f*
limited company [ˈlɪmɪtɪd ˈkʌmpənɪ] *sb* Aktiengesellschaft *f*
limited dividend [ˈlɪmɪtɪd ˈdɪvɪdend] *sb* limitierte Dividende *f*
limited employment contract [ˈlɪmɪtɪd ɪmˈplɔɪmənt ˈkɒntrækt] *sb* befristetes Arbeitsverhältnis *n*
limited liability [ˈlɪmɪtɪd laɪəˈbɪlɪtɪ] *sb* beschränkte Haftung *f*
limited liability company [ˈlɪmɪtɪd laɪəˈbɪlɪtɪ ˈkʌmpənɪ] *sb* Gesellschaft mit beschränkter Haftung (GmbH) *f*
limited liability shareholder [ˈlɪmɪtɪd laɪəˈbɪlɪtɪ ˈʃɛəhəʊldə] *sb* Kommanditaktionär *m*
limited partner [ˈlɪmɪtɪd ˈpɑːtnə] *sb* Kommanditist *m*
limited partnership [ˈlɪmɪtɪd ˈpɑːtnəʃɪp] *sb* Kommanditgesellschaft *f*
limiting value [ˈlɪmɪtɪŋ ˈvæljuː] *sb* Grenzwert *m*
limit of liability [ˈlɪmɪt əv laɪəˈbɪlətɪ] *sb* Haftungsgrenze *f*
line [laɪn] *sb 1. (of products)* Produktlinie *f;* 2. *(type of business)* Branche *f,* Fach *n; What's his ~?* Was macht er beruflich? 3. *(telephone ~)* Leitung *f, Hold the ~!* Bleiben Sie am Apparat! 4. *(of products)* Posten *m*
linear depreciation [ˈlɪnɪə dɪpriːʃɪˈeɪʃən] *sb* lineare Abschreibung *f*
linear measures [ˈlɪnɪə ˈmeʒəs] *pl* Längenmaße *n/pl*
line management [laɪn ˈmænɪdʒmənt] *sb* Fachgebietsleitung *f*
line of acceptance [laɪn əv əkˈseptæns] *sb* Akzeptlinie *f*
line of business [ˈlaɪn əv ˈbɪznɪs] *sb* Branche *f,* Zweig *m,* Sparte *f*
line of goods [laɪn əv ˈgʊdz] *sb* Artikelserie *f,* Warensortiment *n*
line of resistance [laɪn əv rɪˈsɪstəns] *sb* Widerstandslinie *f*
line-staff organization structure [ˈlaɪnstɑːf ɔːrgənaɪˈzeɪʃn ˈstrʌkʃə] *sb* Stab-Linien-Organisation *f*

linked currency [lɪŋkd ˈkʌrənsɪ] *sb* gebundene Währung *f*
liquid assets [ˈlɪkwɪd ˈæsɪts] *pl* flüssige Mittel *n/pl*
liquid money market [ˈlɪkwɪd ˈmʌnɪ ˈmɑːkɪt] *sb* flüssiger Geldmarkt *m*
liquid reserves [ˈlɪkwɪd rɪˈzɜːvz] *pl* Liquiditätsreserve *f*
liquidate [ˈlɪkwɪdeɪt] *v (a company)* liquidieren, auflösen; *(a debt)* tilgen
liquidating dividend [ˈlɪkwɪdeɪtɪŋ ˈdɪvɪdənd] *sb* Liquidationsrate *f*
liquidation [lɪkwɪˈdeɪʃn] *sb* Liquidation *f,* Realisierung *f,* Tilgung *f*
liquidation account [lɪkwɪˈdeɪʃn əˈkaʊnt] *sb* Abwicklungskonto *n*
liquidation bond [lɪkwɪˈdeɪʃn bʌnd] *sb* Liquidationsschuldverschreibung *f*
liquidation certificate [lɪkwɪˈdeɪʃn sɜːˈtɪfɪkɪt] *sb* Liquidationsanteilsschein *m*
liquidation fee [lɪkwɪˈdeɪʃn fiː] *sb* Liquidationsgebühr *f*
liquidation gain [lɪkwɪˈdeɪʃən geɪn] *sb* Verwertungsgewinn *f*
liquidation outpayment rate [lɪkwɪˈdeɪʃn aʊtˈpeɪmənt reɪt] *sb* Liquidationsauszahlungskurs *m*
liquidation-type composition [lɪkwɪˈdeɪʃn taɪp kɒmpəˈzɪʃn] *sb* Liquidationsvergleich *m*
liquidator [ˈlɪkwɪdeɪtə] *sb* Liquidator *m*
liquidity [lɪˈkwɪdɪtɪ] *sb (of assets)* Liquidität *f*
liquidity audit [lɪˈkwɪdɪtɪ ˈɔːdɪt] *sb* Liquiditätsprüfung *f*
liquidity crunch [lɪˈkwɪdɪtɪ krʌntʃ] *sb* Zahlungsstockung *f*
liquidity loan [lɪˈkwɪdɪtɪ ləʊn] *sb* Liquiditätsanleihe *f*
liquidity loss [lɪˈkwɪdɪtɪ lɒs] *sb* Liquiditätsentzug *m*
liquidity management [lɪˈkwɪdɪtɪ ˈmænɪdʒmənt] *sb* Liquiditätsmanagement *n,* Liquiditätssteuerung *f*
liquidity of the banking system [lɪˈkwɪdɪtɪ əv ðə ˈbæŋkɪŋ ˈsɪstəm] *sb* Bankenliquidität *f*
liquidity papers [lɪˈkwɪdɪtɪ ˈpeɪpəs] *sb* Liquiditätspapier *n*
liquidity ratio [lɪˈkwɪdɪtɪ ˈreɪʃɪəʊ] *sb* Deckungsgrad *m,* Liquiditätsgrad *m,* Liquiditätsquote *f*
liquidity reserves [lɪˈkwɪdɪtɪ rɪˈzɜːvz] *pl* Liquiditätsreserve *f*
liquidity risk [lɪˈkwɪdɪtɪ rɪsk] *sb* Liquiditätsrisiko *n*

liquidity squeeze [li'kwɪdɪtɪ skwiːz] *sb* Liquiditätsengpass *m*
liquidity status [lɪ'kwɪdɪtɪ 'steɪtəs] *sb* Liquiditätsstatus *m*
liquidity syndicate bank [lɪ'kwɪdɪtɪ 'sɪndɪkət bæŋk] *sb* Liquiditätskonsortialbank *f*
liquidity theory [lɪ'kwɪdɪtɪ 'θɪərɪ] *sb* Liquiditätstheorie *f*
listing ['lɪstɪŋ] *sb 1.* Auflistung *f; 2. (stockindex)* Börsenzulassung *f,* Börsennotierung *f*
list of balances [lɪst əv 'bælænsɪz] *sb* Saldenbilanz *f*
list of exchange [lɪst əv ɪk'stʃeɪndʒ] *sb* Devisenkurszettel *m*
list of insolvent [lɪst əv ɪn'sɒlvənt] *sb* Schuldnerverzeichnis *n*
list of securities deposited [lɪst əv sɪ-'kjʊərɪtiːz dɪ'pɒzɪtɪd] *sb* Depotaufstellung *f*
list of securities eligible as collateral [lɪst əv sɪ'kjʊərɪtiːz 'elɪdʒɪbl æz kɒ'lætərəl] *sb* Lombardverzeichnis *n*
list of serial numbers of securities purchases [lɪst əv 'siːrɪəl 'nʌmbəz əv sɪ'kjʊərɪtiːz 'pɜːtʃɪsɪz] *sb* Nummernverzeichnis *n*
list price [lɪst praɪs] *sb* Listenpreis *m*
liter ['liːtə] *sb (US: siehe "litre")*
litigant ['lɪtɪgənt] *sb* Prozess führende Partei *f*
litre ['liːtə] *sb* Liter *m*
load [ləʊd] *v 1.* laden, beladen; ~ *up* aufladen; *sb 2. (cargo)* Ladung *f,* Fracht *f*
loading ['ləʊdɪŋ] *sb* Ladung *f,* Fracht *f*
loading charges ['ləʊdɪŋ 'tʃɑːdʒɪz] *sb* Verladekosten *pl,* Frachtkosten *pl*
loan [ləʊn] *v 1.* leihen; *sb 2.* Darlehen *n,* Anleihe *f,* Kredit *m*
loan at variable rates [ləʊn æt 'væərɪəbl reɪts] *sb* zinsvariable Anleihe *f*
loan business [ləʊn 'bɪznɪs] *sb* Anleihegeschäft *n*
loan calculation [ləʊn kælkjʊ'leɪʃn] *sb* Anleiherechnung *f*
loan ceiling ['ləʊn siːlɪŋ] *sb* Kreditobergrenze *f,* Kredithöchstgrenze *f*
loan custodianship [ləʊn kʌs'təʊdɪənʃɪp] *sb* Anleihetreuhänderschaft *f*
loan extension [ləʊn ɪk'stenʃən] *sb* Kreditvergabe *f,* Kreditgewährung *f*
loan financing [ləʊn faɪ'nænsɪŋ] *sb* Darlehensfinanzierung *f*
loan for special purposes [ləʊn fɔː 'speʃl 'pɜːpəsɪz] *sb* Objektkredit *m*
loan granted by way of bank guarantee [ləʊn 'grɑːntɪd baɪ 'weɪ əv 'bæŋk gærən'tiː] *sb* Avalkredit *m*

loan granted for building purposes ['ləʊn 'grɑːntɪd fɔː 'bɪldɪŋ 'pɜːpəsɪz] *sb* Bauspardarlehen *n*
loan granted in form of a mortgage bond ['ləʊn 'grɑːntɪd ɪn fɔːm əv ə 'mɔːgɪdʒ bɒnd] *sb* Naturadarlehen *n*
loan granted to a local authority ['ləʊn 'grɑːntɪd tuː ə 'ləʊkl ɔː'θɒrɪtɪ] *sb* Kommunaldarlehen *n*
loan guarantee [ləʊn gæren'tiː] *sb* Kreditbürgschaft *f*
loan in foreign currency ['ləʊn ɪn 'fɒrɪn 'kʌrensɪ] *sb* Valuta-Anleihen *f/pl*
loan of credit ['ləʊn əv 'kredɪt] *sb* Kreditleihe *f*
loan on a gold basis ['ləʊn ɒn ə gəʊld 'beɪsɪz] *sb* Goldanleihe *f*
loan on a trust basis ['ləʊn ɒn ə trʌst 'beɪsɪz] *sb* Treuhandkredit *m*
loan on landed property ['ləʊn ɒn 'lændɪd 'prɒpətɪ] *sb* Bodenkredit *m*
loan repayable in full at a due date ['ləʊn riː'peɪəbl ɪn 'fʊl æt ə dju: deɪt] *sb* Zinsanleihe *f*
loan with profit participation [ləʊn wɪθ 'prɒfɪt pɑːtɪsɪ'peɪʃn] *sb* Beteiligungsdarlehen *n*
loans granted to members of a managing board [ləʊns 'grɑːntɪd tuː 'membəs əv ə 'mænɪdʒɪŋ bɔːd] *sb* Organkredit *m*
lobby ['lɒbɪ] *v 1.* Einfluss nehmen; *sb 2.* Lobby *f; 3.* Vorzimmer *n*
lobbyist ['lɒbiːɪst] *sb* Lobbyist *m*
local ['ləʊkəl] *adj* örtlich, Orts...
local authorities bank ['ləʊkl ɔː'θɒrɪtɪz bæŋk] *sb* Kommunalbank *f*
local authorities loan ['ləʊkl ɔː'θɒrɪtɪz ləʊn] *sb* Kommunalanleihe *f*
local authority ['ləʊkəl ɔː'θɒrɪtɪ] *sb (UK)* örtliche Behörde *f*
local authority loan ['ləʊkəl ɔː'θɒrɪtɪ ləʊn] *sb* Kommunalanleihen *f/pl*
local bank ['ləʊkəl bæŋk] *sb* Lokalbank *f*
local bill [ləʊkəl 'bɪl] *sb* Platzwechsel *m*
local bond [ləʊkəl 'bɒnd] *sb* Kommunalobligation *f*
local call ['ləʊkəl kɔːl] *sb* Ortsgespräch *n*
local expenses [ləʊkəl ɪks'pensɪz] *sb* Platzspesen *pl*
localization [ləʊkəlaɪ'zeɪʃən] *sb* Lokalisierung *f,* Dezentralisierung *f*
local stock exchange ['ləʊkəl stɒk ɪks-'tʃeɪndʒ] *sb* Lokalbörse *f*
local time ['ləʊkəl taɪm] *sb* Ortszeit *f*

local transfer ['ləʊkəl 'trænsfə] *sb* Platzübertragung *f*
location [ləʊ'keɪʃən] *sb* Standort *m*, Lage *f*
locational [ləʊ'keɪʃənəl] *adj* standortbedingt
location factor [ləʊ'keɪʃən 'fæktə] *sb* Standortfaktor *m*
lock out [lɒk 'aʊt] *v* aussperren
lockage ['lɒkɪdʒ] *sb (fees)* Schleusengebühr *f*
locker ['lɒkə] *sb* Schließfach *n*
lockout ['lɒkaʊt] *sb (of workers)* Aussperrung *f*
log [lɒg] *v* ~ *in* einloggen
logistics [lɒ'dʒɪstɪks] *pl* Logistik *f*
logo ['ləʊgəʊ] *sb* Logo *n*, Emblem *n*
long-distance call [lɒŋ 'dɪstəns kɔːl] *sb* Ferngespräch *n*
long distance giro [lɒŋ 'dɪstæns 'dʒaɪrɒ] *sb* Ferngiro *n*
long distance traffic [lɒŋ 'dɪstəns 'træfɪk] *sb* Fernverkehr *m*
long run ['lɒŋ rʌn] *sb* lange Sicht *f*
long-term ['lɒŋtɜːm] *adj* langfristig, Langzeit...
long-term credit ['lɒŋtɜːm 'kredɪt] *sb* langfristiger Kredit *m*
long-term deposit ['lɒŋtɜːm dɪ'pɒsɪt] *sb* langfristige Einlage *f*
loose-leaf savings book ['luːsliːf 'seɪvɪŋz bʊk] *sb* Loseblattsparbuch *n*
loro account ['lɒrəʊ ə'kaʊnt] *sb* Lorokonto *n*
loro balance ['lɒrəʊ 'bælæns] *sb* Loroguthaben *n*
lorry ['lɒrɪ] *sb (UK)* Lastwagen *m*, Lastkraftwagen *m*
lorry-load ['lɒrɪləʊd] *sb* Wagenladung *f*, Lastwagenladung *f*
losing business ['luːzɪŋ 'bɪznɪs] *sb* Verlustgeschäft *n*
loss [lɒs] *sb* Damnum *n*, Verlust *m*
loss adjuster [lɒs e'dʒʌstə] *sb* Schadenssachbearbeiter(in) *m/f*
loss advice [lɒs əd'vaɪs] *sb* Schadensanzeige *f*
loss allocation [lɒs ələ'keɪʃn] *sb* Verlustzuweisung *f*
loss assumption [lɒs ə'sʌmpʃən] *sb* Verlustübernahme *f*
loss-compensation [lɒs kɒmpən'seɪʃn] *sb* Verlustausgleich *m*
loss in exchange [lɒs ɪn ɪks'tʃeɪndʒ] *sb* Produktionsausfall *m*
loss in value [lɒs ɪn 'væljuː] *sb* Wertverfall *m*, Wertverlust *m*

lossmaker ['lɒsmeɪkə] *sb (UK)* Verlustgeschäft *n*
loss-making business ['lɒsmeɪkɪŋ 'bɪznɪs] *sb* Verlustgeschäft *n*
loss of production ['lɒs əv prə'dʌkʃən] *sb* Produktionsausfall *m*
loss on goods in transit [lɒs ɒn gʊdz ɪn 'trænsɪt] *sb* Transportschaden *m*
loss on stock prices [lɒs ɒn 'stɒk 'praɪsɪz] *sb* Kursverlust *m*
loss on takeover [lɒs ɒn 'teɪkəʊvə] *sb* Übernahmeverlust *m*
lost shipment [lɒst 'ʃɪpmənt] *sb* verloren gegangene Sendung *f*
lot [lɒt] *sb 1. (property, plot)* Parzelle *f*, Gelände *n; 2. (quantity)* Posten *m*
lot size ['lɒt saɪz] *sb (Statistik)* Losgröße *f*
lottery bond ['lɒtərɪ bɒnd] *sb* Lotterieanleihe *f*, Auslosungsanleihe *f*
lottery loan ['lɒtərɪ ləʊn] *sb* Prämienanleihe *f*
lottery premium saving ['lɒtərɪ 'priːmjəm 'seɪvɪŋ] *sb* Gewinnsparen *n*
lottery quotation ['lɒtərɪ kwəʊ'teɪʃn] *sb* Loskurs *m*
low-denomination share for small savers ['ləʊdɪnɒmɪ'neɪʃn ʃɛə fɔː smɔːl 'seɪvəz] *sb* Volksaktie *f*
lowest value principle ['ləʊɪst 'væljuː 'prɪnsɪpl] *sb* Niederstwertprinzip *n*
low-grade ['ləʊgreɪd] *adj* minderwertig
low-loader ['ləʊləʊdə] *sb* Tieflader *m*
low-margin [ləʊ'mɑːdʒɪn] *adj* mit niedriger Gewinnspanne, knapp kalkuliert
low-paid employment ['ləʊpeɪd ɪm'plɔɪmənt] *sb* geringfügige Beschäftigung *f*
low-price store ['ləʊpraɪs stɔː] *sb* Kleinpreisgeschäft *n*
low-priced securities ['ləʊpraɪsd si'kjʊərɪtiːz] *sb* leichte Papiere *n/pl*
low-value items [ləʊ'vælju: 'aɪtəms] *pl* geringwertige Wirtschaftsgüter *n/pl*
lull [lʌl] *sb* Stagnation *f*, Flaute *f*
lump sum ['lʌmp sʌm] *sb 1.* Pauschalsumme *f*, Pauschalbetrag *m; 2.* Arbeitnehmer-Pauschbetrag *m*
lump-sum payment ['lʌmpsʌm 'peɪmənt] *sb* Kapitalabfindung *f*
lunch break ['lʌntʃ breɪk] *sb* Mittagspause *f*
lunch hour ['lʌntʃ aʊə] *sb* Mittagspause *f*
luxury ['lʌkʃərɪ] *sb* Luxus *m*
luxury goods ['lʌkʃərɪ gʊdz] *sb* Luxusgüter *pl*, Luxusartikel *pl*
luxury tax ['lʌkʃərɪ tæks] *sb* Luxussteuer *f*

M

machine [mə'ʃiːn] *sb* 1. Maschine *f*, Apparat *m*; 2. *(vending ~)* Automat *m*
machine accounting [mə'ʃiːn ə'kaʊntɪŋ] *sb* Maschinenbuchhaltung *f*
machine breakdown [mə'ʃiːn 'breɪkdaʊn] *sb* Anlagenausfall *m*, Maschinenstörung *f*
machine insurance [mə'ʃiːn ɪn'ʃʊərəns] *sb* Maschinenversicherung *f*
machine loading [mə'ʃiːn ləʊdɪŋ] *sb* Maschinenbelastung *f*
machine operator [mə'ʃiːn 'ɒpəreɪtə] *sb* Maschinist(in) *m/f*
machine overhead rate [mə'ʃiːn 'əʊvəhed reɪt] *sb* Maschinenkostensatz *m*
machine processing [mə'ʃiːn 'prəʊsesɪŋ] *sb* maschinelle Produktion *f*
machine-readable [mə'ʃiːnriːdəbl] *adj* maschinenlesbar, computerlesbar
machinery [mə'ʃiːnərɪ] *sb* Maschinen *f/pl*, Maschinenpark *m*
machine scheduling [mə'ʃiːn 'ʃedjuːlɪŋ] *sb* Maschinenbelegung *f*
machine utilization [mə'ʃiːn juːtɪlaɪ'zeɪʃən] *sb* Maschinenauslastung *f*
machining [mə'ʃiːnɪŋ] *sb* maschinelle Bearbeitung *f*
macroeconomics [mækrəʊiːkə'nɒmɪks] *sb* Makroökonomie *f*
made-to-order [meɪdtuː'ɔːdə] *adj* auf Bestellung, kundenspezifisch
magazine ['mægəziːn] *sb* Zeitschrift *f*, Magazin *n*
magnitude ['mægnɪtjuːd] *sb* 1. Größe *f*; 2. *(importance)* Bedeutung *f*
maiden name ['meɪdn neɪm] *sb* Mädchenname *m*
mail [meɪl] *sb* 1. Post *f*; 2. *by ~* mit der Post; *v* 3. *(US)* schicken, abschicken
mailbag ['meɪlbæg] *sb* Postsack *m*
mailbox ['meɪlbɒks] *sb (computer ~)* Mailbox *f*; *(US)* Briefkasten *m*
mail distribution [meɪl dɪstrɪ'bjuːʃən] *sb* Postvertrieb *m*
mailing department ['meɪlɪŋ dɪ'pɑːtmənt] *sb* Postabteilung *f*
mailing list ['meɪlɪŋ lɪst] *sb* Adressenliste *f*, Versandliste *f*
mailing machine ['meɪlɪŋ mə'ʃiːn] *sb* Frankierautomat *m*

mailman ['meɪlmæn] *sb (US)* Briefträger *m*, Postbote *m*
mail-order ['meɪlɔːdə] *adj* Postversand...
mail-order business ['meɪlɔːdə 'bɪznɪs] *sb* Versandhandel *m*, Versandgeschäft *n*
mailshot ['meɪlʃɒt] *sb* Direktwerbung *f*
mail transfer [meɪl 'trænsfɜː] *sb* postalische Überweisung *f*
main centres [meɪn 'sentəs] *sb* Hauptplätze *m/pl*
mainframe ['meɪnfreɪm] *sb* Großrechner *m*
main line [meɪn laɪn] *sb* Hauptstrecke *f*
maintain [meɪn'teɪn] *v* 1. *(keep in good condition)* in Stand halten; 2. *(a machine)* warten
maintainer [meɪn'teɪnə] *sb* Wärter(in) *m/f*, für die Wartung zuständige Person *f*
maintenance ['meɪntənəns] *sb* 1. Aufrechterhaltung *f*, Beibehaltung *f*; 2. *(keeping in good condition)* Instandhaltung *f*, Wartung *f*
maintenance bond ['meɪntənəns bɒnd] *sb (US)* Gewährleistungsgarantie *f*
maintenance costs ['meɪntənəns kɒsts] *sb* Instandhaltungskosten *pl*
maintenance engineer ['meɪntənəns endʒɪ'nɪə] *sb* Kundendiensttechniker *m*
maintenance expenditure ['meɪntənəns ɪks'pendɪtʃə] *sb* Erhaltungsaufwand *m*
maintenance guarantee ['meɪntənəns gærən'tiː] *sb* Gewährleistungsgarantie *f*
maintenance of capital ['meɪntənəns əv 'kæpɪtl] *sb* Kapitalerhaltung *f*
maintenance service ['meɪntənəns 'sɜːvɪs] *sb* Wartungsdienst *m*
majority [mə'dʒɒrɪtɪ] *sb* Majorität *f*, Mehrheit *f*
majority holding [mə'dʒɒrɪtɪ 'həʊldɪŋ] *sb* Mehrheitsbeteiligung *f*
majority of stock [mə'dʒɒrɪtɪ əv stɒk] *sb* Aktienmehrheit *f*
majority of votes [mə'dʒɒrɪtɪ əv vəʊts] *sb* Stimmenmehrheit *f*
majority-owned [mə'dʒɒrɪtɪəʊnd] *adj* im Mehrheitsbesitz
majority-ownership [mədʒɒrɪtɪ'əʊnəʃɪp] *sb* Mehrheitsbesitz *m*
majority participation [mə'dʒɒrɪtɪ pɑːtɪsɪ'peɪʃn] *sb* Mehrheitsbeteiligung *f*
majority partner [mə'dʒɒrɪtɪ 'pɑːtnə] *sb* Mehrheitsgesellschafter *m*

make [meɪk] *v irr 1. (manufacture)* herstellen; *2. (arrangements, a choice)* treffen; *3. (earn)* verdienen; *4. (a profit, a fortune)* machen; *sb 5.* Marke *f,* Fabrikat *n*
make out [meɪk 'aʊt] *v irr 1. (write out)* ausstellen; *2. (a bill)* zusammenstellen
make over [meɪk 'əʊvə] *v irr* übertragen, abtreten
maker ['meɪkə] *sb* Hersteller *m,* Produzent *m*
makeshift ['meɪkʃɪft] *sb 1.* Notlösung *f,* Behelf *m; adj 2.* provisorisch
make up [meɪk 'ʌp] *v irr* ausfertigen, bilden
making ['meɪkɪŋ] *sb* Herstellung *f*
making out an invoice ['meɪkɪŋ aʊt ən 'ɪnvɔɪs] *sb* Fakturierung *f*
making-up price [meɪkɪŋ'ʌp praɪs] *sb* Kompensationskurs *m,* Liquidationskurs *m*
maladjustment [mælə'dʒʌstmənt] *sb* Unausgeglichenheit *f*
maladminister [mæləd'mɪnɪstə] *v* schlecht verwalten, Misswirtschaft betreiben
malfunction [mæl'fʌŋkʃən] *v 1.* versagen, schlecht funktionieren; *sb 2.* Versagen *n,* schlechtes Funktionieren *n*
mall [mɔːl] *sb 1.* Promenade *f; 2. shopping* ~ Einkaufszentrum *n*
manage ['mænɪdʒ] *v 1. (supervise)* führen, verwalten, leiten; *2. (a team, a band)* managen
managed currency ['mænɪdʒd 'kʌrənsɪ] *sb* manipulierte Währung *f*
management ['mænɪdʒmənt] *sb 1.* Management *n,* Führung *f,* Verwaltung *f,* Leitung *f; 2. (people)* Geschäftsleitung *f,* Geschäftsführung *f,* Direktion *f,* Betriebsleitung *f*
management accounting ['mænɪdʒmənt ə'kaʊntɪŋ] *sb* internes Rechnungswesen *n*
management board ['mænɪdʒmənt bɔːd] *sb* Vorstand *m*
management bonus ['mænɪdʒmənt 'bəʊnəs] *sb* Tantieme *f*
management consultant ['mænɪdʒmənt kən'sʌltənt] *sb* Unternehmensberater *m*
management employee ['mænɪdʒmənt emplɔɪ'iː] *sb* leitende(r) Angestellte(r) *f/m*
management games ['mænɪdʒmənt geɪmz] *sb* Planspiel *n*
management group ['mænɪdʒmənt gruːp] *sb* Konsortium *n*
management information system ['mænɪdʒmənt ɪnfə'meɪʃn 'sɪstəm] *sb* Führungsinformationssystem *n,* Managementinformationssystem *n*
management of demand ['mænɪdʒmənt əv dɪ'mɑːnd] *sb* Nachfragelenkung *f,* Globalsteuerung *f*

management of property ['mænɪdʒmənt əv 'prɒpətɪ] *sb* Vermögensverwaltung *f*
management techniques ['mænɪdʒmənt tek'niːks] *sb* Führungstechniken *f/pl*
management unit (in organizations) ['mænɪdʒmənt 'juːnɪt] *sb* Instanz (in der Organisation) *f*
manager ['mænɪdʒə] *sb* Geschäftsführer *m,* Leiter *m,* Direktor *m,* Manager *m*
manageress [mænɪdʒə'res] *sb* Managerin *f*
managerial [mænə'dʒɪərɪəl] *adj* Führungs..., leitend
managerial hierarchy [mænə'dʒɪərɪəl 'haɪərɑːkɪ] *sb* Führungshierarchie *f*
managerial principles [mænə'dʒɪərɪəl 'prɪnsɪpls] *sb* Führungsgrundsätze *m/pl*
managerial staff [mænə'dʒɪərɪəl stɑːf] *sb* Geschäftsleitung *f*
manager in bankruptcy ['mænɪdʒə ɪn 'bæŋkrʌpsɪ] *sb* Konkursverwalter *m*
managers commission ['mænɪdʒəs kə'mɪʃn] *sb* Führungsprovision *f*
managing ['mænɪdʒɪŋ] *adj* geschäftsführend, leitend, Betriebs...
managing director ['mænɪdʒɪŋ daɪ'rektə] *sb* Generaldirektor *m,* Hauptgeschäftsführer *m*
mandate ['mændeɪt] *sb 1.* Mandat *n; 2. (authorization)* Vollmacht *f*
mandate to provide credit for a third party ['mændeɪt tu prə'vaɪd 'kredɪt fɔː ə θɜːd 'pɑːtɪ] *sb* Kreditauftrag *m*
mandatory ['mændətərɪ] *adj 1.* obligatorisch; *2. to be* ~ Pflicht sein
man-hour ['mænaʊə] *sb* Arbeitsstunde *f*
manipulate [mə'nɪpjʊleɪt] *v 1.* manipulieren; *2. (handle, operate)* handhaben; *3. (a machine)* bedienen
manipulation [mənɪpjʊ'leɪʃən] *sb* Manipulation *f*
manner of delivery ['mænər əv dɪ'lɪvərɪ] *sb* Versandform *f*
manpower ['mænpaʊə] *sb* Arbeitskräfte *f/pl,* Arbeitspotenzial *n*
manpower policy ['mænpaʊə 'pɒlɪsɪ] *sb* Arbeitsmarktpolitik *f*
manual ['mænjʊəl] *adj 1.* mit der Hand, Hand..., manuell; *sb 2.* Handbuch *n*
manual labour ['mænjʊəl 'leɪbə] *sb* Handarbeit *f*
manual work ['mænjʊəl wɜːk] *sb* Handarbeit *f*
manufactory [mænjʊ'fæktərɪ] *sb* Manufaktur *f*

manufacture [mænjʊ'fæktʃə] v 1. herstellen; sb 2. Herstellung f; 3. (products) Waren f/pl, Erzeugnisse n/pl
manufacture to customer's specifications [mænjʊ'fæktʃə tu 'kʌstəməz spesɪfɪ'keɪʃənz] sb Sonderanfertigung f
manufactured quantity [mænjʊ'fæktʃəd 'kwɒntɪtɪ] sb Fertigungsmenge f
manufactured to measure [mænjʊ'fæktʃəd tu 'meʒə] adj maßgefertigt
manufacturer [mænjʊ'fæktʃərə] sb Hersteller m, Erzeuger m
manufacture under license [mænjʊ'fæktʃə 'ʌndə 'laɪsəns] sb Lizenzfertigung f
manufacturing [mænjʊ'fæktʃərɪŋ] sb Erzeugung f, Herstellung f
manufacturing abroad [mænjʊ'fæktʃərɪŋ ə'brɔːd] sb Auslandsfertigung f
manufacturing data sheet [mænjʊ'fæktʃərɪŋ 'deɪtə ʃiːt] sb Fertigungsablaufplan m
margin ['mɑːdʒɪn] sb Marge f, Spanne f
margin account ['mɑːdʒɪn ə'kaʊnt] sb Effektenkreditkonto n
marginal analysis ['mɑːdʒɪnl ə'nælɪsɪs] sb Marginalanalyse f
marginal cost ['mɑːdʒɪnl 'kɒst] sb Grenzkosten pl
marginal cost accounting ['mɑːdʒɪnl 'kɒst ə'kaʊntɪŋ] sb Differenzkostenrechnung f
marginal costing ['mɑːdʒɪnl 'kɒstɪŋ] sb Grenzkostenrechnung f, Grenzkostenkalkulation f
marginal earnings ['mɑːdʒɪnl 'ɜːnɪŋs] sb Grenzerlös m
marginal productivity ['mɑːdʒɪnl prɒdʌk'tɪvɪtɪ] sb Grenzproduktivität f
marginal utility ['mɑːdʒɪnl juː'tɪlɪtɪ] sb Grenznutzen m
marginal value ['mɑːdʒɪnl 'væljuː] sb Marginalwert m
margin of profit ['mɑːdʒɪn əv 'prɒfɪt] sb Gewinnspanne f
margin over costs ['mɑːdʒɪn 'əʊvə kɒsts] sb Gewinnspanne f
margin requirement ['mɑːdʒɪn rɪ'kwaɪəmənt] sb Einschuss m
margin trading ['mɑːdʒɪn 'treɪdɪŋ] sb Effektendifferenzgeschäft n
mark [mɑːk] v 1. (damage) beschädigen; 2. (scratch) zerkratzen; sb 3. Marke f
mark down [mɑːk 'daʊn] v (prices) herabsetzen, senken

markdown ['mɑːkdaʊn] sb (amount lowered) Preissenkung f, Preisabschlag m
market ['mɑːkɪt] sb 1. (demand) Absatzmarkt m, Markt m; 2. to be in the ~ for Bedarf haben an; 3. (stock ~) Börse f; v 4. vertreiben, vermarkten
marketable ['mɑːkɪtəbl] adj marktfähig, absatzfähig
market acceptance ['mɑːkɪt ək'septəns] sb Absatzfähigkeit f, Marktaufnahme f
market adjustment ['mɑːkɪt ə'dʒʌstmənt] sb Marktanpassung f
market after official hours ['mɑːkɪt 'ɑːftə ə'fɪʃəl 'aʊəz] sb Nachbörse f
market analysis ['mɑːkɪt ə'næləsɪs] sb Marktanalyse f
market approach ['mɑːkɪt ə'prəʊtʃ] sb Marktauftritt m
market average ['mɑːkɪt 'ævərɪdʒ] sb Durchschnittskurs m
market barometer ['mɑːkɪt bə'rɒmɪtə] sb Börsenbarometer n
market before official hours ['mɑːkɪt bɪ'fɔː ə'fɪʃəl 'aʊəz] sb Vorbörse f
market coverage ['mɑːkɪt 'kʌvərɪdʒ] sb Marktanteil m
market day ['mɑːkɪt deɪ] sb Börsentag m
market dominance ['mɑːkɪt 'dɒmɪnæns] sb Marktbeherrschung f
market economy ['mɑːkɪt ɪ'kɒnəmɪ] sb Marktwirtschaft f
market fluctuation ['mɑːkɪt flʌktjʊ'eɪʃn] sb Marktschwankung f
market forecasting ['mɑːkɪt 'fɔːkəstɪŋ] sb Börsenprognose f
market forces ['mɑːkɪt 'fɔːsɪz] sb Marktkräfte f/pl
market form ['mɑːkɪt fɔːm] sb Marktform f
market gap ['mɑːkɪt gæp] sb Marktlücke f
marketing ['mɑːkɪtɪŋ] sb Marketing n, Vermarktung f, Absatzwirtschaft f
marketing budget ['mɑːkɪtɪŋ 'bʌdʒɪt] sb Werbeetat m
marketing consultant ['mɑːkɪtɪŋ kən'sʌltənt] sb Marketingberater m
marketing department ['mɑːkɪtɪŋ dɪ'pɑːtmənt] sb Marketingabteilung f
marketing logistics ['mɑːkɪtɪŋ lə'dʒɪstɪks] sb Distributionslogistik f
marketing mix ['mɑːkɪtɪŋ mɪks] sb Marketingmix m
marketing record ['mɑːkɪtɪŋ 'rekɔːd] sb Absatzbilanz f

marketing subsidiary ['mɑːkɪtɪŋ səb'sɪdɪərɪ] *sb* Vertriebstochter *f*
marketing syndicates ['mɑːkɪtɪŋ 'sɪndɪkəts] *sb* Verwertungskonsortien *n/pl*
market inquiry ['mɑːkɪt ɪn'kwaɪərɪ] *sb* Marktanalyse *f*
market matrix ['mɑːkɪt 'meɪtrɪks] *sb* Marktmatrix *f*
market operator ['mɑːkɪt 'ɒpəreɪtə] *sb* Spekulant(in) *m/f*, Börsianer(in) *m/f*
market organization ['mɑːkɪt ɔːɡənaɪ'zeɪʃn] *sb* Marktordnung *f*
market outlet ['mɑːkɪt 'aʊtlet] *sb* Absatzventil *n*
market penetration ['mɑːkɪt pene'treɪʃn] *sb* Marktdurchdringung *f*
market performance ['mɑːkɪt pə'fɔːməns] *sb* Marktergebnis *n*
market pointer ['mɑːkɪt 'pɔɪntə] *sb* Börsentipp *m*
market position ['mɑːkɪt pə'sɪʃən] *sb* Marktposition *f*
market potential ['mɑːkɪt pəʊ'tenʃəl] *sb* Marktpotential *n*, Marktvolumen *n*
market power ['mɑːkɪt 'paʊə] *sb* Marktmacht *f*
market price ['mɑːkɪt praɪs] *sb* Kurs *m*, Marktpreis *m*
market quotation ['mɑːkɪt kwəʊ'teɪʃən] *sb* Börsennotierung *f*
market rate of interest ['mɑːkɪt reɪt əv 'ɪntrest] *sb* Marktzins *m*
market regulator ['mɑːkɪt 'reɡjʊleɪtə] *sb* Aufsichtsbehörde *f*
market research ['mɑːkɪt rɪ'sɜːtʃ] *sb* Marktforschung *f*
market research institute ['mɑːkɪt rɪ'sɜːtʃ 'ɪnstɪtjuːt] *sb* Marktforschungsinstitut *n*
market saturation ['mɑːkɪt sætʃə'reɪʃn] *sb* Marktsättigung *f*
market segmentation ['mɑːkɪt seɡmən'teɪʃn] *sb* Marktsegmentierung *f*
market share ['mɑːkɪt ʃɛə] *sb* Marktanteil *m*
market-sharing cartel ['mɑːkɪtʃɛərɪŋ kɑː'tel] *sb* Gebietskartell *n*
market structure ['mɑːkɪt 'strʌktʃə] *sb* Marktstruktur *f*
market value ['mɑːkɪt 'væljuː] *sb* Marktwert *m*, gemeiner Wert *m*
market volume ['mɑːkɪt 'vɒljuːm] *sb* Marktvolumen *m*
mark of quality [mɑːk əv 'kwɒlɪtɪ] *sb* (Patente) Gütezeichen *n*

mark-up ['mɑːkʌp] *sb* (amount added) Preiserhöhung *f*, Preisaufschlag *m*
mass communication ['mæs kəmjuːnɪ'keɪʃn] *sb* Massenkommunikation *f*
mass-market ['mæsmɑːkɪt] *adj* Massenwaren...
mass media [mæs 'miːdɪə] *pl* Massenmedien *n/pl*
mass production [mæs prə'dʌkʃən] *sb* Massenfertigung *f*, Massenproduktion *f*
master ['mɑːstə] *sb* (employer of an apprentice) Meister *m*
master copy ['mɑːstə 'kɒpɪ] *sb* Original *n*
master data ['mɑːstə 'deɪtə] *sb* Stammdaten *pl*
master planning ['mɑːstə 'plænɪŋ] *sb* Gesamtplanung *f*
master sample ['mɑːstə sɑːmpl] *sb* Ausgangsstichprobe *f*
material [mə'tɪərɪəl] *sb* 1. Material *n; pl* 2. ~s (files, notes) Unterlagen *pl; adj* 3. wesentlich, erheblich
material asset investment fund [mə'tɪərɪəl 'æset ɪn'vestmənt fʌnd] *sb* Sachwert-Investmentfonds *m*
material assets [mə'tɪərɪəl 'æsets] *sb* Sachvermögen *n*
material costs [mə'tɪərɪəl kɒsts] *sb* Materialkosten *pl*
material damage [mə'tɪərɪəl 'dæmɪdʒ] *sb* Sachschaden *m*
materialistic [mətɪərɪə'lɪstɪk] *adj* materialistisch
material value loan [mə'tɪərɪəl 'væljuː ləʊn] *sb* Sachwertanleihe *f*
maternity allowance [mə'tɜːnɪtɪ ə'laʊəns] *sb* Mutterschaftsgeld *n*
matrix organization ['meɪtrɪks ɔːɡənaɪ'zeɪʃn] *sb* Matrix-Organisation *f*
maturity [mə'tjʊərɪtɪ] *sb* 1. Fälligkeit *f;* 2. date of ~ Fälligkeitsdatum *n*
maturity distribution [mə'tjʊərɪtɪ dɪstrɪbjuːʃən] *sb* Laufzeitenstruktur *f*
maturity value [mə'tjʊərɪtɪ 'væljuː] *sb* Fälligkeitswert *m*
maximisation of profits [mæksɪmaɪ'zeɪʃən əv 'prɒfɪts] *sb* Gewinnmaximierung *f*
maximize ['mæksɪmaɪz] *v* maximieren
maximum ['mæksɪməm] *sb* 1. Maximum *n;* 2. *adj* Höchst..., maximal
maximum price ['mæksɪməm praɪs] *sb* Höchstpreis *m*
maximum voting right ['mæksɪməm 'vəʊtɪŋ raɪt] *sb* Höchststimmrecht *n*

mean [miːn] *adj 1.* mittlere(r,s); *sb 2.* Mittel *n,* Mittelwert *m; pl 3.* ~s Mittel *n/pl;* Gelder *n/pl*
mean due date [miːn 'djuː deɪt] *sb* mittlere Verfallszeit *f*
means of advertising ['miːnz əv 'ædvətaɪzɪŋ] *sb* Werbemittel *n*
means of borrowing ['miːnz əv 'bɒrəʊɪŋ] *sb* Kreditinstrument *n*
means of consumption ['miːnz əv kən-'sʌmpʃən] *sb* Verbrauchsgüter *f/pl*
means of payment ['miːnz əv 'peɪmənt] *sb* Zahlungsmittel *n*
means of transport ['miːnz əv 'trænspɔːt] *sb* Transportmittel *n,* Beförderungsmittel *n*
means test ['miːnz test] *sb* Einkommensüberprüfung *f*
measurability [meʒərə'bɪlɪtɪ] *sb* Messbarkeit *f*
measurable ['meʒərəbl] *adj* messbar
measure ['meʒə] *v* messen; *sb 2.* Maß *n*
measurements ['meʒəmənts] *sb 1.* Messwerte *m/pl; 2.* Messungen *f/pl*
measure of constraint ['meʒə əv kən-'streɪnt] *sb* Zwangsmaßnahme *f*
measures of investment assistance ['meʒəs əv ɪn'vestmənt ə'sɪstəns] *sb* investitionsfördernde Maßnahmen *f/pl*
measures to encourage exports ['meʒəz tu ɪn'kʌrɪdʒ 'ekspɔːts] *pl* Ausfuhrförderung *f,* Exportförderung *f*
measures to spur the economy ['meʒəs tu spɜː ðiː ɪ'kɒnəmɪ] *pl* Wirtschaftsförderung *f*
mechanic [mɪ'kænɪk] *sb* Mechaniker *m*
mechanical [mɪ'kænɪkəl] *adj* mechanisch
mechanical engineering [mɪ'kænɪkəl endʒɪ'nɪərɪŋ] *sb* Maschinenbau *m*
mechanics [mɪ'kænɪks] *sb* Mechanik *f*
mechanize ['mekənaɪz] *v* mechanisieren
media ['miːdɪə] *pl* Medien *n/pl*
media analysis ['miːdɪə ə'næləsɪs] *sb* Werbeträgeranalyse *f*
media event ['miːdɪə ɪ'vent] *sb* Medienereignis *n*
mediate ['miːdɪeɪt] *v* vermitteln
mediation [miːdɪ'eɪʃən] *sb* Vermittlung *f*
mediator ['miːdɪeɪtə] *sb* Vermittler *m,* Mittelsmann *m*
medium ['miːdɪəm] *adj 1.* mittlere(r,s); *sb 2. (mass ~) (TV, radio, press)* Medium *n*
medium price ['miːdɪəm praɪs] *sb* Mittelkurs *m*
medium-sized ['miːdɪəmsaɪzd] *adj* mittelgroß, medium

medium-term ['miːdɪəmtɜːm] *adj* mittelfristig
medium-term bonds ['miːdɪəmtɜːm bɒnds] *sb* Kassenobligationen *f/pl*
meeting ['miːtɪŋ] *sb 1.* Begegnung *f,* Zusammentreffen *n; 2. (arranged ~)* Treffen *n; 3. (business ~)* Besprechung *f; 4. (of a committee)* Sitzung *f*
meeting date ['miːtɪŋ deɪt] *sb* Besprechungstermin *m*
meeting of shareholders ['miːtɪŋ əv 'ʃɛəhəʊldəz] *sb* Gesellschafterversammlung *f*
megabyte ['megəbaɪt] *sb* Megabyte *n*
megahertz ['megəhɜːts] *sb* Megahertz *n*
member ['membə] *sb* Mitglied *n*
member of the board ['membər əv ðə bɔːd] *sb* Vorstandsmitglied *n*
memo ['meməʊ] *sb 1. (fam)* Mitteilung *f; 2. (to o.s.)* Notiz *f*
memorandum [memə'rændəm] *sb 1. (to s.o.)* Mitteilung *f; 2. (to o.s.)* Aktennotiz *f*
memorandum clause [memə'rændəm klɔːz] *sb* Ausschlussklausel *f*
memorandum item [memə'rændəm 'aɪtəm] *sb* Merkposten *m*
memorandum of association [memə-'rændəm əv əsəʊsɪ'eɪʃən] *sb* Gründungsurkunde *f,* Gesellschaftsvertrag *m*
memory ['memərɪ] *sb 1.* Speicher *m; 2. (capacity)* Speicherkapazität *f*
mend [mend] *v 1. (sth)* reparieren; *2. (clothes)* ausbessern; *sb 3. (in fabric)* ausgebesserte Stelle *f; 4. (in metal)* Reparatur *f*
mensal ['mensl] *adj* monatlich, Monats...
menu ['menjuː] *sb (of a computer)* Menü *n*
menu-driven ['menjuːdrɪvn] *adj* menügesteuert
mercantile ['mɜːkəntaɪl] *adj* kaufmännisch, Handels...
mercantile system ['mɜːkəntaɪl 'sɪstəm] *sb* Merkantilismus *m*
mercantilism ['mɜːkəntɪlɪzm] *sb* Merkantilismus *m*
merchandise ['mɜːtʃəndaɪz] *sb* Ware *f*
merchandise accounting ['mɜːtʃəndaɪz ə'kaʊntɪŋ] *sb* Warenbuchhaltung *f*
merchandise broker ['mɜːtʃəndaɪz 'brəʊkə] *sb* Produktenmakler(in) *m/f*
merchandise turnover ['mɜːtʃəndaɪz 'tɜːnəʊvə] *sb* Warenumsatz *m*
merchandising ['mɜːtʃəndaɪzɪŋ] *sb* Merchandising *n,* Verkaufsförderung *f*
merchant ['mɜːtʃənt] *sb 1.* Kaufmann *m; 2. (dealer)* Händler *m*

merchant bank ['mɜːtʃənt bæŋk] *sb* Handelsbank *f*
merchant by virtue of registration ['mɜːtʃənt baɪ 'vɜːtjʊ əv redʒɪs'treɪʃn] *sb* Sollkaufmann *m*
merchant entitled but not obliged to be entered on the Commercial Register ['mɜːtʃənt ɪn'taɪtld bʌt nɒt ə'blaɪdʒd tu biː 'entəd ɒn ðə kə'mɜːʃl 'redʒɪstə] *sb* Kannkaufmann *m*
merchant trade ['mɜːtʃənt treɪd] *sb* Transithandel *m*
merge ['mɜːdʒ] *v 1.* zusammenkommen; *2. (companies)* fusionieren
merger ['mɜːdʒə] *sb* Fusion *f*, Verschmelzung *f*
merger balance sheet ['mɜːdʒə 'bæləns ʃiːt] *sb* Fusionsbilanz *f*
merger bid ['mɜːdʒə bɪd] *sb* Fusionsangebot *f*
merger control ['mɜːdʒə kən'trəʊl] *sb* Fusionskontrolle *f*
merit ['merɪt] *sb 1.* Leistung *f*, Verdienst *n; 2. (advantage, positive aspect)* Vorzug *m*
message ['mesɪdʒ] *sb 1.* Mitteilung *f*, Nachricht *f*, Botschaft *f; 2. May I take a ~?* Kann ich etwas ausrichten?
messenger ['mesɪndʒə] *sb* Bote *m*
metal cover ['metəl kʌvə] *sb* Metalldeckung *f*
metallic currency [me'tælɪk 'kʌrənsɪ] *sb* Hartgeld *n*, Metallwährung *f*
meter ['miːtə] *sb 1. (measuring device)* Zähler *m*, Messgerät *n; 2. (unit of measurement) (UK: see "metre")*
method of cost allocation, ['meθəd əv 'kɒst ælə'keɪʃn] *sb 1.* Kostenrechnung *f; 2. (Sozialversicherung)* Umlageverfahren *n*
metre ['miːtə] *sb (UK)* Meter *m/n*
metric ['metrɪk] *adj* metrisch
microbiology [maɪkrəʊbaɪ'ɒlədʒɪ] *sb* Mikrobiologie *f*
microchip ['maɪkrəʊtʃɪp] *sb* Mikrochip *m*
microcomputer [maɪkrəʊkəm'pjʊtə] *sb* Mikrocomputer *m*
microeconomics [maɪkrəʊiːkə'nɒmɪks] *pl* Mikroökonomie *f*
microelectronics [maɪkrəʊelek'trɒnɪks] *pl* Mikroelektronik *f*
microfiche ['maɪkrəʊfiːʃ] *sb* Mikrofiche *m*
microfilm ['maɪkrəʊfɪlm] *sb* Mikrofilm *m*
microprocessor [maɪkrəʊ'prəʊsesə] *sb* Mikroprozessor *m*
middleman ['mɪdlmæn] *sb* Zwischenhändler *m*

migration of buyers [maɪ'greɪʃn əv 'baɪəz] *sb* Käuferwanderung *f*
mile [maɪl] *sb* Meile *f*
mileage ['maɪlɪdʒ] *sb* Meilenzahl *f*
mileage allowance ['maɪlɪdʒ ə'laʊəns] *sb* Kilometergeld *n*
milestone report ['maɪlstəʊn rɪ'pɔːt] *sb* Fortschrittsbericht *m*
milligramme ['mɪlɪgræm] *sb (UK)* Milligramm *n*
millilitre ['mɪlɪliːtə] *sb* Milliliter *m/n*
millimetre ['mɪlɪmiːtə] *sb* Millimeter *m*
million ['mɪljən] *sb* Million *f*
millionaire ['mɪljəneə] *sb* Millionär(in) *m/f*
mine [maɪn] *v 1.* Bergbau betreiben; *2. (sth)* fördern, abbauen; *sb 3.* Bergwerk *n*, Mine *f*, Grube *f*
miner ['maɪnə] *sb* Bergarbeiter *m*, Kumpel *m*
mineral ['mɪnərəl] *sb* Mineral *n*
mineral oil ['mɪnərəl ɔɪl] *sb* Mineralöl *n*
mineral oil tax ['mɪnərəl ɔɪl tæks] *sb* Mineralölsteuer *f*
minicomputer [mɪnɪkəm'pjuːtə] *sb* Kleincomputer *m*
minimal damage ['mɪnɪməl 'dæmɪdʒ] *sb* Bagatellschaden *m*
minimisation of costs [mɪnɪmaɪ'zeɪʃən əv kɒsts] *sb* Kostenminimierung *f*
minimize ['mɪnɪmaɪz] *v* minimieren, auf ein Minimum reduzieren, möglichst gering halten
minimum ['mɪnɪməm] *sb 1.* Minimum *n; adj 2.* minimal, Mindest...
minimum amount ['mɪnɪməm ə'maʊnt] *sb* Mindesthöhe *f*
minimum capital ['mɪnɪməm 'kæpɪtl] *sb* Mindestkapital *n*
minimum cost ['mɪnɪməm 'kɒst] *sb* Minimalkosten *pl*
minimum import price ['mɪnɪməm 'ɪmpɔːt praɪs] *sb* Mindesteinfuhrpreise *m/pl*
minimum interest rate ['mɪnɪməm 'ɪntrest reɪt] *sb* Mindestzins *m*
minimum inventory level ['mɪnɪməm ɪn'ventərɪ 'levəl] *sb (Betriebswirtschaft)* eiserner Bestand *m*
minimum investment ['mɪnɪməm ɪn'vestmənt] *sb* Mindesteinlage *f*, Mindestbeteiligung *f*
minimum lending rate ['mɪnɪməm 'lendɪŋ reɪt] *sb (UK)* Diskontsatz *m*
minimum nominal amount ['mɪnɪməm 'nɒmɪnəl ə'maʊnt] *sb* Mindestnennbetrag *m*
minimum price ['mɪnɪməm praɪs] *sb* Mindestpreis *m*

minimum purchase ['mɪnɪməm 'pɜːtʃɪs] *sb* Mindestabnahme *f*
minimum quantity order ['mɪnɪməm 'kwɒntɪtɪ 'ɔːdə] *sb* Mindestbestellmenge *f*
minimum (legal) reserve ['mɪnɪməm (liːgəl) rɪ'sɜːv] *sb* Mindestreserve *f*, Mindestreservesatz *m*, Pflichtreserve *f*
minimum turnover ['mɪnɪməm 'tɜːnəʊvə] *sb* Mindestumsatz *m*
minimum wage ['mɪnɪməm 'weɪdʒ] *sb* Mindestlohn *m*
mining ['maɪnɪŋ] *sb* Bergbau *m*
mining company ['maɪnɪŋ 'kʌmpənɪ] *sb* bergrechtliche Gewerkschaft *f*
mining industry ['maɪnɪŋ 'ɪndəstrɪ] *sb* Montanindustrie *f*
mining share ['maɪnɪŋ 'ʃɛə] *sb* Kux *m*
minor ['maɪnə] *adj 1.* klein, unbedeutend; *2. sb* Jugendliche(r) *f/m*
minor prevention from duty ['maɪnə prɪ-'venʃn frəm 'djuːtɪ] *sb* geringfügige Dienstverhinderung *f*
minting ['mɪntɪŋ] *sb* Prägung *f*
minute ['mɪnɪt] *sb* ~s *pl (of a meeting)* Protokoll *n*
misapplication of deposit [mɪsæplɪ'keɪʃn əv dɪ'pɒsɪt] *sb* Depotunterschlagung *f*
misappropriation [mɪsəprəʊprɪ'eɪʃən] *sb 1.* Entwendung *f; 2. (money)* Veruntreuung *f*
miscalculate [mɪs'kælkjʊleɪt] *v 1.* sich verrechnen; *2. (sth)* falsch berechnen, falsch einschätzen
miscalculation [mɪskælkjʊ'leɪʃən] *sb* Rechenfehler *m*, Fehlkalkulation *f*
miscount [mɪs'kaʊnt] *v 1.* sich verrechnen, sich verzählen; *sb 2.* Rechenfehler *m*
misdirect [mɪsdɪ'rekt] *v (letter)* falsch adressieren
misfit analysis ['mɪsfɪt ə'nælɪsɪs] *sb* Misfit-Analyse *f*
misguided investment [mɪs'gaɪdɪd ɪn'vestmənt] *sb* Kapitalfehlleitung *f*
mishandle [mɪs'hændl] *v* falsch behandeln, schlecht handhaben
mishandling [mɪs'hændlɪŋ] *sb* schlechte Handhabung *f*, Verpatzen *n*
misinform [mɪsɪn'fɔːm] *v* falsch informieren; *You were ~ed.* Man hat Sie falsch informiert.
misinterpretation [mɪsɪntɜːprɪ'teɪʃən] *sb* Fehldeutung *f*, Fehlinterpretation *f*
mismanage [mɪs'mænɪdʒ] *v 1.* schlecht verwalten; *2. (a deal)* unrichtig handhaben

mismanagement [mɪs'mænɪdʒmənt] *sb* schlechte Verwaltung *f*, Misswirtschaft *f*
mismatch ['mɪsmætʃ] *sb* Fehlanpassung *f*
mission statement ['mɪʃən 'steɪtmənt] *sb* Grundsatzerklärung *f*
mistake [mɪs'teɪk] *sb* Fehler *m*
mistake of law [mɪs'teɪk əv 'lɔː] *sb* Rechtsirrtum *m*
misuse [mɪs'juːs] *sb* Missbrauch *m*
mixed cargo [mɪkst 'kɑːgəʊ] *sb* Stückgut *n*
mixed company [mɪkst 'kʌmpənɪ] *sb* gemischte Firma *f*
mixed economy [mɪkst ɪ'kɒnəmɪ] *sb* gemischte Wirtschaftsform *f*
mixed financing [mɪkst 'faɪnænsɪŋ] *sb* Mischfinanzierung *f*
mixed fund [mɪkst 'fʌnd] *sb* gemischter Fonds *m*
mixed manufacturing [mɪkst mænjʊ-'fæktʊərɪŋ] *sb* Gruppenfertigung *f*
mixed tariff [mɪkst 'tærɪf] *sb* Mischzoll *m*
mixed top-down [mɪkst 'tɒpdaʊn] *sb* Gegenstromverfahren *n*
mixture of marketing strategies ['mɪkstʃə əv 'mɑːkɪtɪŋ 'strætɪdʒiz] *sb* Marketingmix *m*
mobbing ['mɒbɪŋ] *sb* Mobbing *n*
mobile ['məʊbaɪl] *adj 1.* beweglich; *2. (object)* fahrbar
mobile phone ['məʊbaɪl fəʊn] *sb* Handy *n*, Mobiltelefon *n*, Funktelefon *n*
mobility allowance [məʊ'bɪlətɪ ə'laʊəns] *sb* Fahrtkostenzuschuss *m*
mobilization draft [məʊbɪlaɪ'zeɪʃn drɑːft] *sb* Mobilisierungstratte *f*
mobilization mortgage bond [məʊbɪlaɪ-'zeɪʃn 'mɔːgɪdʒ bɒnd] *sb* Mobilisierungspfandbrief *m*
mobilization papers [məʊbɪlaɪ'zeɪʃn 'peɪpəs] *sb* Mobilisierungspapiere *n/pl*
modality [məʊ'dælɪtɪ] *sb* Modalität *f*
model ['mɒdl] *sb 1.* Modell *n; 2. (perfect example)* Muster *n; 3. (role ~)* Vorbild *n; adj 4.* vorbildlich, musterhaft, Muster...
model agreement [mɒdl ə'griːmənt] *sb* Mustervertrag *m*
modem ['məʊdem] *sb* Modem *n*
modification [mɒdɪfɪ'keɪʃn] *sb* Formwechsel *m*
monetarism ['mʌnɪtərɪzm] *sb* Monetarismus *m*
monetary ['mʌnɪtərɪ] *adj 1.* geldlich, Geld...; *2. (politically)* Währungs..., monetär

monetary agreement ['mʌnɪtərɪ ə'griː-mənt] *sb* Währungsabkommen *n*

monetary arrangement ['mʌnɪtərɪ ə'reɪndʒmənt] *sb* Gelddisposition *f*

monetary authority ['mʌnɪtərɪ ɔː'θɒrɪtɪ] *sb* Währungsbehörde *f*

monetary base ['mʌnɪtərɪ 'beɪs] *sb* Geldbasis *f*, monetäre Basis *f*

monetary base principle ['mʌnɪtərɪ 'beɪs 'prɪnsɪpl] *sb* Geldbasiskonzept *n*

monetary block ['mʌnɪtərɪ 'blɒk] *sb* Währungsblock *m*

monetary capital ['mʌnɪtərɪ 'kæpɪtl] *sb* Geldkapital *n*

monetary crisis ['mʌnɪtərɪ 'kraɪsɪs] *sb* Währungskrise *f*

monetary devaluation ['mʌnɪtərɪ diːvæl-jʊ'eɪʃn] *sb* Geldentwertung *f*

monetary factor ['mʌnɪtərɪ 'fæktə] *sb* Geldfaktor *m*

monetary fund ['mʌnɪtərɪ fʌnd] *sb* Währungsfonds *m*

monetary parity ['mʌnɪtərɪ 'pærɪtɪ] *sb* Währungsparität *f*

monetary policy ['mʌnɪtərɪ 'pɒlɪsɪ] *sb* Geldpolitik *f*, Währungspolitik *f*

monetary reform ['mʌnɪtərɪ rɪ'fɔːm] *sb* Währungsreform *f*

monetary reserves ['mʌnɪtərɪ rɪ'zɜːvz] *sb* Währungsreserven *f/pl*

monetary restriction ['mʌnɪtərɪ rɪ'strɪkʃən] *sb* Geldverknappung *f*

monetary sovereignty ['mʌnɪtərɪ 'sɒvərɪntɪ] *sb* Münzhoheit *f*

monetary stability ['mʌnɪtərɪ stə'bɪlɪtɪ] *sb* Geldwertstabilität *f*

monetary structure ['mʌnɪtərɪ 'strʌkʃə] *sb* Geldverfassung *f*

monetary system ['mʌnɪtərɪ 'sɪstəm] *1.* Geldwesen *n; 2.* Währungssystem *n*, Währungsordnung *f*

monetary union ['mʌnɪtərɪ 'juːnjən] *sb* Währungsunion *f*

monetary unit ['mʌnɪtərɪ 'juːnɪt] *sb* Währungseinheit *f*

monetization [mʌnɪtaɪ'zeɪʃn] *sb* Monetisierung *f*

money ['mʌnɪ] *sb* Geld *n*

money and capital market ['mʌnɪ ænd 'kæpɪtl 'mɑːkɪt] *sb* Kreditmarkt *m*

money broker ['mʌnɪ 'brəʊkə] *sb* Finanzmakler *m*, Kreditvermittler *m*

moneychanger ['mʌnɪtʃeɪndʒə] *sb 1.* Geldwechsler *m; 2. (machine)* Wechselautomat *m*

money claim ['mʌnɪ kleɪm] *sb* Barforderung *f*

money constraint ['mʌnɪ kən'streɪnt] *sb* Liquiditätsengpass *m*

money counting machine ['mʌnɪ 'kaʊntɪŋ mə'ʃiːn] *sb* Geldzählautomat *m*

money demand ['mʌnɪ dɪ'mɑːnd] *sb* Geldnachfrage *f*

money deposited ['mʌnɪ dɪ'pɒzɪtɪd] *sb* Einlage *f*

money economy ['mʌnɪ ɪ'kɒnəmɪ] *sb* Geldwirtschaft *f*

money export ['mʌnɪ 'ekspɔːt] *sb* Geldexport *m*

money factor ['mʌnɪ 'fæktə] *sb* Geldfaktor *m*, Nominalfaktor *m*

money flow ['mʌnɪ fləʊ] *sb* Kapitalfluktuation *f*

money guarantee clause ['mʌnɪ gærən-'tiː klɔːz] *sb* Geldwertsicherungsklausel *f*

money holdings ['mʌnɪ 'həʊldɪŋz] *sb* Geldbestände *m/pl*, Kassenhaltung *f*

money illusion ['mʌnɪ ɪ'luːʒn] *sb* Geldillusion *f*

money import ['mʌnɪ 'ɪmpɔːt] *sb* Geldimport *m*

money in account ['mʌnɪ ɪn ə'kaʊnt] *sb* Buchgeld *n*, Giralgeld *n*

money in cash ['mʌnɪ ɪn kæʃ] *sb* Kassenbestand *m*, Bargeld *n*

money in trust ['mʌnɪ ɪn trʌst] *sb* Treuhandgelder *n/pl*

money laundering ['mʌnɪ 'lɔːndərɪŋ] *sb* Geldwäsche *f*

moneylender ['mʌnɪlendə] *sb* Geldverleiher *m*

money-maker ['mʌnɪmeɪkə] *sb (product)* Renner *m (fam)*, Verkaufserfolg *m*

money management ['mʌnɪ 'mænɪdʒmənt] *sb* Geldhaltung *f*

money market ['mʌnɪ 'mɑːkɪt] *sb* Geldmarkt *m*, Geldbörse *f*

money market account ['mʌnɪ 'mɑːkɪt ə'kaʊnt] *sb* Geldmarktkonto *n*

money market credit ['mʌnɪ 'mɑːkɪt 'kredɪt] *sb* Geldmarktkredit *m*

money market funds ['mʌnɪ 'mɑːkɪt 'fʌnds] *sb* Geldmarktfonds *m*

money market policy ['mʌnɪ 'mɑːkɪt 'pɒlɪsɪ] *sb* Geldmarktpolitik *f*

money market rate ['mʌnɪ 'mɑːkɪt 'reɪt] *sb* Geldmarktsatz *m*

money market securities ['mʌnɪ 'mɑːkɪt sɪ'kjʊərɪtɪz] *sb* Geldmarktpapier *n*

money market trading ['mʌnɪ 'mɑːkɪt 'treɪdɪŋ] sb Geldmarktdispositionen f/pl
money on deposit ['mʌnɪ ɒn dɪ'pɒzɪt] sb Einlagen f/pl
money order ['mʌnɪ ɔːdə] sb Postanweisung f, Zahlungsanweisung f
money owed ['mʌnɪ əʊd] sb Guthaben n
money piece rate ['mʌnɪ piːs reɪt] sb Geldakkord m
money rate ['mʌnɪ reɪt] sb Geldsatz m
money shop ['mʌnɪ ʃɒp] sb Teilzahlungsbank f
money sorting machine ['mʌnɪ 'sɔːtɪŋ mə'ʃiːn] sb Geldsortiermaschine f
money standard ['mʌnɪ 'stændəd] sb Währung f
money stock ['mʌnɪ stɒk] sb Geldmenge f
money substitute ['mʌnɪ 'sʌbstɪtjuːt] sb Geldsubstitut n
money supply ['mʌnɪ sə'plaɪ] sb Geldvolumen n
money supply target ['mʌnɪ sə'plaɪ 'tɑːgɪt] sb Geldmengenziel n
money transfer transactions ['mʌnɪ 'trænsfɜː træn'zækʃənz] sb Überweisungsverkehr m
money wage ['mʌnɪ 'weɪdʒ] sb Geldlohn m
monitor ['mɒnɪtə] v 1. überwachen; 2. (a phone conversation) abhören; sb 3. (screen) Monitor m
monitoring ['mɒnɪtərɪŋ] sb Monitoring n
monopolies commission [mə'nɒpəlɪz kə'mɪʃən] sb Monopolkommission f
monopolize [mə'nɒpəlaɪz] v monopolisieren
monopoly [mə'nɒpəlɪ] sb Monopol n
monopoly agreement [mə'nɒpəlɪ ə'griːmənt] sb Kartellabsprache f
monopoly authority [mə'nɒpəlɪ ɔː'θɒrətɪ] sb Kartellbehörde f
monopoly price [mə'nɒpəlɪ 'praɪs] sb Monopolpreis m
montage [mɒn'tɑːʒ] sb Montage f, Zusammenbau m
monthly ['mʌnθlɪ] adj monatlich, Monats...
monthly balance sheet ['mʌnθlɪ 'bæləns ʃiːt] sb Monatsbilanz f
monthly income statement ['mʌnθlɪ 'ɪnkʌm 'steɪtmənt] sb monatliche Erfolgsrechnung f, kurzfristige Erfolgsrechnung f
monthly instalment ['mʌnθlɪ ɪn'stɔːlmənt] sb monatliche Teilzahlungsrate f, monatliche Rate f

monthly report of the Deutsche Bundesbank ['mʌnθlɪ rɪ'pɔːt əv ðə 'dɔytʃə 'bundəsbaŋk] sb Monatsbericht der Deutschen Bundesbank m
monthly return ['mʌnθlɪ rɪ'tɜːn] sb Monatsausweis m
moratorium [mɒrə'tɔːrɪəm] sb Stundung f, Zahlungsaufschub m
mortgage ['mɔːgɪdʒ] sb 1. Hypothek f; v 2. hypothekarisch belasten, eine Hypothek aufnehmen auf
mortgage as security for a loan ['mɔːgɪdʒ æz ə sɪ'kjʊərɪtɪ fɔː ə 'ləʊn] sb Darlehenshypothek f
mortgage bank ['mɔːgɪdʒ bæŋk] sb Hypothekenbank f, Grundkreditanstalt f, Bodenkreditinstitut n
mortgage bank law ['mɔːgɪdʒ bæŋk lɔː] sb Hypothekenbankgesetz n
mortgage bond ['mɔːgɪdʒ bɒnd] sb (Hypotheken-)Pfandbrief m
mortgage bond serving a social purpose ['mɔːgɪdʒ bɒnd 'sɜːvɪŋ ə 'səʊʃəl 'pɜːpɪs] sb Sozialpfandbrief m
mortgage broker ['mɔːgɪdʒ 'brəʊkə] sb Hypothekenmakler(in) m/f
mortgage credit ['mɔːgɪdʒ 'kredɪt] sb Hypothekenkredit m
mortgage creditor ['mɔːgɪdʒ 'kredɪtə] sb Hypothekengläubiger(in) m/f
mortgage debenture ['mɔːgɪdʒ dɪ'bentʃə] sb Hypothekenpfandbrief m
mortgage deed ['mɔːgɪdʒ diːd] sb Hypothekenbrief m
mortgage for the benefit of the owner ['mɔːgɪdʒ fɔː ðə 'benəfɪt əv ði: 'əʊnə] sb Eigentümer-Hypothek f
mortgage insurance ['mɔːgɪdʒ ɪn'ʃʊərəns] sb Hypothekenversicherung f
mortgage interest ['mɔːgɪdʒ 'ɪntrəst] sb Hypothekenzinsen m/pl, Darlehenszinsen m/pl
mortgage law ['mɔːgɪdʒ lɔː] sb Pfandbriefgesetz n
mortgage loan ['mɔːgɪdʒ ləʊn] sb Hypothekarkredit m, Pfandbriefdarlehen n
mortgage loan repayable after having been duly called ['mɔːgɪdʒ ləʊn rɪ'peɪəbl 'ɑːftə 'hævɪŋ biːn 'djuːlɪ 'cɔːld] sb Kündigungshypothek f
mortgage rate ['mɔːgɪdʒ reɪt] sb Hypothekenzins m
mortgage register ['mɔːgɪdʒ 'redʒɪstə] sb Hypothekenregister n

mortgage repayment ['mɔːgɪdʒ rɪ'peɪmənt] sb Hypothekentilgung f
most favourable offer [məʊst 'feɪvərəbl 'ɒfə] sb günstigstes Angebot n, bestes Angebot n
most-favoured nation clause [məʊst-'feɪvəd 'neɪʃən klɔːz] sb Meistbegünstigungsklausel f
most-favoured nation treatment [məʊst-'feɪvəd 'neɪʃən 'triːtmənt] sb Meistbegünstigung f
motherboard ['mʌðəbɔːd] sb Hauptplatine f, Motherboard n
motion ['məʊʃən] sb (proposal) Antrag m; propose a ~ einen Antrag stellen
motivation [məʊtɪ'veɪʃən] sb Motivation f
motive ['məʊtɪv] sb Motiv n, Beweggrund m
motor insurance ['məʊtər ɪn'sʊərəns] sb Kraftfahrzeugversicherung f
motor vehicle ['məʊtə 'viːɪkl] sb Kraftfahrzeug n
motor vehicle tax ['məʊtə 'viːɪkl tæks] sb Kraftfahrzeugsteuer f
mouse [maʊs] sb (computer) Maus f
movable goods ['muːvəbl 'gʊds] pl Mobilien pl
move [muːv] v 1. (change residences) umziehen; 2. (transport) befördern; sb 3. (to a different job) Wechsel m; 4. (to a new residence) Umzug m
movement certificate ['muːvmənt sə'tɪfɪkət] sb Warenverkehrsbescheinigung f
mover ['muːvə] sb (person who moves furniture) Umzugsspediteur m, Möbelpacker m
multi ['mʌltɪ] adj ~... viel..., mehr..., Multi...
multi-digit [mʌltɪ'dɪdʒɪt] adj mehrstellig
multilateral [mʌltɪ'lætərəl] adj multilateral
multilateral trade [mʌltɪ'lætərəl treɪd] sb multilateraler Handel m
multilingual [mʌltɪ'lɪŋgwəl] adj mehrsprachig
multimedia [mʌltɪ'miːdɪə] adj multimedial, Multimedia...
multimillionaire [mʌltɪmɪlɪə'nɛə] sb Multimillionär(in) m/f
multimillion credit [mʌltɪ'mɪlɪən 'kredɪt] sb Millionenkredit m
multinational [mʌltɪ'næʃənəl] adj multinational
multinational company [mʌltɪ'næʃənəl 'kʌmpənɪ] sb multinationales Unternehmen n

multinational group [mʌltɪ'næʃənəl gruːp] sb multinationaler Konzern m
multipack ['mʌltɪpæk] sb Mehrstückpackung f
multi-part [mʌltɪ'pɑːt] adj mehrteilig
multiple exchange rates ['mʌltɪpl ɪks-'tʃeɪndʒ reɪts] sb gespaltener Wechselkurs m
multiple-line organization ['mʌltɪpllaɪn ɔːrgənaɪ'zeɪʃən] sb Mehrlinienorganisation f
multiple-process production ['mʌltɪpl-'prəʊsəs prə'dʌkʃən] sb Mehrfachfertigung f
multiple voting right ['mʌltɪpl 'vəʊtɪŋ raɪt] sb Mehrstimmrecht n
multiple voting share ['mʌltɪpl 'vəʊtɪŋ ʃɛə] sb Mehrstimmrechtsaktie f
multiplication [mʌltɪplɪ'keɪʃən] sb 1. Multiplikation f; 2. (fig) Vermehrung f
multiply ['mʌltɪplaɪ] v 1. multiplizieren; 2. (sth) vermehren, vervielfachen
multiprocessing [mʌltɪ'prəʊsesɪŋ] sb Rechnerverbundbetrieb m
multi-product company [mʌltɪ'prɒdʌkt 'kʌmpənɪ] sb Mehrproduktunternehmen n
multipurpose [mʌltɪ'pɜːpəs] adj Mehrzweck...
multi-stage fixed-cost accounting ['mʌltɪsteɪdʒ fɪksd'kɒst ə'kaʊntɪŋ] sb stufenweise Fixkostendeckungsrechnung f
multitasking [mʌltɪ'tɑːskɪŋ] sb Multitasking n
municipal [mjuː'nɪsɪpl] adj städtisch, Stadt..., kommunal
municipal bonds [mjuː'nɪsɪpl bɒndz] pl Kommunalobligationen f/pl
municipal economy [mjuː'nɪsɪpl ɪ'kɒnəmɪ] sb Kommunalwirtschaft f
municipality [mjuːnɪsɪ'pælɪtɪ] sb Kommune f, Gemeinde f
municipal measures to spur the economy [mjuː'nɪsɪpl 'meʒəs tu spɜː ðiː ɪ'kɒnəmɪ] sb kommunale Wirtschaftsförderung f
mutual ['mjuːtʃʊəl] adj 1. (shared) gemeinsam; 2. (bilateral) beiderseitig
mutual fund ['mjuːtʃʊəl fʌnd] sb (US) Investmentfonds m
mutual insurance ['mjuːtʃʊəl ɪn'ʃʊərəns] sb Versicherung auf Gegenseitigkeit f
mutual life insurance company ['mjuːtʃʊəl laɪf ɪn'ʃʊərəns 'kʌmpənɪ] sb Versicherungsverein auf Gegenseitigkeit (VVaG) m

N

name [neɪm] v 1. (specify) nennen; 2. (appoint) ernennen; sb 3. Name m; 4. (reputation) Name m, Ruf m; 5. give s.o. a bad ~ jdn in Verruf bringen; 6. make a ~ for o.s. as sich einen Namen machen als
name of account [neɪm əv ə'kaʊnt] sb Kontenbezeichnung f
name of the maker [neɪm əv ðə 'meɪkə] sb Name des Ausstellers m
name-plate ['neɪmpleɪt] sb 1. Namensschild n; 2. (on a door) Türschild n
name tag ['neɪm tæg] sb Namensschild m
name transaction [neɪm træn'zækʃən] sb Aufgabegeschäft n
national ['næʃənəl] adj national, öffentlich, Landes...
national accounting ['næʃənəl ə'kaʊntɪŋ] sb volkswirtschaftliche Gesamtrechnung f
National Audit Office ['næʃənəl 'ɔːdɪt 'ɒfɪs] sb (UK) Rechnungshof m
national bankruptcy ['næʃənəl 'bæŋkrʌpsɪ] sb Staatsbankrott m
national bond ['næʃənəl bɒnd] sb steuerfreier Schuldschein m
national certificate ['næʃənəl sə'tɪfɪkət] sb Sparbrief m
national economy ['næʃənəl ɪ'kɒnəmɪ] sb Volkswirtschaft f
national income ['næʃənəl 'ɪnkʌm] sb Volkseinkommen n
national insurance ['næʃənəl ɪn'ʃʊərəns] sb (UK) Sozialversicherung f
nationality [næʃə'nælɪtɪ] sb Staatsangehörigkeit f, Nationalität f
nationalization [næʃnəlaɪ'zeɪʃən] sb Verstaatlichung f
nationalize ['næʃnəlaɪz] v (an industry) verstaatlichen
national product ['næʃənəl 'prɒdʌkt] sb Sozialprodukt n
national sovereignty rights ['næʃənəl 'sɒvərɪntɪ raɪts] pl nationale Souveränitätsrechte n/pl
national wealth ['næʃənəl 'welθ] sb Volksvermögen n
nationwide [neɪʃən'waɪd] adj landesweit
native ['neɪtɪv] adj inländisch, Inlands...
natural person ['nætʃrəl 'pɜːsən] sb natürliche Person f
naught [nɔːt] sb Null f

navigability [nævɪgə'bɪlɪtɪ] sb Schiffbarkeit f
navigable ['nævɪgəbl] adj schiffbar
near banks ['nɪə bæŋks] pl Nearbanken f/pl
near money [nɪə 'mʌnɪ] sb Geldsurrogat n
near-consumer [nɪəkən'sjuːmə] adj verbrauchernah
near-monopoly [nɪəmə'nɒpəlɪ] sb Quasimonopol n
near-operating [nɪə'ɒpəreɪtɪŋ] adj betriebsnah
necessary business property ['nesɪsərɪ 'bɪznəs 'prɒpətɪ] sb notwendiges Betriebsvermögen n
necessary private property ['nesɪsərɪ 'praɪvət 'prɒpətɪ] sb notwendiges Privatvermögen n
necessity [nɪ'sesətɪ] sb 1. Notwendigkeit f; 2. of ~ notwendigerweise
need [niːd] sb 1. (necessity) Notwendigkeit f; 2. (requirement) Bedürfnis n, Bedarf m; 3. to be in ~ of sth etw dringend brauchen
need for action [niːd fɔː 'ækʃən] sb Handlungsbedarf m
need-based ['niːdbeɪsd] adj bedürfnisorientiert, bedarfsorientiert
negative advance interest ['negətɪv əd'vɑːns 'ɪntrəst] sb Vorschusszinsen m/pl
negative clause ['negətɪv klɔːz] sb Negativklausel f
negative declaration ['negətɪv deklə'reɪʃn] sb Negativerklärung f
negative interest ['negətɪv 'ɪntrest] sb Negativzins m
negligence ['neglɪdʒəns] sb 1. Nachlässigkeit f, Unachtsamkeit f; 2. Fahrlässigkeit f
negligence claim ['neglɪdʒəns kleɪm] sb Schadensersatzforderung f
negligent ['neglɪdʒənt] adj fahrlässig, nachlässig, unachtsam
negligible ['neglɪdʒəbl] adj unerheblich, gering
negotiable [nɪ'gəʊʃɪəbl] adj 1. verkäuflich; 2. It's ~. Darüber kann verhandelt werden.
negotiable document of title [nɪ'gəʊʃɪəbl 'dɒkjəmənt əv 'taɪtl] sb Traditionspapier n
negotiate [nɪ'gəʊʃɪeɪt] v 1. verhandeln; 2. (bring about) aushandeln; 3. (sth) handeln über
negotiating brief [nɪ'gəʊʃɪeɪtɪŋ briːf] sb Verhandlungsmandat n

negotiating machinery [nɪ'gəʊʃɪeɪtɪŋ mə'ʃiːnərɪ] *sb* Verhandlungsprozedur *f*
negotiating package [nɪ'gəʊʃɪeɪtɪŋ 'pækɪdʒ] *sb* Verhandlungspaket *n*
negotiating team [nɪ'gəʊʃɪeɪtɪŋ tiːm] *sb* Verhandlungsdelegation *f*
negotiation [nɪgəʊʃi'eɪʃən] *sb 1.* Verhandlung *f; 2. enter into ~s* in Verhandlungen eintreten
negotiation price [nɪ'gəʊʃɪeɪtɪŋ praɪs] *sb* Übernahmepreis *m*, Übernahmekurs *m*
negotiation skills [nɪgəʊʃɪ'eɪʃən skɪlz] *pl* Verhandlungsgeschick *n*
negotiator [nɪ'gəʊʃɪeɪtə] *sb* Unterhändler(in) *m/f*, Verhandelnde(r) *f/m*
neoliberalism [niːəʊ'lɪbərəlɪzm] *sb* Neoliberalismus *m*
neomercantilism [niːəʊ'mɜːkəntaɪlɪzm] *sb* Neomerkantilismus *m*
nepotism ['nepətɪzm] *sb* Nepotismus *m*, Vetternwirtschaft *f*
net [net] *adj 1.* netto, Netto..., Rein...; *v 2.* netto einbringen; *3. (in wages)* netto verdienen
net assets [net 'æsets] *pl* Reinvermögen *n*, Nettovermögen *n*
net book value [net bʊk 'væljuː] *sb* Restwert *m*
net borrowing [net 'bɒrəʊɪŋ] *sb* Nettokreditaufnahme *f*
net dividend [net 'dɪvɪdənd] *sb* Netto-Dividende *f*
net earnings [net 'ɜːnɪŋz] *pl* Nettoertrag *m*
net export [net 'ekspɔːt] *sb* Außenbeitrag *m*
net financial investment [net faɪ'nænʃl ɪn'vestmənt] *sb* Finanzierungssaldo *n*
net foreign demand [net 'fɒrən dɪ'mɑːnd] *sb* Außenbeitrag *m*
net income [net 'ɪnkʌm] *sb* Nettoeinkommen *n*
net income percentage of turnover [net 'ɪnkʌm pə'sentɪdʒ əv 'tɜːnəʊvə] *sb* Umsatzrendite *f*
net indebtedness [net ɪn'detɪdnɪs] *sb* Nettoverschuldung *f*
net interest rate [net 'ɪntrəst reɪt] *sb* Nettozinssatz *m*
net investment [net ɪn'vestmənt] *sb* Nettoinvestition *f*
net loss [net lɒs] *sb* Bilanzverlust *m*
net loss for the year [net lɒs fɔː ðə jiə] *sb* Jahresfehlbetrag *m*
net movement of foreign exchange [net 'muːvmənt əv 'fɒrɪn ɪks'tʃeɪndʒ] *sb* Devisenbilanz *f*

net national product [net 'næʃənəl 'prɒdʌkt] *sb* Nettosozialprodukt *n*
net new indebtedness [net njuː ɪn'detɪdnɪs] *sb* Nettoneuverschuldung *f*
net present value [net 'præsənt 'væljuː] *sb* Kapitalwert *m*
net price [net praɪs] *sb* Nettopreis *m*
net proceeds [net 'prəʊsiːdz] *pl* Nettoertrag *m*
net product [net 'prɒdʌkt] *sb* Wertschöpfung *f*
net profit [net 'prɒfɪt] *sb* Reingewinn *m*, Nettogewinn *m*
net profit for the year [net 'prɒfɪt fɔː θə jiə] *sb* Bilanzgewinn *m*
net profit ratio [net 'prɒfɪt reɪʃɪəʊ] *sb* Umsatzrentabilität *f*
netting out [netɪŋ aʊt] *sb* Saldierung *f*
net turnover [net 'tɜːnəʊvə] *sb* Nettoumsatz *m*
net wages [net 'weɪdʒɪz] *sb* Nettolohn *m*
net weight [net weɪt] *sb* Nettogewicht *n*, Reingewicht *n*, Eigengewicht *n*
network ['netwɜːk] *sb* Netz *n*, Netzwerk *n*
networking ['netwɜːkɪŋ] *sb* Rechnerverbund *m*
network management system ['netwɜːk 'mænɪdʒmənt 'sɪstəm] *sb* Netzplantechnik *f*
network operator [netwɜːk 'ɒpəreɪtə] *sb* Netzbetreiber *m*
neutralization [njuːtrəlaɪ'zeɪʃən] *sb 1.* Neutralisation *f; 2. (of money)* Stilllegung *f*
neutral money ['njuːtrəl 'mʌnɪ] *sb* neutrales Geld *n*
new assessment [njuː ə'sesmənt] *sb* Neuveranlagung *f*
newcomer ['njuːkʌmə] *sb (beginner)* Neuling *m*
new endorsement [njuː ɪn'dɔːrsmənt] *sb* Neugiro *n*
new foundation [njuː faʊn'deɪʃən] *sb* Neugründung *f*
new indebtedness [njuː ɪn'detɪdnɪs] *sb* Neuverschuldung *f*
new market [njuː 'mɑːkɪt] *sb* Neuer Markt *m*
news [njuːz] *pl* Nachricht *f*, Neuigkeiten *f/pl*
news bulletin [njuːz 'bʊlətɪn] *sb* Kurznachrichten *f/pl*
new shares [njuː 'ʃɛəz] *pl* junge Aktien *f/pl*
newsletter ['njuːzletə] *sb* Rundschreiben *n*, Rundbrief *m*
newspaper ['njuːspeɪpə] *sb* Zeitung *f*
newsroom ['njuːzruːm] *sb* Nachrichtenredaktion *f*

news value ['njuːz 'væljuː] *sb* Neuigkeitswert *m*

niche [niːʃ] *sb* Nische *f*

night desk [naɪt desk] *sb* Nachtschalter *m*

night duty [naɪt 'djuːtɪ] *sb* Nachtdienst *m*

night safe ['naɪt seɪf] *sb* Nachtsafe *m*, Nachttresor *m*

night school ['naɪt skuːl] *sb* Abendschule *f*

night shift ['naɪt ʃɪft] *sb* Nachtschicht *f*

night watchman [naɪt 'wɒtʃmən] *sb* Nachtwächter *m*, Nachtportier *m*

nil tariff [nɪl 'tærɪf] *sb* Nulltarif *m*

no-fault ['nəʊfɔːlt] *adj (US)* Vollkasko...

nominal ['nɒmɪnəl] *adj* nominell, Nominal...

nominal amount ['nɒmɪnəl ə'maʊnt] *sb* Nominalbetrag *m*

nominal capital ['nɒmɪnəl 'kæpɪtl] *sb* Nominalkapital *n*

nominal capital borrowed ['nɒmɪnəl 'kæpɪtl 'bɒrəʊd] *sb* nominelles Eigenkapital *n*

nominal income ['nɒmɪnəl 'ɪnkʌm] *sb* Nominaleinkommen *n*

nominal rate of interest ['nɒmɪnəl reɪt əv 'ɪntrəst] *sb* Nominalzins *m*

nominal value ['nɒmɪnəl 'væljuː] *sb* Nennwert *m*, Nominalwert *m*, Ausgabewert *m*

nominee [nɒmɪ'niː] *sb* 1. Kandidat(in) *m/f*; 2. (*authorized person*) Bevollmächtigte(r) *f/m*

nominee company [nɒmɪ'niː 'kʌmpənɪ] *sb* Briefkastenfirma *f*

nominee holder [nɒmɪ'niː 'həʊldə] *sb* Fremdbesitzer(in) *m/f*

non-acceptance [nɒnək'septəns] *sb* Akzeptverweigerung *f*

non-admissible [nɒnəd'mɪsəbl] *adj* unzulässig

non-appealable [nɒnə'piːləbl] *adj* formal rechtskräftig

non-assignable [nɒnə'saɪnəbl] *adj* nicht übertragbar

non-attachable [nɒnə'tætʃəbl] *adj* unpfändbar

non-banks ['nɒnbæŋks] *pl* Nicht-Banken *f/pl*

nonbinding price recommendation ['nɒnbaɪndɪŋ praɪs rekɒmən'deɪʃn] *sb* unverbindliche Preisempfehlung *f*

non-branded [nɒn'brændɪd] *adj* markenfrei

non-calling period ['nɒnkɔːlɪŋ 'pɪərɪəd] *sb* Kündigungssperrfrist *f*

non cash [nɒn kæʃ] *adj* unbar

non-chargeable [nɒn'tʃɑːdʒəbl] *adj* steuerfrei

non-compliance [nɒnkəm'plaɪəns] *sb (with rules)* Nichterfüllung *f*, Nichteinhaltung *f*

non-conforming [nɒnkən'fɔːmɪŋ] *adj* nicht vertragsgemäß

non-cyclical [nɒn'saɪklɪkl] *adj* azyklisch

nonexistent [nɒnɪg'zɪstənt] *adj* nicht existierend, nicht vorhanden

non-forfeitability [nɒnfɔːrfɪtə'bɪlɪtɪ] *sb* Unverfallbarkeit *f*

non-liability [nɒnlaɪə'bɪlətɪ] *sb* Haftungsausschluss *m*

non-liquidity [nɒnlɪ'kwɪdɪtɪ] *sb* Illiquidität *f*

non-negotiable [nɒnnɪ'gəʊʃɪəbl] *adj (ticket)* unübertragbar, nicht übertragbar

non-negotiable bill of exchange ['nɒnnɪ'gəʊʃɪəbl bɪl əv ɪks'tʃeɪndʒ] *sb* Rektawechsel *m*

nonoperating expense ['nɒnɒpəreɪtɪŋ ɪks'pens] *sb* betriebsfremder Aufwand *m*, neutraler Aufwand *m*

nonoperating income ['nɒnɒpəreɪtɪŋ 'ɪnkʌm] *sb* neutraler Ertrag *m*

nonoperating revenue ['nɒnɒpəreɪtɪŋ 'revənjuː] *sb* betriebsfremder Ertrag *m*

non-profit-making [nɒn'prɒfɪtmeɪkɪŋ] *adj (UK)* gemeinnützig

nonprofit organization ['nɒnprɒfɪt ɔːgənaɪ'zeɪʃn] *sb* Nonprofit-Organisation *f*

non-quotation [nɒnkwəʊ'teɪʃn] *sb* Kursstreichung *f*

non-real-estate fixed assets ['nɒnrɪəlɪsteɪt fɪksd 'æsəts] *pl* bewegliches Anlagevermögen *n*

non-recourse [nɒnrɪ'kɔːs] *adj* regresslos

non-recourse financing [nɒnrɪ'kɔːs 'faɪnænsɪŋ] *sb* Forfaitierung *f*

non-resident [nɒn'resɪdənt] *sb* Devisenausländer *m*, Gebietsfremder *m*

non-returnable [nɒnrɪ'tɜːnəbl] *adj* Einweg...

nonstop [nɒn'stɒp] *adj* 1. ohne Halt, pausenlos; 2. *(train)* durchgehend

nonsuit ['nɒnsuːt] *sb* Klagezurückweisung *f*

non-voting share [nɒn'vəʊtɪŋ ʃɛə] *sb* stimmrechtslose Vorzugsaktie *f*

norm [nɔːm] *sb* Norm *f*

normal ['nɔːml] *adj* normal, üblich

normal cost ['nɔːml kɒst] *sb* Normalkosten *pl*

normal level of capacity utilization ['nɔːml 'levl əv kə'pæsɪtɪ jutɪlaɪ'zeɪʃn] *sb* Normalbeschäftigung *f*

normal transactions ['nɔːml træn'zækʃnz] *pl* Normalverkehr *m*

norm price [nɔːm praɪs] *sb* Zielpreis (Zoll) *m*

nostro account ['nɒstrəʊ ə'kaʊnt] *sb* Nostrokonto *n*

North American Freetrade Area (NAFTA) ['nɔːθ ə'merɪkən 'friːtreɪd ɛərɪə] *sb* Nordamerikanische Freihandelszone *(NAFTA) f*

nostro balance ['nɒstrəʊ 'bæləns] *sb* Nostroguthaben *n*

nostro liability ['nɒstrəʊ laɪə'bɪlɪtɪ] *sb* Nostroverbindlichkeit *f*

notarize ['nəʊtəraɪz] *v* notariell beglaubigen

notary ['nəʊtərɪ] *sb* Notar *m*

not binding [nɒt 'baɪndɪŋ] *adj* unverbindlich

note [nəʊt] *sb* Notiz *f,* Vermerk *m,* Schein *m*

noteholder ['nəʊthəʊldə] *sb* Schuldscheininhaber(in) *m/f*

note issue [nəʊt ɪʃuː] *sb* Notenausgabe *f*

note of acceptance [nəʊt əv ək'septəns] *sb* Annahmevermerk *m*

note of charges [nəʊt əv 'tʃɑːdʒəz] *sb* Gebührenrechnung *f*

note of the minutes [nəʊt əv ðə 'mɪnɪts] *sb* Protokollnotiz *f*

notes and coins in circulation [nəʊts ænd 'kɔɪnz ɪn sɜːkjʊ'leɪʃən] *pl* Zahlungsmittelumlauf *m*

notes appended to quotation [nəʊts ə'pændɪt tu kwəʊ'teɪʃn] *pl* Kurszusätze *m/pl*

notes in circulation [nəʊts ɪn sɜːkjʊ-'leɪʃən] *pl* Notenumlauf *m*

notes payable [nəʊts 'peɪəbl] *pl* Wechselverbindlichkeiten *f/pl*

notes receivable [nəʊt rɪ'siːvəbl] *pl* Wechselforderungen *f/pl*

notes to consolidated financial statements [nəʊts tu kən'sɒlɪdeɪtɪd faɪ'nænʃl 'steɪtmənts] *pl* Konzernanhang *m*

notice ['nəʊtɪs] *sb 1. (notification)* Bescheid *m,* Benachrichtigung *f; 2. (in writing)* Mitteilung *f; 3. until further* ~ bis auf weiteres; *4. at short* ~ kurzfristig; *5. (of quitting a job, of moving out)* Kündigung *f; give s.o.* ~ *(to an employee, to a tenant)* jdm kündigen; *(to an employer, to a landlord)* bei jdm kündigen; *6. (public announcement)* Bekanntmachung *f*

notice board ['nəʊtɪs bɔːd] *sb* Aushang *m*

notice of action ['nəʊtɪs əv 'ækʃən] *sb* Klagemitteilung *f*

notice of arrival ['nəʊtɪs əv ə'raɪvl] *sb* Eingangsbestätigung *f*

notice of assessment ['nəʊtɪs əv ə'sesmənt] *sb* Steuerbescheid *m*

notice of defect ['nəʊtɪs əv 'diːfekt] *sb* Mängelanzeige *f*

notice of deposit ['nəʊtɪs əv dɪ'pɒzɪt] *sb* Hinterlegungsbescheid *m*

notice of dividend ['nəʊtɪs əv 'dɪvɪdend] *sb* Dividendenbekanntmachung *f*

notice of termination ['nəʊtɪs əv termɪ-'neɪʃən] *sb* Kündigung *f*

notice period ['nəʊtɪs pɪərɪəd] *sb* Kündigungsfrist *f*

notice to terminate for operational reasons ['nəʊtɪs tu 'tɜːmɪneɪt fɔː ɒpə'reɪʃənl 'riːzns] *sb* betriebsbedingte Kündigung *f*

notifiable ['nəʊtɪfaɪəbl] *adj* meldepflichtig

notifiable cartel ['nəʊtɪfaɪəbl cɑː'tel] *sb* anmeldepflichtige Kartelle *n*

notification [nəʊtɪfɪ'keɪʃən] *sb* Benachrichtigung *f,* Mitteilung *f,* Meldung *f*

notification of approval [nəʊtɪfɪ'keɪʃən əv ə'pruːvl] *sb* Bewilligungsbescheid *f*

notification of damage [nəʊtɪfɪ'keɪʃən əv 'dæmɪdʒ] *sb* Schadensmeldung *f*

notional ['nəʊʃənl] *adj* symbolisch, fiktiv

novelty ['nɒvəltɪ] *sb (newness)* Neuheit *f*

noxious ['nɒkʃəs] *adj* umweltbelastend, umweltschädlich

nuclear energy ['njuːklɪər enədʒɪ] *sb* Atomenergie *f,* Kernenergie *f*

nuclear power ['njuːklɪə 'paʊə] *sb* Atomkraft *f*

nuclear power plant ['njuːklɪə 'paʊə plɑːnt] *sb* Atomkraftwerk *n,* Kernkraftwerk *n*

nuisance tax ['njuːsəns tæks] *sb* Bagatellsteuer *f*

null [nʌl] *adj* nichtig, ungültig

null and void [nʌl ænd vɔɪd] null und nichtig

nullify ['nʌlɪfaɪ] *v* annullieren, für null und nichtig erklären, ungültig machen

nullity ['nʌlətɪ] *sb* Ungültigkeit *f*

number ['nʌmbə] *sb 1.* Zahl *f; 2. (numeral)* Ziffer *f; 3. (phone* ~, *house* ~*)* Nummer *f; 4. (quantity)* Anzahl *f; on a* ~ *of occasions* des Öfteren

numbered account ['nʌmbəd ə'kaʊnt] *sb* Nummernkonto *n*

numbering ['nʌmbrɪŋ] *sb* Nummerierung *f*

nursing allowance ['nɜːsɪŋ ə'laʊəns] *sb* Pflegegeld *n*

nursing insurance fund ['nɜːsɪŋ ɪn'ʃʊərəns fʌnd] *sb* Pflegekrankenversicherung *f*

nursing pension insurance fund ['nɜːsɪŋ 'penʃn ɪn'ʃʊərəns fʌnd] *sb* Pflegerentenversicherung *f*

O

oath of disclosure [əʊθ əv dɪs'kləʊʒə] *sb*
Offenbarungseid *m*
oath of office [əʊθ əv 'ɒfɪs] *sb* Amtseid *m*,
Diensteid *m*
obedience [ə'biːdɪəns] *sb* Gehorsam-
keit *f*
obey [ə'beɪ] *v 1.* gehorchen, folgen; *2. (an
order)* Folge leisten, befolgen
object clause ['ɒbdʒɪkt klɔːz] *sb* Zweck-
bestimmungsklausel *f*
object insured ['ɒbdʒɪkt ɪn'ʃʊəd] *sb* Ver-
sicherungsgegenstand *m*
objection [əb'dʒekʃən] *sb* Beanstandung *f*,
Einwand *m*
objective [əb'dʒektɪv] *sb* Ziel *n*
objective of the audit [əb'dʒektɪv əv ðə
'ɔːdɪt] *sb* Prüfungsziel *n*
objectivity [ɒbdʒek'tɪvɪtɪ] *sb* Objektivität *f*
object of discernment ['ɒbdʒɪkt əv dɪ-
'sɜːnmənt] *sb* Erkenntnisobjekt *n*
object of the contract ['ɒbdʒɪkt əv ðə
'kɒntrækt] *sb* Vertragsgegenstand *m*
object of the enterprise ['ɒbdʒɪkt əv ðə
'entəpraɪz] *sb* Unternehmensziel *n*
object of negotiations ['ɒbdʒɪkt əv
nɪgəʊʃɪ'eɪʃənz] *sb* Verhandlungsgegenstand *m*
object principle ['ɒbdʒɪkt 'prɪnsɪpl] *sb*
Objektprinzip *n*
obligation [ɒblɪ'geɪʃən] *sb 1.* Verpflichtung
f, Pflicht *f*, Schuldverhältnis *n; 2. without ~*
unverbindlich
obligation to accept [ɒblɪ'geɪʃən tu ək'-
sept] *sb* Annahmepflicht *f*
obligation to buy [ɒblɪ'geɪʃən tu baɪ] *sb*
Bezugspflicht *f*
obligation to compensate [ɒblɪ'geɪʃən
tu 'kɒmpənseɪt] *sb* Schadensersatzpflicht *f*
obligation to contract [ɒblɪ'geɪʃn tu kən-
'trækt] *sb* Kontrahierungszwang *m*
obligation to furnish information [ɒblɪ-
'geɪʃn tu 'fɜːnɪʃ ɪnfə'meɪʃn] *sb* Mitteilungspflicht *f*
obligation to give information [ɒblɪ-
'geɪʃn tu gɪv ɪnfə'meɪʃn] *sb* Auskunftspflicht *f*
obligation to intervene [ɒblɪ'geɪʃn tu ɪntə-
'viːn] *sb* Interventionspflicht *f*
obligation to lodge a complaint [ɒblɪ-
'geɪʃn tu 'lɒdʒ ə kəm'pleɪnt] *sb* Rügepflicht *f*

**obligation to make an additional contri-
bution** [ɒblɪ'geɪʃn tu 'meɪk ən ə'dɪʃnl kɒntrɪ'bjuːʃn] *sb* Nachschusspflicht *f*
obligation to maintain secrecy [ɒblɪ'geɪʃn tu meɪn'teɪn 'siːkrəsɪ] *sb* Schweigepflicht
f, Geheimhaltungspflicht *f*
obligation to pay subscription [ɒblɪ-
'geɪʃn tu peɪ sʌb'skrɪpʃn] *sb* Einzahlungspflicht *f*
obligation to perform [ɒblɪ'geɪʃn tu
pə'fɔːm] *sb* Erfüllungspflicht *f*, Leistungspflicht *f*
obligation to preserve records [ɒblɪ-
'geɪʃn tu prɪ'zɜːv 'rekɔːdz] *sb* Aufbewahrungspflicht *f*
obligation to redeem [ɒblɪ'geɪʃn tu rɪ-
'diːm] *sb* Einlösungspflicht *f*
obligation to repay [ɒblɪ'geɪʃn tu rɪ'peɪ]
sb Rückerstattungspflicht *f*
obligation to register [ɒblɪ'geɪʃn tu 'red-
ʒɪstə] *sb* Meldepflicht *f*
obligation to take delivery [ɒblɪ'geɪʃn tu
'teɪk dɪ'lɪvərɪ] *sb* Abnahmepflicht *f*
obligation under a warranty [ɒblɪ'geɪʃn
'ʌndə ə 'wɒrəntɪ] *sb* Gewährleistungs-
pflicht *f*
obligatory [ə'blɪgətərɪ] *adj* obligatorisch;
It is ~. Es ist Pflicht.
obligor [ɒblɪ'gɔː] *sb* Schuldner *m*
observance of the deadline [ɒb'zɜːvəns
əv ðə 'dedlaɪn] *sb* Fristwahrung *f*
observation [ɒbzə'veɪʃən] *sb* Beobach-
tung *f*
observation of markets [ɒbzə'veɪʃən əv
'mɑːkɪts] *sb* Marktbeobachtung *f*
obsolescence [ɒbsə'lesns] *sb* Obsoleszenz *f*
obsolete ['ɒbsəliːt] *adj* veraltet, überholt
obstruct [əb'strʌkt] *v* hindern, blockieren
obtainable [əb'teɪnəbl] *adj* erhältlich
occupancy rate ['ɒkjʊpənsɪ reɪt] *sb* Bele-
gungsrate *f*, Auslastungsquote *f*
occupation [ɒkjʊ'peɪʃən] *sb 1. (employment)* Beruf *m*, Tätigkeit *f; 2. (pastime)*
Beschäftigung *f*, Betätigung *f*, Tätigkeit *f*
occupational [ɒkjʊ'peɪʃənəl] *adj* beruflich, Berufs..., Arbeits...
occupational disability [ɒkjʊ'peɪʃənəl
dɪsə'bɪlɪtɪ] *sb* Berufsunfähigkeit *f*
occupational hazard [ɒkjʊ'peɪʃənəl 'hæ-
zəd] *sb* Berufsrisiko *n*

ocean bill of lading [ˈəʊʃn bɪl əv ˈleɪdɪŋ] *sb* Seefrachtbrief *m*, Seekonnossement *n*
odd jobs [ɒd dʒɒbz] *pl* Gelegenheitsarbeiten *f/pl*, Gelegenheitsjobs *m/pl*
odd lot [ɒd lɒt] *sb 1.* krummer Auftrag *m;* 2. Sondermenge *f,* Restposten *m*
oddment [ˈɒdmənt] *sb* Restposten *m*
off-duty [ɒfˈdjuːtɪ] *adj* dienstfrei
offence [əˈfens] *sb* Straftat *f,* Delikt
offer [ˈɒfə] *v 1.* anbieten; *2.* ~ *to do sth* anbieten, etw zu tun/sich bereit erklären, etw zu tun; *3.* ~ *one's hand* jdm die Hand reichen; *4. (a view, a price)* bieten; *sb 5.* Angebot *n*
offer by competitive bidding [ˈɒfə baɪ kəmˈpetɪtɪv ˈbɪdɪŋ] *sb* Ausschreibung *f*
offer for subscription [ˈɒfə fɔː səbˈskrɪpʃən] *sb* Zeichnungsangebot *n*
offering premium [ˈɒfərɪŋ ˈpriːmɪəm] *sb* Emissionsagio *n*, Ausgabezuschlag *m*
offer of composition [ˈɒfə əv kɒmpəˈzɪʃən] *sb* Vergleichsangebot *n*, Abfindungsangebot *n*
offer of employment [ˈɒfər əv ɪmˈplɔɪmənt] *sb* Stellenangebot *n*
offer without engagement [ˈɒfə wɪðˈaʊt ɪnˈɡeɪdʒmənt] *sb* unverbindliches Angebot *n*
offical stock exchange list [əˈfɪʃl stɒk ɪksˈtʃeɪndʒ lɪst] *sb* offizielles Kursblatt *n*
office [ˈɒfɪs] *sb 1.* Büro *n; 2. (lawyer's)* Kanzlei *f; 3. (public position)* Amt *n; 4. take* ~ sein Amt antreten; *5. (department)* Abteilung *f; 6. (department of the government)* Behörde *f,* Amt *n; 7. (one location of a business)* Geschäftsstelle *f*
office automation [ˈɒfɪs ɔːtəˈmeɪʃn] *sb* Büroautomation *f*
office bearer [ˈɒfɪs ˈbɛərə] *sb* Amtsinhaber(in) *m/f*
office block [ˈɒfɪs blɒk] *sb* Bürogebäude *n*
office clerk [ˈɒfɪs klɑːk] *sb* Sachbearbeiter(in) *m/f,* Kontorist(in) *m/f*
office communication [ˈɒfɪs kəmjuːnɪˈkeɪʃn] *sb* Bürokommunikation *f*
office copy [ˈɒfɪs ˈkɒpɪ] *sb* Dienstexemplar *n*
officeholder [ˈɒfɪshəʊldə] *sb* Amtsinhaber *m*
office hours [ˈɒfɪs aʊəz] *pl 1.* Dienststunden *f/pl,* Geschäftszeit *f; 2. (time available for consultation)* Sprechstunden *f/pl*
office junior [ˈɒfɪs ˈdʒuːnjə] *sb* Bürogehilfe/Bürogehilfin *m/f*

office manager [ˈɒfɪs ˈmænɪdʒə] *sb* Bürovorsteher(in) *m/f*
office of destination [ˈɒfɪs əv destɪˈneɪʃən] *sb* Bestimmungszollstelle *f*
officer [ˈɒfɪsə] *sb (official)* Beamter/Beamtin *m/f,* Funktionär(in) *m/f*
officer in charge [ˈɒfɪsə ɪn tʃɑːdʒ] *sb* Sachbearbeiter(in) *m/f*
office supplies [ˈɒfɪs səˈplaɪz] *pl* Bürobedarf *m*, Büromaterial *n*
official [əˈfɪʃəl] *adj 1.* offiziell, amtlich; *sb 2.* Beamter/Beamtin *m/f,* Funktionär(in) *m/f*
official business [əˈfɪʃəl ˈbɪznɪs] *sb (on a letter)* Dienstsache *f*
officialdom [əˈfɪʃəldəm] *sb* Bürokratie *f*
official fees [əˈfɪʃl fiːz] *sb* Verwaltungsgebühr *f*
officially quoted security [əˈfɪʃəlɪ ˈkwəʊtɪd sɪˈkjʊərɪtɪ] *sb* Schrankenwert *m*
official market [əˈfɪʃl ˈmɑːkɪt] *sb* amtlicher Markt *m*
official market broker [əˈfɪʃl ˈmɑːkɪt ˈbrəʊkə] *sb* Parkettmakler *m*
official receiver [əˈfɪʃəl rɪˈsiːvə] *sb* Konkursverwalter *m*
official secret [əˈfɪʃəl ˈsiːkrɪt] *sb* Dienstgeheimnis *n*, Amtsgeheimnis *n*
official trading [əˈfɪʃəl ˈtreɪdɪŋ] *sb* amtlicher Handel *m*
official trading hours [əˈfɪʃəl ˈtreɪdɪŋ ˈaʊəz] *pl* Börsenzeit *f*
off-limits [ɒfˈlɪmɪts] *adj* mit Zugangsbeschränkung
offlist [ˈɒflɪst] *sb* Nachlass vom Listenpreis *m*
off-peak hours [ˈɒfpiːk ˈaʊəz] *pl* verkehrsschwache Stunden *pl*
offset [ˈɒfset] *sb* Ausgleich *m*
offset account [ˈɒfset əˈkaʊnt] *sb* Verrechnungskonto *n*
offset balance [ˈɒfset ˈbæləns] *sb* Verrechnungssaldo *m*
offset deal [ˈɒfset diːl] *sb* Kompensationsgeschäft *n*
offset tax [ˈɒfset ˈtæks] *sb* Kompensationssteuer *f*
offsetting arbitrage [ˈɒfsetɪŋ ˈɑːrbɪtrɑːʒ] *sb* Ausgleichs-Arbitrage *f*
offsetting costs [ˈɒfsetɪŋ kɒsts] *pl* kompensatorische Kosten *pl*
offsetting of receivables and payables in the consolidated financial statements [ˈɒfsetɪŋ əv rɪˈsiːvəbls ænd

'peɪəbls ɪn ðə kən'sɒlɪdeɪtəd faɪ'nænʃl
'steɪtmənts] *sb* Schuldenkonsolidierung *f*
offset transaction ['ɒfset træn'zækʃn] *sb*
Kompensationsgeschäft *n*
offshoot ['ɒfʃuːt] *sb* Tochtergesellschaft *f,*
Konzerngesellschaft *f*
offshore centres ['ɒfʃɔː 'sentəz] *pl* Off-
shore-Zentren *n/pl*
offshore dealings ['ɒfʃɔː 'diːlɪŋz] *pl* Off-
shore-Geschäft *n*
offshore purchases ['ɒfʃɔː 'pɜːtʃəsɪz] *pl*
Offshore-Käufe *m/pl*
off-the-board [ɒfðə'bɔːd] *adj* außer-
börslich
off-the-job [ɒfðə'dʒɒb] *adj* außerbetrieblich
oil [ɔɪl] *sb* Öl *n*
oil futures dealings [ɔɪl 'fjuːtʃəz 'diːlɪŋz]
pl Ölterminhandel *m*
oil futures exchange [ɔɪl 'fjuːtʃəz ɪks-
'tʃeɪndʒ] *sb* Ölterminbörse *f*
old-age pension ['əʊldeɪdʒ 'penʃn] *sb*
Altersruhegeld *n*
old-age pensioner ['əʊldeɪdʒ 'penʃənə] *sb*
Rentner *m*
old-age social security system *sb* ['əʊld-
eɪdʒ səʊʃl sɪ'kjʊərɪtɪ sɪstəm] *sb* Altersvorsorge *f*
old-established [əʊldɪs'tæblɪʃd] *adj*
alteingesessen, alt
old-fashioned [əʊld'fæʃənd] *adj* altmodisch
omnibus account ['ɒmnɪbəs ə'kaʊnt] *sb*
Gemeinschaftskonto *n,* Sammelkonto *n*
omnibus clause ['ɒmnɪbəs klɔːz] *sb*
Generalklausel *f*
omnibus item ['ɒmnɪbəs 'aɪtəm] *sb*
Sammelposten *m*
on a commission basis [ɒn ə kə'mɪʃən
'beɪsɪs] *adv* auf Provisionsbasis
on approval [ɒn ə'pruːvəl] *adv* zur Ansicht
on call [ɒn 'kɔːl] *adv* auf Abruf
one-item clause ['wʌnaɪtəm klɔːz] *sb*
Einpunktklausel *f*
one-man corporation ['wʌnmæn kɔːpə-
'reɪʃn] *sb* Einpersonengesellschaft *f*
one month money [wʌn mʌnθ 'mʌnɪ] *sb*
Monatsgeld *n*
one's own capital [wʌnz 'əʊn 'kæpɪtl] *sb*
Eigenkapital *n*
one-stop ['wʌnstɒp] *adj* alles an einem Ort
one-to-one [wʌntu'wʌn] *adj* eins-zu-eins,
sich genau entsprechend
one-way ['wʌnweɪ] *adj* 1. *(traffic)* Ein-
bahn...; 2. *(packaging, bottles)* Einweg...

one-year contract of employment ['wʌn-
jɪə 'kɒntrəkt əv ɪm'plɔɪmənt] *sb* Jahresarbeitsvertrag *m*
ongoing ['ɒngəʊɪŋ] *adj* 1. laufend, im Gang
befindlich; 2. *(long-term)* andauernd
online [ɒn'laɪn] *adj* online, Online...
online operation [ɒn'laɪn ɒpə'reɪʃn] *sb*
Online-Betrieb *m*
on receipt of the invoice [ɒn rɪ'siːt əv ðiː
'ɪnvɔɪs] *adv* nach Erhalt der Rechnung
on schedule [ɒn 'ʃedjuːl] *adv* termingerecht
onshore business ['ɒnʃɔː 'bɪznɪs] *sb*
On-shore-Geschäft *n*
on time [ɒn taɪm] *adv* fristgerecht
on trial [ɒn traɪl] *adv* auf Probe
open ['əʊpən] *v* 1. *(shop)* aufmachen,
öffnen; 2. *(trial, exhibition, new business)*
eröffnen
open account ['əʊpən ə'kaʊnt] *sb* offenes
Konto *n*
open cheque ['əʊpən tʃek] *sb* Barscheck *m*
open credit ['əʊpən 'kredɪt] *sb* Blanko-
Kredit *m*
open day ['əʊpən deɪ] *sb* Tag der offenen Tür *m*
open-end fund ['əʊpən'end fʌnd] *sb* offener Fonds *m*
opening balance sheet ['əʊpənɪŋ 'bæləns ʃiːt] *sb* Eröffnungsbilanz *f*
opening capital ['əʊpənɪŋ 'kæpɪtl] *sb*
Anfangskapital *n,* Startkapital *n*
opening date ['əʊpənɪŋ deɪt] *sb* Sub-
missionstermin *m*
opening of a business ['əʊpənɪŋ əv ə
'bɪznɪs] *sb* Geschäftseröffnung *f*
opening of an account ['əʊpənɪŋ əv ən
ə'kaʊnt] *sb* Kontoeröffnung *f*
opening of new markets ['əʊpənɪŋ əv
njuː 'maːkɪts] *sb* Markterschließung *f*
opening price ['əʊpənɪŋ praɪs] *sb* Eröffnungskurs *m*
opening stock ['əʊpənɪŋ stɒk] *sb* Anfangsbestand *m*
opening time ['əʊpənɪŋ taɪm] *sb (UK)*
Öffnungszeit *f*
open-item accounting [əʊpn'aɪtəm ə'kaʊn-
tɪŋ] *sb* Offene-Posten-Buchhaltung *f*
open market ['əʊpn 'maːkɪt] *sb* offener
Markt *m*
open position [əʊpn pə'sɪʃn] *sb* offene
Position *f*
operate ['ɒpəreɪt] *v* 1. *(machine)* funktionieren, in Betrieb sein; 2. *(system, organization)* arbeiten; 3. *(manage)* betreiben, führen;

4. *(a machine)* bedienen; 5. *(a brake, a lever)* betätigen
operating [ˈɒpəreɪtɪŋ] *adj* Betriebs...
operating account [ˈɒpəreɪtɪŋ əˈkaʊnt] *sb* Betriebsrechnung *f*
operating assets [ˈɒpəreɪtɪŋ ˈæsəts] *pl* Betriebsvermögen *n*
operating capital [ˈɒpəreɪtɪŋ ˈkæpɪtl] *sb* Betriebskapital *n*
operating costs [ˈɒpəreɪtɪŋ kɒsts] *pl* Betriebskosten *pl*
operating expenses [ˈɒpəreɪtɪŋ ɪkˈspensɪz] *pl* Betriebskosten *pl,* Geschäftskosten *pl*
operating fund [ˈɒpəreɪtɪŋ fʌnd] *sb* Betriebsfonds *m*
operating grant [ˈɒpəreɪtɪŋ grɑːnt] *sb* Betriebsmittelzuschuss *m*
operating instructions [ˈɒpəreɪtɪŋ ɪnˈstrʌkʃənz] *pl* Betriebsanleitung *f,* Bedienungsvorschrift *f*
operating level [ˈɒpəreɪtɪŋ levl] *sb* Kapazitätsauslastung *f*
operating life [ˈɒpəreɪtɪŋ laɪf] *sb* Nutzungsdauer *f,* Betriebsdauer *f*
operating margin [ˈɒpəreɪtɪŋ ˈmɑːdʒɪn] *sb* Handelsspanne *f,* Gewinnspanne *f*
operating performance [ˈɒpəreɪtɪŋ pəˈfɔːməns] *sb* Betriebsleistung *f*
operating permit [ˈɒpəreɪtɪŋ ˈpɜːmɪt] *sb* Betriebserlaubnis *f*
operating plan [ˈɒpəreɪtɪŋ plæn] *sb* Geschäftsplan *m*
operating ratio [ˈɒpəreɪtɪŋ ˈreɪʃɪəʊ] *sb* Wirtschaftlichkeitskoeffizient *m*
operating system [ˈɒpəreɪtɪŋ ˈsɪstəm] *sb* Betriebssystem *n*
operation [ɒpəˈreɪʃən] *sb* 1. *(control)* Bedienung *f,* Betätigung *f;* 2. *(running)* Betrieb *m; put out of* ~ außer Betrieb setzen; 3. *(enterprise)* Unternehmen *n;* 4. Unternehmung *f,* Operation *f*
operational [ɒpəˈreɪʃənəl] *adj* 1. *(in use)* in Betrieb, im Gebrauch; 2. *(ready for use)* betriebsbereit, einsatzfähig
operational accountancy [ɒpəˈreɪʃənəl əˈkaʊntənsɪ] *sb* betriebliches Rechnungswesen *n*
operational analysis [ɒpəˈreɪʃənəl əˈnælɪsɪs] *sb* Betriebsanalyse *f*
operational profitability [ɒpəˈreɪʃənəl prɒfɪtəˈbɪlɪtɪ] *sb* Betriebsrentabilität *f*
operation chart [ɒpəˈreɪʃən tʃɑːt] *sb* Fertigungsablaufplan *m*

operation layout [ɒpəˈreɪʃən ˈleɪaʊt] *sb* Arbeitsplan *m*
operation manual [ɒpəˈreɪʃən ˈmænjʊəl] *sb* Betriebsanleitung *f*
operations statistics [ɒpəˈreɪʃnz stəˈtɪstɪks] *sb* Betriebsstatistik *f*
operator [ˈɒpəreɪtə] *sb* 1. *(telephone)* Vermittlung *f,* Dame/Herr von der Vermittlung *m/f;* 2. *(company)* Unternehmer *m;* 3. *(of a machine)* Bedienungsperson *f,* Arbeiter *m;* 4. *(of a lift, of a vehicle)* Führer *m*
opinion [əˈpɪnjən] *sb (professional advice)* Gutachten *n*
opinion leader [əˈpɪnjən ˈliːdə] *sb* Meinungsführer *m*
opinion poll [əˈpɪnjən pəʊl] *sb* Meinungsumfrage *f*
opinion research [əˈpɪnjən rɪˈsɜːtʃ] *sb* Meinungsforschung *f,* Demoskopie *f*
opportunity costs [ɒpəˈtjuːnɪtɪ kɒsts] *pl* Opportunitätskosten *pl*
opportunity for advancement [ɒpəˈtjuːnɪtɪ fɔːr ədˈvɑːnsmənt] *sb* Aufstiegsmöglichkeit *f*
opposition [ɒpəˈzɪʃn] *sb* Opposition *f*
opposition patent [ɒpəˈzɪʃn ˈpeɪtənt] *sb* Einspruchspatent *n*
opposition period [ɒpəˈzɪʃn ˈpɪərɪəd] *sb* Einspruchsfrist *f*
oppressive contract [əˈpresɪv ˈkɒntrækt] *sb* Knebelungsvertrag *m*
optimisation [ɒptɪmaɪˈzeɪʃən] *sb* Optimierung *f*
optimisation of operations [ɒptɪmaɪˈzeɪʃən əv ɒpəˈreɪʃəns] *sb* Betriebsoptimierung *f*
optimism [ˈɒptɪmɪzm] *sb* Optimismus *m*
optimistic [ɒptɪˈmɪstɪk] *adj* optimistisch
optimize [ˈɒptɪmaɪz] *v* optimieren
optimum [ˈɒptɪməm] *adj* optimal
opting out [ˈɒptɪŋ aʊt] *sb* Freizeichnung *f*
option [ˈɒpʃn] *sb* Option *f*
optional [ˈɒpʃnəl] *adj* 1. freiwillig; 2. *(accessory)* auf Wunsch erhältlich
optional loan [ˈɒpʃnəl ləʊn] *sb* Optionsdarlehen *n*
option bond [ˈɒpʃn bɒnd] *sb* Optionsanleihe *f*
option buyer [ˈɒpʃn ˈbaɪə] *sb* Prämienkäufer *m*
option clause [ˈɒpʃn klɔːz] *sb* Fakultativklausel *f*
option contract [ˈɒpʃn ˈkɒntrækt] *sb* Prämienbrief *m*

option day ['ɒpʃn deɪ] *sb* Prämienerklärungstag *m*
option dealing ['ɒpʃn 'diːlɪŋ] *sb* Optionsgeschäft *n*, Prämiengeschäft *n*
option holder ['ɒpʃn 'həʊldə] *sb* Optionsberechtigte(r) *f/m*
option of repayment ['ɒpʃn əv rɪ'peɪmənt] *sb* Rückzahlungsoption *f*
option of withdrawal ['ɒpʃn əv wɪð-'drɔːəl] *sb* Rücktrittsvorbehalt *m*
option operator ['ɒpʃn 'ɒpəreɪtə] *sb* Prämienspekulant *m*
option price ['ɒpʃn praɪs] *sb* Optionspreis *m*
option right ['ɒpʃn raɪt] *sb* Optionsrecht *n*
option seller ['ɒpʃn 'selə] *sb* Stillhalter *m*
option to buy ['ɒpʃn tu baɪ] *sb* Kaufanwartschaft *f*
option to capitalize ['ɒpʃn tu 'kæpɪtəlaɪz] *sb* Aktivierungswahlrecht *n*
option to sell ['ɒpʃn tu sel] *sb* Verkaufsoption *f*
option warrant ['ɒpʃn 'wɒrənt] *sb* Bezugsrechtsschein *m*, Optionsschein *m*
oral ['ɔːrəl] *adj (verbal)* mündlich
order ['ɔːdə] *v 1.* bestellen; *2. (place an ~ for)* bestellen; *3. (~ to be manufactured)* in Auftrag geben; *4. (command)* befehlen, anordnen; *~ in* hereinkommen lassen; *5. (arrange)* ordnen; *sb 6. (sequence)* Reihenfolge *f*, Folge *f*, Ordnung *f*; *in ~ of priority* je nach Dringlichkeit; *7. (working condition)* Zustand *m; to be out of ~* außer Betrieb sein; *8. (command)* Befehl *m*, Anordnung *f; to be under ~s to do sth* Befehl haben, etw zu tun; *by ~ of* auf Befehl von, im Auftrag von; *9. (for goods, in a restaurant)* Bestellung *f; 10. (to have sth made)* Auftrag *m; make to ~* auf Bestellung anfertigen
order accounting ['ɔːdər ə'kaʊntɪŋ] *sb* Auftragsabrechnung *f*
order backlog ['ɔːdə 'bæklɒg] *sb* Auftragsbestand *m*
order bill of lading ['ɔːdə bɪl əv 'leɪdɪŋ] *sb* Orderkonnossement *n*
order book ['ɔːdə bʊk] *sb* Auftragsbuch *n*, Bestellbuch *n*
order booking ['ɔːdə bʊkɪŋ] *sb* Bestellwesen *n*
order book value ['ɔːdə bʊk 'væljuː] *sb* Auftragsbestandwert *m*
order cheque ['ɔːdə tʃek] *sb* Orderscheck *m*

order clause ['ɔːdə klɔːz] *sb* Orderklausel *f*
order code ['ɔːdə kəʊd] *sb* Bestellnummer *f*
order coupon ['ɔːdə 'kuːpɒn] *sb* Bestellabschnitt *m*
order date ['ɔːdə deɪt] *sb* Auftragsdatum *n*, Bestelldatum *n*
order deadline ['ɔːdə 'dedlaɪn] *sb* Bestellfrist *f*
ordered quantity ['ɔːdəd 'kwɒntɪtɪ] *sb* Bestellmenge *f*
order filling ['ɔːdə 'fɪlɪŋ] *sb* Auftragserledigung *f*
order for payment ['ɔːdə fɔː 'peɪmənt] *sb* Zahlungsauftrag *m*, Zahlungsbefehl *m*, Zahlungsanweisung *f*
order form ['ɔːdə fɔːm] *sb* Bestellschein *m*
order handling ['ɔːdə 'hændlɪŋ] *sb* Auftragsabwicklung *f*
order inflow ['ɔːdər 'ɪnfləʊ] *sb* Auftragseingang *m*
ordering costs ['ɔːdərɪŋ kɒsts] *pl* Bestellkosten *pl*
order number ['ɔːdə 'nʌmbə] *sb* Auftragsnummer *f*
order picking ['ɔːdə 'pɪkɪŋ] *sb* Kommissionieren *n*
order processing ['ɔːdə 'prəʊsesɪŋ] *sb* Auftragsbearbeitung *f*
order scheduling ['ɔːdə 'ʃedjuːlɪŋ] *sb* Auftragsplanung *f*
order size ['ɔːdə saɪz] *sb* Bestellmenge *f*, Auftragsgröße *f*
order slip ['ɔːdə slɪp] *sb* Bestellzettel *m*
order status information ['ɔːdə 'steɪtəs ɪnfə'meɪʃən] *sb* Auftragsbestandübersicht *f*
order to pay ['ɔːdə tu peɪ] *sb* Zahlungsanweisung *f*
ordinary budget ['ɔːdnərɪ 'bʌdʒɪt] *sb* ordentlicher Haushalt *m*
ordinary expenditure ['ɔːdnərɪ ɪks'pændɪtʃə] *sb* ordentliche Ausgaben *f/pl*
ordinary increase in capital ['ɔːdnərɪ 'ɪnkriːs ɪn 'kæpɪtl] *sb* ordentliche Kapitalerhöhung *f*
ordinary revenue ['ɔːdnərɪ 'revənjuː] *sb* ordentliche Einnahmen *f/pl*
ordinary share ['ɔːdnərɪ ʃeə] *sb* Stammaktie *f*
organization [ɔːgənaɪ'zeɪʃən] *sb* Organisation *f*
organizational [ɔːgənaɪ'zeɪʃnl] *adj* organisatorisch
organizational chart [ɔːgənaɪ'zeɪʃnl tʃɑːt] *sb* Organisationsdiagramm *n*, Organigramm *n*
organizational information system [ɔː-gənaɪ'zeɪʃnl ɪnfə'meɪʃn sɪstəm] *sb* betriebliches Informationssystem *n*

organizational standards [ɔːgənaɪ'zeɪʃnl 'stændəds] *pl* Betriebsnormen *f/pl*
organizational structure [ɔːgənaɪ'zeɪʃnl 'strʌkʃə] *sb* Organisationsstruktur *f*
organization and methods department [ɔːgənaɪ'zeɪʃn ænd 'meθəds dɪ'pɑːtmənt] *sb* Organisationsabteilung *f*
organization expense [ɔːgənaɪ'zeɪʃn ɪks-'pæns] *sb* Organisationskosten *pl*
organize ['ɔːgənaɪz] *v* organisieren
organizer ['ɔːgənaɪzə] *sb 1.* Organisator *m;* *2. (of an event)* Veranstalter *m*
orientation period [ɔːrɪən'teɪʃən 'pɪərɪəd] *sb* Einarbeitungszeit *f*
origin ['ɒrɪdʒɪn] *sb* Ursprung *m,* Herkunft *f,* Provenienz *f*
original [ə'rɪdʒɪnl] *adj (version)* original, Original...
original capital contribution [ər'ɪdʒɪnl 'kæpɪtl kɒntrɪ'bjuːʃn] *sb* Stammeinlage *f*
original investment [ər'ɪdʒɪnl ɪn'vestmənt] *sb* Stammeinlage *f*
ostensible company [ɒs'tensɪbl 'kʌmpənɪ] *sb* Scheingesellschaft *f*
ostensible merchant [ɒs'tensɪbl mɜː-tʃənt] *sb* Scheinkaufmann *m*
ouster ['aʊstə] *sb* Enteignung *f*
outage ['aʊtɪdʒ] *sb* Ausfall *m*
outbid [aʊt'bɪd] *v irr* überbieten
outbound ['aʊtbaʊnd] *adj* ausgehend
outdated [aʊt'deɪtɪd] *adj* überholt, veraltet
outdoor advertising ['aʊtdɔːr 'ædvətaɪzɪŋ] *sb* Außenwerbung *f*
outfit ['aʊtfɪt] *v 1.* ausrüsten, ausstatten; *sb 2. (equipment)* Ausrüstung *f,* Ausstattung *f*
outfitter ['aʊtfɪtə] *sb (UK)* Ausrüster *m,* Ausstatter *m*
outlaw ['aʊtlɔː] *v* für ungesetzlich erklären, verbieten
outlay ['aʊtleɪ] *sb* Geldauslage *f*
outlay tax ['aʊtleɪ tæks] *sb* Ausgabensteuer *f*
outlet ['aʊtlet] *sb 1. (electrical ~)* Steckdose *f; 2. (shop)* Verkaufsstelle *f; 3. (for goods)* Absatzmöglichkeit *f*
outline ['aʊtlaɪn] *v 1.* darlegen, erläutern; *sb 2.* Übersicht *f,* Grundriss *m,* Abriss *m*
outline agreement ['aʊtlaɪn ə'griːmənt] *sb* Rahmenvereinbarung *f*
outlook ['aʊtlʊk] *sb (prospects)* Aussichten *pl*
outmoded [aʊt'məʊdɪd] *adj* unzeitgemäß
out-of-court settlement [aʊtəv'kɔːt 'setlmənt] *sb* außergerichtlicher Vergleich *m*

out-of-date [aʊtəv'deɪt] *adj* veraltet, altmodisch
out-of-town cheque [aʊtəv'taʊn 'tʃek] *sb* Versandscheck *m*
output ['aʊtpʊt] *sb* Produktion *f,* Output *m,* Fördermenge *f*
output-capital ratio ['aʊtpʊtkæpɪtl 'reɪʃɪəʊ] *sb* Kapitalproduktivität *f*
output maximum ['aʊtpʊt 'mæksɪməm] *sb* Leistungsgrenze *f*
output tax ['aʊtpʊt tæks] *sb* Umsatzsteuer *f,* Produktionssteuer *f*
outright owner ['aʊtraɪt 'əʊnə] *sb* Volleigentümer(in) *m/f*
outside financing ['aʊtsaɪd faɪ'nænsɪŋ] *sb* Fremdfinanzierung *f*
outsider [aʊt'saɪdə] *sb* Branchenfremder *m,* Betriebsfremder *m,* Außenseiter *m*
outside services ['aʊtsaɪd 'sɜːvɪsɪz] *pl* Fremdleistung *f*
outsource ['aʊtsɔːs] *v* an Fremdfirmen vergeben
outsourcing ['aʊtsɔːsɪŋ] *sb* Fremdvergabe *f*
outstanding [aʊt'stændɪŋ] *adj (not yet paid)* ausstehend
outstanding account [aʊt'stændɪŋ ə'kaʊnt] *sb* offene Rechnung *f*
outstanding accounts [aʊt'stændɪŋ ə'kaʊntz] *pl* Außenstände *m/pl*
outstanding contributions [aʊt'stændɪŋ kɒntrɪ'bjuːfnz] *pl* ausstehende Einlagen *f/pl*
outstanding debts [aʊt'stændɪŋ dets] *pl* Außenstände *pl*
overachieve [əʊvərə'tʃiːv] *v* besser abschneiden als erwartet
overall adjustment [əʊvər'ɔːl ə'dʒʌstmənt] *sb* Globalwertberichtigung *f*
overall assignment [əʊvər'ɔːl ə'saɪnmənt] *sb* Globalzession *f*
overall costs ['əʊvər'ɔːl 'kɒsts] *pl* Gesamtkosten *pl*
overbid ['əʊvəbɪd] *sb* Mehrgebot *n*
overcapitalization [əʊvəkæpɪtəlaɪ'zeɪʃn] *sb* Überkapitalisierung *f*
overcharge [əʊvə'tʃɑːdʒ] *v* zu viel berechnen
overdraft ['əʊvədrɑːft] *sb* Kontoüberziehung *f*
overdraft commission ['əʊvədrɑːft kə-'mɪʃn] *sb* Überziehungsprovision *f*
overdraft credit ['əʊvədrɑːft 'kredɪt] *sb* Überziehungskredit *m*
overdraft interest ['əʊverdrɑːft 'ɪntrəst] *sb* Überziehungszinsen *m/pl*

overdraft of an account ['əʊvədrɑːft əv ən ə'kaʊnt] *sb* Kontoüberziehung *f*
overdraw [əʊvə'drɔː] *v irr* überziehen
overdue [əʊvə'djuː] *adj* überfällig
overestimate [əʊvər'estɪmeɪt] *v* überschätzen, überbewerten
overfinancing [əʊvəfaɪ'nænsɪŋ] *sb* Überfinanzierung *f*
overflow ['əʊvəfləʊ] *sb* Überschuss *m*
overhaul [əʊvə'hɔːl] *v 1. (a machine)* überholen; *2. (plans)* gründlich überprüfen; *sb 3.* Überholung *f,* gründliche Überprüfung *f*
overhead allocation sheet ['əʊvəhæd ælə'keɪʃn ʃiːt] *sb* Betriebsabrechnungsbogen (BAB) *m*
overhead centre ['əʊvəhed 'sentə] *sb* Gemeinkostenstelle *f*
overhead charge ['əʊvəhed tʃɑːdʒ] *sb* Gemeinkostenzuschlag *m*
overhead cost allocation ['əʊvəhed kɒst ælə'keɪʃən] *sb* Gemeinkostenumlage *f*
overhead costs ['əʊvəhed kɒsts] *pl* Gemeinkosten *pl,* allgemeine Unkosten *pl*
overhead value analysis ['əʊvəhæd 'væljʊ ə'næləsɪs] *sb* Gemeinkostenwertanalyse (GWA) *f*
overinflation [əʊvəɪn'fleɪʃən] *sb* Überteuerung *f*
overinvestment [əʊvəɪn'vestmənt] *sb* Investitionsüberhang *f*
overland [əʊvə'lænd] *adv* auf dem Landweg, über Land
overleaf [əʊvə'liːf] *adv* umseitig
overload [əʊvə'ləʊd] *v 1.* überladen; *2. (with electricity)* überlasten; ['əʊvələʊd] *sb 3.* Überbelastung *f; 4. (electricity)* Überlastung *f*
overperform [əʊvəpə'fɔːm] *v* mehr als gefordert leisten
overqualified [əʊvə'kwɒlɪfaɪd] *adj* überqualifiziert
overrate [əʊvə'reɪt] *v* überschätzen, überbewerten
override [əʊvə'raɪd] *v irr 1. (cancel out)* umstoßen, aufheben; *2. (an objection)* ablehnen
overrule [əʊvə'ruːl] *v* aufheben, verwerfen
overseas [əʊvə'siːz] *adv* nach Übersee, in Übersee
oversell [əʊvə'sel] *v irr* überbuchen
oversubscribe [əʊvəsəb'skraɪb] *v* überzeichnen
over-subscription [əʊvəsʌb'skrɪpʃn] *sb* Überzeichnung *f*
oversupply [əʊvəsə'plaɪ] *sb* Angebotsüberhang *m,* Überangebot *n*

overtaxation [əʊvətæk'seɪʃən] *sb* Übersteuerung *f*
over-the-counter business [əʊvəðə'kaʊntə 'bɪznɪs] *sb* Tafelgeschäft *n*
over-the-counter trade [əʊvəðə'kaʊntə 'treɪd] *sb* Freihandel *m*
over-the-counter trading [əʊvəðə'kaʊntə 'treɪdɪŋ] *sb* Effektenverkauf *m*
overtime ['əʊvətaɪm] *sb* Überstunden *pl*
overtime hours ['əʊvətaɪm 'aʊəz] *pl* Überstundenzeit *f*
overtime pay ['əʊvətaɪm peɪ] *sb* Überstundenzulage *f,* Überstundenzuschlag *m*
overturn [əʊvə'tɜːn] *v* außer Kraft setzen
owe [əʊ] *v 1.* schulden, schuldig sein; *2. (have s.o. to thank for sth)* jdm etw verdanken; *3. (owing to)* wegen, infolge, dank
own [əʊn] *v 1.* besitzen, haben; *sb 2. come into one's ~* sein rechtmäßiges Eigentum erlangen
own capital withdrawal [əʊn 'kæpɪtl wɪθ'drɔːəl] *sb* Eigenkapitalentzug *m*
own contributions ['əʊn kɒntrɪ'bjuːʃnz] *pl* Eigenleistungen *f/pl*
owner ['əʊnə] *sb 1.* Besitzer(in) *m/f; 2. (of a house, of a firm)* Eigentümer(in) *m/f*
owner-manager [əʊnə'mænɪdʒə] *sb* Einzelkaufmann *m,* Einzelkauffrau *f*
owner-occupied home premium [əʊnə'ɒkjʊpaɪd həʊm 'priːmjəm] *sb* Eigenheimzulage *f*
owner-operated municipal enterprise [əʊnə'ɒpəreɪtəd mjuː'nɪsɪpəl 'entəpraɪz] *sb* Eigenbetrieb *m*
owner's risk ['əʊnəs rɪsk] *sb* Eigners Gefahr *f,* Unternehmerrisiko *n*
owner's salary ['əʊnəs 'sæləri] *sb* Unternehmerlohn *m*
ownership ['əʊnəʃɪp] *sb 1.* Besitz *m; 2. under new ~* unter neuer Leitung
ownership account ['əʊnəʃɪp ə'kaʊnt] *sb* Kapitalkonto *f*
ownership claim ['əʊnəʃɪp kleɪm] *sb* Eigentumsanspruch *m*
ownership in fractional shares ['əʊnəʃɪp ɪn 'frækʃənl 'ʃeəs] *sb* Bruchteilseigentum *n*
ownership transfer ['əʊnəʃɪp 'trænsfɜː] *sb* Eigentumsübertragung *f*
ozone-friendly [əʊzəʊn'frendlɪ] *adj* umweltfreundlich
own security deposit [əʊn sɪ'kjʊərɪtɪ dɪ'pɒsɪt] *sb* Eigendepot *n*
own security holdings [əʊn sɪ'kjʊərɪtɪ 'həʊldɪŋ] *sb* eigene Effekten *pl*

P

pack [pæk] *v 1. (a container)* voll packen; *2. (a case)* packen; *3. (things into a case)* einpacken; *sb 4. (packet)* Paket *n*
package ['pækɪdʒ] *sb 1.* Paket *n*, Packung *f; 2.* ~s Frachtstücke *pl*
packaging ['pækɪdʒɪŋ] *sb* Verpackung *f*
packet ['pækɪt] *sb* Paket *n*, Päckchen *n*, Schachtel *f*
packing ['pækɪŋ] *sb (material)* Verpackungsmaterial *n*, Verpackung *f*
packing costs ['pækɪŋ kɒsts] *pl* Verpackungskosten *pl*
packing instructions ['pækɪŋ ɪn'strʌkʃənz] *pl* Verpackungsvorschriften *f/pl*
packing unit ['pækɪŋ 'juːnɪt] *sb* Verpackungseinheit *f*
packing waste ['pækɪŋ weɪst] *sb* Verpackungsmüll *m*, Verpackungsabfall *m*
pad [pæd] *sb* Schreibblock *m*
padded ['pædɪd] *adj* gepolstert
padding [pædɪŋ] *sb* Füllmaterial *n*
paid [peɪd] *adj* bezahlt
paid-up capital ['peɪdʌp 'kæpɪtl] *sb* eingezahltes Kapital *n*
paid vacation [peɪd veɪ'keɪʃn] *sb* bezahlter Urlaub *m*
pair [pɛə] *sb 1.* Paar *n; v 2.* paarweise anordnen
pallet ['pælɪt] *sb* Palette *f*
pane [peɪn] *sb 1.* Glasscheibe *f; 2. window ~* Fensterscheibe *f*
panel ['pænl] *sb 1. (of switches)* Schalttafel *f*, Kontrolltafel *f; 2. (of a car)* Armaturenbrett *n; 3. (of experts, of interviewers)* Gremium *n*
panel control ['pænl kən'trəʊl] *sb* Schalttafelsteuerung *f*
panel envelope ['pænl 'envələʊp] *sb* Fensterbriefumschlag *m*
panel discussion ['pænl dɪs'kʌʃən] *sb* Podiumsdiskussion *f*
panellist ['pænəlɪst] *sb* Diskussionsteilnehmer(in) *m/f*
panel of experts ['pænl əv 'ekspɜːts] *sb* Sachverständigenrat *m*
panel report ['pænl rɪ'pɔːt] *sb* Ausschussbericht *m*
panic buying ['pænɪk 'bajɪŋ] *sb* Panikkauf *m*
panic selling ['pænɪk 'selɪŋ] *sb* Panikverkäufe *m/pl*

paper ['peɪpə] *sb 1.* Papier *n; 2.* ~s *pl (writings, documents)* Papiere *n/pl*
paper company ['peɪpə 'kʌmpənɪ] *sb* Scheinfirma *f*
paper for collection ['peɪpə fɔː kə'lekʃən] *sb* Inkassopapier *n*
paper gain ['peɪpə geɪn] *sb* Buchgewinn *m*
paper money ['peɪpə 'mʌnɪ] *sb* Papiergeld *n*
paperwork ['peɪpəwɜːk] *sb 1.* Schreibarbeit *f; 2. (in a negative sense)* Papierkram *m*
paper securities ['peɪpə sɪ'kjʊərɪtiːz] *pl* Effekten *pl*
par [pɑː] *adj* pari
parallel currency ['pærələl 'kʌrənsɪ] *sb* Parallelwährung *f*
parallel loan ['pærələl 'ləʊn] *sb* Parallelanleihe *f*
parallel market ['pærələl 'mɑːkɪt] *sb* Parallelmarkt *m*
parcel ['pɑːsl] *sb 1.* Paket *n; 2. (land)* Parzelle *f*
parcel carrier ['pɑːsl 'kærɪə] *sb* Paketdienst *m*
parcel receipt ['pɑːsl rɪ'siːt] *sb* Paketempfangsschein *m*
parcenary ['pɑːsɪnərɪ] *sb* Mitbesitz *m*
par price ['pɑː praɪs] *sb* Parikurs *m*
par value share [pɑː 'vælju ʃɛə] *sb* Nennwertaktie *f*
pardon ['pɑːdn] *v 1.* begnadigen; *sb 2.* Begnadigung *f*
parent company ['pɛərənt 'kʌmpənɪ] *sb* Muttergesellschaft *f*, Stammhaus *n*
parent plant ['pɛərənt plɑːnt] *sb* Stammwerk *n*, Stammbetrieb *m*
paring down ['pɛərɪŋ daʊn] *sb* Gesundschrumpfung *f*
parity ['pærɪtɪ] *sb (of currency)* Parität *f*
parity codetermination ['pærɪtɪ kəʊdɪtɜːmɪ'neɪʃn] *sb* paritätische Mitbestimmung *f*
parity grid ['pærɪtɪ grɪd] *sb* Paritätengitter *n*
parity of rates ['pærɪtɪ əv 'reɪts] *sb* Kursparität *f*
parity payment ['pærɪtɪ 'peɪmənt] *sb* Ausgleichszahlung *f*
parol ['pærəl] *adj* mündlich
part delivery [pɑːt dɪ'lɪvərɪ] *sb* Teillieferung *f*

part exchange [pɑːt ɪksˈtʃeɪndʒ] *sb 1. offer sth in ~ etw in Zahlung geben; 2. take sth in ~ etw in Zahlung nehmen*
partial [ˈpɑːʃl] *adj* Teil..., teilweise, partiell
partial acceptance [ˈpɑːʃl əkˈsæptəns] *sb* Teilakzept *n*
partial balance sheet [ˈpɑːʃl ˈbæləns ʃiːt] *sb* Teilbilanz *f*
partial bill of lading [ˈpɑːʃl bɪl əv ˈleɪdɪŋ] *sb* Teilkonnossement *n*
partial claim [ˈpɑːʃl ˈkleɪm] *sb* Teilforderung *f*
partial damage [ˈpɑːʃl ˈdæmɪdʒ] *sb* Teilbeschädigung (P.A.) *f*
partial delivery [ˈpɑːʃl dɪˈlɪvərɪ] *sb* Teillieferung *f*
partial edition [ˈpɑːʃl ɪdˈɪʃən] *sb* Teilauflage *f*
partial endorsement [ˈpɑːʃl ɪnˈdɔːsmənt] *sb* Teilindossament *n*
partial loss (p. l.) [ˈpɑːʃl ˈlɒs] *sb* Teilverlust (P.L.) *m*
partial payment [ˈpɑːʃl ˈpeɪmənt] *sb* Teilzahlung *f*
partial privatisation [ˈpɑːʃl praɪvətaɪˈzeɪʃən] *sb* Teilprivatisierung *f*
partial rights [ˈpɑːʃl ˈraɪts] *pl* Teilrechte *n/pl*
partial value [ˈpɑːʃl ˈvæljuː] *sb* Teilwert *m*
partible [ˈpɑːtɪbl] *adj* teilbar, trennbar
participant [pɑːˈtɪsɪpənt] *sb* Teilnehmer(in) *m/f*
participate [pɑːˈtɪsɪpeɪt] *v* sich beteiligen, teilnehmen
participating bond [pɑːˈtɪsɪpeɪtɪŋ bɒnd] *sb* Gewinnschuldverschreibung *f*
participating certificate [pɑːˈtɪsɪpeɪtɪŋ səˈtɪfɪkət] *sb* Anteilschein *m*, Genussschein *m*
participating debenture [pɑːˈtɪsɪpeɪtɪŋ dɪˈbentʃʊə] *sb* Gewinnobligation *f*
participating in yield [pɑːˈtɪsɪpeɪtɪŋ ɪn ˈjiːld] *sb* Ergebnisbeteiligung *f*
participating receipt [pɑːˈtɪsɪpeɪtɪŋ rɪˈsiːt] *sb* Partizipationsschein *m*
participation [pɑːtɪsɪˈpeɪʃən] *sb* Beteiligung *f*, Teilnahme *f*
participation in profits [pɑːtɪsɪˈpeɪʃən ɪn ˈprɒfɪts] *sb* Gewinnbeteiligung *f*
participation loan [pɑːtɪsɪˈpeɪʃən ləʊn] *sb* Konsortialkredit *m*
participation rights [pɑːtɪsɪˈpeɪʃən raɪts] *pl* Genussrecht *n*
participation wage [pɑːtɪsɪˈpeɪʃən weɪdʒ] *sb* Investivlohn *m*
particularity [pətɪkjʊˈlærɪtɪ] *sb* Besonderheit *f*, besonderer Umstand *m*, Einzelheit *f*

particularize [pəˈtɪkjʊləraɪz] *v* einzeln angeben, detailliert aufführen
particulars [pəˈtɪkjʊləz] *pl* Einzelheiten *f/pl*
parties to a collective wage agreement [ˈpɑːtɪz tu ə kəˈlektɪv ˈweɪdʒ əˈgriːmənt] *pl* Tarifpartner *m/pl*
part interest [pɑːt ˈɪntrest] *sb* Teilanspruch *m*
part-load traffic [ˈpɑːtləʊd ˈtræfɪk] *sb* Stückgutverkehr *m*
partly finished product [ˈpɑːtlɪ ˈfɪnɪʃd ˈprɒdʌkt] *sb (Produktion)* unfertiges Erzeugnis *n*
partner [ˈpɑːtnə] *sb 1.* Partner(in) *m/f; 2. (in a limited company)* Gesellschafter(in) *m/f,* Teilhaber(in) *m/f,* Sozius *m*
partnership [ˈpɑːtnəʃɪp] *sb* Partnerschaft *f,* Personengesellschaft *f,* Sozietät *f*
partnership account [ˈpɑːtnəʃɪp əˈkaʊnt] *sb* Teilhaberkonto *n*
partnership assets [ˈpɑːtnəʃɪp ˈæsɪts] *pl* Gesellschaftsvermögen *n*
partnership insurance [ˈpɑːtnəʃɪp ɪnˈʃʊərəns] *sb* Teilhaberversicherung *f*
partnership limited by shares [ˈpɑːtnəʃɪp ˈlɪmɪtɪd baɪ ˈʃeəz] *sb* Kommanditgesellschaft auf Aktien *f*
partnership property [ˈpɑːtnəʃɪp ˈprɒpətɪ] *sb* Gesellschaftsvermögen *n*
part payment [pɑːt ˈpeɪmənt] *sb* Abschlagszahlung *f,* Teilzahlung *f*
part performance [pɑːt pəˈfɔːməns] *sb* Teilleistung *f*
part-time [ˈpɑːtaɪm] *adj 1.* Teilzeit...; *2. adv* auf Teilzeit, stundenweise
part-time employment [ˈpɑːtaɪm ɪmˈplɔɪmənt] *sb* geringfügige Beschäftigung *f*
part-time job [ˈpɑːtaɪm dʒɒb] *sb* Teilzeitstelle *f*
part-time work [ˈpɑːtaɪm wɜːk] *sb* Teilzeitarbeit *f*
party [ˈpɑːtɪ] *sb* Partei *f*
party line [ˈpɑːtɪ laɪn] *sb 1. (of a telephone line)* Gemeinschaftsanschluss *m; 2. (of a political party)* Parteilinie *f*
passage [ˈpæsɪdʒ] *sb 1. (voyage)* Überfahrt *f,* Reise *f; 2. (fare)* Überfahrt *f*
passage of risk [ˈpæsɪdʒ əv ˈrɪsk] *sb* Gefahrübergang *m*
passbook [ˈpɑːsbʊk] *sb* Sparbuch *n*
passing of a resolution [ˈpɑːsɪŋ əv ə rəˈluːʃn] *sb* Beschlussfassung *f*
passive deposit transactions [ˈpæsɪv dɪˈpɒsɪt trænˈzækʃnz] *pl* Passivgeschäft *n*
passive reserves [ˈpæsɪv rɪˈsɜːvz] *pl* passive Rückstellungen *f/pl*

passkey ['pɑːskiː] *sb* Hauptschlüssel *m*
passport ['pɑːspɔːt] *sb* Pass *m*, Reisepass *m*
password ['pɑːswɛːd] *sb* Kennwort *n*, Passwort *n*
pasteboard ['peɪstbɔːd] *sb* Karton *m*, Pappe *f*
patent ['peɪtənt] *v 1.* patentieren lassen; *sb 2.* Patent *n*
patent attorney ['peɪtənt ə'tɛːnɪ] *sb* Patentanwalt/Patentanwältin *m/f*
patentee [peɪtən'tiː] *sb* Patentinhaber *m*
patent licence ['peɪtənt 'laɪsəns] *sb* Patentlizenz *f*
patented ['peɪtəntɪd] *adj* patentrechtlich geschützt
Patent Office ['peɪtənt 'ɒfɪs] *sb* Patentamt *n*
patentor ['peɪtəntə] *sb* Patentgeber *m*
patent protection ['peɪtənt prə'tekʃən] *sb* Urheberschutz *m*, Patentschutz *m*
patron ['peɪtrən] *sb (customer)* Kunde/Kundin *m/f*, Gast *m*
patronage refund ['pætrənɪdʒ 'riːfʌnd] *sb* Kundenrabatt *m*
patronize ['pætrənaɪz] *v (a business)* besuchen (als Stammkunde)
pattern book ['pætən bʊk] *sb* Musterbuch *n*
pattern of organization ['pætən əv ɔːgənaɪ'zeɪʃən] *sb* Organisationsform *f*
pause [pɔːz] *sb 1.* Pause *f; 2. give s.o.* ~ jdm zu denken geben
pawn [pɔːn] *v 1.* verpfänden, versetzen; *sb 2. (thing pawned)* Pfand *n*
pawnbroker ['pɔːnbrəʊkə] *sb* Pfandleiher *m*
pawnbroking ['pɔːnbrəʊkɪŋ] *sb* Pfandleihe *f*
pawnshop ['pɔːnʃɒp] *sb* Pfandhaus *n*
pawn ticket [pɔːn 'tɪkɪt] *sb* Pfandschein *m*
pay [peɪ] *v irr 1.* bezahlen, *2. (a bill, interest)* zahlen; ~ *for* bezahlen für; *3. (to be profitable)* sich lohnen, sich auszahlen; *sb 4.* Lohn *m; 5. (salary)* Gehalt *n*
payable ['peɪəbl] *adj 1.* zahlbar; *2. (due)* fällig; *3. make a cheque ~ to s.o.* einen Scheck auf jdn ausstellen
payable on delivery (p. o. d.) ['peɪəbl ɒn dɪ'lɪvərɪ] *adj* zahlbar bei Ablieferung (p.o.d.)
pay advance [peɪ əd'vɑːns] *sb* Gehaltsvorschuss *m*
pay back ['peɪ bæk] *v irr* zurückzahlen
pay bracket [peɪ 'brækɪt] *sb* Lohngruppe *f*, Gehaltsklasse *f*
pay clerk [peɪ klɑːk] *sb* Lohnbuchhalter(in) *m/f*
pay day ['peɪ deɪ] *sb account day* Zahltag *m*, Abrechnungstag *m*
pay down [peɪ daʊn] *v* anzahlen

payee [peɪ'iː] *sb* Zahlungsempfänger *m*, Remittent *m*
payee of a bill of exchange [peɪ'iː əv ə bɪl əv ɪks'tʃeɪndʒ] *sb* Wechselnehmer *m*
payer ['peɪə] *sb* Zahler *m*
pay freeze [peɪ friːz] *sb* Lohnstopp *m*
pay in [peɪ 'ɪn] *v irr* einzahlen
pay increase [peɪ 'ɪnkriːs] *sb* Lohnerhöhung *f*, Gehaltserhöhung *f*
paying authority ['peɪɪŋ ɔː'θɒrətɪ] *sb* Kos-tenträger *m*
paying off ['peɪɪŋ 'ɒf] *sb* Entlohnung *f*
paying out ['peɪɪŋ aʊt] *sb* Auszahlung *f*
paying slip ['peɪɪŋ slɪp] *sb* Einzahlungsschein *m*
paying office ['peɪɪŋ ɒfɪs] *sb* Zahlstelle *f*
pay interest on [peɪ 'ɪntrəst ɒn] *v* verzinsen
payload ['peɪləʊd] *sb* Nutzlast *f*
payment ['peɪmənt] *sb 1.* Zahlung *f*, Einzahlung *f; 2.* Besoldung *f*, Auszahlung *f*
payment against delivery ['peɪmənt ə'genst dɪ'lɪvərɪ] *sb* Lieferung per Nachnahme *f*
payment authorization ['peɪmənt ɔːθəraɪ'zeɪʃən] *sb* Zahlungsermächtigung *f*
payment by instal(l)ments ['peɪmənt baɪ ɪn'stɔːlmənts] *sb* Ratenzahlung *f*
payment by results ['peɪmənt baɪ rɪ'zʌlts] *sb* Leistungslohn *m*
payment guarantee ['peɪmənt gærən'tiː] *sb* Anzahlungsbürgschaft *f*
payment habit ['peɪmənt 'hæbɪt] *sb* Zahlungssitte *f*
payment in advance ['peɪmənt ɪn əd-'vɑːns] *sb* Vorauszahlung *f*
payment in arrears ['peɪmənt ɪn ə'rɪəs] *sb* Zahlungsrückstand *m*
payment in full ['peɪmənt ɪn 'fʊl] *sb* vollständige Bezahlung *f*
payment in kind ['peɪmənt ɪn 'kaɪnd] *sb* Zahlung in Sachwerten *f*
payment medium ['peɪmənt 'miːdɪəm] *sb* Zahlungsmittel *n*
payment of a bill of exchange ['peɪmənt əv ə bɪl əv ɪks'tʃeɪndʒ] *sb* Wechseleinlösung *f*
payment of interest ['peɪmənt əv 'ɪntrəst] *sb* Verzinsung *f*
payment of redundancy benefit(s) ['peɪmənt əv riː'dʌndənsɪ 'benɪfɪt(s)] *sb* Konkursausfallgeld *n*
payment of taxes ['peɪmənt əv 'tæksɪz] *sb* Steuerzahlung *f*

payment on account ['peɪmənt ɒn ə'kaʊnt] *sb* Akontozahlung *f*
payment order ['peɪmənt 'ɔːdə] *sb* Anweisung *f*
payment risk ['peɪmənt 'rɪsk] *sb* Zahlungsrisiko *n*
payment slip ['peɪmənt 'slɪp] *sb* Zahlschein *m*
payment supra protest ['peɪmənt 'suːprə 'prəʊtest] *sb* Zahlung unter Protest *f*
payment transaction ['peɪmənt trænˈzækʃən] *sb* Zahlungsverkehr *m*
payment with order ['peɪmənt wɪθ 'ɔːdə] *sb* Zahlung bei Auftragserteilung *f*
payments office ['peɪmənts 'ɒfɪs] *sb* Zahlstelle *f*
payoff ['peɪɒf] *sb (bribe)* Bestechungsgeld *n*
pay off [peɪ 'ɒf] *v irr 1. (to be profitable) (fam)* sich lohnen; *2. (a debt)* abbezahlen; *3. (a mortgage)* ablösen; *4. (creditors)* befriedigen; *5. (workmen)* auszahlen
payout ['peɪaʊt] *sb 1.* Auszahlung *f; 2. (dividend)* Ausschüttung *f*
pay over duty [peɪ 'əʊvə 'djuːtɪ] *sb* Abführungspflicht *f*
pay packet [peɪ 'pækɪt] *sb* Lohntüte *f*
pay phone [peɪ fəʊn] *sb* Münzfernsprecher *m*
pay raise [peɪ raɪz] *sb (US)* Lohnerhöhung *f,* Gehaltserhöhung *f*
pay rate [peɪ reɪt] *sb* Rückzahlungsrate *f,* Tilgungsrate *f*
pay rise [peɪ raɪz] *sb* Lohnerhöhung *f,* Gehaltserhöhung *f*
payroll [peɪrəʊl] *sb 1.* Lohnliste *f; 2. have s.o. on one's ~* jdn beschäftigen
pay round [peɪ raʊnd] *sb* Lohnrunde *f*
paycheck ['peɪtʃek] *sb (US)* Lohnscheck *m,* Gehaltsscheck *m*
pay the postage ['peɪ ðə 'pɒstɪdʒ] *v* frankieren
peacekeeping duty ['piːskiːpɪŋ 'djʊtɪ] *sb* Friedenspflicht *f*
peak [piːk] *adj* Höchst..., Spitzen...
peak hours [piːk 'aʊəz] *pl* Hauptverkehrszeit *f,* Stoßzeit *f*
peak quotation [piːk kwəʊ'teɪʃn] *sb* Extremkurs *m*
pecuniary [pɪ'kjuːnɪərɪ] *adj* Geld..., finanziell, pekuniär
pedlar ['pedlə] *sb* Hausierer *m*
penalize ['piːnəlaɪz] *v* bestrafen
penalty ['pænltɪ] *sb 1.* Strafe; *2. (punishment)* Bußgeld *n*

penalty cost ['pænltɪ kɒst] *sb* Fehlmengenkosten *pl*
penalty interest ['pænltɪ 'ɪntrəst] *sb* Strafzins *m*
pending ['pendɪŋ] *adj* anhängig, schwebend
pending transactions ['pendɪŋ træn'zækʃns] *pl* schwebende Geschäfte *n/pl*
pension ['penʃən] *sb 1.* Rente *f; 2. (from an employer)* Pension *f*
pensionary ['penʃənərɪ] *adj* Rentner...
pensioner ['penʃənə] *sb* Rentner *m*
pension expectancy ['penʃən ɪks'pektənsɪ] *sb* Pensionsanwartschaft *f*
pension for general disability ['penʃən fɔː 'dʒenrəl dɪsə'bɪlɪtɪ] *sb* Erwerbsunfähigkeitsrente *f*
pension fund ['penʃən fʌnd] *sb* Rentenfonds *m,* Pensionsfonds *m*
pension reserve ['penʃən rɪ'sɜːv] *sb* Pensionsrückstellung *f*
pent-up inflation ['pentʌp ɪn'fleɪʃn] *sb* zurückgestaute Inflation *f*
per annum [pɜː 'ænəm] *adv* pro Jahr
per capita [pɜː 'kæpɪtə] *adv* pro Kopf
per capita income ['pɜː 'kæpɪtə 'ɪnkʌm] *sb* Pro-Kopf-Einkommen *n*
per capita tax ['pɜː 'kæpɪtə 'tæks] *sb* Kopfsteuer *f*
per cent [pɜː 'sent] *sb* Prozent *n*
percentage [pə'sentɪdʒ] *sb 1.* Prozentsatz *m; 2. (proportion)* Teil *m; 3. on a ~ basis* prozentual, auf Prozentbasis
percentage excess [pə'sentɪdʒ ɪk'ses] *sb* Selbstbeteiligung *f*
percentage of profits [pə'sentɪdʒ əv 'prɒfɪts] *sb* Tantieme *f*
percentage premium [pə'sentɪdʒ 'priːmɪəm] *sb* Anteilsprämie *f*
per diem [pɜː 'daɪem] *sb (money)* Tagegeld *n*
perforated ['pɜːfəreɪtɪd] *adj* perforiert, gelocht
perform [pə'fɔːm] *v 1.* leisten; *~ well* eine gute Leistung bringen; *2. (a task, a duty)* erfüllen
performance [pə'fɔːməns] *sb 1. (carrying out)* Erfüllung *f,* Durchführung *f; 2. (effectiveness)* Leistung *f*
performance appraisal [pə'fɔːməns ə'preɪzl] *sb* Mitarbeiterbeurteilung *f*
performance bond [pə'fɔːməns bɒnd] *sb* Leistungsgarantie *f,* Liefergarantie *f*
performance date [pə'fɔːməns deɪt] *sb* Erfüllungstag *m*
performance depth [pə'fɔːməns 'depθ] *sb* Leistungstiefe *f*

performance guarantee [pə'fɔːməns gə-rən'tiː] sb Leistungsgarantie f
performance-linked [pə'fɔːmənslɪŋkd] adj leistungsbezogen
performance-oriented [pə'fɔːmənsɔːriəntɪd] adj leistungsorientiert
performance principle [pə'fɔːməns 'prɪnsɪpl] sb Erfüllungsprinzip n
performance regulations [pə'fɔːməns regjʊ'leɪʃns] pl Effizienzregeln f/pl
period ['pɪərɪəd] sb Frist f, Zeitraum m
period for application ['pɪərɪəd fɔː æplɪ'keɪʃən] sb Anmeldefrist f
period for payment ['pɪərɪəd fɔː 'peɪmənt] sb Zahlungsziel n
period of grace ['pɪərɪəd əv greɪs] sb Nachfrist f
period of notice ['pɪərɪəd əv 'nəʊtɪs] sb Kündigungsfrist f
period of protest ['pɪərɪəd əv 'prəʊtest] sb Protestzeit f
period of respite ['pɪərɪəd əv 'respaɪt] sb Zahlungsaufschub m
period under review ['pɪərɪəd 'ʌndə 'rɪvjuː] sb Berichtsperiode f
peripheral [pə'rɪfərəl] sb Peripheriegerät n
peripheral units [pə'rɪfərəl 'juːnɪts] pl Pripheriegeräte n/pl
perish ['perɪʃ] v (goods) verderben, schlecht werden
perishable ['perɪʃəbl] adj (goods) verderblich
perjure ['pɜːdʒə] v ~ oneself einen Meineid leisten
perjury ['pɜːdʒərɪ] sb Meineid m
permanent debts ['pɜːmənent 'dets] pl Dauerschuld f
permanent establishment abroad ['pɜːmənent ɪs'tæblɪʃmənt ə'brɔːd] sb ausländische Betriebsstätte f
permanent holding ['pɜːmənent 'həʊldɪŋ] sb Dauerbesitz m
permanent share-holder ['pɜːmənent 'ʃeəhəʊldər] sb Daueraktionär m
permission [pɜː'mɪʃən] sb Genehmigung f, Erlaubnis f
permit [pə'mɪt] v 1. erlauben, gestatten; ['pɜːmɪt] sb 2. Genehmigung f, Erlaubnis f
perpetrator ['pɜːpɪtreɪtə] sb Täter m
perpetual annuity [pə'petjʊəl ən'juːɪtɪ] sb ewige Rente f
perpetual bonds [pə'petjʊəl bɒndz] pl Rentenanleihe f
perpetual debt [pə'petjʊəl det] sb ewige Schuld f

perpetual loan [pə'petjʊəl 'ləʊn] sb ewige Anleihe f
per procuration endorsement [pɜː prɒkjʊ'reɪʃn ɪn'dɔːsmənt] sb Prokuraindossament f
perquisite ['pɜːkwɪzɪt] sb Vergünstigung f
person in charge ['pɜːsən ɪn tʃɑːdʒ] sb Verantwortliche(r) f/m
person in need of round-the-clock nursing care ['pɜːsən ɪn 'niːd əv 'raʊndðəklɒk 'nɜːsɪŋ keə] sb Pflegebedürftige(r) f/m
person opening a credit in favour of ['pɜːsn 'əʊpənɪŋ ə kredɪt ɪn 'feɪvə əv] sb Akkreditivsteller m
personal account ['pɜːsənl ə'kaʊnt] sb Privatkonto n
personal computer ['pɜːsənl kəm'pjuːtə] sb Personalcomputer m, PC m
personal consumption ['pɜːsənl kən'sʌmpʃən] sb Eigenverbrauch m
personal consumption expenditure ['pɜːsənl kən'sʌmpʃn ɪks'pendɪtʃə] sb privater Verbrauch m
personal conversation ['pɜːsənl kɒnvə'seɪʃən] sb persönliches Gespräch n
personal identification number ['pɜːsnəl aɪdentɪfɪ'keɪʃn 'nʌmbə] sb persönliche Identifikationsnummer (PIN) f
personal loan ['pɜːsənl ləʊn] sb Personalkredit m
personal organizer ['pɜːsənl 'ɔːgənaɪzə] sb Terminplaner m, Zeitplaner m
personnel [pɜːsə'nel] sb Personal n, Belegschaft f
personnel department [pɜːsə'nel dɪ'pɑːtmənt] sb Personalabteilung f
personnel development [pɜːsə'nel dɪ'veləpmənt] sb Personalentwicklung f
personnel director [pɜːsə'nel daɪ'rektə] sb Personalleiter(in) m/f, Personalchef(in) m/f
personnel layoff [pɜːsə'nel 'leɪɒf] sb Personalfreisetzung f
personnel leasing [pɜːsə'nel 'liːsɪŋ] sb Personal-Leasing n
personnel management [pɜːsə'nel 'mænædʒmənt] sb Personalführung f, Personalmanagement n
personnel office [pɜːsə'nel 'ɒfɪs] sb Personalbüro n
personnel strategy [pɜːsə'nel 'strætədʒɪ] sb Personalstrategie f
pessimism ['pesɪmɪzm] sb Pessimismus m
pessimistic [pesɪ'mɪstɪk] adj pessimistisch
petition [pə'tɪʃən] sb Gesuch n, Petition f

petition in bankruptcy [pə'tɪʃən ɪn 'bæŋkrəpsɪ] *sb* Konkursantrag *f*
petitioner [pe'tɪʃənə] *sb* Antragsteller *m*
petrodollar ['petrəʊdɒlə] *sb* Petrodollar *m*
petrol ['petrəl] *sb (UK)* Benzin *n*
petroleum revenue tax [pɪ'trəʊliəm 'revənju: tæks] *sb* Mineralölsteuer *f*
petrol station ['petrəl steɪʃən] *sb (UK)* Tankstelle *f*
petty cash ['peti 'kæʃ] *sb* Portokasse *f*
phases of business cycles ['feɪzɪs əv 'bɪsnɪs 'saɪkls] *pl* Konjunkturphasen *f/pl*
phone [fəʊn] *sb (see "telephone")*
phonecard ['fəʊnkɑːd] *sb* Telefonkarte *f*
photo CD ['fəʊtəʊ siː'diː] *sb* Foto-CD *f*
photocopier ['fəʊtəʊkɒpɪə] *sb* Fotokopiergerät *n*, Kopierer *m*
photocopy ['fəʊtəʊkɒpɪ] *v 1.* fotokopieren, kopieren; *sb 2.* Fotokopie *f*, Kopie *f*
photograph ['fəʊtəgrɑːf] *v 1.* fotografieren, aufnehmen; *sb 2.* Fotografie *f*, Aufnahme *f*, Lichtbild *n*
physical examination ['fɪzɪkəl ɪgzæmɪ'neɪʃən] *sb* ärztliche Untersuchung *f*
physical handicap ['fɪzɪkəl 'hændɪkæp] *sb* körperliche Behinderung *f*
picket ['pɪkɪt] *sb* Streikposten *m*
piece [piːs] *sb 1.* Stück *n; 2. (article)* Artikel *m; 3. (coin)* Münze *f*
piece rate [piːs reɪt] *sb* Leistungslohn *m*
piece time [piːs taɪm] *sb* Stückzeit *f*
piecework ['piːswɜːk] *sb* Akkordarbeit *f*
piecework wage ['piːswɜːk weɪdʒ] *sb* Akkordlohn *m*
piecework pay ['piːswɜːk peɪ] *sb* Stücklohn *m*
piggy bank ['pɪgɪ bæŋk] *sb* Sparbüchse *f*
piggyback advertisement ['pɪgɪbæk əd-'vɜːtɪsmənt] *sb* Huckepack-Werbung *f*
pile [paɪl] *v 1.* stapeln; *sb 2.* Stapel *m*, Stoß *m*
pilot scheme ['paɪlət skiːm] *sb* Versuchsprojekt *n*, Pilotprogramm *n*
pilot study ['paɪlət stʌdɪ] *sb* Pilot-Studie *f*
piracy ['paɪrəsɪ] *sb (plagiarism)* Plagiat *n*
pirate copy ['paɪrɪt 'kɒpɪ] *sb* Raubkopie *f*
pitchman ['pɪtʃmən] *sb 1. (vendor)* Straßenverkäufer *m; 2. (advertising ~)* Werbeträger *m*
place [pleɪs] *v 1. ~ an order* bestellen, einen Auftrag erteilen; *2. (an advertisement)* platzieren
place of birth ['pleɪs əv bɜːθ] *sb* Geburtsort *m*
place of business ['pleɪs əv 'bɪznɪs] *sb* Arbeitsstelle *f*, Arbeitsplatz *m*

place of destination ['pleɪs əv destɪ-'neɪʃən] *sb* Bestimmungsort *m*
place of employment ['pleɪs əv ɪm'plɔɪmənt] *sb* Arbeitsplatz *m*, Arbeitsstelle *f*
place of jurisdiction ['pleɪs əv dʒʊərɪs-'dɪkʃən] *sb* Gerichtsstand *m*
place of payment [pleɪz əv 'peɪmənt] *sb* Zahlungsort *m*, Domizilstelle *f*
place of performance [pleɪz əv pə'fɔː-mənz] *sb* Erfüllungsort *m*
place of residence [pleɪz əv 'rezɪdəns] *sb* Wohnort *m*
place without a Federal Bank office [pleɪz wɪθ'aʊt ə 'fedərəl 'bæŋk ɒfɪs] *sb* Nebenplatz *m*
placement of an advertisement ['pleɪsmənt əv ən əd'vɜːtɪsmənt] *ab* Anzeigenschaltung *f*
placing ['pleɪsɪŋ] *sb* Platzierung *f*
placing commission ['pleɪsɪŋ kə'mɪʃn] *sb* Bankierbonifikation *f*
placing of an order ['pleɪsɪŋ əv ən 'ɔːdə] *sb* Auftragserteilung *f*
plagiarism ['pleɪdʒərɪzm] *sb* Plagiat *n*
plagiarize ['pleɪdʒəraɪz] *v* plagiieren
plaintiff ['pleɪntɪf] *sb* Kläger(in) *m/f*
plan analysis [plæn ə'næləsɪs] *sb* Plananalyse *f*
plan engineer [plæn endʒɪ'nɪə] *sb* Verfahrenstechniker(in) *m/f*
planned economy [plænd ɪ'kɒnəmɪ] *sb* Planwirtschaft *f*
planning ['plænɪŋ] *sb* Planung *f*
planning control ['plænɪŋ kən'trəʊl] *sb* Planungskontrolle *f*
planning figures ['plænɪŋ 'fɪgəz] *pl* Planwerte *m/pl*
planning game ['plænɪŋ geɪm] *sb* Planspiel *n*
planning permission ['plænɪŋ pə'mɪʃən] *sb* Baugenehmigung *f*
plan of expenditure [plæn əv ɪks'pendɪ-ʒʊə] *sb* Ausgabenplan *m*
plant [plɑːnt] *sb 1. (factory)* Werk *n; 2. (equipment)* Anlagen *f/pl*
plant agreement [plɑːnt ə'griːmənt] *sb* Betriebsvereinbarung *f*
plant closing [plɑːnt 'kləʊzɪŋ] *sb* Betriebsstilllegung *f*
plant engineering and construction [plɑːnt endʒə'nɪərɪŋ ænd kɒnstrʌkʃən] *sb* Anlagenbau *m*
plant inspection [plɑːnt ɪn'spekʃən] *sb* Betriebsaufsicht *f*

plastic ['plæstɪk] *sb 1.* Kunststoff *m*, Plastik *n; adj 2. (made of plastic)* Plastik...

pledge [pledʒ] *v 1. (pawn, give as collateral)* verpfänden; *sb 2. (in a pawnshop)* Pfand *n*, Verpfändung *f*

pledged securities deposit [pledʒd sɪk-'jʊərɪtiːz dɪ'pɒsɪt] *sb* Pfanddepot *n*

pledgee [pledʒ'iː] *sb* Pfandgläubiger *m*

pledge endorsement [pledʒ ɪn'dɔːsmənt] *sb* Pfandindossament *n*

pledging ['pledʒɪŋ] *sb* Verpfändung *f*, Pfandbestellung *f*

pledgor ['pledʒə] *sb* Pfandschuldner *m*, Verpfänder *m*

plenipotentiary [plenɪpə'tenʃərɪ] *sb* Generalbevollmächtigte(r) *f/m*

plough back [plaʊ 'bæk] *v* reinvestieren, wieder anlegen

plug [plʌg] *sb 1. (electric)* Stecker *m; 2. (bit of publicity)* Schleichwerbung *f*

plus ['plʌs] *sb* Plus *n*

P.O. box [piː'əʊ bɒks] *(see "post office box")*

point of sale system (POS) [pɔɪnt əv seɪl 'sɪstəm] *sb* bargeldloses Kassensystem *n*

point sampling [pɔɪnt 'sɑːmplɪŋ] *sb* Stichprobenverfahren *n*

policy ['pɒlɪsɪ] *sb 1. (principles of conduct)* Verfahrensweise *f*, Politik *f*, Taktik *f; 2. (insurance ~)* Police *f*

policy holder ['pɒlɪsɪ 'həʊldə] *sb* Versicherungsnehmer *m*

policy limit ['pɒlɪsɪ 'lɪmɪt] *sb* Haftungshöchstbetrag *m*

policy of sterilization funds ['pɒlɪsɪ əv sterɪlaɪ'zeɪʃn fʌnds] *sb* Sterilisierungspolitik *f*

policy relating to capital formation ['pɒlɪsɪ rɪ'leɪtɪŋ tu 'kæpɪtl fɔː'meɪʃn] *sb* Vermögenspolitik *f*

policy value ['pɒlɪsɪ 'væljuː] *sb* Versicherungswert *m*, Deckungssumme *f*

poll [pəʊl] *sb (opinion ~)* Umfrage *f*

pollster ['pəʊlstə] *sb (US)* Meinungsforscher *m*

pollutant [pə'luːtənt] *sb* Schadstoff *m*

pollute [pə'luːt] *v* verschmutzen, verunreinigen

polluter pays principle [pə'luːtə peɪz 'prɪnsɪpl] *sb* Verursacherprinzip *n*

pollution [pə'luːʃən] *sb 1.* Verschmutzung *f; 2. (of the environment)* Umweltverschmutzung *f*

polytechnic [pɒlɪ'teknɪk] *sb (UK)* Polytechnikum *n*, Fachhochschule *f*

pooling of accounts ['puːlɪŋ əv ə'kaʊnts] *sb* Kontenzusammenlegung *f*

pooling of interests ['puːlɪŋ əv 'ɪntrəsts] *sb* Interessengemeinschaft *f*

poor quality [pʊə 'kwɒlɪtɪ] *sb* schlechte Qualität *f*

popular ['pɒpjʊlə] *adj 1. (with the public)* populär, beliebt; *2. (prevalent)* weit verbreitet

popular share ['pɒpjʊlə ʃɛə] *sb* Publikumsaktie *f*

popularity [pɒpjʊ'lærɪtɪ] *sb* Beliebtheit *f*, Popularität *f*

population [pɒpjʊ'leɪʃən] *sb* Bevölkerung *f*, Einwohnerschaft *f*

port [pɔːt] *sb* Hafen *m*

portable ['pɔːtəbl] *adj* tragbar

portage ['pɔːtɪdʒ] *sb* Transportkosten *pl*, Beförderungskosten *pl*

portfolio [pɔːt'fəʊljəʊ] *sb 1.* Portfolio *n; 2. (folder)* Mappe *f*

portfolio analysis [pɔːt'fəʊljəʊ ə'nælɪsɪs] *sb* Portfolio-Analyse *f*, Fundamentalanalyse *f*

portfolio controlling [pɔːt'fəʊljəʊ kən'trəʊlɪŋ] *sb* Portfeuillesteuerung *f*

portfolio holdings [pɔːt'fəʊljəʊ 'həʊldɪŋz] *pl* Depotbestand *m*

portfolio investments [pɔːt'fəʊljəʊ ɪn'vestmənts] *pl* indirekte Investition *f*

portfolio manager [pɔːt'fəʊljəʊ 'mænɪdʒə] *sb* Effektenverwalter(in) *m/f*, Depotverwalter(in) *m/f*

portfolio selection [pɔːt'fəʊljəʊ sɪ'lækʃn] *sb* Portfolio Selection *f*

portion of overall costs ['pɔːʃn əv 'əʊvərɔːl kɒsts] *sb* Teilkosten *pl*

position [pə'zɪʃən] *v 1.* aufstellen, platzieren; *sb 2.* Position *f*, Stellung *f; 3. (job)* Stelle *f; 4. (point of view)* Standpunkt *m*, Haltung *f*, Einstellung *f*

positioning [pə'zɪʃənɪŋ] *sb* Platzierung *f*

position offered [pə'zɪʃən 'ɒfəd] *sb* Stellenanzeige *f*

possess [pə'zes] *v* besitzen, haben

possession [pə'zeʃən] *sb* Besitz *m*

possessor [pə'zesə] *sb* Besitzer *m*

post [pəʊst] *sb 1. (mail)* Post *f; by return of ~* postwendend; *2. (job)* Stelle *f*, Posten *m; v 3. put in the ~ (UK)* aufgeben, mit der Post schicken

post office [pəʊst 'ɒfɪs] *sb* Post *f*, Postamt *n*

post office box [pəʊst 'ɒfɪs bɒks] *sb (P. O. box)* Postfach *n*

postage ['pəʊstɪdʒ] *sb* Porto *n*, Gebühr *f*

postage deduction ['pəʊstɪdʒ dɪ'dʌkʃən] *sb* Portoabzug *m*

postage due ['pəʊstɪdʒ djuː] *sb* Strafporto *n*, Nachporto *n*

postage-free ['pəʊstɪdʒfriː] *adj* portofrei, gebührenfrei

postage stamp ['pəʊstɪdʒ stæmp] *sb* Briefmarke *f*

postal ['pəʊstl] *adj* Post...

postal cheque ['pəʊstl tʃek] *sb* Postscheck *m*

postal code ['pəʊstl kəʊd] *sb (UK)* Postleitzahl *f*

postal giro ['pəʊstl 'dʒaɪrəʊ] *sb 1.* Postgiro *n; 2. (cheque)* Postscheck *m*

postal giro account ['pəʊstl 'dʒaɪrəʊ ə'kaʊnt] *sb* Postscheckkonto *n*

postal giro centre ['pəʊstl dʒaɪrəʊ sentə] *sb* Postscheckamt *f*

postal money order ['pəʊstl 'mʌnɪ 'ɔːdə] *sb* Postanweisung *f*

postal order ['pəʊstl 'ɔːdə] *sb (UK)* Postanweisung *f*

Postal Savings Bank ['pəʊstl 'seɪvɪŋz bæŋk] *sb* Postbank *f*

postal service ['pəʊstl 'sɜːvɪs] *sb* Postdienst *m*, Post *f*

postal transfer ['pəʊstl 'trænsfɜː] *sb* Postüberweisung *f*

postal wrapper ['pəʊstl 'ræpə] *sb* Streifband *n*

postbox ['pəʊstbɒks] *sb (UK)* Briefkasten *m*

postcard ['pəʊstkɑːd] *sb* Postkarte *f*

postcode ['pəʊstkəʊd] *sb (UK)* Postleitzahl *f*

postdate [pəʊst'deɪt] *v (a document)* nachdatieren

post-dated [pəʊst'deɪtɪd] *adj* nachdatiert

poste restante [pəʊst res'tãt] *adv* postlagernd

post-formation acquisition [pəʊstfɔː'meɪʃn əkwɪ'sɪʃn] *sb* Nachgründung *f*

posting reference ['pəʊstɪŋ 'refrəns] *sb* Buchungsvermerk *m*

postman ['pəʊstmən] *sb* Briefträger *m*, Postbote *m*

postmark ['pəʊstmɑːk] *sb* Poststempel *m*

post-paid [pəʊst'peɪd] *adj* freigemacht, frankiert

postpone [pəst'pəʊn] *v 1.* aufschieben; *2. (for a specified period)* verschieben

postponement [pəst'pəʊnmənt] *sb (act of postponing)* Verschiebung *f*, Vertagung *f*, Aufschub *m*

postseason [pəʊst'siːzn] *sb* Nachsaison *f*

potential [pə'tenʃl] *sb* Potenzial *n*

potential cash [pə'tenʃl kæʃ] *sb* potentielles Bargeld *n*

pound [paʊnd] *sb (unit of weight, money)* Pfund *n*

poundage ['paʊndɪdʒ] *sb 1. (weight)* Gewicht in Pfund *n; 2. (fee)* auf Gewichtsbasis errechnete Gebühr *f*

power ['paʊə] *sb 1.* Macht *f; I will do everything in my ~.* Ich werde tun, was in meiner Macht steht. *2. (of an engine, of loudspeakers)* Leistung *f*

power failure ['paʊə feɪljə] *sb* Stromausfall *m*, Netzausfall *m*

power lunch ['paʊə lʌntʃ] *sb (fam)* Geschäftsessen *n*

power of agency ['paʊə əv 'eɪdʒənsɪ] *sb* Handlungsvollmacht *f*, Vertretungsbefugnis *f*

power of attorney ['paʊə əv ə'tɜːnɪ] *sb* Vollmacht *f*, Prokura *f*

power of revocation ['paʊə əv revə'keɪʃən] *sb* Widerrufsrecht *n*

power of signature ['paʊə əv 'sɪgnətʃə] *sb* Zeichnungsvollmacht *f*, Unterschriftsbefugnis *f*

power to contract ['paʊə tu kən'trækt] *sb* Vertragsvollmacht *f*

power pack ['paʊə pæk] *sb* Netzteil *n*

power plant ['paʊə plɑːnt] *sb* Kraftwerk *n*

power to draw on an account ['paʊə tu drɔː ɒn ən ə'kaʊnt] *sb* Kontovollmacht *f*

PR *(see "public relations")*

practicable ['præktɪkəbl] *adj* durchführbar, machbar

practice ['præktɪs] *sb (business ~)* Verfahrensweise *f*

practice of payment ['præktɪs əv 'peɪmənt] *sb* Zahlungsgewohnheit *f*

practise ['præktɪs] *v (a profession, a religion)* ausüben, praktizieren

prearrange [priːə'reɪndʒ] *v* vorher abmachen, vorher bestimmen

precaution [prɪ'kɔːʃən] *sb 1.* Vorsichtsmaßnahme *f; 2. take ~s* Vorsichtsmaßnahmen treffen; *3. as a ~* vorsichtshalber

precautionary holding [prɪ'kɔːʃənərɪ 'həʊldɪŋ] *sb* Vorsichtskasse *f*

precedence ['presɪdəns] *sb* Vorrang *m*, Vorrecht *n*

precedent ['presɪdənt] *sb* Präzedenzfall *m*

precision [prɪ'sɪʒən] *sb* Genauigkeit *f*, Präzision *f*

precondition [priːkən'dɪʃən] *sb* Voraussetzung *f*, Bedingung *f*

predate [priː'deɪt] v 1. (come before) vorausgehen; 2. (a document) zurückdatieren
predecessor ['priːdɪsesə] sb Vorgänger(in) m/f
preemption right [priː'empʃn raɪt] sb Vorkaufsrecht n
preemptive shares [priː'emtɪv ʃɛəz] pl Bezugsaktien f/pl
pre-export financing [priː'ekspɔːt faɪ-'nænsɪŋ] sb Präexport-Finanzierung f
preference ['prefərəns] sb 1. Präferenz f; 2. Vorkaufsrecht n
preference bond ['prefərens bɒnd] sb Vorzugsobligation f
preference share ['prefərens ʃɛə] sb Vorzugsaktie f, Prioritätsaktie f
preferential creditor [prefə'renʃl 'kredɪtə] sb bevorrechtigter Gläubiger m
preferential discount [prefə'renʃl 'dɪskaʊnt] sb Vorzugsrabatt m
preferential dividend [prefə'renʃl 'dɪvɪdənd] sb Vorzugsdividende f
preferential price [prefə'renʃl 'praɪs] sb Vorzugskurs m
preferential rate [prefə'renʃl 'reɪt] sb Ausnahmetarif m
preferment [prɪ'fɜːmənt] sb (promotion) Beförderung f
prefinancing [priːfaɪ'nænsɪŋ] sb Vorfinanzierung f
prejudice ['predʒʊdɪs] sb 1. Vorurteil n; 2. (detriment) Schaden m
prejudicial [predʒʊ'dɪʃəl] adj schädlich
preliminaries [prɪ'lɪmɪnəriz] pl vorbereitende Maßnahmen f/pl, Vorarbeit f
preliminary [prɪ'lɪmɪnəri] adj vorläufig
preliminary conditions [priː'lɪmɪnəri kɒn'dɪʃnz] pl Vorschaltkonditionen f/pl
preliminary injunction [priː'lɪmɪnəri ɪn-'dʒʌnkʃn] sb Vorausklage f
premises ['premɪsɪz] pl 1. Grundstück n; 2. (of a factory) Gelände n; 3. (of a shop) Räumlichkeiten pl
premium ['priːmjʊm] sb 1. (bonus) Bonus m, Prämie f; 2. (insurance ~) Prämie f; 3. (surcharge) Zuschlag m
premium bond ['priːmjʊm bɒnd] sb Prämienanleihe f
premium for double option ['priːmjʊm fɔː 'dʌbl 'ɒpʃn] sb Stellgeld n
premium payable on redemption ['priːmjʊm 'peɪəbl ɒn rɪ'dempʃn] sb Rückzahlungsagio m
premium-aided saving ['priːmjʊmeɪdɪd 'seɪvɪŋ] sb prämienbegünstigtes Sparen n

premium on bonds ['priːmjʊm ɒn bɒndz] sb Anleiheagio n
premium offer ['priːmjʊm 'ɒfə] sb Zugabeangebot n
prepaid [priː'peɪd] adj vorausbezahlt, im Voraus bezahlt
preparation [prepə'reɪʃən] sb Vorbereitung f
prepay [priː'peɪ] v irr vorausbezahlen, im Voraus bezahlen
prepay the postage [priː'peɪ ðə 'pəʊstɪdʒ] v irr frankieren
prepayable [priː'peɪəbl] adj im Voraus zu bezahlen
prepayment [priː'peɪmənt] sb Vorauszahlung f
preproduction cost [priːprɒ'dʌkʃn kɒst] sb Rüstkosten pl
prerequisite [priː'rekwɪzɪt] sb Voraussetzung f, Vorbedingung f
prerogative [prɪ'rɒɡətɪv] sb Vorrecht n
presale ['priːseɪl] sb Vorverkauf m
presentation [prezn'teɪʃən] sb 1. (act of presenting) Vorlage f, Präsentation f; 2. (handing over) Überreichung f, 3. (of an award) Verleihung f
presentation clause [prezn'teɪʃn klɔːz] sb Präsentationsklausel f
presentation for acceptment [prezn-'teɪʃən fɔː ək'septmənt] sb Vorlage zum Akzept f
presentation period [prezn'teɪʃn 'pɪərɪəd] sb Präsentationsfrist f
present value ['preznt 'væljʊ] sb Gegenwartswert m
preservation [prezə'veɪʃən] sb 1. Erhaltung f; 2. (keeping) Aufbewahrung f
preservation of real-asset values [prezə'veɪʃn əv rɪəl'æsɪt 'væljʊz] sb Substanzerhaltung f
preservative [prɪ'zɜːvətɪv] sb Konservierungsmittel n
preserve [prɪ'zɜːv] v 1. (maintain) erhalten; 2. (keep from harm) bewahren
preside [prɪ'zaɪd] v ~ over den Vorsitz haben über
presidency ['prezɪdənsɪ] sb (of a company) Vorsitz m
president ['prezɪdənt] sb (of a company) Vorsitzende(r) f/m, Präsident(in) m/f
press [pres] sb Presse f
press conference [pres 'kɒnfərəns] sb Pressekonferenz f
press release [pres rɪ'liːs] sb Presseverlautbarung f, Pressemitteilung f

press report [pres rɪ'pɔːt] *sb* Pressenotiz *f*
pressure group ['preʃə gruːp] *sb* Interessengemeinschaft *f*
prestige [pres'tiːʒ] *sb* Prestige *n*
**presumption that securities deposited
are fiduciary** [prɪ'sʌmpʃn ðæt sɪ'kjuərətɪz
dɪ'pɒzɪtɪd ɑː fɪ'duːʃərɪ] *sb* Fremdvermu-
tung *f*
pre-tax [priː'tæks] *adj* Brutto..., vor Abzug
der Steuern
preventive [prɪ'ventɪv] *sb* ~ *measure* Prä-
ventivmaßnahme *f,* Vorsichtsmaßnahme *f*
preview ['priːvjuː] *sb* Vorschau *f*
price [praɪs] *sb 1.* Preis *m; v 2. (fix the ~ of
sth)* den Preis von etw festsetzen
price advance [praɪs əd'vɑːns] *sb* Kurssteigerung *f*
price ceiling [praɪs 'siːlɪŋ] *sb* Preisobergrenze *f*
price control [praɪs kɒn'trəʊl] *sb* Preiskontrolle *f*
price deduction [praɪs dɪ'dʌkʃən] *sb*
Preisabzug *m*
price-demand function [praɪsdɪ'mɑːnd
'fʌŋkʃn] *sb* Preisabsatzfunktion *f*
price differentiation [praɪs dɪfərentʃ-
'jeɪʃn] *sb* Preisdifferenzierung *f*
price-earnings ratio [praɪs'ɜːnɪŋz 'reɪʃəʊ]
sb Kurs-Gewinn-Verhältnis *n,* Price-Earning
Ratio *n*
price elasticity [praɪs eləs'tɪsɪtɪ] *sb* Preiselastizität *f*
**price expressed as percentage quota-
tion** [praɪs ɪks'presd æz pə'sentɪdʒ kwəʊ-
'teɪʃən] *sb* Prozentkurs *m*
price-fixing ['praɪsfɪksɪŋ] *sb* Preisfest-
legung *f*
price fixing cartel [praɪs 'fɪksɪŋ kɑː'tel]
sb Preiskartell *n*
price floor ['praɪs flɔː] *sb* Preisuntergrenze *f*
price formation [praɪs fɔː'meɪʃn] *sb* Preisbildung *f*
price gain [praɪs 'geɪn] *sb* Kursgewinn *m*
price increase [praɪs 'ɪnkriːs] *sb* Preissteigerung *f,* Preiserhöhung *f*
price index [praɪs 'ɪndeks] *sb 1.* Preisindex
m; 2. Kursindex *m*
price inflation [praɪs ɪn'fleɪʃən] *sb* Preissteigerung *f*
price intervention [praɪs ɪntə'venʃn] *sb*
Kursintervention *f*
price level [praɪs 'levl] *sb* Preisniveau *n*
price limit [praɪs 'lɪmɪt] *sb* Kurslimit *n*
price list [praɪs lɪst] *sb* Preisliste *f*

price maintenance [praɪs 'meɪntənəns] *sb*
Preisbindung *f*
price margin [praɪs 'mɑːdʒɪn] *sb* Preisspanne *f*
price-marking ['praɪsmɑːkɪŋ] *sb* Preisauszeichnung *f*
price marking ordinance [praɪs 'mɑːkɪŋ
'ɔːdɪnens] *sb* Preisangabeverordnung *f*
price nursing [praɪs 'nɜːsɪŋ] *sb* Kurspflege *f*
price of gold [praɪs əv 'gəʊld] *sb* Goldpreis *m*
price pegging [praɪs 'pegɪŋ] *sb* Kursstützung *f*
price per share [praɪs pɜː 'ʃeə] *sb* Stückkurs *m*
price policy [praɪs 'pɒlɪsɪ] *sb* Preispolitik *f*
price quotation [praɪs kwəʊ'teɪʃən] *sb*
Preisnotierung *f*
price recommendation [praɪs rekəmen-
'deɪʃən] *sb* Preisempfehlung *f*
price reduction [praɪs rɪ'dʌkʃən] *sb* Preissenkung *f,* Preisreduzierung *f*
price regulation [praɪs regjʊ'leɪʃn] *sb*
Kursregulierung *f*
price risk ['praɪs rɪsk] *sb* Kursrisiko *n*
prices of farm products ['praɪsɪz əv
'fɑːm 'prɒdʌkts] *pl* Agrarpreise *m/pl*
prices quoted [praɪsɪz 'kwəʊtɪd] *pl* Preisnotierung *f*
price-sensitive ['praɪssensɪtɪv] *adj* preis-
sensibel
price stop ['praɪs stɒp] *sb* Preisstopp *m*
price strategy [praɪs 'strætədʒɪ] *sb* Preispolitik *f*
price support [praɪs sə'pɔːt] *sb* Kursstützung *f*
price tag [praɪs tæg] *sb* Preisschild *n*
price war [praɪs wɔː] *sb* Preiskrieg *m*
price watering [praɪs 'wɔːtərɪŋ] *sb* Kursverwässerung *f*
primary demand ['praɪmərɪ dɪ'mɑːnd] *sb*
Primärbedarf *m*
primary energy ['praɪmərɪ 'enədʒɪ] *sb*
Primärenergie *f*
primary expenses ['praɪmərɪ ɪk'spensɪz]
sb Primäraufwand *m*
primary market ['praɪmərɪ 'mɑːkɪt] *sb*
Emissionsmarkt *m,* Primärmarkt *m*
primary power ['praɪmərɪ 'paʊə] *sb*
Hauptvollmacht *f*
primary sector of the economy ['praɪmərɪ
'sektə əv ðiː ɪ'kɒnemɪ] *sb* primärer Sektor *m*
prime [praɪm] *adj 1.* Haupt...; *2. (excellent)*
erstklassig

prime acceptance ['praɪm ə'kseptæns]
sb Privatdiskont *m*
prime cost [praɪm kɒst] *sb* Selbstkosten *pl*,
Entstehungskosten *pl*
prime name ['praɪm 'neɪm] *sb* beste
Adresse *f*
prime rate [praɪm reɪt] *sb* Prime Rate *f*,
Kreditzinssatz der Geschäftsbanken in den
USA für Großkunden *m*
principle of common burden ['prɪnsɪpl
əv 'kɒmən 'bɜːdn] *sb* Gemeinlastprinzip *n*
principle of equivalence ['prɪnsɪpl əv
ɪ'kwɪvələns] *sb* Äquivalenzprinzip *n*
principle of highest value ['prɪnsɪpl əv
'haɪəst 'væljʊ] *sb* Höchstwertprinzip *n*
principle of satisfaction of needs ['prɪnsɪpl əv sætɪs'fækʃn əv 'niːdz] *sb* Bedarfsdeckungsprinzip *n*
principle of seniority ['prɪnsɪpl əv siːnɪ'ɒ-
rɪtɪ] *sb* Senioritätsprinzip *n*
principle of subsidiarity ['prɪnsɪpl əv
səbsɪdɪ'ærətɪ] *sb* Subsidiaritätsprinzip *n*
**principles of capital resources and the
banks' liquid assets** ['prɪnsɪplz əv 'kæpɪtl
rɪ'sɔːses ænd ðə 'bæŋks lɪkwɪd 'æsɪts] *pl*
Grundsätze über das Eigenkapital und die
Liquidität der Kreditinstitute *m/pl*
**principles of orderly bookkeeping and
balance-sheet makeup** ['prɪnsɪplz əv
'ɔːdəlɪ 'bʊkkiːpɪŋ ænd 'bælænsʃiːt 'meɪk-
ʌp] *pl* Grundsätze ordnungsgemäßer Buchführung und Bilanzierung (GoB) *m/pl*
principles on own capital ['prɪnsɪpls ɒn
əʊn 'kæpɪtl] *pl* Eigenkapitalgrundsätze *m/pl*
print [prɪnt] *v* 1. drucken; 2. *(not write in
cursive)* in Druckschrift schreiben
print advertising ['prɪnt 'ædvətaɪzɪŋ] *sb*
Printwerbung *f*
printed matter ['prɪntɪd 'mætə] *sb* Drucksache *f*
printer ['prɪntə] *sb* Drucker *m*
printer's error ['prɪntəz 'erə] *sb* Druckfehler *m*
print-out ['prɪntaʊt] *sb* Ausdruck *m*
priority bonds ['praɪ'ɒrɪtɪ bɒnds] *pl* Prioritätsobligationen *f/pl*
private ['praɪvɪt] *adj* 1. privat, Privat...;
2. *(confidential)* vertraulich
private automatic branch exchanges
['praɪvət ɔːtə'mætɪk 'braːnʃ ɪks'tʃeɪndʒəs]
pl Nebenstellenanlagen *f/pl*
private bank ['praɪvət bæŋk] *sb* Privatbank *f*

private consumption ['praɪvət kɒn'sʌmp-
ʃn] *sb* privater Verbrauch *m*, Privatkonsum *m*
private contribution ['praɪvət kɒntrɪ-
'bjuːʃən] *sb* Privateinlagen *f/pl*
private goods ['praɪvət 'gʊds] *pl* private
Güter *n/pl*
private household ['praɪvət 'haʊshəʊld]
sb privater Haushalt *m*
private insurance ['praɪvət ɪn'ʃʊərəns] *sb*
Privatversicherung *f*
private law ['praɪvət lɔː] *sb* Privatrecht *n*
private property ['praɪvət 'prɒpətɪ] *sb*
Privateigentum *n*, Privatbesitz *m*
private purchase ['praɪvət 'pɜːtʃəs] *sb*
bürgerlicher Kauf *m*
private sector ['praɪvət 'sektə] *sb* privater
Sektor *m*
**private sickness and accident insuran-
ce** ['praɪvət 'sɪknəs ænd 'æksɪdənt ɪn'ʃʊə-
ræns] *sb* private Kranken- und Unfallversicherung *f*
private transaction ['praɪvət træn'zækʃn]
sb Privatgeschäft *n*
private transportation ['praɪvət træns-
pə'teɪʃn] *sb* Individualverkehr *m*
privatization [praɪvətaɪ'zeɪʃən] *sb* Privatisierung *f*
privatize ['praɪvətaɪz] *v* privatisieren
privilege ['prɪvɪlɪdʒ] *sb* Vorrecht *n*, Privi-
leg *n*
prize-winning ['praɪzwɪnɪŋ] *adj* preis-
gekrönt
pro [prəʊ] *sb* 1. *(fam: professional)* Profi *m*;
2. *the ~s and cons pl* das Für und Wider, das
Pro und Kontra
probation [prə'beɪʃən] *sb* (~ *period)* Probezeit *f*
probationary employment [prə'beɪʃənə-
rɪ ɪm'plɔɪmənt] *sb* Probearbeitsverhältnis *n*,
Probezeit *f*
problem analysis ['prɒbləm ə'nælɪsɪs] *sb*
Problemanalyse *f*
procedural [prə'siːdʒərəl] *adj* verfahrens-
mäßig, verfahrenstechnisch
procedure [prə'siːdʒə] *sb* Verfahren *n*,
Prozedur *f*
**procedure of drawing up a balance
sheet** [prə'siːdʒə ɒv 'drɔːɪŋ ʌp ə 'bælæns
ʃiːt] *sb* Bilanzierung *f*
proceeding [prə'siːdɪŋ] *sb* 1. Vorgehen *n*,
Verfahren *n*; 2. *(legal)* ~*s pl* (gerichtliches)
Verfahren *n*
proceedings in bankruptcy [prə'siːdɪŋz
ɪn 'bæŋkrʌptsɪ] *pl* Konkursverfahren *n*

proceeds ['prəʊsiːdz] *pl* Erlös *m*, Ertrag *m*
proceeds from disposal ['prəʊsiːdz frɒm
dɪ'spəʊzl] *pl* Veräußerungserlös *m*
process ['prəʊses] *v 1. (an application)* bearbeiten; *sb 2.* Verfahren *n*, Prozess *m; 3.
due
~ of law* rechtliches Gehör *n*
process chart ['prəʊses tʃɑːt] *sb* Ablaufdiagramm *n*
process of production ['prəʊses əv prə-
'dʌkʃən] *sb* Produktionsprozess *m*, Herstellungsprozess *m*
processing ['prəʊsesɪŋ] *sb 1.* Verarbeitung
f, Bearbeitung *f; 2. (industrial)* Veredelung *f*
processing of an order [prəʊsesɪŋ əv ən
'ɔːdə] *sb* Auftragsabwicklung *f,* Auftragsbearbeitung *f*
processing time ['prəʊsesɪŋ taɪm] *sb*
Durchlaufzeit *f*
process organization ['prəʊses ɔːɡənaɪ-
'zeɪʃn] *sb* Prozessorganisation *f*
process system of accounting ['prəʊses
'sɪstəm əv ə'kaʊntɪŋ] *sb* Divisionskalkulation *f*
processor ['prəʊsesə] *sb* Prozessor *m*
procuration [prɒkjʊə'reɪʃn] *sb 1. (procurement)* Beschaffung *f; 2. (power)* Vollmacht *f,*
Prokura *f*
procurement [prɒ'kjʊəmənt] *sb* Beschaffung *f*
procurement market [prɒ'kjʊəmənt 'mɑː-
kɪt] *sb* Beschaffungsmarkt *m*
procurement of capital [prɒ'kjʊəmənt
əv 'kæpɪtl] *sb* Kapitalbeschaffung *f*
procurement planning [prɒ'kjʊəmənt
'plænɪŋ] *sb* Beschaffungsplanung *f*
procurement policy [prɒ'kjʊəmənt 'pɒləsɪ]
sb Einkaufspolitik *f*
procuring [prɒ'kjʊərɪŋ] *sb* Kuppelei *f*
produce ['prɒdjuːs] *sb 1. (agriculture)* Produkte *n/pl,* Erzeugnis *n; v* [prə'djuːs] *2.* produzieren, herstellen; *3. (energy)* erzeugen
producer [prə'djuːsə] *sb* Hersteller(in) *m/f,*
Erzeuger(in) *m/f*
producer advertising [prə'djuːsə 'ædvə-
taɪzɪŋ] *sb* Herstellerwerbung *f*
producer price [prə'djuːsə praɪs] *sb*
Erzeugerpreis *m*, Herstellerpreis *m*
producer's surplus [prə'djuːsəz 'sɜːpləs]
sb Produzentenrente *f*
producers' co-operative [prə'djuːsəz kəʊ-
'ɒpərɪtɪv] *sb* Produktionsgenossenschaft *f,*
Produktionsgemeinschaft *f*
produce exchange ['prɒdjuːs ɪks'tʃeɪndʒ]
sb Produktenbörse *f*

produce trade ['prɒdjuːs 'treɪd] *sb* Produktenhandel *m*
product ['prɒdʌkt] *sb* Produkt *n*
product costing ['prɒdʌkt 'kɒstɪŋ] *sb*
Stückkostenrechnung *f*
product business ['prɒdʌkt 'bɪznɪs] *sb*
Produktgeschäft *n*
product design ['prɒdʌkt dɪ'zaɪn] *sb*
Produktgestaltung *f*
product development ['prɒdʌkt dɪ'veləp-
mənt] *sb* Produktentwicklung *f*
product differentiation ['prɒdʌkt dɪfə-
rentsɪ'eɪʃn] *sb* Produktdifferenzierung *f*
product diversification ['prɒdʌkt daɪ-
vɜːsɪfɪ'keɪʃn] *sb* Produktdiversifikation *f*
product elimination ['prɒdʌkt ɪlɪmɪ'neɪʃn]
sb Produktelimination *f*
product family ['prɒdʌkt 'fæmɪlɪ] *sb* Produktfamilie *f*
production [prə'dʌkʃn] *sb* Herstellung *f,*
Produktion *f*
production capacity [prə'dʌkʃn kə'pæ-
sɪtɪ] *sb* Produktionskapazität *f*
production control [prə'dʌkʃn kən'trɔːl]
sb Fertigungssteuerung *f*
production cost centres [prə'dʌkʃn kɒst
'sentəs] *pl* Hauptkostenstellen *f/pl*
production costs [prə'dʌkʃn kɒsts] *pl*
Herstellungskosten *pl*, Produktionskosten *pl*
production department ['prədʌkʃn dɪ-
'pɑːtmənt] *sb* Fertigungsabteilung *f*
production facilities [prə'dʌkʃn fə'sɪlɪ-
tiz] *pl* Produktionsanlagen *f/pl*
production factors [prə'dʌkʃn 'fæktəz]
pl Produktionsfaktoren *m/pl*
production limit [prə'dʌkʃn 'lɪmɪt] *sb*
Förderlimit *n*
production line [prə'dʌkʃn laɪn] *sb* Fließband *n*, Produktionslinie *f*
production mix ['prədʌkʃn mɪks] *sb* Ferti-
gungssortiment *n*
production planning [prə'dʌkʃn 'plænɪŋ]
sb Produktionsplanung *f*, Fertigungsvorbereitung *f*
production plant [prə'dʌkʃn plɑːnt] *sb*
Produktionsanlage *f*
production potential [prə'dʌkʃn pɒ'tenʃl]
sb Produktionspotenzial *n*
production procedure [prə'dʌkʃn prə-
'siːdʒə] *sb* Fertigungsprozess *m*
production process [prə'dʌkʃn 'prəʊ-
ses] *sb* Fertigungsverfahren *n*
production program(me) [prə'dʌkʃn 'prəʊ-
græm] *sb* Produktionsprogramm *n*

production risk [prə'dʌkʃn rɪsk] *sb* Fabrikationsrisiko *n*, Fertigungswagnis *n*
production run ['prɒdʌkʃn rʌn] *sb* Fertigungsserie *f,* Stückzahl *f*
production scheduling [prə'dʌkʃn 'ʃedjuːlɪŋ] *sb* Produktlinie *f*
production shop ['prɒdʌkʃn ʃɒp] *sb* Montagehalle *f*
production theory [prə'dʌkʃn 'θɪərɪ] *sb* Produktionstheorie *f*
production value [prə'dʌkʃn 'væljuː] *sb* Produktionswert *m*
productive [prə'dʌktɪv] *adj 1.* produktiv; *2. (mine, well)* ergiebig
productive property [prə'dʌktɪv 'prɒpətɪ] *sb* Produktivvermögen *n*
productive wealth [prə'dʌktɪv 'welθ] *sb* Produktivvermögen *n*
productivity [prɒdʌk'tɪvətɪ] *sb* Produktivität *f*
productivity of labour [prɒdʌk'tɪvətɪ əv 'leɪbə] *sb* Arbeitsproduktivität *f*
product launch ['prɒdʌkt lɔːntʃ] *sb* Produkteinführung *f*
product liability ['prɒdʌkt laɪə'bɪlətɪ] *sb* Produkthaftung *f*
product life cycle ['prɒdʌkt laɪf 'saɪkl] *sb* Lebenszyklus eines Produktes *m*
product line ['prɒdʌkt laɪn] *sb* Produktpalette *f*
product matrix ['prɒdʌkt 'meɪtrɪks] *sb* Produktmatrix *f*
product number ['prɒdʌkt 'nʌmbə] *sb* Artikelnummer *f*
product placement ['prɒdʌkt 'pleɪsmənt] *sb* Produktplatzierung *f,* Productplace-ment *n*
product planning ['prɒdʌkt 'plænɪŋ] *sb* Produktplanung *f*
product promotion ['prɒdʌkt prə'məuʃən] *sb* Absatzförderung *f*
product standardization ['prɒdʌkt stændədaɪ'zeɪʃn] *sb* Produktstandardisierung *f*
product update ['prɒdʌkt 'ʌpdeɪt] *sb* Produkterneuerung *f*
profession [prə'feʃən] *sb (occupation)* Beruf *m*
professional [prə'feʃənl] *adj 1.* beruflich, Berufs...; *2. (competent, expert)* fachmännisch; *3. (using good business practices)* professionell; *sb 4.* Profi *m*
professional activity description [prə'feʃənl æk'tɪvɪtɪ dɪs'krɪpʃn] *sb* Berufsbild *n*
professional discretion [prə'feʃənl dɪs'kreʃən] *sb* Schweigepflicht *f*

professional knowledge [prə'feʃənl 'nɒlɪdʒ] *sb* Fachwissen *n*
professional promotion [prə'feʃənl prə'məuʃn] *sb* Berufsförderung *f*
professional secret [prə'feʃənl 'siːkrɪt] *sb* Berufsgeheimnis *n*
professional trader [prə'feʃənl 'treɪdə] *sb* Berufshändler *m*
professional training [prə'feʃənl 'treɪnɪŋ] *sb* Berufsausbildung *f*
profit ['prɒfɪt] *sb 1.* Gewinn *m*, make a ~ on sth mit etw einen Gewinn machen; *2. (fig)* Nutzen *m*, Vorteil *m; v 3.* profitieren
profitability [prɒfɪtə'bɪlɪtɪ] *sb* Rentabilität *f*
profitability rate [prɒfɪtə'bɪlɪtɪ reɪt] *sb* Ertragsrate *f*
profitable ['prɒfɪtəbl] *adj 1.* rentabel; *2. (advantageous)* vorteilhaft
profit and loss ['prɒfɪt ænd lɒs] *sb* Gewinn und Verlust *m*
profit and loss account ['prɒfɪt ænd 'lɒs ə'kaunt] *sb* Aufwands- und Ertragsrechnung *f,* Gewinn- und Verlustrechnung *f*
profit and loss transfer agreement ['prɒfɪt ænd 'lɒs 'trænsfɔː ə'griːmənt] *sb* Ergebnisabführungsvertrag *m*
profit breakdown ['prɒfɪt 'breɪkdaun] *sb* Gewinnaufschlüsselung *f*
profit carried forward ['prɒfɪt 'kærɪːd 'fɔːwəd] *sb* Gewinnvortrag *m*
profit centre ['prɒfɪt sentə] *sb* Profitcenter *n*
profit commission ['prɒfɪt kə'mɪʃən] *sb* Gewinnbeteiligung *f*
profit distribution ['prɒfɪt dɪstrɪ'bjuːʃən] *sb* Gewinnausschüttung *f*
profiteer [prɒfɪ'tiːə] *v* wuchern, Wucher treiben
profiteering [prɒfɪ'tiːərɪŋ] *sb* Wucher *m*, Wucherei *f*
profit margin ['prɒfɪt 'maːdʒɪn] *sb* Gewinnspanne *f*
profit mark-up ['prɒfɪt 'maːkʌp] *sb* Gewinnaufschlag *m*
profit of the enterprise ['prɒfɪt əv ðiː 'entəpraɪz] *sb* Unternehmensgewinn *m*
profit pool ['prɒfɪt puːl] *sb* Gewinngemeinschaft *f*
profit rate ['prɒfɪt reɪt] *sb* Profitrate *f*
profit retention ['prɒfɪt rɪ'tənʃən] *sb* Gewinnthesaurierung *f*
profits ['prɒfɪts] *pl* Ertrag *m*
profit-sharing ['prɒfɪtʃɛərɪŋ] *sb* Gewinnbeteiligung *f,* Erfolgsbeteiligung *f*

profit squeeze ['prɒfɪt 'skwiːz] *sb* Gewinndruck *m*
profit-taking ['prɒfɪtteɪkɪŋ] *sb* Gewinnmitnahme *f*
profit tax ['prɒfɪt tæks] *sb* Erwerbsteuer *f*
profit-pooling ['prɒfɪt'puːlɪŋ] *sb* Gewinnpoolung *f*
pro forma invoice [prəʊ 'fɔːmə 'ɪnvɔɪs] *sb* Proformarechnung *f*
prognosis [prɔg'nəʊsɪs] *sb* Prognose *f*
prognosticate [prɔg'nɒstɪkeɪt] *v (sth)* prognostizieren
programmable ['prəʊgrəməbl] *adj* programmierbar
programme ['prəʊgræm] *v 1.* programmieren; *sb 2.* Programm *n*
programmer ['prəʊgræmə] *sb* Programmierer *m*
programming language ['prəʊgræmɪŋ 'læŋgwɪdʒ] *sb* Programmiersprache *f*
progress ['prəʊgres] *sb 1.* Fortschritt *m; in ~* im Gange; *make ~* Fortschritte machen; *2. (movement forwards)* Fortschreiten *n,* Vorwärtskommen *n*
progress control ['prəʊgres kən'trəʊl] *sb* Terminkontrolle *f*
progression [prə'greʃən] *sb (taxation)* Progression *f,* Staffelung *f*
progressive depreciation [prə'gresɪv dɪpriːʃɪ'eɪʃən] *sb* progressive Abschreibung *f*
progress report ['prəʊgres rɪ'pɔːt] *sb* Zwischenbericht *m*
prohibited [prə'hɪbɪtəd] *adj* verboten
prohibited share issue [prə'hɪbɪtəd 'ʃɛə 'ɪʃjʊ] *sb* verbotene Aktienausgabe *f*
prohibition [prəʊhɪ'bɪʃn] *sb* Verbot *n*
prohibition of assignment [prəʊhɪ'bɪʃn əv ə'saɪnmənt] *sb* Abtretungsverbot *n*
prohibition of investment [prəʊhɪ'bɪʃn əv ɪn'vestmənt] *sb* Investitionsverbot *n*
prohibition of raising of credits [prəʊhɪ'bɪʃn əv 'reɪzɪŋ əv 'kredɪts] *sb* Kreditaufnahmeverbot *n*
prohibition order [prəʊhɪ'bɪʃn 'ɔːdə] *sb* Untersagungsverfügung *f*
prohibition to advertise [prəʊhɪ'bɪʃn tu 'ædvətaɪz] *sb* Werbeverbot *n*
prohibition to compete [prəʊhɪ'bɪʃn tu kɒm'piːt] *sb* Wettbewerbsverbot *n*
prohibitive duty [prə'hɪbɪtɪv 'djuːtɪ] *sb* Prohibitivzoll *m*
prohibitive price [prə'hɪbɪtɪv 'praɪs] *sb* Prohibitivpreis *m*

project ['prɒdʒekt] *sb* Projekt *n;* [prə'dʒekt] *v (costs)* überschlagen
project financing ['prɒdʒekt 'faɪnænsɪŋ] *sb* Projektfinanzierung *f*
projection [prə'dʒekʃən] *sb* Projektion *f*
project life ['prɒdʒekt laɪf] *sb* Projektdauer *f*
project management ['prɒdʒekt 'mænɪdʒmənt] *sb* Projektmanagement *n*
project-type organization ['prɒdʒekt taɪp ɔːgənaɪ'zeɪʃn] *sb* Projektorganisation *f*
project write-off company ['prɒdʒekt 'raɪtəv 'kɒmpənɪ] *sb* Abschreibungsgesellschaft *f*
prolongation [prɒlɒŋ'geɪʃn] *sb* Prolongation *f*
prolongation business [prɒlɒŋ'geɪʃn 'bɪznɪs] *sb* Prolongationsgeschäft *n*
prolongation charge [prɒlɒŋ'geɪʃn 'dʒɑːdʒ] *sb* Belassungsgebühr *f*
prolongation of payment [prɒlɒŋ'geɪʃən əv 'peɪmənt] *sb* Zahlungsaufschub *m*
promise ['prɒmɪs] *sb* Zusage *f*
promise of credit ['prɒmɪs əv 'kredɪt] *sb* Kreditzusage *f*
promise of reward ['prɒmɪs əv rɪ'wɔːd] *sb* Auslobung *f*
promise to fulfil an obligation ['prɒmɪs tu fʊl'fɪl ən ɒblɪ'geɪʃn] *sb* Schuldversprechen *n*
promise to perform ['prɒmɪs tu pə'fɔːm] *sb* Leistungszusage *f*
promissory note (p. n.) [prɒ'mɪsərɪ nəʊt] *sb* Schuldschein *m,* Eigenwechsel (p.n.) *m,* eigener Wechsel *m,* Promesse *f,* persönliches Schuldanerkenntnis *n,* vertragliches Schuldversprechen *n,* Solawechsel *m*
promissory note bond [prɒ'mɪsərɪ 'nəʊt bʌnd] *sb* Schuldscheindarlehen *f*
promote [prə'məʊt] *v 1. (in rank)* befördern; *2. (advertise)* werben für
promoter [prə'məʊtə] *sb 1.* Förderer *m; 2. (of an event)* Veranstalter *m,* Promoter *m*
promotion [prə'məʊʃən] *sb 1. (to a better job)* Beförderung *f; 2. (advertising, marketing)* Werbung *f,* Promotion *f; 3. (of an event)* Veranstaltung *f*
promotional gift [prə'məʊʃənl gɪft] *sb* Werbegeschenk *n*
promotion of housing construction [prə'məʊʃn əv 'haʊzɪŋ kɒn'strʌkʃn] *sb* Wohnungsbauförderung *f*
promotion of original innovation [prə'məʊʃn əv ɒ'rɪdʒɪnəl ɪnɒ'veɪʃn] *sb* Innovationsförderung *f*

promotion of residential property [prə-
'məʊʃn əv 'rezɪdenʃl 'prɒpətɪ] *sb* Wohneigentumsförderung *f*
**promotion of saving through building
societies** [prə'məʊʃn əv 'seɪvɪŋ θru: 'bɪldɪŋ sɒ'saɪəti:z] *sb* Bausparförderung *f*
prompt (ppt.) ['prɒmt] *adj* sofort
prompt shipment ['prɒmt 'ʃɪpmənt] *sb*
sofortiger Versand *m*
proof [pru:f] *sb* Beweis *m*, Nachweis *m*
proof of identity ['pru:f əv aɪ'dentɪtɪ] *sb*
Identitätsnachweis *m*, Legitimation *f*
propaganda [prɒpə'gændə] *sb* Propaganda *n*
propensity to consume [prɒ'pensɪtɪ tu
kɒn'sju:m] *sb* Konsumquote *f*
propensity to invest [prɒ'pensɪtɪ tu ɪn'vest]
sb Investitionsquote *f*
property ['prɒpətɪ] *sb 1.* Eigentum *n;* Gut
n, Vermögen *n; 2. (house, estate)* Besitz *m;*
3. (characteristic) Eigenschaft *f*
property acquisition tax ['prɒpətɪ əkwɪ-
'sɪʃn tæks] *sb* Grunderwerbssteuer *f*
property deed ['prɒpətɪ di:d] *sb* Eigentumsurkunde *f*
property fund ['prɒpətɪ fʌnd] *sb* Immobilienfonds *m*
property income ['prɒpətɪ 'ɪnkʌm] *sb* Besitzeinkommen *n*
property insurance ['prɒpətɪ ɪn'ʃʊərəns]
sb Sachversicherung *f*
property law securities ['prɒpətɪ lɔ: sɪ'kjʊə-
rɪti:z] *pl* sachenrechtliche Wertpapiere *n/pl*
property of the bankrupt ['prɒpətɪ əv ðə
'bæŋkrʌpt] *sb* Konkursmasse *f*
property rights ['prɒpətɪ raɪts] *pl* Eigentumsrechte *n/pl*
property tax ['prɒpətɪ tæks] *sb* Grund-
steuer *f*
property yield ['prɒpətɪ ji:ld] *sb* Immo-
bilienrendite *f*, Objektrendite *f*
proportion [prə'pɒ:ʃən] *sb* Verhältnis *n*,
Proportion *f*
proportional cost [prə'pɔ:ʃənl 'kɒst] *sb*
proportionale Kosten *pl*
proposal [prə'pəʊsl] *sb* Vorschlag *m*
proprietary [prə'praɪətərɪ] *adj* besitzend,
Besitz...
proprietor [prə'praɪətə] *sb 1.* Besitzer(in)
m/f, 2. Eigentümer(in) *m/f*
proprietor's capital holding [prə'praɪətəz
'kæpɪtl 'həʊldɪŋ] *sb* Geschäftsguthaben *n*
proprietor's loan [prə'praɪətəz 'ləʊn] *sb*
Gesellschafter-Darlehen *n*
pro rata [prəʊ 'rɑ:tə] *adj* anteilmäßig

prosecute ['prɒsɪkju:t] *v (s.o.)* strafrechtlich verfolgen, strafrechtlich belangen
prospect ['prɒspekt] *sb* Aussicht *f*
prospectus [prə'spektəs] *sb* Prospekt *m*
prosperity [prɒ'sperɪtɪ] *sb* Prosperität *f,*
Wohlstand *m*
prosperous ['prɒspərəs] *adj* florierend, gut
gehend, blühend
protection [prə'tekʃn] *sb* Schutz *m*, Protektion *f*
protection against dismissal [prə'tekʃn
ə'genst dɪs'mɪsəl] *sb* Kündigungsschutz *m*
protection for the investor [prə'tekʃn
fɔ: ði: ɪn'vestə] *sb* Anlegerschutz *m*
protection of a bill [prə'tekʃn əv ə bɪl] *sb*
Wechseleinlösung *f*
protection of credit [prə'tekʃn əv 'kredɪt]
sb Kreditschutz *m*
protection of creditors [prə'tekʃn əv
'kredɪtəz] *sb* Gläubigerschutz *m*
protection of investment [prə'tekʃn əv
ɪn'vestmənt] *sb* Investitionsschutz *m*
protection of jobs [prə'tekʃn əv 'dʒɒbs] *sb*
Arbeitsplatzschutz *m*
protection of mothers [prə'tekʃn əv
'mʌðəz] *sb* Mutterschutz *m*
protection of tenants [prə'tekʃn əv
'tenənts] *sb* Mieterschutz *m*
protectionism [prə'tekʃənɪzm] *sb* Protektionismus *m*
protective clothing [prə'tektɪv 'kləʊθɪŋ]
sb Schutzkleidung *f*
protective duty [prə'tektɪv 'dju:tɪ] *sb*
Schutzzoll *m*
protest ['prəʊtest] *sb* Protest *m*
protested bill ['prəʊtestɪd 'bɪl] *sb* Protestwechsel *m*
protest for non-delivery ['prəʊtest fɔ:
'nɒndɪ'lɪvərɪ] *sb* Ausfolgungsprotest *m*
protocol ['prəʊtəkɒl] *sb* Protokoll *n*
provenance ['prɒvənəns] *sb* Provenienz *f*
provide [prə'vaɪd] *v 1.* besorgen, beschaffen, liefern; *2. (an opportunity)* bieten;
3. (make available) zur Verfügung stellen
providing of guarantee [prə'vaɪdɪŋ əv
gærən'ti:] *sb* Garantieleistung *f*
provision [prə'vɪʒən] *sb 1. (supplying)* Be-
reitstellung *f; 2. (for oneself)* Beschaffung *f;*
3. (supplies) Vorräte *m/pl; 4. (of a contract)*
Bestimmung *f; 5. (allowance)* Berücksichtigung *f*
provisional [prə'vɪʒənl] *adj* provisorisch;
(measures, legislation) vorläufig
provisional account [prə'vɪʒənl ə'kaunt]
sb vorläufiger Abschluss *m*

provisional filing of an objection [prə-'vɪʒənl 'faɪlɪŋ əv ən ɒb'dʒekʃn] *sb* Widerspruchsvormerkung *f*
provisional inefficacy [prə'vɪʒnəl ɪn'efɪkəsɪ] *sb* schwebende Unwirksamkeit *f*
provisional receipt [prə'vɪʒənl rɪ'siːt] *sb* Zwischenschein *m*
proviso [prə'vaɪzəʊ] *sb 1.* Vorbehalt *m;* *2. (clause)* Vorbehaltsklausel *f*
provisory [prə'vaɪzərɪ] *adj 1. (provisional)* provisorisch, vorläufig; *2. (conditional)* vorbehaltlich
proxy ['prɒksɪ] *sb 1. (power)* Vollmacht *f; 2. by ~* in Vertretung; *3. (person)* Vertreter *m*
proxy for disposal ['prɒksɪ fɔː dɪs'pəʊsəl] *sb* Ermächtigung zur Verfügung *f*
prudence of a businessman ['pruːdəns əv ə 'bɪsnɪsmæn] *sb* kaufmännische Vorsicht *f*
public ['pʌblɪk] *adj 1.* öffentlich; *in the ~ eye* im Lichte der Öffentlichkeit; *make ~* bekannt machen; *sb 2.* Öffentlichkeit *f*
public assistance ['pʌblɪk ə'sɪstəns] *sb* Spezialhilfe *f*
publication [pʌblɪ'keɪʃən] *sb 1.* Veröffentlichung *f; 2. (thing published)* Publikation *f*
public authentication ['pʌblɪk ɔːθentɪ'keɪʃn] *sb* öffentliche Beurkundung *f*
public authorities ['pʌblɪk ɔː'θɒrɪtiːz] *pl* öffentliche Hand *f*
public bank ['pʌblɪk 'bæŋk] *sb* öffentliche Bank *f*
public body ['pʌblɪk 'bɒdɪ] *sb* öffentlichrechtliche Körperschaft *f*
public bonds ['pʌblɪk 'bɒndz] *sb* Staatsanleihen *f/pl*
public budget ['pʌblɪk 'bʌdʒɪt] *sb* öffentlicher Haushalt *m*
public certification ['pʌblɪk sɜːtɪfɪ'keɪʃn] *sb* öffentliche Beglaubigung *f*
public company ['pʌblɪk 'kʌmpənɪ] *sb* Aktiengesellschaft *f*
public debt ['pʌblɪk 'det] *sb* öffentliche Schuld *f*
public enterprise ['pʌblɪk 'entəpraɪz] *sb* öffentliches Unternehmen *n*
public finance ['pʌblɪk 'faɪnæns] *sb* Finanzwissenschaft *f*
public fund ['pʌblɪk 'fʌnd] *sb* Publikumsfonds *m*
public goods ['pʌblɪk gʊdz] *pl* öffentliche Güter *n/pl*
public health ['pʌblɪk helθ] *sb* Gesundheitswesen *n*

public holiday ['pʌblɪk 'hɒlɪdeɪ] *sb* gesetzlicher Feiertag *m*
public institution ['pʌblɪk ɪnstɪ'tjuːʃən] *sb* gemeinnütziges Unternehmen *n*, öffentliches Unternehmen *n*
publicity [pʌb'lɪsɪtɪ] *sb 1.* Publizität *f; 2.* Werbung *f,* Reklame *f*
publicity department [pʌb'lɪsɪtɪ dɪ'pɑːtmənt] *sb* Werbeabteilung *f*
publicity effect [pʌb'lɪsɪtɪ ɪ'fekt] *sb* Werbewirkung *f*
publicity expenses [pʌb'lɪsɪtɪ ɪks'pensɪz] *pl* Werbungskosten *pl*
publicity leaflet [pʌb'lɪsɪtɪ 'liːflɪt] *sb* Werbeprospekt *m*
publicize ['pʌblɪsaɪz] *v (promote)* Reklame machen für
public law ['pʌblɪk lɔː] *sb* öffentliches Recht *n*
public limited company ['pʌblɪk 'lɪmɪtɪd 'kʌmpənɪ] *sb (UK)* Aktiengesellschaft *f*
publicly owned enterprise ['pʌblɪklɪ 'əʊnd 'entəpraɪz] *sb* Regiebetrieb *m*
public mortgage bank ['pʌblɪk 'mɔːgɪdʒ 'bæŋk] *sb* Grundkreditanstalt *f*
public opinion research ['pʌblɪk ə'pɪnjən rɪ'sɜːtʃ] *sb* Meinungsforschung *f*
public ownership ['pʌblɪk 'əʊnəʃɪp] *sb* Staatseigentum *n*
public property ['pʌblɪk 'prɒpətɪ] *sb* Staatseigentum *n*
public relations (PR) ['pʌblɪk rɪ'leɪʃənz] *pl* Public Relations (PR) *pl*
public relations of the company ['pʌblɪk rɪ'leɪʃənz əv ðə 'kɒmpənɪ] *pl* Firmenöffentlichkeit *f*
public revenue ['pʌblɪk 'revənjuː] *sb* Staatseinnahmen *f/pl*
public sector ['pʌblɪk 'sektə] *sb* öffentlicher Sektor *m*
public securities ['pʌblɪk sɪ'kjʊərɪtiːz] *pl* Staatspapiere *n/pl*
public servant ['pʌblɪk 'sɜːvənt] *sb* Angestellte(r) im öffentlichen Dienst *f/m*
public spending ['pʌblɪk 'spendɪŋ] *sb* Staatsausgaben *f/pl,* öffentliche Ausgaben *f/pl*
public supervision of banking ['pʌblɪk suːpə'vɪʒn əv 'bæŋkɪŋ] *sb* Bankenaufsicht *f*
public tender ['pʌblɪk 'tendə] *sb* offene Ausschreibung *f*
public transportation ['pʌblɪk trænspɔː'teɪʃn] *sb* öffentliche Verkehrsmittel *n/pl*
publisher ['pʌblɪʃə] *sb* Verleger(in) *m/f*
publisher's mark ['pʌblɪʃəs 'mɑːk] *sb* Signet *n*

publishing house ['pʌblɪʃɪŋ haʊs] *sb* Verlag *m*
pull-down menu ['pʊldaʊn 'menjuː] *sb* Pull-down-Menü *n*
pulling strategy ['pʊlɪŋ strˈætədʒiː] *sb* Pull-Strategie *f*
punctual ['pʌŋktjʊəl] *adj* pünktlich
punctuality [pʌŋktjʊˈælɪtɪ] *sb* Pünktlichkeit *f*
punishable ['pʌnɪʃəbl] *adj* strafbar
punishment ['pʌnɪʃmənt] *sb 1. (penalty)* Strafe *f; 2. (punishing)* Bestrafung *f*
punter ['pʌntə] *sb (UK: average person)* Otto Normalverbraucher *m*
purchase ['pɜːtʃəs] *v 1.* kaufen, erwerben; *sb 2.* Kauf *m,* Anschaffung *f,* Ankauf *m*
purchase account ['pɜːtʃəs əˈkaʊnt] *sb* Wareneingangskonto *n,* Einkaufskonto *n*
purchase against cash in advance ['pɜːtʃəs əˈgenst 'kæʃ ɪn ədˈvɑːns] *sb* Kauf gegen Vorauszahlung *m*
purchase agreement ['pɜːtʃəs əˈgriːmənt] *sb* Kaufvertrag *m*
purchase costs ['pɜːtʃəs kɒsts] *pl* Anschaffungskosten *pl*
purchase-money loan ['pɜːtʃəsˈmʌniː ləʊn] *sb* Restdarlehen *n*
purchase of accounts receivable ['pɜːtʃəs əv əˈkaʊnts rɪˈsiːvəbl] *sb* Forderungskauf *m*
purchase of foreign exchange for later sale ['pɜːtʃəs əv 'fɒrɪn ɪk'tʃeɪndʒ fɔː 'leɪtə 'seɪl] *sb* Devisenpensionsgeschäft *n*
purchase of securities ['pɜːtʃəs əv sɪˈkjʊərɪtiːz] *sb* Effektenkauf *m*
purchase on credit ['pɜːtʃəs ɒn 'kredɪt] *sb* Zielkauf *m*
purchase on the spot ['pɜːtʃəs ɒn ðə 'spɒt] *sb* Platzkauf *m*
purchase pattern ['pɜːtʃəs 'pætən] *sb* Kaufverhalten *n*
purchase price ['pɜːtʃəs praɪs] *sb* Kaufpreis *m*
purchase quantity ['pɜːtʃəs 'kwɒntɪtɪ] *sb* Abnahmemenge *f*
purchaser ['pɜːtʃəsə] *sb* Käufer(in) *m/f*
purchase right ['pɜːtʃəs raɪt] *sb* Ankaufsrecht *n*
purchase with delivery by instal(l)ments ['pɜːtʃəs wɪθ dɪ'lɪvərɪ baɪ ɪn'stɔːlmənts] *sb* Teillieferungskauf *m*
purchasing association ['pɜːtʃəsɪŋ əsəʊ-sɪˈeɪʃn] *sb* Einkaufsgemeinschaft *f*
purchasing cheque ['pɜːtʃəsɪŋ 'tʃek] *sb* Kaufscheck *m*

purchasing cooperative ['pɜːtʃəsɪŋ kəʊ-'ɒprətɪv] *sb* Einkaufsgenossenschaft *f*
purchasing costs ['pɜːtʃəsɪŋ kɒsts] *pl* Bezugskosten *pl*
purchasing credit ['pɜːtʃəsɪŋ 'kredɪt] *sb* Kaufkredit *m*
purchasing management ['pɜːtʃəsɪŋ 'mænɪdʒmənt] *sb* Beschaffungswesen *n*
purchasing pattern ['pɜːtʃəsɪŋ 'pætən] *sb* Kaufverhalten *n*
purchasing power ['pɜːtʃəsɪŋ 'paʊə] *sb* Kaufkraft *f*
purchasing power parity ['pɜːtʃəsɪŋ paʊə 'pærɪtɪ] *sb* Kaufkraftparität *f*
purchasing terms ['pɜːtʃəsɪŋ tɜːmz] *pl* Einkaufsbedingungen *f/pl*
pure endowment insurance ['pjʊər ɪn-'daʊmənt ɪn'sʊəræns] *sb* Erlebensfallversicherung *f*
purpose ['pɜːpəs] *adj on ~* absichtlich, mit Absicht
purpose-built [pɜːpəs'bɪlt] *adj* spezialgefertigt, Spezial...
pursuant [pə'sjuːənt] *adj ~ to* gemäß, laut
purveyor [pə'veɪə] *sb* Lieferant(in) *m/f*
push [pʊʃ] *v 1. (s.o.) (put pressure on)* drängen, antreiben; *2. (promote)* propagieren
pushing strategy ['pʊʃɪŋ 'strætɪdʒiː] *sb* Push-Strategie *f*
put and call [pʊt ænd 'kɔːl] *sb* Stellgeschäft *n*
put and call price [pʊt ænd 'kɔːl praɪs] *sb* Stellkurs *m*
put down [pʊt 'daʊn] *v irr 1. (a deposit)* machen; *2. (write down)* aufschreiben, notieren; *3. (on a form)* angeben
put in [pʊt 'ɪn] *v irr 1. ~ for sth* sich um etw bewerben; *2. (a claim, an application)* einreichen; *3. (time)* zubringen; *4. ~ an hour's work* eine Stunde arbeiten
put off [pʊt 'ɒf] *v irr 1. (postpone)* verschieben; *2. (a decision)* aufschieben; *3. put s.o. off (by making excuses)* jdn hinhalten
put through [pʊt 'θruː] *v irr (connect)* durchstellen
putting into the archives ['pʊtɪŋ ɪntu ðiː 'ɑːkaɪvs] *sb* Archivierung *f*
put together [pʊt tə'geðə] *v irr 1. (assemble)* zusammensetzen, zusammenbauen; *2. (a brochure)* zusammenstellen
put up [pʊt 'ʌp] *v irr put sth up for sale* etw zum Verkauf anbieten
pyramid selling ['pɪrəmɪd 'selɪŋ] *sb* Schneeballsystem *n,* Lawinensystem *n*

Q/R

qualification [kwɒlɪfɪ'keɪʃən] *sb 1. (suitable skill, suitable quality)* Qualifikation *f;* 2. *(UK: document)* Zeugnis *n*
qualified ['kwɒlɪfaɪd] *adj 1. (person)* qualifiziert, geeignet; 2. *(entitled)* berechtigt
qualifying period ['kwɒlɪfaɪɪŋ 'pɪərɪəd] *sb* Karenzzeit *f*
qualitative ['kwɒlɪtətɪv] *adj* qualitativ
qualitative growth ['kwɒlɪtətɪv 'grəʊθ] *sb* qualitatives Wachstum *n*
quality ['kwɒlɪtɪ] *sb* Qualität *f*
quality assurance ['kwɒlɪtɪ ə'sʊərəns] *sb* Qualitätssicherung *f*
quality circle ['kwɒlɪtɪ 'sɜːkl] *sb* Qualitätszirkel *m*
quality control ['kwɒlɪtɪ kən'trəʊl] *sb* Qualitätskontrolle *f*
quality engineer ['kwɒlɪtɪ endʒɪ'nɪə] *sb* Güteprüfer(in) *m/f*
quality label ['kwɒlɪtɪ 'leɪbl] *sb* Gütezeichen (Marketing) *n*
quality management ['kwɒlɪtɪ 'mænɪdʒmənt] *sb* Qualitätsüberwachung *f,* Qualitätssicherung *f*
quality of service ['kwɒlɪtɪ əv 'sɜːvɪs] *sb* Leistungsstandard *m*
quantify ['kwɒntɪfaɪ] *v* in Zahlen ausdrücken, quantifizieren
quantitative ['kwɒntɪtətɪv] *adj* quantitativ
quantitative tariff ['kwɒntɪtətɪv 'tærɪf] *sb* Mengenzoll *m*
quantity ['kwɒntɪtɪ] *sb 1.* Quantität *f;* 2. *(amount)* Menge *f*
quantity buyer ['kwɒntɪtɪ 'baɪə] *sb* Großabnehmer(in) *m/f*
quantity discount ['kwɒntɪtɪ 'dɪskaʊnt] *sb* Mengenrabatt *m*
quantity equation ['kwɒntɪtɪ ɪ'kweɪʒn] *sb* Quantitätsgleichung *f*
quantity production ['kwɒntɪtɪ prə'dʌkʃn] *sb* Massenproduktion *f,* Massenerzeugnis *n*
quantity surveyor ['kwɒntɪtɪ sə'veɪə] *sb* Aufmaßtechniker(in) *m/f*
quantity theory ['kwɒntɪtɪ 'θɪərɪ] *sb* Quantitätstheorie *f*
quantity unit ['kwɒntɪtɪ 'juːnɪt] *sb* Mengeneinheit *f*
quantity variance ['kwɒntɪtɪ 'veərɪəns] *sb* Mengenabweichung *f*

quart [kwɔːt] *sb (UK: 1.14 litres; US: 0.95 litres)* Quart *n*
quarter ['kwɔːtə] *sb 1. (of a year)* Quartal *n,* Vierteljahr *n;* 2. *(US: 25 cents)* 25-Centstück *n*
quarter day ['kwɔːtə deɪ] *sb* vierteljährlicher Zahltag *m*
quarter days ['kwɔːtə 'deɪz] *pl* Zinstage *m/pl*
quarterly ['kwɔːtəlɪ] *adj* Quartals...
quarterly invoice ['kwɔːtəlɪ 'ɪnvɔɪs] *sb* Quartalsrechnung *f*
quarterly report ['kwɔːtəlɪ rɪ'pɔːt] *sb* Quartalsbericht *m*
quarter under review ['kwɔːtə 'ʌndə rɪ'vjuː] *sb* Berichtsquartal *n*
quarter wage ['kwɔːtə weɪdʒ] *sb* Quartalsgehalt *n,* Vierteljahreszahlung *f*
quasi-equity capital [kweɪzaɪ'ekwɪtɪ 'kæpɪtl] *sb* verdecktes Stammkapital *n*
quasi money ['kweɪzaɪ 'mʌnɪ] *sb* Quasigeld *n,* Beinahegeld *n*
quasi monopoly ['kweɪzaɪ mə'nɒpəlɪ] *sb* Quasimonopol *n*
quasi rent ['kweɪzaɪ 'rent] *sb* Quasirente *f*
quay [kiː] *sb* Kai *m*
quayage ['kiːɪdʒ] *sb* Kaigebühren *f/pl*
questionnaire [kwestʃə'nɛə] *sb* Fragebogen *m*
queue [kjuː] *sb (Warte-)*Schlange *f*
queue up [kju: 'ʌp] *v* anstehen, Schlange stehen
quid [kwɪd] *sb (fam) (UK)* Pfund *n*
quit [kwɪt] *v irr (leave one's job)* kündigen
quittance ['kwɪtəns] *sb* Schuldenerlass *m*
quorum ['kwɔːrəm] *sb* Quorum *n*
quota ['kwəʊtə] *sb 1.* Quote *f;* 2. *(of goods)* Kontingent *n*
quota allocation ['kwəʊtə ælə'keɪʃən] *sb* Kontingentzuweisung *f*
quota ceiling ['kwəʊtə 'siːlɪŋ] *sb* Höchstkontingent *n*
quota system ['kwəʊtə 'sɪstəm] *sb* Quotensystem *n*
quotation [kwəʊ'teɪʃən] *sb 1. (price ~)* Kostenvoranschlag *m,* Preisangabe *f;* 2. *(stock ~)* Börsennotierung *f,* Kursanzeige *f,* Quotation *f*
quotation ex dividend [kwəʊ'teɪʃən eks 'dɪvɪdənd] *sb* Dividendenabschlag *m*

quotation of prices [kwəʊ'teɪʃən əv 'praɪsɪz] sb Kursnotierung f
quotation on the stock exchange [kwəʊ'teɪʃən ɒn ðə 'stɒk ɪks'tʃteɪndʒ] sb Börsenkurs m
quotation on the unofficial market [kwəʊ'teɪʃən ɒn ðiː 'ʌnəfɪʃl 'mɑːkɪt] sb Kulissenwert m
quota transactions ['kwəʊtə træn'zækʃnz] pl Quotenhandel m
quota wage ['kwəʊtə 'weɪdʒ] sb Pensumlohn m
quote [kwəʊt] v 1. (a price) nennen; 2. (at the stock exchange) notieren
quote at par [kwəʊt ət pɑː] v zum Nennwert notieren
quote clean [kwəʊt kliːn] v ex Dividende notieren
quoted securities ['kwəʊtɪd sɪ'kjʊərɪtiz] pl börsengängige Wertpapiere n/pl
quotient ['kwəʊʃənt] sb Quotient m
rack jobbing ['ræk dʒɒbɪŋ] sb 1. Streckengeschäft n; 2. Regalbestückung f
radio advertising ['reɪdiəʊ 'ædvətaɪzɪŋ] sb Rundfunkwerbung f
rail freight [reɪl freɪt] sb Bahnfracht f
railroad ['reɪlrəʊd] sb (US) Eisenbahn f, Bahn f
railway ['reɪlweɪ] sb Eisenbahn f, Bahn f
railway advice ['reɪlweɪ əd'vaɪs] sb Eisenbahnavis m/n
railway tariff ['reɪlweɪ 'tærɪf] sb Eisenbahntarif m
raise [reɪz] v 1. (salary, price) erhöhen, anheben; 2. (gather money) aufbringen, auftreiben; 3. (an objection) erheben; ~ one's voice against sth seine Stimme gegen etw erheben; sb 4. (in salary) Gehaltserhöhung f; (in wages) Lohnerhöhung f
raising of credits ['reɪzɪŋ əv 'kredɪts] sb Kreditaufnahme f
raising of the bank rate ['reɪzɪŋ əv ðə bæŋk reɪt] sb Leitzinserhöhung f
rally ['rælɪ] sb Markterholung f, Kurserholung f
RAM [ræm] sb (random access memory) RAM n
ramp [ræmp] sb 1. Rampe f; 2. (for loading) Laderampe f
random test ['rændəm test] sb Stichprobe f
range [reɪndʒ] sb 1. (distance) Entfernung f; at close ~ auf kurze Entfernung; 2. (selection) Reihe f, Auswahl f, Sortiment n

range of products ['reɪndʒ əv 'prɒdʌkts] sb Produktpalette f
rank [ræŋk] sb (status) Stand m, Rang m
ranking ['ræŋkɪŋ] sb Rangfolge f, Rangeinteilung f
rapid money transfer ['ræpɪd 'mʌnɪ 'trænsfɜː] sb Eilüberweisung f
rate [reɪt] v 1. (estimate the worth of) schätzen, einschätzen; sb 2. Rate f, Ziffer f; 3. at the ~ of im Verhältnis von; 4. at any ~ jedenfalls; 5. (speed) Tempo n; 6. (UK: local tax) Gemeindesteuer f; 7. (stock exchange) Satz m; 8. (fixed charge) Tarif m
rateable ['reɪtəbl] adj steuerpflichtig, zu versteuern
rate for foreign notes and coins ['reɪt fɔː 'fɒrɪn 'nəʊts ænd 'kɔɪnz] sb Sortenkurs m
rate of activity [reɪt əv æk'tɪvətɪ] sb Beschäftigungsgrad m
rate of contribution [reɪt əv kɒntrɪ'bjuːʃən] sb Beitragssatz m
rate of conversion ['reɪt əv kən'vɜːʃən] sb Umrechnungskurs m
rate of discount [reɪt əv 'dɪskaʊnt] sb Diskontsatz m
rate of exchange ['reɪt əv ɪks'tʃeɪndʒ] sb Umrechnungskurs m
rate of flow ['reɪt əv 'fləʊ] sb Stromgröße f
rate of growth ['reɪt əv grəʊθ] sb Wachstumsrate f
rate of inflation ['reɪt əv ɪn'fleɪʃən] sb Inflationsrate f
rate of interest [reɪt əv 'ɪntrest] sb Zinssatz m, Zins m
rate of inventory turnover ['reɪt əv ɪn'ventərɪ 'tɜːnəʊvə] sb Umschlagshäufigkeit eines Lagers f
rate of issue ['reɪt əv 'ɪʃuː] sb Emissionskurs m
rate of return [reɪt əv rɪ'tɜːn] sb Verzinsung f, Rendite f
rate of taxation [reɪt əv tæk'seɪʃən] sb Steuersatz m
ratification [rætɪfɪ'keɪʃən] sb Ratifikation f
rating ['reɪtɪŋ] sb 1. (assessment) Schätzung f; 2. (category) Klasse f
ratio ['reɪʃiəʊ] sb Verhältnis n
rational buying ['ræʃənəl 'baɪɪŋ] sb Rationalkauf m
rationalisation [ræʃnəlaɪ'zeɪʃən] sb Rationalisierung f
rationalization investment [ræʃnəlaɪ'zeɪʃən ɪn'vestmənt] sb Rationalisierungsinvestition f

rationalization profit [ˌræʃnəlaɪˈzeɪʃən ˈprɒfɪt] *sb* Rationalisierungsgewinn *m*
rationing [ˈræʃənɪŋ] *sb* Rationierung *f*
raw material [rɔː məˈtɪərɪəl] *sb* Rohstoff *m*
raw material funds [rɔː məˈtɪərɪəl fʌnds] *pl* Rohstoff-Fonds *m*
raw material shortage [rɔː məˈtɪərɪəl ˈʃɔːtɪdʒ] *sb* Rohstoffknappheit *f*
re [riː] *(on a letter)* betrifft
reach [riːtʃ] *v (a conclusion, an agreement)* kommen zu, gelangen zu, erreichen
readily [ˈredɪlɪ] *adv 1.* bereitwillig; *2. (easily)* leicht
readiness to operate [ˈredɪnəs tu ˈɒpəreɪt] *sb (Produktion)* Leistungsbereitschaft *f*
readjust [riːəˈdʒʌst] *v (~ sth)* anpassen, angleichen
readjustment [riːəˈdʒʌstmənt] *sb* Anpassung *f*, Angleichung *f*
ready [ˈredɪ] *adj 1.* bereit, fertig; *2. (finished)* fertig
ready for collection [ˈredɪ fɔː kəˈlekʃən] *adv* abholbereit
ready for dispatch [ˈredɪ fɔː dɪˈspætʃ] *adv* versandbereit
ready-made [redɪˈmeɪd] *adj* gebrauchsfertig, fertig
ready money [ˈredɪ ˈmʌnɪ] *sb* Bargeld *n*, jederzeit verfügbares Geld *n*
ready-to-wear [redɪtuˈwɛə] *adj* Konfektions...
real account [rɪəl əˈkaʊnt] *sb* Bestandskonto *n*
real balance effect [rɪəl ˈbæləns ɪˈfekt] *sb* Vermögenseffekten *pl*, Vermögenseinkommen *n*
real capital [rɪəl ˈkæpɪtl] *sb (Volkswirtschaft)* Realkapital *n*, Sachkapital *n*
real estate [ˈrɪəl ɪˈsteɪt] *sb* Immobilien *f/pl*, Grundstück *n*
real estate agent [ˈrɪəl ɪˈsteɪt ˈeɪdʒənt] *sb* Immobilienmakler *m*
real estate credit [ˈrɪəl ɪˈsteɪt ˈkredɪt] *sb* Grundkredit *m*, Immobiliarkredit *m*
real estate credit institution [ˈrɪəl ɪˈsteɪt ˈkredɪt ɪnstɪˈtjuːʃn] *sb* Realkreditinstitut *n*
real estate fund [ˈrɪəl ɪˈsteɪt fʌnd] *sb* Immobilienfonds *m*
real estate leasing [ˈrɪəl ɪˈsteɪt liːsɪŋ] *sb* Immobilien-Leasing *n*
real estate property [ˈrɪəl ɪˈsteɪt ˈprɒpətɪ] *sb* Immobilienbesitz *m*, Betongold *n (fam)*
realign [riːəˈlaɪn] *v* neu festsetzen

realignment of parities [rɪˈəleɪnmənt əv ˈpærɪtiːz] *sb* Realignment *n*
real income [rɪəl ˈɪnkʌm] *sb* Realeinkommen *n*
real indebtedness [rɪəl ɪnˈdetɪdnɪs] *sb* effektive Verschuldung *f*
real interest [rɪəl ˈɪntrəst] *sb* Realzins *m*
real investment [rɪəl ɪnvestmənt] *sb* Realinvestition *f*
realization [rɪəlaɪˈzeɪʃən] *sb (of assets)* Realisation *f*, Flüssigmachen *n*
realization loss [rɪəlaɪˈzeɪʃən lɒs] *sb* Veräußerungsverlust *m*
realization of assets [rɪəlaɪˈzeɪʃən əv ˈæsets] *sb* Veräußerung von Anlagewerten *f*
realization of pledge [rɪəlaɪˈzeɪʃən əv ˈpledʒ] *sb* Pfandverwertung *f*
realization profit [rɪəlaɪˈzeɪʃən ˈprɒfɪt] *sb* Liquidationsüberschuss *m*
realize [ˈrɪəlaɪz] *v 1. (achieve)* verwirklichen; *2. (assets)* realisieren, verflüssigen
real property [rɪəl ˈprɒpətɪ] *sb* Grundvermögen *n*
real rate of interest [rɪəl ˈreɪt əv ˈɪntrest] *sb* Realzins *m*
real right [rɪəl raɪt] *sb* dingliches Recht *n*
real security [rɪəl sɪˈkjʊərɪtɪ] *sb* dingliche Sicherung *f*
realtor [ˈrɪəltə] *sb* Immobilienmakler *m*
realty [ˈrɪəltɪ] *sb* Immobilien *f/pl*
real value [rɪəl ˈvæljuː] *sb* Substanzwert *m*, Sachwert *m*
real wages [rɪəl ˈweɪdʒɪz] *pl* Reallohn *m*
real wealth [rɪəl welθ] *sb* Realvermögen *n*
re-apply [riːəˈplaɪ] *v* neu beantragen
reappraisal [riːəˈpreɪzl] *sb* Neubewertung *f*, Neuschätzung *f*
rearrange [riːəˈreɪndʒ] *v* neu anordnen
rearrangement of holdings [riːəˈreɪndʒmənt əv ˈhəʊldɪŋz] *sb* Beteiligungsumschichtung *f*
reasonable [ˈriːznəbəl] *adj 1. (sensible)* vernünftig; *2. (price)* angemessen; *3. (in price)* preiswert
reasoning [ˈriːznɪŋ] *sb* Argumentation *f*
reassemble [riːəˈsembl] *v (put back together)* wieder zusammenbauen
reassign [riːəˈsaɪn] *v (s.o.)* versetzen
rebate [ˈriːbeɪt] *sb 1. (money back)* Rückvergütung *f*, Rückzahlung *f*; *2. (discount)* Rabatt *m*

rebuke [rɪ'bjuːk] *v 1.* rügen; *sb 2.* Rüge *f*
recall [rɪ'kɔːl] *sb 1.* Rückruf *m; 2. (withdrawal)* Zurücknahme *f; 3. (of capital)* Aufkündigung *f*
receipt [rɪ'siːt] *sb 1.* Eingang *m,* Erhalt *m,* Quittung *f,* Beleg *m; 2. ~s pl* Einnahmen *f/pl*
receipt of money [rɪ'siːt əv 'mʌnɪ] *sb* Geldeingang *m*
receive [rɪ'siːv] *v 1.* bekommen, erhalten; *2. (take delivery of)* empfangen; *3. (welcome)* empfangen
receiver [rɪ'siːvə] *sb 1.* Empfänger *m; 2. (of the phone)* Hörer *m; 3. (in bankruptcy)* Konkursverwalter *m*
receivership [rɪ'siːvəʃɪp] *sb* Konkursverwaltung *f;* go into ~ in Konkurs gehen
reception [rɪ'sepʃən] *sb* Empfang *m*
receptionist [rɪ'sepʃənɪst] *sb* Empfangssekretär(in) *m/f*
reception room [rɪ'sepʃən ruːm] *sb* Empfangsraum *m*
recession [rɪ'seʃən] *sb* Rezession *f,* Konjunkturrückgang *m*
recessionary [rɪ'seʃənərɪ] *adj* Rezessions...
recessive [rɪ'sesɪv] *adj* rezessiv
recipient [rɪ'sɪpɪənt] *sb* Empfänger(in) *m/f*
reciprocal [rɪ'sɪprəkəl] *adj* gegenseitig, wechselseitig, reziprok
reciprocal contract [rɪ'sɪprəkəl 'kɒntrækt] *sb* gegenseitiger Vertrag *m*
reciprocity [resɪ'prɒsɪtɪ] *sb* Gegenseitigkeit *f,* Wechselseitigkeit *f,* Reziprozität *f*
recision [rɪ'sɪʒən] *sb* Stornierung *f,* Streichung *f,* Entwertung *f*
reckon ['rekən] *v 1. (calculate)* rechnen; *2. (calculate sth)* berechnen, errechnen; *3. (estimate)* schätzen
reclaim [rɪ'kleɪm] *v* zurückfordern
reclamation [reklə'meɪʃən] *sb (demanding back)* Zurückforderung *f,* Rückforderung *f*
recognizance [rɪ'kɒgnɪzəns] *sb* schriftliche Verpflichtung *f*
recommend [rekə'mend] *v 1.* empfehlen; *2. She has much to ~ her.* Es spricht sehr viel für sie.
recommendable [rekə'mendəbl] *adj* empfehlenswert
recommendation [rekəmen'deɪʃən] *sb 1.* Empfehlung *f; 2. (letter of ~)* Empfehlungsschreiben *n*
recompense ['rekəmpens] *sb 1. (repayment)* Entschädigung *f; 2. (reward)* Belohnung *f*

reconciliation of accounts [rekənsɪlɪ'eɪʃən əv ə'kaʊnts] *sb* Kontenabstimmung *f*
recondition [riːkən'dɪʃən] *v* generalüberholen
reconsider [riːkən'sɪdə] *v* nochmals überlegen; *He has ~ed his decision.* Er hat es sich anders überlegt.
reconsideration [riːkənsɪdə'reɪʃən] *sb* erneute Betrachtung *f,* Überdenken *n,* Revision *f*
reconstruction [riːkən'strʌkʃn] *sb* Sanierung *f*
record [rɪ'kɔːd] *v 1. (write down)* aufzeichnen; *(register)* eintragen; *2. by ~ed delivery (UK)* per Einschreiben; *3. (keep minutes of)* protokollieren; ['rekɔːd] *sb 4. (account)* Aufzeichnung *f; 5. (of a meeting)* Protokoll *n; on the ~* offiziell; *off the ~* nicht für die Öffentlichkeit bestimmt; *6. (official document)* Unterlage *f,* Akte *f*
record of success ['rekɔːd əv sək'ses] *sb* Erfolgsbilanz *f*
recourse [rɪ'kɔːs] *sb* Regress *m,* Rückgriff *m*
recoverable [rɪ'kʌvərəbl] *adj 1. (damages)* ersetzbar; *2. (deposit)* rückzahlbar
recovery [rɪ'kʌvərɪ] *sb 1.* Aufschwung *m,* Erholung *f; 2. economic ~* Konjunkturaufschwung *m*
recovery of damages [rɪ'kʌvərɪ əv 'dæmɪdʒɪz] *sb* Schadensersatz *m*
recruit [rɪ'kruːt] *v (members)* werben, anwerben, gewinnen
recruitment [rɪ'kruːtmənt] *sb* Anwerbung *f,* Werbung *f*
rectification defects [rektɪfɪ'keɪʃn 'diːfekts] *pl* Nachbesserung *f*
rectify ['rektɪfaɪ] *v* berichtigen, korrigieren
recyclable [riː'saɪkləbl] *adj* wieder verwertbar, recycelbar
recycle [riː'saɪkl] *v* wieder verwerten, recyceln
recycling [riː'saɪklɪŋ] *sb* Recycling *n,* Wiederverwertung *f*
recycling exchange [riː'saɪklɪŋ ɪks'tʃeɪndʒ] *sb* Abfallbörse *f*
red tape [red teɪp] *sb 1. (fig)* Amtsschimmel *m; 2. (paperwork)* Papierkrieg *m*
redeem [rɪ'diːm] *v 1. (a coupon)* einlösen; *2. (a mortgage)* abzahlen; *3. (a pawned object)* auslösen
redeemable [rɪ'diːməbl] *adj* kündbar

redemption [rɪ'dempʃn] *sb* Tilgung *f,* Abzahlung *f*
redemption account [rɪ'dempʃn ə'kaʊnt] *sb* Amortisierungskonto *n,* Tilgungskonto *n*
redemption guarantee [rɪ'dempʃn gærən'tiː] *sb* Rücknahmegarantie *f*
redemption fund [rɪ'dempʃn 'fʌnd] *sb* Tilgungsfonds *m*
redemption in arrears [rɪ'dempʃn ɪn ə'rɪəs] *sb* Tilgungsrückstände *m/pl*
redemption loan [rɪ'dempʃn 'ləʊn] *sb* Ablösungsanleihe *f,* Tilgungsanleihe *f*
redemption premium [rɪ'dempʃn 'priːmɪəm] *sb* Tilgungsprämie *f*
redemption sum [rɪ'dempʃn sʌm] *sb* Ablösesumme *f*
redemption value [rɪ'dempʃn 'væljuː] *sb* Rückkaufswert *m*
redemption yield [rɪ'dempʃn jiːld] *sb* Effektivverzinsung *f*
redirect [riːdaɪ'rekt] *v (forward)* nachsenden, nachschicken
rediscount ['riːdɪskaʊnt] *sb 1.* Rediskont *m,* Rediskontierung *f; 2. v* rediskontieren
reduce [rɪ'djuːs] *v 1. (a price, standards)* herabsetzen; *2. (expenses)* kürzen
reduced tariffs [rɪ'djuːst 'tærɪfs] *pl* ermäßigte Tarife *m/pl*
reduction [rɪ'dʌkʃən] *sb 1.* Verminderung *f,* Reduzierung *f; 2. (of prices)* Herabsetzung *f*
reduction for cash [rɪ'dʌkʃən fɔː kæʃ] *sb* Barzahlungsrabatt *m*
reduction of interest [rɪ'dʌkʃən əv 'ɪntrest] *sb* Zinssenkung *f*
reduction of liquidity [rɪ'dʌkʃən əv lɪ'kwɪdətɪ] *sb* Liquiditätsabschöpfung *f*
reduction of staff [rɪ'dʌkʃən əv stɑːf] *sb* Personalabbau *m*
reduction of the bank rate [rɪ'dʌkʃən əv ðə bæŋk reɪt] *sb* Diskontsenkung *f*
reduction of the interest rate [rɪ'dʌkʃən əv ðiː 'ɪntrest reɪt] *sb* Zinssenkung *f*
reduction of the share capital [rɪ'dʌkʃən əv ðə ʃɛə 'kæpɪtl] *sb* Herabsetzung des Grundkapitals *f*
reduction of the workforce [rɪ'dʌkʃən əv ðe 'wɜːkfɔːs] *sb* Personalabbau *m*
reduction of working hours [rɪ'dʌkʃən əv 'wɜːkɪŋ 'aʊəz] *sb* Arbeitszeitverkürzung *f*
redundancy [rɪ'dʌndənsɪ] *sb* Redundanz *f*
redundant [rɪ'dʌndənt] *adj 1.* überflüssig; *2. (UK: worker)* arbeitslos
re-export [riːek'spɔːt] *v* reexportieren, wieder ausführen

reexportation [riːekspɔː'teɪʃən] *sb* Wiederausfuhr *f*
refer [rɪ'fɜː] *v 1. ~ s.o. to s.o.* jdn an jdn verweisen; *2. (regard)* sich beziehen auf; *3. (rule)* gelten für; *4. (consult a book)* nachschauen in
referee [refə'riː] *sb (UK: person giving a reference)* Referenzgeber *m*
reference ['refrəns] *sb 1. (testimonial)* Referenz *f,* Zeugnis *n; 2. (US: person giving a ~)* Referenz *f; 3. with ~ to ... was ... betrifft; 4. (in a business letter)* bezüglich
reference base ['refrəns beɪs] *sb* Bezugsbasis *f*
reference book ['refrəns bʊk] *sb* Nachschlagewerk *n*
reference rate ['refrəns reɪt] *sb* Richtkurs *m*
reference year ['refrəns jɪə] *sb* Vergleichsjahr *n*
referring to [rɪ'fɜːrɪŋ tuː] *adv* Bezug nehmend, mit Bezug auf
refinancing [rɪfaɪ'nænsɪŋ] *sb* Refinanzierung *f,* Umfinanzierung *f*
refinancing policy [rɪfaɪ'nænsɪŋ 'pɒlɪsɪ] *sb* Refinanzierungspolitik *f*
refinery [rɪ'faɪnərɪ] *sb* Raffinerie *f*
reflate [riː'fleɪt] *v* ankurbeln
reflation [riː'fleɪʃən] *sb* Reflation *f,* Ankurbelung der Konjunktur *f*
reflux ['riːflʌks] *sb* Rückfluss *m*
reform [rɪ'fɔːm] *v 1. (sth)* reformieren; *sb 2.* Reform *f*
refrain [rɪ'freɪn] *v ~ from* Abstand nehmen von, absehen von, sich enthalten
refund [rɪ'fʌnd] *v 1.* zurückzahlen, zurückerstatten; *2. (expenses)* erstatten; ['riːfʌnd] *sb 3.* Rückzahlung *f,* Rückerstattung *f*
refunding [riː'fʌndɪŋ] *sb 1.* Umschuldung *f,* Refundierung *f; 2.* Rückerstattung *f*
refund of tax ['riːfʌnd əv tæks] *sb* Steuerrückerstattung *f*
refurbish [riː'fɜːbɪʃ] *v* renovieren
refusal [rɪ'fjuːzəl] *sb* Ablehnung *f; have first ~ of sth* etw als Erster angeboten bekommen
refusal of delivery [rɪ'fjuːzəl əv dɪ'lɪvərɪ] *sb* Annahmeverweigerung *f*
refusal of pay [rɪ'fjuːzəl əv peɪ] *sb* Zahlungsverweigerung *f*
regional authority [riːdʒənl ɔː'θɒrɪtɪ] *sb* Gebietskörperschaft *f*
regional bank ['riːdʒənl 'bæŋk] *sb* Landesbank *f,* Regionalbank *f*
regional planning ['riːdʒənl 'plænɪŋ] *sb* Raumplanung *f*

regional policy ['riːdʒənl 'pɒlɪsɪ] *sb* Raumordnung *f*
regional promotion ['riːdʒənl prə'məʊʃn] *sb* Regionalförderung *f*
regional stock exchange ['riːdʒənl 'stɒk ɪks'tʃeɪndʒ] *sb* Provinzbörse *f*
register ['redʒɪstə] *v 1.* sich anmelden; *2. (for classes)* sich einschreiben; *3. (sth)* registrieren; *4. (a trademark)* anmelden, eintragen lassen; *5. (a letter)* als Einschreiben aufgeben; *6. (in files)* eintragen; *7. (a statistic)* erfassen, *sb 8.* Register *n*
registered ['redʒɪstəd] *adj* eingetragen
registered association ['redʒɪstəd əsəʊsɪ'eɪʃn] *sb* eingetragener Verein (e.V.) *m*
registered letter ['redʒɪstəd 'letə] *sb* Einschreibebrief *m*
registered post ['redʒɪstəd pəʊst] *sb 1.* eingeschriebene Sendung *f; 2. by ~* per Einschreiben
registered securities ['redʒɪstəd sɪ'kjʊərɪtiz] *pl* Namenspapier *n*
registered share ['redʒɪstəd ʃɛə] *sb* Namensaktie *f*
registered trader ['redʒɪstəd 'treɪdə] *sb* Vollkaufmann *m*
register office ['redʒɪstər 'ɒfɪs] *sb* Handelsregisteramt *n*
register of land titles ['redʒɪstər əv 'lænd taɪtlz] *sb* Grundbuch *n*
register of ships ['redʒɪstər əv ʃɪps] *sb* Schiffsregister *n*
registration [redʒɪ'streɪʃən] *sb 1.* Anmeldung *f; 2. (by authorities)* Registrierung *f; 3. (of a trademark)* Einschreibung *f; 4. vehicle ~* Kraftfahrzeugbrief *m*
registration document [redʒɪ'streɪʃən 'dɒkjʊmənt] *sb* Kraftfahrzeugbrief *m*
registration form [redʒɪ'streɪʃən fɔːm] *sb* Anmeldeformular *n*
registration in the Commercial Register [redʒɪ'streɪʃən ɪn ðə kɒ'mɜːʃl 'redʒɪstə] *sb* Eintragung im Handelsregister *f*
registration number [redʒɪ'streɪʃən 'nʌmbə] *sb (of a car)* Kennzeichen *n*
registration of a title [redʒɪ'streɪʃən əv ə 'taɪtl] *sb* Grundbucheintragung *f*
registration statement [redʒɪ'streɪʃən 'steɪtmənt] *sb* Gründungsbilanz *f*
regress [rɪ'gres] *v* sich rückläufig entwickeln
regression [rɪ'greʃn] *sb* Regression *f*
regressive [rɪ'gresɪv] *adj* regressiv, rückläufig
regular ['regjʊlə] *adj* ordnungsgemäß

regular customer ['regjʊlə 'kʌstəmə] *sb* Stammkunde *m*
regularity [regjʊ'lærɪtɪ] *sb* Regelmäßigkeit *f*
regular meeting ['regjʊlə 'miːtɪŋ] *sb* ordentliche Versammlung *f*
regulate ['regjʊleɪt] *v* regulieren, regeln
regulation [regjʊ'leɪʃən] *sb 1.* Regulierung *f; 2. (rule)* Vorschrift *f; adj 3.* vorschriftsmäßig, vorgeschrieben
rehabilitation [riːhəbɪlɪ'teɪʃn] *sb* Rehabilitation *f*
reimburse [riːɪm'bɜːs] *v 1. (s.o.)* entschädigen; *2. (costs)* zurückerstatten, ersetzen
reimbursement [riːɪm'bɜːsmənt] *sb* Entschädigung *f,* Erstattung *f,* Rückerstattung *f,* Ersatz *m*
reimport [riːɪm'pɔːt] *v* reimportieren, wieder einführen
reimportation [riːɪmpɔː'teɪʃən] *sb* Reimport *m*
reinforce [riːɪn'fɔːs] *v 1.* verstärken; *2. (a statement, an opinion)* bestätigen
reinstatement of original values [riːɪn'steɪtmənt əv ə'rɪdʒɪnəl 'væljʊz] *sb* Wertaufholung *f*
reinsurance [riːɪn'ʃʊərəns] *sb* Rückversicherung *f*
reinsure [riːɪn'ʃʊə] *v* rückversichern
reinvestment [riːɪn'vestmənt] *sb* Reinvestition *f,* Wiederanlage *f*
reinvestment of discount [riːɪn'vestmənt əv 'dɪskaʊnt] *sb* Wiederanlagerabatt *m*
reject [rɪ'dʒekt] *v 1.* ablehnen; *2. (a possibility, a judgment)* verwerfen; *3. (by a machine)* zurückweisen, nicht annehmen
reject rate ['riːdʒekt reɪt] *sb* Ausschussquote *f*
rejection [rɪ'dʒekʃən] *sb* Ablehnung *f,* Verwerfung *f,* Zurückweisung *f*
relationship management [rɪ'leɪʃənʃɪp 'mænɪdʒmənt] *sb* Kundenbetreuung *f*
relaunch ['riːlɔːntʃ] *sb* Wiedereinführung *f*
release [rɪ'liːs] *v 1. (a new product)* herausbringen; *2. (news, a statement)* veröffentlichen; *sb 3. (of a new product)* Neuerscheinung *f; 4. (press ~)* Verlautbarung *f*
release from liability [rɪ'liːs frɒm laɪə'bɪlətɪ] *sb* Haftungsfreistellung *f*
release of funds [rɪ'liːs əv fʌndz] *sb* Mittelfreigabe *f*
reliability [rɪlaɪə'bɪlɪtɪ] *sb (of a company)* Vertrauenswürdigkeit *f*
reliable [rɪ'laɪəbl] *adj 1.* zuverlässig; *2. (company)* vertrauenswürdig
relocate [riːləʊ'keɪt] *v 1.* umziehen; *2. (sth)* verlegen

relocation [riːləʊ'keɪʃən] *sb* Umzug *m*
relocation costs [riːləʊ'keɪʃən kɒsts] *pl* Umzugskosten *pl*
remainder [rɪ'meɪndə] *sb 1.* Rest *m; 2.* ~s *pl* Restbestände *m/pl*
remaining life expectancy [rɪ'meɪnɪŋ laɪf ɪks'pektənsɪ] *sb* Restnutzungsdauer *f*
remaining stock [rɪ'meɪnɪŋ stɒk] *sb* Restposten *m*
reminder [rɪ'maɪndə] *sb (letter of ~)* Mahnung *f*, Mahnbrief *m*
remission [rɪ'mɪʃən] *sb* (of a sentence) Straferlass *m*
remit [rɪ'mɪt] *v 1.* überweisen, anweisen; *2. (debts)* erlassen
remittal [rɪ'mɪtl] *sb (money)* Überweisung *f*
remittance [rɪ'mɪtəns] *sb* Rimesse *f*, Überweisung *f*
remittance slip [rɪ'mɪtəns slɪp] *sb* Überweisungsträger *m*
remittent [rɪ'mɪtnt] *adj* remittierend
remote control [rɪ'məʊt kən'trəʊl] *sb* Fernsteuerung *f*
removal [rɪ'muːvəl] *sb (UK: move from a house)* Umzug *m*
remunerable [rɪ'mjuːnərəbl] *adj* zu bezahlen, zu vergüten
remunerate [rɪ'mjuːnəreɪt] *v 1. (pay)* bezahlen; *2. (reward)* belohnen
remuneration [rɪmjuːmə'reɪʃn] *sb 1.* Arbeitsentgelt *n*, Entgeld *n*, Vergütung *f*, Bezahlung *f; 2. (reward)* Belohnung *f*
remuneration in kind [rɪmjuːnə'reɪʃn ɪn kaɪnd] *sb* Sachbezüge *pl*
remuneration package [rɪmjʊmə'reɪʃən 'pækɪdʒ] *sb* Gesamtbezüge *pl*
remunerativ [rɪ'mjʊmərətɪv] *adj* einträglich, lukrativ
render ['rendə] *v* leisten, erbringen
rendering of account ['rendərɪŋ əv ə'kaʊnt] *sb* Rechenschaft *f*, Rechenschaftslegung *f*
renew [rɪ'njuː] *v* erneuern
renewal charge [rɪ'njuːəl tʃɑːdʒ] *sb* Prolongationsgebühr *f*
renewal coupon [rɪ'njuːəl 'kuːpɒn] *sb* Stichkupon *m*
renewal funds [rɪ'njuːəl 'fʌnds] *pl* Erneuerungsrücklagen *f/pl*
renewal order [rɪ'njuːəl 'ɔːdə] *sb* Anschlussauftrag *m*
renewal rate [rɪ'njuːəl 'reɪt] *sb* Prolongationssatz *m*
renewal reserve [rɪ'njuːəl rɪ'zɜːv] *sb* Erneuerungsfonds *m*

renovate ['renəveɪt] *v* renovieren
renovation [renə'veɪʃən] *sb* Renovierung *f*
rent [rent] *v 1.* mieten, *(a building)* pachten, *(a machine)* leihen; *2. (~ out)* vermieten, *(a building)* verpachten, *(a machine)* verleihen; *sb 3.* Miete *f*, Pacht *f; 4. for ~ (US)* zu vermieten
rentability [rentə'bɪlɪtɪ] *sb* Rentabilität *f*
rentable ['rentəbl] *adj* zu vermieten
rental ['rentəl] *sb 1.* Miete *f; 2. (for a machine, for a car)* Leihgebühr *f; 3. (for land)* Pacht *f; 4. (rented item)* Leihgerät *n*
rental car [rentəl 'kɑː] *sb* Mietwagen *m*
rental tariff ['rentəl 'tærɪf] *sb* Mietzins *m*
rent control [rent kən'trəʊl] *sb* Mietpreisbindung *f*
renter ['rentə] *sb* Mieter(in) *m/f*, Pächter(in) *m/f*
rent-free [rent'friː] *adj* mietfrei
renunciation [rɪnʌnsɪ'eɪʃən] *sb* Verzichtserklärung *f*, Verzicht *m*
reopen [riː'əʊpən] *v 1. (sth)* wieder eröffnen; *2. (negotiations, a case)* wieder aufnehmen
reorder [riː'ɔːdə] *v 1.* nachbestellen, neu bestellen; *sb 2.* Nachbestellung *f*
reorder system [riː'ɔːdə 'sɪstəm] *sb* Bestellsystem *n*
reorganization [rɪɔːgənaɪ'zeɪʃn] *sb* Reorganisation *f*, Umgründung *f*
reorganize [riː'ɔːgənaɪz] *v* neu organisieren, umorganisieren
re-pack [riː'pæk] *v* umpacken
repair [rɪ'pɛə] *v 1.* reparieren; *sb 2.* Reparatur *f*, Ausbesserung *f; 3. damaged beyond ~* nicht mehr zu reparieren; *4. to be in good ~* in gutem Zustand sein
repairable [rɪ'pɛərəbl] *adj* zu reparieren, reparabel
repairman [rɪ'pɛəmæn] *sb* Handwerker *m*
reparable ['repərəbl] *adj* reparabel, wieder gutzumachen
reparation [repə'reɪʃn] *sb 1.* Reparation *f*, Wiedergutmachung *f; 2. (for damage)* Entschädigung *f*
repartition [riːpɑː'tɪʃən] *sb* (Gewinn-) Verteilung *f*
repay [riː'peɪ] *v irr 1. (a debt)* abzahlen; *2. (expenses)* erstatten; *3. (fig: a visit)* erwidern
repayable [riː'peɪəbl] *adj* rückzahlbar
repayment [riː'peɪmənt] *sb* Rückzahlung *f*, Abzahlung *f*, Rückerstattung *f*
repayment account [riː'peɪmənt ə'kaʊnt] *sb* Tilgungskonto *n*
repayment by instalments [riː'peɪmənt baɪ ɪn'stɔːlmənts] *sb* Rückzahlung in Raten *f*

repayment extension [riː'peɪmənt ɪks-'tenʃn] *sb* Tilgungsstreckung *f*
repayment in cash [riː'peɪmənt ɪn kæʃ] *sb* Barablösung *f*
repeat order [rɪ'piːt 'ɔːdə] *sb* Nachbestellung *f*
replace [rɪ'pleɪs] *v 1. (substitute for)* ersetzen; *2. (put back)* zurücksetzen, zurückstellen; *3. ~ the receiver* den Hörer auflegen; *4. (parts)* austauschen, ersetzen
replaceable [rɪ'pleɪsəbl] *adj 1.* ersetzbar; *2. (part)* auswechselbar
replacement [rɪ'pleɪsmənt] *sb 1.* Ersatz *m,* Wiederbeschaffung *f; 2. ~ part* Ersatzteil *n; 3. (person: temporary)* Stellvertreter *m*
replacement delivery [rɪ'pleɪsmənt dɪ'lɪvərɪ] *sb* Ersatzlieferung *f*
replacement funds [rɪ'pleɪsmənt fʌnds] *pl* Erneuerungsrücklagen *f/pl*
replacement investment [rɪ'pleɪsmənt ɪn'vestmənt] *sb* Erhaltungsinvestition *f*
replacement of capital assets [rɪ'pleɪsmənt əv 'kæpɪtl 'æsɪts] *sb* Ersatzinvestition *f*
replacement share certificate [rɪ'pleɪsmənt 'ʃeə sɛ'tɪfɪkət] *sb* Ersatzaktie *f*
replacement value [rɪ'pleɪsmənt 'væljuː] *sb* Erneuerungswert *m,* Wiederbeschaffungswert *m*
replica ['replɪkə] *sb* Kopie *f*
replicate ['replɪkeɪt] *v (reproduce)* nachahmen, nachbilden
replication [replɪ'keɪʃən] *sb (duplicate)* Kopie *f,* Nachbildung *f*
reply [rɪ'plaɪ] *sb* Antwort *f*
reply-paid (RP) [rɪ'plaɪpeɪd] *adj* Rückantwort bezahlt
report [rɪ'pɔːt] *v 1. (announce o.s.)* sich melden; *2. ~ for duty* sich zum Dienst melden; *3. (sth)* berichten über; *4. (inform authorities about)* melden; *sb 5.* Bericht *m; 6. (give a ~)* berichten
reporting [rɪ'pɔːtɪŋ] *sb* Berichterstattung *f*
reporting date [rɪ'pɔːtɪŋ deɪt] *sb* Stichtag *m*
reposit [rɪ'pɒzɪt] *v (deposit)* hinterlegen
repository [rɪ'pɒzɪtərɪ] *sb (store)* Laden *m,* Magazin *n*
represent [reprɪ'zent] *v (act for, speak for)* vertreten
representation [reprɪzen'teɪʃən] *sb (representatives)* Vertretung *f*
representative [reprɪ'zentətɪv] *adj 1. (acting for)* vertretend; *2. (typical)* repräsentativ; *3. (symbolic)* symbolisch; *sb 4.* Repräsentant *m,* Vertreter *m; 5. (deputy)* Stellvertreter *m; 6. (legal)* Bevollmächtigte(r) *f/m*

reprieve [rɪ'priːv] *sb (temporary)* Aufschub *m*
reprise [rɪ'priːz] *sb* Reprise *f*
re-privatisation [riːpraɪvɪtaɪ'zeɪʃən] *sb* Reprivatisierung *f*
reproduction [riːprə'dʌkʃən] *sb 1. (copy)* Reproduktion *f; 2. (photo)* Kopie *f*
reproduction cost [riːprə'dʌkʃən kɒst] *sb* Reproduktionskosten *pl*
reproduction value [riːprə'dʌkʃən 'væljuː] *sb* Reproduktionswert *m*
repurchase [rɪ'pɜːtʃəs] *sb* Rückkauf *m*
repurchase clause [rɪ'pɜːtʃəs klɔːz] *sb* Rücknahmeklausel *f*
repurchase guarantee [rɪ'pɜːtʃəs gærən'tiː] *sb* Rücknahmegarantie *f*
reputation [repjʊ'teɪʃən] *sb* Ruf *m*
request [rɪ'kwest] *v 1.* bitten um, ersuchen um; *2. ~ s.o. to do sth* jdn bitten, etwas zu tun; *sb 3.* Bitte *f,* Wunsch *m; 4. (official ~)* Ersuchen *n*
require [rɪ'kwaɪə] *v 1. (need)* brauchen, benötigen; *2. I'll do whatever is ~d.* Ich werde alles Nötige tun. *3. (order)* verlangen, fordern
required [rɪ'kwaɪəd] *adj* erforderlich, notwendig
requirement [rɪ'kwaɪəmənt] *sb 1. (condition)* Erfordernis *n,* Anforderung *f,* Voraussetzung *f; 2. (need)* Bedürfnis *n,* Bedarf *m*
requisite ['rekwɪzɪt] *adj* erforderlich, notwendig
rerate [riː'reɪt] *v* neu bewerten
resale ['riːseɪl] *sb* Wiederverkauf *m*
resale price ['riːseɪl praɪs] *sb* Wiederverkaufspreis *m*
reschedule [riː'ʃedjuːl] *v 1.* verlegen; *2. (to an earlier time)* vorverlegen
rescind [rɪ'sɪnd] *v* annullieren, aufheben
rescission [rɪ'sɪʃən] *sb* Rücktritt *m*
rescue company ['reskjuː 'kʌmpənɪ] *sb* Auffanggesellschaft *f*
rescue deal ['reskjuː diːl] *sb* Sanierungsplan *m*
rescue package ['reskjuː 'pækɪdʒ] *sb* Sanierungsprogramm *n*
research [rɪ'sɜːtʃ] *sb* Forschung *f*
research and development (R&D) ['rɪsɜːtʃ ænd dɪ'veləpmənt] *sb* Forschung & Entwicklung (F&E) *f*
research and development risk ['rɪsɜːtʃ ænd dɪ'veləpmənt rɪsk] *sb* Entwicklungswagnis *n*
reservation [rezə'veɪʃən] *sb 1. (qualification of opinion)* Vorbehalt *m; 2. without ~*

ohne Vorbehalt; *3. (booking)* Reservierung *f,* Vorbestellung *f*
reservation of price [rezə'veɪʃən əv praɪs] *sb* Preisvorbehalt *m*
reservation of title [resə'veɪʃn əv taɪtl] *sb* Eigentumsvorbehalt *m*
reserve [rɪ'zɜːv] *v 1. (book)* reservieren lassen; *2. (keep)* aufsparen, aufheben; *3. ~ the right to do sth* sich das Recht vorbehalten, etw zu tun; *all rights ~d* alle Rechte vorbehalten; *sb 4. (store)* Reserve *f,* Vorrat *m; in ~ in* Reserve
reserve account [rɪ'zɜːv ə'kaʊnt] *sb* Rücklagenkonto *n*
reserve assets [rɪ'zɜːv 'æsets] *pl* Währungsguthaben *n*
reserve bank [rɪ'sɜːv bæŋk] *sb* Reservebank *f*
reserve currency [rɪ'zɜːv 'kʌrənsɪ] *sb* Reservewährung *f*
reserve for bad debts [rɪ'sɜːv fɔː bæd 'dets] *sb* Delkredere *n*
reserve fund [rɪ'zɜːv fʌnd] *sb* Reservefonds *m*
reserve item [rɪ'zɜːv 'aɪtəm] *sb* Rückstellungsposten *m*
reserve price [rɪ'zɜːv praɪs] *sb* Mindestgebot *n*
reserve ratio [rɪ'zɜːv 'reɪʃɪəʊ] *sb* Liquiditätssatz *m,* Deckungsrate *f*
reserves [rɪ'zɜːvz] *pl* Reserven *f/pl,* Rücklagen *f/pl,* Rückstellung *f*
reserve stock [rɪ'zɜːv stɒk] *sb* Reserve *f*
reset [riː'set] *v* rücksetzen, zurücksetzen
residence permit ['rezɪdəns 'pɜːmɪt] *sb* Aufenthaltsgenehmigung *f,* Aufenthaltserlaubnis *f*
resident ['rezɪdent] *sb* Deviseninländer *m,* Gebietsansässiger *m*
residual debt insurance [rɪ'zɪdjʊəl det ɪn'ʃʊərəns] *sb* Restschuldversicherung *f*
residual quota [rɪ'zɪdjʊəl 'kwəʊtə] *sb* Restquote *f*
residual securities of an issue [rɪ'zɪdjʊəl sɪ'kjʊərɪtɪz əv ən 'ɪʃuː] *pl* Emissionsreste *f/pl*
residual value [rɪ'zɪdjʊəl 'væljuː] *sb* Restwert *m*
residues ['rezɪdjuːz] *pl* Rückstände *m/pl*
resign [rɪ'zaɪn] *v 1.* kündigen; *2. (from public office, from a committee)* zurücktreten
resignation [rezɪg'neɪʃən] *sb* Rücktritt *m,* Kündigung *f*
resistant [rɪ'zɪstənt] *adj (material)* widerstandsfähig, beständig

resources [rɪ'sɔːsɪz] *pl 1.* Ressourcen *f/pl; 2.* Geldmittel *pl*
respite ['respaɪt] *sb* Stundung *f*
responsibility [rɪspɒnsə'bɪlɪtɪ] *sb 1.* Verantwortung *f; 2. take ~ for* die Verantwortung übernehmen für; *3. (sense of ~)* Verantwortungsgefühl *n*
responsible [rɪ'spɒnsɪbl] *adj 1.* verantwortlich; *2. hold s.o. ~ for sth* jdn für etw verantwortlich machen; *3. (job)* verantwortungsvoll
responsible to a limited extent [rɪs'pɒnsɪbl tu ə 'lɪmɪtɪd ɪk'stent] *adj* beschränkt geschäftsfähig
restitution [restɪ'tjuːʃən] *sb 1.* Rückerstattung *f,* Rückgabe *f; 2. (compensation payment)* Schadenersatz *m,* Entschädigung *f*
restore [rɪ'stɔː] *v 1.* wiederherstellen; *2. (pay back)* rückerstatten; *3. (renew)* in Stand setzen
restraint of competition [rɪ'streɪnt əv kɒmpə'tɪʃən] *sb* Wettbewerbsbeschränkung *f*
restraint of competition clause [rɪ'streɪnt əv kɒmpɪ'tɪʃn klɔːz] *sb* Wettbewerbs-Klausel *f*
restraint on alienation [rɪ'streɪnt ɒn eɪlɪə'neɪʃən] *sb* Veräußerungsverbot *n*
restricted market [rɪ'strɪktɪd 'mɑːkɪt] *sb* enger Markt *m*
restriction [res'trɪkʃən] *sb* Restriktion *f,* Beschränkung *f*
restrictive endorsement [rɪ'strɪktɪv ɪn'dɔːsmənt] *sb* Rektaindossament *n*
restructuring [riː'strʌktʃərɪŋ] *sb* Umstrukturierung *f*
restructuring of assets [riː'strʌktʃərɪŋ əv 'æsets] *sb* Vermögensumschichtung *f*
restructuring of debts [riː'strʌktʃərɪŋ əv dets] *sb* Umschuldung *f*
result [rɪ'zʌlt] *v 1.* sich ergeben, resultieren; *~ from* sich ergeben aus; *~ in* führen zu; *sb 2. (consequence)* Folge *f; as a ~* folglich; *3. (outcome)* Ergebnis *n,* Resultat *n*
results accounting [rɪ'sʌlts ə'kaʊntɪŋ] *sb* Erfolgsbilanz *f*
results from operations [rɪ'sʌlts frɒm ɒpə'reɪʃns] *pl* Betriebsergebnis *n*
résumé ['rezuːmeɪ] *sb 1. (US: curriculum vitae)* Lebenslauf *m; 2. (summary)* Zusammenfassung *f*
resumption [rɪ'zʌmpʃən] *sb* Wiederaufnahme *f*
retail ['riːteɪl] *v 1.* im Einzelhandel verkaufen; *It ~s at $3.99.* Es wird im Einzelhandel für $3.99 verkauft. *sb 2. (~ trade)* Einzelhandel *m*

retail chain ['riːteɪl tʃeɪn] *sb* Einzelhandelskette *f*
retail consumer ['riːteɪl kən'sjuːmə] *sb* Endverbraucher *m*
retailer ['riːteɪlə] *sb* Einzelhändler *m*
retail price ['riːteɪl praɪs] *sb* Einzelhandelspreis *m*, Ladenpreis *m*
retail price margin ['riːteɪl praɪs 'mɑːdʒɪn] *sb* Einzelhandelsspanne *f*
retail trade ['riːteɪl treɪd] *sb* Einzelhandel *m*
retainer [rɪ'teɪnə] *sb (fee)* Honorar *n*
retaliatory duty [rɪ'tælɪətrɪ 'djuːtɪ] *sb* Kampfzoll *m*
retention [rɪ'tenʃn] *sb* Selbstbeteiligung *f*
retention of payment [rɪ'tenʃn əv 'peɪmənt] *sb* Zahlungsverweigerungsrecht *n*
retention of title [rɪ'tenʃn əv 'taɪtl] *sb* Eigentumsvorbehalt *m*
retention period [rɪ'tenʃn pɪərɪəd] *sb* Aufbewahrungsfrist *f*
retire [rɪ'taɪə] *v 1.* sich zurückziehen, in Pension gehen; *2. (s.o.)* pensionieren
retired [rɪ'taɪəd] *adj* pensioniert
retirement [rɪ'taɪəmənt] *sb 1. (state)* Ruhestand *m; 2. (act of retiring)* Zurückziehen *n*, Ausscheiden *n*, Pensionierung *f*
retirement fund [rɪ'taɪəmənt fʌnd] *sb* Pensionsfonds *m*
retirement offer [rɪ'taɪəmənt 'ɒfə] *sb* Abfindungsangebot *n*
retirement pension [rɪ'taɪəmənt 'penʃən] *sb* Altersruhegeld *n*, Rente *f*
retool [riː'tuːl] *v (a machine)* umrüsten
retrain [riː'treɪn] *v* umschulen
retraining [riː'treɪnɪŋ] *sb* Umschulung *f*
retrospective [retrə'spektɪv] *adj* rückblickend, retrospektiv
return [rɪ'tɜːn] *v 1. (a letter)* zurücksenden, zurückschicken; *2. (profit, interest)* abwerfen; *sb 3. (giving back)* Rückgabe *f; 4. (profit)* Ertrag *m*
returnable [rɪ'tɜːnəbl] *adj 1. (purchased item)* umtauschbar; *2. (deposit)* rückzahlbar
return account [rɪ'tɜːn ə'kaʊnt] *sb* Retourenkonto *n*
return after tax [rɪ'tɜːn 'ɑːftə tæks] *sb* Rendite nach Steuern *f*
returned cheque [rɪ'tɜːnd tʃek] *sb* Rückscheck *m*
returner [rɪ'tɜːnə] *sb (to the work force)* Wiedereinsteiger(in) (ins Berufsleben) *m/f*
return of premium [rɪ'tɜːn əv 'priːmɪəm] *sb* Beitragsrückvergütung *f*, Beitragsrückerstattung *f*

return on assets [rɪ'tɜːn ɒn 'æsets] *sb* Betriebsrendite *f*
return on capital [rɪ'tɜːn ɒn 'kæpɪtl] *sb* Kapitalertrag *m*
return on investment [rɪ'tɜːn ɒn ɪn'vestmənt] *sb* Kapitalrendite *f,* Kapitalrentabilität *f,* Return on Investment (ROI) *n*
return on net worth [rɪ'tɜːn ɒn net wɜːθ] *sb* Eigenkapitalrendite *f*
returns [rɪ'tɜːnz] *pl* Returen *f/pl*
re-use [riː'juːz] *v* wieder verwenden, wieder benutzen
revaluation [riːvæljuˈeɪʃən] *sb* Aufwertung *f*
revalue [riː'væljuː] *v* neu bewerten
revenue accounting ['revenjuː ə'kaʊntɪŋ] *sb* Erlösrechnung *f*
revenue accounts ['revenjuː ə'kaʊnts] *pl* Erlöskonten *m/pl*
revenue correction ['revenjuː kə'rekʃn] *sb* Erlösberichtigung *f*
revenue planning ['revenjuː 'plænɪŋ] *sb* Erlösplanung *f*
revenue reduction ['revenjuː rɪ'dʌkʃn] *sb* Erlösminderung *f*
revenue reserves ['revenjuː rɪ'zɜːvz] *pl* Gewinnrücklagen *f/pl*
reversal [rɪ'vɜːsəl] *sb* Storno *n*
reversing entry [rɪ'vɜːsɪŋ 'entrɪ] *sb* Stornobuchung *f*
reversion to private ownership [rɪ'vɜːʒn tu 'praɪvət 'əʊnəʃɪp] *sb* Reprivatisierung *f*
review [rɪ'vjuː] *v 1. (a situation)* überprüfen; *(re-examine)* erneut prüfen, nochmals prüfen; *sb 2. (re-examination)* Prüfung *f,* Nachprüfung *f; 3. (summary)* Überblick *m*
revival [rɪ'vaɪvəl] *sb (coming back)* Wiederaufleben *n*, Wiederaufblühen *n*
revival of demand [rɪ'vaɪvəl əv dɪ'mɑːnd] *sb* Nachfragebelebung *f*
revive [rɪ'vaɪv] *v 1. (a business)* wieder aufleben; *2. (a product)* wieder einführen
revocation [revə'keɪʃən] *sb* Aufhebung *f,* Widerruf *m*
revocation clause [revə'keɪʃən klɔːz] *sb* Widerrufsklausel *f*
revoke [rɪ'vəʊk] *v 1. (licence)* entziehen; *2. (a decision)* widerrufen; *3. (a law)* aufheben
revolving letter of credit [rɪ'vɒlvɪŋ 'letər əv 'kredɪt] *sb* revolvierendes Akkreditiv *n*
reward [rɪ'wɔːd] *v 1.* belohnen; *sb 2.* Belohnung *f*
rewarding [rɪ'wɔːdɪŋ] *adj 1. (financially)* lohnend; *2. (task)* dankbar

rework [riːˈwɜːk] v 1. überarbeiten, neu fassen; sb 2. Nachbesserung f
rhetoric [ˈretərɪk] sb Rhetorik f
rich [rɪtʃ] adj reich
rider [ˈraɪdə] sb Zusatzklausel f
right [raɪt] sb 1. (to sth) Anrecht n, Anspruch m, Recht n; have a ~ to sth einen Anspruch auf etw haben; 2. equal ~s pl Gleichberechtigung f
right issue [ˈraɪt ˈɪʃuː] sb Bezugsangebot n
right of disposal [ˈraɪt əv dɪsˈpəʊzl] sb Verfügungsrecht n
right of pre-emption [ˈraɪt əv priːˈempʃən] sb Vorkaufsrecht n
right of redemption [ˈraɪt əv rɪˈdempʃən] sb Rückgaberecht n
right of revocation [ˈraɪt əv rəvəˈkeɪʃən] sb Widerrufswert n
rights equivalent to real property [ˈraɪts ɪˈkwɪvələnt tu ˈrɪəl ˈprɒpətɪ] pl grundstücksgleiche Rechte n/pl
right to a cumulative dividend [ˈraɪt tu ə ˈkjuːmjʊlətɪv ˈdɪvɪdənd] sb Nachbezugsrecht n
right to be given information [ˈraɪt tu bi ˈgɪvən ɪnfəˈmeɪʃn] sb Informationsrecht n
right to benefits [raɪt tu ˈbenɪfɪts] sb Leistungsanspruch m
right to cancel credit entry [ˈraɪt tu ˈkænsl ˈkredɪt ˈentrɪ] sb Stornorecht n
right to claim [ˈraɪt tu ˈkleɪm] sb Forderungsrecht n
right to refund [raɪt tu ˈriːfʌnd] sb Rückerstattungsanspruch m
right to rescind a contract [ˈraɪt tu rɪˈsɪnd ə ˈkɒntrækt] sb Rücktrittsrecht n
right to use [ˈraɪt tu juːz] sb Benutzungsrecht n
right to vote [raɪt tu vəʊt] sb Stimmrecht n
rise [raɪz] sb (in prices, in pay) Erhöhung f
rise in price [raɪz ɪn praɪs] sb Preisanstieg m, Preiserhöhung f
risk [rɪsk] v irr 1. riskieren; sb 2. Risiko n; calculated ~ kalkuliertes Risiko; put at ~ gefährden; run a ~ ein Risiko eingehen
risk assessment [rɪsk əˈsesmənt] sb Risikobewertung f
risk coverage [rɪsk ˈkʌvərɪdʒ] sb Risikoabsicherung f
risk-induced costs [ˈrɪskɪndjuːst ˈkɒsts] pl Risikokosten pl
risk of payment [ˈrɪsk əv ˈpaɪmənt] sb Zahlungsrisiko n
risk of transfer [ˈrɪsk əv ˈtrænsfɜː] sb Transferrisiko n

risk premium [rɪsk ˈpriːmɪəm] sb Risikoprämie f
risky [ˈrɪskɪ] adj 1. riskant; 2. (dangerous) gefährlich
rival [ˈraɪvəl] sb Konkurrent(in) m/f
rock-bottom [ˈrɒkbɒtəm] sb Tiefststand m, absoluter Tiefpunkt m
roll [rəʊl] sb (list) Liste f, Register n
roll-over credit [ˈrəʊləʊvə ˈkredɪt] sb Roll-over-Kredit m
roster [ˈrɒstə] sb Dienstplan m
rotation [rəʊˈteɪʃən] sb (taking turns) turnusmäßiger Wechsel m
rough balance [rʌf ˈbæləns] sb Rohbilanz f
round table [raʊnd ˈteɪbl] sb runder Tisch m
route [ruːt] sb Route f, Strecke f
route sheet [ruːt ʃiːt] sb Arbeitsablaufkarte f
routine [ruːˈtiːn] adj 1. (everyday) alltäglich, immer gleich bleibend, üblich; 2. (happening on a regular basis) laufend, regelmäßig, routinemäßig; sb 3. Routine f
royalty [ˈrɔɪəltɪ] sb Lizenzgebühr f
ruinous [ˈruːɪnəs] adj (financially) ruinös
ruinous exploitation [ˈruːɪnəs eksplɔɪˈteɪʃən] sb Raubbau m
rule [ruːl] v (give a decision) entscheiden
rule-bound policy [ˈruːlbaʊnd ˈpɒlɪsɪ] sb Regelbindung f
rules for investment of resources [ˈruːlz fɔː ɪnˈvestmənt əv rɪˈsɔːsɪs] pl Anlagevorschriften f/pl
rules of procedure [ˈruːlz əv prəˈsiːdʒə] pl Geschäftsordnung f, Verfahrensordnung f
rummage sale [ˈrʌmɪdʒ seɪl] sb (clearance sale) Ramschverkauf m, Ausverkauf m
run [rʌn] v irr 1. (machine) laufen; 2. ~ low, ~ short knapp werden; 3. (fig: resources) ausgehen; 4. ~ a risk ein Risiko eingehen; 5. (US: for office) kandidieren; 6. ~ against s.o. jds Gegenkandidat(in) sein; 7. (manage) führen, leiten; 8. (operate a machine) betreiben; 9. (with a person as operator) bedienen; sb 10. Lauf m, Run m
run back [rʌn bæk] v (production) zurückfahren
run out [rʌn aʊt] v irr 1. (period of time) ablaufen; We're running out of time. Wir haben nicht mehr viel Zeit. 2. (supplies, money) ausgehen; He ran out of money. Ihm ging das Geld aus.
rural economy [ˈrʊərəl ɪˈkɒnəmɪ] sb Agrarwirtschaft f
rush hour [ˈrʌʃ aʊə] sb Hauptverkehrszeit f, Stoßzeit f

S

sabbatical [sə'bætɪkəl] sb Bildungsurlaub m, Forschungsurlaub m
sabotage ['sæbətɑ:ʒ] v 1. sabotieren; sb 2. Sabotage f
sack [sæk] sb get the ~ gefeuert werden
safe [seɪf] v 1. sichern; sb 2. Safe m, Tresor m
safe custody account [seɪf 'kʌstədɪ ə'kaʊnt] sb offenes Depot n
safe custody charges [seɪf 'kʌstədɪ 'tʃɑːdʒəs] pl Depotgebühren f/pl
safe custody department [seɪf 'kʌstədɪ dɪ'pɑːtmənt] sb Depotabteilung f
safe deposit [seɪf dɪ'pɒzɪt] sb verschlossenes Depot n
safe deposit box [seɪf dɪ'pɒzɪt bɒks] sb Bankschließfach n
safeguard ['seɪfgɑːd] sb 1. Vorsichtsmaßnahme f, Vorkehrung f; 2. (guarantee) Garantie f; v 3. gewährleisten, garantieren
safeguarding of credit ['seɪfgɑːdɪŋ əv 'kredɪt] sb Kreditsicherung f
safeguarding of the currency ['seɪfgɑːdɪŋ əv ðə 'kʌrənsɪ] sb Währungsabsicherung f
safekeeping [seɪf'kiːpɪŋ] sb sichere Verwahrung f, Gewahrsam m; for ~ zur sicheren Aufbewahrung
safekeeping period [seɪf'kiːpɪŋ pɪərɪəd] sb Aufbewahrungsfrist f
safety ['seɪftɪ] sb Sicherheit f
safety bond ['seɪftɪ bɒnd] sb Sicherheitsleistung f, Kaution f
safety catch ['seɪftɪ kætʃ] sb Sicherung f
salaried ['sælərɪd] adj angestellt
salary ['sælərɪ] sb Gehalt n
salary account ['sælərɪ ə'kaʊnt] sb Gehaltskonto n
salary advance ['sælərɪ əd'vɑːns] sb Gehaltsvorschuss m
salary bracket ['sælərɪ 'brækɪt] sb Gehaltsgruppe f
salary continuation ['sælərɪ kəntɪnjʊ-'eɪʃən] sb Gehaltsfortzahlung f
salary increase ['sælərɪ 'ɪnkriːs] sb Gehaltserhöhung f
salary statement ['sælərɪ 'steɪtmənt] sb Gehaltsabrechnung f
sale [seɪl] sb 1. Verkauf m; for ~ zu verkaufen; not for ~ unverkäuflich; 2. (at reduced prices) Ausverkauf m; on ~ reduziert; 3. (a

transaction) Geschäft n, Abschluss m; ~s pl
4. (department) Verkaufsabteilung f; ~s pl
5. (turnover) Absatz m; Verkauf m, Veräußerung f; 6. I'm in ~s. (fam) Ich bin im Verkauf.
saleable ['seɪləbl] adj absatzfähig; in ~ condition verkäuflich
sale by tender [seɪl baɪ 'tendə] sb Submissionsverkauf m
sale for quick delivery ['seɪl fɔː kwɪk dɪ-'lɪvərɪ] sb Promptgeschäft n
sale of goods [seɪl əv 'gʊdz] sb Warenausgang m
sale on approval [seɪl ɒn ə'pruːvəl] sb Kauf auf Probe m
sale on commission [seɪl ɒn kə'mɪʃən] sb Provisionsverkauf m
sale proceeds [seɪl 'prəʊsiːdz] pl Verkaufserlös m
sales analysis [seɪlz ə'nælɪsɪs] sb Absatzanalyse f
sales campaign [seɪlz kæm'peɪn] sb Verkaufskampagne f
sales chain ['seɪlz tʃeɪn] sb Handelskette f
salesclerk ['seɪlzklɑːk] sb (US) Verkäufer m
sales commission [seɪlz kə'mɪʃən] sb Verkäuferprovision f, Umsatzprovision f
sales contract [seɪlz 'kɒntrækt] sb Verkaufsabschluss m
sales cost accounting [seɪlz kɒst ə'kaʊntɪŋ] sb Vertriebskostenrechnung f
sales crisis [seɪlz 'kraɪsɪs] sb Absatzkrise f
sales discount [seɪlz 'dɪskaʊnt] sb Skonto m/n
sales financing [seɪlz 'faɪnænsɪŋ] sb Absatzfinanzierung f
sales force [seɪlz 'fɔːs] sb Vertriebspersonal n, Außendienst m
sales ledger [seɪlz 'ledʒə] sb Debitorenbuch n
salesman ['seɪlzmən] sb Verkäufer m
salesmanship ['seɪlzmənʃɪp] sb Verkaufskunst f
sales manager [seɪlz 'mænɪdʒə] sb Verkaufsleiter m
sales note [seɪlz nəʊt] sb Schlussbrief m
sales pitch [seɪlz pɪtʃ] sb Verkaufsjargon m
sales planning [seɪlz 'plænɪŋ] sb Absatzplanung f
sales possibilities [seɪlz pɒsɪ'bɪlɪtiːz] pl Verkaufschance f

sales promotion [seɪlz prə'məʊʃən] *sb* Absatzförderung *f,* Verkaufsförderung *f*
sales prospects [seɪlz 'prɒspekts] *pl* Absatzchance *f*
sales publicity [seɪlz pʌb'lɪsətɪ] *sb* Absatzwerbung *f*
sales report [seɪlz rɪ'pɔːt] *sb* Verkaufsbericht *m*
salesroom ['seɪlzruːm] *sb* Auktionsraum *m*
sales segment [seɪlz 'segmənt] *sb* Absatzsegment *n*
sales slip [seɪlz slɪp] *sb* Kassenbon *m*
sales staff [seɪlz stɑːf] *pl* Verkaufsstab *m*
sales statistics [seɪlz stə'tɪstɪks] *pl* Absatzstatistik *f*
sales strategy [seɪlz 'strætɪdʒɪ] *sb* Verkaufsmethoden *pl*
sales target [seɪlz 'tɑːgɪt] *sb* Absatzziel *n*
sales tax [seɪlz tæks] *sb (US)* Verkaufssteuer *f*
sales technique [seɪlz tek'niːk] *sb* Verkaufstechnik *f*
sales training [seɪlz 'treɪnɪŋ] *sb* Verkäuferschulung *f*
saleswoman ['seɪlzwʊmən] *sb* Verkäuferin *f*
sample ['sɑːmpl] *v 1.* probieren; *(food, drink)* kosten; *sb 2. (of blood, of a mineral)* Probe *f,* Muster *n,* Warenprobe *f; 3. (for tasting)* Kostprobe *f; 4. (statistical)* Sample *n,* Stichprobe *f*
sample bag ['sɑːmpl bæg] *sb* Mustermappe *f*
sample book ['sɑːmpl bʊk] *sb* Musterbuch *n*
sample consignment ['sɑːmpl kən'saɪnmənt] *sb* Mustersendung *f*
samples fair ['sɑːmplz fɛə] *sb* Mustermesse *f*
sample with no commercial value ['sɑːmpl wɪð 'nəʊ kə'mɜːʃəl 'væljuː] *sb* Muster ohne Wert *n*
sampling inspection ['sɑːmplɪŋ ɪn'spekʃən] *sb* Stichprobenprüfung *f*
sampling procedure ['sɑːmplɪŋ prə'siːdʒə] *sb* Stichprobenverfahren *n*
sanction ['sæŋkʃən] *v 1.* sanktionieren; *sb 2. (punishment)* Sanktion *f; 3. (permission)* Zustimmung *f*
satellite office ['sætəlaɪt 'ɒfɪs] *sb* Zweigstelle *f,* Außenstelle *f*
satisfaction [sætɪs'fækʃən] *sb 1. (of conditions)* Erfüllung *f; 2. (state)* Zufriedenheit *f*
satisfactory [sætɪs'fæktərɪ] *adj* ausreichend, akzeptabel, zufrieden stellend

satisfy ['sætɪsfaɪ] *v 1.* befriedigen; *2. (customers)* zufrieden stellen; *3. (conditions, a contract)* erfüllen
save [seɪv] *v 1. (avoid using up)* sparen; *2. (keep)* aufheben, aufbewahren; *3. (money)* sparen; *4. (computer)* speichern
saver ['seɪvə] *sb* Sparer *m*
savers' tax-free amount ['seɪvəs 'tæks friː ə'maʊnt] *sb* Sparerfreibetrag *m*
saving ['seɪvɪŋ] *sb 1.* Sparen *n; adj 2. (economical)* sparend, einsparend
savings ['seɪvɪŋz] *pl* Ersparnisse *pl*
savings account ['seɪvɪŋz ə'kaʊnt] *sb* Sparguthaben *n,* Sparkonto *n*
savings agreement with the building society ['seɪvɪŋs ə'griːmənt wɪθ ðə 'bɪldɪŋ sə'saɪətɪ] *sb* Bausparvertrag *m*
savings bank ['seɪvɪŋz bæŋk] *sb* Sparkasse *f*
savings bond ['seɪvɪŋz bɒnd] *sb* Sparobligation *f*
savings bonus ['seɪvɪŋz 'bəʊnəs] *sb* Sparzulage *f*
savings book ['seɪvɪŋz bʊk] *sb* Sparbuch *n*
savings certificate ['seɪvɪŋz sə'tɪfɪkət] *sb* Sparbrief *m*
savings club ['seɪvɪŋz klʌb] *sb* Sparverein *m*
savings department ['seɪvɪŋz dɪ'pɑːtmənt] *sb* Sparabteilung *f*
savings deposit ['seɪvɪŋz dɪ'pɒsɪt] *sb* Spareinlage *f*
savings gift credit voucher ['seɪvɪŋz 'gɪft 'kredɪt 'vaʊtʃə] *sb* Spargeschenkgutschein *m*
savings plans ['seɪvɪŋz plænz] *pl* Sparpläne *m/pl*
savings premium ['seɪvɪŋz 'priːmɪəm] *sb* Sparprämie *f*
savings promotion ['seɪvɪŋz prɒ'məʊʃn] *sb* Sparförderung *f*
savings ratio ['seɪvɪŋz 'reɪʃɪəʊ] *sb* Sparquote *f*
savings scheme ['seɪvɪŋz skiːm] *sb* Sparplan *m*
savings stamp ['seɪvɪŋz 'stæmp] *sb* Sparmarke *f*
savings-bank book ['seɪvɪŋzbæŋk bʊk] *sb* Sparbuch *n*
saving through building societies ['seɪvɪŋ θruː 'bɪldɪŋ sə'saɪətiːz] *sb* Bausparen *n*
scalage ['skeɪlɪdʒ] *sb* Schwundgeld *n*
scale [skeɪl] *sb 1. (indicating a reading)* Skala *f; 2. (measuring instrument)* Messgerät *n;*

3. *(table, list)* Tabelle *f;* **4.** *(of a map)* Maßstab *m;* **5.** *(fig)* Umfang *m,* Ausmaß *n*
scale rate ['skeɪl reɪt] *sb* Tarifpreis *m*
scan [skæn] *v (an image)* scannen
scanner ['skænə] *sb* Scanner *m,* Abtaster *m*
scant [skænt] *adj (supply)* spärlich
scarce [skɛəs] *adj 1. (not plentiful)* knapp; **2.** *(rare)* selten
scarcity ['skɛəsətɪ] *sb* Mangel *m,* Knappheit *f*
schedule ['ʃedjuːl] *v 1.* planen; *(add to a timetable)* ansetzen; *sb 2. (list)* Verzeichnis *n;* **3.** *(timetable)* Plan *m; ahead of ~* vor dem planmäßigen Zeitpunkt; *to be behind ~* Verspätung haben; *on ~* planmäßig, pünktlich
scheduled ['ʃedjuːld] *adj 1. (planned)* vorgesehen, geplant; *2. (time)* planmäßig
schedule of accounts ['ʃedjuːl əv ə'kaʊnts] *sb* Kontenrahmen *m*
schedule of charges ['ʃedjuːl əv 'tʃɑːdʒəz] *sb* Gebührentabelle *f,* Gebührenordnung *f*
scheduler ['ʃedjuːlə] *sb* Disponent(in) *m/f*
scheduling ['ʃedjuːlɪŋ] *sb* Terminplanung *f*
scheme [skiːm] *sb 1. (plan)* Plan *m,* Programm *n;* **2.** *(dishonest plan)* Intrige *f;* **3.** *(system)* System *n*
science ['saɪəns] *sb* Wissenschaft *f*
science of banking ['saɪəns əv 'bæŋkɪŋ] *sb* Bankbetriebslehre *f*
science park ['saɪəns pɑːk] *sb* Forschungspark *m*
scientific [saɪən'tɪfɪk] *adj* wissenschaftlich
scientist ['saɪəntɪst] *sb* Wissenschaftler(in) *m/f*
scramble ['skræmbl] *sb* starke Nachfrage *f*
scrap [skræp] *v 1. (a vehicle, a machine)* verschrotten; *2. (plans)* fallen lassen
screen [skriːn] *v 1. (applicants)* überprüfen; **2.** *sb* Bildschirm *m*
screen job ['skriːn dʒɒb] *sb* Bildschirmarbeitsplatz *m*
screen work ['skriːn wɜːk] *sb* Bildschirmarbeit *f*
sea bill ['siː bɪl] *sb* Seewechsel *m*
sea bill of lading ['siː bɪl əv 'leɪdɪŋ] *sb* Seekonnossement *n*
seal [siːl] *sb* Siegel *n*
seaproof packing ['siːpruːf 'pækɪŋ] *sb* seemäßige Verpackung *f*
sea route ['siː ruːt] *sb* Seeweg *m*
season ['siːzn] *sb (of the year)* Jahreszeit *f*
seasonal ['siːzənəl] *adj* Saison...
seasonal adjustment ['siːzənəl ə'dʒʌstmənt] *sb* Saisonbereinigung *f*
seasonal fluctuations ['siːzənəl flʌktjuː-'eɪʃənz] *pl* Saisonschwankungen *f/pl*

seasonal loan ['siːzənəl ləʊn] *sb* Saisonkredit *m*
seasonally adjusted ['siːzənəlɪ ə'dʒʌstɪd] *adj* saisonbedingt, saisonbereinigt
seasonal reserves ['siːzənəl rɪ'zɜːvs] *pl* Saison-Reserven *f/pl*
seasonal sale ['siːzənəl seɪl] *sb* Schlussverkauf *m,* Saisonausverkauf *m*
seasoned securities ['siːznd sɪ'kjʊərɪtiːz] *pl* Favoriten *m/pl*
sea-tight packing ['siːtaɪt 'pækɪŋ] *sb* seemäßige Verpackung *f*
seat of business [siːt əv 'bɪznɪs] *sb* Niederlassung *f,* Firmensitz *m*
secondary benefit ['sekəndərɪ 'benəfɪt] *sb* Zweitnutzen *m*
secondary energy ['sekəndərɪ 'enədʒɪ] *sb* Sekundärenergie *f*
secondary liquidity ['sekəndərɪ lɪ'kwɪdɪtɪ] *sb* Sekundär-Liquidität *f*
secondary market ['sekəndərɪ 'mɑːkɪt] *sb* Umlaufmarkt *m,* Sekundär-Markt *m*
secondary occupation ['sekəndərɪ ɒkjʊ-'peɪʃn] *sb* Nebentätigkeit *f*
secondary sector ['sekəndərɪ 'sektə] *sb* sekundärer Sektor *m*
second-class [sekənd'klɑːs] *adj 1.* zweitklassig, zweitrangig; *2. (compartment, mail)* zweiter Klasse
second-hand [sekənd'hænd] *adj 1.* gebraucht; *2. (fig: information)* aus zweiter Hand
second of exchange ['sekənd əv ɪks-'tʃeɪndʒ] *sb* Sekunda-Wechsel *m*
second-rate ['sekənd'reɪt] *adj* zweitklassig, zweitrangig
secretarial [sekrə'tɛərɪəl] *adj* Sekretariats...
secretariat [sekrə'tɛərɪət] *sb (UK)* Sekretariat *n*
secretary ['sekrətrɪ] *sb 1.* Sekretär(in) *m/f;* **2.** *(US: minister)* Minister(in) *m/f*
section ['sekʃn] *sb (of a law)* Paragraf *m*
section head ['sekʃən hed] *sb* Referent(in) *m/f,* Bereichsleiter(in) *m/f*
sector ['sektə] *sb* Gebiet *n,* Sektor *m,* Branche *f*
secular inflation ['sekjʊlə ɪn'fleɪʃn] *sb* säkulare Inflation *f*
securities [sɪ'kjʊərɪtiːz] *pl* Effekten *pl,* Valoren *f/pl,* Stücke *n/pl*
securities account [sɪ'kjʊərɪtiːz ə'kaʊnt] *sb* Effektenkonto *n*
securities business [sɪ'kjʊərɪtiːz 'bɪznɪs] *sb* Effektengeschäft *n;* Wertpapiergeschäft *n*
securities capitalism [sɪ'kjʊərɪtiːz 'kæpɪtəlɪzm] *sb* Effektenkapitalismus *m*

securities commission agent [sɪ'kjʊərɪ-tiːz kɒ'mɪʃn 'eɪdʒənt] *sb* Effektenkommis-sionär *m*
securities dealer [sɪ'kjʊərɪtiːz 'diːlə] *sb* Börsenhändler(in) *m/f,* Effektenhändler(in) *m/f*
securities department [sɪ'kjʊərɪtiːz dɪ-'pɑːtmənt] *sb* Wertpapierabteilung *f,* Effek-tenabteilung *f*
Securities Deposit Act [sɪ'kjʊərɪtiːz dɪ-'pɒsɪt 'ækt] *sb* Depotgesetz *n*
securities deposit audit [sɪ'kjʊərɪtiːz dɪ-'pɒsɪt 'ɔːdɪt] *sb* Depotprüfung *f*
securities deposit contract [sɪ'kjʊərɪtiːz dɪ'pɒsɪt 'kɒntrækt] *sb* Depotvertrag *m*
securities deposit reconciliation [sɪ-'kjʊərɪtiːz dɪ'pɒsɪt rɪkɒnsɪlɪ'eɪʃn] *sb* Depot-abstimmung *f*
securities discount [sɪ'kjʊərɪtiːz 'dɪskaʊnt] *sb* Effektendiskont *m*
securities eligible as cover [sɪ'kjʊərɪtiːz 'elɪdʒɪbl æz 'kʌvə] *pl* deckungsfähige Wert-papiere *n/pl*
securities fund [sɪ'kjʊərɪtiːz fʌnd] *sb* Wertpapierfonds *m*
securities held by a bank at another bank [sɪ'kjʊərɪtiːz 'held bɒɪ ə bæŋk æt ə'nʌθə bæŋk] *pl* Nostroeffekten *pl*
securities issue [sɪ'kjʊərɪtiːz 'ɪʃuː] *sb* Wertpapieremission *f*
securities-linked savings scheme [sɪ-'kjʊərɪtiːzlɪŋkt 'seɪvɪŋs 'skiːm] *sb* Wert-papiersparvertrag *m*
securities market [sɪ'kjʊərɪtiːz 'mɑːkɪt] *sb* Wertpapierbörse *f,* Wertpapiermarkt *m*
securities placing [sɪ'kjʊərɪtiːz 'pleɪsɪŋ] *sb* Effektenplatzierung *f*
securities portfolio [sɪ'kjʊərɪtiːz pɔːt-'fəʊliəʊ] *sb* Wertpapierdepot *n*
securities price [sɪ'kjʊərɪtiːz praɪs] *sb* Effektenkurs *m*
securities publicly notified as lost [sɪ-'kjʊərɪtiːz 'pʌblɪklɪ 'nəʊtɪfɒɪd æs 'lɒst] *sb* aufgerufene Wertpapiere *n/pl*
securities redeemable [sɪ'kjʊərɪtiːz rɪ-'diːməbl] *sb* Agiopapiere *n/pl*
securities research [sɪ'kjʊərɪtiːz riː'sɜːtʃ] *sb* Wertpapieranalyse *f*
securities serving as collateral [sɪ-'kjʊərɪtiːz 'sɜːvɪŋ æz kɒ'lætərəl] *sb* Lom-bardeffekten *pl*
securities statistics [sɪ'kjʊərɪtiːz stə'tɪs-tɪks] *pl* Effektenstatistik *f*
securities substitution [sɪ'kjʊərɪtiːz sʌb-stɪ'tjuːʃn] *sb* Effektensubstitution *f*

securities transactions on commission [sɪ'kjʊərɪtiːz træn'zækʃnz ɒn kə'mɪʃn] *pl* Effektenkommissionsgeschäft *n*
security [sɪ'kjʊərɪtɪ] *sb 1.* Wertpapier *n,* Papier *n; 2. (guarantee)* Bürgschaft *f; 3. (de-posit)* Kaution *f*
security dealing [sɪ'kjʊərɪtɪ 'diːlɪŋ] *sb* Effektenhandel *m,* Wertpapierhandel *m*
security department counter [sɪ'kjʊərɪtɪ dɪ'pɑːtmənt 'kaʊntə] *sb* Effektenkasse *f*
security deposit [sɪ'kjʊərɪtɪ dɪ'pɒsɪt] *sb* Tauschdepot *n*
security deposit account [sɪ'kjʊərɪtɪ dɪ-'pɒsɪt ə'kaʊnt] *sb* Depotbuchhaltung *f,* Depotkonto *n*
security discount [sɪ'kjʊərɪtɪ 'dɪskaʊnt] *sb* Effektendiskont *m*
security financing [sɪ'kjʊərɪtɪ 'faɪnænsɪŋ] *sb* Effektenfinanzierung *f*
security held on giro-transferable de-posit [sɪ'kjʊərɪtɪ held ɒn 'dʒaɪrɒtræns-'fɜːrəbl dɪ'pɒsɪt] *sb* Girosammelstück *n,* Girosammeldepotstück *n*
security house [sɪ'kjʊərɪtɪ haʊs] *sb* Effektenbank *f*
security issue for third account [sɪ-'kjʊərɪtɪ 'ɪʃuː fɔː 'θɜːd ə'kaʊnt] *sb* Fremd-emission *f*
security note [sɪ'kjʊərɪtɪ 'nəʊt] *sb* Siche-rungsschein *m*
security of credit [sɪ'kjʊərɪtɪ əv 'kredɪt] *sb* Kreditsicherheit *f*
security-taking syndicate [sɪ'kjʊərɪtɪ 'teɪkɪŋ 'sɪndɪkət] *sb* Übernahmekonsortium *n*
security only traded on a regional stock [sɪ'kjʊərɪtɪ 'əʊnlɪ 'treɪdɪd ɒn ə 'riːdʒənəl stɒk] *sb* Lokalpapier *n*
security trading for own account [sɪ-'kjʊərɪtɪ 'treɪdɪŋ fɔː 'əʊn ə'kaʊnt] *sb* Effekteneigengeschäft *n*
security transaction [sɪ'kjʊərɪtɪ træn-'zækʃn] *sb* Sicherungsgeschäft *n*
security transactions under repurchase [sɪ'kjʊərɪtɪ træn'zækʃns ʌndə riː'pɜːtʃəs] *pl* Pensionsgeschäft *n*
segment ['segmənt] *sb 1.* Geschäftsbereich *m; 2.* Marktsegment *n,* Sparte *f*
seize [siːz] *v 1. (an opportunity)* ergreifen; *2. (power)* an sich reißen; *3. (confiscate)* be-schlagnahmen
seizure ['siːʒə] *sb (confiscation)* Beschlag-nahme *f,* Pfändung *f*
seizure of all the debtor's goods ['siːʒə əv ɔːl ðə 'detəz 'gʊdz] *sb* Kahlpfändung *f*

select [sɪ'lekt] *v 1.* auswählen; *adj 2.* auserwählt, auserlesen; *3. (exclusive)* exklusiv
selection [sɪ'lekʃən] *sb 1.* Auswahl *f,* Auslese *f; 2.* Wahl *f*
selection interview [sɪ'lekʃən 'ɪntəvjuː] *sb* Vorstellungsgespräch *n*
selection procedure [sɪ'lekʃən prɒ'siːdʒʊə] *sb* Auswahlverfahren *n*
self-addressed [selfə'dresd] *adj (envelope)* an die eigene Anschrift adressiert
self-balancing item [self'bælænsɪŋ 'aɪtəm] *sb* durchlaufende Posten *m*
self-contained market [selfkən'teɪnd 'mɑːkɪt] *sb* geschlossener Markt *m*
self-defence [selfdɪ'fens] *sb* Notwehr *f*
self-employed [selfɪm'plɔɪd] *adj 1.* selbstständig erwerbstätig, freiberuflich; *sb 2. (person)* Selbstständige(r) *f/m*
self-financing [self'faɪnænsɪŋ] *sb* Eigenfinanzierung, Selbstfinanzierung *f*
self-service [self'sɜːvɪs] *sb* Selbstbedienung *f*
self-starter [self'stɑːtə] *sb (person)* Mensch mit Eigeninitiative *m*
sell [sel] *v irr 1. (have sales appeal)* sich verkaufen lassen; *2. (sth)* verkaufen
sell-by date ['selbaɪ deɪt] *sb* Haltbarkeitsdatum *n; pass one's* ~ *(fig)* seine besten Tage hinter sich haben
seller ['selə] *sb* Verkäufer *m*
seller's commission ['seləz kə'mɪʃən] *sb* Umsatzbeteiligung *f,*
sellers competition ['seləz kɒmpə'tɪʃən] *sb* Verkäuferwettbewerb *m*
seller's market ['seləz 'mɑːkɪt] *sb* Verkäufermarkt *m*
selling commission ['selɪŋ kə'mɪʃn] *sb* Schalterprovision *f*
selling costs ['selɪŋ kɒsts] *pl* Vertriebskosten *pl,* Absatzkosten *pl*
selling price ['selɪŋ praɪs] *sb* Briefkurs *m*
selling value ['selɪŋ 'væljuː] *sb* Verkaufswert *m*
sell off [sel ɒf] *v irr 1.* verkaufen; *2. (quickly, cheaply)* abstoßen
sell out [sel aʊt] *v irr 1.* alles verkaufen; *(sth)* ausverkaufen; *2. (one's share)* verkaufen; *3. sold out* ausverkauft
sell up [sel ʌp] *v irr* zu Geld machen, ausverkaufen
semi-annual [semɪ'ænjʊəl] *adj (US)* halbjährlich
semi-annual balance sheet [semɪ'ænjʊəl 'bælæns ʃiːt] *sb* Halbjahresbilanz *f*

semi-finished goods [semɪ'fɪnɪʃt ɡʊdz] *pl* Halberzeugnis *n*
semi-fixed [semɪ'fɪksd] *adj* teilvariabel
semi-monthly [semɪ'mʌnθlɪ] *adj (US)* zweimal monatlich
semiskilled [semɪ'skɪld] *adj* angelernt
send [send] *v irr* schicken
send away [send ə'weɪ] *v irr* ~ *for sth* etw kommen lassen, etw anfordern
send back [send bæk] *v irr* zurückschicken; *(food in a restaurant)* zurückgehen lassen
send down [send daʊn] *v (prices)* drücken, fallen lassen
sender ['sendə] *sb* Absender *m; return to* ~ zurück an Absender
send for [send fɔː] *v irr* kommen lassen, sich bestellen
send in [send ɪn] *v irr* einschicken
send off [send ɒf] *v irr (a letter)* abschicken
send up [send ʌp] *v (prices)* hochtreiben
senior ['siːnɪə] *adj* älter, ältere(r); *(in time of service)* dienstälter; *(in rank)* vorgesetzt
senior citizen ['siːnɪə 'sɪtɪzən] *sb 1.* Senior *m; 2. (pensioner)* Rentner *m*
senior position ['siːnɪə pɒ'sɪʃn] *sb* leitende Position *f*
sentiment ['sentɪmənt] *sb* Stimmungslage *f,* Tendenz *f*
separate account ['sepərɪt ə'kaʊnt] *sb* Sonderkonto *n*
separate deposit ['sepərɪt dɪ'pɒsɪt] *sb* Sonderdepot *n*
separate item ['sepərɪt 'aɪtəm] *sb* Sonderposten *m*
sequence ['siːkwəns] *sb* Folge *f; (order)* Reihenfolge *f*
sequestration [siːkwe'streɪʃən] *sb* Beschlagnahme *f,* Zwangsvollstreckung *f*
sequestrator [siːkwe'streɪtə] *sb* Gerichtsvollzieher(in) *m/f,* Zwangsvollstrecker(in) *m/f*
serial ['sɪərɪəl] *adj* Serien...
serial number ['sɪərɪəl 'nʌmbə] *sb 1.* laufende Nummer *f; 2. (on goods)* Fabrikationsnummer *f,* Seriennummer *f*
serial port ['sɪərɪəl pɔːt] *sb* serieller Anschluss *m*
series ['sɪəriːz] *sb* Serie *f,* Reihe *f*
series production ['sɪəriːz prə'dʌkʃən] *sb* Serienfertigung *f*
seriousness ['sɪərɪəsnɪs] *sb* Seriosität *f*
serve [sɜːv] *v 1. (sth, s.o.)* dienen; *2. (a summons)* zustellen; *3.* ~ *notice on s.o.* jmd. kündigen; *4. It* ~*s no purpose.* Es hat keinen

Zweck. 5. *(in a restaurant, in a shop)* bedienen; *(food, drinks)* servieren
server ['sɜːvə] *sb* Server *m*
service ['sɜːvɪs] *sb* 1. Dienst *m*, Dienstleistung *f;* *I'm at your ~.* Ich stehe Ihnen zur Verfügung. 2. *to be of ~* nützlich sein; *Can I be of ~?* Kann ich Ihnen behilflich sein? 3. *(to customers)* Service *m; (in a restaurant, in a shop)* Bedienung *f;* 4. *(regular transport, air ~)* Verkehr *m;* 5. *(operation)* Betrieb *m;* 6. *(upkeep of machines)* Wartung *f*
service business ['sɜːvɪs 'bɪznɪs] *sb* Dienstleistungsunternehmen *n*
service center ['sɜːvɪs 'sentə] *(US) sb* Kundendienststelle *f*
service charge ['sɜːvɪs tʃɑːdʒ] *sb* Bearbeitungsgebühr *f*
service company ['sɜːvɪs 'kʌmpənɪ] *sb* Dienstleistungsgesellschaft *f*
service contract ['sɜːvɪs 'kɒntrækt] *sb* Wartungsvertrag *m*, Servicevertrag *m*
service contractor ['sɜːvɪs kən'træktə] *sb* Wartungsunternehmen *n*
service control ['sɜːvɪs kən'trəʊl] *sb* Dienstaufsicht *f*
service economy ['sɜːvɪs ɪ'kɒnəmɪ] *sb* Dienstleistungsgesellschaft *f*
service engineer ['sɜːvɪs endʒɪ'nɪə] *sb* Kundendiensttechniker(in) *m/f*
service income ['sɜːvɪs 'ɪnkʌm] *sb* Arbeitseinkommen *n*
service industry ['sɜːvɪs 'ɪndəstrɪ] *sb* Dienstleistungsgewerbe *n*
service life ['sɜːvɪs laɪf] *sb* Nutzungsdauer *f*
service marketing ['sɜːvɪs 'mɑːkɪtɪŋ] *sb* Dienstleistungsmarketing *n*
service obligation ['sɜːvɪs ɒblɪ'geɪʃn] *sb* Dienstverpflichtung *f*
service of capital ['sɜːvɪs əv 'kæpɪtl] *sb* Kapitaldienst *m*
service organisation ['sɜːvɪs ɔːɡənaɪ'zeɪʃən] *sb* Kundendienstorganisation *f*
service sector ['sɜːvɪs 'sektə] *sb* Dienstleistungssektor *m*
setback ['setbæk] *sb* Rückschlag *m*
set of bills of exchange [set əv bɪls əv ɪk'stʃeɪndʒ] *sb* Wechselserie *f*
set-off ['setɒf] *sb* Aufrechnung *f*
set of figures [set əv 'fɪɡəz] *sb* Statistik *f*
setting day ['setɪŋ deɪ] *sb* Abrechnungstag *m*
setting procedure ['setɪŋ prə'siːdʒə] *sb* Abrechnungsverfahren *n*
settle ['setl] *v (a bill)* begleichen, bezahlen
settlement¹ ['setlmənt] *sb* Abwicklung *f*

settlement² ['setlmənt] *sb 1. (sorting out)* Erledigung *f,* Regelung *f;* 2. *(of a debt)* Begleichung *f;* 3. *(agreement)* Übereinkommen *n,* Abmachung *f;* 4. *an out-of court ~* ein außergerichtlicher Vergleich *m*
settlement account ['setlmənt ə'kaʊnt] *sb* Abwicklungskonto *n*
settlement clause ['setlmənt klɔːz] *sb* Zahlungsklausel *f*
settlement date ['setlmənt deɪt] *sb* Erfüllungstermin *m,* Fälligkeit *f*
settlement day ['setlmənt deɪ] *sb* Abrechnungstag *m*
settlement discount ['setlmənt 'dɪskaʊnt] *sb* Skonto *m/n*
settlement in cash ['setlmənt ɪn 'kæʃ] *sb* Barabfindung *f*
settlement of accounts ['setlmənt əv ə'kaʊnts] *sb* Abrechnung *f*
settlement offer ['setlmənt 'ɒfə] *sb* Vergleichsangebot *n,* Abfindungsangebot *n*
settlement of time bargains ['setlmənt əv 'taɪm 'bɑːɡɪns] *sb* Skontration *f*
settle on [setl ɒn] *v (agree on)* sich einigen auf
settle up [setl ʌp] *v* bezahlen
settling days ['setlɪŋ deɪz] *pl* Bankstichtage *f/pl*
set up [set ʌp] *v irr* 1. *(arrange)* arrangieren, vereinbaren; 2. *(establish)* gründen; 3. *(fit out)* einrichten
severance claim ['sevərəns kleɪm] *sb* Abfindungsanspruch *m*
shape [ʃeɪp] *sb* 1. *(figure)* Gestalt *f;* 2. *(state)* Zustand *m;* 3. *(physical condition)* Kondition *f,* Zustand *m*
share [ʃeə] *v* 1. teilen; 2. *~ in sth* an etw teilnehmen; *sb* 3. (Geschäfts-)Anteil *m;* 4. *(in a public limited company)* Aktie *f*
share account [ʃeər ə'kaʊnt] *sb* Aktienkonto *n*
share at a fixed amount [ʃeər æt ə 'fɪkst ə'maʊnt] *sb* Summenaktie *f*
share block [ʃeə blɒk] *sb* Aktienpaket *n*
share capital [ʃeə 'kæpɪtl] *sb* Aktienkapital *n,* Stammkapital *n*
share certificate [ʃeə sə'tɪfɪkət] *sb* Aktienzertifikat *n,* Anteilscheine *m/pl,* Mantel *m*
share denomination [ʃeə dɪnɒmɪ'neɪʃən] *sb* Aktienstückelung *f*
share deposit [ʃeə dɪ'pɒzɪt] *sb* Aktiendepot *n*
share discount [ʃeə 'dɪskaʊnt] *sb* Aktienagio *n,* Emissionsagio *n*

share fund [ʃɛə fʌnd] *sb* Aktienfonds *m*
shareholder ['ʃɛəhəʊldə] *sb* Aktionär *m*, Anteilseigner *m*
shareholder value ['ʃɛəhəʊldə 'væljuː] *sb* Shareholder Value *m*
shareholding ['ʃɛəhəʊldɪŋ] *sb* Aktienbestand *m*
share in capital [ʃɛər ɪn 'kæpɪtl] *sb* Kapitalanteil *m*
share index [ʃɛər 'ɪndeks] *sb* Aktienindex *m*
share in the loss [ʃɛər ɪn ðə 'lɒs] *sb* Verlustanteil *m*
share in the market [ʃɛər ɪn ðə 'mɑːkɪt] *sb* Marktposition *f,* Marktanteil *m*
share in the profits [ʃɛər ɪn ðə 'prɒfɪts] *sb* Gewinnanteil *m*
share issue [ʃɛər 'ɪʃuː] *sb* Aktienausgabe *f*
share market [ʃɛə 'mɑːkɪt] *sb* Aktienmarkt *m*
share of no par value [ʃɛər əv nəʊ pɑː 'væljuː] *sb* Quotenaktie *f*
share price [ʃɛə praɪs] *sb* Aktienkurs *m*
share purchase warrant [ʃɛə 'pɜːtʃəs 'wɒrənt] *sb* Optionsschein *m*
share quorum [ʃɛə 'kwɔːrəm] *sb* Aktienquorum *n*
share quotation [ʃɛə kwəʊ'teɪʃən] *sb* Aktiennotierung *f*
share register [ʃɛə 'redʒɪstə] *sb* Aktienbuch *n*, Aktienregister *n*
shares account [ʃɛəz ə'kaʊnt] *sb* Stückekonto *n*
share stock option [ʃɛə stɒk 'ɒpʃn] *sb* Aktienoption *f*
shareware ['ʃɛəwɛə] *sb* Shareware *f*
share with low par value [ʃɛə wɪθ ləʊ pɑː 'væljuː] *sb* Kleinaktie *f*
shelf [ʃelf] *sb 1.* Brett *n,* Bord *n; 2. (in a cupboard)* Fach *n, put sth on the ~ (fig)* etw an den Nagel hängen; *off the ~* von der Stange
shelf life [ʃelf laɪf] *sb* Lagerfähigkeit *f,* Haltbarkeit *f*
shell company [ʃel 'kʌmpənɪ] *sb* Briefkastenfirma *f*
shelve [ʃelv] *v 1. (put on a shelf)* in ein Regal stellen; *2. (fig: a plan)* beiseite legen, zu den Akten legen
shelving ['ʃelvɪŋ] *sb* Regale *pl*
shift [ʃɪft] *sb (work period)* Schicht *f*
shift work [ʃɪft wɜːk] *sb* Schichtarbeit *f*
ship [ʃɪp] *v 1. (send)* versenden, befördern; *2. (grain, coal)* verfrachten
ship broker [ʃɪp 'brəʊkə] *sb* Schiffsmakler *m*
shipbuilding ['ʃɪpbɪldɪŋ] *sb* Schiffbau *m*

shipment ['ʃɪpmənt] *sb 1.* Sendung *f; (by sea)* Verschiffung *f; 2. (batch of goods)* Lieferung *f*
ship mortgage [ʃɪp 'mɔːgɪdʒ] *sb* Schiffshypothek *f*
shipowner ['ʃɪpəʊnə] *sb* Schiffseigner *m,* Reeder *m*
shipper ['ʃɪpə] *sb* Spediteur *m*
shipping ['ʃɪpɪŋ] *sb 1.* Schifffahrt *f; 2. (transportation)* Versand *m; 3. (by sea)* Verschiffung *f*
shipping company ['ʃɪpɪŋ 'kʌmpənɪ] *sb* Reederei *f*
shipping document ['ʃɪpɪŋ 'dɒkjʊmənt] *sb* Versanddokument *n*
shipping exchange ['ʃɪpɪŋ ɪks'tʃeɪndʒ] *sb* Frachtbörse *f,* Schifffahrtsbörse *f*
shipping line ['ʃɪpɪŋ laɪn] *sb* Reederei *f*
shipyard ['ʃɪpjɑːd] *sb* Werft *f,* Schiffswerft *f*
shockproof ['ʃɒkpruːf] *adj* stoßfest
shop [ʃɒp] *sb1.* Laden *m,* Geschäft *n; set up ~* einen Laden eröffnen, ein Geschäft eröffnen; *2. talk ~* fachsimpeln; *3. closed ~* Unternehmen mit Gewerkschaftszwang *n; v 4.* einkaufen; *go ~ping* einkaufen gehen
shop assistant [ʃɒp ə'sɪstənt] *sb* Verkäufer(in) *m/f*
Shop Closing Hours Law [ʃɒp 'kləʊzɪŋ 'aʊəs lɔː] *sb* Ladenschlussgesetz *n*
shop hours [ʃɒp aʊəs] *pl* Ladenöffnungszeiten *f/pl*
shopkeeper ['ʃɒpkiːpə] *sb* Ladenbesitzer(in) *m/f*
shopping mall ['ʃɒpɪŋ mɔːl] *sb* Einkaufsgalerie *f*
short [ʃɔːt] *adj 1. to be ~ (not have enough)* zu wenig haben; *~ of cash* knapp bei Kasse; *2. (expectations) fall ~ of* nicht erreichen; nicht entsprechen
shortage ['ʃɔːtɪdʒ] *sb 1.* Knappheit *f; 2. (of people, of money)* Mangel *m*
shortage of goods ['ʃɔːtɪdʒ əv 'gʊdz] *sb* Warenknappheit *f*
shortage of staff ['ʃɔːtɪdʒ əv 'stɑːf] *sb* Personalmangel *m*
shortcoming ['ʃɔːtkʌmɪŋ] *sb* Unzulänglichkeit *f,* Mangel *m*
short covering [ʃɔːt 'kʌvərɪŋ] *sb* Deckungskäufe *m/pl*
short delivery [ʃɔːt dɪ'lɪvərɪ] *sb* Minderlieferung *f*
shortfall ['ʃɔːtfɔːl] *sb* Fehlbetrag *m*
shorthand ['ʃɔːthænd] *sb* Kurzschrift *f*
short sale [ʃɔːt seɪl] *sb* Blankoverkauf *m*
short-term ['ʃɔːttɜːm] *adj* kurzfristig

short-term credit ['ʃɔːttɜːm 'kredɪt] sb kurzfristiger Kredit m
short-time work ['ʃɔːttaɪm wɜːk] sb Kurzarbeit f
shredder ['ʃredə] sb 1. Zerkleinerungsmaschine f; 2. (paper-~) Reißwolf m
shutdown ['ʃʌtdaʊn] sb Stilllegung f
sick-leave ['sɪkliːv] sb to be on ~ krankgeschrieben sein
sick note ['sɪk nəʊt] sb Krankmeldung f
sick pay ['sɪk peɪ] sb Krankengeld n
side agreement [saɪd ə'griːmənt] sb Sonderabkommen n
sight balance [saɪt 'bæləns] sb Sichtguthaben n
sight credit [saɪt 'kredɪt] sb Kontokorrentkredit m
sight deposits ['saɪt dɪ'pɒzɪts] pl Sichteinlagen f/pl
sight draft ['saɪt drɑːft] sb Sichtwechsel m
sight letter of credit [saɪt 'letə əv 'kredɪt] sb Sichtakkreditiv n
sight rate ['saɪt reɪt] sb Sichtkurs m
sign [saɪn] v unterschreiben
signatory ['sɪgnətrɪ] sb Unterzeichner(in) m/f, Vertragspartner(in) m/f
signature ['sɪgnətʃə] sb Unterschrift f
signature authorization ['sɪgnətʃə ɔːθəraɪ'zeɪʃən] sb Zeichnungsberechtigung f
sign for ['saɪn fɔː] v den Empfang bestätigen
sign in [saɪn 'ɪn] v sich eintragen
sign off [saɪn 'ɒf] v (letter) Schluss machen
sign on [saɪn 'ɒn] v (for unemployment benefits) sich arbeitslos melden
sign up [saɪn 'ʌp] v 1. (by signing a contract) sich verpflichten; 2. (s.o.) verpflichten, anstellen
silent partner ['saɪlənt 'pɑːtnə] sb stiller Teilhaber m
simulate ['sɪmjʊleɪt] v simulieren
simulation [sɪmjʊ'leɪʃən] sb 1. Simulation f; 2. (feigning) Vortäuschung f
simulator ['sɪmjʊleɪtə] sb Simulator m
single [sɪŋgl] adj 1. (only one) einzige(r,s); not a ~ one kein Einziger/keine Einzige/kein Einziges; 2. (not double or triple) einzeln
single-asset depreciation [sɪŋgl'æsɪt dɪprɪʃɪ'eɪʃn] sb Einzelabschreibung f
single-item manufacturing ['sɪŋglaɪtəm mænjʊ'fæktʃʊrɪŋ] sb Einzelfertigung f
single operation [sɪŋgl ɒpə'reɪʃn] sb Sologeschäft n
single-price market ['sɪŋglpraɪs 'mɑːkɪt] sb Einheitsmarkt m

single-product firm [sɪŋgl'prɒdʌkt fɜːm] sb Einproduktbetrieb m
situation [sɪtjʊ'eɪʃən] sb (job) Stelle f
situations wanted [sɪtjʊ'eɪʃənz 'wɒntɪd] pl Stellengesuche n/pl
size [saɪz] sb 1. Größe f; v 2. ~ up abschätzen
sizeable ['saɪzəbl] adj (sum, difference) beträchtlich
size of an order ['saɪz əv ən 'ɔːdə] sb Auftragsgröße f
skeleton agreement ['skelɪtn ə'griːmənt] sb Rahmenabkommen n
skill [skɪl] sb (acquired technique) Fertigkeit f
skilled [skɪld] adj 1. geschickt; 2. (trained) ausgebildet
skim [skɪm] v (fig: profits) abschöpfen
slack [slæk] adj geschäftslos, lustlos
slash [slæʃ] v (fig: reduce) stark herabsetzen
slip [slɪp] sb Zettel m, Abschnitt m, Beleg m
slow down [sləʊ daʊn] v 1. (in an activity) etw langsamer machen; 2. (sth) verlangsamen
slump [slʌmp] sb Krise f, Rezession f
slump-proof ['slʌmppruːf] adj krisenfest
small and medium-sized enterprises ['smɔːl ənd 'miːdɪəmsaɪzd 'entəpraɪzɪz] pl Klein- und Mittelbetrieb m, mittelständische Unternehmen n/pl
small business [smɔːl 'bɪznɪs] sb Kleinbetrieb m
small change [smɔːl 'tʃeɪndʒ] sb Kleingeld n
small package [smɔːl 'pækɪdʒ] sb Päckchen n
small personal loan [smɔːl 'pɜːsənl 'ləʊn] sb Kleinkredit m
small saver [smɔːl 'seɪvə] sb Kleinsparer m
small shareholder [smɔːl 'ʃeəhəʊldə] sb Kleinaktionär m
small trader [smɔːl 'treɪdə] sb Minderkaufmann m
snowball system ['snəʊbɔːl 'sɪstəm] sb Schneeballsystem n
soar [sɔː] v (prices) in die Höhe schnellen
sociable ['səʊʃəbl] adj gesellig, umgänglich
social ['səʊʃəl] adj gesellschaftlich, Gesellschafts..., sozial
social compensation plan [səʊʃəl kɒmpən'seɪʃn plæn] sb Sozialplan m
social fund [səʊʃəl fʌnd] sb Sozialfonds m
social insurance [səʊʃəl ɪn'ʃʊərəns] sb Sozialversicherung f
Social Insurance Office ['səʊʃəl ɪn'ʃʊərəns 'ɒfɪs] sb Versicherungsanstalt f

socialism ['səʊʃəlɪzm] *sb* Sozialismus *m*
social market economy ['səʊʃəl 'mɑːkɪt
ɪ'kɒnəmɪ] *sb* soziale Marktwirtschaft *f*
social policy ['səʊʃəl 'pɒlɪsɪ] *sb* Sozialpolitik *f*
social security ['səʊʃəl sɪ'kjʊərɪtɪ] *pl*
Sozialversicherung *f,* Sozialhilfe *f*
social services ['səʊʃəl 'sɜːvɪsɪz] *pl* Sozial-
leistung *f*
societal [sə'saɪətl] *adj* gesellschaftlich
society [sə'saɪətɪ] *sb* Gesellschaft *f*
socio-economic [səʊʃiəʊiːkə'nɒmɪk] *adj*
sozioökonomisch
soft currency [sɒft 'kʌrənsɪ] *sb* weiche
Währung *f*
soften ['sɒfn] *v* nachgeben, sich abschwächen
solar energy ['səʊlər 'enədʒɪ] *sb* Sonnen-
energie *f*
solar power ['səʊlə 'paʊə] *sb* Sonnen-
energie *f,* Solarenergie *f*
sole [səʊl] *adj 1.* einzig; *2. (exclusive)* alleinig
sole agency [səʊl 'eɪdʒənsɪ] *sb* Alleinvertretung *f*
sole heir [səʊl 'ɛə] *sb* Alleinerbe *m*
sole owner [səʊl 'əʊnə] *sb* Alleininhaber *m*
solicit [sə'lɪsɪt] *v* umwerben, erbitten
solicitation [səlɪsɪ'teɪʃən] *sb* (Kunden-)
Werbung *f*
solicitor [sə'lɪsɪtə] *sb (UK)* Rechtsanwalt/
Rechtsanwältin *m/f*
solve [sɒlv] *v (a problem)* lösen
solvency ['sɒlvənsɪ] *sb* Zahlungsfähigkeit *f,*
Solvenz *f*
solvent ['sɒlvənt] *adj* zahlungsfähig
sort [sɔːt] *v 1.* sortieren; *sb 2.* Art *f,* Sorte *f;*
all ~s of things alles Mögliche; *that sort of
thing* diese Sachen; *nothing of the ~* nichts
dergleichen
sort out [sɔːt aʊt] *v (straighten out)* in
Ordnung bringen, klären
sound [saʊnd] *adj (company, investment)* solide
source [sɔːs] *sb 1. (of information)* Quelle *f;*
2. (origin) Ursprung *m*
source of revenue [sɔːs əv 'revənjuː] *sb*
Einnahmequelle *f,* Steuerquelle *f*
source of supply [sɔːs əv sə'plaɪ] *sb* Bezugsquelle *f*
source principle [sɔːs 'prɪnsɪpl] *sb* Quellenprinzip *n*
span of control [spæn əv kɒn'trəʊl] *sb*
Kontrollspanne *f*
spare [spɛə] *v 1. (do without)* entbehren,
verzichten auf; *2. (use sparingly)* sparen mit;
adj übrig, überschüssig; *(meagre)* dürftig
spare part [spɛə pɑːt] *sb* Ersatzteil *n*

spare time [spɛə 'taɪm] *sb* Freizeit *f*
sparingly ['spɛərɪŋlɪ] *adv use sth ~* mit etw
sparsam umgehen
special ['speʃəl] *adj 1.* besondere(r,s), Son-
der...; *nothing ~* nichts Besonderes; *2. (specific)*
bestimmt; *Were you looking for anything ~?*
Suchten Sie etwas Bestimmtes? *sb 3. (reduced
price)* Sonderangebot *n*
special agreements ['speʃəl ə'griːmənts]
pl Sondervereinbarung *f*
special allowance ['speʃəl ə'laʊəns] *sb*
Sondervergütung *f*
special business property ['speʃəl 'bɪznɪs
'prɒpətɪ] *sb* Sonderbetriebsvermögen *n*
special delivery ['speʃəl dɪ'lɪvərɪ] *sb (US)*
Eilzustellung *f*
special depreciation ['speʃəl dɪprɪʃɪ'eɪʃn]
sb Sonderabschreibung *f*
special direct cost ['speʃəl 'daɪrekt kɒst]
sb Sondereinzelkosten *pl*
special discount ['speʃəl 'dɪskaʊnt] *sb*
Sonderrabatt *m*
special expenses ['speʃəl ɪk'spensɪz] *pl*
Sonderausgaben *pl*
special fund ['speʃəl fʌnd] *sb* Sondervermögen *n*
special interests ['speʃəl 'ɪntrests] *pl*
Sonderzinsen *m/pl*
special lombard facility ['speʃəl 'lɒmbəd
fə'sɪlɪtɪ] *sb* Sonderlombard *m*
special meeting ['speʃəl 'miːtɪŋ] *sb*
Sondersitzung *f*
special offer ['speʃəl 'ɒfə] *sb* Sonderangebot *n*
special power ['speʃəl 'paʊə] *sb* Spezialvollmacht *f*
special remuneration ['speʃəl rɪmjuː-
nə'reɪʃən] *sb* Sondervergütung *f*
specialist ['speʃəlɪst] *sb* Fachmann/Fach-
frau *m/f,* Spezialist(in) *m/f*
specialization [speʃəlaɪ'zeɪʃən] *sb* Spezialisierung *f*
specialize ['speʃəlaɪz] *v ~ in sth* sich auf
etw spezialisieren
specialized fund ['speʃəlaɪzd 'fʌnd] *sb*
Spezialfonds *m*
specialized lawyer ['speʃəlaɪzd 'lɔːɪə] *sb*
Fachanwalt *m*
special-purpose association [speʃəl-
'pɜːpəs əsəʊʃɪ'eɪʃn] *sb* Zweckgemeinschaft *f*
specialty debt ['speʃəltɪ 'det] *sb* verbriefte
Schuld *f*
specialty store ['speʃəltɪ stɔː] *sb* Fachgeschäft *n*

specie ['spi:ʃi:] *sb* Hartgeld *n*, Münzgeld *n*
specific duty [spe'sɪfɪk 'djuːtɪ] *sb* Mengenzoll *m*
specification [spesɪfɪ'keɪʃən] *sb* Spezifikation; *(stipulation)* Bedingung *f*
specifications [spesɪfɪ'keɪʃənz] *pl (design)* technische Daten *pl*
specify ['spesɪfaɪ] *v* genau angeben
specimen ['spesɪmɪn] *sb (sample)* Muster *n*
speculate ['spekjuleɪt] *v* spekulieren
speculation [spekju'leɪʃən] *sb* Spekulation *f*
speculation in foreign currency [spekju'leɪʃən ɪn 'fɒrɪn 'kʌrənsɪ] *sb* Devisenspekulation *f*
speculation in futures [spekjʊ'leɪʃən ɪn 'fjuːtʃəz] *sb* Terminspekulation *f*
speculative ['spekjʊlətɪv] *adj* Speculations...
speculative operations ['spekjʊlətɪv ɒpə-'reɪʃənz] *pl* Spekulationsgeschäft *n*
speculative profit ['spekjʊlətɪv 'prɒfɪt] *sb* Spekulationsgewinn *m*
speculative security ['spekjʊlətɪv sɪ-'kjʊərɪtɪ] *sb* Hoffnungswert *m*, Spekulationspapier *n*
speculative transaction ['spekjʊlətɪv træn'zækʃən] *sb* Spekulationsgeschäft *n*
speculator ['spekjʊleɪtə] *sb* Spekulant *m*
speculator for a fall ['spekjʊleɪtə fɔː ə 'fɔːl] *sb* Baissespekulant(in) *m/f*, Baissier *m*
speculator for a rise ['spekjʊleɪtə fɔː ə 'raɪz] *sb* Haussespekulant(in) *m/f*, Haussier *m*
spell out [spel aʊt] *v irr* buchstabieren
spend [spend] *v irr* 1. *(money)* ausgeben; 2. *(energy, resources)* verbrauchen; 3. *(time: pass)* verbringen, 4. *(time: use)* brauchen
spending ['spendɪŋ] *sb* Ausgaben *pl*
spending costs ['spendɪŋ kɒsts] *pl* ausgabenwirksame Kosten *pl*
sphere of responsibility [sfɪə əv rɪspɒnsə'bɪlətɪ] *sb* Zuständigkeitsbereich *m*
spiel [ʃpiːl] *sb (salesman's)* Verkaufsmasche *f*
spokesperson ['spəʊkspɛːsn] *sb* Sprecher(in) *m/f*
sponsor ['spɒnsə] *v* 1. fördern; *sb* 2. Förderer/Förderin *m/f*
sponsored ['spɒnsəd] *adj* gesponsert, gefördert, unterstützt
sponsorship ['spɒnsəʃɪp] *sb* Sponsern *n*, Unterstützung *f*, Förderung *f*
spot [spɒt] *sb (commercial)* Werbespot *m*
spot exchange [spɒt ɪks'tʃeɪndʒ] *sb* Kassadevisen *pl*

spot market [spɒt 'mɑːkɪt] *sb* Kassamarkt *m*, Spotmarkt *m*
spot price ['spɒt praɪs] *sb* Kassakurs *m*
spot transaction [spɒt træn'zækʃn] *sb* Lokogeschäft *n*, Spotgeschäft *n*
spreadsheet ['spredʃiːt] *sb* Tabellenkalkulation *f*
squander ['skwɔːndə] *v* 1. *(money)* vergeuden; 2. *(opportunities)* vertun
square [skwɛə] *adj* 1. to be ~ *(debts)* in Ordnung sein; 2. to be all ~ *(not to owe)* quitt sein; *v* 3. *(debts)* begleichen
square measurement [skwɛə 'meʒəmənt] *sb* Flächenmaße *n/pl*
stability [stə'bɪlɪtɪ] *sb* Stabilität *f*
stability of prices [stə'bɪlɪtɪ əv 'praɪsɪz] *sb* Preisstabilität *f*
stability of the value of money [stə'bɪlɪtɪ əv ðə 'væljuː əv 'mʌnɪ] *sb* Geldwertstabilität *f*
stability policy [stə'bɪlɪtɪ 'pɒlɪsɪ] *sb* Stabilitätspolitik *f*
stabilization [steɪbɪlaɪ'zeɪʃən] *sb* Stabilisierung *f*
stabilize ['steɪbɪlaɪz] *v* sich stabilisieren; *(sth)* stabilisieren
stable [steɪbl] *adj* stabil, dauerhaft
stable exchange rates [steɪbl iks'tʃeɪndʒ reɪts] *pl* stabile Wechselkurse *m/pl*
staff [stɑːf] *sb (personnel)* Personal *n*, Belegschaft *f*; to be on the ~ of Mitarbeiter sein bei
staff administration [stɑːf ədmɪnɪ'streɪʃən] *sb* Personalverwaltung *f*
staff changes [stɑːf 'tʃeɪndʒɪz] *pl* Personalwechsel *m*
staffer ['stɑːfə] *sb* feste(r) Mitarbeiter(in) *m/f*
staff manager [stɑːf 'mænɪdʒə] *sb* Personalleiter(in) *m/*
staff pension fund [stɑːf 'penʃn fʌnd] *sb* Pensionskasse *f*
staff shares ['stɑːf ʃɛəs] *sb* Belegschaftsaktie *f*
stagnate [stæg'neɪt] *v* stagnieren
stagnation [stæg'neɪʃən] *sb* 1. Stagnieren *n*; 2. *(of a market)* Stagnation *f*
stake [steɪk] *v* 1. ~ a claim to sth sich ein Anrecht auf etw sichern; *sb* 2. *(financial interest)* Anteil *m*
stamp [stæmp] *v* 1. *(sth)* stempeln; 2. *(with a machine)* prägen; 3. *(put postage on)* frankieren; *sb* 4. *(postage ~)* Briefmarke *f*; 5. *(mark, instrument)* Stempel *m*
stamp duty ['stæmp 'djuːtɪ] *sb* Transfersteuer *f*, Stempelsteuer *f*

stamping ['stæmpɪŋ] *sb* Abstempelung *f*
stamping of bank notes ['stæmpɪŋ əv 'bæŋk nəʊts] *sb* Notenabstempelung *f*
standard ['stændəd] *adj 1.* handelsüblich, Standard..., Norm...; *sb 2.(monetary)* Standard *m*, Norm *f; 3.* Feingehalt *m*, Feingewicht *n*
standard bill ['stændəd bɪl] *sb* Einheitswechsel *m*
standard inventory ['stændəd ɪn'ventərɪ] *sb* Durchschnittsbestand *m*
standardization [stændədaɪ'zeɪʃn] *sb* Standardisierung *f*
standardize ['stændədaɪz] *v* vereinheitlichen, normen, normieren
standard price ['stændəd praɪs] *sb* fester Verrechnungspreis *m*
standard value ['stændəd 'væljuː] *sb* Einheitswert *m*
standard wages ['stændəd 'weɪdʒɪz] *pl* Tariflohn *m*
stand-by ['stændbaɪ] *sb on ~* in Bereitschaft *f*
stand-by costs ['stændbaɪ kɒsts] *pl* Bereitschaftskosten *pl*
stand-by man ['stændbaɪ mæn] *sb* Springer *m*
stand in [stænd ɪn] *v irr ~ for s.o.* jdn vertreten
stand-in ['stændɪn] *sb* Ersatz *m*
standing ['stændɪŋ] *sb 1. (position)* Rang *m; of long ~* langjährig, alt; *sb 2. (repute)* Ruf *m*
standing costs ['stændɪŋ kɒsts] *pl* fixe Kosten *pl*
standing order ['stændɪŋ 'ɔːdə] *sb* Dauerauftrag *m*
standstill agreement ['stændstɪl ə'griːmənt] *sb* (Recht) Moratorium *n*
standstill credit ['stændstɪl 'kredɪt] *sb* Stillhalte-Kredit *m*
staple goods [steɪpl gʊdz] *pl* Stapelware *f*
stapler ['steɪplə] *sb* Heftmaschine *f*
start [staːt] *v 1. (engine)* anspringen; *2. (found)* gründen; *3. (career, argument)* anfangen, beginnen
starting date ['staːtɪŋ deɪt] *sb* Einstellungstermin *m*
starting salary ['staːtɪŋ 'sælərɪ] *sb* Anfangsgehalt *n*
start up [staːt ʌp] *sb* Start-Up *m*
startup costs ['staːtʌp 'kɒsts] *pl* Ingangsetzungskosten *pl*
start-up grant ['staːtʌp graːnt] *sb* Unternehmensgründungsbeihilfe *f*

startup money ['staːtʌp 'mʌnɪ] *sb* Startkapital *n*
state [steɪt] *sb 1.* Staat *m; 2. ~ of affairs* Stand *m*, Lage *f; 3. (condition)* Zustand *m; adj 4.* staatlich
state bank ['steɪt bæŋk] *sb* Staatsbank *f*
state bound by the rule of law ['steɪt baʊnd baɪ ðə ruːl əv 'lɔː] *sb* Rechtsstaat *m*
state indebtedness [steɪt ɪn'detɪdnəs] *sb* Staatsverschuldung *f*
stated ['steɪtɪd] *adj* angegeben, genannt, aufgeführt, aufgelistet
statement ['steɪtmənt] *sb* Ausweisung *f*, Kontoauszug *m*
statement analysis ['steɪtmənt ə'næləsɪs] *sb* Bilanzanalyse *f*
statement of account ['steɪtmənt əv ə'kaʊnt] *sb* Kontoauszug *m*
statement of commission ['steɪtmənt əv kə'mɪʃən] *sb* Provisionsabrechnung *f*
statement of costs ['steɪtmənt əv 'kɒsts] *sb* Kostenrechnung *f*, Erfolgskonto *n*
statement of damages ['steɪtmənt əv 'dæmɪdʒɪz] *sb* Schadensrechnung *f*
statement of earnings ['steɪtmənt əv 'ɜːnɪŋs] *sb* Ertragsbilanz *f*
statement of expenses ['steɪtmənt əv ɪks'pensɪz] *sb* Spesenrechnung *f*
statement of intent ['steɪtmənt əv ɪn'tent] *sb* Absichtserklärung *f*
statement of net assets ['steɪtmənt əv net 'æsets] *sb* Vermögensaufstellung *f*
statement of operating results ['steɪtmənt əv 'ɒpəreɪtɪŋ rɪ'zʌlts] *sb* Ergebnisrechnung *f*
statement of overindebtedness ['steɪtmənt əv əʊvəɪn'detɪdnəs] *sb* Überschuldungsbilanz *f*
statement of quantity ['steɪtmənt əv 'kwɒntətɪ] *sb* Mengenangabe *f*
statement of securities ['steɪtmənt əv sɪ'kjʊərɪtiːz] *sb* Depotauszug *m*
state of the market ['steɪt əv ðə 'maːkɪt] *sb* Marktlage *f*
state supervision of credit institutions ['steɪt suːpə'vɪʒn əv 'kredɪt ɪnstɪ'tjuːʃnz] *sb* Kreditaufsicht *f*
station of destination ['steɪʃən əv destɪ'neɪʃn] *sb* Bestimmungsbahnhof *m*
statistical cost accounting [stə'tɪstɪkl 'kɒst ə'kaʊntɪŋ] *sb* Nachkalkulation *f*
statistics [stə'tɪstɪks] *pl* Statistik *f*
status ['steɪtəs] *sb 1.* Status *m; 2. marital ~* Familienstand *m*

status in law ['steɪtəs ɪn 'lɔː] *sb* Rechtscharakter *m*

status inquiry ['steɪtəs ɪn'kwaɪərɪ] *sb* Vermögensauskunft *f*, Kreditauskunft *f*

status report ['steɪtəs rɪ'pɔːt] *sb* Lagebericht *m*

statute ['stætʃuːt] *sb (of an organization)* Statut *n*

statutes ['stætʃuːts] *pl* Satzung *f*

statutory accident insurance ['stætʃutə-rɪ 'æksɪdənt ɪn'ʃʊərəns] *sb* gesetzliche Unfallversicherung *f*

statutory audit ['stætʃutərɪ 'ɔːdɪt] *sb* Prüfungspflicht *f*

statutory damage ['stætʃutərɪ 'dæmɪdʒ] *sb* Konventionalstrafe *f*

statutory health insurance fund ['stæt-ʃutərɪ 'helθ ɪn'ʃʊərəns fʌnd] *sb* gesetzliche Krankenversicherung *f*

statutory pension insurance fund ['stæt-ʃutərɪ 'penʃn ɪn'ʃʊərəns fʌnd] *sb* gesetzliche Rentenversicherung *f*

statutory period of notice ['stætʃutərɪ piːrɪəd əv 'nəʊtɪs] *sb* gesetzliche Kündigungsfrist *f*

stenographer [stə'nɒgrəfə] *sb* Stenograf(in) *m/f*

stenography [stə'nɒgrəfɪ] *sb* Kurzschrift *f*, Stenografie *f*

stimulant ['stɪmjʊlənt] *sb* Konjunkturspritze *f*, Auftriebsimpuls *m*

stimulus ['stɪmjʊləs] *sb* Stimulus *m; (incentive)* Anreiz *m*

stint [stɪnt] *sb* Schicht *f*

stipend ['staɪpənd] *sb* Lohn *m*

stipulate ['stɪpjʊleɪt] *v (specify)* festsetzen; *(make a condition)* voraussetzen

stipulation [stɪpjʊ'leɪʃən] *sb* Bedingung *f*

stock [stɒk] *v 1. (a product)* führen; *sb 2. (supply)* Vorrat *m*, (Waren-) Bestand *m; 3. (financial)* Aktien *pl; in ~* vorrätig; *take ~ of the situation* die Lage abschätzen

stock committee [stɒk kɒ'mɪtiː] *sb* Börsenausschuss *m*

stock corporation [stɒk kɔːpə'reɪʃn] *sb* Aktiengesellschaft (AG) *f*

stock dividend [stɒk 'dɪvɪdənd] *sb* Stockdividende *f*

stock exchange ['stɒk ɪks'tʃeɪndʒ] *sb* Börse *f*, Börsenumsätze *m/pl*, Effektenbörse *f*, Stock Exchange *f*

Stock Exchange Act ['stɒk ɪks'tʃeɪndʒ ækt] *sb* Börsengesetz *n*

stock exchange average [stɒk iks-'tʃeɪndʒ 'ævərɪdʒ] *sb* Börsenindex *m*

stock exchange centre ['stɒk ɪks'tʃeɪndʒ 'sentə] *sb* Börsenplatz *m*

stock exchange customs ['stɒk ɪks-'tʃeɪndʒ 'kʌstəms] *pl* Börsenusancen *f/pl*

stock exchange dealings ['stɒk ɪks-'tʃeɪndʒ 'diːlɪŋz] *pl* Börsenhandel *m*

stock exchange index ['stɒk ɪks'tʃeɪndʒ ɪndeks] *sb* Börsenindex *m*, Kursindex *m*

stock exchange list ['stɒk ɪks'tʃeɪndʒ lɪst] *sb* Kursblatt *n*, Kurszettel *m*

stock exchange operations ['stɒk ɪks-'tʃeɪndʒ ɒpə'reɪʃns] *pl* Börsengeschäfte *n/pl*

stock exchange order ['stɒk ɪks'tʃeɪndʒ 'ɔːdə] *sb* Börsenauftrag *m*

stock exchange price ['stɒk ɪks'tʃeɪndʒ praɪs] *sb* Börsenkurs *m*

stock exchange quotation ['stɒk ɪks-'tʃeɪndʒ kwəʊ'teɪʃən] *sb* Börsennotierung *f*

stock exchange regulations ['stɒk ɪks-'tʃeɪndʒ regjʊ'leɪʃnz] *pl* Börsenordnung *f*

stock exchange report ['stɒk ɪks'tʃeɪndʒ rɪ'pɔːt] *sb* Börsenbericht *m*

stock exchange rules ['stɒk ɪks'tʃeɪndʒ ruːlz] *pl* Börsenrecht *n*

stock exchange supervision ['stɒk ɪks-'tʃeɪndʒ suːpə'vɪʒn] *sb* Börsenaufsicht *f*

stock market ['stɒk 'maːkɪt] *sb* Börse *f*

stock market crash ['stɒk 'maːkɪt kræʃ] *sb* Börsenkrach *m*

stock market information ['stɒk 'maːkɪt ɪnfə'meɪʃn] *sb* Börsenauskunft *f*

stock market notice board ['stɒk 'maːkɪt 'nəʊtɪs bɔːd] *sb* Börsenaushang *m*

stock market transactions ['stɒk 'maːkɪt træn'zækʃənz] *pl* Börsengeschäfte *n/pl*

stockbook ['stɒkbʊk] *sb* Effektenbuch *n*

stockbroker ['stɒkbrəʊkə] *sb* Börsenmakler *m*, Effektenmakler *m*, Kursmakler *m*

stockholder ['stɒkhəʊldə] *sb (US)* Aktionär *m*

stockkeeping ['stɒkkiːpɪŋ] *sb* Lagerhaltung *f*

stockpile ['stɒkpaɪl] *sb 1.* Vorrat *m*, Stapelbestand *m; v 2.* aufstapeln

stockpiling ['stɒkpaɪlɪŋ] *sb* Vorratshaltung *f*

stock profits [stɒk 'prɒfɪts] *pl* Neubewertungsgewinn *m*

stockroom ['stɒkrʊm] *sb* Lager *n*

stocks [stɒks] *sb* Bestand *m*

stock-taking ['stɒkteɪkɪŋ] *sb* Bestandsaufnahme *f*

stock warrant [stɒk 'wɑrənt] *sb* Aktienbezugsrechtsschein *m*

stone [stəʊn] *sb (UK: unit of weight)* 6,35 kg

stop [stɒp] *v 1. (come to a halt)* anhalten; *2. Stop!* Halt! *3. (cease)* aufhören; ~ *at nothing* vor nichts zurückschrecken; *(an action)* aufhören mit; *4. (interrupt temporarily)* unterbrechen; *5. (a machine)* abstellen; *6. (payments, production)* einstellen; *7. (a cheque)* sperren; *sb 8.* Stillstand *m;* come to a ~ zum Stillstand kommen
stoppage ['stɒpɪdʒ] *sb 1. (interruption)* Unterbrechung *f; 2. (strike)* Streik *m*
stopping payment ['stɒpɪŋ 'peɪmənt] *sb* Schecksperre *f*
storage ['stɔːrɪdʒ] *sb* (Ein-)Lagerung *f; put into* ~ lagern
storage capacity ['stɔːrɪdʒ kə'pæsɪtɪ] *sb* Lagerkapazität *f*
store [stɔː] *v 1.* lagern; *(documents)* aufbewahren; *sb 2. (large shop)* Geschäft *n; (US: shop)* Laden *m; 3. (storage place)* Lager *n; (supply)* Vorrat *m; 4. (UK: computer)* Speicher *m*
storehouse ['stɔːhaʊs] *sb* Lagerhaus *n*
storekeeper ['stɔːkiːpə] *sb* Ladenbesitzer(in) *m/f*
storeroom ['stɔːrʊm] *sb* Lagerraum *m*
stores [stɔːz] *pl* Vorräte *pl,* Bestände *pl*
stowage ['stəʊɪdʒ] *sb 1. (stowing)* Beladen *n,* Verstauen *n; 2. (charge)* Staugebühr *f*
stow away [stəʊ ə'weɪ] *v (sth)* verstauen
strategic [strə'tiːdʒɪk] *adj* strategisch
strategic business area [strə'tiːdʒɪk 'bɪznɪs ɜːriːə] *sb* strategisches Geschäftsfeld *n*
strategic management [strə'tiːdʒɪk mænɪdʒmənt] *sb* strategische Führung *f*
strategic planning [strə'tiːdʒɪk 'plænɪŋ] *sb* strategische Planung *f*
strategy ['strætɪdʒɪ] *sb* Strategie *f*
streamline ['striːmlaɪn] *v* rationalisieren, bereinigen
strictly confidential ['strɪktlɪ kɒnfɪ'denʃəl] *adj* streng vertraulich
strike [straɪk] *v irr 1. (employees)* streiken; *sb 2. (by workers)* Streik *m,* Ausstand *m*
strikebound ['straɪkbaʊnd] *adj* bestreikt, von Streik betroffen
strike-breaker ['straɪkbreɪkə] *sb* Streikbrecher *m*
strike pay ['straɪk peɪ] *sb* Streikgelder *n/pl*
striker ['straɪkə] *sb* Streikende(r) *f/m,* Ausständige(r) *f/m*
structural ['strʌktʃərəl] *adj* strukturell, Struktur...
structural change ['strʌktʃərəl 'tʃeɪndʒ] *sb* Strukturwandel *m*

structural loan ['strʌktʃərəl 'ləʊn] *sb* Strukturkredit *m*
structural policy ['strʌktʃərəl 'pɒlɪsɪ] *sb* Strukturpolitik *f*
structural reform ['strʌktʃərəl rɪ'fɔːm] *sb* Strukturreform *f*
structure ['strʌktʃə] *v 1.* strukturieren; *2. (an argument)* aufbauen, gliedern; *sb 3.* Struktur *f*
structure of distribution ['strʌktʃə əv dɪstrɪ'bjuːʃən] *sb* Vertriebsstruktur *f*
structure of the balance sheet ['strʌktʃə əv ðə 'bæləns ʃiːt] *sb* Bilanzstruktur *f*
structuring of operations ['strʌktʃərɪŋ əv ɒpə'reɪʃns] *sb* Ablauforganisation *f*
suable ['sjuːəbl] *adj* einklagbar
subaccount [sʌbə'kaʊnt] *sb* Unterkonto *n*
subagent ['sʌbeɪdʒənt] *sb* Untervertreter *m*
subbranch ['sʌbbrɑːntʃ] *sb* Zweigstelle *f*
subcontractor ['sʌbkəntræktə] *sb* Subunternehmer *m,* Zulieferer *m*
subdivision ['sʌbdɪvɪʒn] *sb* Aufgliederung *f,* Untergliederung *f*
subject to confirmation ['sʌbtʃekt tu kɒnfɜː'meɪʃn] *adj* freibleibend
sublease ['sʌbliːs] *sb* Untervermietung *f,* Unterverpachtung *f*
submission [səb'mɪʃən] *sb* Vorlage *f,* Einreichung *f*
subordinate [sə'bɔːdɪneɪt] *sb* Untergebene(r) *f/m,* Mitarbeiter(in) *m/f*
subscribe [səb'skraɪb] *v* ~ *to (a publication)* abonnieren
subscribed capital [səb'skraɪbd 'kæpɪtl] *sb* gezeichnetes Kapital *n*
subscriber [səb'skraɪbə] *sb* Abonnent *m*
subscription agency [səb'skrɪpʃn 'eɪdʒənsɪ] *sb* Bezugsstelle *f*
subscription blank [səb'skrɪpʃn blæŋk] *sb* Zeichnungsschein *m*
subscription conditions [səb'skrɪpʃn kən'dɪʃnz] *pl* Bezugsbedingungen *f/pl*
subscription day [səb'skrɪpʃn deɪ] *sb* Bezugstag *m*
subscription for shares [səb'skrɪpʃn fɔː ʃeəs] *sb* Aktienzeichnung *f*
subscription form [səb'skrɪpʃn fɔːm] *sb* Zeichnungsschein *m*
subscription period [səb'skrɪpʃn piːrɪəd] *sb* Bezugsfrist *f,* Zeichnungsfrist *f*
subscription premium [səb'skrɪpʃn 'priːmɪəm] *sb* Zeichnungsagio *n*
subscription price [səb'skrɪpʃn praɪs] *sb* Bezugskurs *m,* Bezugsrechtnotierung *f,* Bezugsrechtskurs *m*

subscription right [səb'skrɪpʃn raɪt] *sb*
Bezugsrecht *n*
subscription rights parity [səb'skrɪpʃn
raɪts 'pærɪtɪ] *sb* Bezugsrechtsparität *f*
subscription warrant [səb'skrɪpʃn
wɒrənt] *sb* Bezugsschein *m*
subsequent ['sʌbsɪkwənt] *adj* nachfolgend,
nachträglich
subsequent payment ['sʌbsɪkwent 'peɪ-
mənt] *sb* Nachschuss *m*
subsidiary [səb'sɪdɪərɪ] *adj 1.* Tochter...,
Neben...; *sb 2.* Tochtergesellschaft *f*
subsidiary agreement [səbsɪdɪərɪ ə'griː-
mənt] *sb* Nebenabreden *f/pl*
subsidize ['sʌbsɪdaɪz] *v* subventionieren
subsidy ['sʌbsədɪ] *sb* Subvention *f,* Zuschuss *m*
subsistence [səb'sɪstəns] *sb (means of ~)*
Lebensunterhalt *m*
subsistence minimum [səb'sɪstəns 'mɪ-
nɪməm] *sb* Existenzminimum *n*
subsistence wage [səb'sɪstəns weɪdʒ] *sb*
Mindestlohn *m*
substance ['sʌbstəns] *sb* Substanz *f*
substitute ['sʌbstɪtjuːt] *v 1. ~ for s.o.*
jdn vertreten, als Ersatz für jdn dienen; *sb*
Ersatz *m; 2. (person)* Vertretung *f; adj* Ersatz...
substitute delivery ['sʌbstɪtjuːt dɪ'lɪvərɪ]
sb Ersatzlieferung *f*
substitute goods ['sʌbstɪtjuːt 'gʊdz] *sb*
Substitutionsgüter *n/pl*
substitute purchase ['sʌbstɪtjuːt 'pɜːtʃɪs]
sb Ersatzkauf *m*
substitute transfer ['sʌbstɪtjuːt 'trænsfə]
sb Ersatzüberweisung *f*
substitution [sʌbstɪ'tjuːʃən] *sb* Substitution *f,* Ersetzen *n,* Einsetzen *n*
substitution of debt [sʌbstɪ'tjuːʃən əv
det] *sb* Schuldenauswechslung *f*
subtract [seb'trækt] *v* abziehen, subtra-
hieren
succession [sək'seʃən] *sb (to a post)* Nachfolge *f*
successor [sək'sesə] *sb* Nachfolger(in) *m/f*
successor company [sək'sesə 'kʌmpənɪ]
sb Betriebsnachfolge *f*
success-oriented [sək'ses'ɔːrɪəntɪd] *adj*
erfolgsorientiert
success rate [sək'ses reɪt] *sb* Erfolgs-
quote *f*
sue [suː] *v* klagen, Klage erheben; *~ s.o.*
gegen jdn gerichtlich vorgehen, jdn belangen;
~ s.o. for damages jdn auf Schadenersatz verklagen

sufficient [sə'fɪʃənt] *adj* genügend, genug,
ausreichend
suit [suːt] *sb* Prozess *m,* Verfahren *n*
suitability [suːtə'bɪlɪtɪ] *sb (of an applicant)*
Eignung *f*
suitable ['suːtəbl] *adj* geeignet, passend
sum [sʌm] *sb 1.* Summe *f; 2. (of money)*
Betrag *m,* Summe *f,* Geldsumme *f; v 3.* summieren, zusammenzählen
sum due [sʌm djuː] *sb* ausstehender Betrag
m, fälliger Betrag *m*
sum total [sʌm 'təʊtəl] *sb* Gesamtbetrag *m*
summons ['sʌmənz] *sb* gerichtliches Mahnverfahren *n*
Sunday work ['sʌndeɪ wɜːk] *sb* Sonntagsarbeit *f*
super-dividend ['suːpədɪvɪdənd] *sb* Überdividende *f*
superficial [suːpə'fɪʃəl] *adj* oberflächlich
superfluous [sʊ'pɜːfluəs] *adj* überflüssig
superior [sʊ'pɪərɪə] *adj 1. (better)* besser;
(abilities) überlegen; *(in rank)* höher; *sb 2. (in
rank)* Vorgesetzte(r) *f/m*
superstore ['suːpəstɔː] *sb* Verbrauchermarkt *m*
supervise ['suːpəvaɪz] *v* beaufsichtigen,
überwachen
supervision [suːpə'vɪʒn] *sb* Dienstaufsicht
f, Aufsicht *f,* Beaufsichtigung *f*
supervisor ['suːpəvaɪzə] *sb* Aufse-
her(in) *m/f*
supervisory board [suːpə'vaɪzərɪ bɔːd] *sb*
Aufsichtsrat *m*
supplement ['sʌplɪmənt] *v 1.* ergänzen;
sb 2. Ergänzung *f; 3. (in a newspaper)* Beilage *f*
supplementary [sʌplɪ'mentərɪ] *adj* zusätzlich, Zusatz...
supplementary payment [sʌplɪ'mentərɪ
'peɪment] *sb* Nachzahlung *f*
supplementary staff costs [sʌplɪ'mentərɪ
'stɑːf kɒsts] *pl* Personalnebenkosten *pl*
supplier [sə'plaɪə] *sb* Lieferant *m*
supplier's credit [sə'plaɪəz 'kredɪt] *sb*
Lieferantenkredit *m*
supplies [sə'plaɪz] *pl* Betriebsstoffe *m/pl,*
Hilfsstoffe *m/pl*
supply [sə'plaɪ] *v 1.* sorgen für; *2. (goods,
public utilities)* liefern; *sb 3. (act of supplying)*
Versorgung *f; 4. ~ and demand* Angebot und
Nachfrage; *5. (thing supplied)* Lieferung *f;
(delivery)* Lieferung *f; 6. (stock)* Vorrat *m*
supply bond [sə'plaɪ bɒnd] *sb* Leistungsgarantie *f,* Erfüllungsgarantie *f*

supply contract [sə'plaɪ 'kɒntrækt] *sb*
Liefervertrag *m*
supply of capital [sə'plaɪ əv 'kæpɪtl] *sb*
Kapitalangebot *n*
supply of money [sə'plaɪ əv 'mʌnɪ] *sb*
Geldangebot *n*
supply-oriented economic policy [sə'plaɪ-
'ɔːrɪentɪd iːkə'nɒmɪk 'pɒlɪsɪ] *sb* angebotsorientierte Wirtschaftspolitik *f*
supply structure [sə'plaɪ 'strʌkʃə] *sb*
Angebotsstruktur *f*
support [sə'pɔːt] *sb 1.* Unterstützung *f; 2.*
Kursunterstützung *f*, Kurspflege *f*
support buying [sə'pɔːt 'baɪŋ] *sb* Stützungskauf *m*
support fee [sə'pɔːt fiː] *sb* Avalprovision *f*
support level [sə'pɔːt 'levəl] *sb* Unterstützungslinie *f*
supreme [sʊ'priːm] *adj the Supreme Court*
das oberste Gericht *n*
surcharge ['sɜːtʃɑːdʒ] *sb* Zuschlag *m*
surety ['ʃʊərətɪ] *sb* Sicherheit *f*, Kaution *f*,
Delkredere *n*
surety bond ['ʃʊərətɪ bɒnd] *sb* Kautions-
urkunde *f*, Bürgschaftserklärung *f*
surpass [sə'pɑːs] *v* übersteigen, übertreffen
surplus ['sɜːplʌs] *sb 1.* Überschuss *m; adj*
2. überschüssig
surplus on current account ['sɜːplʌs ɒn
'kʌrənt ə'kaʊnt] *sb* Leistungsbilanzüber-
schuss *m*
surplus reserve ['sɜːplʌs rɪ'zɜːv] *sb* Überschussreserve *f*
surplus saving ['sɜːplʌs 'seɪvɪŋ] *sb* Plus-
Sparen *n*, Überschuss-Sparen *n*
surtax ['sɜːtæks] *sb* Steuerzuschlag *m*
survey [sɜː'veɪ] *v 1. (fam: poll)* befragen;
['sɜːveɪ] *sb 2. (poll)* Umfrage *f*
survey report ['sɜːveɪ rɪ'pɔːt] *sb* Haverie-
zertifikat *n*
suspension of payments [sʌs'penʃən əv
'peɪmənts] *sb* Zahlungseinstellung *f*
swap [swɒp] *v 1.* tauschen; ~ *sth for sth* etw
gegen etw austauschen; *sb 2.* Tausch *m*
swap agreement [swɒp ə'griːmənt] *sb*
Swapabkommen *n*
swap credit [swɒp 'kredɪt] *sb* Swapkredit *m*
swap market [swɒp 'mɑːkɪt] *sb* Swap-
markt *m*
swap policy [swɒp 'pɒlɪsɪ] *sb* Swappolitik *f*
swap rate ['swɒp reɪt] *sb* Swapsatz *m*
swap transaction [swɒp træn'zækʃn] *sb*
Swapgeschäft *n*

swing [swɪŋ] *sb* Swing *m*, Kreditmarge *f*
swing shift ['swɪŋ ʃɪft] *sb (US)* Spätschicht *f*
switchboard ['swɪtʃbɔːd] *sb 1.* Telefonvermittlung *f; (in an office)* Telefonzentrale *f;*
2. (panel) Schalttafel *f*
switch off [swɪtʃ ɒf] *v* ausschalten, abschalten
switch on [swɪtʃ ɒn] *v* einschalten, an-
schalten
switch premium [swɪtʃ 'priːmiəm] *sb*
Switchprämie *f*
switch-type financing ['swɪtʃtaɪp 'faɪ-
nænsɪŋ] *sb* Umfinanzierung *f*
sworn statement [swɔːn 'steɪtmənt] *sb*
beeidigte Erklärung *f*
synchronization [sɪŋkrənaɪ'zeɪʃən] *sb*
Abstimmung *f*
synchronize ['sɪŋkrənaɪz] *v 1.* abstimmen;
(two or more things) aufeinander abstimmen;
2. (clocks) gleichstellen; ~ *your watches*
stimmen Sie Ihre Uhren aufeinander ab
synchronous production ['sɪŋkrənəs prɒ-
'dʌkʃn] *sb* Synchronfertigung *f*
syndic ['sɪndɪk] *sb* Syndikus *m*
syndicate ['sɪndɪkət] *sb* Konsortium *n*
syndicated credit ['sɪndɪkeɪtɪd 'kredɪt] *sb*
Konsortialkredit *m*
syndicate department ['sɪndɪkət dɪ'pɑːt-
mənt] *sb* Konsortialabteilung *f*
syndicate holdings ['sɪndɪkət 'həʊldɪŋz]
pl Konsortialbeteiligungen *f/pl*
syndicate transaction ['sɪndɪkət træn-
'zækʃn] *sb* Konsortialgeschäft *n*
syndication [sɪndɪ'keɪʃən] *sb* Syndizierung *f*
synergy ['sɪnədʒiː] *sb* Synergieeffekte *m/pl*
synodal bond [sɪ'nəʊdl 'bɒnd] *sb* Synodalobligation *f*
system ['sɪstəm] *sb* System *n*
systematic [sɪstə'mætɪk] *adj* systematisch
system control ['sɪstəm kɒn'trəʊl] *sb*
Systemsteuerung *f*
system of exchange rates ['sɪstəm əv
ɪks'tʃeɪndʒ reɪts] *sb* Wechselkurssystem *n*
system of internal audits ['sɪstəm əv ɪn-
'tɜːnəl 'ɔːdɪts] *sb* internes Kontrollsystem
(IKS) *n*
system of specialized banking ['sɪstəm əv
'speʃəlaɪzd 'bæŋkɪŋ] *sb* Trennbanksystem *n*
system of taxation ['sɪstəm əv tæk'seɪ-
ʃən] *sb* Steuersystem *n*
systems engineering [sɪstəmz endʒɪ'nɪə-
rɪŋ] *sb* Anlagenbau *m*

tab   162   **taxation**

T

tab [tæb] *sb (on a file card)* Reiter *m*
table [teɪbl] *sb* Tabelle *f*
table of costs [teɪbl əv 'kɒsts] *sb* Gebühren-
verzeichnis *n*
tablet ['tæblɪt] *sb (US: note pad)* Notizblock *m*
table work [teɪbl wɜːk] *sb* Tabellensatz *m*
tabular ['tæbjʊlə] *adj* tabellarisch
tabulate ['tæbjʊleɪt] *v* tabellarisch dar-
stellen, tabellarisieren
tactics ['tæktɪks] *pl* Taktik *f*
tag [tæg] *sb (label)* Schild *n; (name ~)*
Namensschild *n; (with manufacturer's name)*
Etikett *n*
tailboard ['teɪlbɔːd] *sb* Ladeklappe *f*
tailor-made ['teɪləmeɪd] *adj (fig)* genau zu-
geschnitten
take [teɪk] *v irr 1. (~ over)* übernehmen;
2. (measure) messen; *3. (transport)* bringen;
4. (a poll) durchführen; *5. (dictation)* aufnehmen
take in [teɪk 'ɪn] *v irr (money)* einnehmen
take off [teɪk 'ɒf] *v irr 1. (start to have success)* ankommen; *2. (a day from work)* frei
nehmen
take on [teɪk 'ɒn] *v irr 1. (undertake)* übernehmen; *2. (an opponent)* antreten gegen;
3. (give a job to) einstellen, anstellen
take out [teɪk 'aʊt] *v irr (money from a
bank)* abheben; *~ an insurance policy* eine
Versicherung abschließen
take over [teɪk 'əʊvə] *v irr* die Leitung
übernehmen
takeover ['teɪkəʊvə] *sb* Übernahme *f,*
Machtergreifung *f*
takeover of a business ['teɪkəʊvə əv ə
'bɪznɪs] *sb* Geschäftsübernahme *f*
takeover offer ['teɪkəʊvə 'ɒfə] *sb* Übernahmeangebot *n*
take-over profit [teɪk'əʊvə 'prɒfɪt] *sb*
Übernahmegewinn *m*
take-over speculation [teɪk'əʊvə spek-
jʊ'leɪʃn] *sb* Aufkaufspekulation *f*
takeover target ['teɪkəʊvə 'tɑːgɪt] *sb*
Übernahmekandidat *m*
taker ['teɪkə] *sb* Käufer *m*
taking of the inventory ['teɪkɪŋ əv ði: ɪn-
'ventərɪ] *sb* Inventur *f*
talk [tɔːk] *sb* Gespräch *n; have a ~ with s.o.*
mit jdm reden
talk over [tɔːk 'əʊvə] *v* besprechen

tally sheet ['tælɪ ʃiːt] *sb* Kontrollliste *f*
talon for renewal of coupon sheet
['tælən fɔː rɪ'njuːəl əv 'kuːpən ʃiːt] *sb* Erneuerungsschein *m*
tangible fixed assets ['tændʒɪbl fɪkst
'æsets] *pl* Sachanlagevermögen *n*
tap issue [tæp 'ɪʃuː] *sb* Daueremission *f*
tardy ['tɑːdɪ] *adj* spät; *(person)* säumig
tare [tɛə] *sb* Tara *f*
target band ['tɑːgɪt bænd] *sb* Zielkorridor *m*
target calculation ['tɑːgɪt kælkjʊ'leɪʃən]
sb Plankalkulation *f*
target cost accounting ['tɑːgɪt kɒst
ə'kaʊntɪŋ] *sb* Zielkostenrechnung *f*
target date ['tɑːgɪt deɪt] *sb* Stichtag *m,*
Termin *m*
target figures ['tɑːgɪt 'fɪgəz] *pl* Sollzahlen *f/pl*
target group ['tɑːgɪt gruːp] *sb* Zielgruppe *f*
target price ['tɑːgɪt praɪs] *sb* Zielpreis *m*
target saving ['tɑːgɪt 'seɪvɪŋ] *sb* Zwecksparen *n*
target-performance comparison [tɑːgɪt-
pə'fɔːməns kɒm'pærɪsn] *sb* Soll-Ist-Vergleich (Betriebswirtschaft) *m*
target value ['tɑːgɪt 'væljuː] *sb* Richtwert
m, Zielwert *m*
target yield ['tɑːgɪt jiːld] *sb* Sollaufkommen *n*
tariff ['tærɪf] *sb 1.* (Zoll-)Tarif *m,* Zollgebühr
f; 2. (price list) Preisverzeichnis *n*
tariff barriers ['tærɪf 'bærɪəz] *pl* tarifäre
Handelshemmnisse *n/pl*
tariff quota ['tærɪf 'kwəʊtə] *sb* Zollkontin-
gent *n*
tariff value ['tærɪf 'væljuː] *sb* Tarifwert *m*
task-oriented synthesis ['tɑːskɔːrɪentɪd
'sɪnθɪsɪs] *sb* Aufgabensynthese *f*
task wage ['tɑːsk weɪdʒ] *sb* Akkordlohn *m*
taskwork ['tɑːskwɜːk] *sb* Akkordarbeit *f*
tax [tæks] *sb* Steuer *f; v (s.o., sth)* besteuern
taxable ['tæksəbl] *adj* steuerpflichtig
tax abatement [tæks ə'beɪtmənt] *sb* Steuer-
nachlass *m*
tax accounting [tæks ə'kaʊntɪŋ] *sb* Steuer-
buchhaltung *f*
tax adviser [tæks əd'vaɪzə] *sb* Steuer-
berater(in) *m/f*
tax assessment [tæks ə'sesmənt] *sb*
Steuerveranlagung *f,* Veranlagung *f*
taxation [tæk'seɪʃn] *sb* Besteuerung *f*

taxation of specific property [tæk'seɪʃn əv spə'sɪfɪk 'prɒpətɪ] *sb* Objektbesteuerung *f*
taxation privilege [tæk'seɪʃən 'prɪvəlɪdʒ] *sb* Steuervergünstigung *f*
taxation procedure [tæk'seɪʃn prə'siːdʒə] *sb* Besteuerungsverfahren *n*
tax at source [tæks æt 'sɔːs] *sb* Quellensteuer *f*
tax auditor [tæks 'ɔːdɪtə] *sb* Steuerprüfer(in) *m/f*
tax balance sheet [tæks 'bæləns ʃiːt] *sb* Steuerbilanz *f*
tax basis [tæks 'beɪsɪs] *sb* Besteuerungsgrundlage *f*
tax bracket [tæks 'brækɪt] *sb* Steuerklasse *f*
tax deduction [tæks dɪ'dʌkʃn] *sb* Steuerabzug *m*
tax deferral [tæks dɪ'fɜːrəl] *sb* Steuerstundung *f*
taxes deemed to be imposed on a person ['tæksɪz 'diːmd tu biː ɪm'pəʊzd ɒn ə 'pɜːsn] *pl* Personensteuern *f/pl*
taxes from income and property ['tæksɪz frɒm 'ɪnkʌm ænd 'prɒpətɪ] *pl* Besitzsteuern *f/pl*
taxes on transactions ['tæksɪz ɒn træn'zækʃns] *pl* Verkehrsteuern *f/pl*
tax evasion [tæks ɪ'veɪʒən] *sb* Steuerhinterziehung *f*
tax exemption [tæks əks'empʃn] *sb* Steuerbefreiung *f*
tax form [tæks fɔːm] *sb* Steuerformular *n*
tax-free ['tæksfriː] *adj* steuerfrei
tax-free amount ['tæksfriː ə'maʊnt] *sb* Freibetrag *m*
tax haven [tæks 'heɪvn] *sb* Steueroase *f*
tax increase [tæks 'ɪŋkriːs] *sb* Steuererhöhung *f*
tax inspection [tæks ɪn'spekʃn] *sb* Steuerprüfung *f*
tax item [tæks 'aɪtəm] *sb* Steuerposten *m*
taxless ['tæksləs] *adj* unbesteuert
tax loss carryback [tæks lɒs 'kerɪbæk] *sb* Verlustrücktrag *m*
tax on earnings [tæks ɒn 'ɜːnɪŋz] *sb* Ertragsteuer *f*
tax on income [tæks ɒn 'ɪnkʌm] *sb* Ertragssteuer *f*
tax on investment income [tæks ɒn ɪn'vestmənt 'ɪnkʌm] *sb* Kapitalertragsteuer *f*
tax on real estate [tæks ɒn rɪəl ɪs'teɪt] *sb* Realsteuern *f/pl*
tax on speculative gains [tæks ɒn 'spekjʊlətɪv 'geɪnz] *sb* Spekulationssteuer *f*

taxpayer ['tækspeɪə] *sb* Steuerzahler(in) *m/f*
tax-privileged saving ['tæksprɪvɪlɪdʒd 'seɪvɪŋ] *sb* steuerbegünstigtes Sparen *n*
tax-privileged securities ['tæksprɪvɪlɪdʒd sɪ'kjʊərɪtiz] *pl* steuerbegünstigte Wertpapiere *n/pl*
tax reform ['tæks rɪ'fɔːm] *sb* Steuerreform *f*
tax return ['tæks rɪ'tɜːn] *sb* Steuererklärung *f*, Deklaration *f*
tax sheltered [tæks 'ʃeltəd] *adj* steuerbegünstigt
tax treatment of yield [tæks 'triːtmənt əv 'jiːld] *sb* Ertragsbesteuerung *f*
tax write-off [tæks 'raɪtɒf] *sb* Steuerabschreibung *f*
tax yield [tæks jiːld] *sb* Steueraufkommen *n*
team [tiːm] *sb* Mannschaft *f*, Team *n*
team work ['tiːm wɜːk] *sb* Teamarbeit *f*, Gruppenarbeit *f*
tech issue [tek 'ɪʃuː] *sb* Technologiewert *m*, Technologieaktie *f*
technical ['teknɪkl] *adj* technisch, Fach...
technical analysis ['teknɪkl ə'nælɪsɪs] *sb* technische Analyse *f*
technical book ['teknɪkl bʊk] *sb* Fachbuch *n*
Technical Control Board ['teknɪkl kən'trəʊl bɔːd] *sb* Technischer Überwachungsverein (TÜV) *m*
technical journal ['teknɪkl 'dʒɜːnəl] *sb* Fachzeitschrift *f*
technical term ['teknɪkl tɜːm] *sb* Fachausdruck *m*, Fachterminus *m*
technicality [teknɪ'kælɪtɪ] *sb (petty detail)* Formsache *f*
technician [tek'nɪʃən] *sb* Techniker *m*
technique [tek'niːk] *sb* (Arbeits-)Technik *f*
technological [teknə'lɒdʒɪkəl] *adj* technologisch
technology centre [tek'nɒlədʒɪ sentə] *sb* Technologiezentrum *n*
technology payment order [tek'nɒlədʒɪ 'peɪmənt 'ɔːdə] *sb* telegrafische Anweisung *f*
technology push [tek'nɒlədʒɪ pʊʃ] *sb* Innovationsschub *m*
technology stock market [tek'nɒlədʒɪ stɒk 'mɑːkɪt] *sb* Technologiebörse *f*
telebanking ['telɪbæŋkɪŋ] *sb* Tele-Banking *n*
telecommunications [telɪkəmjʊnɪ'keɪʃns] *pl* Telekommunikation *f*
telecommuter ['telɪkəmjuːtə] *sb* Telearbeiter(in) *m/f*
teleconference [telɪ'kɒnfərens] *sb* Telekonferenz *f*

telegram ['telɪgræm] *sb* Telegramm *n;* send a ~ telegrafieren
telegraphic transfer [telɪ'græfɪk 'trænsfɜː] *sb* telegrafische Auszahlung *f*
telemarketing ['telɪmɑːkətɪŋ] *sb* Telefonmarketing *n,* Telemarketing *n*
teleorder ['telɪɔːdə] *v* elektronisch bestellen
telephone ['telɪfəʊn] *sb 1.* Telefon *n,* Fernsprecher *m;* to be on the ~ am Telefon sein; *v 2. (s.o.)* anrufen; telefonieren
telephone call ['telɪfəʊn kɔːl] *sb* Telefonanruf *m*
telephone carrier ['telɪfəʊn 'kærɪə] *sb* Telefonnetzbetreiber *m*
telephone conversation ['telɪfəʊn kɒnvə'seɪʃən] *sb* Telefongespräch *n*
telephone dealings ['telɪfəʊn 'diːlɪŋs] *pl* Telefonverkehr *m*
telephone directory ['telɪfəʊn dɑɪ'rektərɪ] *sb* Telefonbuch *n,* Telefonverzeichnis *n*
telephone marketing ['telɪfəʊn 'mɑːkɪtɪŋ] *sb* Telefonmarketing *n*
telephone subscriber ['telɪfəʊn səb'skraɪbə] *sb* Fernsprechteilnehmer(in) *m/f*
teleprinter ['telɪprɪntə] *sb* Fernschreiber *m*
teleselling ['telɪselɪŋ] *sb (UK)* Telefonverkauf *m*
teleservice ['telɪsɜːvɪs] *sb* Teleservice *m*
teleshopping ['telɪʃɒpɪŋ] *sb* Teleshopping *n*
telework ['telɪwɜːk] *sb* Telearbeit *f*
telex ['teleks] *sb (message)* Telex *n; (machine)* Fernschreiber *m*
teller ['telə] *sb (in a bank)* Kassierer(in) *m/f*
temp [temp] *sb (fam)* Aushilfe *f,* Aushilfskraft *f*
temporality [tempə'rælɪtɪ] *sb* zeitliche Befristung *f*
temporary ['temprərɪ] *adj 1. (provisional)* vorläufig, provisorisch; *sb 2. (~ employee)* Aushilfe *f,* Aushilfskraft *f*
temporary assistance ['temprərɪ ə'sɪstəns] *sb* Überbrückungsgeld *n*
temporary help ['temprərɪ help] *sb* Aushilfe *f,* Aushilfskraft *f*
temporary injunction ['temprərɪ ɪn'dʒʌŋkʃən] *sb* einstweilige Verfügung *f*
temporary joint venture ['temprərɪ dʒɔɪnt 'ventʃə] *sb* Gelegenheitsgesellschaft *f*
temporary restraining order ['temprərɪ rɪ'streɪnɪŋ 'ɔːdə] *sb* einstweilige Verfügung *f*
tenancy ['tenənsɪ] *sb* Mietverhältnis *n,* Pachtverhältnis *n*
tenant ['tenənt] *sb* Mieter(in) *m/f*

tenant's contribution to the construction costs ['tenənts kɒntrɪ'bjuːʃn tu ðə kən'strʌkʃn kɒsts] *sb* Baukostenzuschuss *m*
tenant's credit ['tenənts 'kredɪt] *sb* Pächterkredit *m*
tend [tend] *v (a machine)* bedienen
tendency ['tendənsɪ] *sb* Richtung *f,* Tendenz *f*
tender ['tendə] *sb 1.* Angebot *n,* Offerte *f;* Tender *m; 2. legal* ~ gesetzliches Zahlungsmittel *n*
tender agreement ['tendə ə'griːmənt] *sb* Submissionsvertrag *m*
tender date ['tendə deɪt] *sb* Ausschreibungstermin *m*
tender guarantee ['tendə gærən'tiː] *sb* Bietungsgarantie *f*
tender procedure ['tendə prə'siːdʒə] *sb* Tenderverfahren *n*
term [tɜːm] *sb (period)* Zeit *f,* Dauer *f,* Laufzeit *f; (limit)* Frist *f*
term account [tɜːm ə'kaʊnt] *sb* Festgeldkonto *n*
term for acceptance [tɜːm fɔː ək'septəns] *sb* Annahmefrist *f,* Akzeptfrist *f*
term for filing [tɜːm fɔː 'faɪlɪŋ] *sb* Einreichungsfrist *f*
term fund [tɜːm fʌnd] *sb* Laufzeitfonds *m*
terminable ['tɜːmɪnəbl] *adj* befristet, begrenzt
terminate ['tɜːmɪneɪt] *v 1. (contract)* ablaufen; *2. (sth)* beenden, beschließen; *3. (a contract)* kündigen
termination [tɜːmɪ'neɪʃn] *sb* Kündigung *f*
termination agreement [tɜːmɪ'neɪʃən ə'griːmənt] *sb* Abfindungsvertrag *m*
termination of business [tɜːmɪ'neɪʃn əv 'bɪznɪs] *sb* Betriebsaufgabe *f*
termination without notice [tɜːmɪ'neɪʃən wɪð'aʊt 'nəʊtɪs] *sb* fristlose Kündigung *f*
term of a contract [tɜːm əv ə 'kɒntrækt] *sb* Vertragsdauer *f*
term of delivery [tɜːm əv dɪ'lɪvərɪ] *sb* Lieferfrist *f*
term of maturity [tɜːm əv mə'tjʊərətɪ] *sb* Laufzeit *f*
term of protection [tɜːm əv prə'tekʃən] *sb* Schutzfrist *f*
terms and conditions of business [tɜːmz ænd kən'dɪʃnz əv 'bɪznɪs] *pl* Geschäftsbedingungen *f/pl*
terms and conditions of employment [tɜːmz ænd kən'dɪʃnz əv ɪm'plɔɪmənt] *pl* Arbeitsbedingungen *f/pl*

terms and conditions of issue [tɜːmz ænd kən'dɪʃnz əv 'ɪʃuː] *pl* Emissionsbedingungen *f/pl*
terms of delivery ['tɜːmz əv dɪ'lɪvərɪ] *pl* Lieferbedingung *f*
terms of payment ['tɜːmz əv 'peɪmənt] *pl* Zahlungsbedingung *f*, Zahlungsfrist *f*
territory ['terɪtərɪ] *sb (sales ~)* Bezirk *m*, Bereich *m*
tertiary demand ['tɜːʃərɪ dɪ'mɑːnd] *sb* Tertiärbedarf *m*
tertiary sector ['tɜːʃərɪ 'sektə] *sb* tertiärer Sektor *m*
test [test] *v 1.* testen, prüfen; *sb 2.* Test *m*, Prüfung *f*; Probe *f; put sth to the ~* etw auf die Probe stellen; *stand the ~ of time* die Zeit überdauern; *3. (check)* Kontrolle *f*
test case [test keɪs] *sb* Musterfall *m*
test market [test 'mɑːkɪt] *sb* Testmarkt *m*
testate ['testeɪt] *adj* ein Testament hinterlassend
testify ['testɪfaɪ] *v (in a courtroom, at the police)* aussagen
testimonial [testɪ'məʊnjəl] *sb 1.* Zeugnis *n; 2. (character recommendation)* Empfehlungsschreiben *n*
testimony ['testɪmənɪ] *sb* Aussage *f*
text configuration [tekst kɒnfɪgjə'reɪʃən] *sb* Textgestaltung *f*
theory ['θɪərɪ] *sb* Theorie *f*
theory of income determination ['θɪərɪ əv 'ɪnkʌm dɪtɜːmɪ'neɪʃn] *sb* Einkommenstheorie *f*
theory of interaction ['θɪərɪ əv ɪntə'ækʃn] *sb* Interaktionstheorie *f*
theory of interest ['θɪərɪ əv 'ɪntrəst] *sb* Zinstheorie *f*
think tank ['θɪŋk tæŋk] *sb* Denkfabrik *f*
third countries [θɜːd 'kʌntriːz] *pl* Drittländer *f/pl*
third-party debtor [θɜːd'pɑːtɪ 'detə] *sb* Drittschuldner *m*
third-party information [θɜːd'pɑːtɪ ɪnfə'meɪʃn] *sb* Drittauskunft *f*
third-party liability insurance [θɜːd'pɑːtɪ laɪə'bɪlɪtɪ ɪn'ʃʊərəns] *sb* Haftpflichtversicherung *f*
third-party mortgage [θɜːd'pɑːtɪ 'mɔːgɪdʒ] *sb* Fremdhypothek *f*
third-rate ['θɜːdreɪt] *adj* drittklassig, drittrangig
three months' money ['θriː mʌnθs 'mʌnɪ] *sb* Dreimonatsgeld *n*
three months' papers ['θriː mʌnθs 'peɪpəz] *pl* Dreimonatspapier *n*
three-mile zone [θriː'maɪl zəʊn] *sb (nautical)* Dreimeilenzone *f*

thriftiness ['θrɪftɪnɪs] *sb* Sparsamkeit *f*, Wirtschaftlichkeit *f*
thrifty ['θrɪftɪ] *adj* sparsam
thrive [θraɪv] *v irr (fig: do well)* blühen, Erfolg haben
throw away [θrəʊ ə'weɪ] *v irr* wegwerfen; *(fam: money)* verschwenden
throw in [θrəʊ 'ɪn] *v irr (with a purchase)* mit in den Kauf geben, dazugeben, dreingeben
throw-in ['θrəʊɪn] *sb* Zugabe *f*
ticker ['tɪkə] *sb* Börsentelegraf *m*
ticker tape ['tɪkə teɪp] *sb* Lochstreifen *m*
ticket day ['tɪkɪt deɪ] *sb* Tag vor dem Abrechnungstag *m*
tide-over credit ['taɪdəʊvə 'kredɪt] *sb* Überbrückungskredit *m*
tied production [taɪd prə'dʌkʃən] *sb* Koppelproduktion *f*
tight [taɪt] *adj 1. (fig: money)* knapp; *(schedule)* knapp bemessen; *2. (control)* streng
till [tɪl] *sb* Ladenkasse *f*
time ['taɪm] *sb* Zeit *f; ~ and a half* fünfzig Prozent Zuschlag
time bargain [taɪm 'bɑːgən] *sb* Termingeschäft *n*
timecard ['taɪmkɑːd] *sb* Stempelkarte *f*
time clock [taɪm klɒk] *sb* Stechuhr *f*
time deposit [taɪm dɪ'pɒsɪt] *sb* Termineinlagen *f/pl*, Termingeld *n*, Festgeld *n*
time draft [taɪm drɑːft] *sb* Zeitwechsel *m*, Zeittratte *f*
time for delivery [taɪm fɔː dɪ'lɪvərɪ] *sb* Lieferfrist *f*
time-lag ['taɪmlæg] *sb* Zeitverschiebung *f*
time limit ['taɪm 'lɪmɪt] *sb* Befristung *f*, Ablauffrist *f*
time loan ['taɪm ləʊn] *sb* Ratenkredit *m*
timely ['taɪmlɪ] *adj* fristgerecht
time of expiration [taɪm əv ekspɪ'reɪʃn] *sb* Verfallzeit *f*
time of validity [taɪm əv və'lɪdətɪ] *sb* Geltungsdauer *f*
time off [taɪm 'ɒf] *sb* Fehlzeiten *f/pl*
timescale ['taɪmskeɪl] *sb* zeitlicher Rahmen *m*
time-share ['taɪmʃeə] *adj* Timesharing...
time study [taɪm 'stʌdɪ] *sb* Zeitstudie *f*
timetable ['taɪmteɪbl] *sb* Zeittabelle *f*, Fahrplan *m (fam)*
time wages [taɪm 'weɪdʒɪz] *pl* Zeitlohn *m*
time wasted [taɪm 'weɪstɪd] *sb* Leerlauf *m*
time-weighted life insurance ['taɪmweɪtɪd 'laɪf ɪn'ʃʊərəns] *sb* dynamische Lebensversicherung *f*

time work [taɪm wɜːk] *sb* nach Zeit bezahlte Arbeit *f,* Zeitarbeit *f*
time work rate [taɪm wɜːk reɪt] *sb* Stundenlohnsatz *m*
time zone ['taɪm zəʊn] *sb* Zeitzone *f*
tip [tɪp] *sb (for rubbish)* Abladeplatz *m; (for coal)* Halde *f*
tipper ['tɪpə] *sb (lorry)* Kipplaster *m*
title [taɪtl] *sb 1.* Rechtsanspruch *m; 2. (to property)* Eigentumsrecht *n; 3. (document)* Eigentumsurkunde *f*
title deed [taɪtl diːd] *sb* Eigentumsurkunde *f,* Besitzurkunde *f*
title-evidencing instrument [taɪtl'evɪdensɪŋ 'ɪnstrəmənt] *sb* Legitimationspapiere *n/pl*
title of account [taɪtl əv ə'kaʊnt] *sb* Kontenbezeichnung *f*
titre [tiːtrə] *sb* Feingehalt *m*
tobacco exchange [tə'bækəʊ ɪks'tʃeɪndʒ] *sb* Tabakbörse *f*
token ['təʊkən] *sb 1. (voucher)* Gutschein *m; 2. (sign)* Zeichen *n*
token payment ['təʊkən 'peɪmənt] *sb* symbolische Bezahlung *f*
toll [təʊl] *sb 1.* Zoll *m,* Gebühr *f; 2. (for a road)* Straßengebühr *f,* Maut *f*
toll road ['təʊl rəʊd] *sb* gebührenpflichtige Straße *f,* Mautstraße *f*
tonnage ['tʌnɪdʒ] *sb* Tonnage *f*
tonne [tʌn] *sb* Tonne *f*
tool [tuːl] *sb* Werkzeug *n,* Gerät *n,* Instrument *n*
tool wear [tuːl weə] *sb* Maschinenverschleiß *m*
top [tɒp] *adj 1.* oberste(r,s), höchste(r,s); *2. (first-rate)* erstklassig, Top... *(fam),* Spitzen...
top-down principle [tɒp'daʊn 'prɪnsɪpl] *sb* Top-Down-Prinzip *n*
topical ['tɒpɪkəl] *adj* aktuell
top-level [tɒp'levl] *adj* Spitzen...
top management [tɒp 'mænɪdʒmənt] *sb* Top-Management *n*
top price [tɒp praɪs] *sb* Höchstpreis *m*
top wage [tɒp weɪdʒ] *sb* Spitzenlohn *m*
total [təʊtl] *v 1. (add)* zusammenzählen, zusammenrechnen; *2. (amount to)* sich belaufen auf; *sb 3.* Gesamtsumme *f,* Gesamtbetrag *m*
total amount [təʊtl ə'maʊnt] *sb* Gesamtsumme *f,* Gesamtbetrag *m*
total capital profitability [təʊtl 'kæpɪtl prɒfɪtə'bɪlɪtɪ] *sb* Gesamtkapitalrentabilität *f*
total claim [təʊtl kleɪm] *sb* Gesamtforderung *f*
total costs [təʊtl kɒsts] *pl* Gesamtkosten *pl*
total credit outstanding [təʊtl 'kredɪt aʊt'stændɪŋ] *sb* Kreditvolumen *n*

total debt [təʊtl det] *sb* Gesamtschuld *f*
total delivery [təʊtl dɪ'lɪvərɪ] *sb* Gesamtlieferung *f*
total loss [təʊtl lɒs] *sb* Totalschaden *m*
total loss only (t. l. o.) [təʊtl lɒs 'əʊnlɪ] *adv* nur gegen Totalverlust versichert (t.l.o.)
total market value [təʊtl 'mɑːkɪt 'væljuː] *sb* Gesamtkurs *m*
total proceeds [təʊtl 'prəʊsiːdz] *pl* Gesamtertrag *m*
total result [təʊtl rɪ'zʌlt] *sb* Totalerfolg *m*
touch screen [tʌtʃ skriːn] *sb* Sensorbildschirm *m*
tour schedule ['tʊə 'ʃedjuːl] *sb* Tourenplan *m*
toxic ['tɒksɪk] *adj* giftig
toxic waste ['tɒksɪk 'weɪst] *sb* Giftmüll *m*
toxin ['tɒksɪn] *sb* Giftstoff *m*
tracer note ['treɪsə nəʊt] *sb* Kontrollmitteilung *f*
trade [treɪd] *v 1.* handeln, Handel treiben; ~ *in sth* mit etw handeln; ~ *sth for sth* etw gegen etw tauschen; ~ *in one's car* sein Auto in Zahlung geben; *sb 2. (commerce)* Handel *m,* Gewerbe *n; 3. (exchange)* Tausch *m; 4. (line of work)* Branche *f; know all the tricks of the* ~ alle Kniffe kennen; *by* ~ von Beruf
trade and commerce [treɪd ænd 'kɒmɜːs] *sb* Handelsverkehr *m*
trade analysis [treɪd ə'nælɪsɪs] *sb* Branchenanalyse *f*
trade association [treɪd əsəʊsɪ'eɪʃən] *sb* Wirtschaftsverband *m*
trade balance [treɪd 'bæləns] *sb* Handelsbilanz *f*
trade barrier [treɪd 'bærɪə] *sb* Handelsschranke *f*
trade brand [treɪd brænd] *sb* Handelsmarke *f*
trade certificate [treɪd sə'tɪfɪkət] *sb* Gewerbeschein *m*
trade centre [treɪd 'sentə] *sb* Handelsplatz *m,* Handelszentrum *n*
trade clause [treɪd klɔːz] *sb* Handelsklausel *f*
trade comparison [treɪd kəm'pærɪsən] *sb* Branchenvergleich *m*
trade credit [treɪd 'kredɪt] *sb* Warenkredit *m*
trade cycle [treɪd saɪkl] *sb* Konjunkturzyklus *m,* Wirtschaftskreislauf *m*
trade debtor [treɪd 'detə] *sb* Kontokorrentschuldner(in) *m/f*
trade discount [treɪd 'dɪskaʊnt] *sb* Händlerrabatt *m*

trade-earnings tax [treɪd'ɜːnɪŋs tæks] *sb*
Gewerbeertragssteuer *f*
trade embargo [treɪd ɪm'bɑːgəʊ] *sb*
Handelsembargo *n*
trade expert [treɪd 'ekspɜːt] *sb* Branchen-
kenner *m*
trade fair [treɪd fəe] *sb* Handelsmesse *f*
trade-in ['treɪdɪn] *sb* In-Zahlung-Gegebenes *n*
trademark ['treɪdmɑːk] *v 1.* gesetzlich
schützen lassen; *sb 2.* Markenzeichen *n*,
Warenzeichen *n*
trademark protection ['treɪdmɑːk prə'tek-
ʃən] *sb* Markenschutz *m*
trade mission [treɪd 'mɪʃən] *sb* Handelsmission *f*
trade name [treɪd neɪm] *sb* Handels-
name *m*
trade practice [treɪd 'præktɪs] *sb* Handelsbrauch *m*, Handelsusancen *f/pl*
trader ['treɪdə] *sb 1. (person)* Händler *m;
(ship) 2.* Handelsschiff *n*
trade-registered article [treɪd'redʒɪstəd
'ɑːtɪkəl] *sb* Markenartikel *m*
Trade Regulation Act [treɪd regjʊ'leɪʃn
ækt] *sb* Gewerbeordnung (GewO) *f*
trade relations [treɪd rɪ'leɪʃənz] *pl*
Handelsbeziehungen *f/pl*
trade restrictions [treɪd rɪ'strɪkʃənz] *pl*
Handelsbeschränkungen *f/pl*
trade school [treɪd skuːl] *sb* Berufsschule *f*
trade secret [treɪd 'siːkrɪt] *sb* Betriebsgeheimnis *n*
tradesman ['treɪdzmən] *sb 1.* Händler *m;
2. (craftsman)* Handwerker *m*
trade structure [treɪd 'strʌktʃə] *sb*
Branchenstruktur *f*
trade supervisory authority [treɪd suːpə-
'vaɪzərɪ ɔː'θɒrɪtɪ] *sb* Gewerbeaufsichtsamt *n*
trade surplus [treɪd 'sɜːpləs] *sb* Handels-
überschuss *m*
trade tariff [treɪd 'tærɪf] *sb* Gütertarif *m*
trade tax [treɪd tæks] *sb* Gewerbesteuer *f*
trade tax on capital [treɪd tæks ɒn
'kæpɪtl] *sb* Gewerbekapitalsteuer *f*
trade union [treɪd 'juːnɪən] *sb* Gewerkschaft *f*
trade union bank [treɪd 'juːnjən bæŋk]
sb Gewerkschaftsbank *f*
trade war [treɪd wɔː] *sb* Handelskrieg *m*
trading ['treɪdɪŋ] *sb* Handel *m*, Handeln *n*
trading account ['treɪdɪŋ ə'kaʊnt] *sb* Ver-
kaufskonto *n*
trading area ['treɪdɪŋ 'eərɪə] *sb* Absatzgebiet *n*, Handelszone *f*

trading chain ['treɪdɪŋ tʃeɪn] *sb* Handelskette *f*
trading estate ['treɪdɪŋ ɪ'steɪt] *sb* Gewerbegebiet *n*
trading in calls ['treɪdɪŋ ɪn kɔːls] *sb* Vor-
prämiengeschäft *n*
trading in foreign exchange ['treɪdɪŋ ɪn
'fɒrən ɪks'tʃeɪndʒ] *sb* Usancenhandel *m*
trading in futures on a stock exchange
['treɪdɪŋ ɪn 'fjuːtʃəs ɒn ə stɒk ɪks'tʃeɪndʒ]
sb Börsentermingeschäfte *n/pl*
trading in options ['treɪdɪŋ ɪn 'ɒpʃəns] *sb*
Optionshandel *m*
trading in security futures ['treɪdɪŋ ɪn sɪ-
'kjʊərɪtɪ 'fjuːtʃəs] *sb* Wertpapier-Terminhandel *m*
trading limit ['treɪdɪŋ 'lɪmɪt] *sb* Kurslimit *n*
trading margin ['treɪdɪŋ 'mɑːdʒɪn] *sb*
Handelsspanne *f*
trading on own account ['treɪdɪŋ ɒn əʊn
ə'kaʊnt] *sb* Eigenhandel *m*
trading partner ['treɪdɪŋ 'pɑːtnə] *sb*
Handelspartner *m*
trading-up ['treɪdɪŋʌp] *sb* Sortiments-
anhebung *f*
traffic ['træfɪk] *sb 1.* Verkehr *m; 2. (trade)*
Handel *m*
train [treɪn] *v (s.o.)* ausbilden
trainee [treɪ'niː] *sb* Auszubildende(r) *f/m*,
Lehrling *m*, Praktikant(in) *m/f*
trainer ['treɪnə] *sb (instructor)* Ausbilder *m*
training ['treɪnɪŋ] *sb* Ausbildung *f,* Schulung *f*
training relationship ['treɪnɪŋ rɪ'leɪʃnʃɪp]
sb Ausbildungsverhältnis *n*
training staff ['treɪnɪŋ stɑːf] *sb* Schulungspersonal *n*
tranche ['trænʃ] *sb* Tranche *f*
transact [træn'zækt] *v* führen, abschließen
transaction [træn'zækʃən] *sb* Geschäft *n*,
Transaktion *f*
transaction balance [træn'zækʃn 'bæ-
ləns] *sb* Transaktionskasse *f*
transaction number [træn'zækʃn 'nʌmbə]
sb Transaktionsnummer (TAN) *f*
transactions for third account [træn-
'zækʃnz fɔː θɜːd ə'kaʊnt] *sb* Kundengeschäft *n*
transactions on own account [træn-
'zækʃnz ɒn əʊn ə'kaʊnt] *sb* Eigengeschäft *n*
transcript ['trænskrɪpt] *sb* Kopie *f; (of a
tape)* Niederschrift *f*
transcription error [træn'skrɪpʃən 'erə] *sb*
Übertragungsfehler *m*

transfer [træns'fɜ:] *v 1. (money between accounts)* überweisen; *2. (an employee)* versetzen; ['trænsfɜ:] *sb 3. (handing over)* Transfer *m*, Übertragung *f; (of funds)* Überweisung *f; 4. (of an employee)* Versetzung *f*
transferable [træns'fɜ:rəbl] *adj* übertragbar
transfer account ['trænsfɜ: ə'kaʊnt] *sb* Kontokorrentkonto *n*, Girokonto *n*
transfer agreement ['trænsfɜ: ə'gri:mənt] *sb* Transferabkommen *n*
transfer bank ['trænsfɜ: bæŋk] *sb* Girobank *f*
transfer cheque ['trænsfɜ: tʃek] *sb* Überweisungsscheck *m*
transfer expenditure ['trænsfɜ: ɪks'pendɪdʒʊə] *sb* Transferausgaben *f/pl*
transfer in blank ['trænsfɜ: ɪn blæŋk] *sb* Blankozession *f*
transfer of an entry ['trænsfɜ: əv ən 'entrɪ] *sb* Umbuchung *f*
transfer of money by means of a clearing ['trænsfɜ: əv 'mʌnɪ baɪ mi:ns əv ə 'kliːrɪŋ] *sb* Giroverkehr *m*
transfer of ownership ['trænsfɜ: əv 'əʊnəʃɪp] *sb* Eigentumsübertragung *f*
transfer of profit ['trænsfɜ: əv 'prɒfɪt] *sb* Gewinnabführung *f*
transfer of resources ['trænsfɜ: əv rɪ'sɔːsɪz] *sb* Ressourcentransfer *m*
transfer of technology ['trænsfɜ: əv tek'nɒlədʒɪ] *sb* Technologietransfer *m*
transfer payments ['trænsfɜ: 'peɪmənts] *pl* Transferleistungen *f/pl*
transfer prices ['trænsfɜ: 'praɪsɪz] *pl* Verrechnungspreise *m/pl*
transfer voucher ['trænsfɜ: 'vaʊtʃə] *sb* Überweisungsbeleg *m*, Überweisungsformular *n*
transit ['trænzɪt] *sb* Durchreise *f,* Transit *m*
transit certificate ['trænzɪt sə'tɪfɪkət] *sb* Durchgangsschein *m*
transit duty ['trænzɪt 'djuːtɪ] *sb* Transitzoll *m*
transition [træn'zɪʃən] *sb* Übergang *m*
transitional arrangement [træn'zɪʃənəl ə'reɪndʒmənt] *sb* Übergangsregelung *f*
transitional pay [træn'zɪʃənəl peɪ] *sb* Übergangsgeld *n*
transit item ['trænzɪt 'aɪtəm] *sb* durchlaufender Posten *m*
transit trade ['trænzɪt treɪd] *sb* Transithandel *m*
transmission [trænz'mɪʃən] *sb* Übertragung *f; (of news)* Übermittlung *f*
transmitted accounts [trænz'mɪtɪd ə'kaʊnts] *pl* durchlaufende Gelder *n/pl*

transmitted loans [træns'mɪtɪd 'ləʊns] *pl* durchlaufende Kredite *m/pl*
transnational corporations [træns'næʃənl kɔrpɒ'reɪʃnz] *pl* transnationale Unternehmung *f*
transparency [træn'spærənsɪ] *sb* Transparenz *f*
transparency of the market [træns'pærənsɪ əv ðə 'mɑːkɪt] *sb* Markttransparenz *f*
transport [træns'pɔːt] *v 1.* transportieren, befördern; ['trænspɔːt] *sb 2.* Transport *m*, Beförderung *f*
transportation [trænspɔː'teɪʃən] *sb 1.* Transport *m*, Beförderung *f; 2. (means of ~)* Beförderungsmittel *n*
transportation insurance against all risks (a. a. r.) [trænspɔː'teɪʃn ɪn'ʃʊəræns ə'gænst ɔːl rɪsks] *sb* Transportversicherung gegen alle Risiken (a.a.r.) *f*
transport chain ['trænspɔːt tʃeɪn] *sb* Transportkette *f*
transport documents ['trænspɔːt 'dɒkjʊmənts] *sb* Transportpapiere *n/pl*
transport insurance ['trænspɔːt ɪn'sʊərəns] *sb* Transportversicherung *f*
transship [træns'ʃɪp] *v* umladen, umschlagen
transshipment [træns'ʃɪpmənt] *sb* Umschlag *m*
travel accident ['trævəl 'æksɪdənt] *sb* Wegeunfall *m*
traveling salesman ['trævəlɪŋ 'seɪlzmən] *sb* Handlungsreisender *m*
traveller's letter of credit ['trævələz 'letə əv 'kredɪt] *sb* Reisekreditbrief *m*
travelling expenses ['trævəlɪŋ ɪk'spensɪz] *pl* Reisespesen *pl*
tray [treɪ] *sb (for papers)* Ablagekorb *m*
treasury ['treʒərɪ] *sb the Treasury (UK)* Finanzministerium *n; Fiskus m*
treasury bill ['treʒərɪ bɪl] *sb* Schatzwechsel *m*, Treasury Bill *m*
treasury bond ['treʒərɪ bɒnd] *sb* Schatzanweisung *f,* Treasury Bond *m*
treasury note ['treʒərɪ nəʊt] *sb* Treasury Note *f*
treasury stock ['treʒərɪ stɒk] *sb* Verwaltungsaktien *f/pl*
trend analysis [trend ə'nælɪsɪs] *sb* Trendanalyse *f*
trend in prices [trend ɪn 'praɪsez] *sb* Preisentwicklung *f*
trend of demand [trend əv dɪ'mɑːnd] *sb* Nachfrageentwicklung *f*
trend of the market [trend əv ðə 'mɑːkɪt] *sb* Börsenentwicklung *f*

trespass ['trespəs] *v* unbefugt betreten; *"no ~ing"* „Betreten verboten"
trespasser ['trespəsə] *sb* Unbefugte(r) *f/m*
triable ['traɪəbl] *adj* verhandelbar, verhandlungsfähig
triad ['traɪəd] *sb* Triade *f*
trial ['traɪəl] *sb 1.* Prozess *m,* Verfahren *n; 2. (test)* Probe *f; on a ~ basis* probeweise
trial package ['traɪəl 'pækɪdʒ] *sb* Probepackung *f*
trial period ['traɪəl 'piːrɪəd] *sb* Probezeit *f*
trial run ['traɪəl rʌn] *sb* Versuchslauf *m*
trial shipment ['traɪəl 'ʃɪpmənt] *sb* Probelieferung *f*
triangular arbitrage [traɪ'æŋgjʊlə 'ɑːbɪtrɪdʒ] *sb* Dreiecksarbitrage *f*
triangular transaction [traɪ'æŋgjʊlə træn'zækʃən] *sb* Dreiecksgeschäft *n*
trillion ['trɪljən] *sb (UK)* Trillion *f; (US)* Billion *f*
trim [trɪm] *v (fig: a budget)* kürzen
trivial damage ['trɪvɪəl 'dæmɪdʒ] *sb* Bagatellschaden *m*
troy ounce ['trɔɪ aʊns] *sb* Feinunze *f*
truck [trʌk] *sb (US)* Lastwagen *m,* Laster *m*
truckage ['trʌkɪdʒ] *sb 1. (transport)* Transport *m; 2. (charge)* Transportkosten *pl,* Rollgeld *n*
trucking ['trʌkɪŋ] *sb 1.* Transport *m; 2. (bartering)* Tauschgeschäfte *n/pl*
truckload ['trʌkləʊd] *sb* Lkw-Ladung *f*
trunk call [trʌŋk kɔːl] *sb (UK)* Ferngespräch *n*
trust [trʌst] *sb 1.* Treuhand *f; 2.* Stiftung *f; 3.* Investmentfonds *m*
trust account [trʌst ə'kaʊnt] *sb* Treuhandkonto *n,* Anderkonto *n*
trust assets [trʌst 'æsəts] *pl* Treuhandvermögen *n*
trust banks ['trʌst bæŋks] *pl* Treuhandbanken *f/pl*
trust business [trʌst 'bɪznɪs] *sb* Treuhandwesen *n*
trust company [trʌst 'kʌmpənɪ] *sb* Treuhandgesellschaft *f,* Verwaltungsgesellschaft *f*
trust deposits [trʌst dɪ'pɒzɪts] *pl* Treuhanddepots *n/pl*
trust funds [trʌst fʌndz] *pl* Treuhandfonds *m*
trust investment [trʌst ɪn'vestmənt] *sb* Fondsanlagen *f/pl*
trust manager [trʌst 'mænɪdʒə] *sb* Fondsverwalter(in) *m/f*
trustee [trʌs'tiː] *sb* Treuhänder *m; (of an institution)* Verwalter *m*

trustee securities [trʌs'tiː sɪ'kjʊərɪtiːz] *pl* mündelsichere Papiere *n/pl*
trusteeship [trʌs'tiːʃɪp] *sb* Treuhandschaft *f,* Mandat *n*
try [traɪ] *v (a case)* verhandeln
turn down [tɜːn daʊn] *v* ablehnen, absagen
turn out [tɜːn aʊt] *v (produce)* hervorbringen
turnabout ['tɜːnəbaʊt] *sb* Wende *f,* Wendung *f*
turnaround ['tɜːnəraʊnd] *sb* Turnaround *n*
turnkey projects ['tɜːnkiː 'prɒdʒekts] *pl* Turnkey-Projekte *n/pl*
turnout ['tɜːnaʊt] *sb* Beteiligung *f,* Teilnahme *f*
turnover ['tɜːnəʊvə] *sb* Umsatz *m*
turnover allowance ['tɜːnəʊvə ə'laʊəns] *sb* Umsatzbonifikation *f*
turnover balance ['tɜːnəʊvə 'bælæns] *sb* Summenbilanz *f*
turnover forecast ['tɜːnəʊvə 'fɔːkɑːst] *sb* Umsatzprognose *f*
turnover increase ['tɜːnəʊvə 'ɪnkriːs] *sb* Umsatzanstieg *m*
turnover of money ['tɜːnəʊvə əv 'mʌnɪ] *sb* Geldumsatz *m*
turnover plan ['tɜːnəʊvə plæn] *sb* Umsatzplan *m*
turnover tax ['tɜːnəʊvə tæks] *sb* Umsatzsteuer *f*
turnover trend ['tɜːnəʊvə trend] *sb* Umsatzentwicklung *f*
tutorial [tjuː'tɔːrɪəl] *sb* Benutzerhandbuch *n*
two-tier exchange rate [tuː'tɪər ɪks'tʃeɪndʒ reɪt] *sb* gespaltene Wechselkurse *m/pl*
two-tier foreign exchange market ['tuːtɪər 'fɒrən ɪks'tʃeɪndʒ 'mɑːkɪt] *sb* gespaltener Devisenmarkt *m*
two-way package ['tuːweɪ 'pækɪdʒ] *sb* Mehrwegverpackung *f*
type [taɪp] *v (use a typewriter)* Maschine schreiben, tippen *(fam); (sth)* tippen, mit der Maschine schreiben
type purchase [taɪp 'pɜːtʃəs] *sb* Typenkauf *m*
types of deposit [taɪps əv dɪ'pɒzɪt] *pl* Depotarten *f/pl*
types of issuing [taɪps əv 'ɪʃuːɪŋ] *pl* Emissionsarten *f/pl*
types of property [taɪps əv 'prɒpətɪ] *pl* Vermögensarten *f/pl*
typification [taɪpɪfɪ'keɪʃn] *sb* Typisierung *f*
typist ['taɪpɪst] *sb* Schreibkraft *f*
typographical error [taɪpə'græfɪkəl 'erə] *sb* Tippfehler *m; (printing error)* Druckfehler *m*

U

ultimate ['ʌltɪmət] *adj 1. (last)* letzte(r,s), endgültig; *2. (greatest possible)* äußerste(r,s)
ultimate buyer ['ʌltɪmət 'baɪə] *sb* Endabnehmer *m*
ultimate consumer ['ʌltɪmət kən'sjuːmə] *sb* Endverbraucher *m*, Endkonsumer *m*
ultimatum [ʌltɪ'meɪtəm] *sb* Ultimatum *n*
ultimo ['ʌltɪməʊ] *adv* am letzten des Monats
umbrella agreement [ʌm'brelə ə'griːmənt] *sb* Rahmenabkommen *n*
umbrella brand [ʌm'brelə brænd] *sb* Dachmarke *f*
umbrella company [ʌm'brelə 'kʌmpənɪ] *sb* Dachgesellschaft *f*
umbrella effect [ʌm'brelə ɪ'fekt] *sb* Umbrella-Effekt *m*
umbrella logo [ʌm'brelə 'ləʊgəʊ] *sb* Konzernlogo *n*
umbrella marketing [ʌm'brelə 'maːkɪtɪŋ] *sb* Gemeinschaftswerbung *f*
unable to contract [ʌn'eɪbl tu kən'trækt] *adj* geschäftsunfähig
unacceptability of continued employment [ʌnəkseptə'bɪlɪtɪ əv kən'tɪnjuːd ɪm'plɔɪmənt] *sb* Unzumutbarkeit der Weiterbeschäftigung *f*
unacceptable [ʌnək'septəbl] *adj* nicht akzeptabel, unannehmbar
unaddressed printed matter posted in bulk ['ʌnədrest 'prɪntɪd 'mætə 'pəʊstɪd ɪn 'bʌlk] *sb* Postwurfsendung *f*
unanimity [juːnə'nɪmətɪ] *sb* Einstimmigkeit *f*
unanimous [juː'nænɪməs] *adj* einstimmig
unannounced [ʌnə'naʊnst] *adj* unangemeldet
unauthorized [ʌn'ɔːθəraɪzd] *adj* unbefugt
unavailable [ʌnə'veɪləbl] *adj* nicht erhältlich, nicht verfügbar
uncertified [ʌn'sɜːtɪfaɪd] *adj* unbeglaubigt
unconditional [ʌnkən'dɪʃənl] *adj* bedingungslos; *(offer, agreement)* vorbehaltlos
unconvertible [ʌnkən'vɜːtəbl] *adj* nicht konvertierbar
uncovered cheque [ʌn'kʌvəd 'tʃek] *sb* ungedeckter Scheck *m*
uncovered credit [ʌn'kʌvəd 'kredɪt] *sb* ungedeckter Kredit *m*
uncredited [ʌn'kredɪtɪd] *adj* nicht gutgeschrieben
undeclared [ʌndɪ'klɛəd] *adj* unverzollt

under separate cover ['ʌndə 'sepərɪt 'kʌvə] *sb* mit getrennter Post
underbidder [ʌnde'bɪdə] *sb* Unterbieter(in) *m/f*
undercapitalization [ʌndekæpɪtəlaɪ'zeɪʃən] *sb* Unterkapitalisierung *f*
undercharge [ʌndə'tʃaːdʒ] *v* zu wenig berechnen
undercut [ʌndə'kʌt] *v irr (prices)* unterbieten
underemployment [ʌndəɪm'plɔɪmənt] *sb* Unterbeschäftigung *f*
underestimate [ʌndər'estɪmeɪt] *v* unterschätzen
underground economy ['ʌndegraʊnd ɪ'kɒnəmɪ] *sb* Schattenwirtschaft *f*
underpaid [ʌndə'peɪd] *adj* unterbezahlt
underprice [ʌndə'praɪs] *v* unter Preis anbieten
underquote [ʌndə'kwəʊt] *v* unterbieten
undersell [ʌnde'sel] *v* unterbieten
understaffed [ʌndə'staːft] *adj* unterbesetzt
understanding [ʌndə'stændɪŋ] *sb (agreement)* Vereinbarung *f*, Abmachung *f; come to an ~ with s.o.* zu einer Einigung mit jdm kommen; *on the ~ that ...* unter der Voraussetzung, dass ...
understood [ʌndə'stʊd] *adj (agreed)* vereinbart, festgesetzt
undertake [ʌndə'teɪk] *v irr* unternehmen; *(a task)* übernehmen; *(a risk)* eingehen
undertaking [ʌndə'teɪkɪŋ] *sb 1.* Unternehmen *n; 2. (task)* Aufgabe *f; 3. (risky ~, bold ~)* Unterfangen *n*
undertaking of guarantee [ʌndə'teɪkɪŋ əv gærən'tiː] *sb* Garantieleistung *f*
undervaluation [ʌndəvæljuː'eɪʃən] *sb* Unterbewertung *f*
undervalue [ʌndə'væljuː] *v* unterschätzen, unterbewerten
underwriter ['ʌndəraɪtə] *sb* Versicherer *m*
underwriting agent [ʌndə'raɪtɪŋ 'eɪdʒənt] *sb* Versicherungsvertreter(in) *m/f*, Versicherungsagent(in) *m/f*
underwriting bank [ʌndə'raɪtɪŋ bæŋk] *sb* Syndikatsbank *f*
underwriting business [ʌndə'raɪtɪŋ 'bɪsnɪs] *sb* Versicherungsgeschäft *n*
underwriting commission [ʌndə'raɪtɪŋ kə'mɪʃən] *sb* Konsortia lprovision *f*, Bonifikation *f*

underwriting commitment [ˌʌndə'raɪtɪŋ kə'mɪtmənt] sb Konsortialverpflichtung f
underwriting costs [ˌʌndə'raɪtɪŋ kɒsts] sb Kapitalkosten pl, Emissionskosten pl
underwriting limit [ˌʌndə'raɪtɪŋ 'lɪmɪt] sb (insurance) Zeichnungsgrenze f
underwriting premium [ˌʌndə'raɪtɪŋ 'priːmɪəm] sb Emissionsagio n
unearned income [ʌn'ɜːnd 'ɪnkʌm] sb Kapitaleinkommen n, Besitzeinkommen n
uneconomical [ˌʌnekə'nɒmɪkl] adj unwirtschaftlich, unökonomisch
unemployed [ˌʌnɪm'plɔɪd] adj arbeitslos
unemployed person [ˌʌnɪm'plɔɪd 'pɜːsn] sb Erwerbslose(r) f/m
unemployment [ˌʌnɪm'plɔɪmənt] sb Arbeitslosigkeit f
unemployment benefit [ˌʌnɪm'plɔɪmənt 'benɪfɪt] sb Arbeitslosengeld n
unemployment insurance [ˌʌnɪm'plɔɪmənt ɪn'ʃʊərəns] sb Arbeitslosenversicherung f
unemployment rate [ˌʌnɪm'plɔɪmənt reɪt] sb Arbeitslosenrate f
unencumbered [ˌʌnɪn'kʌmbəd] adj schuldenfrei, hypothekenfrei
unethical [ʌn'eθɪkl] adj sittenwidrig
unfair advertising ['ʌnfeə 'ædvətaɪzɪŋ] sb unlautere Werbung f
unfair competition ['ʌnfeə kɒmpə'tɪʃn] sb unlauterer Wettbewerb m
unfilled [ʌn'fɪld] adj 1. unerledigt; 2. (vacant) offen, frei, vakant
unfitness for work [ʌn'fɪtnɪs fɔː wɜːk] sb Arbeitsunfähigkeit f
unified balance sheet ['juːnɪfaɪd 'bæləns ʃiːt] sb Einheitsbilanz f
unified company ['juːnɪfaɪd 'kʌmpənɪ] sb Einheitsgesellschaft f
unified currency ['juːnɪfaɪd 'kʌrənsɪ] sb Einheitswährung f
uniform ['juːnɪfɔːm] adj einheitlich, gleich
uniform classification of accounts for industrial enterprises ['juːnɪfɔːm klæsɪfɪ-'keɪʃn əv ə'kaʊnts fɔː ɪn'dʌstrɪəl 'entəpraɪzɪz] sb Industriekontenrahmen (IKR) m
uniform duty ['juːnɪfɔːm 'djuːtɪ] sb Einheitszoll m
uniformity [juːnɪ'fɔːmɪtɪ] sb Einförmigkeit f, Gleichförmigkeit f, Eintönigkeit f
uniform price ['juːnɪfɔːm praɪs] sb Einheitskurs m
uniform system of accounts for the wholesale trade ['juːnɪfɔːm 'sɪstəm əv ə'kaʊnts fɔː ðə 'həʊlseɪl treɪd] sb Großhandelskontenrahmen m

unilateral [juːnɪ'lætərəl] adj einseitig
unilateral transfer [juːnɪ'lætərəl 'trænsfɜː] sb einseitige Übertragung f
union ['juːnjən] sb 1. (group) Vereinigung f, Verband m, Verein m; 2. (labor ~, trade ~) Gewerkschaft f
union affiliation ['juːnjən əfɪlɪ'eɪʃən] sb Gewerkschaftszugehörigkeit f
union contract ['juːnjən 'kɒntrækt] sb Tarifvertrag m, Tarifabschluss m
union funds ['juːnjən fʌnds] sb Gewerkschaftskasse f
union leader ['juːnjən 'liːdə] sb Gewerkschaftsführer(in) m/f
union official ['juːnjən ə'fɪʃl] sb Gewerkschaftsfunktionär(in) m/f
unionism ['juːnjənɪzm] sb Gewerkschaftswesen n
unionist ['juːnjənɪst] sb Gewerkschaftler(in) m/f
unit ['juːnɪt] sb Einheit f
unit billing ['juːnɪt 'bɪlɪŋ] sb Sammelabrechnung f
unit certificate ['juːnɪt sə'tɪfɪkət] sb Anteilscheine m/pl
unit cost accounting ['juːnɪt kɒst ə'kaʊntɪŋ] sb Stückkostenkalkulation f
unit depreciation ['juːnɪt dɪpriːʃɪ'eɪʃən] sb Einzelabschreibung f
unit holder ['juːnɪt 'həʊldə] sb Anteilsscheinbesitzer(in) m/f
unit-linked ['juːnɪtlɪŋkt] adj fondsgebunden
unit of account ['juːnɪt əv ə'kaʊnt] sb Rechnungseinheit f
unit of manufacture ['juːnɪt əv mænjʊ-'fæktʃə] sb Fertigungseinheit f
unit of organization ['juːnɪt əv ɔːgənaɪ-'zeɪʃn] sb Unternehmenseinheit f
unit of reference ['juːnɪt əv 'refrəns] sb Bezugsgröße f
unit of value ['juːnɪt əv 'væljuː] sb Währungseinheit f, Werteinheit f
unit of work ['juːnɪt əv wɜːk] sb Arbeitseinheit f
unit production ['juːnɪt prə'dʌkʃn] sb Stückproduktion f, Einzelfertigung f
unit trust fund ['juːnɪt trʌst fʌnd] sb Investmentfonds m
United Nations Conferences on Trade and Development [jʊ'naɪtɪd 'neɪʃns 'kɒnfərensɪz ɒn 'treɪd ænd dɪ'veləpmənt] sb Welthandelskonferenzen f/pl
United Nations Industrial Development Organization [jʊ'naɪtɪd 'neɪʃns ɪn'dʌstrɪəl

dɪ'veləpmənt ɔːgənaɪ'zeɪʃən] *sb* Organisation der Vereinten Nationen für industrielle Entwicklung *f*
universal [juːnɪ'vɜːsəl] *adj 1.* universal, Universal..., Welt...; *2. (general)* allgemein
unlawful [ʌn'lɔːfʊl] *adj* rechtswidrig, gesetzwidrig, ungesetzlich
unlimited power ['ʌnlɪmɪtɪd 'paʊə] *sb* Generalvollmacht *f*
unlimited tax liability ['ʌnlɪmɪtɪd tæks laɪə'bɪlɪtɪ] *sb* unbeschränkte Steuerpflicht *f*
unlisted [ʌn'lɪstɪd] *adj 1.* nicht verzeichnet; *2. (stock-exchange)* unnotiert
unlisted securities [ʌn'lɪstɪd sɪ'kjʊərɪtiːz] *pl* unnotierte Werte *m/pl*
unload [ʌn'ləʊd] *v (freight)* ausladen
unmortgaged [ʌn'mɔːgɪdʒd] *adj* hypothekenfrei, unbelastet
unofficial [ʌnə'fɪʃəl] *adj* inoffiziell
unofficial dealings [ʌnə'fɪʃl 'diːlɪŋs] *pl* Freiverkehr *m*
unofficial dealings committee [ʌnə'fɪʃl 'diːlɪŋs kɒ'mɪtiː] *sb* Freiverkehrsausschuss *m*
unofficial market [ʌnə'fɪʃl 'mɑːkɪt] *sb* geregelter Freiverkehr *m*
unofficial stock market [ʌnə'fɪʃl 'stɒk 'mɑːkɪt] *sb* Kulisse *f*
unpacked [ʌn'pækt] *adj* unverpackt
unpaid [ʌn'peɪd] *adj* unbezahlt
unpaid bill of exchange [ʌn'peɪd bɪl əv ɪks'tʃeɪndʒ] *sb* Rückwechsel *m*
unpaid vacation [ʌn'peɪd veɪ'keɪʃən] *sb* unbezahlter Urlaub *m*
unproductive [ʌnprə'dʌktɪv] *adj* unproduktiv, unergiebig
unprofitable [ʌn'prɒfɪtəbl] *adj* wenig einträglich, unrentabel
unqualified [ʌn'kwɒlɪfaɪd] *adj (applicant)* unqualifiziert, nicht qualifiziert
unquoted securities ['ʌnkwəʊtɪd sɪ'kjʊrɪtiːz] *pl* amtlich nicht notierte Werte *m/pl*
unquoted share ['ʌnkwəʊtɪd ʃɛə] *sb* nichtnotierte Aktie *f*
unredeemable bond [ʌnrɪ'diːməbl bɒnd] *sb* Dauerschuldverschreibung *f*
unreserved [ʌnrɪ'zɜːvd] *adj* uneingeschränkt
unrestricted retained earnings [ʌnrɪ-'strɪktɪd rɪ'teɪnd 'ɜːnɪŋs] *pl* freie Rücklage *f*
unsalable [ʌn'seɪləbl] *adj* unverkäuflich
unsecured credit [ʌnsɪ'kjʊəd 'kredɪt] *sb* Blankokredit *m*
unsettled account [ʌn'setld ə'kaʊnt] *sb* offene Rechnung *f*

untaxed [ʌn'tækst] *adj* steuerfrei, unbesteuert
unused [ʌn'juːzd] *adj* ungenutzt
unwarranted [ʌn'wɒrəntɪd] *adj* ohne Garantie
upbeat ['ʌpbiːt] *adj* optimistisch
update [ʌp'deɪt] *v* auf den neuesten Stand bringen
upkeep ['ʌpkiːp] *sb 1.* Instandhaltung *f; 2. (costs)* Instandhaltungskosten *pl*
uptake ['ʌpteɪk] *sb* Akzeptanz *f,* Annahme *f*
upturn ['ʌptɜːn] *sb 1.* Aufwärtstrend *m,* Aufschwung *m; 2. (stock-exchange)* Kurssteigerung *f*
upvaluation ['ʌpvæljʊeɪʃən] *sb* Aufwertung *f*
upvalue [ʌp'væljuː] *v* höher bewerten, aufwerten
upward trend ['ʌpwəd trend] *sb* Aufwärtstrend *m*
usage ['juːsɪdʒ] *sb* Usancen *f/pl*
usance ['juːsəns] *sb* Uso *m,* Usance *f,* Handelsbrauch *m*
use [juːs] *sb* Nutzung *f*
user cost ['juːzə kɒst] *sb* kalkulatorische Abschreibung *f*
user friendliness ['juːzə 'frendlɪnes] *sb* Benutzerfreundlichkeit *f*
user-friendly ['juːzəfrendlɪ] *adj* benutzerfreundlich, anwenderfreundlich
user interface ['juːzər 'ɪntəfeɪs] *sb* Benutzeroberfläche *f*
usual conditions (u. c.) ['juːʒʊəl kən-'dɪʃnz] *pl* übliche Bedingungen (u.c., u.t.) *f/pl*
usual terms (u. t.) ['juːʒʊəl 'tɜːmz] *pl* übliche Bedingungen (u.c., u.t.) *f/pl*
usufruct ['juːsjufrʌkt] *sb* Nießbrauch *m*
usufructury right [juːsju'frʌktərɪ raɪt] *sb* Nutzungsrecht *n*
usury ['juːʒərɪ] *sb* Wucher *m,* Zinswucher *m*
utility [juː'tɪlɪtɪ] *sb 1.* Nutzen; *m 2. public utilities pl (services)* Leistungen der öffentlichen Versorgungsbetriebe *f/pl*
utility analysis [juː'tɪlɪtɪ ə'næləsɪs] *sb* Nutzwertanalyse *f*
utility costs [juː'tɪlɪtɪ kɒsts] *pl* Nutzkosten *pl*
utility-model patent [juː'tɪlɪtɪ'mɒdəl 'peɪtənt] *sb* Gebrauchsmuster *n*
utilization of capacity [juːtɪlaɪ'zeɪʃən əv kə'pæsɪtɪ] *sb* Kapazitätsauslastung *f*
utilization rights [juːtɪlaɪ'zeɪʃən raɪts] *pl* Verwertungsrechte *n/pl*
utilize ['juːtɪlaɪz] *sb* verwerten, verwenden, benutzen

V

vacancy ['veɪkənsɪ] *sb (job)* freie Stelle *f*
vacant ['veɪkənt] *adj 1.* frei, leer, unbesetzt, vakant; *2.* *(building)* unbewohnt, unvermietet
vacate [veɪ'keɪt] *v (a job)* aufgeben
vacation [veɪ'keɪʃən] *sb (US)* Ferien *pl,* Urlaub *m*
valid ['vælɪd] *adj* gültig; *(argument)* stichhaltig
valid contract ['vælɪd 'kɒntrækt] *sb* rechtsgültiger Vertrag *m*
valid today ['vælɪd tʊ'deɪ] heute gültig
validate ['vælɪdeɪt] *v* gültig machen; *(claim)* bestätigen
validity [və'lɪdɪtɪ] *sb 1.* Gültigkeit *f; 2. (of an argument)* Stichhaltigkeit *f*
validity in law [və'lɪdɪtɪ ɪn lɔː] *sb* Rechtsgültigkeit *f*
validity of a claim [və'lɪdɪtɪ əv ə kleɪm] *sb* Anspruchsberechtigung *f*
valorization [væləraɪ'zeɪʃn] *sb* Valorisation *f*
valorize ['væləraɪz] *v* valorisieren, aufwerten
valuable ['væljʊəbl] *adj 1.* wertvoll; *sb 2.* Wertgegenstand *m*
valuation [væljʊ'eɪʃən] *sb 1. (process)* Schätzung *f,* Bewertung *f,* Wertansatz *m; 2. (estimated value)* Schätzwert *m*
valuation account [væljʊ'eɪʃən ə'kaʊnt] *sb* Wertberichtigungskonto *n*
valuation of assets based on standard values [væljʊ'eɪʃən əv 'æsɪts beɪsd ɒn 'stændəd 'vælju:z] *sb* Festbewertung *f*
valuation of enterprises [væljʊ'eɪʃən əv 'entəpraɪzɪz] *sb* Bewertung von Unternehmen *f*
valuation standards [væljʊ'eɪʃən 'stændəds] *pl* Bewertungsmaßstäbe *m/pl*
valuator ['væljʊeɪtə] *sb* Schätzer *m*
value ['vælju:] *v 1. (estimate the ~ of)* schätzen, abschätzen; *sb 2.* Wert *m,* Preis *m*
value added ['vælju: 'ædɪd] *sb* Mehrwert *m*
value-added tax [vælju:'ædɪd tæks] *sb (VAT)* Mehrwertsteuer *f*
value compensated ['vælju: 'kɒmpənseɪtɪd] *sb* kompensierte Valuta *f,* Valuta kompensiert *f*
value date ['vælju: deɪt] *sb* Wertstellung *f*
value guarantee ['vælju: gærən'ti:] *sb* Wertsicherung *f*

value in cash ['vælju: ɪn kæʃ] *sb* Barwert *m*
value in use ['vælju: ɪn ju:s] *sb* Gebrauchswert *m*
value of collateral ['vælju: əv kə'lætərəl] *sb* Beleihungswert *m*
value of custody ['vælju: əv 'kʌstədɪ] *sb* Verwahrungsbetrag *m*
value of money ['vælju: əv 'mʌnɪ] *sb* Geldwert *m*
value of the subject matter at issue ['vælju: əv ðə 'sʌbtʃekt 'mætə æt 'ɪʃu:] *sb* Geschäftswert *m*
value to be attached ['vælju: tu bi: ə'tætʃt] *sb* beizulegender Wert *m*
valuer ['væljʊə] *sb* Schätzer *m*
van [væn] *sb* Lieferwagen *m*
variable ['veərɪəbl] *adj 1.* veränderlich, wechselnd; *2. (adjustable)* regelbar, verstellbar; *sb 3.* Variable *f,* veränderliche Größe *f*
variable cost ['veərɪəbl 'kɒst] *sb (Kostenrechnung)* Arbeitskosten *pl*
variable costing ['veərɪəbl 'kɒstɪŋ] *sb* Teilkostenrechnung *f*
variable costs ['veərɪəbl kɒsts] *pl* variable Kosten *pl*
variable market ['veərɪəbl 'mɑːkɪt] *sb* variabler Markt *m*
variable price ['veərɪəbl praɪs] *sb* variabler Kurs *m*
variable price quoting ['veərɪəbl praɪs 'kwəʊtɪŋ] *sb* fortlaufende Notierung *f*
variable rate of interest ['veərɪəbl reɪt əv 'ɪntrest] *sb* variabler Zins *m*
variable value ['veərɪəbl 'vælju:] *sb* variabler Wert *m*
variance ['veərɪəns] *sb* Varianz *f*
variant ['veərɪənt] *sb* Variante *f*
variety [və'raɪətɪ] *sb 1. (assortment)* Vielfalt *f; 2. (selection)* Auswahl *f*
vary ['veərɪ] *v 1. (to be different)* unterschiedlich sein; *(fluctuate)* schwanken; *2. (give variety to)* variieren
vault [vɔːlt] *sb (of a bank)* Tresorraum *m*
veil of money [veɪl əv 'mʌnɪ] *sb* Geldschleier *m*
velocity of circulation of money [ve'lɒsɪtɪ əv sɜːkjʊ'leɪʃn əv 'mʌnɪ] *sb* Geldumlaufgeschwindigkeit *f*
venal ['viːnl] *adj* käuflich, korrupt
vendible ['vendɪbl] *adj* verkäuflich, gängig

vending machine ['vendɪŋ mə'ʃiːn] *sb* Verkaufsautomat *m*
vendition [ven'dɪʃən] *sb* Verkauf *m*
vendor ['vendə] *sb 1.* Verkäufer(in) *m/f; 2. (machine)* Automat *m*
venture ['ventʃə] *sb* Wagnis *n*
venture capital ['ventʃə 'kæpɪtl] *sb* Venture-Kapital *n*, Risikokapital *n*
verbal ['vɜːbəl] *adj (oral)* mündlich
verbatim [vɜː'beɪtɪm] *adv* wortwörtlich
verdict ['vɜːdɪkt] *sb* Urteil *n*
verification [verɪfɪ'keɪʃən] *sb 1. (check)* Überprüfung *f*, Kontrolle *f; 2. (confirmation)* Bestätigung *f*, Nachweis *m*
verification of documents [verɪfɪ'kaɪʃən əv 'dɒkjʊmənts] *sb* Belegprüfung *f*
verify ['verɪfaɪ] *v 1. (check)* prüfen, nachprüfen; *2. (confirm)* bestätigen
versatile ['vɜːsətaɪl] *adj* vielseitig
versatility [vɜːsə'tɪlɪtɪ] *sb* Vielseitigkeit *f*
version ['vɜːʒən] *sb* Modell *n*
versus ['vɜːsəs] *prep* kontra
vertical integration ['vɜːtɪkl ɪntɪ'greɪʃn] *sb* vertikale Integration *f*, vertikale Konzentration *f*
vested interest stock ['vestɪd 'ɪntrest stɒk] *sb* Interessenwert *m*
veto ['viːtəʊ] *sb 1.* Veto *n; v 2.* ~ *sth* ein Veto gegen etw einlegen
via ['vaɪə] *prep* per, über
viability study [vaɪə'bɪlɪtɪ 'stʌdɪ] *sb* Wirtschaftlichkeitsstudie *f*
viable ['vaɪəbl] *adj (fig)* durchführbar
video conference ['vɪdɪəʊ 'kɒnfərəns] *sb* Videokonferenz *f*
videodisc ['vɪdɪəʊdɪsk] *sb* Video-Disc *f*, Bildplatte *f*
videophone ['vɪdɪəʊfəʊn] *sb* Bildschirmtelefon *n*
videotape ['vɪdɪəʊteɪp] *sb* Videoband *n*
videotext ['vɪdɪəʊtekst] *sb* Videotext *m*
videotext account ['vɪdɪəʊtekst ə'kaʊnt] *sb* Tele-Konto *n*
violate ['vaɪəleɪt] *v 1. (a contract, a treaty, an oath)* verletzen; *2. (a law)* übertreten
violation [vaɪə'leɪʃən] *sb 1. (of a contract)* Verletzung *f; 2. (of a law)* Gesetzübertretung *f*
violation of competition rule [vaɪə'leɪʃən əv kɒmpə'tɪʃən ruːl] *sb* Wettbewerbsverstoß *m*
virtual companies ['vɜːtjʊəl 'kʌmpəniːz] *pl* virtuelle Unternehmen *n/pl*
virtual reality ['vɜːtʃʊəl rɪ'ælɪtɪ] *sb* virtuelle Realität *f*

virtualization [vɜːtjʊəlaɪ'zeɪʃn] *sb* Virtualisierung *f*
virus ['vaɪrəs] *sb (computer)* Virus *n*
visa ['viːzə] *sb* Visum *n*
visiting card ['vɪzɪtɪŋ kɑːd] *sb (UK)* Visitenkarte *f*
visiting hours ['vɪzɪtɪŋ 'aʊəz] *pl* Besuchszeiten *f/pl*
visitor ['vɪzɪtə] *sb* Besucher(in) *m/f*, Gast *m*
vocation [vəʊ'keɪʃən] *sb (profession)* Beruf *m*
vocational [vəʊ'keɪʃənl] *adj* Berufs...
vocational retraining [vəʊ'keɪʃənl riː'treɪnɪŋ] *sb* berufliche Umschulung *f*
voice mail [vɔɪs meɪl] *sb* Voice-Mail *f*
void [vɔɪd] *adj* ungültig, nichtig; *become* ~ verfallen; *declare* ~ für ungültig erklären; *stand*~ ungültig sein
void bill [vɔɪd bɪl] *sb* präjudizierter Wechsel *m*
voidable ['vɔɪdəbl] *adj* aufhebbar, anfechtbar
volatility [vɒlə'tɪlɪtɪ] *sb* Volatilität *f*
volt [vɒlt] *sb* Volt *n*
voltage ['vɒltɪdʒ] *sb* Spannung *f*
volume ['vɒljuːm] *sb 1. (measure)* Volumen *n; 2. (fig: of business, of traffic)* Umfang *m*
volume of business ['vɒljuːm əv 'bɪznɪs] *sb* Geschäftsvolumen *n*
volume of foreign trade ['vɒljuːm əv 'fɒrɪn treɪd] *sb* Außenhandelsvolumen *n*
volume of money ['vɒljuːm əv 'mʌnɪ] *sb* Geldvolumen *n*
volume order ['vɒljuːm 'ɔːdə] *sb* Großauftrag *m*, Mengenauftrag *m*
volume variance ['vɒljuːm 'vɛərɪəns] *sb* Beschäftigungsabweichungen *f/pl*
voluntary ['vɒləntərɪ] *adj* freiwillig, ehrenamtlich
voluntary contributions ['vɒləntərɪ kɒntrɪ'bjuːʃnz] *pl* Spenden *f/pl*
voluntary disclosure ['vɒləntərɪ dɪs'kləʊʒə] *sb* Selbstauskunft *f*
voluntary retirement ['vɒləntərɪ rɪ'taɪəmənt] *sb* Austritt *m*
vostro account ['vɒstrəʊ ə'kaʊnt] *sb* Vostrokonto *n*
voting rights of nominee shareholders ['vəʊtɪŋ raɪts əv nɒmɪ'niː 'ʃeəhəʊldəz] *pl* Depotstimmrecht *n*
voting share ['vəʊtɪŋ ʃeə] *sb* Stimmrechtsaktie *f*
voucher ['vaʊtʃə] *sb 1. (coupon)* Gutschein *m*, Bon *m; 2. (receipt)* Beleg *m*
vouchsafe [vaʊtʃ'seɪf] *v* gewähren

W/X/Y/Z

wage [weɪdʒ] *sb* (~s) Lohn *m*

wage agreement ['weɪdʒ ə'griːmənt] *sb* Lohnvereinbarung *f*

wage arriers [weɪdʒ ə'riez] *pl* Lohnrückstände *m/pl*

wage bargaining [weɪdʒ 'bɑːɡɪnɪŋ] *sb* Lohnverhandlungen *f/pl*

wage bracket [weɪdʒ 'brækɪt] *sb* Lohngruppe *f*, Lohnklasse *f*

wage claim ['weɪdʒ kleɪm] *sb* Lohnforderung *f*

wage continuation [weɪdʒ kəntɪnjʊ'eɪʃən] *sb* Lohnfortzahlung *f*

wage costs ['weɪdʒ kɒsts] *pl* Lohnkosten *pl*

wage cut ['weɪdʒ kʌt] *sb* Lohnkürzung *f*, Lohnsenkung *f*

wage-earner ['weɪdʒɜːnə] *sb* Lohnempfänger(in) *m/f*

wage freeze ['weɪdʒfriːz] *sb* Lohnstopp *m*

wage in cash ['weɪdʒ ɪn 'kæʃ] *sb* Barlohn *m*

wage-induced [weɪdʒɪn'djuːst] *adj* lohnkostenbedingt

wage-intensive [weɪdʒɪn'tensɪv] *sb* lohnintensiv

wage on a piecework [weɪdʒ ɒn ə 'piːswɜːk] *sb* Stücklohn *m*

wage per hour [weɪdʒ pɜː 'aʊə] *sb* Stundenlohn *m*

wage-price spiral ['weɪdʒ'praɪs 'spaɪrəl] *sb* Lohn-Preis-Spirale *f*

wage scale ['weɪdʒ skeɪl] *sb* Lohntarif *m*

wages paid in kind ['weɪdʒɪz peɪd ɪn 'kaɪnd] *pl* Naturallohn *m*

wages policy ['weɪdʒɪz 'pɒlɪsɪ] *sb* Lohnpolitik *f*

wage rate ['weɪdʒ reɪt] *sb* Lohntarif *m*

wage tax ['weɪdʒ tæks] *sb* Lohnsteuer *f*

wage tax class ['weɪdʒ tæks klɑːs] *sb* Lohnsteuerklasse *f*

wait-and-see attitude [weɪtænd'siː 'ætɪtjuːd] *sb* Attentismus *m*

waiting allowance ['weɪtɪŋ ə'laʊəns] *sb* Karenzentschädigung *f*

waive [weɪv] *v* verzichten

waiver ['weɪvə] *sb* 1. Verzicht *m*; 2. (form, written ~) Verzichterklärung *f*

waiver of a claim ['weɪvər əv ə kleɪm] *sb* Anspruchsverzicht *m*

wallet ['wɒlɪt] *sb* Brieftasche *f*

Wall Street ['wɔːl striːt] *sb* New Yorker Börse *f*, Wall Street *f*

want [wɒnt] *sb* 1. (need) Bedürfnis *n*; 2. (lack) Mangel *m*; for ~ of mangels; 3. (poverty) Not *f*

wantage ['wɑːntɪdʒ] *sb* Fehlbetrag *m*

wanting ['wɒntɪŋ] *adj* fehlend, mangelnd; to be found ~ sich als mangelhaft erweisen

war loan ['wɔː ləʊn] *sb* Kriegsanleihe *f*

ware [wɛə] *sb* Ware *f*, Erzeugnis *n*

warehouse ['wɛəhaʊs] *sb* Lagerhaus *n*, (Waren-)Lager *n*

warehouse costs ['wɛəhaʊs kɒsts] *pl* Lagerhaltungskosten *pl*

warehouse loan ['wɛəhaʊs ləʊn] *sb* Einlagerungskredit *f*

warehouse receipt ['wɛəhaʊs rɪ'siːt] *sb* Lagerempfangsschein (D/W) *m*

warehouse rent ['wɛəhaʊs rent] *sb* Lagermiete *f*

warehouse warrant ['wɛəhaʊs 'wɒrənt] *sb* Lagerschein *m*

warehousing ['wɛəhaʊzɪŋ] *sb* Lagerung *f*

warning ['wɔːnɪŋ] *sb* (notice) Ankündigung *f*, Benachrichtigung *f*

warrant ['wɒrənt] *sb* Befehl *m*; (search ~) Durchsuchungsbefehl *m*; (for arrest) Haftbefehl *m*

warrant for goods ['wɒrənt fɔː gʊdz] *sb* Lagerpfandschein *m*

warrant issue ['wɒrənt 'ɪʃuː] *sb* Optionsanleihe *f*

warrant of attachment ['wɒrənt əv ə'tætʃmənt] *sb* Beschlagnahmeverfügung *f*

warrantor ['wɒrəntɔː] *sb* Garantiegeber *m*

warrants ['wɒrənts] *sb* Warrants *pl*

warranty ['wɒrəntɪ] *sb* Garantie *f*, Gewährleistung *f*

warranty clause ['wɒrəntɪ klɔːz] *sb* Gewährleistungsklausel *f*

warranty deed ['wɒrəntɪ diːd] *sb* Bürgschaftsurkunde *f*

warranty of authority ['wɒrəntɪ əv ɔː'θɔrətɪ] *sb* Ermächtigung *f*

waste [weɪst] *v* 1. (sth) verschwenden, vergeuden; (a chance) vertun; *sb* 2. Verschwendung *f*; (rubbish) Abfall *m*; (~ material) Abfallstoffe *pl*

waste disposal ['weɪst dɪs'pəʊzəl] *sb* Abfallbeseitigung *f*

waste management ['weɪst 'mænɪdʒ-mənt] *sb* Abfallwirtschaft *f*
waterage ['wɔːtərɪdʒ] *sb* Transport auf dem Wasserweg *m*
watering of capital stock [wɔːtərɪŋ əv 'kæpɪtl stɒk] *sb* Kapitalverwässerung *f*
waterproof ['wɔːtəpruːf] *adj* wasserundurchlässig, wasserdicht
watt [wɒt] *sb* Watt *n*
wattage ['wɒtɪdʒ] *sb* Wattleistung *f*
waybill ['weɪbɪl] *sb* Frachtbrief *m*
wealth tax ['welθ tæks] *sb* Vermögenssteuer *f*
wear and tear ['wɛər ənd 'tɛə] *sb* Abnutzung und Verschleiß
wearproof ['wɛəpruːf] *adj* strapazierfähig
web [web] *sb* the Web das World Wide Web *n*, das Netz *n*
web browser ['web 'braʊzə] *sb* Webbrowser *m*
web page ['web peɪdʒ] *sb* Web-Seite *f*, Webpage *f*
web server ['web 'sɛːvə] *sb* Internetrechner *m*
web site ['websaɪt] *sb* Website *f*
weekday ['wiːkdeɪ] *sb* Wochentag *m*
weekend ['wiːkend] *sb* Wochenende *n*
weigh [weɪ] *v 1.* wiegen; *(sth)* wiegen; *2. (fig: pros and cons)* abwägen; ~ one's words seine Worte abwägen
weight [weɪt] *sb* Gewicht *n; lose ~/gain ~ (person)* abnehmen/zunehmen
weight guaranteed (w.g.) [weɪt gærən-'tiːd] garantiertes Gewicht (w.g.) *n*
weighting ['weɪtɪŋ] *sb (UK: ~ allowance)* Zulage *f*
weight loaded [weɪt 'ləʊdɪd] *sb* Abladegewicht *n*
weight of taxation [weɪt əv tæk'seɪʃən] *sb* Steuerlast *f*
welfare ['welfɛə] *sb* Wohlfahrt *f*, Sozialhilfe *f*
welfare state ['welfɛə steɪt] *sb* Wohlfahrtsstaat *m*
well-connected [wel kə'nektɪd] *adj* be ~ gute Beziehungen haben
well-deserved [weldɪ'zɜːvd] *adj* wohlverdient
well-equipped [welɪ'kwɪpt] *adj* gut ausgerüstet
well-informed [welɪn'fɔːmd] *adj (person)* gut informiert
well-intentioned [welɪn'tenʃənd] *adj* wohl gemeint; *(person)* wohlmeinend
well-known ['welnəʊn] *adj* bekannt

wharf [wɔːf] *sb* Kai *m*
wharfage ['wɔːfɪdʒ] *sb* Kaigebühren *pl*
whispering campaign ['wɪspərɪŋ kæm-'peɪn] *sb* Verleumdungskampagne *f*
white collar worker [waɪt 'kɒlə 'wɜːkə] *sb* Angestellte(r) *f/m*, Büroangestellte(r) *f/m*
white goods [waɪt gʊdz] *sb* weiße Ware *f*
white knight [waɪt 'naɪt] *sb* Investor, der eine Firma vor einer Übernahme rettet *m*, Retter in der Not
white-collar crime ['waɪtkɒlə kraɪm] *sb* White-Collar-Kriminalität *f*, Wirtschaftskriminalität *f*
white-collar union ['waɪtkɒlə 'juːnjən] *sb* Angestelltengewerkschaft *f*
whiteout ['waɪtaʊt] *sb (fam)* Tipp-Ex *n*
whole-bank interest margin calculation ['həʊlbæŋk 'ɪntrest mɑːdʒɪn kælkjʊ'leɪʃn] *sb* Gesamtzinsspannenrechnung *f*
wholesale ['həʊlseɪl] *sb* Großhandel *m; adv* im Großhandel
wholesale bank ['həʊlseɪl bæŋk] *sb* Universalbank *f*
wholesale banking ['həʊlseɪl bæŋkɪŋ] *sb* Firmenkundengeschäft *n*
wholesale insurance ['həʊlseɪl ɪn'ʃʊərəns] *sb* Gruppenversicherung *f*
wholesale market ['həʊlseɪl 'mɑːkɪt] *sb* Großmarkt *m*
wholesale merchant ['həʊlseɪl 'mɛːtʃənt] *sb* Großhandelskaufmann/Großhandelskauffrau *m/f*
wholesale price ['həʊlseɪl praɪs] *sb* Großhandelspreis *m*
wholesale trade ['həʊlseɪl treɪd] *sb* Großhandel *m*
wholesaler ['həʊlseɪlə] *sb* Großhändler(in) *m/f*, Grossist(in) *m/f*
wholly-owned [həʊlɪ'əʊnd] *adj* a ~ subsidiary eine hundertprozentige Tochtergesellschaft *f*
width [wɪdθ] *sb* Breite *f*
wield [wiːld] *v (power)* ausüben
wildcat ['waɪldkæt] *adj* spekulativ, riskant; ~ security unsicheres Wertpapier
wilful ['wɪlfʊl] *adj (deliberate)* vorsätzlich, mutwillig
willingness ['wɪlɪŋnɪs] *sb* Bereitwilligkeit *f*, Bereitschaft *f*
willingness to achieve ['wɪlɪŋnɪs tuː ə'tʃiːv] *sb* Leistungsbereitschaft *f*
windbill ['wɪndbɪl] *sb* Reitwechsel *m*
winding-up [waɪndɪŋ'ʌp] *sb* Geschäftsauflösung *f*, Liquidation *f*

winding-up accounts [wɑɪndɪŋ'ʌp ə'kaʊnts] pl Abwicklungsbilanz f
winding-up period [wɑɪndɪŋ'ʌp 'pɪərɪəd] sb Abwicklungszeitraum m
winding-up petition [wɑɪndɪŋ'ʌp pɪ'tɪʃən] sb Antrag auf Liquidation m
window-dressing ['wɪndəʊdresɪŋ] sb Schaufenstergestaltung f
window envelope ['wɪndəʊ 'envələʊp] sb Fensterbriefumschlag m
winter bonus ['wɪntə 'bəʊnəs] sb Winterausfallgeld n
wire [waɪə] v (send a telegram to) telegrafieren
with a fixed rate of interest [wɪθ ə 'fɪkst reɪt əv 'ɪntrest] sb festverzinslich
withdrawal [wɪθ'drɔːəl] sb Entnahme f
withdrawal of an order [wɪθ'drɔːəl əv ən 'ɔːdə] sb Auftragsstornierung f
withdrawal of shares [wɪθ'drɔːəl əv 'ʃɛəs] sb Aktieneinziehung f
withdrawal period [wɪθ'drɔːəl 'pɪərɪəd] sb Kündigungsfrist f
withhold [wɪð'həʊld] v einbehalten, zurückhalten
withholding of income tax [wɪð'həʊldɪŋ əv 'ɪŋkʌm tæks] sb Lohnsteuerabzug m
withholding of payment [wɪð'həʊldɪŋ əv 'peɪmənt] sb Zahlungsverweigerung f
withholding rate [wɪð'həʊldɪŋ reɪt] sb Kapitalertragssteuersatz m, Lohnsteuersatz m
without competition [wɪθ'aʊt kɒmpə-'tɪʃən] adv konkurrenzlos
without guarantee [wɪθ'aʊt gærən'tiː] adv ohne Gewähr
without obligation [wɪθ'aʊt ɒblɪ'geɪʃən] adv ohne Obligo
without prior notice [wɪθ'aʊt 'praɪə 'nəʊtɪs] adv fristlos
witness ['wɪtnɪs] v 1. bezeugen, Zeuge sein; sb 2. Zeuge/Zeugin m/f
word processing [wɜːd 'prəʊsesɪŋ] sb Textverarbeitung f
work [wɜːk] v 1. arbeiten; ~ on arbeiten an; 2. (a machine) bedienen; 3. (to be successful) klappen; 4. (function) funktionieren; sb 5. Arbeit f; to be at ~ on sth an etw arbeiten; out of ~ arbeitslos; make short ~ of sth (fam) mit etw kurzen Prozess machen; He's at ~. Er ist in der Arbeit. ~s pl 6. (factory) Betrieb m, Fabrik f
workable ['wɜːkəbl] adj 1. brauchbar, durchführbar; 2. (mining) abbaufähig
workaholic [wɜːkə'hɒlɪk] sb Arbeitssüchtige(r) f/m, Workaholic m

workbench ['wɜːkbentʃ] sb Werkbank f
worker ['wɜːkə] sb Arbeiter(in) m/f
worker participation ['wɜːkə paːtɪsɪ'peɪʃən] sb Arbeitnehmerbeteiligung f
work ethic [wɜːk 'eθɪk] sb Arbeitsmoral f
work experience [wɜːk ɪk'spɪərɪəns] sb Berufserfahrung f, Berufspraxis f
workforce ['wɜːkfɔːs] sb Belegschaft f, Arbeiterschaft f
working assets ['wɜːkɪŋ 'æsets] sb Betriebskapital n, Umlaufvermögen n
working capital ['wɜːkɪŋ 'kæpɪtl] sb Betriebskapital n
working conditions and human relations ['wɜːkɪŋ kən'dɪʃənz ənd 'hjuːmən rɪ'leɪʃənz] pl Betriebsklima n
working credit ['wɜːkɪŋ 'kredɪt] sb Betriebskredit m
working day ['wɜːkɪŋ deɪ] sb Arbeitstag m
working expenses ['wɜːkɪŋ ɪks'pensɪz] pl Betriebskosten pl
working funds ['wɜːkɪŋ fʌndz] pl Betriebsmittel n/pl
working hours ['wɜːkɪŋ 'aʊəz] pl Arbeitszeit f
working knowledge ['wɜːkɪŋ 'nɒlɪdʒ] sb (in languages) Grundkenntnisse f/pl
working lunch ['wɜːkɪŋ lʌntʃ] sb Arbeitsessen n
working party ['wɜːkɪŋ 'paːtɪ] sb Arbeitsgruppe f, Arbeitsgemeinschaft f
working time standard ['wɜːkɪŋ taɪm 'stændəd] sb Regelarbeitszeit f
work injury [wɜːk 'ɪndʒərɪ] sb Betriebsunfall m, Arbeitsunfall m
work in process [wɜːk ɪn 'prəʊses] sb unfertige Erzeugnisse n/pl
work in the field [wɜːk ɪn ðə 'fiːld] sb Außendienst m
work label [wɜːk 'leɪbl] sb Laufzettel m
work layout [wɜːk 'leɪaʊt] sb Arbeitsdisposition f
workload ['wɜːkləʊd] sb Arbeitslast f
workmanship ['wɜːkmənʃɪp] sb Arbeitsqualität f
workmate ['wɜːkmeɪt] sb Arbeitskollege m
work out [wɜːk 'aʊt] v (figures) ausrechnen
work output [wɜːk 'aʊtpʊt] sb Arbeitsleistung f
work performed [wɜːk pə'fɔːmd] sb Arbeitsertrag m
work permit ['wɜːk 'pɜːmɪt] sb Arbeitserlaubnis f
workplace ['wɜːkpleɪs] sb Arbeitsplatz m

work procurement [wɜːk prəˈkjʊəmənt] *sb* Arbeitsbeschaffung *f*

workshop [ˈwɜːkʃɒp] *sb* Werkstatt *f; (fig: seminar)* Seminar *n*

works pension [wɜːks ˈpenʃn] *sb* Betriebsrente *f,* Firmenrente *f*

works protection force [wɜːks prəˈtekʃən fɔːs] *sb* Werkschutz *m*

workstandard [wɜːkˈstændəd] *sb* Werknorm *f*

workstation [ˈwɜːksteɪʃn] *sb* Arbeitsplatzrechner *m*

work together [wɜːk təˈgeθə] *v* zusammenarbeiten

work to rule [wɜːk tə ˈruːl] *sb* Dienst nach Vorschrift *m*

workweek [ˈwɜːkwiːk] *sb* Arbeitswoche *f*

World Bank [wɜːld bæŋk] *sb* Weltbank *f*

world economic summit [wɜːld iːkəˈnɒmɪk ˈsʌmɪt] *sb* Weltwirtschaftsgipfel *m*

world economy [wɜːld ɪkˈɒnəmɪ] *sb* Weltwirtschaft *f*

world fair [wɜːld fɛə] *sb* Weltausstellung *f*

world market [wɜːld ˈmɑːkɪt] *sb* Weltmarkt *m*

world market price [wɜːld ˈmɑːkɪt praɪs] *sb* Weltmarktpreis *m*

world trade [wɜːld treɪd] *sb* Welthandel *m*

World Trade Organization [wɜːld treɪd ɔːgənaɪˈzeɪʃən] *sb* Welthandelsorganisation *f*

world-wide [wɜːldˈwaɪd] *adj* weltweit

worldwide economic crisis [ˈwɜːldwaɪd iːkəˈnɒmɪk ˈkraɪsɪs] *sb* Weltwirtschaftskrise *f*

worldwide financial statements [ˈwɜːldwaɪd faɪˈnænʃl ˈsteɪtmənts] *sb* Weltbilanz *f*

worst-case [ˈwɜːstkeɪs] *adj* ~ *scenario* Annahme des ungünstigsten Falles *f*

worth [wɜːθ] *sb* Wert *m*

wrapper [ˈræpə] *sb* Schutzumschlag *m*, Schutzhülle *f*

wrapping [ˈræpɪŋ] *sb* Verpackung *f*

wrapping paper [ˈræpɪŋ ˈpeɪpə] *sb* Packpapier *n*

writ [rɪt] *sb* Verfügung *f,* Anordnung *f*

writ of summons [rɪt əv ˈsʌmənz] *sb* Vorladung *f*

write-down value [ˈraɪtdaʊn ˈvæljuː] *sb* Buchwert *m*

written [ˈrɪtn] *adj* schriftlich

writing down allowance [ˈraɪtɪŋ daʊn əˈlaʊəns] *sb* Abschreibungsfreibetrag *m*

write off [raɪt ˈɒf] *v irr* abschreiben

write-off [ˈraɪtɒf] *sb (tax ~)* Abschreibung *f*

write out [raɪt ˈaʊt] *v irr (cheque)* ausstellen

wrongful [ˈrɒŋfʊl] *adj* unrechtmäßig, widerrechtlich

XYZ analysis [ˈekswaɪzed əˈnælɪsɪs] *sb* XYZ-Analyse *f*

yard [jɑːd] *sb (0.914 metres)* Yard *n*

year-ago [ˈjɪərəgəʊ] *adj* Vorjahres…

yearly [ˈjɪəlɪ] *adj* jährlich, Jahres...

year-on-year [jɪərɒnˈjɪə] *adj* im Jahresvergleich, gegenüber dem Vorjahr

Yellow Pages [ˈjeləʊ ˈpeɪdʒɪz] *pl the* ~ die Gelben Seiten *pl*

yen [jen] *sb* Yen *m*

yield [jiːld] *v* 1. *(a crop, a result)* hervorbringen, ergeben; *(interest)* abwerfen; *sb* 2. Ertrag *m*, Rendite *f*

yield after tax [jiːld ˈɑːftə tæks] *sb* Nachsteuerrendite *f*

yield before tax [jiːld bɪˈfɔː tæks] *sb* Gewinn vor Steuern *m*

yield capacity [jiːld kəˈpæsətɪ] *sb* Ertragspotenzial *n*

yield level [jiːld levl] *sb* Renditeniveau *n*

yield on bonds outstanding [jiːld ɒn ˈbɒnds aʊtˈstændɪŋ] *sb* Umlaufrendite *f*

yield on price [jiːld ɒn praɪs] *sb* Kursrendite *f*

yield on shares [jiːld ɒn ʃɛəs] *sb* Aktienrendite *f*

yield rate [jiːld reɪt] *sb* effektiver Zins *m*, Effektivverzinsung *f*

yield to maturity [jiːld tu məˈtjʊərətɪ] *sb* Ablaufrendite *f*

young businessman [jʌŋ ˈbɪznɪsmən] *sb* Jungunternehmer *m*

youth employment protection [ˈjuːθ ɪmˈplɔɪmənt prəˈtekʃn] *sb* Jugendarbeitsschutz *m*

youth representatives [juːθ reprɪˈzentətɪvz] *sb* Jugendvertretung *f*

zealous [ˈzeləs] *adj* eifrig

zero [ˈzɪərəʊ] *sb* Null *f; (on a scale)* Nullpunkt *m*

zero balance [ˈzɪərəʊ ˈbæləns] *sb* ausgeglichene Bilanz *f,* Nullsaldo *m*

zero bonds [ˈzɪərəʊ bɒndz] *pl* Zerobonds *pl*

zero growth [ˈzɪərəʊ grəʊθ] *sb* Nullwachstum *n*

zero item [ˈzɪərəʊ ˈaɪtəm] *sb* Nullposten *m*

zero rate [ˈzɪərəʊ reɪt] *sb* Nullsatz *m*

zero-rated [ˈzɪərəʊreɪtɪd] *adj* mehrwertsteuerfrei

ZIP code [zɪp kəʊd] *sb (US)* Postleitzahl *f*

zone [zəʊn] *sb* Zone *f,* Gebiet *f; (*Bereich *m*

zonetime [ˈzəʊntaɪm] *sb* Zeitzonensystem *n*

Deutsch – Englisch

A

ab Bahnhof [ap 'baːnhoːf] free on rail
ab Kai [ap kaɪ] ex quay
ab Werk [ap vɛrk] ex works
abändern ['apɛndərn] *v* alter, change, modify
Abänderung ['apɛndəruŋ] *f* alteration, change, modification
Abänderungsantrag ['apɛndəruŋsantraːk] *m* (motion for) amendment
Abänderungsvorschlag ['apɛndəruŋsfoːr-ʃlaːk] *m* proposal for alteration, proposed alteration
Abandon [abɑ̃'dɔ̃ː] *m* abandonment
abarbeiten ['aparbaɪtən] *v* work off
Abbau ['apbau] *m 1.* reduction, *2. (im Bergbau)* mining, exploitation, exhaustion
abbaubar ['apbauːr] *adj* degradable, decomposable
abbauen ['apbauən] *v 1. (verringern)* reduce; *2. (zerlegen)* dismantle, pull down, take to pieces; *3. (im Bergbau)* mine, work
abbestellen ['apbəʃtɛlən] *v* cancel
Abbestellung ['apbəʃtɛluŋ] *f* cancellation
abbezahlen ['apbətsaːlən] *v* pay off, repay
abbrechen ['apbrɛçən] *v irr* abort, sever
abbröckeln ['apbrœkəln] *v (Börsenkurs)* ease off, drop off
abbuchen ['apbuːxən] *v 1.* deduct, debit; *2. (abschreiben)* write off
Abbuchung ['apbuːxuŋ] *f* debiting
Abbuchungsauftrag ['apbuːxuŋsauf-traːk] *m* direct debit instruction
Abbuchungsverfahren ['apbuːxuŋsfɛr-faːrən] *n* direct debit (procedure)
ABC-Analyse [abe'tseːanalyːzə] *f* ABC evaluation analysis
Abendbörse ['aːbəntbœrzə] *f* evening stock exchange
Aberdepot ['aːbərdepoː] *n* fungible security deposit
aberkennen ['apɛrkɛnən] *v irr* deprive, disallow, dispossess
Aberkennung ['apɛrkɛnuŋ] *f* deprivation, abjudication, disallowance
Abfahrtszeit ['apfaːrtstsaɪt] *f* time of departure
Abfall ['apfal] *m* waste
Abfallbeseitigung ['apfalbəsaɪtiguŋ] *f* waste disposal
Abfallbörse ['apfalbœrsə] *f* recycling exchange

Abfallprodukt ['apfalprodukt] *n* waste product
Abfallverwertung ['apfalfɛrveːrtuŋ] *f* recycling, waste utilization
Abfallwirtschaft ['apfalvɪrtʃaft] *f* utilization of waste products, waste management
abfeiern ['apfaɪərn] *v Überstunden* ~ take time off to make up for overtime
abfertigen ['apfɛrtɪgən] *v 1. (Zoll)* clear; *2. (Kunde)* attend to, serve
Abfertigung ['apfɛrtɪguŋ] *f* dispatch, *1. (Zoll)* clearance; *2. (Kunde)* service
abfinden ['apfɪndən] *v irr* settle with, indemnify, pay off; *(Teilhaber ~)* buy out
Abfindung ['apfɪnduŋ] *f* settlement, indemnification; compensation
Abfindungsangebot ['apfɪnduŋsangəboːt] *n* compensation offer
Abfindungssumme ['apfɪnduŋszumə] *f* compensation, severance pay
abflauen ['apflauən] *v* flag, slacken, slow down
Abfrage ['apfraːgə] *f* inquiry
abführen ['apfyːrən] *v (Gelder)* pay
Abführungspflicht ['apfyːruŋspflɪçt] *f* pay over duty
Abfülldatum ['apfyldaːtum] *n* filling date, bottling date
Abgabe ['apgaːbə] *f (Steuer)* duty, levy, tax
Abgabemenge ['apgaːbəmɛŋə] *f* quantity sold
abgabenfrei ['apgaːbənfraɪ] *adj* duty-free, tax-free, tax-exempt
Abgabenordnung ['apgaːbənɔrdnuŋ] *f* fiscal code
abgabenpflichtig ['apgaːbənpflɪçtɪç] *adj* taxable, liable to tax
Abgabensystem ['apgaːbənzysteːm] *n* taxation system
Abgabetermin ['apgaːbətɛrmiːn] *m* submission date
Abgang ['apgaŋ] *m (Waren)* outlet, sale, market
abgelten ['apgɛltən] *v irr* pay off, compensate
Abgleich ['apglaɪç] *m* alignment, balance
Abgrenzung ['apgrɛntsuŋ] *f* demarcation
Abgrenzungspolitik ['apgrɛntsuŋspolitiːk] *f* policy of separation, policy of polarization

Abgrenzungsposten ['apgrɛntsuŋspɔstən] *m/pl* deferred and accrued items *pl*
abheben ['aphe:bən] *v irr (Geld)* withdraw, take out, draw
Abhebung ['aphe:buŋ] *f (von Geld)* withdrawal
abholbereit ['apho:lbərait] *adj* ready for collection
abholen ['apho:lən] *v* collect, come for, fetch, pick up
abkaufen ['apkaufən] *v* buy, purchase
Abkommen ['apkɔmən] *n* deal, agreement
Abladegewicht ['apla:dəgəvıçt] *n* weight loaded
Ablage ['apla:gə] *f* file, filing
Ablagekorb ['apla:gəkɔrp] *m* filing tray
Ablauf ['aplauf] *m 1. (Frist)* expiry, expiration *(US); 2.* procedure, process
ablaufen ['aplaufən] *v irr (Frist)* run out
Ablauffrist ['aplauffrıst] *f* time limit
ablegen ['aple:gən] *v 1. (Akten)* file; *2. (ein Geständnis)* confess
Ablehnung ['aple:nuŋ] *f* refusal
ablichten ['aplıçtən] *v* photocopy
Ablichtung ['aplıçtuŋ] *f* photocopy
abliefern ['apli:fərn] *v* deliver
Ablieferung ['apli:fəruŋ] *f* delivery, submission
Ablöse ['aplø:zə] *f* redemption
ablösen ['aplø:zən] *v (tilgen)* redeem, pay off
Ablösesumme ['aplø:zezumə] *f* redemption price, redemption sum
Ablösung ['aplø:zuŋ] *f (Tilgung)* redemption, repayment
Ablösungsanleihe ['aplø:zuŋsanlaıə] *f* redemption loan
Abmachung ['apmaxuŋ] *f* agreement, settlement
abmahnen ['apma:nən] *v* caution
Abmahnung ['apma:nuŋ] *f* warning, reminder
ABM-Stelle [a:be:'ɛmʃtɛlə] *f* make-work job
Abnahme ['apna:mə] *f 1. (Verminderung)* decrease, decline, diminution; *2. (amtliche ~)* official acceptance, inspection
Abnahmemenge ['apna:məmɛŋə] *f* purchased quantity
Abnahmepflicht ['apna:məpflıçt] *f* obligation to take delivery
abnehmen ['apne:mən] *v irr 1. (entgegennehmen)* take; *2. (abkaufen)* buy; *jdm etw ~* relieve s.o. of sth; *3.* inspect

Abnehmer ['apne:mər] *m* buyer, purchaser
Abnehmerkreis ['apne:mərkrais] *m* consumers *pl,* consumer group, market
Abnehmerland ['apne:mərlant] *n* buyer country
Abnutzung ['apnutsuŋ] *f* wear, wearing out
Abonnement [abɔnə'mã:] *n* subscription
abonnieren [abɔ'ni:rən] *v* subscribe
abordnen ['apɔrdnən] *v* delegate, deputize *(US)*
Abordnung ['apɔrdnuŋ] *f* delegation
abrechnen ['aprɛçnən] *v 1.* settle; *2. (etw abziehen)* deduct
Abrechnung ['aprɛçnuŋ] *f 1. (Abzug)* deduction; *2. (Aufstellung)* statement; *3. (Schlussrechnung)* settlement (of accounts), bill
Abrechnungsstelle ['aprɛçnuŋsʃtɛlə] *f* clearing house
Abrechnungstag ['aprɛçnuŋsta:k] *m* settling day
Abrechnungstermin ['aprɛçnuŋstɛrmi:n] *m* accounting date
Abrechnungsverfahren ['aprɛçnuŋsfɛrfa:rən] *n* settling procedure
Abrechnungsverkehr ['aprɛçnuŋsfɛrke:r] *m* clearing system
Abrechnungszeitraum ['aprɛçnuŋstsaitraum] *m* accounting period
Abruf ['apru:f] *m* retrieval
Abrufauftrag ['apru:fauftra:k] *m* call order
abrufbereit ['apru:fbərait] *adj* ready on call; retrievable
abrufen ['apru:fən] *v irr* request delivery of; retrieve
Absage ['apza:gə] *f* refusal
absagen ['apza:gən] *v 1. (streichen)* cancel; *2. (Angebot)* turn down; *3. (verzichten)* renounce
Absatz ['apzats] *m* sales *pl*
Absatzanalyse ['apzatsanaly:zə] *f* sales analysis
Absatzbeschränkung ['apzatsbəʃrɛŋkuŋ] *f* restriction on the sale of sth
Absatzchance ['apzatsʃã:sə] *f* sales prospects
absatzfähig ['apzatsfɛ:ıç] *adj* marketable, saleable
Absatzfinanzierung ['apzatsfınantsi:ruŋ] *f* sales financing
Absatzflaute ['apzatsflautə] *f* slump in sales
Absatzförderung ['apzatsfœrdəruŋ] *f* sales promotion

Absatzgebiet ['apzatsgəbiːt] *n* marketing area

Absatzkanal ['apzatskanaːl] *m* channel of distribution

Absatzkontrolle ['apzatskɔntrɔlə] *f* sales control

Absatzkrise ['apzatskriːzə] *f* sales crisis

Absatzmarkt ['apzatsmarkt] *m* market

Absatzmöglichkeit ['apzatsmøːklıçkaıt] *f* sales potential, sales prospect

Absatzorganisation ['apzatsɔrganizatsjoːn] *f* sales organization

Absatzplanung ['apzatsplaːnuŋ] *f* sales planning

Absatzpolitik ['apzatspolitiːk] *f* sales policy, marketing policy

Absatzstatistik ['apzatsʃtatıstık] *f* sales statistics

Absatzsteigerung ['apzatsʃtaıgəruŋ] *f* increase in sales, increase of trade

Absatzvolumen ['apzatsvoluːmən] *n* sales volume

Absatzweg ['apzatsveːk] *m* channel of distribution

Absatzwirtschaft ['apzatsvırtʃaft] *f* marketing

Absatzziel ['apzatstsiːl] *n* sales target

Abschlag ['apʃlaːk] *m 1. (Rate)* part payment; *2. (Preissenkung)* markdown; discount; *3. (Kursabschlag)* marking down

Abschlagsdividende ['apʃlaːksdividɛndə] *f* dividend on account

Abschlagssumme ['apʃlaːkszumə] *f* lump sum

Abschlagszahlung ['apʃlaːkstsaːluŋ] *f* down payment, part payment, instalment rate

abschließen ['apʃliːsən] *v irr 1. (beenden: Sitzung)* conclude, bring to a close, end; *2. (Geschäft)* transact, conclude; *3. (Konten, Rechnungen)* settle; *4. (Rechnungsbücher)* balance, close

Abschluss ['apʃlus] *m 1. (Beendigung)* end; *zum ~ bringen* bring to a conclusion; *zum ~ kommen* come to an end; *2. (Vertragsschluss)* signing of an agreement, conclusion of a contract; *3. (Geschäftsabschluss)* (business) transaction, (business) deal; *zum ~ kommen* finalize; *4. (Bilanz)* financial statement, annual accounts

Abschlussauftrag ['apʃlusauftraːk] *m* final order

Abschlussbilanz ['apʃlusbılants] *m* final annual balance sheet

Abschlusskurs ['apʃluskurs] *m* closing rate

Abschlussprovision ['apʃlusproviːzjoːn] *f* sales commission, acquisition commission

Abschlussprüfer(in) ['apʃluspryːfər(ın)] *m/f* auditor

Abschlussprüfung ['apʃluspryːfuŋ] *f* audit

Abschlussstichtag ['apʃlusʃtıçtaːk] *m* closing date of accounts

Abschlusstechnik ['apʃlustɛçnık] *f* finishing technique

abschöpfen ['apʃœpfən] *v* skim off

Abschöpfung ['apʃœpfuŋ] *f* skimming off (of profits), siphoning off

Abschöpfungs-Preispolitik ['apʃœpfuŋspraıspolitiːk] *f* skimming-the-market pricing policy

Abschöpfungssystem ['apʃœpfuŋszysteːm] *n* absorption system

abschreiben ['apʃraıbən] *v irr* write off

Abschreibung ['apʃraıbuŋ] *f (Wertminderung)* depreciation, writing off

Abschreibungsbetrag ['apʃraıbuŋsbətraːk] *m* depreciation allowance, depreciation amount

Abschreibungsfonds ['apʃraıbuŋsfɔː] *m* depreciation fund

Abschreibungsgesellschaft ['apʃraıbuŋsgəzɛlʃaft] *f* project write-off company

Abschreibungsmethode ['apʃraıbuŋsmetoːdə] *f* method of depreciation

Abschreibungsobjekt ['apʃraıbuŋsɔpjɛkt] *n* object of depreciation

Abschreibungssatz ['apʃraıbuŋszats] *m* rate of depreciation

Abschreibungsvergünstigung ['apʃraıbuŋsfɛrgynstıguŋ] *f* tax privilege (in respect of depreciation)

Abschrift ['apʃrıft] *f* copy

Abschwung ['apʃvuŋ] *m* recession

absenden ['apzɛndən] *v* (send) forward, dispatch

Absendung ['apzɛnduŋ] *f 1. (Verschickung)* dispatch, sending, sending off; *2. (Abordnung)* delegation

Absendungsvermerk ['apzɛnduŋsfɛrmɛrk] *m* note confirming dispatch

Absentismus [apzɛn'tısmus] *m* absenteeism

absetzbar ['apzɛtsbaːr] *adj 1. (verkäuflich)* marketable, saleable; *2. (steuerlich ~)* deductible

absetzen ['apzɛtsən] *v 1. (verkaufen)* sell; *2. (abschreiben)* deduct

Absetzung ['apzɛtsuŋ] *f (Abschreibung)* deduction, depreciation, allowance
absorbieren [apzɔr'biːrən] *v* absorb
Absorption [apzɔrp'tsjoːn] *f* absorption
abspalten ['apʃpaltən] *v* split (off)
abspeichern ['apʃpaiçərn] *v* save, store
Abspeicherung ['apʃpaiçəruŋ] *f* saving, storing
Absprache ['apʃpraːxə] *f* agreement, arrangement
absprachegemäß ['apʃpraːxəgəmɛːs] *adj* as agreed, as per arrangement
absprechen ['apʃprɛçən] *v irr 1. (vereinbaren)* agree, arrange, settle; *2. (aberkennen)* disallow, deny
Abstand ['apʃtant] *m 1.* distance; *2. (Zahlung)* indemnity payment
Abstandssumme ['apʃtantszumə] *f* compensation, indemnification
Abstandszahlung ['apʃtantstsaːluŋ] *f* indemnity
Abstempelung ['apʃtɛmpəluŋ] *f* stamping
Abstimmung ['apʃtɪmuŋ] *f* voting, vote
Abstimmungsergebnis ['apʃtɪmuŋsɛrgeːpnɪs] *n* voting result
abstoßen ['apʃtoːsən] *v irr (verkaufen)* get rid of, sell off, dispose of
Abstrich ['apʃtrɪç] *m (Abzug)* cut, curtailment
Absturz ['apʃturts] *m* crash, fall
abstürzen ['apʃtyrtsən] *v* crash, fall
abtasten ['aptastən] *v* read, scan
Abteilung [ap'tailuŋ] *f* department, section
Abteilungsleiter(in) [ap'tailuŋslaitər(ɪn)] *m/f* head of department, department manager
abtragen ['aptraːgən] *v irr (Schulden)* pay off
Abtragung ['aptraːguŋ] *f (von Schulden)* paying off, payment
Abtransport ['aptranspɔrt] *m* conveyance, transport
abtransportieren ['aptranspɔrtiːrən] *v* transport away, carry off
abtreten ['aptreːtən] *v irr (überlassen)* relinquish, transfer, cede
Abtretung ['aptreːtuŋ] *f* assignment, cession, transfer
Abtretungsurkunde ['aptreːtuŋsuːrkundə] *f 1. (bei Übertragung)* transfer deed, deed of transfer; *2. (bei Konkurs)* assignment
Abtretungsverbot ['aptreːtuŋsfɛrboːt] *n* prohibition of assignment
Abtretungsvertrag ['aptreːtuŋsfɛrtraːk] *m* contract of assignment

Abwärtsentwicklung ['apvɛrtsɛntvɪkluŋ] *f* downward trend, downward tendency, downward movement
Abwärtstrend ['apvɛrtstrɛnt] *m* downward trend
Abweichung ['apwaiçuŋ] *f* deviation
Abweichungsanalyse ['apwaiçuŋsanalyːzə] *f* cost variance analysis
Abweisung ['apvaizuŋ] *f* dismissal
abwerben ['apvɛrbən] *v irr* entice away, contract away, hire away, bid away
Abwerbung ['apvɛrbuŋ] *f* enticement, wooing
abwerfen ['apvɛrfən] *v irr (einbringen)* yield, return
abwerten ['apveːrtən] *v* devaluate, depreciate, devalue
Abwertung ['apveːrtuŋ] *f* devaluation
Abwertungswettlauf ['apveːrtuŋsvɛtlauf] *m* devaluation race
Abwesenheitsquote ['apveːzənhaitskvoːtə] *f* absenteeism rate, absentee figures *pl*
abwickeln ['apvɪkəln] *v 1. (Vorgang)* transact; *2. (abschließen)* settle, conclude; *3. (liquidieren)* wind up
Abwickler ['apvɪklər] *m* liquidator
Abwicklung ['apvɪkluŋ] *f* completion, settlement, handling, liquidation
Abwicklungskonto ['apvɪkluŋskɔnto] *n* settlement account
abwirtschaften ['apvɪrtʃaftən] *v* mismanage, ruin by mismanagement
Abwurf ['apvurf] *m* yield, profit, return
abzahlen ['aptsaːlən] *v (Raten)* pay off, repay, pay by instalments
Abzahlung ['aptsaːluŋ] *f (Raten)* payment by instalments, repayment
Abzahlungsgeschäft ['aptsaːluŋsgəʃɛft] *n* instalment sale transaction
Abzahlungshypothek ['aptsaːluŋshypoteːk] *f* instalment mortgage
Abzahlungskauf ['aptsaːluŋskauf] *m* instalment contract
Abzahlungskonto ['aptsaːluŋskɔnto] *n* charge account, credit account
Abzahlungsplan ['aptsaːluŋsplaːn] *m* instalment plan
Abzahlungsrate ['aptsaːluŋsraːtə] *f* part payment, instalment
Abzahlungsvertrag ['aptsaːluŋsfɛrtraːk] *m* instalment agreement
abzeichnen ['aptsaiçnən] *v (unterschreiben)* initial, sign, tick off

abziehen ['aptsi:ən] *v irr* subtract; take off; *(Rabatt)* deduct; *etwas vom Preis* ~ take sth off the price
Abzinsung ['aptsınzuŋ] *f* discounting
Abzug ['aptsu:k] *m 1. (Kopie)* copy, duplicate, print; *2. (Rabatt)* discount, deduction, rebate
abzüglich ['aptsy:klıç] *prep* less, minus, deducting
abzugsfähig ['aptsu:ksfɛːɪç] *adj* deductible, allowable
Achtstundentag [axt'ʃtundənta:k] *m* eight-hour day
Achtung ['axtuŋ] *f (Recht)* observance (of laws)
Ackerbau ['akərbau] *m* agriculture
Addition [adı'tsjo:n] *f* addition
Ad-hoc-Kooperation [at'hɔkkoəpəra-'tsjo:n] *f* ad hoc cooperation
Ad-hoc-Publizität [at'hɔkpublitsi'tɛːt] *f* ad hoc disclosure
Adjustable Peg [ə'dʒʌstəbl peg] *m* adjustable peg
Administration [atmınıstra'tsjo:n] *f* administration
administrativ [atministra'ti:f] *adj* administrative
Adoption [adɔp'tsjo:n] *f* adoption
Adressant [adrɛ'sant] *m* sender, consignor
Adressat [adrɛ'saːt] *m* addressee, consignee
Adresse [a'drɛsə] *f* address
adressieren [adrɛ'siːrən] *v* address
Adverse Selection ['ædvɜːs sı'lekʃən] *f* adverse selection
Advokat [atvo'ka:t] *m* lawyer
Affidavit [afi'da:vıt] *n* affidavit
Affiliation [afilja'tsjo:n] *f* affiliation
After-Sales-Services ['aftəseɪlz'sɜːvısız] *f/pl* after-sales services *pl*
Agenda [a'gɛnda] *f* agenda
Agent [a'gɛnt] *m* agent, representative
Agentur [agɛn'tuːr] *f* agency, representation
Agglomeration [aglomera'tsjo:n] *f* agglomeration
Agio ['adʃo] *n* agio, premium
Agiopapiere ['a:dʒopapiːrə] *n/pl* securities redeemable *pl*
Agiotage [a:dʒo'ta:ʒə] *f* agiotage
Agrarbetrieb [a'graːrbətriːp] *m* agricultural enterprise
Agrarerzeugnis [a'graːrɛrtsɔyknıs] *n* agricultural product, produce
Agrargüter [a'graːrgyːtər] *n/pl* agricultural goods *pl*

Agrarimporte [a'graːrımpɔrtə] *m/pl* agricultural imports *pl*
Agrarindustrie [a'graːrındustriː] *f* agricultural industry
Agrarkrise [a'graːrkriːzə] *f* agricultural crisis
Agrarland [a'graːrlant] *n* agrarian country, agrarian nation
Agrarmarkt [a'graːrmarkt] *m* agricultural market
Agrarpolitik [a'graːrpolitiːk] *f* agricultural policy
Agrarpreis [a'graːrpraıs] *m* prices of farm products *pl*
Agrarreform [a'graːrəfɔːrm] *f* agricultural reform
Agrarprotektionismus [a'graːrprotɛk-tsjonısmus] *m* agricultural protectionism
Agrarstaat [a'graːrʃtaːt] *m* agricultural state
Agrarsubventionen [a'graːrzubvɛntsjoː-nən] *f/pl* agricultural subsidies *pl*
Agrarüberschüsse [a'graːry:bərʃysə] *m/pl* agricultural surpluses *pl*
Agrarwirtschaft [a'graːrvırtʃaft] *f* rural economy
Agrarwissenschaften [a'graːrvısənʃaf-tən] *f/pl* agricultural economics
Akademiker(in) [aka'deːmıkər(ın)] *m/f* university graduate
AKA-Kredite [aka'a'kredi:tə] *m/pl* export credits *pl*
Akkord [a'kɔrt] *m (Stücklohn)* piece-work wage
Akkordarbeit [a'kɔrtarbaıt] *f* piecework
Akkordarbeiter(in) [a'kɔrtarbaıtər(ın)] *m/f* pieceworker
Akkordlohn [a'kɔrtloːn] *m* piece-rate, payment by the job, piece wages *pl*
Akkordsatz [a'kɔrtzats] *m* piece rate
Akkordsystem [a'kɔrtzyste:m] *n* piece-work system
Akkordzulage [a'kɔrttsu:la:gə] *f* piece-rate bonus
akkreditieren [akredi'ti:rən] *v* to open a credit, *jdn für etw* ~ credit sth to s.o.'s account
Akkreditierung [akredi'ti:ruŋ] *f* opening a credit
Akkreditiv [akredı'ti:f] *n* (commercial) letter of credit
Akkreditivauftrag [akredi'ti:fauftra:k] *m* order to open a credit
Akkreditiveröffnung [akredı'ti:fɛrœfnuŋ] *f* opening of a letter of credit

Akkreditivstellung [akredı'tiːfftɛluŋ] ƒ
opening a letter of credit
Akkreditivzwang [akredi'tiːftsvaŋ] *m*
obligation to open a (letter of) credit
Akkumulation [akumula'tsjoːn] ƒ accumulation
akkumulieren [akumu'liːrən] *v* accumulate
Akontozahlung [a'kɔnto'tsaːluŋ] ƒ payment on account
Akquisition [akvizi'tsjoːn] ƒ acquisition
Akt [akt] *m* act, deed
Akte ['aktə] ƒ file
Aktenauszug ['aktənaustsuːk] *m* excerpt from the records
Aktendeckel ['aktəndɛkl] *m* folder
Akteneinsicht ['aktənaınzıçt] ƒ inspection of records
Aktenhülle ['aktənhylə] ƒ file cover
Aktenkoffer ['aktɔnkɔfər] *m* attaché case
aktenkundig ['aktənkundıç] *adj (Fähigkeit)* on file, on record
Aktenmappe ['aktənmapə] ƒ portfolio, briefcase, folder
Aktennotiz ['aktənnotiːts] ƒ memorandum
Aktenordner ['aktənɔrdnər] *m* file
Aktenschrank ['aktənʃraŋk] *m* filing cabinet
Aktentasche ['aktəntaʃə] ƒ briefcase, portfolio
Aktenzeichen ['aktəntsaıçən] *n* reference number, file number, case number
Aktie ['aktsjə] ƒ share, stock *(US)*
Aktienanalyse ['aktsjənanalyːzə] ƒ analysis of shares
Aktienausgabe ['aktsjənausgaːbə] ƒ issuing of shares
Aktienaustausch ['aktsjənaustauʃ] *m* exchange of shares
Aktienbank ['aktsjənbaŋk] ƒ joint-stock bank
Aktienbestand ['aktsjənbəʃtant] *m* shareholding
Aktienbezugsrecht [aktsjənbə'tsuːksrɛçt] *n* subscription right
Aktienbörse ['aktsjənbœrzə] ƒ stock exchange
Aktienbuch ['aktsjənbuːx] *n* share register, stock register
Aktiendepot ['aktsjəndepoː] *n* share deposit
Aktieneinziehung ['aktsjənaıntsiːuŋ] ƒ withdrawal of shares
Aktienemission ['aktsjənemısjoːn] ƒ issue of shares

Aktienfonds ['aktsjənfõː] *m* share fund
Aktiengesellschaft (AG) ['aktsjəngəzɛlʃaft] ƒ joint stock company, stock corporation, public limited company *(PLC)*
Aktiengesetz ['aktsjəngəzɛts] *n* Companies Act, Company Law
Aktienindex ['aktsjənındɛks] *m* share index, stock market index
Aktienkapital ['aktsjənkapıtaːl] *n* share capital, capital stock
Aktienkurs ['aktsjənkurs] *m* share price
Aktienmarkt ['aktsjənmarkt] *m* stock market, share market
Aktienmehrheit ['aktsjənmeːrhaıt] ƒ majority of stock
Aktiennotierung ['aktsjənnotiːruŋ] ƒ share quotation, stock quotation
Aktienoption ['aktsjənɔptsjoːn] ƒ share option, stock option *(US)*
Aktienpaket ['aktsjənpakeːt] *n* block of shares
Aktienquorum ['aktsjənkvoːrum] *n* share quorum
Aktienrecht ['aktsjənrɛçt] *n* company law
Aktienregister ['aktsjənregıstər] *n* share register
Aktienrendite ['aktsjənrendiːtə] ƒ earning per share, yield on stocks, yield on shares
Aktienspekulation ['aktsjenʃpɛkulatsjoːn] ƒ stock speculation, stock jobbing
Aktienumtausch ['aktsjənumtauʃ] *m* exchange of share certificates for new
Aktienzeichnung ['aktsjəntsaıçnuŋ] ƒ subscription for shares
Aktienzertifikat ['aktsjəntsɛrtifikaːt] *n* share certificate, stock certificate
Aktienzusammenlegung ['aktsjəntsuzamənleːguŋ] ƒ consolidation of shares
Aktionär [aktsjo'nɛːr] *m* shareholder, stockholder *(US)*
Aktionärsbrief [aktsjo'nɛːrsbriːf] *m* circular letter from board to shareholders
Aktionärsvereinigungen [aktsjo'nɛːrsferaınıguŋən] ƒ/pl associations of shareholders pl
Aktionärsversammlung [aktsjo'nɛːrsferzamluŋ] ƒ shareholders' meeting, stockholders' meeting
Aktion [ak'tsjoːn] ƒ campaign, action
Aktionsparameter [ak'tsjoːnsparaːmetər] *m* action parameters pl
Aktionsplakat [ak'tsjoːnsplakaːt] *n* advertising bill
Aktionspreis [ak'tsjoːnspraıs] *m* special campaign price

aktiv [ak'tiːf] *adj (Bilanz)* favourable
Aktiva [ak'tiːva] *pl* assets *pl*
Aktivbestand [ak'tiːfbəʃtant] *m* assets
aktiver Teilhaber [ak'tiːfər 'taɪlhaːbər] *m* active partner
Aktivgeschäft [ak'tiːfgəʃɛft] *n* credit transaction
aktivieren [akti'viːrən] *f* enter on the assets side
Aktivierung [akti'viːruŋ] *f* entering on the assets side
Aktivierungspflicht [akti'viːruŋspflɪçt] *f* legal obligation to capitalize
Aktivierungsverbot [akti'viːruŋsfɛrboːt] *n* legal prohibition to capitalize
Aktivierungswahlrecht [akti'viːruŋsvaːlrɛçt] *n* option to capitalize
Aktivposten [ak'tiːfpɔstən] *m* assets *pl*, credit item
Aktivsaldo [ak'tiːfzaldo] *n* credit balance, active balance
Aktivtausch [ak'tiːftauʃ] *m* accounting exchange on the asset side
Aktivzins [ak'tiːftsɪns] *m* interest receivable
aktualisieren [aktuali'ziːrən] *v* reload
Aktualisierung [aktuali'ziːruŋ] *f* update
Akzelerationsprinzip [aktselera'tsjoːnsprɪntsiːp] *n* acceleration principle
Akzelerator [aktsele'raːtoːr] *m* accelerator
Akzept [ak'tsɛpt] *n* acceptance
akzeptabel [aktsɛp'taːbəl] *adj* acceptable
Akzeptant [aktsɛp'tant] *m* acceptor
Akzeptanz [aktsɛp'tants] *f* (market) acceptance
Akzeptaustausch [ak'tsɛptaustauʃ] *m* exchange of acceptances
Akzeptbank [ak'tsɛptbaŋk] *f* accepting house, acceptance house
akzeptfähig [ak'tsɛptfɛːɪç] *adj* negotiable, bankable
Akzeptgeschäft [ak'tsɛptgəʃɛft] *n* acceptance business
akzeptieren [aktsɛp'tiːrən] *v* (Rechnung) honour
Akzeptkredit [ak'tsɛptkrediːt] *m* acceptance credit
Akzeptlinie [ak'tsɛptliːnjə] *f* line of acceptance
Akzeptprovision [ak'tsɛptprovizjoːn] *f* commission for acceptance
Akzeptverbindlichkeit [ak'tsɛptfɛrbɪntlɪçkaɪt] *f* acceptance liability
Akzisen [ak'tsiːzən] *f/pl* excise taxes *pl*
A-Länder ['aː lɛndər] *n/pl* A countries *pl*

Alimente [ali'mɛntə] *pl* maintenance, support
Aliud ['aːliut] *n* delivery of goods other than those ordered
Alleinberechtigung [a'laɪnbərɛçtɪguŋ] *f* exclusive right
Alleinbesitz [a'laɪnbəzɪts] *m* sole ownership, exclusive possession
Alleinerbe [a'laɪnɛrbə] *m* sole heir
Alleininhaber [a'laɪnɪnhaːbər] *m* owner, sole holder
Alleinverkaufsrecht [a'laɪnfɛrkaufsrɛçt] *n* exclusive right to sell (sth)
Alleinvertreter [a'laɪnfɛrtreːtər] *m* sole representative, sole agent
Alleinvertretung [a'laɪnfɛrtreːtuŋ] *f* sole agency
Alleinvertretungsrecht [a'laɪnfɛrtreːtuŋsrɛçt] *n* monopoly
Alleinvertrieb [a'laɪnfɛrtriːp] *m* sole distribution rights *pl*, exclusive distribution rights *pl*
allgemeine Geschäftsbedingungen [algə'maɪnə gə'ʃɛftsbədɪŋuŋən] *f/pl* general terms of contract *pl*, general standard terms and conditions *pl*
allgemeine Kreditvereinbarungen [algə'maɪnə kre'diːtfɛraɪnbaːruŋən] *f/pl* general credit agreements *pl*
allgemeine Versicherungsbedingungen [algə'maɪnə fɛr'zɪçəruŋsbədɪŋuŋən] *f/pl* general insurance conditions *pl*
Allianz [al'jants] *f* alliance
Allokation [aloka'tsjoːn] *f* allocation
Allokationspolitik [aloka'tsjoːnspolitiːk] *f* allocation policy
Allonge [a'lɔ̃ːʒə] *f* allonge
Altersgrenze ['altərsgrɛntsə] *f* age limit
Altersprofil ['altərsprofiːl] *n* age profile
Altersrente ['altərsrɛntə] *f* old-age pension
Altersruhegeld ['altərsruːəgɛlt] *n* pension
Altersteilzeitgesetz ['altərstaɪltsaɪtgəzɛts] *n* part-time retirement pension
Altersversorgung ['altərsfɛrzɔrguŋ] *f* old-age pension
Altersvorsorge ['altərsfoːrzɔrgə] *f* old-age social security system
Altlast ['altlast] *f* old hazardous waste
Altwährung ['altvɛːruŋ] *f* legacy currency
ambulantes Gewerbe [ambu'lantəs gə'vɛrbə] *n* itinerant trade
American Bankers' Association (ABA) [ə'mɛrɪkən 'bæŋkəz əsəusɪ'eɪʃən] *f* American Bankers Association

American National Standards Institute (ANSI) [ə'merıkən 'næʃənl 'stændədz 'ınstıtjuːt] *n* American National Standards Institute **amerikanisches Rechnungswesen** [ameri'kaːnıʃəs 'rɛçnuŋsveːzən] *n* American accounting system
Amortisation [amɔrtiza'tsjoːn] *f* amortisation, amortization *(US)*
Amortisationshypothek [amɔrtiza'tsjoːnshypoteːk] *f* instalment mortgage
amortisieren [amɔrti'ziːrən] *v* write off, amortise
Amt [amt] *n* office, agency
amtlich nicht notierte Werte ['amtlıç nıçt no'tiːrtə 'veːrtə] *m/pl* unquoted securities *pl*
amtlicher Handel ['amtlıçər 'handəl] *m* official trading
amtlicher Markt ['amtlıçər markt] *m* official market
Amtsanmaßung ['amtsanmaːsuŋ] *f* usurpation of authority, assumption of authority
Amtsgericht ['amtsgərıçt] *n* local court, County Court *(UK)*, Municipal Court *(US)*
Amtsinhaber(in) ['amtsınhaːbər(ın)] *m/f* officeholder
Amtsmiene ['amtsmiːnə] *f* bureaucrat's impassive look, official air
Amtsrichter(in) ['amtsrıçtər(ın)] *m/f* judge of the local court
Amtsschimmel ['amtsʃıməl] *m (fam)* red tape, bureaucracy
an Zahlungs statt [an 'tsaːluŋs ʃtat] in lieu of payment
analog [ana'loːk] *adj* analog
Analogrechner [ana'loːkrɛçnər] *m* analog computer
Analogtechnik [ana'loːktɛçnık] *f* analog technology
Analyse [ana'lyːzə] *f* analysis
Analyst [ana'lyst] *m* analyst
anbei [an'baı] *adv (bei Bewerbungsunterlagen)* enclosed, herewith
anbieten ['anbiːtən] *v* offer
Anbieter ['anbiːtər] *m* 1. *(einer Dienstleistung)* service provider; 2. *(einer Ware)* supplier
Anderdepot ['andərdepoː] *n* fiduciary deposit
Anderkonto ['andərkɔntoː] *n* fiduciary account
Anderskosten ['andərskɔstən] *pl* costing expenditures

Änderungskündigung ['ɛndəruŋskyndıguŋ] *f* notice of dismissal with offer for reemployment at less favorable terms
Andrang ['andraŋ] *m (Ansturm)* run
Anfangsbestand ['anfaŋsbəʃtant] *m* opening stock
Anfangsgehalt ['anfaŋsgəhalt] *n* starting salary
Anfangskapital ['anfaŋskapitaːl] *n* opening capital
anfechtbar ['anfɛçtbaːr] *adj* contestable
anfechten ['anfɛçtən] *v irr* challenge, appeal
Anfechtung ['anfɛçtuŋ] *f* appeal, contestation, challenge
anfertigen ['anfɛrtıgən] *v* manufacture, produce
Anfertigung ['anfɛrtıguŋ] *f* manufacture, production
anfordern ['anfɔrdərn] *v 1.* request, demand; 2. *(Material)* indent (for)
Anforderung ['anfɔrdəruŋ] *f 1.* demand; 2. *(Bestellung)* request
Anforderungsprofil ['anfɔrdəruŋsprofiːl] *n* job profile
Anfrage ['anfraːgə] *f* inquiry
anfragen ['anfraːgən] *v* inquire, enquire, ask
Angaben ['angaːbən] *f/pl* details; statement
Angebot ['angəboːt] *n* offer; quotation
Angebot und Nachfrage ['angəboːt unt 'naːxfraːgə] supply and demand
Angebotslage ['angəboːtslaːgə] *f* supply situation
Angebotsmenge ['angəboːtsmɛŋə] *f* supply volume
angebotsorientierte Wirtschaftspolitik ['angəboːtsɔrjɛntiːrtə 'vırtʃaftspolitiːk] *f* supply-oriented economic policy
Angebotspreis ['angəboːtspraıs] *m* asking price, price quoted in an offer
Angebotssteuerung ['angəboːtsʃtɔyəruŋ] *f* supply control
Angebotsstruktur ['angəboːtsʃtruktuːr] *f* supply structure
angeschmutzt ['angəʃmutst] *adj* shopsoiled
angestellt ['angəʃtɛlt] *adj* employed
Angestellte(r) ['angəʃtɛltə(r)] *f/m* employee
Angestelltengewerkschaft ['angəʃtɛltəngəverkʃaft] *f* employees' union
Angestelltenrentenversicherung ['angəʃtɛltənrɛntənfɛrzıçəruŋ] *f* salary earners' pension insurance

Angestelltenverhältnis ['angəʃtɛltənfɛr-hɛltnɪs] *n* non-tenured employment
angliedern ['angli:dərn] *v (Betrieb)* affiliate
Angliederung ['angli:dəruŋ] *f* affiliation, incorporation
Anhang (einer Bilanz) ['anhaŋ] *m* notes (to the financial statement)
anhängig ['anhɛŋɪç] *adj* pending
Anhörung ['anhø:ruŋ] *f* hearing
Ankauf ['ankauf] *m* purchase
ankaufen ['ankaufən] *v* purchase, acquire
Ankäufer(in) ['ankɔyfər(ɪn)] *m/f* buyer, purchaser
Ankaufskurs ['ankaufskurs] *m* buying price, buying rate
Ankaufspreis ['ankaufsprais] *m* purchase price, buying-in price
Ankaufsrecht ['ankaufsrɛçt] *n* purchase right, right to acquire
Anklage ['ankla:gə] *f* charge, accusation, indictment
anklicken ['anklɪkən] *v etw ~* click on sth
Ankunftsdatum ['ankunftsda:tum] *n* date of arrival
Ankunftsort ['ankunftsɔrt] *m* place of arrival, destination
Ankunftszeit ['ankunftstsait] *f* time of arrival, arrival time
Anlage ['anla:gə] *f 1. (Fabrik)* plant, works, factory; *2. (Geldanlage)* investment; *3. (Briefanlage)* enclosure
Anlageausschuss ['anla:gəausʃus] *m* investment committee
Anlageberater ['anla:gəbəra:tər] *m* investment consultant
Anlageberatung ['anla:gəbəra:tuŋ] *f* investment counseling
Anlagegüter ['anla:gəgy:tər] *n/pl* capital goods *pl,* capital assets *pl*
Anlagekapital ['anla:gəkapita:l] *n* investment capital
Anlagekonten ['anla:gəkɔntən] *n/pl* investment accounts *pl*
Anlagenbau ['anla:gənbau] *m* plant engineering and construction, systems engineering
Anlagendeckung ['anla:gəndɛkuŋ] *f* ratio of equity capital to fixed assets
Anlagenfinanzierung ['anla:gənfınan-tsi:ruŋ] *f* financing of investment in fixed assets
Anlagenintensität ['anla:gənıntɛnzitɛ:t] *f* investment volume, volume of investment

Anlagenstreuung ['anla:gənʃtrɔyuŋ] *f* capital diversification, diversification of capital
Anlagepapiere ['anla:gəpapi:rə] *n/pl* investment securities *pl*
Anlagevermögen ['anla:gəfɛrmø:gən] *n* fixed assets *pl*
Anlagevorschriften ['anla:gəfo:rʃrɪftən] *f/pl* rules for investment of resources *pl*
Anlagewagnis ['anla:gəva:knɪs] *n* investment risk
Anlagewährung ['anla:gəvɛ:ruŋ] *f* currency of investment
Anlagewert ['anla:gəve:rt] *m* value of fixed assets, investment securities *pl*
Anlagezinsen ['anla:gətsınzən] *m/pl* capital investment interest
Anlaufkosten ['anlaufkɔstən] *pl* launching costs *pl*
Anlaufperiode ['anlaufperjo:də] *f* initial period
anlegen ['anle:gən] *v 1. (Geld)* invest; *2. eine Akte ~* start a file
Anleger ['anle:gər] *m* investor
Anlegerschutz ['anle:gərʃuts] *m* protection for the investor
Anleihe ['anlaıə] *f* loan, loan stock, debenture
Anleiheablösung ['anlaıəaplø:zuŋ] *f* loan redemption
Anleihegeschäft ['anlaıəgəʃɛft] *n* loan business
Anleihekapital ['anlaıəkapita:l] *n* bonded dept
Anleihepapiere ['anlaıəpapi:rə] *n/pl* bonds *pl*
Anleiherechnung ['anlaıəreçnuŋ] *f* loan calculation
Anleiheschuld ['anlaıəʃuld] *f* bonded debt, loan debt
Anleihetreuhänderschaft ['anlaıətrɔyhɛn-dərʃaft] *f* loan custodianship
Anleihezins ['anlaıətsıns] *m* loan interest (rate)
Anlernberuf ['anlɛrnbəru:f] *m* semi-skilled occupation
anlernen ['anlɛrnən] *v* train
Anlernzeit ['anlɛrntsait] *f* training period
anliefern ['anli:fərn] *v* supply, deliver
Anlieferung ['anli:fəruŋ] *f* supply, delivery
Anmeldefrist ['anmɛldəfrıst] *f* period for application
anmeldepflichtige Kartelle ['anmɛldə-pflıçtıçə kar'tɛlə] *n/pl* notifiable cartels *pl*

Anmeldung ['anmɛldʊŋ] *f* registration
Annahme ['anna:mə] *f 1. (Lieferung)* receipt, acceptance; *2. (Zustimmung)* acceptance, approval
Annahmeverweigerung ['anna:məfɛrvaɪgərʊŋ] *f* refusal of delivery
Annonce [a'nõ:sə] *f* advertisement
Annuität [anui'tɛ:t] *f* annuity
Annuitätenanleihe [anui'tɛ:tənanlaɪə] *f* annuity bond, perpetual bond
Annuitätendarlehen [anui'tɛ:tənda:rle:ən] *n* annuity loan
annullieren [anu'li:rən] *v* cancel, annul
anonyme Sparkonten [ano'ny:mə 'ʃpa:rkɔntən] *n/pl* anonymous savings accounts *pl*
Anordnung ['anɔrdnʊŋ] *f* order
Anpassungsinflation ['anpasʊŋsɪnflatsjo:n] *f* adaptive inflation
Anpassungsinvestition ['anpasʊŋsɪnvɛstitsjo:n] *f* adjustment project
Anpassungskosten ['anpasʊŋskɔstən] *pl* adjustment costs *pl*
anrechnen ['anrɛçnən] *v 1. (berechnen)* charge for; *2. (gutschreiben)* take into account
Anrechtscheine ['anrɛçtʃaɪnə] *m/pl* intermediate share certificate
Anrede ['anre:də] *f* form of address, salutation
Anreiz ['anraɪts] *m* incentives *pl*, inducement, spur
Anreizsystem ['anraɪtszyste:m] *n* incentive system
Anruf ['anru:f] *m* call
Anrufbeantworter ['anru:fbəantvɔrtər] *m* answering machine, automatic answering set
anrufen ['anru:fən] *v irr (telefonieren)* telephone, call *(US)*, ring up, to give a ring *(fam)*
Anrufer(in) ['anru:fər(ɪn)] *m/f* caller
anschaffen ['anʃafən] *v* buy, acquire, purchase
Anschaffung ['anʃafʊŋ] *f* acquisition
Anschaffungsgeschäft ['anʃafʊŋsgəʃɛft] *n* buying or selling for customers
Anschaffungskosten ['anʃafʊŋskɔstən] *pl* acquisition cost
Anschaffungspreis ['anʃafʊŋspraɪs] *m* purchase price, initial cost
Anschaffungswert ['anʃafʊŋsve:rt] *f* acquisition value
Anschlussfinanzierung ['anʃlusfɪnantsi:rʊŋ] *f* follow-up financing
Anschrift ['anʃrɪft] *f* address
Ansprechpartner(in) ['anʃprɛçpartnər(ɪn)] *m/f* contact person

Anspruch ['anʃprux] *m* claim
anstellen ['anʃtɛlən] *v* employ
Anstellung ['anʃtɛlʊŋ] *f 1. (Einstellung)* employment, engagement, hiring; *2. (Stellung)* job, position, post
Anstellungsvertrag ['anʃtɛlʊŋsfɛrtra:k] *m* employment contract
Anteil ['antaɪl] *m* interest, share *(US)*, unit *(UK)*
Anteilscheine ['antaɪlʃaɪnə] *m/pl* share certificate, unit certificate, participating certificate
Anteilseigner(in) ['antaɪlsaɪgnər(ɪn)] *m/f* shareholder, equity holder
Anteilspapiere ['antaɪlspapi:rə] *n/pl* equity security
Antidumpingzoll [anti'dʌmpɪŋtsɔl] *m* antidumping duty
Anti-Trust... [anti'trʌst] *adj* antitrust
antizipative Posten [antitsipa'ti:fə 'pɔstən] *m/pl* accruals *pl*
antizyklische Finanzpolitik [anti'tsy:klɪʃə fɪ'nantspoliti:k] *f* countercyclical fiscal policy
antizyklisches Verhalten [anti'tsy:klɪʃəs fɛr'haltən] *n* countercyclical development
Antrag ['antra:k] *m* application; ~ *stellen* make an application; ~ *ablehnen* reject a request
Antragsformular ['antra:ksfɔrmula:r] *n* application form
Antragsteller(in) ['antra:kʃtɛlər(ɪn)] *m/f* applicant, proposer, claimant
Antwort ['antvɔrt] *f* reply
Antwortschreiben ['antvɔrtʃraɪbən] *n* reply, answer
Anwalt ['anvalt] *m* lawyer, solicitor, attorney
Anwältin ['anvɛltɪn] *f* female lawyer
Anwärter(in) ['anvɛrtər(ɪn)] *m/f (Amtsanwärter)* candidate
Anwartschaft ['anvartʃaft] *f* beneficial estate, right in course of acquisition
anwartschaftlich ['anvartʃaftlɪç] *adj* reversionary
Anwartschaftsdeckungsverfahren ['anvartʃaftsdɛkʊŋsfɛrfa:rən] *n* expectancy cover procedure
anweisen ['anvaɪzən] *v irr* remit, assign, transfer
Anweisung ['anvaɪzʊŋ] *f* transfer, remittance, payment order
Anweisungsbetrag ['anvaɪzʊŋsbətra:k] *m* amount to be remitted
Anweisungsempfänger(in) ['anvaɪzʊŋsɛmpfɛŋər(ɪn)] *m/f* payee
Anwender(in) ['anvɛndər(ɪn)] *m/f* user

anwenderfreundlich ['anvɛndərfrɔyntlıç] *adj* user-friendly
Anwenderprogramm ['anvɛndərprɔgram] *n* user programme
anwerben ['anvɛrbən] *v irr* recruit
Anwerbung ['anvɛrbuŋ] *f* recruitment
Anzahlung ['antsaːluŋ] *f* down payment, deposit
Anzahlungsbürgschaft ['antsaːluŋsbyrkʃaft] *f* payment guarantee
Anzahlungssumme ['antsaːluŋszumə] *f* amount paid as a part payment
Anzeige ['antsaıgə] *f 1. (Werbung)* advertisement; *2. (Recht)* report
Anzeigenformat ['antsaıgənfɔrmaːt] *n* size of an advertisement
Anzeigenschaltung ['antsaıgənʃaltuŋ] *f* placement of an advertisement
Anzeigenschluss ['antsaıgənʃlus] *m* deadline for advertisements
Anzeigenteil ['antsaıgəntaıl] *m* advertising section
Anzeigenvermittlung ['antsaıgənfɛrmıtluŋ] *f* advertising agency
Anzeigepflicht ['antsaıgəpflıçt] *f* legal obligation to disclose one's results
anzeigepflichtig ['antsaıgəpflıçtıç] *adj* notifiable
Application Service Provider (ASP) [æplı'keıʃən 'sɜːvıs prə'vaıdə] *m* application service provider
Äquivalenzprinzip [ɛkviva'lɛntsprıntsiːp] *n* cost-of-service principle, principle of equivalence
Äquivalenzzifferkalkulation [ɛkviva'lɛntstsıfərkalkulatsjoːn] *f* equivalence coefficient costing
Arbeit ['arbaıt] *f 1.* labour, work; *2. (Berufstätigkeit)* employment
arbeiten ['arbaıtən] *v* work, labour
Arbeiter(in) ['arbaıtər(ın)] *m/f* worker, employee, labourer
Arbeiterbewegung ['arbaıtərbəveːguŋ] *f* Labour movement
arbeiterfeindlich ['arbaıtərfaıntlıç] *adj* antilabour
arbeiterfreundlich ['arbaıtərfrɔyntlıç] *adj* prolabour
Arbeitergewerkschaft ['arbaıtərgəvɛrkʃaft] *f* trade union, labor union *(US)*
Arbeitermangel ['arbaıtərmaŋəl] *m* manpower shortage
Arbeiterschaft ['arbaıtərʃaft] *f* labour force

Arbeiterschutz ['arbaıtərʃuts] *m* protection of workers, protection of labourers
Arbeiterunfallgesetz ['arbaıtərunfalgəzɛts] *n* workmen's compensation act
Arbeiterversicherung ['arbaıtərfɛrzıçəruŋ] *f* industrial insurance
Arbeiterwohlfahrt ['arbaıtərvoːlfaːrt] *f* industrial welfare organization
Arbeitgeber(in) ['arbaıtgeːbər(ın)] *m/f* employer
Arbeitgeberanteil ['arbaıtgeːbərantaıl] *m* employer's contribution
Arbeitgeberverband ['arbaıtgeːbərfɛrbant] *m* employers' association
Arbeitgeberzuschüsse ['arbaıtgeːbərtsuːʃysə] *m/pl* employer's contributions *pl*
Arbeitnehmer(in) ['arbaıtneːmər(ın)] *m/f* employee
Arbeitnehmeraktie ['arbaıtneːməraktsjə] *f* employees' shares *pl*
Arbeitnehmeranteil ['arbaıtneːmər'antaıl] *m* employee's contribution
Arbeitnehmerbeteiligung ['arbaıtneːmərbətaılıguŋ] *f* worker participation
Arbeitnehmer-Erfindungen ['arbaıtneːmərɛrfınduŋən] *f/pl* employee inventions *pl*
Arbeitnehmer-Freibetrag ['arbaıtneːmərfraıbətraːk] *m* employee's allowable deduction
Arbeitnehmer-Pauschbetrag ['arbaıtneːmərpauʃbətraːk] *m* employee's zero bracket amount; general charge; lump sum
Arbeitnehmer-Sparzulage ['arbaıtneːmərʃpaːrtsuːlaːgə] *f* employees' savings premium
Arbeitnehmerüberlassung ['arbaıtneːməryːbərlasuŋ] *f* employee leasing
Arbeitnehmervertretung ['arbaıtneːmərfɛrtreːtuŋ] *f* employee representatives *pl*
Arbeitsablauf ['arbaıtsaplauf] *m* workflow, working process, sequence of operations
Arbeitsamt ['arbaıtsamt] *n* employment office, labour exchange, employment exchange, local labour office
Arbeitsanfall ['arbaıtsanfal] *m* volume of work
Arbeitsauffassung ['arbaıtsauffasuŋ] *f* attitude to work
Arbeitsauftrag ['arbaıtsauftraːk] *m* job order
Arbeitsaufwand ['arbaıtsaufvant] *m* amount of work involved, expenditure of work
Arbeitsausfall ['arbaıtsausfal] *m* loss of working hours

Arbeitsbedingungen ['arbaɪtsbədɪŋuŋən] f/pl terms and conditions of employment pl
Arbeitsbelastung ['arbaɪtsbəlastuŋ] f work load
Arbeitsbeschaffung ['arbaɪtsbəʃafuŋ] f job creation
Arbeitsbeschaffungsmaßnahme ['arbaɪtsbəʃafuŋsmaːsnaːmə] f job-creating measure
Arbeitsbeschaffungsprogramm ['arbaɪtsbəʃafuŋsprogram] n employment scheme
Arbeitsbesprechung ['arbaɪtsbəʃprɛçuŋ] f work conference
Arbeitsbewertung ['arbaɪtsbəvɛrtuŋ] f job evaluation
Arbeitseinkommen ['arbaɪtsaɪnkɔmən] n earned income
Arbeitsentgelt ['arbaɪtsɛntgɛlt] n remuneration
Arbeitserlaubnis ['arbaɪtsɛrlaupnɪs] f work permit
Arbeitsertrag ['arbaɪtsɛrtraːk] m work performed
Arbeitsessen ['arbaɪtsɛsən] n working lunch
Arbeitsfeld ['arbaɪtsfɛlt] n sphere of work, work sphere
Arbeitsförderungsgesetz (AFG) ['arbaɪtsfœrdəruŋsgəzɛts] n Labour Promotion Law
Arbeitsgang ['arbaɪtsgaŋ] m operation, routine
Arbeitsgemeinschaft ['arbaɪtsgəmaɪnʃaft] f working group, team
Arbeitsgenehmigung ['arbaɪtsgəneːmɪguŋ] f work(ing) permit
Arbeitsgericht ['arbaɪtsgərɪçt] n industrial tribunal
Arbeitsgesetzgebung ['arbaɪtsgəzɛtsgeːbuŋ] f labour legislation
Arbeitskosten ['arbaɪtskɔstən] pl 1. (Personal) labor cost, employment cost; 2. (Kostenrechnung) variable cost
Arbeitskraft ['arbaɪtskraft] f 1. (Person) worker; 2. (Fähigkeit) working capacity
Arbeitsleistung ['arbaɪtslaɪstuŋ] f productivity
arbeitslos ['arbaɪtsloːs] adj unemployed, jobless, out of work
Arbeitslose(r) ['arbaɪtsloːzə(r)] f/m unemployed person
Arbeitslosengeld ['arbaɪtsloːzəngɛlt] n unemployment benefit
Arbeitslosenhilfe ['arbaɪtsloːzənhɪlfə] f unemployment benefit

Arbeitslosenrate ['arbaɪtsloːzənraːtə] f unemployment rate
Arbeitslosenversicherung ['arbaɪtsloːzənfɛrzɪçəruŋ] f unemployment insurance
Arbeitslosigkeit ['arbaɪtsloːziçkaɪt] f unemployment
Arbeitsmarkt ['arbaɪtsmarkt] m labour market
Arbeitsmarktpolitik ['arbaɪtsmarktpolitiːk] f labour market policy, manpower policy
Arbeitsnachfrage ['arbaɪtsnaːxfraːgə] f job demand
Arbeitsplatz ['arbaɪtsplats] m place of employment
Arbeitsplatzgestaltung ['arbaɪtsplatsgəʃtaltuŋ] f job engineering
Arbeitsplatzrechner ['arbaɪtsplatsrɛçnər] m workstation
Arbeitsplatzschutz ['arbaɪtsplatsʃuts] m protection of jobs, employment protection
Arbeitsproduktivität ['arbaɪtsproduktiviteːt] f productivity of labour
Arbeitspsychologie ['arbaɪtspsyçologiː] f industrial psychology
Arbeitsrecht ['arbaɪtsrɛçt] n labour law
Arbeitsschutz ['arbaɪtsʃuts] m industrial safety
Arbeitssicherheit ['arbaɪtszɪçərhaɪt] f safety at work
Arbeitsspeicher ['arbaɪtsʃpaɪçər] m main memory
Arbeitsstelle ['arbaɪtsʃtɛlə] f 1. place of work; 2. (Stellung) job
Arbeitssuche ['arbaɪtszuːə] f looking for work, job search
Arbeitstag ['arbaɪtstaːk] m workday, working day
Arbeitsteilung ['arbaɪtstaɪluŋ] f division of labour
arbeitsunfähig ['arbaɪtsunfɛːɪç] adj unable to work, disabled, unfit for work
Arbeitsunfähigkeit ['arbaɪtsunfɛːɪçkaɪt] f unfitness for work, disability
Arbeitsunfall ['arbaɪtsunfal] m industrial accident
Arbeitsverfahren ['arbaɪtsfɛrfaːrən] n (working) method, technique
Arbeitsverhältnis ['arbaɪtsfɛrhɛltnɪs] n employment relationship
Arbeitsvermittlung ['arbaɪtsfɛrmɪtluŋ] f employment agency
Arbeitsvertrag ['arbaɪtsfɛrtraːk] m contract of employment

Arbeitsvorbereitung ['arbaɪtsfoːrbəraɪtuŋ] *f* job preparation
Arbeitswelt ['arbaɪtsvɛlt] *f* world of employment
Arbeitszeit ['arbaɪtstsaɪt] *f* working hours *pl*
Arbeitszeitersparnis ['arbaɪtstsaɪtɛrʃpaːrnɪs] *f* saving in working hours, reduction in working time
Arbeitszeitverkürzung ['arbaɪtstsaɪtfɛrkyrtsuŋ] *f* cut in working time, reduction of working hours
Arbeitszufriedenheit ['arbaɪtstsufriːdənhaɪt] *f* job satisfaction
Arbitrage [arbi'traːʒ(ə)] *f* arbitrage
Arbitragegeschäft [arbi'traːʒəgəʃɛft] *n* arbitrage dealings *pl*
Arbitrageklausel [arbi'traːʒəklausəl] *f* arbitrage clause
Arbitragerechnung [arbi'traːʒərɛçnuŋ] *f* arbitrage voucher
Arbitrageur [arbitraː'ʒøːr] *m* arbitrager
Arbitragewert [arbi'traːʒəveːrt] *m* arbitrage value, arbitrage stocks *pl*
Archiv [ar'çiːf] *n* archives *pl*
archivieren [arçi'viːrən] *v* file, archive
Archivierung [arçi'viːruŋ] *f* filing, putting into the archives
Argumentation [argumɛnta'tsjoːn] *f* argumentation
arithmetisches Mittel [arɪt'meːtɪʃəs 'mɪtəl] *n* arithmetical average
Arrangement [arãʒə'mãː] *n* deal, package, arrangement
arrangieren [ara'ʒiːrən] *v* arrange, come to an arrangement
arrondieren [arɔn'diːrən] *v* to round off
Artikel [ar'tɪkəl] *m* product, commodity, good
Artikelnummernsystem [ar'tɪkəlnumərnzysteːm] *n* article coding system, item numbering system
Artvollmacht ['aːrtfɔlmaxt] *f* specialized power of attorney
Asiendollarmarkt ['azjəndɔlarmarkt] *m* Asian Dollar market
Assekuranz [aseku'rants] *f* assurance
Assekuranzprinzip [aseku'rantsprɪntsiːp] *n* insurance industry principle
Assessmentcenter [ə'sɛsmənt'sɛntə] *n* assessment center
Asset-Management ['æsət'mɛnədʃmənt] *n* asset management
Asset-Markt ['æset'maːkt] *m* asset market
Asset-Swap ['æsetswɔp] *n* asset swap

Assistent(in) [asɪs'tɛnt(ɪn)] *m/f* assistant
Assoziation [asotsja'tsjoːn] *f* association
asynchrone Datenübertragung ['azynkroːnə 'daːtənyːbərtraːguŋ] *f* asynchronous data transfer, data transmission
Atomwirtschaft [a'toːmvɪrtʃaft] *f* nuclear economy
Attentismus [atɛn'tɪsmus] *m* wait-and-see attitude
Audiokonferenz ['audjokɔnferɛnts] *f* audioconference
Auditing ['ɔːdɪtɪŋ] *n* auditing
auf Abruf [auf 'apruːf] on call
Aufbaukonto ['aufbaukɔnto] *n* build-up account
Aufbauorganisation ['aufbauɔrganizatsjoːn] *f* company organization structure
Aufbauphase ['aufbaufaːzə] *f* development phase
aufbereiten ['aufbəraɪtən] *v* process, prepare, treat; *wieder ~* reprocess
Aufbereitung ['aufbəraɪtuŋ] *f (Vorbereitung)* processing
Aufbereitungsanlage ['aufbəraɪtuŋsanlaːgə] *f* processing plant
aufbessern ['aufbɛsərn] *v (Kurse)* improve
Aufbewahrung ['aufbəvaːruŋ] *f* deposit
Aufbewahrungsfrist ['aufbəvaːruŋsfrɪst] *f* retention period
Aufbewahrungsgebühr ['aufbəvaːruŋsgəbyːr] *f* 1. *(Waren)* storage fee; 2. *(Bank)* safe deposit charge
Aufbewahrungspflicht ['aufbəvaːruŋspflɪçt] *f* obligation to preserve records
Aufenthaltserlaubnis ['aufɛnthaltsɛrlaupnɪs] *f* residence permit
Auffanggesellschaft ['auffaŋgəzɛlʃaft] *f* recipient company
Aufgabe ['aufgaːbə] *f (Arbeit)* task, assignment, responsibility; *mit einer ~ betraut sein* to be charged with a task
Aufgabegeschäft ['aufgaːbəgəʃɛft] *n* name transaction
Aufgabenanalyse ['aufgaːbənanalyːzə] *f* functional analysis
Aufgabengebiet ['aufgaːbəngəbiːt] *n* area of responsibility
Aufgabensynthese ['aufgaːbənzynteːzə] *f* task-oriented synthesis
Aufgeld ['aufgɛlt] *n* premium, extra charge, agio
aufgenommene Gelder ['aufgənɔmənə 'gɛldər] *n/pl* borrowed funds *pl,* creditors' account

aufgerufene Wertpapiere ['aufgərufənə 've:rtpapi:rə] *n/pl* securities publicly notified as lost *pl*

Aufhebung ['aufhe:buŋ] *f* cancellation, elimination

Aufhebungsvertrag ['aufhe:buŋsfɛrtra:k] *m* agreement to cancel an obligatory relation

aufholen ['aufho:lən] *v 1. (Preise)* pick up; *2. (Börsenkurse)* rally

Aufholung ['aufho:luŋ] *f* catching up, gaining ground

aufkaufen ['aufkaufən] *v* buy up, take over, acquire

Aufkäufer(in) ['aufkɔyfər(ɪn)] *m/f* buyer, purchaser

Aufkaufgroßhandel ['aufkaufgro:shandəl] *m* buying-up wholesale trade

Aufkaufspekulation ['aufkaufʃpekula-tsjo:n] *f* take-over speculation

Aufkleber ['aufkle:bər] *m* sticker

Aufkommen ['aufkɔmən] *n* yield, revenue

auf Kommissionsbasis [auf kɔmɪ'sjo:nsba:zɪs] on a commission basis

auf Lager [auf 'la:gər] in stock

Auflassung ['auflasuŋ] *f* conveyance by agreement

auflösen ['auflø:zən] *v 1. (Geschäft)* liquidate, dissolve; *2. (Vertrag)* cancel

Auflösung ['auflø:zuŋ] *f (Geschäft)* dissolution, liquidation

Aufnahmefähigkeit (des Marktes) ['aufna:məfɛ:ɪçkaɪt (dɛs 'marktəs)] *f* absorptive capacity (of the market)

Aufpreis ['aufpraɪs] *m* additional charge

auf Probe [auf 'pro:bə] on trial

auf Provisionsbasis [auf provi'zjo:nsba:zɪs] on a commission basis

Aufrechnung ['aufrɛçnuŋ] *f* set-off

aufrufen ['aufru:fən] *v irr* call up, retrieve

Aufschiebung ['aufʃi:buŋ] *f* deferment, delay, postponement

Aufschlag ['aufʃla:k] *m (Preisaufschlag)* surcharge, extra charge

Aufschwung ['aufʃvuŋ] *m* recovery, boom, upswing

auf Sicht [auf'zɪçt] at sight, on demand

Aufsicht ['aufzɪçt] *f* supervision

Aufsichtsamt ['aufzɪçtsamt] *n* control board

Aufsichtsbehörde ['aufzɪçtsbəhœrdə] *f* supervisory authority

Aufsichtspflicht ['aufzɪçtspflɪçt] *f* duty of supervision

Aufsichtsrat ['aufzɪçtsra:t] *m* supervisory board

Aufsichtsratsvorsitzende(r) ['aufzɪçtsra:tsfo:rzɪtsəndə(r)] *f/m* chairwoman/chairman of the supervisory board

Aufstiegsmöglichkeit ['aufʃti:ksmø:klɪçkaɪt] *f* opportunity for advancement

Auftrag ['auftra:k] *m (Aufgabe)* assignment, instruction, job, contract, orders *pl*

Auftraggeber(in) ['auftra:kge:bər(ɪn)] *m/f* client, customer

Auftragnehmer(in) ['auftra:kne:mər(ɪn)] *m/f* contractor, company accepting an order

Auftragsabwicklung ['auftra:ksapvɪkluŋ] *f* processing of an order

Auftragsbearbeitung ['auftra:ksbəarbaɪtuŋ] *f* order processing

Auftragsbestätigung ['auftra:ksbəʃtetɪguŋ] *f* confirmation of an order

Auftragseingang ['auftra:ksaɪngaŋ] *m* incoming order

Auftragserteilung ['auftra:ksɛrtaɪluŋ] *f* placing of an order

auftragsgemäß ['auftra:ksgəmɛ:s] *adj* as ordered, as per order

Auftragsgröße ['auftra:ksgrø:sə] *f* lot size

Auftragslage ['auftra:ksla:gə] *f* order situation

Auftragsnummer ['auftra:ksnumər] *f* order number, trade number

Auftragsplanung ['auftra:kspla:nuŋ] *f* order scheduling

Auftragsrückgang ['auftra:ksrʏkgaŋ] *m* drop in orders

Aufwand ['aufvant] *m 1. (Einsatz)* effort; *2. (Kosten)* expense(s), cost, expenditure

Aufwands- und Ertragsrechnung ['aufvants unt ɛr'tra:ksrɛçnuŋ] *f* profit and loss account

Aufwandsausgleichkonto ['aufvantsausglaɪçkɔnto] *n* account for reimbursements of expenses

Aufwandsentschädigung ['aufvantsɛntʃɛ:dɪguŋ] *f* expense allowance

Aufwandsfaktor ['aufvantsfaktɔr] *m* expenditure factor

Aufwandskonto ['aufvantskɔnto] *n* expense account

Aufwandskosten ['aufvantskɔstən] *pl* expenses incurred *pl*

Aufwärtskompatibilität ['aufvɛrtskɔmpatibilitɛ:t] *f* upward compatibility

Aufwärtstrend ['aufvɛrtstrɛnt] *m* upward trend, upside trend

Aufwendungen ['aufvɛnduŋən] *f/pl (Kosten)* expenses *pl*, charges *pl*
aufwerten ['aufvɛrtən] *v* upvalue, appreciate
Aufwertung ['aufveːrtuŋ] *f (Währung)* upvaluation, appreciation
Aufzinsung ['auftsɪnzuŋ] *f* accumulation addition of accrued interest
Auktion [auk'tsjoːn] *f* auction
Auktionator [auktsjo'naːtɔr] *m* auctioneer
ausarbeiten ['ausarbaɪtən] *v* work out, develop
Ausbilder(in) ['ausbɪldər(ɪn)] *m/f* trainer, instructor
Ausbildung ['ausbɪlduŋ] *f* apprenticeship, schooling, education
Ausbildungsbeihilfe ['ausbɪlduŋsbaɪhɪlfə] *f* grant, tuition aid *(US)*
Ausbildungsverhältnis ['ausbɪlduŋsfɛrhɛltnɪs] *n* trainee position
Ausbrechen des Kurses ['ausbrɛçən dɛs 'kurzəs] *n* erratic price movements *pl*
Ausbringung ['ausbrɪŋuŋ] *f* out-put
Ausfall ['ausfal] *m 1.* financial loss; *2.* breakdown
Ausfallbürgschaft ['ausfalbyrkʃaft] *f* deficiency guarantee
ausfallen ['ausfalən] *v irr (Maschine)* fail, break down
Ausfallforderung ['ausfalfɔrdəruŋ] *f* bad debt loss
Ausfallrisiko ['ausfalriːziko] *f* default risk
Ausfallzeit ['ausfaltzaɪt] *f* downtime, outage time
ausfließen ['ausfliːsən] *v* flow out
Ausfolgungsprotest ['ausfɔlguŋsprotɛst] *m* protest for non-delivery
Ausfuhr ['ausfuːr] *f* export, exportation
Ausfuhrabfertigung ['ausfuːrapfɛrtiguŋ] *f* customs clearance of exports
Ausfuhrabgaben ['ausfuːrapgaːbən] *f/pl* export duties *pl*
Ausfuhrbescheinigung ['ausfuːrbəʃaɪniguŋ] *f* export certificate
Ausfuhrbeschränkung ['ausfuːrbəʃrɛŋkuŋ] *f* export restriction
Ausfuhrbestimmungen ['ausfuːrbəʃtɪmuŋən] *f/pl* export regulations *pl*
Ausfuhrbürgschaften ['ausfuːrbyrkʃaftən] *f/pl* export credit guarantee
Ausfuhrdeckung ['ausfuːrdɛkuŋ] *f* export coverage
ausführen ['ausfyːrən] *v* export
Ausfuhrfinanzierung ['ausfuːrfɪnantsiːruŋ] *f* export financing

Ausfuhrförderung ['ausfuːrfœrdəruŋ] *f* measures to encourage exports *pl*
Ausfuhrgarantie ['ausfuːrgarantiː] *f* export credit guarantee
Ausfuhrgenehmigung ['ausfuːrgəneːmiguŋ] *f* export permit, export licence
Ausfuhrhandel ['ausfuːrhandəl] *m* export trade
Ausfuhrkontrolle ['ausfuːrkɔntrɔlə] *f* export control
Ausfuhrkreditanstalt (AKA) ['ausfuːrkreditanʃtalt] *f* Export Credit Company
Ausfuhrpapiere ['ausfuːrpapiːrə] *n/pl* export documents *pl*
Ausfuhrüberschuss ['ausfuːryːbərʃus] *m* export surplus
Ausfuhrverbot ['ausfuːrfɛrboːt] *n* export ban, export prohibition
Ausfuhrzoll ['ausfuːrtsɔl] *m* export duty
Ausgaben ['ausgaːbən] *f/pl* expenses *pl*
Ausgabenkontrolle ['ausgaːbənkɔntrɔlə] *f* expenditure control
Ausgabenplan ['ausgaːbənplaːn] *m* plan of expenditure
Ausgabensteuer ['ausgaːbənʃtɔyər] *f* outlay tax
ausgabenwirksame Kosten ['ausgaːbənvɪrkzaːmə 'kɔstən] *pl* spending costs *pl*
Ausgabepreis ['ausgaːbəpraɪs] *m* issuing price
Ausgabewert ['ausgaːbəveːrt] *m* nominal value
ausgeben ['ausgeːbən] *v irr (Geld)* spend; *(Aktien)* issue
ausgleichen ['ausglaɪçən] *v irr* equalize, compensate, settle
Ausgleichs- und Deckungsforderung ['ausglaɪçs unt 'dɛkuŋsfɔrdəruŋ] *f* equalization and covering claim
Ausgleichsabgabe ['ausglaɪçsapgaːbə] *f* countervailing duty
Ausgleichsarbitrage ['ausglaɪçsarbitraːʒə] *f* offsetting arbitrage
Ausgleichsfonds ['ausglaɪçsfɔ̃ː] *m* compensation fund
Ausgleichsforderung ['ausglaɪçsfɔrdəruŋ] *f* equalization claim
Ausgleichsfunktion des Preises ['ausglaɪçsfuŋktsjoːn dɛs 'praɪzəs] *f* invisible hand
Ausgleichsposten ['ausglaɪçspɔstən] *m* balancing item, adjustment item, compensating item
Ausgleichsrecht ['ausglaɪçsrɛçt] *n* equalization right

Ausgleichsverfahren ['ausglaiçsfɛrfaːrən] *n* composition proceedings *pl*

Ausgleichszahlung ['ausglaiçstsaːluŋ] *f* deficiency payment, compensation payment

aushandeln ['aushandəln] *v* negotiate

Aushängeschild ['aushɛŋəʃɪlt] *n (Reklame)* advertisement

Aushilfe ['aushɪlfə] *f* temporary help

Aushilfsarbeit ['aushɪlfsarbait] *f* temporary work

Aushilfskraft ['aushɪlfskraft] *f* temporary worker, casual worker

Auskunft ['auskunft] *f 1.* information; *2. (in einem Büro)* information desk; *3. (am Telefon)* directory enquiries *(UK)*, directory assistance *(US)*

Auskunftdatei ['auskunftdatai] *f* information file

Auskunftei [auskunf'tai] *f* commercial agency, mercantile agency, credit reporting agency *(UK)*

Auskunftspflicht ['auskunftspflɪçt] *f* obligation to give information

Auslage ['auslaːgə] *f (Geld)* expenditure, disbursement, outlay

auslagern ['auslaːgərn] *v* dislocate

Ausländer(in) ['auslɛndər(ɪn)] *m/f* foreigner, nonresistent

ausländische Arbeitnehmer ['auslɛndɪʃə 'arbaitneːmər] *m/pl* foreign workers *pl*

ausländische Betriebsstätte ['auslɛndɪʃə 'bətriːpsʃtɛtə] *f* permanent establishment abroad

ausländischer Anteilseigner ['auslɛndɪʃər 'antailsaignər] *m* foreign shareholder

ausländisches Wertpapier ['auslɛndɪʃəs 'veːrtpapiːr] *n* foreign security

Auslandsakzept ['auslantsaktsɛpt] *n* foreign acceptance

Auslandsanleihe ['auslantsanlaiə] *f* foreign loan, foreign bond, external loan

Auslandsbank ['auslantsbaŋk] *f* foreign bank

Auslandsbonds ['auslantsbɔnds] *m/pl* foreign currency bonds *pl*

Auslandsbondsbereinigung ['auslantsbɔndsbərainiguŋ] *f* external bonds validation

Auslandsgeschäft ['auslantsgəʃɛft] *n* business in foreign countries, foreign business

Auslandsinvestitionen ['auslantsɪnvɛstitsjoːnən] *f/pl* capital invested abroad, foreign investments *pl*

Auslandskapital ['auslantskapitaːl] *n* foreign capital

Auslandskonto ['auslantskɔnto] *n* foreign account, rest-of-the-world account

Auslandskredit ['auslantskrediːt] *m* foreign credit, foreign lending

Auslandskunde ['auslantskundə] *m* foreign customer

Auslandsmärkte ['auslantsmɛrktə] *m/pl* foreign markets *pl*

Auslandsnachfrage ['auslantsnaːxfraːgə] *f* foreign demand

Auslandsniederlassung ['auslantsniːdərlasuŋ] *f* branch abroad

Auslandspatente ['auslantspatɛntə] *n/pl* foreign patents *pl*

Auslandsscheck ['auslantsʃɛk] *m* foreign cheque

Auslandsschulden ['auslantsʃuldən] *f/pl* foreign debts *pl*

Auslandsstatus ['auslantsʃtaːtus] *m* foreign assets and liabilities *pl*

Auslandsvermögen ['auslantsfɛrmøːgən] *f* foreign assets

Auslandsverschuldung ['auslantsfɛrʃulduŋ] *f* foreign debt

Auslandsvertretung ['auslantsfɛrtreːtuŋ] *f* agency abroad

Auslandswechsel ['auslantsvɛksəl] *m* foreign bill of exchange

auslasten ['auslastən] *v 1.* utilize fully, make full use of; *2. (Maschine)* use to capacity

Auslastung ['auslastuŋ] *f* utilization to capacity

Auslastungsgrad ['auslastuŋsgraːt] *m* degree of utilization

ausliefern ['ausliːfərn] *v* deliver, hand over

Auslieferung ['ausliːfəruŋ] *f* delivery, handing over

Auslieferungslager ['ausliːfəruŋslaːgər] *n* distribution store

Auslobung ['ausloːbuŋ] *f* promise of reward, public ... offer

Auslosungsanleihe ['ausloːzuŋsanlaiə] *f* lottery bond

ausmachender Betrag ['ausmaxəndər bə'traːk] *m* actual amount

Ausnahmeregelung ['ausnaːməreːgəluŋ] *f* special provision

Ausnahmetarif ['ausnaːmətariːf] *m* preferential rate

Ausnutzungsgrad ['ausnutsuŋsgraːt] *m* utilization rate

Ausprägung ['ausprɛːguŋ] *f* coinage, minting; attribute

ausrechnen ['ausreçnən] v calculate, compute
Ausrüster ['ausrystər] m fitter
Aussage ['ausza:gə] f testimony, statement, evidence
aussagen ['ausza:gən] v testify
ausschließlich Berechtigungsaktie (exBA) ['ausʃli:sliç bə'reiçtigungsaktsjə] ex capitalization issue
ausschließlich Bezugsrecht (exBR) ['ausʃli:sliç bə'tsu:ksreçt] ex cap(italization)
ausschließlich Dividende (exD) ['ausʃli:sliç divi'dendə] ex d(ividend), coupon detached; dividend off
Ausschließlichkeitserklärung ['ausʃli:sliçkaitserklɛ:ruŋ] f undertaking to deal exclusively with one bank or firm
Ausschlussprinzip ['ausʃlusprintsi:p] n exclusion principle
ausschreiben ['ausʃraibən] v irr (Scheck) issue, write out, make out
Ausschreibung ['ausʃraibuŋ] f call for tenders, invitation to tender
Ausschussquote ['ausʃuskvo:tə] f defects rate
ausschütten ['ausʃytən] v (Dividenden) distribute, pay
Ausschüttung ['ausʃytuŋ] f distribution, payout
Außenbeitrag ['ausənbaitra:k] m net export, net foreign demand
Außendienst ['ausəndi:nst] m field work
Außendienstmitarbeiter ['ausəndi:nstmitarbaitər] m/pl field staff
Außenfinanzierung ['ausənfinantsi:ruŋ] f external financing
Außenhandel ['ausənhandəl] m foreign trade, external trade
Außenhandelmultiplikator ['ausənhandəlmultiplika:to:r] m foreign trade multiplier
Außenhandelsabteilung ['ausənhandəlsaptailuŋ] f export department
Außenhandelsbilanz ['ausənhandəlsbilants] f foreign trade balance
Außenhandelsdefizit ['ausənhandəlsde:fitsit] n foreign trade deficit
Außenhandelsfinanzierung ['ausənhandəlsfinantsi:ruŋ] f foreign trade financing
Außenhandelsfreiheit ['ausənhandəlsfraihait] f free trade
Außenhandelsgewinn ['ausənhandəlsgəvin] m gains from trade pl
Außenhandelskammer ['ausənhandəlskamər] f chamber of foreign trade

Außenhandelsmonopol ['ausənhandəlsmonopo:l] n foreign trade monopoly
Außenhandelsquote ['ausənhandəlskvo:tə] f ratio of total trade turnover to national income
Außenhandelsrahmen ['ausənhandəlsra:mən] m foreign trade structure
Außenhandelsstatistik ['ausənhandəlsʃtatistik] f foreign trade statistics
Außenhandelsvolumen ['ausənhandəlsvolu:mən] n volume of foreign trade
Außenmarkt ['ausənmarkt] m external market
Außenprüfung ['ausənpry:fuŋ] f 1. (Rechnungswesen) field audit; 2. (Steuern) government audit
Außenstände ['ausənʃtɛndə] pl outstanding accounts pl, accounts receivable pl
Außenwerbung ['ausənvɛrbuŋ] f outdoor advertising
Außenwert der Währung ['ausənve:rt de:r 'vɛ:ruŋ] m external value of the currency
Außenwirtschaft ['ausənvirtʃaft] f external economic relations, foreign trade
außenwirtschaftliches Gleichgewicht ['ausənvirtʃaftliçəs 'glaiçgəviçt] n external balance
Außenwirtschaftsgesetz ['ausənvirtʃaftsgəzɛts] n Act on Foreign Trade and Payments, Foreign Trade Law
Außenwirtschaftspolitik ['ausənvirtʃaftspoliti:k] f international economic policy
Außenwirtschaftsverkehr ['ausənvirtʃaftsfɛrke:r] m foreign trade and payments transactions pl
außergerichtlich ['ausərgəriçtliç] adj extrajudicial, out-of-court
außergerichtlicher Vergleich ['ausərgəriçtliçər fɛr'glaiç] m out-of-court settlement
außergewöhnliche Belastungen ['ausərgəvø:nliçə bə'lastuŋən] f/pl extraordinary expenses pl, extraordinary financial burden
außerordentliche Abschreibung ['ausərɔrdəntliçə 'apʃraibuŋ] f extraordinary depreciation
außerordentliche Aufwendungen ['ausərɔrdəntliçə 'aufvenduŋən] f/pl extraordinary expenditures pl, non recurrent expenditures pl
außerordentliche Ausgaben ['ausərɔrdəntliçə 'ausga:bən] f/pl extraordinary expenditures pl
außerordentliche Einkünfte ['ausərɔrdəntliçə 'ainkynftə] pl extraordinary income

außerordentliche Einnahmen ['ausərɔrdəntlıçə 'aınnaːmən] *f/pl* extraordinary income
außerordentliche Erträge ['ausərɔrdəntlıçə ɛr'trɛːgə] *m/pl* extraordinary income
außerordentliche Hauptversammlung ['ausərɔrdəntlıçə 'hauptfɛrzamluŋ] *f* special meeting of stockholders
außerordentliche Kündigung ['ausərɔrdəntlıçə 'kyndıguŋ] *f* notice to quit for cause
außerordentlicher Haushalt ['ausərɔrdəntlıçər 'haushalt] *m* extraordinary budget
Aussetzung ['auszɛtsuŋ] *f* suspension
Aussonderung ['auszɔndəruŋ] *f* separation of property belonging to a bankrupt's estate
aussortieren ['auszɔrtiːrən] *v* 1. sort out, separate out; 2. grade
aussperren ['ausʃpɛrən] *v (Streik)* lock out
Aussperrung ['ausʃpɛruŋ] *f* lock-out
Ausstand ['ausʃtant] *m (Streik)* strike; *in den ~ treten* come out on strike, take industrial action
Ausstattung ['ausʃatuŋ] *f* 1. *(Kapital)* endowment; 2. *(Anleihe)* terms 3. *(Verpackung)* get-up; *serienmäßige ~* standard fitting; *finanzielle ~* funding
ausstehende Einlagen ['ausʃteːəndə 'aınlaːgen] *f/pl* outstanding contributions *pl*
Ausstelldatum ['ausʃtɛldaːtʊm] *n* date of issue
ausstellen ['ausʃtɛlən] *v (Waren)* display, lay out, exhibit; *(Rechnung, Scheck)* make out (to); *(Quittung, Rezept)* write out
Aussteller ['ausʃtɛlər] *m* exhibitor
Ausstellung ['ausʃtɛluŋ] *f* exhibition
Ausstellungsfläche ['ausʃtɛluŋsflɛçə] *f* exhibition space
Austritt ['austrıt] *m* voluntary retirement (of a partner)
Ausverkauf ['ausfɛrkauf] *m* clearance sale
Ausverkaufspreise ['ausfɛrkaufspraızə] *m/pl* sale prices *pl*, clearance prices *pl*
ausverkauft ['ausfɛrkauft] *adj* sold out
Auswahlverfahren ['ausvaːlfɛrfaːrən] *n* selection procedure
Ausweichkurs ['ausvaıçkurs] *m* fictitious security price
Ausweis der Kapitalherabsetzung ['ausvaıs deːr kapi'taːlhɛrapzɛtsuŋ] *m* return of capital reduction
Ausweisung ['ausvaızung] *f* statement
Auswertung ['ausveːrtuŋ] *f* evaluation

auszahlen ['austsaːlən] *v* pay; *sich ~* pay off, to be worthwhile
Auszahlung ['austsaːluŋ] *f* payment
Auszählung ['austsɛːluŋ] *f* counting
auszeichnen ['austsaıçnən] *v (Waren)* mark
Auszubildende(r) ['austsubıldəndə(r)] *f/m* trainee, apprentice
Auszug ['austsuːk] *m (Kontoauszug)* statement (of account)
Auszug aus dem Grundbuch ['austsuːk aus dem grʊntbux] *m* abstract of title
autark [au'tark] *adj* self-supporting
Autarkie [autar'kiː] *f* autarky, autarchy, self-sufficiency
Autokorrelation [autokɔrela'tsjoːn] *f* autocorrelation
Automatic Transfer Service (ATS) [ɔːtə'mætık træns'fɜː 'sɜːvıs] *m* Automatic Transfer Service
Automation [automa'tsjoːn] *f* automation
Automatisationsgrad [automatiza'tsjoːnsgraːt] *m* automation degree
automatische Kursanzeige [auto'maːtıʃə 'kursantsaıgə] *f* automatic quotation
Automatisierung [automati'ziːruŋ] *f* automation
Automatismus [automa'tısmus] *m* automatism
Automobilindustrie [automo'biːlındustriː] *f* automobile industry
autonome Arbeitsgruppen [auto'noːmə 'arbaıtsgrupən] *f/pl* autonomous teams *pl*
autonome Größen [auto'noːmə 'grøːsən] *f/pl* autonomous variables *pl*
Autonomie [autono'miː] *f* autonomy
autorisiertes Kapital [autori'ziːrtəs kapi'taːl] *n* authorized capital
autoritär [autori'tɛːr] *adj* authoritarian
autoritärer Führungsstil [autori'tɛːrər 'fyːruŋsʃtiːl] *m* authoritative style of leadership
Aval [a'val] *m* guarantee of a bill
Avalkredit [a'valkrediːt] *m* loan granted by way of bank guarantee, credit by way of bank guarantee
Avalprovision [a'valprovizjoːn] *f* commission on bank guarantee
Averaging ['ævərıdʒıŋ] *n* averaging
Avis [a'viː] *m/n* advice
avisieren [avi'ziːrən] *v* advise, notify; *Wechsel ~* advise a draft
Azubi [a'tsuːbi] *m/f (Auszubildende(r))* trainee, apprentice

B

Baby-Bonds ['beːbibɔnds] *pl* baby bonds *pl*
Backwardation ['bækwədeɪʃən] *f* backwardation
Bagatellbetrag [baga'tɛlbətraːk] *m* trifle, trifling amount, petty amount
Bagatelldelikt [baga'tɛldelıkt] *n* petty offence, minor offence
Bagatellsache [baga'tɛlzaxə] *f* petty case
Bagatellschaden [baga'tɛlʃaːdən] *m* petty damage, trivial damage, minimal damage
Bagatellverfahren [baga'tɛlfɛrfaːrən] *n* summary proceeding
Bahn [baːn] *f (Eisenbahn)* railway, railroad *(US)*
bahnbrechend ['baːnbreçənt] *adj (fam)* pioneering, trailblazing
Bahnbrecher(in) ['baːnbreçər(ın)] *m/f* pioneer, trailblazer
Bahnfracht ['bɑːnfraxt] *f* rail freight
Bahntransport ['baːnttranspɔrt] *m* railway transportation
Baisse ['bɛːsə] *f* bear market, slump
Baisseklausel ['bɛːsklausəl] *f* bear clause
Baisser ['bɛːse] *f* bear
Balkencode ['balkənkəʊd] *m* bar code
Balkendiagramm ['balkəndiagram] *n* bar chart; bar graph
Balkenwaage ['balkənvaːgə] *f* balance, beam and scales
Ballen ['balən] *m* bale
Ballungsgebiet ['baluŋsgəbiːt] *n* agglomeration area, area of industrial concentration
Ballungszentrum ['baluŋstsentrʊm] *n* 1. *(Bevölkerung)* centre of population; 2. *(Industrie)* centre of industry
Band [bant] *n* 1. *(EDV)* tape; 2. *(Fließband)* assembly line
Bandbreite ['bantbraıtə] *f* margin
Bandenwerbung ['bandənvɛrbuŋ] *f* sideline advertising
Bandwagon-Effekt ['bantwagɔefekt] *m* bandwaggon effect
Bank [baŋk] *f* bank
Bank für Internationalen Zahlungsausgleich (BIZ) ['baŋk fyːr 'ıntərnatsjonaːlen 'tsaːluŋsausglaıç] *f* Bank for International Settlements (BIS)
Bankakademie ['baŋkakademiː] *f* banking academy

Bankakkreditiv ['baŋkakreditiːf] *n* bank letter of credit
Bankaktie ['baŋkaktsjə] *f* bank shares
Bankakzept ['baŋkaktsɛpt] *n* bank acceptance
Bankangestellte(r) ['baŋkangəʃtɛltə(r)] *f/m* bank employee, bank clerk
Bankanleihen ['baŋkanlaıhən] *f/pl* bank bonds *pl*
Bankanweisung ['baŋkanvaızuŋ] *f* bank transfer, bank money order
Bankauftrag ['baŋkauftraːk] *m* bank order, instruction to a bank
Bankauskunft ['baŋkauskunft] *f* banker's reference
Bankausweis ['baŋkauswaıs] *m* bank return
Bankauszug ['baŋkaustsuːk] *m* bank statement
Bankautomat ['baŋkautomaːt] *m* automatic cash dispenser
Bankautomation ['baŋkautoma'tsjoːn] *f* bank automation
Bankaval ['baŋkavaːl] *n* bank guarantee
Bankavis ['baŋkaviː(s)] *m/n* bank notification (of a letter of credit)
Bankbetriebslehre ['baŋkbətriːpsleːrə] *f* science of banking
Bankbeziehungen ['baŋkbətsiːuŋən] *f/pl* bank relations *pl*
Bankbilanz ['baŋkbilants] *f* bank balance sheet
Bankbuchhaltung ['baŋkbuxhaltuŋ] *f* bank's accounting department; bank accounting system
Bankdarlehen ['baŋkdaːrleːən] *n* bank loan, bank credit
Bankdeckung ['baŋkdəkuŋ] *f* banking cover
Bankdepositen ['baŋkdəpɔsitən] *pl* bank deposits *pl*
Bankdepotgesetz ['baŋkdepoːgezɛts] *n* Bank Custody Act
Bankdirektor(in) ['baŋkdirɛktɔr(ın)] *m/f* bank manager, bank director
Bankdiskont ['baŋkdıskɔnt] *m* bank discount
Bankdiskontsatz ['baŋkdıskɔntzats] *m* discount rate
Bankeinlage ['baŋkaınlaːgə] *f* bank deposit

Bankeinzugsverfahren ['baŋkaɪntsuksfər-faːrən] *n* direct debiting
Bankenaufsicht ['baŋkənaufsiçt] *f* public supervision of banking
Bankenerlass ['baŋkənɛrlas] *m* banking decree
Bankengesetzgebung ['baŋkəngezɛtsgəbuŋ] *f* banking legislation
Bankenkonsortium ['baŋkənkɔnzɔrtsjum] *n* banking syndicate
Bankenkonzentration ['baŋkənkɔntsəntra'tsjon] *f* concentration of banks
Bankenkrise ['baŋkənkriːzə] *f* banking crisis
Bankennummerierung ['baŋkənnuməriːruŋ] *f* bank branch numbering
Bankenquete ['baŋkākɛt] *f* banking inquiry
Bankenstatistik ['baŋkənʃtatɪstɪk] *f* banking statistics
Bankenstimmrecht ['baŋkənʃtɪmrɛxt] *n* banks' voting rights
Bankensystem ['baŋkənsysteːm] *n* banking system
Bankenverband ['baŋkənfɛrband] *m* banking association
Bankfach ['baŋkfax] *n 1. (Gewerbe)* banking business, banking line; *2. (Safe)* safe box
bankfähig ['baŋkfɛːɪç] *adj* bankable, negotiable
Bankfähigkeit ['baŋkfɛːɪçkaɪt] *f* bankability, negotiability
Bankfeiertage ['baŋkfaɪərtaːgə] *m/pl* bank holidays *pl*
Bankfiliale ['baŋkfɪljaːlə] *f* branch bank
Bankgarantie ['baŋkgaranti:] *f* bank guarantee
Bankgeheimnis ['baŋkgəhaɪmnɪs] *n* confidentiality in banking, banking secrecy
Bankgeschäft ['baŋkgəʃɛft] *n* banking; banking transactions
Bankgewerbe ['baŋkgəwɛrbə] *n* banking business
bankgirierter Warenwechsel ['baŋkʒɪrɪːrtər waːrənwɛksəl] *m* bank endorsed bill
Bankguthaben ['baŋkguːthaːbən] *n* bank credit balance
Bankhaus ['baŋkhaus] *n* bank, banking house
Bankier [baŋk'jeː] *m* banker
Bankierbonifikation [baŋk'jeːbonifikatsjon] *f* placing commission
Bankkalkulation ['baŋkkalkulatsjon] *f* bank's cost and revenue accounting
Bankkapital ['baŋkkapitaːl] *n* bank stock

Bankkauffrau ['baŋkkaufrau] *f* trained bank clerk, trained band employee
Bankkaufmann ['baŋkkaufman] *m* trained bank clerk, trained bank employee
Bankkonditionen ['baŋkkɔnditsjonən] *f/pl* bank conditions *pl*
Bankkonto ['baŋkkɔnto] *n* bank account
Bankkontokorrent ['baŋkkɔntokɔrɛnt] *n* current account with a bank
Bankkontrolle ['baŋkkɔntrolə] *f* bank supervision
Bankkonzern ['baŋkkɔntsɛrn] *m* bank(ing) group
Bankkredit ['baŋkkrediːt] *m* bank credit
Bankkreise ['baŋkkraizə] *pl* banking circles *pl*
Bankkunde ['baŋkkundə] *m* bank client, bank customer
Bankleitzahl ['baŋklaɪttsaːl] *f* bank code number, sort code *(UK)*, bank identification number *(US)*
Bankliquidität ['baŋklikviditɛːt] *f* bank liquidity
Banknote ['baŋknoːtə] *f* banknote, bill *(US)*
Bankobligation ['baŋkɔbliːgatsjon] *f* bank bond
Bankorganisation ['baŋkorganisatjon] *f* bank's organization system
Bankplatz ['baŋkplats] *m* bank place
Bankprovision ['baŋkprovizjon] *f* banker's commission
Bankprüfung ['baŋkpryːfuŋ] *f* audit of the bank balance sheet
Bankpublizität ['baŋkpublitsitɛːt] *f* banks' duty to publish
Bankrate ['baŋkraːtə] *f* bank discount, (official) discount rate
Bankregel ['baŋkreːgəl] *f* Golden Bank Rule
Bankreserven ['baŋkrezɛrvən] *f/pl* bank reserves *pl*, bank savings *pl*
Bankrevision ['baŋkrevizjon] *f* bank audit
bankrott [baŋ'krɔt] *adj* bankrupt
Bankrott [baŋ'krɔt] *m* bankruptcy, insolvency
Bankrotterklärung [baŋ'krɔtɛrklɛːruŋ] *f* declaration of bankruptcy
Bankrotteur [baŋkrɔ'tøːr] *m 1. (Person)* bankrupt (person); *2. (Firma)* bankrupt firm
Banksafe ['baŋkseɪf] *m* bank safe
Banksaldo ['baŋkzaldo] *n* bank balance
Bankscheck ['baŋkʃɛk] *m* cheque
Bankschließfach ['baŋkʃliːsfax] *n* safe-deposit box, safety-deposit box

Bankschulden ['baŋkʃuldən] *pl* bank debts *pl*
Bankschuldverschreibung ['baŋkʃuldfɛr-ʃraɪbuŋ] *f* bank bond
Bankspesen ['baŋkʃpeːzən] *pl* bank charges *pl*
Bankstatistik ['baŋkʃtatistik] *f* banking statistics
Bankstatus ['baŋkʃtaːtus] *m* bank status
Bankstellennetz ['baŋkʃtɛlənnɛts] *n* bank office network
Bankstichtage ['baŋkʃtiçtaːgə] *m/pl* settling days *pl*
Banküberweisung ['baŋkyːbərvaɪzuŋ] *f* bank transfer
Bankumsätze ['baŋkumzɛtsə] *m/pl* bank turnover
Bankverbindung ['baŋkfɛrbɪnduŋ] *f 1.* banking details *pl; 2. (Konto)* bank account
Bankwesen ['baŋkveːzən] *n* banking
Bankwirtschaft ['baŋkvɪrtʃaft] *f* banking industry
bankwirtschaftlich ['baŋkvɪrtʃaftlɪç] *adj* relating to banking operations
Bankzinsen ['baŋktsinzən] *m/pl* banking interest
bar [baːr] *adj* cash; ~ *bezahlen* pay cash, pay in cash
Barabfindung ['baːrapfɪnduŋ] *f* settlement in cash
Barakkreditiv ['baːrakrediːtiːf] *n* cash in letter of credit
Barcode ['baːrkəʊd] *m* bar code
Bardeckung ['baːrdɛkuŋ] *f* cash cover
Bardepot ['baːrdepoː] *n* cash deposit
Bardividende ['baːrdividɛndə] *f* cash dividend
Bareinlage ['baːraɪnlagə] *f* cash deposit
Bareinschuss ['baːraɪnʃus] *m* cash los payment
Barerlös ['baːrɛrløːs] *m* net proceeds *pl,* cash proceeds *pl,* takings *pl*
Barfinanzierung ['baːrfinantsiːruŋ] *f* direct financing
Bargaining ['baːgɪnɪŋ] *n* bargaining
Bargeld ['baːrgɛlt] *n* cash, ready money
Bargeldbestand ['baːrgɛltbəʃtant] *m* cash in hand
Bargeldkasse ['baːrgɛltkasə] *f* petty cash
bargeldlos ['baːrgɛltloːs] *adj* non-cash, cashless
bargeldlose Kassensysteme ['baːrgɛltloːsə 'kasənzystemə] *n/pl* cashless checkout systems *pl*

bargeldloser Zahlungsverkehr ['baːrgɛltloːsər 'tsaːluŋsfɛrkɛr] *m* cashless payments *pl;* bank giro credit system
Bargeldumlauf ['baːrgɛltumlauf] *m* currency in circulation
Bargeldumstellung ['baːrgɛltumʃtɛluŋ] *f* conversion of notes and coins
Bargeldverkehr ['baːrgɛltfɛrkeːr] *m* cash transactions *pl*
Bargeschäft ['baːrgəʃɛft] *n* cash transactions *pl*
Bargründung ['baːrgrynduŋ] *f* formation of stock corporation by cash subscriptions
Barkauf ['baːrkauf] *m* cash purchase
Barkredit ['baːrkrediːt] *m* cash credit
Barlohn ['baːrloːn] *m* wage in cash
Barrel ['bærəl] *n* barrel
Barren ['barən] *m* (gold)bar, bullion
Barrengold ['barəngɔlt] *n* gold bullion
Barrensilber ['barənsɪlbər] *n* silver bullion
Barschaft ['baːrʃaft] *f* cash stock, ready money
Barscheck ['baːrʃɛk] *m* cash cheque, open cheque, uncrossed cheque
Bartergeschäft ['bartərgəʃɛft] *n* analysis of requirements
Barüberweisung ['baːryːbərvaizuŋ] *f* cash transfer
Barvergütung ['baːrfɛrgyːtuŋ] *f* cash compensation, cash imbursement
Barverkauf ['baːrfɛrkauf] *m* cash sale
Barvermögen ['baːrfɛrmøːgən] *n* cash assets *pl,* liquid assets *pl*
Barwert ['baːrwɛrt] *m* value in cash
Barzahlung ['baːrtsaːluŋ] *f* cash payment, payment in cash
Barzahlungsgeschäft ['baːrtsaːluŋsgə-ʃɛft] *n* cash transaction, cash business
Barzahlungsrabatt ['baːrtsaːluŋsrabat] *m* cash discount
Basis ['baːzɪs] *f* basis, base
Basiseinkommen ['baːzɪsainkɔmən] *n* basic income
Basisjahr ['baːzɪsjaːr] *n* base year
Basislohn ['baːzɪsloːn] *m* basic wage
Basispreis ['baːzɪspraɪz] *m* basic price
Basistrend ['baːzɪstrɛnt] *m* basic trend
Batterie [batəˈriː] *f* battery
Bau ['bau] *m* construction
Bauabschnitt ['bauapʃnɪt] *m 1. (Gebiet)* building section; 2. *(Stand der Bauarbeiten)* stage of construction
Bauantrag ['bauanˈtraːk] *m* application for building license

Bauarbeiter ['bauarbaɪtər] *m* construction worker
Bauboom ['baubuːm] *m* building boom
Baudarlehen ['baudarleːn] building loan
Bauelement ['bauelemɛnt] *n* component part, guzzinta
Baufinanzierung ['baufinantsiːruŋ] *f* financing of building projects
Baufirma ['baufɪrma] *f* construction firm
Baugenehmigung ['baugəneːmɪguŋ] *f* building permission, planning permission, building permit
Baugewerbe ['baugəvɛrbə] *n* construction industry, building trade
Bauindustrie ['bauɪndustriː] *f* construction industry
Baukastensystem ['baukastənsysteːm] *n* building block concept
Baukosten ['baukɔstən] *pl* building costs *pl*, construction costs *pl*
Baukostenzuschuss ['baukɔstəntsuːʃuz] tenant's contribution to the construction costs
Baukredit ['baukrɛdɪt] *m* building loan
Bauland ['baulant] *n* building site
Baumarkt ['baumarkt] *m (Grundbesitz)* property market
Baunorm ['baunɔrm] *f* building standard
Bauplan ['bauplaːn] *m* architect's plan
Bauspardarlehen ['bausparda:rleːn] loan granted for building purposes
bausparen ['bauspaːrən] *v* saving through building societies
Bausparfinanzierung ['bausparfinantsɪːruŋ] *f* building society funding
Bausparförderung ['bausparfœrderuŋ] *f* promotion of saving through building societies
Bausparkasse ['bauʃparkasə] *f* home savings bank, building society *(UK)*
Bausparvertrag ['bauʃpaːrfɛrtraːk] *m* building loan agreement, savings agreement with the building society
Baustelle ['bauʃtɛlə] *f* construction site, building site
Bauträger ['bautrɛːgər] *m* property developer
Bauwirtschaft ['bauwɪrtʃaft] *f* building and contracting industry
Bauzinsen ['bautsɪnzən] *m/pl* fixed-interest coupons
Beamter [bə'amtər] *m* civil servant, public servant, official
beanstanden [bə'anʃtandən] *v* object, complain, challenge

Beanstandung [bə'anʃtanduŋ] *f* objection
beantragen [bə'antraːgən] *v* apply for; *(vorschlagen)* propose
bearbeiten [bə'arbaɪtən] *v 1. (erledigen)* deal with, handle, manage; *2.* work, process
Bearbeitung [bə'arbaɪtuŋ] *f* treatment, processing; *in ~* in preparation
Bearbeitungsgebühr [bə'arbaɪtuŋsgəbyːr] *f* handling fee, service charge, processing fee
beaufsichtigen [bə'aufzɪçtɪgən] *v* supervise, control, oversee
beauftragen [bə'auftraːgən] *v* charge, commission, instruct
Beauftragte(r) [bə'auftraːktə(r)] *f/m* representative
Beauftragung [bə'auftraːguŋ] *f* instruction, direction
bebauen [bə'bauən] *v (Grundstück)* build on
Bebauungsplan [bə'bauuŋsplan] *m* development plan, building scheme
Bedarf [bə'darf] *m* demand, need, requirements *pl*
Bedarfsanalyse [bə'darfsanalyːzə] *f* analysis of requirements
Bedarfsartikel [bə'darfsartɪkəl] *pl* necessities *pl*
Bedarfsbeeinflussung ['bedarfsbeaɪnflusuŋ] *f* influence of demand
Bedarfsdeckungsprinzip ['bedarfsdɛkuŋsprinziːp] *n* principle of satisfaction of needs
Bedarfsermittlung ['bedarfsɛrmitluŋ] *f* demand assessment
bedarfsformende Faktoren [bedarfsformɛndə fak'toːrən] *m/pl* demand-forming factors *pl*
Bedarfsschwankung [be'darfsʃvaŋkuŋ] *f* fluctuations in requirements *pl*
bedenken [bə'dɛŋkən] *v irr (erwägen)* consider, take into consideration, think over
Bedenkzeit [bə'dɛŋktsaɪt] *f* time to think about sth, time to think sth over
bedienen [bə'diːnən] *v 1. (Kunde)* attend; *2. (Gerät)* operate
Bedienung [bə'diːnuŋ] *f (Gerät)* operation, control
Bedienungsanleitung [bə'diːnuŋsanlaɪtuŋ] *f* operating instructions *pl*, working instructions *pl*
Bedienungsfehler [bə'diːnuŋsfeːlər] *m* operating error
Bedienungsgeld [bə'diːnuŋsgɛlt] *n* service charge

bedingt [bə'dɪŋt] *adj* 1. conditional; ~ *durch* contingent on; 2. *(beschränkt)* limited; *nur ~ richtig* partially right
bedingte Kapitalerhöhung [bə'dɪŋtə kapi'taːlɛrhøːuŋ] *f* conditional capital increase
Bedingung [bə'dɪŋuŋ] *f* condition, provision, term; *unter der ~, dass …* on condition that …
Bedürfnis [bə'dyrfnɪs] *n* need
Bedürfnisbefriedigung [bə'dyrfnɪsbəfriːdɪguŋ] *f* satisfaction of needs
Bedürfnishierarchie [bə'dyrfnɪshɪrarxiː] *f* hierarchy of needs
beeidigte Erklärung [bəaɪdɪgtə ɛr'klɛruŋ] *f* sworn statement
Befähigung [bə'fɛːɪguŋ] *f* 1. capacity, competence, aptitude; 2. *(Voraussetzung)* qualifications *pl*
befolgen [bə'fɔlgən] *v* 1. *(Vorschriften)* observe; 2. *(Befehl)* obey
Beförderer [bə'fœrdərər] *m* carrier
befördern [bə'fœrdərn] *v* 1. *(transportieren)* transport, convey, carry; 2. *(dienstlich aufrücken lassen)* promote, advance
Beförderung [bə'fœrdəruŋ] *f* 1. *(Waren)* transport, conveying, shipping; 2. *(eines Angestellten, eines Offiziers)* promotion, advancement
Beförderungsbedingungen [bə'fœrdəruŋsbədɪŋuŋən] *f/pl* terms of transport *pl*, forwarding conditions *pl*
Beförderungsgebühr [bə'fœrdəruŋsgəbyːr] *f* 1. *(Portokosten)* postage charges *pl*; 2. *(Transportkosten)* transport charges *pl*
Beförderungsmittel [bə'fœrdəruŋsmɪtəl] *n* means of transport *pl*
Befragung [bə'fraːguŋ] *f* personal interview, questioning, poll
befreien [bə'fraɪən] *v* acquit, discharge, *(von Steuern)* exempt
Befreiung [bə'fraɪuŋ] *f* exemption
befristen [bə'frɪstən] *v* limit
befristet [bə'frɪstət] *adj* limited
befristete Einlagen [bə'frɪstətə 'aɪnlaːgən] *f/pl* fixed deposits *pl*
befristetes Arbeitsverhältnis [bə'frɪstətəs 'arbaɪtsfɛrhæltnɪs] *n* limited employment contract
Befristung [be'frɪstuŋ] *f* time limit, setting a deadline
Befugnis [bə'fuːknɪs] *f* jurisdiction, authority, authorization
befugt [bə'fuːkt] *adj* authorized, entitled, competent

befürworten [bə'fyːrvɔrtən] *v* advocate, recommend, support
Befürworter(in) [bə'fyːrvɔrtər(ɪn)] *m/f* supporter, advocate
Begebung [bə'geːbuŋ] *f* issue
beglaubigen [bə'glaubɪgən] *v* attest, certify, authenticate
Beglaubigung [bə'glaubɪguŋ] *f* authentication, certification, attestation
begleichen [bə'glaɪçən] *v irr* pay, settle
Begleichung [bə'glaɪçuŋ] *f* *(von Schulden)* payment, settlement
Begleitpapiere [be'glaɪtpapiːrə] *n/pl* accompanying documents *pl*
Begleitschreiben [bə'glaɪtʃraɪbən] *n* accompanying letter
begründen [bə'gryndən] *v* establish, found, set up
Begründer(in) [bə'gryndər(ɪn)] *m/f* founder
Begrüßung [bə'gryːsuŋ] *f* salutation
begünstigen [bə'gynstɪgən] *v* favour, help
Begünstigte(r) [bə'gynstɪgtə(r)] *f/m* beneficiary
begutachten [bə'guːtaxtən] *v* examine, give a professional opinion on
Behälterverkehr [bə'hɛltərfɛrkeːr] *m* container transport
Beherrschungsvertrag [bə'hɛrʃuŋsfɛrtraːk] *m* control agreement
behilflich [bə'hɪlflɪç] *adj jdm ~ sein* to be of assistance, to be helpful, to be of service; *Kann ich Ihnen ~ sein?* May I help you?
Behinderte(r) [bə'hɪndərtə(r)] *f/m* handicapped person, disabled person
Behörde [bə'høːrdə] *f* public authority, administrative agency
behördlich [bə'høːrtlɪç] *adj* official
Beihilfe ['baɪhɪlfə] *f* financial aid
Beilage ['baɪlaːgə] *f* supplement
beilegen ['baɪleːgən] *v* 1. *(hinzufügen)* insert, enclose; 2. *(Streit)* settle
Beirat ['baɪrat] *m* advisory council; advisory board
Beistandskredit ['baɪʃtantskrediːt] *m* standby credit
Beistandspakt ['baɪʃtantspakt] *m* mutual assistance treaty
beisteuern ['baɪʃtɔyərn] *v* contribute, pitch in *(fam)*
Beiträge ['baɪtrɛgə] *m/pl* contributions *pl*
Beitragsbemessungsgrenze ['baɪtraːksbəmɛsuŋsgrɛntsə] *f* income threshold analysis of requirements

Beitragserhöhung ['baɪtraːksɛrhøːuŋ] *f* increased contributions *pl*

Beitragserstattung ['baɪtraːksɛrʃtatuŋ] *f* contribution refund

beitragspflichtig ['baɪtraːkspflɪçtɪç] *adj* liable to contribution

Beitragssatz ['baɪtraːkszats] *m* rate of contribution

Beitragszahlung ['baɪtraːkstsaːluŋ] *f* contribution payment

Beitritt ['baɪtrit] *m* joining

Beitrittsbeschluss ['baɪtritsbəʃlus] *m* decision of accession

Beitrittsgesuch ['baɪtritsgəzuːx] *n* admission application

Beitrittskriterien ['baɪtritskriteːriən] *n/pl* criteria for accession *pl*

Beitrittsverhandlungen ['baɪtritsfɛrhantluŋən] *f/pl* membership negotiations *pl*

Beitrittsvoraussetzungen ['baɪtritsforauszɛtsuŋən] *f/pl* conditions for participation *pl*

beizulegender Wert ['baɪtsulɛgəndər 'vɛrt] *m* value to be attached

Bekanntmachung [bə'kantmaxuŋ] *f* notification

Beklagte(r) [bə'klaːktə(r)] *f/m* defendant

Bekleidungsindustrie [bə'klaɪduŋsɪndustriː] *f* clothing industry

beladen [bə'laːdən] *v irr* load

belangen [bə'laŋən] *v* prosecute, take legal action

Belassungsgebühr [bə'lasuŋsgebyːr] *f* prolongation charge

belasten [bə'lastən] *v 1. (laden)* load; *2. (beanspruchen)* burden, strain; *3. (Haus)* mortgage, encumber; *4. (Konto)* debit, charge to; *5. (beschuldigen)* charge, incriminate

Belastung [bə'lastuŋ] *f 1. (Hypothek)* mortgage; *2. (Steuer)* burden; *3. (Konto)* debit; *4. (Beschuldigung)* incrimination, charge

Belastungsprobe [bə'lastuŋsproːbə] *f* loading test, test

belaufen [bə'laufən] *v irr sich ~ auf* amount to, come to, add up to; *sich auf hundert Dollar ~* amount to one hundred dollars

Beleg [bə'leːk] *m 1. (Beweis)* proof, evidence; *2.* document, slip, record, receipt, voucher

belegen [bə'leːgən] *v* account for; *(beweisen)* prove, substantiate, furnish proof of

belegloser Datenträgeraustausch (DTA) [be'leːkloːsər 'daːtəntrægəraustauʃ] *m* paperless exchange of data media

belegloser Scheckeinzug [be'leːkloːsər 'ʃɛkaɪntsuk] *m* check truncation procedure

Belegschaft [bə'leːkʃaft] *f* staff

Belegschaftsaktie [bə'leːkʃaftsaktsjə] *f* staff shares *pl*

beleihen [bə'laɪhən] *v* to lend money on sth

Beleihungssatz [bə'laɪhuŋssats] *m* lending limit

Beleihungswert [bə'laɪuŋsvɛrt] *m* value of collateral

bemessen [bə'mɛsən] *v irr* proportion, allocate; *(einteilen)* calculate

Bemessungsgrundlage [bə'mesuŋsgrundlaːgə] *f* assessment basis

Bemessungszeitraum [bə'mɛsuŋstsaɪtraum] *m* income year

benachrichtigen [bə'naːxrɪctɪgən] *v* inform, advise

Benachrichtigung [bə'naːxrɪçtɪguŋ] *f* notification, notice

Benachrichtigungspflicht [bə'naxrɪçtɪguŋspflɪçt] *f* duty of notification

Benchmarking ['bentʃmɑːkiŋ] *n* benchmarking

benutzen [bə'nutsən] *v* use, make use of

Benutzer(in) [bə'nutsər(ɪn)] *m/f* user

benutzerfreundlich [bə'nutsərfrɔyntlɪç] *adj* user-friendly

Benutzerfreundlichkeit [bə'nutsərfrɔyntlɪçkaɪt] *f* user friendliness

Benutzungsgebühr [bə'nutsuŋsgəbyːr] *f* user fee

Benutzungsrecht [bə'nutsuŋsrɛçt] *n* right to use

Benzin [bɛn'tsiːn] *n* petrol, gasoline

Benzingutscheine [bɛn'tsiːngutʃaɪnə] *m/pl* petrol voucher

Benzinpreis [bɛn'tsiːnpraɪs] *m* petrol price, gasoline price *(US)*

Benzinverbrauch [bɛn'tsiːnfɛrbraux] *m* petrol consumption, gasoline consumption *(US)*

Berater(in) [bə'raːtər(ɪn)] *m/f* adviser, consultant, counsellor

Beraterfirma [bə'raːtərfɪrma] *f* consulting firm

Beraterfunktion [bə'raːtərfunktsjoːn] *f* advisory function

beratschlagen [bə'raːtʃlaːgən] *v irr* confer

Beratung [bə'raːtuŋ] *f* consultation, advice, counseling

Beratungsgespräch [bə'raːtuŋsgəʃprɛːç] *n* consultation

berechenbar [bə'rɛçənbaːr] *adj (abschätzbar)* calculable, computable
berechnen [bə'rɛçnən] *v* calculate, work out, compute; *jdm etw ~ charge s.o. for sth*
Berechnung [bə'rɛçnuŋ] *f* calculation, computation; *meiner ~ nach according to my calculations*
berechtigen [bə'rɛçtɪgən] *v* entitle to, give a right to, authorize
berechtigt [bə'rɛçtɪçt] *adj (befugt)* authorized, entitled; *~ zu entitled to*
Berechtigte(r) [bə'rɛçtɪçtə(r)] *f/m* party entitled
Berechtigung [bə'rɛçtɪguŋ] *f (Befugnis)* authorization, entitlement
Bereich [bə'raɪç] *m (Fachbereich)* field, sphere, area
bereichsfixe Kosten [bə'raɪçsfiksə 'kɔstən] *pl* fixed department costs *pl*
bereinigter Gewinn [bə'raɪnɪgtər 'gɛvɪn] *m* actual profit
bereithalten [bə'raɪthaltən] *v irr* have ready
Bereitschaftskosten [bə'raɪtʃaftskɔstən] *pl* standby costs *pl*
bereitstellen [bə'raɪtʃtɛlən] *v* make available, provide
Bereitstellungskosten [bə'raɪtʃtɛluŋskɔstən] *pl* commitment fee
Bereitstellungsplanung [bə'raɪtʃtɛluŋsplaːnuŋ] *f* procurement budgeting
Bergarbeiter ['bɛrkarbaɪtər] *m* miner
Bergbau ['bɛrkbau] *m* mining
Bergbaugesellschaft ['bɛrkbaugəzɛlʃaft] *f* mining company
Bergwerk ['bɛrkvɛrk] *n* mine
Bericht [bə'rɪçt] *m* report, account, statement
Berichterstattung [bə'rɪçtɛrʃtatuŋ] *f* reporting
berichtigen [bə'rɪçtɪgən] *v* correct, rectify, set right
Berichtigung [bə'rɪçtɪguŋ] *f* correction
Berichtigungsaktie [bə'rɪçtɪguŋsaktsjə] *f* bonus share
Berichtsperiode [bə'rɪçtsperɪodə] *f* period under review
Berichtspflicht [bə'rɪçtspfliçt] *f* obligation to report
BERI-Index ['bɛrɪ ɪndeks] *m* business environment risk index
berücksichtigen [bə'rykzɪçtɪgən] *v* consider, bear in mind, take into account
Berücksichtigung [bə'rykzɪçtɪguŋ] *f* consideration

Beruf [bə'ruːf] *m* profession
beruflich [bə'ruːfliç] *adj* professional, occupational
berufliche Fortbildung [bə'ruːfliçə 'fortbɪlduŋ] *f* advanced vocational training
berufliche Umschulung [bə'ruːfliçə 'umʃuːluŋ] *f* vocational retraining
berufliche Weiterbildung [bə'ruːfliçə 'vaɪtərbɪlduŋ] *f* advanced vocational training
Berufsanfänger(in) [bə'ruːfsanfɛŋər(ɪn)] *m/f* person starting a career
Berufsausbildung [bə'ruːfsausbɪlduŋ] *f* vocational training, professional training, job training
berufsbedingt [bə'ruːfsbədɪŋt] *adj* professional, occupational, due to one's occupation
berufsbegleitend [bə'ruːfsbəglaɪtənt] *adj* in addition to one's job
Berufsbild [bə'ruːfsbɪld] *n* professional activity description
Berufserfahrung [bə'ruːfsɛrfaːruŋ] *f* professional experience
Berufsförderung [bə'ruːfsføːrdəruŋ] *f* professional promotion
Berufsfreiheit [bə'ruːfsfraɪhaɪt] *f* freedom of occupation
Berufsgeheimnis [bə'ruːfsgəhaɪmnɪs] *n* professional secret
Berufsgenossenschaften [bə'ruːfsgənɔsənʃaftən] *f/pl* social insurance against occupational accidents
Berufshandel [bə'ruːfshandəl] *m* professional trading, professional dealing
Berufskleidung [bə'ruːfsklaɪduŋ] *f* working clothes *pl*
Berufskrankheit [bə'ruːfskraŋkhaɪt] *f* occupational disease
Berufsleben [bə'ruːfsleːbən] *n* professional life, working life
Berufsrisiko [bə'ruːfsrɪːzɪko] *n* occupational hazard
Berufsschule [bə'ruːfsʃuːlə] *f* vocational school
berufstätig [bə'ruːfstɛːtɪç] *adj* working, (gainfully) employed
Berufstätigkeit [bə'ruːfstɛːtɪçkaɪt] *f* employment, work, occupation, professional activity
Berufsunfähigkeit [bə'ruːfsunfɛːɪçkaɪt] *f* occupational disability
Berufsunfall [bə'ruːfsunfal] *m* occupational accident
Berufsverbot [bə'ruːfsfɛrboːt] *n jdm ~ erteilen* ban s.o. from a profession

Berufsverkehr [bə'ruːfsfɛrkeːr] *m* rush-hour traffic, commuter traffic
Berufswechsel [bə'ruːfsvɛksəl] *m* career change
Berufung [bə'ruːfʊŋ] *f (Ernennung)* nomination, appointment
Berufungsinstanz [bə'ruːfʊŋsɪnstants] *f* higher court, court of appeal
Berufungsverfahren [bə'ruːfʊŋsfɛrfaː-rən] *n* appellate procedure
beschädigen [bə'ʃɛːdɪgən] *v* damage, harm, injure
beschädigte Aktie [bə'ʃɛːdɪgtə 'aktsjə] *f* damaged share certificates *pl*
Beschädigung [bə'ʃɛːdɪgʊŋ] *f* damage, harm
beschaffen [bə'ʃafən] *v* procure, obtain, get
Beschaffung [bə'ʃafʊŋ] *f* procurement
Beschaffungsmarkt [bə'ʃafʊŋsmarkt] *m* procurement market
Beschaffungsplanung [bə'ʃafʊŋsplanʊŋ] *f* procurement planning
beschäftigen [bə'ʃɛftɪgən] *v* 1. *(jdn ~)* occupy, engage, employ; 2. *sich mit etw ~* concern o.s. with sth, occupy o.s. with sth, engage in sth; *damit beschäftigt sein, etw zu tun* to be busy doing sth
Beschäftigtenstruktur [bə'ʃɛftɪgtənʃtruk-tuːr] *f* employment structure
Beschäftigung [bə'ʃɛftɪgʊŋ] *f* employment
Beschäftigungsabbau [bə'ʃɛftɪgʊŋsab-bau] *m* reduction in employment
Beschäftigungsabweichungen [bə'ʃɛftɪ-gʊŋsapvaɪçʊŋən] *f/pl* volume variance
Beschäftigungsgrad [bə'ʃɛftɪgʊŋsgrat] *m* level of employment
Beschäftigungspolitik [bə'ʃɛftɪgʊŋspoli-tiːk] *f* employment policy
Bescheid [bə'ʃaɪt] *m* reply, notification
Bescheinigung [bə'ʃaɪnɪgʊŋ] *f* 1. *(Dokument)* certificate; 2. *(das Bescheinigen)* certification
Beschlagnahme [bə'ʃlaːknaːmə] *f* confiscation
beschlagnahmen [bə'ʃlaːknaːmən] *v* confiscate, seize
beschließen [bə'ʃliːsən] *v irr* 1. *(entscheiden)* decide, resolve; 2. *(beenden)* terminate, end, conclude
Beschluss [bə'ʃlʊs] *m* decision
beschlussfähig [bə'ʃlʊsfɛːɪç] *adj ~ sein* to be a quorum, have a quorum
Beschlussfassung [bə'ʃlʊsfasʊŋ] *f* passing of a resolution

beschränkte Geschäftsfähigkeit [bə-'ʃrɛŋktə gə'ʃɛftsfɛɪgkaɪt] *f* limited capacity to enter into legal transactions
Beschuldigung [bə'ʃʊldɪgʊŋ] *f* accusation, charge
Beschwerde [bə'ʃveːrdə] *f* appeal, complaint
beschweren [bə'ʃveːrən] *v sich ~* complain; *sich ~ über* complain about
besetzt [bə'zɛtst] *adj* engaged, busy *(US)*
Besicherungswert [bə'sɪçərʊŋsvɛrt] *m* collateral value
Besitz [bə'zɪts] *m* possession, *(Immobilien)* property, estate
Besitzanspruch [bə'zɪtsanʃprux] *m* possessory claim
Besitzeinkommen [bə'zɪtsaɪnkɔmən] *n* property income
besitzen [bə'zɪtsən] *v irr* possess, own, hold
Besitzer(in) [bə'zɪtsər(ɪn)] *m/f* owner
Besitznachweis [bə'zɪtsnaːxvaɪs] *m* proof of ownership
Besitzsteuern [bə'zɪtsʃtɔyɛrn] *f/pl* taxes from income and property *pl*
Besitzwechsel [bə'zɪtsvɛksəl] *m* bills receivable
Besoldung [bə'zoldʊŋ] *f* salary, pay
besprechen [bə'ʃprɛçən] *v irr* discuss, talk over
Besprechung [bə'ʃprɛçʊŋ] *f* discussion
Besprechungsraum [bə'ʃprɛçʊŋsraum] *m* conference room, meeting room
Besprechungstermin [bə'ʃprɛçʊŋstɛr-mɪn] *m* conference date, meeting date
Besserungsschein ['bɛsərʊŋsʃaɪn] *m* debtor warrant, income adjustment bond
Besserverdienende(r) ['bɛsərfɛrdiːnən-də(r)] *f/m* person in a higher income bracket
Bestand [bə'ʃtant] *m* 1. *(Kassenbestand)* cash assets *pl*; 2. *(Vorrat)* stock, stores *pl*, supply
Bestandsaufnahme [bə'ʃtantsaufnaːmə] *f* inventory, stock-taking
Bestandsgröße [bə'ʃtantsgrøːsə] *f* stock variable
Bestandskonto [bə'ʃtantskɔnto] *n* real account
Bestandsveränderung [bə'ʃtantsfɛrɛndə-rʊŋ] *f* inventory change
Bestätigung [bə'ʃtɛːtɪgʊŋ] *f* confirmation
Bestätigungsschreiben [bə'ʃtɛːtɪgʊŋs-ʃraɪbən] *n* letter of confirmation
bestechen [bə'ʃtɛçən] *v irr* bribe, corrupt
bestechlich [bə'ʃtɛçlɪç] *adj* bribable, corruptible

Bestechlichkeit [bə'ʃtɛçlɪçkaɪt] *f* corruptibility

Bestechung [bə'ʃtɛçuŋ] *f* bribery, corruption

Bestechungsgeld [bə'ʃtɛçuŋsgɛlt] *n* bribe money

Bestelldaten [bə'ʃtɛldaːtən] *pl* details of order *pl*

Bestelleingang [bə'ʃtɛlaɪngaŋ] *m* incoming orders *pl*, new orders *pl*, intake of new orders

bestellen [bə'ʃtɛlən] *v (in Auftrag geben)* order, place an order, commission

Besteller(in) [bə'ʃtɛlər(ɪn)] *m/f* customer

Bestellformular [bə'ʃtɛlfɔrmulaːr] *n* order form

Bestellkosten [bə'ʃtɛlkɔstən] *pl* ordering costs *pl*

Bestellliste [bə'ʃtɛllɪstə] *f* list of orders

Bestellmenge [bə'ʃtɛlmɛŋə] *f* ordered quantity

Bestellnummer [bə'ʃtɛlnumər] *f* order number

Bestellschein [bə'ʃtɛlʃaɪn] *m* order form

Bestellung [bə'ʃtɛluŋ] *f 1. (Waren)* order; *2. (auf einen Posten, für eine Aufgabe)* appointment (for specific tasks or posts)

bestens ['bɛstəns] *adv* at best

besteuern [bə'ʃtɔyərn] *v* tax, impose a tax

Besteuerung [bə'ʃtɔyəruŋ] *f* taxation

Besteuerungsgrundlage [bə'ʃtɔyəruŋsgrundlaːgə] *f* tax basis

Besteuerungsverfahren [bə'ʃtɔyəruŋsfɛrfaːrən] *n* taxation procedure

bestimmen [bə'ʃtɪmən] *v 1. (festlegen)* determine, decide; *2. (zuweisen)* appoint, assign, appropriate

Bestimmtheitsmaß [bə'ʃtɪmthaɪtsmaːs] *n* determination coefficient

Bestimmung [bə'ʃtɪmuŋ] *f 1. (Vorschrift)* provision, decree, regulations *pl; 2. (Zweck)* purpose

Bestimmungsbahnhof [bə'ʃtɪmuŋsbaːnhoːf] *m* station of destination

Bestimmungskauf [bə'ʃtɪmuŋskauf] *m* sale subject to buyer's specifications

Bestimmungsort [bə'ʃtɪmuŋsɔrt] *m* (place of) destination

Bestleistung ['bɛstlaɪstuŋ] *f* record

bestrafen [bə'ʃtraːfən] *v* punish, penalize

Bestrafung [bə'ʃtraːfuŋ] *f* punishment, penalty

bestreiken [bə'ʃtraɪkən] *v* strike against

Bestseller ['bɛstsɛlər] *m* bestseller

Besuch [bə'zuːx] *m* visit

besuchen [bə'zuːxən] *v (besichtigen)* visit

Besuchserlaubnis [bə'zuːxsɛrlaupnɪs] *f* visitor's pass

Betafaktor ['betafaktɔːr] *m* beta factor

Betätigung [bə'tɛːtɪguŋ] *f 1.* operation; *2. (Tätigkeit)* activity

Betätigungsfeld [bə'tɛːtɪguŋsfɛlt] *n* range of activities, field of activity

beteiligen [bə'taɪlɪgən] *v sich ~* participate, take part, join; *jdn an etw ~* give a person a share, make a person a partner, let s.o. take part

Beteiligte(r) [bə'taɪlɪçtə(r)] *f/m* participant

Beteiligung [bə'taɪlɪguŋ] *f* participation

Beteiligungsdarlehen [bə'taɪlɪguŋsdarleːən] *n* loan with profit participation

Beteiligungsfinanzierung [bə'taɪlɪguŋsfɪnantsiːruŋ] *f* equity financing

Beteiligungshandel [bə'taɪlɪguŋshandəl] *m* equity financing transactions *pl*

Beteiligungskonzern [bə'taɪlɪguŋskɔntsɛrn] *m* controlled corporate group

Beteiligungsvermittlung [bə'taɪlɪguŋsfɛrmɪtluŋ] *f* agency of equity financing transactions

Betongold [bə'tɔŋgɔlt] *n* real estate property

Betrag [bə'trak] *m* amount

betragen [bə'traːgən] *v irr (sich belaufen auf)* amount to, add up to, come to

Betreff [bə'trɛf] *m* subject, subject matter; *in ~ einer Sache* with regard to sth

betreffen [bə'trɛfən] *v irr (angehen)* affect, concern, regard

betreffend [bə'trɛfənt] *prep* regarding, concerning

betreffs [bə'trɛfs] *prep* regarding

betreiben [bə'traɪbən] *v irr 1. (leiten)* operate, manage, run; *2. (ausüben)* do, pursue

Betreiber(in) [bə'traɪbər(ɪn)] *m/f* operator

betreuen [bə'trɔyən] *v 1. (Sachgebiet)* be in charge of; *2. (Kunden)* serve

Betreuung [bə'trɔyuŋ] *f (der Kunden)* service

Betrieb [bə'triːp] *m 1. (Firma)* business, enterprise, firm, undertaking; *2. (Werk)* factory, works *pl*, plant, operation; *3. etw in ~ nehmen* start using sth, put sth into operation; *außer ~* out of order

betrieblich [bə'triːplɪç] *adj* operational, operating, internal

betriebliche Altersversorgung [bə'triːplɪçə 'altərsfɛrzɔrguŋ] *f* employee pension scheme

betriebliche Ausbildung [bə'tri:plıçə 'ausbıldun] *f* in-house training
betriebliches Informationssystem [bə'tri:plıçəs ınfɔrma'tsjɔnzsyste:m] *n* organizational information system
betriebliches Rechnungswesen [bə'tri:plıçəs 'reçnunsve:zən] *n* operational accountancy
betriebliches Vorschlagswesen [bə'tri:plıçəs 'fo:rʃla:ksve:zən] *n* employee suggestion system; company suggestion system
Betriebsabrechnungsbogen (BAB) [bə'tri:psapreçnunsbogən] *m* overhead allocation sheet
Betriebsanalyse [bə'tri:psanaly:zə] *f* operational analysis
Betriebsänderung [bə'tri:psɛnderun] *f* change in plant operation
Betriebsangehörige(r) [bə'tri:psangəhø:rıgə(r)] *f/m* employee
Betriebsanleitung [bə'tri:psanlaıtun] *f* operating instructions *pl*
Betriebsarzt [bə'tri:psartst] *m* company doctor
Betriebsaufgabe [bə'tri:psaufga:bə] *f* termination of business
Betriebsausflug [bə'tri:psausflu:k] *m* company outing
Betriebsausgaben [bə'tri:psausga:bən] *f/pl* operating expenses *pl*
betriebsbedingte Kündigung [bə'tri:psbədıntə 'kyndıgun] *f* notice to terminate for operational reasons
betriebsbereit [bə'tri:psbərait] *adj* operational, ready for use, operative
betriebsblind [bə'tri:psblınt] *adj* blind to organizational deficiencies, blunted by habit
Betriebsdauer [bə'tri:psdauər] *f* operating period, service life
Betriebsergebnis [bə'tri:psɛrge:pnıs] *n* results from operations *pl*
Betriebserlaubnis [bə'tri:psɛrlaubnıs] *f* operating license
Betriebseröffnung [bə'tri:psɛrœfnun] *f* opening of a business
Betriebsferien [bə'tri:psfɛ:rjən] *f* annual holiday, plant holidays *pl*
Betriebsfest [bə'tri:psfɛst] *n* staff party
Betriebsfonds [bə'tri:psfɔ̃] *m* operating fund
betriebsfremder Aufwand [bə'tri:psfrɛmdər 'aufvant] *m* non-operating expense
betriebsfremder Ertrag [bə'tri:psfrɛmdər ɛr'trak] *m* non-operating revenue

Betriebsführung [bə'tri:psfy:run] *f* plant management
Betriebsgeheimnis [bə'tri:psgəhaımnıs] *n* trade secret, industrial secret
Betriebsgröße [bə'tri:psgrø:sə] *f* size of the company
betriebsintern [bə'tri:psıntɛrn] *adj* internal; *adv* within the company
Betriebskapital [bə'tri:pskapita:l] *n* working capital
Betriebsklima [bə'tri:pskli:ma] *n* working conditions and human relations *pl*
Betriebskosten [bə'tri:pskɔstən] *pl* operating costs *pl*, working expenses *pl*
Betriebsmittel [bə'tri:psmıtəl] *n/pl* working funds *pl*
Betriebsnachfolge [bə'tri:psna:xfɔlgə] *f* successor company, successor
Betriebsnormen [bɔ'tri:psnɔrmən] *f/pl* organizational standards *pl*
betriebsnotwendiges Kapital [bə'tri:psnotvɛndıgəs kapı'ta:l] *n* necessary operating capital
betriebsnotwendiges Vermögen [bə'tri:psnotvɛndıgəs 'fɛrmø:gən] *n* necessary business assets *pl*
Betriebsprüfer [bə'tri:pspry:fər] *m* auditor
Betriebsprüfung [bə'tri:pspry:fun] *f* fiscal audit of operating results, investigation by the tax authorities
Betriebsrat [bə'tri:psra:t] *m* works council
Betriebsrentabilität [bə'tri:psrɛntabılıtɛ:t] *f* operational profitability
Betriebsrente [bə'tri:psrɛntə] *f* company pension
Betriebsspaltung [bə'tri:psʃpaltun] *f* split of a unitary enterprise
Betriebsstatistik [bə'tri:psʃtatıstık] *f* operations statistics
Betriebsstilllegung [bə'tri:psʃtılle:gun] *f* plant closing
Betriebsstoffe [bə'tri:psʃtɔfə] *m/pl* 1. *(Rechnungswesen)* supplies *pl;* 2. *(Fertigung)* factory supplies *pl*
Betriebssystem [bə'tri:pszyste:m] *n* 1. *(EDV)* operating system; 2. production system
Betriebsunfall [bə'tri:psunfal] *m* industrial accident, accident at work
Betriebsunterbrechungsversicherung [bə'tri:psuntərbreçunsfɛrsıçərun] *f* business interruption insurance
Betriebsvereinbarung [bə'tri:psfɛraınba:run] *f* plant agreement

Betriebsverfassungsgesetz (BetrVerfG, BetrVG) [bə'triːpsfɛrfasuŋsgəzɛts] *n* Industrial Constitution Law
Betriebsvergleich [bə'triːpsfɛrglaɪç] *m* external analysis
Betriebsvermögen [bə'triːpsvɛrmøːgən] *n* operating assets *pl*
Betriebsversammlung [bə'triːpsfɛrsamluŋ] *f* employee meeting
Betriebswirt(in) [bə'triːpsvɪrt(ɪn)] *m/f* business economist, management expert
Betriebswirtschaft [bə'triːpsvɪrtʃaft] *f* business economics
Betriebswirtschaftslehre (BWL) [bə'triːpsvɪrtʃaftsleːrə] *f* business management, business administration
Betrug [bə'truːk] *m* fraud
betrügerischer Bankrott [bə'tryːgərɪʃər baŋ'krɔt] *m* fraudulent bankruptcy
beurkunden [bə'uːrkundən] *v (bezeugen)* prove (by documentary evidence); record (in an official document), document
Beurkundung [bə'uːrkunduŋ] *f (Bezeugung)* documentary evidence; recording, certification, documentation
beurlauben [bə'uːrlaubən] *v 1.* grant leave, give leave; *2. (suspendieren)* suspend
Beurlaubung [bə'uːrlaubuŋ] *f* granting of leave
Beurteilung [bə'urtaɪluŋ] *f* assessment, judgement, judgment *(US)*, opinion
Bevölkerung [bə'fœlkəruŋ] *f* population
Bevölkerungsdichte [bə'fœlkəruŋsdɪçtə] *f* density of population
Bevölkerungsschicht [bə'fœlkəruŋsʃɪçt] *f* demographic stratum
bevollmächtigen [bə'fɔlmɛçtɪgən] *v* authorize, empower, give power of attorney
Bevollmächtigte(r) [bə'fɔlmɛçtɪçtə(r)] *f/m* authorized person, person holding power of attorney, proxy (for votes), representative
Bevollmächtigung [bə'fɔlmɛçtɪguŋ] *f* power of attorney, authorization
bevorrechtigte Gläubiger [bə'foːrrɛçtɪçtə 'glɔybɪgər] *m/pl* preferential creditors *pl*
bewegliche Güter [bə've:glɪçə 'gyːtər] *n/pl* movable goods *pl*
bewegliches Anlagevermögen [bə've:glɪçəs 'anlaːgəfɛrmøːgən] *n* non-real-estate fixed assets *pl*
Bewegungsbilanz [bə've:guŋsbɪlants] *f* flow statement
Bewegungsdaten [bə've:guŋsdaːtən] *pl* transaction data *pl*

Beweis [bə'vaɪs] *m* proof
Beweismittel [bə'vaɪsmɪtəl] *n* evidence
bewerben [bə'vɛrbən] *v irr sich ~ um* apply for
Bewerber(in) [bə'vɛrbər(ɪn)] *m/f* applicant
Bewerbung [bə'vɛrbuŋ] *f* application
Bewerbungsschreiben [bə'vɛrbuŋsʃraɪbən] *n* letter of application
Bewerbungsunterlagen [bə'vɛrbuŋsuntərlaːgən] *f/pl* application documents *pl*
Bewertung [bə'vɛrtuŋ] *f 1.* evaluation, assessment; *2. (Feststellung des Werts)* valuation, appraisal
Bewertung von Unternehmen und Kapitalkosten [bə'vɛrtuŋ fɔn untər'neːmən unt kapɪ'taːlkɔstən] *f* valuation of enterprises
bewilligen [bə'vɪlɪgən] *v* permit, grant, agree to
Bewilligung [bə'vɪlɪguŋ] *f* allowance, granting, permission, grant
Bewirtung [bə'vɪrtuŋ] *f* hospitality
Bewirtungskostenbeleg [bə'vɪrtuŋskɔstənbəleːk] *m* hospitality expenses form
bezahlen [bə'tsaːlən] *v* pay, pay for
bezahlt [bə'tsaːlt] *adj* paid; *gut ~* well-paid; *schlecht ~* low-paid
bezahlt Brief (bB) [bə'tsaːlt briːf] sellers than buyers, sellers ahead
bezahlt Geld (bG) [bə'tsaːlt gɛlt] more buyers than sellers, buyers ahead
bezahlter Urlaub [bə'tsaːltər 'urlaup] *m* paid vacation, paid holidays
Bezahlung [bə'tsaːluŋ] *f 1.* payment; *2. (Lohn)* pay
bezeugen [bə'tsɔygən] *v* testify to, bear witness to
beziehen [bə'tsiːən] *v irr (Gehalt)* receive, draw
Bezieher [bə'tsiːər] *m* subscriber, buyer
Bezogener [bə'tsoːgənər] *m* drawee
Bezug [bə'tsuːk] *m* reference
Bezüge [bə'tsyːgə] *pl* earnings
Bezug nehmend [bə'tsuːk neːment] referring to
Bezugsaktien [bə'tsuːksaktsjən] *f/pl* preemptive shares *pl*
Bezugsangebot [bə'tsuːksangəboːt] *n* right issue
Bezugsbedingungen [bə'tsuːksbədɪŋuŋən] *f/pl* subscription conditions *pl*
Bezugsfrist [bə'tsuːksfrɪst] *f* subscription period

Bezugskosten [bəˈtsuːkskɔstən] *pl* delivery costs *pl*, purchasing costs *pl*
Bezugskurs [bəˈtsuːkskurs] *m* subscription price
Bezugsquelle [bəˈtsuːkskvɛlə] *f* source of supply
Bezugsrecht [bəˈtsuːksrɛçt] *n* subscription right, stock option, pre-emptive right
Bezugsrechtabschlag [bəˈtsuːksrɛçtapʃlaːk] *m* ex-rights markdown
Bezugsrechterklärung [bəˈtsuːksrɛçtɛrklɛːruŋ] *f* declaration to exercise the subscription right
Bezugsrechthandel [bəˈtsuːksrɛçthandəl] *m* trading in suscription rights
Bezugsrechtnotierung [bəˈtsuːksrɛçtnotiːruŋ] *f* subscription price
Bezugsrechtsbewertung [bəˈtsuːksrɛçtsbəvɛrtuŋ] *f* subscription rights evaluation
Bezugsrechtsdisposition [bəˈtsuːksrɛçtsdɪspɔsɪtsjoːn] *f* subscription rights disposition
Bezugsrechtskurs [bəˈtsuːksrɛçtskurs] *m* subscription price
Bezugsrechtsparität [bəˈtsuːksrɛçtspariːtɛːt] *f* subscription rights parity
Bezugsschein [bəˈtsuːksʃaɪn] *m* purchasing permit, subscription warrant
Bezugstag [bəˈtsuːkstaːk] *m* subscription day
bezuschussen [bəˈtsuːʃusən] *v* subsidize
Bezuschussung [bəˈtsuːʃusuŋ] *f* subsidy
Bietungsgarantie [ˈbiːtuŋsgarantiː] tender guarantee
Bilanz [biˈlants] *f* balance-sheet, financial statement, balance
Bilanzanalyse [biˈlantsanalyːzə] *f* balance analysis
Bilanzänderung [biˈlantsɛndəruŋ] *f* alteration of a balance sheet
Bilanzberichtigung [biˈlantsbərɪçtɪguŋ] *f* correction of a balance sheet
Bilanzbewertung [biˈlantsbəvɛrtuŋ] *f* balance sheet valuation
Bilanzfälschung [biˈlantsfɛlʃuŋ] *f* falsification of the balance sheet
Bilanzgewinn [biˈlantsgəvɪn] *m* net profit for the year
Bilanzgleichung [biˈlantsglaɪçuŋ] *f* balance sheet equation
Bilanzgliederung [biˈlantsgliːdəruŋ] *f* format of the balance sheet
Bilanzidentität [biˈlantsiˈdɛntɪtɛːt] *f* balance sheet continuity

bilanzieren [bilanˈtsiːrən] *v* balance (accounts)
Bilanzierung [biˈlantsiːruŋ] *f* procedure to draw up a balance sheet
Bilanzierungsgrundsätze [bilanˈtsiːruŋsgrundsɛtsə] *m/pl* accounting principles *pl*
Bilanzierungsvorschriften [bilanˈtsiːruŋsfɔrʃrɪftən] *f/pl* accounting regulations *pl*
Bilanzklarheit [biˈlantsklarhaɪt] *f* balance transparency, accounting transparency
Bilanzkontinuität [biˈlantskɔntinuitɛːt] *f* balance sheet continuity
Bilanzkonto [biˈlantskɔnto] *n* balance sheet account
Bilanzkritik [biˈlantskriːtiːk] *f* balance sheet analysis
Bilanzkurs [biˈlantskurs] *m* book value, balance sheet rate
Bilanzpolitik [biˈlantspoliːtiːk] *f* accounting policy
bilanzpolitische Instrumente [biˈlantspolitɪʃə ɪnstruˈmɛntə] *n/pl* instruments of balance sheet policy *pl*
Bilanzpositionen [biˈlantspɔsɪtsjoːnən] *f/pl* balance-sheet items *pl*
Bilanzprüfung [biˈlantspryːfuŋ] *f* balance sheet audit
Bilanzrichtliniengesetz [biˈlantsrɪçtliːnjəngəsɛts] *n* Accounting and Reporting Law
Bilanzstatistik [biˈlantsʃtatɪstɪk] *f* balance sheet statistics
Bilanzstichtag [biˈlantsʃtiçtaːk] *m* date of the balance
Bilanzstruktur [biˈlantsʃtruktuːr] *f* structure of the balance sheet
Bilanzsumme [biˈlantssumə] *f* balance sheet total
Bilanzverlängerung [biˈlantsfɛrlɛŋəruŋ] *f* increase in total assets and liabilities
Bilanzverlust [biˈlantsfɛrlust] *m* net loss
Bilanzverschleierung [biˈlantsfɛrʃlaɪəruŋ] *f* doctoring a balance sheet
Bilanzwert [biˈlantsvɛrt] *m* balance sheet value
bilateral [ˈbilatəraːl] *adj* bilateral
Bildschirm [ˈbɪltʃɪrm] *m* screen
Bildschirmarbeit [ˈbɪltʃɪrmarbaɪt] *f* work at a computer terminal
Bildschirmarbeitsplatz [ˈbɪltʃɪrmarbaɪtsplats] *m* job working at a computer, job
Bildschirmtext [ˈbɪltʃɪrmtɛkst] *m* viewdata
Bildtelefon [ˈbɪlttelefoːn] *n* videophone, picturephone

Bildungspolitik ['bɪlduŋspoliti:k] *f* educational policy

Bildungsurlaub ['bɪldʊŋsu:rlaup] *m* sabbatical, paid educational leave

billig ['bɪlɪç] *adj (preiswert)* cheap, inexpensive

Billigflaggen ['bɪlɪçflagən] *f/pl* flags of convenience *pl*

billigst [bɪlɪçst] *adv* at best price, at lowest price

Billigware ['bɪlɪçva:rə] *f* marked-down product

binär [bi'nɛ:r] *adj* binary

Binärzahl [bi'nɛ:rtsa:l] *f* binary number

Binnenhandel ['bɪnənhandəl] *m* domestic trade, inland trade

Binnenmarkt ['bɪnənmarkt] *m* common market, domestic market, home market

Binnenwirtschaft ['bɪnənvɪrtʃaft] *f* domestic trade and payments

Binnenzoll ['bɪnəntsɔl] *m* internal customs duty, internal tariff

Bit [bɪt] *n* bit

B-Länder ['be: lɛndər] *n/pl* B countries *pl*

Black List [blæk 'lɪst] *f* black list

Black-Box-Modell ['blækbɔksmodɛl] *n* black box model

Blankett ['blaŋkɛt] *n* blank form

blanko ['blaŋko] *adj* blank

Blanko-Akzept ['blaŋkoaktsept] *n* acceptance in blank

Blankoformular ['blaŋkofɔrmula:r] *n* blank form

Blanko-Indossament ['blaŋkoɪndɔsamɛnt] *n* blank indorsement

Blankokredit ['blaŋkokredi:t] *m* unsecured credit, open credit

Blankoregister ['blaŋkoregɪstər] *n* blank index, plain index

Blankoscheck ['blaŋkoʃɛk] *m* blank cheque, blank check *(US)*

Blanko-Unterschrift ['blaŋkountərʃrɪft] *f* blank signature

Blankoverkauf ['blaŋkofɛrkauf] *m* short sale

Blankovollmacht ['blaŋkofɔlmaxt] *f* carte blanche, full power (of attorney)

Blankowechsel ['blaŋkoveksəl] *m* blank bill

Blankozession ['blaŋkotsesjo:n] *f* transfer in blank

Blitzgiro ['blɪtsʒi:ro:] *n* direct telex transfer system

Blockdiagramm ['blokdɪagram] *n* bar chart

Blockfloating ['blokfləʊtɪŋ] *n* block floating

Blockverkauf ['blokfɛrkauf] *m* block sale

Blue Chips ['blu:tʃɪps] *pl* blue chips *pl*

Bodenkredit ['bo:dənkredi:t] *m* loan on landed property

Bodenkreditinstitut ['bo:dənkredi:tɪnstɪtu:t] *n* mortgage bank

Bodenpreis ['bo:dənprais] *m* land price

Bodenreform ['bo:dənrəfɔrm] *f* land reform

Bodensatz ['bo:dənsats] *m* deposit base, undeclared securities *pl*

Bon [bɔŋ] *m* cash register slip, voucher

Bond [bɔnt] *m* bond

Bond-Option ['bɔntɔptsjo:n] *f* bond option

Bonifikation [boni:fika'tsjo:n] *f* bonus

Bonität [bo:ni'tɛ:t] *f* solvency, credit standing, credit worthiness, financial standing

Bonitätsprüfung [bo:ni'tɛ:tspry:fuŋ] *f* credit check

Bonitätsrisiko [bo:ni'tɛ:tsri:si:ko] *n* credit solvency risk

Bonus ['bo:nus] *m* bonus, extra dividend

Boom [bu:m] *m* boom

Börse ['bœrzə] *f* stock exchange, market

Börsenabteilung ['bœrzənaptailuŋ] *f* exchange department

Börsenaufsicht ['bœrzənaufsɪçt] *f* stock exchange supervision

Börsenauftrag ['bœrzənauftrak] *m* stock exchange order

Börsenaushang ['bœrzənaushaŋ] *m* stock market notice board

Börsenauskunft ['bœrzənauskunft] *f* stock market information

Börsenausschuss ['bœrzənausʃus] *m* stock committee

Börsenbehörde ['bœrzənbəhœ:rdə] *f* stock exchange authority

Börsenbericht ['bœrzənbərɪçt] *m* stock exchange news, stock exchange report

börsengängige Wertpapiere ['bœrzəngɛŋɪgə 'vɛrtpapi:rə] *n/pl* quoted securities *pl*

Börsengeschäfte ['bœrzəngəʃɛftə] *n/pl* stock market transactions *pl*, stock exchange operations *pl*

Börsengesetz ['bœrzəngəzets] *n* Stock Exchange Act, German Stock Exchange Law

Börsenhandel ['bœrzənhandəl] *m* stock market trading, stock market transactions *pl*, stock market dealing

Börsenindex ['bœrzənɪndɛks] *m* stock exchange index

Börsenkrach ['bœrzənkrax] *m* stock market crash

Börsenkurs ['bœrzənkurs] *m* market price, market rate, stock exchange price, quotation on the stock exchange
Börsenkurszusätze ['bœrzənkurstsuːsɛtsə] *m/pl* stock exchange price additions *pl*
Börsenmakler ['bœrzənmaːklər] *m* stockbroker, exchange broker
Börsennotierung ['bœrzənnotiːruŋ] *f* market exchange quotation
Börsenordnung ['bœrzənɔrdnuŋ] *f* stock exchange regulations *pl*
Börsenorganisation ['bœrzənɔrganɪsatsjoːn] *f* stock exchange organization
Börsenpapier ['bœrzənpapiːr] *n* listed security, stocks and shares *pl*
Börsenplatz ['bœrzənplats] *m* stock exchange centre
Börsenpreis ['bœrzənpraɪs] *m* exchange price
Börsenrecht ['bœrzənreçt] *n* stock exchange rules *pl*
Börsenreform ['bœrzənrəfɔrm] *f* reorganization of the stock exchange
Börsenschluss ['bœrzənʃlus] *m* closing of the exchange
Börsensegmente ['bœrzənsɛgmɛntə] *n/pl* sectors of the stock exchange *pl*
Börsenspekulant ['bœrzənʃpekulant] *m* speculator on the stock market
Börsentage ['bœrzəntaːgə] *m/f* market days *pl*, trading days *pl*
Börsentendenz ['bœrzəntɛndɛnts] *f* stock market trend
Börsentermingeschäfte ['bœrzəntɛrmiːngəʃɛftə] *n/pl* trading in futures on a stock exchange, futures dealings *pl*
Börsenumsätze ['bœrzənumsɛtsə] *m/pl* stock exchange turnover
Börsenumsatzsteuer ['bœrzənumsatsʃtɔyər] *f* stock exchange turnover tax
Börsenusancen ['bœrzənusuãzən] *f/pl* stock exchange customs *pl*
Börsenzeit ['bœrzəntsaɪt] *f* official trading hours
Börsenzulassung ['bœrzəntsuːlasuŋ] *f* admission to the stock exchange
Bottom-Up-Prinzip ['bɔtəmʌpprɪntsiːp] *n* bottom-up principle
Boykott [bɔy'kɔt] *n* boycott
boykottieren [bɔykɔ'tiːrən] *v* boycott
Brainstorming ['breːnstoːmɪŋ] *n* brainstorming
Branche ['brãʃə] *f* branch, line of business, business, industry, industrial segment

Branchenanalyse ['brãʃənanalyːzə] *f* trade analysis
Branchenbeobachtung ['brãʃənbəoːbaxtuŋ] *f* industry survey and appraisal
Branchenerfahrung ['brãʃənɛrfaːruŋ] *f* experience in the field
Branchenkenntnis ['brãʃənkɛntnɪs] *f* knowledge of the field
Branchenkennziffer ['brãʃənkɛntsɪfər] *f* industry ratio
Branchensoftware ['brãʃənsɔftvɛːr] *f* industry software
Branchenstatistik ['brãʃənʃtatɪstɪk] *f* industry statistics
Branchenstruktur ['brãsənʃtruktuːr] *f* trade structure
Branchenvergleich ['brãʃənfɛrglaɪç] *m* trade comparison
Branchenverzeichnis ['brãʃənfɛrtsaɪçnɪs] *n* classified directory, yellow pages *pl*
Brand-Image ['brɛndimɛdʃ] *n* brand image
Brandmarketing ['brɛndmarkətiŋ] *n* brand marketing
Brandversicherung ['brantfɛrsɪçəruŋ] *f* fire insurance
Brauchwasser ['brauxvasər] *n* water for industrial use, water that is not for drinking
Brauindustrie ['brauindustriː] *f* brewing industry
Break-Even-Analyse [breɪk'iːvən analyːzə] *f* break-even analysis
Break-Even-Point [breɪk'iːvən pɔɪnt] *m* break-even point
Brief ['briːf] *m* letter
Brief verlost (BV) ['briːf fɛrloːzt] *adj* ask drawn by lot
Briefbogen ['briːfboːgən] *m* sheet of stationery
Briefgrundschuld ['briːfgrundʃult] *f* certificated land charge
Briefhypothek ['briːfhypoteːk] *f* certificated mortgage
Briefing ['briːfɪŋ] *n* briefing
Briefkasten ['briːfkastən] *m* letter-box
Briefkastenfirma ['briːfkastənfɪrma] *f* dummy corporation, bogus company
Briefkopf ['briːfkɔpf] *m* letterhead
Briefkurs ['briːfkurs] *m* selling price
Briefmarke ['briːfmarkə] *f* stamp
Briefqualität ['briːfkvaliteːt] *f* letter-quality print
Briefträger ['briːftrɛːgər] *m* postman
Briefumschlag ['briːfumʃlaːk] *m* envelope

Briefwechsel ['briːfvɛksəl] *m* correspondence, exchange of letters
Bringschuld ['brɪŋʃult] *f* debt by speciality
Broker ['broːkər] *m* broker
Broschüre [bro'ʃyrə] *f* brochure
Broterwerb ['broːtɛrvɛrp] *m* (earning one's) living, (earning one's) livelihood
brotlos ['broːtloːs] *adj (fig: nicht einträglich)* unprofitable
Bruch [brux] *m 1. (Vertragsbruch)* breach of contract, *2. (Mathematik)* fraction
Bruchschaden ['bruxʃaːdən] *m* breakage
Bruchteil ['bruxtaɪl] *m* fraction
Bruchteilseigentum ['bruxtaɪlsaɪgəntuːm] *n* ownership in fractional shares
Bruchteilseigentümer ['bruxtaɪlsaɪgəntyː-mər] *m* co-owner
brutto ['bruto] *adj* gross
Bruttodividende ['brutodividɛndə] *f* gross dividend
Brutto-Einkommen ['brutoaɪnkɔmən] *n* gross income
Brutto-Einnahme ['brutoaɪnnaːmə] *f* gross earnings *pl*
Brutto-Ertrag ['brutoɛrtraːk] *m* gross proceeds *pl*, gross return
Bruttogewicht ['brutogəvɪçt] *n* gross weight
Bruttogewinn ['brutogəvɪn] *m* gross profit, gross profits *pl*
Bruttoinlandsprodukt [bruto'ɪnlantsprodukt] *n* gross domestic product
Bruttolohn ['brutoloːn] *m* gross salary, gross pay, gross wage
Bruttopreis ['brutopraɪs] *m* gross price
Bruttoregistertonne ['brutoregistərtonə] *f* gross register(ed) ton
Bruttosozialprodukt [brutozo'tsjaːlprodukt] *n* gross national product
Bruttoverdienst ['brutofɛrdiːnst] *m* gross earnings *pl*
Bruttowährungsreserve ['brutovɛruŋs-rəsɛrvə] *f* gross monetary reserve
Buchbestände ['buːxbəʃtɛndə] *m/pl* book value
Bücher ['byːçər] *n/pl (in der Buchhaltung)* books and records (in accounts departments) *pl*
Buchforderung ['buːxfɔrdəruŋ] *f* account receivable
Buch führen ['buːx fyːrən] *v* keep accounts
Buchführung ['buːxfyːruŋ] *f* bookkeeping, accounting
Buchführungspflicht ['buːxfyːruŋspflɪçt] *f* duty to keep books of account

Buchführungsrichtlinien ['buːxfyːruŋs-rɪçtliːniən] *f/pl* accounting rules *pl*
Buchgeld ['buːxgɛlt] *n* deposit money, money in account
Buchgeldschöpfungsmultiplikator ['buːx-gɛltʃœpfuŋsmultiːplɪkatɔr] *m* deposit money creation multiplier
Buchgewinn ['buːxgəvɪn] *m* book profit
Buchgrundschuld ['buːxgruntʃult] *f* uncertificated land charge
Buchhalter(in) ['buːxhaltər(ɪn)] *m/f* bookkeeper
Buchhaltung ['buːxhaltuŋ] *f* accounting
Buchhypothek ['buːxhyːpoteːk] *f* uncertificated mortgage
Buchkredit ['buːxkrediːt] *m* book credit
Buchprüfung ['buːxpryːfuŋ] *f* audit, auditing
Buchschuld ['buːxʃult] *f* book debt
Buchung ['buːxuŋ] *f* entry
Buchungsbeleg ['buːxuŋsbəleːk] *m* accounting voucher
Buchungsfehler ['buːxuŋsfeːlər] *m* bookkeeping error
Buchungssatz ['buːxuŋszats] *m* entry formula
Buchwert ['buːxvɛrt] *m* book value, accounting value
Buchwertabschreibung ['buːxvɛrtapʃraɪ-buŋ] *f* declining balance depreciation
Budget [by'dʒeː] *n* budget
Budgetausgleich [by'dʒeːausglaɪç] *m* balancing of the budget
Budgetierung [by'dʒeːtiːruŋ] *f* budgeting, drawing up of a budget
Budgetkontrolle [by'dʒeːkɔntrɔlə] *f* budget control
Bullion ['bʊljən] *m* bullion
Bullionbroker ['bʊljənbrəʊkə] *m* bullion broker
Bundesagentur für Arbeit (BA) ['bundəs-agəntuːr fyːr 'arbaɪt] *f* Federal Labor Office
Bundes-Angestellten-Tarifvertrag (BAT) [bundəs'angəʃtɛltəntariːffɛrtraːk] *m* Federal Collective Agreement for Public Employees
Bundesanleihe ['bundəsanlaɪhə] *f* federal loan
Bundesanleihekonsortium ['bundəsan-laɪhəkɔnsɔrtsɪjum] *n* federal loan syndicate
Bundesanleihen ['bundəsanlaɪhən] *f/pl* federal loan
Bundesanzeiger ['bundəsantsaɪgər] *m* Federal Official Gazette

Bundesarbeitsgericht [bundəs'arbaitsgə-rıçt] *n* Federal Labor Court
Bundesaufsichtsamt [bundəs'aufsıçtsamt] *n* Federal Supervisory Office
Bundesbank ['bundəsbaŋk] *f* Bundesbank, German Federal Bank
bundesbankfähige Wertpapiere ['bundəsbaŋkfɛ:ıgə 'vɛrtpapi:rə] *n/pl* bills rediscountable at the Federal Bank *pl*
Bundesbankgewinn ['bundəsbaŋkgəvın] *m* Bundesbank profit
Bundesbankguthaben ['bundəsbaŋkgu:thabən] *n* Federal Bank assets *pl*
Bundesbürgschaft ['bundəsbyrgʃaft] *f* Federal guarantee
Bundesfinanzbehörden [bundəsfi'nantsbəhœ:rdən] *f/pl* federal revenue authorities *pl*
Bundesfinanzhof (BFH) [bundəsfi'nantsho:f] *m* Federal Fiscal Court
Bundesgericht ['bundəsgərıçt] *n* Federal Court
Bundesgerichtshof (BGH) [bundəsgə-'rıçtsho:f] *m* Federal Supreme Court
Bundesgesetzblatt (BGBl) [bundəsgə-'zɛtsblat] *n* Official Federal Gazette
Bundeshaushalt ['bundəshaushalt] *m* federal budget
Bundeskartellamt [bundəskar'tɛlamt] *n* Federal Cartel Authority
Bundesobligation ['bundəsopligatsjo:n] *f* Federal bonds *pl*
Bundesrechnungshof [bundəs'rɛçnuŋsho:f] *m* Federal Audit Office
Bundesschatzbrief [bundəs'ʃatsbri:f] *m* federal treasury bill
Bundesschuldbuch [bundəs'ʃultbux] *n* Federal Debt Register
Bundessozialgericht [bundəsso'tsja:lgərıçt] *n* Federal Court for Social Security and Related Matters
Bundessteuer ['bundəsʃtɔyər] *f* federal tax
Bundesverfassungsgericht (BVerfG) [bundəsfɛr'fasuŋsgərıçt] *n* Federal Constitutional Court
Bundesverwaltungsgericht (BVerwG) [bundəsfɛr'valtuŋsgərıçt] *n* Federal Administrative Court
Bürge ['by:rgə] *m* guarantor
bürgen ['byrgən] *v* guarantee, vouch for; *jdm für etw* ~ to be answerable to s.o. for sth
bürgerlicher Kauf ['byrgərlıçər kauf] *m* private purchase

Bürgschaft ['by:rgʃaft] *f* guarantee
Bürgschaftskredit ['by:rgʃaftskredi:t] *m* credit by way of bank guarantee
Bürgschaftsplafond ['by:rgʃaftsplafɔ] *f* guarantee limit
Büro [by'ro:] *n* office
Büroangestellte(r) [by'ro:angəʃtɛltə(r)] *f/m* office clerk, white collar worker *(US)*, office employee
Büroarbeit [by'ro:arbait] *f* office work, clerical work
Büroautomation [by'ro:automatsjo:n] *f* office automation
Bürobedarf [by'ro:bədarf] *m* office supplies *pl*
Büroflächen [by'ro:flæçən] *f/pl* office spaces *pl*, office premises *pl*
Bürohaus [by'ro:haus] *n* office building
Bürokaufmann/ [by'ro:kaufman] *m* office administrator
Bürokommunikation [by'ro:kɔmunikatsjo:n] *f* office communication
Bürokrat [byro'kra:t] *m* bureaucrat
Bürokratie [byrokra'ti:] *f* bureaucracy
bürokratisch [byro'kra:tıʃ] *adj* bureaucratic
Bürokratisierung [byrokrati'zi:ruŋ] *f* bureaucratization
Büromaschine [by'ro:maʃi:nə] *f* office appliance, office machine
Büromaterial [by'ro:materja:l] *n* office supplies *pl*
Büromöbel [by'ro:mø:bəl] *pl* office furniture
Büroraum [by'ro:raum] *m* office
Büroschluss [by'ro:ʃlus] *m* closing time
Bürozeit [by'ro:tsait] *f* office hours
Bußgeld ['bu:sgɛlt] n *n* penalty
Bußgeldbescheid ['bu:sgɛltbəʃait] *m* notification of a fine
Business-to-Business (B2B) ['biznis tu: 'biznis] *(Abwicklung von Geschäftsvorgängen zwischen Unternehmen)* business-to-business, B2B
Business-to-Costumer (B2C) ['biznis tu: 'kʌstəmər] *(Abwicklung von Geschäftsvorgängen zwischen Unternehmen und Endkunden)* business-to-customer, B2C
Busunternehmen ['busuntərne:mən] *n* bus company
Buying-Center ['baiŋsentə] *n* buying center
Byte [bait] *n* byte

C

CAD [siːeɪˈdiː] *n* computer aided design
Call [kɔːl] *m* call, option to buy
Call-by-Call [ˈkoːl-baɪ-ˈkoːl] *n* internet by call
Call Center [ˈkoːlsentə] *n* call center
Call-Geld [ˈkoːlgɛlt] *n* call money
Call-Geschäft [ˈkoːlgəʃɛft] *n* call transaction
Camcorder [ˈkɛmkoːdə] *m* camcorder
Cap [kæp] *n* cap
Capital flow [ˈkæpɪtəl fləʊ] *m* capital flow
Capped Warrants [ˈkæpt ˈwɔrəntz] *pl* capped warrants *pl*
Cash & Carry (c & c) [ˈkæʃændkerɪ] cash and carry (c & c)
Cash Flow [ˈkæʃfləʊ] *m* cash flow
Cash-and-carry-Klausel [ˈkæʃændkerɪklausəl] *f* cash-and-carry clause
Cash on delivery (c. o. d.) [kæʃɔndəˈlɪvəriː] cash on delivery (c. o. d.)
CD [tseːˈdeː] *f* Compact Disc, CD
CD-ROM [tseːdeːˈrɔm] *f* CD-ROM
CD-Ständer [tseːˈdeːʃtɛndər] *m* CD rack
Chance [ˈʃɑ̃sə] *f* chance, opportunity
Chancengleichheit [ˈʃɑ̃sənglaɪçhaɪt] *f* equal opportunity
chancenlos [ˈʃɑ̃sənloːs] *adj (Vorhaben, Plan)* bound to fail
Change-Agent [ˈtʃaɪnʃaɪdʒənt] *m* change agent
Chargenproduktion [ˈʃaːrʒənproduktsjoːn] *f* batch production
Chartanalyse [ˈtʃaːrtanalyːzə] *f* chart analysis
Charter [ˈtʃaːrtər] *m* charter
Charterflug [ˈtʃartərfluːk] *m* charter flight
Charterflugzeug [ˈtʃartərfluːktsɔyk] *n* charter plane, chartered aircraft
Chartergeschäft [ˈtʃartərgəʃɛft] *n 1. (Gewerbe)* charter trade; *2. (Geschäftsabschluss)* charter transaction
Chartergesellschaft [ˈtʃartərgəzelʃaft] *f* charter carrier, charter airline
Chartermaschine [ˈtʃartərmaʃiːnə] *f* chartered aircraft
chartern [ˈtʃartərn] *v* charter
Chat [tʃɛt] *m* chat
chatten [ˈtʃɛtən] *v* chat

Chauffeur [ʃɔˈføːr] *m* chauffeur, driver
checken [ˈtʃɛkən] *v* test, check
Checkliste [ˈtʃɛklɪstə] *f* checklist
Chef(in) [ˈʃɛf(ɪn)] *m/f* head, boss *(fam)*
Chefetage [ˈʃɛfetaːʒə] *f* executive floor
Chefingenieur(in) [ˈʃɛfɪnʒɛnjøːr(ɪn)] *m/f* chief engineer
Chefredakteur(in) [ˈʃɛfredaktøːr(ɪn)] *m/f* editor-in-chief
Chefsekretärin [ˈʃɛfzekreteːrɪn] *f* executive secretary
Chefunterhändler(in) [ˈʃɛfuntərhɛntlər(ɪn)] *m/f* chief negotiator
Chefzimmer [ˈʃɛftsɪmər] *n* executive's office
Chemiearbeiter(in) [çeˈmiːarbaɪtər(ɪn)] *m/f* worker in the chemical industry
Chemiefaser [çeˈmiːfaːzər] *f* chemical fibre, man-made fibre
Chemieindustrie [çeˈmiːindustriː] *f* chemical industry
Chemieunternehmen [çeˈmiːuntərneːmən] *n* chemicals company
Chemikalie [çemɪˈkaːljə] *f* chemical
Chemiker(in) [ˈçeːmɪkər(ɪn)] *m/f* chemist
Chiffre [ˈʃɪfrə] *f* cipher
chiffrieren [ʃɪˈfriːrən] *v* encode, encipher
Chip [tʃɪp] *m* chip
Chipkarte [ˈtʃɪpkartə] *f* chip card
Clearing [ˈklɪrɪŋ] *n* clearing
Clearinghouse [ˈklɪrɪŋhaʊs] *n (Computer)* clearing house
Clearingverkehr [ˈklɪrɪŋfɛekeːr] *m* clearing
Cliquenwirtschaft [ˈklɪkənvɪrtʃaft] *f* cliquism
Closed-Shop-Prinzip [ˈkləʊzdʃɔpprɪntsiːp] *n* closed shop principle
Cluster [ˈklastər] *m* cluster
Code [koːd] *m* code
Codeschlüssel [ˈkəʊdʃlysəl] *m* (de)cipher key
codieren [ˈkodiːrən] *v* code
Commercial Paper [kɔˈmərʃəl peɪpə] *n* commercial paper
Commodites [kɔˈmɔdɪtiːz] *pl* commodities *pl*
Commodity futures [kɔˈmɔdɪtɪ ˈfjuːtʃəz] *pl* commodity futures *pl*
Computer [kɔmˈpjuːtər] *m* computer

Computer Aided Design (CAD) [kɔm-'pjuːtər 'eɪdəd di'zaɪn] *n* computer-aided design (CAD)
Computer Aided Engineering (CAE) [kɔm'pjuːtər 'eɪdəd enʒi'niːrɪŋ] *n* computer aided engineering (CAE)
Computer Aided Manufacturing (CAM) [kɔm'pjuːtər 'eɪdəd menju'fɛktʃərɪŋ] *n* computer aided manufacturing (CAM)
Computer Aided Quality Assurance (CAQ) [kɔm'pjuːtər 'eɪdəd 'kwɔlɪti ə'ʃurənts] *f* computer aided quality assurance (CAQ)
Computer Aided Selling (CAS) [kɔm-'pjuːtər 'eɪdəd 'selɪŋ] *n* computer aided selling (CAS)
Computer Assisted Instruction (CAI) [kɔm'pjuːtər ɛ'sɪstəd in'straktʃən] *f* computer assisted instruction (CAI)
Computer Integrated Manufacturing (CIM) [kɔm'pjuːtər 'ɪntəgreitəd menju-'fɛktʃərɪŋ] *n* computer integrated manufacturing (CIM)
Computeranimation [kom'pjuːtərani-matsjoːn] *f* computer animation
Computerarbeitsplatz [kom'pjuːtərarbaɪtsplats] *m* (computer) workplace, work station
Computereinsatz [kɔm'pjuːtəraɪnzats] *m* use of computers
Computeretiketten [kom'pjuːtəretiketən] *f/pl* computer labels *pl*
Computerfachmann [kom'pjuːtərfaxman] *m* computer expert
Computerfirma [kom'pjuːtərfirma] *f* computer company
computergerecht [kom'pjuːtərgəreçt] *adj* compatible for computer, computer-compatible
computergesteuert [kom'pjuːtərgəʃtɔyərt] *adj* computer-controlled
computergestützt [kom'pjuːtərgəʃtytst] *adj* computer-aided
computergestütztes Informationssystem (CIS) [kɔm'pjuːtərgəʃtytstəs ɪnfɔrma'tsjoːnszysteːm] *n* computer-aided information system (CIS)
computergestütztes Lernen [kom'pjuːtərgəʃtytstəs lɛrnən] computer based training (CBT)
Computergrafik [kom'pjuːtərgraːfɪk] *f* computer graphics *pl*
Computerindustrie [kom'pjuːtərɪndustriː] *f* computer industry

computerisieren [kompjuːtəri'ziːrən] *v* computerize
Computerkriminalität [kɔm'pjuːtərkrɪmɪnaːlɪtɛːt] *f* computer criminality
computerlesbar [kom'pjuːtərleːzbaːr] *adj* machine-readable, readable by computer
Computermöbel [kom'pjuːtərmøːbəl] *pl* computer furniture
Computerprogramm [kɔm'pjuːtərprɔgram] *n* computer program
computerunterstützt [kom'pjuːtəruntərʃtytst] *adj* computer-aided, computer-controlled
Computerverbundsystem [kɔm'pjuːtərfɛrbuntzysteːm] *n* computer network
Computervirus [kom'pjuːtərviːrus] *n* computer virus
Conférence [kõfe'rãːs] *f* presentation
Conference-Call ['kɔnfərənskoːl] *m* conference call
Container [kɔn'teɪnər] *m* container
Containerbahnhof [kɔn'teɪnərbaːnhoːf] *m* container depot
Containerfracht [kɔn'teɪnərfraxt] *f* containerized fright
Containerhafen [kɔn'teɪnərhaːfən] *m* container terminal
Containersendung [kɔn'teɪnərzɛndʊŋ] *f* container shipment
Controlling ['kɔntrəʊlɪŋ] *n* controlling (US), controllership
Convenience goods [kɔn'viːnɪəns guːdz] *pl* convenience goods *pl*
Cookie ['kukiː] *m* cookie
Copyright ['kɔpɪraɪt] *n* copyright
Copy-Test ['kɔpɪtest] *m* copy test
Corporate Design ['kɔːpərɪt dɪ'zaɪn] *n* corporate design
Corporate Identity (CI) ['kɔːpərɪt aɪ'dentitiː] *f* corporate identity (CI)
Cost Center [kɔst 'sentə] *n* cost center
Cote [kəʊt] *f* share list
Counterparts ['kauntərparts] *m/pl* counterpart funds *pl*
Coupon [ku'põn] *m* coupon
Courtage [kur'taːʒə] *f* brokerage
Cracker ['krɛkər] *m* cracker, hacker
Crashkurs ['krɛʃkurs] *m* crash course
Crawling peg ['krɔːlɪŋ pɛg] *n* crawling peg
Currency future ['kʌrənsɪ fjuːtʃə] *f* currency future
Cursor ['køːrsər] *m* cursor
Cutter ['katər] *m* editor
Cyberspace ['saɪbəspeɪs] *m* cyberspace

D

Dachfonds ['daxfɔ̃] *m* pyramiding fund, holding fund
Dachgesellschaft ['daxgəzɛlʃaft] *f* holding company, parent company
Dachorganisation ['daxɔrganizatsjoːn] *f* roof organization
Dachverband ['daxfɛrbant] *m* umbrella organization
Damnum ['damnum] *n* loss, loan discount
Dankschreiben ['daŋkʃraɪbən] *n* letter of thanks
Darbietung ['daːrbiːtuŋ] *f* presentation
Darlehen ['daːrleːən] *n* loan
Darlehensbank ['daːrleːənsbaŋk] *f* loan bank
Darlehensbedingungen ['daːrleːənsbədɪŋuŋən] *f/pl* terms of the loan *pl*
Darlehensfinanzierung ['daːrleːənsfinantsiːruŋ] *f* loan financing
Darlehensgeber(in) ['daːrleːənsgeːbər(ɪn)] *m/f* lender
Darlehenshypothek ['daːrleːənshyːpoːteːk] *f* mortgage as security for a loan
Darlehensnehmer(in) ['daːrleːənsneːmər(ɪn)] *m/f* borrower
Darlehensschuld ['daːrleːənsʃult] *f* loan debt
Darlehenszinsen ['daːrleːənstsɪnzən] *m/pl* interest on loans
Datei [da'taɪ] *f* file
Dateienpflege [da'taɪənpfleːgə] *f* maintenance of a database
Dateimanager [da'taɪmɛnɪdʒr] *m (Computer)* file manager
Dateiverwaltung ['daːtaɪfɛrvaltuŋ] *f* file management
Dateiverzeichnis ['daːtaɪfɛrtsaɪçnɪs] *n* (file) directory
Daten ['daːtən] *pl* data *pl*, facts and figures *pl*
Datenanalyse ['daːtənanalyːzə] *f* data analysis
Datenaufbereitung ['daːtənaufbəraɪtuŋ] *f* data preparation
Datenautobahn ['daːtənautobaːn] *f* information highway
Datenbank ['daːtənbaŋk] *f* data bank
Datenbankabfrage ['daːtənbaŋkapfraːgə] *f* data base access
Datenbanksystem ['daːtənbaŋkzystem] *n* data base system

Datenbestand ['daːtənbəʃtant] *m* database
Datenerfassung ['daːtənɛrfasuŋ] *f* data collection, data acquisition, data logging
Datenerhebung ['daːtənɛrheːbuŋ] *f* data collection
Datenfernübertragung [daːtən'fɛrnyːbərtraːguŋ] *f* data transmission
Datenintegration ['daːtənɪntegraːtsjoːn] *f* data integration
Datenmissbrauch ['daːtənmɪsbraux] *m* data abuse
Datennetz ['daːtənnɛts] *n* data network
Datenpflege ['daːtənpfleːgə] *f* data management
Datenschutz ['daːtənʃuts] *m* data protection
Datenschutzbeauftragte(r) ['daːtənʃutsbəauftraːktə(r)] *f/m* data protection registrar, data protection commissioner *(US)*
Datenschutzgesetz ['daːtənʃutsgəsɛts] *n* Data Protection Act
Datensicherheit ['daːtənzɪçərhaɪt] *f* data security, data access security
Datensicherung ['daːtənzɪçəruŋ] *f* data security
Datensteuerung ['daːtənʃtɔyəruŋ] *f* computer control
Datentausch ['daːtəntauʃ] *m* data interchange
Datenträger ['daːtəntrɛːgər] *m* data medium, data carrier
Datentypistin ['daːtənty:pɪstɪn] *f* terminal operator
Datenübertragung ['daːtəny:bərtraːguŋ] *f* data transmission
Datenverarbeitung ['daːtənfɛrarbaɪtuŋ] *f* data processing
Datenzentrale ['daːtəntsɛntraːlə] *f* data centre
datieren [da'tiːrən] *v* date
Datierung [da'tiːruŋ] *f* dating
Datowechsel ['daːtoːvɛçsəl] *m* after-date bill
Datum ['daːtum] *n* date
Datumsgrenze ['daːtumsgrɛntsə] *f* international date line
Datumsstempel ['daːtumsʃtɛmpəl] *m* date stamp, dater
Daueraktionär ['dauəraktsjoːnɛːr] *m* permanent share-holder

dauerarbeitslos ['dauərarbaıtsloːs] *adj* long-term unemployed
Dauerarbeitslose(r) ['dauərarbaıtsloːzə(r)] *f/m* chronically unemployed person
Dauerarbeitslosigkeit ['dauərarbaıtsloːzıçkaıt] *f* chronic unemployment
Dauerauftrag ['dauərauftrak] *m* standing order, banker's order
Dauerbeschäftigung ['dauərbəʃɛftɪguŋ] *f* constant employment
Dauerbesitz ['dauərbəsıts] *m* permanent holding
Dauerremittent ['dauərrəmıtənt] *m* constant issuer
Dauerschulden ['dauərʃuldən] *f/pl* permanent debts *pl*
Dauerschuldverschreibung ['dauərʃultfɛrʃraıbuŋ] *f* unredeemable bond
Dauerschuldzinsen ['dauərʃulttsınsən] *m/pl* interest on long-term debts *pl*
DAX-Index ['daksındeks] *m* DAX-index
dazurechnen [da'tsuːrɛçnən] *v* add in; *(fig)* factor in
dazuverdienen [da'tsuːfɛrdiːnən] *v* earn additionally, earn on the side
Debatte [de'batə] *f* debate
debattieren [deba'tiːrən] *v* debate
Debet ['deːbɛt] *n* debit
Debet nota (D/N) ['deːbɛt nota] *f* debit note
Debetposten ['deːbɛtpɔstən] *m* debit entry
Debetsaldo ['deːbɛtzaldo] *n* balance due, debit balance
Debetseite ['deːbɛtzaıtə] *f (Konto)* debit side
debitieren [de:bi'tiːrən] *v* debit, charge
Debitor ['deːbitoːr] *m* debtor
Debitoren ['deːbitoːrən] *m/pl 1. (Schuldner)* debtors *pl; 2. (Bilanz)* accounts receivable *pl*
Debitorenbuchhaltung ['deːbitoːrənbuːxhaltuŋ] *f* accounts receivable department, accounts receivable accounting
Debitorenkonto ['deːbitoːrənkɔnto] *n* customer account
Debitorenziehung ['deːbitoːrəntsiːuŋ] *f* bills drawn on debtors *pl*
Debüt [de'byː] *n* debut
dechiffrieren [deʃı'friːrən] *v* decode, decipher
Deckadresse ['dɛkadrɛsə] *f* address of convenience, cover address
Deckblatt ['dɛkblat] *n* cover
decken ['dɛkən] *v 1. (Bedarf)* meet, cover; *2. (Scheck)* cover

Deckung ['dɛkuŋ] *f* cover, coverage
Deckungsbeitrag ['dɛkuŋsbaıtrak] *m* contribution margin
Deckungsbeitragsrechnung ['dɛkuŋsbaıtraksrɛçnuŋ] *f* confirmation of cover
Deckungsbescheid ['dɛkuŋsbəʃaıt] *m* cover note
Deckungsbetrag ['dɛkuŋsbətraːk] *m* amount covered, insured sum
Deckungsdarlehen ['dɛkuŋsdaːrleːən] *n* coverage loan
deckungsfähig ['dɛkuŋsfɛːıç] *adj* eligible as cover
deckungsfähige Devisen ['dɛkuŋsfɛːigə 'deviːsən] *f/pl* foreign currencies eligible as cover *pl*
deckungsfähige Wertpapiere ['dɛkuŋsfɛːigə 'vɛrtpapiːrə] *n/pl* securities eligible as cover *pl*
Deckungsforderung ['dɛkuŋsfɔrdəruŋ] *f* covering claim
Deckungsgeschäft ['dɛkuŋsgəʃɛft] *f* covering operation
deckungsgleich ['dɛkuŋsglaıç] *adj* identical
Deckungsgrad ['dɛkuŋsgraːt] *m* liquidity ratio, cover ratio
Deckungsgrenze ['dɛkuŋsgrɛntsə] *f* cover limit
Deckungskapital ['dɛkuŋskapıtaːl] *n* capital sum required as cover
Deckungsklausel ['dɛkuŋsklausəl] *f* cover clause
Deckungsloch ['dɛkuŋslox] *n* budget hole, hole in the budget
Deckungsmittel ['dɛkuŋsmıtəl] *n/pl* cover(ing) funds *pl*
Deckungszinsen ['dɛkuŋstsınzən] *m/pl* coverage interest rate
Deckungszusage ['dɛkuŋstsuːsaːgə] *f* confirmation of cover
De-facto-Standard ['deːfaktoʃtandart] *m* de facto standard
defekt [de'fɛkt] *adj* defective, faulty
Defekt [de'fɛkt] *m* defect, fault
Defensive [defɛn'ziːvə] *f* defensive
Deficit Spending ['defısıt spɛndıŋ] *n* deficit spending
Defizit ['deːfıtsıt] *n* deficit
defizitär [deːfitsi'tɛːr] *adj* in the deficit
Defizitfinanzierung ['deːfitsıtfınantsiːruŋ] *f* deficit financing
Defizitquote ['deːfitsıtkvoːtə] *f* deficit ratio

Defizitwirtschaft ['deːfitsɪtvɪrtʃaft] *f* deficit budgeting
Deflation [defla'tsjoːn] *f* deflation
Degenerationsphase ['degənəratsjoːnsfaːzə] *f* degeneration phase
Degression ['degrɛsjoːn] *f* degression
degressive Abschreibung [degrɛ'siːvə 'apʃraɪbuŋ] *f* degressive depreciation
degressive Kosten [degrɛ'siːvə 'kɔstən] *pl* degressive costs *pl*
Deklaration ['deklaratsjoːn] *f* customs declaration *(Zoll)*; tax return *(Steuer)*
Deklarationsprotest ['deklaratsjoːnsprotest] *m* declaratory protest
deklarieren [dekla'riːrən] *v* declare
Dekort [de'kɔrt] *n* deduction
Dekret [de'kreːt] *n* decree
Delegation [delega'tsjoːn] *f* delegation
Delegationsleiter(in) [delega'tsjoːnslaɪtər(ɪn)] *m/f* head of the delegation
delegieren [dele'giːrən] *v* delegate
Delikt [de'lɪkt] *n* offence, crime, civil wrong
Delkredere [del'kredərə] *n* del credere, reserve for bad debts
Dementi [de'mɛnti] *n* official denial
dementieren [demɛn'tiːrən] *v* deny officially
Demografie [demɔgrafiː] *f* demography
Demonetisierung [demonetisiːruŋ] *f* demonetization
Demonstration [demɔnstra'tsjoːn] *f* demonstration
demonstrieren [demɔn'striːrən] *v (darlegen)* demonstrate, illustrate, show
Demontage [demɔn'taːʒə] *f* disassembly, dismantling
demontieren [demɔn'tiːrən] *v* dismantle, disassemble
Demoskopie [demɔsko'piː] *f* public opinion research
demoskopisch [demɔs'koːpɪʃ] *adj* opinion poll ...
Denkanstoß ['dɛŋkanʃtoːs] *m* food for thought
Denkart ['dɛŋkaːrt] *f* mentality, way of thinking
Denkschrift ['dɛŋkʃrɪft] *f* memorandum, written statement
Deponent [depo'nənt] *m* depositor
Deponie [depo'niː] *f* dump, disposal site
deponieren [de'poːniːrən] *v* deposit
Deport [de'pɔrt] *m* discount
Depositen [depo:'ziːtən] *pl* deposits *pl*

Depositenbank [de'poːziːtənbaŋk] *f* bank of deposit
Depositengelder [de'poːziːtəngɛldər] *n/pl* deposits *pl*
Depositengeschäft [de'poːziːtəngəʃɛft] *n* deposit banking
Depositenklausel [de'poːziːtənklausəl] *f* deposit clause
Depositenversicherung [de'poːziːtənfɛrzɪçəruŋ] *f* bank deposit insurance
Depot [de'poː] *n* 1. deposit; 2. storehouse, warehouse, call station
Depotabstimmung [de'poːapʃtɪmuŋ] *f* securities deposit reconciliation
Depotabteilung [de'poːaptaɪluŋ] *f* safe custody department
Depotaktie [de'poːaktsjə] *f* deposited share
Depotanerkenntnis [de'poːanɛrkɛntnɪs] *f* deposit acknowledgement
Depotarten [de'poːartən] *f/pl* types of deposit *pl*
Depotaufstellung [de'poːaufʃtɛluŋ] *f* list of securities deposited
Depotauszug [de'poːaustsuːk] *m* statement of securities
Depotbank [de'poːbaŋk] *n* bank holding securities on deposit
Depotbuch [de'poːbuːx] *n* deposit book, deposit ledger
Depotbuchhaltung [de'poːbuːxhaltuŋ] *f* security deposit account
Depotgebühren [de'poːgəbyːrən] *f/pl* safe custody charges *pl*
Depotgeschäft [de'poːgəʃɛft] *n* deposit banking
Depotgesetz [de'poːgəzɛts] *n* Securities Deposit Act
Depotkonto [de'poːkɔnto] *n* security deposit account
Depotprüfung [de'poːpryːfuŋ] *f* securities deposit audit
Depotschein [de'poːʃaɪn] *m* deposit receipt
Depotstimmrecht [de'poːʃtɪmrɛçt] *n* voting rights of nominee shareholders *pl*
Depotunterschlagung [de'poːuntərʃlaguŋ] *f* misapplication of deposit
Depotvertrag [de'poːfɛrtrak] *m* securities deposit contract
Depotverwaltung [de'poːfɛrvaltuŋ] *f* portfolio management
Depotwechsel [de'poːvɛçsəl] *m* bill on deposit
Depotzwang [de'poːtsvaŋ] *m* compulsory safe custody

Depression [deprɛ'sjoːn] *f* depression
Deputat ['depuːtaːt] *n* payment in kind
Deregulierung [deː'reguliːruŋ] *f* deregulation
Derivate [deː'rɪvaːtə] *n/pl* derivative financial instruments
Deroute [deː'ruːt] *f* collapse
Design [di'zaɪn] *n* design
Designation [deˈzɪgnatsjoːn] *f* designation
Designer(in) [dɪˈzaɪnər(ɪn)] *m/f* designer
Desinformation [dɛsɪnfɔrma'tsjoːn] *f* misinformation, disinformation
Desinteresse ['desɪntərɛsə] *n* disinterest, indifference
desinteressiert ['dɛsɪntərɛsiːrt] *adj* disinterested, indifferent
Desinvestition ['dezɪnvɛstɪtsjoːn] *f* disinvestment
desolat [desʊ'laːt] *adj* desolate
detailgetreu [deː'taɪgətrɔy] *adj* accurate
Deutsche Angestellten-Gewerkschaft (DAG) [dɔytʃə 'angəʃtɛltəngəvɛrkʃaft] *f* German Salaried Employee Union
Deutsche Bundesbank [dɔytʃə 'bundəsbaŋk] *f* German Central Bank, Bundesbank
Deutscher Gewerkschaftsbund (DGB) [dɔytʃər 'gəvɛrkʃaftsbund] *m* German Trade Union Federation
Deutscher Industrie- und Handelstag (DIHT) [dɔytʃər 'ɪndustriː unt 'handelstaːk] *m* Association of German Chambers of Industry and Commerce
Devinkulierung [deː'vɪŋkuliːruŋ] *f* unrestricted transferability
Devisen [de'viːzən] *pl* foreign currency, foreign exchange
Devisenabfluss [de'viːzənapflus] *m* foreign exchange outflow
Devisenabkommen [de'viːzənapkɔmən] *n* foreign exchange agreement
Devisenabteilung [de'viːzənaptaɪluŋ] *f* foreign exchange department
Devisenankauf [de'viːzənankauf] *m* purchase of foreign currencies
Devisenarbitrage [de'viːzənarbɪtraːʒə] *f* exchange arbitrage, arbitration in foreign exchange
Devisenausgleichsabkommen [de'viːzənausglaɪçsapkɔmən] *n* foreign exchange offset agreement
Devisenausländer [de'viːzənauslɛndər] *m* non-resident
Devisenberater(in) [de'viːzənbəraːtər(ɪn)] *m/f* foreign exchange advisor

Devisenbeschränkung [de'viːzənbəʃrɛŋkuŋ] *f* exchange restrictions *pl*
Devisenbestimmung [de'viːzənbəʃtɪmuŋ] *f* currency regulation
Devisenbewirtschaftung [de'viːzənbəvɪrtʃaftuŋ] *f* foreign exchange control
Devisenbilanz [de'viːzənbilants] *f* foreign exchange balance, foreign exchange account
Devisenbörse [de'viːzənbøːrzə] *f* foreign exchange market, currency market
Devisenbringer [de'viːzənbrɪŋər] *m* foreign-exchange earner
Devisenbuchhaltung [de'viːzənbuːxhaltuŋ] *f* currency accounting
Devisengeschäft [de'viːzəngəʃɛft] *n* foreign exchange business, foreign exchange transactions *pl*, foreign exchange trading
Devisenhandel [de'viːzənhandəl] *m* currency trading, foreign exchange dealings *pl*
Devisenhändler [de'viːzənhɛndlər] *m* foreign exchange dealer
Deviseninländer [de'viːzənɪnlɛndər] *m* resident
Devisenkassageschäft [de'viːzənkasagəʃɛft] *n* foreign exchange spot dealings *pl*
Devisenkassakurs [de'viːzənkasakurs] *m* foreign exchange spot rate
Devisenkassamarkt [de'viːzənkasamarkt] *m* foreign exchange spot market
Devisenkommissionsgeschäft [de'viːzənkɔmɪsjoːnsgəʃɛft] *n* foreign exchange transactions for customers *pl*
Devisenkonto [de'viːzənkɔnto] *n* foreign exchange account
Devisenkontrolle [de'viːzənkɔntrɔlə] *f* foreign exchange control
Devisenkredit [de'viːzənkrɛ'dɪt] *m* foreign exchange loan
Devisenkurs [de'viːzənkurs] *m* foreign exchange rate
Devisenkursbildung [de'viːzənkursbɪlduŋ] *f* exchange rate formation
Devisenkursmakler [de'viːzənkursmaːklər] *m* exchange broker, currency broker
Devisenmarkt [de'viːzənmarkt] *m* foreign exchange market
Devisenmarktinterventionen [de'viːzənmarktɪntərvɛntsjoːnən] *f/pl* exchange market intervention
Devisennotierung [de'viːzənnoːtiːruŋ] *f* foreign exchange quotations *pl*
Devisenoption [de'viːzənɔptsjoːn] *f* exchange option

Devisenpensionsgeschäft [de'viːzənpɛnzjoːnsgəʃɛft] *n* purchase of foreign exchange for later sale
Devisenportefeuille [de'viːzənpɔrtfœɪ] *n* foreign exchange holdings *pl*
Devisenposition [de'viːzənpozɪtsjoːn] *f* foreign exchange position
Devisenquoten [de'viːzənkvoːtən] *f/pl* foreign exchange quotas *pl*
Devisenrechnung [de'viːzənrɛçnuŋ] *f* foreign exchange calculation
Devisenreserve [de'viːzənrezervə] *f* foreign exchange reserves *pl*
Devisenspekulation [de'viːzənʃpekuːlatsjoːn] *f* speculation in foreign currency
Devisensperre [de'viːzənʃpɛrə] *f* exchange embargo
Devisentermingeschäft [de'viːzəntɛrmiːngəʃɛft] *n* forward exchange dealings *pl*
Devisenterminhandel [de'viːzəntɛrmiːnhandəl] *m* forward exchange trading
Devisenterminkurs [de'viːzəntɛrmiːnkurs] *m* forward exchange rate
Devisenterminmarkt [de'viːzəntɛrmiːnmarkt] *m* forward exchange market
Devisenüberschuss [de'viːzəny:bərʃus] *m* foreign exchange surplus
Devisenverkehr [de'viːzənfɛrkeːr] *m* currency transactions *pl,* foreign exchange operations *pl*
Devisenwechsel [de'viːzənvɛksəl] *m* bill in foreign currency
Devisenwert [de'viːzenveːrt] *m* foreign exchange asset
dezentralisieren [detsɛntralɪ'ziːrən] *v* decentralize
Dezentralisierung [detsɛntralɪ'ziːruŋ] *f* decentralisation
Dia ['diːa] *n* slide
Diagramm [dia'gram] *n* diagram
Dialog [dia'loːk] *m* dialogue
Dialogbereitschaft [dia'loːkbəraɪtʃaft] *f* readiness to talk
dialogfähig [dia'loːkfɛːɪç] *adj* capable of two-way communication
Diebstahlversicherung ['diːpʃtaːlfɛrzɪçəruŋ] *f* theft insurance
Dienstanweisung ['diːnstanvaɪzuŋ] *f* instructions *pl*
Dienstaufsicht ['diːnstaufsɪçt] *f* service control, supervision
dienstfrei ['diːnstfraɪ] *adj* ~*er Tag* day off; ~ *sein* to be off duty
Dienstgang ['diːnstgaŋ] *m* (business) errand

Dienstgeheimnis ['diːnstgəhaɪmnɪs] *n* official secret
Dienstgespräch ['diːnstgəsprɛːç] *n* business call
Dienstleister ['diːnstlaɪstər] *m* (service) provider
Dienstleistung ['diːnstlaɪstuŋ] *f* service, business service
Dienstleistungsbilanz ['diːnstlaɪstuŋsbilants] *f* balance of service transactions
Dienstleistungsgesellschaft ['diːnstlaɪstuŋsgəsɛlʃaft] *f* 1. *(Volkswirtschaft)* service economy; 2. *(Recht)* non-trading partnership; 3. *(Betriebswirtschaft)* service company
Dienstleistungskosten ['diːnstlaɪstuŋskɔstən] *pl* cost of services
Dienstleistungsmarketing ['diːnstlaɪstuŋsmaːrkətɪŋ] *n* service marketing
Dienstleistungssektor ['diːnstlaɪstuŋszɛktor] *m* service sector
Dienstleistungsunternehmen ['diːnstlaɪstuŋsuntərneːmən] *n* service business
Dienstleistungswirtschaft ['diːnstlaɪstuŋsvɪrtʃaft] *f* services *pl*
dienstlich ['diːnstlɪç] *adj* official; *adv* officially, on official business, on business
Dienstpflicht ['diːnstpflɪçt] *f* duty
Dienstreise ['diːnstraɪzə] *f* business trip, business travel
Dienstsache ['diːnstzaxə] *f* official matter
Dienstschluss ['diːnstʃlus] *m* closing time
Dienststelle ['diːnstʃtɛlə] *f* office, department, agency
dienstunfähig ['diːnstunfɛːɪç] *adj* not fit for service, unfit for service
Dienstunfähigkeit ['diːnstunfɛːɪçkaɪt] *f* incapacity to work
Dienstvereinbarung ['diːnstfɛraɪnbaːruŋ] *f* 1. *(Recht)* contract of service; 2. *(Personal)* contract of employment
Dienstverhältnis ['diːnstfɛrhɛltnɪs] *n* employment
Dienstvermerk ['diːnstfɛrmɛrk] *m* official entry
Dienstverpflichtung ['diːnstfɛrpflɪçtuŋ] *f* service obligation
Dienstvertrag ['diːnstfɛrtraːk] *m* 1. *(Recht)* contract of service; 2. *(Personal)* contract of employment
Dienstvorschrift ['diːnstfoːrʃrɪft] *f* (service) regulation
Dienstwagen ['diːnstvaːgən] *m* company car

Dienstweg ['di:nstve:k] *m* official channels *pl*, authorized channels *pl*
Dienstwohnung ['di:nstvo:nuŋ] *f* official residence
Differenz [dɪfə'rɛnts] *f 1.* difference; *2. (Streit)* dispute, difference of opinion
Differenzbetrag ['dɪfərɛntsbətra:k] *m* difference sum
Differenzgeschäft ['dɪfərɛntsgəʃɛft] *n* margin business
Differenziallohnsystem ['dɪfərɛntsja:llo:nzyste:m] *n* differential piece-rate system
Differenzkostenrechnung ['dɪfərɛntskɔstənrɛçnuŋ] *f* marginal cost accounting
Diffusion ['difusjo:n] *f* diffusion process
Diffusionsbarrieren ['difusjo:nsbarɪje:rən] *f/pl* diffusion barriers *pl*
Diffusionsphasen ['difusjo:nsfa:sən] *f/pl* diffusion phases *pl*
Diffusionsstrategie ['difusjo:nsʃtrategi:] *f* diffusion strategy
digital [dɪgɪ'ta:l] *adj* digital
digitalisieren [digitali'zi:rən] *v* digitalize
Digitalrechner [dɪgɪ'ta:lrɛçnər] *m* digital computer
Diktafon [dɪkta'fo:n] *n* dictaphone
Diktat [dɪk'ta:t] *n* dictation
Diktatzeichen [dɪk'tattsaɪçən] *n* reference
diktieren [dɪk'ti:rən] *v* dictate
Diktiergerät [dɪk'ti:rgərɛt] *n* dictaphone
dinglich ['dɪŋlɪç] *adj* in rem
dingliche Sicherung [dɪŋlɪçə 'zɪçəruŋ] *f* real security
dingliches Recht [dɪŋlɪçəs 'rɛçt] *n* real right
Diplomarbeit [di'plo:marbaɪt] *f* dissertation, thesis
Diplomingenieur(in) [di'plo:mɪnʒenjø:r(ɪn)] *m/f* academically trained engineer
Diplomkauffrau [di'plo:mkauffrau] *f* Bachelor of Commerce
Diplomkaufmann [di'plo:mkaufman] *m* Bachelor of Commerce
Diplomökonom(in) [di'plo:møkonom(ɪn)] *m/f* master's degree in business economics
Diplomphysiker(in) [di'plo:mfy:zɪkər(ɪn)] *m/f* Bachelor of Science (in Physics)
Diplomvolkswirt(in) [di'plo:mfolkswɪrt(ɪn)] *m/f* master's degree in economics
Direct Costing ['daɪrɛkt çɔstɪŋ] *n* direct costing
Direct Marketing ['daɪrɛkt 'ma:rkətɪŋ] *n* direct marketing

Direktausfuhr [di'rɛktausfu:r] *f* direct export
Direktbank [di'rɛktbaŋk] *f* direct bank
Direktbestellung [di'rɛktbəʃtɛluŋ] *f* direct ordering
Direktdiskont [di'rɛktdɪskɔnt] *m* direct discount
direkter Absatz [di'rɛktər 'apsats] *m* direct selling
direkter Vertrieb [di'rɛktər fer'tri:p] *m* direct selling
direkte Steuer [di'rɛktə 'ʃtɔyər] *f* direct taxes *pl*
Direktinvestitionen [di'rɛktɪnvɛstitsjo:nən] *f/pl* direct investments *pl*
Direktion [dirɛk'tsjo:n] *f* board of directors
Direktive [dirɛk'ti:və] *f* directive, general instruction
Direktor(in) [di'rɛktɔr/dirɛk'tɔ:rɪn] *m/f* director
Direktorium [dirɛk'to:rjum] *n* directorate, board of directors
Direktübertragung [di'rɛktybərtra:guŋ] *f* live transmission
Direktverkauf [di'rɛktfɛrkauf] *m* direct selling
Direktversicherung [di'rɛktfɛrzɪçəruŋ] *f* direct insurance
Direktvertrieb [di'rɛktfɛrtri:p] *m* direct selling
Direktwerbung [di'rɛktvɛrbuŋ] *f* direct advertising
Dirigismus [diri'gɪsmus] *m* controlled economy
Disagio [diz'za:dʒo] *n* disagio
Discount [dɪs'kaunt] *m* discount
Discounter ['dɪskauntər] *m* discounter
Diskette [dɪs'kɛtə] *f* disk
Diskettenetiketten [dɪs'kɛtənetikɛtən] *f/pl* disk labels *pl*
Diskettenlaufwerk [dɪs'kɛtənlaufvɛrk] *n* disk drive
Diskont [dɪs'kɔnt] *m* discount
Diskontbank [dɪs'kɔntbaŋk] *f* discount bank
Diskonten [dɪs'kɔntən] *m/pl* bills discounted *pl*
Diskonterhöhung [dɪs'kɔntɛrhø:uŋ] *f* rise of the discount rate
diskontfähig [dɪs'kɔntfɛ:ɪç] *adj* eligible, eligible for (re)discount
Diskontgeschäft [dɪs'kɔntgəʃɛft] *n* discount business

Diskonthäuser [dɪsˈkɔnthɔysər] *n/pl* discount houses *pl*
diskontieren [dɪskɔnˈtiːrən] *v* discount
Diskontierung [dɪsˈkɔntiːruŋ] *f* discounting
Diskontierungsfaktor [dɪsˈkɔntiːruŋsfaktɔr] *m* discount factor
Diskontkredit [dɪsˈkɔntkreˈdiːt] *m* discount credit
Diskontmakler(in) [dɪsˈkɔntmaːklər(ɪn)] *m/f* discount broker, bill broker
Diskontmarkt [dɪsˈkɔntmarkt] *m* discount market
Diskontpapier [dɪsˈkɔntpapiːr] *n* discountable paper
Diskontpolitik [dɪsˈkɔntpoliˈtɪk] *f* bank rate policy, discount policy
Diskontprovision [dɪsˈkɔntproviːzjoːn] *f* discount commission
Diskontrechnung [dɪsˈkɔntrɛçnuŋ] *f* discount calculation
Diskontsatz [dɪsˈkɔntzats] *m* discount rate
Diskontsenkung [dɪsˈkɔntsɛnkuŋ] *f* lowering of the discount rate
Diskretion [dɪskreˈtsjoːn] *f* discretion; *(vertrauliche Behandlung)* confidentiality
diskriminieren [dɪskrɪmɪˈniːrən] *v* discriminate, *jdn ~* discriminate against s.o.
Diskussion [dɪskusˈjoːn] *f* discussion, debate, argument
Diskussionsleiter(in) [dɪskusˈjoːnslaɪtər(ɪn)] *m/f* moderator
Diskussionsrunde [dɪskusˈjoːnsrundə] *f* round of discussions
Diskussionsteilnehmer(in) [dɪskusˈjoːnstaɪlneːmər(ɪn)] *m/f* participant in a discussion
Diskussionsthema [dɪskusˈjoːnsteːmaː] *n* topic of discussion
diskutieren [dɪskuˈtiːrən] *v* discuss, debate
Disparität [dɪspariteːt] *f* disparity
Display [ˈdɪspleː] *n* display
Disponent(in) [dɪspoˈnɛnt(ɪn)] *m/f* managing clerk
disponieren [dɪspoˈniːrən] *v* make arrangements for; *über etw ~* have sth at one's disposal
Disposition [dɪspɔzɪˈtsjoːn] *f* 1. *(Vorbereitung)* preparations, arrangements; 2. *(Verfügung) jdm zur ~ stehen* to be at s.o.'s disposal; *jdn zur ~ stellen* send s.o. into temporary retirement; 3. *(Gliederung)* layout, plan
dispositionsfähig [dɪspɔzɪˈtsjoːnsfɛːɪç] *adj* qualified to contract
Dispositionsfonds [dɪspɔzɪˈtsjoːnsfɔ̃] *m* reserve funds *pl*

Dispositionskredit [dɪspɔzɪˈtsjoːnskreˈdiːt] *m* drawing credit, overdraft facility
Dispositionsschein [dɪspɔzɪˈtsjoːnsʃaɪn] *m* banker's note
Disput [dɪsˈpuːt] *m* dispute
distanzieren [dɪstanˈtsiːrən] *v sich ~* distance o.s.
distinguiert [dɪstɪŋˈgiːrt] *adj* distinguished
Distribution [ˈdɪstrɪbutsjoːn] *f* distribution
Distributionskosten [ˈdɪstrɪbutsjoːnskɔstən] *pl* distribution cost
Distributionslogistik [ˈdɪstrɪbutsjoːnloˈgistɪk] *f* marketing logistics
Distributionsorgane [ˈdɪstrɪbutsjoːnorˈgaːnə] *n/pl* distribution organs *pl*
Distributionspolitik [ˈdɪstrɪbutsjoːnsˈpolitɪk] *f* distribution policy
Disziplin [dɪstsiˈpliːn] *f* discipline
disziplinarisch [dɪstsipliˈnaːrɪʃ] *adj* disciplinary
Disziplinarverfahren [dɪstsiˈplinaːrfɛrfaːrən] *n* disciplinary action
disziplinieren [dɪstsipliˈniːrən] *v* discipline
diszipliniert [dɪstsipliˈniːrt] *adj* disciplined
divergieren [divɛrˈgiːrən] *v* diverge
Diversifikation [divɛrzifikaˈtsjoːn] *f* diversification
diversifizieren [diːvɛrzifiˈtsiːrən] *v* diversify
Dividende [diviˈdɛndə] *f* dividend
Dividendenabgabe [diviˈdɛndənˈapgaːbə] *m* dividend tax
Dividendenabschlag [diviˈdɛndənˈapʃlaːg] *m* quotation ex dividend
Dividendenausschüttung [diviˈdɛndənausʃyːtuŋ] *f* dividend distribution, dividend payout
dividendenberechtigt [diviˈdɛndənbərɛçtɪçt] *adj* entitled to dividend
Dividendengarantie [diviˈdɛndəngarantiː] *f* dividend guarantee
Dividendenrücklage [diviˈdɛndənryklaːgə] *f* dividend reserve fund
dividieren [diviˈdiːrən] *v* divide
Divisionskalkulation [diviˈzjoːnskalkulaˈtsjoːn] *f* process system of accounting
D-Mark [ˈdeːmark] *f (ehemalige deutsche Währung)* German mark
Dock [dɔk] *n* dock
Doktorarbeit [ˈdɔktɔrarbaɪt] *f* doctoral thesis

Dokumentenakkreditiv [doku'mentən-'akre:diti:f] *n* documentary letter of credit
Dokument [doku'mɛnt] *n* document
Dokumentation [dokumɛnta'tsjo:n] *f* documentary report
Dokumente gegen Akzept (d/a) [doku-'mɛnte gegən ak'tsɛpt] *n/pl* documents against acceptance (D/A) *pl*
Dokumente gegen Bezahlung (d/p) [doku'mɛnte gegən bə'tsa:luŋ] *n/pl* documents against payment (D/P) *pl*
Dokumentenakkreditiv [doku'mɛnten-'akrediti:f] *f* documentary credit, letter of credit
Dokumententratte [doku'mɛnten'tratə] *f* acceptance bill
dokumentieren [dokumɛn'ti:rən] *v* document; *(fig)* demonstrate, reveal, show
Dollar ['dɔlar] *m* dollar
Dollaranleihe ['dɔlar'anlaɪə] *f* dollar bond
Dollarblock ['dɔlarblɔk] *m* dollar area
Dollarklausel ['dɔlar'klauzəl] *f* dollar clause
Dollarkurs ['dɔlarkurs] *m* dollar rate
Dollarstandard ['dɔlarʃtandart] *m* dollar standard
Dollarzeichen ['dɔlartsaɪçən] *n* dollar sign
dolmetschen ['dɔlmɛtʃən] *v* interpret
Dolmetscher(in) ['dɔlmɛtʃər(ɪn)] *m/f* interpreter
Dolmetscherbüro ['dɔlmɛtʃərbyro:] *n* translation bureau, interpreter agency
Dominanz [domɪ'nants] *f* dominance
Doppelbesteuerung ['dɔpəlbəʃtoɪeruŋ] *f* double taxation of corporate profits
doppelte Buchführung ['dɔpəltə bu:x-fy:ruŋ] *f* double entry bookkeeping
doppelte Haushaltsführung [dɔpɛltə 'haushaltsfy:ruŋ] *f* double housekeeping
doppelte Währungsbuchhaltung ['dɔpəltə 'vɛ:ruŋsbu:xhaltuŋ] *f* dual currency accounting, dual currency bookkeeping
Doppelverdiener ['dɔpəlfɛrdi:nər] *m* double wage-earner
Doppelwährung ['dɔpəlvɛ:ruŋ] *f* double currency
Doppelwährungsanleihe ['dɔpəlvɛ:ruŋs-anlaɪə] *f* double currency loan
Doppelwährungsphase ['dɔpəlvɛ:ruŋs-fa:zə] *f* dual currency phase
Doppelzentner ['dɔpəltsɛntnər] *m* one hundred kilogrammes *pl*, quintal

Dotation ['dɔta:tsjo:n] *f* endowment
Dotationskapital ['dɔtatsjo:nskapita:l] *n* endowment funds *pl*
dotieren [dɔ'ti:rən] *v* endow, fund
Dotierung [dɔ'ti:ruŋ] *f 1.* donation, grant, endowment; *2. (von Posten)* remuneration
Dow-Jones-Index ['dəudʒəunzɪndɛks] *m* Dow Jones Index
Dozent(in) [do'tsɛnt(ɪn)] *m/f* lecturer, assistant professor *(US)*
dozieren [do'tsi:rən] *v (fig: belehrend vorbringen)* hold forth; give lectures
drahtlos ['dra:tlo:s] *adj* wireless
Drahtseilakt ['dra:tzaɪlakt] *m (fig)* tightrope act
drängen ['drɛŋən] *v (fig)* urge; press, push, force
drastisch ['drastɪʃ] *adj* drastic
Draufgabe ['draufga:bə] *f* bargain money, earnest money
Drehachse ['dre:aksə] *f* rotary axis, pivot
Drehstrom ['dre:ʃtro:m] *m* three-phase current
Dreiecksarbitrage ['draɪɛksarbɪtra:ʒə] *f* triangular arbitrage, three-point arbitrage
Dreiecksgeschäft ['draɪɛksgəʃɛft] *n* triangular transaction
Dreimonatsgeld ['draɪmonatsgɛlt] *n* three months' money
Dreimonatspapier ['draɪmonatspapi:r] *n* three months' papers
Dreiviertelmehrheit [draɪ'fɪrtəlme:rhaɪt] *f* three-fourths majority
dringend ['drɪŋənt] *adj* urgent, pressing, imperative; *(Gründe)* compelling
Dringlichkeit ['drɪŋlɪçkaɪt] *f* urgency
Drittauskunft ['drɪtauskunft] *f* third-party information
Drittel ['drɪtəl] *n* third
Drittpfändung ['drɪtpfɛnduŋ] *f* garnishee proceedings *pl*
Drittschuldner ['drɪtʃuldnər] *m* third-party debtor
drohen ['dro:ən] *v* threaten
Drohung ['dro:uŋ] *f* threat
Drosselung ['drɔsəluŋ] *f (fig: Abschwächung)* curbing, restraint
Druck [druk] *m* pressure; *(Belastung)* burden, load; *unter ~ stehen* to be under pressure; *jdn unter ~ setzen* put pressure on s.o.
Druckbuchstabe ['drukbuxʃta:bə] *m* block letter
drucken ['drukən] *v* print

drücken ['drykən] v (Preise) force down
Drucker ['drukər] m (Gerät) printer
Druckfehler ['drukfe:lər] m misprint
Druckmittel ['drukmɪtəl] n means of exercising pressure, lever
druckreif ['drukraɪf] adj ready for printing
Drucksache ['drukzaxə] f printed matter
Druckschrift ['drukʃrɪft] f block letters
Dualismus [dua'lɪsmus] m dualism
Dualität [dua'lɪtɛt] f duality
dubiose Forderung ['dubio:zə 'fɔrdəruŋ] f doubtful debts pl
dulden ['duldən] v 1. (hinnehmen) tolerate, put up with, permit; 2. (ertragen) bear, endure
Dumping ['dumpɪŋ] n dumping
Dunkelziffer ['duŋkəltsɪfər] f estimated number of unreported cases
Duplikat [dupli'ka:t] n duplicate
Duration ['du:ratsjo:n] f duration
durcharbeiten ['durçarbaɪtən] v 1. work without stopping; 2. etw ~ work through sth
durchblicken ['durçblɪkən] v etw ~ lassen hint at sth
Durchbruch ['durçbrux] m (fig) breakthrough
Durchfuhr ['durçfu:r] f transit
Durchführbarkeits-Studie ['durçfy:rbarkaɪtsʃtu:djə] f feasibility study
durchführen ['durçfy:rən] v (ausführen) carry out, implement, execute
Durchführung ['durçfy:ruŋ] f carrying out, execution, implementation
Durchgangsschein ['durçgaŋsʃaɪn] m transit certificate
durchgreifen ['durçgraɪfən] v irr (fig) take drastic measures
durchkreuzen [durç'krɔytsən] v (fig: Pläne) frustrate
durchlaufende Gelder ['durçlaufəndə 'gɛldər] n/pl transmitted accounts pl
durchlaufende Kredite ['durçlaufəndə 'kredi:tə] m/pl transmitted loans pl
durchlaufende Posten ['durçlaufəndə 'pɔstən] m/pl self-balancing items pl
Durchlaufzeit ['durçlauftsaɪt] f processing time, throughput time
Durchsage ['durçza:gə] f announcement
Durchschlag ['durçʃla:k] m (carbon) copy
Durchschlagpapier ['durçʃla:kpapi:r] n carbon paper
Durchschnitt ['durçʃnɪt] m average
durchschnittlich ['durçʃnɪtlɪç] adj average, ordinary; adv on average

Durchschnittsbestand ['durçʃnɪtsbəʃtant] m standard inventory
Durchschnittsbewertung ['durçʃnɪtsbəvɛrtuŋ] f inventory valuation at average prices
Durchschnittsbürger ['durçʃnɪtsbyrgər] m average citizen, man in the street
Durchschnittseinkommen ['durçʃnɪtsaɪnkɔmən] n average income
Durchschnittserlöse ['durçʃnɪtsɛrlø:zə] m/pl 1. (Volkswirtschaft) average product, 2. (Geld) average yield
Durchschnittsertrag ['durçʃnɪtsɛrtra:k] m average yield
Durchschnittskosten ['durçʃnɪtskɔstən] pl average costs pl
Durchschnittsleistung ['durçʃnɪtslaɪstuŋ] f average output
Durchschnittspreis ['durçʃnɪtspraɪs] m average price
Durchschnittssatz ['durçʃnɪtssats] m average rate
Durchschnittsvaluta ['durçʃnɪtsvalu:ta] n average value date
Durchschnittsverdiener(in) ['durçʃnɪtsfɛrdi:nər(ɪn)] m/f average wage earner, average salary earner
Durchschnittswert ['durçʃnɪtsve:rt] m average value, mean value
Durchschrift ['durçʃrɪft] f carbon copy
durchsetzen ['durçzɛtsən] v 1. sich ~ prevail, assert o.s.; 2. sich ~ (Erzeugnis) prove its worth
Durchsetzungsvermögen ['durçzɛtsuŋsfɛrmø:gən] n ability to get things done, drive
Durchsicht ['durçzɪçt] f looking through, examination, inspection
durchstellen ['durçʃtɛlən] v (fig: telefonisch) put through
durchstreichen ['durçʃtraɪçən] v irr cross out, delete
Durchsuchung ['durçzu:xuŋ] f search
Durchsuchungsbefehl [durç'zu:xuŋsbəfe:l] m search warrant
Durchwahl ['durçva:l] f extension
Dutzend ['dutsənt] n dozen
dutzendweise ['dutsəntvaɪzə] adv by the dozen, in dozens
DVD-ROM [de: fau de: 'rɔm] f DVD-ROM
Dynamik [dy'na:mɪk] f dynamics
dynamisch [dy'na:mɪʃ] adj dynamic
Dynamisierung [dy'na:mɪzi:ruŋ] f dynamization
Dyopol [dyo'po:l] n duopoly

E

Ebenmaß ['eːbənmaːs] *n* symmetry, beautiful proportions *pl,* evenness
echt [ɛçt] *adj* real, genuine, authentic
echtes Factoring [ɛçtəs 'fæktɔrɪŋ] *n* clean factoring, old-line factoring
Echtheit ['ɛçthaɪt] *f* genuineness, authenticity
Echtheitszertifikat ['ɛçthaɪtstsɛrtifikaːt] *n* proof of authenticity, authenticity certificate
Echtzeit ['ɛçttsaɪt] *f* real-time
Echtzeitverarbeitung ['ɛçttsaɪtfɛrarbaɪtuŋ] *f* real-time processing
Eckdaten ['ɛkdaːtən] *pl* basic data, key data
Ecklohn ['ɛkloːn] *m* benchmark rate
Eckzins ['ɛktsɪns] *m* basic rate of interest
ECOFIN-Rat ['eːcoːfin'raːt] *m* ECOFIN council
ECU (European Currency Unit) [eː'kyː] *m* ECU
ECU-Anleihe [eː'kyːanlaɪə] *f* ECU loan
Edelmetallgeschäft ['eːdəlmetalgəʃɛft] *n* precious metals business, bullion trade
Edelstahl ['eːdəlʃtaːl] *m* high-grade steel
EDV [eːdeː'fau] *f (elektronische Datenverarbeitung)* electronic data processing; ~-... computer ...
EDV-Anlage [eːdeː'fauanlaːgə] *f* computer equipment, electronic data processing equipment
Effekt [e'fɛkt] *m* effect
Effekten [e'fɛktən] *f/pl* securities *pl,* stocks and shares *pl*
Effektenabteilung [e'fɛktənaptaɪluŋ] *f* securities department, investment department
Effektenbank [e'fɛktənbaŋk] *f* issuing bank, investment bank
Effektenbörse [e'fɛktənbœrzə] *f* stock exchange, stock market
Effektenbuch [e'fɛktənbuːx] *n* stockbook
Effektendepot [e'fɛktəndeːpoː] *n* deposit of securities
Effektendiskont [e'fɛktəndɪskɔnt] *m* securities discount
Effekteneigengeschäft [e'fɛktənaɪgəngəʃɛft] *n* security trading for own account
Effektenemission [e'fɛktənemɪsjoːn] *f* issue of securities
Effektenfinanzierung [e'fɛktənfɪnantsiːruŋ] *f* security financing

Effektengeschäft [e'fɛktəngəʃɛft] *n* securities business
Effektenhandel [e'fɛktənhandəl] *m* stockbroking, securities trading
Effektenhändler [e'fɛktənhɛndlər] *m* dealer in securities, securities trader, stock dealer
Effektenindex [e'fɛktənɪndɛks] *m* share index, stock index *(US)*
Effektenkapitalismus [e'fɛktənkapɪtalɪsmus] *m* securities capitalism
Effektenkasse [e'fɛktənkasə] *f* security department counter
Effektenkauf [e'fɛktənkauf] *m* purchase of securities
Effektenkommissionär [e'fɛktənkɔmɪsjoːnɛr] *m* securities commission agent
Effektenkommissionsgeschäft [e'fɛktənkɔmɪsjoːnsgəʃɛft] *n* securities transactions on commission
Effektenkonto [e'fɛktənkɔntoː] *n* securities account, stock account
Effektenkurs [e'fɛktənkurs] *m* stock exchange quotation, securities price
Effektenlombard [e'fɛktənlɔmbaːrd] *m* advances against securities
Effektenmakler [e'fɛktənmaːklər] *m* stock broker
Effektenmarkt [e'fɛktənmarkt] *m* stock market
Effektennotierung [e'fɛktənnotiːruŋ] *f* stock quotation, quotation of shares
Effektenpensionierung [e'fɛktənpɛnsjoːniːruŋ] *f* raising money on securities by cash sale coupled with sequent repurchase
Effektenpensionsgeschäft [e'fɛktənpɛnsjoːnsgəʃɛft] *n* security transactions under repurchase agreement *pl*
Effektenplatzierung [e'fɛktənplatsiːruŋ] *f* securities placing
Effektenrechnung [e'fɛktənrɛçnuŋ] *f* calculation of effective interest rate
Effektenstatistik [e'fɛktənʃtatɪstɪk] *f* securities statistics
Effektensubstitution [e'fɛktənsupstitutsjoːn] *f* securities substitution
Effektenterminhandel [e'fɛktəntɛrmiːnhandəl] *m* futures trading in stocks and bonds
Effektenverkauf [e'fɛktənfɛrkauf] *m* sale of securities, over-the-counter trading

Effektenverwaltung [e'fɛktənfɛrvaltuŋ] *f* portfolio management, *(Bank)* security deposit department
effektiv [efɛk'tiːf] *adj* effective
Effektivbestand [efɛk'tiːfbəʃtant] *m* actual stock
Effektivgeschäft [efɛk'tiːfgəʃɛft] *n* actual transaction
Effektivität [efɛktivi'tɛːt] *f* effectivity
Effektivklausel [efɛk'tiːfklausəl] *f* effective clause
Effektivleistung [efɛk'tiːflaɪstuŋ] *f* effective output
Effektivlohn [efɛk'tiːfloːn] *m* actual wage
Effektivvermerk [efɛk'tiːffɛrmɛrk] *m* actual currency clause
Effektivverzinsung [efɛk'tiːffɛrtsɪnzuŋ] *f* effective interest yield, true yield
Effektivzins [efɛk'tiːftsɪns] *m* effective interest
effizient [ɛfi'tsjɛnt] *adj* efficient
Effizienz [ɛfi'tsjɛnts] *f* efficiency
Effizienzregeln [ɛfi'tsjɛntsreːgəln] *f/pl* performance regulations *pl*
EG (Europäische Gemeinschaft) [eː'geː] *f* European Community (EC)
EG-Binnenmarkt [eːgeː'bɪnənmarkt] *m* European single market
ehemalig ['eːəmaːlɪç] *adj* former, ex-...
ehrenamtlich ['eːrənamtlɪç] *adj* unpaid, honorary; *adv* without payment, in an honorary capacity
Ehrenerklärung ['eːrənɛrklɛːruŋ] *f* public apology
Ehrengast ['eːrəngast] *m* guest of honour
Ehrenkodex ['eːrənkoːdɛks] *m* code of honour
Ehrenmitglied ['eːrənmɪtgliːt] *n* honorary member
Ehrgeiz ['eːrgaɪts] *m* ambition
ehrgeizig ['eːrgaɪtsɪç] *adj* ambitious
Ehrung ['eːruŋ] *f* honour, tribute, homage
eichen ['aɪçən] *v* calibrate, gauge
Eichung ['aɪçuŋ] *f* adjusting, calibration
eidesstattlich ['aɪdəsʃtatlɪç] *adj* in lieu of an oath
eidesstattliche Erklärung ['aɪdəsʃtatlɪçə ɛr'klɛːruŋ] *f* declaration in lieu of an oath
eifrig ['aɪfrɪç] *adj* eager, zealous, avid; *adv* eagerly, zealously, avidly
Eigenbeteiligung ['aɪgənbətaɪlɪguŋ] *f* self-participation
Eigenbetrieb ['aɪgənbətriːp] *m* owner-operated municipal enterprise

Eigenbewirtschaftung ['aɪgənbevɪrtʃaftuŋ] *f* self management
Eigendepot ['aɪgəndeːpoː] *n* own security deposit
eigene Aktien ['aɪgənə 'aktsjən] *f/pl* company-owned shares *pl*
eigene Effekten ['aɪgənə e'fɛktən] *pl* own security holdings *pl*
eigener Wechsel ['aɪgənər 'vɛksəl] *m* promissory note
Eigenfinanzierung ['aɪgənfinantsiːruŋ] *f* self-financing, financing from own resources, equity financing
Eigengeschäft ['aɪgəngəʃɛft] *n* transactions on own account
Eigengewicht ['aɪgəngəvɪçt] *n* net weight
Eigenhandel ['aɪgənhandəl] *m* trading on own account
eigenhändig ['aɪgənhɛndɪç] *adj* with one's own hands, *(Brief)* "hand to addressee only"
Eigenhändler(in) ['aɪgənhɛndlər(ɪn)] *m/f* businessman/businesswoman trading on own account
Eigenheimzulage ['aɪgənhaɪmtsuːlaːgə] *f* owner-occupied home premium
Eigeninitiative ['aɪgəninitsjatiːvə] *f* own initiative
Eigeninvestition ['aɪgənɪnvɛstitsjoːn] *f* self-financed investment
Eigenkapital ['aɪgənkapitaːl] *n* equity capital, one's own capital
Eigenkapitalentzug ['aɪgənkapitaːlɛntsuːk] *m* own capital withdrawal
Eigenkapitalerhöhung ['aɪgənkapitaːlɛrhøːuŋ] *f* increase in own capital
Eigenkapitalgrundsätze ['aɪgənkapitaːlgruntsɛtsə] *m/pl* principles on own capital *pl*
Eigenkapitalkonto ['aɪgənkapitaːlkɔnto] *n* equity account
Eigenkapitalquote ['aɪgənkapitaːlkvoːtə] *f* equity ratio
Eigenkapitalrentabilität ['aɪgənkapitaːlrɛntabiliːtɛt] *f* equity return, income-to-equity ratio
Eigenkapitalzinsen ['aɪgənkapitaːltsɪnzən] *m/pl* equity yield rate
Eigenleistungen ['aɪgənlaɪstuŋən] *f/pl* own contributions *pl,* own funding
eigenmächtig ['aɪgənmɛçtɪç] *adj* arbitrary, high-handed, done on one's own authority
Eigenmächtigkeit ['aɪgənmɛçtɪçkaɪt] *f* arbitrary action

Eigenmarke ['aɪɡənmarkə] *f* private brand, own brand
Eigenmittel ['aɪɡənmɪtəl] *n/pl* own resources *pl*, own reserves *pl*
Eigennutzung ['aɪɡənnutsuŋ] *f* internal use, own use
eigenständig ['aɪɡənʃtɛndɪç] *adj* independent
Eigenständigkeit ['aɪɡənʃtɛndɪçkaɪt] *f* independence
Eigentum ['aɪɡəntuːm] *n* property
Eigentümer(in) ['aɪɡəntyːmər(ɪn)] *m/f* owner, proprietor
Eigentümergrundschuld ['aɪɡənty:mərgruntʃult] *f* land charge in favour of the owner
Eigentümerhypothek ['aɪɡənty:mərhy:poteːk] *f* mortgage for the benefit of the owner, owner's mortgage
Eigentümerversammlung ['aɪɡənty:mərfɛrsamluŋ] *f* general meeting of condo owners
Eigentumsanspruch ['aɪɡəntuːmsanʃprux] *m* claim of ownership
Eigentumsaufgabe ['aɪɡəntuːmsaufgaːbə] *f* relinquishing of ownership
Eigentumsbildung ['aɪɡəntuːmsbɪlduŋ] *f* creation of private property
Eigentumserwerb ['aɪɡəntuːmsɛrverp] *m* acquisition of property, property acquisition
Eigentumsnachweis ['aɪɡəntuːmsnaːxvaɪs] *m* proof of ownership, evidence of ownership
Eigentumsrechte ['aɪɡəntuːmsrɛçtə] *n/pl* property rights *pl*
Eigentumsübertragung ['aɪɡəntuːmsyːbərtraːguŋ] *f* transfer of ownership, transfer of property
Eigentumsvorbehalt ['aɪɡəntuːmsfoːrbəhalt] *m* reservation of title
Eigentumswohnung ['aɪɡənstuːmsvoːnuŋ] *f* condominium; cooperative apartment
eigenverantwortlich ['aɪɡənfɛrantvɔrtlɪç] *adj* responsible
Eigenverantwortlichkeit ['aɪɡənfɛrantvɔrtlɪçkaɪt] *f* responsibility
Eigenverantwortung ['aɪɡənfɛrantvɔrtuŋ] *f* responsibility
Eigenverbrauch ['aɪɡənfɛrbraux] *m* personal consumption
Eigenvermögen ['aɪɡənfɛrmøːgən] *n* own capital
Eigenwechsel ['aɪɡənvɛksəl] *m* promissory note

eigenwillig ['aɪɡənvɪlɪç] *adj* with a mind of one's own, highly individual
Eigner(in) ['aɪɡnər(ɪn)] *m/f (Eigentümer)* owner, proprietor
Eigners Gefahr (o.r.) ['aɪɡnərs gə'faːr] *f* owner's risk
Eignung ['aɪɡnuŋ] *f* suitability; *(Befähigung)* aptitude
Eignungstest ['aɪɡnuŋstest] *m 1. (Personal)* aptitude test *2. (Betriebswirtschaft)* acceptance test
Eilauftrag ['aɪlauftraːk] *m* rush order
Eilbote ['aɪlboːtə] *m* express messenger, courier
Eilbrief ['aɪlbriːf] *m* express letter
Eilfracht ['aɪlfraxt] *f* express goods *pl*, fast freight *(US)*
Eilgut ['aɪlguːt] *n* goods sent by express *pl*
eilig ['aɪlɪç] *adj* hurried, rushed, hasty; *es ~ haben* to be in a hurry
Eilpaket ['aɪlpakeːt] *n* express parcel
Eilschrift ['aɪlʃrɪft] *f* high-speed shorthand, abbreviated shorthand
Eilüberweisung ['aɪlyːbərvaɪsuŋ] *f* rapid money transfer
Eilzug ['aɪltsuːk] *m* semi-fast train
Eilzustellung ['aɪltsuːʃtɛluŋ] *f* express delivery
einarbeiten ['aɪnarbaɪtən] *v* train s.o. for a job, familiarize s.o. with a job
Einarbeitung ['aɪnarbaɪtuŋ] *f* getting used to one's work, training, vocational adjustment
Einarbeitungszeit ['aɪnarbaɪtuŋstsaɪt] *f* training period, settling-in period
einbehalten ['aɪnbəhaltən] *v irr* keep back, retain
einberechnen ['aɪnbəreçnən] *v etw mit ~* factor sth in
einberufen ['aɪnbəruːfən] *v irr (Versammlung)* convene, call, summon
Einberufung ['aɪnbəruːfuŋ] *f (einer Versammlung)* convening, calling, convocation
einbinden ['aɪnbɪndən] *v irr (fig)* include, integrate, involve
Einblick ['aɪnblɪk] *m* insight
einbringen ['aɪnbrɪŋən] *v* earn, yield, bring in; *(Verlust)* make up for
Einbruch ['aɪnbrux] *m (Preise)* slump, fall in prices
Einbruchversicherung ['aɪnbruxfɛrzɪçəruŋ] *f* housebreaking insurance
Einbuße ['aɪnbuːsə] *f* loss, damage
einbüßen ['aɪnbyːsən] *v 1. (Geld)* lose; *2. (Recht)* forfeit

eindecken ['aɪndɛkən] v *sich mit etw ~ stock up on sth, lay in a supply of sth; jdn mit etw ~ provide s.o. with sth*
eindeutig ['aɪndɔytɪç] adj *clear, unmistakable; adv clearly, unmistakably*
eineinhalb [aɪnaɪn'halp] num *one and a half*
Einflussgrößenrechnung ['aɪnflusgrøːsənrɛçnuŋ] f *factor impacting calculation*
einfordern ['aɪnfɔrdərn] v *call in, claim*
Einfuhr ['aɪnfuːr] f *import(ation)*
Einfuhrartikel ['aɪnfuːrartɪkəl] m/pl *foreign imports pl, imported articles pl*
Einfuhrbeschränkung ['aɪnfuːrbəʃrɛŋkuŋ] f *import restriction*
Einfuhrbewilligung ['aɪnfuːrbəvɪlɪguŋ] f *import permit, import licence*
einführen ['aɪnfyːrən] v *1. (etw Neues) introduce; 2. (importieren) import*
Einfuhrerklärung ['aɪnfuːrɛrklɛːruŋ] f *import declaration*
Einfuhrerleichterung ['aɪnfuːrɛrlaɪçtəruŋ] f *import facilities pl*
Einfuhrgenehmigung ['aɪnfuːrgəneːmɪguŋ] f *import permit, import licence*
Einfuhrhandel ['aɪnfuːrhandəl] f *import trade*
Einfuhrhändler(in) ['aɪnfuːrhɛndlər(ɪn)] m/f *importer*
Einfuhrkontingentierung ['aɪnfuːrkɔntɪngɛntiːruŋ] f *quota allocation for imported goods*
Einfuhrlenkung ['aɪnfuːrlɛŋkuŋ] f *import control*
Einfuhrlizenz ['aɪnfuːrlitsɛnts] f *import licence*
Einfuhrpapiere ['aɪnfuːrpapiːrə] n/pl *import documents pl*
Einfuhrstopp ['aɪnfuːrʃtɔp] m *import embargo, import ban*
Einführung ['aɪnfyːruŋ] f *(von etw Neuem) introduction, launch*
Einführungsangebot ['aɪnfyːruŋsangəboːt] n *initial offer, introductory offer*
Einführungsanzeige ['aɪnfyːruŋsantsaɪgə] f *launch*
Einführungskurs ['aɪnfyːruŋskurs] m *(Aktien) issue price*
Einführungsphase ['aɪnfyːruŋsfaːzə] f *introduction stage*
Einführungspreis ['aɪnfyːruŋspraɪs] m *introductory offer, initial price*
Einführungsrabatt ['aɪnfyːruŋsrabat] m *introductory discount*

Einführungstest ['aɪnfyːruŋstɛst] m *product placement*
Einfuhrverbot ['aɪnfuːrfɛrboːt] n *import prohibition, ban on imports*
Einfuhrzoll ['aɪnfuːrtsɔl] m *import duty, import levy*
Eingabe ['aɪngaːbə] f *1. (Daten) input, entry; 2. (Antrag) petition, application, request*
Eingang ['aɪngaŋ] m *1. (Wareneingang) arrival receipt of goods; 2. (Geldeingang) receipt*
Eingang vorbehalten ['aɪngaŋ 'foːrbəhaltən] *due payment reserved*
Eingangsbestätigung ['aɪngaŋsbəʃtɛːtɪguŋ] f *confirmation of receipt*
Eingangsstempel ['aɪngaŋsʃtɛmpəl] m *receipt stamp*
Eingangsvermerk ['aɪngaŋsfɛrmɛrk] m *notice of receipt, receipt notice*
eingeben ['aɪngeːbən] v irr *1. (Daten) input, enter, feed; 2. (einreichen) submit, hand in*
eingehen ['aɪngeːən] v irr *1. (auf einen Vorschlag) agree to, consent to; 2. (Verpflichtung) enter into, embark on*
eingeschlossen ['aɪngəʃlɔsən] adj *included, cum*
eingespielt ['aɪngəʃpiːlt] adj *used to working together*
Eingeständnis ['aɪngəʃtɛntnɪs] n *admission, confession*
eingestehen ['aɪngəʃteːən] v irr *admit, confess, avow*
eingetragen ['aɪngətraːgən] adj *registered, entered; nicht ~ unregistered*
eingetragener Verein (e.V.) ['aɪngətraːgənər fɛr'aɪn] m *registered association*
eingezahltes Kapital ['aɪngətsaːltəs kapi'taːl] n *paid-up capital*
eingreifen ['aɪngraɪfən] v irr *(einschreiten) intervene, step in*
Eingriff ['aɪngrɪf] m *(Einschreiten) intervention, interference*
Einhalt ['aɪnhalt] m *check; ~ gebieten stop, put a stop to, halt*
einhalten ['aɪnhaltən] v *1. (befolgen) observe, stick to, adhere to; 2. (Versprechen) keep; 3. (beibehalten) follow, keep to*
Einhaltung ['aɪnhaltuŋ] f *1. (Befolgung) observance of, compliance to; 2. (Beibehaltung) holding to, adherence to*
einheften ['aɪnhɛftən] v *(Akten) file*
Einheit ['aɪnhaɪt] f *unity; (eine ~) unit*
Einheitliche Europäische Artikelnummer (EAN) ['aɪnhaɪtlɪçə ɔyro'pɛːɪʃə ar'tɪkəlnumər] f *European article number (EAN)*

Einheitsbilanz ['aɪnhaɪtsbilants] *f* unified balance sheet
Einheitsgesellschaft ['aɪnhaɪtsgəzɛlʃaft] *f* unified company
Einheitskurs ['aɪnhaɪtskurs] *m* uniform price, spot price
Einheitsmarkt ['aɪnhaɪtsmarkt] *m* single-price market
Einheitspreis ['aɪnhaɪtspraɪs] *m* standard price, uniform price
Einheitssatz ['aɪnhaɪtszats] *m* standard rate
Einheitsscheck ['aɪnhaɪtsʃɛk] *m* standard cheque
Einheitssteuer ['aɪnhaɪtsʃtɔyər] *f* uniform tax
Einheitstarif ['aɪnhaɪtstariːf] *m* uniform rate, uniform tariff
Einheitsvordruck ['aɪnhaɪtsfoːrdruk] *m* standard form
Einheitswährung ['aɪnhaɪtsvɛːruŋ] *f* unified currency
Einheitswechsel ['aɪnhaɪtsvɛksəl] *m* standard bill
Einheitswert ['aɪnhaɪts'veːrt] *m* standard value, rateable value
Einheitszoll ['aɪnhaɪtstsɔl] *m* uniform duty
einhellig ['aɪnhɛlɪç] *adj* unanimous
einig ['aɪnɪç] *adj 1.* sich über etw ~ werden come to an agreement on sth; wir sind uns ~, dass ... we agree that ..., we are in agreement that ...; *2. (geeint)* united
einigen ['aɪnɪgən] *v 1.* sich ~ come to an agreement, agree, come to terms; *2. sich ~ über* agree on
Einigkeit ['aɪnɪçkaɪt] *f* unity, harmony, unanimity
Einigung ['aɪnɪguŋ] *f* agreement, understanding, settlement
Einigungsstelle ['aɪnɪguŋsʃtɛlə] *f* conciliation board
Einigungsversuch ['aɪnɪguŋsfɛrzuːx] *m* attempt at reconciliation
Einigungsvorschlag ['aɪnɪguŋsfoːrʃlaːk] *m* conciliatory proposal
einkalkulieren ['aɪnkalkuliːrən] *v* take into account
Einkauf ['aɪnkauf] *m* purchasing, purchase
einkaufen ['aɪnkaufən] *v* buy, purchase, shop (for)
Einkäufer(in) ['aɪnkɔyfər(ɪn)] *m/f* buyer
Einkaufsabteilung ['aɪnkaufsaptaɪluŋ] *f* purchasing department
Einkaufsagent ['aɪnkaufsagɛnt] *m* purchasing agent

Einkaufsbedingungen ['aɪnkaufsbədɪŋuŋən] *f/pl* purchasing terms *pl*
Einkaufsgemeinschaft ['aɪnkaufsgəmaɪnʃaft] *f* purchasing association
Einkaufsgenossenschaft ['aɪnkaufsgənɔsənʃaft] *f* purchasing cooperative
Einkaufsland ['aɪnkaufslant] *n* country of purchase
Einkaufspassage ['aɪnkaufspasaːʒə] shopping mall *(US)*, shopping passage
Einkaufspolitik ['aɪnkaufspɔlitiːk] *f* procurement policy
Einkaufspreis ['aɪnkaufspraɪs] *m* wholesale price, cost price, purchase price
Einkaufszentrum ['aɪnkaufstsɛntrum] *n* shopping centre, shopping mall *(US)*
einklagen ['aɪnklaːgən] *v* sue for
Einkommen ['aɪnkɔmən] *n* income, earnings; revenue; festes ~ fixed income; regular income; verfügbares ~ disposable income; Jahres~ annual income, annual earnings
Einkommenseffekt ['aɪnkɔmənsefɛkt] *m* income effect; income generating effect
Einkommenserklärung ['aɪnkɔmənsɛrklɛːruŋ] *f* income declaration
Einkommensfonds ['aɪnkɔmənsfɔ̃] *m* income fund
einkommensschwach ['aɪnkɔmənsʃvax] *adj* of low wage
einkommensstark ['aɪnkɔmənsʃtark] *adj* high-income
Einkommenssteuer ['aɪnkɔmənsʃtɔyər] *f* income tax
Einkommenssteuerbescheid ['aɪnkɔmənsʃtɔyərbəʃaɪt] *m* income tax assessment
Einkommenssteuererklärung ['aɪnkɔmənsʃtɔyərɛrklɛːruŋ] *f* income tax return, declaration of income tax
einkommenssteuerpflichtig ['aɪnkɔmənsʃtɔyərpflɪçtɪç] *adj* liable to income tax
Einkommensstufe ['aɪnkɔmənsʃtuːfə] *f* income bracket
Einkommenstheorie ['aɪnkɔmənsteːoriː] *f* theory of income determination
Einkommensumverteilung ['aɪnkɔmənsumfɛrtaɪluŋ] *f* redistribution of income
Einkommensverteilung ['aɪnkɔmənsfɛrtaɪluŋ] *f* distribution of income
Einkünfte ['aɪnkynftə] *pl* income, earnings *pl, (des Staates)* revenue
Einladung ['aɪnlaːduŋ] *f* invitation
Einlage ['aɪnlaːgə] *f* stake, investment, money deposited

Einlagekapital ['aɪnlaːgəkapitaːl] n invested capital, investment, inital share
Einlagekonto ['aɪnlaːgəkɔnto] n 1. (Bank) deposit account; 2. (Unternehmen) investment account
Einlagen ['aɪnlaːgən] f/pl deposit
Einlagengeschäft ['aɪnlaːgəngəʃɛft] n deposit business
Einlagenpolitik ['aɪnlaːgənpolitiːk] f deposit policy
Einlagensicherung ['aɪnlaːgənzɪçəruŋ] f guarantee of deposit
Einlagensicherungsfonds ['aɪnlaːgənzɪçəruŋsfɔ] m deposit guarantee fund
Einlagenzertifikat ['aɪnlaːgəntsɛrtifikaːt] n certificate of deposit
einlagern ['aɪnlaːgərn] v store
Einlagerung ['aɪnlaːgəruŋ] f storage
einlegen ['aɪnleːgən] v 1. put in; 2. Protest ~ lodge a protest; 3. (Geld) deposit
einlesen ['aɪnleːzən] v irr read in
Einlinienorganisation ['aɪnlinjənɔrganizatsjoːn] f straight-line organization
einloggen ['aɪnlɔgən] v sich ~ log in, log on
einlösen ['aɪnløːzən] v (Scheck) cash
Einlösung ['aɪnløːzuŋ] f payment, encashment
Einlösungspflicht ['aɪnløːzuŋspflɪçt] f obligation to redeem
Einnahmen ['aɪnnaːmən] f/pl receipts pl
Einnahmen-Ausgaben-Rechnung ['aɪnnaːmən'ausgaːbənrɛçnuŋ] f bill of receipts and expenditures
Einnahmeposten ['aɪnnaːməpɔstən] m item of income, income item
Einnahmequelle ['aɪnnaːməkvɛlə] f 1. (privat) source of income; 2. (Staat) source of revenue
einnehmen ['aɪnneːmən] v irr (verdienen) earn
Einnehmer(in) ['aɪnneːmər(ɪn)] m/f collector
Einpersonengesellschaft ['aɪnpɛrsoːnəngəzɛlʃaft] f one-man corporation
einplanen ['aɪnplaːnən] v include in the plan, plan on
Einproduktbetrieb ['aɪnprɔduktbətriːp] m single-product firm
Einpunktklausel ['aɪnpunktklauzəl] f one-item clause
Einrede ['aɪnreːdə] f defence, plea
Einrede der Arglist ['aɪnreːdə deːr 'arglist] f defence of fraud
Einrede der Vorausklage ['aɪnreːdə deːr fo'rausklaːgə] f defence of lack of prosecution

Einsatz ['aɪnzats] m 1. (Kapitaleinsatz) investment; 2. (Anwendung) employment, use, application; 3. (Hingabe) effort, commitment, dedication
einsatzbereit ['aɪnzatsbərait] adj ready for use
Einsatzfaktor ['aɪnzatsfaktɔr] m input factor
einschränken ['aɪnʃrɛŋkən] v restrict, limit
Einschränkungsklausel ['aɪnʃrɛŋkuŋsklauzəl] f restrictive clause
Einschränkungsmaßnahmen ['aɪnʃrɛŋkuŋsmaːsnaːmən] f/pl restrictive measures pl, austerity measures pl
Einschreibebrief ['aɪnʃraɪbəbriːf] m registered letter
Einschreiben ['aɪnʃraɪbən] n per ~ by registered post, by registered mail (US)
Einschreibung ['aɪnʃraɪbuŋ] f registration
Einschuss ['aɪnʃus] m margin requirement
Einschussquittung ['aɪnʃuskvɪtuŋ] f contribution receipt
einseitige Übertragung ['aɪnzaɪtɪgə yːbər'traːguŋ] f unilateral transfer
einsenden ['aɪnzɛndən] v irr send in
Einsender ['aɪnzɛndər] m sender
Einsendung ['aɪnzɛnduŋ] f letter, contribution
Einsichtnahme ['aɪnzɪçtnaːmə] f inspection
einsortieren ['aɪnzɔrtiːrən] v sort in
einsparen ['aɪnʃpaːrən] v economize, save money
Einsparung ['aɪnʃpaːruŋ] f saving, economization
Einsparungsmaßnahmen ['aɪnʃpaːruŋsmaːsnaːmən] f/pl economy measures pl
Einspruch ['aɪnʃprux] m objection, protest
Einspruch erheben ['aɪnʃprux ɛr'heːbən] v raise an objection, disagree
Einspruchsfrist ['aɪnʃpruxsfrɪst] f period for objection
Einspruchsrecht ['aɪnʃpruxsrɛçt] n right to appeal
einstampfen ['aɪnʃtampfən] v pulp, crush
Einstandspreis ['aɪnʃtantspraɪs] m cost price
einstellen ['aɪnʃtɛlən] v 1. (Arbeitskräfte) employ, engage; 2. (beenden) stop, cease, leave off; 3. (regulieren) adjust, regulate
Einstellung ['aɪnʃtɛluŋ] f 1. (Arbeitskräfte) employment; 2. (Beendigung) cessation, suspension; 3. (Regulierung) setting, adjustment

Einstellungsbedingung ['aɪnʃtɛluŋsbə-dɪŋuŋ] *f* employment condition
Einstellungsgespräch ['aɪnʃtɛluŋsgə-ʃprɛːç] *n* job interview
Einstellungsgesuch ['aɪnʃtɛluŋsgəzuːx] *n* application (for a job), job application
Einstellungsstopp ['aɪnʃtɛluŋsʃtɔp] *m* freeze on further recruitment, job freeze
Einstimmigkeitsregel ['aɪnʃtɪmɪçkaɪts-regəl] *f* unanimity rule
einstufen ['aɪnʃtuːfən] *v* grade, classify, rate
Einstufung ['aɪnʃtuːfuŋ] *f* classification
einstweilig ['aɪnstvaɪlɪç] *adj* in the interim, temporary, *~e Verfügung* temporary injunction, temporary restraining order
Eintragung ['aɪntraːguŋ] *f* registration, entering; *amtliche ~* incorporation
Eintragung im Handelsregister ['aɪntraːguŋ ɪm 'handəlsrəgɪstər] *f* registration in the Commercial Register
Eintrittsbedingung ['aɪntrɪtsbədɪŋuŋ] *f* conditions for participation *pl*
Eintrittsstrategien ['aɪntrɪtsʃtrategiːən] *f/pl* entry strategies *pl*
Einvernehmen ['aɪnfɛrneːmən] *n* agreement, understanding
einvernehmlich ['aɪnfɛrneːmlɪç] *adj* in mutual agreement
einverstanden ['aɪnfɛrʃtandən] *v mit etw ~ sein* agree with sth, consent to sth, be agreeable to sth; *Einverstanden! Agreed!*
Einverständnis ['aɪnfɛrʃtɛntnɪs] *n* agreement, consent, approval
Einverständniserklärung ['aɪnfɛrʃtɛnt-nɪsɛrklɛːruŋ] *f* declaration of consent
Einwand ['aɪnvant] *m* objection
einwandfrei ['aɪnvantfraɪ] *adj* faultless, impeccable, irreproachable
einwechseln ['aɪnvɛksəln] *v 1. (Devisen)* exchange, change; *2. (Scheck)* cash
Einwechslung ['aɪnvɛksluŋ] *f 1. (Devisen)* exchanging, changing; *2. (Scheck)* cashing
Einwegflasche ['aɪnveːkflaʃə] *f* non-returnable bottle
Einwegverpackung ['aɪnveːkfɛrpakuŋ] *f* non-returnable packaging
einweihen ['aɪnvaɪən] *v* inaugurate
Einweihung ['aɪnvaɪuŋ] *f* inauguration, ceremonial opening
einweisen ['aɪnvaɪzən] *v irr (anleiten)* introduce, instruct
Einweisung ['aɪnvaɪzuŋ] *f* induction; *(Instruktionen)* instructions *pl*

einwilligen ['aɪnvɪlɪgən] *v* agree, consent, approve
Einwilligung ['aɪnvɪlɪguŋ] *v* approval, consent, agreement
einzahlen ['aɪntsaːlən] *v* pay in, deposit
Einzahler(in) ['aɪntsaːlər(ɪn)] *m/f* depositer, payer
Einzahlung ['aɪntsaːluŋ] *f* payment, deposit
Einzahlungsbeleg ['aɪntsaːluŋsbəleːk] *m* paying-in slip, deposit slip
Einzahlungspflicht ['aɪntsaːluŋspflɪçt] *f* obligation to pay subscription
Einzelabschreibung ['aɪntsəlapʃraɪbuŋ] *f* single-asset depreciation
Einzelarbeitsvertrag ['aɪntsəlarbaɪtsfɛr-traːk] *m* individual employment contract
Einzelbetrag ['aɪntsəlbətraːk] *m* single amount
Einzelbetrieb ['aɪntsəlbətriːp] *m* individual enterprise, sole trader
Einzelfall ['aɪntsəlfal] *m* individual case, particular case
Einzelfertigung ['aɪntsəlfɛrtiguŋ] *f* individual production; single-item manufacturing
Einzelhandel ['aɪntsəlhandəl] *m* retail trade
Einzelhandelsgeschäft ['aɪntsəlhandəls-gəʃɛft] *n* retail store
Einzelhandelspreis ['aɪntsəlhandəlspraɪs] *m* retail price
Einzelhandelsspanne ['aɪntsəlhandəls-ʃpanə] *f* retail price margin
Einzelhändler ['aɪntsəlhɛndlər] *m* retailer
Einzelkaufmann ['aɪntsəlkaufman] *m* sole trader
Einzelkosten ['aɪntsəlkɔstən] *pl* direct cost
Einzelkredit ['aɪntsəlkrediːt] *m* personal loan
Einzelkreditversicherung ['aɪntsəlkrediːt-fɛrtsɪçəruŋ] *f* individual credit insurance
Einzellohn ['aɪntsəlloːn] *m* individual salary, individual wage
einzeln ['aɪntsəln] *adj* individual, single, particular; *im Einzelnen* in detail; *adv* individually, separately, one by one
Einzelposten ['aɪntsəlpɔstən] *m* single item, unique item
Einzelprokura ['aɪntsəlprokuːra] *n* individual power of procuration
Einzelstück ['aɪntsəlʃtyk] *n* unique piece
Einzelverkauf ['aɪntselfɛrkauf] *m* retail sale
Einzelverkaufspreis ['aɪntsəlfɛrkaufs-praɪs] *m* retail price, selling price

Einzelverpackung ['aɪntsəlfɛrpakuŋ] *f* unit packing

Einzelvollmacht ['aɪntsəlfɔlmaxt] *f* individual power of representation

Einzelwerbung ['aɪntsəlvɛrbuŋ] *f* direct advertising

einziehen ['aɪntsiːən] *v 1. (beschlagnahmen)* confiscate, impound, withdraw; *2. Auskünfte über etw ~* gather information about sth; *3. (kassieren)* collect, call in; *4. (aus dem Verkehr ziehen)* call in

Einziehungsauftrag ['aɪntsiːuŋsauftraːk] *m* direct debit order, collection order, direct debit instruction

Einziehungsermächtigung ['aɪntsiːuŋsɛrmɛçtɪguŋ] *f* direct debit authorization

Einziehungsgeschäft ['aɪntsiːuŋsgəʃɛft] *n* collection business

Einziehungsvollmacht ['aɪntsiːuŋsfɔlmaxt] *f* right to collect

Einzug ['aɪntsuːk] *m 1. (Beschlagnahme)* confiscation, seizure, impounding; *2. (von Geld, Steuern)* collection, cashing

Einzugsermächtigung ['aɪntsuːksɛrmɛçtɪguŋ] *f* direct debit instruction

Einzugsermächtigungsverfahren ['aɪntsuːksɛrmɛçtɪguŋsfɛrfaːrən] *n* collection procedure

Einzugsgebiet ['aɪntsuːksgəbiːt] *n* area of supply, catchment area, trading area

Einzugsquittung ['aɪntsuːkskvɪtuŋ] *f* collection receipt

Einzugsspesen ['aɪntsuːksʃpeːzən] *pl* collecting charges *pl,* collecting expenses *pl*

Einzugsverfahren ['aɪntsuːksfɛrfaːrən] *n* collection procedure

Eisen schaffende Industrie ['aɪzən ʃafəndə ɪndusˈtriː] *f* iron and steel producing industry

Eisenbahn ['aɪzənbaːn] *f* railway

Eisenbahnnetz ['aɪzənbaːnnɛts] *n* railway network

Eisenbahntarif ['aɪzənbaːntariːf] *m* railway tariff

Eisenbahnwagen ['aɪzənbaːnvaːgən] *m* railway carriage, railroad car *(US)*

Eisenbörse ['aɪzənbøːrzə] *f* iron exchange

Eisenindustrie ['aɪzənɪndustriː] *f* iron industry

Eisen verarbeitend ['aɪzən fɛrarbaɪtənt] *adj* iron-processing

eiserner Bestand ['aɪzərnər bəˈʃtant] *m (Betriebswirtschaft)* minimum inventory level, *(Geld)* reserve fund

Electronic Banking [ɪlekˈtrɔnɪk ˈbæŋkɪŋ] *n* electronic banking

Electronic Business [ɪlekˈtrɔnɪk ˈbɪznɪs] *n* electronic business

Electronic Cash [ɪlekˈtrɔnɪk kæʃ] *n* electronic cash

Electronic Commerce [ɪlekˈtrɔnɪk ˈkɔmɜs] *m* electronic commerce

Elefantenhochzeit [eleˈfantənhoxtsaɪt] *f (fig)* jumbo merger, giant merger, megadollar merger *(US)*

Elektrik [eˈlɛktrɪk] *f 1.* electrical equipment; *2. (Elektrotechnik)* electrical engineering

Elektriker(in) [eˈlɛktrɪkər(ɪn)] *m/f* electrician

elektrisch [eˈlɛktrɪʃ] *adj* electric, electrical

Elektrizität [elɛktritsiˈtɛːt] *f* electricity, electric current

Elektrizitätswerk [elɛktritsiˈtɛːtsvɛrk] *n* power station, generating plant

Elektroindustrie [eˈlɛktroɪndustriː] *f* electrical engineering industry

Elektronik [elɛkˈtroːnɪk] *f* electronics

elektronisch [elɛkˈtroːnɪʃ] *adj* electronic

Elektrotechnik [eˈlɛktrotɛçnɪk] *f* electrical engineering

Elektrotechniker(in) [eˈlɛktrotɛçnɪkər(ɪn)] *m/f* electrician

E-Mail ['iːmeɪl] *n* e-mail

Embargo [ɛmˈbargo] *n* embargo, *ein ~ aufheben* to lift an embargo

Emission [emɪsˈjoːn] *f* issue, issuing

Emissionsabteilung [emɪsˈjoːnsaptaɪluŋ] *f* issue department

Emissionsagio [emɪsˈjoːnsaːdʒo] *n* issue premium

Emissionsarten [emɪsˈjoːnsartən] *f/pl* types of issuing *pl*

Emissionsbank [emɪsˈjoːnsbaŋk] *f* issuing bank, issuing house

Emissionsbedingungen [emɪsˈjoːnsbədɪŋuŋən] *f/pl* terms and conditions of issue *pl*

emissionsfähig [emɪsˈjoːnsfɛːɪç] *adj* issuable

Emissionsgenehmigung [emɪsˈjoːnsgəneːmiguŋ] *f* issue permit

Emissionsgeschäft [emɪsˈjoːnsgəʃɛft] *n* investment business, underwriting business

Emissionsgesetz [emɪsˈjoːnsgəzɛts] *n* Issue Law

Emissionshaus [emɪsˈjoːnshaus] *n* issuing house

Emissionskalender [emɪsˈjoːnskalɛndər] *m* issue calendar

Emissionskonsortium [emɪs'joːnskɔn-sɔrtsjum] *n* underwriting syndicate
Emissionskontrolle [emɪs'joːnskɔntrɔlə] *f* security issue control
Emissionskosten [emɪs'joːnskɔstən] *pl* underwriting costs *pl*
Emissionskredit [emɪs'joːnskrediːt] *m* credit granted to the issuer by the bank
Emissionskurs [emɪs'joːnskurs] *m* rate of issue, issue price
Emissionsmarkt [emɪs'joːnsmarkt] *m* primary market
Emissionsrendite [emɪs'joːnsrɛndiːtə] *f* issue yield
Emissionsreste [emɪs'joːnsrɛstə] *m/pl* residual securities of an issue *pl*
Emissionssperre [emɪs'joːnsʃpɛrə] *f* ban on new issues
Emissionsstatistik [emɪs'joːnsʃtatɪstɪk] *f* new issue statistics
Emissionssyndikat [emɪs'joːnszyndikaːt] *n* underwriting syndicate
Emissionsverfahren [emɪs'joːnsfɛrfaː-rən] *n* issuing procedure
Emissionsvergütung [emɪs'joːnsfɛrgyː-tuŋ] *f* issue commission
Emissionswährung [emɪs'joːnsvɛːruŋ] *f* issue currency, currency of issue
emittieren [emɪ'tiːrən] *v* issue
Empfang [ɛm'pfaŋ] *m 1. (Erhalt)* receipt; *2. (Begrüßung)* reception, welcome; *3. (Veranstaltung)* reception; *4. (Rezeption)* reception area; *5. (TV)* reception
empfangen [ɛm'pfaŋən] *v irr 1.* receive; *2. (begrüßen)* welcome, greet, meet
Empfänger [ɛm'pfɛŋər] *m 1.* recipient, *2. (Gerät)* receiver
empfangsberechtigt [ɛm'pfaŋsbərɛçtɪçt] *adj* authorized to receive
Empfangsbescheinigung (rect.) [ɛm-'pfaŋsbəʃaɪniguŋ] *f* receipt, acknowledgement of receipt
Empfangsbestätigung [ɛm'pfaŋsbəʃtɛː-tɪguŋ] *f* receipt, acknowledgement of receipt
Empfangschef(in) [ɛm'pfaŋsʃɛf(ɪn)] *m/f* reception clerk
Empfangsdame [ɛm'pfaŋsdaːmə] *f* receptionist
Empfangshalle [ɛm'pfaŋshalə] *f* foyer
Empfangszimmer [ɛm'pfaŋstsɪmər] *n* reception room
empfehlen [ɛm'pfeːlən] *v irr* recommend; *es empfiehlt sich, etw zu tun* it is a good idea to do sth

empfehlenswert [ɛm'pfeːlənsveːrt] *adj* to be recommended, *(ratsam)* advisable
Empfehlung [ɛm'pfeːluŋ] *f* recommendation
Empfehlungsschreiben [ɛm'pfeːluŋsʃraɪ-bən] *n* letter of recommendation, reference *(UK)*, letter of introduction
empirisch [ɛm'piːrɪʃ] *adj* empirical
empirische Marktforschung [ɛm'piːrɪʃə 'marktfɔrʃuŋ] *f* empirical market research
empirische Wirtschaftsforschung [ɛm-'piːrɪʃə 'vɪrtʃaftsfɔrʃuŋ] *f* empirical economic research
empirischer Gehalt [ɛm'piːrɪʃər gə'halt] *m* empirical contents *pl*
Endabnehmer ['ɛntapneːmər] *m* ultimate buyer
Endabrechnung ['ɛntaprɛçnuŋ] *f* final account
Endabstimmung ['ɛntapstɪmuŋ] *f* final vote
Endbetrag ['ɛntbətraːk] *m* final amount
Endergebnis ['ɛntɛrgeːpnɪs] *n* final result
Endkontrolle ['ɛntkɔntrɔlə] *f* final control
Endkostenstelle ['ɛntkɔstənʃtɛlə] *f* final cost center
endlagern ['ɛntlaːgərn] *v* permanently dump, permanently dispose of
Endlagerung ['ɛntlaːgəruŋ] *f* permanent storage (of radioactive waste)
Endnachfrage ['ɛntnaːxfraːgə] *f* final demand
endogene Variable ['ɛndogeːnə vari'aː-blə] *f* endogenous variable
Endpreis ['ɛntpraɪs] *m* final price
Endprodukt ['ɛntprɔdukt] *n* finished product, final product
Endverbraucher ['ɛntfɛrbrauxər] *m* (ultimate) consumer, end user
Endwert ['ɛntveːrt] *m* final value
Energie [enɛr'giː] *f* energy
energiearm [enɛr'giːarm] *adj* low-energy
Energiebedarf [enɛr'giːbədarf] *m* energy requirements *pl*
Energiebesteuerung [enɛr'giːbəʃtɔyəruŋ] *f* energy taxation
energiebewusst [enɛr'giːbəvust] *adj* energy-conscious
Energiebilanz [enɛr'giːbilants] *f* energy balance statement
Energieersparnis [enɛr'giːɛrʃpaːrnɪs] *f* energy savings *pl*
Energiefonds [enɛr'giːfõ] *m* electricity and fuels funds *pl*

Energiekrise [enɛr'giːkriːzə] *f* energy crisis
Energiepolitik [enɛr'giːpolitiːk] *f* energy policy
Energiequelle [enɛr'giːkvɛlə] *f* energy source
Energiesteuer [enɛr'giːʃtɔyər] *f* energy tax
Energieverbrauch [enɛr'giːfɛrbraux] *m* energy consumption
Energieversorgung [enɛr'giːfɛrzɔrguŋ] *f* energy supply
Energiewirtschaft [enɛr'giːvɪrtʃaft] *f* power-producing industry
Engagement [ãŋgaʒə'mã] *n 1. (Einsatz)* commitment, involvement; *2. (Anstellung)* engagement
enger Markt ['ɛŋər 'markt] *m* restricted market
Engineering [endʒɪ'niərɪŋ] *n* engineering
Engpass ['ɛŋpas] *m* bottleneck, shortage
Engpassfaktor ['ɛŋpasfaktoːr] *m* bottleneck factor
Engpassplanung ['ɛŋpasplaːnuŋ] *f* overall planning with special attention to bottleneck areas
en gros [ã: 'groː] *adj* in bulk
Entdeckung [ɛnt'dɛkuŋ] *f* discovery, detection, finding
enteignen [ɛnt'aɪgnən] *v* expropriate
Enteignung [ɛnt'aɪgnuŋ] *f* expropriation, dispossession
Entgelt [ɛnt'gɛlt] *n* compensation, payment, remuneration
Entgeltfortzahlung [ɛnt'gɛltfɔrttsaːluŋ] *f* continued pay
entheben [ɛnt'heːbən] *v irr 1. (der Verantwortung)* dispense, exempt, release; *2. (eines Amtes)* remove, dismiss
entladen [ɛnt'laːdən] *v irr (abladen)* unload
Entladung [ɛnt'laːduŋ] *f 1. (im Transportwesen)* unloading; *2. (elektrisch)* discharge
Entladungskosten [ɛnt'laːduŋskɔstən] *pl* discharging expenses *pl*
entlassen [ɛnt'lasən] *v irr* discharge; *(Arbeitskraft)* dismiss, fire *(fam),* sack *(fam)*
Entlassung [ɛnt'lasuŋ] *f (einer Arbeitskraft)* dismissal
Entlassungsgesuch [ɛnt'lasuŋsgəzuːx] *n* letter of recognition
Entlassungspapiere [ɛnt'lasuŋspapiːrə] *pl* marching orders *pl,* walking papers *(US) pl*
entlasten [ɛnt'lastən] *v* reduce the pressure on, relieve the strain on
entlastend [ɛnt'lastənt] *adj* exonerating

Entlastung [ɛnt'lastuŋ] *f* relief; *Wir schicken Ihnen Ihre Unterlagen zu unserer ~ zurück.* We are returning your documents to you for your files.
Entlastungsmaterial [ɛnt'lastuŋsmaterjaːl] *n* exonerating evidence
Entlastungszeuge [ɛnt'lastuŋstsɔygə] *m* witness for the defence
entlohnen [ɛnt'loːnən] *v* pay off, remunerate
Entlohnung [ɛnt'loːnuŋ] *f* remuneration, paying, paying off
entmündigen [ɛnt'myndɪgən] *v* declare incapable of managing his/her own affairs
Entmündigung [ɛnt'myndɪguŋ] *f* legal incapacitation
Entnahme [ɛnt'naːmə] *f* withdrawal
entnehmen [ɛnt'neːmən] *v irr (Geld)* draw (out), withdraw
entrichten [ɛnt'rɪçtən] *v* pay
Entrichtung [ɛnt'rɪçtuŋ] *f* payment
entschädigen [ɛnt'ʃeːdɪgən] *v* compensate, repay, reimburse
Entschädigung [ɛnt'ʃeːdɪguŋ] *f* compensation, indemnification, reimbursement
Entschädigungsanspruch [ɛnt'ʃeːdɪguŋsanʃprux] *m* claim to compensation
Entschädigungssumme [ɛnt'ʃeːdɪguŋszumə] *f* amount of compensation
entscheiden [ɛnt'ʃaɪdən] *v irr* decide, determine, settle; *sich gegen etw ~* decide against sth
Entscheidung [ɛnt'ʃaɪduŋ] *f* decision; *eine ~ treffen* make a decision
Entscheidungsbefugnis [ɛnt'ʃaɪduŋsbəfuːknɪs] *f* competence, jurisdiction
Entscheidungsfindung [ɛnt'ʃaɪduŋsfɪnduŋ] *f* decision-making
Entscheidungsgrund [ɛnt'ʃaɪduŋsgrunt] *m* decisive factor
Entscheidungshierarchie [ɛnt'ʃaɪduŋshierarçiː] *f* decision-making hierarchy
Entscheidungskompetenz [ɛnt'ʃaɪduŋskɔmpetɛnts] *f* competence to decide
Entscheidungskriterien [ɛnt'ʃaɪduŋskriːterijən] *pl* criteria of decision *pl*
Entscheidungsregel [ɛnt'ʃaɪduŋsregəl] *f* decision rule
entschieden [ɛnt'ʃiːdən] *adj* decided, definite, settled; *adv* decidedly, definitely, positively
Entschiedenheit [ɛnt'ʃiːdənhaɪt] *f* determination, resoluteness, decisiveness
entschlackte Produktion [ɛnt'ʃlaktə produk'tsjoːn] *f* lean production

entschließen [ɛnt'ʃliːsən] *v irr sich* ~ decide, make up one's mind, determine
entschlossen [ɛnt'ʃlɔsən] *adj* determined, resolved, resolute; *adv* with determination, resolutely
Entschlossenheit [ɛnt'ʃlɔsənhaɪt] *f* determination
Entschluss [ɛnt'ʃlus] *m* resolution, decision
entschuldigen [ɛnt'ʃuldɪgən] *v sich* ~ apologize; *sich* ~ *(sich abmelden)* excuse o.s., ask to be excused
Entschuldigung [ɛnt'ʃuldɪguŋ] *f (Abbitte)* apology; ~! Excuse me! Sorry! *(Ausrede)* excuse
Entschuldigungsgrund [ɛnt'ʃuldɪguŋsgrunt] *m* excuse
Entschuldung [ɛnt'ʃulduŋ] *f* disencumberment
entsenden [ɛnt'zɛndən] *v irr* dispatch, send out
entsorgen [ɛnt'zɔrgən] *v Abfall* ~ dispose of waste
Entsorgung [ɛnt'zɔrguŋ] *f* waste management
Entsorgungswirtschaft [ɛnt'zɔrguŋsvɪrtʃaft] *f* waste industry
entspannen [ɛnt'ʃpanən] *v (wirtschaftliche Beziehungen)* ease, lose tension
Entspannung [ɛnt'ʃpanuŋ] *f (von wirtschaftlichen Beziehungen)* easing (of tension)
Entspannungsgespräche [ɛnt'ʃpanuŋsgəʃprɛːçə] *n/pl* conciliatory talks *pl*
Entspannungspolitik [ɛnt'ʃpanuŋspolitiːk] *f* policy of détente
Entsparen [ɛnt'ʃpaːrən] *n* dissaving
entwerten [ɛnt'vɛrtən] *v (Geld)* devalue; *(fig)* devalue, depreciate
Entwertung [ɛnt'vɛrtuŋ] *f* depreciation, devaluation, demonetization
entwickeln [ɛnt'vɪkəln] *v* develop, evolve
Entwicklung [ɛnt'vɪkluŋ] *f* development
Entwicklungsbank [ɛnt'vɪkluŋsbaŋk] *f* development bank
entwicklungsfähig [ɛnt'vɪkluŋsfɛːɪç] *adj Es ist* ~. It has potential.
Entwicklungsfähigkeit [ɛnt'vɪkluŋsfɛːɪçkaɪt] *f* capacity for development, potential to develop
Entwicklungsfonds [ɛnt'vɪkluŋsfɔ̃] *m* development fund
Entwicklungshelfer(in) [ɛnt'vɪkluŋshɛlfər(ɪn)] *m/f* development aid volunteer
Entwicklungshilfe [ɛnt'vɪkluŋshɪlfə] *f* development aid, aid to developing countries

Entwicklungskosten [ɛnt'vɪkluŋskɔstən] *pl* development costs *pl*
Entwicklungsland [ɛnt'vɪkluŋslant] *n* developing country
Entwicklungsplan [ɛnt'vɪkluŋsplaːn] *m* development program
Entwicklungsstufe [ɛnt'vɪkluŋsʃtuːfə] *f* developmental stage
Entwicklungswagnis [ɛnt'vɪkluŋsvaːknɪs] *n* research and development risk
Entwurf [ɛnt'vurf] *m* design, plan, draft, rough copy, outline
Equity-Methode ['ɛkvɪtiːmetoːdə] *f* equity accounting
Erachten [ɛr'axtən] *n meines* ~s in my opinion
Erbbaurecht ['ɛrpbaurɛçt] *n* hereditary building right
Erben ['ɛrbən] *m/pl* heirs *pl*
Erbenfähigkeit ['ɛrbənfɛːɪçkaɪt] *f* ability to inherit; heritability
Erbengemeinschaft ['ɛrbəngəmaɪnʃaft] *f* community of heirs
Erbenhaftung ['ɛrbənhaftuŋ] *f* liability of heirs
Erbrecht ['ɛrprɛçt] *n* Law of Succession
Erbschaft ['ɛrpʃaft] *f* inheritance
Erbschaftssteuer ['ɛrpʃaftsʃtɔyər] *f* inheritance tax
Erbschein ['ɛrpʃaɪn] *m* certificate of inheritance
Erdöl ['eːrtøːl] *n* crude oil, petroleum; ~ *exportierend* oil exporting
Erdölförderung ['eːrtøːlfœrdəruŋ] *f* oil production
Erdöl importierende Länder ['eːrtøːl ɪmpɔr'tiːrəndə 'lɛndər] oil-importing countries
Erdölproduktion ['eːrtøːlproduktsjoːn] *f* oil production
Erdölvorkommen ['eːrtøːlfoːrkɔmən] *f* oil field, source of oil
Erdung ['eːrduŋ] *f* earthing
Erdwärme ['eːrtvɛrmə] *f* the Earth's natural heat
erfahren [ɛr'faːrən] *adj* experienced, skilled, expert
Erfahrung [ɛr'faːruŋ] *f* experience; *in* ~ *bringen* find out
Erfahrungsaustausch [ɛr'faːruŋsaustauʃ] *m* exchange of experiences, exchange of information
erfahrungsgemäß [ɛr'faːruŋsgəmɛːs] *adv* according to experience

Erfahrungskurve [ɛr'faːruŋskurfə] *f* experience curve
erfinden [ɛr'fɪndən] *v irr* invent, devise
Erfinder(in) [ɛr'fɪndər(ɪn)] *m/f* inventor
erfinderisch [ɛr'fɪndərɪʃ] *adj* inventive, imaginative
Erfolg [ɛr'fɔlk] *m* success; ~ *haben* succeed, ~ *versprechend* promising
erfolglos [ɛr'fɔlkloːs] *adj* unsuccessful, fruitless
Erfolglosigkeit [ɛr'fɔlkloːzɪçkaɪt] *f* ineffectiveness, lack of success
erfolgreich [ɛr'fɔlkraɪç] *adj* successful
Erfolgsaussicht [ɛr'fɔlksauszɪçt] *f* chances of success *pl*
Erfolgsbeteiligung [ɛr'fɔlksbətaɪlɪguŋ] *f* profit-sharing
Erfolgsbilanz [ɛr'fɔlksbilants] *f* results accounting; income statement
Erfolgskonto [ɛr'fɔlkskɔnto] *n* statement of costs
Erfolgskontrolle [ɛr'fɔlkskɔntrɔlə] *f* efficiency review
Erfolgskurve [ɛr'fɔlkskurvə] *f* success cycle
erfolgsorientiert [ɛr'fɔlksoriːjɛntiːrt] *adj* success-oriented
Erfolgsrechnung [ɛr'fɔlksreçnuŋ] *f* income; earnings statement
Erfolg versprechend [ɛr'fɔlk fɛr'ʃpreçənt] *adj* promising
erforderlich [ɛr'fɔrdərlɪç] *adj* necessary, required
Erfordernis [ɛr'fɔrdərnɪs] *n* requirement, necessity
erforschen [ɛr'fɔrʃən] *v 1.* explore; *2. (prüfen)* examine, investigate
erfreulich [ɛr'frɔylɪç] *adj* pleasant, welcome
erfreulicherweise [ɛr'frɔylɪçər'vaɪzə] *adj* fortunately, happily
erfüllbar [ɛr'fylbaːr] *adj* satisfiable
erfüllen [ɛr'fylən] *v 1. (Pflicht)* fulfil, carry out; *2. (Wunsch)* fulfil
Erfüllung [ɛr'fyluŋ] *f* execution, compliance, performance
Erfüllungsgeschäft [ɛr'fyluŋsgəʃɛft] *n* delivery; legal transaction in fulfillment of an obligation
Erfüllungsort [ɛr'fyluŋsɔrt] *m 1. (bei einem Scheck)* place of payment; *2. (bei einem Vertrag)* place where a contract is to be fulfilled, place of performance
Erfüllungsprinzip [ɛr'fyluŋsprɪntsiːp] *n* performance principle
Erfüllungstag [ɛr'fyluŋstaːk] *m* duedate

Ergänzung [ɛr'gɛntsuŋ] *f* supplementing; *(Vervollständigung)* completion
Ergänzungsabgabe [ɛr'gɛntsuŋsapgaːbə] *f* supplementary levy
Ergänzungshaushalt [ɛr'gɛntsuŋshaushalt] *m* supplementary budget
Ergebnis [ɛr'geːpnɪs] *n 1.* result, outcome; *2. (Folgen)* consequences *pl; 3. (Wirkung)* effect; *4. (einer Untersuchung)* findings *pl*
Ergebnisabführungsvertrag [ɛr'geːpnɪsapfyːruŋsfɛrtraːk] *m* profit and loss transfer agreement
Ergebnisbeteiligung [ɛr'geːpnɪsbətaɪlɪguŋ] *f* participating in yield
ergebnislos [ɛr'geːpnɪsloːs] *adj* fruitless, ineffective, without success
Ergebnisrechnung [ɛr'geːpnɪsreçnuŋ] *f* statement of operating results
ergiebig [ɛr'giːbɪç] *adj* productive, lucrative, rich
Ergiebigkeit [ɛr'giːbɪçkaɪt] *f* productiveness
Ergonomie [ɛrgono'miː] *f* ergonomics
ergreifen [ɛr'graɪfən] *v irr Maßnahmen* ~ take measures
erhältlich [ɛr'hɛltlɪç] *adj* obtainable
Erhaltungsaufwand [ɛr'haltuŋsaufvant] *m* maintenance expenditure
Erhaltungsinvestition [ɛr'haltuŋsɪnvɛstitsjoːn] *f* replacement investment
erheben [ɛr'heːbən] *v irr 1. (Steuern)* levy, impose; *2. (Klage)* file (a complaint), bring an action against
Erhebung [ɛr'heːbuŋ] *f 1. (Steuer)* imposition, levy; investigation, inquiry, *2. (Statistik)* survey, census
Erhebungszeitraum [ɛr'heːbuŋstsaɪtraum] *m* period under survey
erhöhen [ɛr'høːən] *v* increase, raise, elevate
Erhöhung [ɛr'høːuŋ] *f* increase, raising, heightening
Erholung [ɛr'hoːluŋ] *f* recuperation, recreation, relaxation, recovery
Erholungsurlaub [ɛr'hoːluŋsurlaup] *m* holiday, vacation *(US); (aus gesundheitlichen Gründen)* convalescent leave
erkennen [ɛr'kɛnən] *v* recognize
erkenntlich [ɛr'kɛntlɪç] *adj* grateful, thankful
Erkenntnisobjekt [ɛr'kɛntnɪsɔpjɛkt] *n* object of discernment
Erklärung [ɛr'klɛːruŋ] *f (Erläuterung)* explanation
erkundigen [ɛr'kundɪgən] *v sich* ~ inquire

Erlass [ɛr'las] *m* decree
erlassen [ɛr'lasən] *v irr* 1. *(Strafe)* remit; 2. *(Gebühren)* waive; 3. *(Verpflichtung)* exempt, release
Erlaubnis [ɛr'laupnɪs] *f* permission; *(Schriftstück)* permit
erläutern [ɛr'lɔytərn] *v* explain, clarify
Erläuterung [ɛr'lɔytəruŋ] *f* explanation, clarification
Erlebensfallversicherung [ɛr'le:bənsfalfɛrzɪçəruŋ] *f* pure endowment insurance
Erlebnis-Marketing [ɛr'le:pnismarkətɪŋ] *n* adventure marketing
erledigen [ɛr'le:dɪgən] *v* handle, deal with, take care of; finish
erledigt [ɛr'le:dɪçt] *adj* 1. *(abgeschlossen)* completed; 2. *(ruiniert)* finished, through with
Erledigung [ɛr'le:dɪguŋ] *f* handling, dealing with, carrying out
Erlös [ɛr'lø:s] *m* proceeds *pl,* revenue, profit
Erlösberichtigung [ɛr'lø:sbərɪçtiguŋ] *f* revenue correction
Erlöskonten [ɛr'lø:skɔntən] *n/pl* revenue accounts *pl*
Erlösminderung [ɛr'lø:smɪndəruŋ] *f* revenue reduction
Erlösplanung [ɛr'lø:spla:nuŋ] *f* revenue planning
Erlösrechnung [ɛr'lø:sreçnuŋ] *f* revenue accounting
ermächtigen [ɛr'mɛçtɪgən] *v* authorize, empower
Ermächtigung [ɛr'mɛçtɪguŋ] *f* 1. authorization, power; 2. *(Urkunde)* warrant, licence
Ermächtigung zur Verfügung [ɛr'mɛçtɪguŋ tsu:r fɛr'fy:guŋ] *f* proxy for disposal
Ermächtigungsdepot [ɛr'mɛçtɪguŋsde:po:] *n* authorized deposit
Ermahnung [ɛr'ma:nuŋ] *f* admonition
ermäßigte Tarife [ɛr'mɛ:sɪçtə ta'ri:fə] *m/pl* reduced tariffs *pl*
Ermäßigung [ɛr'mɛ:sɪguŋ] *f* reduction, discount
Ermattung [ɛr'matuŋ] *f* exhaust
Ermessen [ɛr'mɛsən] *n (Einschätzung)* estimation; *nach menschlichem ~* as far as it is possible to tell; *(Gutdünken)* discretion
ermitteln [ɛr'mɪtəln] *v* investigate, inquire into
Ermittlungsverfahren [ɛr'mɪtluŋsfɛrfa:rən] *n* preliminary investigation
Ermüdung [ɛr'my:duŋ] *f (Material)* fatigue
ernennen [ɛr'nɛnən] *v irr* nominate, appoint, designate

Ernennung [ɛr'nɛnuŋ] *f* nomination, appointment, designation
Ernennungsurkunde [ɛr'nɛnuŋsu:rkundə] *f* letter of appointment, deed of appointment
Erneuerungsfonds [ɛr'nɔyəruŋsfɔ̃] *m* renewal reserve
Erneuerungsrücklagen [ɛr'nɔyəruŋsryk-la:gən] *f/pl* renewal funds *pl;* replacement funds *pl*
Erneuerungsschein [ɛr'nɔyəruŋsʃaɪn] *m* talon for renewal of coupon sheet
Erneuerungswert [ɛr'nɔyəruŋsvɛrt] *m* replacement value
Erniedrigung [ɛr'ni:drɪguŋ] *f (Verminderung)* reduction
ernst [ɛrnst] *adj* 1. serious; *~ gemeint* serious, genuine; *~ zu nehmend* serious, to be taken seriously; 2. *(streng)* severe; 3. *(bedenklich)* grave; *adv* seriously
ernst zu nehmend ['ɛrnst tsu ne:mənt] *adj* serious, to be taken seriously
Ernte ['ɛrntə] *f* 1. *(Tätigkeit)* harvest; 2. *(Ertrag)* crop
Ernteausfälle ['ɛrntəausfɛlə] *m/pl* crop failures *pl*
eröffnen [ɛr'œfnən] *v* open; set up
Eröffnung [ɛr'œfnuŋ] *f* 1. opening; 2. *(Einweihung)* inauguration; 3. *(Mitteilung)* revelation, notification, disclosure
Eröffnungsbilanz [ɛr'œfnuŋsbilants] *f* opening balance sheet
Eröffnungskurs [ɛr'œfnuŋskurs] *m* opening price
Eröffnungsrede [ɛr'œfnuŋsre:də] *f* opening address
erörtern [ɛr'œrtərn] *v* discuss, argue, debate
Erörterung [ɛr'œrtəruŋ] *f* discussion, debate
erpressen [ɛr'prɛsən] *v jdn ~* blackmail s.o.
Erpressung [ɛr'prɛsuŋ] *f* blackmail
erproben [ɛr'pro:bən] *v* test, put to the test
erprobt [ɛr'pro:pt] *adj* tested, reliable
Erprobung [ɛr'pro:buŋ] *f* test, testing
errechnen [ɛr'rɛçnən] *v* calculate, work out, compute
erreichbar [ɛr'raɪçba:r] *adj* 1. achievable, reachable, attainable, within reach; 2. *(verfügbar)* available
Erreichbarkeit [ɛr'raɪçba:rkaɪt] *f* 1. attainability; 2. *(Verfügbarkeit)* availability
erreichen [ɛr'raɪçən] *v* reach; *(fig)* reach, attain, achieve; *(fig: erlangen)* obtain
errichten [ɛr'rɪçtən] *v* 1. build, construct, erect; 2. *(gründen)* open, set up, establish

errichtende Umwandlung [ɛr'rɪçtɛndə 'umvandluŋ] *f* setting up conversion
Errichtung [ɛr'rɪçtuŋ] *f 1.* construction, erection, building; *2. (Gründung)* establishment, foundation
Ersatz [ɛr'zats] *m 1. (Vergütung)* compensation; *2. (Austauschstoff)* substitute, ersatz; *3. (Ersetzendes)* replacement, alternative; *4. (Entschädigung)* indemnification
Ersatzaktie [ɛr'zatsaktsjə] *f* replacement share certificate
Ersatzanspruch [ɛr'zatsanʃprux] *m* claim for damages
Ersatzbeschaffung [ɛr'zatsbəʃafuŋ] *f* replacement
Ersatzdeckung [ɛr'zatsdɛkuŋ] *f* substitute cover
Ersatzinvestition [ɛr'zatsɪnvɛstitsjoːn] *f* replacement of capital assets
Ersatzkasse [ɛr'zatskasə] *f* (private) health insurance society
Ersatzkauf [ɛr'zatskauf] *m* substitute purchase
Ersatzlieferung [ɛr'zatsliːfəruŋ] *f* replacement delivery, substitute delivery
Ersatzscheck [ɛr'zatsʃɛk] *m* substitute cheque
Ersatzteil [ɛr'zatstaɪl] *n* spare part, replacement part
Ersatzüberweisung [ɛr'zatsyːbərvaɪsuŋ] *f* substitute transfer
Erscheinen [ɛr'ʃaɪnən] *n (einer Aktie)* issuing
erschließbar [ɛr'ʃliːsbaːr] *adj (Rohstoffe)* exploitable
erschließen [ɛr'ʃliːsən] *v irr 1. (Märkte)* open up; *2. (Baugelände)* develop
Erschließung [ɛr'ʃliːsuŋ] *f 1. (Märkte)* opening up; *2. (eines Baugeländes)* development
Erschließungsbeiträge [ɛr'ʃliːsuŋsbaɪtrɛːgə] *m/pl* development costs *pl*
erschöpfen [ɛr'ʃœpfən] *v* exhaust; *sich in etw ~* to be limited to sth
erschöpft [ɛr'ʃœpft] *adj* exhausted
erschweren [ɛr'ʃveːrən] *v* make difficult, complicate; *(hemmen)* hinder
Erschwernis [ɛr'ʃveːrnɪs] *f* difficulty, additional burden
Erschwerniszulage [ɛr'ʃveːrnɪstsuːlaːgə] *f* allowance for aggravating circumstances
erschwinglich [ɛr'ʃvɪŋlɪç] *adj* attainable, affordable, within one's means
ersetzbar [ɛr'zɛtsbaːr] *adj* replaceable
Ersetzbarkeit [ɛr'zɛtsbaːrkaɪt] *f* replaceability

ersetzen [ɛr'zɛtsən] *v 1. (austauschen)* replace; *2. (entschädigen)* compensate for; *3. (Unkosten)* reimburse for
ersichtlich [ɛr'zɪçtlɪç] *adj* obvious, clear, evident
Ersparnis [ɛr'ʃpaːrnɪs] *f* savings *pl*
erstatten [ɛr'ʃtatən] *v 1. (Kosten)* reimburse; *2. Anzeige ~* file charges; *3. Bericht ~* report
Erstattung [ɛr'ʃtatuŋ] *f (Kosten)* repayment, refund, reimbursement
Erstausgabe ['eːrstausgaːbə] *f* first edition
Erstausstattung ['eːrstausʃtatuŋ] *f* initial allowance set
ersteigern [ɛr'ʃtaɪgərn] *v* buy an auction
erstellen [ɛr'ʃtɛlən] *v (Rechnung, Übersicht)* draw up
Erstemission ['eːrstemɪsjoːn] *f* first issue
Ersterwerb ['eːrstɛrvɛrp] *m* first acquisition
erstklassig ['eːrstklasɪç] *adj* first-class, first-rate, prime
erstrebenswert [ɛr'ʃtreːbənsvert] *adj* desirable
Erstzulassung ['eːrsttsuːlasuŋ] *f* initial registration
Ersuchen [ɛr'zuːxən] *n* request, petition
ersuchen [ɛr'zuːxən] *v* request
Ertrag [ɛr'traːk] *m* return, profit, income, proceeds *pl*, revenue
Ertragfähigkeit [ɛr'traːkfɛːɪçkaɪt] *f* productivity, earning capacity
ertragreich [ɛr'traːkraɪç] *adj* productive, profitable, lucrative
ertragsabhängig [ɛr'traːksaphɛŋɪç] *adj* depending on profits
Ertragsbesteuerung [ɛr'traːksbəʃtɔyəruŋ] *f* tax treatment of yield
Ertragsbeteiligung [ɛr'traːksbətaɪliguŋ] *f* profit sharing
Ertragsbilanz [ɛr'traːksbilants] *f* statement of earnings
Ertragseinbruch [ɛr'traːksaɪnbrux] *m* profit shrinkage
Ertragsgesetz [ɛr'traːksgəzɛts] *n* law of non-proportional returns
Ertragslage [ɛr'traːkslaːgə] *f* profit situation, profitability
Ertragsrate [ɛr'traːksraːtə] *f* profitability rate
Ertragsrechnung [ɛr'traːksrɛçnuŋ] *f* profit and loss account
Ertragsteuer [ɛr'traːkʃtɔyər] *f* tax on earnings

Ertragswert [εr'traːksvεrt] *m* capitalized value

erwägen [εr'vεːgən] *v irr* consider, think about, ponder

Erwägung [εr'vεːguŋ] *f* consideration; *in ~ ziehen* take into consideration

erwarten [εr'vartən] *v* expect, anticipate

Erwartung [εr'vartuŋ] *f* expectation, anticipation

Erwartungswert [εr'vartuŋsvεrt] *m* anticipation term

Erweiterung [εr'vaitəruŋ] *f* extension, expansion, distension

erweiterungsfähig [εr'vaitəruŋsfεːiç] *adj* expandable

Erweiterungsinvestition [εr'vaitəruŋsinvεstitsjoːn] *f* expansion investment

Erwerb [εr'vεrp] *m (Kauf)* purchase, acquisition

erwerben [εr'vεrbən] *v irr 1.* acquire, obtain; *2. (durch Arbeit)* earn; *3. (kaufen)* purchase, buy

Erwerbermodell [εr'vεrbərmodεl] *n* acquirer model

Erwerbsbetrieb [εr'vεrpsbətriːp] *m* business enterprise

Erwerbseinkommen [εr'vεrpsainkɔmən] *n* income from gainful employment

Erwerbseinkünfte [εr'vεrpsainkynftə] *pl* business income

erwerbsfähig [εr'vεrpsfεːiç] *adj* able to work, capable of gainful employment, capable of earning a living

Erwerbsfähigkeit [εr'vεrpsfεːiçkait] *f* earning capacity

erwerbslos [εr'vεrpsloːs] *adj* unemployed

Erwerbslose(r) [εr'vεrpslosə(r)] *f/m* unemployed person

Erwerbsperson [εr'vεrpspersoːn] *f* gainfully employed person

Erwerbsquote [εr'vεrpskvoːtə] *f* activity rate

Erwerbssteuer [εr'vεrpsʃtɔyər] *f* profit tax

erwerbstätig [εr'vεrpstεːtiç] *adj* gainfully employed

Erwerbstätige(r) [εr'vεrpstεːtigə(r)] *f/m* gainfully employed person

erwerbsunfähig [εr'vεrpsunfεːiç] *adj* incapable of gainful employment, incapacitated

Erwerbsunfähigkeit [εr'vεrpsunfεːiçkait] *f* physical disability, incapacity to work, disability to earn a living

Erwerbsunfähigkeitsrente [εr'vεrpsunfεːiçkaitsrεntə] *f* pension for general disability

erwerbswirtschaftliches Prinzip [εr'vεrpsvirtʃaftliçəs prin'tsiːp] *n* commercial principle

erwirtschaften [εr'virtʃaftən] *v* make a profit, earn

Erwirtschaftung [εr'virtʃaftuŋ] *f* profit making, earning

erzeugen [εr'tsɔygən] *v 1. (herstellen)* produce, manufacture, make; *2. (hervorrufen)* evoke, bring about, give rise to

Erzeuger [εr'tsɔygər] *m* manufacturer

Erzeugerland [εr'tsɔygərlant] *n* country of origin

Erzeugerpreis [εr'tsɔygərprais] *m* producer price

Erzeugnis [εr'tsɔyknis] *n* product

Erziehungsgeld [εr'tsiːuŋsgεlt] *n* benefit for a child-raising parent

Erziehungsurlaub [εr'tsiːuŋsuːrlaup] *m (der Mutter)* maternity leave; *(des Vaters)* paternity leave

Erziehungszeiten [εr'tsiːuŋstsaitən] *f/pl* child-rearing periods *pl*

erzielen [εr'tsiːlən] *v* achieve, realize, reach

eskomptieren [εskɔmp'tiːrən] *v* discount

etablieren [eta'bliːrən] *v 1. sich ~* establish o.s., settle down; *2. (geschäftlich)* set up

Etage [e'taːʒə] *f* floor, storey

Etat [e'taː] *m* budget

Etatkürzung [e'taːkyrtsuŋ] *f* budget cut

etatmäßig [e'taːmεːsiç] *adj* budgeted

Ethik ['eːtik] *f* ethics, morality

Etikett [eti'kεt] *n* label, tag

etikettieren [etikε'tiːrən] *v* label, tag

Etikettierung [etikε'tiːruŋ] *f* labelling

etwas bezahlt und Brief (ebB) [εtvas bə'tsaːlt unt 'briːf] only some limited sell orders were filled at the current published quotation

etwas bezahlt und Geld (ebG) [εtvas bə'tsaːlt unt 'gεlt] only some limited buy orders were filled at the current published quotation

EU-Kommission [eːuːkɔmi'sjoːn] *f* Commission of the European Union

EU-Mitgliedsstaat [eːuː'mitgliːtsʃtaːt] *m* EU member state

Euro ['ɔyro] *m* euro

Euro-Aktienmarkt ['ɔyroaktsjənmarkt] *m* Euro share market

Euro-Anleihe ['ɔyroanlaiːə] *f* Eurocurrency loans *pl*

Euro-Anleihenmarkt ['ɔyroanlaiːənmarkt] *m* Eurocurrency loan market

Euro-Bank ['ɔyrobaŋk] *f* Eurobank
Euro-Banknote ['ɔyrobaŋknoːtə] *f* euro banknote
Euro-Bond ['ɔyrobɔnd] *m* Eurobond
Euro-Bondmarkt ['ɔyrobɔndmarkt] *m* Eurobond market
Eurocheque ['ɔyroʃɛk] *m* Eurocheque
Euro-Devisen ['ɔyrodəvɪːzən] *pl* Euro currencies *pl*
Euro-Dollar ['ɔyrodɔlar] *m* Eurodollar
Euro-Dollarmarkt ['ɔyro'dɔlarmarkt] *m* Eurodollar market
Euro-Emission ['ɔyroemɪsjoːn] *f* Euro security issue
Eurogeld ['ɔyrogɛlt] *n* Eurocurrency
Euro-Geldmarkt ['ɔyrogɛltmarkt] *m* Eurocurrency market
Euro-Kapitalmarkt ['ɔyrokapitaːlmarkt] *m* Eurocapital market
Euro-Markenzeichen ['ɔyromarkəntsaɪçən] *n* Eurobrand
Euromarkt ['ɔyromarkt] *m* Euromarket
Euronorm ['ɔyronɔrm] *f* Eurostandard
europäische Börsenrichtlinien [ɔyro-'pɛːʃə 'børzənrɪçtlinjən] *f/pl* European stock exchange guide-lines *pl*
Europäische Gemeinschaft [ɔyro'pɛːʃə gə'maɪnʃaft] *f* European Community
Europäische Handelsgesellschaft [ɔy-ro'pɛːʃə 'handəlsgəzelʃaft] *f* European trading company
Europäische Investitionsbank [ɔyro-'pɛːʃə ɪnvɛsti'tsjoːnsbaŋk] *f* European Investment Bank
Europäische Kommission [ɔyro'pɛːʃə kɔmɪ'sjoːn] *f* European Commission
europäische Norm [ɔyro'pɛːʃə nɔrm] *f* European standard specification
Europäische Union [ɔyro'pɛːʃə un'joːn] *f* European Union (EU)
Europäische Währungseinheit (ECU) [ɔyro'pɛːʃə 'vɛːruŋsaɪnhaɪt] *f* European Currency Unit (ECU)
Europäische Währungsunion [ɔyro'pɛː-ɪʃə 'vɛːruŋsunjoːn] *f* European monetary union (EMU)
Europäische Wirtschafts- und Währungsunion [ɔyro'pɛːʃə vɪrtʃafts- unt 'vɛːruŋsunjoːn] *f* European Economic and Monetary Union
Europäische Zahlungsunion [ɔyro'pɛːʃə 'tsaːluŋsunjoːn] *f* European Payments Union
Europäische Zentralbank (EZB) [ɔyro'pɛː-ɪʃə tsen'traːlbaŋk] *f* European Central Bank

Europäischer Binnenmarkt [ɔyro'pɛːɪʃər 'bɪnənmarkt] *m* Internal Market of the European Community
Europäischer Börsenverband [ɔyro'pɛː-ɪʃər 'bœrzənferbant] *m* Federation of European Stock exchanges
Europäischer Entwicklungsfonds [ɔy-ro'pɛːɪʃər ɛnt'vɪkluŋsfɔ̃] *m* European Development Fund (EDF)
Europäischer Fonds für regionale Entwicklung (EFRE) [ɔyro'pɛːɪʃər fɔ̃ fyːr regjo'naːlə ɛnt'vɪkluŋ] *m* European Regional Development Fund (ERDF)
Europäischer Fonds für Währungspolitische Zusammenarbeit (EFWZ) [ɔyro-'pɛːɪʃər fɔ̃ fyːr 'vɛːruŋspolitɪʃə tsu'zamən-arbaɪt] *m* European Monetary Cooperation Fund (EMCF)
Europäischer Gerichtshof (EuGH) [ɔy-ro'pɛːɪʃər gə'rɪçtshoːf] *m* Court of Justice of the European Communities
Europäischer Rat [ɔyro'pɛːɪʃər raːt] *m* European Council
Europäischer Rechnungshof (EuRH) [ɔyro'pɛːɪʃər 'rɛçnuŋshoːf] *m* European Court of Auditors
Europäisches Parlament [ɔyro'pɛːɪʃəs paːrla'mɛnt] *n* European Parliament
Europäisches Patentamt [ɔyro'pɛːɪʃəs pa'tɛntamt] *n* European Patent Office
Europäisches Polizeiamt [ɔyro'pɛːɪʃəs polɪ'tsaɪamt] *n* European Police Office
Europäisches System der Zentralbanken (ESZB) [ɔyro'pɛːɪʃəs zʏs'teːm deːr tsɛn-'traːlbaŋkən] *n* European System of Central Banks (ESCB)
Europäisches Währungsabkommen [ɔy-ro'pɛːɪʃəs 'vɛːruŋsapkɔmən] *n* European Monetary Agreement
Europäisches Währungsinstitut [ɔyro-'pɛːɪʃəs 'vɛːruŋsɪnstituːt] *n* European Monetary Institute (EMI)
Europäisches Währungssystem (EWS) [ɔyro'pɛːɪʃəs 'vɛːruŋszysteːm] *n* European Monetary System (EMS)
Europapatent [ɔy'roːpapatɛnt] *n* European patent
Europarat [ɔy'roːparaːt] *m* European Council
Euroscheck ['ɔyroʃɛk] *m* eurocheque
Euroscheckkarte ['ɔyroʃɛkkartə] *f* eurocheque card
Eurotunnel ['ɔyrotunəl] *m* Eurotunnel, Channel tunnel, Chunnel *(fam)*

Euro-Währungsgebiet ['ɔyrovɛːruŋs-gəbiːt] *n* European currency area
Eventualhaushalt [evɛntu'aːlhaushalt] *m* contingency budget
Eventualität [evɛntuali'tɛːt] *f* eventuality
Eventualverbindlichkeit [evɛntu'aːlfɛrbɪndlɪçkaɪt] *f* contingent liability
Evidenzzentrale [evi'dɛntstsentraːlə] *f* information centre
ewige Anleihe ['eːvɪgə 'anlaɪːə] *f* perpetual loan
ewige Rente ['eːvɪgə 'rɛntə] *f* perpetual annuity
ewige Schuld ['eːvɪgə 'ʃult] *f* perpetual debt
Examen [ɛ'ksaːmən] *n* examination
ex ante [ɛks 'antə] *adj* in prospect
Existenzaufbaudarlehen [ɛksɪs'tɛntsaufbaudarleːən] *n* business set-up loan
Existenzgründungsförderung [ɛksɪs-'tɛntsgrynduŋsføːrdəruŋ] *f* furtherance granted to set up new business
Existenzminimum [ɛksɪs'tɛntsmɪnɪmum] *n* subsistence minimum
exklusiv [ɛksklu'ziːf] *adj* exclusive; select; *adv* exclusively
Exklusivrechte [ɛksklu'ziːfreçtə] *n/pl* exclusive rights *pl*
Exklusivvertrag [ɛksklu'ziːffɛrtraːk] *m* exclusive distribution contract, exclusive licensing agreement
exogene Variable [eksogenə vari'aːblə] *f* exogenous variable
exogenes Geld [eksogenəs 'gɛlt] *n* exogenous money base
Exoten [e'ksoːtən] *m/pl* highly speculative securities *pl*
Exotenfonds [e'ksoːtənfõ] *m* securities offered by issuers from exotic countries
expandieren [ɛkspan'diːrən] *v* expand
Expansion [ɛkspans'joːn] *f* expansion
expansiv [ɛkspan'ziːf] *adj* expansive
Experiment [ɛkspɛrɪ'mɛnt] *n* experiment
experimentell [ɛksperimɛn'tɛl] *adj* experimental
experimentieren [ɛkspɛrɪmɛn'tiːrən] *v* experiment; *mit etw* ~ experiment with sth; *an etw* ~ experiment on sth
Experte [ɛks'pɛrtə] *m* expert
Expertenbefragung [ɛks'pɛrtənbəfraːguŋ] *f* expert interview
Expertensystem [ɛks'pɛrtənzysteːm] *n* expert system

Expertise [ɛkspɛr'tiːzə] *f* expert assessment, survey
Exponat [ɛkspo'naːt] *n* exhibit
Export [ɛks'pɔrt] *m* export, exportation
Exportartikel [ɛks'pɔrtartɪkəl] *m* export article
Exportauftrag [ɛks'pɔrtauftraːk] *m* export order
Exportbeschränkung [ɛks'pɔrtbəʃrɛŋkuŋ] *f* export restriction
Exportdevisen [ɛks'pɔrtdəviːsən] *pl* export exchange
Exporteur [ɛkspɔr'tøːr] *m* exporter
Export-Factoring [ɛks'pɔrtfæktɔrɪŋ] *f* export factoring
Exportfinanzierung [ɛks'pɔrtfɪnantsiːruŋ] *f* financing of exports
Exportförderung [ɛks'pɔrtføːrdəruŋ] *f* export promotion
Exportgeschäft [ɛks'pɔrtgəʃɛft] *n* export business
Exporthandel [ɛks'pɔrthandəl] *m* export trade
Exporthilfe [ɛks'pɔrthɪlfə] *f* export subsidy
exportieren [ɛkspɔr'tiːrən] *v* export
Exportkontrolle [ɛks'pɔrtkɔntrɔlə] *f* export control
Exportkredit [ɛks'pɔrtkrediːt] *m* export credits *pl*
Exportprämie [ɛks'pɔrtprɛːmjə] *f* export premium
Exportquote [ɛks'pɔrtkvoːtə] *f* export quota
Exportsubvention [ɛks'pɔrtsubvɛntsjoːn] *f* export subsidy
Exportüberschuss [ɛks'pɔrtyːbərʃus] *m* export surplus
Exportware [ɛks'pɔrtwaːrə] *f* exported articles *pl*
Exportwirtschaft [ɛks'pɔrtvɪrtʃaft] *f* export trade, export-oriented economy
Expressgut [ɛks'prɛsguːt] *n* express goods *pl*
extern [ɛks'tɛrn] *adj* external
externe Effekten [eks'tɛrnə e'fɛktən] *m/pl* external effects
externe Erträge [eks'tɛrnə ɛr'trɛːgə] *m/pl* external income
externes Rechnungswesen [eks'tɛrnəs 'rɛçnuŋsveːzən] *n* external accounting
Extrapolation [ɛkstrapola'tsjoːn] *f* extrapolation
Extremkurs [ɛks'treːmkurs] *m* peak quotation
ex Ziehung [ɛks 'tsiːuŋ] *f* ex drawing

F

Fabrik [fa'bri:k] *f* factory, works *pl*, plant
Fabrikant [fabri'kant] *m* factory owner, manufacturer
Fabrikarbeit [fab'ri:karbaɪt] *f 1.* factory work; *2. (Erzeugnis)* factory-made goods *pl*
Fabrikarbeiter(in) [fa'bri:karbaɪtər(ɪn)] *m/f* factory worker
Fabrikat [fabri'ka:t] *n* manufactured article, product, make
Fabrikation [fabrika'tsjo:n] *f* manufacture
Fabrikationsfehler [fabrika'tsjo:nsfe:lər] *m* manufacturing defect
Fabrikationskapazität [fabrika'tsjo:nskapatsitɛ:t] *f* manufacturing capacity
Fabrikationskosten [fabrika'tsjo:nskɔstən] *pl* manufacturing costs *pl*
Fabrikationsrisiko [fabrika'tsjo:nsri:ziko:] *n* production risk
Fabrikationszweig [fabrika'tsjo:nstsvaɪk] *m* line of production, production line
Fabrikgelände [fa'bri:kgəlɛndə] *n* factory site, factory premises, plant premises
Fabrikhalle [fa'bri:khalə] *f* factory building
fabrikmäßig [fa'bri:kmɛ:sɪç] *adj* industrial
fabrikneu [fa'bri:knɔy] *adj* brand new, sparkling new
Fabriknummer [fa'bri:knumər] *f* serial number
Fabrikpreis [fa'bri:kpraɪs] *m* factory price, manufacturer's price
Fabrikverkauf [fabri:kfɛr'kauf] *m* factory outlet store
Fabrikware [fa'bri:kva:rə] *f* factory product
Fach [fax] *n (Spezialgebiet)* subject, special area
Fachakademie ['faxakade'mi:] *f* specialist college
Fachanwalt ['faxanwalt] *m* specialized lawyer
Fachanwältin ['faxanwɛltɪn] *f* (female) specialized lawyer
Facharbeiter(in) ['faxarbaɪtər(ɪn)] *m/f* skilled worker, craftsman
Fachaufsicht ['faxaufzɪçt] *f* government supervision of certain economic branches
Fachausbildung ['faxausbɪlduŋ] *f* professional education, specialized training, technical training
Fachausschuss ['faxausʃus] *m* committee of experts, blue ribbon committee *(US)*

Fachausstellung ['faxausʃtɛluŋ] *f* trade fair
Fachbereich ['faxbəraɪç] *m* special field, speciality
fachbezogen ['faxbətso:gən] *adj* specialised, technical
Fachbuch ['faxbu:x] *n* technical book
Fachgebiet ['faxgəbi:t] *n* special field; *jds* ~ *sein* to be one's area of expertise
fachgemäß ['faxgəmɛ:s] *adj* skilled, professional, specialized
Fachgeschäft ['faxgəʃɛft] *n* specialty store
Fachgruppe ['faxgrupə] *f* trade group
Fachhandel ['faxhandəl] *m* specialty shops *pl*, specialized trade
Fachhochschule (FH) ['faxho:xʃu:lə] *f* technical college
Fachkenntnis ['faxkɛntnɪs] *f* specialized knowledge
Fachkompetenz ['faxkɔmpetɛnts] *f* expertise
Fachkreis ['faxkraɪs] *m (branchenbezogen)* experts in trade *pl*
Fachlehrgang ['faxle:rgaŋ] *m* technical course, technical training
Fachliteratur ['faxlitəratu:r] *f* specialized literature, technical literature
Fachmann ['faxman] *m* expert, specialist
fachmännisch ['faxmɛnɪʃ] *adj* expert
Fachmesse ['faxmɛsə] *f* trade fair
Fachoberschule ['faxo:bərʃu:lə] *f* specialized upper high school
Fachsprache ['faxʃpra:xə] *f* technical language, technical terminology
Fachwirt(in) ['faxvɪrt(ɪn)] *m/f* Fachwirt (operational specialist)
Fachwörterbuch ['faxvœrtərbu:x] *n* technical term dictionary, specialist dictionary
Fachzeitschrift ['faxtsaɪtʃrɪft] *f* professional journal, technical journal
Factoring ['fɛktəriŋ] *n* factoring
Fahrgelderstattung ['fa:rgəltərʃtatuŋ] *f* reimbursement of travel expenses
Fahrkarte ['fa:rkartə] *f* ticket; *einfache* ~ one-way-ticket
Fahrkosten ['fa:rkɔstən] *pl* travelling expenses *pl*
fahrlässig ['fa:rlɛsɪç] *adj* negligent
Fahrlässigkeit ['fa:rlɛsɪçkaɪt] *f* negligence, carelessness, recklessness

Fahrplan ['faːrplaːn] *m* schedule, timetable
fahrplanmäßig ['faːrplaːnmɛːsɪç] *adj* scheduled; *adv* on schedule, on time
Fahrstuhl ['faːrʃtuːl] *m* lift, elevator *(US)*
Fahrt [faːrt] *f* drive, ride
Fahrtenbuch ['faːrtənbuːx] *n (Auto)* log book
Fahrtenschreiber ['faːrtənʃraɪbər] *m* recording speedometer, tachograph
Fahrverbot ['faːrfɛrboːt] *n (Durchfahrverbot)* no thoroughfare, no entry
Fahrzeug ['faːrtsɔyk] *n* vehicle
Fahrzeugbau ['faːrtsɔykbau] *m* vehicle construction, vehicle production
Fahrzeugbrief ['faːrtsɔykbriːf] *m* vehicle registration (document)
Fahrzeughalter(in) ['faːrtsɔykhaltər(ɪn)] *m/f* vehicle owner
Fahrzeugschein ['faːrtsɔykʃaɪn] *m* motor vehicle certificate
faktischer Konzern ['faktɪʃər kɔn'tsɛrn] *m* de facto group
faktisches Arbeitsverhältnis ['faktɪʃəs 'arbaɪtsfɛrhɛltnis] *n* de facto employer/ employee relationship
Faktor ['faktoːr] *m* factor
Faktur [fak'tuːr] *f* invoice
fakturieren [faktu'riːrən] *v* invoice
Fall [fal] *m* case, matter
fällen ['fɛlən] *v (eine Entscheidung ~)* take a decision, make a decision *(US)*
fallieren [fa'liːrən] *v* go bankrupt, become insolvent
fällig ['fɛlɪç] *adj* due, matured, payable; *~ werden* become due
Fälligkeit ['fɛlɪçkaɪt] *f* maturity
Fälligkeitsdatum ['fɛlɪçkaɪtsdaːtum] *n* due date, maturity date
fälschen ['fɛlʃən] *v* falsify, fake, forge
Falschbuchung ['falʃbuːxuŋ] *f* false entry, fraudulent entry
Falschgeld ['falʃgɛlt] *n* counterfeit money
Falschmeldung ['falʃmɛlduŋ] *f* false report
Fälschung ['fɛlʃuŋ] *f* fake, falsification, forgery
fälschungssicher ['fɛlʃuŋszɪçər] *adj* forgeproof
Faltblatt ['faltblat] *n* leaflet
Faltschachtel ['faltʃaxtəl] *f* folding carton
Falz [falts] *m* fold
falzen ['faltsən] *v* fold
Familienbetrieb [fa'miːljənbətriːp] *m* family-run company

Familiengesellschaft [fa'miːljəngəzelʃaft] *f* family-owned company
Familienname [fa'miːljənnaːmə] *m* surname, last name *(US)*
Familienpackung [fa'miːljənpakuŋ] *f* family-size package
Familienstand [fa'miːljənʃtant] *m* marital status
Familienzulage [fa'miːljəntsuːlaːgə] *f* family allowance
Farbabstufung ['farpapʃtuːfuŋ] *f* colour gradation, colour graduation, shade
Farbband ['farpbant] *n* ink ribbon
farbecht ['farpɛçt] *adj* colourfast
Farbfoto ['farpfoːtoː] *n* colour photo
farbig ['farbɪç] *adj* coloured
Farbkopierer ['farpkopiːrər] *m* colour copier
Farbkorrektur ['farpkɔrɛktur] *f* adjustment in colour
Farbstoff ['farpʃtɔf] *m* colouring, pigment, dye
Fass [fas] *n* barrel, cask, *(kleines)* keg
Fax [faks] *n* fax, facsimile transmission
Faxanschluss ['faksanʃlus] *m* fax line
faxen ['faksən] *v* fax
Faxgerät ['faksgərɛːt] *n* fax machine
Faxnummer ['faksnumər] *f* fax number
Faxpapier ['fakspapiːr] *n* fax paper
Fazilität [fatsɪlitɛːt] *f* credit facility, facility
Fazit ['faːtsɪt] *n* net result; *das ~ aus etw ziehen* sum sth up
federführend ['feːdərfyːrənt] *adj* leading, handling a contract
Federung ['feːdəruŋ] *f* springs *pl,* springiness, elasticity
Fehlbetrag ['feːlbətraːk] *m* deficit, shortfall, shortage
Fehlentscheidung ['feːlɛntʃaɪduŋ] *f* wrong decision
Fehler ['feːlər] *m* 1. mistake, error; 2. *(Defekt)* defect, fault, imperfection
fehlerhaft ['feːlərhaft] *adj* faulty, defective, unsound
fehlerlos ['feːlərloːs] *adj* faultless, flawless
Fehlerquelle ['feːlerkvɛlə] *f* source of error
Fehlerquote ['feːlərkvoːtə] *f* error rate
Fehlfunktion ['feːlfuŋktsjoːn] *f* disfunction, malfunction
Fehlinvestition ['feːlɪnvɛstɪtsjoːn] *f* unprofitable investment
Fehlkalkulation ['feːlkalkulatsjoːn] *f* miscalculation

Fehlkonstruktion ['feːlkɔnstruktsjoːn] *f* misconstruction
Fehlschlag ['feːlʃlaːk] *m (fig: Misserfolg)* failure
fehlschlagen ['feːlʃlaːgən] *v irr (fig)* fail, go wrong
Fehlspekulation ['feːlʃpekulatsjoːn] *f 1. (in der Branche)* wrong speculation; *2. (gescheiterter Plan)* wrong assumption
Fehlverhalten ['feːlfɛrhaltən] *n* inappropriate behaviour, lapse
Fehlzeiten ['feːltsaɪtən] *f/pl* time off; absence
Fehlzeitenquote ['feːltsaɪtənkvoːtə] *f* absence rate
Feierabend ['faɪəraːbənt] *m* finishing time, quitting time; ~ *machen* finish work, stop working
Feierschicht ['faɪərʃɪçt] *f* idle shift
Feiertag ['faɪərtaːk] *m* holiday
Feiertagsarbeit ['faɪərtaːksarbaɪt] *f* Sunday and Holiday working
feilschen ['faɪlʃən] *v* bargain, haggle, dicker *(US)*
Feinmechanik ['faɪnmeça:nɪk] *f* high-precision engineering
Feldforschung ['feltfɔrʃuŋ] *f* field research
Fensterbriefumschlag ['fɛnstərbriːfumʃlaːk] *m* window envelope
Ferien ['feːrjən] *pl* holidays *pl*, vacation *(US)*
Ferienjob ['feːrjəndʒɔp] *m* holiday job, vacation job *(US)*
Fernamt ['fɛrnamt] *n* telephone exchange, trunk exchange, long-distance exchange
Fernbedienung ['fɛrnbədiːnuŋ] *f* remote control
Fernfahrer(in) ['fɛrnfaːrər(ɪn)] *m/f* long-distance lorry driver, long-haul truck driver
ferngelenkt ['fɛrngəlɛnkt] *adj* remote controlled
Ferngespräch ['fɛrngəʃpreːç] *n* long-distance call, trunk call
ferngesteuert ['fɛrngəʃtɔyərt] *adj* remote-controlled
Fernkurs ['fɛrnkurs] *m* correspondence course
Fernlehrinstitut ['fɛrnleːrinstituːt] *n* correspondence school
Fernmeldeamt ['fɛrnmɛldəamt] *n* telephone exchange
fernmündlich ['fɛrnmyntlɪç] *adj* by telephone
Fernschreiber ['fɛrnʃraɪbər] *m* telex, teleprinter

Fernsehen ['fɛrnzeːən] *n* television
Fernsprecher ['fɛrnʃprɛçər] *m* telephone
Fernsteuerung ['fɛrnʃtɔyəruŋ] *f* remote control
Ferntransport ['fɛrntranspɔrt] *m* long distance transport
Fernuniversität ['fɛrnuniverz
iteːt] *f* distance learning institute
Fernverkehr ['fɛrnfɛrkeːr] *m* long distance traffic
Fernwärme ['fɛrnvɛrmə] *f* district heating
fertigen ['fɛrtɪgən] *v* produce, manufacture
Fertigerzeugnis ['fɛrtɪçɛrtsɔyknɪs] *n* finished product
Fertigprodukt ['fɛrtɪçprodukt] *n* finished product
Fertigung ['fɛrtɪguŋ] *f* manufacture, production, manufacturing
Fertigungsbereich ['fɛrtɪguŋsbəraɪç] *m (Branche)* manufacturing sector
Fertigungsbetrieb ['fɛrtɪguŋsbətriːp] *m* production plant
Fertigungsinsel ['fɛrtɪguŋsɪnsəl] *f* group manufacturing
Fertigungskosten ['fɛrtɪguŋskɔstən] *pl* production costs *pl*
Fertigungslos ['fɛrtɪguŋsloːs] *n 1. (Kostenrechnung)* direct and indirect material; *2. (Fertigung)* charge material
Fertigungssteuerung ['fɛrtɪguŋsʃtɔyəruŋ] *f* production control
Fertigungsvorbereitung ['fɛrtɪguŋsfoːrbəraɪtuŋ] *f* production planning
Fertigungswagnis ['fɛrtɪguŋswaːgnɪs] *n* production risk
fertig verpackt ['fɛrtɪç fɛr'pakt] *adj* already packed, prepacked
Fertigware ['fɛrtɪçwaːrə] *f* finished product
Festakt ['fɛstakt] *m* ceremonial act
fest angelegt [fɛst 'angəleːkt] *adj* tied-up
Festangestellte(r) ['fɛstangəʃtɛltə(r)] *f/m* permanent employee
Festauftrag ['fɛstauftraːk] *m* firm order
Festbetrag ['fɛstbətraːk] *m* fixed amount
Festbewertung ['fɛstbəveːrtuŋ] *f* valuation of assets based on standard values
Festgeld ['fɛstgɛlt] *n (Rücklagen)* fixed deposit
festhalten ['fɛsthaltən] *v irr* detain
Festigkeit ['fɛstɪçkaɪt] *f (von Preisen, Währung)* stability, steadyness, firmness
Festkosten ['fɛstkɔstən] *pl* fixed costs *pl*
Festkurs ['fɛstkurs] *m (Börse)* fixed quotation

festlegen ['fɛstleːgən] *v 1.* set, fix, specify; *2. (verpflichten)* commit; *sich ~* commit o.s.
festliegen ['fɛstliːgən] *v irr (Gelder)* to be frozen, to be locked up
Festlohn ['fɛstloːn] *m* fixed salary, fixed wage
Festplatte ['fɛstplatə] *f (EDV)* hard disk
Festplattenlaufwerk ['fɛstplatənlaufvɛrk] *n (EDV)* hard disk drive
Festpreis ['fɛstpraɪs] *m* fixed price
festsetzen ['fɛstzɛtsən] *v* lay down, fix, determine
Festsetzung ['fɛstzɛtsuŋ] *f* setting, determination
feststehen ['fɛstʃteːən] *v (Termin)* to be set
festverzinslich ['fɛstfɛrtsɪnslɪç] *adj* fixed-interest bearing
festverzinsliche Wertpapiere ['fɛstfɛrtsɪnslɪçə 'wɛrtpapiːrə] *n/pl* fixed-interest securities *pl*
feuerbeständig ['fɔyərbəʃtɛndɪç] *adj* fire-resistant, fireproof
feuergefährlich ['fɔyərgəfɛːrlɪç] *adj* flammable, combustible, inflammable
Feuermelder ['fɔyərmɛldər] *m* fire alarm
Feuerwehrfonds ['fɔyərweːrfɔ̃] *m* fire-fighting fund
Fiasko ['fjasko] *n* fiasco
Filialbetrieb [fil'jaːlbətriːp] *m* branch operation; chain store
Filiale [fil'jaːlə] *f* branch, branch office
Filialgeschäft [fil'jaːlgəʃɛft] *n* branch store
Filialleiter(in) [fil'jaːllaɪtər(ɪn)] *m/f* branch manager
Filter ['fɪltər] *m/n* filter
Filzstift ['fɪltsʃtɪft] *m* felt-tip pen
Finanzamt [fɪ'nantsamt] *n* inland revenue, tax office
Finanzanlage [fɪ'nantsanlaːgə] *f* financial investment
Finanzausgleich [fɪ'nantsausglaɪç] *m* tax revenue sharing
Finanzbeamter [fɪ'nantsbəamtər] *m* revenue official
Finanzbeamtin [fɪ'nantsbəamtɪn] *f (female)* revenue official
Finanzbuchhaltung [fɪ'nantsbuːxhaltuŋ] *f* financial accounting
Finanzdienstleistungen [fɪ'nantsdiːnstlaɪstuŋən] *f/pl* financial services *pl*
Finanzen [fɪ'nantsən] *pl* finances *pl*
Finanzexperte [fɪ'nantsɛkspɛrtə] *m* financial expert

Finanzgeschäft [fɪ'nantsgəʃɛft] *n* financing
Finanzgruppe [fɪ'nantsgrupə] *f* group of financiers
Finanzhoheit [fɪ'nantshoːhaɪt] *f* financial autonomy
finanziell [fɪnan'tsjɛl] *adj* financial
finanzielle Mittel [fɪnan'tsjɛlə 'mɪtəl] *pl* financial resources *pl*, funds *pl*
finanzielles Gleichgewicht [fɪnan'tsjɛləs 'glaɪçgəwɪçt] *n* financial equilibrium
Finanzier [fɪnan'tsjeː] *m* financier
finanzieren [fɪnan'tsiːrən] *v* finance
Finanzierungsart [fɪnan'tsiːruŋsart] *f* financing type, type of financing
Finanzierungsgesellschaft [fɪnan'tsiːruŋsgəzɛlʃaft] *f* finance company
Finanzierungshilfe [fɪnan'tsiːruŋshɪlfə] *f* financing aid
Finanzierungskosten [fɪnan'tsiːruŋskɔstən] *pl* financing costs *pl*
Finanzimperium [fɪ'nantsɪmpeːrium] *n* financial empire
finanzkräftig [fɪ'nantskrɛftɪç] *adj* financially strong, financially sound
Finanzkrise [fɪ'nantskriːzə] *f* financial crisis
Finanzlage [fɪ'nantslaːgə] *f* financial state, financial situation
Finanzloch [fɪ'nantslɔx] *n* fiscal gap
Finanzmanagement [fɪ'nantsmɛnɪtʃmənt] *n* financial management
Finanzmärkte [fɪ'nantsmɛrktə] *m/pl* financial markets *pl*
Finanzminister(in) [fɪ'nantsminɪstər(ɪn)] *m/f* Finance Minister, Chancellor of the Exchequer *(UK)*, Secretary of the Treasury *(US)*
Finanzplan [fɪ'nantsplaːn] *m* financing scheme, budget scheme
Finanzplatz [fɪ'nantsplats] *m* financial centre
Finanzpolitik [fɪ'nantspolitiːk] *f* financial policy, fiscal policy
finanzpolitisch [fɪ'nantspoliːtɪʃ] *adj* of fiscal policy
Finanzschulden [fɪ'nantsʃuldən] *f/pl* corporate borrowings *pl*
finanzschwach [fɪ'nantsʃvax] *adj* financially weak
Finanzspritze [fɪ'nantsʃprɪtsə] *f (fam)* cash injection
Finanzverwaltung [fɪ'nantsfɛrvaltuŋ] *f* finance administration
Finanzwesen [fɪ'nantsveːzən] *n* finance
Finanzzoll [fɪ'nantstsɔl] *m* revenue tariff

Firma ['fɪrma] ƒ firm, company; *die ~ Coors* the Coors company
Firmenbeständigkeit ['fɪrmənbəʃtɛndɪç-kaɪt] ƒ company stability
Firmenchef(in) ['fɪrmənʃɛf(ɪn)] *m/f* head of the firm, head of the company
Firmeninhaber(in) ['fɪrmənɪnhaːbər(ɪn)] *m/f* owner of the firm, owner of the company
Firmenkundengeschäft ['fɪrmənkundən-gəʃɛft] *n* wholesale banking
Firmenname ['fɪrmənnaːmə] *m* firm name, company name
Firmenöffentlichkeit ['fɪrmənœfəntlɪç-kaɪt] ƒ public relations of the company
Firmenregister ['fɪrmənregɪstər] *n* register of companies
Firmenschild ['fɪrmənʃɪlt] *n* company name-plate
Firmenstempel ['fɪrmənʃtɛmpəl] *m* company stamp
Firmenwagen ['fɪrmənvaːgən] *m* company car
Firmenwahrheit ['fɪrmənvaːrhaɪt] ƒ company truth
Firmenwert ['fɪrmənveːrt] *m* goodwill
Fischerei [fɪʃəˈraɪ] ƒ fishing
fiskalisch [fɪsˈkaːlɪʃ] *adj* fiscal
Fiskus ['fɪskus] *m* treasury, fiscal authorities *pl*, Exchequer *(UK)*
Fixer(in) ['fɪksər(ɪn)] *m/f* bear seller
Fixkosten ['fɪkskɔstən] *pl* fixed costs *pl*
Fixkostendeckungsrechnung ['fɪkskɔs-təndɛkuŋsrɛçnuŋ] ƒ analysis of fixed-cost allocation
Fixkostendegression ['fɪkskɔstəndegrɛ-sjoːn] ƒ fixed cost degression
Fixpreis ['fɪkspraɪs] *m* fixed price
Flächenmaße ['flɛçənmaːsə] *n/pl* square measurement
Flaggendiskriminierung ['flagəndɪskrimi-niːruŋ] ƒ discrimination of flags
Flaute ['flautə] ƒ slump, recession, slackness
Fleiß [flaɪs] *m* diligence, industry, assiduousness
fleißig ['flaɪsɪç] *adj* diligent, hard-working, industrious
flexibel [flɛkˈsiːbəl] *adj* flexible
Flexibilität [flɛksibɪliˈtɛːt] ƒ flexibility, versatility
flexible Altersgrenze [flɛkˈsiːblə 'altərs-grɛntsə] ƒ flexible age limit
flexible Plankostenrechnung [flɛkˈsiːblə 'plaːnkɔstənreçnuŋ] ƒ flexible budgeting

flexible Wechselkurse [flɛkˈsiːblə 'vɛkzəl-kursə] *m/pl* flexible currency rates *pl*
Fließband ['fliːsbant] *n* conveyor belt; *(als Einrichtung)* assembly line
Fließbandarbeiter(in) ['fliːsbantarbaɪtər-(ɪn)] *m/f* assembly line worker
Fließfertigung ['fliːsfɛrtiguŋ] ƒ continuous flow production
Floor [floːr] *m* floor
Floppydisk ['flɔpɪdɪsk] ƒ floppy disk
Flugblatt ['fluːkblat] *n* leaflet, handbill
Flugdauer ['fluːkdauər] ƒ duration of the flight, flight duration
Fluggesellschaft ['fluːkgəzɛlʃaft] ƒ airline
Flughafen ['fluːkhaːfən] *m* airport
Fluglinie ['fluːkliːnjə] ƒ 1. *(Strecke)* air route; 2. *(Fluggesellschaft)* airline
Flugplan ['fluːkplaːn] *m* flight schedule, timetable
Flugverkehr ['fluːkvɛrkeːr] *m* air traffic
Flugzeug ['fluːktsɔyk] *n* airplane, plane, aircraft
Flugzeugbau ['fluːktsɔykbau] *m* aircraft construction
Fluktuation [fluktuaˈtsjoːn] ƒ fluctuation
fluktuieren [fluktuˈiːrən] *v* fluctuate
Flussbild ['flusbɪlt] *n* flow chart
Folgekosten ['fɔlgəkɔstən] *pl* consequential costs *pl*
Folie ['foːljə] ƒ foil
folienverpackt ['foːljənfɛrpakt] *adj* in foil packaging
Fonds [fɔ̃] *m* fund
forcieren [fɔrˈsiːrən] *v* force
Förderanlage ['fœrdəranlaːgə] ƒ transporting plant, transporting equipment, transporter
Förderband ['fœrdərbant] *n* conveyor belt
Fördermenge ['fœrdərmɛŋə] ƒ output, transporting capacity, conveying capacity, hauling capacity
Forderung ['fɔrdəruŋ] ƒ *(Geldforderung)* claim, debt
Form [fɔrm] ƒ 1. form, shape; *zu großer ~ auflaufen* to be in great shape; 2. *(Gussform)* mould, casting mould, mold *(US)*
Formalität [fɔrmaliˈtɛːt] ƒ formality
Format [fɔrˈmaːt] *n (Maß)* format, shape, size
formatieren [fɔrmaˈtiːrən] *v* format
Formatierung [fɔrmaˈtiːruŋ] ƒ formatting
formbeständig ['fɔrmbəʃtɛndɪç] *adj* shape-retaining
Formblatt ['fɔrmblat] *n* form
Formel ['fɔrməl] ƒ formula
Formfehler ['fɔrmfeːlər] *m* irregularity

Formkaufmann ['fɔrmkaufman] *m* association on which the law confers the attributes of a merchant, regardless of the object of its business
formlos ['fɔrmloːs] *adj (fig)* informal, unconventional, unceremonious; *adv (fig)* informally
Formsache ['fɔrmzaxə] *f* mere formality
Formular [fɔrmuˈlaːr] *n* form
Formvorschriften ['fɔrmfoːrʃrɪftən] *f/pl* formal requirements *pl*
Formwechsel ['fɔrmvɛksəl] *m* modification
forschen ['fɔrʃən] *v (wissenschaftlich)* research
Forscher ['fɔrʃər] *m (wissenschaftlicher ~)* researcher, research scientist
Forschung ['fɔrʃuŋ] *f* research, study, investigation
Forschung & Entwicklung (F & E) ['fɔrʃuŋ unt ɛntˈvɪkluŋ] *f* research and development (R & D)
Forschungsauftrag ['fɔrʃuŋsauftraːk] *m* research assignment
Forschungsinstitut ['fɔrʃuŋsɪnstituːt] *n* research institute
Forschungslabor ['fɔrʃuŋslaboːr] *n* research laboratory
Forschungszentrum ['fɔrʃuŋstsɛntrum] *n* research centre
Fortbildung ['fɔrtbɪlduŋ] *f* further education, advanced training
Fortschritt ['fɔrtʃrɪt] *m* progress, advancement
fortschrittlich ['fɔrtʃrɪtlɪç] *adj* progressive
Foto ['foːto] *n* photograph, picture, photo; *~-Handy* (mobile) camera phone
Foto-CD ['foːtotseːdeː] *f* photo CD
Fotografie [foːtograˈfiː] *f* photography
fotografieren [foːtograˈfiːrən] *v* photograph
Fotokopie [foːtokoˈpiː] *f* photocopy
fotokopieren [foːtokoˈpiːrən] *v* photocopy, make a photocopy
Fotokopierer [foːtokoˈpiːrər] *m* copier, photocopier, copying machine
Fracht [fraxt] *f* 1. *(Preis)* freight; 2. *(Ware)* cargo, freight
Fracht nach Gewicht oder Maß (w/m) ['fraxt naːç gəˈvɪçt oːdər ˈmaːs] freight per weight or measurement (w/m)
Fracht vorausbezahlt (frt. pp.) ['fraxt foˈrausbətsaːlt] freight prepaid (frt. pp.)
Frachtbasis ['fraxtbaːzis] *m* freight basis

Frachtbrief ['fraxtbriːf] *m* consignment note, bill of lading
Frachtbuchung ['fraxtbuːxuŋ] *f* freight booking
Frachter ['fraxtər] *m* cargo ship, freighter
frachtfrei ['fraxtfraɪ] *adj* freight paid, carriage paid
Frachtführer ['fraxtfyːrər] *m* carrier, bailor
Frachtgut ['fraxtguːt] *n* freight, freight goods *pl*
Frachtkosten ['fraxtkɔstən] *pl* freightage, freight charges *pl*, carrying charges *pl*
Frachtnachnahme (frt. fwd) ['fraxtnaːxnaːmə] *f* freight forward (frt. fwd.)
Frachtraum ['fraxtraum] *m* cargo compartment
Frachtschiff ['fraxtʃif] *n* freighter
Frachtzettel (w/b) ['fraxttsɛtəl] *m* freight bill (w/b)
Fragebogen ['fraːgəboːgən] *m* questionnaire
frei [fraɪ] *adj (kostenlos)* free, complimentary, gratis, free of charge
frei an Bord (f.o.b.) ['fraɪ an ˈbort] *adj* free on board (f.o.b.)
frei an Bord im Hafen (f.b.h.) ['fraɪ an ˈbort ɪm ˈhaːfən] *adj* free on board harbor (f.b.h.)
frei Bahnhof (f.o.r.) ['fraɪ ˈbaːnhoːf] *adj* free on board railroad station (f.o.r.)
frei Längsseite Schiff (f.a.s.) ['fraɪ ˈlɛŋszaɪtə ˈʃif] *adj* free alongside ship (f.a.s.)
frei Schiff (f.o.s.) ['fraɪ ˈʃif] *adj* free on steamer (f.o.s.)
frei von jeder Beschädigung (f.a.a.) ['fraɪ fɔn ˈjeːdər bəˈʃeːdiguŋ] *adj* free of all average (f.a.a.)
frei von Teilbeschädigung (f.p.a.) ['fraɪ fɔn ˈtaɪlbəʃeːdiguŋ] *adj* free of particular average (f.p.a.)
frei Waggon (f.o.t.) ['fraɪ vaˈgɔŋ] *adj* free on truck (f.o.t.)
freiberuflich ['fraɪbəruːflɪç] *adj* self-employed, freelance; *adv* freelance
Freibetrag ['fraɪbətraːk] *m* tax allowance, tax-exempt amount
freibleibend ['fraɪblaɪbənt] *adj* subject to confirmation, not binding, subject to change without notice
freie Ein- und Ausladung (f.i.o.) ['fraɪə 'aɪn unt 'auzlaːduŋ] *f* free in and out (f.i.o.)
freie Güter ['fraɪə gyːtər] *n/pl* free goods
freie Marktwirtschaft ['fraɪə 'marktvɪrtʃaft] *f* free market economy

freie(r) Mitarbeiter(in) ['fraɪə(r) 'mɪtarbaɪtər(ɪn)] *m/f* freelance
freier Beruf ['fraɪər bə'ruːf] *m* liberal profession
Freihandel ['fraɪhandəl] *m* free trade, over-the-counter trade
Freihandelszone ['fraɪhandəlstsoːnə] *f* free trade zone
freihändig ['fraɪhɛndɪç] *adv (Verkauf)* directly, in the open market, over the counter *(US)*
freimachen ['fraɪmaxən] *v (frankieren)* stamp
Freizeit ['fraɪtsaɪt] *f* free time, spare time, leisure time
Freizone ['fraɪtsoːnə] *f* free zone
Fremdfinanzierung ['frɛmtfɪnantsiːruŋ] *f* outside financing, debt financing
Fremdkapital ['frɛmtkapitaːl] *n* borrowed capital, debt capital
Fremdleistung ['frɛmtlaɪstuŋ] *f* outside services *pl*
Fremdsprache ['frɛmtʃpraːxə] *f* foreign language
fremdsprachig ['frɛmtʃpraːxɪç] *adj* in a foreign language, foreign-language
Fremdverschulden ['frɛmtfɛrʃuldən] *n* third-party fault
Fremdwährungswechsel ['frɛmtveːruŋsvɛksəl] *m* foreign currency bill
Friedenspflicht ['friːdənspflɪçt] *f* peacekeeping duty
Frist [frɪst] *f* period, *(äußerste ~)* deadline, time span, time limit
Frühinvalide ['fryːɪnvaliːdə] *m* person disabled before retirement age
Frührentner(in) ['fryːrɛntnər(ɪn)] *m/f* person taking early retirement
Frühschicht ['fryːʃɪçt] *f* early shift
Frühstückskartelle ['fryːʃtykskar'tɛlə] *n/pl* gentlemen's agreements *pl*
führen ['fyːrən] *v 1. (leiten)* lead, direct, guide; *2. (leiten)* manage, lead, run; *3. (Ware)* carry; *Verhandlungen ~* negotiate; *eine Liste ~* keep a list
Fuhrpark ['fuːrpark] *m* fleet
Führung ['fyːruŋ] *f 1. (Leitung)* control, management, leadership; *2. (Benehmen)* behaviour, conduct
Führungshierarchie ['fyːruŋshierarçiː] *f* managerial hierarchy
Führungsinformationssystem ['fyːruŋsɪnfɔrmatsjoːnszysteːm] *n* management information system

Führungskraft ['fyːruŋskraft] *f* manager, executive
Führungsposition ['fyːruŋspositsjoːn] *f* management position
Führungsstil ['fyːruŋsʃtiːl] *m* management style, leadership style
Führungstechniken ['fyːruŋstɛçnikən] *f/pl* management techniques *pl*
Führungswechsel ['fyːruŋsvɛksəl] *m* change in leadership
Führungszeugnis ['fyːruŋstsɔyknɪs] *n* certificate of conduct
Fuhrunternehmen ['fuːruntərneːmən] *n* haulage company, trucking company *(US)*
Fuhrunternehmer ['fuːruntərneːmər] *m* haulage contractor, carrier
Füllmaterial ['fylmaterjaːl] *n* filler
fungieren [fuŋ'giːrən] *v ~ als* function as, act as
Funkanlage ['fuŋkanlaːgə] *f* radio equipment, radio set
Funkstörung ['fuŋkʃtøːruŋ] *f* radio interference
Funktion [fuŋk'tsjoːn] *f* function; *beratende ~* advisory function
funktional [fuŋktsjo'naːl] *adj* functional
Funktionalorganisation [fuŋktjo'naːlɔrganisatsjoːn] *f* functional organization
Funktionär [fuŋktsjo'nɛːr] *m* functionary
funktionell [fuŋktsjo'nɛl] *adj* functional
funktionieren [fuŋktjo'niːrən] *v* function, work, operate; *Dieses Gerät funktioniert nicht.* This device doesn't work.
funktionstüchtig [fuŋk'tsjoːnstyçtɪç] *adj* efficient, functional
Funktionsmanager [fuŋk'tsjoːnsmænædʒər] *m* functional manager
für Konto (a/c) [fyːr 'kɔntoː] *f* account current (a/c)
Fürsorgepflicht des Arbeitgebers ['fyːrzɔrgəpflɪçt dɛs 'arbaɪtgeːbərs] *f* employer's duty of care
Fürsprache ['fyːrʃpraːxə] *f ~ für jdn einlegen* put in a good word for s.o.
Fürsprecher ['fyːrʃprɛçər] *m* advocate, interceder, intercessor
Fusion [fu'zjoːn] *f* merger
fusionieren [fuzjo'niːrən] *v* merge, consolidate
Fusionsbilanz [fuz'joːnsbilants] *f* merger balance sheet
Fusionsvertrag [fu'zjoːnsfɛrtraːk] *m* merger agreement
Futures ['fjuːtʃərs] *pl* futures *pl*

G

Gage ['gɑːʒə] *f* salary
galoppierend [galo'piːrənt] *adj (Preise, Kurse)* galloping, runaway
galoppierende Inflation [galo'piːrendə infla'tsjoːn] *f* galloping inflation
gängig ['gɛŋɪç] *adj (gut verkaufbar)* marketable
Gängigkeit ['gɛŋɪçkaɪt] *f* marketability
ganzjährig ['gantsjɛːrɪç] *adj* all year (round), twelvemonth
ganztägig ['gantstɛːgɪç] *adj* all day
Ganztagsbeschäftigung ['gantstaːksbə-ʃɛftɪguŋ] *f* full time job
Gap-Analyse ['gæpanalyːzə] *f* gap analysis
Garant [ga'rant] *m (Bürge)* guarantor
Garantie [ga:ran'tiː] *f* 1. guaranty, guarantee; 2. warranty
Garantieanspruch [ga:ran'tiːanʃprux] *m* warranty claim, claim under warranty
Garantiebedingung [ga:ran'tiːbədɪŋuŋ] *f* term of a guarantee
Garantiefonds [ga:ran'tiːfõ] *m* guaranty fund
Garantiegeschäft [ga:ran'tiːgəʃɛft] *n* guaranty business
Garantiehaftung [ga:ran'tiːhaftuŋ] *f* liability for breach of warranty
Garantiekapital [ga:ran'tiːkapitaːl] *n* capital serving as a guarantee
Garantiekarte [ga:ran'tiːkartə] *f* certificate of warranty
Garantiekonsortium [ga:ran'tiːkɔnzɔrtsium] *n* underwriting syndicate
Garantieleistung [ga:ran'tiːlaɪstuŋ] *f* providing of guarantee
Garantiertes Gewicht (w.g.) [ga:ran'tiːrtəs gə'vixt] *n* weight guaranteed (w.g.)
Garantiestempel [ga:ran'tiːʃtɛmpəl] *m* warranty stamp
Garantieverpflichtung [ga:ran'tiːfərpfliçtuŋ] *f* guarantee obligation
Garantiewechsel [ga:ran'tiːvɛksəl] *m* security bill
Garantiezeit [ga:ran'tiːtsaɪt] *f* guarantee
GATT [gat] *(Allgemeines Zoll- und Handelsabkommen)* General Agreement on Tariffs and Trade (GATT)
Gattungskauf ['gatuŋskauf] *m* sale by description
Gattungsschuld ['gatuŋsʃult] *f* obligation to supply certain articles

Gattungsvollmacht ['gatuŋsfɔlmaxt] *f* generic power
Gebietsansässiger [gə'biːtsaːnzɛsigər] *m* resident
Gebietsfremder [gə'biːtsfrɛmdər] *m* nonresident
Gebietskartell [gə'biːtskartɛl] *n* market sharing cartel
Gebietskörperschaft [gə'biːtskørpərʃaft] *f* regional authority
Gebietsleiter(in) [gə'biːtslaɪtər(ɪn)] *m/f* regional manager
Gebietsvertreter [gə'biːtsfərtreːtər] *m* area representative
gebietsweise [gə'biːtsvaɪzə] *adj* regionally, locally
Gebilde [gə'bɪldə] *n* entity
geborene Orderpapiere [gə'boːrənə 'ɔrdərpaːpiːrə] *n/pl* original order papers *pl*; instruments to order by law *pl*
Gebot [gə'boːt] *n (Vorschrift)* rule
Gebrauchsanweisung [gə'brauxsanvaɪzuŋ] *f* instructions *pl*, instructions for use *pl*
Gebrauchsartikel [gə'brauxsartɪkəl] *m/pl* utility articles *pl*, durable consumer goods *pl*
gebrauchsfertig [gə'brauxsfɛrtɪç] *adj* ready for use
Gebrauchsgüter [gə'brauxsgyːtər] *n/pl* durable consumer goods *pl*
Gebrauchsmuster [gə'brauxsmustər] *n* utility-model patent
Gebrauchsschutz [gə'brauxsʃuts] *f* protection of patents
Gebrauchswert [gə'brauxsvɛrt] *m* value in use
Gebrauchtwagen [gə'brauxtvaːgən] *m* used car
Gebrauchtwaren [gə'brauxtvaːrən] *f/pl* second-hand articles *pl*
gebrochene Preise [gə'brɔxənə 'praɪzə] *m/pl* odd prices *pl*
gebrochener Schluss [gə'brɔxənər ʃlus] *m* odd lot
Gebrüder [gə'bryːdər] *pl* Brothers *pl*
Gebühr [gə'byːr] *f* fee
Gebührenerhöhung [gə'byːrənɛrhøːuŋ] *f* increase in fees
Gebührenerlass [gə'byːrənɛrlas] *m* remission of fees

gebührenfrei [gə'by:rənfraɪ] *adj* free of charge
gebührenpflichtig [gə'by:rənpflɪçtɪç] *adj* liable to charge
Gebührensatz [gə'by:rənzats] *m* rate
gebundene Währung [gə'bundənə 've:ruŋ] *f* linked currency
Geburtsdatum [gə'burtsda:tum] *n* date of birth
Geburtsort [gə'burtsɔrt] *m* place of birth
Geburtstag [gə'burtsta:g] *m* birthday
gedeckt [gə'dɛkt] *adj (Scheck)* covered
gedeckter Kredit [gə'dɛktər krə'di:t] *m* covered credit
gedeckter Scheck [gə'dɛktər ʃɛk] *m* covered cheque
gedeihen [gə'daɪən] *v irr (Umsätze)* prosper, flourish
gediehen [gə'di:ən] *adj* good-quality, solid (-quality)
gedrückt [gə'drʏkt] *adj (Kurse)* depressed
geeignet [gə'aɪgnət] *adj* suitable, proper
Gefahr [gə'fa:r] *f* risk, peril, danger
Gefahrenbereich [gə'fa:rənbəraɪç] *m* danger area, danger zone
Gefahrenherd [gə'fa:rənhɛrt] *m* source of trouble
Gefahrenmoment [gə'fa:rənmo:mɛnt] *n* hazard, risk
Gefahrenzulage [gə'fa:rəntsu:la:gə] *f* danger money
Gefahrgüter [gə'fa:rgy:tər] *n/pl* hazardous materials *pl*
Gefahrgütertransport [gə'fa:rgy:tər-transpɔrt] *m* transport of hazardous materials
gefährlich [gə'fɛ:rlɪç] *adj* hazardous
Gefahrübergang [gə'fa:ry:bərgaŋ] *m* passage of risk
gefahrvoll [gə'fa:rfɔl] *adj* dangerous, risky
Gefälligkeitsakzept [gə'fɛlɪçkaɪtsaktsəpt] *n* accommodation acceptance
Gefälligkeitsgiro [gə'fɛlɪçkaɪtsʃi:ro] *n* accommodation endorsement
Gefälligkeitsvertrag [gə'fɛlɪçkaɪtsfɛr-tra:k] *m* accomodation contract, accomodation agreement
gefälscht [gə'fɛlʃt] *adj* counterfeit, forged, fake
gefälschter Scheck [gə'fɛlʃtər ʃɛk] *m* forged cheque
gefragt [gə'fra:kt] *adj (Ware)* (much) in demand, sought after
gegen Akkreditiv ['ge:gən akredɪ'ti:f] against letter of credit

gegen Barzahlung ['ge:gən 'ba:rtsa:luŋ] against cash
gegen Bezahlung ['ge:gən bə'tsa:luŋ] for (ready) money
gegen Nachnahme ['ge:gən 'na:xna:mə] cash on delivery
Gegenakkreditiv ['ge:gənakredɪti:f] *n* back-to-back letter of credit
Gegenangebot ['ge:genangəbo:t] *n* counter offer
Gegenbuchung ['ge:gənbu:xuŋ] *f* counter entry
Gegenentwurf ['ge:gənɛntvurf] *m* counter project, alternative (project)
Gegenforderung ['ge:gənfɔrdəruŋ] *f* counterclaim
Gegengeschäft ['ge:gəngəʃɛft] *n* countertrade, counterdeal, back-to-back transaction
Gegenleistung ['ge:genlaɪstuŋ] *f* 1. return; 2. *(wirtschaftlich)* valuable consideration
Gegenmaßnahmen ['ge:gənma:sna:mən] *f/pl* countermeasures *pl*
Gegenposten ['ge:gənpɔstən] *m* contra entry
Gegenquittung ['ge:gənkvɪtuŋ] *f* counter-receipt
Gegenrechnung ['ge:gənrɛçnuŋ] *f* contra account, check account, counterclaim
Gegensaldo ['ge:gənzaldo] *m* counter-balance
gegenseitiger Vertrag ['ge:gənsaɪtɪgər fɛr'tra:k] *m* reciprocal contract
Gegenseitigkeitsabkommen ['ge:gən-zaɪtɪçkaɪtsapkɔmən] *n* reciprocal (trade) agreement
Gegenseitigkeitsklausel ['ge:gənzaɪtɪç-kaɪtsklauzəl] *f* reciprocity clause
Gegenstromverfahren ['ge:gənʃtro:m-fɛrfa:rən] *n* mixed top-down/bottom-up planning system
Gegenwartswert ['ge:gənvartsvɛrt] *m* present value
Gehalt [gə'halt] *n* salary
Gehaltsabrechnung [gə'haltsapreçnuŋ] *f* salary statement
Gehaltsabzug [gə'haltsaptsu:k] *m* deduction from salary
Gehaltserhöhung [gə'haltsɛrhø:uŋ] *f* salary raise, pay raise
Gehaltsforderung [gə'haltsfɔrdəruŋ] *f* salary claim
Gehaltskonto [gə'haltskɔnto:] *n* salary account
Geheimkonferenz [gə'haɪmkɔnferɛnts] *f* secret conference

Geheimkonto [gə'haɪmkɔnto] *n* secret account
Geheimvertrag [gə'haɪmfɛrtraːk] *m* secret treaty
gekreuzter Scheck [gə'krɔytstər ʃɛk] *m* crossed cheque
Geld [gɛlt] *n* money
Geldabfindung ['gɛltapfɪnduŋ] *f* compensation, monetary compensation
Geldakkord ['gɛltakɔrt] *m* money piece rate
Geldangebot ['gɛltangəboːt] *n* supply of money
Geldanlage ['gɛltanlaːgə] *f* investment
Geldanleihe ['gɛltanlaɪə] *f* loan
Geldbasis ['gɛltbaːzɪs] *f* monetary base
Geldbasiskonzept ['gɛltbaːzɪskɔntsɛpt] *n* monetary base principle
Geldbetrag ['gɛltbətraːk] *m* amount of money
Geldbörse ['gɛltbœrzə] *f* money market
Gelddeckung ['gɛltdɛkuŋ] *f* sum total of liquid funds
Gelddisposition ['gɛltdɪspɔzɪtsjoːn] *f* money operations; cash management
Geldeingang ['gɛltaɪngaŋ] *m* receipt of money
Geldeinlage ['gɛltaɪnlaːgə] *f* investments *pl*, invested capital
Geldexport ['gɛltɛkspɔrt] *m* money export
Geldfaktor ['gɛltfaktoːr] *m* monetary factor
Geldforderung ['gɛltfɔrdəruŋ] *f* outstanding debt, moneyclaim
Geldfrage ['gɛltfraːgə] *f* financial matter
Geldfunktionen ['gɛltfunktsjoːnən] *f/pl* functions of money *pl*
Geldgeber(in) ['gɛltgeːbər(ɪn)] *m/f* sponsor
Geldgeschäft ['gɛltgəʃɛft] *n 1. (Vorgang)* money transaction, financial transaction; *2. (Branche)* financial business, banking business
Geldhaltung ['gɛlthaltuŋ] *f* money management
Geldherrschaft ['gɛlthɛrʃaft] *f* plutocracy
Geldimport ['gɛltɪmpɔrt] *m* money import
Geldkapital ['gɛltkapitaːl] *n* monetary capital
Geldkreislauf ['gɛltkraɪslauf] *m* money circulation, money circuit
Geldkrise ['gɛltkriːzə] *f* monetary crisis
Geldkurs ['gɛltkurs] *m* buying rate, bid price, demand price, money rate

Geldleistung ['gɛltlaɪstuŋ] *f* payment
Geldlohn ['gɛltloːn] *m* money wage
Geldmacherei ['gɛltmaxəraɪ] *f* money-making
Geldmacht ['gɛltmaxt] *f* financial power
Geldmarkt ['gɛltmarkt] *m* money market
Geldmarktfonds ['gɛltmarktfõː] *m* money market funds *pl*
Geldmarktkonto ['gɛltmarktkɔnto] *n* money market account
Geldmarktkredit ['gɛltmarktkrediːt] *m* money market credit
Geldmarktpapier ['gɛltmarktpapiːr] *n* money market securities *pl*
Geldmarktpolitik ['gɛltmarktpolitiːk] *f* money market policy
Geldmarktsatz ['gɛltmarktzats] *m* money market rate
Geldmenge ['gɛltmɛŋə] *f* money supply, monetary supply
Geldmengenziel ['gɛltmɛŋəntsiːl] *n* money supply target
Geldnachfrage ['gɛltnaːxfraːgə] *f* demand for money
Geldnutzen ['gɛltnutsən] *m* utility of funds
Geldpolitik ['gɛltpolitiːk] *f* monetary policy
Geldrechnung ['gɛltrɛçnuŋ] *f* cash basis of accounting
Geldsatz ['gɛltzats] *m* money rate
Geldschleier ['gɛltʃlaɪər] *m* veil of money
Geldschöpfung ['gɛltʃœpfuŋ] *f* creation of money
Geldschöpfungsmultiplikator ['gɛltʃœpfuŋsmultiplikaːtor] *m* money creation ratio
Geldsog ['gɛltzoːk] *m* money drain, drain of money
Geldsortiermaschine ['gɛltsɔrtiːrmaʃiːnə] *f* money sorting machine
Geldstrafe ['gɛltʃtraːfə] *f* fine
Geldstromanalyse ['gɛltʃtroːmanalyːzə] *f* flow-of-funds analysis
Geldsubstitut ['gɛltzubstituːt] *n* money substitute
Geldsurrogate ['gɛltzurogaːtə] *n/pl* substitute money
Geldüberhang ['gɛltyːbərhaŋ] *m* excessive supply of money
Geldüberweisung ['gɛltyːbərvaɪzuŋ] *f* money transfer, transfer of money
Geldumlauf ['gɛltumlauf] *m* money circulation, money circuit
Geldumlaufsgeschwindigkeit ['gɛltumlaufsgəʃvɪndɪçkaɪt] *f* velocity of circulation of money

Geldumsatz ['gɛltumzats] *m* turnover of money

Geldumstellung ['gɛltumʃtɛluŋ] *f* currency conversion, money conversion

Geldverdiener(in) ['gɛltfɛrdiːnər(ɪn)] *m/f* moneymaker

Geldverfassung ['gɛltfɛrfasuŋ] *f* monetary structure

Geldverknappung ['gɛltfɛrknapuŋ] *f* monetary restriction, contraction of money supply

Geldverlust ['gɛltfɛrlust] *m* financial loss, pecuniary loss

Geldvermögen ['gɛltfɛrmøːgən] *n* financial assets *pl*

Geldvermögenswert ['gɛltfɛrmøːgənsveːrt] *m* financial asset

Geldvernichtung ['gɛltfɛrnɪçtuŋ] *f* reduction of the volume of money

Geldverschwendung ['gɛltfɛrʃvɛnduŋ] *f* waste of money

Geldvolumen ['gɛltvoluːmən] *n* volume of money

Geldwachstum ['gɛltvakstuːm] *n* money growth

Geldwäsche ['gɛltvɛʃə] *f* money laundering

Geldwechselgeschäft ['gɛltvɛksəlgəʃɛft] *n* currency exchange business

Geldwert ['gɛltveːrt] *m* value of money

geldwerter Vorteil ['gɛltveːrtər 'foːrtail] *m* benefit in money's worth

Geldwertbestimmungen ['gɛltveːrtbəʃtɪmuŋən] *f/pl* valuation

Geldwertschwund ['gɛltveːrtʃvunt] *m* currency erosion

Geldwertsicherungsklausel ['gɛltveːrtzɪçəruŋsklauzəl] *f* money guarantee clause

Geldwertstabilität ['gɛltveːrtʃtabiliteːt] *f* stability of the value of money, monetary stability

Geldwesen ['gɛltveːzən] *n* monetary system

Geldwirtschaft ['gɛltvɪrtʃaft] *f* money economy

geldwirtschaftlich ['gɛltvɪrtʃaftlɪç] *adj* monetary, financial

Geldzählautomat ['gɛlttsɛːlautomaːt] *m* money counting machine

Geldzahlung ['gɛlttsaːluŋ] *f* payment

Geldzins ['gɛlttsɪns] *m* interest on money

Geldzirkulation ['gɛlttsɪrkulatsjoːn] *f* money circulation, money circuit

Gelegenheitsgesellschaft [gəˈleːgənhaitsgəzɛlʃaft] *f* temporary joint venture

Geltung ['gɛltuŋ] *f (Gültigkeit)* validity

Geltungsdauer ['gɛltuŋsdauər] *f* 1. validity; 2. *(Vertrag)* term; 3. *(Patent)* life

Gemeinde [gəˈmaində] *f* community

Gemeineigentum [gəˈmainaigəntuːm] *n* public property

gemeiner Wert [gəˈmainər veːrt] *m* market value

Gemeinkostenwertanalyse (GWA) [gəˈmainkɔstənveːrtanalyːzə] *f* overhead value analysis

Gemeinlastprinzip [gəˈmainlastprɪntsiːp] *n* principle of common burden

gemeinnütziges Unternehmen [gəˈmainnytsɪgəs untərˈneːmən] *n* public institution

gemeinsamer Markt [gəˈmainsaːmər markt] *m* common market

Gemeinschaftsanleihe [gəˈmainʃaftsanlaiə] *f* joint loan, community loan

Gemeinschaftsbank [gəˈmainʃaftsbank] *f* combination bank

Gemeinschaftsdepot [gəˈmainʃaftsdepoː] *n* joint security deposit

Gemeinschaftseigentum [gəˈmainʃaftsaigəntuːm] *n* collective property

Gemeinschaftsemission [gəˈmainʃaftsemisjoːn] *f* joint issue

Gemeinschaftsfinanzierung [gəˈmainʃaftsfinantsiːruŋ] *f* group financing

Gemeinschaftsfonds [gəˈmainʃaftsfoː] *m* joint funds *pl*

Gemeinschaftskonto [gəˈmainʃaftskɔntoː] *n* joint account

Gemeinschaftsschuldner [gəˈmainʃaftsʃuldnər] *m* common debtor

Gemeinschaftssparen [gəˈmainʃaftsʃpaːrən] *n* joint saving

Gemeinschaftswerbung [gəˈmainʃaftsverbuŋ] *f* joint publicity

Gemeinschuldner [gəˈmainʃuldnər] *m* adjudicated bankrupt

Gemeinsteuer [gəˈmainʃtɔyər] *f* local tax

Gemeinwirtschaft [gəˈmainvɪrtʃaft] *f* social economy

gemeinwirtschaftlich [gəˈmainvɪrtʃaftlɪç] *adj* non-profit, public

gemischte Firma [gəˈmɪʃtə ˈfɪrma] *f* mixed company

gemischter Fonds [gəˈmɪʃtər foː] *m* mixed fund

genannt [gə'nant] *adj* indicated
genehmigen [gə'neːmɪgən] *v 1. (Vorschlag)* accept; *2. (offizieller Antrag)* approve, grant; *3. (Vertrag)* ratify
genehmigte Bilanz [gə'neːmɪgtə biː'lants] *f* authorized balance sheet
genehmigtes Kapital [gə'neːmɪgtəs kapiˈtaːl] *n* authorized capital
Genehmigungsbescheid [gə'neːmɪguŋsbəʃaɪt] *m* notice of approval
Genehmigungspflicht [gə'neːmɪguŋspflɪçt] *f* duty to obtain a permit
genehmigungspflichtig [gə'neːmɪguŋspflɪçtɪç] *adj* requiring approval
genehmigungspflichtige Kartelle [gə'neːmɪguŋspflɪçtɪgə kar'tɛlə] *n/pl* cartel to be registered
Generalausnahmeklausel [genə'raːlausnaːməklauzəl] *f* general exception clause
Generalbevollmächtigte(r) [genə'raːlbəfɔlmɛçtɪçtə(r)] *f/m* universal agent
Generaldirektor(in) [genə'raːldirɛktoːr(ɪn)] *m/f* director general
Generalpolice [genə'raːlpoliːsə] *f* floating policy
Generalstreik [genə'raːlʃtraɪk] *m* general strike
Generalunternehmer [genə'raːluntɛrneːmər] *m* general contractor
Generalvertreter [genə'raːlfɛrtreːtər] *m* general agent
Generationenvertrag [genəra'tsjoːnənfɛrtraːk] *m* inter-generation compact
genormt [gə'nɔrmt] *adj* standardized
Genossenschaft [gə'nɔsənʃaft] *f* cooperative society
genossenschaftliche Zentralbanken [gə'nɔsənʃaftlɪçə tsən'traːlbankən] *f/pl* cooperative central banks *pl*
genossenschaftlicher Bankensektor [gə'nɔsənʃaftlɪçər 'bankənsɛktoːr] *m* cooperative banking sector
Genussrecht [gə'nusrɛçt] *n* participation rights *pl*
Genussrechtskapital [gə'nusrɛçtskapitaːl] *n* participating rights capital
Genussschein [gə'nusʃaɪn] *m* participating certificate
gerechtfertigt [gə'rɛçtfɛrtɪçt] *adj* justified
geregelter Freiverkehr [gə'reːgeltər 'fraɪfɛrkeːr] *adj* unofficial market
gerichtliches Mahnverfahren [gə'rɪçtlɪçəs 'maːnfɛrfaːrən] *n* court proceedings for order to pay debt, summons

Gerichtsstand [gə'rɪçtsʃtant] *m* place of jurisdiction
Gerichtsvollzieher(in) [gə'rɪçtsfɔltsiːər(ɪn)] *m/f* bailiff
geringfügige Beschäftigung [gə'rɪŋfyːgɪgə bə'ʃɛftɪguŋ] *f* low-paid employment, part-time employment
geringfügige Dienstverhinderung [gə'rɪŋfyːgɪgə 'diːnstfɛrhɪndəruŋ] *f* minor prevention from duty
geringwertige Wirtschaftsgüter [gə'rɪŋveːrtɪgə 'vɪrtʃaftsgyːtər] *n/pl* depreciable movable fixed assets of low value *pl*
Gesamtabsatz [gə'zamtapzats] *m* overall sales *pl*
Gesamtausgaben [gə'zamtausgaːbən] *f/pl* overall expenditure, total expenditure
Gesamtbetriebsrat [gə'zamtbətriːpsraːt] *m* central works council
Gesamtertrag [gə'zamtɛrtraːk] *m* total proceeds
Gesamtforderung [gə'zamtfɔrdəruŋ] *f* total claim
Gesamthandeigentum [gə'zamthandaɪgəntuːm] *n* joint tenancy
Gesamthandforderung [gə'zamthandfɔrdəruŋ] *f* jointly owned claim
Gesamthandschuld [gə'zamthandʃuld] *f* joint debt
Gesamthypothek [gə'zamthypoteːk] *f* general mortgage
Gesamtkapitalrentabilität [gə'zamtkapitaːlrɛntabiliteːt] *f* total capital profitability
Gesamtkosten [gə'zamtkɔstən] *pl* total costs *pl*, overall costs *pl*
Gesamtkurs [gə'zamtkurs] *m* total market value
Gesamtlieferung [gə'zamtliːfəruŋ] *f* total delivery
Gesamtplanung [gə'zamtplaːnuŋ] *f* master planning, general planning
Gesamtprokura [gə'zamtprokuːraː] *f* joint proxy
Gesamtschuld [gə'zamtʃuld] *f* total debt
Gesamtschuldner [gə'zamtʃuldnər] *m* joint and several debtor
gesamtschuldnerische Bürgschaft [gə'zamtʃuldnərɪʃə 'byrgʃaft] *f* joint and several guaranty
Gesamtsumme [gə'zamtzumə] *f* total amount, grand total
Gesamtvermögen [gə'zamtfɛrmøːgən] *n* aggregate property; total assets *pl*

Gesamtvollmacht [gə'zamtfɔlmaçt] *f* joint power of attorney
Gesamtzinsspannenrechnung [gə'zamttsɪnzʃpanənreçnuŋ] *f* whole-bank interest margin calculation
Geschäftsbank [gə'ʃɛftsbank] *f* commercial bank
Geschäftsbedingungen [gə'ʃɛftsbədɪŋuŋən] *f/pl* terms and conditions of business *pl*
Geschäftsbereichsorganisation [gə'ʃɛftsbəraiçsɔrganizatsjoːn] *f* divisional organization
Geschäftsbesorgung [gə'ʃɛftsbəzɔrguŋ] *f* business errand
Geschäftsbesorgungsvertrag [gə'ʃɛftsbəzɔrguŋsfɛrtraːk] *m* agency agreement
Geschäftsbeziehung [gə'ʃɛftsbətsiːuŋ] *f* business connections *pl*
Geschäftsbücher [gə'ʃɛftsbyːçər] *n/pl* account books and balance-sheets *pl*
Geschäftsfreund [gə'ʃɛftsfrɔynt] *m* business friend
Geschäftsführer(in) [gə'ʃɛftsfyːrər(ɪn)] *m/f* manager, chief executive
Geschäftsgeheimnis [gə'ʃɛftsgəhaimnɪs] *n* business secret
Geschäftsgrundlage [gə'ʃɛftsgrundlaːgə] *f* implicit basis of a contract
Geschäftsguthaben [gə'ʃɛftsguːthaːbən] *n* proprietor's capital holding
Geschäftsjahr [gə'ʃɛftsjaːr] *n* financial year
Geschäftsjubiläum [gə'ʃɛftsjuːbilɛːum] *n* jubily
Geschäftspapier [gə'ʃɛftspapiːr] *n* commercial papers
Geschäftspapiere [gə'ʃɛftspapiːrə] *n/pl* business papers *pl*
Geschäftsprozess [gə'ʃɛftsprotsəs] *m* course of business
geschäftsschädigend [gə'ʃɛftsʃɛːdɪgənt] *adj* damaging to business, damaging to interests
Geschäftsschädigung [gə'ʃɛftsʃɛːdɪguŋ] *f* malpractice, trade libel
Geschäftssinn [gə'ʃɛftszɪn] *m* a sense for business, business sense
Geschäftsspartenkalkulation [gə'ʃɛftsspartənkalkulatsjoːn] *n* business category costing
Geschäftsträger(in) [gə'ʃɛftstrɛːgər(ɪn)] *m/f* representative
geschäftstüchtig [gə'ʃɛftstYçtɪç] *adj* capable in business

Geschäftsübergabe [gə'ʃɛftsyːbərgaːbə] *f* handing over of business
Geschäftsübernahme [gə'ʃɛftsyːbərnaːmə] *f* takeover of a business
Geschäftsvolumen [gə'ʃɛftsvoluːmən] *n* volume of business
Geschäftswert [gə'ʃɛftsveːrt] *m* value of the subject matter at issue
Geschäftszeit [gə'ʃɛftstsait] *f* business hours *pl*, opening hours *pl*
Geschenksparbuch [gə'ʃɛŋkʃpaːrbuːx] *n* gift savings book
geschlossener Immobilienfonds [gəʃlɔsənər ɪmo'biːljənfõː] *m* closed-end real estate fund
geschlossener Markt [gə'ʃlɔsənər markt] *m* self-contained market
Geschmacksmuster [gə'ʃmaksmustər] *n* design patent
Gesellschaft bürgerlichen Rechts (GbR) [gə'zɛlʃaft 'byrgərlıçən 'rɛçts] *f* civil-law association
Gesellschaft mit beschränkter Haftung (GmbH) [gə'zɛlʃaft mɪt bə'ʃrɛŋktər 'haftuŋ] *f* limited liability company
Gesellschafterdarlehen [gə'zɛlʃaftər daːrleːhən] *n* proprietor's loan
Gesellschafterversammlung [gə'zɛlʃaftərfərsamluŋ] *f* meeting of shareholders
Gesellschaftsformen [gə'zɛlʃaftsfɔrmən] *f/pl* legal forms of commercial entities *pl*
Gesellschaftsschulden [gə'zɛlʃaftsʃuldən] *f/pl* company's debts *pl*
Gesellschaftssteuer [gə'zɛlʃaftsʃtɔyər] *f* company tax
Gesellschaftsvermögen [gə'zɛlʃaftsfərmøːgən] *n* company assets *pl*, partnership assets *pl*
Gesetz [gə'zɛts] *n* law
Gesetzesänderung [gə'zɛtsəsɛndəruŋ] *f* amendment of a law
Gesetzgebungshoheit [gə'zɛtsgeːbuŋshoːhait] *f* legislative sovereignty
gesetzliche Krankenversicherung [gə'zɛtslıçə 'kraŋkənfɛrzıçəruŋ] *f* statutory health insurance fund
gesetzliche Kündigungsfrist [gə'zɛtslıçə 'kyndıguŋsfrıst] *f* statutory period of notice
gesetzliche Rentenversicherung [gə'zɛtslıçə 'rɛntənfɛrzıçəruŋ] *f* statutory pension insurance fund
gesetzliche Rücklage [gə'zɛtslıçə 'ryklaːgə] *f* legally restricted retained earnings *pl*

gesetzliche Unfallversicherung [gə'zɛtslɪçə 'unfalfɛrzɪçərʊŋ] *f* statutory accident insurance
gesetzliches Zahlungsmittel [gə'zɛtslɪçes 'tsaːlʊŋsmɪtəl] *n* legal tender
gesetzlich geschützt [gə'zɛtslɪç gə'ʃytst] *adj* patented; proprietary
gespaltene Wechselkurse [gə'ʃpaltənə 'vɛksəlkurzə] *m/pl* two-tier exchange rate
gespaltener Devisenmarkt [gə'ʃpaltənər də'viːzənmarkt] *m* two-tier foreign exchange market
gespaltener Tarif [gə'ʃpaltənər ta'riːf] *m* differentiated tariffs *pl*
gespaltener Wechselkurs [gə'ʃpaltənər 'vɛksəlkurs] *m* multiple exchange rates *pl*
gesperrtes Depot [gə'ʃpɛrtəs də'poː] *n* blocked deposit
gesperrtes Konto [gə'ʃpɛrtəs 'kɔntoː] *n* blocked account
Gesprächstermin [gə'ʃprɛːçstɛrmiːn] *m* appointment for a meeting
gestaffelt [gə'ʃtafəlt] *adj* graduated
gestrichen Geld (-G) [gə'ʃtrɪçən gɛlt] *n* quotation cancelled-money
gestrichen Taxe (-T) [gə'ʃtrɪçən 'taksə] *f* quotation cancelled-government-fixed price
Gesundheitsschutz [gə'zunthaɪtsʃuts] *m* health protection
Gesundheitswesen [gə'zunthaɪtsveːzən] *n* public health
Gesundheitszeugnis [gə'zunthaɪtstsɔyknɪs] *n* health certificate
Gesundschrumpfung [gə'zuntʃrumpfuŋ] *f* paring down
Getränkesteuer [gə'trɛŋkəʃtɔyer] *f* beverage tax
Getreidebörse [gə'traɪdəbœrzə] *f* grain exchange
Gewährleistung [gə'vɛːrlaɪstuŋ] *f* warranty
Gewährleistungsgarantie [gə'vɛːrlaɪstuŋsgaranti:] *f* guarantee for proper execution
Gewährleistungsvermögen [gə'vɛːrlaɪstuŋsfɛrmøːgən] *n* capability to warrant
Gewerbeaufsichtsamt [gə'vɛrbəaufzɪçtsamt] *n* trade supervisory authority, the factory inspectorate
Gewerbebank [gə'vɛrbəbaŋk] *f* industrial bank
Gewerbeertragssteuer [gə'vɛrbəɛrtraksʃtɔyər] *f* trade earnings tax
Gewerbefreiheit [gə'vɛrbəfraɪhaɪt] *f* freedom of trade

Gewerbekapitalsteuer [gə'vɛrbəkapitaːlʃtɔyər] *f* trade tax on capital
Gewerbeordnung (GewO) [gə'vɛrbəɔrdnuŋ] *f* Trade Regulation Act
gewerblicher Betrieb [gə'vɛrbliçər bə'triːp] *m* industrial undertaking
Gewerkschaft [gə'vɛrkʃaft] *f* trade union, labor union *(US)*
Gewerkschaftsbank [gə'vɛrkʃaftsbaŋk] *f* trade union bank
Gewichtszoll [gə'vɪçtstsɔl] *m* duty based on weight
gewillkürte Orderpapiere [gə'vɪlkyːrtə 'ɔrdərpapiːrə] *n/pl* instruments to order by option *pl*
Gewinn [gə'vɪn] *m* profit, gain; return
Gewinn- und Verlustrechnung [ge'vɪn und fɛrlustrɛçnuŋ] *f* profit and loss account
Gewinnabführung [gə'vɪnapfyːruŋ] *f* transfer of profit
Gewinnanteil [gə'vɪnantaɪl] *m* share in the profits
Gewinnanteilsschein [gə'vɪnantaɪlsʃaɪn] *m* dividend coupon; profit sharing certificate
Gewinnaufschlag [gə'vɪnaufʃlaːk] *m* profit mark-up
Gewinndruck [gə'vɪndruk] *m* profit squeeze
Gewinnermittlung [gə'vɪnɛrmɪtluŋ] *f* determination of profits
Gewinngemeinschaft [gə'vɪngəmaɪnʃaft] *f* profit pool
Gewinnmarge [gə'vɪnmarʒə] *f* profit margin
Gewinnmaximierung [gə'vɪnmaksimiːruŋ] *f* maximisation of profits
Gewinnobligation [gə'vɪnɔbligatsjoːn] *f* participating debenture, income bond
Gewinnpoolung [gə'vɪnpuːluŋ] *f* profit-pooling
Gewinnrücklagen [gə'vɪnryklaːgən] *f/pl* revenue reserves *pl*
Gewinnschuldverschreibung [gə'vɪnʃultfərʃraɪbuŋ] *f* participating bond
Gewinnschwelle [gə'vɪnʃvɛlə] *f* break-even point
Gewinnschwellenanalyse [gə'vɪnʃvɛlənanalyːzə] *f* breakeven analysis
Gewinnsparen [gə'vɪnʃpaːrən] *n* lottery premium saving
Gewinnthesaurierung [gə'vɪnteːzauriːruŋ] *f* earnings retention

Gewinnvortrag [gə'vɪnfoːrtraːk] *f* profit carried forward
gezeichnetes Kapital [gə'tsaɪçnətəs kapi'taːl] *n* subscribed capital
gezogener Wechsel [gə'tsoːgənər 'vɛksəl] *m* drawn bill
Giralgeld [ʒi'raːlgɛlt] *n* book money, money in account
Giralgeldschöpfung [ʒi'raːlgɛltʃøpfuŋ] *f* creation of deposit money
Girant [ʒi'rant] *m* endorser
Giroabteilung ['ʒiːroaptaɪluŋ] *f* clearing department, giro department
Girobank ['ʒiːrobaŋk] *f* deposit clearing bank
Giro-Einlage ['ʒiːroaɪnlaːgə] *f* deposit on a current account
Girogeschäft ['ʒiːrogəʃɛft] *n* bank's transaction dealing with cashless payment
Girosammeldepot ['ʒiːrozamǝldepoː] *n* omnibus deposit, safe custody account
Girosammelverkehr ['ʒiːrozaməlfɛrkeːr] *m* collective securities deposit operations *pl*
Giroverkehr ['ʒiːrofɛrkeːr] *m* giro transaction, transfer of money by means of a clearing
glaubhafte Zusicherung ['glauphaftə 'tsuːzɪçəruŋ] *f* credible promise
Gläubigerausschuss ['glɔybɪgərausʃus] *m* committee of inspection
Gläubigerpapier ['glɔybɪgərpapiːr] *n* creditor paper
Gläubigerschutz ['glɔybɪgərʃuts] *m* protection of creditors
Gläubigerversammlung ['glɔybɪgərfɛrzamluŋ] *f* creditors' meeting
Gleichgewicht ['glaɪçgəvɪçt] *n* balance, equilibration; wirtschaftliches ~ economic equilibrium
Gleichgewichtspreis ['glaɪçgəvɪçtspraɪs] *m* equilibrium price
gleitende Arbeitszeit ['glaɪtəndə 'arbaɪtstsaɪt] *f* flexible working hours *pl*, flexitime
gleitende Paritätsanpassung ['glaɪtəndə pari'tɛːtsanpasuŋ] *f* crawling exchange rate adjustment
gleitender Ruhestand ['glaɪtəndər 'ruːəʃtant] *m* flexible retirement
Gleitklausel ['glaɪtklauzəl] *f* escalator clause
Gleitparität ['glaɪtpaːriteːt] *f* escalator parity, crawling peg
Globalanleihe [glo'baːlanlaɪhə] *f* all-share certificate, blanket loan

Globalsteuerung [glo'baːlʃtɔyǝruŋ] *f* global control
Globalwertberichtigung [glo'baːlveːrtbərɪçtiguŋ] *f* overall adjustment
Globalzession [glo'baːltsesjoːn] *f* overall assignment
GmbH & Co. KG ['geːǝmbeːhaː unt 'koː kaːgeː] *f* limited commercial partnership with a limited liability company as general partner and members of the GmbH or others as limited partners
Gold [gɔlt] *n* gold
Gold- und Devisenbilanz [gɔlt unt de'viːzənbilants] *f* gold and foreign exchange balance
Goldaktie ['gɔltaktsjə] *f* gold share
Goldanleihe ['gɔltanlaɪhə] *f* loan on a gold basis
Goldarbitrage ['gɔltarbitraːʒə] *f* arbitrage in bullion
Goldauktion ['gɔltauktsjoːn] *f* gold auction
Goldbarren ['gɔltbarən] *m* gold bar
Golddeckung ['gɔltdɛkuŋ] *f* gold cover
Gold-Devisen-Standard [gɔltde'viːzen 'ʃtandart] *m* gold exchange standard
goldene Finanzierungsregel ['gɔldǝnə fɪnan'tsiːruŋsreːgəl] *f* golden rule of financing
Goldfeingehalt [gɔlt'faɪngǝhalt] *m* fine gold content
Goldgehalt ['gɔltgǝhalt] *m* gold content
Goldgeschäft ['gɔltgǝʃɛft] *n* gold transactions *pl*
Goldgewichte ['gɔltgǝviçtə] *n/pl* troy weights *pl*
Goldhandel ['gɔlthandǝl] *m* gold trade
Goldkonvertibilität ['gɔltkɔnvɛrtibiliteːt] *f* gold convertibility
Goldmarkt ['gɔltmarkt] *m* gold market
Goldmünze ['gɔltmyntsǝ] *f* gold coin
Goldoption ['gɔltɔptsjoːn] *f* gold option
Goldparität ['gɔltpariteːt] *f* gold parity
Goldpreis ['gɔltpraɪs] *m* gold price, price of gold
Goldpreisbildung ['gɔltpraɪsbɪlduŋ] *f* gold pricing
Goldproduktion ['gɔltprɔduktsjoːn] *f* gold production
Goldpunkt ['gɔltpuŋkt] *m* gold point
Goldreserve ['gɔltrǝzɛrvǝ] *f* gold reserves *pl*
Goldstandard ['gɔltʃtandart] *m* gold standard
Goldswap [gɔltsvɔp] *m* gold swap

Goldzertifikat ['gɔlttsɛrtɪfikaːt] *n* gold certificate

Gratisaktie ['graːtɪsaktsiːə] *f* bonus share

Grenzerlös ['grɛntsɛrløːz] *m* marginal earnings *pl*, marginal revenue

Grenzkosten ['grɛntskɔstən] *pl* marginal cost

Grenzkostenkalkulation ['grɛntskɔstən-kalkulatsjoːn] *f* marginal costing

Grenzkostenrechnung ['grɛntskɔstən-rɛçnuŋ] *f* marginal costing

Grenzleistungsfähigkeit des Kapitals ['grɛntslaɪstuŋsfɛːɪçkaɪt dɛs kapi'taːls] *f* marginal efficiency of capital

Grenznutzen ['grɛntsnutsən] *m* marginal utility

Grenzproduktivität ['grɛntsproduktivi-tɛːt] *f* marginal productivity

Grenzwert ['grɛntsveːrt] *m* limiting value

Großabnehmer ['groːsapneːmər] *m* bulk buyer

Großcontainer ['groːskɔnteɪnər] *m* large container

Größenvorteile ['grøːsənfortaɪlə] *m/pl* economies of scale *pl*

Großhandel ['groːshandəl] *m* wholesale

Großhandelskontenrahmen ['groːshan-dəlskɔntənraːmən] *m* uniform system of accounts for the wholesale trade

Großhandelspreis ['groːshandəlspraɪs] *m* wholesale price, trade price

Grossist ['grosɪst] *m* wholesaler

Großkredit ['groːskrediːt] *m* large-scale lending

Großmarkt ['groːsmarkt] *m* wholesale market

Grundbuch ['gruntbuːx] *n* register of land titles

Grunderwerbssteuer ['gruntɛrwɛrpsʃtɔy-ər] *f* property acquisition tax

Grundgehalt ['gruntgəhalt] *n* basic salary

Grundkapital ['gruntkapitaːl] *n* capital stock

Grundkenntnisse ['gruntkɛntnɪsə] *f/pl* basic knowledge

Grundkosten ['gruntkɔstən] *pl* organization costs *pl*

Grundkredit ['gruntkrediːt] *m* real estate credit

Grundkreditanstalt ['gruntkrediːtanʃtalt] *f* mortgage bank

Grundpfandbrief ['gruntpfantbriːf] *m* mortgage bond

Grundrente ['gruntrɛntə] *f* ground rent

Grundsätze ordnungsgemäßer Buchführung und Bilanzierung (GoB) ['grunt-zɛtsə 'ɔrdnuŋsgəmɛːsər 'buxfyːruŋ unt bilan'tsiːruŋ] *m/pl* principles of orderly bookkeeping and balance-sheet makeup *pl*

Grundschuld ['gruntʃult] *f* mortgage, land charge

Grundschuldbrief ['gruntʃultbriːf] *m* mortgage certificate, land charge certificate

grundstücksgleiche Rechte ['grunt-ʃtyksglaɪçə 'rɛçtə] *n/pl* rights equivalent to real property *pl*

Gründungsbericht ['grynduŋsbərɪçt] *m* formation report

Gründungsbilanz ['grynduŋsbilants] *f* commencement balance sheet

Gründungsfinanzierung ['grynduŋsfɪnan-tsiːruŋ] *f* funding at commencement of a business enterprise

Grundvermögen ['gruntfɛrmøːgən] *n* real property

Gruppenakkord ['grupənakɔrt] *m* group piecework

Gruppenarbeit ['grupənarbaɪt] *f* team work

Gruppenfertigung ['grupənfɛrtɪguŋ] *f* mixed manufacturing

günstigstes Angebot ['gynstigstəs 'an-gəboːt] *n* most favourable offer

Güteklasse ['gyːtəklasə] *f* grade, class

Güter ['gyːtər] *n/pl* goods *pl*

guter Glaube ['guːtər 'glaubə] *m* good faith

Güterbeförderung ['gyːtərbəfœrdəruŋ] *f* carriage of goods

Gütergruppe ['gyːtərgrupə] *f* category of goods

Gütermarkt ['gyːtərmarkt] *m* commodity market

Gütertarif ['gyːtərtariːf] *m* goods tariff

Gütertrennung ['gyːtərtrɛnuŋ] *f* separation of property, separate estate

Güterzustellung ['gyːtərtsuːʃtɛluŋ] *f* delivery of goods

Gütezeichen ['gyːtətsaɪçən] *n (Marketing)* quality label, *(Patente)* mark of quality

Guthabensaldo [guːthaːbn'zaldo] *n* credit balance

gutschreiben ['guːtʃraibn] *v* credit

Gutschrift ['guːtʃrɪft] *f* credit entry

Gutschriftsanzeige ['guːtʃriftsantsaɪgə] *f* credit advice

H

Habe ['ha:bə] *f* possessions *pl*, property; *bewegliche ~* moveables *pl; unbewegliche ~* real estate
Haben ['ha:bən] *n* credit side, credit item
Habenbestand ['ha:bənbəʃtant] *m* assets *pl*
Habensaldo ['ha:bənzaldo] *m* credit balance
Habenseite ['ha:bənzaitə] *f* credit site
Habenzinsen ['ha:bəntsɪnzən] *m/pl* credit interest
Hafen [ha:fən] *m* port
Hafenanlagen ['ha:fənanla:gən] *f/pl* docks *pl*
Hafengebühren ['ha:fəngəby:rən] *f/pl* harbour dues *pl*
haftbar ['haftba:r] *adj* liable
Haftbarkeit ['haftba:rkait] *f* liability
haften ['haftən] *v (einstehen)* be liable
haftendes Eigenkapital ['haftəndəs eigənkapita:l] *n* liable funds *pl*
Haftpflicht ['haftpflɪçt] *f* liability
Haftpflichtversicherung ['haftpflɪçtfɛrzɪçəruŋ] *f* liability insurance, third party insurance
Haftsumme ['haftsumə] *f* guarantee
Haftungsausschlussklausel ['haftuŋsausʃlusklausəl] *f* disclaimer
Haftungsbeschränkungen ['haftuŋsbəʃrɛnkuŋən] *f/pl* restrictions of liability *pl*, limitations of liability *pl*
Haftungskapital ['haftuŋskapita:l] *n* liable equity capital
Halberzeugnis ['halpɛrtsɔyknɪs] *n* semi-finished good
Halbfabrikat ['halpfabrika:t] *n* semi-finished article
halbfertig ['halpfərtɪç] *adj (Erzeugnis)* semi-finished
Halbjahresbericht ['halpja:rəsbərɪçt] *m* semi-annual report
Halbjahresbilanz ['halpja:rəsbilants] *f* semi-annual balance sheet
halbjährlich ['halpjɛ:rlɪç] *adj* half-yearly
halbmonatlich ['halpmo:natlɪç] *adj* half-monthly, semi-monthly
Halbtagsarbeit ['halpta:ksarbait] *f* part-time job
Halbtagsbeschäftigte(r) ['halpta:ksbəʃɛftɪgtə(r)] *f/m* part-time employee

Handel ['handəl] *m* trade, commerce, business; *~ treibend* trading, dealing, selling
handelbar ['handəlba:r] *adj 1. (verkäuflich)* saleable, marketable; *2. (verhandelbar)* negotiable
handeln ['handəln] *v 1. (aktiv werden)* act, take action; *2. (Waren)* deal, trade, sale; *3. (feilschen)* bargain
Handelsabkommen ['handəlsapkɔmən] *n* trade agreement
Handelsagentur ['handəlsagɛntu:r] *f* merchandise agency
Handelsartikel ['handəlsartɪkəl] *m/pl* commercial goods *pl*, commodities *pl*, articles *pl*
Handelsbank ['handəlsbaŋk] *f* merchant bank
Handelsbarriere ['handəlsbarje:rə] *f* trade barrier
Handelsbedingungen ['handəlsbədɪŋuŋən] *f/pl* terms of trade *pl*, trade terms *pl*
Handelsbericht ['handəlsbərɪçt] *m* market report
Handelsbeschränkungen ['handəlsbəʃrɛ:ŋkuŋən] *f /pl* trade restrictions *pl*
Handelsbesprechung ['handəlsbəʃprecuŋ] *f* commercial talks *pl*, trade talks *pl*
Handelsbetrieb ['handəlsbətri:p] *m* business engaged in the distributive trade
Handelsbevollmächtigte(r) ['handəlsbəfɔlmɛ:çtɪçtə(r)] *f/m* general agent
Handelsbezeichnung ['handəlsbətsaiçnuŋ] *f* trade name, trademark, brand
Handelsbeziehungen ['handəlsbətsi:uŋən] *f/pl* trade relations *pl*
Handelsbilanz ['handəlsbilants] *f* trade balance
Handelsblatt ['handəlsblat] *n* trade journal
Handelsbrauch ['handəlsbraux] *m* trade practice, commercial usage
Handelsbrief ['handəlsbri:f] *m* business letter, commercial letter
Handelsbuch ['handəlsbu:x] *n* commercial book of account
Handelsdefizit ['handəlsde:fɪtsɪt] *n* trade deficit
Handelseinheit ['handəlsainhait] *f (Börse)* trade unit, unit of trade
handelseinig ['handəlsainɪç] *adj ~ werden* come to terms, agree (upon)

Handelsembargo ['handəlsɛmbargoː] *n* trade embargo

Handelserlaubnis ['handəlsɛrlaupnɪs] *f* trading licence, trading permit

handelsfähig ['handəlsfɛːɪç] *adj (Aktien)* negotiable

Handelsfaktura ['handəlsfaktuːra] *f* commercial invoice

Handelsfreiheit ['handəlsfraɪhaɪt] *f* freedom of trade, liberty of trade

handelsgängig ['handəlsgɛŋɪç] *adj* commercial, marketable, saleable

Handelsgeist ['handəlsgaɪst] *m* commercial spirit

Handelsgeschäfte ['handəlsgəʃɛftə] *n/pl* commercial transactions *pl*

Handelsgesellschaft ['handəlsgəzɛlʃaft] *f* trading enterprise, (trading) cooperative

Handelsgesetz ['handəlsgəzɛts] *n* commercial law

Handelsgesetzbuch ['handəlsgəsɛtsbuːx] *n* Commercial Code

Handelsgewerbe ['handəlsgəwɛrbə] *n* commercial enterprise

Handelsgewinne ['handəlsgəvɪnə] *m/pl* trading profits *pl*

Handelsindex ['handəlsɪndɛks] *m* business index

Handelskammer ['handəlskamər] *f* Chamber of Commerce

Handelskapital ['handəlskapitaːl] *n* trading stock

Handelskette ['handəlskɛtə] *f* sales chain

Handelsklasse ['handəlsklasə] *f* grade

Handelsklausel ['handəlsklausəl] *f* trade clause

Handelskreditbrief ['handəlskreditbriːf] *m* commercial letter of credit

Handelskredite ['handəlskreditə] *m/pl* commercial credits *pl*

Handelskrieg ['handəlskriːk] *m* trading warfare

Handelskrise ['handəlskriːzə] *f* commercial crisis

Handelsmakler ['handəlsmaːklər] *m* commercial broker

Handelsmarke ['handəlsmarkə] *f* dealer's brand

Handelsmesse ['handəlsmɛsə] *f* trade fair

Handelsmission ['handəlsmɪsjoːn] *f* trade mission

Handelsmonopol ['handəlsmonopoːl] *n* trade monopoly

Handelsniederlassung ['handəlsniːdərlasuŋ] *f* business establishment

Handelspapiere ['handəlspapiːrə] *n/pl* commercial papers *pl*

Handelspartner ['handəlspaːrtnər] *m* trading partner

Handelspolitik ['handəlspolitiːk] *f* trade policy

handelspolitisch ['handəlspoliːtɪʃ] *adj* commercial

Handelsqualität ['handəlskvalitɛːt] *f* trading quality

Handelsrecht ['handəlsreçt] *n* commercial law

handelsrechtlich ['handəlsreçtlɪç] *adj* under commercial law

Handelsregister ['handəlsregɪstər] *n* commercial register

Handelsschranke ['handəlsʃrankə] *f* trade barrier

Handelsschule ['handəlsʃuːlə] *f* business school

Handelssitz ['handəlszɪts] *m* registered seat

Handelsspanne ['handəlsʃpanə] *f* (profit) margin

Handelsstadt ['handəlsʃtat] *f* commercial town, commercial centre

Handelsstraße ['handəlsʃtraːsə] *f* trade route, commercial route

Handelsstreitigkeiten ['handəlsʃtraɪtɪçkaɪtən] *f/pl* trade disputes *pl*

Handelsüberschüsse ['handəlsyːbərʃysə] *m/pl* trading surplus

handelsüblich ['handəlsyːplɪç] *adj* commercial; ~e Bezeichnung trade name, (trade) brand

Handelsusancen ['handəlsyzãːsən] *f/pl* trade practice, custom of trade

Handelsverbot ['handəlsfɛrboːt] *n* prohibition, embargo

Handelsverkehr ['handəlsfɛrkeːr] *m* commercial intercourse

Handelsvertreter(in) ['handəlsfɛrtreːtər(ɪn)] *m/f* commercial representative, salesman, saleswoman

Handelsvertretung ['handəlsfɛrtreːtuŋ] *f* commercial agency

Handelswechsel ['handəlsvɛksəl] *m* trade bill

Handelswert ['handəlsveːrt] *m* trade value, commercial value

Handelszentrum ['handəlstsɛntrum] *n* trading center

Handelszweig ['handəlstsvaɪk] *m* line of business, business sector
handgearbeitet ['hantgəarbaɪtət] *adj* handmade
Handgeld ['hantgɛlt] *n* earnest money
handhaben ['hantha:bən] *v (anwenden)* handle, deal with, take care of
Handhabung ['hantha:buŋ] *f* handling, dealing
Handikap ['hɛndikɛp] *n (geschäftlicher Nachteil)* drawback
Handlanger ['hantlaŋər] *m* helper, handy man *(US)*
Händler(in) ['hɛndlər(ɪn)] *m/f* trader, merchant
Händlergeschäft ['hɛndlərgəʃɛft] *n* dealer transaction
Händlerorganisation ['hɛndlərɔrganizatsjo:n] *f* dealers' organization
Händlerpreis ['hɛndlərpraɪs] *m* trade price, retail price
Händlerrabatt ['hɛndlərrabat] *m* discount (price)
Handlungsagent(in) ['handluŋsagɛnt(ɪn)] *m/f* mercantile agent
Handlungsbevollmächtigte(r) ['handluŋsbəfɔlmɛçtɪçtə(r)] *f/m* (authorized) agent
Handlungsgehilfe ['handluŋsgəhɪlfə] *m* commercial employee, commercial clerk
Handlungsgehilfin ['handluŋsgəhɪlfɪn] *f* (female) commercial employe, commercial clerk
Handlungsreisende(r) ['handluŋsraɪzəndə(r)] *f/m* travelling salesman, travelling saleswoman
Handlungsspielraum ['handluŋsʃpi:lraum] *m* scope (of action), room for manoeuvre
Handlungsvollmacht ['handluŋsfɔlmaxt] *f* commercial power of attorney
Harmonisierung [harmonɪ'zi:ruŋ] *f* harmonization
harte Währung ['hartə 'vɛ:ruŋ] *f* hard currency
Härtefall ['hɛrtəfal] *m* hardship case, case of hardship
Härtefonds ['hɛrtəfõ:] *m* hardship fund
Härteklausel ['hɛrtəklausəl] *f* hardship clause
Hartgeld ['hartgɛlt] *n* metallic currency
Hauptabnehmer(in) ['hauptapne:mər(ɪn)] *m/f* biggest buyer, biggest purchaser
Hauptaktionär(in) ['hauptaktsjo:nɛ:r(ɪn)] *m/f* principal shareholder
Hauptanteil ['hauptantaɪl] *m* lion's share, principal share

Hauptartikel ['hauptartɪkəl] *m 1. (erhältliche Ware)* main article; *2. (Herstellung)* major product
Hauptbank ['hauptbaŋk] *f* head bank, parent bank
Hauptbeschäftigung ['hauptbəʃɛftɪguŋ] *f* main job
Hauptbilanz ['hauptbilants] *f* general balance (sheet)
Hauptbuchhaltung ['hauptbu:xhaltuŋ] *f* chief accountancy
Hauptfiliale ['hauptfilja:lə] *f* main branch
Hauptgeschäft ['hauptgəʃɛft] *n* head office
Hauptgewinn ['hauptgəvɪn] *m (finanzieller Ertrag)* main profit
Hauptgläubiger(in) ['hauptglɔybɪgər(ɪn)] *m/f* main creditor, principal creditor
Hauptkostenstellen ['hauptkɔstənʃtɛlən] *f/pl* production cost centres *pl*
Hauptplatz ['hauptplats] *m* main centre
Hauptschuld ['hauptʃult] *f* main debt, principal debt
Hauptschuldner(in) ['hauptʃuldnər(ɪn)] *m/f* main debtor, principal debtor
Hauptsitz ['hauptzɪts] *m* head office, main office
Hauptversammlung ['hauptfɛrzamluŋ] *f* general meeting, general assembly
Hauptvollmacht ['hauptfɔlmaxt] *f* primary power
Hausbank ['hausbaŋk] *f* company's bank, firm's bank
Haushaltsdefizit ['haushaltsde:fitsɪt] *n* budgetary deficit
Haushaltsgesetz ['haushaltsgəsɛts] *n* budget law
Haushaltsjahr ['haushaltsja:r] *n* fiscal year, financial year
Haushaltskredit ['haushaltskredi:t] *m* budget credit
Haushaltsloch ['haushaltslɔx] *n* budget deficit, whole in the budget
Haushaltsplan ['haushaltspla:n] *m* budget; in den ~ aufnehmen include in the budget
Haushaltsüberschuss ['haushaltsy:bərʃus] *f* budget surplus
Haushaltsvorlage ['haushaltsfo:rla:gə] *f* proposed budget, estimated budget
Haussier [(h)o'sje:] *m* bull
Havarie [hava'ri:] *f* damage by sea
Havariezertifikat [hava'ri:tsɛrtifika:t] *n* damage report
Headhunter ['hɛd'hantər] *m* head hunter

Hedgegeschäft ['hɛdʃgəʃɛft] *n* hedge operation
Hedging ['hɛdʃɪŋ] *n* hedging
heißes Geld ['haɪses 'gɛlt] *n* hot money
Herabsetzung des Grundkapitals [hɛ-'rapsɛtsuŋ dɛs 'gruntkapitaːls] *f* reduction of the share capital
Herausgabeanspruch [hɛ'rausgaːbəan-ʃprux] *m* claim for return
Herbstmesse ['hɛrpstmɛsə] *f* autumn fair
Herkunftsland ['heːrkunftsland] *n* country of origin
herstellen ['hɛrstɛlən] *v* manufacture, produce, fabricate
Hersteller(in) ['hɛrstɛlər(ɪn)] *m/f* manufacturer
Herstellkosten ['hɛrstɛlkɔstən] *pl* product cost, cost of production
heterogene Güter ['heterogeːnə 'gyːtər] *n/pl* heterogeneous goods *pl*
Hifo (highest in – first out) ['hiːfo] *adj* highest in – first out (hifo)
Hifo-Verfahren ['hiːfofɛr'faːrən] *n* Hifoprocedure
Hilfskostenstelle ['hɪlfskɔstənʃtɛlə] *f* service cost centres *pl*
Hilfsstoffe ['hɪlfsʃtɔfə] *m/pl* supplies *pl*
Hinterlegung ['hɪntərleːguŋ] *f* deposit
Hinterziehung ['hɪntərtsiːuŋ] *f* evasion of taxes
historische Wertpapiere [hɪstoːrɪʃə 'veːrtpapiːrə] *n/pl* historical securities *pl*
Hochkonjunktur [hoːx'kɔnjunktuər] *f* booming economy; ~ *haben* boom; *finanzielle* ~ financial boom; *wirtschaftliche* ~ economic boom; *Inflation bei* ~ boomflation
Hochregallager ['hoːxregaːllaːgər] *n* highbay storage
Höchstkurs ['høːçstkurs] *m* highest rate
Höchstpreis ['høːçstpraɪs] *m* top price, maximum price
Höchststimmrecht ['høːçstʃtɪmrɛçt] *n* maximum voting right
Höchstwertprinzip ['høːçstweːrtprɪntsiːp] *n* principle of highest value
Hochzinspolitik ['hoːxtsɪnspolitiːk] *f* high interest rate policy
Hoffnungswert ['hɔfnuŋsweːrt] *m* speculative security
Höherversicherung ['høːərfɛrsɪxəruŋ] *f* upgraded insurance
Holdinggesellschaft ['hoːldɪŋgəsɛlʃaft] *f* holding company

Holschuld ['Hoːlʃult] *f* debt to be discharged at the domicile of the debtor
Homebanking ['hoːmbɛŋkɪŋ] *n* home banking
homogene Güter [hoːmo'geːnə 'gyːtər] *n/pl* homogeneous products *pl*
Honorar ['honoraːr] *n* fee
horizontale Diversifikation [horitsɔn'taː-lə 'divɛrzifikatsjoːn] *f* horizontal diversification
horizontale Finanzierungsregeln [horitsɔn'taːlə finatsiːruŋsreːgəln] *f/pl* horizontal financing rules *pl*
horizontale Unternehmenskonzentration [horitsɔn'taːlə untər'neːmənskɔntsɛntratsjoːn] *f* horizontal corporate concentration
horizontale Wettbewerbsbeschränkung [horitsɔn'taːlə 'vɛtbəwərpsbəʃrɛŋkuŋ] *f* horizontal restraints of competition *pl*
Human Relations ['juːmɛn riː'leːʃəns] *f/pl* human relations *pl*
Human Resources ['juːmɛn riː'zɔrsəs] *f/pl* human resources *pl*
Humanvermögen [huː'maːnfərmøːgən] *n* human assets *pl*
hybride Finanzierungsinstrumente [hy-'briːdə finan'tsiːruŋsɪnstrumɛntə] *n/pl* hybrid financing instruments *pl*
hybride Organisationsformen [hy'briːdə ɔrganizatsjoːnsfɔrmən] *f/pl* hybrid forms of organization *pl*
hybride Wettbewerbsstrategien [hy-'briːdə 'vɛtbəwɛrbsʃtrategiːən] *f/pl* hybrid competitive strategies *pl*
Hyperinflation ['hyːpərɪnflatsjoːn] *f* hyperinflation
Hypothek [hypo'teːk] *f* mortgage
Hypothekarkredit [hypote:'kaːrkreːdit] *m* mortgage loan
Hypothekenbank [hypo'teːkənbaŋk] *f* mortgage bank
Hypothekenbankgesetz [hypo'teːkənbaŋkgəsets] *n* mortgage bank law
Hypothekenbrief [hypo'teːkənbriːf] *m* mortgage deed
Hypothekengewinnabgabe [hypo'teːkəngəvɪnapgaːbə] *f* levy on mortgage profits
Hypothekenpfandbrief [hypo'teːkənpfandbriːf] *m* mortgage debenture
Hypothekenregister [hypo'teːkəngɪstər] *n* mortgage register
Hypothekenversicherung [hypo'teːkənfɛrtsɪçəruŋ] *f* mortgage insurance

I/J

Icon ['aɪkɔn] *n (EDV)* icon
Identifikationsnummer (PIN, PIN-Code)
[idɛntifikats'joːnsnumər] *f* personal identity
number
identifizierbar [idɛntifi'tsiːrbaːr] *adj* identifiable
Identität [idɛnti'tɛːt] *f* identity
Identitätsnachweis [idɛnti'tɛːtsnaxvaɪz]
m proof of identity
Illationsgründung ['ɪlatsjoːnsgryndʊŋ] *f*
formation by founders' non-cash capital contributions
Illiquidität [ɪlikvidi'tɛːt] *f* non-liquidity,
illiquidity
im Auftrag [ɪm 'auftraːk] by order
im Aufwind [ɪm 'aufvɪnt] under upward
pressure
im Ausland [ɪm 'auslant] abroad
im Markt sein [ɪm 'markt saɪn] *v* to be in
the market
im Preis inbegriffen [ɪm praɪz 'ɪnbəgrɪfən]
adj included in the price
Image ['ɪmɪtʃ] *n* image
Imagepflege ['ɪmɪtʃpfleːgə] *f* image cultivation, building of (an) image
imaginärer Gewinn ['ɪmaːginɛːrər gə'vin]
m imaginary profit
Imitation [imita'tsjoːn] *f 1. (Fälschung)* fake;
2. (Imitation) copy
immaterielle Werte ['ɪmaterjɛlə 've:rtə]
m/pl intangible assets *pl*
immaterielles Vermögen ['ɪmaterjɛləs
fɛr'mø:gən] *n* intangible assets *pl*
Immobiliarkredit [ɪmobil'jaːrkrediːt] *m*
real estate credit
Immobilie [ɪmo'biːljə] *f* item of real estate
Immobilien [ɪmo'biːljən] *f/pl* immovables *pl*
Immobilienfonds [ɪmo'biːljənfɔ̃] *m* real
estate fund
Immobilienleasing [ɪmo'biːljənliːsɪŋ] *n*
real estate leasing
Immobilienmakler(in) [ɪmo'bɪːljənmaːk-
lər(ɪn)] *m/f* (real) estate agent
Immobilienmarkt [ɪmo'biːljənmarkt] *m*
property market
Immunität [ɪmu:ni'tɛːt] *f* immunity
Implementierung [ɪmpləmən'tiːrʊŋ] *n*
implementation
Importartikel [ɪm'pɔrtartɪkəl] *m* imported
goods *pl*

Importbeschränkungen [ɪm'pɔrtbəʃrɛŋ-
kuŋən] *f/pl* import restrictions *pl*
Import [ɪm'pɔrt] *m* import
Importdepot [ɪm'pɔrtdeːpoː] *n* import
deposit
Importfinanzierung [ɪm'pɔrtfinantsiːrʊŋ]
f import financing
Importhandel [ɪm'pɔrthandəl] *m* import
trade
importierte Inflation [ɪmpɔr'tiːrtə ɪnfla-
'tsjoːn] *f* imported inflation
Importkartell [ɪm'pɔrtkartɛl] *n* import
cartel
Importkontingent [ɪm'pɔrtkɔntiŋgɛnt] *n*
import quota
Importquote [ɪm'pɔrtkvoːtə] *f* import
quota, propensity of import
Importrestriktionen [ɪm'pɔrtreːstrɪktsjoː-
nən] *f/pl* import restrictions *pl*
Importrückgang [ɪm'pɔrtrʏkgaŋ] *m* decline in import
Importstopp [ɪm'pɔrtʃtɔp] *m* ban on imports
Importzoll [ɪm'pɔrttsɔl] *m* import tariff
Impulskauf [ɪm'pulzkauf] *m* impulse
purchase
in bar [ɪn 'baːr] in cash
in Kraft [ɪn 'kraft] effective, in force
in Liquidation [ɪn lɪkvɪdat'sjoːn] in liquidation
in zweifacher Ausfertigung [ɪn 'tsvaɪfa-
xər 'auzfɛrtigʊŋ] in duplicate
Inanspruchnahme von Kredit [ɪn'an-
ʃpruxnaːmə fɔn kre'diːt] *f* availment of credit
Incentives [ɪn'zɛntɪfs] *f/pl* incentives *pl*
**Incoterms (International Commercial
Terms)** ['iŋkotœrms (ɪntər'nɛʃənəl kɔ-
'mərʃəl 'tœrms)] *m/pl* Incoterms *pl*
Index ['ɪndɛks] *m* index
Indexanleihe ['ɪndɛksanlaɪjə] *f* index-
linked loan
Indexbindung ['ɪndɛksbɪndʊŋ] *f* index-
linking
Indexierung [ɪndɛks'iːrʊŋ] *f* indexation
Indexklausel ['ɪndɛksklauzəl] *f* index
clause
Indexlohn ['ɪndɛksloːn] *m* index-linked wage
Indexwährung ['ɪndɛksvɛːrʊŋ] *f* index-
linked currency
indifferente Güter ['ɪndɪfərɛntə 'gyːtər]
n/pl indifferent goods *pl*

Indikator [ɪndi'ka:tor] *m* indicator
indirekte Abschreibung ['ɪndɪrɛktə 'ap-
ʃraibuŋ] *f* indirect method of depreciation
indirekte Investition ['ɪndɪrɛktə ɪnvɛsti'tsjo:n] *f* portfolio investments *pl*
indirekte Steuern ['ɪndɪrɛktə 'ʃtɔyərn]
f/pl indirect taxes *pl*
indirekter Absatz ['ɪndɪrɛktər 'apzats] *m*
indirect selling
Individualarbeitsrecht [ɪndividu'a:lar-
baɪtsrɛçt] *n* individual labor law
Individualbedürfnis [ɪndividu'a:lbədyrf-
nɪs] *n* individual need
Individualeinkommen [ɪndividu'a:laɪnkɔ-
mən] *n* individual income
Individualverkehr [ɪndividu'a:lfɛrke:r] *m*
private transportation
individuelles Sparen [ɪndividu'ɛləs 'ʃpa:-
rən] *n* saving by private households
indossable Wertpapiere [ɪndɔ'sa:blə
've:rtpapi:rə] *n/pl* endorsable securities *pl*
Indossament [ɪndɔsa'mɛnt] *n* endorsement
Indossamentverbindlichkeiten [ɪndɔsa-
'mɛntfərbɪndlɪçkaɪtən] *f/pl* endorsement
liabilities *pl*
Indossant [ɪndɔ'sant] *m* endorser
Indossatar [ɪndɔsa'ta:r] *m* endorsee
Industrial Design [ɪn'dastriəl di'zaɪn] *n*
industrial design
Industrieabfall [ɪndus'tri:apfal] *m* industrial waste
Industrieaktie [ɪndus'tri:aktsjə] *f* in-
dustrial shares *pl*
Industrieanleihe [ɪndus'tri:anlaɪjə] *f* in-
dustrial loan, corporate loan
Industrieberater(in) [ɪndus'tri:bəra:tər(ɪn)]
m/f industrial consultant
Industriebetrieb [ɪndus'tri:bətri:p] *m*
industrial enterprise
Industriebörse [ɪndus'tri:bœrzə] *f* industrial stock exchange
Industrieerzeugnisse [ɪndus'tri:ɛrtsɔyk-
nɪsə] *n/pl* industrial products *pl*
Industriegebiet [ɪndus'tri:gəbi:t] *n* industrial area, industrial region
Industriegesellschaft [ɪndus'tri:gəzɛl-
ʃaft] *f* industrial society, industrial association
Industriegewerkschaft (IG) [ɪndus'tri:ge-
vərkʃaft] *f* industry-wide union
Industriekonsortium [ɪndus'tri:kɔnzɔr-
tsjum] *n* industrial syndicate
Industriekontenrahmen (IKR) [ɪndus-
'tri:kɔntənra:mən] *m* uniform classification
of accounts for industrial enterprises

Industriekonzern [ɪndus'tri:kɔntsɛrn] *m*
industrial enterprise
Industriekredit [ɪndus'tri:kredi:t] *m* industrial loan
Industriekreditbank [ɪndus'tri:kredi:tbaŋk]
f industrial credit bank
Industrienorm [ɪndus'tri:nɔrm] *f* industrial
standard
Industrieobligation [ɪndus'tri:ɔpligatsjo:n]
f industrial bond
Industriepotenzial [ɪndus'tri:potɛntsja:l]
n industrial capacity
Industrieroboter [ɪndus'tri:ro:bɔtər] *m*
industrial robot
Industriespionage [ɪndus'tri:ʃpiona:ʒə] *f*
industrial espionage
Industriestandard [ɪndus'tri:ʃtandart] *m*
industry standard
Industrie- und Handelskammer (IHK) [ɪn-
dus'tri: unt 'handəlskamər] *f* Chamber of
Industry and Commerce
Industriewirtschaft [ɪndus'tri:vɪrtʃaft] *f*
industry
inferiore Güter [ɪnfər'jo:rə 'gy:tər] *n/pl*
inferior goods *pl*
Inflation [ɪnflats'jo:n] *f* inflation
inflationär [ɪnflatsjo'nɛ:r] *adj* inflationary
Inflationsausgleich [ɪnflats'jo:nsausglaɪç] *m*
inflationary adjustment, adjustment in inflation
Inflationsbekämpfung [ɪnflats'jo:nsbə-
kɛmpfuŋ] *f* struggle against inflation
Inflationsbeschleunigung [ɪnflats'jo:ns-
bəʃlɔyniguŋ] *f* acceleration of inflation
Inflationserscheinungen [ɪnflats'jo:nsɛr-
ʃaɪnuŋən] *f/pl* inflationary symptoms *pl*
Inflationserwartung [ɪnflats'jo:nsɛrvar-
tuŋ] *f* expected inflation
inflationshemmend [ɪnflats'jo:nshɛmənt]
adj anti-inflationary, against inflation
Inflationsimport [ɪnflats'jo:nsɪmpɔrt] *m*
inflation import
Inflationsrate [ɪnflats'jo:nsra:tə] *f* rate of
inflation
Inflationsrückgang [ɪnflats'jo:nsrykgaŋ]
m drop in inflation
Inflationszeit [ɪnflats'jo:nstsait] *f* inflationary period
Informatik [ɪnfər'ma:tɪk] *f* data processing
Informatiker(in) [ɪnfər'ma:tikər(ɪn)] *m/f*
computer scientist
Information [ɪnfɔrma'tsjo:n] *f* information
Informationsaustausch [ɪnfɔrma'tsjo:ns-
austauʃ] *m* information exchange, exchange of
information

Informationsbedarf [ɪnfɔrma'tsjoːnsbədarf] *m* requirement of information
Informationsbeschaffung [ɪnfɔrma'tsjoːnsbəʃafuŋ] *f* information search
Informationsbroker(in) [ɪnfɔrma'tsjoːnsbroːkər(ɪn)] *m/f* information broker
Informationsdienste [ɪnfɔrma'tsjoːnsdiːnstə] *m/pl* information services *pl*
Informationsinhalt [ɪnfɔrma'tsjoːnsɪnhalt] *m* information content
Informationsmanagement [ɪnfɔrma'tsjoːnsmɛnɛtʃmɛnt] *n* information resource management
Informationsmärkte [ɪnfɔrma'tsjoːnsmɛrktə] *m/pl* information markets *pl*
Informationsrecht [ɪnfɔrma'tsjoːnsrɛçt] *n* right to be given information
Informationssystem [ɪnfɔrma'tsjoːnszysteːm] *n* information system
Informationstechnologie [ɪnfɔrma'tsjoːnstɛçnologiː] *f* information technology
Informationstheorie [ɪnfɔrma'tsjoːnsteːoriː] *f* information theory
Informations- und Kommunikationssystem (IuK-System) [ɪnfɔrma'tsjoːns unt 'kɔmunikatsjoːnszysteːm] *n* information and communications system
Informationsweg [ɪnfɔrma'tsjoːnsveːk] *m* channel of information
Informationswert [ɪnfɔrma'tsjoːnsveːrt] *m* information value
informelle Gruppen ['ɪnfɔrmɛlə 'grupən] *f/pl* informal groups *pl*
informelle Organisation ['ɪnfɔrmɛlə ɔrganiːza'tsjoːn] *f* informal organization
Infrastruktur ['ɪnfraʃtrukuːr] *f* infrastructure
Infrastrukturkredit ['ɪnfraʃtrukuːrkrediːt] *m* infrastructural credit
Infrastrukturmaßnahmen ['ɪnfraʃtrukuːrmaznaːmən] *f/pl* infrastructural measures *pl*
Infrastrukturpolitik ['ɪnfraʃtrukuːrpolitiːk] *f* infrastructure policy
Ingangsetzung [ɪn'gaŋsɛtsuŋ] *f* start-up; **~en** *f/pl* startings
Ingangsetzungskosten [ɪn'gaŋsɛtsuŋskɔstən] *pl* startup costs *pl*
Inhaber(in) ['ɪnhaːbər(ɪn)] *m/f* proprietor, occupant, holder
Inhaberaktie ['ɪnhaːbəraktjeː] *f* bearer share
Inhabergrundschuld ['ɪnhaːbərgruntʃʊlt] *f* bearer land charge

Inhaberhypothek ['ɪnhaːbərhypoteːk] *f* bearer-type mortgage
Inhaberindossament ['ɪnhaːbərɪndɔsament] *n* endorsement made out to bearer
Inhaberklausel ['ɪnhaːbərklauzəl] *f* bearer clause
Inhaberpapier ['ɪnhaːbərpapiːr] *n* bearer instrument, bearer securities *pl*
Inhaberscheck ['ɪnhaːbərʃɛk] *m* bearer cheque
Inhaberschuldverschreibung ['ɪnhaːbərʃʊltfɛrʃraɪbuŋ] *f* bearer bond
Inhaberzertifikat ['ɪnhaːbərtsɛrtifikaːt] *n* bearer certificate, certificate of bearer
Inhaltsnormen ['ɪnhaltsnɔrmən] *f/pl* content norms *pl*
Inhouse-Banking ['ɪnhauzbɛŋkɪŋ] *n* in-house banking
Initiativrecht [ɪnitsja'tiːfsrɛçt] *n* initiative right
Initiator(in) [ini'tsjaːtoːr/initsja'toːrɪn] *m/f* initiator
Inkasso [ɪn'kaso] *n 1.* collection, collection procedure; *2.* cash against documents
Inkassoabteilung [ɪn'kasoaptaɪluŋ] *f* collection department
Inkassoakzept [ɪn'kasoaktsɛpt] *n* acceptance for collection
inkassoberechtigt [ɪn'kasobərɛçtiçt] *adj* authorised to undertake collection
Inkassogebühr [ɪn'kasogəbyːr] *f* collection fee
Inkassogeschäft [ɪn'kasogəʃɛft] *n* collection business
Inkasso-Indossament [ɪn'kasoɪndɔsament] *n* endorsement for collection
Inkassoprovision [ɪn'kasoprovizjoːn] *f* collection commission
Inkassovollmacht [ɪn'kasofɔlmaxt] *f* right to collect
Inkassowechsel [ɪn'kasovɛksəl] *m* bill for collection, collection draft
Inklusivpreise [ɪnklu'ziːfpraɪzə] *m/pl* inclusive prices *pl*, all-in-all prices *pl*
inkulant ['ɪnkulant] *adv* unaccomodating, petty
Inländer ['ɪnlɛndər] *m* national resident
Inländerkonvertibilität ['ɪnlɛndərkɔnvertibiliteːt] *f* convertibility for residents
inländisch ['ɪnlɛndɪʃ] *adj* home, domestic
Inlandsabsatz ['ɪnlantsapzats] *m* domestic sales *pl*
Inlandshandel ['ɪnlantshandəl] *m* domestic trade

Inlandsmarkt ['ɪnlantsmarkt] *m* domestic market

Inlandsnachfrage ['ɪnlantsnaːxfraːgə] *f* home demand

Inlandstarif ['ɪnlantstariːf] *m* domestic rate

Inlandsvermögen ['ɪnlantsfərmøːgən] *n* domestic capital

Innenfinanzierung ['ɪnənfinantsiːruŋ] *f* internal financing

Innenfinanzierungskennzahl ['ɪnənfinantsiːruŋskɛntsaːl] *f* self-generated financing ratio

Innengeld ['ɪnəngɛlt] *n* inside money

Innengesellschaft ['ɪnəngəsɛlʃaft] *f* internal partnership

Innenkonsortium ['ɪnənkɔnzɔrtsjum] *n* internal syndicate

innerbetrieblich ['ɪnərbətriːplɪç] *adj* internal

innerbetriebliche Leistungen ['ɪnərbətriːpliçə 'laɪstuŋən] *f/pl* internal services *pl*

innerbetriebliche Weiterbildung ['ɪnərbətriːpliçə 'vaɪtərbɪlduŋ] *f* in-service training

innere Kündigung ['ɪnərə 'kyndiguŋ] *f* inner notice to terminate

innerer Wert ['ɪnərər veːrt] *m* intrinsic value

innergemeinschaftliche Lieferungen ['ɪnərgəmaɪnʃaftlɪçə 'liːfəruŋən] *f/pl* intracommunity deliveries *pl*

innergemeinschaftlicher Verkehr ['ɪnərgəmaɪnʃaftlɪçər fər'keːr] *m* intra-community trade

Innovation [ɪnova'tsjoːn] *f* innovation

Innovationsförderung [ɪnova'tsjoːnsfœrdəruŋ] *f* promotion of original innovation

innovationsfreudig [ɪnova'tsjoːnsfrɔydɪç] *adj* innovative

Innovationsmanagement [ɪnova'tsjoːnsmɛnɛtʃmɛnt] *n* innovation management

Innovationspotenzial [ɪnova'tsjoːnspotentsjaːl] *n* innovative capabilities *pl*, innovative potential

Innovationsschub [ɪnova'tsjoːnsʃup] *m* technology push

Innung ['ɪnuŋ] *f* trade guild

Innungsverband ['ɪnuŋsfɛrbant] *m* society of trade guilds

Input ['ɪnput] *m* input

Input-Output-Analyse ['ɪnput'autputana'lyːzə] *f* input-output analysis

Insichgeschäft ['ɪnsɪçgəʃɛft] *n* self-dealing, self contracting

Insiderhandel ['ɪnzaɪdərhandəl] *m* insider trading

Insiderinformation ['ɪnzaɪdərɪnfɔrmatsjoːn] *f* insider information

Insiderpapier ['ɪnzaɪdərpapiːr] *n* insider security

insolvent [ɪnzɔl'vənt] *adj* insolvent

Insolvenz [ɪnzɔl'vɛnts] *f* insolvency, inability to pay

Instanz [ɪn'stants] *f* 1. *(Rechtswesen)* instance; 2. *(Organisation)* management unit

institutionelle Anleger ['ɪnstitutsjonɛlə 'anleːgər] *m/pl* institutional investors *pl*

intangible Effekte [ɪntaŋ'giːblə e'fɛktə] *m/pl* intangible stocks and bonds *pl*

Interaktionstheorie [ɪntərak'tsjoːnsteːoriː] *f* theory of interaction

Interbankensätze ['ɪntərbaŋkənsɛtsə] *m/pl* interbank rates *pl*

Interbankrate ['ɪntərbaŋkraːtə] *f* interbank rate

Interdependenz [ɪntərdeːpɛn'dɛnts] *f* interdependence

Interesse [ɪntə'rɛsə] *n* interest

Interessenausgleich [ɪntə'rɛsənausglaɪç] *m* accomodation of conflicting interests

Interessengemeinschaft [ɪntə'rɛsəngəmaɪnʃaft] *f* pooling of interests, community of interests

Interessent [ɪntərɛ'sɛnt] *m* interested party

Interessentenkreis [ɪntərɛ'sɛntənkrais] *m* prospective purchasers *pl*

Interessenverband [ɪntə'rɛsənfɛrbant] *m* interest group

Interessenvertretung [ɪntə'rɛsənfɛrtreːtuŋ] *f* lobby

Interessenwert [ɪntə'rɛsənveːrt] *m* vested interest stock

Interimsabkommen ['ɪntərɪmsapkɔmən] *n* temporary agreement, temporary solution

Interimslösung ['ɪntərɪmsløːzuŋ] *f* interim solution

Internalisierung externer Effekte [ɪntɛrnali'ziːruŋ ɛks'tɛrnər e'fɛktə] *f* internalization of external effects

international ['ɪntɛrnatsjonaːl] *adj* international

International Commercial Terms (Incoterms) [ɪntər'nɛʃənəl kɔ'mœrʃəl tœrms ('ɪnkɔtœrms)] *pl* International Commercial Terms (Incoterms)

Internationale Devisenbörsen ['ɪntɛrnatsjonaːlə də'viːzənbœrzən] *f/pl* international foreign exchange markets *pl*

Internationale Entwicklungsorganisation ['ɪntɛrnatsjonaːlə ɛnt'vikluŋsɔrga

niːzatsjoːn] *f* International Development Association (IDA)
Internationale Finanzierungsgesellschaft [ˈɪntɛrnatsjonaːlə finanˈtsiːruŋsgəsɛlʃaft] *f* International Finance Corporation (IFC)
internationale Kreditmärkte [ˈɪntɛrnatsjonaːlə kreˈdiːtmɛrktə] *m/pl* international credit markets *pl*
internationale Liquidität [ˈɪntɛrnatsjonaːlə likvidiˈtɛːt] *f* international cash position
internationale Produkthaftung [ˈɪntɛrnatsjonaːlə proˈdukthaftuŋ] *f* international product liability
Internationale Vereinigung der Wertpapierbörsen [ˈɪntɛrnatsjonaːlə fərˈaɪniguŋ deːr ˈveːrtpapiːrbœrzən] *f* International Federation of Stock Exchanges
internationale Verschuldung [ˈɪntɛrnatsjonaːlə fərˈʃulduŋ] *f* international indeptedness
internationale Warenbörsen [ˈɪntɛrnatsjonaːlə ˈvaːrənbœrzən] *f/pl* international commodity exchange
internationaler Frachtbrief [ˈɪntɛrnatsjonaːlər ˈfraxtbriːf] *m* international consignment note
internationaler Kapitalverkehr [ˈɪntɛrnatsjonaːlər kapiˈtaːlfərkeːr] *m* international capital transactions *pl*, international capital movements *pl*
internationaler Preiszusammenhang [ˈɪntɛrnatsjonaːlər ˈpraɪztsuzamənhaŋ] *m* international price system
Internationaler Währungsfonds (IWF) [ˈɪntɛrnatsjonaːlər ˈvɛːruŋsfõː] *m* International Monetary Funds (IMF)
internationaler Zahlungsverkehr [ˈɪntɛrnatsjonaːlər ˈtsaːluŋsfərkeːr] *m* international payments *pl*
internationales Finanzsystem [ˈɪntɛrnatsjonaːləs fɪˈnantszʏsteːm] *n* international financial system
internationales Währungssystem [ˈɪntɛrnatsjonaːləs ˈvɛːruŋszʏsteːm] *n* international monetary system
Internationalisierungsgrad [ˈɪntɛrnatsjonalizɪːruŋsgraːt] *m* level of internationalization
Internationalisierungsstrategie [ˈɪntɛrnatsjonalizɪːruŋsʃtrategiː] *f* internationalization strategy
interne Revision [ɪnˈtɛrnə reːviˈzjoːn] *f* internal audit

interner Zinsfuß [ɪnˈtɛrnər ˈtsɪnsfuːz] *m* internal interest rate
internes Kontrollsystem (IKS) [ɪnˈtɛrnəs kɔnˈtrɔlzysteːm] *n* system of internal audits
internes Rechnungswesen [ɪnˈtɛrnəs ˈrɛçnuŋsveːzən] *n* internal accounting
internes Überwachungssystem [ɪnˈtɛrnəs ybərˈvaxuŋszysteːm] *n* internal supervision system
Internet-Ökonomie [ˈɪntərnɛtœkonomiː] *f* Internet economy
Interpolation [ɪntərpolaˈtsjoːn] *f* interpolation
intertemporaler Handel [ɪntərtɛmpoˈraːlər ˈhandəl] *m* intertemporal trade
intervenieren [ɪntərvɛnˈiːrən] *v* interfere
Intervention [ɪntərvɛnˈtsjoːn] *f* intervention
Interventionskäufe [ɪntərvɛnˈtsjoːnskɔy fə] *m/pl* intervention buying
Interventionspflicht [ɪntərvɛnˈtsjoːnspflɪçt] *f* obligation to intervene
Interventionspunkte [ɪntərvenˈtsjoːnspuŋktə] *m/pl* intervention point
Intrahandelsstatistik [ˈɪntrahandəlsʃtatɪstɪk] *f* intra-trade statistics
Intranet [ˈɪntranɛt] *n* intranet
intrinsische Motivation [ɪnˈtrɪnzɪʃə motivaˈtsjoːn] *f* intrinsic motivation
Inventar [ɪnvɛnˈtaːr] *n* inventory
Inventarwert [ɪnvɛnˈtaːrveːrt] *m* inventory value
Inventur [ɪnvɛnˈtuːr] *f* stocktaking, inventory
Inventurbilanz [ɪnvɛnˈtuːrbiːlants] *f* inventory balance sheet
Inventurbuch [ɪnvɛnˈtuːrbuːx] *n* inventory book
inverse Zinsstruktur [ɪnˈvɛrzə ˈtsɪnsʃtruktuːr] *f* inverse interest rate structure
investiertes Kapital [ɪnvɛsˈtiːrtəs kapiˈtaːl] *n* invested capital
Investition [ɪnvɛstiˈtsjoːn] *f* investment
Investitionsabgaben [ɪnvɛstiˈtsjoːnsapgaːbən] *f/pl* investment taxes *pl*
Investitionsbank [ɪnvɛstiˈtsjoːnsbaŋk] *f* investment bank
investitionsfördernde Maßnahmen [ɪnvɛstiˈtsjoːnsfœrdərndə ˈmaːsnaːmən] *f/pl* measures of investment assistance *pl*
Investitionsförderung [ɪnvɛstiˈtsjoːnsfœrdəruŋ] *f* investment promotion
Investitionsgüter [ɪnvɛstiˈtsjoːnsgyːtər] *n/pl* capital goods *pl*

Investitionskennzahl [ɪnvɛsti'tsjoːnskɛn-tsaːl] *f* investment index
Investitionskraft [ɪnvɛsti'tsjoːnskraft] *f* investment potential, investment capacity
Investitionskredit [ɪnvɛsti'tsjoːnskrediːt] *m* investment loan
Investitionskreditversicherung [ɪnvɛsti-'tsjoːnskrediːtfɛrzɪçəruŋ] *f* investment credit insurance
Investitionsobjekt [ɪnvɛsti'tsjoːnsɔpjɛkt] *n* object of capital expenditure
Investitionsplan [ɪnvɛsti'tsjoːnsplaːn] *m* investment scheme
Investitionsquote [ɪnvɛsti'tsjoːnskvotə] *f* propensity to invest
Investitionsrechnung [ɪnvɛsti'tsjoːnsrɛçnuŋ] *f* investment appraisal
Investitionsrisiko [ɪnvɛsti'tsjoːnsrisiko] *n* business risk
Investitionsschutz [ɪnvɛsti'tsjoːnsʃʊts] *m* protection of investment
Investitionssteuer [ɪnvɛsti'tsjoːnsʃtɔyər] *f* investment tax
Investitionsverbot [ɪnvɛsti'tsjoːnsfərboːt] *n* prohibition of investment
Investitionszulage [ɪnvɛsti'tsjoːnstsuːlaːgə] *f* investment grant
Investmentanteil [ɪn'vɛstmɛntantaɪl] *m* investment share
Investmentbank [ɪn'vɛstmɛntbaŋk] *f* investment bank
Investmentgesellschaft [ɪn'vɛstmɛntgəzɛlʃaft] *f* investment company
Investmentzertifikat [ɪn'vɛstmɛnttsɛrtifikaːt] *n* investment certificate
Irrtum vorbehalten ['ɪrtuːm foːrbəhaltən] errors excepted
Irrtümer und Auslassungen vorbehalten (E. & O.E.) ['ɪrtyːmər unt 'auslasuŋən 'foːrbəhaltən] errors and omissions excepted (E. & O.E.)
ISO-Normen ['iːzonɔrmən] *f/pl* ISO standards *pl*
Istanalyse ['ɪstanalyːzə] *f* analysis of actual performance
Istkosten ['ɪstkɔstən] *pl* actual costs *pl*
Istkostenrechnung ['ɪstkɔstənrɛçnuŋ] *f* actual cost system
Istzahlen ['ɪsttsaːlən] *f/pl* actual figures *pl*
Jahresabschluss ['jaːrəsapʃlʊs] *m* annual accounts *pl*, year-end results *pl*
Jahresabschlussprüfung ['jaːrəsapʃlʊspryːfuŋ] *f* annual audit

Jahresarbeitsvertrag ['jaːrəsarbaitsfɛrtraːk] *m* one-year contract of employment
Jahresbedarf ['jaːrəsbədarf] *m* annual need
Jahresbilanz ['jaːrəsbilants] *f* annual balance sheet
Jahreseinkommen ['jaːrəsainkɔmən] *n* annual income
Jahresfehlbetrag [jaːrəs'feːlbətraːk] *m* net loss for the year
Jahresfixum ['jaːrəsfɪksʊm] *n* fixed annual salary
Jahresgewinn ['jaːrəsgəvɪn] *m* annual profits *pl*
Jahresgutachten ['jaːrəsguːtaxtən] *n* annual report
Jahreshauptversammlung [jaːrəs'hauptfɛrzaɪnluŋ] *f* annual general meeting
Jahresplaner ['jaːrəsplaːnər] *m* year planner
Jahresüberschuss ['jaːrəsyːbərʃʊs] *m* annual surplus
Jahreswirtschaftsbericht [jaːrəs'vɪrtʃaftsbərɪçt] *m* Annual Economic Report
jährlich ['jɛːrlɪç] *adj* annual
Job Enlargement ['tʃɔp ɪn'lartʃmɛnt] *n* job enlargement
Job Enrichment ['tʃɔp ɪn'rɪtʃmɛnt] *n* job enrichment
Job Evaluation ['tʃɔp 'ivɛljueɪʃən] *f* job evaluation
Jobkiller ['tʃɔp'kɪlər] *m* job killer
Job Rotation ['tʃɔp rota'tsjoːn/ro'teɪʃən] *f* job rotation
Jobsharing ['tʃɔp'ʃɛːrɪŋ] *n* job sharing
Jobber ['tʃɔbər] *m* jobber
Joint Venture ['tʃɔynt 'vɛntʃər] *n* joint venture
Journal [ʒur'naːl] *n* journal
Jubiläumsverkauf [juːbi'lɛːumsfɛrkauf] *m* anniversary sales *pl*
Jugendarbeitsschutz [jugənd'arbaitsʃʊts] *m* youth employment protection
Jugendvertretung ['juːgəndfɛrtreːtuŋ] *f* youth representatives *pl*
junge Aktien [juŋə 'aktiːən] *f/pl* new shares *pl*
Jungscheinverkehr ['juŋʃaɪnfɛrkeːr] *m* new issue giro transfer system
juristische Person [ju'rɪstɪʃə pɛr'zoːn] *f* legal person, legal entity
just in time [tʃast ɪn taɪm] *adj* just in time

K

Kabel ['ka:bəl] *n* cable
Kabotage [kabɔ'ta:ʒ(ə)] *f* cabotage
kaduzieren [kadu'tsi:rən] *v* cancel
Kaduzierung [kadu'tsi:ruŋ] *f* forfeiture of shares, exclusion of defaulting shareholders
Kahlpfändung ['ka:lpfɛnduŋ] *f* seizure of all the debtor's goods
Kaizen [kaɪ'tsɛn] *n* kaizen
Kalenderjahr [ka'lɛndərja:r] *n* calendar year
Kalkül [kal'ky:l] *n* calculation, consideration
Kalkulation [kalkula'tsjo:n] *f* calculation, estimation
Kalkulationsfehler [kalkula'tsjo:nsfe:lər] *m* miscalculation, misestimation
Kalkulationszinssatz [kalkula'tsjo:nstsɪnszats] *m* calculation interest rate
Kalkulator(in) [kalku'la:to:r/kalkula'to:rɪn] *m/f* cost accountant, cost clerk
kalkulatorische Kosten [kalkula'to:riʃə 'kɔstən] *pl* implicit costs *pl*
kalkulierbar [kalku'li:rba:r] *adj* calculable
Kammer ['kamər] *f 1. (Handels~)* chamber; *2. (Gericht)* court division
Kämmerei [kɛmə'raɪ] *f* financing department
Kämmerer [kɛmə'rər] *m* treasurer
Kampfpreis ['kampfpraɪs] *m* cut rate price
Kanban-System [kan'ba:nzyste:m] *n* canban system
Kannkaufmann ['kankaufman] *m* merchant, undertaking entitled, but not obliged, to be entered on the Commercial Register
Kapazitäten [kapatsi'tɛ:tən] *f/pl* capacities *pl*
Kapazitätsabbau [kapatsi'tɛ:tsapbau] *m* capacity cutback, cutback in capacity
Kapital [kapi'ta:l] *n* capital, funds *pl*
Kapitalabdeckung [kapi'ta:lapdɛkuŋ] *f* capital cover, coverage of capital
Kapitalabfindung [kapi'ta:lapfɪnduŋ] *f* lump sum settlement
Kapitalabfluss [kapi'ta:lapflus] *m* capital outflows *pl*
Kapitalakkumulation [kapi'ta:lakumulatsjo:n] *f* accumulation of capital
Kapitalallokation [kapi'ta:llokatsjo:n] *f* allocation of capital
Kapitalanalyse [kapi'ta:lanalyzə] *f* capital analysis
Kapitalangebot [kapi'ta:langəbo:t] *n* supply of capital

Kapitalanlagegesellschaft [kapi'ta:lanle:gəgəzɛlʃaft] *f* capital investment company
Kapitalanlagegesetz [kapi'ta:lanla:gəgəzɛts] *n* capital investment law
Kapitalanlagen [kapi'ta:lanla:gən] *f/pl* investments *pl*, capital investments *pl*
Kapitalanlegearten [kapi'ta:lanle:gəartən] *f/pl* types of capital investment
Kapitalanleger(in) [kapi'ta:lanle:gər(ɪn)] *m/f* investor
Kapitalanteil [kapi'ta:lantaɪl] *m* capital share
Kapitalaufstockung [kapi'ta:laufstokuŋ] *f* increase in capital
Kapitalausfuhr [kapi'ta:lausfu:r] *f* export of capital
Kapitalausstattung [kapi'ta:lausʃtatuŋ] *f* capital resources *pl*
Kapitalbasis [kapi'ta:lba:zis] *f* capital base
Kapitalbedarf [kapi'ta:lbədarf] *m* capital requirements *pl*, funding needs *pl*
Kapitalbedarfsrechnung [kapi'ta:lbedarfsrɛçnuŋ] *f* capital requirement calculation
Kapitalbeschaffung [kapi'ta:lbəʃafuŋ] *f* procurement of capital
Kapitalbesitz [kapi'ta:lbəzits] *m* capital holdings *pl*
Kapitalbestand [kapi'ta:lbəʃtant] *m* total capital stock
Kapitalbeteiligung [kapi'ta:lbətaɪliguŋ] *f* equity participation
Kapitalbewegungen [kapi'ta:lbəve:guŋən] *f/pl* capital movements *pl*
Kapitalbewilligung [kapi'ta:lbəvɪliguŋ] *f* appropriation of funds, appropriation of capital
Kapitalbilanz [kapi'ta:lbi:lants] *f* balance of capital transactions
Kapitalbildung [kapi'ta:lbɪlduŋ] *f* formation of capital
Kapitalbindung [kapi'ta:lbɪnduŋ] *f* capital tie-up
Kapitalbindungsdauer [kapi'ta:lbɪnduŋsdauər] *f* duration of capital tie-up
Kapitaldienst [kapi'ta:ldi:nst] *m* service of capital, debt service
Kapitaleinkommen [kapi'ta:laɪnkɔmən] *n* unearned income

Kapitaleinlagen [kapi'ta:lainla:gen] *f/pl* capital contributions *pl*

Kapitalerhaltung [kapi'ta:lɛrhaltuŋ] *f* maintenance of capital

Kapitalerhöhung [kapi'ta:lɛrhø:uŋ] *f* increase of capital

Kapitalertrag [kapi'ta:lɛrtra:k] *m* return on capital, capital yield

Kapitalexport [kapi'ta:lɛkspɔrt] *m* capital export, export of capital

Kapitalfehlleitung [kapi'ta:lfe:llaituŋ] *f* misguided investment

Kapitalflucht [kapi'ta:lfluxt] *f* flight of capital

Kapitalfluss [kapi'ta:lflus] *m* capital flow, flow of funds

Kapitalflussrechnung [kapi'ta:lflusrɛçnuŋ] *f* funds statement

Kapitalfonds [kapi'ta:lfɔ̃] *m* capital fund

Kapitalförderungsvertrag [kapi'ta:lfœrdəruŋsfərtra:k] *m* capital encouragement treaty

Kapitalfreisetzung [kapi'ta:lfraizɛtsuŋ] *f* liberation of capital

Kapitalgeber(in) [kapi'ta:lge:ber(ın)] *m/f* sponsor, donator

Kapitalgesellschaft [kapi'ta:lgəzɛlʃaft] *f* corporation

Kapitalgewinn [kapi'ta:lgəvın] *m* capital gains *pl,* capital profits *pl*

Kapitalgüter [kapi'ta:lgy:tər] *n/pl* capital goods *pl,* capital products *pl*

Kapitalherabsetzung [kapi'ta:lhərapzɛtsuŋ] *f* capital reduction

Kapitalhilfe [kapi'ta:lhılfə] *f* capital aid

Kapitalimport [kapi'ta:lımpɔrt] *m* capital import

kapitalintensiv [kapi'ta:lıntɛnzi:f] *adj* capital-intensive

kapitalisieren [kapita:li'zi:rən] *v* capitalize

Kapitalisierung [kapita:li'zi:ruŋ] *f* capitalization

Kapitalisierungsanleihe [kapita:li'zi:ruŋsanlaıə] *f* funding loan

Kapitalknappheit [kapi'ta:lknaphaıt] *f* shortage of capital, capital shortage

Kapitalkonto [kapi'ta:lkɔnto] *n* capital account

Kapitalkonzentration [kapi'ta:lkɔntsəntratsjo:n] *f* concentration of capital

Kapitalkosten [kapi'ta:lkɔstən] *pl* cost of capital, cost of borrowed funds

Kapitalkraft [kapi'ta:lkraft] *f* financial strength

kapitalkräftig [kapi'ta:lkrɛftıç] *adj* financially powerful

Kapitalmangel [kapi'ta:lmaŋəl] *m* lack of capital, scarcity of capital

Kapitalmarkt [kapi'ta:lmarkt] *m* capital market

Kapitalmarkteffizienz [kapi'ta:lmarktɛfitsjɛnts] *f* capital market efficiency

Kapitalmarktförderungsgesetz [kapi'ta:lmarktsfœrdəruŋsgəzɛts] *n* Capital Market Encouragement Law

Kapitalmarktforschung [kapi'ta:lmarktfɔrʃuŋ] *f* capital market research

Kapitalmarktkommission [kapi'ta:lmarktkɔmisjo:n] *f* capital market committee

Kapitalmarktzins [kapi'ta:lmarkttsins] *m* capital market interest rate

Kapitalmehrheit [kapi'ta:lme:rhaıt] *f* capital majority

Kapitalproduktivität [kapi'ta:lproduktivitɛ:t] *f* productivity of capital

Kapitalrendite [kapi'ta:lrəndi:tə] *f* return on investment

Kapitalrentabilität [kapi'ta:lrɛntabilitɛ:t] *f* return on investment, return on capital employed, earning power of capital employed

Kapitalrücklage [kapi'ta:lrykla:gə] *f* capital reserves *pl*

Kapitalsammelstelle [kapi'ta:lzaməlʃtelə] *f* institutional investors *pl*

Kapitalsammlungsverträge [kapi'ta:lzamluŋsfertre:gə] *m/pl* contracts on capital collecting *pl*

Kapitalschutz [kapi'ta:lʃuts] *m* capital protection

Kapitalschutzvertrag [kapi'ta:lʃutsfertra:k] *m* capital protection agreement

Kapitalspritze [kapi'ta:lʃprıtsə] *f (fam)* cash injection

Kapitalübertragung [kapi'ta:ly:bərtra:guŋ] *f* transfer of capital, capital transfer

Kapitalumschlag [kapi'ta:lumʃla:k] *m* capital turnover

Kapitalverkehr [kapi'ta:lferke:r] *m* turnover of capital, capital transaction

Kapitalverkehrssteuer [kapi'ta:lferke:rsʃtɔyər] *f* capital transaction tax

Kapitalvermögen [kapi'ta:lfɛrmø:gən] *n* capital assets *pl*

Kapitalverwässerung [kapi'ta:lfɛrwɛsəruŋ] *f* watering of capital stock

Kapitalwert [kapi'ta:lve:rt] *m* capital value, net present value

Kapitalzins [kapi'taːltsɪns] *m* interest on capital
Kapitalzufluss [kapi'taːltsuːflus] *m* capital influx
Kapitalzuwachs [kapi'taːltsuːvaks] *m* capital gain, increase in capital
Karenzentschädigung [ka'rɛntsɛntʃɛːdiguŋ] *f* compensation paid for the period of prohibition of competition
Karenzzeit [ka'rɛntstsaɪt] *f* cooling period, qualifying period
Kartell [kar'tɛl] *n* cartel
Kartellabsprache [kar'tɛlapʃpraːxə] *f* cartel agreement, monopoly agreement
Kartellbildung [kar'tɛlbɪlduŋ] *f* cartel formation, formation of a cartel
Kartellgesetz [kar'tɛlgəzɛts] *n* Cartel Act, Cartel Law
Kartellpolitik [kar'tɛlpolitiːk] *f* antitrust policy
Kartellregister [kar'tɛlregɪstər] *n* Federal Cartel Register
Kartellvorschrift [kar'telfoːrʃrɪft] *f* cartel regulation
Kaskadensteuer [kas'kaːdənʃtɔyər] *f* cascade tax
Kassadevisen ['kasadeviːzən] *f/pl* spot exchange
Kassageschäft ['kasagəʃɛft] *n* cash transactions *pl*, cash bargain
Kassakurs ['kasakurs] *m* spot price
Kassamarkt ['kasamarkt] *m* spot market
Kassazahlungen ['kasatsaːluŋən] *f/pl* cash payments *pl*, payments in cash *pl*
Kassenabrechnung ['kasənaprɛçnuŋ] *f* accounts *pl*
Kassenanweisung ['kasənanvaɪzuŋ] *f* payment order
Kassenbericht ['kasənbərɪct] *m* financial report
Kassenbilanz ['kasənbilants] *f* cash balance
Kassenbuch ['kasənbuːx] *n* cash book
Kassenhaltung ['kasənhaltuŋ] *f* cash accountancy
Kassenkredite ['kasənkrediːtə] *m/pl* cash credit, cash advance
Kassenkurs ['kasənkurs] *m* spot price
Kassenobligationen ['kasənɔbligatsjoːnən] *f/pl* medium-term bonds *pl*
Kassenprüfer(in) ['kasənpryːfər(ɪn)] *m/f* auditor
Kassenprüfung ['kasənpryːfuŋ] *f* audit
Kassensturz ['kasənʃturts] *m* cashing-up

Kassenverstärkungskredit [kasənfɛr'ʃtɛrkuŋskrediːt] *m* cash lending
Kassenwart(in) ['kasənvart(ɪn)] *m/f* treasurer
Kassenzettel ['kasəntsɛtəl] *m* receipt
Katalogkauf [kata'loːgkauf] *m* catalogue based purchase
Katalogpreis [kata'loːkpraɪs] *m* list price, catalogue price
Kataster [ka'tastər] *m/n* cadastre, land register
Katasteramt [ka'tastəramt] *n* land registry (office)
Kauf [kauf] *m* buy, purchase
Kauf auf Probe [kauf auf 'proːbə] *m* sale on approval
Kauf gegen Vorauszahlung [kauf 'geːgən fo'raustsaːluŋ] *m* purchase against cash in advance
Kaufentscheidung ['kaufɛntʃaɪduŋ] *f* decision to purchase
Käufer(in) ['kɔyfər(ɪn)] *m/f* buyer, purchaser
Käufergruppe ['kɔyfərgrupə] *f* 1. group of buyers; 2. *(Kunden)* group of customers
Käufermarkt [kɔyfərmarkt] *m* buyer's market, loose market
Käuferprovision ['kɔyfərprovizjoːn] *f* buyer's commission
Käuferwanderung ['kɔyfərvandəruŋ] *f* migration of buyers
Kaufgelegenheit ['kaufgəleːgənhaɪt] *f* opportunity to purchase
Kaufkraft ['kaufkraft] *f* purchasing power
Kaufkraftanalyse ['kaufkraftanalyːzə] *f* analysis of purchasing power
Kaufkraftelastizität ['kaufkraftelastitsiːtɛt] *f* elasticity of purchasing power
kaufkräftig ['kaufkrɛftɪç] *adj* well-funded
Kaufkraftparität ['kaufkraftpaːriteːt] *f* purchasing power parity
Kaufkraftschwund ['kaufkraftʃvunt] *m* decrease in purchasing power
Kaufkredit ['kaufkrediːt] *m* purchasing credit, loan to finance purchases
Kauflust ['kauflust] *f* inclination to buy, urge to spend
kaufmännische Orderpapiere ['kaufmɛniʃə 'ɔrdərpapiːrə] *n/pl* commercial instruments to order *pl*
kaufmännische Vorsicht ['kaufmɛniʃə 'foːrzɪçt] *f* prudence of a businessman
kaufmännische(r) Angestellte(r) ['kaufmɛniʃə(r) 'angəʃtɛltə(r)] *m/f* clerk
Kaufoption ['kaufɔptsjoːn] *f* call option

Kaufpreis ['kaufpraɪs] *m* purchase prize
Kaufvertrag ['kauffɛrtraːk] *m* sales contract, purchase contract
Kaufverhalten ['kauffɛrhaltən] *n* purchase pattern
Kaufwert ['kaufveːrt] *m* market value, purchase value
Kaution [kau'tsjoːn] *f* security
Kautionseffekten [kau'tsjoːnsefɛktən] *f/pl* guarantee securities *pl*
keine Beschädigung (f.o.d.) ['kaɪnə bə-'ʃɛːdiguŋ] *adj* free of damage (f.o.d.)
Kellerwechsel ['kɛlərvɛksəl] *m* fictitious bill, windmill
Kennwort ['kɛnvɔrt] *n* code word
Kennzahl ['kɛntsaːl] *f* code number
Kennzeichnungsverordnung ['kɛntsaɪç-nuŋsfɛrɔrdnuŋ] *f* labeling provisions *pl*
Kernarbeitszeit ['kɛrnarbaɪtstsaɪt] *f* core time
Kette ['kɛtə] *f (Warenhäuser)* chain
Kettengeschäft ['kɛtəngəʃɛft] *n* chain store
Key-Account-Manager ['kiːəkaunt'mɛ-nɛtʃər] *m* key account manager
Kiste ['kɪstə] *f* crate
Kladde ['kladə] *f* waste book
Klage ['klaːgə] *f (Recht)* action, lawsuit, process in law
Klageschrift ['klaːgəʃrɪft] *f* statement of claim
Klageweg ['klaːgeveːk] *m* legal proceedings *pl*
Klasse ['klasə] *f (Güteklasse)* quality
Klassifikation [klasifika'tsjoːn] *f* classification
klassifizieren [klasifi'tsiːrən] *v* classify
Klausel ['klauzəl] *f* clause
Kleinaktie ['klaɪnaktsjə] *f* share with low par value
Kleinaktionär ['klaɪnaktsjonɛːr] *m* small shareholder
Kleinbetrieb ['klaɪnbətriːp] *m* small business
Kleincontainer ['klaɪnkɔnteːnər] *m* small container
Kleinerzeuger ['klaɪnɛrtsɔygər] *m* small-scale manufacturer
Kleinhandel ['klaɪnhandəl] *m* retail trade, retail business
Kleinhändler(in) ['klaɪnhɛndlər(ɪn)] *m/f* retailer
Kleinkredit ['klaɪnkrediːt] *m* small personal loan, loan for personal use

Kleinpreisgeschäft ['klaɪnpraɪsgəʃɛft] *n* low-price store
Kleinsparer ['klaɪnʃpaːrər] *m* small saver
Kleinstücke ['klaɪnʃtyke] *n/pl* fractional amount
Klient(in) [kli'ɛnt(ɪn)] *m/f* client
Klientel [kliɛn'teːl] *f* clientele
Knappheit ['knaphaɪt] *f (Waren, Gelder)* shortage
Knappschaftsversicherung ['knapʃafts-fɛrziçəruŋ] *f* miners' social insurance system
Knebelungsvertrag ['kneːbəluŋsfɛrtraːk] *m* oppressive contract, adhesion contract
Know-how [noːˈhau] *n* know-how
Kohäsionsfonds [kohɛˈzjoːnsfõ] *m* Cohesion Fund
Kolchose [kɔlˈçoːzə] *f* kolchose, collective farm
Kollaps ['kɔlaps] *m* breakdown, collapse
Kollektion [kɔlɛk'tsjon] *f* collection
Kollektivarbeitsrecht [kɔlɛk'tiːfaːrbaɪts-rɛçt] *n* collective labor law
Kollektivgüter [kɔlɛk'tiːfgyːtər] *n/pl* collective goods *pl*
Kollektivsparen [kɔlɛk'tiːfʃpaːrən] *n* collective saving
Kollektivwirtschaft [kɔlɛk'tiːfvɪrtʃaft] *f* collective economy
Komitee [komi'teː] *n* committee, body
Kommanditaktionär [kɔman'ditaktsjoː-nɛːr] *m* limited liability shareholder
Kommanditgesellschaft (KG) [kɔman-'ditgəzɛlʃaft] *f* limited commercial partnership
Kommanditgesellschaft auf Aktien (KGaA) [kɔman'ditgəzɛlʃaft auf 'aktsjən] *f* partnership limited by shares
Kommanditist [kɔmandi'tɪst] *m* limited partner
Kommerz [kɔ'mɛrts] *m* commerce
kommerziell [kɔmɛr'tsjɛl] *adj* commercial
Kommission [kɔmɪs'joːn] *f* commission
Kommissionär [kɔmɪsjo'nɛːr] *m* commission agent
Kommissionsgeschäft [kɔmɪs'joːnsgə-ʃɛft] *n* commission business
Kommissionshandel [kɔmɪs'joːnshandəl] *m* commission trade
Kommissionslager [kɔmɪs'joːnslaːgər] *n* consignment stock
Kommissionstratte [kɔmɪs'joːnstratə] *f* bill of exchange drawn for third-party account
Kommissionswaren [kɔmɪs'joːnsvaːrən] *f/pl* consigned goods *pl*

Kommittenten [kɔmi'tɛntən] *m/pl* consigners *pl*
Kommunalabgabe [kɔmu'naːlapgaːbə] *f* local rate, local tax *(US)*
Kommunalanleihen [kɔmu'naːlanlaɪən] *f/pl* local authority loan
Kommunalbank [kɔmu'naːlbaŋk] *f* local authorities bank
Kommunaldarlehen [kɔmu'naːldarleːən] *n* loan granted to a local authority
kommunale Wirtschaftsförderung ['kɔmunaːle 'vɪrtʃaftsfœrdəruŋ] *f* municipal measures to spur the economy *pl*
Kommunalkredit [kɔmu'naːlkrediːt] *m* credit granted to a local authority
Kommunalobligation [kɔmu'naːlɔbligatsjoːn] *f* local bond
Kommunalpolitik [kɔmu'naːlpolitiːk] *f* local politics *pl*
Kommunalwirtschaft [kɔmu'naːlvɪrtʃaft] *f* municipal economy
Kommunikationsfluss [kɔmunika'tsjoːnsflus] *m* intercommunication
Kommunikationsmittel [kɔmunɪka'tsjoːnsmɪtəl] *n* communication facilities *pl*
Kommunikationspolitik [kɔmunɪka'tsjoːnspolitiːk] *f* communications policy
Kompensation [kɔmpɛnza'tsjoːn] *f* compensation
Kompensationsgeschäft [kɔmpənza'tsjoːnsgəʃɛft] *n* barter transaction, offset transaction
Kompensationskurs [kɔmpənza'tsjoːnskurs] *m* making-up price
Kompensationssteuer [kɔmpənza'tsjoːnsʃtɔyər] *f* offset tax
kompensatorische Kosten [kɔmpənza'toːrɪʃə 'kɔstən] *pl* offsetting costs *pl*
kompensierte Valuta [kɔmpən'ziːrtə va'luːta] *f* value compensated
Komplementär [kɔmpləmɛn'tɛːr] *m* general partner
komplementäre Güter [kɔmpləmɛn'tɛːrə 'gyːtər] *n/pl* complementary goods *pl*, joint goods *pl*
Konditionenkartell [kɔndi'tsjoːnənkartɛl] *n* condition cartel
Konferenz [kɔnfə'rɛnts] *f* conference
Konferenzschaltung [kɔnfe'rɛntsʃaltuŋ] *f* conference circuit
Konglomerat [kɔnglome'raːt] *n* conglomerate group
Konjunktur [kɔnjuŋk'tuːr] *f* economic cycle, business cycle

Konjunkturanalyse [kɔnjuŋk'tuːranalyːzə] *f* economic analysis
Konjunkturausgleichsrücklage [kɔnjuŋk'tuːrausglaɪçsryklaːgə] *f* anticyclical reserve
Konjunkturbarometer [kɔnjuŋk'tuːrbaromeːtər] *n* business barometer
Konjunkturbelebung [kɔnjuŋk'tuːrbəleːbuŋ] *f* economic upturn
konjunkturelle Arbeitslosigkeit [kɔnjuŋktu'rɛlə 'arbaɪtsloːziçkaɪt] *f* cyclical unemployment
Konjunkturentwicklung [kɔnjuŋk'tuːrɛntvɪkluŋ] *f* economic trend
Konjunkturflaute [kɔnjunk'tuːrflautə] *f* economic slowdown, economic halt
Konjunkturphasen [kɔnjuŋk'tuːrfaːzən] *f/pl* phases of business cycles *pl*
Konjunkturpolitik [kɔnjuŋk'tuːrpolitiːk] *f* economic policy
Konjunkturschwankung [kɔnjunk'tuːrʃvankuŋ] *f* business fluctuation
Konjunkturspritze [kɔnjunk'tuːrʃprɪtsə] *f* *(fam)* fiscal shot
Konjunkturwende [kɔnjunk'tuːrvɛndə] *f* economic turnabout
Konjunkturzyklus [kɔnjuŋk'tuːrtsyːklus] *m* business cycle
Konkurilanz [kɔnkuri'lants] *f* statement of bankrupt's assets and liabilities
Konkurrenz [kɔnku'rɛnts] *f* competition
Konkurrenzanalyse [kɔnku'rɛntsanalyːzə] *f* analysis of competitors
Konkurrenzfirma [kɔnku'rɛntsfɪrma] *f* competing firm
Konkurrenzunternehmen [kɔnku'rɛntsuntərneːmən] *n* competitor
Konkurs [kɔn'kurs] *m* bankruptcy
Konkursantrag [kɔn'kursantraːk] *m* bankruptcy petition
Konkursausfallgeld [kɔn'kursausfalgɛlt] *n* payment of net earnings for three months prior to start of bankruptcy proceedings
Konkursdelikt [kɔn'kursdelɪkt] *n* bankruptcy offence
Konkurserklärung [kɔn'kursɛrklɛːruŋ] *f* declaration of bankruptcy, notice of bankruptcy
Konkursgericht [kɔn'kursgərɪçt] *n* bankruptcy court
Konkursgläubiger [kɔn'kursglɔybɪgər] *m* bankrupt's creditor
Konkursmasse [kɔn'kursmasə] *f* bankrupt's assets *pl*

Konkursordnung [kɔn'kursɔrdnuŋ] *f* Bankruptcy Act

Konkursquote [kɔn'kurskvoːtə] *f* dividend in bankruptcy

Konkursverwalter(in) [kɔn'kursfɛrvaltər(ɪn)] *m/f* receiver, liquidator

Konnossement (B/L) [kɔnɔsə'mɛnt] *n* bill of lading (B/L)

Konsignatar [kɔnzɪgna'taːr] *m* consignee

Konsignationslager [kɔnzɪgna'tsjoːnslaːgər] *n* consignment stock

konsolidierte Bilanz [kɔnzoli'diːrtə bi'lants] *f* consolidated balance sheet

Konsortialabteilung [kɔnzɔr'tsjaːlaptaɪluŋ] *f* syndicate department

Konsortialgeschäft [kɔnzɔr'tsjaːlgəʃɛft] *n* syndicate transaction

Konsortialkredit [kɔnzɔr'tsjaːlkrediːt] *m* syndicated credit

Konsulatsfaktura [kɔnzu'laːtsfaktuːra] *f* consular invoice

Konsumentenkredit [kɔnzu'mɛntənkrediːt] *m* consumer credit

Konsumerismus [kɔnzumə'rismus] *m* consumerism

Konsumfinanzierung [kɔn'zuːmfinantsiːruŋ] *f* consumption financing

Konsumforschung [kɔn'zuːmfɔrʃuŋ] *f* consumer research, market research

Konsumgenossenschaft [kɔn'zuːmgənɔsənʃaft] *f* consumer cooperative

Konsumklima [kɔn'zuːmkliːma] *n* purchaser demand, buyer demand

Konsumkredit [kɔn'zuːmkrediːt] *m* consumer credit

Konsumquote [kɔn'zuːmkvoːtə] *f* propensity to consume

Konsumverhalten [kɔn'zuːmfɛrhaltən] *n* consumer behaviour, consumer habits *pl*

Kontakthäufigkeit [kɔn'takthɔyfiçkaɪt] *f* frequency of contact

Kontenkalkulation ['kɔntənkalkulatsjoːn] *f* account costing

Kontennummerierung ['kɔntənuməriːruŋ] *f* account numbering

Kontenplan ['kɔntənplaːn] *m* chart of accounts

Kontenrahmen ['kɔntənraːmən] *m* standard form of accounts

Kontingent [kɔntɪŋ'gɛnt] *n* quota

Kontingentierung [kɔntɪŋgɛn'tiːruŋ] *f* fixing of a quota

Konto ['kɔnto] *n* account

Kontoauszug ['kɔntoaustsuːk] *m* statement of account

Kontoeröffnung ['kɔntoɛrœfnuŋ] *f* opening of an account

Kontoführung ['kɔntofyːruŋ] *f* keeping of an account

Kontogebühren ['kɔntogəbyːrən] *f/pl* bank charges *pl*

Kontokorrent [kɔntokɔ'rɛnt] *n* current account

Kontokorrentkonto [kɔntokɔ'rɛntkɔnto] *n* current account

Kontokorrentkredit [kɔntokɔ'rɛntkrediːt] *m* current account credit

Kontonummer ['kɔntonumər] *f* account number

Kontoüberziehung ['kɔntoyːbərtsiːuŋ] *f* overdraft of an account

Kontovollmacht ['kɔntofɔlmaxt] *f* power to draw on an account

Kontrahierung [kɔntra'hiːruŋ] *f* contraction

Kontrahierungszwang [kɔntra'hiːruŋstsvaŋ] *m* obligation to contract

Kontraktgüter [kɔn'traktgyːtər] *n/pl* contract goods *pl*

Kontrollmitteilung [kɔn'trɔlmɪtaɪluŋ] *f* tracer note

Kontrollspanne [kɔn'trɔlʃpanə] *f* span of control

Konvergenz [kɔnvɛr'gɛnts] *f* convergence

Konvergenzkriterien [kɔnvɛr'gɛntskriːteːrjən] *n/pl* convergence criteria *pl*

Konvergenzphase [kɔnvɛr'gɛntsfaːzə] *f* convergence phase

Konvergenzpolitik [kɔnvɛr'gɛntspolitiːk] *f* convergence policy

Konvergenzprogramm [kɔnvɛr'gɛntsprogram] *n* convergence programme

Konversionskurs [kɔnvɛr'zjoːnskurs] *m* conversion rate

Konvertibilität [kɔnvɛrtibili'tɛːt] *f* convertibility

Konvertierung [kɔnvɛr'tiːruŋ] *f* conversion

Konzentration [kɔntsɛntra'tsjoːn] *f* concentration

Konzernabschluss [kɔn'tsɛrnapʃlus] *m* consolidated financial statement

Konzernanhang [kɔn'tsɛrnanhaŋ] *m* notes to consolidated financial statements *pl*

Konzernaufträge [kɔn'tsɛrnauftrɛːgə] *m/pl* group orders *pl*

Konzernbilanz [kɔn'tsɛrnbilants] *f* group balance sheet

konzernintern [kɔn'tsɛrnintɛrn] *adj* inter-
company, intragroup
Konzernzwischengewinn [kɔntsɛrn'tsvɪ-
ʃəngəvɪn] *m* group interim benefits *pl*
konzertierte Aktion [kɔntsɛr'tiːrtə ak-
'tsjoːn] *f* "concerted action"
Konzertzeichnung [kɔn'tsɛrttsaɪçnuŋ] *f*
stagging
Kooperationsdarlehen [koopəra'tsjoːns-
daːrleːən] *n* cooperation loan
Kopfsteuer ['kɔpfʃtɔyər] *f* per capita tax
Koppelproduktion ['kɔpəlproduktsjoːn] *f*
lied production
Korbwährung ['kɔrpvɛːruŋ] *f* basket currency
Körperschaftssteuer ['kœrpərʃaftsʃtɔyər]
f corporation tax
Korrelation [korəla'tsjoːn] *f* correlation
Korrespondenzbank [kɔrəspɔn'dɛnts-
baŋk] *f* correspondent bank
korrigieren [kɔri'giːrən] *v* correct, rectify,
remedy
Kosten und Fracht (c. & f.) ['kɔstən unt
'fraxt] cost and freight (c. & f.)
Kosten und Versicherung (c. & i.) ['kɔstən unt fər'ziçəruŋ] cost and insurance
(c. & i.)
**Kosten, Versicherung, Fracht einge-
schlossen (c.i.f.)** ['kɔstən, fɛr'zɪçəruŋ,
fraxt 'aɪngəʃlɔsən] cost, insurance, freight
(c.i.f.)
**Kosten, Versicherung, Fracht und
Kommission eingeschlossen (c.i.f. & c.)**
['kɔstən, fɛr'zɪçəruŋ, fraxt unt kɔmɪ'sjoːn
'aɪngəʃlɔsən] cost, insurance, freight, commission (c.i.f. & c.)
**Kosten, Versicherung, Fracht, Kommis-
sion und Zinsen (c.i.f.c. & i.)** ['kɔstən, fɛr-
'zɪçəruŋ, fraxt, kɔmɪ'sjoːn unt 'tsɪnzən]
cost, insurance, freight, commission, interest
(c.i.f.c. & i.)
Kostenart ['kɔstənaːrt] *f* cost type
Kostendämpfung ['kɔstəndɛmpfuŋ] *f*
combating rising costs *pl*
Kostendeckung ['kɔstəndɛkuŋ] *f* cost
recovery
Kostendruck ['kɔstəndruk] *m* cost pressure
Kostenexplosion ['kɔstənɛksplozjoːn] *f*
cost escalation
Kostenfaktor ['kɔstənfaktoːr] *m* cost factor
kostenfrei (f.o.c.) ['kɔstənfraɪ] *adj* free of
charge (f.o.c.)
Kostenminimierung ['kɔstənmɪnimiːruŋ]
f minimisation of costs

Kosten-Nutzen-Analyse ['kɔstən'nutsən-
analyːzə] *f* cost-benefit analysis
Kostenplan ['kɔstənplaːn] *m* cost schedule
Kostenrechnung [kɔstənrɛçnuŋ] *f* state-
ment of costs
Kostenremanenz ['kɔstənrəmanɛnts] *f*
lagged adjustment of variable costs
Kostensenkung ['kɔstənzɛŋkuŋ] *f* cost
reduction
Kostenstelle ['kɔstənʃtɛlə] *f* cost (account-
ing) centre
Kostenträger ['kɔstəntrɛːgər] *m* paying
authority, cost unit
Kostenverrechnung ['kɔstənfɛrrɛçnuŋ] *f*
cost allocation
Kotierung [ko'tiːruŋ] *f* admission of shares
to official quotation
Kraftfahrzeug ['kraftfaːrtsɔyk] *n* motor
vehicle
Kreditabteilung [kre'diːtaptaɪluŋ] *f* credit
department
Kreditaktie [kre'diːtaktsjə] *f* credit share
Kreditakzept [kre'diːtaktsɛpt] *n* financial
acceptance
Kreditaufnahmeverbot [kre'diːtaufnaː-
məfɛrboːt] *n* prohibition of raising of
credits
Kreditaufsicht [kre'diːtaufzɪçt] *f* state
supervision of credit institutions
Kreditauftrag [kre'diːtauftraːk] *m* credit-
extending instruction
Kreditauskunft [kre'diːtauskunft] *f* credit
information, banker's reference *(UK)*
Kreditausschuss [kre'diːtausʃus] *m* credit
committee
Kreditausweitung [kre'diːtausvaɪtuŋ] *f*
expansion of credit
Kreditbedarf [kre'diːtbədarf] *m* credit
demand
Kreditbrief (L/C) [kre'diːtbriːf] *m* letter of
credit (L/C)
Krediteröffnungsvertrag [kre'diːtɛrœf-
nuŋsfɛrtraːk] *m* credit agreement
Kreditfähigkeit [kre'diːtfɛːiçkaɪt] *f* financial standing
Kreditfazilität [kre'diːtfatsilitɛːt] *f* credit
facilities *pl*
Kreditfinanzierung [kre'diːtfinantsiːruŋ]
f financing by way of credit
Kreditfrist [kre'diːtfrɪst] *f* credit period
Kreditgarantie [kre'diːtga:rantiː] *f* credit
guarantee
Kreditgefährdung [kre'diːtgəfɛːrduŋ] *f*
endangering the credit of a person or a firm

Kreditgeld [kre'di:tgɛlt] *n* credit money
Kreditgenossenschaft [kre'di:tgənɔsən-ʃaft] *f* credit cooperative
Kreditgeschäft [kre'di:tgəʃɛft] *n* credit business
Kreditgewinnabgabe [kre'di:tgəvɪnapga:bə] *f* debts profit levy
Kreditinflation [kre'di:tɪnflatsjo:n] *f* credit inflation
Kreditkarte [kre'di:tkartə] *f* credit card
Kreditkartei [kre'di:tkartaɪ] *f* borrowing customers' card index
Kreditkauf [kre'di:tkauf] *m* credit purchase
Kreditkontrolle [kre'di:tkɔntrɔlə] *f* credit control
Kreditkosten [kre'di:tkɔstən] *pl* cost of credit
Kreditkultur [kre'di:tkultu:r] *f* credit culture
Kreditlaufzeit [kre'di:tlauftsaɪt] *f* duration of credit
Kreditleihe [kre'di:tlaɪə] *f* loan of credit
Kreditlimit [kre'di:tlɪmɪt] *n* borrowing limit, credit limit
Kreditlinie [kre'di:tli:njə] *f* credit line
Kreditmarkt [kre'di:tmarkt] *m* money and capital market
Kreditnehmer(in) [kre'di:tne:mər(ɪn)] *m/f* borrower
Kreditoren [kredi'to:rən] *m/pl* creditors *pl*
Kreditorenbuchhaltung [kredi'to:rənbu:xhaltuŋ] *f* accounts payable department
Kreditplafond [kre'di:tplafɔ̃] *m* credit ceiling
Kreditplafondierung [kre'di:tplafɔ̃di:ruŋ] *f* credit limitation
Kreditpolitik [kre'di:tpoliti:k] *f* credit policy
Kreditprovision [kre'di:tprovizjo:n] *f* credit commission
Kreditprüfung [kre'di:tpry:fuŋ] *f* credit status investigation
Kreditprüfungsblätter [kre'di:tpry:fuŋsblɛtər] *n/pl* credit checking sheets *pl*
Kreditrahmen [kre'di:tra:mən] *m* credit margin, credit facilities *pl*
Kreditrestriktion [kre'di:trɛstrɪktsjo:n] *f* credit restriction
Kreditrisiko [kre'di:triziko:] *n* credit risk
Kreditschöpfung [kre'di:tʃœpfuŋ] *f* creation of credit
Kreditschutz [kre'di:tʃuts] *m* protection of credit
Kreditsicherheit [kre'di:tzɪçərhaɪt] *f* security of credit

Kreditsicherung [kre'di:tzɪçəruŋ] *f* safeguarding of credit
Kreditspritze [kre'di:tʃprɪtsə] *f (fam)* injection of credit
Kreditstatus [kre'di:tʃta:tus] *m* credit standing
Kredittranche [kre'di:ttrãʃ(ə)] *f* credit tranche
Kreditvermittler [kre'di:tfɛrmɪtlər] *m* money broker
Kreditvermittlung [kre'di:tfɛrmɪtluŋ] *f* arranging for a credit
Kreditversicherung [kre'di:tfɛrzɪçəruŋ] *f* credit insurance
Kreditvertrag [kre'di:tfɛrtra:k] *m* credit agreement
Kreditvolumen [kre'di:tvo:lu:mən] *n* total credit outstanding
Kreditwesen [kre'di:tve:zən] *n* credit system
Kreditwesengesetz [kre'di:tve:zəngəzɛts] *n* Banking Law
Kreditwürdigkeit [kre'di:tvyrdiçkaɪt] *f* creditworthiness
Kreditzinsen [kre'di:ttsɪnsən] *m/pl* interest on borrowings, loan interest
Kreditzusage [kre'di:ttsuza:gə] *f* promise of credit
Kreuzparität ['krɔytsparitɛ:t] *f* cross rate
Kriegsanleihe ['kri:ksanlaɪhə] *f* war loan
krisenfest ['kri:zənfɛst] *adj* crisis-proof
Krisenstimmung ['kri:zənʃtɪmuŋ] *f* crisis feeling
kritische Erfolgsfaktoren ['kritɪʃə ɛr-'fɔlksfakto:rən] *m/pl* critical factors of performance *pl*
krummer Auftrag ['krumər 'auftra:k] *m* uneven order
Kulisse [ku'lɪsə] *f* unofficial stock market
Kulissenwert [ku'lɪsənve:rt] *m* quotation on the unofficial market
kumulative Dividende ['kumulativə divi-'dɛndə] *f* cumulative dividend
Kumulierungsverbot [kumu'li:ruŋsfərbo:t] *n* rule against accumulation
kündbar ['kyntba:r] *adj* redeemable
Kundenauftrag ['kundənauftra:k] *m* customer's order
Kundenberatung ['kundənbɛra:tuŋ] *f* consumer advice
Kundengeschäft ['kundəngəʃɛft] *n* transactions for third account *pl*
Kundenkalkulation ['kundənkalkulatsjo:n] *f* customer costing

Kundennummer ['kundənumər] *f* customer's reference number
kundenorientiert ['kundənorjɛntiːrt] *adj* customer-oriented
Kundenorientierung ['kundənorjɛntiːruŋ] *f* customer orientation
Kundenpotenzial ['kundənpotɛntsjaːl] *n* prospective customer, customer potencial
Kundenprofil ['kundənprofiːl] *n* customer profile
Kundenrabatt ['kundənrabat] *m* sales discount
Kundenreklamation ['kundənreklamatsjoːn] *f* customer complaint
Kundenschutz ['kundənʃuts] *m* customer protection
Kundenstamm ['kundənʃtam] *m* regular customers *pl*
Kundenstock ['kundənʃtɔk] *m* regular clientele
Kündigungsgeld ['kyndɪguŋsgɛlt] *n* deposit at notice
Kündigungsgrundschuld ['kyndɪguŋsgruntʃult] *f* land charge not repayable until called
Kündigungshypothek ['kyndɪgungshypoteːk] *f* mortgage loan repayable after having been duly called
Kündigungssperrfrist ['kyndɪguŋsʃpɛrfrɪst] *f* non-calling period
Kundschaft ['kuntʃaft] *f* clientele
Kundschaftskredit ['kuntʃaftskrediːt] *m* customers' credit
Kupon [ku'pɔ̃] *m* coupon, warrant
Kuponbogen [ku'pɔ̃boːgən] *m* coupon sheet
Kuponkasse [ku'pɔ̃kasə] *f* coupon collection department
Kuponkurs [ku'pɔ̃kurs] *m* coupon price
Kuponmarkt [ku'pɔ̃markt] *m* coupon market
Kuponsteuer [ku'pɔ̃ʃtɔyər] *f* coupon tax
Kuppelprodukte ['kupəlproduktə] *n/pl* complementary products *pl*
Kur [kuːr] *f* cure
Kurantmünze [ku'rantmyntsə] *f* specie
Kuratorium [kura'toːrjum] *n* board of trustees
Kursanzeige ['kursantsaɪgə] *f* quotation
Kursblatt ['kursblat] *n* quotations list
Kursfestsetzung ['kursfɛstzɛtsuŋ] *f* fixing of prices
Kursgewinn ['kursgəvɪn] *m* stock price gain, exchange profit, market profit

Kurs-Gewinn-Verhältnis [kursgə'vɪnfɛrhɛltnɪs] *n* price-earnings ratio
Kursindex ['kursɪndɛks] *m* stock exchange index
Kursindexniveau ['kursɪndɛksnivoː] *n* price level
Kursintervention ['kursɪntərvɛntsjoːn] *f* price intervention
Kurslimit ['kurslɪmɪt] *n* price limit
Kursmakler ['kursmaːklər] *m* stock broker
Kursnotierung ['kursnotiːruŋ] *f* quotation of prices
Kursparität ['kursparitɛːt] *f* parity of rates
Kurspflege ['kurspfleːgə] *f* price nursing
Kursregulierung ['kursreguliːruŋ] *f* price regulation
Kursrisiko ['kursriːziko] *n* price risk
Kursspanne ['kursʃpanə] *f* difference between purchase and hedging price
Kurssprung ['kursʃpruŋ] *m* jump in prices
Kurssteigerung ['kursʃtaɪgəruŋ] *f* price advance
Kursstreichung ['kursʃtraɪçuŋ] *f* nonquotation
Kursstützung ['kursʃtytsuŋ] *f* price pegging
Kursvergleich ['kursfɛrglaɪç] *m* comparison of prices
Kursverlust ['kursfɛrlust] *m* loss on stock prices
Kursverwässerung ['kursfɛrvɛsəruŋ] *f* price watering
Kurszettel ['kurstsɛtəl] *m* stock exchange list
Kurszusammenbruch ['kurstsuzamənbrux] *m* collapse of prices
Kurszusätze ['kurstsuːtsɛtsə] *m/pl* notes appended to quotation *pl*
Kurtage [kur'taːʒ(ə)] *f* courtage
Kurve ['kurvə] *f* curve, graph
kurzfristige Erfolgsrechnung ['kurtsfrɪstɪgə ɛr'fɔlksrɛçnuŋ] *f* monthly income statement
kurzfristiger Kredit ['kurtsfrɪstɪgər kre'diːt] *m* short-term credit
Kurzindossament ['kurtsɪndɔsamɛnt] *n* short-form endorsement
Kurzmitteilung ['kurtsmɪtaɪluŋ] *f* memo, memo letter
Küstengewässer ['kʏstəngəvɛsər] *n/pl* coastal waters *pl*
Kuvert [ku'vɛrt] *n* envelope
Kux [kuks] *m* mining share
Kybernetik [kybər'neːtɪk] *f* cybernetics

L

Labor [la'bo:r] *n* laboratory
Lack [lak] *m* varnish, lacquer
Ladebühne ['la:dəby:nə] *f* loading platform, elevating platform
Ladefläche ['la:dəflɛçə] *f* loading surface
Ladegebühren ['la:dəgəby:rən] *f/pl* loading charges *pl*
Ladegerät ['la:dəgərɛ:t] *n* battery charger
laden ['la:dən] *v irr 1. (LKW, Schiff)* load; *2. (Batterie)* charge; *3. (vor Gericht)* summon, cite
Laden ['la:dən] *m* shop
Ladenhüter ['la:dənhy:tər] *m/pl* soiled goods *pl*
Ladenöffnungszeiten ['la:dənœfnuŋstsaɪtən] *f/pl* shop hours *pl*
Ladenpreis ['la:dənpraɪs] *m* retail price
Ladenschluss ['la:dənʃlus] *m* closing time
Ladenschlussgesetz ['la:dənʃlusgəzɛts] *n* Shop Closing Hours Law
Ladeplatz ['la:dəplats] *m* loading area
Laderampe ['la:dərampə] *f* loading ramp
Laderaum ['la:dəraum] *m* loading space
Ladeschein ['la:dəʃaɪn] *m* bill of lading
lädiert [lɛ'di:rt] *adj (beschädigt)* damaged, battered
Ladung ['la:duŋ] *f 1.* load, cargo, freight; *2. (elektrische ~)* charge, amount of electricity; *3. (am Gericht)* summons *pl*
Lagebericht ['la:gəbərɪçt] *m* status report; annual report
Lager ['la:gər] *n (Warenlager)* store, stock, inventory, warehouse; *auf ~ haben* have in store
Lagerbestand ['la:gərbəʃtant] *m* stock, goods in stock *pl*, stock on hand
Lagerbestandsaufnahme ['la:gərbəʃtantsaufna:mə] *f* inventory, stocktaking
Lagerbuchführung ['la:gərbu:xfy:ruŋ] *f* inventory accounting
Lagerempfangsschein (D/W) [la:gərɛm'pfaŋsʃaɪn] *m* warehouse receipt
lagerfähig ['la:gərfɛ:ɪç] *adj* storable
Lagergebühr ['la:gərgeby:r] *f* storage, storage charge
Lagerhalle ['la:gərhalə] *f* warehouse
Lagerhaltung ['la:gərhaltuŋ] *f* stockkeeping, warehousing
Lagerhaus ['la:gərhaus] *n* warehouse
Lagerist [la:gə'rɪst] *m* stockkeeper, stockroom clerk, storekeeper

Lagerkosten ['la:gərkɔstən] *pl* storage cost
Lagerkapazität ['la:gərkapatsitɛ:t] *f* storage capacity
Lagerliste ['la:gərlɪstə] *f* stock list, inventory list
Lagermenge ['la:gərmɛŋə] *f* stock quantity, quantity in store
Lagermiete ['la:gərmi:tə] *f* warehouse rent
lagern ['la:gərn] *v* store, stock, put in storage
Lagerplatz ['la:gərplats] *m* depot
Lagerraum ['la:gərraum] *m* storage space
Lagerschein ['la:gərʃaɪn] *m* warehouse warrant
Lagerung ['la:gəruŋ] *f* storage, storing, warehousing
Lagerverwaltung ['la:gərfɛrvaltuŋ] *f* warehouse management
lancieren [lɑ̃'si:rən] *v* launch (a product)
Länderrisiko ['lɛndərri:ziko] *n* country risk
Landesbank ['landəsbaŋk] *f* regional bank
Landeserzeugnisse ['landəsɛrtsɔyknɪsə] *n/pl* domestic products *pl*
Landesgrenze ['landəsgrɛntsə] *f* national border, frontier
landesüblich ['landəsy:plɪç] *adj* common in the country, normal for the country
Landeswährung ['landəsvɛ:ruŋ] *f* national currency
Landeszentralbank (LZB) [landəstsɛn'tra:lbaŋk] *f* land central bank
Landweg ['lantve:k] *m auf dem ~* overland
Landwirtschaft ['lantvɪrtʃaft] *f* agriculture, farming
landwirtschaftlich ['lantvɪrtʃaftlɪç] *adj* agricultural, farming
Landwirtschaftsbrief ['lantvɪrtʃaftsbri:f] *m* agricultural mortgage bond
Landwirtschaftskredit ['lantvɪrtʃaftskredi:t] *m* agricultural loan
lange Sicht ['laŋə 'zɪçt] *f* long run
Längenmaße ['lɛŋənma:sə] *n/pl* linear measures *pl*
langfristig ['laŋfrɪstɪç] *adj* long-term
langfristige Anleihen ['laŋfrɪstɪgə 'anlaɪən] *f/pl* long-term bonds *pl*
langfristige Einlagen ['laŋfrɪstɪgə 'aɪnla:gən] *f/pl* long-term deposits *pl*

langfristiger Kredit ['laŋfrɪstɪgər kreˈdiːt] *m* long-term credit

langlebig ['laŋleːbɪç] *adj* durable

Langlebigkeit ['laŋleːbɪçkaɪt] *f* durability

Langzeitarbeitslose(r) ['laŋtsaɪtarbaɪtsloːzə(r)] *f/m* long-term unemployed person

Langzeitarbeitslosigkeit ['laŋtsaɪtarbaɪtsloːzɪçkaɪt] *f* long-term unemployment

Laptop ['læptɔp] *m* laptop

Lärmbekämpfung ['lɛrmbəkɛmpfuŋ] *f* noise control, sound-level control

Lärmbelästigung ['lɛrmbəlɛstɪguŋ] *f* noise pollution

Lärmpegel ['lɛrmpeːgəl] *m* noise level

Lärmschutz ['lɛrmʃuts] *m* noise protection

Laserdrucker ['leɪzərdrukər] *m* laser printer

Lasertechnik ['leɪzərtɛçnɪk] *f* laser technology

Lasten ['lastən] *f/pl (finanzielle Belastungen)* expense, costs *pl*

Lastenaufzug ['lastənauftsuːk] *m* goods lift, freight elevator *(US)*

Lastenausgleich ['lastənausglaɪç] *m* equalization of burdens

Lastenausgleichsbank [lastənˈausglaɪçsbaŋk] *f* equalization of burdens bank

Lastenausgleichsfonds [lastənˈausglaɪçsfɔ̃ː] *m* equalization of burdens fund

Lastenverteilung ['lastənfɛrtaɪluŋ] *f* burden-sharing

Lastkraftwagen ['lastkraftvaːgən] *m (LKW)* lorry *(UK)*, truck *(US)*

Lastschrift ['lastʃrɪft] *f* debit entry

Lastschrifteinzugsverfahren [lastʃrɪftˈaɪntsuːksfɛrfaːrən] *n* direct debiting

Lastschriftkarte ['lastʃrɪftkartə] *f* debit card

Lastschriftverkehr ['lastʃrɪftfɛrkeːr] *m* direct debiting transactions *pl*

Lastwagen ['lastvaːgən] *m* lorry *(UK)*, truck *(US)*

Lastzug ['lasttsuːk] *m* pulley

latente Steuern [laˈtɛntə 'ʃtɔyərn] *f/pl* deferred taxes *pl*

Laufbahn ['laufbaːn] *f (fig)* career

laufende Rechnung ['laufəndə 'rɛçnuŋ] *f* current account

Laufkundschaft ['laufkuntʃaft] *f* walk-in business

Laufwerk ['laufvɛrk] *n* drive

Laufzeit ['lauftsaɪt] *f* term, duration, life

Laufzeitfonds ['lauftsaitfɔ̃ːs] *m/pl* term funds *pl*

Lean Management ['liːn 'mænɪdʒmənt] *n* lean management

Lean Production [liːn prɔˈdʌkʃən] *f* lean production

leasen ['liːzən] *v* lease

Leasing ['liːzɪŋ] *n* leasing

Leasing-Geber [liːzɪŋˈgeːbər] *m* lessor

Leasing-Nehmer [liːzɪŋˈneːmər] *m* lessee

Leasing-Rate ['liːzɪŋraːtə] *f* leasing payment

Leasing-Vertrag ['liːzɪŋfɛrtraːk] *m* leasing contract

Lebensbedingungen ['leːbənsbədɪŋuŋən] *f/pl* living conditions *pl*, standard of living

Lebensbedürfnisse ['leːbənsbədyrfnɪsə] *n/pl* (bare) necessities of life *pl*

Lebensdauer [leːbənsdauər] *f* life

Lebenshaltung ['leːbənshaltuŋ] *f* standard of living

Lebenshaltungskosten ['leːbənshaltuŋskɔstən] *pl* cost of living

Lebenslauf ['leːbənslauf] *m* curriculum vitae

Lebensmittel ['leːbənsmɪtəl] *m (als Kaufware)* groceries *pl*

Lebensmittelgesetz ['leːbənsmɪtəlgəzɛts] *n* law on food processing and distribution

Lebensqualität ['leːbənskvaliˈtɛːt] *f* quality of life

Lebensstandard ['leːbənsʃtandart] *m* standard of living

Lebensunterhalt ['leːbənsuntərhalt] *m* livelihood

Lebensverhältnisse ['leːbənsfɛrhɛltnɪsə] *pl* living conditions *pl*

Lebensversicherung ['leːbənsfɛrzɪçəruŋ] *f* life assurance

Lebenszyklus eines Produkts ['leːbənstsyːklus 'aɪnəs proˈdukts] *m* life cycle of a product

Leeraktie ['leːraktsjə] *f* corporate share not fully paid up

Leerfracht (d.f.) ['leːrfraxt] *f* dead freight (d.f.)

Leergewicht ['leːrgəvɪçt] *n* unloaded weight, tare weight

Leergut ['leːrguːt] *n* empties *pl*

Leerlauf ['leːrlauf] *m (Motor, Maschine)* neutral, idle running

Leerpackung ['leːrpakuŋ] *f* empty package

Leerposition ['leːrpozitsjoːn] *f* bear selling position

Leerstelle ['leːrʃtɛlə] *f* space

Leerverkauf ['leːrfɛrkauf] *m* forward sale, bear selling

Leerwechsel ['leːrvɛksəl] *m* finance bill
legal [leˈgaːl] *adj* legal, legitimate
Legat [leˈgaːt] *n (Vermächtnis)* legacy
Legitimation [legitimaˈtsjoːn] *f* proof of identity
Legitimationspapiere [legitimaˈtsjoːnspapiːrə] *n/pl* title-evidencing instrument
Lehre ['leːrə] *f (Ausbildung)* apprenticeship
Lehrgang ['leːrgaŋ] *m* course, class, training course
Lehrling ['leːrlɪŋ] *m* apprentice
Lehrstelle ['leːrʃtɛlə] *f* apprenticeship place
leichte Papiere ['laɪçtə paˈpiːrə] *n/pl* low-priced securities *pl*
Leichtlohngruppen ['laɪçtloːngrupən] *f/pl* bottom wage groups *pl*
Leihanstalt ['laɪanʃtalt] *f* pawnshop
Leiharbeit ['laɪarbaɪt] *f* casual labour
Leiharbeiter(in) ['laɪarbaɪtər(ɪn)] *m/f* subcontracted employee
Leiharbeitsverhältnis ['laɪarbaɪtsfɛrhɛltnɪs] *n* secondment
Leihkapital ['laɪkapitaːl] *n* debt capital
Leihwagen ['laɪvaːgən] *m* hired car
Leihzins ['laɪtsɪns] *m* interest rate on a loan
Leistung ['laɪstuŋ] *f* 1. performance, achievement; 2. *(technisch)* power, capacity, output
Leistungsabfall ['laɪstuŋsapfal] *m* drop in performance, decrease in performance
Leistungsbereitschaft ['laɪstuŋsbəraitʃaft] *f* 1. *(Produktion)* readiness to operate 2. *(Personal)* willingness to achieve
Leistungsbilanz ['laɪstuŋsbilants] *f* balance of goods and services
leistungsfähig ['laɪstuŋsfɛːɪç] *adj* efficient, capable, productive
Leistungsfähigkeit ['laɪstuŋsfɛːɪçkaɪt] *f* efficiency
Leistungsgarantie ['laɪstuŋsgarantiː] *f* performance guarantee
Leistungslohn ['laɪstuŋsloːn] *m* piece rate
leistungsorientiert ['laɪstuŋsorjɛntiːrt] *adj* performance-oriented
Leistungsorientierung ['laɪstuŋsorjɛntiːruŋ] *f* performance-orientation
Leistungspflicht ['laɪstuŋspflɪçt] *f* liability
leistungssteigernd ['laɪstuŋsʃtaɪgərnt] *adj* performance-increasing
Leistungssteigerung ['laɪstuŋsʃtaigəruŋ] *f* increase in efficiency
Leistungstiefe ['laɪstuŋstiːfə] *f* performance depth

leiten ['laɪtən] *v* 1. *(führen)* lead; 2. *(lenken)* guide, direct, conduct; 3. *(technisch)* conduct, transmit
leitend ['laɪtənt] *adj* managing; ~e Angestellte executive
leitende(r) Angestellte(r) ['laɪtəndə(r) 'angəʃtɛltə(r)] *f/m* executive employee; management employee
Leiter ['laɪtər] *m (technisch)* conductor
Leiter(in) ['laɪtər(ɪn)] *m/f (Vorgesetzte(r))* head, director, manager
Leitkurs ['laɪtkurs] *m* central rate
Leitung ['laɪtuŋ] *f* 1. *(Geschäftsleitung)* management; 2. *(Rohrleitung)* pipeline; 3. *(Kabel)* wire, line
Leitwährung ['laɪtvɛːruŋ] *f* key currency
Leitzins ['laɪtsɪns] *m* base rate, key rate
Lernkurve ['lɛrnkurvə] *f* learning curve
Letter of intent ['letə ɔv ɪn'tent] *m* letter of intent
Leumund ['lɔymunt] *m* reputation
Leumundszeugnis ['lɔymuntstsɔyknɪs] *n* certificate of good character, character reference
Leveraged Buyout (LBO) ['liːvərɪdʒt 'baɪaʊt] *m* leveraged buyout
Leverage-Effekt ['liːvərɪdʒɛ'fɛkt] *m* leverage effect
liberalisieren [liberaliˈziːrən] *v* liberalize foreign trade, decontrol
Liberalisierung [liberaliˈziːruŋ] *f* liberalization of foreign trade
Libor-Anleihen ['liːbor'anlaɪən] *f/pl* Libor loans *pl*
Lieferant [lɪfəˈrant] *m* supplier
Lieferantenkredit [lɪfəˈrantənkrediːt] *m* supplier's credit
lieferbar ['liːfərbaːr] *adj* available
lieferbares Wertpapier ['liːfərbaːrəs 'veːrtpapiːr] *n* deliverable security
Lieferbarkeitsbescheinigung ['liːfərbaːrkaɪtsbəʃaɪnɪguŋ] *f* certificate of good delivery
Lieferbedingung ['liːfərbədɪŋuŋ] *f* terms of delivery *pl*, terms and conditions of sale *pl*
Lieferengpass ['liːfərɛŋpas] *m* supply shortage
Lieferfirma ['liːfərfɪrma] *f* supplier
Lieferfrist ['liːfərfrɪst] *f* time for delivery, deadline for delivery
Liefergarantie ['liːfərgarantiː] *f* guarantee of delivery
Lieferklausel ['liːfərklauzəl] *f* delivery clause, commercial term

Lieferkonto ['liːfərkɔnto] *n* accounts payable *pl*
Lieferkosten ['liːfərkɔstən] *pl* charges for delivery *pl*, delivery charges *pl*
Liefermenge ['liːfərmɛŋə] *f* ordered quantity
liefern ['liːfərn] *v* supply, deliver, provide
Lieferschein ['liːfərʃaɪn] *m* delivery note
Liefertermin ['liːfərtɛrmiːn] *m* date of delivery
Lieferung ['liːfəruŋ] *f* delivery, supply
Lieferung gegen Nachnahme ['liːfəruŋ 'geːgən 'naːxnaːmə] *f* cash on delivery
Lieferungsverzögerung ['liːfəruŋsfɛrtsøːgəruŋ] *f* delay in delivery
Liefervertrag ['liːfərfɛrtraːk] *m* supply contract
Lieferverzug ['liːfərfɛrtsuːk] *m* default of delivery
Lieferwagen ['liːfərvaːgən] *m* van
Lieferzeit ['liːfərtsaɪt] *f 1. (Zeitraum)* delivery period; *2. (Termin)* delivery deadline
Liegenschaften ['liːgənʃaftən] *f/pl* real estate, property
Lifo (last in – first out) ['liːfoː] last in – first out (lifo)
Limit ['lɪmɪt] *n (Beschränkung)* limit, ceiling
limitieren [limi'tiːrən] *v (beschränken)* put a limit on
limitierte Dividende [limi'tiːrtə divi'dɛndə] *f* limited dividend
lineare Abschreibung [line'aːrə 'apʃraɪbuŋ] *f* linear depreciation
lineares Wachstum [line'aːrəs 'vakstuːm] *n* linear growth
Linienflug ['liːnjənfluːk] *m* scheduled flight
Linienverkehr ['liːnjənfɛrkeːr] *m* scheduled service, regular traffic
Liquidation [likvida'tsjoːn] *f* liquidation, winding-up *(UK)*
Liquidationsauszahlungskurs [likvida-'tsjoːnsaustsaːluŋskurs] *m* liquidation outpayment rate
Liquidationsbilanz [likvida'tsjoːnsbilanz] *f* liquidation balance sheet, winding-up balance sheet *(UK)*
Liquidationserlös [likvida'tsjoːnsɛrløːs] *m* remaining assets after liquidation *pl*
Liquidationsgebühr [likvida'tsjoːnsgəbyːr] *f* liquidation fee
Liquidationskurs [likvida'tsjoːnskurs] *m* making-up price
Liquidationsrate [likvida'tsjoːnsraːtə] *f* liquidating dividend
Liquidationstermin [likvida'tsjoːnstɛrmiːn] *m* pay day

Liquidationsüberschuss [likvida'tsjoːnsyːbərʃus] *m* realization profit
Liquidationsvergleich [likvida'tsjoːnsfɛrglaɪç] *m* liquidation-type composition
Liquidator [likvi'daːtoːr] *m* liquidator
liquide [li'kviːdə] *adj* liquid, solvent, flush with cash
liquidieren [lɪkvɪ'diːrən] *v* liquidate, wind up *(UK)*
Liquidität [likvidi'tɛːt] *f 1. (Zahlungsfähigkeit)* liquidity, solvency; *2. (Zahlungsmittel)* liquid assets *pl*
Liquiditätsanleihe [likvidi'tɛːtsanlaɪə] *f* liquidity loan
Liquiditätsengpass [likvidi'tɛːtsɛŋpas] *m* liquidity squeeze
Liquiditätsgrad [likvidi'tɛːtsgraːt] *m* liquidity ratio
Liquiditätskonsortialbank [likvidi'tɛːtskonzortsjaːlbaŋk] *f* liquidity syndicate bank
Liquiditätspapier [likvidi'tɛːtspapiːr] *n* liquidity papers *pl*
Liquiditätsquote [likvidi'tɛːtskvoːtə] *f* liquidity ratio
Liquiditätsreserve [likvidi'tɛːtsrezɛrvə] *f* liquidity reserves *pl*
Liquiditätsrisiko [likvidi'tɛːtsriːziko] *n* liquidity risk
Liquiditätsstatus [likvidi'tɛːtsʃtaːtus] *m* liquidity status
Liquiditätstheorie [likvidi'tɛːtsteoriː] *f* liquidity theory
Listenpreis ['lɪstənpraɪs] *m* list price
Liter ['liːtər] *m* litre *(UK)*, liter *(US)*
Lizenz [li'tsɛnts] *f* licence, license *(US)*
Lizenzgeber [li'tsɛntsgeːbər] *m* licencer
Lizenzgebühr [li'tsɛntsgəbyːr] *f* royalty, licence fee
Lizenznehmer [li'tsɛntsneːmər] *m* licencee
Lizenzvertrag [li'tsɛntsfɛrtraːk] *m* licence agreement
Lobby ['lɔbi] *f* lobby, pressure group
Lockangebot ['lɔkangəboːt] *n* loss leader
Lockartikel ['lɔkartɪkəl] *m* loss leader
Logistik [lo'gɪstɪk] *f* logistics
logistisch [lo'gɪstɪʃ] *adj* logistic, logistical
Logo ['loːgo] *n* logo, logograph
Lohn [loːn] *m (Bezahlung)* wage(s), pay, earnings *pl*
Lohnabkommen ['loːnapkɔmən] *n* wage agreement, salary agreement
Lohnabrechnung ['loːnapreçnuŋ] *f* wages slip

Lohnanstieg ['lo:nanʃti:k] *m* rise in wages, salary raise
Lohnausgleich ['lo:nausglaɪç] *m* levelling of wages, cost of living adjustment, wage adjustment
Lohnbuchhaltung ['lo:nbu:xhaltuŋ] *f (Lohnbuchführung)* payroll accounting; *(Betriebsabteilung)* payroll department
Lohndifferenz ['lo:ndɪfərɛnts] *f* wages gap, salary gap
Lohnempfänger ['lo:nɛmpfɛŋər] *m* wage earner
Lohnerhöhung ['lo:nɛrhø:uŋ] *f* pay increase, wage increase, pay raise *(US)*
Lohnforderung ['lo:nfɔrdəruŋ] *f* wage claim, pay claim
Lohnfortzahlung ['lo:nfɔrttsa:luŋ] *f (im Krankheitsfall)* sick pay, continuing payment of wages
lohnintensiv ['lo:nɪntɛnzi:f] *adj* wageintensive, man power intensive
Lohnkosten ['lo:nkɔstən] *pl* labour costs *pl,* payload, costs incurred in wages *pl*
Lohnkürzung ['lo:nkyrtsuŋ] *f* pay cut
Lohnnebenkosten [lo:n'ne:bənkɔstən] *pl* incidental labour costs *pl,* nonwage labour costs *pl*
Lohnniveau ['lo:nnivo:] *n* average wage, going rate of pay
Lohnpolitik ['lo:npoliti:k] *f* wages policy
Lohn-Preis-Spirale [lo:n'praɪsʃpira:lə] *f* wage-price spiral
Lohnrunde ['lo:nrundə] *f* pay round
Lohnsteuer ['lo:nʃtɔyər] *f* wage tax, withholding tax
Lohnsteuerkarte ['lo:nʃtɔyərkartə] *f* tax card
Lohnsteuerklasse ['lo:nʃtɔyərklasə] *f* wage tax class
Lohnstopp ['lo:nʃtɔp] *m* wage freeze
Lohnstreifen ['lo:nʃtraɪfən] *m* payroll
Lohnvereinbarung ['lo:nfɛraɪnba:ruŋ] *f* wage agreement
Lokalbörse [lo'ka:lbœrzə] *f* local stock exchange
Lokalpapier [lo'ka:lpapi:r] *n* security only traded on a regional stock
Lokalmarkt [lo'ka:lmarkt] *m (Börse)* local stocks *pl*
Lokaltermin [lo'ka:ltɛrmi:n] *m* hearing at the locus in quo, on-the-spot investigation
Lokogeschäft ['lo:kogəʃɛft] *n* spot transaction
Lombard ['lɔmbart] *m/n* collateral holdings *pl*

Lombarddepot ['lɔmbartdepo:] *n* collateral deposit
Lombardeffekten ['lɔmbartɛfɛktən] *pl* securities serving as collateral *pl*
Lombardfähigkeit ['lɔmbartfɛ:ɪçkaɪt] *f* acceptability as collateral
Lombardgeschäft ['lɔmbartgəʃɛft] *n* collateral loan business
Lombardkredit ['lɔmbartkredi:t] *m* advance against securities, collateral credit
Lombardsatz ['lɔmbartzats] *m* lombard rate, bank rate of loans on securities
Lombardverzeichnis ['lɔmbartfɛrtsaɪçnɪs] *n* list of securities eligible as collateral
Lombardzinsfuß ['lɔmbarttsɪnsfu:s] *m* lending rate
Loroguthaben ['lo:rogu:tha:bən] *n* loro balance
Lorokonto ['lo:rokɔnto] *n* loro account
löschen ['lœʃən] *v* 1. *(Fracht)* unload; 2. *(Daten)* delete, erase
Löschgebühren ['lœʃgəby:rən] *f/pl* discharging expenses *pl*
Löschtaste ['lœʃtastə] *f* delete key
Löschung ['lœʃuŋ] *f* cancellation
Löschungsvormerkung ['lœʃuŋsfo:rmɛrkuŋ] *f* delete reservation
Loseblattausgabe [lo:zə'blatausga:bə] *f* loose-leaf edition
Losgröße ['lo:sgrø:sə] *f (Statistik)* lot size, *(Produktion)* batch size
Loskurs ['lo:skurs] *m* lottery quotation
Losnummer ['lo:snumər] *f (Produktion)* lot number
Lotterieanleihen [lɔtə'ri:anlaɪən] *f/pl* lottery bonds *pl*
loyal [lo'ja:l] *adj* loyal, staunch
Loyalität [loja:lɪ'tɛ:t] *f* loyalty
Lückenanalyse ['lykənanaly:zə] *f* gap analysis
Luftfracht ['luftfraxt] *f* air freight
Luftfrachtbrief ['luftfraxtbri:f] *m* airwaybill
Luftpolsterversandtasche ['luftpɔlstərfɛrzanttaʃə] *f* air-padded envelope
Luftpost ['luftpɔst] *f* air mail
Luftpostbriefumschlag ['luftpɔstbri:fumʃla:k] *m* airmail envelope
Luftverschmutzung ['luftfɛrʃmutsuŋ] *f* air pollution
lukrativ [lukra'ti:f] *adj* lucrative, profitable
Luxusgüter ['luksusgy:tər] *n/pl* luxury goods *pl,* luxuries *pl*
Luxussteuer ['luksusʃtɔyər] *f* luxury tax

M

Maastrichter Vertrag ['maːstrɪçtər 'fɛr-traːk] *m* Maastricht Treaty
Machart ['maxaːrt] *f* style, design
machbar ['maxbaːr] *adj* feasible
Machbarkeit ['maxbaːrkaɪt] *f* feasibility
Macher(in) ['maxər(ɪn)] *m/f* man of action, woman of action, doer, mover
Magazin [maga'tsiːn] *n (Lager)* warehouse, storehouse, stacker
magazinieren [magatsi'niːrən] *v* store
magisches Vieleck ['maːɡɪʃəs 'fiːlɛk] *n* magic polygon
Mahnbescheid ['maːnbəʃaɪt] *m* court notice to pay a debt
Mahnbrief ['maːnbriːf] *m* reminder
mahnen ['maːnən] *v 1. (warnen)* admonish, warn; *2. (auffordern)* urge
Mahnformular ['maːnfɔrmulaːr] *n* reminder form
Mahngebühr ['maːngəbyːr] *f* dunning charge, reminder fee
Mahnschreiben ['maːnʃraɪbən] *n* reminder, letter demanding payment
Mahnung ['maːnuŋ] *f* demand for payment, reminder
Mahnverfahren ['maːnfɛrfaːrən] *n* summary proceedings for debt recovery *pl*
Mailbox ['meɪlbɔks] *f* mailbox
Mailingliste ['meɪlɪŋlɪstə] *f* mailing list
majorisieren [majori'siːrən] *v* outvote
Majorisierung [majori'ziːruŋ] *f* holding of the majority
Majoritätsbeschluss [majori'tɛːtsbəʃlus] *m* majority vote
Majoritätskäufe [majori'tɛːtskɔyfə] *m/pl* buying of shares to secure the controlling interest in a company
Majoritätsprinzip [majori'tɛːtsprɪntsiːp] *n* majority rule principle
Makel ['maːkəl] *m (Erzeugnisse)* flaw, imperfection, defect
makellos ['maːkəlloːs] *adj (Erzeugnisse)* flawless, perfect
Makler(in) ['maːklər(ɪn)] *m/f* broker
Maklerbank ['maːklərbaŋk] *f* brokerage bank
Maklerbuch ['maːklərbuːx] *n* broker's journal
Maklerfirma ['maːklərfɪrma] *f* firm of brokers

Maklergebühr ['maːklərgəbyːr] *f* broker's commission
Maklergeschäft ['maːklərgəʃɛft] *n* broker's business, broker's line
Maklerordnung ['maːklərɔrdnuŋ] *f* brokers' code of conduct
Makroökonomie ['makroøkonomiː] *f* macroeconomics
Makulatur [makula'tuːr] *f* waste paper, waste
Management ['mænɪdʒmənt] *n* management
Managementberatung ['mænɪdʒməntbəraːtuŋ] *f* management consulting
Managementinformationssystem ['mænɪdʒməntɪnfɔrma'tsjoːnszysteːm] *n* management information system
Manager(in) [mænɪdʒər(ɪn)] *m/f* manager
Managerkrankheit ['mænɪdʒərkraŋkhaɪt] *f* executive stress, executivitis *(fam)*
Mandant [man'dant] *m* client
Mandat [man'daːt] *n* authorization, brief, retainer
Mandatsträger(in) [man'daːtstrɛːgər(ɪn)] *m/f* representative
Mangel ['maŋəl] *m 1. (Fehlen)* lack, deficiency, want; *2. (Fehler)* defect, shortcoming, fault
Mängelanzeige ['mɛŋlantsaɪgə] *f* notice of defect
Mangelberufe ['maŋəlbəruːfə] *m/pl* understaffed professions *pl*
Mängelbeseitigung ['mɛŋəlbəzaɪtɪguŋ] *f* correction of defects, correction of faults
mangelfrei ['maŋlfraɪ] *adj* free of defects
mangelhaft ['maŋəlhaft] *adj 1. (unvollständig)* lacking, deficient, imperfect; *2. (fehlerhaft)* defective, faulty
Mängelliste ['mɛŋəllɪstə] *f* complaint list, complaint sheet
Mängelrüge ['mɛŋgəlryːgə] *f* complaint letter, notification of a defective product
Mangelware ['maŋəlvaːrə] *f* product in short supply
Manipulierbarkeit [manipu'liːrbaːrkaɪt] *f* manipulability
manipulieren [manipu'liːrən] *v* manipulate
manipulierte Währung [manipu'liːrtə 'vɛːruŋ] *f* managed currency
Manipulierung [manipu'liːruŋ] *f* manipulation

Manko ['maŋko] *n (Fehlbetrag)* deficit
Mantel ['mantl] *m (zu einer Aktie)* share certificate
Manteltarif ['mantəltariːf] *m* industry-wide collective agreement
Manteltarifvertrag [mantlta'riːffɛrtraːk] *m* basic collective agreement
Manteltresor ['mantltrɛzoːr] *m* bond and share
manuell [manu'ɛːl] *adj* manual; *adv* manually
Manufaktur [manufak'tuːr] *f* manufactory
Marge ['marʒə] *f* margin
marginal [margi'naːl] *adj* marginal
Marginalwert [margi'naːlveːrt] *m* marginal value
Marke ['markə] *f* brand, mark, trademark
Markenartikel ['markənartɪkəl] *m* name brand, trade-registered article
Markenartikler ['markənartɪklər] *m* producer of brand-name products
Markenbewusstsein ['markənbəvustzaɪn] *n* brand awareness
Markenfamilie ['markənfamiːljə] *f* brand family
Markenname ['markənnaːmə] *m* brand name, proprietary label
Markenschutz ['markənʃuts] *m* trademark protection, protection of proprietary rights
Markentreue ['markəntrɔyə] *f* brand name loyalty, brand insistence
Markenwechsel ['markənvɛksəl] *m* brand switching
Markenzeichen ['markəntsaɪçən] *n* trademark, brand figure
Marketing ['markətɪŋ] *n* marketing
Marketingabteilung ['markətɪŋaptaɪluŋ] *f* marketing department
Marketingberater(in) ['markətɪŋbəraːtər (ɪn)] *m/f* marketing consultant
Marketingdirektor(in) ['markətɪŋdirɛktoːr(ɪn)] *m/f* marketing manager, marketing director
Marketingkonzept ['markətɪŋkɔntsɛpt] *n* marketing concept
Marketing-Mix ['markətɪŋmiks] *m* mixture of marketing strategies
Markt ['markt] *m* market, marketplace
Marktanalyse ['marktanalyːzə] *f* market analysis
Marktanpassung ['marktanpasuŋ] *f* market adjustment
Marktanteil ['marktantaɪl] *m* share of the market, market share

marktbeherrschend ['marktbəhɛrʃənt] *adj* dominant
Marktbeherrschung ['marktbəhɛrʃuŋ] *f* market dominance
Marktbeobachtung [marktbə'oːbaxtuŋ] *f* observation of markets
Marktbericht ['marktbərɪçt] *m* market report
Marktchancen ['marktʃansən] *f/pl* market prospects *pl*, sales opportunities *pl*
Marktdurchdringung [marktdurç'drɪŋuŋ] *f* market penetration
Markteintrittsbarrieren ['marktaɪntritsbarjeːrən] *f/pl* barriers to entry *pl*
Marktentwicklung ['marktɛntvɪkluŋ] *f* market trend
Marktergebnis ['marktɛrgeːpnɪs] *n* market performance
Markterschließung ['marktɛrʃliːsuŋ] *f* opening of new markets
marktfähig ['marktfɛːiç] *adj* marketable
Marktform ['marktfɔrm] *f* market form
Marktforscher(in) ['marktfɔrʃər(ɪn)] *m/f* market researcher, market analyst
Marktforschung ['marktfɔrʃuŋ] *f* market research
Marktforschungsinstitut ['marktfɔrʃuŋsinstituːt] *n* market research institute
Marktführer ['marktfyːrər] *m* market leader
marktgängig ['marktgɛŋɪç] *adj* marketable, saleable
marktgerecht ['marktgərɛçt] *adj* in accordance with market requirements, according to market requirements
Marktlage ['marktlaːgə] *f* state of the market, market situation
Marktlücke ['marktlykə] *f* market niche, market gap
Marktmacht ['marktmaxt] *f* market power
Marktordnung ['marktɔrdnuŋ] *f* market organization
Marktposition ['marktpozitsjoːn] *f* market position
Marktpotenzial ['marktpotɛntsjaːl] *n* market potential
Marktpreis ['marktpraɪs] *m* market price
marktreif ['marktraɪf] *adj* ready for the market, fully developed, market ripe
Marktsättigung ['marktzɛtiguŋ] *f* market saturation
Marktschwankung ['marktʃvaŋkuŋ] *f* market fluctuation
Marktsegmentierung ['marktzɛgmɛntiːruŋ] *f* market segmentation

Marktstruktur ['marktʃtruktuːr] *f* market structure
Marktstudie ['marktʃtuːdiə] *f* market analysis, market research
Marktübersättigung ['marktyːbɐrzɛtɪguŋ] *f* market saturation
Markttest ['markttɛst] *m* acceptance test
Markttransparenz ['markttransparɛnts] *f* transparency of the market
marktüblicher Zins ['marktyːplɪçɐr 'tsɪns] *m* interest rate customary in the market
Marktuntersuchung ['marktuntɐrzuːxuŋ] *f* market survey
Marktvolumen ['marktvoluːmən] *n* market volume
Marktwert ['marktveːrt] *m* fair market value, commercial value
Marktwirtschaft ['marktvɪrtʃaft] *f* free market economy, free enterprise economy
marktwirtschaftlich ['marktvɪrtʃaftlɪç] *adj* free-enterprise, free-economy
Marktzins ['markttsɪns] *m* market rate of interest
Maschine [ma'ʃiːnə] *f* machine
maschinell [maʃi'nɛl] *adj* mechanical; *adv* mechanically
Maschinenanlagen [ma'ʃiːnənlaːgən] *f/pl* plants *pl*
Maschinenbau [ma'ʃiːnənbau] *m* mechanical engineering
Maschinenbauer(in) [ma'ʃiːnənbauɐr(ɪn)] *m/f* mechanical engineer
maschinenlesbar [ma'ʃiːnənleːsbaːr] *adj* machine-readable
Maschinenschaden [ma'ʃiːnənʃaːdən] *m* engine trouble, engine failure
Maschinenschlosser(in) [ma'ʃiːnənʃlɔsɐr(ɪn)] *m/f* mechanic, fitter
Maschinenversicherung [ma'ʃiːnənfɛrzɪçɐruŋ] *f* machine insurance
Maschinenzeitalter [ma'ʃiːnəntsaɪtaltɐr] *n* machine age
Maschinist(in) [maʃi'nɪst(ɪn)] *m/f* machine operator
Maß [maːs] *n* measure
Maßarbeit ['maːsarbaɪt] *f* work made to measure
Mass-Customization ['mæskastəmaɪ'zeɪʃən] *f* mass customization
Massegläubiger ['masəglɔybigɐr] *m* preferential creditor
Maßeinheit ['maːsaɪnhaɪt] *f* unit of measurement

Massenabsatz ['masənapzats] *m* bulk selling, bulk vending
Massenarbeitslosigkeit ['masənarbaɪtsloːzɪçkaɪt] *f* mass unemployment
Massenartikel ['masənartɪkəl] *m* high-volume product, mass-produced article
Massenbedarf ['masənbədarf] *m* mass demand, mass requirement
Massenentlassung ['masənɛntlasuŋ] *f* mass dismissal, layoff
Massenfabrikation ['masənfabrikatsjoːn] *f* mass production
Massenfertigung ['masnfɛrtɪguŋ] *f* mass production
Massenfilialbetrieb [masn'filjaːlbətriːp] *m* large-scale chain operation
Massengüter ['masngyːtɐr] *n/pl* bulk goods *pl*, commodities *pl*
Massenkommunikation ['masnkɔmunikatsjoːn] *f* mass communication
Massenproduktion ['masənproduktsjoːn] *f* mass production
maßgebliche Beteiligung ['maːsgeːplɪçə bə'taɪlɪguŋ] *f* controlling interest
maßgefertigt ['maːsgəfɛrtɪct] *adj* manufactured to measure
Maßstab ['maːsʃtaːp] *m* 1. criterion; 2. yardstick
Master of Business Administration (MBA) ['maːstɐr ɔv 'bɪznəs ədmɪnə'streɪʃən] *m* Master of Business Administration (MBA)
Material [mate'rjaːl] *n* material
Materialanforderung [mate'rjaːlanfɔrdəruŋ] *f* material request
Materialaufwand [mate'rjaːlaufvant] *n* expenditure for material
Materialbuchhaltung [mate'rjaːlbuːxhaltuŋ] *f* inventory accounting
Materialfehler [mate'rjaːlfeːlɐr] *m* defect in the material
Materialknappheit [mater'jaːlknaphaɪt] *f* shortage of material, material shortage
Materialkosten [mate'rjaːlkɔstən] *pl* material costs *pl*
Materialprüfung [mater'jaːlpryːfuŋ] *f* material test
Materialschaden [mater'jaːlʃaːdən] *m* material defect, defective material
Materialwert [mater'jaːlveːrt] *m* material value
Matrix ['maːtrɪks] *f* matrix
Matrix-Organisation ['maːtrɪksɔrganizatsjoːn] *f* matrix organization

Maus ['maus] *f (EDV)* mouse
Mautgebühr ['mautgəbyːr] *f* toll
Maximalbetrag [maksi'maːlbətraːk] *m* maximum amount
Maximalgewicht [maksi'maːlgəvɪçt] *n* maximum weight
Maximierung ['maksimɪːruŋ] *f* maximization
Maximum ['maksimum] *n* maximum
Mechaniker(in) [me'çaːnɪkər(ɪn)] *m/f* mechanic
mechanisch [me'çaːnɪʃ] *adj* mechanical
mechanisieren [meçani'ziːrən] *v* mechanize
Mechanisierung [meçani'ziːruŋ] *f* mechanization
Mediaplanung ['meːdjaplaːnuŋ] *f* media planning
Megabyte ['meɡabaɪt] *n* megabyte
Megatonne ['meɡatɔnə] *f* megaton
Mehrarbeit ['meːrarbaɪt] *f* additional work, overtime
Mehraufwand ['meːraufvant] *m* additional expenditure, additional expenses *pl*
Mehrausgaben ['meːrausgaːbən] *f/pl* extra costs *pl*, additional costs *pl*
Mehrbedarf ['meːrbədarf] *m* increased demand
Mehrbeteiligung ['meːrbətaɪlɪguŋ] *f* majority holding
Mehreinnahme ['meːraɪnnaːmə] *f* additional receipt, additional income
Mehrfachfertigung ['meːrfaxfɛrtɪguŋ] *f* multiple-process production
Mehrheitsbeschluss ['meːrhaɪtsbəʃlus] *m* majority decision
Mehrheitsbeteiligung ['meːrhaɪtsbətaɪlɪguŋ] *f* majority interest
Mehrkosten ['meːrkɔstən] *pl* additional costs *pl*
Mehrlieferung ['meːrliːfəruŋ] *f* additional delivery
Mehrlinienorganisation ['meːrliːnjənɔrganisatjoːn] *f* multiple-line organization
Mehrproduktunternehmen ['meːrproduktuntərneːmən] *n* multi-product company
mehrstellig ['meːrʃtɛlɪç] *adj (Zahlen)* multidigit
Mehrstimmrecht ['meːrʃtɪmrɛxt] *n* multiple voting right
Mehrstimmrechtsaktie ['meːrʃtɪmrɛxtsaktsjə] *f* multiple voting share
Mehrwegverpackung ['meːrveːkfɛrpakuŋ] *f* two-way package

Mehrwert ['meːrveːrt] *m* value added
Mehrwertsteuer ['meːrvɛrtʃtɔyər] *f* value-added tax
Meineid ['maɪnaɪt] *m* perjury
Meinung ['maɪnuŋ] *f* opinion
Meinungsforschung ['maɪnuŋsfɔrʃuŋ] *f* public opinion research
Meinungsführer(in) ['maɪnuŋsfyːrər(ɪn)] *m/f* opinion leader
Meinungskäufe ['maɪnuŋskɔyfə] *m/pl* speculative buying
Meinungsumfrage ['maɪnuŋsumfraːgə] *f* opinion poll
Meistbegünstigung ['maɪstbəgynstɪguŋ] *f* most-favoured nation treatment
Meistbegünstigungsklausel ['maɪstbəgynstɪguŋsklauzl] *f* most-favoured nation clause
meistbietend ['maɪstbiːtənt] *adj* highest-bidding
Meistbietende(r) ['maɪstbiːtəndə(r)] *f/m* highest bidder
Meister(in) ['maɪstər(ɪn)] *m/f (Handwerker)* master craftsman/craftswoman, foreman/forewoman
Meisterbetrieb ['maɪstərbətriːp] *m* master craftsman's business
Meisterbrief ['maɪstərbriːf] *m* master craftsman's diploma
Meisterprüfung ['maɪstərpryːfuŋ] *f* master craftsman qualifying examination
Meldebehörde ['mɛldəbəhœrdə] *f* registration office
Meldebestand ['mɛldəbəʃtant] *m* reordering quantity, reorder point
Meldefrist ['mɛldəfrɪst] *f* registration deadline
melden ['mɛldən] *v 1. (mitteilen)* report; *2. (ankündigen)* announce; *3. (anmelden)* register; *4. (am Telefon) sich ~* answer
Meldepflicht ['mɛldəpflɪçt] *f* obligation to register, compulsory registration, duty to report
meldepflichtig ['mɛldəpflɪçtɪç] *adj* required to register
Menge ['mɛŋə] *f (bestimmte Anzahl)* amount, quantity
Mengenabschreibung ['mɛŋənapʃraɪbuŋ] *f* production-method of depreciation
Mengenangabe ['mɛŋənangaːbə] *f* statement of quantity
Mengenkontingent ['mɛŋənkɔntɪngɛnt] *n* quantity quota
Mengenkurs ['mɛŋənkurs] *m* direct exchange

Mengennotierung ['mɛŋənnotiːruŋ] *f* indirect quotation, indirect method of quoting foreign exchange
Mengenrabatt ['mɛŋənrabat] *m* quantity discount, bulk discount, volume discount
Mengenzoll ['mɛŋəntsɔl] *m* quantitative tariff
Menschenführung ['mɛnʃənfyːruŋ] *f* leadership, management
Mergers & Acquisitions (M & A) ['mɛːdʒərs ən ækvɪ'zɪʃəns] *pl* mergers & acquisitions
Merkantilismus [mɛrkanti'lɪsmus] *m* mercantile system
Merkposten ['mɛrkpɔstn] *m* memorandum item
messbar ['mɛsbaːr] *adj* measurable
Messdaten ['mɛsdaːtən] *pl* measurements *pl*
Messe ['mɛsə] *f (Ausstellung)* fair, trade show
Messebesucher(in) ['mɛsəbəzuːxər(ɪn)] *m/f* visitor to the fair, visitor to the trade show
Messegelände ['mɛsəgəlɛndə] *n* exhibition grounds *pl*
Messeneuheit ['mɛsənɔyhaɪt] *f* newcomer
Messestand ['mɛsəʃtant] *m* booth at a trade show
Messtechnik ['mɛstɛçnɪk] *f* measuring technology
Messung ['mɛsuŋ] *f* measuring
Messwert ['mɛsveːrt] *m* measured value, reading
Metallarbeiter(in) [me'talarbaɪtər(ɪn)] *m/f* metalworker
Metallbörse [me'talbœrzə] *f* metal exchange
Metalldeckung [me'taldekuŋ] *f* metal cover
Metallgeld [me'talgɛlt] *n* metallic money
Metallindustrie [me'talɪndustriː] *f* metalworking industry
Metallwährung [me'talvɛːruŋ] *f* metallic currency
Meter ['meːtər] *m* metre *(UK)*, meter *(US)*
Miete ['miːtə] *f* rent, lease, tenancy
mieten ['miːtən] *v* rent, hire
Mieter(in) ['miːtər(ɪn)] *m/f* tenant
Mietkauf ['miːtkauf] *m* lease with option to purchase
Mietpreis ['miːtpraɪs] *m* rent
Mietpreisbindung ['miːtpraɪsbɪnduŋ] *f* rent control
Mietspiegel ['miːtʃpiːgəl] *m* representative list of rents

Mietverlängerungsoption ['miːtfɛrlɛŋəruŋsɔptsjoːn] *f* lease renewal option
Mietvertrag ['miːtfɛrtraːk] *m* tenancy agreement, lease
Mietwagen ['miːtvaːgən] *m* hire car, rented car
Mietwucher ['miːtvuːxər] *m* exorbitant rent
Mietzins ['miːttsɪns] *m* rent
Mikrochip ['miːkrotʃɪp] *m* microchip
Mikrocomputer ['mikrokɔmpjuːtər] *m* microcomputer
Mikroelektronik [miːkroelɛk'troːnɪk] *f* microelectronics
Mikrofiche ['miːkrofɪʃ] *m/n* microfiche
Mikrofilm ['miːkrofɪlm] *m* microfilm
Mikroökonomie ['mikroøkonomiː] *f* microeconomics
Mikroprozessor [miːkropro'tsɛsɔr] *m* microprocessor
Milliarde [mil'jardə] *f* thousand millions *(UK)*, billion *(US)*
Milligramm ['mɪligram] *n* milligramme *(UK)*, milligram
Milliliter ['mɪliliːtər] *m* millilitre *(UK)*, milliliter *(US)*
Millimeter [mili'meːtər] *m* millimetre *(UK)*, millimeter *(US)*
Million [mil'joːn] *f* million
Minderertrag ['mɪndərɛrtraːk] *m* reduced profit
Minderkaufmann ['mɪndərkaufman] *m* small trader
Minderlieferung ['mɪndərliːfəruŋ] *f* short delivery, short shipment
mindern ['mɪndərn] *v (verringern)* diminish, lessen, reduce
Minderung ['mɪndəruŋ] *f* reduction
minderwertig ['mɪndərveːrtɪç] *adj* inferior, substandard
Minderwertigkeit ['mɪndərveːrtɪçkaɪt] *f (Waren)* inferior quality
Mindestabnahme ['mɪndəstapnaːmə] *f* minimum purchase quantity
Mindestbestellmenge ['mɪndəstbəʃtɛlmɛŋə] *f* minimum quantity order
Mindestbetrag ['mɪndəstbətraːk] *m* minimum amount
Mindesteinfuhrpreise ['mɪndəstaɪnfuːrpraɪzə] *m/pl* minimum import price
Mindesteinlage ['mɪndəstaɪnlaːgə] *f* minimum investment
Mindestfracht ['mɪndəstfraːxt] *f* minimum freight rate

Mindestgehalt ['mɪndəstgəhalt] n minimum wage
Mindestgebot ['mɪndəstgəboːt] n minimum bid
Mindesthöhe ['mɪndəsthøːə] f minimum amount
Mindestkapital ['mɪndəstkapitaːl] n minimum capital
Mindestlohn ['mɪndəstloːn] m minimum wage
Mindestpreis ['mɪndəstpraɪs] m minimum price
Mindestreserve ['mɪndəstrezɛrvə] m minimum (legal) reserves pl
Mindestreservesystem ['mɪndəstrezɛrvəzysteːm] n minimum reserve system
Mindestzins ['mɪndəsttsɪns] minimum interest rate
Mineralöl [mineˈraːløːl] n mineral oil
Mineralölkonzern [mineˈraːløːlkɔntsɛrn] m oil company
Mineralölsteuer [mineˈraːløːlʃtɔyər] f mineral oil tax
Minimalkosten [miniˈmalkɔstən] pl minimum cost
Minimum ['mɪnimum] n minimum
Minus ['miːnus] n deficit
Mischfinanzierung ['mɪʃfinantsiːruŋ] f mixed financing
Mischkalkulation ['mɪʃkalkulatsjoːn] f compensatory pricing
Mischzoll ['mɪʃtsɔl] m mixed tariff
Misfit-Analyse ['mɪsfɪtanaˈlyːzə] f misfit analysis
Missbrauch ['mɪsbraux] m improper use
missbrauchen [mɪsˈbrauxən] v abuse; (falsch gebrauchen) misuse
Misswirtschaft ['mɪsvɪrtʃaft] f mismanagement
mit getrennter Post [mɪt gəˈtrɛntər ˈpɔst] under separate cover
Mitarbeit ['mɪtarbaɪt] f collaboration
Mitarbeiter(in) ['mɪtarbaɪtər(ɪn)] m/f 1. coworker; 2. (Angestellte(r)) employee; 3. (an Projekt) collaborator; 4. freie(r) ~ freelancer
Mitarbeiterbeurteilung ['mɪtarbaɪtərbəurtaɪluŋ] f performance appraisal
Mitarbeitergespräch ['mɪtarbaɪtərgəʃprɛːç] n employee interview
Mitbegründer(in) ['mɪtbəgryndər(ɪn)] m/f cofounder
mitbestimmen ['mɪtbəʃtɪmən] v share in a decision

Mitbestimmung ['mɪtbəʃtɪmuŋ] f codetermination, workers' participation
Mitbewerber(in) ['mɪtbəvɛrbər(ɪn)] m/f other applicant, competitor
Miteigentum ['mɪtaɪgəntum] n co-ownership
Mitglied ['mɪtgliːt] n member
Mitgliedschaft ['mɪtgliːtʃaft] f membership
Mitinhaber(in) ['mɪtinhaːbər(ɪn)] m/f co-owner
Mitläufereffekt ['mɪtlɔyfərɛfɛkt] m bandwagon effect
Mitteilungspflicht ['mɪtaɪluŋspflɪçt] f obligation to furnish information
Mittel ['mɪtəl] pl (Geld) means pl, funds pl, money
mittelfristig ['mɪtəlfrɪstɪç] adj medium-term, medium-range
Mittelkurs ['mɪtəlkurs] m medium price
Mittelstand ['mɪtəlʃtant] m middle class
mittelständisch ['mɪtəlʃtɛndɪʃ] adj middle-class
Mittelwert ['mɪtlveːrt] m average value
mittlere Verfallszeit ['mɪtlərə fɛrˈfalstsaɪt] f mean due date
Mitunternehmer(in) ['mɪtuntərneːmər(ɪn)] m/f co-partner, co-entrepreneur
Mitwirkung ['mɪtvɪrkuŋ] f intermediation
Mobbing ['mɔbɪŋ] n mobbing
mobil [moˈbiːl] adj movable
Mobilfunk [moˈbiːlfuŋk] m mobile communication, mobile telephone service
Mobilien [moˈbiːljən] pl movable goods pl
Mobilisierungspapiere [mobiliˈziːruŋspapiːrə] n/pl mobilization papers pl
Mobilisierungspfandbriefe [mobiliˈziːruŋspfantbriːfə] m/pl mobilization mortgage bond
Mobilisierungstratte [mobiliˈziːruŋstratə] f mobilization draft
Mobilität [mobiliˈtɛːt] f mobility
Mobiltelefon [moˈbiːltelefoːn] n mobile phone, cellular phone
Mode ['moːdə] f fashion
Modeartikel ['moːdəartɪkəl] m fashionable article
Modell [moˈdɛl] n model
Modellreihe [moˈdɛlraɪə] f model range
Modellversuch [moˈdɛlfɛrzuːx] m test
Modem ['moːdəm] m/n modem
modern[1] [moˈdɛrn] adj (modisch) fashionable
modern[2] [moːdərn] v (faulen) moulder
modifizieren [modifiˈtsiːrən] v modify

monatlich ['mo:natlıç] *adj* monthly
monatliche Erfolgsrechnung ['mo:nat-lıçə ɛr'fɔlgsrɛçnuŋ] *f* monthly income statement
Monatsberichte der Deutschen Bundesbank ['mo:natsbərıçtə de:r 'dɔytʃən 'bundəsbaŋk] *m/pl* monthly reports of the German Federal Bank
Monatsbilanz ['mo:natsbilants] *f* monthly balance sheet
Monatsgeld ['mo:natsgɛlt] *n* one month money
Mondpreis ['mo:ntpraɪs] *m* unreal (high or low) price
monetär [monetɛ:r] *adj* monetary
Monetary Fund (IMF) ['mʌnɪtri 'fant] *m* Monetary Fund
Monetisierung ['moneti'zi:ruŋ] *f* monetization
Monitor ['mo:nɪto:r] *m* monitor
Monitoring ['monɪtorıŋ] *n* monitoring
Monokultur ['mo:nokultu:r] *f* monoculture
Monopol [mono'po:l] *n* monopoly
Monopolkommission [mono'po:lkɔmɪsjo:n] *f* monopolies commission
Monopolpreis [mono'po:lpraɪs] *m* monopoly price
Montage [mɔn'ta:ʒə] *f (Einrichten)* installation
Montagehalle [mɔn'ta:ʒəhalə] *f* assembly shop, assembly building
Montanindustrie [mɔn'ta:nındustri:] *f* coal and steel industry
Monteur(in) [mɔn'tø:r(ın)] *m/f* fitter, assembler
montieren [mɔn'ti:rən] *v* mount, fit; *(zusammenbauen)* assemble
Moratorium [mora'to:rjum] *n 1. (Recht)* standstill agreement; *2. (Geld)* debt deferral
Motor ['mo:tɔr] *m* engine, motor
Müll [myl] *m* waste, rubbish, refuse
Mülldeponie ['myldeponi:] *f* rubbish dump, waste disposal site
Müllverbrennung ['mylfɛrbrɛnuŋ] *f* refuse incineration
Müllvermeidung ['mylfɛrmaɪduŋ] *f* avoidance of excess rubbish
multifunktional [multifuŋktsjo'na:l] *adj* multifunctional
multilateral [multilate'ra:l] *adj* multilateral
multilateraler Handel ['multilatera:lər 'handəl] *m* multilateral trade

Multimedia [multi'me:dja] *n* multimedia
multimedial [multi'me:djal] *adj* multimedia
multinationales Unternehmen ['multina-tsjona:ləs untər'ne:mən] *n* multinational company
Multiplikation [multiplika'tsjo:n] *f* multiplication
multiplizieren [multipli'tsi:ərn] *v* multiply
Multitasking ['multita:skıŋ] *n (Computer)* multitasking
Mündelgeld ['myndəlgɛlt] *n* money held in trust for a ward
mündelsichere Papiere ['myndəlzıçəre pa'pi:rə] *n/pl* trustee securities *pl*
Mündigkeit ['myndıçkaɪt] *f* majority
mündlich ['myndlıç] *adj* oral, vebal; *adv* orally, verbally
Münze ['myntsə] *f* coin
Münzfernsprecher ['myntsfɛrnʃprɛçər] *m* call-box *(UK)*, pay phone *(US)*
Münzgeld ['myntsgɛlt] *n* species *pl*
Münzgewinn ['myntsgəvın] *m* seignorage
Münzhandel ['myntshandəl] *m* dealings in gold and silver coins *pl*
Münzhoheit ['myntshohaɪt] *f* monetary sovereignty
Münzregal ['myntsrega:l] *n* exclusive right of coinage
Musskaufmann ['muskaufman] *m* enterprise commercial by its nature
Muster ['mustər] *n 1. (Vorlage)* pattern; *2. (Probe)* sample, specimen; *3. (Design)* pattern, design
Musterbrief ['mustərbri:f] *m* specimen letter
Musterkoffer ['mustərkɔfər] *m* samples case
Mustermappe ['mustərmapə] *f* sample bag
Mustermesse ['mustərmɛsə] *f* samples fair
Muster ohne Wert ['mustər 'o:nə 've:rt] *n* sample with no commercial value
Mustersendung ['mustərzɛnduŋ] *f* sample consignment
Muttergesellschaft ['mutərgəzɛlʃaft] *f* parent company
Mutterschaftsgeld ['mutərʃaftsgɛlt] *n* maternity allowance
Mutterschaftsurlaub ['mutərʃaftsurlaup] *m* maternity leave
Mutterschutz ['mutərʃuts] *m* protective legislation for working mothers
Muttersprache ['mutərʃpra:xə] *f* native language, mother tongue

N

nachahmen ['naːxaːmən] *v 1. (imitieren)* imitate, copy; *2. (fälschen)* fake, forge
Nachahmung ['naːxaːmuŋ] *f 1. (Imitation)* imitation, copy; *2. (Fälschung)* fake, forgery
Nachbarrecht ['naxbaːrrɛçt] *n* adjacent right
Nachbau ['naxbau] *m* copy, reproduction, imitation
nachbehandeln ['naːxbəhandəln] *v* give sth a follow-up treatment
Nachbehandlung ['naːxbəhandluŋ] *f* follow-up treatment
nachberechnen ['naːxbərɛçnən] *v* make a supplementary charge
Nachbereitung ['naːxbəraɪtuŋ] *f* after treatment
nachbessern ['naːxbɛsərn] *v* touch up, apply finishing touches to
Nachbesserung ['naːxbɛsəruŋ] *f* rectification of defects, rework
nachbestellen ['naːxbəʃtɛlən] *v* reorder, repeat an order, place a repeat order
Nachbestellung ['naːxbəʃtɛluŋ] *f* repeat order, reorder, additional order
nachbezahlen ['naːxbətsaːlən] *v* pay afterwards, pay later
Nachbezahlung ['naːxbətsaːluŋ] *f 1. (zu einem späteren Zeitpunkt)* supplementary payment; *2. (zusätzliche Zahlung)* additional payment
Nachbezugsrecht ['naːxbətsuːksrɛçt] *n* right to a cumulative dividend
Nachbörse ['naːxbœrzə] *f* after-hours dealing
Nachbürgschaft ['naːxbyrkʃaft] *f* collateral guarantee
nachdatiert ['naːxdatiːrt] *adj* post-dated
nach Diktat verreist ['naːx dɪktat fərraɪst] dictated by ... signed in his absence
Nachdividende ['naːxdividɛndə] *f* dividend payable for previous years
nach Erhalt der Rechnung [naːx ɛr'halt deːr 'rɛçnuŋ] on receipt of the invoice
Nachfasswerbung ['naːxfasvɛrbuŋ] *f* follow-up publicity
Nachfolge ['naːxfɔlgə] *f* succession
Nachfolgekonferenz ['naːxfɔlgəkɔnferɛnts] *f* follow-up conference
Nachfolger(in) ['naːxfɔlgər(ɪn)] *m/f* successor

nachfordern ['naːxfɔrdərn] *v* request in addition
Nachforderung ['naːxfɔrdəruŋ] *f* additional demand, additional requirement
Nachfrage ['naːxfraːgə] *f (Bedarf)* demand
Nachfragerückgang ['naːxfraːgərykgaŋ] *m* decrease in demand
Nachfrageschub ['naːxfraːgəʃuːp] *m* surge in demand
Nachfrist ['naːxfrɪst] *f* period of grace, extension of time
Nachgebühr ['naːxgəbyːr] *f* surcharge, additional postage
Nachgründung ['naːxgrynduŋ] *f* post-formation acquisition
nachhelfen ['naːxhɛlfən] *v irr (einer Sache)* help sth along, push sth further
Nachholbedarf ['naːxhoːlbədarf] *m (auf den Markt bezogen)* demand, additional demand
Nachindossament ['naːxɪndɔsamɛnt] *n* endorsement of an overdue bill of exchange
Nachkalkulation ['naːxkalkulatsjoːn] *f* statistical cost accounting, actual costing
nachkontrollieren ['naːxkɔntrɔliːrən] *v* check again, doublecheck
Nachlass ['naːxlas] *m* inheritance
Nachlassgericht ['naːxlasgərɪçt] *n* probate court
Nachlässigkeit ['naːxlɛsɪçkaɪt] *f* negligence, carelessness
Nachlasssteuer ['naːxlasʃtɔyər] *f* estate tax
Nachlassverwalter(in) ['naːxlasfɛrvaltər(ɪn)] *m/f* executor (of the estate)
nachliefern ['naːxliːfərn] *v* furnish an additional supply, deliver subsequently
Nachlieferung ['naːxliːfəruŋ] *f* additional supply, subsequent delivery
Nachnahme ['naːxnaːmə] *f* cash on delivery, collect on delivery *(US)*
Nachnahmegebühr ['naːxnaːməgəbyːr] *f* cash on delivery charges (COD charges)
Nachnahmesendung ['naːxnaːməzənduŋ] *f* COD delivery, consignment
Nachname ['naːxnaːmə] *m* last name, surname, family name
Nachorder ['naːxɔrdər] *f* follow-up order
Nachporto ['naːxpɔrto] *n* postage due

nachprüfen ['naːpryːfən] *v* check, make sure, verify
Nachprüfung ['naːpryfuŋ] *f* re-examination
nachrangige Finanzierung ['naːxraŋɪgə finan'tsiːruŋ] *f* junior financing
nachrechnen ['naːxrɛçnən] *v* recalculate, check a calculation, examine
Nachricht ['naːxrɪçt] *f* news
Nachrichtentechnik ['naːxrɪçtəntɛçnɪk] *f* telecommunications
nachrüsten ['naːxrystən] *v (Gerät)* upgrade, modernize, refit
Nachrüstung ['naːxrystuŋ] *f (Gerät)* upgrade, modernization
Nachsaison ['naːxzɛzɔŋ] *f* postseason
Nachschub ['naːxʃuːp] *m (Waren)* additional supply
Nachschuss ['naːxʃus] *m (an der Börse)* margin
Nachschusspflicht ['naːxʃuspflɪçt] *f* obligation to make an additional contribution
Nachschusszahlung ['naːxʃustsaːluŋ] *f* additional payment
Nachsendeanschrift ['naːxzɛndəanʃrɪft] *f* forwarding address
Nachsendeauftrag ['naːxzɛndəauftraːk] *m* application to have mail forwarded
nachsenden ['naːxzɛndən] *v irr* forward, redirect
Nachsichtwechsel ['naːxzɪçtvɛksəl] *m* after-sight bill
Nachtarbeit ['naxtarbaɪt] *f* night work
Nachtdienst ['naxtdiːnst] *m* night duty, night service
Nachteil ['naːxtaɪl] *m* disadvantage, drawback
nachteilig ['naːxtaɪlɪç] *adj* disadvantageous, detrimental, harmful
Nachtragshaushalt ['naːxtraːkshaushalt] *m* interim budget, supplementary budget
Nachtschicht ['naxtʃɪçt] *f* night shift
Nachttarif ['naxttariːf] *m* off-peak rate, night rate
Nachttresor ['naxttrezoːr] *m* night safe
Nachweis ['naːxvaɪs] *m (Echtheitszertifikat)* certificate, proof
nachzahlen ['naːxtsaːlən] *v* pay afterwards, make a back payment
Nachzahlung ['naːxtsaːluŋ] *f* supplementary payment
Nachzugsaktie ['naːxtsuːksaktsjə] *f* deferred stock

Nadeldrucker ['naːdəldrukər] *m* matrix printer, wire printer
nagelneu ['naːgəlnɔy] *adj* brand new
Näherungswert ['nɛːəruŋsveːrt] *m* approximate value
Nährwert ['nɛːrveːrt] *m (Nutzen)* practical value
Nahverkehr ['naːfɛrkeːr] *m* local traffic
Nahverkehrszug ['naːfɛrkeːrstsuːk] *m* commuter train
Nahziel ['naːtsiːl] *n* short-term target
Namensaktie ['naːmənsaktsjə] *f* registered share
Namensetikett ['naːmənsetikɛt] *n* name badge
Namenspapier ['naːmənspapiːr] *n* registered security
Namensschild ['naːmənsʃɪlt] *n* nameplate
nasse Stücke ['nasə 'ʃtykə] *n/pl* unissued mortgage bonds still in trustee's hands *pl*
national [natsjo'naːl] *adj* national
nationale Souveränitätsrechte [natsjo-'naːlə zuvərɛni'tɛːtsrɛçtə] *n/pl* national sovereignty rights *pl*
Nationalfeiertag [natsjo'naːlfaɪərtaːk] *m* national holiday
Nationalökonomie [natsjo'naːløkonomiː] *f* economics
Naturalabgabe [natu'raːlapgaːbə] *f* payment in kind
Naturalbezüge [natu'raːlbətsyːgə] *pl* payment in kind, remuneration in kind
Naturaldarlehen [natu'raːldaːrleːən] *n* loan granted in form of a mortgage bond
Naturalgeld [natu'raːlgɛlt] *n* commodity money
Naturalkredit [natu'raːlkrediːt] *m* credit granted in kind
Naturallohn [natu'raːlloːn] *m* wages paid in kind *pl*
Naturaltilgung [natu'raːltɪlguŋ] *f* redemption in kind
Naturalwirtschaft [natu'raːlvɪrtʃaft] *f* barter economy
natürliche Person [na'tyːrlɪçə 'pɛrzoːn] *f* natural person
Naturwissenschaft [na'tuːrvɪsənʃaft] *f* natural science
Nearbanken ['niːrbaŋkən] *f/pl* near banks *pl*
Nebenabreden ['neːbənapreːdən] *f/pl* subsidiary agreement
Nebenanschluss ['neːbənanʃlus] *m* extension

Nebenausgabe ['ne:bənausga:bə] *f* incidental expense

Nebenberuf ['ne:bənbəru:f] *m* secondary occupation, second job, sideline

nebenberuflich ['ne:bənbəru:flıç] *adj* part-time

Nebenbeschäftigung ['ne:bənbəʃɛftɪguŋ] *f* second occupation, spare time work, additional occupation

Nebeneinkünfte ['ne:bənaɪnkynftə] *pl* additional income, side income

Nebenerwerb ['ne:bənɛrvɛrp] *m* extra income, sideline, job on the side

Nebengebühr ['ne:bəngəby:r] *f* extra charge, extra fee

Nebenklage ['ne:bənkla:gə] *f* civil action incidental to criminal proceedings

Nebenkläger ['ne:bənklɛ:gər] *m* coplaintiff

Nebenkosten ['ne:bənkɔstən] *pl* incidental expenses *pl*, additional expenses *pl*, ancillary costs *pl*

Nebenkostenstelle ['ne:bənkɔstənʃtɛlə] *f* indirect centre

Nebenplatz ['ne:bənplats] *m* place without a Federal Bank office

Nebenprodukt ['ne:bənprodukt] *n* byproduct

Nebenrechte ['ne:bənrɛçtə] *n/pl* subsidiary rights *pl*

Nebenstellenanlagen ['ne:bənʃtɛlənanla:gən] *f/pl* private automatic branch exchanges *pl*

Nebentätigkeit ['ne:bəntɛ:tɪçkaɪt] *f* secondary occupation

Nebenverdienst ['ne:bənfɛrdi:nst] *m* extra income, additional earnings *pl*

Nebenzweck ['ne:bəntsvɛk] *m* secondary aim

Negativbilanz ['negati:fbilants] *f* debit balance

Negativerklärung ['negati:fɛrklɛ:ruŋ] *f* negative declaration

Negativhypothek ['negati:fhypote:k] *f* borrower's undertaking to create no new

Negativimage ['ne:gati:fɪmɪdʒ] *n* negative image

Negativklausel ['negati:fklauzl] *f* negative clause

Negativwerbung ['negati:fvɛrbuŋ] *f* negative advertising

Negativzins ['negati:ftsɪns] *m* negative interest

negieren [ne'gi:rən] *v (verneinen)* negate

Negierung [ne'gi:ruŋ] *f (Verneinung)* negation, denial

Negotiation [negotsja'tsjo:n] *f* negotiation

Negotiationskredit [negotsja'tsjo:nskredi:t] *m* credit authorizing negotiation of bills

Neigung ['naɪguŋ] *f (wirtschaftlich)* trend, tendency

Nennbetrag ['nɛnbətra:k] *m* nominal amount

Nennwert ['nɛnve:rt] *m* nominal value, face-value

Nennwertaktie ['nɛnve:rtaktsjə] *f* par value share

nennwertlose Aktie ['nɛnve:rtlo:zə 'aktsjə] *f* no par value share

netto ['nɛto] *adv* net

Nettoanlagevermögen ['nɛtoanla:gəfɛrmø:gən] *n* net fixed assets *pl*

Nettodividende ['nɛtodividɛndə] *f* net dividend

Netto-Einkommen ['nɛtoaɪnkɔmən] *n* net income

Nettoertrag ['nɛtoɛrtra:k] *m* net earnings *pl*, net proceeds *pl*, net return, net yield

Nettogehalt ['nɛtogəhalt] *n* net salary

Nettogeschäft ['nɛtogəʃɛft] *n* net-price transaction

Nettogewicht ['nɛtogəvɪçt] *n* net weight

Nettogewinn ['nɛtogəvɪn] *m* net profit, net earnings *pl*

Nettoinvestition ['nɛtoɪnvɛstitsjo:n] *f* net investment

Nettokreditaufnahme ['nɛtokredi:taufna:me] *f* net (government) borrowing, net credit intake

Nettokurs ['nɛtokurs] *m* net price

Nettolohn ['nɛtolo:n] *m* net wages *pl*

Nettoneuverschuldung [nɛto'nɔyfɛrʃulduŋ] *f* net new indebtedness

Nettopreis ['nɛtopraɪs] *m* net price

Nettosozialprodukt [nɛtoso'tsja:lprodukt] *n* net national product

Nettoumsatz ['nɛtoumzats] *m* net turnover

Nettoverdienst ['nɛtofɛrdi:nst] *m* net earnings *pl*

Nettovermögen ['nɛtofɛrmø:gən] *n* net assets *pl*

Nettoverschuldung ['nɛtofɛrʃulduŋ] *f* net indebtedness

Nettozinssatz ['nɛtotsɪnszats] *m* net interest rate

Netzanschluss ['nɛtsanʃlus] *m (Stromnetz)* mains connection, power supply line

Netzgerät ['nɛtsgəreːt] *n* power pack
Netzplan ['nɛtsplaːn] *m* network planning
Netzplantechnik (NPT) ['nɛtsplaːntɛçnɪk] *f* network planning technique
Netzstecker ['nɛtsʃtɛkər] *m (Stromanschluss)* plug
Netzwerk ['nɛtsvɛrk] *n* network
Netzzugang ['nɛtstsuːgaŋ] *m* net access, Internet access
Neuanschaffung ['nɔyanʃafuŋ] *f* new acquisition
neuartig ['nɔyaːrtɪç] *adj* novel, original
Neuartigkeit ['nɔyartɪçkaɪt] *f* novelty, originality
Neuauflage ['nɔyauflaːgə] *f (von Erzeugnissen)* new edition
Neubauhypothek ['nɔybauhypoteːk] *f* mortgage loan to finance building of new dwelling-house
Neuentwicklung ['nɔyɛntvɪkluŋ] *f* innovation, recent development, new development
Neuer Markt ['nɔyər 'markt] *m* new market
Neueröffnung ['nɔyɛrœfnuŋ] *f* opening; *(Wiedereröffnung)* reopening
Neuerung ['nɔyəruŋ] *f 1. (neues Produkt)* innovation; *2. (Änderung)* change
Neuerwerb ['nɔyɛrvɛrp] *m* new acquistion
Neugestaltung ['nɔygəʃtaltuŋ] *f* rearrangement, redesign
Neugiro ['nɔyʒiːro] *n* new endorsement
Neugründung ['nɔygrynduŋ] *f* new foundation
Neuheit ['nɔyhaɪt] *f* novelty
Neupreis ['nɔypraɪs] *m* new price
Neuregelung ['nɔyreːgəluŋ] *f* new regulation
neutraler Aufwand [nɔy'traːlər 'aufvant] *m* nonoperating expense
neutraler Ertrag [nɔy'traːlər ɛr'traːk] *m* nonoperating income
neutrales Geld [nɔy'traːləs gɛlt] *n* neutral money
Neutralität [nɔytrali'tɛːt] *f* neutrality
Neuveranlagung ['nɔyfɛranlaːguŋ] *f* new assessment
Neuverschuldung ['nɔyfɛrʃulduŋ] *f* incurring new debt
Neuwert ['nɔyveːrt] *m* value when new; *(eines versicherten Gegenstandes)* replacement value
Neuwertversicherung ['nɔyveːrtfɛrzɪçəruŋ] *f* new for old insurance
Newsletter ['njuːslɛtər] *m (abonnierbarer E-Mail-Service)* newsletter

nicht an Order [nɪçt an 'oːrdər] not to order
nicht übertragbar [nɪçt yːbər'traːkbaːr] *adj* non-negotiable
nichtamtlich ['nɪçtamtlɪç] *adj* non-official
Nicht-Bank ['nɪçtbaŋk] *f* non-bank
Nichtberufstätige(r) ['nɪçtbəruːfsteːtigə(r)] *f/m* non-employed person, person without employment
Nichteinhaltung ['nɪçtaɪnhaltuŋ] *f* noncompliance
nichtig ['nɪçtɪç] *adj* void
Nichtmitglied ['nɪçtmɪtgliːt] *n* nonmember
nichtnotierte Aktie ['nɪçtnotiːrtə 'aktsjə] *f* unquoted share
nichttarifäre Handelshemmnisse [nɪçttari'fɛːrə 'handəlshɛmnɪsə] *n/pl* non-tariff trade barriers *pl*
Niederlassung ['niːdərlasuŋ] *f* site, location, place of business, branch office
Niederlegung ['niːdərleːguŋ] *f (der Arbeit)* stoppage
Niederstwertprinzip ['niːdərstveːrtprɪntsiːp] *n* lowest value principle
Niedrigstkurs ['niːdrɪçstkurs] *m* floor price
Nießbrauch ['niːsbraux] *m* usufruct, lifelong right of use
Nießbraucher ['niːsbrauxər] *m* usufructuary
Nischenstrategie ['niːʃənʃtrategiː] *f* concentration strategy
Niveau [ni'voː] *n* level; ~ **haben** *(fig)* to be of a high standard
Niveau-Unterschied [ni'voːuntərʃiːt] *m* difference in standard
Nominalbetrag [nomi'naːlbətraːk] *m* nominal amount
Nominaleinkommen [nomi'naːlaɪnkɔmən] *n* nominal income
Nominalkapital [nomi'naːlkapitaːl] *n* nominal capital
Nominallohn [nomi'naːlloːn] *m* nominal wage
Nominalverzinsung [nomi'naːlfɛrtsɪnzuŋ] *f* nominal interest rate
Nominalwert [nomi'naːlveːrt] *m* face value
Nominalzins [nomi'naːltsɪns] *m* nominal rate of interest
nominelles Eigenkapital [nomi'nɛləs 'aɪgənkapitaːl] *n* nominal capital borrowed
No-Name-Produkt [noʊneɪmpro'dukt] *n* generic product

Nonprofit-Organisation [nɔnprofɪtɔrga-niza'tsjoːn] *f* nonprofit organization
Nordamerikanische Freihandelszone (NAFTA) ['nortamɛrɪkaːnɪʃə fraɪ'handəlstsoːnə ('nafta)] *f* North American Freetrade Area (NAFTA)
Norm [nɔrm] *f* norm, standard; *(Regel)* rule
normal [nɔr'maːl] *adj* normal, regular, standard
Normalbeschäftigung ['nɔrmaːlbəʃɛftɪguŋ] *f* normal level of capacity utilization, standard capacity
Normalgewinn [nɔr'maːlgəvɪn] *m* normal profit
Normalkosten [nɔr'maːlkostən] *pl* normal cost
Normalverbraucher(in) [nɔr'maːlfɛrbrauxər(ɪn)] *m/f* average consumer; *Otto ~* Joe Bloggs, Mr Average, John Smith, Joe Sixpack
Normalverkehr [nɔr'maːlfɛrkeːr] *m* normal transactions *pl*
Normung ['nɔrmuŋ] *f* standardization
Nostroeffekten ['nɔstroɛfɛktən] *pl* securities held by a bank at another bank
Nostroguthaben ['nɔstroguːthaːbən] *n* nostro balance
Nostrokonto ['nɔstrokɔnto] *n* nostro account
Nostronotadresse [nɔstro'noːtadrɛsə] *f* nostro address in case of need
Nostroverbindlichkeit ['nɔstrofɛrbɪntlɪçkaɪt] *f* nostro liability
Notanzeige ['noːtantsaɪgə] *f* notice of dishonour
Notar(in) [no'taːr(ɪn)] *m/f* notary
notariell [notar'jɛl] *adj* notarial; *adv ~ beglaubigt* notarized
Note ['noːtə] *f (Banknote)* bank-note, bill
Notebook ['nəʊtbʊk] *n* notebook
Notenabstempelung ['noːtənapʃtɛmpəluŋ] *f* stamping of bank notes
Notenausgabe ['noːtənausgaːbə] *f* note issue
Notenbank ['noːtənbaŋk] *f* central bank
Notendeckung ['noːtəndɛkuŋ] *f* cover of note circulation
Noteneinlösungspflicht ['noːtənaɪnløːzuŋspflɪçt] *f* obligation to redeem notes
Notenkontingent ['noːtənkɔntɪŋgɛnt] *n* fixed issue of notes
Notenumlauf ['noːtənumlauf] *m* notes in circulation *pl*

Notfall ['noːtfal] *m* emergency
Notgeld ['noːtgɛlt] *n* emergency money
notieren [no'tiːrən] *v* quote, list
Notierung [no'tiːruŋ] *f* quotation
Notifikation [notifika'tsjoːn] *f* notification
Notiz [no'tiːts] *f* note
Notizblock [no'tiːtsblɔk] *m* note pad
Notizbuch [no'tiːtsbuːx] *n* notebook
Notizzettel [no'tiːtstsɛtəl] *m* note slip
Notleidende Forderung ['noːtlaɪdəndə 'fɔrdəruŋ] *f* claim in default
notwendiges Betriebsvermögen ['noːtvɛndɪgəs bə'triːpsfɛrmøːgn] *n* necessary business property
notwendiges Privatvermögen ['noːtvɛndɪgəs privaːtfɛrmøːgn] *n* necessary private property
Nullrunde ['nulrundə] *f* wage freeze
Nulltarif ['nultariːf] *n* nil tariff
Nullwachstum ['nulvakstuːm] *n* zero growth
Nummerierung [numə'riːruŋ] *f* numbering
Nummernkonto ['numərnkɔnto] *n* number account, numbered account
Nummernverzeichnis ['numərnfɛrtsaɪçnɪs] *n* list of serial numbers of securities purchased
nur gegen Totalverlust versichert (t.l.o.) [nuːr 'geːgən to'taːlfɛrlust fɛr'zɪçərt] total loss only (t.l.o.)
nur zur Verrechnung [nuːr tsuːr fɛrɛçnuŋ] for account only
Nutzbarmachung ['nutsbaːrmaxuŋ] *f* exploitation
Nutzeffekt ['nutsɛfɛkt] *m* efficiency, practical use
Nutzen ['nutsən] *m* use; *von ~ sein* to be of use; *(Vorteil)* advantage, benefit
Nutzfahrzeug ['nutsfaːrtsɔyk] *n (Lastkraftwagen)* lorry *(UK)*, truck *(US)*
Nutzkosten ['nutskɔstən] *pl* utility costs *pl*
nutzlos ['nutsloːs] *adj* useless, futile, pointless
Nutznießer(in) ['nutsniːsər(ɪn)] *m/f* beneficiary
Nutzung ['nutsuŋ] *f* use
Nutzungsdauer ['nutsuŋsdauər] *f* service life, operating life, working life
Nutzungsrecht ['nutsuŋsrɛçt] *n* usufructury right
Nutzwertanalyse ['nutsveːrtanalyːzə] *f* benefit analysis

O

oben genannt ['oːbən gəˈnant] *adj* above, mentioned above, as said before
Obergesellschaft [oːbərˈgəselʃaft] *f* common parent company, umbrella company
Obergrenze ['oːbərɡrɛntsə] *f* upper limit
Oberlandesgericht (OLG) [oːbərˈlandəsgərɪçt] *n* Intermediate Court of Appeals
Oberverwaltungsgericht (OVG) [oːbərfɛrˈvaltuŋsɡərɪçt] *n* Higher Administrative Court
Objekt [ɔpˈjɛkt] *n (Eigentum)* property
Objektbesteuerung [ɔpˈjɛktbəʃtɔyəruŋ] *f* taxation of specific property
Objektkredit [ɔpˈjɛktkrediːt] *m* loan for special purposes
Objektprinzip [ɔpˈjɛktprɪntsiːp] *n* object principle
Obligation [ɔbligaˈtsjoːn] *f* bond, debenture, debenture bond
Obligationär(in) [obligatsjoˈnɛːr(ɪn)] *m/f* bondholder, debenture holder
Obligationsanleihe [obligaˈtsjoːnsanlaɪə] *f* debenture loan
Obligationsausgabe [obligaˈtsjoːnsausgaːbə] *f* bond issue
obligatorisch [ɔbligaˈtoːrɪʃ] *adj* obligatory, compulsory, mandatory
Obligo ['ɔbligo] *n* financial obligation, liability
Obligobuch ['ɔbligobux] *n* bills discounted ledger
Obsoleszenz [ɔpzolɛsˈtsɛnts] *f* obsolescence
Oderdepot ['oːdərdepoː] *n* joint deposit
Oderkonten ['oːdərkɔntən] *n/pl* joint account
offen ['ɔfən] *adj* 1. *(geöffnet)* open; ~ bleiben stay open; ~ halten *(geöffnet lassen)* leave open; 2. *(fig: nicht besetzt)* vacant; 3. *(Rechnung)* outstanding
Offenbarungseid [ɔfənˈbaːruŋsaɪt] *m* oath of disclosure, oath of manifestation
offene Ausschreibung ['ɔfənə 'ausʃraɪbuŋ] *f* public tender
Offene Handelsgesellschaft (OHG) ['ɔfənə 'handəlsɡəzɛlʃaft] *f* general partnership
Offene Police (O.P.) ['ɔfənə poˈliːsə] *f* floating policy
offene Position ['ɔfənə poziˈtsjoːn] *f* open position

Offene-Posten-Buchhaltung ['ɔfənəˈpɔstənbuxhaltuŋ] *f* open-item accounting
offene Rechnung ['ɔfənə 'rɛçnuŋ] *f* outstanding account, unsettled account
offener Fonds ['ɔfənər 'fɔː] *m* open-end fund
offener Immobilienfonds ['ɔfənər ɪmoˈbiːljənfɔː] *m* open-end real estate fund
offenes Depot ['ɔfənəs deˈpoː] *n* safe custody account
offenes Konto ['ɔfənəs 'kɔnto] *n* open account
Offenlegung ['ɔfənleːguŋ] *f* disclosure
Offenlegungspflicht ['ɔfənleːguŋspflɪçt] *f* duty to disclose one's financial conditions
Offenmarktpolitik ['ɔfənmarktpolitiːk] *f* open market policy
öffentlich ['œfəntlɪç] *adj* public; *adv* publicly
öffentliche Anleihe ['œfəntlɪçə 'anlaɪə] *f* government security
öffentliche Ausgaben ['œfəntlɪçə 'ausgaːbən] *f/pl* public spending
öffentliche Bank ['œfəntlɪçə baŋk] *f* public bank
öffentliche Beglaubigung ['œfəntlɪçə bəˈglaubɪguŋ] *f* public certification
öffentliche Beurkundung ['œfəntlɪçə bəˈuːrkunduŋ] *f* public authentication
öffentliche Güter ['œfəntlɪçə 'gyːtər] *n/pl* public goods *pl*
öffentliche Kredite ['œfəntlɪçə kreˈdiːtə] *m/pl* credits extended to public authorities *pl*
öffentliche Schuld ['œfəntlɪçə ʃult] *f* public debt
öffentliche Verkehrsmittel ['œfəntlɪçə fɛrˈkeːrsmɪtəl] *n/pl* public transport(ation)
öffentlicher Haushalt ['œfəntlɪçər 'haushalt] *m* public budget
öffentlicher Schuldenstand ['œfəntlɪçər ʃuldənʃtant] *m* government debt
Öffentliches Recht ['œfəntlɪçəs rɛçt] *n* public law
Öffentlichkeit ['œfəntlɪçkaɪt] *f* public
Öffentlichkeitsarbeit ['œfəntlɪçkaɪtsarbaɪt] *f* public relations work, PR activities *pl*
öffentlich-rechtliche Körperschaft ['œfəntlɪçreçtlɪçə 'kœrpərʃaft] *f* public body
offerieren [ɔfəˈriːrən] *v* offer
Offerte [ɔˈfɛrtə] *f* offer

offiziell [ɔfi'tsjɛl] *adj* official; *adv* officially

offizielles Kursblatt [ɔfi'tsjɛləs 'kursblat] *n* offical stock exchange list

Öffnungszeiten ['œfnuŋstsaɪtən] *f/pl* opening hours *pl*, hours of business *pl*

Offshore-Auftrag ['ɔfʃoːrauftraːk] *m* offshore purchase order

Offshore-Steuergesetz ['ɔfʃoːr'ʃtɔyərgəsets] *n* offshore tax agreement

Offshore-Zentrum ['ɔfʃoːr'tsɛntrum] *n* offshore centre

ohne Dividende ['oːnə dɪvɪ'dɛndə] ex dividend

ohne Gewähr ['oːnə ge'vɛːr] without guarantee

ohne Kupon ['oːnə ku'põː] ex coupon

ohne Obligo ['oːnə 'ɔbligo] without obligation

Ökobilanz ['økobilants] *f* ecological balance

Ökologie [økolo'giː] *f* ecology

ökologisch [øko'loːgɪʃ] *adj* ecological

ökologische Steuerreform [øko'loːgɪʃə 'ʃtɔyəreform] *f* ecological tax reform

Ökonom(in) [øko'noːm(ɪn)] *m/f* economist

Ökonomie [øːkono'miː] *f* economy

ökonomieverträglich [økonomi'fɛrtrɛːklɪç] *adj* economically sustainable

ökonomisch [øːko'noːmɪʃ] *adj* economic

ökonomischer Unterschied [øko'noːmɪʃər 'untərʃiːt] *m* economic divergence

Ökosteuer ['økoʃtɔyər] *f* ecological tax, eco-tax

Ökosystem ['øːkozysteːm] *n* ecological system

Ölembargo ['øːlɛmbargo] *n* oil embargo

Ölförderland ['øːlfœrdərlant] *n* oil-producing country, oil-producing nation

Ölförderung ['øːlfœrdəruŋ] *f* oil extraction, oil production

Oligopol [oligo'poːl] *n* oligopoly

Ölindustrie ['øːlɪndustriː] *f* oil industry

Ölkrise ['øːlkriːzə] *f* oil crisis

Ölpreis ['øːlpraɪs] *m* price of oil

Ölraffinerie ['øːlrafinəriː] *f* oil refinery

Ölterminbörse ['øːltɛrmiːnbœrzə] *f* oil futures exchange

Ölterminhandel ['øːltɛrmiːnhandl] *m* oil futures dealings *pl*

Ombudsfrau ['ɔmbutsfrau] *f* ombudswoman, spokeswoman

Ombudsmann ['ɔmbutsman] *m* ombudsman, representative, spokesman

One-Stop-Banking [wanstɔp'bæŋkɪŋ] *n* one-stop banking

One-Stop-Shopping [wanstɔp'ʃɔpɪŋ] *n* one-stop shopping

online ['ɔnlaɪn] *adj* online

Onlinebetrieb ['ɔnlaɪnbətriːp] *m* online operation

Onlinedienst ['ɔnlaɪndiːnst] *m* online service

Onlinezahlungssystem ['ɔnlaɪntsaːluŋszysteːm] *n* online payment system

Onshore-Geschäft ['ɔnʃɔːrgə'ʃɛft] *n* onshore business

OPEC (Organisation Erdöl exportierender Länder) [opec (organiza'tsjoːn 'erdøːl ɛkspɔr'tiːrəndər 'lɛndə)] *f* OPEC (Organization of Petroleum Exporting Countries)

Operations Research (OR) [ɔpə'reɪʃəns rɪː'sɛːtʃ] *n* operations research

operative Planung [opəra'tiːvə 'plaːnuŋ] *f* operational planning

Operator [opə'raːtɔr] *m* operator, computer operator

Opportunitätskosten [ɔpɔr'tuniteːtskɔstən] *pl* opportunity costs *pl*

Opposition [ɔposi'tsjoːn] *f* opposition

oppositionell [ɔpositsjoː'nel] *adj* oppositional

Oppositionsführer(in) [ɔposi'tsjoːnsfyːrər(ɪn)] *m/f* leader of the opposition

optimal [ɔpti'maːl] *adj* ideal, optimal; *adv* to an optimum, optimally

optimale Bestellmenge [ɔpti'maːlə bə'ʃtɛlmɛŋə] *f* economic purchasing quantity

Optimalleistung [ɔpti'maːllaɪstuŋ] *f* optimum capacity

optimieren [ɔpti'miːrən] *v* optimize, optimalize

Optimierung [ɔpti'miːruŋ] *f* optimization

optimistisch [ɔpti'mɪstɪʃ] *adj* optimistic; *adv* optimistically

optimistische Börse [ɔpti'mɪstɪʃə 'bœrzə] *f* bullish market

Optimum ['ɔptimum] *n* optimum

Option [ɔp'tsjoːn] *f* option, choice

Optionsanleihe [ɔp'tsjoːnsanlaɪə] *f* option bond

Optionsdarlehen [ɔp'tsjoːnsdaːrleːən] *n* optional loan

Optionsgeschäft [ɔp'tsjoːnsgəʃɛft] *n* options tradings *pl*, options dealings *pl*, option bargain

Optionspreis [ɔp'tsjoːnspraɪs] *m* option price

Optionsrecht [ɔp'tsjoːnsrɛçt] *n* option right

Optionsschein [ɔp'tsjoːnsʃaɪn] *m* share purchase warrant

ordentliche Ausgaben ['ɔrdəntlɪçə 'ausgaːbən] *f/pl* ordinary expenditure

ordentliche Einnahmen ['ɔrdəntlɪçə 'aɪnnaːmən] *f/pl* ordinary revenue

ordentliche Kapitalerhöhung ['ɔrdəntlɪçə kapi'taːlɛrhøːuŋ] *f* ordinary increase in capital

ordentlicher Haushalt ['ɔrdəntlɪçər 'haushalt] *m* ordinary budget

Order ['ɔrdər] *f* order

Orderklausel ['ɔrdərklauzl] *f* order clause

Orderkonnossement ['ɔrdərkɔnɔsəmɛnt] *n* order bill of lading

ordern ['ɔrdərn] *v* order

Orderpapier ['ɔrdərpapiːr] *n* order paper, order instrument

Orderscheck ['ɔrdərʃɛk] *m* order cheque

Ordner ['ɔrdnər] *m (Hefter)* folder, standing file

Ordnerrückenschild ['ɔrdnərrykənʃɪlt] *n* file support label

Ordnungsamt ['ɔrdnuŋsamt] *n* town clerk's office

ordnungsgemäß ['ɔrdnuŋsgəmɛːs] *adj* correct, proper; *adv* correctly, according to the regulations, properly

Ordnungsmappe ['ɔrdnuŋsmapə] *f* file folder

ordnungsmäßige Bilanzierung ['ɔrdnuŋsmɛːsɪgə bilan'tsiːruŋ] *f* adequate and orderly preparation of a balance sheet

Ordnungsstrafe ['ɔrdnuŋsʃtraːfə] *f* administrative fine, disciplinary penalty

ordnungswidrig ['ɔrdnuŋsviːdrɪç] *adj* irregular, illegal; *adv* contrary to regulations, illegally

Organgesellschaft [ɔr'gaːngəzɛlʃaft] *f* controlled company

Organhaftung [ɔr'gaːnhaftuŋ] *f* liability of a legal person for its executive organs

Organigramm [ɔrgaːnɪ'gram] *n* organizational chart

Organisation [ɔrganiza'tsjoːn] *f* organization

Organisation für wirtschaftliche Zusammenarbeit und Entwicklung (OECD) [ɔrganiza'tsjoːn fyːr 'wɪrtʃaftlɪçə tsu'zamənarbaɪt unt ɛnt'vɪkluŋ] *f* Organization for Economic Cooperation and Development (OECD)

Organisationsabteilung [ɔrganiza'tsjoːnsaptaɪluŋ] *f* organization and methods department

Organisationsdiagramm [ɔrganiza'tjoːnsdiagram] *n* organizational chart

Organisationsgrad [ɔrganiza'tsjoːnsgraːt] *m 1. (Betrieb)* level of organization; *2. (Personal)* degree of unionization

Organisationskosten [ɔrganiza'tsjoːnskɔstən] *pl* organization expense

Organisationsplanung [ɔrganiza'tsjoːnsplaːnuŋ] *f* organizational planning

Organisationsstruktur [ɔrganiza'tsjoːnsʃtruktuːr] *f* organizational structure

organisatorisch [ɔrganiza'toːrɪʃ] *adj* organizational

organisieren [ɔrgani'ziːrən] *v* organize

Organkredit [ɔrgaːnkre'diːt] *m* loans granted to members of a managing board

Organschaftsvertrag [ɔr'gaːnʃaftsfɛrtraːk] *m* agreement between interlocking companies

Orientierungspreis [ɔrjɛn'tiːruŋspraɪs] *m* guide price

Original [origi'naːl] *n (Dokument, Brief etc.)* original

örtlich ['øːrtlɪç] *adj* local; *adv* locally

ortsansässig ['ɔrtsanzɛsɪç] *adj* resident, local

Ortsgespräch ['ɔrtsgəʃprɛːç] *n* local call

Ortsnetz ['ɔrtsnɛts] *n* local telephone exchange network

Ortsverkehr ['ɔrtsfɛrkeːr] *m* local calls *pl*

Ortszeit ['ɔrtstsaɪt] *f* local time

Österreichische Nationalbank ['øːstəraɪçɪʃə natsjo'naːlbaŋk] *f* National Bank of Austria

Otto Normalverbraucher ['ɔto nɔr'maːlfɛrbrauxər] *m* John Smith, Joe Sixpack, Mr Average *(fam)*

Outplacement ['autpleɪsmənt] *n* outplacement

Output ['autput] *m* output

Output-Analyse ['autputanalyːzə] *f* output analysis

Outright-Termingeschäft ['autraɪttɛrmiːngəʃɛft] *n* outright futures transactions *pl*

outsourcen ['autsɔːsən] *v* outsource

Outsourcing ['autsɔːsɪŋ] *n* outsourcing

Overheadprojektor ['oːvərhɛdprojɛktɔr] *m* overhead projector

Over-the-counter-Markt [əuvərdə'kauntərmarkt] *m* over-the-counter market

P

Paar [paːr] *n* pair
paarweise ['paːrvaɪzə] *adv* in pairs, two by two
Pacht [paxt] *f 1. (Überlassung)* lease; *2. (Entgelt)* rent
Pachtdauer ['paxtdauər] *f* duration of a lease
pachten ['paxtən] *v* lease, take on lease, rent
Pächterkredit ['pɛçtərkrediːt] *m* tenant's credit
Pachtverlängerung ['paxtfɛrlɛŋəruŋ] *f* extension of a lease
Pachtvertrag ['paxtfɛrtraːk] *m* lease, lease agreement, concession
Pachtzins ['paxttsɪns] *m* rent
Päckchen ['pɛkçən] *n* small package, small parcel
Packpapier ['pakpapiːr] *n* wrapping paper, packing paper
Packung ['pakuŋ] *f* packet, pack
pagatorisch [paga'toːrɪʃ] *adj* cash-based, financial
Paket [pa'keːt] *n* package, packet, parcel
Pakethandel [pa'keːthandl] *m* dealing in large lots
Paketzustellung [pa'keːttsuːʃtɛluŋ] *f* parcel delivery
Palette [pa'lɛtə] *f 1. (Auswahl)* selection, choice, range; *2. (Transporteinheit)* pallet
Panel ['pɛnl] *n* panel
Papier [pa'piːr] *n 1. (Wertpapier)* security, share; *2. (Dokument)* document, paper
Papiergeld [pa'piːrgɛlt] *n* paper money
Papierindustrie [pa'piːrɪndustriː] *f* paper industry
Pappe ['papə] *f* cardboard
Paragraph [para'graːf] *m 1.* paragraph; *2. JUR* section, article
Parallelanleihe [para'leːlanlaɪə] *f* parallel loan
Parallelmarkt [para'leːlmarkt] *m* parallel market
Parallelumlauf [para'leːlumlauf] *m* parallel circulation
Parallelwährung [para'leːlvɛːruŋ] *f* parallel currency
pari ['paːri] *adj* par
Pariemission ['paːriemisjoːn] *f* issue at par
Parikurs ['paːrikurs] *m* par price
Pariplätze ['paːriplɛtsə] *m/pl* places where cheques are collected by banks free of charge

Parität [pari'tɛːt] *f* parity, equality
Paritätengitter [pari'tɛːtəngɪtər] *n* parity grid
paritätisch [pari'tɛːtɪʃ] *adj* on an equal footing, in equal numbers
paritätische Mitbestimmung [pari'tɛːtiʃə 'mɪtbəʃtɪmuŋ] *f* parity codetermination
Parkett [par'kɛt] *n (Börse)* floor
Parkettmakler [par'kɛtmaːklər] *m* official market broker
parteiisch [par'taɪʃ] *adj* prejudiced, biased
Partie [par'tiː] *f (größere Menge einer Ware, Posten)* batch
Partizipationsschein [partitsipa'tsjoːnsʃaɪn] *m* participating receipt
Partner(in) ['partnər(ɪn)] *m/f 1. (Geschäftspartner)* business partner, associate; *2. (Vertragspartner)* party (to a contract)
Partnerschaft ['partnərʃaft] *f* partnership
Parzelle [par'tsɛlə] *f* parcel (of land)
Passierschein [pa'siːrʃaɪn] *m* pass, permit
passiv ['pasiːf] *adj* passive; *adv* passively
Passiva [pa'siːva] *pl* liabilities *pl*
passive Rechnungsabgrenzung ['pasiːvə 'rɛçnuŋsapgrɛntsuŋ] *f* accrued expense
passive Rückstellungen ['pasiːvə 'rykʃtɛluŋən] *f/pl* passive reserves *pl*
passiver Partner ['pasiːvər 'partnər] *m* sleeping partner
Passivgeschäft ['pasiːfgəʃɛft] *n* passive deposit transactions *pl*
Passivhandel ['pasiːfhandəl] *m* passive trade
Passivierung [pasi'viːruŋ] *f* inclusion on the liabilities side
Passivierungspflicht [pasi'viːruŋspflɪçt] *f* requirement to accrue in full
Passivkredit ['pasiːfkrediːt] *m* passive borrowing
Passivposten ['pasiːfpɔstən] *m* debit item
Passivtausch ['pasiːftauʃ] *m* accounting exchange on the liabilities side
Passivzins ['pasiːftsɪns] *m* interest payable
Passkontrolle ['paskɔntrɔlə] *f* passport control, examination of passports
Passus ['pasus] *m* passage
Patent [pa'tɛnt] *n* patent
Patentamt [pa'tɛntamt] *n* Patent Office
Patentanwalt [pa'tɛntanvalt] *m* patent attorney

Patenterteilung [pa'tɛntɛrtaɪluŋ] *f* issue of a patent
patentfähig [pa'tɛntfɛːɪç] *adj* patentable
patentieren [patɛn'tiːrən] *v* patent
Patentinhaber(in) [pa'tɛntɪnhaːbər(ɪn)] *m/f* patentee
Patentlizenz [pa'tɛntlitsɛnts] *f* patent licence
Patentrecht [pa'tɛntrɛçt] *n* patent law
Patentregister [pa'tɛntregɪstər] *n* patent rolls *pl*
Patentschutz [pa'tɛntʃuts] *m* patent protection
Patentverschluss [pa'tɛntfɛrʃlus] *m (bei Chemikalien, Medikamenten etc.)* childproof cap
pauschal [pau'ʃaːl] *adj* lump-sum, overall; *adv* on a flat-rate basis
Pauschalabschreibung [pau'ʃaːlapʃraɪbuŋ] *f* group depreciation
Pauschalbetrag [pau'ʃaːlbətraːk] *m* flat rate
Pauschalbewertung [pau'ʃaːlbəveːrtuŋ] *f* group valuation
Pauschaldeckung [pau'ʃaldɛkuŋ] *f* blanket coverage
Pauschaldelkredere [pau'ʃaːldɛlkreːdərə] *n* global delcredere
Pauschale [pau'ʃaːlə] *f* lump sum payment, flat charge
Pauschalgebühr [pau'ʃaːlgəbyːr] *f* flat fee, flat charge
Pauschalpreis [pau'ʃaːlpraɪs] *m* flat rate, lump-sum price
Pauschalsumme [pau'ʃaːlzumə] *f* lump sum
Pauschaltarif [pau'ʃaːltariːf] *m* flat rate
Pauschalwert [pau'ʃaːlveːrt] *m* overall value
Pauschalwertberichtigung [pau'ʃaːlveːrtbərɪçtɪguŋ] *f* general bad-debt provision
Pause [pau'zə] *f* break, interval, interruption
pausieren [pau'ziːrən] *v* pause, take a break
pekuniär [pɛku'njɛːr] *adj* pecuniary
Pendelverkehr ['pɛndəlfɛrkeːr] *m* commuter traffic, shuttle service (flights)
Pendler(in) ['pɛndlər(ɪn)] *m/f* commuter
Pendlerzug ['pɛndlərtsuːk] *m* commuter train
Pension [pɛn'zjoːn] *f* (Ruhestand) retirement; (Rente) retirement pension
pensionieren [pɛnzjo'niːrən] *v* pension off, retire; *sich* ~ *lassen* retire
Pensionsalter [pɛn'zjoːnsaltər] *n* retirement age

Pensionsanspruch [pɛn'zjoːnsanʃprux] *m* pension claim
Pensionsanwartschaft [pɛn'zjoːnsanvartʃaft] *f* pension expectancy
Pensionsfonds [pɛn'zjoːnsfɔː] *m (Finanzwesen)* retirement fund, *(Personal)* pension fund
Pensionsgeschäft [pɛn'zjoːnsgəʃɛft] *m* security transactions under repurchase *pl*
Pensionskasse [pɛn'zjoːnskasə] *f* staff pension fund
Pensionsrückstellungen [pɛn'zjoːnsrykʃtɛluŋən] *f/pl* pension reserve
Pensionszusage [pɛn'zjoːnstsuːsaːgə] *f* employer's pension commitment
Pensum ['pɛnzum] *n* workload
Pensumlohn ['pɛnzumloːn] *m* quota wage
per aval [pɛr a'val] *adv* as guarantor of payment
per Einschreiben [pɛr 'aɪnʃraɪbn] *adv* by registered post
per Express [pɛr ɛks'pres] by express
per Lastkraftwagen [pɛr 'lastkraftwaːgən] by lorry
per procura [pɛr pro'kuːra] *adv* by procuration
per Ultimo [pɛr 'ultimo] *adv* for the monthly settlement
perfekt [pɛr'fɛkt] *adj* perfect; *adv* perfectly
Perfektion [pɛrfɛk'tsjoːn] *f* perfection
Peripheriegeräte [pɛrife'riːgərɛtə] *n/pl* peripheral units *pl*
permanent [pɛrma'nɛnt] *adj* permanent; *adv* permanently
Personal [pɛrzo'naːl] *n* staff, personnel, employees *pl*
Personal Computer (PC) ['pɜːsənəl kəm-'pjuːtər] *m* personal computer
Personalabbau [pɛrzo'naːlapbau] *m* reduction of staff, reduction of personnel
Personalabteilung [pɛrzo'naːlaptaɪluŋ] *f* personnel department
Personalakte [pɛrzo'naːlaktə] *f* personnel file, personnel dossier
Personalaufwand [pɛrzo'naːlaufvant] *m* personnel costs *pl*, employment costs *pl*
Personalauswahl [pɛrzo'naːlausvaːl] *f* employee selection
Personalbedarf [pɛrzo'naːlbədarf] *m* requirement of manpower
Personalbüro [pɛrzo'naːlbyroː] *n* personnel office
Personalchef(in) [pɛrzo'naːlʃɛf(ɪn)] *m/f* personnel manager

Personalentwicklung [pɛrzo'naːlɛntvɪk-luŋ] *f* personnel development
Personalfreisetzung [pɛrzo'naːlfraɪzɛ-tsuŋ] *f* personnel layoff
Personalführung [pɛrzo'naːlfyːruŋ] *f* personnel management
Personalkosten [pɛrzo'naːlkɔstən] *pl* employment costs *pl*
Personalkredit [pɛrzo'naːlkrediːt] *m* personal loan
Personalleasing ['pɛːsənəl'liːzɪŋ] *n* personnel leasing
Personalleiter(in) [pɛrzo'naːllaɪtər(ɪn)] *m/f* staff manager
Personalmanagement [pɛːrzo'naːlmæ-nɪdʒmənt] *n* personnel management
Personalmangel [pɛrzo'naːlmaŋl] *m* shortage of staff
Personalnebenkosten [pɛrzo'naːlneːbən-kɔstən] *pl* supplementary staff costs *pl*
Personalplanung [pɛrzo'naːlplaːnuŋ] *f* personnel planning, manpower planning, human resources planning, forecasting of labour requirements
Personalrat [pɛrzo'naːlraːt] *m* personnel committee
Personalstand [pɛrzo'naːlʃtant] *m* staff number
Personalstrategie [pɛrzo'naːlʃtrategiː] *f* personnel strategy
Personalwechsel [pɛrzo'naːlvɛksl] *m* staff changes *pl*
Personalwesen [pɛrzo'naːlveːzən] *n* personnel management
Personendepot [pɛr'zonəndepoː] *n* customer's security deposit
Personengesellschaft [pɛr'zoːnəngəzɛl-ʃaft] *f* partnership
Personenkonten [pɛr'zonənkɔntən] *n/pl* personal accounts *pl*
Personenkraftwagen [pɛr'zoːnənkraft-vaːgən] *m* motor car, automobile
Personensteuern [pɛr'zonənʃtɔyərn] *f/pl* taxes deemed to be imposed on a person
persönlich [pɛr'zøːnlɪç] *adj* personal, private; *adv* personally
persönliche Identifikations-Nummer (PIN) [pɛr'zøːnlɪçə idɛntifikaˈtsjoːnsnumər] *f* personal identification number (PIN)
pessimistisch [pɛsi'mɪstɪʃ] *adj* pessimistic
Petrochemie [pɛtroçe'miː] *f* petrochemistry
Petrodollar ['petrodɔlar] *m* petrodollar
Pfand [pfant] *n* pledge

Pfandbrief ['pfantbriːf] *m* mortgage bond, mortgage debenture
Pfandbriefanstalt ['pfantbriːfanʃtalt] *f* mortgage bank
Pfandbriefdarlehen ['pfantbriːfdaːrleːn] *n* mortgage loan
Pfandbriefgesetz ['pfantbriːfgəzɛts] *n* mortgage law
Pfanddepot ['pfantdepoː] *n* pledged securities deposit
pfänden ['pfɛndən] *v* impound, seize
Pfandgeld ['pfantgɛlt] *n* deposits *pl*
Pfandindossament ['pfantɪndɔsamɛnt] *n* pledge endorsement
Pfandleihe ['pfantlaɪə] *f* pawnbroking
Pfandrecht ['pfantrɛçt] *n* pledge, lien
Pfandschein ['pfantʃaɪn] *m* certificate of pledge
Pfändung ['pfɛnduŋ] *f* attachment of property, levy of attachment, seizure
Pfandvertrag ['pfantfɛrtraːk] *m* contract of pledge
Pfandverwertung ['pfantfɛrveːrtuŋ] *f* realization of pledge
Pflegegeld ['pfleːgəgɛlt] *n* nursing allowance
Pflegekasse ['pfleːgəkasə] *f* nursing insurance scheme
Pflegekrankenversicherung ['pfleːgə-kraŋkənfɛrzɪçəruŋ] *f* nursing insurance fund
Pflegerentenversicherung ['pfleːgərɛntən-fɛrzɪçəruŋ] *f* nursing pension insurance fund
Pflegeversicherung ['pfleːgəfɛrzɪçəruŋ] *f* long-term-care insurance
Pflicht [pflɪçt] *f* duty, obligation
pflichtbewusst ['pflɪçtbəvust] *adj* responsible, conscious of one's duties, dutiful; *adv* responsibly, dutifully, conscientiously
Pflichtbewusstsein ['pflɪçtbəvustzaɪn] *n* sense of duty
Pflichteinlage ['pflɪçtaɪnlaːgə] *f* compulsory contribution
Pflichtkrankenkasse ['pflɪçtkraŋkənkasə] *f* compulsory health insurance funds *pl*
Pflichtreserve ['pflɪçtrezɛrvə] *f* minimum reserve
Pflichtteil ['pflɪçttaɪl] *m* compulsory portion, obligatory share
pflichtvergessen ['pflɪçtfɛrgɛsən] *adj* irresponsible, derelict in one's duty
Pflichtversicherung ['pflɪçtfɛrzɪçeruŋ] *f* compulsory insurance

Pfund [pfunt] *n 1. (Maßeinheit)* pound; *2. (Währungseinheit)* pound sterling
Pharmaindustrie ['farmaɪndustriː] *f* pharmaceutical industry
pharmazeutisch [farma'tsɔytɪʃ] *adj* pharmaceutical
Pilotstudie [pi'loːtʃtuːdjə] *f* pilot study
plädieren [plɛ'diːrən] *v* plead
Plädoyer [plɛdo'jeː] *n* address to the jury, closing argument, summation *(US)*
Plafond [pla'fɔː] *m* ceiling
Plagiat [plag'jaːt] *n* plagiarism
Plakat [pla'kaːt] *n* placard, poster
Plakatwand [pla'kaːtvant] *f* billboard
Plakatwerbung [pla'kaːtvɛrbuŋ] *f* poster advertising, outdoor advertising
Planbeschäftigung ['plaːnbəʃɛftɪguŋ] *f* activity base
Planbilanz ['plaːnbilants] *f* budgeted balance sheet
Planer ['plaːnər] *m* planner
Plankalkulation ['plaːnkalkulatsjoːn] *f* target calculation
Plankostenrechnung ['plaːnkɔstənrɛçnuŋ] *f* calculation of the budget costs
Planrevision ['plaːnrevizjoːn] *f* budget adjustment
Planspiel ['plaːnʃpiːl] *n* planning game
Planung ['plaːnuŋ] *f* planning, layout, policy-making
Planungsabteilung ['plaːnuŋsaptaɪluŋ] *f* planning department
Planungsausschuss ['plaːnuŋsausʃus] *m* planning committee
Planungsbüro ['plaːnuŋsbyroː] *n* planning office
Planungskontrolle ['plaːnuŋskɔntrɔlə] *f* planning control
Planungsstadium ['plaːnuŋsʃtaːdjum] *n* planning stage
Planwerte ['plaːnveːrtə] *m/pl* planning figures *pl*
Planwirtschaft ['plaːnvɪrtʃaft] *f* planned economy
Planziel ['plaːntsɪːl] *n* planned target, operational target
Plastik ['plastɪk] *n (Kunststoff)* plastics
Platine [pla'tiːnə] *f* board
Platzanweisung ['platsanvaɪzuŋ] *f* cheques and orders payable at a certain place
Platzbedarf ['platsbədarf] *m* space requirements *pl*
platzieren [pla'tsiːrən] *v* place, locate, position

Platzierung [pla'tsiːruŋ] *f* placing
Platzkauf ['platskauf] *m* purchase on the spot
Platzspesen ['platsʃpeːzən] *pl* local expenses *pl*
Platzübertragung ['platsybərtraːguŋ] *f* local transfer
Platzwechsel ['platsvɛksəl] *m* local bill
pleite ['plaɪtə] *adj* broke, bankrupt; ~ *sein* not have a bean; ~ *gehen* go bust, go broke
Pleite ['plaɪtə] *f* bankruptcy; ~ *machen* go bankrupt
Pleitier [plaɪ'tjeː] *m (fam)* bankrupt
Plotter ['plɔtər] *m (EDV)* plotter
Plus [plus] *n (Überschuss)* surplus; *(fig)* advantage, asset, plus *(fam)*
Point of Information (POI) [pɔɪnt ɔv ɪnfɔ'meɪʃən] *m (Ort der Information)* point of information
Point of Sale (POS) [pɔɪnt ɔv 'seɪl] *m (Ort des Verkaufs)* point of sale
Point of Sale Banking [pɔɪnt ɔv 'seɪl 'bæŋkɪŋ] *n* point of sale banking
Police [po'liːs(ə)] *f* policy
Polier [po'liːr] *m* site foreman
Politik [poli'tiːk] *f* politics; policy
Polypol [poly'poːl] *n* polypoly
populär [popu'lɛːr] *adj* popular
Popularität [popularɪ'tɛːt] *f* popularity
POP-Werbung ['pɔpvɛrbuŋ] *f* point of purchase promotion
Portfeuillesteuerung [pɔrt'føːjʃtɔyəruŋ] *f* portfolio controlling
Portfolio [pɔrt'foːljo] *n* portfolio
Portfolio Selection [pɔrt'foːljo səlekʃən] *f* portfolio selection
Portfolio-Analyse [pɔrt'foːljoanalyːzə] *f* portfolio analysis
Portfolio-Management [pɔrt'foːljomænɪdʒmənt] *n* portfolio management
Porto ['pɔrto] *n* postage
Portoabzug ['pɔrtoaptsuːk] *m* postage deduction
portofrei ['pɔrtofraɪ] *adj/adv* post-paid, prepaid, postage-free
portopflichtig ['pɔrtopflɪçtɪç] *adj* subject to postage
Post [pɔst] *f* post, mail; *(~amt)* post office; *(~dienst)* postal service
postalisch [pɔs'taːlɪʃ] *adj* postal; *auf ~em Weg* by mail
Postamt ['pɔstamt] *n* post office
Postanweisung ['pɔstanvaɪzuŋ] *f* postal order, money order
Postbank ['pɔstbaŋk] *f* post office bank

Posten ['pɔstən] *m 1. (Anstellung)* position, post, job; *2. (Warenmenge)* quantity, lot; *3. (Einzelziffer)* item, entry
Postfach ['pɔstfax] *n* post office box, P.O. box
Postformular ['pɔstfɔrmulaːr] *n* postal form
Postgiro ['pɔstʒiːro] *n* postal giro
Postkarte ['pɔstkartə] *f* postcard
postlagernd ['pɔstlagərnt] *adj* poste restante, left till called for
Postleitzahl ['pɔstlaɪttsaːl] *f* postal code, postcode, ZIP code *(US)*
Postscheck ['pɔstʃɛk] *m* girocheque *(UK)*, postal cheque
Postscheckamt ['pɔstʃɛkamt] *n* postal giro centre
Postscheckkonto ['pɔstʃɛkkɔnto] *n* postal giro account
Postsparbuch ['pɔstʃpaːrbux] *n* post office savings book
Poststempel ['pɔstʃtɛmpəl] *m* postmark
Postüberweisung ['pɔstybərvaɪzuŋ] *f* postal transfer
postwendend ['pɔstvɛndənt] *adv* by return of post, by return mail *(US)*
Postwurfsendung ['pɔstvurfzɛnduŋ] *f* direct mail advertising, unaddressed mailing, bulk mail
Potenzial [potɛn'tsjaːl] *n* potential
potenzielles Bargeld [potɛn'tsjɛləs 'baːrgɛlt] *n* potential cash
PR-Abteilung [peː'ɛraptaɪluŋ] *f* PR department
Prädikat [prɛdi'kaːt] *n (Bewertung)* rating, grade, mark
Präexport-Finanzierung ['prɛːɛkspɔrtfinantsiːruŋ] *f* pre-export financing
Präferenz [prɛfə'rɛnts] *f* preference
Prägung ['prɛːguŋ] *f* minting
präjudizierter Wechsel ['prɛːjuditsiːrtər 'vɛksl] *m* void bill
Praktikant(in) [praktɪ'kant(ɪn)] *m/f* trainee, intern
Praktiker(in) ['praktɪkər(ɪn)] *m/f* practician
Praktikum ['praktɪkum] *n* practical course, internship
praktisch ['praktɪʃ] *adj 1.* practical, useful; *adv 2.* practically, to all practical purposes *(UK)*, for all practical purposes *(US)*
Prämie ['prɛːmjə] *f* premium, bonus
Prämienanleihe ['prɛːmjənanlaɪə] *f* lottery loan
prämienbegünstigtes Sparen ['prɛːmjənbəgynstɪgtəs 'ʃpaːrən] *n* premium-aided saving

Prämienbrief ['prɛːmjənbriːf] *m* option contract
Prämiendepot ['prɛːmjəndepoː] *n* deposit for insurance payments
Prämiengeschäft ['prɛːmjəngəʃɛft] *n* option dealing
Prämienlohn ['prɛːmjənloːn] *m* time rate plus premium wage
Prämiensparen ['prɛːmjənʃpaːrən] *n* bonus-aided saving
Prämiensparvertrag ['prɛːmjənʃpaːrfɛrtraːk] *m* bonus savings contract
Prämisse [prɛ'mɪsə] *f* premise
Präsentation [prɛzənta'tsjoːn] *f* presentation
Präsentationsfrist [prɛzɛnta'tsjoːnsfrɪst] *f* presentation period
Präsentationsklausel [prɛzɛnta'tsjoːnsklauzəl] *f* presentation clause
Präsentationsmappe [prɛzɛnta'tsjoːnsmapə] *f* presentation folder
präsentieren [prɛzən'tiːrən] *v* present
Präsenzbörse [prɛ'zɛntsbœrzə] *f* attendance stock exchange
Präsident(in) [prɛzi'dɛnt(ɪn)] *m/f* president
präsidieren [prɛzi'diːrən] *v* preside; *etw* ~ preside over sth
Präsidium [prɛ'ziːdjum] *n (Vorsitz)* presidency, chairmanship
Präzisionsarbeit [prɛtsi'zjoːnsarbaɪt] *f* precision work
Preis [praɪs] *m* price
Preis frei bleibend [praɪs 'fraɪ blaɪbənt] open price, price subject to change
Preisabsatzfunktion [praɪsap'zatsfunktsjoːn] *f* price-demand function
Preisabsprache ['praɪsapʃpraːxə] *f* price fixing, price rigging, price cartel
Preisabweichung ['praɪsapvaɪçuŋ] *f* price variance
Preisabzug ['praɪsaptsuːk] *m* price deduction
Preisangabeverordnung ['praɪsangaːbəfɛrɔrdnuŋ] *f* price marking ordinance
Preisanstieg ['praɪsanʃtiːk] *m* price increase, rise in prices
Preisausschreiben ['praɪsausʃraɪbən] *n* competition
Preisauszeichnung ['praɪsaustsaɪçnuŋ] *f* price-marking
Preisbildung ['praɪsbɪlduŋ] *f* price formation
Preisbindung ['praɪsbɪnduŋ] *f* price fixing

Preisdifferenzierung ['praɪsdɪfərɛntsiːruŋ] *f* price differentiation
Preiselastizität ['praɪselastitsiːt] *f* price elasticity
Preisempfehlung ['praɪsɛmpfeːluŋ] *f* price recommendation; *unverbindliche* ~ suggested retail price
Preisentwicklung ['praɪsɛntvɪkluŋ] *f* price trend
Preiserhöhung ['praɪsɛrhøːuŋ] *f* price increase
preisgebunden ['praɪsgəbundən] *adj* price-controlled
Preisgefälle ['praɪsgəfɛlə] *n* price differential
preisgünstig ['praɪsgynstɪç] *adj* reasonably priced, worth the money, favourably priced
Preisindex ['praɪsɪndɛks] *m* price index
Preiskartell ['praɪskartɛl] *n* price fixing cartel
Preiskontrolle ['praɪskɔntrɔlə] *f* price control
Preislage ['praɪslaːgə] *f* price, price range
Preisliste ['praɪslɪstə] *f* price list, list of prices
Preis-Lohn-Spirale [praɪsloːnʃpi'raːlə] *f* wage-price spiral
Preisnachlass ['praɪsnaːxlas] *m* price reduction
Preisniveau ['praɪsnivoː] *n* price level
Preisnotierung ['praɪsnotiːruŋ] *f* price quotation
Preisobergrenze [praɪs'oːbərgrɛntsə] *f* price ceiling
Preispolitik ['praɪspolitiːk] *f* price policy
Preisrückgang ['praɪsrykgaŋ] *m* drop in prices, fall in prices, price recession
Preisschere ['praɪsʃeːrə] *f* price gap
Preisschild ['praɪsʃɪlt] *n* price tag, price label
Preisschwankung ['praɪsʃvaŋkuŋ] *f* price fluctuation
Preissenkung ['praɪszɛnkuŋ] *f* price reduction
Preisstabilität ['praɪsʃtabiliteːt] *f* stability of prices
Preissteigerung ['praɪsʃtaɪgəruŋ] *f* price increase
Preisstopp ['praɪsʃtɔp] *m* price stop
Preisuntergrenze [praɪs'untərgrɛntsə] *f* price floor
Preisverfall ['praɪsfɛrfal] *m* decline in prices, collapse of prices, large-scale slide of prices, crumbling of prices

preiswert ['praɪsveːrt] *adj* reasonably priced, worth the money
Premium ['preːmjum] *n* premium
Pre-Sales-Services ['priː'seɪlszøːvɪsəs] *f/pl* pre-sales services *pl*
Presse ['prɛsə] *f* press
Presseaktion ['prɛsəaktsjoːn] *f* press campaign
Presseerklärung ['prɛsəɛrkleːruŋ] *f* 1. *(mündlich)* statement to the press; 2. *(schriftlich)* press release
Pressekonferenz ['prɛsəkɔnfərɛnts] *f* press conference
Pressemitteilung ['prɛsəmɪtailuŋ] *f* press release
Pressesprecher(in) ['prɛsəʃprɛçər(ɪn)] *m/f* spokesman, spokeswoman
Pressezentrum ['prɛsətsɛntrum] *n* press office, press centre
Prestige [prɛs'tiːʒ] *n* prestige
Prestigeverlust [prɛs'tiːʒfɛrlust] *m* loss of prestige
Pretest ['priːtɛst] *m* pretest
Price Earnings Ratio [praɪz ɜːnɪŋs reɪʃɔ] *f (Kurs-Gewinn-Verhältnis)* price earnings ratio
Primanota [prima'noːta] *f* journal
Primapapiere ['primapapiːrə] *n/pl* prime papers *pl*
Primawechsel ['priːmavɛksəl] *m* first of exchange
Primäraufwand [pri'mɛːraufvant] *m* primary expenses *pl*
Primärbedarf [pri'mɛːrbədarf] *m* primary demand
Primärenergie [pri'mɛːrenɛrgiː] *f* primary energy
primärer Sektor [pri'mɛːrər 'zɛktor] *m* primary sector of the economy
Primärmarkt [pri'mɛːrmarkt] *m* primary market
Prime Rate ['praɪm 'reɪt] *f* prime rate
Printmedien ['prɪntmeːdjən] *pl* print media *pl*
Printwerbung ['prɪntvɛrbuŋ] *f* print advertising
Prioritätsaktien [priori'tɛːtsaktsjən] *f/pl* preference shares *pl*
Prioritätsobligationen [priori'tɛːtsobligatsjoːnən] *f/pl* priority bonds *pl*
privat [pri'vaːt] *adj* private; *adv* privately; ~ *versichert* privately insured
Privatadresse [pri'vaːtadrɛsə] *f* home address, private address
Privatbank [pri'vaːtbaŋk] *f* private bank

Privatdiskont [pri'va:tdɪskɔnt] *m* prime acceptance

Private Banking ['praɪvət 'bæŋkɪŋ] *n* private banking

private Güter [pri'va:tə 'gy:tər] *n/pl* private goods *pl*

private Kranken- und Unfallversicherung [pri'va:tə 'kraŋkən unt 'unfalfɛrzɪçəruŋ] *f* private medical/health and accident insurance

Privateigentum [pri'va:taɪgəntum] *n* private property

Privateinlagen [pri'va:taɪnla:gən] *f/pl* private contribution

Privatentnahme [pri'va:tɛntna:mə] *f* personal travings *pl*

privater Verbrauch [pri'va:tər fɛr'braux] *m* private consumption, personal consumption, expenditure

Privatgeschäft [pri'va:tgəʃɛft] *n* private transaction

Privathaushalt [pri'va:thaushalt] *m* private household

Privatinitiative [pri'va:tɪnɪtsjati:və] *f* one's own initiative, personal initiative

privatisieren [privati'zi:rən] *v* privatize, transfer to private ownership, denationalize *(UK)*

Privatisierung [privati'zi:ruŋ] *f* privatization

Privatkonto [pri'va:tkɔnto] *n* private account, personal account

Privatmittel [pri'va:tmɪtəl] *n/pl* private means *pl*

Privatrecht [pri'va:trɛçt] *n* private law

Privatversicherung [pri'va:tfɛrzɪçəruŋ] *f* private insurance

Privatwirtschaft [pri'va:tvɪrtʃaft] *f* private industry, private enterprise *(US)*

privatwirtschaftlich [pri'va:tvɪrtʃaftlɪç] *adj* private-enterprise

pro Kopf [pro: kɔpf] per capita

Probe ['pro:bə] *f 1. (Versuch)* experiment, test, trial; *2. (Muster)* sample, specimen, pattern

Probearbeitsverhältnis ['pro:bəarbaɪtsfɛrhɛltnɪs] *n* probationary employment

Probeauftrag ['pro:bəauftra:k] *m* trial order

Probeexemplar ['pro:bəɛksəmpla:r] *n* sample copy

Probefahrt ['pro:bəfa:rt] *f* trial run

Probelieferung ['pro:bəli:fəruŋ] *f* trial shipment

Probepackung ['pro:bəpakuŋ] *f* trial package

probeweise ['pro:bəvaɪzə] *adv* on a trial basis, as a test

Probezeit ['pro:bətsaɪt] *f* probationary period, trial period

Problemanalyse [pro'ble:manaly:zə] *f* problem analysis

Product-Management ['prɔdakt 'mænɪdʒmənt] *n* product management

Product-Placement ['prɔdakt 'pleɪsmənt] *n* product placement

Produkt [pro'dukt] *n* product

Produkt/Markt-Matrix [pro'dukt'markt'ma:trɪks] *f* product/market matrix

Produktdifferenzierung [pro'duktdɪfərɛntsi:ruŋ] *f* product differentiation

Produktdiversifikation [pro'duktdivɛrzifikatsjo:n] *f* product diversification

Produkteinführung [pro'duktaɪnfy:ruŋ] *f* launch of a product, product launch

Produktelimination [pro'duktelimina-tsjo:n] *f* product elimination

Produktenbörse [pro'duktənbœrzə] *f* merchantile exchange, produce exchange

Produktenhandel [pro'duktənhandl] *m* produce trade

Produktfamilie [pro'duktfami:ljə] *f* product family

Produktgeschäft [pro'duktgəʃɛft] *f* product business

Produktgestaltung [pro'duktgəʃtaltuŋ] *f* product design

Produkthaftung [pro'dukthaftuŋ] *f* product liability

Produktion [produk'tsjo:n] *f* production, output

Produktionsanlagen [produk'tsjo:nsanla:gən] *f/pl* production plant

Produktionsausfall [produk'tsjo:nsausfal] *m* loss of production

Produktionsfaktoren [produk'tsjo:nsfakto:rən] *m/pl* production factors *pl*

Produktionsgenossenschaft [produk-'tsjo:nsgənɔsənʃaft] *f* producers' co-operative

Produktionsgüter [produk'tsjo:nsgy:tər] *n/pl* producer goods *pl*, producers' capital goods *pl*

Produktionskapazität [produk'tsjo:nskapatsitɛ:t] *f* production capacity

Produktionskosten [produk'tsjo:nskɔstən] *pl* production costs *pl*

Produktionsplanung [produk'tsjo:nspla:nuŋ] *f* production planning

Produktionspotenzial [produk'tsjo:nspotɛntsja:l] *n* production potential

Produktionsprogramm [produk'tsjo:nsprogram] *n* production programme

Produktionsschwankung [produk'tsjo:ns-ʃvaŋkuŋ] ƒ fluctuations in production *pl*
Produktionstheorie [produk'tsjo:nsteori:] ƒ production theory
Produktionswert [produk'tsjo:nsve:rt] *m* production value
produktiv [produk'ti:f] *adj* productive; *adv* productively
Produktivität [produktivi'tɛ:t] ƒ productivity, productiveness, productive efficiency
Produktivvermögen [produk'ti:ffɛrmø:-gən] *n* productive wealth
Produktlinie [pro'duktli:njə] ƒ production scheduling
Produktpalette [pro'duktpalɛtə] ƒ range of products
Produktpiraterie [pro'duktpiratəri:] ƒ counterfeiting
Produktplanung [pro'duktpla:nuŋ] ƒ product planning
Produktplatzierung [pro'duktplatsi:ruŋ] ƒ product placement
Produktstandardisierung [pro'duktʃtandardizi:ruŋ] ƒ product standardization
Produzent(in) [produ'tsɛnt(ın)] *m/f (Hersteller)* producer
Produzentenhaftung [produ'tsɛntənhaftuŋ] ƒ product liability
Produzentenrente [produ'tsɛntənrɛntə] ƒ producer's surplus
produzieren [produ'tsi:rən] *v* produce, manufacture
professionell [profɛsjo'nɛ:l] *adj* professional; *adv* professionally
profilieren [profi'li:rən] *v sich* ~ distinguish o.s.
Profit [pro'fi:t] *m* profit
profitabel [profi'ta:bəl] *adj* profitable, lucrative
Profit-Center [pro'fi:tsɛntər] *n* profit centre
profitieren [profi'ti:rən] *v* profit, benefit, take advantage of
Profitrate [pro'fi:tra:tə] ƒ profit rate
Profitstreben [pro'fi:tʃtre:bən] *n* profit-seeking
Proformarechnung [pro'fɔrmarɛçnuŋ] ƒ pro forma invoice
Prognose [prog'no:zə] ƒ prognosis, prediction, forecast
Programm [pro'gram] *n* programme, program *(US)*
Programmfehler [pro'gramfe:lər] *m* bug
Programmgesellschaft [pro'gramgəzɛlʃaft] ƒ investment program(me)

programmgesteuert [pro'gramgəʃtəy-ərt] *adj* programme-controlled
programmieren [progra'mi:rən] *v* programme, program *(US)*
Programmierer(in) [progra'mi:rər(ın)] *m/f* programmer
Programmiersprache [progra'mi:rʃpra:xə] ƒ programming language
Programmierung [progra'mi:ruŋ] ƒ programming
Programmzertifikat [pro'gramtsɛrtifika:t] *n* certificate of participation (in an investment programme)
Progression [progrɛ'sjo:n] ƒ progression
progressiv [progrɛ'si:f] *adj* progressive
progressive Abschreibung [progrɛ'si:və 'apʃraıbuŋ] ƒ progressive depreciation
Prohibitivpreis [prohibi'ti:fpraıs] *m* prohibitive price
Prohibitivzoll [prohibi'ti:ftsɔl] *m* prohibitive duty
Projekt [pro'jɛkt] *n* project, plan, scheme
Projektfinanzierung [pro'jɛktfinantsi:ruŋ] ƒ project financing
Projektgesellschaft [pro'jɛktgəzɛlʃaft] ƒ joint-venture company
Projektleiter(in) [pro'jɛktlaıtər(ın)] *m/f* project manager
Projektmanagement [pro'jɛktmænıdʒmənt] *n* project management
Projektor [pro'jɛkto:r] *m* projector
Projektorganisation [pro'jɛktɔrganiza-tsjo:n] ƒ project-type organization
Pro-Kopf-Einkommen [pro:'kopfaınkɔmən] *n* per capita income
Prokura [pro'ku:ra] ƒ full power of attorney
Prokuraindossament [pro'ku:raındɔsamɛnt] *n* per procuration endorsement
Prokurist(in) [proku'rıst(ın)] *m/f* holder of special statutory, company secretary, authorised representative
Prolongation [prolɔŋga'tsjo:n] ƒ extension, prolongation
Prolongationsgeschäft [prolɔŋga'tsjo:nsgəʃɛft] *n* prolongation business
Prolongationssatz [prolɔŋga'tsjo:nssats] *m* renewal rate
Promesse [pro'mɛsə] ƒ promissory note
Promotion [promo'tsjo:n] ƒ *(Verkaufsförderung)* (sales) promotion
Promptgeschäft ['prɔmptgəʃɛft] *n* sale for quick delivery
Promptklausel ['prɔmptklauzəl] ƒ prompt clause

Propaganda [propa'ganda] *f* propaganda

proportionale Kosten [propɔrtsjo'naːlə 'kɔstən] *pl* proportional cost

Prospekt [pro'spɛkt] *m* prospectus, brochure, catalogue, catalog *(US)*

Prospekt bei Emissionen [pro'spɛkt baɪ emɪ'sjoːnən] *m* underwriting prospectus

Prospektprüfung [pro'spɛktpryːfuŋ] *f* audit of prospectus

Prosperität [prosperi'tɛːt] *f* prosperity

Protektion [protɛk'tsjoːn] *f (Begünstigung)* patronage, protection

Protektionismus [protɛktsjoː'nɪsmus] *m* protectionism

Protest [pro'tɛst] *m* protest

Protestliste [pro'tɛstlɪstə] *f* list of firms whose bills and notes have been protested

Protestverzicht [pro'tɛstfɛrtsɪçt] *m* waiver of protest

Protestwechsel [pro'tɛstvɛksəl] *m* protested bill

Protokoll [proto'kɔl] *n* record, minutes *pl*

Protokollführer(in) [proto'kɔlfyːrər(ɪn)] *m/f* clerk of the court, secretary

protokollieren [protokɔ'liːrən] *v 1.* record, keep a record of; *2. (bei einer Sitzung)* take the minutes

Prototyp [proto'tyːp] *m* prototype

Provenienz [prove'njɛnts] *f* provenance, origin

Provinzbank [pro'vɪntsbaŋk] *f* country bank

Provinzbörse [pro'vɪntsbœrzə] *f* regional stock exchange

Provision [provi'zjoːn] *f* commission

Provisionsabrechnung [provi'zjoːnsapreçnuŋ] *f* statement of commission

Provisionsbasis [provi'zjoːnsbaːzɪs] *f auf ~* on commission

provisionsfrei [provi'zjoːnsfraɪ] *adj* free of commission

provisionsfreies Konto [provi'zjoːnsfraɪəs 'kɔnto] *n* commission-free account

Provisionsgarantie [provi'zjoːnsgaranti:] *f* commission guarantee

provisionspflichtiges Konto [provi'zjoːnspflɪçtɪgəs 'kɔnto] *n* commission-bearing account

Provisionszahlung [provi'zjoːnstsaːluŋ] *f* commission payment

Prozent [pro'tsɛnt] *n* per cent, percentage

Prozentkurs [pro'tsɛntkurs] *m* percentage quotation

Prozentrechnung [pro'tsɛntreçnuŋ] *f* percentage arithmetic

Prozentsatz [pro'tsɛntzats] *m* percentage

Prozess [pro'tsɛs] *m 1. (Entwicklung)* action, proceedings; *2. (Strafverfahren)* trial, lawsuit

Prozessakte [pro'tsɛsaktə] *f* case file, court record

Prozessbevollmächtigte(r) [pro'tsɛsbəfɔlmɛçtɪçtə(r)] *f/m* counsel, attorney of record

Prozessgegner(in) [pro'tsɛsgeːgnər(ɪn)] *m/f* opposing party

prozessieren [protsɛ'siːrən] *v* go to court, carry on a lawsuit, litigate

Prozesskosten [pro'tsɛskɔstən] *pl* legal costs *pl*, costs of the proceedings *pl*, costs of litigation *pl*

Prozessor [pro'tsɛsor] *m (EDV)* processor

Prozessorganisation [pro'tsɛsɔrganizatsjoːn] *f* process organization

Prüfer(in) ['pryːfər(ɪn)] *m/f* inspector; *(Rechnungsprüfer)* auditor

Prüfung ['pryːfuŋ] *f* inspection, examination

Prüfungsbericht ['pryːfuŋsbərɪçt] *m* audit report

Prüfungskommission ['pryːfuŋskɔmɪsjoːn] *f* examining commission

Prüfungspflicht ['pryːfuŋspflɪçt] *f* statutory audit

Prüfungsverband ['pryːfuŋsfɛrbant] *m* auditing association

Prüfungsvermerk ['pryːfuŋsfɛrmɛrk] *m* certificate of audit

Public Management ['pablɪk 'mænɪdʒmənt] *n* public management

Public Relations (PR) ['pablɪk rɪ'leɪʃənz] *pl* public relations (PR)

Publikationspflicht [publika'tsjoːnspflɪçt] *f* compulsory disclosure

Publikumsaktie ['puːblikumsaktsjə] *f* popular share

Publikumsfonds ['puːblikumsfɔ̃ː] *m* public fund

Publizität [publitsi'tɛːt] *f* publicity

Pull-Strategie ['pulʃtrategiː] *f* pulling strategy

pünktlich ['pyŋktlɪç] *adv* punctually, on time

Pünktlichkeit ['pyŋktlɪçkaɪt] *f* punctuality

Push-Strategie ['puʃʃtrategiː] *f* pushing strategy

Q/R

Quadratkilometer [kva'draːtkiːlomeːtər] *m* square kilometre
Quadratmeter [kva'draːtmeːtər] *m* square metre
Quadratmeterpreis [kva'draːtmeːtərpraɪs] *m* price per square metre
Quadratzentimeter [kva'draːttsɛntimeːtər] *m* square centimetre
Qualifikation [kvalifika'tsjoːn] *f* qualification, capacity, ability
qualifiziert [kvalifi'tsiːrt] *adj* qualified
qualifizierte Gründung [kvalifi'tsiːrtə 'gryndʊŋ] *f* formation involving subscription in kind
qualifizierte Legitimationspapiere [kvalifi'tsiːrtə legitima'tsjoːnspapiːrə] *n/pl* eligible title-evidencing instrument
qualifizierte Mehrheit [kvalifi'tsiːrtə 'meːrhaɪt] *f* qualified majority
qualifizierte Minderheit [kvalifi'tsiːrtə 'mɪndərhaɪt] *f* right-conferring minority
Qualität [kvali'tɛːt] *f* quality; *erstklassige ~* high quality, top quality
qualitativ [kvalita'tiːf] *adj* qualitative
qualitatives Wachstum [kvalita'tiːvəs 'vakstum] *n* qualitative growth
Qualitätsabweichung [kvali'tɛːtsapvaɪçʊŋ] *f* deviation from quality
Qualitätsarbeit [kvali'tɛːtsarbaɪt] *f* quality work
Qualitätsbezeichnung [kvali'tɛːtsbətsaɪçnʊŋ] *f* designation of quality, grade
Qualitätserzeugnis [kvali'tɛːtsɛrtsɔyknɪs] *n* quality product, quality article
Qualitätskontrolle [kvali'tɛːtskɔntrɔlə] *f* quality control
Qualitätsmanagement [kvali'tɛːtsmɛnɛdʒmənt] *n* quality management
Qualitätsmerkmal [kvali'tɛːtsmɛrkmaːl] *n* mark of quality, quality characteristic
Qualitätsminderung [kvali'tɛːtsmɪndərʊŋ] *f* reduction in quality
Qualitätssicherung [kvali'tɛːtszɪçərʊŋ] *f* quality assurance
Qualitätssteigerung [kvali'tɛːtsʃtaɪgərʊŋ] *f* improvement in quality
Qualitätsunterschied [kvali'tɛːtsʊntərʃiːt] *m* quality difference, difference in quality
Qualitätszirkel [kvali'tɛːtstsɪrkl] *m* quality circle

Quantität [kvanti'tɛːt] *f* quantity, amount
quantitativ [kvantita'tiːf] *adj* quantitative
Quantitätsgleichung [kvanti'tɛːtsglaɪçʊŋ] *f* quantity equation
Quantitätsnotierung [kvanti'tɛːtsnotiːrʊŋ] *f* fixed exchange
Quantitätstheorie [kvanti'tɛːtsteoriː] *f* quantity theory
Quantum ['kvantum] *n* quantum, quantity, ration
Quartal [kvar'taːl] *n* quarter
Quartalsbericht [kvar'taːlsbərɪçt] *m* quarterly report
Quartalsende [kvar'taːlsɛndə] *n* end of the quarter
Quartalsrechnung [kvartaːlsrɛçnʊŋ] *f* quarterly invoice
quartalsweise [kvar'taːlsvaɪzə] *adj* quarterly; *adv* quarterly
Quasigeld ['kvaːzigɛlt] *n* quasi money
Quasimonopol ['kvaːzimonopoːl] *n* quasi monopoly
Quasirente ['kvaːzirɛntə] *f* quasi rent
Quasipapiere ['kvaːzipapiːrə] *n/pl* quasi-paper
Quellenabzugsverfahren ['kvɛlənaptsuːksfɛrfaːrən] *n* pay as you earn (PAYE)
Quellenprinzip ['kvɛlənprɪntsiːp] *n* source principle
Quellensteuer ['kvɛlənʃtɔyər] *f* tax collected at the source, withholding tax
Quick Ratio ['kvɪk 'reɪʃiəʊ] *f (Liquidität ersten Grades)* quick ratio
quitt [kvɪt] *adj* quits *(UK)*, square, even
quittieren [kvɪ'tiːrən] *v (bestätigen)* receipt, give a receipt, acknowledge receipt
Quittung ['kvɪtʊŋ] *f* receipt, voucher
Quittungsblock ['kvɪtʊŋsblɔk] *m* receipt pad
Quittungseinzugsverfahren ['kvɪtʊŋsaɪntsuːksfɛrfaːrən] *n* receipt collection procedure
Quorum ['kvoːrum] *n* quorum
Quotation [kvota'tsjoːn] *f* quotation
Quote ['kvoːtə] *f* quota; *(Verhältnisziffer)* rate; *(Anteil)* proportional share
Quotenaktie ['kvoːtənaktsjə] *f* share of no par value
Quotenhandel ['kvoːtənhandl] *m* quota transactions *pl*

Quotenkartell ['kvo:tənkartɛl] *n* commodity restriction scheme
Quotensystem ['kvo:tənzyste:m] *n* quota system
quotieren [kvo'ti:rən] *v (Börse)* quote
Quotierung [kvo'ti:ruŋ] *f (Börse)* quotation
Rabatt [ra'bat] *m* discount, rebate, allowance
Rabattvereinbarung [ra'batfɛraınba:ruŋ] *f* rebate agreement
Rack Jobbing ['ræk 'dʒɔbıŋ] *n* rack jobbing
Rahmenabkommen ['ra:mənapkɔmən] *n* outline agreement, skeleton agreement
Rahmenbedingungen ['ra:mənbədıŋuŋ-ən] *f/pl* general conditions *pl*
Rahmenkredit ['ra:mənkredi:t] *m* credit line, loan facility
Rahmentarif ['ra:mɔntari:f] *m* collective agreement
Rahmenvereinbarung ['ra:mənfɛraınba:-ruŋ] *f* blanket agreement
Rahmenvertrag ['ra:mənfɛrtra:k] *m* basic agreement, skeleton agreement, framework contract
Ramschkauf ['ramʃkauf] *m* rummage sale, jumble sale
Randerscheinung ['rantɛrʃaınuŋ] *f* secondary phenomenon
Random-Walk-Theorie [rændəm'wɔ:k teori:] *f* random-walk theory
Randproblem ['rantproble:m] *n* side problem, side issue
Rang [raŋ] *m 1.* rank; *2. (Qualität)* quality, grade, rate
Rangfolge ['raŋfɔlgə] *f* order of rank
Rangierbahnhof [raŋ'ʒi:rba:nho:f] *m* shunting yard *(UK)*, switchyard *(US)*
rangieren [raŋ'ʒi:rən] *v 1. (Eisenbahn)* shunt, switch *(US); 2. (Rang einnehmen)* rank; *an erster Stelle ~* rank first, to be in first place
Rangstufe ['raŋʃtu:fə] *f 1. (Abfolge)* rank; *2. (Wichtigkeit)* priority
Ranking ['ræŋkıŋ] *n* ranking
rapide [ra'pi:də] *adj* rapid
rapider Anstieg [ra'pi:dər 'anʃti:k] *m (Preise, Nachfrage)* rapid rise
Rat [ra:t] *m (Empfehlung)* advice
Rat für gegenseitige Wirtschaftshilfe (RGW) [ra:t fy:r 'ge:gənzaıtıgə 'vırtʃafts-hılfə] *m* Council for Mutual Economic Aid (COMECON)
Rate ['ra:tə] *f* instalment *(UK);* installment *(US)*

Ratenanleihen ['ra:tənanlaıən] *f* instalment loans *pl*
Ratenkauf ['ra:tənkauf] *m* instalment purchase, hire purchase
Ratenkredit ['ra:tənkredi:t] *m* instalment sales credit
Ratensparvertrag ['ra:tənʃpa:rfɛrtra:k] *m* saving-by-instalments contract
Ratenwechsel ['ra:tənvɛksəl] *m* bill payable in instalments
ratenweise ['ra:tənvaızə] *adj* in instalments
Ratenzahlung ['ra:təntsa:luŋ] *f* payment by instalments, deferred payment
Ratifikationsklausel [ratifika'tsjo:ns-klausəl] *f* ratification clause
Ratifikation [ratifika'tsjo:n] *f* ratification
rationalisieren [ratsjonali'zi:rən] *v* rationalize
Rationalisierung [ratsjonali'zi:ruŋ] *f* rationalisation
Rationalisierungsgewinn [ratsjonali'zi:-ruŋsgəvın] *m* rationalization profit
Rationalisierungsinvestition [ratsjonali-'zi:ruŋsınvɛstitsjo:n] *f* rationalization investment
Rationalisierungsmaßnahme [ratsjona-li'zi:ruŋsma:sna:mə] *f* efficiency measure
Rationalität [ratsjonali'tɛ:t] *f* efficiency
Rationalkauf [ratsjo'na:lkauf] *m* rational buying
Rationalverhalten [ratsjo'na:lfɛrhaltən] *n* rational behaviour
rationell [ratsjo'nɛl] *adj* efficient; *(wirtschaftlich)* economical
rationieren [ratsjo'ni:rən] *v* ration
Rationierung [ratsjo'ni:ruŋ] *f* rationing
ratsam ['ra:tza:m] *adj* advisable
Ratschlag ['ra:tʃla:k] *m* piece of advice, advice
Raubbau ['raupbau] *m* ruinous exploitation
Raubkopie ['raupkopi:] *f* pirate copy
Raumbedarf ['raumbədarf] *m* required space
räumen ['rɔymən] *v (Lagerbestände)* clear, sell, sell off
Raummangel ['raummaŋəl] *m* lack of room, restricted space
Raummaße ['raumma:sə] *n/pl* cubic measures *pl*
Räumung ['rɔymuŋ] *f* clearance
Räumungsklage ['rɔymuŋskla:gə] *f* action for eviction

Räumungsverkauf ['rɔymuŋsfɛrkauf] *m* clearance sale, closing-down sale, liquidation sale
Rausschmiss ['rausʃmɪs] *m (fam: Entlassung)* ouster
Reaktor [re'aktɔr] *m* reactor
real [re'al] *adj* real, in real terms, in terms of real value
Realeinkommen [re'a:laɪnkɔmən] *n* real income
Realignment [ri:ə'laɪnmənt] *n* realignment of parities
Realinvestition [re'a:lɪnvɛstitsjo:n] *f* real investment
Realisation [realiza'tsjo:n] *f* realization
realisierbar [reali'zi:rba:r] *adj* practicable, feasible, achievable
Realisierbarkeit [reali'zi:rba:rkaɪt] *f* feasibility, viability
realisieren [reali'zi:rən] *v* realize, convert into money; *(Pläne)* carry out
Realisierung [reali'zi:ruŋ] *f 1.* realization, liquidation, conversion into money; *2.* carrying out, implementation
realistisch [rea'lɪstɪʃ] *adj* realistic; *adv* realistically
Realkapital [re'a:lkapita:l] *n 1. (Volkswirtschaft)* real capital; *2. (Betriebswirtschaft)* tangible fixed assets *pl*
Realkauf [re'a:lkauf] *m* cash sale
Realkredit [re'a:lkredi:t] *m* credit on real estate
Realkreditinstitut [re'a:lkredi:tɪnstitu:t] *n* real-estate credit institution
Reallohn [re'a:llo:n] *m* real wages *pl*
Realsteuern [re'a:lʃtɔyərn] *f/pl* tax on real estate
Realvermögen [re'a:lfɛrmø:gən] *n* real wealth
Realzins [re'a:ltsɪns] *m* real rate of interest, interest rate in real terms
Recheneinheit ['rɛçənaɪnhaɪt] *f* calculation unit
Rechenkapazität ['rɛçənkapatsitɛ:t] *f* computing capacity
Rechenprüfung ['rɛçənpry:fuŋ] *f* arithmetic check
Rechenschaft ['rɛçənʃaft] *f* account; *jdn zur ~ ziehen* hold s.o. responsible; *über etw ~ ablegen* account for sth
Rechenschaftsbericht ['rɛçənʃaftsbərɪçt] *m* report, status report, accounting
Rechenschaftslegung ['rɛçənʃaftsle:-guŋ] *f* rendering of account

Rechenzentrum ['rɛçəntsɛntrʊm] *n* computer centre
Recherche [re'ʃɛrʃə] *f* investigation, enquiry
recherchieren [reʃɛr'ʃi:rən] *v* investigate
rechnen ['rɛçnən] *v* calculate, compute; *auf etw ~* count on sth; *mit etw ~* expect sth; *(zählen)* count
Rechner ['rɛçnər] *m (Elektronenrechner)* computer; *(Taschenrechner)* calculator
rechnergesteuert ['rɛçnərgəʃtɔyərt] *adj* computer controlled
Rechnung ['rɛçnuŋ] *f 1.* invoice, bill; *auf eigene ~* on one's own account; *jdm etw in ~ stellen* bill s.o. for sth; *2.* calculation, arithmetic
Rechnungsabgrenzung ['rɛçnuŋsap-grɛntsuŋ] *f* apportionment between accounting periods
Rechnungsabgrenzungsposten ['rɛç-nuŋsapgrɛntsuŋspɔstən] *m/pl* accruals and deferrals *pl*
Rechnungsbetrag ['rɛçnuŋsbətra:k] *m* invoice total
Rechnungsbuch ['rɛçnuŋsbu:x] *n* accounts book
Rechnungseinheit ['rɛçnuŋsaɪnhaɪt] *f* unit of account
Rechnungseinzugsverfahren ['rɛçnuŋs-aɪntsu:ksfɛrfa:rən] *n* accounts collection method, direct debit
Rechnungshof ['rɛçnuŋsho:f] *m* Court of Auditors
Rechnungsjahr ['rɛçnuŋsja:r] *n* financial year, fiscal year
Rechnungslegung ['rɛçnuŋsle:guŋ] *f* accounting
Rechnungsnummer ['rɛçnuŋsnʊmər] *f* invoice number
Rechnungsposten ['rɛçnuŋspɔstən] *m* entry, audit
Rechnungsprüfer(in) ['rɛçnuŋspry:fər(ɪn)] *m/f* auditor
Rechnungsprüfung ['rɛçnuŋspry:fuŋ] *f* audit
Rechnungsstellung ['rɛçnuŋsʃtɛluŋ] *f* invoicing, rendering in account
Rechnungssumme ['rɛçnuŋszʊmə] *f* invoice amount
Rechnungswesen ['rɛçnuŋsve:zən] *n* accountancy, accounting, bookkeeping
Rechnungszins ['rɛçnuŋstsɪns] *m* interest rate for accounting purposes

Recht [rɛçt] *n 1.* law; ~ *sprechen* administer justice; *2. (Anspruch)* right; *sein* ~ *fordern* demand sth as a right; *zu* ~ rightly; ~ *haben* to be right; ~ *bekommen* have been right; ~ *behalten* turn out to be right
rechtlich ['rɛçtlıç] *adj* legal, lawful; *adv* legally, lawfully
rechtmäßig ['rɛçtmɛːsıç] *adj* lawful; *adv* in a lawful manner
rechts [rɛçts] *adv* on the right
Rechtsabteilung ['rɛçtsaptaılʊŋ] *f* legal department
Rechtsanspruch ['rɛçtsanʃprʊx] *m* legal claim
Rechtsanwalt ['rɛçtsanvalt] *m* lawyer, solicitor *(UK)*, attorney *(US)*
Rechtsanwältin ['rɛçtsanvɛltın] *f* (female) lawyer, solicitor *(UK)*, attorney *(US)*
Rechtsanwaltsbüro ['rɛçtsanvaltsbyroː] *n* law office
Rechtsaufsicht ['rɛçtsaufzıçt] *f* legal supervision
Rechtsausschuss ['rɛçtsausʃus] *m* committee on legal affairs
Rechtsbehelf ['rɛçtsbəhɛlf] *m* legal remedy
Rechtsbeistand ['rɛçtsbaıʃtant] *m* legal aid
Rechtsberater(in) ['rɛçtsbəraːtər(ın)] *m/f* legal counsel
Rechtsberatungsstelle ['rɛçtsbəraːtuŋsʃtɛlə] *f* legal aid office
Rechtsbeschwerde ['rɛçtsbəʃveːrdə] *f* legal appeal, appeal
rechtsfähig ['rɛçtsfɛːıç] *adj* having legal capacity
Rechtsfähigkeit ['rɛçtsfɛːıçkaıt] *f* legal capacity
Rechtsfall ['rɛçtsfal] *m* case
Rechtsform ['rɛçtsfɔrm] *f* legal structure
Rechtsfrage ['rɛçtsfraːgə] *f* point of law, legal matter
Rechtsgeschäft ['rɛçtsgəʃɛft] *n* legal transaction
Rechtsgrundlage ['rɛçtsgruntlaːgə] *f* legal grounds *pl*
rechtsgültig ['rɛçtsgyltıç] *adj* legally valid, legal
Rechtshaftung ['rɛçtshaftuŋ] *f* legal responsibility
Rechtshilfe ['rɛçtshılfə] *f* legal aid
rechtskräftig ['rɛçtskrɛftıç] *adj* legally binding; *(Urteil)* final
Rechtslage ['rɛçtslaːgə] *f* legal situation, legal position

Rechtsmittel ['rɛçtsmıtəl] *n* legal remedy, appeal
Rechtsnachfolge ['rɛçtsnaːçfɔlgə] *f* legal succession
Rechtsnachfolger(in) ['rɛçtsnaːxfɔlgər-(ın)] *m/f* legal successor
Rechtsnorm ['rɛçtsnɔrm] *f* legal norm
Rechtsordnung ['rɛçtsɔrdnuŋ] *f* legal system
Rechtsprechung ['rɛçtʃprɛçuŋ] *f* administration of justice, judicial decision, court rulings *pl*
Rechtsschutz ['rɛçtsʃuts] *m* legal protection
Rechtsstaat ['rɛçtsʃtaːt] *m* state bound by the rule of law
Rechtsstaatlichkeit ['rɛçtsʃtaːtlıçkaıt] *f* rule of law
Rechtsstellung ['rɛçtsʃtɛluŋ] *f* legal status
Rechtsstreit ['rɛçtsʃtraıt] *m* legal action, lawsuit, litigation
rechtsverbindlich ['rɛçtsfɛrbıntlıç] *adj* legally binding
Rechtsverhältnis ['rɛçtsfɛrhɛltnıs] *n* legal relationship
Rechtsweg ['rɛçtsveːk] *m* legal recourse; *der* ~ *ist ausgeschlossen* the judges' decision is final
Rechtswesen ['rɛçtsveːzən] *n* legal system
rechtswidrig ['rɛçtsviːdrıç] *adj* unlawful, illegal; *adv* unlawfully, illegally
recycelbar [ri'saıkəlbaːr] *adj* recyclable
recyceln [ri'saıkəln] *v* recycle
Recycling [ri'saıklıŋ] *n* recycling
Recyclingpapier [ri'saıklıŋpapiːr] *n* recycled paper
Recyclingverfahren [ri'zaıklıŋfɛrfaːrən] *n* recycling process
redegewandt ['reːdəgəvant] *adj* articulate, eloquent
Redegewandtheit ['reːdəgəvanthaıt] *f* eloquence
Redezeit ['reːdetsaıt] *f* time allowed, speaking time
Rediskont [redıs'kɔnt] *m* rediscount
rediskontieren [redıskɔn'tiːrən] *v* rediscount
Rediskontierung [redıskɔn'tiːruŋ] *f* rediscount
Rediskontkontingent [redıs'kɔntkɔntıŋgɛnt] *n* rediscount quota
Redner(in) ['reːdnər(ın)] *m/f* speaker

Reduktion [reduk'tsjoːn] f reduction
Redundanz [redun'dants] f redundancy
reduzieren [redu'tsiːrən] v reduce, cut
Reeder(in) ['reːdər(ın)] m/f shipowner
Reederei [reːdə'raı] f shipping company, shipping line
Referent(in) [refe'rɛnt(ın)] m/f 1. (Redner) speaker, orator, reader of a paper; 2. (Sachbearbeiter) consultant, expert
Referenz [refe'rɛnts] f reference
Referenzkurs [refe'rɛntskurs] m reference rate
referieren [refe'riːrən] v report
Refinanzierung [refinan'tsiːruŋ] f refinancing, refunding
Refinanzierungspolitik [refinan'tsiːruŋspolitiːk] f refinancing policy
Reform [re'fɔrm] f reform
reformbedürftig [re'fɔrmbədyrftıç] adj in need of reform
Reformbestrebung [re'fɔrmbəʃtreːbuŋ] f reformatory effort
reformieren [refɔr'miːrən] v reform
Reformkurs [re'fɔrmkurs] m reform policy
Regel ['reːgəl] f rule
Regelbindung ['reːgəlbınduŋ] f rulebound policy
Regelmäßigkeit ['reːgəlmɛːsıçkaıt] f regularity
Regelung ['reːgəluŋ] f regulation, settlement
Regelwidrigkeit ['reːgəlviːdrıçkaıt] f irregularity
Regiebetrieb [re'ʒiːbətriːp] m publicly owned enterprise, municipal enterprise operated by an administrative agency
regieren [re'giːrən] v govern, rule
Regierung [re'giːruŋ] f government
Regionalbank [regjo'naːlbaŋk] f regional bank
regionale wirtschaftliche Integration [regjo'naːlə 'vırtʃaftlıçə ıntegra'tsjoːn] f regional economic integration
Regionalförderung [regjo'naːlfœrdəruŋ] f regional promotion
Register [re'gıstər] n register, index
Registratur [regıstra'tuːr] f (Abteilung) records office; (Aktenschrank) filing cabinet
registrieren [regıs'triːrən] v register, record
Registrierung [regıs'triːruŋ] f registration, entry
reglementieren [reglemɛn'tiːrən] v regulate

Reglementierung [reglemɛn'tiːruŋ] f regimentation
Regress [re'grɛs] m recourse
Regressanspruch [re'grɛsanʃprux] m recourse claim, claim of recourse
Regression [regrɛ'sjoːn] f regression
regresspflichtig [re'grɛspflıçtıç] adj liable to recourse
Regulierung [regu'liːruŋ] f regulation
Rehabilitation [rehabilita'tsjoːn] f rehabilitation
reich [raıç] adj rich
Reifezeugnis ['raıfətsɔyknıs] n (Abitur) school-leaving certificate, certificate of maturity
Reihenfertigung ['raıənfɛrtıguŋ] f flow shop production
Reihenuntersuchung ['raıənuntərzuːxuŋ] f mass screening
Reimport ['reımpɔrt] m reimportation
Reinerlös ['raınɛrløːs] m net proceeds pl
Reinertrag ['raınɛrtraːk] m net proceeds pl, net profit
reines Konossement ['raınəs kɔnɔsə'mɛnt] n clean bill of lading
Reingewicht ['raıngəvıçt] n net weight
Reingewinn ['raıngəvın] m net profit, net earnings pl
Reinvermögen ['raınfɛrmøːgən] n net assets pl
Reinvestition ['reınvɛstıtsjoːn] f reinvestment
Reisekosten ['raızəkɔstən] pl travel expenses pl
Reisekostenabrechnung ['raızəkɔstənaprɛçnuŋ] f deduction of travelling expenses
Reisekostenbuch ['raızəkɔstənbuːx] n travelling expenses book
Reisekreditbrief ['raızəkrediːtbriːf] m traveller's letter of credit
Reisescheck ['raızəʃɛk] m traveller's cheque
Reisespesen ['raızəʃpeːzən] pl travelling expenses pl
Reiseversicherung ['raızəfɛrzıçəruŋ] f travel insurance, tourist policy
Reitwechsel ['raıtvɛksl] m windmill, kite
Reklamation [reklama'tsjoːn] f complaint
Reklame [re'klaːmə] f advertising, publicity; (Einzelwerbung) advertisement
reklamieren [rekla'miːrən] v (beanstanden) complain about, object to
Rektaindossament ['rɛktaındɔsamɛnt] n restrictive endorsement

Rektapapiere ['rɛktapapiːrə] *n/pl* nonnegotiable instruments *pl*
Rektawechsel ['rɛktavɛksl] *m* non-negotiable bill of exchange
Relaunch ['rɪlɔːntʃ] *m* relaunch
Rembourskredit ['rãbuːrskrediːt] *m* documentary acceptance credit
Remittent [remɪ'tɛnt] *m* payee
Rendite [rɛn'diːtə] *f* yield, return
Renommee [renɔ'meː] *n* reputation
renommiert [renɔ'miːrt] *adj* renowned, famous
rentabel [rɛn'taːbəl] *adj* profitable, lucrative, profit-earning
Rentabilität [rɛntabili'tɛːt] *f* profitability, earning power
Rentabilitätsschwelle [rɛntabili'tɛːtsʃvɛlə] *f* break-even point
Rente ['rɛntə] *f 1. (Altersrente)* pension; *2. (aus einer Versicherung)* annuity
Rentenabteilung ['rɛntənaptaɪluŋ] *f* annuity department
Rentenalter ['rɛntənaltər] *n* retirement age
Rentenanleihe ['rɛntənanlaɪə] *f* perpetual bonds *pl,* annuity bond
Rentenberater(in) ['rɛntənbəraːtər(ɪn)] *m/f* consultant on pensions, pension consultant
Rentenbrief ['rɛntənbriːf] *m* annuity certificate
Rentenfonds ['rɛntənfɔː] *m* pension fund, fixed interest securities fund
Rentenhandel ['rɛntənhandl] *m* bond trading
Rentenmarkt ['rɛntənmarkt] *m* bond market, fixed interest market
Rentenpapiere ['rɛntənpapiːrə] *n/pl* bonds *pl*
Rentenreform ['rɛntənrefɔrm] *f* reform of the national pension system, social security reform *(US)*
Rentenversicherung ['rɛntənfɛrzɪçəruŋ] *f* annuity insurance, social security pension insurance
Rentenwert ['rɛntənveːrt] *m* fixed-interest security
rentieren [rɛn'tiːrən] *v sich ~* to be worthwhile, to be profitable, yield a profit
Rentner(in) ['rɛntnər(ɪn)] *m/f* pensioner, recipient of a pension
Reorganisation ['reɔrganizatsjoːn] *f* reorganization
reorganisieren ['reɔrganizɪːrən] *v* reorganize, reconstruct, regroup, revamp

Reparatur [repara'tuːr] *f* repair
reparaturanfällig [repara'tuːranfɛlɪç] *adj* breakdown-prone
reparieren [repa'riːrən] *v* repair, mend, fix
Repartierung [repar'tiːruŋ] *f* apportionment
Report [re'pɔrt] *m (Kursaufschlag)* contango
Reporteffekten [re'pɔrtɛfɛktə] *pl* contango securities *pl*
Reportgeschäft [re'pɔrtgəʃɛft] *n* contango transaction
Repräsentant(in) [reprɛzɛn'tant(ɪn)] *m/f* representative
repräsentieren [reprɛzɛn'tiːrən] *v* represent, act as representative for
Repressalie [reprɛ'saːljə] *f* reprisals *pl*
Reprise [re'priːzə] *f* reprise
Reprivatisierung [reprivati'siːruŋ] *f* reprivatisation, reversion to private ownership
Reproduktion [reproduk'tsjoːn] *f* reproduction, copy
Reproduktionskosten [reproduk'tsjoːnskɔstən] *pl* reproduction cost
Reproduktionswert [reproduk'tsjoːnsveːrt] *m* reproduction value
Reserve [re'zɛrvə] *f* reserve; *stille ~n* secret reserves
Reservebank [re'zɛrvəbaŋk] *f* reserve bank
Reservefonds [re'zɛrvəfɔː] *m* reserve fund
Reservehaltung [re'zɛrvəhaltuŋ] *f* reserve management
Reserven [re'zɛrvən] *f/pl* reserves *pl*
Reservewährung [re'zɛrvəvɛːruŋ] *f* reserve currency
reservieren [rezɛr'vɪːrən] *v* reserve
Reservierung [rezɛr'viːruŋ] *f* reservation
Ressort [rɛ'soːr] *n* department; decision unit, organizational unit
Ressource [rɛ'sʊrsə] *f* resources *pl*
Ressourcenknappheit [rɛ'sʊrsənknaphaɪt] *f* scarcity of resources
Ressourcennutzung [rɛ'sʊrsənnutsuŋ] *f* use of resources
Ressourcentransfer [rɛ'sʊrsəntransfeːr] *m* transfer of resources
Restbestand ['rɛstbəʃtant] *m* remaining stock
Restbetrag ['rɛstbətraːk] *m* remainder, balance, residual amount
Restdarlehen ['rɛstdaːrleːən] *n* purchase-money loan

Restlaufzeit ['rɛstlaʊftsaɪt] *f* remaining time to maturity
Restnutzungsdauer ['rɛstnutsuŋsdaʊər] *f* remaining life expectancy
Restposten ['rɛstpɔstən] *m* remaining stock, remnant
Restquote ['rɛstkvoːtə] *f* residual quota
Restriktion [rɛstrɪk'tsjoːn] *f* restriction
restriktiv [rɛstrɪk'tiːf] *adj* restrictive
Restrisiko ['rɛstriːziko] *n* remaining risk, acceptable risk
Restschuld ['rɛstʃult] *f* residual debt, unpaid balance in account, remaining debt
Restschuldversicherung ['rɛstʃultfɛrzɪçəruŋ] *f* residual debt insurance
Resturlaub ['rɛstuːrlaup] *m* paid holidays not yet taken *(UK)*, paid vacation days not yet taken *(US)*
Restwert ['rɛstveːrt] *m* net book value
Retention Marketing [rɪ'tenʃən 'markətɪŋ] *n* retention marketing
Retouren [re'tuːrən] *pl* goods returned *pl; (Finanzwesen)* bills and checks returned unpaid *pl*
retrograde Erfolgsrechnung [retro'graːdə ɛr'fɔlgsrɛçnuŋ] *f* inverse method of determining income
retrograde Kalkulation [retro'graːdə kalkula'tsjoːn] *f* inverse method of cost estimating
Return on Investment (ROI) [rɪ'tɛːn ɔn ɪn'vestmənt] *m* return on investment (ROI)
revidieren [revi'diːrən] *v (prüfen)* examine, check; *(ändern)* revise
Revision [revi'zjoːn] *f* audit
Revisionsabteilung [revi'zjoːnsaptaɪluŋ] *f* audit department
Revisionspflicht [revi'zjoːnspflɪçt] *f* auditing requirements *pl*
revolvierendes Akkreditiv [revɔl'viːrəndəs akredi'tiːf] *n* revolving letter of credit
Revolving-Kredit [rɪ'vɔlvɪŋkre'diːt] *m* revolving credit
Rezession [retsɛ'sjoːn] *f* recession
Reziprozität [retsiprotsi'tɛːt] *f* reciprocity
R-Gespräch ['ɛrgəʃprɛːç] *n* reversed-charge call, collect call *(US)*
Rhetorik [re'toːrɪk] *f* rhetoric
Richter(in) ['rɪçtər(ɪn)] *m/f* judge
Richtlinie ['rɪçtliːnjə] *f* guideline, standard directive
Richtpreis ['rɪçtpraɪs] *m* standard price, suggested price, recommended (retail) price
Richtwert ['rɪçtveːrt] *m* approximate value
Rimesse [ri'mɛsə] *f* remittance

Risiko ['riːziko] *n* risk; *Risiken abwägen* weigh the risks
Risikobereitschaft ['riːzikobəraɪtʃaft] *f* willingness to take risks
Risikodeckung ['riːzikodɛkuŋ] *f* risk cover
Risikokosten ['riːzikokɔstən] *pl* risk-induced costs *pl*
Risikolebensversicherung ['riːzikoleːbənsfɛrzɪçəruŋ] *f* term life insurance
Risikoprämie ['riːzikoprɛːmjə] *f* risk premium
Risikozuschlag ['riːzikotsuːʃlaːk] *m* additional risk premium
Risk Management ['rɪsk mænɪdʒmənt] *n* risk management
riskant [rɪs'kant] *adj* risky
riskieren [rɪs'kiːrən] *v* risk
Roboter ['rɔbɔtər] *m* robot
Rohbilanz ['roːbilants] *f* rough balance
Rohgewinn ['roːgəvɪn] *m* gross profit on sales
Rohmaterial ['roːmaterjaːl] *n* raw material
Rohöl ['roːøːl] *n* crude oil
Rohstoff ['roːʃtɔf] *m* raw material
Rohstofffonds ['roːʃtɔffɔ̃ː] *m* raw material funds *pl*
Rohstoffkartell ['roːʃtɔfkartɛl] *n* commodities cartel
Rohstoffknappheit *f* raw material shortage
Rohstoffmangel ['roːʃtɔfmaŋəl] *m* shortage of raw materials
Rohstoffmarkt ['roːʃtɔfmarkt] *m* commodity forward transaction
Rohstoffvermarktung ['roːʃtɔffɛrmarktuŋ] *f* marketing of raw materials
Rohzustand ['roːtsuːʃtant] *m* natural condition, unprocessed condition, unfinished condition
Roll-on-/Roll-off-Verkehr (RoRo) [rəʊl'ɔn rəʊl'ɔfɛr'keːr] *m* roll on/roll off transportation (roro)
Rollgeld ['rɔlgɛlt] *n* haulage
Roll-over-Kredit [rəʊl'əʊvərkre'diːt] *m* roll-over credit
rote Zahlen ['roːtə 'tsaːlən] *f/pl (fig)* red figures *pl*, the red *(fig)*
Route ['ruːtə] *f* route
Routine [ru'tiːnə] *f* routine, experience, daily practice
Rubel ['ruːbəl] *m* rouble, rubel *(US)*
Rückantwort ['rykantvɔrt] *f* reply; *(frankierte Postkarte)* postage-paid reply card
Rückantwort bezahlt (RP) ['rykantvɔrt bə'tsaːlt] reply-paid (RP)

rückdatieren ['rykdatiːrən] *v* backdate, antedate

Rückdelegation ['rykdelegatsjoːn] *f* back delegation

rückerstatten ['rykɛrʃtatən] *v* refund, reimburse

Rückerstattung ['rykɛrʃtatuŋ] *f* reimbursement, repayment

Rückfahrkarte ['rykfaːrkartə] *f* return ticket

Rückfahrt ['rykfaːrt] *f* return journey

Rückfluss ['rykflus] *m* reflux

Rückflussstücke ['rykflusʃtykə] *n/pl* securities repurchased *pl*

Rückfrage ['rykfraːgə] *f* question, further inquiry

Rückgabe ['rykgaːbə] *f* return, restitution, restoration

Rückgaberecht ['rykgabəreçt] *n* right of redemption, return privilege

Rückgang ['rykgaŋ] *m* decline, drop, decrease

rückgängig ['rykgɛŋɪç] *adj* ~ *machen* cancel, undo

Rückgarantie ['rykgarantiː] *f* counter guarantee

Rückgriff ['rykgrɪf] *m* recourse

Rückkauf ['rykkauf] *m* repurchase, buying back

Rückkaufdisagio ['rykkaufdɪzaːdʒo] *n* discount on repurchase

Rückkaufgeschäfte ['rykkaufgəʃɛftə] *n/pl* buy-back arrangements *pl*

Rückkaufswert ['rykkaufsveːrt] *m* redemption value

Rückkoppelung ['rykkɔpəluŋ] *f* feedback

Rücklage ['ryklaːgə] *f* 1. reserve; 2. (Ersparnisse) savings *pl*

rückläufig ['ryklɔyfɪç] *adj* declining

Rücknahme ['ryknaːmə] *f* taking back

Rückporto ['rykpɔrto] *n* return postage

Rückruf ['rykruːf] *m* call back

Rückscheck ['rykʃɛk] *m* returned cheque

Rückscheckprovision ['rykʃɛkprovizjoːn] *f* commission on returned cheque

Rückschein ['rykʃain] *m* advice of delivery

Rückschlag ['rykʃlaːk] *m* (fig) setback

Rückseite ['rykzaitə] *f* reverse, back

Rücksendung ['rykzenduŋ] *f* return

Rücksprache ['rykʃpraːxə] *f* consultation; *mit jdm ~ halten* consult with s.o.

Rückstand ['rykʃtant] *m* 1. (Außenstände) arrears *pl*; 2. (Lieferrückstand, Arbeitsrückstand) backlog; 3. (Abfallprodukt) residue; 4. (Rest) remains *pl*

rückständig ['rykʃtɛndɪç] *adj* 1. (Zahlung) overdue, outstanding; 2. (fig: überholt) outdated

Rückstellung ['rykʃtɛluŋ] *f* reserves *pl*

Rücktransport ['ryktranspɔrt] *m* return transport

Rücktritt ['ryktrɪt] *m* (Amtsniederlegung) resignation, retirement; (von einem Vertrag) rescission

Rücktrittsklausel ['ryktrɪtsklauzl] *f* escape clause

Rücktrittsrecht ['ryktrɪtsreçt] *n* right to rescind a contract

Rückvergütung ['rykfɛrgytuŋ] *f* refund

Rückversicherung ['rykfɛrzɪçəruŋ] *f* reinsurance

Rückwaren ['rykvaːrən] *pl* goods returned *pl*

Rückwechsel ['rykvɛksəl] *m* unpaid bill of exchange

rückwirkend ['rykvɪrkənt] *adj* retroactive, retrospective

rückzahlbar ['ryktsaːlbaːr] *adj* repayable

Rückzahlung ['ryktsaːluŋ] *f* repayment, refund, reimbursement

Rückzahlungsagio ['ryltsaːluŋsaːdʒo] *n* premium payable on redemption

Rückzoll ['ryktsɔl] *m* customs drawback

Rufnummer ['ruːfnumər] *f* telephone number, dial sequence

rufschädigend ['ruːfʃɛːdɪgənt] *adj* defamatory

Rüge ['ryːgə] *f* reprimand, reproof, rebuke

Rügepflicht ['ryːgəpflɪçt] *f* obligation to lodge a complaint

Ruhestand ['ruːəʃtant] *m* retirement

Ruhestörung ['ruːəʃtøːruŋ] *f* disturbance of the peace

Ruhetag ['ruːətaːk] *m* day of rest; „Montags ~" closed Mondays

Rumpfwirtschaftsjahr ['rumpfvɪrtʃaftsjaːr] *n* short fiscal year

Run [ran] *m* run

runder Tisch ['rundər tɪʃ] *m* (fig) round table

Rundfunkwerbung ['rundfunkvɛrbuŋ] *f* radio advertising

Rundschreiben ['runtʃraibən] *n* circular

Rüstkosten ['rystkɔstən] *pl* preproduction cost

Rüstungsauftrag ['rystuŋsauftraːk] *m* defence contract, arms contract

Rüstungsunternehmen ['rystuŋsuntərnɛːmən] *n* armaments manufacturer

S

Sabbatical [sə'bætɪkəl] *n* Sabbatical
Sabotage [zabo'ta:ʒə] *f* sabotage
sabotieren [zabo'ti:rən] *v* sabotage
Sachanlagen ['zaxanla:gən] *f/pl* fixed assets *pl*, tangible assets *pl*, physical assets *pl*
Sachanlagevermögen ['zaxanla:gəfɛrmø:gən] *n* tangible fixed assets *pl*
Sachbearbeiter(in) ['zaxbəarbaɪtər(ɪn)] *m/f* official in charge, clerk in charge
Sachbeschädigung ['zaxbəʃɛ:dɪguŋ] *f* damage to property
Sachbezüge ['zaxbətsy:gə] *f/pl* remuneration in kind
Sachdepot ['zaxdepo:] *n* impersonal security deposit
Sachdiskussion ['zaxdɪskusjo:n] *f* factual discussion
Sache ['zaxə] *f* case, lawsuit, action
Sacheinlage ['zaxaɪnla:gə] *f* investment in kind, contribution in kind
Sachenrecht ['zaxənrɛçt] *n* law of real and personal property
sachenrechtliche Wertpapiere ['zaxənrɛçtlɪçə 've:rtpapi:rə] *n/pl* property law securities *pl*
Sachfehler ['zaxfe:lər] *m* factual error
Sachfirma ['zaxfɪrma] *f* firm name derived from the object of the enterprise
Sachgebiet ['zaxgəbi:t] *n* field
Sachkapital ['zaxkapita:l] *n* real capital
Sachkapitalerhöhung ['zaxkapita:lɛrhø:uŋ] *f* capital increase through contribution in kind, increase in noncash capital
Sachkenntnis ['zaxkɛntnɪs] *f* expertise
Sachkredit ['zaxkredi:t] *m* credit based on collateral security
sachkundig ['zaxkundɪç] *adj* expert, competent
Sachleistung ['zaxlaɪstuŋ] *f* payment in kind, allowance
sachlich ['zaxlɪç] *adj* objective
Sachlichkeit ['zaxlɪçkaɪt] *f* objectivity
Sachmangel ['zaxmaŋəl] *m* material defect, material fault
Sachschaden ['zaxʃa:dən] *m* damage to property, physical damage
Sachverhalt ['zaxfɛrhalt] *m* facts *pl*, circumstances *pl*
Sachvermögen ['zaxfɛrmø:gən] *n* material assets *pl*, fixed capital

Sachverstand ['zaxfɛrʃtant] *m* expertise, knowledge
Sachverständige(r) ['zaxfɛrʃtɛndɪgə(r)] *f/m* expert (witness), authority, specialist
Sachverständigenrat ['zaxfɛrʃtɛndɪgənra:t] *m* panel of experts; German Council of Economic Experts
Sachwert ['zaxve:rt] *m* real value
Sachwertanleihen ['zaxve:rtanlaɪən] *f/pl* material value loans *pl*
Sachwert-Investmentfonds ['zaxve:rtɪnvɛstmɛntf5] *m* material asset investment funds *pl*
Safe [seɪf] *m* safe
Saison [zɛ'z5] *f* season
saisonabhängig [zɛ'z5aphɛŋɪç] *adj* seasonal
Saisonarbeit [zɛ'z5arbaɪt] *f* seasonal work
Saisonarbeiter(in) [zɛ'z5arbaɪtər(ɪn)] *m/f* seasonal worker
Saisonartikel [zɛ'z5:artɪkəl] *m* seasonal article
Saisonausverkauf [zɛ'z5:ausfɛrkauf] *m* end-of-season sale
Saisonbedarf [zɛ'z5:bədarf] *m* seasonal consumption, seasonal demand
saisonbedingt [zɛ'z5bədɪŋt] *adj* seasonal
saisonbereinigt [zɛ'z5bəraɪnɪçt] *adj* seasonally adjusted
Saisonbereinigung [zɛ'z5bəraɪnɪguŋ] *f* seasonal adjustment
Saisonbeschäftigung [zɛ'z5:bəʃɛftɪguŋ] *f* seasonal employment
Saisongeschäft [zɛ'z5gəʃɛft] *n* seasonal business
Saisonkredit [zɛ'z5kredi:t] *m* seasonal loan
Saisonreserven [zɛ'z5rezɛrvən] *f/pl* seasonal reserves *pl*
Saisonschwankungen [zɛ'z5ʃvaŋkuŋən] *f/pl* seasonal fluctuations *pl*
säkulare Inflation [zɛku'la:rə ɪnfla'tsjo:n] *f* secular inflation
Saldenbilanz ['zaldənbilants] *f* list of balances
saldieren [zal'di:rən] *v* balance
Saldo ['zaldo] *m* balance
Saldoübertrag ['zaldoy:bərtra:k] *m* balance carried forward
Sales Promotion ['seɪlz prɔ'mo:ʃən] *f (Verkaufsförderung)* sales promotion

Sammelaktie ['zaməlaktsjə] *f* multiple share certificate, global share
Sammelanleihe ['zaməlanlaɪə] *f* joint loan issue
Sammelauftrag ['zaməlauftra:k] *m* collective (giro) order
Sammelbestellung ['zaməlbəʃtɛluŋ] *f* consolidated order, joint order
Sammeldepot ['zaməldepo:] *n* collective deposit
Sammelinkassoversicherung ['zaməlɪnkasofɛrzɪçəruŋ] *f* group collection security
Sammelkonto ['zaməlkɔnto] *n* collective account
Sammelmappe ['zaməlmapə] *f* collecting folder
Sammel-Schuldbuchforderung ['zaməlʃultbuxfɔrdəruŋ] *f* collective debt register claim
Sammeltransport ['zaməltranspɔrt] *m* collective transport
Sammeltratte ['zaməltratə] *f* collective bill
Sammelüberweisung ['zaməly:bərvaɪzuŋ] *f* combined bank transfer
Sammelwertberichtigung ['zaməlve:rtbərɪçtɪguŋ] *f* global value adjustment
sanieren [za'ni:rən] *v* sanify, recapitalize
Sanierung [za'ni:ruŋ] *f* reconstruction, urban renewal
Sanierungsprogramm [za'ni:ruŋsprogram] *n* rescue package, rescue scheme
Sanktion [zaŋk'tsjo:n] *f* sanction, penalty
sanktionieren [zaŋktsjo'ni:rən] *v* sanction, put sanctions on
Sanktionsmaßnahme [zaŋkt'tsjo:nsma:sna:mə] *f* sanction
sättigen ['zɛtɪgən] *v (Markt)* saturate
Sättigung ['zɛtɪguŋ] *f* saturation
Sättigungspunkt ['zɛtɪguŋspuŋkt] *m (Markt)* point of saturation
Satz [zats] *m 1. (Menge)* set, batch; *2. (fester Betrag)* rate
Satzung ['zatsuŋ] *f* statutes *pl*
satzungsgemäß ['zatsuŋsgəmɛ:s] *adv* according to the rules/statutes/bylaws
säumig ['zɔymɪç] *adj (Schuldner)* defaulting, dilatory
Säumnis ['zɔymnɪs] *n 1. (Verzug)* delay; *2. (Nichteinhaltung)* delay
Säumniszuschlag ['zɔymnɪstsu:ʃla:k] *m* delay penalty
Scanner ['skænər] *m* scanner
Scannerkasse ['skænərkasə] *f* checkout scanner

Schaden ['ʃa:dən] *m 1.* damage, loss, harm; *2. (Personenschaden)* injury
Schadenersatz ['ʃa:dənɛrzats] *m 1.* compensation, indemnity, indemnification; *2. (festgesetzte Geldsumme)* damages *pl*
Schadenersatzansprüche ['ʃa:dənɛrzatsanʃpryçə] *m/pl* claim for damages
Schadenhöhe ['ʃa:dənhø:ə] *f* amount of loss
Schadensbegrenzung ['ʃa:dənsbəgrɛntsuŋ] *f* damage control, damage limitation
Schadensersatz ['ʃa:dənsɛrzats] *m* compensation for loss suffered, recovery of damages
Schadensersatzklage ['ʃa:dənsɛrzatskla:gə] *f* action for damages
Schadensersatzpflicht ['ʃa:dənsɛrzatspflɪçt] *f* liability for damages
Schadensfall ['ʃa:dənsfal] *m* case of damage
Schadensforderung ['ʃa:dənsfɔrdəruŋ] *f* claim for damages
Schadensleistung ['ʃa:dənslaɪstuŋ] *f* compensation
Schadensmeldung ['ʃa:dənsmɛlduŋ] *f* notification of damage
Schadensversicherung ['ʃa:dənsfɛrzɪçəruŋ] *f* casualty insurance
schadhaft ['ʃa:thaft] *adj* damaged; *(mangelhaft)* defective, faulty
schädigen ['ʃɛ:dɪgən] *v* damage; *(jdn ~)* harm
schädlich ['ʃɛ:tlɪç] *adj* harmful, damaging, detrimental
Schädlichkeit ['ʃɛ:tlɪçkaɪt] *f* harmfulness, noxiousness, injuriousness
Schadstoff ['ʃa:tʃtɔf] *m* harmful substance, harmful chemical
schadstoffarm ['ʃa:tʃtɔfarm] *adj* low in harmful chemicals
Schalldämmung ['ʃaldɛmuŋ] *f* soundproofing
Schaltbild ['ʃaltbɪlt] *n* connection diagram, wiring diagram
Schalter ['ʃaltər] *m (Theke, Bank~)* counter
Schaltergeschäft ['ʃaltərgəʃɛft] *n* business over the counter
Schalterprovision ['ʃaltərprovizjo:n] *f* selling commission
Schaltkreis ['ʃaltkraɪs] *m* circuit
Schaltzentrale ['ʃalttsɛntra:lə] *f* central control station; *(fig)* central control, systems control, control centre
Scharfsinn ['ʃarfzɪn] *m (geschäftlich)* acumen

Schattenwirtschaft ['ʃatənvɪrtʃaft] f underground economy
Schatzanweisung ['ʃatsanvaɪzuŋ] f treasury bond
Schatzbrief ['ʃatsbriːf] m treasury bond, exchequer bond *(UK)*
Schätze ['ʃɛtsə] m/pl treasury bonds pl
schätzen ['ʃɛtsən] v *(ungefähr berechnen)* estimate; *(annehmen)* suppose, reckon
Schätzer(in) ['ʃɛtsər(ɪn)] m/f appraiser, valuer, evaluator, assessor
Schätzung ['ʃɛtsuŋ] f *(ungefähre Berechnung)* estimate, valuation; *(Annahme)* estimation
Schatzwechsel ['ʃatsvɛksəl] m treasury bill
Schätzwert ['ʃɛtsveːrt] m estimated value, appraised value
Schaufenster ['ʃaufɛnstər] n shop window, store window *(US)*
Schaufensterwerbung ['ʃaufɛnstərverbuŋ] f shop-window advertising, store-window advertising *(US)*
Scheck [ʃɛk] m cheque, check *(US); einen ~ einlösen* cash a cheque
Scheckabrechnung ['ʃɛkaprɛçnuŋ] f cheque clearance
Scheckabteilung ['ʃɛkaptaɪluŋ] f cheque department
Scheckbetrug ['ʃɛkbətruːk] m cheque fraud
Scheckeinzug ['ʃɛkaɪntsuːk] m cheque collection
Scheckfähigkeit ['ʃɛkfɛːɪçkaɪt] f capacity to draw cheques
Scheckformular [ʃɛkfɔrmulaːr] n cheque form
Scheckheft ['ʃɛkhɛft] n cheque book *(UK)*, checkbook *(US)*
Scheckkarte ['ʃɛkkartə] f cheque card
Scheckklausel ['ʃɛkklauzəl] f cheque clause
Scheckrecht ['ʃɛkrɛçt] n negotiable instruments law concerning cheques
Scheckregress ['ʃɛkregrɛs] m cheque recourse
Schecksperre ['ʃɛkʃpɛrə] f stopping payment order, cancellation of a check
Scheckverkehr ['ʃɛkfɛrkeːr] m cheque transactions pl
Scheckwiderruf ['ʃɛkviːdərruːf] m cheque stopping
Scheckzahlung ['ʃɛktsaːluŋ] f payment by cheque

Scheinblüte [ʃaɪnblyːtə] f *(scheinbare Hochkonjunktur)* sham boom
Scheinfirma ['ʃaɪnfɪrma] f shell company
Scheingeschäft ['ʃaɪngəʃɛft] n fictitious transaction
Scheingesellschaft ['ʃaɪngəzɛlʃaft] f ostensible company
Scheingewinn ['ʃaɪngəvɪn] m fictitious profit
Scheingründung ['ʃaɪngrynduŋ] f fictitious formation
Scheinkaufmann ['ʃaɪnkaufman] m ostensible merchant
Scheinkurs ['ʃaɪnkurs] m fictitious quotation price
Scheinselbstständigkeit ['ʃaɪnzelpʃtɛndɪçkaɪt] f fictitious independence
scheitern ['ʃaɪtərn] v fail
Schema [ʃeːma] n *(Entwurf, Plan)* sketch, plan
Schenkung ['ʃɛŋkuŋ] f gift, donation
Schenkungssteuer ['ʃɛŋkuŋsʃtɔyər] f gift tax
Schenkungsurkunde ['ʃɛŋkuŋsuːrkundə] f deed of donation
Schicht [ʃɪçt] f 1. layer; 2. *(Arbeitsschicht)* shift
Schichtarbeit ['ʃɪçtarbaɪt] f shift work
Schichtwechsel ['ʃɪçtvɛksəl] m change of shift
Schieber ['ʃiːbər] m *(Betrüger)* profiteer, racketeer
Schiedsgericht ['ʃiːtsgərɪçt] n court of arbitration, arbitral court
Schiedsrichter(in) [ʃiːtsrɪçtər(ɪn)] m/f JUR arbitrator
Schiedsspruch ['ʃiːtsʃprux] m arbitration
Schiff [ʃɪf] n ship, vessel
schiffbar ['ʃɪfbaːr] adj navigable
Schiffbau ['ʃɪfbau] m shipbuilding
Schifffahrt ['ʃɪffaːrt] f navigation, shipping
Schiffsregister ['ʃɪfsregɪstər] n register of ships
Schiffswerft ['ʃɪfsvɛrft] f shipyard
schlechte Qualität ['ʃlɛçtə kvali'tɛːt] f poor quality
Schlechtwettergeld [ʃlɛçt'vɛtərgɛlt] n bad-weather compensation
schleichende Inflation ['ʃlaɪçəndə ɪnfla'tsjoːn] f creeping inflation
Schleichhandel ['ʃlaɪçhandəl] m illicit trade, illicit traffic
Schleichwerbung ['ʃlaɪçverbuŋ] f camouflaged advertising

Schleuderpreis ['ʃlɔydərpraɪs] *m* giveaway price, rock-bottom price
Schleuderware ['ʃlɔydərvaːrə] *f* giveaway article, giveaway product
Schlichtung ['ʃlɪçtʊŋ] *f* arbitration
Schlichtungsausschuss ['ʃlɪçtʊŋsausʃus] *m* arbitration committee
Schließfach ['ʃliːsfax] *n* 1. *(Bankschließfach)* safe deposit box; 2. *(Postschließfach)* post-office box
Schluss [ʃlus] *m* closure
Schlussbilanz ['ʃlusbilants] *f* closing balance
Schlussbrief ['ʃlusbriːf] *m* sales note
Schlussdividende ['ʃlusdividɛndə] *f* final dividend
Schlussnotierung ['ʃlusnotiːrʊŋ] *f (Börse)* closing rate
Schlüsselindustrien ['ʃlysəlɪndʊstriːn] *f/pl* key industries *pl*
Schlüsselqualifikation ['ʃlysəlkvalifikatsjoːn] *f* key qualification
Schlüsseltechnologie ['ʃlysəltɛçnologiː] *f* key technology
Schlusskurs ['ʃluskurs] *m* closing price
Schlussnote ['ʃlusnoːtə] *f* broker's note
Schlussverkauf ['ʃlusfɛrkauf] *m* seasonal clearance sale, end-of-season clearance sale
Schmiergeld ['ʃmiːrgɛlt] *n* bribe money
Schmuggel ['ʃmugəl] *m* smuggling
schmuggeln ['ʃmugəln] *v* smuggle, bootleg
Schmuggelware ['ʃmugəlvaːrə] *f* smuggled goods *pl*, contraband
Schmutzzulage ['ʃmutstsuːlaːgə] *f* dirty work bonus, dirty work pay
Schneeballsystem ['ʃneːbalzysteːm] *n* snowball sales system
Schnellhefter ['ʃnɛlhɛftər] *m* binder
Schnellverfahren ['ʃnɛlfɛrfaːrən] *n (fig: rasche Abwicklung)* expeditious handling, rapid processing
Schnitt [ʃnɪt] *m (Muster)* pattern
Schnittstelle ['ʃnɪtʃtɛlə] *f* interface
Schrankenwert ['ʃraŋkənvɛrt] *m* officially quoted security
Schreibkraft ['ʃraɪpkraft] *f (Stenotypist(in))* typist, *(Schreibkräfte)* clerical staff
Schreibmaschine ['ʃraɪpmaʃiːnə] *f* typewriter
Schreibtisch ['ʃraɪptɪʃ] *m* desk
schriftlich ['ʃrɪftlɪç] *adj* written; *adv* in writing
Schriftstück ['ʃrɪftʃtyk] *n* document, record, deed

Schriftverkehr ['ʃrɪftfɛrkeːr] *m* correspondence
Schriftwechsel ['ʃrɪftvɛksəl] *m* correspondence
Schulabschluss ['ʃuːlapʃlus] *m* school qualification *(UK)*, diploma *(US)*
Schuld [ʃult] *f (Geldschuld)* debt
Schuldanerkenntnis ['ʃultanɛrkɛntnɪs] *f* acknowledgement of a debt
Schuldbrief ['ʃultbriːf] *m* certificate of indebtedness
Schulden ['ʃuldən] *f/pl* debts *pl*, liabilities *pl; sich etw zu ~ kommen lassen (fig)* do sth wrong
schulden ['ʃuldən] *v* owe
Schuldenabkommen ['ʃuldənapkɔmən] *n* debt agreement
Schuldendienst ['ʃuldɛndiːnst] *m* debt service
Schuldenerlass ['ʃuldənɛrlas] *m* debt relief
schuldenfrei ['ʃuldənfraɪ] *adj* free from debt
Schuldenkonsolidierung ['ʃuldənkɔnzolidiːrʊŋ] *f* 1. *(Recht)* offsetting of receivables and payables in the consolidated financial statements; 2. *(Finanzen)* consolidation of debt
Schuldenkriterium ['ʃuldənkriteːrjum] *n* debt criterion
Schuldenmasse ['ʃuldənmasə] *f* liabilities *pl*
Schuldenstand ['ʃuldənʃtant] *m* debt position
Schuldentilgung ['ʃuldəntɪlgʊŋ] *f* debt liquidation
schuldhaft ['ʃulthaft] *adj* culpable
schuldig ['ʃuldɪç] *adj* 1. *(Geld)* due, owing; 2. *(verantwortlich)* guilty
Schuldner(in) ['ʃultnər(ɪn)] *m/f* debtor, party liable
Schuldrecht ['ʃultrɛçt] *n* law of obligations
Schuldschein (p.n.) ['ʃultʃaɪn] *m* promissory note (p.n.)
Schuldscheindarlehen ['ʃultʃaɪndaːrleːn] *n* promissory note bond
Schuldspruch ['ʃultʃprux] *m* conviction
Schuldübernahme ['ʃultyːbərnaːmə] *f* assumption of an obligation
Schuldverhältnis ['ʃultfɛrhɛltnɪs] *n* obligation
Schuldverschreibung ['ʃultfɛrʃraɪbʊŋ] *f* debenture bond
Schuldversprechen ['ʃultfɛrʃprɛçən] *n* promise to fulfil an obligation
Schuldwechsel ['ʃultvɛksəl] *m* bill payable
Schuldzins ['ʃulttsɪns] *m* interest on debts, interest on borrowing

Schulung ['ʃuːluŋ] *f* schooling, training
Schulungspersonal ['ʃuːluŋspɛrzonaːl] *n* training staff
Schutzbrille ['ʃutsbrɪlə] *f* protective goggles *pl*
Schutzfrist ['ʃutsfrɪst] *f* term of protection
Schutzgemeinschaft für allgemeine Kreditsicherung (Schufa) ['ʃutsɡəmaɪn-ʃaft fyːr 'alɡəmaɪnə kre'diːtzɪçəruŋ] *f* Schufa (group for general credit protection)
Schutzhelm ['ʃutshɛlm] *m* safety helmet
Schutzkleidung ['ʃutsklaɪduŋ] *f* protective clothing
Schutzmarke ['ʃutsmarkə] *f* trademark
Schutzzoll ['ʃutstsɔl] *m* protective duty
schwach [ʃvax] *adj* slack
Schwangerschaftsurlaub ['ʃvaŋərʃaftsuːrlaup] *m* maternity leave
Schwankung ['ʃvaŋkuŋ] *f (Abweichung)* fluctuation, variation
Schwänze ['ʃvɛntsə] *pl (planmäßig herbeigeführter Kursanstieg)* corners *pl*
Schwarzarbeit ['ʃvartsarbaɪt] *f* illicit work
schwarze Börse ['ʃvartsə 'bœrzə] *f* black stock exchange
schwarze Liste ['ʃvartsə 'lɪstə] *f* black bourse
schwarze Zahlen ['ʃvartsə 'tsaːlən] *f/pl (fig)* black figures *pl*, „the black"
Schwarzhandel ['ʃvartshandəl] *m* black market operations *pl*, black marketeering
schwebende Geschäfte ['ʃveːbəndə ɡə-'ʃɛftə] *n/pl* pending transactions *pl*
schwebende Schuld ['ʃveːbəndə 'ʃult] *f* floating debt
schwebende Unwirksamkeit ['ʃveːbəndə 'unvɪrkzaːmkaɪt] *f* provisionally inefficacy
Schweigepflicht ['ʃvaɪɡəpflɪçt] *f* confidentiality
Schweizerische Nationalbank ['ʃvaɪtsərɪʃə natsjo'naːlbaŋk] *f* National Bank of Switzerland
Schwellenland ['ʃvɛlənlant] *n* country undergoing industrialization
Schwemme ['ʃvɛmə] *f (Überangebot)* glut
schwere Papiere ['ʃveːrə pa'piːre] *n/pl* heavy-priced securities *pl*
Schwergut ['ʃveːrɡuːt] *n* heavy freight
Schwestergesellschaft ['ʃvɛstərɡəzɛl-ʃaft] *f* affiliated company
schwimmend ['ʃvɪmənd] *adj* floating
Schwindel ['ʃvɪndəl] *m (Betrug)* swindle, fraud, cheat

Schwindelgründung ['ʃvɪndəlɡrynduŋ] *f* fraud foundation
Schwund [ʃvunt] *m* dwindling, fading, decrease; *(Schrumpfen)* shrinkage
Schwundgeld ['ʃvuntɡɛlt] *n* scalage
Seefracht ['zeːfraçt] *f* sea freight, maritime freight
Seefrachtbrief ['zeːfraxtbriːf] *m* bill of lading
seemäßige Verpackung ['zeːmɛːsɪɡə fɛr-'pakuŋ] *f* sea-tight packing
Seewechsel ['zeːvɛksəl] *m* sea bill
Seeweg ['zeːveːk] *m* sea route
Sekretariat [zekreta'rjaːt] *n* secretary's office, secretariat *(UK)*
Sekretär(in) [zekre'tɛːr(ɪn)] *m/f* secretary
Sektor ['zɛktɔr] *m* sector, branch
Sektoren der Volkswirtschaft [zɛk'toː-rən deːr 'fɔlksvɪrtʃaft] *m/pl* sectors of the economy *pl*
sekundärer Sektor [zekun'dɛːrər 'zɛk-toːr] *m* secondary sector
Sekundärliquidität [zekun'dɛːrlikvidi-tɛːt] *f* secondary liquidity
Sekundärmarkt [zekun'dɛːrmarkt] *m* secondary market
Sekundawechsel [ze'kundavɛksəl] *m* second of exchange
Sekurisation [zekuriza'tsjoːn] *f* securization
Selbstauskunft ['zɛlpstauskunft] *f* voluntary disclosure
Selbstbeteiligung ['zɛlpstbətaɪlɪɡuŋ] *f* retention
Selbstfinanzierung ['zɛlpstfinantsiːruŋ] *f* self-financing
Selbstkostenpreis ['zɛlpstkɔstənpraɪs] *m* cost price
selbstständig ['zɛlpʃtɛndɪç] *adj* independent; *sich ~ machen* go into business for o.s.
Selbstständige(r) ['zɛlpʃtɛndɪɡə(r)] *f/m* self-employed (person), independent (person)
Selbstständigkeit ['zɛlpʃtɛndɪçkaɪt] *f* independence
Sendung ['zɛnduŋ] *f (Versand)* shipment, consignment
Senioritätsprinzip [zeːnjori'tɛːtsprɪntsiːp] *n* principle of seniority
Serie ['zeːrjə] *f* series
seriell [zeː'rjɛl] *adj* serial
Serienanfertigung ['zeːrjənanfɛrtɪɡuŋ] *f* serial production
Serienfertigung ['zeːrjənfɛrtɪɡuŋ] *f* series production

Seriengröße ['ze:rjəngrø:sə] *f* batch size
serienmäßig ['ze:rjənmɛ:sɪç] *adj* serial; *adv* in series
Serienproduktion ['ze:rjənprɔduktsjo:n] *f* mass production
serienreif ['ze:rjənraɪf] *adj* ready for series production, ready for multiple production
seriös [ze'riø:s] *adj* reliable, honest
Seriosität [zerjozi'tɛ:t] *f* seriousness
Server ['sə:və] *m (EDV)* server
Service ['zø:rvɪs] *m (Kundendienst)* service
Servicenetz ['zø:rvɪsnɛts] *n* service network
Shareholdervalue ['ʃeəhəʊldər'vælju:] *m* shareholder value
Shelf-Space-Competition ['ʃelfspeɪskɔmpə'tɪʃən] *f* shelf space competition
Shop-in-the-Shop-Konzept ['ʃɔpɪnðə ʃɔpkɔn'tsɛpt] *n* shop-in-the-shop conception
Shoppingcenter ['ʃɔpɪŋsentər] *n* shopping centre
sicherer Server ['zɪçərər sɛ:və] *m* secure server
Sicherheit ['zɪçərhaɪt] *f (Gewähr)* collateral, security
Sicherheitskopie ['zɪçərhaɪtskopi:] *f* back-up copy
Sicherheitsmangel ['zɪçərhaɪtsmaŋəl] *m* security gap
Sicherheitsmaßnahmen ['zɪçərhaɪtsma:sna:mən] *f/pl* safety measures *pl,* security measures *pl*
Sicherheitsvorschriften ['zɪçərhaɪtsfo:rʃrɪftən] *f/pl* safety regulations *pl*
Sicherungsabtretung ['zɪçəruŋsaptre:tuŋ] *f* assignment by way of security
Sicherungsgeschäft ['zɪçəruŋsgəʃɛft] *n* security transaction
Sicherungsgrundschuld ['zɪçəruŋsgrundʃult] *f* cautionary land charge
Sicherungshypothek ['zɪçəruŋshypote:k] *f* cautionary mortgage
Sicherungsschein ['zɪçəruŋsʃaɪn] *m* security note
Sicherungsübereignung ['zɪçəruŋsy:bəraɪgnuŋ] *f* transfer of ownership by way of security
Sichteinlagen ['zɪçtaɪnla:gən] *f/pl* sight deposits *pl*
Sichthülle ['zɪçthylə] *f* transparent cover
Sichtkurs ['zɪçtkurs] *m* sight rate
Sichtvermerk ['zɪçtfɛrmɛrk] *m* indication that one has looked over a document
Sichtwechsel ['zɪçtvɛksəl] *m* demand bill

Signet [zɪn'je:] *n* publisher's mark
Silbermünze ['zɪlbərmyntsə] *f* silver coin
Silberwährung ['zɪlbərvɛ:ruŋ] *f* silver standard
Simulation [zimula'tsjo:n] *f* simulation
Simulator [zimu'la:tɔr] *m* simulator
Single Sourcing ['sɪŋl 'sɔ:sɪŋ] *n* single sourcing
Sitz [zɪts] *m (Firmensitz)* headquarters
Sitzung ['zɪtsuŋ] *f* session, meeting
Skonto ['skɔnto] *n/m* discount
Skontoabzug ['skɔntoaptsu:k] *m* discount deduction
Skontration [skɔntrats'jo:n] *f* settlement of time bargains
sofort (ppt.) [zo'fɔrt] *adv* prompt (ppt.)
sofortige Lieferung [zo'fɔrtɪgə 'li:fəruŋ] *f* immediate delivery
sofortige Regulierung [zo'fɔrtɪgə regu-'li:ruŋ] *f* settlement with immediate effect
sofortiger Versand (i.t.) [zo'fɔrtɪgər fɛr-'zant] *m* prompt shipment
sofortige Zahlung [zo'fɔrtɪgə 'tsa:lun] *f* immediate payment
Sofortnachricht [zo'fɔrtna:xrɪçt] *f* instant message
Software ['sɔftve:r] *f* software
Solawechsel ['zo:lavɛksəl] *m* promissory note
Solidarhaftung [zoli'da:rhaftuŋ] *f* joint and several liability
Solidaritätszuschlag [zolidari'tɛ:tstsu:-ʃla:k] *m* tax benefitting economic recovery of the former East Germany
Soll [zɔl] *n* debit
Soll-Ist-Vergleich [zɔl'ɪstfɛrglaɪç] *m 1. (Betriebswirtschaft)* target-performance comparison actual; *2. (Produktion)* value comparison
Sollkaufmann ['zɔlkaufman] *m* merchant by virtue of registration
Sollkosten ['zɔlkɔstən] *pl* budgeted costs *pl*
Sollzahlen ['zɔltsa:lən] *f/pl* target figures *pl*
Sollzinsen ['zɔltsɪnsən] *m/pl* debtor interest rates *pl*
Sologeschäft ['zo:logəʃɛft] *n* single operation
Solvenz [zɔl'vɛnts] *f* solvency
Sonderabgabe ['zɔndərapga:bə] *f* special tax, special levy
Sonderabschreibungen ['zɔndərapʃraɪbuŋən] *f/pl* special depreciation
Sonderaktion ['zɔndəraktsjo:n] *f* special action

Sonderanfertigung ['zɔndəranfɛrtɪguŋ] *f* manufacture to customer's specifications

Sonderangebot ['zɔndərangəboːt] *n* special offer, special bargain

Sonderauftrag ['zɔndərauftraːk] *m* special order

Sonderausgaben ['zɔndərausgaːbən] *f/pl* special expenses *pl*

Sonderausgaben-Pauschbetrag ['zɔndərausgaːbən'pauʃbətraːk] *m* blanket allowance for special expenses

Sonderausschüttung ['zɔndərausʃytuŋ] *f* extra dividend

Sonderbetriebsvermögen ['zɔndərbətriːpsfɛrmøːgən] *n* special business property

Sonderbewegung ['zɔndərbəveːguŋ] *f* extraordinary trend

Sonderdepot ['zɔndərdepoː] *n* separate deposit

Sonderfall ['zɔndərfal] *m* special case

Sonderfazilitäten ['zɔndərfatsiliteːtən] *f/pl* special credit facilities *pl*

Sondergenehmigung ['zɔndərgəneːmɪguŋ] *f* special permission, special permit, waiver

Sonderkonto ['zɔndərkɔnto] *n* separate account

Sonderlombard ['zɔndərlɔmbart] *m* special lombard facility

Sondermüll ['zɔndərmyl] *m* special (toxic) waste

Sonderposten ['zɔndərpɔstən] *m* separate item

Sonderpreis ['zɔndərpraɪs] *m* special price, exceptional price

Sonderrabatt ['zɔndərrabat] *m* special discount

Sondervergütung ['zɔndərfɛrgyːtuŋ] *f* special allowance

Sondervermögen ['zɔndərfɛrmøːgən] *n* special fund

Sonderziehungsabteilung ['zɔndərtsiːuŋsaptailuŋ] *f* special drawing rights department

Sonderziehungsrechte ['zɔndərtsiːuŋsrɛçtə] *n/pl* special drawing rights *pl*

Sonderzinsen ['zɔndərtsɪnzən] *m/pl* special interests *pl*

sondieren [zɔn'diːrən] *v* study, probe

Sonntagsarbeit ['zɔntaːksarbaɪt] *f* sunday work

sonstige Verbindlichkeiten ['zɔnstɪgə fɛr'bɪndlɪçkaɪtən] *f/pl* other liabilities *pl*

Sorte ['zɔrtə] *f (Marke)* brand; *(Sorte)* sort

Sorten ['zɔrtən] *pl* foreign notes and coins *pl*

Sortengeschäft ['zɔrtəngəʃɛft] *n* dealings in foreign notes and coins *pl*

Sortenhandel ['zɔrtənhandəl] *m* dealing in foreign notes and coins

Sortenkurs ['zɔrtənkurs] *m* rate for foreign notes and coins, foreign currency rate

sortieren [zɔr'tiːrən] *v (nach Qualität)* grade

Sortiment [zɔrti'mɛnt] *n* assortment, range, variety

Sozialabgaben [zo'tsjaːlapgaːbən] *f/pl* social welfare contributions *pl*

soziale Marktwirtschaft [zo'tsiaːlə 'marktvɪrtʃaft] *f* social market economy

Sozialfonds [zo'tsiaːlfɔ̃ː] *m* social fund

Sozialhilfe [zo'tsjaːlhɪlfə] *f* social welfare assistance

Sozialisierung [zotsiaːli'ziːruŋ] *f* socialization

Sozialismus [zotsja'lɪsmus] *m* socialism

Sozialist(in) [zotsja'lɪst(ɪn)] *m/f* socialist

Sozialkosten [zo'tsiaːlkɔstən] *pl* social incurrance costs *pl*

Sozialleistungen [zo'tsjaːllaɪstuŋən] *f/pl* employers' social security contributions *pl*, social security benefits *pl*, social services *pl*

Sozialpfandbrief [zo'tsiaːlpfantbriːf] *m* mortgage bond serving a social purpose

Sozialplan [zo'tsiaːlplaːn] *m* social compensation plan

Sozialpolitik [zo'tsiaːlpolitiːk] *f* social policy

Sozialprodukt [zo'tsjaːlprɔdukt] *n* national product

Sozialstaat [zo'tsjaːlʃtaːt] *m* welfare state

Sozialversicherung [zo'tsjaːlfɛrzɪçəruŋ] *f* social insurance, Social Security *(US)*

Sozietät [zotsje'tɛːt] *f* partnership

Sozius ['zotsjus] *m* partner

Spanne ['ʃpanə] *f (Preisspanne)* range, margin

Sparbrief ['ʃpaːrbriːf] *m* savings certificate

Sparbuch ['ʃpaːrbuːx] *n* savings book

Spareinlage ['ʃpaːraɪnlaːgə] *f* savings deposit

sparen ['ʃpaːrən] *v* save, economize

Sparer(in) ['ʃpaːrər(ɪn)] *m/f* saver

Sparerfreibetrag ['ʃpaːrərfraɪbətraːk] *m* savers' tax-free amount

Sparguthaben ['ʃpaːrguːthaːbən] *n* savings account

Sparkasse ['ʃpaːrkasə] *f* savings bank

Sparkonto ['ʃpaːrkɔnto] *n* savings account

Sparmaßnahme ['ʃpaːrmaːsnaːmə] *f* economy measure

Sparobligation [ˈʃpaːrobligatsjoːn] ƒ savings bond
Sparpläne [ˈʃpaːrplɛːnə] m/pl savings plans pl
Sparpolitik [ˈʃpaːrpolitiːk] ƒ austerity policy, budgetary restraint
Sparprämie [ˈʃpaːrprɛːmjə] ƒ savings premium
Sparte [ˈʃpartə] ƒ line of business, division
Sparzulage [ˈʃpaːrtsuːlagə] ƒ savings bonus
Spätschalter [ˈʃpɛːtʃaltər] m night safe deposit
Spätschicht [ˈʃpɛːtʃɪçt] ƒ late shift
Speciality Goods [ˈspeʃəlti gʊdz] pl speciality goods pl
Spediteur(in) [ʃpediˈtøːr(ɪn)] m/ƒ forwarding agent, shipper
Spediteurkonnossement [ʃpediˈtøːrkɔnɔsəmɛnt] n house bill
Spediteurübernahmebescheinigung [ʃpediˈtøːryːbərnaːməbəʃaɪnɪguŋ] ƒ forwarder's receipt
Spedition [ʃpediˈtsjoːn] ƒ (Firma) forwarding agency, shipping agency
Speditionsgut [ʃpediˈtsjoːnsguːt] n forwarding goods pl
Speditionsunternehmen [ʃpediˈtsjoːnsuntərneːmən] n shipping company
Speicher [ˈʃpaɪçər] m EDV memory
Speicherkapazität [ˈʃpaɪçərkapatsitɛːt] ƒ memory, storage capacity
speichern [ˈʃpaɪçərn] v save, store
Speicherplatz [ˈʃpaɪçərplats] m memory location
Speicherung [ˈʃpaɪçəruŋ] ƒ storage, saving
Spekulant(in) [ʃpɛkuˈlant(ɪn)] m/ƒ speculator, speculative dealer
Spekulation [ʃpɛkulaˈtsjoːn] ƒ speculation
Spekulationsgeschäft [ʃpɛkulaˈtsjoːnsgəʃɛːft] n speculative transaction, speculative operation
Spekulationsgewinn [ʃpɛkulatsˈjoːnsgəvɪn] m speculative profit
Spekulationssteuer [ʃpɛkulatsˈjoːnsʃtɔyər] ƒ tax on speculative gains
spekulieren [ʃpɛkuˈliːrən] v speculate
Spenden [ˈʃpɛndən] ƒ/pl donations pl; voluntary contributions pl
Sperrdepot [ˈʃpɛrdepoː] n blocked safe-deposit
sperren [ˈʃpɛrən] v (Konto) block
Sperrgut [ˈʃpɛrguːt] n bulky goods pl
Sperrguthaben [ˈʃpɛrguːthaːbən] n blocked balance

Sperrkonto [ˈʃpɛrkɔnto] n blocked account, frozen account
Spesen [ˈʃpeːzən] pl expenses pl
Spesenabrechung [ˈʃpeːzənaprɛçnuŋ] ƒ statement of expenses
Spesenpauschale [ˈʃpeːzənpauʃaːlə] ƒ allowance for expenses
Spesenrechnung [ˈʃpeːzənrɛçnuŋ] ƒ expense report
Spezialbank [ʃpeˈtsjaːlbaŋk] n specialized commercial bank
Spezialfonds [ʃpeˈtsjaːlfɔ̃ː] m specialized fund
Spezialgeschäft [ʃpeˈtsjaːlgəʃɛft] n specialty shop
spezialisieren [ʃpetsjaliˈziːrən] v sich auf etw ~ specialize in sth
Spezialisierung [ʃpetsjaliˈziːruŋ] ƒ specialization
Spezialist(in) [ʃpetsjaˈlɪst(ɪn)] m/ƒ specialist
Spezialitätenfonds [ʃpetsjaliˈtɛːtənfɔ̃ː] m speciality fund
Spezialvollmacht [ʃpeˈtsjaːlfɔlmaxt] ƒ special power
Spezialwerte [ʃpeˈtsjaːlveːrtə] m/pl specialties pl
Spezifikation [ʃpetsifikaˈtsjoːn] ƒ specification
Spielraum [ˈʃpiːlraum] m margin
Spin-off [ˈspɪnɔf] n (Ausgliederung einer Tochtergesellschaft) spin off (a subsidiary company)
Spitzenleistung [ˈʃpɪtsənlaɪstuŋ] ƒ top performance, best achievement; peak output
Spitzenlohn [ˈʃpɪtsənloːn] m maximum pay, top wage
Splittingverfahren [ˈsplɪtɪŋfɛrˈfaːrən] n splitting method
sponsern [ˈʃpɔnzərn] v sponsor
Sponsor(in) [ˈʃpɔnzoːr(ɪn)] m/ƒ sponsor
Spotgeschäft [ˈspɔtgəʃɛft] n spot transactions pl
Spotmarkt [ˈspɔtmarkt] m spot market
Staat [ʃtaːt] m state
staatlich [ˈʃtaːtlɪç] adj state, public, governmental; adv by the state
Staatsangehörigkeit [ˈʃtaːtsangəhøːrɪçkaɪt] ƒ nationality, citizenship, national status
Staatsanleihen [ˈʃtaːtsanlaɪən] ƒ/pl government loan, public bonds pl
Staatsanwalt [ˈʃtaːtsanvalt] m public prosecutor, Crown Prosecutor (UK), district attorney (US)

Staatsanwältin [ˈʃtaːtsanvɛltɪn] *f* (female) public prosecutor, Crown Prosecutor *(UK)*, district attorney *(US)*
Staatsausgaben [ˈʃtaːtsausgaːbən] *f/pl* public spending
Staatsbank [ˈʃtaːtsbaŋk] *f* state bank
Staatsbankrott [ˈʃtaːtsbaŋkrɔt] *m* national bankruptcy
Staatsbetrieb [ˈʃtaːtsbətriːp] *m* nationalized enterprise
Staatseigentum [ˈʃtaːtsaɪgəntum] *n* state property, public property
Staatseinnahmen [ˈʃtaːtsaɪnaːmən] *f/pl* public revenue
Staatshaushalt [ˈʃtaːtshaushalt] *m* state budget
Staatskasse [ˈʃtaːtskasə] *f* treasury
Staatspapiere [ˈʃtaːtspapiːrə] *n/pl* public securities *pl*
Staatsschulden [ˈʃtaːtsʃuldən] *f/pl* national debt
Staatsverschuldung [ˈʃtaːtsfɛrʃulduŋ] *f* state indebtedness
Staatszuschuss [ˈʃtaːtstsuːʃus] *m* government grant
stabil [ʃtaˈbiːl] *adj 1. (robust)* stable; *2. (konstant)* steady
stabile Wechselkurse [ʃtaˈbiːlə ˈvɛksəlkurzə] *m/pl* stable exchange rates *pl*
Stabilisierung [ʃtabiliˈziːruŋ] *f* stabilization
Stabilität [ʃtabiliˈtɛːt] *f* stability
Stabilität der Wechselkurse [ʃtabiliˈtɛːt deːr ˈvɛksəlkurzə] *f* exchange rate stability
stabilitätsgerechte Eintrittsbedingungen [ʃtabiliˈtɛːtsgərɛçtə ˈaɪntrɪtsbədɪŋuŋən] *f/pl* convergence conditions of participation *pl*
Stabilitätspolitik [ʃtabiliˈtɛːtspolitiːk] *f* stability policy
Stabilitäts- und Wachstumspakt [ʃtabiliˈtɛːts unt ˈvakstuːmspakt] *m* Stability and Growth Pact
Stab-Linien-Organisation [ˈʃtaːpliːnjənɔrganizatsjoːn] *f* line-staff organization structure
Städtebauförderung [ˈʃtɛtəbaufœrdəruŋ] *f* city planning development
städtisch [ˈʃtɛtɪʃ] *adj* municipal
Stadtwerke [ˈʃtatvɛrkə] *pl* municipal utilities *pl*
Staffelanleihe [ˈʃtafəlanlaɪə] *f* graduated-interest loan
Staffelpreis [ˈʃtafəlpraɪs] *m* graduated price
Staffelung [ˈʃtafəluŋ] *f* graduation
Stagflation [ʃtagflaˈtsjoːn] *f* stagflation
Stagnation [ʃtagnaˈtsjoːn] *f* stagnation

stagnieren [ʃtagˈniːrən] *v* stagnate
Stahl [ʃtaːl] *m* steel
Stahlindustrie [ˈʃtaːlɪndustriː] *f* steel industry
Stammaktie [ˈʃtamaktsjə] *f* ordinary share
Stammbelegschaft [ˈʃtambəleːkʃaft] *f* key workers *pl*
Stammeinlage [ˈʃtamaɪnlaːgə] *f* original capital contribution, original investment
Stammhaus [ˈʃtamhaus] *n* parent company
Stammkapital [ˈʃtamkapitaːl] *n* original stock, original capital, share capital
Stammkunde [ˈʃtamkundə] *m* regular (customer), patron
Stammkundin [ˈʃtamkundɪn] *f* (female) regular (customer), patron
Stammrecht [ˈʃtamrɛçt] *n* customary law
Stand [ʃtant] *m 1. (Messestand)* booth, stand; *2. (Situation)* position, situation; *auf dem neuesten ~ sein* to be up to date; *der ~ der Dinge* the situation; *im ~e sein, etw zu tun* to be capable of doing sth, to be able to do sth; *zu ~e kommen* come about, come off; *3. (Rang)* rank, class, status
Standard [ˈʃtandart] *m* standard
Standardabweichung [ˈʃtandartapvaɪçuŋ] *f* standard deviation
Standardausrüstung [ˈʃtandartausrystuŋ] *f* standard equipment
Standardbrief [ˈʃtandartbriːf] *m* standard-size letter, standard letter
Standardeinstellung [ˈʃtandartaɪnʃtɛluŋ] *f* EDV default
Standardformat [ˈʃtandartfɔrmaːt] *n* standard size
Standardisierung [ʃtandardiˈziːruŋ] *f* standardization
Standardmodell [ˈʃtandartmodɛl] *n* standard model
Standardwerte [ˈʃtandartveːrtə] *m/pl* standard values *pl*
Stand-by-Kredit [stɛndˈbaɪkrediːt] *m* stand-by credit
Standing [ˈstɛndɪŋ] *n* standing
Standort [ˈʃtantɔrt] *m* location, station
Standortfaktoren [ˈʃtantɔrtfaktoːrən] *m/pl* location factors *pl*
Standortwahl [ˈʃtantɔrtvaːl] *f* choice of location
stanzen [ˈʃtantsən] *v* stamp, punch
Stapel [ˈʃtaːpəl] *m* pile, heap, stack; *vom ~ laufen* to be launched
Stapelbestand [ˈʃtaːpəlbəʃtant] *m* stockpile
Stapelplatz [ˈʃtaːpəlplats] *m* store, depot

Stapelware ['ʃtaːpəlvaːrə] *f* staple goods *pl*

Starkstrom ['ʃtarkʃtroːm] *m* high voltage

starrer Wechselkurs ['ʃtarər 'vɛksəlkurs] *m* fixed exchange rate

Startbildschirm ['ʃtartbɪltʃɪrm] *m* EDV splash page, splash screen

Starthilfe ['ʃtarthɪlfə] *f (für ein Unternehmen)* launching aid, starting-up aid

Startkapital ['ʃtartkapitaːl] *n* startup money

Startseite ['ʃtartzaɪtə] *f EDV* homepage

Start-Up ['startap] *m* start up

Statistik [ʃta'tɪstɪk] *f* statistics

statistisch [ʃta'tɪstɪʃ] *adj* statistical; *adv* statistically

Statistisches Bundesamt [ʃta'tɪstɪʃəs 'bundəsamt] *n* Federal Statistical Office

Status ['ʃtaːtus] *m* status, state

Statussymbol ['ʃtaːtuszymboːl] *n* status symbol

Statut [ʃta'tuːt] *n* statute, regulation

Stecker ['ʃtɛkər] *m* plug, connector

steigend ['ʃtaɪɡənt] *adj* rising, ascending, mounting

steigern ['ʃtaɪɡərn] *v (erhöhen)* increase, raise, advance

Steigerung ['ʃtaɪɡəruŋ] *f (Erhöhung)* increase, raising

Steigerungsrate ['ʃtaɪɡəruŋsraːtə] *f* rate of escalation

Stellagegeschäft [ʃtɛ'laːʒəɡəʃɛft] *n* double option operation

Stelle ['ʃtɛlə] *f (Anstellung)* position, job; *(Dienststelle)* authority, office, agency

Stellenangebot ['ʃtɛlənangəboːt] *n* position offered, vacancy, offer of employment

Stellenanzeige ['ʃtɛlənantsaɪɡə] *f* position offered, employment ad

Stellenausschreibung ['ʃtɛlənausʃraɪbuŋ] *f* advertisement of a vacancy

Stellengesuch ['ʃtɛlənɡəzuːx] *n* situation wanted

Stellenmarkt ['ʃtɛlənmarkt] *m* job market

Stellensuche ['ʃtɛlənzuːxə] *f* job search

Stellenvermittlung ['ʃtɛlənfɛrmɪtluŋ] *f* job placement

Stellgeld ['ʃtɛlɡɛlt] *n* premium for double option

Stellgeschäft ['ʃtɛlɡəʃɛft] *n* put and call option

Stellkurs ['ʃtɛlkurs] *m* put and call price

Stellung ['ʃtɛluŋ] *f (Anstellung)* position, post, job

Stellungnahme ['ʃtɛluŋnaːmə] *f* comment

stellvertretend ['ʃtɛlfɛrtreːtənt] *adj* representative, deputy, acting

Stellvertreter(in) ['ʃtɛlfɛrtreːtər(ɪn)] *m/f* representative, agent, deputy

Stellvertretung ['ʃtɛlfɛrtreːtuŋ] *f* representation, proxy

Stempel ['ʃtɛmpəl] *m* stamp, postmark; *jdm seinen ~ aufdrücken* leave one's mark on s.o. *den ~ von jdm tragen* bear the stamp of s.o.

Stempelgebühr ['ʃtɛmpəlɡəbyːr] *f* stamp duty

stempeln ['ʃtɛmpəln] *v* stamp, mark; *~ gehen* to be on the dole

Stempelsteuer ['ʃtɛmpəlʃtɔyər] *f* stamp duty

Stenografie [ʃtenoɡra'fiː] *f* shorthand, stenography

stenografieren [ʃtenoɡra'fiːrən] *v* stenograph, write shorthand, write in shorthand

Stenotypistin [ʃtenoty'pɪstɪn] *f* shorthand typist

Sterilisierungsfonds [ʃteʁili'ziːruŋsfɔ̃ː] *m* sterilization funds *pl*

Sterilisierungspolitik [ʃterili'ziːrunspoliːk] *f* policy of sterilization funds

Sternchen ['ʃtɛrnçən] *n EDV* asterisk

Steuer ['ʃtɔyər] *f (Abgabe)* tax

Steuerabzug ['ʃtɔyəraptsuːk] *m* tax deduction

Steueraufkommen ['ʃtɔyəraufkɔmən] *n* tax yield, tax revenue, receipts from taxes *pl*

Steuerbefreiung ['ʃtɔyərbəfraɪuŋ] *f* tax exemption

steuerbegünstigt ['ʃtɔyərbəɡynstɪçt] *adj* tax sheltered, eligible for tax relief

steuerbegünstigte Wertpapiere ['ʃtɔyərbəɡynstɪçtə 'veːrtpapiːrə] *n/pl* tax-privileged securities *pl*

steuerbegünstigtes Sparen ['ʃtɔyərbəɡynstɪçtəs 'ʃpaːrən] *f* tax-privileged saving

Steuerbehörde ['ʃtɔyərbəhøːrdə] *f* tax authority

Steuerberater(in) ['ʃtɔyərbəraːtər(ɪn)] *m/f* tax advisor, tax consultant

Steuerbescheid ['ʃtɔyərbəʃaɪt] *m* notice of tax assessment

Steuerbetrug ['ʃtɔyərbetruːk] *m* fiscal fraud, tax fraud

Steuerbilanz ['ʃtɔyərbilants] *f* tax balance sheet

Steuererhöhung ['ʃtɔyərɛrhøːuŋ] *f* tax increase

Steuererklärung ['ʃtɔyərɛrklɛːruŋ] *f* tax return, tax declaration

Steuerermäßigung ['ʃtɔyərɛrmɛːsiɡuŋ] *f* tax relief

Steuerfahndung ['ʃtɔyərfaːnduŋ] *f* investigation into tax evasion
Steuerflucht ['ʃtɔyərfluxt] *f* tax evasion by leaving the country, becoming a tax exile
steuerfrei ['ʃtɔyərfraɪ] *adj* tax-free, exempt from taxation
Steuerfreibetrag ['ʃtɔyərfraɪbətraːk] *m* statutory tax exemption
Steuerhinterziehung ['ʃtɔyərhɪntərtsiːuŋ] *f* tax evasion
Steuerhoheit ['ʃtɔyərhoːhaɪt] *f* jurisdiction to tax
Steuerklasse ['ʃtɔyərklasə] *f* tax bracket
steuerlich ['ʃtɔyərlɪç] *adj* for tax purposes
steuern ['ʃtɔyərn] *v* control
Steuernachzahlung ['ʃtɔyərnaːxtsaːluŋ] *f* additional payment of taxes
Steuernummer ['ʃtɔyərnumər] *f* taxpayer's reference number
Steueroase ['ʃtɔyəroaːzə] *f* tax haven
Steuerparadies ['ʃtɔyərparadiːs] *n* tax haven
steuerpflichtig ['ʃtɔyərpflɪçtɪç] *adj* taxable, subject to tax
Steuerpolitik ['ʃtɔyərpolitiːk] *f* fiscal policy
Steuerrecht ['ʃtɔyərrɛçt] *n* law of taxation, fiscal law
Steuerreform ['ʃtɔyərrefɔrm] *f* tax reform
Steuerstundung ['ʃtɔyərʃtunduŋ] *f* tax deferral
Steuerung ['ʃtɔyəruŋ] *f* control
Steuerveranlagung ['ʃtɔyərfɛranlaːguŋ] *f* tax assessment
Steuerzahler(in) ['ʃtɔyərtsaːlər(ɪn)] *m/f* taxpayer
Steuerzahlung ['ʃtɔyərtsaːluŋ] *f* payment of taxes
Steuerzeichen ['ʃtɔyərtsaɪçən] *n* control character
Stichkupon ['ʃtɪçkupõː] *m* renewal coupon
Stichprobe ['ʃtɪçproːbə] *f* spot check, random test
stichprobenartig ['ʃtɪçproːbənartɪç] *adj* random; *adv* on a random basis
Stichtag ['ʃtɪçtaːk] *m* effective date, key date
Stichtagsinventur ['ʃtɪçtaːksɪnventuːr] *f* end-of-period inventory
Stichtagskurs ['ʃtɪçtaːkskurs] *m* market price on reporting date
Stichtagsumstellung ['ʃtɪçtaːksumʃtɛluŋ] *f* changeover on E-day
Stichwort ['stɪçvɔrt] *n* key word
Stift [ʃtɪft] *m (Bleistift)* pencil; *(Filzstift)* pen, felt-tip pen

Stiftung ['ʃtɪftuŋ] *f* 1. *(Schenkung)* donation, bequest; 2. *(Gründung)* establishment, foundation
stille Gesellschaft ['ʃtɪlə ge'zɛlʃaft] *f* dormant partnership
stille Reserve ['ʃtɪlə re'zɛrvə] *f* hidden reserves *pl*
stille Rücklage ['ʃtɪlə 'ryklaːgə] *f* latent funds *pl*
stille Zession ['ʃtɪlə tsɛ'sjoːn] *f* undisclosed assignment
stiller Teilhaber ['ʃtɪlər 'taɪlhaːbər] *m* silent partner, sleeping partner
Stillhaltekredit ['ʃtɪlhaltəkrediːt] *m* standstill credit
stillhalten ['ʃtɪlhaltən] *v* to sell an option
Stillhalter ['ʃtɪlhaltər] *m* option seller
Stilllegung ['ʃtɪlleːguŋ] *f* shutdown, closure
Stillstand ['ʃtɪlʃtant] *m* standstill, stop, stagnation
stillstehen ['ʃtɪlʃteːən] *v (Maschine)* to be idle
Stimmabgabe ['ʃtɪmapgaːbə] *f* vote
stimmberechtigt ['ʃtɪmbərɛçtɪçt] *adj* entitled to vote
Stimme ['ʃtɪmə] *f (Wahlstimme)* vote
Stimmenmehrheit ['ʃtɪmənmeːrhaɪt] *f* majority of votes
Stimmenthaltung ['ʃtɪmɛnthaltuŋ] *f* abstention
Stimmrecht ['ʃtɪmrɛçt] *n* right to vote, suffrage
Stimmrechtsaktie ['ʃtɪmrɛçtsaktsjə] *f* voting share
stimmrechtslose Vorzugsaktie ['ʃtɪmrɛçtsloːzə 'foːrtsuːksaktsjə] *f* non-voting share
Stimmzettel ['ʃtɪmtsɛtəl] *m* ballot, voting paper
Stipendium [ʃtɪ'pɛndjum] *n* scholarship
Stock Exchange ['stɔk ɪks'tʃeɪndʒ] *m* stock exchange
Stockdividende ['stɔkdiviˈdɛndə] *f* stock dividend
stocken ['ʃtɔkən] *v* 1. *(zum Stillstand kommen)* come to a standstill, stop; 2. *(Geschäfte)* drop off
Stoppkurs ['ʃtɔpkurs] *m* stop price
störanfällig ['ʃtøːranfɛlɪç] *adj* breakdown-prone
Störanfälligkeit ['ʃtøːranfɛlɪçkaɪt] *f* breakdown proneness
stören ['ʃtøːrən] *v* disturb, trouble, bother

Störfall ['ʃtøːrfal] *m* breakdown, accident, malfunction
stornieren [ʃtɔr'niːrən] *v* cancel
Stornierung [ʃtɔr'niːruŋ] *f* cancellation
Storno ['ʃtɔrno] *m* contra entry, reversal; *(Auftragsstorno)* cancellation
Stornobuchung ['ʃtɔrnobuxuŋ] *f* reversing entry
Stornorecht ['ʃtɔrnorɛçt] *n* right to cancel credit entry
Störung ['ʃtøːruŋ] *f* disturbance, inconvenience, annoyance
Straddle ['strædl] *n* straddle
Strafanstalt ['ʃtraːfanʃtalt] *f* penal institution
Strafanzeige ['ʃtraːfantsaɪɡə] *f* criminal charge; ~ *erstatten gegen* bring a criminal charge against
strafbar ['ʃtraːfbaːr] *adj* punishable, subject to prosecution
Strafe ['ʃtraːfə] *f* sentence, penalty
strafen ['ʃtraːfən] *v* punish
Strafsanktionen ['ʃtraːfzaŋktsjoːnən] *f/pl* punitive sanctions *pl*
Strafzins ['straːftsɪns] *m* penalty interest
strapazierfähig [ʃtrapa'tsiːrfɛːɪç] *adj* sturdy, resilient, heavy-duty
Straßengebühr ['ʃtraːsəŋɡəbyːr] *f* toll
Straßennetz ['ʃtraːsənnɛts] *n* road network, road system
Strategie [ʃtrateˈɡiː] *f* strategy
strategisch [ʃtraˈteːɡɪʃ] *adj* strategic
strategische Allianz [ʃtraˈteːɡiʃə aliˈjants] *f* strategic alliance
strategische Führung [ʃtraˈteːɡiʃə ˈfyːruŋ] *f* strategic management
strategische Planung [ʃtraˈteːɡiʃə ˈplaːnuŋ] *f* strategic planning
strategisches Geschäftsfeld [ʃtraˈteːɡiʃəs ɡeˈʃɛftsfɛlt] *n* strategic business area
streichen ['ʃtraɪçən] *v irr 1. (durch~)* cross out, delete, strike out; *2. (Plan)* cancel; *(annullieren)* cancel
Streichung ['ʃtraɪçuŋ] *f* deletion
Streifband ['ʃtraɪfbant] *n* postal wrapper
Streifbanddepot ['ʃtraɪfbantdepoː] *n* individual deposit of securities
Streik [ʃtraɪk] *m* strike
Streikaufruf ['ʃtraɪkaufruːf] *m* union strike call
Streikbrecher ['ʃtraɪkbrɛçər] *m* strikebreaker
streiken ['ʃtraɪkən] *v* strike
Streikgelder ['ʃtraɪkɡɛldər] *n/pl* strike pay

Streikposten ['ʃtraɪkpɔstən] *m* picketer
Streit [ʃtraɪt] *m (Unstimmigkeit)* disagreement, difference; *(Wortgefecht)* argument, dispute, quarrel, debate, discussion
Streitwert ['ʃtraɪtvɛrt] *m* amount in dispute
streng [ʃtrɛŋ] *adj* strict, severe, exacting; *adv* strictly, severely; ~ *genommen* strictly speaking
streng vertraulich [ʃtrɛŋ fɛr'traulɪç] *adj* strictly confidential
Stress [ʃtrɛs] *m* stress
Stresssituation ['ʃtrɛszɪtuatsjoːn] *f* stressful situation
Streubesitz ['ʃtrɔybəzɪts] *m* diversified holdings
Strichkode ['ʃtrɪçkoːd] *m* bar code, UPC code *(US)*
strittig ['ʃtrɪtɪç] *adj* controversial, debatable
Strom [ʃtroːm] *m (elektrischer ~)* current
Stromabnehmer ['ʃtroːmapneːmər] *m (Stromverbraucher)* consumer of electricity, power user
Stromausfall ['ʃtroːmausfal] *m* power failure, power outage
Stromgröße ['ʃtroːmɡrøːse] *f* rate of flow
Stromkabel ['ʃtroːmkaːbəl] *n* electrical cable, power cable
Stromkreis ['ʃtroːmkraɪs] *m* circuit
Stromrechnung ['ʃtroːmrɛçnuŋ] *f* electricity bill
Stromverbrauch ['ʃtroːmfɛrbraux] *m* power consumption, electricity consumption
Stromzähler ['stroːmtsɛːlər] *m* current meter
Struktur [ʃtruk'tuːr] *f* structure
strukturell [ʃtruktu'rɛl] *adj* structural; *adv* structurally
strukturieren [ʃtruktu'riːrən] *v* structure
Strukturkredit [ʃtruk'tuːrkrediːt] *m* structural loan
Strukturkrise [ʃtruk'tuːrkrɪzə] *f* structural crisis
Strukturpolitik [ʃtruk'tuːrpolitiːk] *f* structural policy
Strukturreform [ʃtruk'tuːrrefɔrm] *f* structural reform
strukturschwach [ʃtruk'tuːrʃvax] *adj* lacking in infrastructure, underdeveloped, structurally imbalanced
Strukturwandel [ʃtruk'tuːrvandəl] *m* structural change
Stück [ʃtyk] *n 1.* piece, bit; *2. (Abschnitt)* part, portion, fragment; *3. am ~* at a time
Stückdeckungsbeitrag ['ʃtykdɛkuŋsbaɪtraːk] *m* unit contribution margin

Stücke ['ʃtykə] *pl* securities *pl*
Stückekonto ['ʃtykəkɔnto] *n* shares account
Stückelung ['ʃtykəluŋ] *f* fragmentation
Stückgut ['ʃtykguːt] *n* mixed cargo
Stückgutverkehr ['ʃtykguːtfɛrkeːr] *m* part-load traffic
Stückkosten ['ʃtykkɔstən] *pl* unit cost, cost per unit
Stückkurs ['ʃtykkurs] *m* price per share
Stücklohn ['ʃtykloːn] *m* piece-work wage, piece-work pay
stückweise ['ʃtykvaɪzə] *adv* ~ *verkaufen* sell individually
Stückzahl ['ʃtyktsaːl] *f* number of pieces, quantity
Stückzinsen ['ʃtyktsɪnzən] *m/pl* broken-period interest
Student(in) [ʃtu'dɛnt(ɪn)] *m/f* student
Studie ['ʃtuːdjə] *f* study
Stufentarif ['ʃtuːfəntariːf] *m* graduated scale of taxes
stufenweise ['ʃtuːfənvaɪzə] *adv* by steps, gradually, progressively
stufenweise Fixkostendeckungsrechnung ['ʃtuːfənvaɪzə 'fɪkskɔstəndɛkuŋsrɛçnuŋ] *f* multi-stage fixed-cost accounting
stunden ['ʃtundən] *v jdm etw* ~ give s.o. time to pay sth
Stundenlohn ['ʃtundənloːn] *m* hourly wage
Stundung ['ʃtunduŋ] *f* extension, respite
Stützungskauf ['ʃtytsuŋskauf] *m* support buying
subjektiv [zupjɛk'tiːf] *adj* subjective; *adv* subjectively
Subsidiaritätsprinzip [zupzidjari'tɛːtsprɪntsiːp] *n* principle of subsidiarity
Subskription [zupskrɪp'tsjoːn] *f* subscription
Substanzerhaltung [zup'stantsɛrhaltuŋ] *f* preservation of real-asset values
substanzielle Abnutzung [zupstan'tsjɛlə 'apnutsuŋ] *f* asset erosion
Substanzwert [zup'stantsveːrt] *m* real value
substituierbar [zupstitu'iːrbaːr] *adj* replaceable
Substitution [zupstitu'tsjoːn] *f* substitution
Substitutionsgüter [zupstitu'tsjoːnsgyːtər] *n/pl* substitute goods *pl*
Subunternehmer(in) ['zupuntərneːmər(ɪn)] *m/f* subcontractor
Subvention [zupvɛn'tsjoːn] *f* subsidy

subventionieren [zupvɛntsjo'niːrən] *v* subsidize
Suchabfrage ['zuːxapfraːgə] *f EDV* query
Suchmaschine ['zuːxmaʃiːnə] *f EDV* search engine
Summe ['zumə] *f* sum, amount
Summenaktie ['zumənaktsjə] *f* share at a fixed amount
Summenbilanz ['zumənbilants] *f* turnover balance
summieren [zu'miːrən] *v* sum up, add up
Sunk Costs ['saŋk 'kɔsts] *pl* sunk costs *pl*
superiore Güter [zuper'joːrə 'gyːtər] *n/pl* superior goods *pl*
Supermarkt ['zuːpɛrmarkt] *m* supermarket
surfen ['zøːrfən] *v (im Internet)* surf the Internet
suspendieren [zuspɛn'diːrən] *v* suspend
Swap [swɔp] *m* swap
Swapabkommen ['swɔpapkɔmən] *n* swap agreement
Swapgeschäft ['swɔpgəʃɛft] *n* swap transaction
Swaplinie ['swɔpliːnjə] *f* swap line
Swappolitik ['swɔppolitiːk] *f* swap policy
Swapsatz ['swɔpzats] *m* swap rate
Swing [swɪŋ] *m (Kreditlinie)* swing
Switch-Geschäft ['swɪtʃgə'ʃɛft] *n* switch
Symbol [zym'boːl] *n* symbol
Synchronfertigung [zyn'kroːnfɛrtɪguŋ] *f* synchronous production
Syndikat [zyndi'kaːt] *n* syndicate
Syndikatskonto [zyndi'kaːtskɔnto] *n* syndicate account
Syndikus ['zyndikus] *m* syndic
Syndizierung [zyndi'tsiːruŋ] *f* syndication
Synergie [zynɛr'giː] *f* synergy
Synodalanleihe [zyno'daːlanlaɪə] *f* synodal loan
Synodalobligation [zyno'daːlobligatsjoːn] *f* synodal bond
System [zys'teːm] *n* system
Systemanalyse [zys'teːmanalyːzə] *f* system analysis
systematisch [zyste'maːtɪʃ] *adj* systematic
Systemberater [zys'teːmbəraːtər] *m* system engineer
Systemplaner [zys'teːmplaːnər] *m* system planner
Systemsteuerung [zys'teːmʃtɔyəruŋ] *f* system control
Systemverwalter [zys'teːmfɛrvaltər] *m* administrator

T

tabellarisch [tabɛ'laːrɪʃ] *adj* tabular, arranged in tables
Tabelle [ta'bɛlə] *f* table, chart
Tabulator [tabu'laːtoːr] *m* tabulator
Tabulatortaste [tabu'laːtoːrtastə] *f* tab key
Tagegeld ['taːgəgɛlt] *n 1. (Reisekosten)* daily allowance, per diem allowance; *2. (Krankenversicherung)* daily benefit
Tagelohn ['taːgəloːn] *m* daily wage, daily salary
Tagelöhner(in) ['taːgəløːnər(ın)] *m/f* day labourer
Tagesablauf ['taːgəsaplauf] *m* daily routine
Tagesauszug ['taːgəsaustsuːk] *m* daily statement
Tagesbericht ['taːgəsbərıçt] *m* daily report, daily bulletin
Tagesbilanz ['taːgəsbilants] *f* daily trial balance sheet
Tageseinnahme ['taːgəsaınnaːmə] *f* day's receipts *pl*
Tageskurs ['taːgəskurs] *m (von Devisen)* current rate; *(von Effekten)* current price
Tagesleistung ['taːgəslaıstuŋ] *f* daily output
Tagesordnung ['taːgəsɔrdnuŋ] *f* agenda; *an der ~ sein (fig)* to be the order of the day; *zur ~ übergehen* carry on as usual
Tagespensum ['taːgəspɛnzum] *n* daily quota
Tagessatz ['taːgəszats] *m* daily rate
Tagesumsatz ['taːgəsumzats] *m* daily turnover
Tageswechsel ['taːgəsvɛksəl] *m* day bill
Tageswert ['taːgəsveːrt] *m* current value
täglich ['tɛːglıç] *adj* daily, every day
täglich fälliges Geld ['tɛːglıç 'fɛlıgəs gɛlt] *n* deposit at call
Tagschicht ['taːkʃıçt] *f* day shift
Tagung ['taːguŋ] *f* meeting, conference, session
Tagungsbericht ['taːguŋsbərıçt] *m* conference report
Tagungsort ['taːguŋsɔrt] *m* meeting place, conference site, venue
Take Over ['teık əuvər] *m* take over
taktieren [tak'tiːrən] *v* manoeuvre, maneuver *(US)*
Taktik ['taktık] *f* tactics

Taktproduktion ['taktproduktsjoːn] *f* cycle operations *pl*
Talfahrt ['taːlfaːrt] *f 1. (Devisen)* downward trend; *2. (Währung)* downward slide
Tantieme [tan'tjeːmə] *f* percentage, share in profits, *(Aufsichtsratstantieme)* directors' fee, percentage of profits
Tara ['tara] *n* tare
tarieren [ta'riːrən] *v* tare
Tarif [ta'riːf] *m* tariff, rate, scale of charges
tarifäre Handelshemmnisse [tari'fɛːrə 'handəlshɛmnısə] *n/pl* tariff barriers *pl*
Tarifautonomie [ta'riːfautonomiː] *f* autonomous wage bargaining
tarifbesteuerte Wertpapiere [ta'riːfbəʃtɔyərtə 'veːrtpapiːrə] *n/pl* fully-taxed securities *pl*
Tariferhöhung [ta'riːfɛrhøːuŋ] *f 1.* rate increase; *2. (Gehalt)* pay rate increase
Tarifgruppe [ta'riːfgrupə] *f* pay grade
Tarifkonflikt [ta'riːfkɔnflıkt] *m* conflict over wages
Tariflohn [ta'riːfloːn] *m* standard wage, collectively negotiated wage
Tarifpartner [ta'riːfpartnər] *m/pl* both sides of industry, unions and management, parties to a collective pay deal/agreement, labour and management
Tarifpolitik [ta'riːfpolitiːk] *f* pay policy, wages policy
Tarifrunde [ta'riːfrundə] *f* bargaining round, contract renegotiation round
Tarifverhandlung [ta'riːfɛrhandluŋ] *f* collective bargaining, collective negotiations *pl*
Tarifvertrag [ta'riːfɛrtraːk] *m* collective bargaining agreement
Tarifwert [ta'riːfveːrt] *m* tariff value
Taschenrechner [ta'ʃənrɛçnər] *m* pocket calculator
Tastatur [tasta'tuːr] *f* keyboard
tätigen ['tɛːtıgən] *v* transact
Tätigkeit ['tɛːtıçkaıt] *f (Beruf)* occupation, job
Tätigkeitsbereich ['tɛːtıçkaıtsbəraıç] *m* range of activities, sphere of action, field of action
Tätigkeitsfeld ['tɛːtıçkaıtsfɛlt] *n* field of activity
Tausch [tauʃ] *m* trade, exchange, swap
Tauschdepot ['tauʃdepoː] *n* security deposit

tauschen ['tauʃən] *v* trade, exchange, swap

Tauschgeschäft ['tauʃgəʃɛft] *n* exchange deal, swap

Tauschhandel ['tauʃhandəl] *m* barter (trade)

Täuschung ['tɔyʃuŋ] *f* deceit

Tauschwaren ['tauʃvaːrən] *f/pl* barter goods *pl*, barter articles *pl*

Tauschwirtschaft ['tauʃvɪrtʃaft] *f* barter economy

taxieren [ta'ksiːrən] *v* appraise, value; *(Wert)* estimate

Taxierung [ta'ksiːruŋ] *f* appraisal

Taxwert ['taksveːrt] *m* estimated value

Team [tiːm] *n* team

Teamarbeit ['tiːmarbaɪt] *f* teamwork

Teamfähigkeit ['tiːmfɛːɪçkaɪt] *f* ability to be part of a team

Teamgeist ['tiːmgaɪst] *m* team spirit

Technik ['tɛçnɪk] *f* technology; *(Aufbau)* mechanics; *(Verfahren)* technique

Techniker(in) ['tɛçnɪkər(ɪn)] *m/f* technician

technisch ['tɛçnɪʃ] *adj* technical; *adv* technically

technische Aktienanalyse ['tɛçnɪʃə 'aktsjənanalyːzə] *f* technical analysis

technische Normen ['tɛçnɪʃə 'nɔrmən] *f/pl* technical standards *pl*

technisches Personal ['tɛçnɪʃəs pɛrzo'naːl] *n* technical staff

Technischer Überwachungsverein (TÜV) ['tɛçnɪʃər yːbər'vaxuŋsfɛraɪn] *m* Technical Control Board

Technisierung [tɛçni'ziːruŋ] *f* mechanization

Technologie [tɛçnolo'giː] *f* technology

Technologietransfer [tɛçnolo'giːtransfɛːr] *m* transfer of technology

Technologiezentren [tɛçnolo'giːtsɛntrən] *n/pl* technology centres *pl*

technologisch [tɛçno'loːgɪʃ] *adj* technological

Teilakzept ['taɪlaktsɛpt] *n* partial acceptance

Teilauszahlung ['taɪlaustsaːluŋ] *f* partial payment

Teilbeschädigung (P.A.) ['taɪlbəʃɛːdɪguŋ] *f* partial average (p.a.); partial damage

Teilbetrag ['taɪlbətraːk] *m* partial amount, instalment, fraction

Teilefertigung ['taɪləfɛrtɪguŋ] *f* production of parts and subassemblies

Teilerfolg ['taɪlɛrfɔlk] *m* partial success

Teilerfüllung ['taɪlɛrfʏluŋ] *f* partial fulfilment

Teilforderung ['taɪlfɔrdəruŋ] *f* partial claim

Teilhaber(in) ['taɪlhaːbər(ɪn)] *m/f* partner, associate

Teilindossament ['taɪlɪndɔsamɛnt] *n* partial endorsement

Teilkonnossement ['taɪlkɔnɔsəmɛnt] *n* partial bill of lading

Teilkosten ['taɪlkɔstən] *pl* portion of overall costs

Teillieferung ['taɪlliːfəruŋ] *f* partial delivery

Teilnahmebedingung ['taɪlnaːməbədɪŋuŋ] *f* condition of entry, condition of participation

Teilnahmebestätigung ['taɪlnaːməbəʃtɛːtɪguŋ] *f* confirmation of attendance

Teilnehmer(in) ['taɪlneːmər(ɪn)] *m/f* subscriber, party

Teilnehmerland ['taɪlneːmərlant] *n* participant country

Teilnehmerwährung ['taɪlneːmərvɛːruŋ] *f* participating currency, currency of a euro-participating country; *die bilateralen Kurse zwischen den ~en* bilateral conversion rates between participating currencies

Teilprivatisierung ['taɪlprivatiziːruŋ] *f* partial privatisation

Teilrechte ['taɪlrɛçtə] *n/pl* partial rights *pl*

Teilverlust (P.L.) ['taɪlfɛrlust] *m* partial loss (p.l.)

Teilwert ['taɪlveːrt] *m* partial value

Teilzahlung ['taɪltsaːluŋ] *f* instalment payment, partial payment

Teilzahlungsbank ['taɪltsaːluŋsbaŋk] *f* instalment sales financing institution

Teilzahlungskauf ['taɪltsaːluŋskauf] *m* hire purchase

Teilzahlungskredit ['taɪltsaːluŋskrediːt] *m* instalment credit

Teilzahlungsrate ['taɪltsaːluŋsraːtə] *f* monthly instalment

Teilzeitarbeit ['taɪltsaɪtarbaɪt] *f* part-time work

Teilzeitbeschäftigung ['taɪltsaɪtbəʃɛftɪguŋ] *f* part-time employment

Telearbeit ['teːləarbaɪt] *f* telework

Telearbeiter(in) ['teːləarbaɪtər(ɪn)] *m/f* teleworker

Telebanking ['teːləbɛŋkɪŋ] *n* telebanking

Telefax ['telefaks] *n* fax, facsimile transmission

Telefaxgerät ['telefaksgərɛːt] *n* fax machine, facsimile machine

Telefaxnummer ['teːləfaksnumər] *f* fax number
Telefon [tele'foːn] *n* telephone, phone
Telefonat [telefo'naːt] *n* telephone call
telefonieren [telefo'niːrən] *v* phone, make a telephone call
Telefonkarte [tele'foːnkartə] *f* phonecard
Telefonmarketing [tele'foːnmarkətɪŋ] *n* telephone marketing
Telefonnummer [tele'foːnnumər] *f* telephone number
Telefonverkauf [tele'foːnfɛrkauf] *m* telephone selling
Telefonzelle [tele'foːntsɛlə] *f* call-box *(UK)*, pay phone, phone booth *(US)*
Telefonzentrale [tele'foːntsɛntraːlə] *f* exchange, switchboard
Telegraf [tele'graf] *m* telegraph
telegrafieren [telegra'fiːrən] *v* telegraph, wire, send a telegram
telegrafische Anweisung [tele'graːfɪʃə 'anvaɪzuŋ] *f* technology payment order
Telegramm [tele'gram] *n* telegram
Telekommunikation ['telekɔmunikatsjoːn] *f* telecommunications *pl*
Telekonferenz ['telekɔnfɛrɛnts] *f* teleconference
Telekonto ['teːləkɔnto] *n* videotext account
Telekopierer ['teːləkopiːrər] *m* telecopier
Telematik [teːlə'maːtɪk] *f* telematics *pl*
Teleservice ['teːlezɜːrvɪs] *m* teleservice
Teleshopping ['teleʃɔpɪŋ] *n* teleshopping
temporär [tɛmpo'rɛːr] *adj* temporary
Tendenz [tɛn'dɛnts] *f* tendency
Tender ['tɛndər] *m* tender
Tenderverfahren ['tɛndərfɛrfaːrən] *n* tender procedure
Termin [tɛr'miːn] *m 1. (Datum)* date; *2. (Frist)* term, deadline; *3. (Verabredung)* appointment; *4. (Verhandlung)* hearing
Terminal ['tɜːrminəl] *m* terminal
Terminbörse [tɛr'miːnbørzə] *f* futures market
Termindevisen [tɛr'miːndeviːzən] *pl* exchange for forward delivery
Termindruck [tɛr'miːndruk] *m* deadline pressure
Termineinlagen [tɛr'miːnaɪnlaːgən] *f/pl* time deposit
Termingeld [tɛr'miːngɛlt] *n* time deposit
termingerecht [tɛr'miːngəreçt] *adj* on schedule, punctual; *adv* on schedule, at the right time, punctually

Termingeschäft [tɛr'miːngəʃɛft] *n* futures business
Terminkalender [tɛr'miːnkalɛndər] *m* appointment book, appointment calendar, docket
Terminkontrakt [tɛr'miːnkɔntrakt] *m* forward contract, futures contract
Terminkurs [tɛr'miːnkurs] *m* forward price
Terminmarkt [tɛr'miːnmarkt] *m* futures market
Terminpapiere [tɛr'miːnpapiːrə] *n/pl* forward securities *pl*
Terminplan [tɛrm'iːnplaːn] *m* schedule, agenda
Terminplaner [tɛr'miːnplaːnər] *m* personal organizer
Terminplanung [tɛr'miːnplaːnuŋ] *f* scheduling
Terminverlängerung [tɛr'miːnfɛrlɛngəruŋ] *f* extension, prolongation
Terms of Payment [tɛːmz ɔv 'peɪmənt] *pl (Zahlungsbedingungen)* terms of payment *pl*
Terms of Trade [tɛːmz ɔv 'treɪd] *pl (Austauschverhältnis zwischen importierten und exportierten Gütern)* terms of trade *pl*
Tertiärbedarf [tɛr'tsjɛːrbədarf] *m* tertiary demand
tertiärer Sektor [tɛr'tsjɛːrər 'zɛktoːr] *m* tertiary sector
Testat [tɛs'taːt] *n* audit opinion
Testbetrieb ['tɛstbətriːp] *m EDV* test mode
Testmarkt ['tɛstmarkt] *m* test market
Testreihe ['tɛstraɪə] *f* battery of tests
Teuerung ['tɔyəruŋ] *f* inflation, rising prices
Teuerungsrate ['tɔyəruŋsraːtə] *f* rate of price increase
Teuerungswelle ['tɔyəruŋsvɛlə] *f* wave of price increase
texten ['tɛkstən] *v (Werbetext)* write copy
Texter(in) ['tɛkstər(ɪn)] *m/f (Werbetexter)* copywriter
Textgestaltung ['tɛkstgəʃtaltuŋ] *f* text configuration
Textilarbeiter(in) [tɛks'tiːlarbaɪtər(ɪn)] *m/f* textile worker
Textilindustrie [tɛks'tiːlɪndustriː] *f* textile industry
Textilwaren [tɛks'tiːlvaːrən] *f/pl* textiles *pl*
Textverarbeitung ['tɛkstfɛrarbaɪtuŋ] *f* word processing
Thesaurierung [tezau'riːruŋ] *f* accumulation of capital
Thesaurierungsfonds [tezau'riːruŋsfɔ̃ː] *m* accumulative investment fund
Tiefpunkt ['tiːfpuŋkt] *m* low

tilgbar ['tɪlkbaːr] *adj* redeemable, repayable

tilgen ['tɪlgən] *v* redeem, repay, pay off

Tilgung ['tɪlguŋ] *f* repayment, redemption, amortization

Tilgungsanleihe ['tɪlguŋsanlaɪə] *f* redemption loan

Tilgungsaussetzung ['tɪlguŋsauszɛtsuŋ] *f* suspension of redemption payments

Tilgungsfonds ['tɪlguŋsfɔː] *m* redemption fund

Tilgungsgewinn ['tɪlguŋsgəvɪn] *m* gain of redemption

Tilgungshypothek ['tɪlguŋshypoteːk] *f* amortizable mortgage loan

Tilgungsrate ['tɪlguŋsraːtə] *f* amortization instalment

Tilgungsrückstände ['tɪlguŋsrykʃtɛndə] *m/pl* redemption in arrears

Tilgungsstreckung ['tɪlguŋsʃtrɛkuŋ] *f* repayment extension

Tilgungszeitraum ['tɪlguŋstsaɪtraum] *m* amortization period, redemption period

Timesharing ['taɪmʃɜrɪŋ] *n* time sharing

Timing ['taɪmɪŋ] *n* timing

tippen ['tɪpən] *v (Maschine schreiben)* type

Tippfehler ['tɪpfeːlər] *m* typing error, typographical error

Tochtergesellschaft ['tɔxtərgəzɛlʃaft] *f* subsidiary, affiliate

Top-Down-Prinzip [tɔp'daʊnprɪntsiːp] *n* top-down principle

Topmanagement [tɔp'mænɪdʒmənt] *n* top management

Total Quality Management (TQM) [təʊtl 'kvɔlɪti mænɪdʒmənt] *n* total quality management (TQM)

Totalanalyse [to'taːlanalyːzə] *f* total analysis

Totalausverkauf [to'taːlausfɛrkauf] *m* 1. clearance sale; 2. *(Geschäftsaufgabe)* closing-down sale

Totalschaden [to'taːlʃaːdən] *m* total loss

totes Depot ['toːtəs de'poː] *n* dormant deposit

totes Kapital ['toːtəs kapi'taːl] *n* dead capital

totes Konto ['toːtəs 'kɔnto] *n* inoperative account

totes Papier ['toːtəs pa'piːr] *n* inactive security

Trade Marts ['treɪd maːrts] *pl* trade marts *pl*

Trade Terms ['treɪd tɛːmz] *pl* trade terms *pl*

Trading-Down ['treɪdɪŋdaʊn] *n* trading down

Trading-Up ['treɪdɪŋap] *n* trading up

traditionell [traditsjoː'nɛl] *adj* traditional; *adv* traditionally

Traditionspapier [tradi'tsjoːnspapiːr] *n* negotiable document of title

Trainee [trɛːɪ'niː] *m/f* trainee

Training on the Job [treɪnɪŋ ɔn ðə 'dʒɔb] *n* training on the job

Tranche ['trãʃ(ə)] *f* tranche

Transaktion [transak'tsjoːn] *f* transaction

Transaktionsanalyse [transak'tsjoːnsanalyːzə] *f* transactional analysis

Transaktionskasse [transak'tsjoːnskasə] *f* transaction balance

Transaktionskosten [transak'tsjoːnskɔstən] *pl* conversion charge

Transaktionsnummer (TAN) [transak'tsjoːnsnumər] *f* transaction number

Transaktions- und Kurssicherungskosten [transak'tsjoːns unt 'kursziçəruŋskɔstən] *pl* transaction costs and costs of exchange cover *pl*

Transfer [trans'feːr] *m* transfer

Transferabkommen [trans'feːrapkɔmən] *n* transfer agreement

Transferausgaben [trans'feːrausgaːbən] *f/pl* transfer expenditure

Transfergarantie [trans'feːrgaranti:] *f* guarantee of foreign exchange transfer

Transferleistungen [trans'feːrlaɪstuŋən] *f/pl* transfer payments *pl*

Transferrisiko [trans'feːrriːziko] *n* risk of transfer

Transit ['tranzɪt] *m* transit

Transitgüter ['tranzɪtgyːtər] *n/pl* transit goods *pl*, transit articles *pl*

Transithandel [tran'zɪthandəl] *m* transit trade

Transitklausel [tran'zɪtklauzəl] *f* transit clause

Transitverkehr ['tranzɪtfɛrkeːr] *m* transit trade

Transitzoll [tran'zɪttsɔl] *m* transit duty

transnationale Unternehmung ['transnatsjonaːlə untər'neːmuŋ] *f* transnational corporations *pl*

Transparenz [transpa'rɛnts] *f* transparency

Transport [trans'pɔrt] *m* transport, transportation *(US)*

transportabel [transpɔr'taːbəl] *adj* transportable

Transportbehälter [trans'pɔrtbəhɛltər] *m* container

Transporter [trans'pɔrtər] *m* 1. *(Lastwagen)* van; 2. *(Flugzeug)* cargo plane

Transporteur [transpɔrt'øːr] *m* carrier
transportieren [transpor'tiːrən] *v* transport
Transportkette [trans'pɔrtkɛtə] *f* transport chain
Transportkosten [trans'portkɔstən] *pl* transport costs *pl*, forwarding charges *pl*, shipping charges *pl*
Transportmittel [trans'portmɪtəl] *n* means of transport, means of conveyance
Transportpapiere [trans'pɔrtpapiːrə] *n/pl* transport documents *pl*
Transportschaden [trans'pɔrtʃaːdən] *m* loss during transport, damage in transit, transport loss
Transportunternehmen [trans'portuntərneːmən] *n* haulage company
Transportunternehmer(in) [trans'portuntərneːmər(ɪn)] *m/f* hauler, haulier
Transportversicherung [trans'pɔrtfɛrzɪçəruŋ] *f* transport insurance
Transportversicherung gegen alle Risiken (a.a.r.) [trans'pɔrtfɛrzɪçəruŋ 'geːgən alə 'riːzikən] *f* transportation insurance against all risks (a.a.r.)
Transportweg [trans'pɔrtveːk] *m* route of transportation
Transportwesen [trans'portveːzən] *n* transportation
Trassant [tra'sant] *m* drawer
Trassat [tra'saːt] *m* drawee
trassiert-eigener Scheck [tra'siːrtaɪgənər ʃɛk] *m* cheque drawn by the drawer himself
trassiert-eigener Wechsel [tra'siːrtaɪgənər 'vɛksəl] *m* bill drawn by the drawer himself
Trassierung [tra'siːruŋ] *f* drawing
Trassierungskredit ['trasiːruŋskrediːt] *m* acceptance credit
Tratte ['tratə] *f* draft
Treasury Bill ['treʒəri bɪl] *f* treasury bill
Treasury Bond ['treʒəri bɔnd] *m* treasury bond
Treasury Note ['treʒəri nəutə] *f* treasury note
Trend [trɛnt] *m* trend
Trendanalyse ['trɛntanalyːzə] *f* trend analysis
Trendforschung ['trɛntfɔrʃuŋ] *f* trend research
Trendumkehr ['trɛntumkeːr] *f* trend change, trend reversal
Trendwende ['trɛntvɛndə] *f* reversal of a trend

Trennbanksystem ['trɛnbaŋkzysteːm] *n* system of specialized banking
Trennblatt ['trɛnblat] *n* page divider
Trennungsentschädigung ['trɛnuŋsɛntʃɛːdɪguŋ] *f* severance pay
Tresor [tre'zoːr] *m* safe
Tresorfach [tre'zoːrfax] *n* safe deposit box
Tresorraum [tre'zoːrraum] *m* strongroom
Treu und Glaube ['trɔy unt glaubə] good faith
Treuepflicht ['trɔyəpflɪçt] *f* allegiance, duty of loyality
Treuerabatt ['trɔyərabat] *m* fidelity rebate, patronage discount
Treuhand ['trɔyhant] *f* trust
Treuhandanstalt ['trɔyhantanʃtalt] *f* institutional trustee
Treuhandbank ['trɔyhantbaŋk] *f* trust bank
Treuhanddepots ['trɔyhantdepoːs] *n/pl* trust deposits *pl*
Treuhänder ['trɔyhɛndər] *m* fiduciary, trustee
treuhänderisch ['trɔyhɛndərɪʃ] *adj* fiduciary; *adv* in trust
Treuhandfonds ['trɔyhantfɔ̃ː] *m* trust funds *pl*
Treuhandgelder ['trɔyhantgɛldər] *pl* trust funds
Treuhandgesellschaft ['trɔyhantgəzɛlʃaft] *f* trust company
Treuhandkredit ['trɔyhantkrediːt] *m* loan on a trust basis
Treuhandschaft ['trɔyhantʃaft] *f* trusteeship
Triade [tri'aːdə] *f* company operating in Japan, USA and Europe; triad
Trittbrettverfahren ['trɪtbrɛtfɛrfaːrən] *n* free rider principle
trockener Wechsel ['trɔkənər 'vɛksəl] *m* negotiable promissory note
Trust [trast] *m* trust
Trust Center ['trast sɛntər] *n* trust centre
Trust Fonds ['trast fɔ̃ː] *m* trust fund
Turnaround [tɜːnəraund] *m* (Trendwende) turnaround
Turn-Key-Projekte ['tɜːnkiːpro'jɛktə] *n/pl* turnkey projects *pl*
Turnus ['turnus] *m* rota
TÜV [tyf] *m* (technische Überprüfung von Fahrzeugen) motor vehicle inspection
Typenkauf ['tyːpənkauf] *m* type purchase
Typisierung [typi'ziːruŋ] *f* typification

U

Überangebot ['y:bərangəbo:t] *n* oversupply, glut
überarbeiten [y:bər'arbaɪtən] *v 1. (etw ~)* revise; *2. sich ~ overwork o.s.*
Überarbeitung [y:bər'arbaɪtuŋ] *f 1. revision; 2. (Überanstrengung) overwork*
Überbelastung ['y:bərbəlastuŋ] *f* overloading, overtaxing, overworking, strain
Überbeschäftigung ['y:bərbəʃɛftɪguŋ] *f* overemployment
überbesetzt ['y:bərbəzɛtst] *adj* overstaffed
Überbesetzung ['y:bərbəzɛtsuŋ] *f* overstaffing
Überbewertung ['y:bərbəve:rtuŋ] *f* overvaluation
überbezahlen ['y:bərbətsa:lən] *v* overpay
überbezahlt ['y:bərbətsa:lt] *adj* overpaid
überbieten [y:bər'bi:tən] *v irr 1. (Preis)* overbid, outbid; *2. (Leistung)* outdo, beat, surpass
Überbringer(in) [y:bər'brɪŋər(ɪn)] *m/f* bearer
Überbringerscheck [y:bər'brɪŋərʃɛk] *m* bearer-cheque
Überbrückungsfinanzierung [y:ber'brykuŋsfinantsi:ruŋ] *f* interim financing
Überbrückungsgeld [y:bər'brykuŋsgɛlt] *n* temporary assistance
Überbrückungskredit [y:bər'brykuŋskre-di:t] *m* bridging loan, tide-over credit
Überbrückungsrente [y:bər'brykuŋsrɛntə] *f* interim retirement pension
Überdividende ['y:bərdividɛndə] *f* super-dividend
übereignen [y:bər'aɪknən] *v jdm etw ~* make sth over to s.o., transfer sth to s.o.
Übereignung [y:bər'aɪknuŋ] *f* transfer of ownership, transfer of title
Übereinkommen [y:bər'aɪnkɔmən] *n* agreement, understanding
übereinkommen [y:bər'aɪnkɔmən] *v irr* agree, come to an agreement, come to an understanding
Übereinkunft [y:bər'aɪnkunft] *f* agreement
Übereinstimmung ['y:bəraɪnʃtɪmuŋ] *f* match, agreement
überfällig ['y:bərfɛlɪç] *adj (zu spät)* overdue; *(abgelaufen)* expired, overdue
Überfinanzierung ['y:bərfinantsi:ruŋ] *f* overfinancing

Überfluss ['y:bərflus] *m 1. (Überschuss)* surplus; *2. (Überangebot)* glut
Überflussgesellschaft ['y:bərflusgəzɛl-ʃaft] *f* affluent society
überfordern [y:bər'fɔrdərn] *v* overtax, demand too much of
überfordert [y:bər'fɔrdərt] *adj* overtaxed, overstrained
überführen [y:bər'fy:rən] *v (transportieren)* transport, transfer
Überführung [y:bər'fy:ruŋ] *f (Transport)* transport, transportation
Übergabe ['y:bərga:bə] *f* handing over, delivery
Übergangsbestimmungen ['y:bərgaŋs-bəʃtɪmuŋən] *f/pl* provisional regulations *pl,* temporary regulations *pl*
Übergangserscheinung ['y:bərgaŋsɛr-ʃaɪnuŋ] *f* phenomenon of transition
Übergangsfrist ['y:bərgaŋsfrɪst] *f* transition phase, interim period
Übergangsgeld ['y:bərgaŋsgɛlt] *n* transitional pay
Übergangskonten ['y:bərgaŋskɔntən] *n/pl* suspense accounts *pl*
Übergangslösung ['y:bərgaŋslø:zuŋ] *f* temporary solution
Übergangsregelung ['y:bərgaŋsre:gəluŋ] *f* interim arrangement, transitional arrangement
Übergangszeit ['y:bərgaŋstsaɪt] *f* period of transition
übergeben [y:bər'ge:bən] *v irr (etw ~)* deliver, hand over; *jdm etw ~* deliver sth over to s.o.
Übergebot ['y:bərgəbo:t] *n* higher bid
Übergewicht ['y:bərgəvɪçt] *n* overweight
Überhang ['y:bərhaŋ] *m (Überschuss)* surplus
überhöht [y:bər'hø:t] *adj* excessive
Überkapazität ['y:bərkapasitɛ:t] *f* overcapacity
Überkapitalisierung ['y:berkapitalizi:ruŋ] *f* overcapitalization
Überkreuzverflechtung [y:bər'krɔytsfɛr-flɛçtuŋ] *f* interlocking directorate
Überliquidität ['y:bərlikviditɛ:t] *f* excess liquidity
übermitteln [y:bər'mɪtəln] *v* transmit, convey, deliver

Übermittlung [y:bər'mɪtluŋ] *f* conveyance, transmission

Übernahme ['y:bərna:mə] *f* takeover, taking over, taking possession; *(Amtsübernahme)* entering

Übernahmeangebot ['y:bərna:məangəbo:t] *n* takeover bid

Übernahmegewinn ['y:bərna:məgəvɪn] *m* takeover profit

Übernahmegründung ['y:bərna:məgrynduŋ] *f* foundation in which founders take all shares

Übernahmekonsortium ['y:bərna:məkɔnzɔrtsjum] *n* security-taking syndicate

Übernahmekurs ['y:bərna:məkurs] *m* underwriting price

Übernahmeverlust ['y:bərna:məfɛrlust] *m* loss on takeover

übernehmen [y:bər'ne:mən] *v irr 1. (entgegennehmen)* accept; *2. (Amt)* take over; *3. sich ~ (sich überanstrengen)* overstrain, overextend, undertake too much

überordnen ['y:bərɔrdnən] *v* give priority to; *jmd ist jdm übergeordnet* s.o. ranks above s.o.

Überpreis ['y:bərpraɪs] *m* excessive price

Überproduktion ['y:bərprɔduktsjo:n] *f* overproduction, excess production

überprüfen [y:bər'pry:fən] *v* check, examine, inspect

Überprüfung [y:bər'pry:fuŋ] *f* inspection, overhaul, examination

Überqualifikation ['y:bərkvalifikatsjo:n] *f* overqualification

überqualifiziert ['y:bərkvalifitsi:rt] *adj* overqualified

übersättigt [y:bər'zɛtɪçt] *adj (Markt)* glutted

Übersättigung [y:bər'zɛtɪguŋ] *f* repletion, glutting

Überschlag ['y:bərʃla:k] *m* rough calculation, rough estimate

überschlagen [y:bər'ʃla:gən] *v (ausrechnen)* estimate, approximate; *(Kosten)* make a rough estimate of

überschreiben [y:bər'ʃraɪbən] *v irr 1.* transfer by deed, convey; *2.* write over

Überschreibung [y:bər'ʃraɪbuŋ] *f* conveyance, transfer by deed, transfer in a register

überschuldet [y:bər'ʃuldət] *adj* heavily indebted

Überschuldung [y:bər'ʃulduŋ] *f* overindebtedness, excessive indebtedness

Überschuldungsbilanz [y:bər'ʃulduŋsbilants] *f* statement of overindebtedness

Überschuss ['y:bərʃus] *m* surplus, excess

überschüssig ['y:bərʃysɪç] *adj* surplus, excess, left over

Überschussproduktion ['y:bərʃusprɔduktsjo:n] *f* surplus production

Überschussrechnung ['y:bərʃusrɛçnuŋ] *f* cash receipts and disbursement method

Überschussreserve ['y:bərʃusrezɛrvə] *f* surplus reserve

Überschusssparen ['y:bərʃusʃpa:rən] *n* surplus saving

überschwemmen [y:bər'ʃvɛmən] *v (Markt)* glut, flood

überschwemmt [y:bər'ʃvɛmt] *adj (Markt)* glutted

Übersee ['y:bərze:] *f in ~* overseas; *von ~* from overseas

Überseehandel ['y:bərze:handəl] *m* oversea(s) trade

übersenden [y:bər'zɛndən] *v irr* send, forward, transmit

Übersendung [y:bər'zɛnduŋ] *f* sending, conveyance, consignment

Übersetzungssoftware ['y:bər'zɛtsuŋssɔftvɛ:r] *f* translation software

Übersicht ['y:bərzɪçt] *f 1. (Überblick)* general picture, overall view; *2. (Zusammenfassung)* outline, summary, review

Übersichtstabelle ['y:bərzɪçtstabɛlə] *f* chart

übersteigen ['y:bərʃtaɪgən] *v irr (Preise)* top

Überstunde ['y:bərʃtundə] *f* overtime; *~n machen* work overtime, put in overtime

übertariflich ['y:bərtari:flɪç] *adj* merit

übertarifliche Bezahlung ['y:bərtari:flɪçə bə'tsa:luŋ] *f* payment in excess of collectively agreed scale

Überteuerung [y:bər'tɔyəruŋ] *f* overcharge, excessive prices *pl*

Übertrag ['y:bər'tra:k] *m* sum carried over

übertragbar [y:bər'tra:kba:r] *adj (Papiere)* assignable, transferable, conveyable

Übertragbarkeit [y:bər'tra:kbarkaɪt] *f (Papiere)* transferability

übertragen [y:bər'tra:gən] *v (Auftrag)* transfer, transmit; *(Papiere)* assign, transfer

Übertragung [y:bər'tra:guŋ] *f* transfer, assignment

Übertragungsfehler [y:bər'tra:guŋsfe:lər] *m* transcription error

Überversicherung ['y:bərfɛrzɪçəruŋ] *f* overinsurance

übervorteilen [y:bər'fo:rtaɪlən] *v* defraud, cheat

Übervorteilung [yːbərˈfoːrtaɪluŋ] ƒ cheating
überwachen [yːbərˈvaxən] v supervise, monitor
Überwachung [yːbərˈvaxuŋ] ƒ supervision, surveillance, observation
überweisen [yːbərˈvaɪzən] v irr transfer
Überweisung [yːbərˈvaɪzuŋ] ƒ (von Geld) transfer, remittance
Überweisungsauftrag [yːbərˈvaɪzuŋsauftraːk] m transfer instruction
Überweisungsformular [yːbərˈvaɪzuŋsformulaːr] n credit transfer form
Überweisungsscheck [yːbərˈvaɪzuŋsʃɛk] m transfer cheque
Überweisungsträger [yːbərˈvaɪzuŋstrɛːgər] m remittance slip
Überweisungsverkehr [yːbərˈvaɪzuŋsfɛrkeːr] m money transfer transactions pl
überzeichnen [yːbərˈtsaɪçnən] v oversubscribe
Überzeichnung [yːbərˈtsaɪçnuŋ] ƒ oversubscription
überzeugen [yːbərˈtsɔygən] v convince; (überreden) persuade; (juristisch) satisfy
Überzeugungskraft [yːbərˈtsɔyguŋskraft] ƒ powers of persuasion pl
überziehen [yːbərˈtsiːən] v irr (Konto) overdraw an account
Überziehung [yːbərˈtsiːuŋ] ƒ (Konto) overdraft
Überziehungsgrenze [ˈyːbərtsiːuŋsgrɛntsə] ƒ credit line, credit limit
Überziehungskredit [yːbərˈtsiːuŋskrɛdiːt] m overdraft provision, overdraft credit; zinsloser ~ swing
Überziehungsprovision [yːbərˈtsiːuŋsprovizjoːn] ƒ overdraft commission
überzogen [yːbərˈtsoːgən] adj 1. (Preise) excessive; 2. (Konto) overdrawn
Überzug [ˈyːbərtsuːk] m (Beschichtung) coating
üblich [ˈyːplɪç] adj usual, customary, conventional, ordinary
übliche Bedingungen (u.c., u.t.) [ˈyːblɪçə bəˈdɪŋuŋən] ƒ/pl usual conditions (u.c.) pl; usual terms (u.t.) pl
Uhrzeit [ˈuːrtsait] ƒ time (of day)
Ultimatum [ultiˈmaːtum] n ultimatum
ultimo [ˈultimo] adv end of the month
Ultimoabrechnung [ˈultimoaprɛçnuŋ] ƒ end-of-month settlement
Ultimogeld [ˈultimogɛlt] n last-day money
Ultimogeschäft [ˈultimogəʃɛft] n last-day business

umbilden [ˈumbɪldən] v (neu organisieren) reorganize
Umbrella-Effekt [amˈbrelə ɛˈfɛkt] m umbrella effect
Umbruch [ˈumbrux] m upheaval, change
Umbruchszeit [ˈumbruxstsait] ƒ time of upheaval, time of change
umbuchen [ˈumbuːxən] v (Konto) transfer to another account
Umbuchung [ˈumbuːxuŋ] ƒ (Kontoumbuchung) transfer (of an entry)
Umbuchungsgebühr [ˈumbuːxuŋsgəbyːr] ƒ alteration charge
umdisponieren [ˈumdɪsponiːrən] v make new arrangements
Umfang [ˈumfaŋ] m (fig: Ausmaß) scope, scale
Umfinanzierung [ˈumfinantsiːruŋ] ƒ switch-type financing, refinancing
Umfrage [ˈumfraːgə] ƒ public opinion poll, opinion survey
umgehend [ˈumgeːənt] adj immediate; adv immediately
umgestalten [ˈumgəʃtaltən] v reshape, reformat, redesign
Umgestaltung [ˈumgəʃtaltuŋ] ƒ reshaping, reorganization, reformatting, reconfiguration
Umgründung [ˈumgrynduŋ] ƒ reorganization
umgruppieren [ˈumgrupiːrən] v (einer Firma) reshuffle
Umgruppierung [ˈumgrupiːruŋ] ƒ (einer Firma) reshuffling
umladen [ˈumlaːdən] v irr reload; (einer Schiffsladung) transship
Umlage [ˈumlaːgə] ƒ levy contribution, allocation, charge; eine ~ machen split the costs
umlagern [ˈumlaːgərn] v move, put in another place
Umlageverfahren [ˈumlaːgəfɛrfaːrən] n (Kostenrechnung) method of cost allocation; (Sozialversicherung) social insurance on a pay-as-you-go basis
Umlauf [ˈumlauf] m circulation
umlaufen [ˈumlaufən] v irr (Geld) circulate
Umlaufkapital [ˈumlaufkapitaːl] n current liabilities pl
Umlaufmappe [ˈumlaufmapə] ƒ circular file
Umlaufmarkt [ˈumlaufmarkt] m secondary market
Umlaufrendite [ˈumlaufrɛndiːtə] ƒ yield on bonds outstanding

Umlaufgeschwindigkeit ['umlaufgəʃwɪn-digkaɪt] *f (des Geldes)* velocity of circulation
Umlaufvermögen ['umlauffɛrmøːgən] *n* floating assets *pl,* current assets *pl*
umlegen ['umleːgən] *v (verteilen)* allocate, distribute, apportion
umpacken ['umpakən] *v* repack
umprogrammieren ['umprogramiːrən] *v* reprogram
umrechnen ['umrɛçnən] *v* convert
Umrechnung ['umrɛçnuŋ] *f* conversion
Umrechnungsfaktor ['umrɛçnuŋsfaktoːr] *m* conversion factor
Umrechnungsgebühren ['umrɛçnuŋsge-byːren] *f/pl* conversion charges *pl*
Umrechnungskurs ['umrɛçnuŋskurs] *m* exchange rate, rate of conversion
Umrechnungstabelle ['umrɛçnuŋstabɛlə] *f* conversion table
umrüsten ['umrystən] *v (technisch)* retool, adapt, convert
umsatteln ['umzatəln] *v (fig: Beruf)* change one's profession
Umsatz ['umzats] *m* turnover, sales volume
Umsatzbeteiligung ['umzatsbətaɪlɪguŋ] *f (Provision)* commission
Umsatzentwicklung ['umzatsɛntvɪkluŋ] *f* turnover trend
Umsatzplan ['umzatsplaːn] *m* turnover plan
Umsatzprognose ['umzatsprognoːzə] *f* turnover forecast
Umsatzprovision ['umzatsprovizjoːn] *f* sales commission, commission on turnover
Umsatzrendite ['umzatsrendiːtə] *f* net income percentage of turnover
Umsatzrentabilität ['umzatsrɛntabilitɛːt] *f* net profit ratio
Umsatzrückgang ['umzatsrykgaŋ] *m* drop in sales, decline in sales
Umsatzsteigerung ['umzatsʃtaɪgəruŋ] *f* increase in sales, turnover increase
Umsatzsteuer ['umzatsʃtɔyər] *f* turnover tax
Umschlag ['umʃlaːk] *m* 1. *(Kuvert)* envelope; 2. *(Schutzhülle)* cover, wrapping; 3. *(Umladung)* transshipment, reloading
umschlagen ['umʃlaːgən] *v irr (umladen)* transfer, transship
Umschlagplatz ['umʃlaːkplats] *m* reloading point; *(Handelsplatz)* trade centre
Umschlagshäufigkeit eines Lagers ['umʃlaːkshɔyfɪçkaɪt 'aɪnəs 'laːgərs] *f* inventory sales ratio; rate of inventory turnover

umschreiben ['umʃraɪbən] *v irr (übertragen)* transfer
umschulden ['umʃuldən] *v (Anleihen)* convert
Umschuldung ['umʃulduŋ] *f* debt restructuring
umschulen ['umʃuːlən] *v* retrain
Umschulung ['umʃuːluŋ] *f (für einen anderen Beruf)* retraining
Umschwung ['umʃvuŋ] *m (Meinung)* change, reversal
umsetzbar ['umzɛtsbaːr] *adj (verkäuflich)* marketable, salable, sellable
Umsetzbarkeit ['umzɛtsbaːrkaɪt] *f (Verkäuflichkeit)* market-ability, salability, sellability
umsetzen ['umzɛtsən] *v (verkaufen)* turn over, sell
umsonst [um'zɔnst] *adv 1. (vergeblich)* in vain, to no avail, uselessly; *2. (erfolglos)* without success; *3. (unentgeltlich)* free, for nothing, gratis
umstellen ['umʃtɛlən] *v (umorganisieren)* reorganize; *sich ~ (anpassen)* accommodate o.s., adapt, adjust
Umstellung ['umʃtɛluŋ] *f 1. (Umorganisierung)* reorganization; *2. (Anpassung)* adaptation
Umstellungstermin ['umʃtɛluŋstɛrmiːn] *m* changeover date
Umstellungszeitplan ['umʃtɛluŋstsaɪt-plaːn] *m* changeover timetable
umstrukturieren ['umʃtrukturiːrən] *v* restructure
Umstrukturierung ['umʃtrukturiːruŋ] *f* restructuring, reorganization
Umtausch ['umtauʃ] *m* exchange; *(in eine andere Währung)* conversion
umtauschen ['umtauʃən] *v* exchange, convert
Umtauschrecht ['umtauʃrɛçt] *n* right to exchange goods
umverteilen ['umfɛrtaɪlən] *v* redistribute
Umverteilung ['umfɛrtaɪluŋ] *f* redistribution
umwechseln ['umvɛksəln] *v* change, exchange
Umwechslung ['umvɛksluŋ] *f* exchange
Umwelt ['umvɛlt] *f* environment
Umweltabgabe ['umvɛltapgaːbə] *f* environmental levy
Umweltbelastungen ['umvɛltbəlastuŋən] *f/pl* environmentally damaging activities *pl*
umweltfreundlich ['umvɛltfrɔyndlɪç] *adj* non-polluting, environment-friendly
Umwelthaftungsgesetz (UmweltHG) ['umvɛlthaftuŋsgəzɛts] *n* Law on Environmental Issues

Umweltpolitik ['umvɛltpoliːk] *f* environmental policy
umweltpolitisch ['umvɛltpoliːtɪʃ] *adj* ecopolitical
Umweltschutz ['umvɛltʃuts] *m* protection of the environment, pollution control, conservation
Umweltverschmutzung ['umvɛltfɛrʃmutsuŋ] *f* environmental pollution
Umweltverträglichkeit ['umvɛltfɛrtrɛːklıçkaɪt] *f* environmental impact, effect on the environment
Umweltzeichen ['umvɛlttsaɪçən] *n* environmental label
Unabhängigkeit ['unaphɛŋiçkaɪt] *f* independence
unabkömmlich ['unapkœmlıç] *adj* indispensable
Unabkömmlichkeit ['unapkœmlıçkaɪt] *f* indispensability
unaufgefordert ['unaufgəfɔrdərt] *adj* unasked, unsolicited; *adv* without being asked
unausgebildet ['unausgəbɪldət] *adj* untrained, unskilled
unbar ['unbaːr] *adj/adv* non cash
unbeantwortet ['unbəantvɔrtət] *adj* unanswered
unbefristet ['unbəfrɪstət] *adj* for an indefinite period, permanent
unbefugt ['unbəfuːkt] *adj* unauthorized
Unbefugte(r) ['unbəfuːktə(r)] *f/m* unauthorized person, trespasser
unberechenbar ['unbəreçənbaːr] *adj* incalculable, unpredictable
unbeschränkte Steuerpflicht ['unbəʃrɛŋktə 'ʃtɔyərpflıçt] *f* unlimited tax liability
unbeständig ['unbəʃtɛndıç] *adj (Markt)* unsettled
Unbeständigkeit ['unbəʃtɛndıçkaɪt] *f (Markt)* unsettledness
unbewegliche Vermögen ['unbəveːklıçə fɛrmøːgən] *n/pl* immovable property
unbezahlbar [unbə'tsaːlbaːr] *adj* unaffordable, prohibitively expensive
unbezahlter Urlaub ['unbətsaːltər 'urlaup] *m* unpaid vacation
unbeziffert ['unbətsıfərt] *adj* uncosted
unbrauchbar ['unbrauxbaːr] *adj* useless, of no use
unbürokratisch ['unbyrɔkratıʃ] *adj* unbureaucratic
undurchführbar ['undurçfyːrbaːr] *adj* impracticable, infeasible

unechte Gemeinkosten ['unɛçtə gə'maɪnkɔstən] *pl* fictitious overheads *pl*
unechtes Factoring ['unɛçtəs 'fæktərɪŋ] *n* false factoring
uneinbringliche Forderung ['unaɪnbrɪŋlıçə 'fɔrdəruŋ] *f* irrecoverable debt
uneingeschränkt ['unaɪngəʃrɛŋkt] *adj* unrestricted, unlimited
uneinheitlich ['unaɪnhaɪtlıç] *adj (Preise)* irregular
unentgeltlich ['unɛntgɛltlıç] *adj* free of charge; *adv* free of charge, gratis
unerfahren ['unɛrfaːrən] *adj* inexperienced
unfähig ['unfɛːıç] *adj* incapable, unable
Unfähigkeit ['unfɛːıçkaɪt] *f* incompetence, inability
Unfallverhütungsvorschriften ['unfalfɛrhyːtuŋsfoːrʃrɪftən] *f/pl* accident-prevention rules *pl*
Unfallversicherung ['unfalfɛrzıçəruŋ] *f* accident insurance
unfertige Erzeugnisse ['unfɛrtıgə ɛr'tsɔyknɪsə] *n/pl* 1. *(Recht)* work in process; 2. *(Produktion)* partly finished products *pl*
unfrankiert ['unfraŋkiːrt] *adj* unpaid, not prepaid
Unfriendly Takeover ['anfrendli 'teɪkəʊvər] *n (feindliche Übernahme)* unfriendly take over
ungedeckter Kredit ['ungədɛktər kre'diːt] *m* uncovered credit
ungedeckter Scheck ['ungədɛktər ʃɛk] *m* uncovered cheque
ungenutzt ['ungənutst] *adj/adv* unused, unutilized
ungesetzlich ['ungəzɛtslıç] *adj* illegal, illicit, unlawful
ungültig ['ungyltıç] *adj* invalid, void
Ungültigkeit ['ungyltıçkaɪt] *f* invalidity, nullity
ungünstig ['ungynstıç] *adj* unfavourable, inopportune; *adv* unfavourably
Unifizierung [unifi'tsiːruŋ] *f* consolidation
Union [un'joːn] *f* union
Universalbank [univɛr'zaːlbaŋk] *f* all-round bank
unkompensierte Bilanz ['unkɔmpɛnziːrtə bi'lants] *f* unoffset balance sheet
Unkosten ['unkɔstən] *pl* expenses *pl*, costs *pl;* sich in ~ stürzen go to a great deal of expense
Unkostenbeitrag ['unkɔstənbaɪtraːk] *m* contribution towards expenses
unkündbar [un'kyntbaːr] *adj* permanent, binding, not terminable

unlautere Werbung ['unlautərə 'vɛrbuŋ] *f* unfair advertising
unlauterer Wettbewerb ['unlautərər 'vɛtbəvɛrp] *m* unfair competition
Unmündigkeit ['unmyndıçkaıt] *f* minority
unnotierte Werte ['unnotiːrtə 'veːrtə] *m/pl* unlisted securities *pl*
unnötig ['unnøːtıç] *adj* unnecessary, needless
unpraktisch ['unpraktıʃ] *adj* unpractical *(UK)*, impractical *(US)*
unrealistisch ['unrealıstıʃ] *adj* unrealistic
unrechtmäßig ['unrɛçtmɛːsıç] *adj* illegal, unlawful
unregelmäßig ['unreːgəlmɛːsıç] *adj* irregular; *adv* irregularly
Unregelmäßigkeit ['unreːgəlmɛːsıçkaıt] *f* irregularity
unrentabel ['unrɛntaːbəl] *adj* unprofitable
unsachgemäß ['unzaxgəmɛːs] *adj* improper, inexpert
unschlüssig ['unʃlysıç] *adj* uncertain, undetermined, irresolute
Unsicherheit ['unzıçərhaıt] *f* uncertainty
unter dem Strich [untər deːm 'ʃtrıç] *adv* in total
Unterbeschäftigung ['untərbəʃɛftıguŋ] *f* underemployment
unterbesetzt ['untərbəzɛtst] *adj* understaffed
unterbewerten ['untərbəvɛrtən] *v* undervalue
Unterbewertung ['untərbəveːrtuŋ] *f* undervaluation
Unterbilanz ['untərbilants] *f* deficit balance
unterbreiten [untər'braıtən] *v* submit
Unterfinanzierung ['untərfinantsiːruŋ] *f* underfinancing
unterfordern [untər'fɔrdərn] *v* demand too little of, ask too little of, expect too little of
Untergebene(r) [untər'geːbənə(r)] *f/m (Mitarbeiter)* subordinate
untergeordnet ['untərgəɔrdnət] *adj* subordinate, secondary
Unterhalt ['untərhalt] *m* support, maintenance
Unterhändler(in) ['untərhɛndlər(ın)] *m/f* negotiator, mediator
Unterkapitalisierung ['untərkapitaliziːruŋ] *f* undercapitalization
Unterkonto ['untərkɔnto] *n* subsidiary account, adjunct account, subaccount, auxiliary account

Unterlagen ['untərlaːgən] *f/pl (Dokumente)* documents *pl*, materials *pl*, papers *pl*
unterlassen [untər'lasən] *v irr* fail to do, refrain from doing
Unterliquidität ['untərlikviditɛːt] *f* lack of liquidity
Untermakler ['untərmaːklər] *m* intermediate broker
Unternehmen [untər'neːmən] *n (Firma)* business, enterprise, business firm, business undertaking, firm, concern
Unternehmensberater(in) [untər'neːmənsbəraːtər(ın)] *m/f* business consultant, management consultant
Unternehmensbesteuerung [untər'neːmənsbəʃtɔyəruŋ] *f* business taxation
Unternehmenseinheit [untər'neːmənsaınhaıt] *f* unit company, unit of organization
Unternehmensführung [untər'neːmənsfyːruŋ] *f* business management, company management, corporation management; *(leitende Personen)* top management
Unternehmensfusion [untər'neːmənfuzjoːn] *f* merger of companies
Unternehmensgewinn [untər'neːmənsgəvın] *m* company profit, profit of the enterprise, business profit
Unternehmenskonzentration [untər'neːmənskɔntsɛntratsjoːn] *f* business concentration
Unternehmenskultur [untər'neːmənskultuːr] *f* corporate culture
Unternehmensleitung [untər'neːmənslaıtuŋ] *f* corporate management, business management, company management
Unternehmensphilosophie [untər'neːmənsfilozofiː] *f* company philosophy
Unternehmensplanung [untər'neːmənsplaːnuŋ] *f* company planning
Unternehmenspolitik [untər'neːmənspolitiːk] *f* company policy
Unternehmensstrategie [untər'neːmənsʃtrategiː] *f* corporate strategy
Unternehmensvernetzung [untər'neːmənsfɛrnɛtsuŋ] *f* group relationships *pl*
Unternehmensverträge [untər'neːmənsfɛrtrɛːgə] *f* intercompany agreements *pl*
Unternehmensziel [untər'neːmənstsiːl] *n* company objective
Unternehmenszusammenschluss [untər'neːmənstsuzamənʃlus] *m* business combination
Unternehmer(in) [untər'neːmər(ın)] *m/f* entrepreneur, industrialist, contractor

Unternehmergewinn [untər'neːmərgəvɪn] *m* corporate profit
unternehmerisch [untər'neːmərɪʃ] *adj* entrepreneurial
Unternehmerlohn [untər'neːmərloːn] *m* owner's salary
Unternehmung [untər'neːmʊŋ] *f* business enterprise
Unternehmungswert [untər'neːmʊŋsveːrt] *m* corporate value
Unter-Pari-Emission [untər'paːriemɪsjoːn] *f* issue below par
Unterredung [untər'reːdʊŋ] *f* conference, interview, business talk
unterschlagen [untər'ʃlaːgən] *v irr (Geld)* embezzle
Unterschlagung [untər'ʃlaːgʊŋ] *f* embezzlement
unterschreiben [untər'ʃraɪbən] *v irr* sign
Unterschrift ['untərʃrɪft] *f* signature
Unterschriftenmappe ['untərʃrɪftənmapə] *f* signature folder
unterschriftsberechtigt ['untərʃrɪftsbəreçtɪçt] *adj* authorized to sign
unterschriftsreif ['untərʃrɪftsraɪf] *adj* ready for signing, ready to be signed, final
unterschwellige Werbung ['untərʃvɛlɪgə 'vɛrbʊŋ] *f* subliminal advertising
Unterstützungslinie [untər'ʃtytsʊŋsliːnjə] *f* support level
Untersuchung [untər'zuːxʊŋ] *f* examination
unterversichert ['untərfɛrzɪçərt] *adj* underinsured
unterversorgt ['untərfɛrzɔrgt] *adj* undersupplied
Unterversorgung ['untərfɛrzɔrgʊŋ] *f* undersupply
Untervertreter ['untərfɛrtreːtər] *m* subagent
Untervollmacht ['untərfɔlmaxt] *f* delegated authority
unterweisen [untər'vaɪzən] *v irr* instruct
unterzeichnen [untər'tsaɪçnən] *v* sign, subscribe, affix one's signature
Unterzeichnete(r) [untər'tsaɪçnətə(r)] *f/m* undersigned
untilgbar [un'tɪlkbaːr] *adj* irredeemable
untragbar ['untraːkbaːr] *adj* intolerable, unbearable, *(Preise)* prohibitive
Untreue ['untrɔyə] *f* disloyalty
unverbindlich ['unfɛrbɪndlɪç] *adj/adv* not binding

unverbindliche Preisempfehlung ['unfɛrbɪndlɪçə 'praɪsɛmpfeːlʊŋ] *f* non-binding price recommendation
Unverfallbarkeit ['unfɛrfalbaːrkaɪt] *f* nonforfeitability
unverkäuflich ['unfɛrkɔyflɪç] *adj* unsaleable; *(nicht feil)* not for sale
unverpackt ['unfɛrpakt] *adj/adv* unpacked
unverzollt ['unfɛrtsɔlt] *adj/adv* duty-free
unvollkommener Markt ['unfɔlkɔmənər markt] *m* imperfect market
unvollständig ['unfɔlʃtɛndɪç] *adj* incomplete
Unvollständigkeit ['unfɔlʃtɛndɪçkaɪt] *f* incompleteness
unvorhergesehen ['unfoːrheːrgəzeːən] *adj* unforeseen, unanticipated
unwirksam ['unvɪrkzaːm] *adj* null and void
unwirtschaftlich ['unvɪrtʃaftlɪç] *adj* uneconomical, inefficient
Unwirtschaftlichkeit ['unvɪrtʃaftlɪçkaɪt] *f* inefficiency, wastefulness
Unzumutbarkeit der Weiterbeschäftigung ['untsuːmuːtbaːrkaɪt deːr 'vaɪtərbəʃɛftɪgʊŋ] *f* unacceptability of continued employment
Urabstimmung ['uːrapʃtɪmʊŋ] *f* strike vote
Urheber(in) ['uːrheːbər(in)] *m/f* author, originator
Urheberrecht ['uːrheːbərɛçt] *n* copyright
urheberrechtlich ['uːrheːbərɛçtlɪç] *adj* copyright
Urkunde ['uːrkundə] *f* certificate, document, deed
urkundlich ['uːrkuntlɪç] *adj* documentary; *adv* authentically; ~ *belegt* documented
Urlaub ['uːrlaup] *m* holidays *pl, vacation (US); im ~* on holiday, on vacation *(US)*
Urlaubsgeld ['uːrlaupsgɛlt] *n* holiday allowance
Urlaubsplaner ['urlaupsplaːnər] *m* holiday planner
Urlaubsvertretung ['uːrlaupsfɛrtreːtʊŋ] *f* replacement (for s.o. who is on holiday/on vacation)
Ursprungsland ['uːrʃprʊŋslant] *n* country of origin
Ursprungszeugnis ['uːrʃprʊŋstsɔyknɪs] *n* certificate of origin
Usancen [y'zãːsən] *pl* usage
Usancenhandel [y'zãːsənhandəl] *m* trading in foreign exchange
U-Schätze ['uʃɛtsə] *pl* non-interest bearing treasury bond

V

vakant [va'kant] *adj* vacant

Vakanz [va'kants] *f* vacancy

vakuumverpackt ['vaːkuumfɛrpakt] *adj* vacuum-packed

Vakuumverpackung ['vaːkuumfɛrpakuŋ] *f* vacuum packaging

vakuumversiegelt ['vaːkuumfɛrziːgəlt] *adj* vacuum-sealed

Vakuumversiegelung ['vaːkuumfɛrziːgəluŋ] *f* vacuum sealing

Valoren [va'loːrən] *pl* securities *pl*

Valorisation [valoriza'tsjoːn] *f* valorization

Valuta [va'luːta] *f* currency

Valuta-Akzept [va'lutaaktsɛpt] *n* foreign currency acceptance

Valuta-Anleihen [va'lutaanlaɪən] *f/pl* foreign currency loan

Valutageschäft [va'lutagəʃɛft] *n* currency transactions *pl*

Valutaklausel [va'lutaklauzəl] *f* foreign currency clause

Valutakonto [va'lutakɔnto] *n* foreign currency account

Valutakredit [va'lutakrediːt] *m* foreign currency loan

Valutapolitik [va'lutapolitiːk] *f* currency policy

Valutarisiko [va'lutariːziko] *n* exchange risk

Valutaschuldschein [va'lutaʃultʃaɪn] *m* foreign currency certificate of indebtedness

Valutierung [valu'tiːruŋ] *f* fixing of exchange rate

variabel [vari'aːbəl] *adj* variable

variable Kosten [va'rjaːblə 'kɔstən] *pl* variable costs *pl*

variabler Kurs [va'rjaːblər kurs] *m* variable price

variabler Markt [va'rjaːblər markt] *m* variable market

variabler Wert [va'rjaːblər veːrt] *m* variable value

variabler Zins [va'rjaːblər tsɪns] *m* variable rate of interest

Varianz [va'rjaŋts] *f* variance

verabschieden [fɛr'apʃiːdən] *v* dismiss, discharge

Verabschiedung [fɛr'apʃiːduŋ] *f* dismissal, discharge

veraltet [fɛr'altət] *adj* obsolete, antiquated, out of date

veranlagt [fɛr'anlaːkt] *adj (steuerlich* ~) assessed, rated

Veranlagung [fɛr'anlaːguŋ] *f (steuerliche* ~) tax assessment

veranlassen [fɛr'anlasən] *v* cause, bring about, arrange for

Veranlassung [fɛr'anlasuŋ] *f* cause, occasion, initiative

veranschlagen [fɛr'anʃlaːgən] *v* irr estimate

Veranschlagung [fɛr'anʃlaːguŋ] *f* estimate

veranstalten [fɛr'anʃtaltən] *v* arrange, organize

Veranstaltung [fɛr'anʃtaltuŋ] *f* arrangement, organization

Veranstaltungskalender [fɛr'anʃtaltuŋskalɛndər] *m* calender of events

Veranstaltungsort [fɛr'anʃtaltuŋsɔrt] *m* venue

verantworten [fɛr'antvɔrtən] *v* answer for, take responsibility for, to be accountable for; *sich für etw* ~ answer for sth

verantwortlich [fɛr'antvɔrtlɪç] *adj* responsible, answerable; *(juristisch)* liable

Verantwortlichkeit [fɛr'antvɔrtlɪçkaɪt] *f* responsibility, liability, accountability

Verantwortung [fɛr'antvɔrtuŋ] *f* responsibility; *jdn für etw zur* ~ *ziehen* call s.o. to account for sth

Verantwortungsträger(in) [fɛr'antvɔrtuŋstrɛːgər(ɪn)] *m/f* person responsible

verarbeiten [fɛr'arbaɪtən] *v (bearbeiten)* manufacture, process

Verarbeitung [fɛr'arbaɪtuŋ] *f (Bearbeitung)* manufacturing, processing, working

veräußern [fɛr'ɔysərn] *v (verkaufen)* sell, dispose of, *(übereignen)* transfer

Veräußerung [fɛr'ɔysəruŋ] *f (von Rechten)* alienation; *(Verkauf)* sale

Veräußerungsgewinn [fɛr'ɔysəruŋsgəvɪn] *m* gain on disposal

Verband [fɛr'bant] *m* association

verbessern [fɛr'bɛsərn] *v* improve, change for the better; *(korrigieren)* correct, revise

Verbesserung [fɛr'bɛsəruŋ] *f* improvement; *(Korrektur)* correction, amendment

verbesserungsbedürftig [fɛr'bɛsəruŋsbədyrftɪç] *adj* in need of improvement, requiring improvement

verbesserungsfähig [fɛr'bɛsəruŋsfɛːɪç] *adj* capable of improvement
Verbesserungsvorschlag [fɛr'bɛsəruŋsfoːrʃlaːk] *m* suggested improvement, proposed improvement
verbilligen [fɛr'bɪlɪɡən] *v* lower the price of, reduce
verbilligter Tarif [fɛr'bɪlɪçtər taˈriːf] *m* cheap rate
verbinden [fɛr'bɪndən] *v irr* connect
verbindlich [fɛr'bɪntlɪç] *adj (verpflichtend)* binding
Verbindlichkeiten [fɛr'bɪntlɪçkaɪtən] *f/pl* liabilities *pl*
Verbindung [fɛr'bɪnduŋ] *f* connection, line, combination
Verbot [fɛr'boːt] *n* prohibition
verbotene Aktienausgabe [fɛr'boːtənə 'aktsjənausgaːbə] *f* prohibited share issue
Verbrauch [fɛr'braux] *m* consumption
verbrauchen [fɛr'brauxən] *v* consume, use up; *(ausgeben)* spend
Verbraucher(in) [fɛr'brauxər(ɪn)] *m/f* consumer
Verbraucherberatung [fɛr'brauxərbəraːtuŋ] *f* 1. *(Vorgang)* consumer advice; 2. *(Geschäftsstelle)* consumer advice centre
verbraucherfreundlich [fɛr'brauxərfrɔyntlɪç] *adj* consumer-friendly
Verbraucherfreundlichkeit [fɛr'brauxərfrɔyntlɪckaɪt] *f* consumer-friendliness
Verbraucherkreditgesetz [fɛr'brauxərkrediːtgəzɛts] *n* consumer credit act
Verbrauchermarkt [fɛr'brauxərmarkt] *m* consumer market
Verbrauchernachfrage [fɛr'brauxərnaːxfraːɡə] *f* consumer demand
Verbraucherschutz [fɛr'brauxərʃuts] *m* consumer protection
Verbrauchersteuern [fɛr'brauxərʃtɔyərn] *f/pl* general tax on consumption
Verbraucherzentrale [fɛr'brauxərtsɛntraːlə] *f* Consumers' Central Office
Verbrauchsgüter [fɛr'brauxsɡyːtər] *n/pl* consumer goods *pl*
Verbrauchslenkung [fɛr'brauxslɛŋkuŋ] *f* consumer control
Verbrauchssteigerung [fɛr'brauxsʃtaɪɡəruŋ] *f* consumption increase
verbuchen [fɛr'buːxən] *v* 1. *(eintragen)* entry; 2. *(fig: Erfolg)* notch up
Verbuchung [fɛr'buːxuŋ] *f* entry
Verbund [fɛr'bunt] *m* union
verbundene Unternehmen [fɛr'bundənə untər'neːmən] *n/pl* associated companies *pl*

Verbundwirtschaft [fɛr'buntvɪrtʃaft] *f* integrated economy
verbürgen [fɛr'byrɡən] *v* guarantee, stand security
verderblich [fɛr'dɛrblɪç] *adj* perishable
verderbliche Ware [fɛr'dɛrplɪçə vaːrə] *f* perishables *pl*
verdienen [fɛr'diːnən] *v (Geld)* earn
Verdienst [fɛr'diːnst] *m* 1. earnings *pl*, income; 2. *(Gehalt)* salary; *n* 3. *(Anspruch auf Anerkennung)* merit
Verdienstausfall [fɛr'diːnstausfal] *m* loss of earnings, loss of salary
Verdienstmöglichkeit [fɛr'diːnstmøːklɪçkaɪt] *f* income opportunity
Verdienstspanne [fɛr'diːnstʃpanə] *f* profit margin
verdient [fɛr'diːnt] *adj* 1. *(Person)* deserving, outstanding; 2. *(Erfolg)* well-earned
Verdrängungswettbewerb [fɛr'drɛŋuŋsvɛtbəvɛrp] *m (Kartell)* destructive price cutting; *(Finanzwesen)* crowding-out competition
veredeln [fɛr'eːdəln] *v (Rohstoffe)* process
Veredelung [fɛr'eːdəluŋ] *f* processing
Verein [fɛr'aɪn] *m* association
Vereinbarung [fɛr'aɪnbaːruŋ] *f* agreement, arrangement
vereinbarungsgemäß [fɛr'aɪnbaːruŋsɡəmɛːs] *adj/adv* as agreed
vereinheitlichen [fɛr'aɪnhaɪtlɪçən] *v* standardize
Vereinheitlichung [fɛr'aɪnhaɪtlɪçuŋ] *f* standardization
vereinigen [fɛr'aɪnɪɡən] *v (fusionieren)* amalgamate, merge
Vereinigung [fɛr'aɪnɪɡuŋ] *f (Fusion)* amalgamation, merger
Verfahren [fɛr'faːrən] *n* 1. *(Vorgehen)* procedure, process; 2. *(Methode)* method, practice; 3. *(juristisch)* proceedings *pl*, procedure, suit
Verfahrensfehler [fɛr'faːrənsfeːlər] *m* procedural error
Verfahrenstechnik [fɛr'faːrənstɛçnɪk] *f* process engineering; *chemische ~* chemical engineering
Verfahrensweise [fɛr'faːrənsvaɪzə] *f* method, approach
Verfall [fɛr'fal] *m (Fristablauf)* maturity, expiry, expiration
verfallen [fɛr'falən] *v irr (ungültig werden)* expire, lapse
Verfallsdatum [fɛr'falsdaːtum] *n* expiry date, expiration date *(US)*

Verfallstag [fɛr'falstaːk] *m* expiration date, due date, day of expiry
Verfallzeit [fɛr'faltsaɪt] *f* time of expiration
verflechten [fɛr'flɛçtən] *v irr* integrate
verfrachten [fɛr'fraxtən] *v* ship
verfügbar [fɛr'fyːkbaːr] *adj* available; ~ *haben* have at one's disposal
verfügbares Einkommen [fɛr'fyːkbaːrəs 'aɪnkɔmən] *n* disposable income
verfügbares Geld [fɛr'fyːkbaːrəs 'gɛlt] *n* available cash
Verfügbarkeit [fɛr'fyːkbaːrkaɪt] *f* availability
verfügen [fɛr'fyːgən] *v* ~ *über* have at one's disposal, have use of
Verfügung [fɛr'fyːguŋ] *f* disposal, order
verfügungsberechtigt [fɛr'fyːguŋsbərɛçtɪçt] *adj* authorized to dispose
Verfügungsrecht [fɛr'fyːguŋsrɛçt] *n* right of disposal
Verfügungsrechte [fɛr'fyːguŋsrɛçtə] *n/pl* property rights *pl*
Vergabe [fɛr'gaːbə] *f (Auftrag)* placing, award
vergeben [fɛr'geːbən] *v irr (Aufträge)* place, award
vergesellschaften [fɛr'gəzɛlʃaftən] *v* nationalize, convert into a company
Vergleich [fɛr'glaɪç] *m* comparison; *(Einigung)* settlement
vergleichen [fɛr'glaɪçən] *v irr* compare; *(sich ~)* settle
Vergleichsbilanz [fɛr'glaɪçsbilants] *f* comparative balance sheet
Vergleichsjahr [fɛr'glaɪçsjaːr] *n* base year
Vergleichsverfahren [fɛr'glaɪçsfɛrfaːrən] *n* composition proceedings *pl*
Vergleichswert [fɛr'glaɪçsveːrt] *m* comparative value
vergriffen [fɛr'grɪfən] *adj (nicht verfügbar)* unavailable
vergüten [fɛr'gyːtən] *v* reimburse, compensate
Vergütung [fɛr'gyːtuŋ] *f* reimbursement, compensation
Verhältnis [fɛr'hɛltnɪs] *n* proportion
verhandeln [fɛr'handəln] *v* negotiate
Verhandlung [fɛr'handluŋ] *f* negotiation
Verhandlungsbasis [fɛr'handluŋsbaːzɪs] *f* basis for negotiations
Verhandlungsbereitschaft [fɛr'handluŋsbəraɪtʃaft] *f* readiness to negotiate, willingness to negotiate
verhandlungsfähig [fɛr'handluŋsfɛːɪç] *adj* able to stand trial

Verhandlungsgeschick [fɛr'handluŋsgəʃɪk] *n* negotiation skills *pl*
Verhandlungspartner(in) [fɛr'handluŋspartnər(ɪn)] *m/f* negotiating partner
Verhandlungsposition [fɛr'handluŋspozitsjoːn] *f* bargaining position
verjähren [fɛr'jɛːrən] *v* come under the statute of limitations, become barred by the statute of limitations
Verjährung [fɛr'jɛːruŋ] *f* statutory limitation, prescription
Verjährungsfrist [fɛr'jɛːruŋsfrɪst] *f* statutory period of limitation
verkalkulieren [fɛrkalku'liːrən] *v sich* ~ miscalculate
Verkauf [fɛr'kauf] *m* sale, selling
verkaufen [fɛr'kaufən] *v* sell
Verkäufer(in) [fɛr'kɔyfər(ɪn)] *m/f 1.* seller, vendor; *2. (in einem Geschäft)* salesman/saleswoman
Verkäufermarkt [fɛr'kɔyfərmarkt] *m* seller's market
Verkäuferprovision [fɛr'kɔyfərprovizjoːn] *f* sales commission
verkäuflich [fɛr'kɔyflɪç] *adj* saleable
Verkaufsabschluss [fɛr'kaufsapʃlus] *m* sales contract
Verkaufsabteilung [fɛr'kaufsaptaɪluŋ] *f* sales department
Verkaufsauftrag [fɛr'kaufsauftraːk] *m* order to sell, selling order
Verkaufsbericht [fɛr'kaufsbərɪçt] *m* sales report
Verkaufschance [fɛr'kaufsʃɑ̃ːsə] *f* sales possibilities *pl*
Verkaufserlös [fɛr'kaufsɛrløːs] *m* sale proceeds *pl*
Verkaufsfläche [fɛr'kaufsflɛçə] *f* sales space, selling space
Verkaufsförderung [fɛr'kaufsfœrdəruŋ] *f* sales promotion
Verkaufsgespräch [fɛr'kaufsgəʃprɛːç] *n* sales talk
Verkaufsknüller [fɛr'kaufsknʏlər] *m (fam)* moneyspinner, hit
Verkaufsleiter(in) [fɛr'kaufslaɪtər(ɪn)] *m/f* sales manager
Verkaufsmethoden [fɛr'kaufsmetoːdən] *f/pl* sales strategy
Verkaufsniederlassung [fɛr'kaufsniːdərlasuŋ] *f* sales office
Verkaufsoption [fɛr'kaufsɔptsjoːn] *f* option to sell
Verkaufspreis [fɛr'kaufspraɪs] *m* selling price

Verkaufsrückgang [fɛrˈkaufsrʏkgaŋ] *f* drop in sales, decline in sales
Verkaufsstab [fɛrˈkaufsʃtaːp] *m* sales staff
Verkaufstechnik [fɛrˈkaufstɛçnɪk] *f* sales technique
Verkaufswert [fɛrˈkaufsveːrt] *m* selling value
Verkaufszahlen [fɛrˈkaufstsaːlən] *f/pl* sales figures *pl*
verkehrsgünstig [fɛrˈkeːrsgynstɪç] *adj* conveniently located
Verkehrshypothek [fɛrˈkeːrshypoteːk] *f* ordinary mortgage
Verkehrssteuern [fɛrˈkeːrsʃtɔyərn] *f/pl* taxes on transactions *pl*
Verkehrswert [fɛrˈkeːrsveːrt] *m* market value
verklagen [fɛrˈklaːgən] *v* sue, bring action against, take to court
Verladekosten [fɛrˈlaːdəkɔstən] *pl* loading charges *pl*
verladen [fɛrˈlaːdən] *v irr* load, ship, freight
Verladeplatz [fɛrˈlaːdəplats] *m* loading point, entraining point
Verladerampe [fɛrˈlaːdərampə] *f* loading platform
Verladung [fɛrˈlaːduŋ] *f* loading, shipment, shipping
Verlag [fɛrˈlaːk] *m* publishing house, publishers *pl*, publishing firm
Verlängerung [fɛrˈlɛŋəruŋ] *f* extension
Verleger(in) [fɛrˈleːgər(ɪn)] *m/f* publisher
verloren gegangene Sendung [fɛrˈloːrən gəgaŋənə ˈzɛnduŋ] *f* lost shipment
Verlust [fɛrˈlust] *m* loss, damage
Verlustausgleich [fɛrˈlustausglaɪç] *m* loss-compensation
Verlust bringend [fɛrˈlust brɪngənt] *adj (Geschäfte)* loss-making
Verlustgeschäft [fɛrˈlustgəʃɛft] *n* money-losing deal, loss-making business
Verlustkonto [fɛrˈlustkɔnto] *n* deficit account
Verlustrücktrag [fɛrˈlustrʏktraːk] *m* tax loss carryback
Verlustvortrag [fɛrˈlustfoːrtraːk] *m* carry-forward of the losses
Verlustzuweisung [fɛrˈlusttsuːvaɪzuŋ] *f* loss allocation
Vermächtnis [fɛrˈmɛçtnɪs] *n* legacy
vermarkten [fɛrˈmarktən] *v* market, place on the market; *(fig)* commercialize
Vermarktung [fɛrˈmarktuŋ] *f* marketing

Vermerk [fɛrˈmɛrk] *m* note, entry, remark
Verminderung [fɛrˈmɪndəruŋ] *f* reduction, decrease
vermitteln [fɛrˈmɪtəln] *v* mediate, act as intermediary, negotiate; *(beschaffen)* obtain sth for s.o.
Vermittler(in) [fɛrˈmɪtlər(ɪn)] *m/f* mediator; intermediary, agent
Vermittlung [fɛrˈmɪtluŋ] *f* 1. mediation; 2. *(Übereinkunft)* arrangement, negotiation; 3. *(Telefonvermittlung)* operator, *(Telefonvermittlung in einer Firma)* switchboard; 4. *(Stellenvermittlung)* agency
Vermittlungsgebühr [fɛrˈmɪtluŋsgəbyːr] *f* commission
Vermittlungsgeschäft [fɛrˈmɪtluŋsgəʃɛft] *n* brokerage business
Vermittlungsstelle [fɛrˈmɪtluŋsʃtɛlə] *f* agency
Vermögen [fɛrˈmøːgən] *n (Besitz)* assets *pl*, wealth, fortune
Vermögensabgabe [fɛrˈmøːgənsapgaːbə] *f* capital levy
Vermögensanlage [fɛrˈmøːgənsanlaːgə] *f* investment
Vermögensarten [fɛrˈmøːgənsaːrtən] *f/pl* types of property *pl*
Vermögensberater(in) [fɛrˈmøːgənsbəraːtər(ɪn)] *m/f* investment consultant
Vermögensbilanz [fɛrˈmøːgənsbilants] *f* assets and liability statement
Vermögensbildung [fɛrˈmøːgənsbɪlduŋ] *f* wealth creation
Vermögenseffekten [fɛrˈmøːgənsɛfɛktən] *pl* real balance effect
Vermögenseinkommen [fɛrˈmøːgənsaɪnkɔmən] *n* real balance effect
Vermögenspolitik [fɛrˈmøːgənspoliˈtiːk] *f* policy relating to capital formation
Vermögenssteuer [fɛrˈmøːgənsʃtɔyər] *f* wealth tax
Vermögenswerte [fɛrˈmøːgənsveːrtə] *m/pl* property assets *pl*, assets *pl*
vermögenswirksame Leistungen [fɛrˈmøːgənsvɪrkzaːmə ˈlaɪstuŋən] *f/pl* capital forming payment
vernetzen [fɛrˈnɛtsən] *v* network
Vernetzung [fɛrˈnɛtsuŋ] *f* networking
Veröffentlichung [fɛrˈœfəntlɪçuŋ] *f* publication
Veröffentlichungspflicht [fɛrˈœfəntlɪçuŋspflɪçt] *f* statutory public disclosure
Verordnung [fɛrˈɔrdnuŋ] *f* decree
verpacken [fɛrˈpakən] *v* package, pack

Verpackung [fɛr'pakuŋ] *f* packaging, packing, wrapping
Verpackungsmaterial [fɛr'pakuŋsmatə-rjaːl] *n* packing material
Verpackungsmüll [fɛr'pakuŋsmyl] *m* packing waste
Verpackungstechnik [fɛr'pakuŋstɛçnɪk] *f* packaging technology
Verpackungsvorschriften [fɛr'pakuŋsfoːr-ʃrɪftən] *f/pl* packing instructions *pl*
verpfänden [fɛr'pfɛndən] *v (hypothekarisch)* mortgage
Verpfändung [fɛr'pfɛnduŋ] *f* pawning, hocking, pledge
verpflichten [fɛr'pflɪçtən] *v* oblige, engage; *(unterschriftlich)* sign on
verpflichtend [fɛr'pflɪçtənt] *adj* binding
Verpflichtung [fɛr'pflɪçtuŋ] *f* commitment, obligation, undertaking; *(finanziell)* liability
verrechnen [fɛr'rɛçnən] *v 1. etw ~* set off against, charge against, settle up; *2. sich ~* miscalculate
Verrechnung [fɛr'rɛçnuŋ] *f* settlement, compensation; *nur zur ~* not negotiable
Verrechnungseinheit [fɛr'rɛçnuŋsaɪnhaɪt] *f* clearing unit
Verrechnungskonto [fɛr'rɛçnuŋskɔnto] *n* offset account
Verrechnungspreise [fɛr'rɛçnuŋspraɪzə] *m/pl* transfer prices *pl*
Verrechnungsscheck [fɛr'rɛçnuŋsʃɛk] *m* crossed cheque *(UK)*, voucher check *(US)*
Verruf [fɛr'ruːf] *m* discredit; *in ~ kommen* fall into disrepute; *jdn in ~ bringen* ruin s.o.'s reputation
Versammlung [fɛr'zamluŋ] *f* meeting, gathering, assembly
Versand [fɛr'zant] *m* shipment, delivery, dispatch
Versandabteilung [fɛr'zantaptaɪluŋ] *f* dispatch department
versandbereit [fɛr'zantbəraɪt] *adj/adv* ready for dispatch
Versandbox [fɛr'zantbɔks] *f* dispatch box
Versandform [fɛr'zantfɔrm] *f* manner of delivery
Versandhandel [fɛr'zanthandəl] *m* mail order business, mail order firm
Versandhaus [fɛr'zanthaus] *n* mail-order house
Versandscheck [fɛr'zantʃɛk] *m* out-of-town cheque
Versandtasche [fɛr'santtaʃə] *f* padded envelope

verschieben [fɛr'ʃiːbən] *v irr (aufschieben)* postpone
Verschiebung [fɛr'ʃiːbuŋ] *f (eines Termins)* postponement
verschiffen [fɛr'ʃɪfən] *v* ship, transport
Verschiffung [fɛr'ʃɪfuŋ] *f* shipment
Verschleierung der Bilanz [fɛr'ʃlaɪəruŋ deːr bi'lants] *f* doctoring a balance sheet
verschmelzen [fɛr'ʃmɛltsən] *v irr* merge, amalgamate
Verschmelzung [fɛr'ʃmɛltsuŋ] *f* merger
verschrotten [fɛr'ʃrɔtən] *v* scrap
Verschrottung [fɛr'ʃrɔtuŋ] *f* scrapping, junking
verschulden [fɛr'ʃuldən] *v* get into debt
Verschulden vor Vertragsabschluss (culpa in contrahendo) [fɛr'ʃuldən foːr fɛr-'traːksapʃlus (kulpa ɪn kɔntrahɛndo)] *n* culpa in contrahendo
Verschuldung [fɛr'ʃulduŋ] *f* indebtedness
Versehen [fɛr'zeːən] *n (Irrtum)* mistake, error; *aus ~* inadvertently, by mistake
versehentlich [fɛr'zeːəntlɪç] *adv* inadvertently, by mistake
versenden [fɛr'zɛndən] *v irr* dispatch, send, forward
Versendung [fɛr'zɛnduŋ] *f* shipment, sending
versichern [fɛr'zɪçərn] *v (Versicherung abschließen)* assure *(UK)*, insure
Versicherung [fɛr'zɪçəruŋ] *f 1. (Eigentumsversicherung)* insurance; *2. (Lebensversicherung)* assurance, life insurance *(US)*
Versicherung auf Gegenseitigkeit [fɛr-'zɪçəruŋ auf 'geːgənzaɪtɪçkaɪt] *f* mutual insurance
Versicherungsagent(in) [fɛr'zɪçəruŋs-agɛnt(ɪn)] *m/f* insurance agent
Versicherungsaktie [fɛr'zɪçəruŋsaktsjə] *f* insurance company share
Versicherungsanstalt [fɛr'zɪçəruŋsan-ʃtalt] *f* Social Insurance Office
Versicherungsbeitrag [fɛr'zɪçəruŋsbaɪ-traːk] *m* insurance premium, premium
Versicherungsbetrug [fɛr'zɪçəruŋsbə-truːk] *m* insurance fraud
Versicherungsfall [fɛr'zɪçəruŋsfal] *m* occurrence of the event insured against
Versicherungskauffrau [fɛr'zɪçəruŋs-kauffrau] *f (female)* insurance broker
Versicherungskaufmann [fɛr'zɪçəruŋs-kaufman] *m* insurance broker
Versicherungsmakler(in) [fɛr'zɪçəruŋs-maːklər(ɪn)] *m/f* insurance agent

Versicherungsnehmer(in) [fɛr'zɪçəruŋs-neːmər(ɪn)] *m/f* insured person, policy holder
Versicherungspflicht [fɛr'zɪçəruŋspflɪçt] *f* liability to insure
Versicherungspolice [fɛr'zɪçəruŋspɔliːs(ə)] *f* insurance policy
Versicherungsprämie [fɛr'zɪçəruŋspreː-mjə] *f* insurance premium
Versicherungsschutz [fɛr'zɪçəruŋsʃuts] *m* insurance coverage
Versicherungssumme [fɛr'zɪçəruŋszumə] *f* insured sum
Versicherungsverein auf Gegenseitigkeit (VVaG) [fɛr'zɪçəruŋsferaɪn auf 'geː-gənzaɪtɪçkaɪt] *m* mutual life insurance company
Versicherungsvertrag [fɛr'zɪçəruŋsfer-traːk] *m* insurance contract
Versicherungszertifikat (C/I) [fɛr'zɪçə-ruŋstsertifikaːt] *n* certificate of insurance (C/I)
Versorgung [fɛr'zɔrguŋ] *f (Beschaffung)* provision, supply
verspäten [fɛr'ʃpɛːtən] *v sich ~* to be late; *sich ~ (aufgehalten werden)* to be delayed
Verspätung [fɛr'ʃpɛːtuŋ] *f (Verzögerung)* delay
Verstaatlichung [fɛr'ʃtaːtlɪçuŋ] *f* nationalization, transfer to state ownership
Verständigung [fɛr'ʃtɛndɪguŋ] *f* 1. notification; 2. *(Einigung)* agreement
Verständigungsbereitschaft [fɛr'ʃtɛndɪ-guŋsbəraɪtʃaft] *f* willingness to negotiate, eagerness to reach an agreement, communicativeness
versteckte Arbeitslosigkeit [fɛr'ʃtɛktə 'arbaɪtsloːzɪçkaɪt] *f* hidden unemployment
versteckte Inflation [fɛr'ʃtɛktə ɪnfla-'tsjoːn] *f* hidden inflation
Versteigerung [fɛr'ʃtaɪgəruŋ] *f* auction, public sale
Verstoß [fɛr'ʃtoːs] *m* offence, breach, infringement
verstoßen [fɛr'ʃtoːsən] *v irr gegen etw ~* infringe upon sth, violate sth
Vertagung [fɛr'taːguŋ] *f* postponement
Verteilung [fɛr'taɪluŋ] *f* distribution
Verteuerung [fɛr'tɔyəruŋ] *f* rise in price, price increase
vertikale Integration ['vertikaːlə ɪnte-gra'tsjoːn] *f* vertical integration
vertikale Konzentration ['vertikaːlə kɔn-tsentra'tsjoːn] *f* vertical concentration
Vertrag [fɛr'traːk] *m* contract

vertraglich [fɛr'traːklɪç] *adj* contractual; *adv* according to contract
Vertragsabschluss [fɛr'traːksapʃlus] *m* conclusion of a contract
Vertragsänderung [fɛr'traːksɛndəruŋ] *f* amendment of a contract
Vertragsbedingungen [fɛr'traːksbədɪŋuŋ-ən] *f/pl* conditions of a contract *pl*, terms of a contract *pl*, provisions of a contract *pl*
Vertragsbestimmung [fɛr'traːksbəʃtɪmuŋ] *f* provisions of a contract *pl*, stipulations of a contract *pl*, terms of a contract *pl*
Vertragsbindung [fɛr'traːksbɪnduŋ] *f* contractual obligation
Vertragsbruch [fɛr'traːksbrux] *m* breach of contract, violation of a treaty
Vertragsdauer [fɛr'traːksdauər] *f* term of a contract
Vertragsfreiheit [fɛr'traːksfraɪhaɪt] *f* freedom of contract
Vertragsgegenstand [fɛr'traːksgeːgən-ʃtant] *m* subject matter of a contract, object of agreement
Vertragskontinuität [fɛr'traːkskɔntinui-tɛːt] *f* continuity of contracts, contractual continuity
Vertragspartner(in) [fɛr'traːkspartnər(ɪn)] *m/f* party to the contract, party to a contract
Vertragsstrafe [fɛr'traːksʃtraːfə] *f* penalty for breach of contract, contractual penalty
vertragswidrig [fɛr'traːksviːdrɪç] *adj* contrary to the contract
vertrauensbildend [fɛr'trauənsbɪldənt] *adj* trust-building, confidence-building
Vertrauensbruch [fɛr'trauənsbrux] *m* breach of s.o.'s trust
Vertrauensgüter [fɛr'trauənsgyːtər] *n/pl* confidence goods *pl*
Vertrauensverhältnis [fɛr'trauənsferhɛlt-nɪs] *n* confidential relationship
vertraulich [fɛr'traulɪç] *adj* confidential; *adv* in confidence, confidentially
vertreiben [fɛr'traɪbən] *v irr (verkaufen)* sell, market
Vertreter(in) [fɛr'treːtər(ɪn)] *m/f (Repräsentant(in))* representative, delegate; *(Stellvertreter(in))* deputy, proxy
Vertretung [fɛr'treːtuŋ] *f (Repräsentanz)* agency, representation; *(Stellvertretung)* replacement; *(Vertreten)* representation
Vertrieb [fɛr'triːp] *m* marketing, sale, distribution
Vertriebsabteilung [fɛr'triːpsabtaɪluŋ] *f* sales department

Vertriebsfirma [fɛr'triːpsfɪrma] f distributor, marketing company
Vertriebsgesellschaft [fɛr'triːpsgəzɛl-ʃaft] f distribution company
Vertriebswagnis [fɛr'triːbsvaːgnɪs] n accounts receivable risk
Vertriebsweg [fɛr'triːpsveːk] m distribution channel
veruntreuen [fɛr'untrɔyən] v embezzle, misappropriate
Veruntreuung [fɛr'untrɔyuŋ] f embezzlement, misappropriation
Verursacherprinzip [fɛr'urzaxərprɪntsiːp] n polluter pays principle
Vervielfältigung [fɛr'fiːlfɛltɪguŋ] f reproduction
Verwahrung [fɛr'vaːruŋ] f custody
Verwahrungsbetrag [fɛr'vaːruŋsbetraːk] m value of custody
Verwahrungsbuch [fɛr'vaːruŋsbuːx] n custody ledger
Verwahrungskosten [fɛr'vaːruŋskɔstən] pl custody fee
verwalten [fɛr'valtən] v administer, manage, supervise
Verwalter(in) [fɛr'valtər(ɪn)] m/f administrator, manager
Verwaltung [fɛr'valtuŋ] f administration, management
Verwaltungsaktien [fɛr'valtuŋsaktsjən] f/pl treasury stock
Verwaltungsgebühr [fɛr'valtuŋsgəbyːr] f official fees pl
verwendbar [fɛr'vɛntbaːr] adj usable, serviceable
verwenden [fɛr'vɛndən] v irr use, utilize, employ; wieder ~ reuse
Verwendung [fɛr'vɛnduŋ] f use, application, utilization; für etw ~ finden find a purpose for sth
Verwertungsgesellschaft [fɛr'veːrtuŋs-gəzɛlʃaft] f company or partnership exploiting third-party rights
verzinsen [fɛr'tsɪnzən] v pay interest on
Verzinsung [fɛr'tsɪnzuŋ] f payment of interest, interest yield
verzollen [fɛr'tsɔlən] v pay duty on, declare
verzollt [fɛr'tsɔlt] adj/adv duty-paid
Verzollung [fɛr'tsɔluŋ] f payment of duty
Verzug [fɛr'tsuːk] m delay, default; mit etw in ~ geraten fall behind with sth; mit etw in ~ sein to be behind in sth, to be in arrears with sth

Verzugszinsen [fɛr'tsuːkstsɪnzən] m/pl default interest
Videokonferenz ['videokɔnfərɛnts] f video conference
Videotext ['viːdeotɛkst] m videotex
vierteljährlich ['fɪrtəljɛːrlɪç] adj/adv quarterly
Vinkulation [vɪŋku'laːtsjon] f restriction of transferability
vinkulierte Aktie [vɪŋku'liːrtə 'aktsjə] f restricted share
Virtualisierung [vɪrtuali'ziːruŋ] f virtualization
virtuelle Realität [vɪrtu'ɛlə reali'tɛːt] f virtual reality
virtuelles Unternehmen [vɪr'tuɛləs untər'neːmən] n virtual company
Virus ['viːrus] m EDV virus
Visitenkarte [vi'ziːtənkartə] f visiting card (UK), business card
Visum ['viːzum] n visa
Voice Mail ['vɔɪsmeɪl] f voice mail
Volatilität [volatili'tɛːt] f volatility
Volkseinkommen ['fɔlksaɪnkɔmən] n national income
Volksvermögen ['fɔlksfɛrmøːgən] n national wealth
Volkswirt(in) ['fɔlksvɪrt(ɪn)] m/f economist
Volkswirtschaft ['fɔlksvɪrtʃaft] f national economy, political economy
volkswirtschaftlich ['fɔlksvɪrtʃaftlɪç] adj national economic, national economy, economic
volkswirtschaftliche Gesamtrechnung ['fɔlksvɪrtʃaftlɪçə gə'zamtrɛçnuŋ] f national accounting
Volkswirtschaftslehre ['fɔlksvɪrtʃaftsleː-rə] f economics
Volkszählung ['fɔlkstsɛːluŋ] f census
Vollbeschäftigung ['fɔlbəʃɛftɪguŋ] f full employment
Vollkaskoversicherung ['fɔlkaskɔfɛrzɪçə-ruŋ] f fully comprehensive insurance
Vollkaufmann ['fɔlkaufman] m registered trader
Vollkosten ['fɔlkɔstən] pl full cost
Vollmacht ['fɔlmaxt] f authority; (juristisch) power of attorney
vollstrecken [fɔl'ʃtrɛkən] v execute, enforce
Volumen [vo'luːmən] n volume
Vorankündigung ['foːrankyndɪguŋ] f initial announcement, preliminary announcement
Voranschlag ['foːranʃlaːk] m estimate

Vorarbeiter(in) ['fo:rarbaɪtər(ɪn)] *m/f* foreman/forewoman
vorausbezahlt (ppd.) [fo'rausbətsa:lt] *adj/adv* prepaid (ppd.)
Vorausklage [fo'rauskla:gə] *f* preliminary injunction
Vorauszahlung [for'austsa:luŋ] *f* prepayment, payment in advance, advance payment, cash in advance (c.i.a.)
Vorbehalt ['fo:rbəhalt] *m* reservation; *unter dem ~, dass* provided that
vorbehalten ['fo:rbəhaltən] *v irr* reserve; *alle Rechte ~* all rights reserved; *jdm ~ bleiben* to be reserved for
Vorbesprechung ['fo:rbəʃprɛçuŋ] *f* briefing
vorbestellen ['fo:rbəʃtɛlən] *v* order in advance, reserve, make a reservation
Vorbestellrabatt ['fo:rbəʃtɛlrabat] *m* discount on advance orders
Vorbestellung ['fo:rbəʃtɛluŋ] *f* advance order, advance booking, reservation
Vorbörse ['fo:rbœrzə] *f* dealing before official hours
vordatierter Scheck ['fo:rdati:rtər ʃɛk] *m* antedated cheque
Vordruck ['fo:rdruk] *m* printed form
Vorentscheidung ['fo:rɛntʃaɪduŋ] *f* precedent
vorfinanzieren ['fo:rfɪnantsi:rən] *v* provide advance financing
Vorfinanzierung ['fo:rfɪnantsi:ruŋ] *f* advance financing
Vorführung ['fo:rfy:ruŋ] *f (Präsentation)* display, demonstration, presentation
Vorgang ['fo:rgaŋ] *m (Akte)* file, record
Vorjahr ['fo:rja:r] *n das ~* the previous year, last year, the preceding year
Vorkalkulation ['fo:rkalkulatsjo:n] *f* estimation of cost
Vorkaufsrecht ['fo:rkaufsrɛçt] *n* right of first refusal, right of pre-emption
Vorleistung ['fo:rlaɪstuŋ] *f* advance performance
Vormerkung ['fo:rmɛrkuŋ] *f* order, advance order
Vormonat ['fo:rmo:nat] *m* preceding month
Vorprodukte ['fo:rproduktə] *n/pl* intermediate products *pl*
Vorrat ['fo:rra:t] *m* store, stock, supply
vorrätig ['fo:rrɛ:tɪç] *adj* in stock, on hand, available
Vorratsaktie ['fo:rra:tsaktsjə] *f* disposable share

Vorrecht ['fo:rrɛçt] *n* privilege, preferential right, prerogative
Vorruhestand ['fo:rru:əʃtant] *m* early retirement
vorsätzlich ['fo:rzɛtslɪç] *adj* deliberate, intentional; *adv* deliberately, intentionally
Vorschaltkonditionen ['fo:rʃaltkɔnditsjo:nən] *f/pl* preliminary conditions *pl*
Vorschlag ['fo:rʃla:k] *m* suggestion, proposal
vorschlagen ['fo:rʃla:gən] *v irr* propose, suggest
Vorschrift ['fo:rʃrɪft] *f* regulation, rule; *(Anweisung)* instruction
vorschriftsmäßig ['fo:rʃrɪftsmɛ:sɪç] *adj* correct, proper; *adv* in due form, according to regulations, as prescribed
Vorschuss ['fo:rʃus] *m* advance
Vorschusszinsen ['fo:rʃustsɪnzən] *m/pl* negative advance interest
Vorsichtskasse ['fo:rzɪçtskasə] *f* precautionary holding
Vorsitz ['fo:rzɪts] *m* chairmanship
Vorstand ['fo:rʃtant] *m 1.* board, board of directors, management board; *2. (~smitglied)* member of the board, director; *(erster ~)* managing director
Vorstandsvorsitzende(r) ['fo:rʃtantsfo:rzɪtsəndə(r)] *f/m* chairman/chairwoman of the board
Vorstellungstermin ['fo:rʃtɛluŋstɛrmi:n] *m* interview appointment
Vorsteuer ['fo:rʃtɔyər] *f* input tax
Vorsteuerabzug ['fo:rʃtɔyəraptsu:k] *m* deduction of input tax
Vorteil ['fo:rtaɪl] *m* advantage
Vorverkauf ['fo:rfɛrkauf] *m* advance sale
Vorvertrag ['fo:rfɛrtra:k] *m* preliminary contract, provisional contract
Vorwahl ['fo:rva:l] *f* dialling code, area code
Vorwoche ['fo:rvɔxə] *f* preceding week
Vorzimmer ['fo:rtsɪmər] *n (eines Büros)* outer office
Vorzugsaktie ['fo:rtsu:ksaktsjə] *f* preference share, preference stock
Vorzugsdividende ['fo:rtsu:ksdividɛndə] *f* preferential dividend
Vorzugskurs ['fo:rtsu:kskurs] *m* preferential price
Vorzugsobligation ['fo:rtsu:ksobligatsjo:n] *f* preference bond
Vorzugsrabatt ['fo:rtsu:ksrabat] *m* preferential discount
Vostrokonto ['vɔstrokɔnto] *n* vostro account

W

Waage ['vaːgə] *f* scales *pl*, balance
wachsen ['vaksən] *v irr (zunehmen)* increase, mount, grow
Wachstum ['vakstuːm] *n* growth, *(Zunahme)* increase
Wachstumsfonds ['vakstuːmsfɔ̃ː] *m* growth fund
wachstumsfördernd ['vakstuːmsfœrdərnt] *adj* growth-stimulating, growth-promoting
wachstumshemmend ['vakstuːmshɛmənt] *adj* growth-retarding
Wachstumskurve ['vakstuːmskurvə] *f* growth curve
Wachstumsrate ['vakstuːmsraːtə] *f* growth rate
Wachstumsziel ['vakstuːmstsiːl] *n* growth target
Wagenladung ['vaːgənlaːduŋ] *f* lorry-load
Waggon [va'gɔ̃ː] *m* goods wagon, freight car *(US)*, carriage
Wagnis ['vaːknɪs] *n* venture
Wahl [vaːl] *f* 1. *(Auswahl)* choice; *erste* ~ top quality; 2. *(Abstimmung)* election
Wahlausgang ['vaːlausgaŋ] *m* election results *pl*
wählen ['vɛːlən] *v* 1. *(auswählen)* choose, select; 2. *(eine Telefonnummer)* dial; 3. *(stimmen für)* vote for; 4. *(durch Wahl ermitteln)* elect
Wahlgeheimnis ['vaːlgəhaɪmnɪs] *n* secrecy of the ballot
Wahlstimme ['vaːlʃtɪmə] *f* vote
Wahrheitsfindung ['vaːrhaɪtsfɪnduŋ] *f* ascertaining the truth
Wahrscheinlichkeit [vaːr'ʃaɪnlɪçkaɪt] *f* probability
Wahrscheinlichkeitsrechnung [var'ʃaɪnlɪçkaɪtsrɛçnuŋ] *f* calculation of probabilities
Wahrung ['vaːruŋ] *f* 1. *(Instandhaltung)* maintenance; 2. *(von Interessen)* protection, safeguarding
Währung ['vɛːruŋ] *f* currency
Währungsabkommen ['vɛːruŋsapkɔmən] *n* currency agreement, monetary agreement
Währungsabsicherung ['vɛːruŋsapzɪçəruŋ] *f* safeguarding of the currency
Währungsausgleich ['vɛːruŋsausglaɪç] *m* currency conversion compensation
Währungsausgleichsfonds [vɛːruŋs'ausglaɪçsfɔ̃ː] *m* equalization fund

Währungseinheit ['vɛːruŋsaɪnhaɪt] *f* currency unit, monetary unit
Währungsfonds ['vɛːruŋsfɔ̃ː] *m* monetary fund
Währungsgebiet ['vɛːruŋsgəbiːt] *n* currency area
Währungsklausel ['vɛːruŋsklauzəl] *f* currency clause
Währungskonto ['vɛːruŋskɔnto] *n* currency account
Währungskorb ['vɛːruŋskɔrp] *m* currency basket
Währungskrise ['vɛːruŋskriːzə] *f* monetary crisis
Währungsordnung ['vɛːruŋsɔrdnuŋ] *f* monetary system
Währungsparität ['vɛːruŋsparitɛːt] *f* monetary parity
Währungspolitik ['vɛːruŋspolitiːk] *f* currency policy, monetary policy
Währungspool ['vɛːruŋspuːl] *m* currency pool
Währungsreform ['vɛːruŋsrefɔrm] *f* currency reform, monetary reform
Währungsreserven ['vɛːruŋsrezɛrvən] *f/pl* monetary reserves *pl*
Währungsrisiko ['vɛːruŋsriːziko] *n* currency risk, monetary risk
Währungsschlange ['vɛːruŋsʃlaŋə] *f* currency snake
Währungsschwankung ['vɛːruŋsʃvaŋkuŋ] *f* currency fluctuation
Währungsswap ['vɛːruŋsswɔp] *m* currency swap
Währungssystem ['vɛːruŋszysteːm] *n* monetary system, currency system
Währungsumstellung ['vɛːruŋsumʃtɛluŋ] *f* currency conversion
Währungsunion ['vɛːruŋsunjoːn] *f* monetary union
Währungszone ['vɛːruŋstsoːnə] *f* currency zone, currency area
Wahrzeichen ['vaːrtsaɪçən] *n* symbol, emblem
Wandelanleihen ['vandəlanlaɪən] *f/pl* convertible bonds *pl*
Wandelgeschäft ['vandəlgəʃɛft] *n* callable forward transaction
Wandelobligationen ['vandəlobligatsjoːnən] *f/pl* convertible bonds *pl*

Wandelschuldverschreibung ['vandəlʃultfɛrʃraıbuŋ] *f* convertible bonds *pl*, convertibles *pl*, convertible loan stock *(UK)*
Wandlung ['vandluŋ] *f* cancellation (of a sale)
Ware ['vaːrə] *f* merchandise, product, goods *pl*, ware
Warenabkommen ['vaːrənapkɔmən] *n* trade agreement
Warenabsatz ['vaːrənapzats] *m* sale of goods
Warenangebot ['vaːrənangəboːt] *n* range of merchandise
Warenannahme ['vaːrənannaːmə] *f 1. (Empfang)* receiving merchandise, receiving deliveries; *2. (Betriebsabteilung)* receiving department
Warenausfuhr ['vaːrənausfuːr] *f* export, export of goods
Warenausgang ['vaːrənausgaŋ] *m* sale of goods
Warenaustausch ['vaːrənaustauʃ] *m* exchange of goods
Warenbeleihung ['vaːrənbəlaıuŋ] *f* lending on goods
Warenbestand ['vaːrənbəʃtant] *m* stock in hand, stock on hand, inventory
Warenbörse ['vaːrənbœrzə] *f* commodity exchange
Wareneinfuhr ['vaːrənaınfuːr] *f* import
Wareneingang ['vaːrənaıngaŋ] *m* arrival of goods
Wareneingangsbuch ['vaːrənaıngaŋsbuːx] *n* purchase ledger
Warenhaus ['vaːrənhaus] *n* department store, departmental store
Warenknappheit ['vaːrənknaphaıt] *f* shortage of goods
Warenkorb ['vaːrənkɔrp] *m* batch of commodities
Warenkredit ['vaːrənkrediːt] *m* trade credit
Warenlager ['vaːrənlaːgər] *n* warehouse, stockroom, storeroom
Warenmuster ['vaːrənmustər] *n* commercial sample
Warenpapier ['vaːrənpapiːr] *n* document of title
Warenprobe ['vɑːrənproːbə] *f* sample
Warensendung ['vaːrənzɛnduŋ] *f (Senden von Waren)* shipment of merchandise, *(gesandte Waren)* consignment of goods
Warenterminbörse ['vaːrəntɛrmiːnbœrzə] *f* commodity futures exchange

Warentermingeschäft ['vaːrəntɛrmiːngəʃɛft] *n* commodity futures trading, forward merchandise dealings *pl*
Warenterminhandel ['vaːrəntɛrmiːnhandəl] *m* commodity forward trading
Warentest ['vaːrəntɛst] *m* product test
Warenumsatz ['vaːrənumzats] *m* turnover of goods
Warenverkehr ['vaːrənfɛrkeːr] *m* goods traffic
Warenverkehrsbescheinigung ['vaːrənfɛrkeːrsbəʃaınıguŋ] *f* movement certificate
Warenverzeichnis ['vaːrənfɛrtsaıçnıs] *n* inventory, list of stocks, list of goods
Warenwechsel ['vaːrənvɛksəl] *m* commercial bill
Warenwertpapiere ['vaːrənveːrtpapiːrə] *n/pl* commodity securities *pl*
Warenzeichen ['vaːrəntsaıçən] *n* trademark
Wärmetechnik ['vɛrmətɛçnık] *f* heat technology, thermal engineering, thermodynamics
Warnanlage ['varnanlaːgə] *f* warning device
Warnleuchte ['varnlɔyçtə] *f* warning light
Warnsignal ['varnzıgnaːl] *n* warning signal
Warnstreik ['varnʃtraık] *m* token strike, warning strike
warten ['vartən] *v (instand halten)* maintain, service
Wartung ['vartuŋ] *f* service, maintenance, servicing
Wartungsarbeit ['vartuŋsarbaıt] *f* maintenance work
Wartungstechniker(in) ['vartuŋstɛçnıkər(ın)] *m/f* service engineer
Wasserkraft ['vasərkraft] *f* hydraulic power
Wasserschaden ['vasərʃaːdən] *m* water damage
Wasserwerk ['vasərvɛrk] *n* waterworks *pl*
Watt [vat] *n (Maßeinheit)* watt
Webseite ['webzaıtə] *f* web page
Wechsel ['vɛksəl] *m (Geldwechsel)* exchange; *(Zahlungsmittel)* promissory note, bill of exchange, bill
Wechselakzept ['vɛksəlaktsɛpt] *n* acceptance of a bill
Wechselaussteller ['vɛksəlausʃtɛlər] *m* drawer of a bill
Wechseldiskont ['vɛksəldıskɔnt] *m* discount of bills
Wechseldiskontkredit ['vɛksəldıskɔntkrediːt] *m* credit by way of discount of bills

Wechselgeld ['vɛksəlgɛlt] *n* change
Wechselgeschäft ['vɛksəlgəʃɛft] *n* bill
business
Wechselinkasso ['vɛksəlɪnkaso] *n* collection of bills of exchange
Wechselkredit ['vɛksəlkreːdiːt] *m* acceptance credit
Wechselkurs ['vɛksəlkurs] *m* exchange rate
Wechselkursmechanismus ['vɛksəlkursmeçanɪsmus] *m* exchange rate mechanism
Wechselkursparität ['vɛksəlkurspariteːt] *f* exchange rate parity
Wechselkursrisiko ['vɛksəlkursriːziko] *n* foreign exchange risk
Wechselkursschwankungen ['vɛksəlkursʃvaŋkuŋən] *f/pl* exchange rate fluctuations *pl,* currency fluctuations *pl*
Wechselkurssystem ['vɛksəlkurszysteːm] *n* system of exchange rates
Wechsellombard ['vɛksəlɔmbart] *m* collateral loan based on a bill of exchange, lending on bills
Wechselnehmer ['vɛksəlneːmər] *m* payee of a bill of exchange
Wechselobligo ['vɛksəlɔbligo] *n* customer's liability on bills
Wechselprolongation ['vɛksəlprolɔŋgatsjoːn] *f* renewal of a bill of exchange
Wechselprotest ['vɛksəlprotɛst] *m* protest
Wechselregress ['vɛksəlregrɛs] *m* legal recourse for non-payment of a bill
Wechselreiterei ['vɛksəlraɪtəraɪ] *f* bill jobbing
Wechselschuld ['vɛksəlʃult] *f* bill debt
Wechselschuldner(in) ['vɛkselʃuldnər(ɪn)] *m/f* bill debtor
wechselseitig ['vɛksəlzaɪtɪç] *adj 1. (gegenseitig)* reciprocal; *2. (von beiden Seiten)* mutual
Wechselseitigkeit ['vɛksəlzaɪtɪçkaɪt] *f* reciprocity
Wechselsteuer ['vɛksəlʃtɔyər] *f* tax on drafts and bills of exchange
Wechselstrom ['vɛksəlʃtroːm] *m* alternating current (A.C.)
Wechselstube ['vɛksəlʃtuːbə] *f* exchange bureau
Wegeunfall ['veːgəunfal] *m* travel accident
Wegfall der Geschäftsgrundlage ['vɛkfal deːr gə'ʃɛftsgrundlaːgə] *m* frustration of contract
wegwerfen ['vɛkvɛrfən] *v irr* throw away
Wegwerfgesellschaft ['vɛkvɛrfgəzɛlʃaft] *f* throwaway society

weiche Währung ['vaɪçə 'vɛːruŋ] *f* soft currency
weiße Ware ['vaɪsə 'vaːrə] *f* white goods *pl*
Weisung ['vaɪzuŋ] *f* directive, instructions *pl*
Weisungsbefugnis ['vaɪzuŋsbəfuːknɪs] *f* right to issue instructions to employees
weisungsgebunden ['vaɪzuŋsgəbundən] *adj* subject to instructions
weisungsgemäß ['vaɪzuŋsgəmeːs] *adj* as instructed, according to instructions
weiterbefördern ['vaɪtərbəfœrdərn] *v* forward, send on
Weiterbeförderung ['vaɪtərbəfœrdəruŋ] *f* forwarding
weiterentwickeln ['vaɪtərɛntvɪkəln] *v* continue to develop
Weiterentwicklung ['vaɪtərɛntvɪkluŋ] *f* further development
weiterverarbeiten ['vaɪtərfɛrarbaɪtən] *v* process
Weiterverarbeitung ['vaɪtərfɛrarbaɪtuŋ] *f* processing
Weiterverkauf ['vaɪtərfɛrkauf] *m* resale
weiterverkaufen ['vaɪtərfɛrkaufən] *v* resell
Weitsicht ['vaɪtzɪçt] *f (Weitblick)* foresight, vision
Weltbank ['vɛltbaŋk] *f* World Bank
Welterfolg ['vɛltɛrfɔlk] *m* worldwide success
Welthandel ['vɛlthandəl] *m* world trade, international trade
Welthandelskonferenzen [vɛlt'handəlskɔnferɛntsən] *f/pl* United Nations Conferences on Trade and Development *pl*
Welthandelsorganisation [vɛlt'handəlsɔrganizatsjoːn] *f* World Trade Organization (WTO)
Weltmarke ['vɛltmarkə] *f* world-famous brand
Weltmarkt ['vɛltmarkt] *m* international market, world market
Weltmarktpreis ['vɛltmarktpraɪs] *m* world market price
weltumspannend ['vɛltumʃpanənt] *adj* global, worldwide
Weltwährungssystem [vɛlt'vɛːruŋszysteːm] *n* international monetary system
Weltwirtschaft [vɛltvɪrtʃaft] *f* world economy
Weltwirtschaftsgipfel [vɛlt'vɪrtʃaftsgɪpfəl] *m* world economic summit
Weltwirtschaftskrise [vɛlt'vɪrtʃaftskriːzə] *f* worldwide economic crisis

Weltwirtschaftsordnung [vɛlt'vɪrtʃafts-ɔrdnuŋ] *f* international economic system
Werbeabteilung ['vɛrbəaptaɪluŋ] *f* publicity department
Werbeagentur ['vɛrbəagəntuːr] *f* advertising agency
Werbeaktion ['vɛrbəaktsjoːn] *f* advertising activity
Werbebanner ['vɛrbəbanər] *n* ad banner, banner
Werbebudget ['vɛrbəbydʒeː] *n* advertising budget
Werbeerfolgskontrolle [vɛrbəɛr'fɔlkskɔntrɔlə] *f* control of advertising effectiveness
Werbefachmann ['vɛrbəfaxman] *m* advertising expert
Werbegeschenk ['vɛrbəgəʃɛŋk] *n* promotional gift
Werbekampagne ['vɛrbəkampanjə] *f* advertising campaign, promotion campaign
Werbemittel ['vɛrbəmɪtəl] *pl* means of advertising *pl*
werben ['vɛrbən] *v irr* advertise, promote
Werbeprospekt ['vɛrbəprospɛkt] *m* advertising prospectus
Werber(in) ['vɛrbər(ɪn)] *m/f* canvasser
Werbeslogan ['vɛrbəsloːgən] *m* advertising slogan
Werbespot ['vɛrbəspɔt] *m* commercial
Werbetext ['vɛrbətɛkst] *m* advertising copy
Werbeveranstaltung ['vɛrbəfɛranʃtaltuŋ] *f* publicity event
Werbeverbot ['vɛrbəfɛrboːt] *n* prohibition to advertise
werbewirksam ['vɛrbəvɪrkzaːm] *adj* effective; *ein ~er Auftritt* good advertising
Werbung ['vɛrbuŋ] *f* advertising, publicity, promotion; *(Fernsehwerbung)* commercial
Werbungskosten ['vɛrbuŋskɔstən] *pl* publicity expenses *pl*
Werk [vɛrk] *n (Fabrik)* plant, works, factory
Werksangehörige(r) ['vɛrksangəhøːrɪgə(r)] *f/m* employee, plant employee
Werkschutz ['vɛrkʃuts] *m* works protection force
Werkstatt ['vɛrkʃtat] *f* workshop
Werkstattfertigung ['vɛrkʃtatfɛrtɪguŋ] *f* job shop operation
Werkstoff ['vɛrkʃtɔf] *m* material
Werkstoffprüfer(in) ['vɛrkstɔfpryːfər(ɪn)] *m/f* material tester
Werkvertrag ['vɛrkfɛrtraːk] *m* contract for work and services

Werkzeug ['vɛrktsɔyk] *n* tool
Wert [veːrt] *m* value, worth
Wertangabe ['veːrtangaːbə] *f* declared value
Wertarbeit ['veːrtarbaɪt] *f* quality work, high-class workmanship
Wertaufholung ['veːrtaufhoːluŋ] *f* 1. *(Recht)* reinstatement of original values; 2. *(Steuer)* increased valuation on previous balance-sheet figures
Wertberichtigung ['veːrtbərɪçtɪguŋ] *f* adjustment of value
wertbeständig ['veːrtbəʃtɛndɪç] *adj* of stable value
Wertbrief ['veːrtbriːf] *m* insured letter
Wertermittlung ['veːrtɛrmɪtluŋ] *f* determination of the value
Wertgegenstand ['veːrtgeːgənʃtant] *m* article of value, valuable
Wertminderung ['veːrtmɪndəruŋ] *f* depreciation, decrease in value
Wertpapier ['veːrtpapiːr] *n* security
Wertpapieranalyse ['veːrtpapiːranalyːzə] *f* securities research
Wertpapieranlage ['veːrtpapiːranlaːgə] *f* investment in securities
Wertpapierarbitrage ['veːrtpapiːrarbitraːʒə] *f* arbitrage in securities
Wertpapierbörse ['veːrtpapiːrbœrzə] *f* stock exchange
Wertpapiere ['veːrtpapiːrə] *pl* securities *pl*
Wertpapieremission ['veːrtpapiːremɪsjoːn] *f* issue of securities
Wertpapierfonds ['veːrtpapiːrfɔ̃ː] *m* securities fund
Wertpapiergeschäft ['veːrtpapiːrgəʃɛft] *n* securities business
Wertpapierleihe ['veːrtpapiːrlaɪə] *f* lending in securities
Wertpapiermarkt ['veːrtpapiːrmarkt] *m* securities market
Wertpapierpensionsgeschäft [veːrtpapiːrpɛn'zjoːnsgəʃɛft] *n* repurchase agreement, repo
Wertpapiersammelbank [veːrtpapiːr'zaməlbaŋk] *f* central depository for securities
Wertpapiersparvertrag [veːrtpapiːr'ʃpaːrfɛrtraːk] *m* securities-linked savings scheme
Wertpapier-Terminhandel [veːrtpapiːrtɛr'miːnhandəl] *m* trading in security futures
Wertrechtanleihe ['veːrtrɛçtanlaɪə] *f* government-inscribed debt

Wertschöpfung ['veːrtʃœpfuŋ] *f* net product
Wertsendung ['veːrtzɛnduŋ] *f* consignment with value declared
Wertsicherung ['veːrtzɪçəruŋ] *f* value guarantee
Wertsteigerung ['veːrtʃtaɪgəruŋ] *f* increase in value
Wertstellung ['veːrtʃtɛluŋ] *f* availability date
Wertstoff ['veːrtʃtɔf] *m* material worth recycling, recyclable material
Wertstoffsammlung ['veːrtʃtɔfzamluŋ] *f* collection of recyclables
Wertverfall ['veːrtfɛrfal] *m* loss of value
Wertzuwachs ['veːrttsuːvaks] *m* appreciation
Wettbewerb ['vɛtbəvɛrp] *m* competition; *unlauterer* -· unfair competition
Wettbewerbaufsicht ['vɛtbəvɛrpaufzɪçt] *f* competition supervisory office
Wettbewerbsbeschränkung ['vɛtbəvɛrpsbəʃrɛŋkuŋ] *f* restraint of competition
wettbewerbsfähig ['vɛtbəvɛrpsfɛːɪç] *adj* competitive
Wettbewerbsfähigkeit ['vɛtbəvɛrpsfɛːɪçkaɪt] *f* competitiveness
Wettbewerbsklausel ['vɛtbəvɛrpsklauzəl] *f* restraint of competition clause; exclusive service clause
Wettbewerbsnachteil ['vɛtbəvɛrpsnaːxtaɪl] *m* competitive disadvantage
Wettbewerbspolitik ['vɛtbəvɛrpspoliti:k] *f* competitive policy
Wettbewerbsrecht ['vɛtbəvɛrpsrɛçt] *n* law on competition
Wettbewerbsverbot ['vɛtbəvɛrpsfɛrboːt] *n* prohibition to compete
Wettbewerbsverzerrung ['vɛtbəvɛrpsfɛrtsɛruŋ] *f* distortion of competition
Wettbewerbsvorteil ['vɛtbəvɛrpsfoːrtaɪl] *m* competitive advantage
White-Collar-Criminality [waɪtkɔlərkrɪmɪ'nælɪtɪ] *f (Wirtschaftskriminalität)* white-collar crime
Widerruf ['viːdərruːf] *m* revocation, cancellation
widerrufen [viːdər'ruːfən] *v* revoke
Widerrufsklausel ['viːdərruːfsklauzəl] *f* revocation clause
Widerrufsrecht ['viːdərruːfsrɛçt] *n* right of revocation
widersprechen [viːdər'ʃprɛçən] *v irr* contradict, oppose

Widerspruch ['viːdərʃprux] *m* contradiction; discrepancy
Widerspruchsvormerkung ['viːdərʃpruxsfoːrmɛrkuŋ] *f* provisional filing of an objection
Widerstandslinie ['viːdərʃtantsliːnjə] *f* line of resistance
wieder verwerten ['viːdər fɛr'veːrtən] *v* recycle
Wiederanlage ['viːdəranlaːgə] *f* reinvestment
Wiederaufbau ['viːdəraufbau] *m* reconstruction
Wiederaufbereitung [viːdər'aufbəraɪtuŋ] *f* reprocessing
Wiederaufbereitungsanlage [viːdər'aufbəraɪtuŋsanlaːgə] *f* reprocessing plant
Wiederausfuhr ['viːdərausfuːr] *f* reexportation
Wiederbeschaffung ['viːdərbəʃafuŋ] *f* replacement
Wiederbeschaffungswert ['viːdərbəʃafuŋsveːrt] *m* replacement value
Wiedereröffnung ['viːdərɛrœfnuŋ] *f* reopening
Wiedererstattung ['viːdərɛrʃtatuŋ] *f* reimbursement, refunding
Wiedergutmachung [viːdər'guːtmaxuŋ] *f* reparation
Wiederinstandsetzung [viːdərɪn'ʃtantzɛtsuŋ] *f* repair
Wiederverkaufspreis ['viːdərfɛrkaufsprais] *m* resale price
Wiederverwendung ['viːdərfɛrvɛnduŋ] *f* reuse
Wiederverwertung ['viːdərfɛrveːrtuŋ] *f* reuse, recycling
wilder Streik ['vɪldər 'ʃtraɪk] *m* unauthorized strike
Willenserklärung ['vɪlənsɛrklɛːruŋ] *f* declaration of intention
Windenergie ['vɪntenɛrgiː] *f* wind energy, wind power
Windhundverfahren ['vɪnthuntfɛrfaːrən] *n* first-come-first served principle
Winterausfallgeld ['vɪntərausfalgɛlt] *n* winter bonus
Wirtschaft ['vɪrtʃaft] *f 1. (Volkswirtschaft)* economy; *2. (Handel)* industry, business
wirtschaftlich ['vɪrtʃaftlɪç] *adj* economic; *(sparsam)* economical
wirtschaftliche Nutzung ['vɪrtʃaftlɪçə 'nutsuŋ] *f* economic use
Wirtschaftlichkeit ['vɪrtʃaftlɪçkaɪt] *f* economic efficiency, profitability

Wirtschaftsabkommen ['vɪrtʃaftsap-kɔmən] *n* trade agreement
Wirtschaftsanalyse ['vɪrtʃaftsanaly:zə] *f* economic analysis
Wirtschaftsaufschwung ['vɪrtʃaftsauf-ʃvuŋ] *m* economic recovery
Wirtschaftsembargo ['vɪrtʃaftsɛmbargo] *n* economic embargo
Wirtschaftsexperte ['vɪrtʃaftsɛkspɛrtə] *m* economic expert
Wirtschaftsexpertin ['vɪrtʃaftsɛkspɛrtɪn] *f* (female) economic expert
Wirtschaftsförderung ['vɪrtʃaftsfœrdə-ruŋ] *f* measures to spur the economy *pl*
Wirtschaftsgemeinschaft ['vɪrtʃaftsgə-maɪnʃaft] *f* economic community
Wirtschaftsgut ['vɪrtʃaftsgu:t] *n* economic goods *pl*
Wirtschaftshilfe ['vɪrtʃaftshɪlfə] *f* economic aid, economic assistance
Wirtschaftsinformatik ['vɪrtʃaftsɪnfɔr-ma:tɪk] *f* business data processing
Wirtschaftsjahr ['vɪrtʃaftsja:r] *n* business year
Wirtschaftskreislauf ['vɪrtʃaftskraɪslauf] *m* economic process
Wirtschaftskriminalität ['vɪrtʃaftskrimi-nalitɛ:t] *f* white-collar crime
Wirtschaftskrise ['vɪrtʃaftskri:zə] *f* economic crisis
Wirtschaftsministerium ['vɪrtʃaftsminɪs-te:rjum] *n* Ministry of Economics
Wirtschaftsordnung ['vɪrtʃaftsɔrdnuŋ] *f* economic order
Wirtschaftsplan ['vɪrtʃaftspla:n] *m* economic plan
Wirtschaftspolitik ['vɪrtʃaftspoliti:k] *f* economic policy
wirtschaftspolitisch ['vɪrtʃaftspoli:tɪʃ] *adj* economic; ~*e Zusammenarbeit* economic policy cooperation
Wirtschaftsprüfer(in) ['vɪrtʃaftspry:fər(ɪn)] *m/f* auditor, chartered accountant
Wirtschaftsprüfung ['vɪrtʃaftspry:fuŋ] *f* auditing
Wirtschaftsrecht ['vɪrtʃaftsrɛçt] *n* economic law
Wirtschaftssanktionen ['vɪrtʃaftszaŋk-tsjo:nən] *f/pl* economic sanctions *pl*
Wirtschaftsunion ['vɪrtʃaftsunjo:n] *f* economic union
Wirtschaftswachstum ['vɪrtʃaftsvaks-tu:m] *n* growth of the economy, economic growth, expansion of business activity

Wirtschaftswissenschaften ['vɪrtʃafts-vɪsənʃaftən] *f/pl* economics
Wirtschaftswunder ['vɪrtʃaftsvundər] *n* German economic miracle
Wirtschaftszweig ['vɪrtʃaftstsvaɪk] *m* field of the economy
wissenschaftlich ['vɪsənʃaftlɪç] *adj* scientific; *adv* scientifically
Wissensmanagement ['vɪsənsmænɪdʒ-mənt] *n* knowledge management
Wochenarbeitszeit ['vɔxənarbaɪtstsaɪt] *f* workweek
Wochenausweis ['vɔxənausvaɪs] *m* weekly return
Wochenbericht ['vɔxənbərɪçt] *m* weekly report
Wochenlohn ['vɔxənlo:n] *m* weekly wage, weekly pay
Wochenplaner ['vɔxənpla:nər] *m* weekly planner
wöchentlich ['vœçəntlɪç] *adj* weekly; *adv* weekly, every week
Wohlfahrt ['vo:lfa:rt] *f* welfare
Wohlfahrtsökonomie ['vo:lfa:rtsøkono-mi:] *f* welfare economics
Wohlfahrtsstaat ['vo:lfa:rtsʃta:t] *m* welfare state
Wohlstand ['vo:lʃtant] *m* prosperity, wealth, affluence
Wohlstandsgesellschaft ['vo:lʃtantsgə-zɛlʃaft] *f* affluent society
Wohneigentumsförderung ['vo:naɪgən-tumsfœrdəruŋ] *f* promotion of residential property
Wohngeld ['vo:ngɛlt] *n* accommodation allowance
Wohnungsbau ['vo:nuŋsbau] *m* housing construction
Wohnungsbauförderung ['vo:nuŋsbau-fœrdəruŋ] *f* promotion of housing construction
Wohnungsbau-Prämiengesetz [vo:nuŋs-bau'prɛ:mjəngəzɛts] *n* Law on the Payment of Premiums for Financing the Construction of Residential Properties
Workstation ['wɜːksteɪʃn] *f* work station
World Wide Web (WWW) [wɜːld waɪd-'web] *n* world wide web (WWW)
Wucherpreis ['vu:xərpraɪs] *m* exorbitant price
Wucherverbot ['vu:xərfɛrbo:t] *n* prohibition of usurious money-lending
Wuchsaktie ['vuksaktsjə] *f* growth share

X/Y/Z

XYZ-Analyse [ɪksypsilɔn'tsɛtana'lyːzə] *f* XYZ analysis
Zahl [tsaːl] *f 1.* number; *rote ~en schreiben* to be in the red; *schwarze ~en schreiben* to be in the black; *2. (Ziffer)* figure
zahlbar ['tsaːlbaːr] *adj* payable
zahlbar bei Ablieferung (p.o.d.) ['tsaːlbaːr baɪ 'apliːfəruŋ] *adv* payable on delivery (p.o.d.)
zahlbar bei Verschiffung (c.o.s.) ['tsaːlbaːr baɪ fɛr'ʃɪfuŋ] *adv* cash on shipment (c.o.s.)
zahlen ['tsaːlən] *v 1.* pay; *~!* The bill, please! The check, please! *(US); 2.* effect, make payment
zählen ['tsɛːlən] *v* count
Zahlenregister ['tsaːlənregɪstər] *n* numbered index
Zähler ['tsɛːlər] *m (Messgerät)* meter, counter
Zahlkarte ['tsaːlkartə] *f* Giro inpayment form
Zahlschein ['tsaːlʃaɪn] *m* payment slip
Zahlstelle ['tsaːlʃtɛlə] *f* payments office
Zahltag ['tsaːltaːk] *m* payday
Zahlung ['tsaːluŋ] *f* payment
Zahlung bei Auftragserteilung (c.w.o.) ['tsaːluŋ baɪ 'auftraːksɛrtaɪluŋ] cash with order (c.w.o.)
Zahlung gegen Dokumente (c.a.d.) ['tsaːluŋ 'geːgən doku'mɛntə] cash against documents (c a.d.)
Zahlung gegen Nachnahme (c.o.d.) ['tsaːluŋ 'geːgən 'naːxnaːmə] collection on delivery (c.o.d.)
Zahlung per Nachnahme ['tsaːluŋ pɛr 'naːxnaːmə] cash on delivery
Zahlungsabkommen ['tsaːluŋsapkɔmən] *n* payments agreement
Zahlungsanweisung ['tsaːluŋsanvaɪzuŋ] *f* order for payment
Zahlungsaufforderung ['tsaːluŋsauffɔrdəruŋ] *f* request for payment
Zahlungsaufschub ['tsaːluŋsaufʃuːp] *m* extension of credit
Zahlungsauftrag ['tsaːluŋsauftraːk] *m* order for payment
Zahlungsavis ['tsaːluŋsaviːs] *n/m* advice of payment
Zahlungsbedingungen ['tsaːluŋsbədɪŋuŋən] *f/pl* terms of payment *pl*

Zahlungsbefehl ['tsaːluŋsbəfeːl] *m* order for payment
Zahlungsbefreiung ['tsaːluŋsbəfraɪuŋ] *f* exemption from payment
Zahlungsbilanz ['tsaːluŋsbɪlants] *f* balance of payments
Zahlungsbilanzdefizit [tsaːluŋsbilants'defitsɪt] *n* balance of payments deficit
Zahlungsbilanzgleichgewicht [tsaːluŋsbilants'glaɪçgəvɪçt] *n* balance of payments equilibrium
Zahlungsbilanzstatistik [tsaːluŋsbilants-'ʃtatɪstɪk] *f* statistic on the balance of payments
Zahlungsbilanzüberschuss [tsaːluŋsbilants'yːbərʃus] *m* balance of payments surplus
Zahlungseinstellung ['tsaːluŋsaɪnʃtɛluŋ] *f* suspension of payments
Zahlungsempfänger(in) ['tsaːluŋsɛmpfɛŋər(ɪn)] *m/f* payee
Zahlungserinnerung ['tsaːluŋsɛrɪnəruŋ] *f* prompt note
zahlungsfähig ['tsaːluŋsfɛːɪç] *adj* solvent, able to pay
Zahlungsfähigkeit ['tsaːluŋsfɛːɪçkaɪt] *f* solvency
Zahlungsform ['tsaːluŋsfɔrm] *f* payment system
Zahlungsfrist ['tsaluŋsfrɪst] *f* time allowed for payment, term of payment
zahlungskräftig ['tsaːluŋskrɛftɪç] *adj* solvent
Zahlungsmittel ['tsaːluŋsmɪtəl] *n* means of payment
Zahlungsmittelumlauf ['tsaːluŋsmɪtlumlauf] *m* notes and coins in circulation
zahlungspflichtig ['tsaːluŋspflɪctɪç] *adj* liable to pay
Zahlungsrisiko ['tsaːluŋsriːziko] *n* payment risk
Zahlungsrückstand ['tsaːluŋsrykʃtant] *m* payment in arrears
Zahlungsschwierigkeit ['tsaːluŋsʃviːrɪçkaɪt] *f* financial difficulties *pl*
Zahlungssitte ['tsaːluŋszɪtə] *f* payment habit
Zahlungsstockung ['tsaːluŋsʃtɔkuŋ] *f* liquidity crunch
Zahlungstermin ['tsaːluŋstɛrmiːn] *m* date of payment

zahlungsunfähig ['tsaːluŋsunfɛːɪç] *adj* insolvent, unable to pay

Zahlungsunfähigkeit ['tsaːluŋsunfɛːɪçkaıt] *f* insolvency, inability to pay

Zahlungsverkehr ['tsaːluŋsferkeːr] *m* payment transaction

Zahlungsverzug ['tsaːluŋsfertsuːk] *m* failure to pay on due date

Zahlungsweise ['tsaːluŋsvaɪzə] *f* payment method

Zahlungsziel ['tsaːluŋstsiːl] *n* period for payment

Zahlung unter Protest ['tsaːluŋ 'untər proˈtɛst] payment supra protest

Zedent [tseˈdɛnt] *m* assignor

Zehnerklub ['tseːnərklup] *f* club of ten

Zeichen ['tsaɪçən] *n* character, symbol

zeichnen ['tsaɪçnən] *v (unterschreiben)* sign, *(fig)* subscribe; *(entwerfen)* design

Zeichnung ['tsaɪçnuŋ] *f* subscription

zeichnungsberechtigt ['tsaɪçnuŋsbəreçtıçt] *adj* authorized to sign

Zeichnungsberechtigung ['tsaɪçnuŋsbəreçtıguŋ] *f* authorisation to sign

Zeichnungsfrist ['tsaɪçnuŋsfrıst] *f* subscription period

Zeichnungsschein ['tsaɪçnuŋsʃaın] *m* subscription form

Zeichnungsvollmacht ['tsaɪçnuŋsfɔlmaxt] *f* authority to sign

Zeitabschreibung ['tsaɪtapʃraɪbuŋ] *f* depreciation per period

Zeitarbeit ['tsaɪtarbaıt] *f* temporary work

Zeitaufwand ['tsaɪtaufvant] *m* expenditure of time

Zeitdruck ['tsaɪtdruk] *m* deadline pressure, time pressure

Zeiteinteilung ['tsaɪtaıntaıluŋ] *f (Zeitplan)* time plan

Zeitersparnis ['tsaɪtɛrʃpaːrnıs] *f* time saved

zeitgemäß ['tsaɪtgəmɛːs] *adj* timely, up to date, modern

Zeitguthaben ['tsaɪtguːthaːbən] *n (bei gleitender Arbeitszeit)* time credit

Zeitkauf ['tsaɪtkauf] *m* sale on credit terms

Zeitlohn ['tsaɪtloːn] *m* time wages *pl*

Zeitraum ['tsaɪtraum] *m* space of time, period

Zeitstudie ['tsaɪtʃtuːdjə] *f* time study

Zeitungsinserat ['tsaɪtuŋsınzəraːt] *n* newspaper advertisement

Zeitverschwendung ['tsaɪtfɛrʃvɛnduŋ] *f* waste of time

Zeitvertrag ['tsaɪtfɛrtraːk] *m* fixed-term contract, fixed-duration contract, short-term contract

Zeitwert ['tsaɪtveːrt] *m* current market value

Zentiliter ['tsɛntiliːtər] *m* centilitre

Zentimeter ['tsɛntimeːtər] *m* centimetre, centimeter *(US)*

Zentner ['tsɛntnər] *m* hundredweight

Zentnergewicht ['tsɛntnərgəvıçt] *n* metric hundredweight

zentral [tsɛnˈtraːl] *adj* central; *adv* centrally

Zentralbank [tsɛnˈtraːlbaŋk] *f* central bank

Zentralbankgeld [tsɛnˈtraːlbaŋkgɛlt] *n* central bank money

Zentralbankpräsident(in) [tsɛnˈtraːlbaŋkprezidɛnt(ın)] *m/f* President of the Central Bank

Zentralbankrat [tsɛnˈtraːlbaŋkraːt] *m* Central Bank Council

Zentralbankstatus [tsɛnˈtraːlbaŋkʃtaːtus] *m* status of the Central Bank

Zentrale [tsɛnˈtraːlə] *f* central office, head office, headquarters *pl*

Zentraleinkauf [tsɛnˈtraːlaınkauf] *m* centralized purchasing

Zentralisation [tsɛntralisaˈtsjoːn] *f* centralization

zentralisieren [tsɛntraliˈziːrən] *v* centralize

Zentralisierung [tsɛntraliˈsiːruŋ] *f* centralization

Zentralkasse [tsɛnˈtraːlkasə] *f* central credit institution

Zentralverband [tsɛnˈtraːlfɛrbant] *m* central federation, national federation, national association

Zerobond ['zeːrobɔnt] *m* zero bond

Zertifikat [tsɛrtifiˈkaːt] *n* certificate

zertifizierte Bonds [tsɛrtifiˈtsiːrtə bɔnts] *m/pl* certified bonds *pl*

Zession [tsɛˈsjoːn] *f* assignment

Zessionar(in) [tsɛsjoˈnaːr(ın)] *m/f* assignee

Zessionskredit [tsɛˈsjoːnskrediːt] *m* advance on receivables

Zeugenaussage ['tsɔygənausaːgə] *f* evidence, testimony

Zeugnis ['tsɔyknıs] *n* testimonial, letter of reference

Ziehung ['tsiːuŋ] *f* drawing

Ziehungsrechte ['tsiːuŋsrɛçtə] *n/pl* drawing rights *pl*

Ziel [tsiːl] *n (fig: Absicht)* aim, purpose, objective

Zielgruppe ['tsiːlgrupə] *f* target group

Zielhierarchie ['tsiːlhierarçiː] *f* hierarchy of goals

Zielkauf ['tsiːlkauf] *m* purchase on credit

Zielkosten ['tsiːlkɔstən] *pl* target costs *pl*

Zielkostenrechnung ['tsiːlkɔstənreçnuŋ] *f* target cost accounting

Zielpreis ['tsiːlpraɪs] *m* target price; norm price

Zielvorgabe ['tsiːlfoːrgaːbə] *f* objective, target

Zinsänderungsrisiko ['tsɪnsɛndəruŋsriːziko] *n* risk of change in interest rates

Zinsanleihe ['tsɪnsanlaɪə] *f* loan repayable in full at a due date

Zinsarbitrage ['tsɪnsarbitraːʒə] *f* interest rate arbitrage

Zinsbesteuerung ['tsɪnsbəʃtɔyəruŋ] *f* taxation of interest

Zinsbindung ['tsɪnsbɪnduŋ] *f* interest rate control

Zins bringend ['tsɪns brɪngənt] *adj* interest-bearing

Zinselastizität ['tsɪnselastitsitɛːt] *f* interest elasticity

Zinsen ['tsɪnzən] *m/pl* interest, interests *pl*

Zinsendienst ['tsɪnzəndiːnst] *m* interest service

Zinserhöhung ['tsɪnsɛrhøːuŋ] *f* interest rate increase

Zinserleichterung ['tsɪnsɛrlaɪçtəruŋ] *f* reduction of interest

Zinsertrag ['tsɪnsɛrtraːk] *m* income from interests

Zinseszins ['tsɪnzəstsɪns] *m* compound interest

Zinseszinsrechnung ['tsɪnzəstsɪnsreçnuŋ] *f* calculation of compound interest

Zinsfuß ['tsɪnsfuːs] *m* interest rate

Zinsgarantie ['tsɪnsgaranti:] *f* guaranteed interest

Zinsgefälle ['tsɪnsgəfɛlə] *n* gap between interest rates, margin between interest rates

Zinskappe ['tsɪnskapə] *f* cap rate of interest

Zinskappenvereinbarung ['tsɪnskapənfɛraɪnbaːruŋ] *f* cap rate of interest agreement

zinslos ['tsɪnsloːs] *adj* interest-free, non-interest-bearing

zinsloses Darlehen ['tsɪnsloːzəs 'daːrleːən] *n* interest-free loan

Zinsmarge ['tsɪnsmarʒə] *m* interest margin

Zinsniveau ['tsɪnsnivoː] *n* interest rate level

Zinsparität ['tsɪnsparitɛːt] *f* interest parity

Zinspolitik ['tsɪnspolitiːk] *f* interest rate policy

Zinsrückstand ['tsɪnsrykʃtant] *m* arrear on interests

Zinssatz ['tsɪnszats] *m* interest rate, rate of interest

Zinsschein ['tsɪnsʃaɪn] *m* coupon

Zinssenkung ['tsɪnszɛŋkuŋ] *f* interest rate decrease, reduction of interest

Zinsspanne ['tsɪnsʃpanə] *f* interest margin

Zinsstabilität ['tsɪnsʃtabilitɛːt] *f* interest rate stability

Zinsstaffel ['tsɪnsʃtafəl] *f* interest rate table

Zinsstruktur ['tsɪnsʃtruktuːr] *f* interest rate structure

Zinsswap ['tsɪnsswɔp] *m* interest rate swap

Zinstage ['tsɪnstaːgə] *m/pl* quarter days *pl*

Zinstender ['tsɪnstɛndər] *m* interest tender

Zinstermin ['tsɪnstɛrmiːn] *m* interest payment date

Zinstheorie ['tsɪnsteoriː] *f* theory of interest

Zinsüberschuss ['tsɪnsyːbərʃus] *m* interest surplus

zinsvariable Anleihe ['tsɪnsvarjablə 'anlaɪə] *f* loan at variable rates

Zinsverlust ['tsɪnsfɛrlust] *m* interest loss

Zinswettbewerb ['tsɪnsvɛtbəvɛrp] *m* interest rate competition

Zinswucher ['tsɪnsvuːxər] *m* usury

Zirkulation [tsɪrkula'tsjoːn] *f* circulation

zitieren [tsi'tiːrən] *v* summon

Zivilprozessordnung (ZPO) [tsiviːlpro-'tsɛsɔrdnuŋ] *f* Code of Civil Procedure

Zivilrecht [tsi'viːlreçt] *n* civil law

Zoll [tsɔl] *m 1. (Behörde)* customs *pl; 2. (Maßeinheit)* inch; *3. (Gebühr)* customs duty, duty

Zollabfertigung ['tsɔlapfɛrtɪguŋ] *f* customs clearance

Zollabkommen ['tsɔlapkɔmən] *n* customs convention

Zollamt ['tsɔlamt] *n* customs office

Zollausland ['tsɔlauslant] *n* countries outside the customs frontier

Zollbeamte(r) ['tsɔlbəamtə(r)] *f/m* customs official, customs officer

Zollbereich ['tsɔlbəraɪç] *m* customs matters *pl*

Zolleinfuhrschein [tsɔl'aɪnfuːrʃaɪn] *m* bill of entry

Zollerklärung ['tsɔlɛrklɛːruŋ] *f* customs declaration

Zollfaktura ['tsɔlfaktuːra] *f* customs invoice

zollfrei ['tsɔlfraɪ] *adj* duty-free

Zollgebiet ['tsɔlgəbiːt] *n* customs territory

Zollgebühren ['tsɔlgəby:rən] *f/pl* customs duties *pl*
Zollgrenze ['tsɔlgrɛntsə] *f* customs frontier
Zollinland [tsɔl'ınlant] *n* domestic customs territory
Zollkontrolle ['tsɔlkontrɔlə] *f* customs control, customs inspection
Zolllager ['tsɔlla:gər] *n* customs warehouse
Zolllagerung ['tsɔlla:gəruŋ] *f* customs warehouse procedure
Zollpapiere ['tsɔlpapi:rə] *n/pl* customs documents *pl*
zollpflichtig ['tsɔlpflıçtıç] *adj* dutiable, subject to customs
Zollstation ['tsɔlʃtatsjo:n] *f* customs post, customs office
Zolltarif ['tsɔltari:f] *m* customs tariff
Zollunion ['tsɔlunjo:n] *f* customs union
Zollverkehr ['tsɔlfɛrke:r] *m* customs procedure
Zollverschluss ['tsɔlfɛrʃlus] *m* customs seal
Zollvertrag ['tsɔlfɛrtra:k] *m* customs agreement
Zone ['tso:nə] *f* zone
Zug um [tsu:k um] concurrent
Zugabe ['tsu:ga:bə] *f* extra, bonus
Zugang ['tsu:gaŋ] *m (Warenzugang)* supply, receipt
Zugriffsberechtigung ['tsu:grıfsbərɛçtıguŋ] *f EDV* access privilege
Zukunftswert ['tsu:kunftsve:rt] *m* future bonds *pl*
Zulage ['tsu:la:gə] *f* additional pay, bonus; *(Gehaltserhöhung)* rise *(UK)*, raise *(US)*
zulässig ['tsu:lɛsıç] *adj* permissible, allowed, admissible
Zulassung ['tsu:lasuŋ] *f* admission; *(eines Autos)* registration
Zulassungsbeschränkung ['tsu:lasuŋsbəʃrɛŋkuŋ] *f* restricted admission
Zulassungsstelle ['tsu:lasuŋsʃtɛlə] *f* registration office
zu Lasten [tsu 'lastən] chargeable to
Zulauf ['tsu:lauf] *m* popularity; *großen ~ haben* to be very popular, to be in great demand
Zulieferbetrieb ['tsu:li:fərbətri:p] *m* component producer
Zulieferer ['tsu:li:fərər] *m* supplier, component supplier, subcontractor
Zulieferung ['tsu:li:fəruŋ] *f* supply
Zunahme ['tsu:na:mə] *f* increase, growth, rise

Zuname ['tsu:na:mə] *m* family name, surname
zunehmen ['tsu:ne:mən] *v irr* increase, grow, rise
zur Ansicht [tsu:r 'anzıçt] on approval
zurückerstatten [tsu'rykɛrʃtatən] *v* refund, pay back, reimburse
zurückfordern [tsu'rykfɔrdərn] *v etw ~* ask for sth back, demand sth back
zurückgestaute Inflation ['tsurykgəʃtautə ınfla'tsjo:n] *f* pent-up inflation
zurückgewinnen [tsu'rykgəvınən] *v irr* win back, regain, recoup
zurückrufen [tsu'rykru:fən] *v irr (eine bereits ausgelieferte Ware)* call back
zurücktreten [tsu'ryktre:tən] *v irr (Rücktritt erklären)* resign, retire
zurückweisen [tsu'rykvaızən] *v irr* reject, refuse
zurückzahlen [tsu'ryktsa:lən] *v* pay back, repay
Zurückzahlung [tsu'ryktsa:luŋ] *f* repayment
Zusage ['tsu:za:gə] *f (Verpflichtung)* commitment; *(Versprechen)* promise
zusagen ['tsu:za:gən] *v* confirm; *(versprechen)* promise
Zusammenarbeit [tsu'zamənarbaıt] *f* cooperation, collaboration
zusammenarbeiten [tsu'zamənarbaıtən] *v* work together, cooperate, collaborate, act in concert, team up
Zusammenbau [tsu'zamənbau] *m* assembly
zusammenbauen [tsu'zamənbauən] *v* assemble
zusammenfassen [tsu'zamənfasən] *v* sum up, summarize
zusammenschließen [tsu'zamənʃli:sən] *v irr sich ~* get together, team up
Zusammenschluss [tsu'zamənʃlus] *m* union, alliance, merger
Zusammensetzung [tsu'zamənzɛtsuŋ] *f* composition, make-up, construction
zusammenstellen [tsu'zamənʃtɛlən] *v (fig)* make up, put together, combine; *(Daten)* compile
Zusatzaktie ['tsu:zatsaktsjə] *f* bonus share
Zusatzkapital ['tsu:zatskapita:l] *n* additional capital
Zusatzkosten ['tsu:zatskɔstən] *pl* additional cost
Zusatzverkauf ['tsu:zatsfɛrkauf] *m* additional sale

Zusatzversicherung ['tsu:zatsfɛrzɪçərʊŋ] f additional insurance

Zuschlag ['tsu:ʃla:k] m extra charge, surcharge, addition

Zuschlagskalkulation ['tsu:ʃla:kskalkulatsjo:n] f job order costing

zuschlagspflichtig ['tsu:ʃla:kspflɪçtɪç] adj subject to a supplementary charge

Zuschlagssatz ['tsu:ʃla:kszats] m costing rate

Zuschrift ['tsu:ʃrɪft] f letter

Zuschuss ['tsu:ʃus] m allowance, contribution, subsidy

zusetzen ['tsu:zɛtsən] v Geld ~ lose money

Zusicherung ['tsu:zɪçərʊŋ] f assurance, guarantee

zustellen ['tsu:ʃtɛlən] v (liefern) deliver, hand over

Zusteller(in) ['tsu:ʃtɛlər(ɪn)] m/f deliverer; (Postbote) letter carrier, postman/postwoman, mailman

Zustellgebühr ['tsu:ʃtɛlgəby:r] f delivery fee, delivery charge

Zustellung ['tsu:ʃtɛlʊŋ] f delivery

Zustimmung ['tsu:ʃtɪmʊŋ] f consent

Zuteilung ['tsu:taɪlʊŋ] f allocation

Zuteilungsrechte ['tsu:taɪlʊŋsrɛçtə] n/pl allotment right

zu treuen Händen [tsu 'trɔyən 'hɛndən] for safekeeping

zuverlässig ['tsu:fɛrlɛsɪç] adj/adv reliable

Zuwachs ['tsu:vaks] m growth

Zuwachsrate ['tsu:vaksra:tə] f growth rate

zuweisen ['tsu:vaɪzən] v irr assign, allocate, allot

Zuweisung ['tsu:vaɪzʊŋ] f assignment, transfer from profits

Zuwendung ['tsu:vɛndʊŋ] f (Geldbeitrag) grant, contribution, donation

zuwiderhandeln [tsu'vi:dərhandəln] v einer Sache ~ act contrary to sth, go against sth; (einer Vorschrift) violate

Zuzahlung ['tsu:tsa:lʊŋ] f additional contribution

zuzüglich ['tsutsy:klɪç] prep plus

Zwangsabgabe ['tsvaŋsapga:bə] f compulsory charge

Zwangsanleihe ['tsvaŋsanlaɪə] f compulsory loan

Zwangsgeld ['tsvaŋsgɛlt] n enforcement fine

Zwangsmittel ['tsvaŋsmɪtəl] n/pl enforcement measures pl

Zwangssparen ['tsvaŋsʃpa:rən] n compulsory saving

Zwangsvergleich ['tsvaŋsfɛrglaɪç] m legal settlement in bankruptcy

Zwangsverkauf ['tsvaŋsfɛrkauf] m forced sale

Zwangsversteigerung ['tsvaŋsfɛrʃtaɪgərʊŋ] f compulsory auction

Zwangsvollstreckung ['tsvaŋsfɔlʃtrɛkʊŋ] f enforcement, compulsory execution, levy upon property

zweckentfremden ['tsvɛkɛntfrɛmdən] v misappropriate, redesignate, misuse

Zweckentfremdung ['tsvɛkɛntfrɛmdʊŋ] f use for a purpose other than the original designation

zweckgebunden ['tsvɛkgəbundən] adj earmarked, appropriated, bound to a specific purpose

Zweckgemeinschaft ['tsvɛkgemaɪnʃaft] f special-purpose association

zweckmäßig ['tsvɛkmɛ:sɪç] adj expedient, practical, proper

Zwecksparen ['tsvɛkʃpa:rən] n target saving

Zweigniederlassung ['tsvaɪkni:dərlasʊŋ] f branch

Zweigstelle ['tsvaɪkʃtɛlə] f branch office

Zweitnutzen ['tsvaɪtnutsən] m secondary benefit

Zwischenaktionär ['tsvɪʃənaktsjonɛ:r] m interim shareholder

Zwischenbericht ['tsvɪʃənbərɪçt] m interim report

Zwischenbilanz ['tsvɪʃənbɪlants] f interim results pl, interim balance sheet

Zwischenfinanzierung ['tsvɪʃənfinantsi:rʊŋ] f interim financing

Zwischengesellschaft ['tsvɪʃəngəzɛlʃaft] f intermediate company

Zwischenhändler(in) ['tsvɪʃənhɛndlər(ɪn)] m/f middleman, intermediate dealer

Zwischenkonto ['tsvɪʃənkɔnto] n interim account

Zwischenkredit ['tsvɪʃənkredi:t] m interim loan, intermediate loan

Zwischenlager ['tsvɪʃənla:gər] n intermediate inventory

Zwischenschein ['tsvɪʃənʃaɪn] m provisional receipt

Zwischensumme ['tsvɪʃənzymə] f subtotal

Zwischenzinsen ['tsvɪʃəntsɪnzən] m/pl interim interest

Zyklus ['tsy:klʊs] m cycle

Begriffe und
Wendungen

1. Unternehmen und Management

Lines and Forms of Business	Branchen und Unternehmens-formen
We have invested heavily in the *mining industry* in South Africa.	Wir haben in großem Umfang in die *Montanindustrie* Südafrikas investiert.
Coal mines in Yorkshire provide much of Britain's coal.	*Kohlenbergwerke* in Yorkshire liefern einen großen Teil der britischen Kohle.
The *north sea oil industry* has raised oil prices.	Die *Nordseeölindustrie* hat die Ölpreise erhöht.
The majority of our electricity comes from the *coal-fired power station* you drove past on your way here.	Der Großteil unserer Elektrizität kommt von dem *Kohlekraftwerk,* an dem Sie auf dem Weg hierher vorbeigefahren sind.
We are trying to close a deal for cheap electricity from the *nuclear power station* nearby.	Wir versuchen einen Handel mit dem nahegelegenen *Atomkraftwerk* abzuschließen, um billige Elektrizität zu bekommen.
We buy our barley direct from several different farmers in the area.	Wir kaufen unsere Gerste direkt bei einigen Bauern aus der Gegend.
The agricultural crisis is effecting the *brewing industry.*	Die Agrarkrise wirkt sich in der *Brauereiindustrie* aus.
Our *paper processing business* is dependent upon the *forestry industry.*	Unsere *Papier verarbeitende Industrie* hängt von der *Holzindustrie* ab.
Our factory *reprocesses* fish by-products to produce fertilizer.	Unsere Fabrik *verarbeitet* Fisch-abfälle zur Produktion von Düngemitteln.
In the seventies, Maurice Motors was one of the most notable *car manufacturers* in Europe.	In den siebziger Jahren war Maurice Motors einer der namhaftesten *Autohersteller* in Europa.
We have good business relations with the manufacturer of our *components.*	Wir haben gute Geschäftsbeziehungen mit dem Hersteller unserer *Einzelteile.*
Many of our *manufactured articles* are exported to other EU nations.	Viele unserer *Fabrikate* werden in andere EU-Staaten exportiert.
We are a long-established *insurance company* with many years experience behind us.	Wir sind eine alteingesessene *Versicherung* mit langjähriger Erfahrung.

I think that the JA Bank can offer us the best deal for our *company account.*
The most successful *mail order business* in Britain for 2012 was Warmers Catalogues.
We have got in touch with the *publishers* regarding our "Millennium Catalogue".
In our *line of business,* one must be prepared to move with the times.
I need to get in contact with an *accounting firm.*
The *advertising company* that we use has always produced satisfactory results in the past.
My *firm of solicitors* was founded in 1997.
I will have to consult my *solicitor.*
As a *marketing company,* we feel that relations with our customers are important.

Our firm of *management consultants* advises companies of ways to increase production through improved *management.*
Part of our *service* as a *computer consultancy* is free follow-up advice to customers, via e-mail.

We are considering referring the problem to an I.T. *(Information Technology) consultancy firm.*
Our *head office* is in Liverpool.
Our *headquarters* are located in Camberwell, London.
Our business began in the eighteenth century as a small group of *craft traders.*

Ich glaube, dass die JA Bank uns das beste Angebot für unser *Firmenkonto* machen kann.
Das erfolgreichste *Versandhandelsunternehmen* in Großbritannien war 2012 Warmers Catalogues.
Wir haben mit dem *Verlag* wegen unseres „Millennium Katalogs" Kontakt aufgenommen.
In unserer *Branche* muss man darauf vorbereitet sein mit der Zeit zu gehen.
Ich muss mit einer *Buchhaltungsfirma* Kontakt aufnehmen.
Die *Werbefirma,* mit der wir arbeiten, hat in der Vergangenheit immer zufrieden stellende Ergebnisse geliefert.
Meine *Anwaltskanzlei* wurde 1997 gegründet.
Ich werde meinen *Anwalt* konsultieren müssen.
Wir glauben, dass für uns als *Marketingunternehmen* das Verhältnis zu unseren Kunden entscheidend ist.

Unsere *Unternehmensberatungsfirma* berät Unternehmen, wie sie ihre Produktion durch verbessertes *Management* steigern können.
Ein Teil unseres *Services* als *EDV-Berater* ist es, unseren Kunden anschließend umsonst per E-mail Ratschläge zu geben.

Wir erwägen hinsichtlich dieses Problems eine *EDV-Beratungsfirma* hinzuzuziehen.
Unser *Hauptbüro* ist in Liverpool.
Unsere *Zentrale* ist in Camberwell in London.
Unser Unternehmen entstand im achtzehnten Jahrhundert aus einer kleinen Gruppe von *Handwerkern.*

Our family has been involved in this business for centuries. Our ancestors were *guildsmen* in the middle ages.

Unsere Familie ist seit Jahrhunderten an diesem Unternehmen beteiligt. Unsere Vorfahren waren im Mittelalter *Mitglieder einer Zunft.*

We are only a *small enterprise.*

Wir sind nur ein *Kleinbetrieb.*

Our *company name plate* until recently contained the family coat of arms.

Unser *Firmenschild* enthielt bis vor kurzem noch unser Familienwappen.

As a *medium size enterprise,* we are proud of our friendly working atmosphere.

Als *mittelständischer Betrieb* sind wir stolz auf unsere freundliche Arbeitsatmosphäre.

My father used to be the *sole owner* of our company.

Früher war mein Vater der *Alleineigentümer* unseres Unternehmens.

Our *company name* is a combination of the names of our *co-founders.*

Unser *Firmenname* ist eine Kombination der Namen der *Mitbegründer.*

Could I please speak to the *proprietor?*

Könnte ich bitte den *Besitzer* sprechen?

The *factory owner* is away on business.

Der *Fabrikeigentümer* ist geschäftlich unterwegs.

The *parent company* of the TEHV group is today an extremely profitable enterprise.

Die *Muttergesellschaft* der TEHV Gruppe ist heute ein enorm profitables Unternehmen.

Our *holding company* was founded in 1997.

Unsere *Dachgesellschaft* wurde 1997 gegründet.

Our company is *based* in Britain, but we have factories and outlets all over the world.

Unser Unternehmen hat seinen *Unternehmenssitz* in Großbritannien, aber wir haben Fabriken und Verkaufsstellen auf der ganzen Welt.

We have *branches* all over the world. Our most important *branches abroad* are in Brazil and Mexico.

Wir haben *Filialen* auf der ganzen Welt. Unsere wichtigsten *Auslandsniederlassungen* sind in Brasilien und Mexiko.

They are one of the largest *multinationals* in the world.

Sie sind eines der größten *multinationalen Unternehmen* auf der ganzen Welt.

Our most notable *agency abroad* is based in Canada.

Unsere namhafteste *Auslandsvertretung* hat ihren Geschäftssitz in Kanada.

TEHV is a *multinational group.*

TEHV ist ein *multinationaler Konzern.*

The *private sector* in the USA is much stronger than the *public sector.*

Der *private Sektor* ist in den USA sehr viel stärker als der *öffentliche Sektor.*

We have only *limited liability* in the event of bankruptcy.

SIDA is a *private limited liability company.*

We became a *public limited company* in 1993 (US: *incorporated company*).

I have sent our *major share-holders* our *sales figures* for 2013.

The *shareholders meeting* is due to take place next week.

How many will attend the *annual general meeting (AGM)?*

Our company is a *limited partnership.*

He is a *limited partner* in AHB.

May I introduce my *general partner,* Frank.

She is the youngest person ever to be made *junior partner* in the firm.

Mr. Taylor is a *silent partner* in our business.

We are considering going into *partnership* with ABC.

Our *trading partner* has not been in contact regarding our factories in Africa.

One of our *subsidiaries* (US: *affiliates*) is based almost wholly in the Far East.

AMV is a subsidiary (US: affiliate) of the TEHV Group.

We are hoping to arrange a *video conference* in July with the managers of all our *subsidiaries.*

Im Falle eines Bankrotts übernehmen wir nur *beschränkte Haftung.*

SIDA ist eine *Gesellschaft mit beschränkter Haftung.*

Wir wurden 1993 zu einer *Aktiengesellschaft* umgewandelt.

Ich habe unseren *Großaktionären* die *Verkaufszahlen* für 2013 geschickt.

Die *Aktionärsversammlung* ist für nächste Woche geplant.

Wie viele Teilnehmer wird die *Jahreshauptversammlung* haben?

Unser Unternehmen ist eine *Kommanditgesellschaft.*

Er ist ein *Kommanditist* bei AHB.

Darf ich Ihnen meinen *Komplementär* Frank vorstellen.

Sie ist die jüngste Person, die jemals *Juniorteilhaber* in unserem Unternehmen geworden ist.

Mr. Taylor ist *stiller Teilhaber* an unserem Unternehmen.

Wir überlegen uns, eine *Partnerschaft* mit ABC einzugehen.

Unser *Handelspartner* hat uns bisher nicht wegen unserer Fabriken in Afrika kontaktiert.

Eine unserer *Tochtergesellschaften* ist fast ausschließlich im Nahen Osten ansässig.

AMV ist eine Tochtergesellschaft der TEHV Gruppe.

Wir hoffen, im Juli eine *Video-konferenz* mit den Leitern aller unserer *Tochtergesellschaften* abhalten zu können.

Dialogbeispiele

A: We have recently renewed the machinery of our *assembly line.*

B: Do you think it will pay off in the long run?
A: Definitely. Control has already recorded a drop in *manufacturing defects.*

A: We distribute *hand-made* jewellery made by trained gold- and silversmiths.

B: Are they all *original designs?*
A: Yes. We also produce designs to order from our customers.

B: I think we could certainly be of assistance for your business. Marketing of genuine *handicrafts* is our speciality.

A: We were considering sending you to our *branch office* in Chile for six months, Mrs. Richards.
B: That sounds very challenging.

A: Are you aware of *business protocol* in South America?

B: I have some basic knowledge.

A: One of our *affiliates* distributes and markets our products in Thailand. They receive our goods at a discounted price and can make a greater profit for themselves.

A: Wir haben erst neulich die Maschinenausstattung unseres *Fließbandes* erneuert.
B: Glauben Sie, dass sich das auf lange Sicht auszahlen wird?
A: Auf jeden Fall. Die Aufsicht hat jetzt schon ein Abnehmen der *Fabrikationsfehler* gemeldet.

A: Wir vertreiben *handgearbeiteten* Schmuck, der von ausgebildeten Gold- und Silberschmieden gefertigt wird.
B: Sind das alles *Originalentwürfe?*
A: Ja. Wir entwerfen auch nach den speziellen Wünschen unserer Kunden.
B: Ich glaube, dass wir sehr nützlich für ihr Unternehmen sein könnten. Das Marketing von echtem *Kunsthandwerk* ist unsere Spezialität.

A: Wir überlegen uns, Sie für sechs Monate in unsere *Geschäftsstelle* in Chile zu schicken, Frau Richards.
B: Das klingt nach einer interessanten Herausforderung.
A: Sind Sie sich über das südamerikanische *Geschäftsprotokoll* im Klaren?
B: Ich besitze ein paar grundlegende Kenntnisse.

A: Ein mit uns *befreundetes Unternehmen* vertreibt und verkauft unsere Produkte in Thailand. Sie bekommen unsere Produkte zu einem ermäßigten Preis und können daher einen größeren Profit machen.

B: That's an ideal arrangement for you both – you must make large savings in distribution costs.

A: Yes. It undoubtedly pays off for both our companies.

B: Das ist eine ideale Vereinbarung für Sie beide – Sie müssen große Einsparungen bei den Vertriebskosten haben.

A: In der Tat. Es zahlt sich zweifellos für beide Unternehmen aus.

Business Organisation

Unternehmensorganisation

The *board of directors* meets in the *boardroom* to discuss future strategies.
I will have to bring the matter up in front of the *supervisory board.*
Our *production department* employs thirty percent less people than in 1998.
Quality control is not satisfied with the standard of goods produced on the factory floor.

Die *Direktion* trifft sich im *Sitzungssaal,* um zukünftige Strategien zu besprechen.
Ich werde das Thema vor dem *Aufsichtsrat* ansprechen.

Unsere *Produktionsabteilung* beschäftigt dreißig Prozent weniger Leute als 1998.
Die *Qualitätskontrolle* ist mit dem Standard der Güter, die in der Fabrikhalle produziert werden, nicht zufrieden.

Administration has been ploughing through *red tape* all week.

Die *Verwaltung* hat sich die ganze Woche lang durch den *Amtsschimmel* gegraben.

Our *administration department* has arranged an interview for you on Friday 22nd January.
The *administration* of our company has been improved considerably over the last few years.
Our *administration department* is having some difficulty coping with new European *bureaucracy.*

Die *Verwaltungsabteilung* hat ein Bewerbungsgespräch für Sie am Freitag, den 22. Januar arrangiert.
Die *Verwaltung* unseres Unternehmens hat sich in den letzten Jahren erheblich verbessert.
Unsere *Verwaltungsabteilung* hat einige Schwierigkeiten, mit der neuen europäischen *Bürokratie* zurechtzukommen.

Planning control is based at our headquarters in London. They have produced these *planning figures* regarding possible developments in East Asia.

Die *Planungskontrolle* ist in unserer Zentrale in London stationiert. Sie haben diese *Planwerte* für mögliche Entwicklungen in Ostasien erstellt.

The **accounts department** will deal with your query – I'll fax your details to them now.

Could you please take these calculations to **accounts.**

Our **cost accounting centre** is on the second floor.

Most of our **budgetary planning** is developed in our **finance department.**

Only very large companies require a **law department.**

Staff of the **data processing division** are taking part in a training course this morning.

Most of our **data processing** takes place in our other building.

Marketing is more important than ever in the highly competitive world of multinational business.

The **marketing department** wishes to employ more staff to cope with their increasing workload.

Our **marketing division** is on the fifth floor of our main office building.

Our **advertising department** has just completed our coming **informercial;** it will be screened on September the fifth.

Our **publicity department** is working on our new series of billboard advertisements.

Our **public relations department** has suggested holding an **open day** to combat environmental

Die **Rechnungsabteilung** wird sich um Ihre Anfrage kümmern – ich werde ihnen sofort die Einzelheiten Ihres Falles faxen.

Könnten Sie bitte diese Berechnungen in die **Rechnungsabteilung** bringen.

Unsere **Kostenstelle** ist im zweiten Stock.

Der Großteil unserer **Budgetplanung** wird in der **Finanzabteilung** entwickelt.

Nur sehr große Unternehmen benötigen eine **Rechtsabteilung.**

Das Personal der **EDV-Abteilung** nimmt an dem Trainingskurs heute Morgen teil.

Ein Großteil der **Datenverarbeitung** findet in unserem anderen Gebäude statt.

Marketing ist in der enorm wettbewerbsorientierten Welt des multinationalen Geschäfts wichtiger denn je zuvor.

Die **Marketingabteilung** möchte gerne mehr Personal einstellen, um mit der wachsenden Arbeitslast fertig zu werden.

Unsere **Marketingabteilung** ist im fünften Stock in unserem Hauptgebäude.

Unsere **Werbeabteilung** hat gerade unsere neue **Werbesendung** fertig gestellt. Sie wird am fünften September ausgestrahlt.

Unsere **Werbeabteilung** arbeitet gerade an einer neuen Serie von Plakatwerbungen.

Unsere **Public-Relations-Abteilung** hat vorgeschlagen einen **Tag der offenen Tür** abzuhalten, um

objections from the public to our proposed expansion.

The *sales department* is on the second floor.
Our *salesroom* was understaffed due to illness in January.
The *Board of Directors* has been considering possibilities for expansion of our business into new areas.
Our *chairman* has had connections to our company for many years.
The *chairman of the board* has called a *meeting* for next week.

The *chairman of the supervisory board* is on holiday (US: vacation) at present.
I believe she was delighted to receive the *chairmanship*.
Our *managing director* (US: *chief executive officer)* originally comes from Japan.
Our *executives* are currently in a meeting.
We need to make an *executive* decision as soon as possible.

The *branch manager* is currently away on business.
Her *deputy* can help you with any further enquiries.
I think it would be more fitting if you spoke to the *manageress* regarding this matter.
The *manager* is in a meeting at present. The scheduling of his appointments is organised by his *secretary* (US: *minister*).

Befürchtungen der Öffentlichkeit hinsichtlich der Umwelt aufgrund unserer vorgeschlagenen Expansion entgegenzuwirken.
Die *Vertriebsabteilung* ist im zweiten Stock.
Unser *Verkaufslokal* war im Januar wegen Krankheit unterbesetzt.
Die *Direktion* hat die Möglichkeiten einer Expansion unseres Unternehmens in neue Bereiche abgewägt.

Unser *Vorsitzender* hatte seit vielen Jahren Beziehungen zu unserer Firma.
Der *Vorstandsvorsitzende* hat ein *Meeting* für nächste Woche anberaumt.
Der *Aufsichtratsvorsitzende* ist im Moment auf Urlaub.

Ich glaube, sie war sehr erfreut den *Vorsitz* zu erhalten.
Unser *Generaldirektor* kommt ursprünglich aus Japan.

Unsere *Verwaltung* ist im Moment bei einem Meeting.
Wir müssen so bald wie möglich eine *geschäftsführende* Entscheidung treffen.

Die *Filialleiterin* ist im Moment geschäftlich unterwegs.
Ihr *Stellvertreter* kann Ihnen bei weiteren Fragen helfen.
Ich denke, es wäre angebrachter, wenn Sie diese Angelegenheit mit der *Managerin* besprechen würden.
Der *Geschäftsführer* ist im Moment in einem Meeting. Die Terminplanung organisiert sein *Sekretär.*

Our *production manager* has been criticised for the inefficiency of production on the factory floor. Our *purchasing manager* is abroad visiting one of our component manufacturers.

Unser *Produktionsleiter* ist für die Ineffizienz in der Fabrikhalle kritisiert worden. Unser *Einkaufsleiter* ist im Ausland, um einen unserer Zulieferer zu besuchen.

Good morning, my name is Allen, John Allen – I'm the *financial manager* of JMC. The *accounts manager* is out of the office this afternooon.

Guten Tag, mein Name ist Allen, John Allen – Ich bin der *Finanzdirektor* von JMC. Der *Leiter des Rechnungswesens* ist heute Nachmittag nicht in seinem Büro.

Mrs. Adam is our *accounting division manager.* Our *public relations department* has made several valid suggestions for the improvement of our *firm's image.* I would like to introduce the *manager of our data processing division,* Ms. Meyer. Our *advertising manager* is not available at present. Mr. Mann has been *marketing manager* of the company since 1989 and will retire next year.

Frau Adam ist die *Leiterin unserer Buchhaltung.* Unsere *Öffentlichkeitsabteilung* hat einige sinnvolle Vorschläge zur Verbesserung unseres *Firmenimages* gemacht. Ich würde Ihnen gerne die *Leiterin der EDV-Abteilung* vorstellen, Ms. Meyer. Unser *Werbeleiter* ist momentan nicht erreichbar. Mr. Mann ist seit 1989 unser *Marketingleiter* und wird nächstes Jahr in Rente gehen.

The *human resources manager* has arranged a staff meeting for Friday. The *personnel manager* will take six months *maternity leave* in summer. Our *research director* is in charge of all aspects of scientific research within our company.

Der *Personalleiter* hat für Freitag ein Personalmeeting arrangiert. Die *Personalmanagerin* wird im Sommer für sechs Monate in den *Mutterschaftsurlaub* gehen. Unser *Forschungsdirektor* ist für alle Bereiche der wissenschaftlichen Forschung in unserem Unternehmen verantwortlich.

We employ several *scientists* to research and develop new products for our firm.

Wir beschäftigen einige *Wissenschaftler* um neue Produkte für unsere Firma zu erforschen und zu entwickeln.

Our *research laboratory* is not situated on our main site.

My *personal assistant* can answer any further questions you might have.
I will have my *P.A.* prepare the necessary documentation.

Our *skilled* seamstresses prefer *shift work.*
Our firm employs over a hundred *semi-skilled workers* in our *production team.*
Our *foreign workers* are mainly from Southern Europe.

Our *factory workers* have been complaining regarding the lighting in the *factory building.*
Many of our *apprentices* are based here in our main factory.
An *apprenticeship* takes at least three years to complete within our firm.

Our *blue-collar workers* earn less than our *white-collar workers.*
Our *office staff* are based in the *office block* on our other site.
We have two *office juniors* under our employ at present.
My *secretary* (US: *minister*) can deal with any further queries you might have.
Clerical work is vital to the smooth running of our firm.

At the moment, we have a *temp* secretary covering for Josephine's maternity leave.

Unser *Forschungslabor* ist nicht auf unserem Hauptgelände.

Falls Sie noch Fragen haben sollten, steht Ihnen mein *persönlicher Assistent* zur Verfügung.
Ich werde meine *P.A.* (persönliche Assistentin) die notwendigen Dokumente vorbereiten lassen.

Unsere *ausgebildeten* Näherinnen bevorzugen *Schichtarbeit.*
Unsere Firma beschäftigt über einhundert *angelernte Arbeiter* in unserem *Produktionsteam.*
Unsere *ausländischen Arbeitnehmer* kommen vor allem aus Südeuropa.

Unsere *Fabrikarbeiter* haben sich über die Beleuchtung in unserer *Fabrikhalle* beschwert.
Viele unserer *Lehrlinge* arbeiten hier in unserer Hauptfabrik.
Eine *Lehre* dauert in unserem Unternehmen mindestens drei Jahre.

Unsere *Arbeiter* verdienen weniger als unsere *Büroangestellten.*
Unsere *Bürokräfte* sind in dem *Büro- gebäude* auf unserem anderen Gelände.
Wir haben im Moment zwei *Bürogehilfen* beschäftigt.
Bei weiteren Fragen wird Ihnen mein *Sekretär* zur Verfügung stehen.
Büroarbeit ist entscheidend für das gute Funktionieren einer Firma.

Im Moment haben wir eine *Aushilfe*, die während Josephines Mutterschafts- urlaub arbeitet.

Our *receptionist* will direct you to our conference room.

We have two *trainees* (US: *interns*) working for us at the firm.

I think we are slightly *understaffed.*

We have called in a *marketing consultant* to help us in our decision making within the department.

We do not have an accounts department – we have our own *accountant* with an *accounting firm* based in London.

The firm has its own personal *banker,* whom we can contact if we have any problems.

I would propose that we call in a *management consultant.*

I have had my secretary contact the *company solicitor* (US: *lawyer*).

Have you met our *middleman* in South America, Mr. Tetley?

One of our *main distributors* is due to meet the manager this afternoon.

I have contacted a *subcontractor* for our latest building project.

We need to contact a *transatlantic shipping company* to firm-up our transport costs.

Our *sales team* is trying to find suitable *suppliers* for the new components in the USA.

Our *business structure* has hardly changed at all over the past forty years.

Unsere *Empfangsdame* wird sie in den Konferenzraum bringen.

Wir haben zwei *Praktikanten* in unserem Unternehmen beschäftigt.

Ich denke, wir sind leicht *unterbesetzt.*

Wir haben einen *Marketingberater* eingeschaltet, um uns bei der Entscheidungsfindung in der Abteilung zu unterstützen.

Wir haben keine Buchhaltungsabteilung, wir haben unseren eigenen Buchhalter bei einer *Buchhaltungsagentur* in London.

Die Firma hat einen persönlichen *Bankier,* den wir kontaktieren, wenn wir irgendwelche Probleme haben.

Ich würde vorschlagen, dass wir einen *Unternehmensberater* hinzuziehen.

Ich hatte meinem Sekretär aufgetragen, den *Firmenanwalt* zu kontaktieren.

Kennen Sie unseren *Zwischenhändler* in Südamerika, Mr. Tetley?

Einer unserer *Großhändler* soll heute Nachmittag unseren Geschäftsführer treffen.

Ich habe den *Subunternehmer* für unser neuestes Bauprojekt kontaktiert.

Wir müssen eine *Übersee-Reederei* kontaktieren, um unsere Transportkosten abzustützen.

Unser *Vertriebsteam* versucht, passende *Lieferanten* für die neuen Teile in den USA zu finden.

Unsere *Betriebsstruktur* hat sich in den letzten vierzig Jahren kaum verändert.

Many companies have been changing their *pattern of organisation* (US: *organization*) to move with the times. Old-fashioned strictly *hierarchical* business structures are often replaced by *centre organisation* (US: *center organization*) *structures.* We have taken expert advice and decided against *restructuring.*

Viele Unternehmen haben ihre *Organisationsform* gewechselt, um mit der Zeit zu gehen.

Altmodische *hierarchische* Geschäftsstrukturen werden oftmals durch die *Center-Organisationsform* ersetzt. Wir haben Expertenrat eingeholt und uns gegen die *Umstrukturierung* entschieden.

Management consultancy firms are booming due to widespread *industrial reorganisation.* The board has decided in favour of *centre organisation* (US: *center organization*) for our firm. Our *reorganisation* will divide the company into divisions, each targeting a particular geographical area. My colleagues are very interested in introducing *matrix organisation* (US: *organization*) to our firm.

Betriebsberatungsfirmen boomen wegen der weit verbreiteten *Umorganisationen der Betriebe.* Die Direktion hat sich für die *Centerorganisationsform* in unserer Firma entschieden. Unsere *Neuorganisierung* wird das Unternehmen in Abteilungen gliedern, von denen jede für eine bestimmte geografische Gegend zuständig ist. Meine Kollegen sind sehr interessiert daran, die *Matrixorganisation* in unserem Unternehmen einzuführen.

Dialogbeispiele

A: Where's Francis?
B: She's in *admin* (fam).

A: Wo ist Francis?
B: Sie ist in der *Verwaltung.*

A: What do you think of our *planning department's proposal* for possible future expansion?

A: Was denken Sie über den *Vorschlag der Planungsabteilung* über eine mögliche zukünftige Expansion?

B: Well, I think we need to bring it before the *board.*

B: Ich denke, wir müssen ihn der *Direktion* vorlegen.

A: Would you like a tour of our *premises,* Mr. Davies?

A: Möchten Sie unser *Gelände* besichtigen, Mr. Davies?

B: I think that would be very informative. As a *management consultant* I always try to investigate companies in depth.

A: Here is our *reception area,* where we have two *receptionists* on duty during busy periods. They are both multi-lingual to handle our worldwide business partners.

B: Which languages do they speak?

A: English, of course, and French, Spanish and German.

B: Where are your *clerical staff* based?

A: The majority are on the ground floor of our main building. Shall we go to our *accounting and finance department?* Our business requires precise *budgeting* – that's why this division is so large.

B: Very interesting. Where is your *marketing department?*

A: On the third floor.

B: Your departments seem very self-contained. Perhaps you could consider changing your *management strategies.* The *spatial structure* of your main premises could be improved. I hope you would like to engage my services. I will leave you my *business card* (US: *calling card*) and you can contact me regarding our next steps.

A: Great. I will have to discuss the matter with the *board of directors.*

B: Ich denke, das wäre sehr informativ. Als *Unternehmensberater* versuche ich immer die Unternehmen genau zu untersuchen.

A: Hier ist unser *Empfang,* an dem während betriebsamen Zeiten zwei *Empfangsdamen* arbeiten. Beide sind mehrsprachig, um sich um unsere weltweiten Geschäftspartner kümmern zu können.

B: Welche Sprachen sprechen sie?

A: Natürlich Englisch, außerdem Französisch, Spanisch und Deutsch.

B: Wo haben Sie Ihre *Bürokräfte?*

A: Die Meisten sind im Erdgeschoss des Hauptgebäudes. Sollen wir zu unserer *Buchhaltungs- und Finanzabteilung* gehen? Unsere Geschäfte verlangen eine präzise *Budgetierung* – das ist der Grund, warum diese Abteilung so groß ist.

B: Sehr interessant. Wo ist Ihre *Marketingabteilung?*

A: Im dritten Stock.

B: Ihre Abteilungen scheinen mir sehr abgeschottet. Vielleicht sollten Sie sich überlegen, Ihre *Leitungsstrategien* zu ändern. Die *Raumstruktur* Ihres Hauptgebäudes könnte verbessert werden. Ich hoffe, Sie wollen meine Dienste in Anspruch nehmen. Ich werde Ihnen meine *Geschäftskarte* dalassen und Sie können dann mit mir wegen unserer nächsten Schritte Kontakt aufnehmen.

A: Ausgezeichnet. Ich muss die Angelegenheit auch noch mit der *Direktion* besprechen.

A: We are planning to design *joint publicity* with our business partners, Smith and Jones Ltd.
B: What *means of advertising* had you considered using?
A: We were considering sending out *mailshots* describing our new range of products.
B: Have you carried out any *market research?*
A: We have consulted a *market research institute* in Birmingham.
B: I don't know what they concluded, but I would suggest that you need a broader *marketing mix* to increase sales and reach a wider audience.

A: We were also hoping to make the launch of the range a *media event.*
B: Offering *discounts* to your loyal *patrons* could be another possible strategy of promoting initial sales of your new products.

A: Our *marketing team* has produced a detailed survey based on *observation of markets.*
B: What did they conclude?

A: We should *schedule* our advertisements to coincide with seasonal increases in demand.

A: I demand to speak to the *manager!*
B: I'm afraid he's in a meeting at the moment, sir. Could his *deputy* be of assistance?

A: Wir planen eine *Gemeinschaftswerbung* mit unseren Geschäftspartnern von Smith and Jones Ltd. zu entwerfen.
B: An welche *Werbemittel* hatten Sie gedacht?
A: Wir haben uns überlegt, *Direktwerbung* zu verschicken, die unser neues Sortiment beschreibt.
B: Haben Sie *Marktforschung* betrieben?
A: Wir haben ein *Marktforschungsinstitut* in Birmingham konsultiert.
B: Ich weiß nicht, was die herausgefunden haben, aber ich würde behaupten, dass Sie ein breiteres *Marketing Mix* brauchen, um die Verkäufe zu erhöhen und ein breiteres Publikum zu erreichen.
A: Außerdem hoffen wir, den Start des Sortiments zu einem *Medienereignis* zu machen.
B: Wenn Sie Ihren *Stammkunden* einen *Preisnachlass* anbieten, könnte das eine weitere mögliche Strategie sein, um den Anfangsverkauf Ihrer neuen Produkte zu fördern.
A: Unser *Marketingteam* hat eine detaillierte Studie ausgearbeitet, die auf *Marktbeobachtung* beruht.
B: Zu welchem Schluss sind sie gekommen?
A: Wir sollten unsere Anzeigen so *planen,* dass sie mit der saisonbedingten Steigerung der Nachfrage zusammenfallen.

A: Ich verlange den *Geschäftsführer* zu sprechen!
B: Es tut mir leid, aber er ist gerade in einem Meeting. Würde Ihnen sein *Stellvertreter* weiterhelfen?

A: Would you like to discuss your marketing suggestions with our *sales manager?*
B: I think that would be the best option open to us.

A: Möchten Sie die Marketing-Vorschläge gerne mit unserem *Verkaufsleiter* besprechen?
B: Ich denke, dass wäre die beste Option für uns.

A: I am telephoning to request a meeting with your *production manager.*
B: I'm afraid he's not available at the moment. Would it be possible for a *representative* from the department to help you?
A: I don't know. It was regarding methods of reducing production costs.
B: He's very busy at the moment. Perhaps you could discuss the matter with one of his *subordinates?*
A: I think for a preliminary meeting that would be fine.

A: Ich rufe an mit der Bitte um ein Treffen mit dem *Leiter der Produktion.*
B: Es tut mir leid, aber er ist im Moment nicht verfügbar. Wäre es möglich, dass Ihnen ein *Vertreter* der Abteilung helfen könnte?
A: Ich weiß es nicht. Es handelt sich um Methoden zur Produktions-kostenreduzierung.
B: Er ist im Moment sehr beschäftigt. Vielleicht könnten Sie die Angelegenheit mit einem seiner *Mitarbeiter* besprechen?
A: Ich denke für ein Vorgespräch wäre das in Ordnung.

A: We have agreed to promote you to *distributions manager,* Miss Green.
B: Thank you. I'm delighted.
A: Well, as you're already familiar with our *structure of distribution,* I'm sure you'll prove to be a worthy *successor* to Mr. Dobson.

A: Wir haben uns darauf geeinigt, Sie zur *Vertriebsleiterin* zu befördern, Miss Green.
B: Danke. Ich bin sehr erfreut.
A: Nun, da Sie schon mit unserer *Vertriebsstruktur* vertraut sind, bin ich sicher, dass Sie sich als würdige *Nachfolgerin* von Mr. Dobson herausstellen werden.

A: Our *project leader* has suggested several changes to previous plans.
B: On what reasons?
A: I think she just disagrees with our overall *project management* strategy.

A: Unsere *Projektleiterin* hat einige Änderungen an unseren bisherigen Plänen vorgeschlagen.
B: Aus welchen Gründen?
A: Ich denke, sie stimmt unserer gesamten *Projektmanagement-*Strategie nicht zu.

A: Has your company been achieving its *sales targets* this year?
B: Not as yet. We were considering introducing *payment on a commission basis* for all our *sales staff.*
A: That might provide them with the necessary *incentive.*

A: Do you have many *unskilled workers* here in your factory?
B: Yes, although most of our workers undergo at least some training during their employ.

A: I was disappointed by the public response to our last *advertising campaign.* I feel our market share increased little as a result.
B: Why don't we try using a new *advertising agency.*
A: That would certainly be a possibility – we need *advertisers* who *canvass* the public more thoroughly.

A: Along what lines have you *restructured* your firm?
B: Our workers are now organised into *production-oriented teams* instead of divided into different departments.
A: What effect does that have upon the *production process?*
B: Well, our workers are more *motivated* because they are able to follow the production process from beginning to end. It is far less

A: Hat Ihr Unternehmen das *Absatzziel* für dieses Jahr erreicht?
B: Noch nicht. Wir erwägen *Bezahlung auf Provisionsbasis* für unseren gesamten *Verkaufsstab* einzuführen.
A: Das könnte ihnen den notwendigen *Anreiz* geben.

A: Haben Sie viele *ungelernte Arbeiter* in Ihrer Fabrik?
B: Ja, obwohl die meisten unserer Arbeiter während ihrer Beschäftigungszeit zumindest irgendeine Ausbildung bekommen.

A: Ich war enttäuscht von der öffentlichen Reaktion auf unsere *Werbekampagne.* Ich glaube, unser Marktanteil ist infolgedessen kaum gestiegen.
B: Warum versuchen wir es nicht mit einer neuen *Werbeagentur.*
A: Das wäre sicherlich eine Möglichkeit – wir brauchen ein *Werbeunternehmen,* das die Öffentlichkeit gründlicher *befragt.*

A: Nach welchen Richtlinien haben Sie Ihre Firma *umstrukturiert?*
B: Unsere Arbeiter sind jetzt in *produktionsorientierten Teams* organisiert anstatt in verschiedenen Abteilungen.
A: Was für einen Effekt hat das auf das *Fertigungsverfahren?*
B: Unsere Arbeiter sind höher *motiviert,* weil sie in der Lage sind, den Herstellungsprozess von Anfang bis Ende zu verfolgen. Es

monotonous as the permanent
work on the *production line*.

A: We have allotted our *teams*
different *target groups* within
the population. For example,
we have a very young, *dynamic*
team to target *teens and twens*.

B: Do you think this method has
increased your appeal within this
age group?
A: Yes. The method allows us to
maximise the potential of our
employees and to target precisely
potential customers.

A: We experimented with *matrix
organisation* in one of our
subsidiaries last year.
B: Did you draw any conclusions?

A: It failed to live up to our
expectations. The staff never
knew which manager to contact,
when they had a problem.

B: What do you mean?
A: Well, for example, if they had
a problem regarding a faulty
component, they could go to their
team leader or to the *chief buyer*.

B: That does sound too confusing.

ist sehr viel weniger monoton als
die dauernde Arbeit am *Fließband*.

A: Wir haben unseren *Teams*
verschiedene *Zielgruppen* in
der Bevölkerung zugewiesen.
Beispielsweise haben wir ein sehr
junges, *dynamisches* Team für den
Zielbereich der *Teenager und
Twens*.
B: Glauben Sie, dass sich diese Alters-
gruppe durch diese Methode stärker
angesprochen fühlt?
A: Ja. Die Methode erlaubt es uns,
das Potenzial unserer Mitarbeiter
optimal auszuschöpfen und unsere
potenziellen Kunden präzise
anzusprechen.

A: Wir haben letztes Jahr in einer
unserer Tochtergesellschaften mit der
Matrixorganisation experimentiert.
B: Sind Sie zu irgendwelchen
Schlüssen gekommen?
A: Es hat nicht unsere Erwartungen
erfüllt. Das Personal wusste nie,
welchen Abteilungsleiter es
kontaktieren sollte, wenn es ein
Problem hatte.
B: Was meinen Sie?
A: Wenn sie, zum Beispiel, ein
Problem mit einem fehlerhaften Teil
hatten, konnten sie entweder zum
Teamleiter oder zum *Beschaffungs-
leiter* gehen.
B: Das klingt sehr verwirrend.

2. Personal und Verwaltung

Staff retraining is necessary following modernisation of production methods.
We have informed all *members of staff* that a meeting will take place in the conference room.

Can we have a copy of the *minutes* of the meeting posted in all departments, please?
I have sent an e-mail to all our *office staff* informing them of the *power cut* on Tuesday.

Eine *Personalumschulung* ist seit der Modernisierung unserer Herstellungsmethoden notwendig geworden.
Wir haben alle *Mitglieder des Personals* informiert, dass ein Meeting im Konferenzraum stattfinden wird.
Können wir eine Kopie des *Protokolls* des Meetings an alle Abteilungen verschickt bekommen, bitte?
Ich habe unserem gesamten *Büropersonal* eine E-Mail geschickt, die sie über den *Stromausfall* am Dienstag informiert.

Dialogbeispiel

A: I was not informed that the meeting was *scheduled* for Friday.
B: It was clearly an *administrative error.* We have *postponed* it until further notice.

A: Ich war nicht informiert, dass das Meeting für Freitag *vorgesehen* war.
B: Das war ganz klar ein *Verwaltungsfehler.* Wir haben es bis auf weiteres *verschoben.*

Job Applications

During April, it became apparent that we had severe *staff shortages.*

We are hoping to *take on* two new members of staff with degrees in business administration.
We *advertised* our *vacancy* for deputy manager in the Herald.

I have informed the *job centre* (UK) of our vacancies.

Bewerbungen

Im April wurde es klar, dass wir einen ernsthaften *Personalmangel* hatten.
Wir hoffen, zwei neue Mitarbeiter mit Abschlüssen in Betriebswirtschaftslehre *einzustellen.*
Wir haben unsere *freie Stelle* für einen stellvertretenden Geschäftsführer im Herald *inseriert.*
Ich habe die *Agentur für Arbeit* über unsere offenen Stellen informiert.

We have designed our *advert* for the Financial Times.

The *personnel manager* has instructed his secretary to publish the *position* in the national newspapers.

We have received hundreds of *applications* for the *post.*

I would like to *apply for the position of ...*

I think we should *interview* this *candidate* – her C.V. (*curriculum vitae*) looks very promising.

This applicant, if his résumé is anything to go by, has all the qualities we are looking for.

During the first stage of our *recruitment procedure,* reading application documents, we reject over fifty percent of applicants.

We would like to offer you the position of *chief secretary* here at JMC.

We feel that you will make a valuable contribution to our finance division.

We will prepare a *contract of employment* for signing by the end of the week.

That is a definite *offer of employment.*

We offer a comprehensive package for our sales employees – a *company pension, company car* and an *expense account.*

The *recruitment* of new staff is particularly difficult this year.

Staff changes are necessary.

Wir haben ein *Inserat* für die Financial Times entworfen.

Der *Personalleiter* hat seinen Sekretär angewiesen, die *Stelle* in einer überregionalen Tageszeitung auszuschreiben.

Wir haben hunderte *Bewerbungen* für die *Stelle* erhalten.

Ich möchte mich *um die Stelle als ... bewerben.*

Ich denke, wir sollten mit dieser *Bewerberin ein Gespräch führen* – ihr *Lebenslauf* sieht sehr viel versprechend aus.

Dieser Bewerber hat alle Eigenschaften, nach denen wir gesucht haben, wenn man auf den Lebenslauf etwas geben kann.

Während der ersten Phase des *Einstellungsverfahrens,* nach dem Lesen der Bewerbungsunterlagen, lehnen wir über fünfzig Prozent der Bewerber ab.

Wir möchten Ihnen gerne die Stelle als *Chefsekretärin* bei JMC anbieten.

Wir glauben, dass sie einen wertvollen Beitrag zu unserer Finanzabteilung leisten werden.

Wir werden einen *Arbeitsvertrag* unterschriftsreif für das Ende der Woche vorbereiten.

Dies ist ein verbindliches *Stellenangebot.*

Wir bieten ein umfassendes Paket für all unsere Verkaufsangestellten – *Pension, Firmenwagen* und *Spesenkonto.*

Die *Anwerbung* neuen Personals ist dieses Jahr besonders schwierig.

Ein *Personalwechsel* ist notwendig.

Dialogbeispiele

A: We have advertised our
graduate training scheme in
university magazines and national
newspapers.
B: Are you anticipating a large
response?
A: Last year, we had over four
hundred **applicants.**

A: Good morning. I wanted to ask
a few questions regarding your
advertisement for the position
in your **computing department.**
B: The position would involve
almost exclusively **work at a
computer terminal.**
A: I have ten years experience
as a **computer programmer.**
B: Then I would certainly
recommend that you apply for the
position. I will have my secretary
send you the **application forms.**

A: We expect the initial interviews
to take place over two days.

B: What is the next stage in your
selection process?
A: From all those interviewed we
select the ten we feel could be
most suitable for the position.
Then we send them to an
assessment centre (US: **center**)
for a weekend.
During the weekend at the
assessment centre, you will
participate in a **planning game.**

A: Wir haben unser
Graduierten-Trainingsprogramm in
den Universitätszeitschriften
und den überregionalen Zeitungen
inseriert.
B: Erwarten Sie eine große **Reaktion?**
A: Letztes Jahr hatten wir über
vierhundert **Bewerber.**

A: Guten Morgen. Ich habe nur ein
paar Fragen bezüglich Ihres Inserates
für die Stelle in Ihrer **EDV-Abteilung.**
B: Die Stelle ist fast ausschließlich
Bildschirmarbeit.

A: Ich habe zehn Jahre Erfahrung
als **Programmierer.**
B: Dann würde ich auf jeden Fall
empfehlen, dass Sie sich auf die
Stelle bewerben. Ich werde meine
Sekretärin anweisen, Ihnen die
Antragsformulare zuzuschicken.

A: Wir erwarten, dass die Vorbewer-
bungsgespräche zwei Tage dauern
werden.
B: Was ist der nächste Schritt in Ihrem
Auswahlverfahren?
A: Von all denen, mit denen wir ge-
sprochen haben, wählen wir zehn, von
denen wir glauben, dass sie für die
Position geeignet sind, aus. Dann
schicken wir sie für ein Wochenende
in ein **Assessment Center.**
Während des Wochenendes im
Assessment Center werden Sie an
Planspielen teilnehmen.

Working Hours

What kind of *working hours* would the job entail?
As a *secretary,* we would employ you to work Monday to Friday, *office hours.*
We cannot offer this position as anything other than a *full-time job.*

We have introduced a degree of *flexitime* in our office, but the majority nevertheless work *nine to five.*
Our employees have different *working schedules* according to their personal preferences and the nature of their work.

We could offer you a *part-time position.*
All our factories base their production on *shift work.*

The afternoon shift has been producing consistently less than the *morning shift* this week.
We are finding it difficult to find enough people to work the *night shift.*
When you arrive in the morning, you must *clock on.*
Don't forget to *clock off* for lunch and on your way out in the evening.

Arbeitszeiten

Was für *Arbeitszeiten* würde der Job beinhalten?
Als Sekretär würden wir Sie von Montag bis Freitag zu den normalen *Dienststunden* beschäftigen.
Wir können Ihnen diese Stelle nur als *Ganztagsstellung* anbieten.

Wir haben ein gewisses Maß an *Gleitzeit* eingeführt, aber die meisten arbeiten trotzdem *von neun bis fünf.*

Unsere Angestellten haben verschiedene *Arbeitszeitpläne*, die von ihren persönlichen Vorlieben und der Art ihrer Arbeit abhängen.

Wir können Ihnen eine *Teilzeitstelle* anbieten.
Alle unsere Fabriken verlassen sich bei der Produktion auf *Schichtarbeit.*

Die Nachmittagsschicht hat diese Woche durchgehend weniger produziert als die *Frühschicht.*
Es ist schwierig für uns, genügend Leute zu finden, die während der *Nachtschicht* arbeiten.
Wenn Sie morgens ankommen, müssen Sie *einstempeln (an der Stechuhr).*
Vergessen Sie nicht *auszustempeln,* wenn Sie zum Mittagessen oder nach Hause gehen.

Dialogbeispiele

A: I don't know if I would be interested in a *full-time job.*

A: Ich weiß nicht, ob ich an einer *Ganztagsstellung* interessiert wäre.

B: We also have *flexitime positions* available.
A: That would be of interest to me in particular. My wife *works part-time* as a nurse, so we need to juggle our working hours to pick up our children from school.
A: Would you be interested in *job sharing?* We could take that into account as another alternative.
B: Definitely.

B: Wir können Ihnen auch *Gleitzeit* anbieten.
A: Das wäre für mich besonders interessant. Meine Frau *arbeitet Teilzeit* als Krankenschwester, sodass wir unsere Arbeitszeiten so koordinieren müssen, dass wir die Kinder von der Schule abholen können.
A: Wären Sie daran interessiert eine *Arbeitsstelle zu teilen?* Das könnten wir als Alternative in Betracht ziehen.
B: Auf jeden Fall.

Pay

Your *salary* will be paid on the fifteenth of each month.

If your promotion is agreed within the department, you will receive a *salary increase.*

Our managerial team are all in the same *salary bracket.*
Staff in our distribution department are not all *salaried.*

If you do go on the business trip with Mr. Allen, we will pay all your *expenses.*
Have you received your *travelling expenses* for the trip to Britain?

Does your secretary receive a *wage* or a *salary?*
Our workers can collect their *wages* on Friday afternoons.
Your wages will be paid *every second week.*

Lohn und Gehalt

Ihr *Gehalt* wird zum Fünfzehnten jeden Monats bezahlt.

Wenn Ihrer Beförderung in der Abteilung zugestimmt wird, dann werden Sie eine *Gehaltserhöhung* bekommen.
In unserem Direktionsteam sind alle in einer *Gehaltsgruppe.*
Nicht das ganze Personal in unserer Vertriebsabteilung ist *angestellt.*

Wenn Sie mit Mr. Allen auf Geschäftsreise gehen, werden wir die *Spesen* übernehmen.
Haben Sie Ihre *Reisespesen* für die Reise nach Großbritannien bekommen?

Bekommt Ihre Sekretärin einen *Lohn* oder ein *Gehalt?*
Unsere Arbeiter können ihren *Lohn* freitags abholen.
Ihr Lohn wird *vierzehntägig* bezahlt.

We have awarded all our office staff a *pay rise* (US: *pay raise*) as from this week.
We have reached a *wage agreement* with our unskilled *labour force.*
Is Friday *pay-day?*
What is the *wage scale* within your company?
The *tax on earnings* for Miss Walker has been miscalculated.

Wir haben unserem gesamten Büropersonal von dieser Woche an den *Lohn erhöht.*
Wir haben eine *Lohnvereinbarung* mit unseren ungelernten *Arbeitskräften* getroffen.
Ist am Freitag *Zahltag?*
Welchen *Lohntarif* haben Sie in Ihrem Unternehmen?
Die *Ertragssteuer* von Frau Walker ist falsch berechnet worden.

All our factory employees work *two weeks in hand.*
Did you work any *overtime* last week?
Overtime for your shift is paid *time and a half* before midnight.

If you do want to work the night shift, you'll receive *double time* after midnight.
We pay our workers an *hourly wage.*
Although we obviously don't pay *wages in kind* our workers often take surplus produce home with them.
Have you received your *bonus?*

Many of our sales staff earn *on commission basis* only.

We pay our sales staff a *commission bonus* for every sale they make, but we also pay them a basic salary.

Although *piece work* is becoming out-dated in Europe, our factory workers in India are paid a *piece-work wage.*

All unsere Fabrikarbeiter arbeiten *zwei Wochen im Voraus.*
Haben Sie letzte Woche *Überstunden* gemacht?
Überstunden werden bei Ihrer Schicht vor Mitternacht *mit 150 %* bezahlt.
Wenn Sie die Nachtschicht arbeiten wollen, bekommen Sie *doppelten Lohn* nach Mitternacht.
Wir bezahlen unsere Arbeiter *nach Stunden.*
Obwohl wir natürlich keinen *Naturallohn* bezahlen, nehmen unsere Arbeiter doch oftmals überschüssige Produkte mit nach Hause.
Haben Sie Ihre *Sondervergütung* erhalten?
Ein Großteil unseres Personals verdient nur *auf Provisionsbasis.*

Wir bezahlen unserem Verkaufspersonal eine *Provision* für jeden Verkauf, aber wir zahlen ihnen auch ein Grundgehalt.
Obwohl *Akkordarbeit* in Europa aus der Mode kommt, bekommen unsere Arbeiter in Indien einen *Akkordlohn.*

Dialogbeispiele

A: I didn't pay for my hotel last week from the **expenses account**.
B: Have you still got the **receipt?**
A: Yes – I have it here.
B: Then we can **reimburse** you with your salary for this month.

A: This receipt here details the **special expenses** I incurred on the trip.
B: We can credit those to your account with your salary.

A: I don't seem to have received my **earnings** for last week.
B: Just a moment ... I can't find your name on the **payroll**.

A: The **wage-price spiral** is out of control in Britain at the moment.
B: Yes. The government is considering introducing a **wage freeze** to combat the problem.

A: I think I paid too much **wage tax** last week – here is my **pay cheque** (US: **paycheck**).
B: Yes – you paid for the wrong **tax bracket** – we will reimburse you with next week's wages.

A: When will I receive my first **pay-cheque** (US: **check**)?
B: We require all our employees to **work a week in hand**. That means that you will have to wait until

---

A: Ich habe das Hotel letzte Woche nicht vom **Spesenkonto** bezahlt.
B: Haben Sie die **Quittung** noch?
A: Ja – ich habe sie hier.
B: Dann werden wir Ihnen das zusammen mit Ihrem Monatsgehalt **erstatten**.
A: Diese Quittung hier führt detailliert die **Sonderausgaben** auf, die ich während der Reise hatte.
B: Wir werden sie mit Ihrem Gehalt auf Ihr Konto überweisen.

A: Ich habe meinen **Verdienst** von letzter Woche noch nicht bekommen.
B: Einen Moment bitte ... ich kann Ihren Namen nicht auf der **Lohnliste** finden.

A: Momentan ist die **Lohn-Preis-Spirale** in Großbritannien außer Kontrolle geraten.
B: Ja. Die Regierung erwägt einen **Lohnstopp** einzuführen, um das Problem zu bekämpfen.

A: Ich glaube ich habe letzte Woche zu viel **Lohnsteuer** bezahlt. Hier ist mein **Lohnscheck**.
B: Ja – Sie haben für die falsche **Steuergruppe** bezahlt – wir werden Ihnen das zusammen mit Ihrem Lohn für nächste Woche zurückerstatten.

A: Wann werde ich meinen ersten **Lohnscheck** bekommen?
B: Wir erwarten von all unseren Arbeitnehmern, dass sie **eine Woche im Voraus** arbeiten. Das bedeutet, dass

the Friday of your second week with us before you receive your first week's pay.

Sie bis zum Freitag der zweiten Woche warten müssen, bevor Sie den Lohn für die erste Woche ausgezahlt bekommen.

A: We were considering introducing a **bonus** for factory workers with a higher than average output.

A: Wir überlegen uns, eine **Sondervergütung** für Fabrikarbeiter, die ein überdurchschnittliches Ergebnis haben, einzuführen.

B: It might provide an effective **incentive** to increase production.

B: Das könnte ein effektiver **Anreiz** sein, um die Produktivität zu erhöhen.

A: We are considering introducing a **piece work wage** for our **production team,** to make sure the order is completed on time.

A: Wir erwägen es, **Akkordlohn** für unser **Produktionsteam** einzuführen, um sicherzustellen, dass der Auftrag rechtzeitig fertig wird.

B: Will they also retain their **basic wage?**

B: Werden Sie außerdem Ihren **Grundlohn** behalten?

A: Yes – we anticipate it being a short-term measure only.

A: Ja – wir gehen davon aus, dass es nur eine kurzfristige Maßnahme sein wird.

Working Relations

Betriebsklima

Do you think we **could try** to work in the office with a little less noise?

Könnten wir nicht **versuchen,** die Arbeit im Büro etwas leiser zu gestalten?

Would it be possible to complete the project by Wednesday?

Wäre es möglich, das Projekt bis Mittwoch fertig zu machen?

Could you **kindly refrain** from making such comments during working hours?

Könnten Sie es **bitte unterlassen** solche Kommentare während der Arbeitszeit zu machen?

Would it be possible for us **to discuss this in my office?**

Wäre es möglich, dass wir **das in meinem Büro besprechen?**

Anthony, **could you make sure** that my correspondence is posted this afternoon?

Anthony, **könntest** du bitte **sicherstellen,** dass meine Korrespondenz heute Nachmittag rausgeht.

I don't want to ask you again, Alan, to remain at your post

Alan, **ich möchte dich nicht nochmal darum bitten müssen,** während der

at all times during the shift.

Might I have a word with you regarding this matter, John?

How are you enjoying your *internship* with us, Rachel?

Schicht immer auf deinem Posten zu bleiben.
John, *könnte* ich dich mal kurz in dieser Angelegenheit sprechen?
Wie gefällt dir dein *Praktikum* bei uns, Rachel?

We hope you'll find our company a suitable *place of employment*.

It is important to us that all members of staff obtain *job satisfaction* from their work.
As *employers,* it is important for us that our workers develop a *team spirit*.
Personell have been doing all they can to encourage greater *worker participation.*

Many of our *employees* have been working with us for many years.

We must ensure that we maintain standards of *working conditions and human relations.*
We have to consider managing our *manpower* in greater depth than previously.
JMC has always been a *performance-oriented company.*

We like to be considered fair *employers.*
Labour relations (US: *labor)* are the worst they've been for several years.

I think that *mismanagement* has resulted in our present problems.

Wir hoffen in unserer Firma einen geeigneten *Arbeitsplatz* für Sie zu finden.
Es ist sehr wichtig für uns, dass all unsere Angestellten mit ihrer *Arbeit zufrieden sind.*
Als *Arbeitgeber* ist es sehr wichtig für uns, dass unsere Arbeiter *Teamgeist* entwickeln.
Die *Personalabteilung* hat alles getan, um eine stärkere *Arbeitnehmerbeteiligung* zu fördern.
Viele unserer *Arbeitnehmer* sind schon seit vielen Jahren bei uns beschäftigt.
Wir müssen sicherstellen, dass der Standard unseres *Betriebsklimas* erhalten bleibt.
Wir müssen erwägen, unser Potenzial an *Arbeitskraft* intensiver als bisher zu verwalten.
JMC waren schon immer ein *leistungsorientiertes Unternehmen.*

Wir möchten als faire *Arbeitgeber* eingeschätzt werden.
Die *Beziehungen zwischen Arbeitgeber und Arbeitnehmer in den Firmen* sind die schlechtesten seit einigen Jahren.
Ich denke, dass *Missmanagement* unsere jetzigen Probleme verursacht hat.

We are struggling to settle the present *trade dispute* in Asia; the workers are demanding that we introduce a higher *piece rate.*

The *reduction of staff* in October was unavoidable in the face of falling turnover.
Our workers have voiced strong objections to *piece work pay.*

He has threatened to *give his notice.*
There has not been a *general strike* for many years in the UK.

The workers of Maurice Motors have begun a *go-slow* to protest against *lay offs.*

There have been increasing demands for a fair *minimum wage* in the UK.

We have agreed to the demands of the *trade union* (US: *labor union*) with one *proviso* – that they return to work immediately.
I'm afraid that we're going to have to *let you go,* George.
Your work has simply not been *up to scratch* over the past months.

I'm afraid we find your consistent lateness and *absenteeism* to be *something of a problem.*

Your *absence rate* is consistently the highest in the department.

We have to consider *laying off* some staff.

Wir tun uns schwer, den momentanen *Arbeitskampf* in Asien zu beenden.
Die Arbeiter verlangen, dass wir einen höheren *Leistungslohn* einführen.

Der *Personalabbau* im Oktober war angesichts des fallenden Umsatzes unvermeidbar.
Unsere Arbeiter haben großen Widerstand gegen den *Stücklohn* zum Ausdruck gebracht.

Er hat gedroht zu *kündigen.*
In Großbritannien gab es seit vielen Jahren keinen *Generalstreik* mehr.

Die Arbeiter von Maurice Motors haben einen *Bummelstreik* begonnen, um gegen die *Entlassungen* zu protestieren.

In Großbritannien hat es immer lautere Forderungen nach einem fairen *Mindestlohn* gegeben.

Wir sind übereingekommen, die Forderungen der *Gewerkschaft* zu erfüllen, unter dem *Vorbehalt,* dass sie sofort wieder zu arbeiten beginnen.
Es tut mir leid, George, aber wir werden *Sie gehen lassen* müssen.
Ihre Arbeit hat in den letzten Monaten einfach nicht *unseren Erwartungen entsprochen.*

Ich bedaure, aber Ihr ständiges Zuspätkommen und Ihr *unentschuldigtes Fernbleiben* finden wir *etwas problematisch.*

Ihre *Fehlzeitenquote* ist dauernd die höchste der ganzen Abteilung.

Wir müssen erwägen, etwas Personal *zu entlassen.*

I have given him his notice.
We have given your case deep
consideration and we have no
alternative than to **ask you to
leave.**
Your reputation seems to indicate
that you are something of a
floater.
We have made fifty workers
redundant.
We have recently **dismissed** our
chief accountant, for fraudulent
activities.
That's it – you're *fired!*
We have **given her the sack.**

This time you've gone too
far – **you're sacked!**
We should have **given him
the boot** years ago.
She has been **given her cards.**

I **quit** my job because I didn't
enjoy working in that kind of
atmosphere.
I've given them **six weeks notice.**

I **resign** – I cannot work under
such conditions.
I **tendered my resignation** this
Monday.

Ich habe ihm gekündigt.
Wir haben lange über Ihren Fall
nachgedacht und es bleibt uns keine
andere Wahl, als Sie zu **bitten uns zu
verlassen.**
Ihr Ruf scheint anzudeuten, dass
Sie etwas von einem **Springer**
haben.
Wir haben fünfzig Arbeitsplätze
abgebaut.
Wir haben neulich unseren Chef-
buchhalter wegen betrügerischer
Aktivitäten **entlassen.**
Sie sind **gefeuert!**
Wir haben sie **rausgeworfen.**

Dieses Mal sind Sie zu weit gegangen –
Sie sind raus!
Wir hätten ihn schon vor Jahren
vor die Tür setzen sollen.
Sie hat ihre **Entlassungspapiere
bekommen.**

Ich **kündigte** meinen Job, weil es
mir keinen Spaß machte, in dieser
Atmosphäre zu arbeiten.
Ich habe ihnen eine **sechswöchige
Frist** gegeben.
Ich **höre auf.** Unter diesen Umständen
kann ich nicht arbeiten.
Ich habe diesen Montag **meine
Kündigung eingereicht.**

Dialogbeispiele

A: The new **trainees** are in the
waiting room. Can you contact
the **training staff** for me to let
them know?
B: Certainly. I'll call them right
away.

A: Die neuen **Auszubildenden** sind im
Wartezimmer. Können Sie das
Schulungspersonal für mich
benachrichtigen?
B: Natürlich. Ich werde sie sofort
anrufen.

A: We have considered
introducing a *job rotation*
scheme to encourage *teamwork.*
B: That's certainly one method
of improving *working*
relationships.
A: Another strategy we have
seen implemented in other
companies is *team oriented*
production.
B: I think that can help increase
worker *motivation,* particularly
on the *production line.*
A: It's definitely a sound method
of optimising *production potential.*

A: Wir haben uns überlegt, einen
systematischen Arbeitsplatzwechsel
einzuführen, um *Teamarbeit* zu
fördern.
B: Das ist sicherlich einen Möglichkeit
um das *Betriebsklima* zu verbessern.
A: Eine andere Strategie, die wir bei
anderen Unternehmen angewendet
gesehen haben, ist *teamorientierte*
Produktion.
B: Ich denke, dass das die *Motivation*
bei den Arbeitern erhöhen kann,
besonders am *Fließband.*
A: Es ist sicherlich eine vernünftige
Methode, um das *Produktions-*
potenzial zu optimieren.

A: I would like to discuss
possible *personell management*
strategies within the firm.
B: I will call a meeting of all
department managers for this
afternoon.
A: Thank you. Once we have
clearly defined our objectives,
we should have fewer problems
with our *labour force* (US: *labor*
force).

A: Ich würde gerne die möglichen
Personalmanagement-Strategien
innerhalb des Unternehmens be-
sprechen.
B: Ich werde ein Meeting aller
Abteilungsleiter für heute Nachmittag
einberufen.
A: Danke. Sobald wir klar definierte
Ziele haben, sollten wir weniger
Probleme mit unserer *Arbeiterschaft*
haben.

3. Einkauf und Verkauf

Enquiries	Anfragen
We visited your stand at the Frankfurt *fair* last week.	Wir haben letzte Woche Ihren Stand auf der Frankfurter *Messe* besucht.
We saw your *advertisement* in the latest edition of ... The British Chamber of Commerce was kind enough to *pass on the name and address* of your company.	Wir haben Ihre *Anzeige* in der aktuellen Ausgabe von ... gesehen. Die britische Handelskammer hat uns freundlicherweise *den Namen und die Adresse* Ihrer Firma *gegeben*.
We have previously bought material from your *competitors,* but they are presently having *difficulties with their production.*	Wir haben früher Material von Ihren *Konkurrenten* gekauft, aber sie haben zurzeit *Produktionsschwierigkeiten.*
We see a good opportunity to sell your products here *in the German market.*	Wir sehen gute Chancen, Ihre Produkte hier *auf dem deutschen Markt* zu vertreiben.
We would be *interested* in pocket notebooks, do you stock such items?	Wir sind an Taschennotizbüchern *interessiert*, führen Sie solche Artikel?
At the show in New York you let us have some *samples;* we would now like to receive your *offer* for...	Auf der Messe in New York haben Sie uns einige *Muster* mitgegeben; wir würden jetzt gerne Ihr *Angebot* über ... erhalten.
Please send us a *detailed offer based on* ...	Bitte schicken Sie Ihr *detailliertes Angebot auf der Basis von* ...
We would need an offer for *shipments ex works* including price and *present lead time.*	Wir benötigen ein Angebot für *Lieferungen ab Werk* einschließlich Preisen und *aktueller Lieferzeit.*
Please *quote* on basis of a regular monthly quantity of 500 kg.	Bitte *machen Sie Ihr Angebot* auf der Basis einer regelmäßigen monat-lichen Menge von 500 kg.
Do you offer a *discount for large quantities?*	Gewähren Sie *Mengenrabatte?*
We would appreciate you letting us have a *company brochure* and some	Wir wären Ihnen sehr dankbar, wenn Sie uns eine *Firmenbroschüre* und

samples showing your *product range.*

Are you presently *represented* in the Japanese market?

Looking forward to receiving your offer.

Do you have the following material *in stock:* ...?

We have received an *enquiry* for two bottles of item 4379, is this presently *available?*

Yes, this could be dispatched immediately.

No, I'm sorry, *we're completely out of this item* at the moment.

We will have this item *ready for dispatch* by the beginning of next week.

Do you supply item 776 in 50-kg packets?

Could you let us have the following *samples?*

Yes, I'll make sure they are put in the post this afternoon.

I only have the samples in brown, would this be *acceptable?*

I'll have to check first whether we can accept this.

Do you have any *special items* that you would like to *clear?*

We would be very *interested* in *regularly receiving advertisements concerning special offers.*

Please leave your e-mail address and I will put you on our *mailing list.*

einige Muster Ihrer *Produktpalette* zukommen lassen würden.

Werden Sie zurzeit im japanischen Markt *vertreten?*

In Erwartung Ihres Angebotes.

Haben Sie folgendes Material *auf Lager:* ...?

Wir haben eine *Anfrage* für zwei Flaschen vom Artikel 4379 erhalten, ist er zurzeit *vorrätig?*

Ja, wir könnten ihn sofort verschicken.

Nein, tut mir leid, *wir haben diesen Artikel* im Moment *nicht mehr auf Lager.*

Dieser Artikel wird bis Anfang nächster Woche wieder *lieferbar* sein.

Liefern Sie Artikel 776 in 50-kg-Packungen?

Könnten Sie uns bitte die folgenden *Muster* zukommen lassen?

Ja, ich werde dafür sorgen, dass sie heute Nachmittag mit der Post weggeschickt werden.

Ich habe die Muster nur in Braun, wäre das *akzeptabel?*

Ich muss zuerst überprüfen, ob wir das annehmen können.

Haben Sie irgendwelche *Sonderartikel,* die Sie *räumen* möchten?

Wir wären sehr daran *interessiert, regelmäßig Anzeigen über Sonderangebote zu erhalten.*

Bitte hinterlassen Sie Ihre E-Mail-Adresse und ich werde Sie auf unsere *Mailingliste* setzen.

Dialogbeispiele

A: Would you be able to dispatch three *units* at the end of this week?
B: Yes, of course, should I enter this for shipment?
A: We would need three boxes this week and two more boxes at the end of next week. Is this possible?
B: The three boxes will be OK, but the two additional boxes won't be here until the week after next.

A: Könnten Sie Ende dieser Woche drei *Einheiten* zum Versand bringen?
B: Ja, natürlich, soll ich das jetzt zur Lieferung eintragen?
A: Wir bräuchten diese Woche drei Kartons und Ende nächster Woche weitere zwei Kartons. Wäre das möglich?
B: Die drei Kartons gehen in Ordnung, aber die zwei weiteren Kartons sind vor übernächster Woche nicht hier.

A: We received the name of your company from *mutual business associates* in the USA. We are *wholesalers* of chemical products and would be interested in selling your products in the Far East.
B: I'm sorry, but at the moment we are represented in this area by a company in Tokyo. They have *exclusive rights* for the whole area.

A: Wir haben den Namen Ihrer Firma von *gemeinsamen Geschäftspartnern* in den USA erhalten. Wir sind *Großhändler* von chemischen Produkten und wären daran interessiert, Ihre Produkte im Fernen Osten zu vertreiben.
B: Es tut mir leid, aber wir sind zurzeit in dieser Gegend von einer Firma in Tokio vertreten. Sie haben die *Alleinvertriebsrechte* für das ganze Gebiet.

A: We saw your *advertisement* in the last issue of "Business Week". We have previously bought material from your competitors, but they are having difficulties with their production. Are you in a position to *deliver at short notice?*
B: Yes, which products are you interested in?
A: We would need twelve silver frames 36' x 24' by the end of next week.
B: We would have these ready by the middle of next week.

A: Wir haben Ihre *Anzeige* in der letzten Ausgabe von „Business Week" gesehen. Wir haben früher Material von Ihren Konkurrenten gekauft, aber sie haben zurzeit Produktionsschwierigkeiten. Sind Sie in der Lage, *kurzfristig zu liefern?*
B: Ja, für welche Produkte interessieren Sie sich?
A: Wir bräuchten zwölf Silberrahmen im Format 36'x 24' bis Ende nächster Woche.
B: Wir würden sie bis Mitte nächster Woche fertig stellen.

A: Could you *fax* me your detailed offer based on ex works prices? Please also quote on the basis of a *regular monthly quantity* of 12 units.

B: Certainly, we'll send it this afternoon. I am sure that we can make you a *favourable offer.*

A: I saw on your homepage yesterday that you have article no. 669 also in colour green, now. We would be very interested. When would it be available?

B: According to the latest print-out, we could *dispatch by* next Tuesday. Would that be acceptable?

A: I will *ring* (US: *call*) my customer and get back to you this afternoon.

A: What is the present lead time for item 557 in green?

B: At the moment we have five in stock and four in preparation.

A: Would you be able to dispatch three units at the end of this week?

B: Yes, of course, should I enter this as a *firm order?*

A: Yes, and please *reserve* two of the other four for dispatch at the end of the month.

A: *Do you supply* item 778 in 50-kg packets?

B: No, I'm sorry, the largest *packet* we supply is 30 kg.

A: OK, we'll have to order two 30-kg packets then.

B: Yes, that would be most helpful.

A: Könnten Sie mir bitte Ihr detailliertes Angebot *per Fax schicken,* basierend auf Preisen ab Werk? Bitte offerieren Sie auch auf der Basis einer *regelmäßigen monatlichen Menge* von 12 Einheiten.

B: Natürlich, wir schicken es heute Nachmittag ab. Ich bin sicher, dass wir Ihnen ein *günstiges Angebot* machen können.

A: Ich habe gestern auf Ihrer Homepage gesehen, dass es jetzt Artikel Nr. 669 auch in Grün gibt. Wir wären sehr interessiert. Wann wäre er lieferbar?

B: Nach dem aktuellsten Ausdruck könnten wir *bis* nächsten Dienstag *liefern.* Würde das gehen?

A: Ich werde meinen Kunden *anrufen* und mich heute Nachmittag wieder melden.

A: Wie ist die aktuelle Lieferzeit für Artikel 557 in Grün?

B: Zurzeit haben wir fünf Stück auf Lager und vier in Vorbereitung.

A: Könnten Sie Ende dieser Woche drei Einheiten zum Versand bringen?

B: Ja, natürlich, soll ich das als *verbindlichen Auftrag* buchen?

A: Ja, und bitte *reservieren* Sie zwei von den anderen vier für Versand Ende des Monats.

A: *Liefern Sie* Artikel 778 in 50-kg-Packungen?

B: Nein, es tut mir leid, die größte lieferbare *Packung* hat 30 kg.

A: Gut, dann müssen wir zwei 30-kg-Packungen bestellen.

B: Ja, das wäre sehr hilfreich.

A: Do you have any samples of this item that you could send me?

B: Yes, certainly, but I only have them in brown. Would this be all right?

A: That will be OK for now, we would just like to see how the product looks.

B: I could also send you our *catalogue*, so that you can see our other materials.

A: We would be very interested in regularly receiving advertisements concerning *special offers*.

B: Of course, we can arrange this. Please leave your e-mail address with me and I will put you on our *mailing list.* Our offers are updated weekly.

A: Here's my address: tmistry@talcumind.de.

B: Thank you. You'll receive our advertisement regularly starting next week.

A: That would be wonderful. Thank you.

A: Hätten Sie irgendwelche Muster von diesem Artikel, die Sie mir zuschicken könnten?

B: Ja, selbstverständlich, aber ich habe sie nur in Braun. Wäre das in Ordnung?

A: Im Moment reicht es, wir wollen nur sehen, wie das Produkt aussieht.

B: Ich könnte Ihnen auch unseren *Katalog* schicken, damit Sie unsere anderen Materialien sehen können.

A: Wir wären sehr daran interessiert, regelmäßig Ankündigungen von *Sonderangeboten* zu erhalten.

B: Sicher, das können wir einrichten. Bitte geben Sie mir Ihre E-Mail-Adresse und ich setze Sie auf unsere *Mailingliste.* Die Angebote werden wöchentlich aktualisiert.

A: Hier ist meine Adresse: tmistry@talcumind.de.

B: Danke. Sie werden ab nächster Woche unsere Angebote regelmäßig erhalten.

A: Das wäre wunderbar. Danke.

Offers

Last week you visited our stand at the Cologne fair and *expressed interest* in our products.

We noticed your *advert* (US: *ad*) in the latest edition of ...

You were advertising for partners in the European market.
Thank you for your interest.

Angebote

Letzte Woche haben Sie unseren Stand auf der Kölner Messe besucht und *Interesse* an unseren Produkten *bekundet.*

Wir haben Ihre *Anzeige* in der letzten Ausgabe von ... gesehen.

Sie haben für Partner im europäischen Markt inseriert.
Vielen Dank für Ihr Interesse.

We would first of all like to tell you something about our company.
We are pleased to hear of your interest in our products, but would like more information as to your *specific needs.*
We will then be in a position to make an offer *based on* the required application.
On what *terms* should we quote?
Should we base our offer on *full shipments* or on *smaller quantities?*
The present *lead time* is ex works three weeks after receipt of firm order.
At the moment there is a tremendous increase in raw material prices, but I'm sure that we can *agree on a price.*
We offer a *quantity discount* if the annual quantity exceeds 50 units.
All our prices are quoted in euro.
Our general payment term for overseas business is *Letter of Credit,* less 3% *discount,* or *cash in advance.*
We would of course be delighted to send you our company brochure and some samples.
We will *confirm* this by fax.
We are pleased to offer as follows:

All our prices are to be understood **FOB** German port including packing.
These prices are based on a *minimum quantity* of 50 units per order.

Wir würden Ihnen zuerst gerne ein bisschen über unsere Firma erzählen.
Wir haben uns über Ihr Interesse an unseren Produkten gefreut, möchten aber genauere Informationen über Ihre *speziellen Anforderungen.*
Wir werden dann in der Lage sein, Ihnen ein Angebot *basierend auf* der gewünschten Anwendung zu machen.
Zu welchen *Bedingungen* sollen wir anbieten?
Sollen wir auf der Basis von *vollen Sendungen* oder *kleineren Mengen* anbieten?
Die aktuelle *Lieferzeit* ab Werk beträgt drei Wochen nach Erhalt des festen Auftrages.
Zurzeit steigen die Rohstoffpreise erheblich an, aber ich bin sicher, dass wir uns *preislich einigen* können.
Wir bieten einen *Mengenrabatt* an, falls mehr als 50 Einheiten pro Jahr gekauft werden.
Alle Preise sind in Euro errechnet.
Unsere allgemeinen Zahlungsbedingungen für Auslandsgeschäfte lauten gegen *Akkreditiv,* abzüglich 3% *Skonto,* oder *Vorauskasse.*
Wir würden Ihnen natürlich gerne eine Firmenbroschüre sowie einige Muster zusenden.
Wir werden dies per Fax *bestätigen.*
Wir bieten Ihnen frei bleibend an:

Unsere Preise verstehen sich **FOB** deutscher Hafen einschließlich Verpackung.
Diese Preise basieren auf einer *Mindestabnahmemenge* von 50 Stück pro Auftrag.

For *CIF (cost, insurance, freight)* *deliveries* we would have to charge an extra 10% on list price.

We hope that we have made you a favourable offer and look forward to hearing from you. Please visit our homepage. You can find our *latest price lists* there.

This offer is *subject to availability*.

Please advise whether this offer is of interest to you.

Für *CIF (Kosten, Versicherung, Fracht) Lieferungen* müssen wir einen Aufschlag von 10% auf den Listenpreis berechnen. Wir hoffen, Ihnen ein günstiges Angebot gemacht zu haben, und würden uns freuen, von Ihnen zu hören. Bitte besuchen Sie auch unsere Homepage. Hier finden Sie unsere *aktuellsten Preislisten*. Dieses Angebot gilt, *solange der Vorrat reicht*. Würden Sie uns bitte mitteilen, ob dieses Angebot für Sie von Interesse ist.

Dialogbeispiele

A: Mr. Davis from Sundale mentioned that you had shown *interest in our products*.

B: Yes, I saw some of your locks when I visited his premises last week.

A: For what sort of *application* do you need the locks?
B: For attaché cases.
A: Then I will send you an offer. On what terms should we quote?

B: Please quote based on *full lorry (US: truck) loads free German border*.
A: For a first order, we could only offer a payment term of *Cash against Documents*, less 2% discount. For further deliveries we could consider an *open payment term*.

A: Herr Davis von der Firma Sundale hat erwähnt, *dass Sie Interesse an unseren Produkten* geäußert haben.

B: Ja, ich habe einige Ihrer Schlösser gesehen, als ich letzte Woche sein Werk besucht habe.

A: Für welche Art von *Anwendung* brauchen Sie die Schlösser?
B: Für Aktenkoffer.
A: Dann schicke ich Ihnen ein Angebot zu. Zu welchen Bedingungen sollen wir anbieten?

B: Bitte bieten Sie auf der Basis von *vollen LKW-Ladungen frei deutsche Grenze an*.
A: Für einen ersten Auftrag können wir nur eine Zahlungskondition *Kasse gegen Dokumente*, abzüglich 2% Skonto anbieten. Für weitere Lieferungen können wir ein *offenes Zahlungsziel* berücksichtigen.

B: All right, I agree. Could you also let me have some catalogues and a few sample locks?
A: Of course. We will dispatch them today together with our offer.

B: Einverstanden. Könnten Sie mir auch ein paar Kataloge und einige Musterschlösser zuschicken?
A: Natürlich. Wir schicken sie heute zusammen mit unserem Angebot los.

A: Thank you for your interest in our products. We would be pleased to send you an offer. Should we base this on full shipments or on smaller quantities?
B: Could you send us both?
A: Of course. We do offer a *quantity discount* if the annual quantity exceeds 50 units.
B: What is the present lead time?
A: Ex works three weeks *after receipt* of order. We will *submit* our offer *in writing*.

A: Vielen Dank für Ihr Interesse an unseren Produkten. Wir schicken Ihnen gerne ein Angebot zu. Sollen wir auf der Basis von vollen Sendungen oder kleineren Mengen anbieten?
B: Könnten Sie uns beides schicken?
A: Natürlich. Wir bieten einen *Mengenrabatt* an, falls mehr als 50 Einheiten pro Jahr gekauft werden.
B: Wie ist die aktuelle Lieferzeit?
A: Ab Werk drei Wochen *nach Auftragserhalt*. Wir werden unser Angebot *schriftlich vorlegen*.

A: At the moment we have some items in stock which we would like *to clear*. We could offer these items at a discount of 15 – 20% *depending on quality*. Would this be of interest?

B: What kind of items are they?
A: This material is stock remaining from *discontinued lines*. Should we send you some samples?
B: Yes, that would be helpful.
A: The material has of course been offered to other customers and *is subject to being unsold*. Please advise whether this offer is of interest to you.

A: Zurzeit haben wir einige Posten auf Lager, die wir gerne *räumen* möchten. Wir können diese Posten *abhängig von der Qualität* zu einem Rabatt von 15 – 20% anbieten. Wäre das interessant für Sie?
B: Was für Posten sind das?
A: Dieses Material ist ein Restvorrat an *Auslaufmodellen*. Sollen wir Ihnen einige Muster zuschicken?
B: Ja, das wäre sehr hilfreich.
A: Das Material ist natürlich auch anderen Kunden angeboten worden und *Zwischenverkauf ist vorbehalten*. Bitte sagen Sie mir Bescheid, ob dieses Angebot für Sie interessant wäre.

New developments

We are pleased to announce that this item is now available in three different *new versions.*
We have developed a new series of machines for the cleaning industry.
We have *updated* our existing technology.
We are in the process of developing a new cleaning system.
We have *adjusted* our machines to better suit the present market requirements.
Would you be interested in seeing some brochures about this material?

Should we send some with your next order?
We have now appointed a *salesman* to concentrate on your part of the country.
Could you send us some information on your new product, please?
This will enable you to benefit from *on-the-spot service.*
He can be contacted at the following telephone number: ...
We have just had our catalogues translated into English, we will let you have some with your next order.

We are pleased to inform you that Mr. H. Müller is now responsible for all *dealings* with your company.
We are pleased to announce that you can now place your orders directly per Internet. Just go to our homepage and click on "Orders".

Neuheiten

Wir freuen uns, Ihnen mitteilen zu können, dass dieser Artikel jetzt in drei *neuen Ausführungen* lieferbar ist.
Wir haben eine neue Reihe von Maschinen für die Reinigungsindustrie entwickelt.
Wir haben unsere jetzige Technologie *auf den neuesten Stand* gebracht.
Wir sind gerade dabei, ein neues Reinigungssystem zu entwickeln.
Wir haben unsere Maschinen *geändert,* um den aktuellen Anforderungen am Markt besser zu entsprechen.
Wären Sie daran interessiert, einige Broschüren über dieses Material zu sehen?
Sollen wir Ihnen einige mit Ihrem nächsten Auftrag schicken?
Wir haben jetzt einen *Verkäufer* für Ihre Region eingestellt.
Könnten Sie uns bitte Informationen zu Ihrem neuen Produkt zusenden?
Sie werden jetzt die Vorteile des *„Vor-Ort-Services"* genießen können.
Sie können ihn unter nachfolgender Telefonnummer erreichen: ...
Wir haben unsere Kataloge gerade ins Englische übersetzen lassen, wir schicken Ihnen einige mit Ihrem nächsten Auftrag zu.

Wir freuen uns, Ihnen mitteilen zu können, dass Herr H. Müller jetzt für *Geschäfte* mit Ihnen zuständig ist.
Wir freuen uns, Ihnen mitteilen zu können, dass Sie nun Ihre Bestellungen direkt über das Internet durchführen können. Gehen Sie einfach auf unsere Homepage und klicken Sie das Feld „Bestellungen" an.

Dialogbeispiele

A: We are pleased to announce that we have *updated* our technology and *developed* a new series of machines for the *cleaning industry.*

B: How do these differ from the previous ones?
A: They clean more thoroughly and are *more economical.* This is something that we have been working on for the last 12 months.
B: Do you know how much they will cost?
A: *We will send you more information* as soon as we have completed our testing.

A: We are proud to tell you that we have added five new colours (US: colors) to our *range.*

B: What kind of colours?
A: Five new pastel colours. These were actually *developed for* the American market, but they were so successful that we have decided to extend them to other markets.

B: Please send me more details.

A: You can also go to our homepage. There we even have samples of all our colours.

A: *We have extended* our *range* to include accessories and belts.

B: That sounds interesting.

A: Wir freuen uns, Ihnen mitteilen zu können, dass wir unsere Technologie *auf den neuesten Stand gebracht* und eine neue Reihe von Maschinen für die *Reinigungsindustrie entwickelt haben.*
B: Wie unterscheiden sie sich von den vorherigen?
A: Sie reinigen gründlicher und sind *wirtschaftlicher.* Daran haben wir seit zwölf Monaten gearbeitet.

B: Wissen Sie, wie viel sie kosten werden?
A: *Wir schicken Ihnen mehr Informationen zu,* sobald wir unsere Tests beendet haben.

A: Wir sind stolz, Ihnen mitteilen zu können, dass wir fünf neue Farben in unsere *Produktpalette* aufgenommen haben.
B: Was für Farben?
A: Fünf neue Pastelltöne. Diese wurden eigentlich *für* den amerikanischen Markt *entwickelt,* aber sie waren so erfolgreich, dass wir uns entschieden haben, sie auch auf anderen Märkten zu vertreiben.
B: Bitte schicken Sie mir nähere Informationen zu.
A: Sie können auch unsere Homepage besuchen. Wir haben dort sogar Muster aller unserer Farben.

A: *Wir haben unsere Palette* jetzt um Accessoires und Gürtel *erweitert.*
B: Das klingt interessant.

A: We have catalogues showing this new range and would be more than happy to send you one.
B: Yes, that would be great.
A: Samples of these new items *will be available* in a few days. Have a look through the catalogue and then we can forward some.

A: Wir haben Kataloge, die unsere neue Reihe zeigen und würden Ihnen sehr gerne einen zuschicken.
B: Ja, das wäre gut.
A: Muster dieser neuen Artikel *werden* in ein paar Tagen *verfügbar sein.* Sehen Sie sich den Katalog an, und dann können wir Ihnen welche zusenden.

A: We *are* now *in a position to* offer a more comprehensive service, as we have just opened a second office in Cologne.
B: Where is this office situated?
A: In the city centre (US: center), not far from the main post office.

A: Wir *sind* jetzt *in der Lage,* Ihnen einen umfassenderen Service anzubieten, da wir jetzt ein zweites Büro in Köln eröffnet haben.
B: Wo befindet sich dieses Büro?
A: In der Stadtmitte nicht weit vom Hauptpostamt.

A: We are pleased to inform you that we now have a *representative* in the United States.
B: In which part of the country?
A: On the East Coast, not far from Boston.
B: How will this affect the present situation?
A: You will order as you always do, but they will arrange for *customs clearance and domestic transport* from within the USA.
B: This will be a great help for us, can you let us have their name and address?

A: Wir freuen uns, Ihnen mitteilen zu können, dass wir jetzt eine *Vertretung* in den Vereinigten Staaten haben.
B: In welchem Teil des Landes?
A: An der Ostküste, nicht weit von Boston.
B: Wie wird sich das auf die aktuelle Situation auswirken?
A: Sie bestellen wie üblich, aber *die Verzollung und der Inlandstransport* werden in den USA arrangiert.

B: Das wird uns sehr helfen, können Sie uns bitte den Namen und die Adresse dieser Firma geben?

Prices

Preise

What is your *current list price* for item 472?
Our *latest* price list is from January of last year.

Wie ist der *aktuelle Listenpreis* für Artikel 472?
Unsere *aktuelle* Preisliste ist vom Januar letzten Jahres.

Could you *guarantee* that you will take this quantity?
We would then have to *reduce the commission* from 5% to 4%.
Our prices include 5% *commission* which will be paid monthly as agreed.
Commission will be paid on all orders.
The prices are *subject* to change.
At the moment the *exchange rate* is very weak, could you grant a *currency rebate?*
Unfortunately we have no other choice than to *increase* our prices.
The increasing costs of raw materials make it impossible for us to hold our prices any longer.
The costs of the required environmental measures force us to *adjust our prices accordingly.*

We are, however, prepared to *guarantee* these prices until the end of this year.
After that time we would have to *reconsider the cost situation.*
We also accept *payment* in US dollar.

Please keep exchange rates in mind when paying in euro.

Können Sie *garantieren,* dass Sie diese Menge abnehmen?
Wir müssten die *Provision* dann von 5% auf 4% *reduzieren.*
Unsere Preise verstehen sich ein- schließlich 5% *Provision,* die, wie vereinbart, monatlich bezahlt wird.
Eine Provision wird auf alle Aufträge bezahlt.
Die Preise sind *unverbindlich.*
Zurzeit ist der *Währungskurs* sehr schlecht, können Sie uns einen *Währungsrabatt* gewähren?
Leider bleibt uns nichts anderes übrig, als unsere Preise zu *erhöhen.*
Die zunehmenden Kosten für Rohstoffe lassen nicht zu, dass wir unsere Preise weiter halten können.
Die Kosten der erforderlichen Umweltmaßnahmen zwingen uns dazu, unsere *Preise entsprechend zu korrigieren.*
Wir sind jedoch in der Lage, diese Preise bis Jahresende zu *garantieren.*

Nach dieser Zeit müssen wir die *Kostensituation neu überdenken.*
Wir akzeptieren auch *Zahlungen* in US-Dollar.
Bitte bedenken Sie die Wechselkurse, wenn Sie in Euro bezahlen.

Dialogbeispiele

A: Would you be able to *accept an order* for 400 at the 500-kg price?

B: Only if really necessary, we like to keep to the price list.

A: Können Sie *einen Auftrag* über 400 kg zum 500-kg-Preis *an- nehmen?*

B: Nur wenn zwingend notwendig, wir halten uns lieber an die Preis- liste.

A: Could we then place a *larger order with call off* to achieve a cheaper price?
B: How big would the order be?
A: About 2,500 kg.
B: Could you *guarantee* that you will really take this quantity?
A: Yes, this is a large project.
B: OK, but we would have to draw up an agreement that the quantity will be *called off* within 9 months.
A: At the moment the *exchange rate* is very weak, could you grant us a *currency rebate?*
B: How much would you need?
A: We would need at least 2%. The dollar has lost 4% against the euro. This means for us an *indirect price increase* of 4%.
B: Let me talk it over with my boss and get back to you.

A: Our price list has now been in effect for three years. It is time to bring our prices *up to date.*
B: This will *weaken our market position* considerably.
A: Unfortunately we have no other choice. The *costs* of the required environmental measures force us to *adjust* our *prices accordingly.*
B: Will this be the only increase this year?
A: Yes, we are prepared to guarantee our prices until the end of March next year.

A: Können wir dann einen *größeren Auftrag auf Abruf* erteilen, um einen billigeren Preis zu bekommen?
B: Wie groß wäre der Auftrag?
A: Ungefähr 2.500 kg.
B: Können Sie *garantieren,* dass Sie diese Menge wirklich abnehmen?
A: Ja, es ist ein großes Projekt.
B: OK, aber wir müssten eine Vereinbarung aufsetzen, dass die Menge innerhalb von 9 Monaten *abgerufen* wird.
A: Zurzeit ist der *Währungskurs* sehr schlecht, können Sie uns einen *Währungsrabatt* gewähren?
B: Wie viel würden Sie brauchen?
A: Wir würden mindestens 2% brauchen. Der Dollar hat gegenüber dem Euro 4% verloren. Das bedeutet für uns eine *indirekte Preiserhöhung* von 4%.
B: Lassen Sie mich mit meinem Chef reden, dann melde ich mich wieder.

A: Unsere Preisliste ist jetzt schon seit drei Jahren gültig. Es ist an der Zeit, unsere Preise wieder zu *aktualisieren.*
B: Dies wird unsere *Marktposition* erheblich *schwächen.*
A: Leider bleibt uns nichts anderes übrig. Die *Kosten* der erforderlichen Umweltmaßnahmen zwingen uns dazu, unsere *Preise entsprechend zu korrigieren.*
B: Wird es die einzige Erhöhung in diesem Jahr sein?
A: Ja, wir sind bereit, unsere Preise bis Ende März nächsten Jahres zu garantieren.

B: Would you also be willing to accept payments in euro?
A: Yes we would. But please keep the exchange rates in mind when placing your order.

B: Wären Sie auch bereit, Zahlungen in Euro zu akzeptieren?
A: Ja dazu wären wir bereit. Aber bitte bedenken Sie bei Ihrer Bestellung die Wechselkurse.

Orders

We would like to *place an order.*
Enclosed our *firm order* for ...

May we *confirm* the following order:

We are pleased to *order* as follows:
Please accept the following order:
5 cartons of item 4567 in colour navy blue. Price as per our *current price list dated* November 15th, 2012.
Including 5% *discount* as usual.

Our *commission* for this order would be 4%.
Price *as per your offer* dated September 5th.
Delivery, as agreed on the telephone, on December 7th ex works.
Please fly this order to New York and *bill us for the freight.*

Please *confirm in writing.*
Please confirm *dispatch date* by return fax immediately.
Please be sure to supply this item as *per our previous order.*

We have an order from a new *customer.*
This is a *new account.*

Bestellungen

Wir möchten *einen Auftrag erteilen.*
Anbei unser *verbindlicher Auftrag* über ...

Hiermit *bestätigen* wir den folgenden Auftrag:
Wir freuen uns, wie folgt zu *bestellen:*
Bitte nehmen Sie folgenden Auftrag an: 5 Kartons von Artikel 4567 in Farbe Marineblau. Preis gemäß unserer *aktuellen Preisliste vom* 15. November 2012. Einschließlich 5% *Rabatt* wie üblich.

Unsere *Provision* für diesen Auftrag wäre 4%.
Preis *gemäß Ihrem Angebot* vom 5. September.
Lieferung, wie telefonisch besprochen, am 7. Dezember ab Werk.
Bitte schicken Sie den Auftrag nach New York und *stellen Sie uns die Fracht in Rechnung.*
Bitte *bestätigen Sie dies schriftlich.*
Bitte bestätigen Sie den *Versandtermin* sofort per Fax.
Bitte achten Sie darauf, dass dieser Artikel *gemäß vorherigem Auftrag* geliefert wird.

Wir haben einen Auftrag von einem neuen *Kunden.*
Es handelt sich dabei um einen *Neukunden.*

Dialogbeispiele

A: We would like to **place an order.**
B: Yes, for which **item?**
A: For five cartons of item 4567.
B: In which colour?
A: Navy blue.
B: Price would be as **per our current price list** dated November 15th.

A: No, I spoke to Mr. Jones yesterday and we agreed on a price of EUR 5.20 less the usual 5% **discount.**
B: I'll have to check with him.
A: Please fly this order to Sydney and **bill us for the freight.**
B: OK, fine.
A: Could you please **confirm dispatch date and price** by return fax?

A: Please note the following order for 300 yards of material with the pattern name "Jasmine". **Price as per your offer** dated September 5th, including **commission** of 4%.
B: Thank you, yes, I'll make a note of it. The usual **delivery term?**
A: Yes, FOB German port.
B: OK, I'll **confirm in writing.**
A: This is an important **new customer,** please send your best quality material.

B: I'll make a note on the order.
A: Could you please also add to this order a **sample book** and some samples of your material "Primrose"?
B: Of course.

A: Wir möchten einen **Auftrag erteilen.**
B: Ja, für welchen **Artikel?**
A: Für fünf Kartons von Artikel 4567.
B: In welcher Farbe?
A: Marineblau.
B: Der Preis entspricht unserer **aktuellen Preisliste** vom 15. November.

A: Nein, ich habe gestern mit Herrn Jones gesprochen, und wir haben uns auf einen Preis von EUR 5,20 geeinigt, abzüglich der üblichen 5% **Rabatt.**
B: Ich muss es mit ihm abklären.
A: Bitte fliegen Sie diesen Auftrag nach Sydney und **stellen Sie uns die Fracht in Rechnung.**
B: Gut, alles klar.
A: Bitte **bestätigen Sie uns den Versandtermin und den Preis** sofort per Fax.

A: Bitte notieren Sie folgenden Auftrag über 300 Yards vom Stoff mit dem Musternamen „Jasmine". **Preis gemäß Ihrem Angebot** vom 5. September, einschließlich 4% **Provision.**
B: Danke, ich werde es notieren. Die übliche **Lieferbedingung?**
A: Ja, FOB deutscher Hafen.
B: Gut, ich **bestätige schriftlich.**
A: Es handelt sich um einen wichtigen **Neukunden,** bitte schicken Sie Stoff von bester Qualität.

B: Ich notiere es auf dem Auftrag.
A: Können Sie bitte diesem Auftrag ein **Musterbuch** und einige Muster Ihres Stoffes „Primrose" beifügen?
B: Selbstverständlich.

A: Please mark the samples *F.A.O.*
(US: *Attn.*) Mr. Matthews.

A: Bitte senden Sie die Muster *zu Händen von* Herrn Matthews.

Order confirmation

Auftragsbestätigung

We have just received your fax and can *confirm the order as stated.*
Confirm *price as per our offer* dated November 15th.
We received your e-mail concerning the order of article 289 in colour yellow this morning and would like to *confirm this order as stated.*
We confirm your e-mail order dated June 2nd.
We have attached our current price list.

Wir haben gerade Ihr Fax erhalten und *können den Auftrag so bestätigen.*
Wir bestätigen den *Preis gemäß unserem Angebot* vom 15. November.
Wir haben Ihre E-Mail, die Bestellung über Artikel 289 in Gelb, heute Morgen erhalten und möchten *sie hiermit so bestätigen.*
Wir bestätigen Ihre Bestellung per E-Mail vom 2. Juni.
Unsere aktuelle Preisliste haben wir angehängt.

Dialogbeispiele

A: We are pleased to *confirm the order as per your fax* dated May 15th.

B: How many chairs will the container hold?
A: The *maximum load* is 100 chairs.

B: What is your *present price?*
A: Confirm 100 chairs at a price of EUR 30 each. The container will be loaded on June 1st for *shipment ex German port* on June 4th, *ETA* Washington on June 18th.

B: Thank you. Could you put this in writing for me?
A: Of course, could you also confirm the *forwarding agents* for us?
B: I'll fax this through.

A: Wir freuen uns, den *Auftrag gemäß Ihrem Fax* vom 15. Mai zu bestätigen.

B: Wie viele Stühle passen in den Container?
A: Die *maximale Auslastung* ist 100 Stühle.

B: Wie sind Ihre *aktuellen Preise?*
A: Wir bestätigen 100 Stühle zu einem Preis von EUR 30, – pro Stück. Der Container wird am 1. Juni für *Verschiffung ab deutschem Hafen* am 4. Juni geladen, *voraussichtliche Ankunft* Washington am 18. Juni.

B: Danke. Können Sie mir dies schriftlich geben?
A: Natürlich, können Sie uns bitte auch die *Spediteure* bestätigen?
B: Ich faxe es durch.

Fairs and exhibitions

Next month there is an *exhibition* in Munich.

We would like to be presented at the "CEBIT Home" next year.

Last year our company had a *stand* on the first floor.

The main attractions of the *fair* will be found in hall no. 7.

We had to rent a *booth* at the "New York Spring Fair".

It would be good for our company if we could *exhibit* in hall 1.

Messen und Ausstellungen

Nächsten Monat ist eine *Ausstellung* in München.

Wir wären gerne nächstes Jahr auf der „CEBIT Home" vertreten.

Letztes Jahr hatte unsere Firma einen *Stand* im Erdgeschoss.

Die Hauptattraktionen der *Messe* werden in Halle Nr. 7 zu finden sein.

Wir mussten auf der „New Yorker Frühlingsmesse" einen *Stand* mieten.

Es wäre gut für unsere Firma, wenn wir in Halle 1 *ausstellen* könnten.

Dialogbeispiele

A: We would like to *exhibit* at the "CEBIT Home" fair. Could you please send us an *application form?*

B: Of course, in which *hall* were you thinking of exhibiting?

A: Would it be possible to exhibit in hall 4?

B: That hall is very popular, make a note on the form and I will see what I can do.

A: Thank you.

B: How large should the *stand* be?

A: Large enough to fit three coffee tables and twelve chairs.

B: Then tick (US: check) the box for size B.

A: Could you provide us with refreshments?

B: We will send all the details with the form.

A: Fine. And how about *accommodation?*

A: Wir möchten gerne auf der „CEBIT Home" *ausstellen.* Könnten Sie uns bitte ein *Anmeldeformular* zusenden?

B: Natürlich, in welcher *Halle* möchten Sie ausstellen?

A: Wäre es möglich, in Halle 4 auszustellen?

B: Diese Halle ist sehr beliebt, notieren Sie es auf dem Formular und ich werde sehen, was sich machen lässt.

A: Vielen Dank.

B: Wie groß soll der *Stand* sein?

A: Groß genug, dass drei Bistrotische und zwölf Stühle Platz haben.

B: Dann kreuzen Sie das Kästchen für Größe B an.

A: Können Sie Erfrischungen für uns organisieren?

B: Wir werden alle Details mit dem Formular schicken.

A: In Ordnung. Und wie ist es mit der *Unterkunft?*

B: We have three hotels on site, I will send the brochures as well. But be sure to **book** early!

A: We will be at the "Ideal Home Exhibition" next month. We are exhibiting there for the first time.
B: Where will you be?
A: We have a stand in hall 6 on the second floor (US: third floor). Will you be there, too?
B: Yes, but I'm not sure exactly when.

A: Come along and *visit* us. *I will be at the stand* on Wednesday and Thursday and my colleague Frank Marshall will be there on Friday and Saturday.

B: OK, I'll try and *stop by* on Wednesday or Thursday. I don't really know Frank very well.

B: Wir haben drei Hotels auf dem Gelände, ich schicke Ihnen dann auch die Broschüren mit. Aber *reservieren* Sie rechtzeitig!

A: Wir werden nächsten Monat auf der „Ideal Home Exhibition" sein. Wir stellen dort zum ersten Mal aus.
B: Wo werden Sie sein?
A: Wir haben einen Stand in Halle 6 im zweiten Stock. Werden Sie auch dort sein?
B: Ja, aber ich weiß nicht genau wann.
A: Kommen Sie uns einfach *besuchen*. *Ich werde* am Mittwoch und Donnerstag *am Stand sein* und mein Kollege Frank Marshall am Freitag und Samstag.
B: Gut, ich werde versuchen, am Mittwoch oder Donnerstag *vorbeizuschauen*. Ich kenne Frank nicht so gut.

4. Auftragsabwicklung

Transport and Forwarding	**Transport- und Versandwesen**

How should we *forward* this order?

Should we *ship* to Singapore as usual?

Wie sollen wir diesen Auftrag *verschicken?*
Sollen wir wie üblich nach Singapur *verschiffen?*

It is possible for us to *load* this order tomorrow, otherwise it will be next week.
We could *dispatch* this on Thursday for *shipment* in a 20' container. ETA Busan Port on May 15th.

Wir haben eine Möglichkeit, diesen Auftrag morgen zu *verladen*, ansonsten in der nächsten Woche.
Wir könnten es am Donnerstag *wegschicken*, für die *Verschiffung* in einem 20' Container. Voraussichtliche Ankunft Busan Hafen am 15. Mai.

The *lorry* (US: *truck*) arrived in London yesterday at 4 p.m., but there was no one there to accept the goods.
We will be charged for the second *delivery*.

Der *LKW* kam gestern um 16 Uhr in London an, aber es war niemand da, um die Ware entgegenzunehmen.
Man wird uns die zweite *Zustellung* berechnen.

Is a specific *forwarding agent* named?
As we are delivering CIF (cost insurance, freight) Dublin, we reserve the right to choose the forwarder.

Wird ein bestimmter *Spediteur* genannt?
Da wir CIF (Verladekosten, Versicherung, Fracht inbegriffen) Dublin liefern, behalten wir uns das Recht vor, den Spediteur auszusuchen.

This forwarding agent has increased his rates, we are looking for another partner.

Dieser Spediteur hat die Raten erhöht, wir suchen nach einem anderen Partner.

We will send a *trial shipment* with this forwarder next week, please keep us informed about the service.

Wir werden nächste Woche eine *Probelieferung* mit diesem Spediteur schicken, bitte halten Sie uns auf dem Laufenden über den Service.

The order was due to leave tomorrow, but the forwarders haven't got any lorries available.

Der Auftrag sollte morgen weggehen, aber die Spediteure haben keine LKWs verfügbar.

The lorry has been held up at the border, as the *customs officers* are on strike.
On Sundays and public holidays *HGVs* are banned from the motorways (US: *highways*), and so this will hold things up even longer.
All HGVs have to pay *motorway* (US: *highway*) *tolls*.
The necessary repair work was not finished *on time*.

We will now have to send this material on the ship next week.
This ship will only take nine days.

Is there really no quicker alternative?

We will forward the *bill of lading* as soon as possible to speed up the *customs clearance* at your end.

Could you send us a box by *air freight*?
They have quoted us € 3.20 per kg.
This *airline* has increased its prices, should we try another?

We are still awaiting the *airway bill*.

As this is an *inner-community* purchase we would need your *VAT (value added tax) registration number*.
We have checked with the *Federal Finance Office* in Saarlouis, but they have no record of your company under this name and address.

The *pallets* were broken and the goods were *damaged* on arrival.

Der LKW ist an der Grenze aufgehalten worden, da die *Zollbeamten* zurzeit streiken.
An Sonn- und Feiertagen haben *LKWs* auf Autobahnen Fahrverbot, was alles noch weiter verzögern wird.
Alle LKWs müssen *Autobahngebühren* bezahlen.
Die notwendigen Reparaturarbeiten wurden nicht *rechtzeitig* beendet.

Wir werden das Material jetzt mit dem Schiff nächste Woche schicken müssen.
Dieses Schiff hat eine Laufzeit von nur neun Tagen.
Gibt es wirklich keine schnellere Alternative?
Wir werden das *Konnossement* (Seefrachtbrief) sofort weiterleiten, um bei Ihnen die *Verzollung* zu beschleunigen.
Könnten Sie uns eventuell einen Karton per *Luftfracht* schicken?
Sie haben uns € 3,20 pro kg angeboten. Diese *Fluglinie* hat die Preise erhöht, sollen wir eine andere probieren?
Wir erwarten immer noch den *Luftfrachtbrief.*
Da es sich um einen Kauf *innerhalb der EU* handelt, brauchen wir Ihre *Umsatzsteuernummer.*
Wir haben beim *Bundesamt für Finanzen* in Saarlouis nachgefragt, aber Sie werden nicht unter diesem Namen und dieser Adresse geführt.

Die *Paletten* waren kaputt, und die Ware war bei der Ankunft bereits *beschädigt.*

The **boxes** were not properly sealed.
The material was wet on opening.

The **consignment** was not **insured** at our end.

Please get in touch with **this insurance broker.**

Please have the damage **assessed.**

Then we can hand in the **claim.**

Die **Kartons** waren nicht richtig verschlossen. Das Material war beim Öffnen nass.

Die **Sendung** war bei uns nicht **versichert.**

Bitte setzen Sie sich mit diesem **Versicherungsmakler** in Verbindung.

Bitte lassen Sie den Schaden **schätzen.**

Dann können wir den **Schadensanspruch** einreichen.

Dialogbeispiele

A: It is possible for us to **load** this order tomorrow, otherwise it will be next week.
B: No, I can't wait that long, please go ahead with dispatch tomorrow.

A: This **consignment** was due to leave tomorrow, but the **forwarders** haven't got any lorries available.
B: When is the next possibility?
A: On Monday morning, this will cause a **delay** of three days.

B: That will be all right, I will inform my **customer** straight away.

A: This order has arrived in Hamburg, but we cannot **clear it through customs,** as we are missing the **commercial invoice.**
B: We sent it threefold with the shipment, it must have got lost.

A: Could you fax one through directly to our **customs broker**?

A: Wir haben die Möglichkeit, diesen Auftrag morgen zu **verladen,** ansonsten erst in der nächsten Woche.
B: Nein, so lange kann ich nicht warten, bitte schicken Sie den Auftrag morgen weg.

A: Diese **Sendung** sollte morgen abgehen, aber die **Spediteure** haben keine LKWs verfügbar.
B: Wann ist die nächste Möglichkeit?
A: Am Montagmorgen, dies wird eine **Verzögerung** von drei Tagen verursachen.

B: Das wird in Ordnung sein, ich werde meinen **Kunden** sofort informieren.

A: Dieser Auftrag ist in Hamburg angekommen, aber wir können die Ware nicht **verzollen,** da die **Handelsrechnung** fehlt.
B: Wir haben sie der Sendung in dreifacher Ausführung beigelegt, sie muss verloren gegangen sein.

A: Können Sie bitte eine direkt an unseren **Zollagenten** durchfaxen?

A: Please put this and the other two orders in a 20' Container.

B: This really isn't quite enough for a container.

A: We would be prepared to pay the difference between *consolidated and full shipment,* as this speeds up the customs clearance.

B: Fine. Could you give me the name and address of your forwarding agent?

A: We are sorry to inform you that the order was not loaded on the MS "Marie" as planned.

B: What happened?

A: The necessary repair work was not finished on time. We will now have to send this material on the ship next week, but this will only take nine days.

B: Is there really no quicker alternative?

A: No, I'm sorry. We will forward the *bill of lading* as soon as possible to speed up the *customs clearance* at your end.

A: Unfortunately the *goods* are still at Frankfurt airport. The *freight space* was double-booked.

B: When can they be flown now?

A: On Saturday, we can get a better rate for a weekend flight.

B: What would this cost?

A: They have quoted us € 3.20 per kg.

A: Können Sie bitte diesen und die anderen zwei Aufträge in einen 20'-Container laden?

B: Es ist eigentlich nicht genug für einen Container.

A: Wir wären bereit, den Unterschied zwischen *Stückgut und Vollcontainer* zu bezahlen, da die Zollabwicklung damit beschleunigt wird.

B: In Ordnung. Könnten Sie mir bitte den Namen und die Adresse Ihres Spediteurs mitteilen?

A: Wir müssen Ihnen leider mitteilen, dass der Auftrag nicht wie geplant auf die MS „Marie" geladen wurde.

B: Was ist passiert?

A: Die notwendigen Reparatur-arbeiten wurden nicht rechtzeitig fertig. Wir werden das Material jetzt mit dem Schiff nächste Woche schicken müssen, aber dieses hat eine Laufzeit von nur neun Tagen.

B: Gibt es wirklich keine schnellere Alternative?

A: Nein, es tut mir leid. Wir werden das *Konnossement* (Seefrachtbrief) sofort weiterleiten, um bei Ihnen die *Verzollung* zu beschleunigen.

A: Die *Ware* ist leider noch am Frankfurter Flughafen. Der *Fracht-raum* war doppelt gebucht.

B: Wann kann sie jetzt transportiert werden?

A: Am Samstag, wir bekommen bessere Preise für einen Wochenend-flug.

B: Was würde es kosten?

A: Sie haben uns € 3,20 pro kg angeboten.

Terms of Payment	Zahlungsbedingungen
cash in advance *cash on delivery (COD)* *cash against documents (CAD)* Sixty days after date of invoice, net.	*Vorauskasse* *per Nachnahme* *Kasse gegen Dokumente* Sechzig Tage nach Rechnungsdatum, netto.
The order will be shipped with *payment term* 30 days after date of invoice, net.	Der Versand des Auftrages erfolgt unter der *Zahlungsbedingung* 30 Tage nach Rechnungsdatum, netto.
We need a *bank guarantee.*	Wir benötigen eine *Bankgarantie.*
The *pro forma invoice* will be faxed.	Die *Proformarechnung* wird gefaxt.
When the invoice is paid, we will arrange for the goods to be sent.	Nachdem die Rechnung bezahlt ist, werden wir den Versand vornehmen.
Payable immediately after *receipt* of the goods.	Zahlbar sofort nach *Erhalt* der Ware.
Please open the L/C as follows: Part shipments allowed. Tolerance of 5% for quantity and amount. Latest date of shipment: 31/07/2012.	Bitte eröffnen Sie den Akkreditiv wie folgt: Teillieferungen erlaubt, Toleranzbereich von 5 % für Menge und Betrag. Verschiffung spätestens am: 31.07.2012.
Would it be possible to *issue* the *invoice* in US dollars?	Wäre es möglich, die *Rechnung* in US-Dollar *auszustellen?*
It is our company policy only to *invoice* in euros.	Es entspricht unserer Firmenpolitik, nur in Euro zu *fakturieren.*
What is your *usual payment term*?	Wie ist Ihre *übliche Zahlungsbedingung?*
We could offer you *cash in advance* less 3% *discount.*	Wir könnten Ihnen *Vorauskasse* abzüglich 3% *Skonto* anbieten.

Dialogbeispiele

A: Would it be possible to *amend* the term of payment to 60 days after date of invoice, net? B: In this case, we would have to apply for *credit insurance* and a *credit limit.* A: Could you apply and let me know what happens?	A: Wäre es möglich, die Zahlungskondition auf 60 Tage nach Rechnungsdatum netto *abzuändern?* B: In diesem Fall müssten wir eine *Kreditversicherung* und ein *Limit* anfordern. A: Könnten Sie ein Limit beantragen und mir Bescheid sagen, was passiert?

Reminders

I'm ringing to enquire about .../
I'm calling regarding ...
We are *still waiting* for ...
We have *not yet received* ...

This order was due to dispatch on ...

When placing the order we were
assured that it would be *ready on time.*

Can you tell me/give me any idea
when ...?
I have this order entered in my
schedule for dispatch on ...

We are now planning to dispatch this
material on ...
At the moment we are experiencing
production difficulties because of ...
We were not able to complete the
order any earlier due to a *lack* of
parts/raw materials/manpower.

We're in *urgent need* of the goods.
This will cause us problems.

Is there any chance of ...?
Could you maybe dispatch part of
the order?
This order is to be shipped to our
customer in France next week.

Our schedules are very *tight.*
Let me check again with ...

I'll get back to you.
If we don't receive the material on
time this will cause us *contractual
problems.*

Mahnungen

Ich rufe an wegen ...

Wir *warten immer noch auf* ...
Wir haben ... *immer noch nicht
bekommen.*
Dieser Auftrag sollte am ... zum
Versand kommen.
Als wir den Auftrag erteilt haben, hat
man uns versichert, dass er *rechtzeitig
fertig* werden würde.
Können Sie mir sagen, wann ...?

Ich habe diesen Auftrag in meiner
Terminliste für den Versand am ...
eingetragen.
Wir haben den Versand dieses
Materials jetzt für den ... eingeplant.
Zur Zeit haben wir Produktions-
probleme wegen ...
Wir konnten diesen Auftrag wegen
eines *Mangels* an Teilen/Rohstoffen/
Arbeitskräften leider nicht früher
fertig stellen.
Wir *brauchen* die Ware *ganz dringend.*
Das wird bei uns Probleme
verursachen.
Gibt es irgendeine Möglichkeit ...?
Könnten Sie eventuell eine Teil-
lieferung vornehmen?
Dieser Auftrag soll nächste Woche an
unseren Kunden in Frankreich
geschickt werden.
Unser Terminplan ist sehr eng.
Lassen Sie mich noch einmal mit ...
reden.
Ich melde mich wieder bei Ihnen.
Wenn wir das Material nicht pünktlich
erhalten, wird dies zu *vertragsrecht-
lichen Problemen* führen.

We really must *insist* that the goods be dispatched tomorrow.

This order has *top priority* now.
This invoice has actually been *overdue* for payment for ... days.
We seem to have *overlooked* this invoice.
We'll send you a cheque (US: check) this afternoon.
The cheque must have *got lost* in the post (US: mail).
Our records show that the *invoice still has not been paid.*
We actually paid the invoice last week, I will contact our bank and see why the payment has been delayed.

When we spoke last week, you *assured* me that the invoice would be paid.

We must receive *at least* a part payment.
We have many *outstanding obligations.*
The *book-keeping department* will only release this order for shipment if we receive a copy of your cheque/transfer.

Wir müssen wirklich darauf *bestehen,* dass die Ware morgen zum Versand kommt.
Dieser Auftrag hat jetzt *erste Priorität.*
Diese Rechnung ist eigentlich seit ... Tagen *überfällig.*
Wir haben diese Rechnung anscheinend *übersehen.*
Wir schicken Ihnen heute Nachmittag einen Scheck.
Der Scheck muss in der Post *verloren gegangen* sein.
Laut unseren Unterlagen *ist die Rechnung noch offen.*
Wir haben die Rechnung eigentlich schon letzte Woche bezahlt. Ich werde mich mit unserer Bank in Verbindung setzen, um festzustellen, warum sich die Zahlung verzögert.
Als wir letzte Woche miteinander gesprochen haben, haben Sie mir *versichert,* dass die Rechnung bezahlt wird.
Wir brauchen *zumindest* eine Teilzahlung.
Wir haben viele *Verpflichtungen* zu begleichen.
Die *Buchhaltungsabteilung* gibt diesen Auftrag nur zur Lieferung frei, wenn wir von Ihnen eine Kopie des Schecks/der Überweisung erhalten.

Dialogbeispiele

A: I'm calling to enquire about the status of our order no. 452 dated June 5th. On the *order confirmation* it states delivery *ex works* on September 5th. When *placing* the order, we were assured that it would

A: Ich rufe wegen unseres Auftrages Nr. 452 vom 5. Juni an. In der *Auftragsbestätigung* steht als Liefertermin *ab Werk* der 5. September. Als wir den Auftrag *erteilt* haben, hat man uns versichert, dass der Auftrag rechtzeitig

be ready on time. However, today is September 7th and we *still have not received any advice of dispatch.* Do you know, by any chance, when the order will be dispatched?

B: I have this order entered in my schedule for dispatch on September 12th. Unfortunately we were not able to complete this order any earlier due to production *delays* caused by the late *delivery* of certain parts.

A: September 12th is rather late, this would cause us considerable problems, as the order is to be sent on to our depot in Manchester. Is there any chance of sending it a bit earlier than that?

B: Let me check again with our production department and get back to you.
A: Could you get back to me this morning? My customer is waiting for an answer.
B: Of course, and I'm sorry for any *inconvenience* that this delay will cause.

A: I'm calling once again regarding our order no. 452. Last week you *promised* us delivery by Friday at the latest. This order has now been delayed by two weeks. If we don't receive the goods by the day after tomorrow, we'll have no other choice but to *cancel* the order and look for another *supplier.*

fertig werden würde. Heute ist aber bereits der 7. September, und wir haben *immer noch keine Versandanzeige* von Ihnen erhalten. Wissen Sie zufällig, wann wir mit der Lieferung dieses Auftrages rechnen können?
B: Dieser Auftrag ist jetzt in meinem Terminplan für den Versand am 12. September eingetragen. Wir konnten diesen Auftrag leider nicht früher fertig stellen, da die *verspätete Lieferung* von einigen Teilen zu *Verzögerungen* in der Produktion geführt hat.
A: Der 12. September ist ein bisschen spät, das würde uns beträchtliche Probleme bereiten, da der Auftrag an unser Lagerhaus in Manchester weiter verschickt wird. Gibt es irgendeine Möglichkeit, den Auftrag früher zu schicken?
B: Lassen Sie mich noch einmal mit der Produktionsabteilung reden, dann melde ich mich wieder bei Ihnen.
A: Könnten Sie mich heute Vormittag zurückrufen? Mein Kunde wartet nämlich auf eine Antwort.
B: Selbstverständlich und entschuldigen Sie bitte die *Unannehmlichkeiten,* die Ihnen diese Verzögerung bereitet.

A: Ich rufe jetzt noch einmal an bezüglich unseres Auftrags Nr. 452. Letzte Woche haben Sie uns die Lieferung bis spätestens Freitag *versprochen.* Dieser Auftrag ist nun seit zwei Wochen überfällig. Wenn wir die Ware nicht bis übermorgen bekommen haben, sehen wir uns gezwungen, den Auftrag zu *stornieren* und einen anderen *Lieferanten* zu suchen.

B: *I'm really sorry* about that, but the delay is due to *circumstances beyond our control.* At the moment there is a strike at the docks and our deliveries are all still waiting to be unloaded.
A: Please check if there is anything you can do, as this order is now *top priority.*

A: I'm calling regarding our invoice no. 5562 dated June 5th. It has actually now been *overdue* for payment for seven days.
B: Invoice no. 5562, let me see. Oh yes, it seems to have been *overlooked,* I'm sorry about that. We'll get a cheque in the post to you this afternoon, you should have it tomorrow morning.

A: May I *remind* you that our invoice dated April 4th is still overdue?

B: We actually paid the invoice last week, I will contact our bank and see why the payment has been delayed.

A: I'm sorry, but I must ask *once again* for payment of our *outstanding* invoices. We have four orders for dispatch next week and I cannot let them be shipped unless we receive at least a part payment of your outstanding balance.

B: Unfortunately, at the moment we have many *outstanding obligations,*

B: *Es tut mir wirklich leid,* aber die Verzögerung beruht auf *höherer Gewalt.* Zurzeit streiken die Hafenarbeiter und unsere Lieferungen sind immer noch nicht entladen worden.
A: Bitte überprüfen Sie noch einmal, ob Sie irgendetwas erreichen können, da dieser Auftrag mittlerweile *erste Priorität* hat.

A: Ich rufe wegen unserer Rechnung Nr. 5562 vom 5. Juni an. Diese Rechnung ist nun seit sieben Tagen *überfällig.*
B: Rechnung Nr. 5562, lassen Sie mich nachsehen. O ja, wir haben sie anscheinend *übersehen,* es tut mir leid. Wir schicken Ihnen bereits heute Nachmittag einen Scheck per Post, er sollte morgen früh bei Ihnen sein.

A: Darf ich Sie daran *erinnern,* dass unsere Rechnung vom 4. April immer noch überfällig ist?
B: Wir haben die Rechnung eigentlich schon letzte Woche bezahlt, ich werde unsere Bank kontaktieren, um festzustellen, warum sich die Zahlung verzögert.

A: Entschuldigen Sie, aber ich muss *noch einmal* um die Bezahlung Ihrer *fälligen* Rechnungen bitten. Wir haben vier Aufträge zur Lieferung nächste Woche, und ich kann sie nicht verschicken, ohne zumindest eine Teilzahlung Ihrer Außenstände zu erhalten.
B: Zurzeit haben wir leider ausstehende *Verbindlichkeiten,* könnten wir uns

could we agree on the *part payment* for the moment?
A: Aren't there any other acceptable solutions?

für den Augenblick auf eine *Teilzahlung* einigen?
A: Gibt es keine anderen annehmbaren Möglichkeiten?

Delays and problems

We regret to have to inform you that this order will not be ready for dispatch tomorrow.

We are sorry to have to tell you that the material cannot be completed *on time.* At the moment we are having problems with the acquisition of materials.

Our production schedule is *very tight.*

One of our machines has to be repaired.
Unfortunately one of our suppliers has *let us down.*

We are *still waiting* for these parts to complete your order.

This material did not meet the high standards set by our *quality control department.*

The colour does not correspond to the previous deliveries.
We are therefore not *prepared to release* this *for dispatch.*
We could accept this if you were prepared to grant us a discount.

We *miscalculated* the amount required and did not acquire sufficient supplies.

Verzögerungen und Probleme

Wir bedauern, Ihnen mitteilen zu müssen, dass dieser Auftrag morgen nicht zum Versand fertig sein wird.

Leider müssen wir Ihnen mitteilen, dass das Material nicht *rechtzeitig* fertig sein wird. Zurzeit haben wir Probleme mit der Beschaffung von Materialien.

Unser Produktionszeitplan ist *sehr eng.*

Eine unserer Maschinen muss repariert werden.
Leider hat uns einer unserer Lieferanten *im Stich gelassen.*

Wir *warten immer noch* auf diese Teile, um Ihren Auftrag fertig zu stellen.

Dieses Material hat die hohen Standards, die unsere *Qualitätskontrolle* festlegt, nicht erfüllt.

Die Farbe entspricht nicht den früheren Lieferungen.
Wir sind daher *nicht bereit,* die Ware *zum Versand freizugeben.*
Wir könnten es akzeptieren, wenn Sie bereit wären, uns einen Rabatt zu gewähren.

Wir haben die Menge *falsch kalkuliert* und nicht genügend Vorräte besorgt.

We will do our best to dispatch earlier.	Wir werden unser Bestes tun, um früher zu liefern.
We have only received three of the four boxes ordered.	Wir haben nur drei der vier bestellten Kartons erhalten.
Should we go ahead with shipment? Should we send the three boxes or wait and send all four together?	Sollen wir die Ware verschicken? Sollen wir die drei Kartons schicken oder warten und alle vier zusammen schicken?
We would of course pay the freight for the *extra shipment.*	Wir würden natürlich die Frachtkosten für die *zusätzliche Lieferung* übernehmen.
Unfortunately our computer system was not working properly and the material confirmed for dispatch is actually *not in stock.* The next possible dispatch would be in about two weeks. We could offer you two 25-kg bags as an alternative. We could send the delivery by express.	Leider funktionierte unser Computersystem nicht, und das Material, das wir zum Versand bestätigt haben, ist gar *nicht auf Lager.* Der nächstmögliche Versand wäre in ungefähr zwei Wochen. Als Alternative könnten wir Ihnen zwei 25-kg-Beutel anbieten. Wir könnten die Lieferung per Express schicken.
Unfortunately we quoted the wrong price. We *mixed up* the lists for ex works and FOB.	Leider haben wir den falschen Preis angegeben. Wir haben die Listen für die Preise ab Werk und FOB *vertauscht.*
We entered your order for the wrong item.	Wir haben Ihren Auftrag für den falschen Artikel eingetragen.
We will send you the order confirmation with the correct price.	Wir schicken Ihnen die Auftragsbestätigung mit dem korrekten Preis.
The product you ordered is *no longer in our range.* May we offer you product 437 as an alternative?	Das von Ihnen bestellte Produkt ist *nicht mehr in unserer Produktpalette.* Dürfen wir Ihnen Produkt 437 als Alternative anbieten?

We sincerely *apologise* (US: *apologize*) for this *mistake*.
We are truly *sorry about* this delay.
Please accept our *apologies*.
We will make sure that this does not happen again.

Thank you for your *understanding*.
Thank you for your *cooperation*.

Wir *entschuldigen* uns für diesen *Fehler*.
Wir *bedauern* diese Verzögerung sehr.
Wir bitten Sie um *Entschuldigung*.
Wir werden darauf achten, dass dies nie wieder passiert.

Vielen Dank für Ihr *Verständnis*.
Vielen Dank für Ihre *Hilfe*.

Dialogbeispiele

A: We are sorry to have to tell you that the material cannot be completed on time.
B: What exactly is the problem?
A: Unfortunately one of our suppliers has *let us down*. A delivery has been *delayed*. We need these parts to complete your order.

B: How long a delay will this be?

A: About four days.
B: OK, but please dispatch on Friday, and thank you for letting me know.

A: Leider müssen wir Ihnen mitteilen, dass das Material nicht rechtzeitig fertig sein wird.
B: Was genau ist das Problem?
A: Leider hat uns einer unserer Lieferanten *im Stich gelassen*. Eine Lieferung ist *verzögert* worden. Wir brauchen diese Teile, um Ihren Auftrag fertig zu stellen.
B: Wie lange wird die Verzögerung dauern?
A: Ungefähr vier Tage.
B: In Ordnung, aber bitte verschicken Sie es am Freitag, und vielen Dank für die Information.

A: Unfortunately the material for your order did not meet the high standards set by our *quality control department*.
B: What is wrong with the material?
A: The colour does not correspond to the previous deliveries, therefore we cannot dispatch this order without your consent.
B: How long will I have to wait for a new production?
A: About four weeks.

A: Leider hat das Material für Ihren Auftrag die hohen Standards, die von unserer *Qualitätskontrolle* festgelegt werden, nicht erfüllt.
B: Was stimmt nicht mit dem Material?
A: Die Farbe entspricht nicht den früheren Lieferungen, wir können diesen Auftrag daher nicht ohne Ihre Zustimmung verschicken.
B: Wie lange muss ich dann auf eine neue Produktion warten?
A: Ungefähr vier Wochen.

B: No, that's too long. The colour is not that important, it isn't a series.
A: We could send you a sample today by *courier service*. If the colour is acceptable, we will send the whole order on Thursday.

A: We *regret* to have to inform you that this order will not be ready for dispatch tomorrow. We only have three of the four boxes ordered.

B: When will the order be complete?

A: The remaining box would be ready by next Wednesday. Should we send the three boxes or wait and send all four together?
B: That would mean *additional transport* costs for us.
A: We would of course be prepared to pay the freight for the *extra shipment*.

B: OK. Please ship the three boxes, we'll expect the fourth box by the end of next week.
A: Thank you, and *please accept our apologies* for this delay.

A: We are sorry to have to tell you that our computer system was not working properly and the material confirmed for dispatch is actually *not in stock.*
B: When could we have it then?
A: The *next possible* dispatch would be in two weeks' time.
B: That will be difficult.
A: We could offer you two 25-kg bags as an alternative.

B: Nein, das ist zu lang. Die Farbe ist nicht so wichtig, es ist keine Serie.
A: Wir könnten Ihnen heute per *Kurierdienst* ein Muster zuschicken. Wenn die Farbe akzeptabel wäre, würden wir den ganzen Auftrag am Donnerstag versenden.

A: Wir *bedauern,* Ihnen mitteilen zu müssen, dass dieser Auftrag morgen nicht zum Versand fertig sein wird. Wir haben nur drei der vier bestellten Kartons.
B: Wann wird der Auftrag komplett sein?
A: Der noch ausstehende Karton wäre bis nächsten Mittwoch fertig. Sollen wir die drei Kartons schicken oder warten und alle vier zusammen schicken?
B: Dies würde für uns *zusätzliche Transportkosten* bedeuten.
A: Wir würden natürlich die Fracht-kosten für die *zusätzliche Lieferung* übernehmen.
B: Gut. Bitte schicken Sie die drei Kartons, wir erwarten dann den vierten Karton bis Ende nächster Woche.
A: Danke, und bitte *entschuldigen* Sie die Verzögerung.

A: Wir müssen Ihnen leider mitteilen, dass unser Computersystem nicht richtig funktioniert hat, und dass das zum Versand bestätigte Material gar *nicht auf Lager* ist.
B: Wann können wir es dann haben?
A: Der *nächstmögliche* Versandtermin wäre in ungefähr zwei Wochen.
B: Das wird schwierig.
A: Als Alternative könnten wir Ihnen zwei 25-kg-Beutel anbieten.

B: OK, we need the material *urgently,* so we'll have to take them.

A: Thank you for your help. We are really sorry about this *mistake.*

A: Unfortunately we quoted the wrong price for this item. We *mixed up* the lists for ex works and FOB.

B: How could that happen? I *specifically said* that I needed the FOB price.

A: The person usually in charge of your orders was on holiday (US: on vacation) at that time. We will send you the *order confirmation* with the correct price.

B: OK, but please *make sure it doesn't happen again*. This makes things quite difficult.

A: Of course. Thank you for your understanding and please accept our apologies.

B: In Ordnung, wir brauchen das Material *sehr dringend.* Dann müssen wir also die Beutel nehmen.

A: Vielen Dank für Ihre Hilfe. Wir bedauern diesen *Fehler* sehr.

A: Leider haben wir den falschen Preis für diesen Artikel angegeben. Wir haben die Listen für die Preise ab Werk und FOB *vertauscht.*

B: Wie konnte das passieren? Ich habe *ausdrücklich gesagt*, dass ich den FOB-Preis brauche.

A: Der Mitarbeiter, der normalerweise für Ihre Aufträge zuständig ist, war zu der Zeit im Urlaub. Wir schicken Ihnen die *Auftragsbestätigung* mit dem korrekten Preis.

B: Gut, aber bitte *achten Sie darauf, dass es nicht wieder passiert.* Es macht alles ziemlich schwierig.

A: Selbstverständlich. Danke für Ihr Verständnis und entschuldigen Sie nochmals.

Complaints

The material ordered was green and the material we have just received is brown.
Please check what has happened.

Both the *order confirmation* and the *delivery note* show three boxes, but we have only received two, what has happened?

We ordered 5mm screws and you have sent us 6mm. We are prepared to keep these, but would need a

Beschwerden

Wir haben grünes Material bestellt und das Material, das wir bekommen haben, ist braun.
Bitte überprüfen Sie, was passiert ist.

Die *Auftragsbestätigung* und der *Lieferschein* zeigen beide drei Kartons, aber wir haben nur zwei bekommen, was ist passiert?

Wir haben 5-mm-Schrauben bestellt, und Sie haben uns 6-mm-Schrauben geschickt. Wir wären bereit, diese zu

delivery of 5mm screws by the end of this week.

behalten, bräuchten aber bis Ende dieser Woche eine Lieferung von 5-mm-Schrauben.

Two of the chairs are badly damaged, the cushion material is ripped. Could you give them back to our driver when he comes on Friday? We will arrange for two replacement chairs to be dispatched tomorrow.

Zwei der Stühle sind schwer beschädigt, das Kissenmaterial ist aufgerissen. Könnten Sie sie am Freitag dem Fahrer wieder mitgeben? Wir werden dann morgen zwei Ersatzstühle wegschicken.

The quality of this material is *not up to your usual standard.*

Die Qualität dieses Materials *entspricht nicht Ihrem üblichen Standard.*

The paper we received is too thin.

Das Papier, das wir bekommen haben, ist zu dünn.

Could you send us a few leaves so that we can have our quality control people check this?

Könnten Sie uns ein paar Blätter zuschicken, damit unsere Leute in der Qualitätskontrolle diese überprüfen können?

The material is *within our standard tolerance level.*
I cannot accept your *claim.*

Das Material liegt *innerhalb unserer Standardtoleranzgrenze.*
Ich kann Ihre *Reklamation* nicht annehmen.

I will *let you know.*

Ich werde mich *wieder melden.*/Ich werde Ihnen *Bescheid geben.*

I have passed this on to the person in charge and will get back to you when we have the results.

Ich habe es an die zuständige Person weitergeleitet und werde mich melden, wenn die Ergebnisse vorliegen.

You *promised* to get back to me. When will I hear from you?

Sie haben *versprochen,* sich noch einmal bei mir zu melden. Wann höre ich von Ihnen?

I have sent you an e-mail placing an order last week and I still haven't received any confirmation.

Ich habe Ihnen letzte Woche eine E-Mail über eine Bestellung geschickt und habe immer noch keine Bestätigung erhalten.

We had computer problems.

Wir hatten Probleme mit dem Computer.

We didn't get your e-mail.

Wir haben Ihre E-Mail nicht bekommen.

Dialogbeispiele

A: We have just received our order no. 156. Upon opening the box, we found that only eleven bottles were sent. We actually ordered twelve.

B: I'm sorry about that, there seems to have been a *mistake* in the packing department on that day.

A: Could you *make sure* that the invoice is *altered*?

A: We ordered 5mm screws and you have sent us 6mm.

B: Oh yes, the delivery note was *incorrectly typed*.

A: We are prepared to keep this delivery, but would need one of 5mm screws by the end of this week.

B: Yes, we'll dispatch them tomorrow.

A: As we do not need the 6mm screws until the beginning of next month, could you *extend* the due date of the invoice by two weeks?

B: Of course, no problem.

A: After unpacking and examining the material, we noticed that two of the items are damaged.

B: Are they *badly damaged*?
A: They have slight *scratch marks* on the case.
B: Would you be able to keep them if we granted you a discount?

A: Wir haben soeben unseren Auftrag Nr. 156 erhalten. Als wir den Karton geöffnet haben, fanden wir nur elf Flaschen vor. Wir haben eigentlich zwölf bestellt.

B: Das tut mir leid, aber es scheint an dem Tag einen *Fehler* in der Verpackungsabteilung gegeben zu haben.

A: Könnten Sie *dafür sorgen,* dass die Rechnung *abgeändert* wird?

A: Wir haben 5-mm-Schrauben bestellt, und sie haben uns 6-mm-Schrauben geschickt.

B: Oh ja, der Lieferschein wurde *falsch getippt.*

A: Wir wären bereit, diese Lieferung zu behalten, bräuchten aber bis Ende dieser Woche eine von 5-mm-Schrauben.

B: Ja, wir werden sie morgen verschicken.

A: Da wir die 6-mm-Schrauben erst Anfang nächsten Monats brauchen, könnten Sie das Fälligkeitsdatum der Rechnung um zwei Wochen *verlängern?*

B: Natürlich, kein Problem.

A: Nachdem wir das Material ausgepackt und überprüft hatten, stellten wir fest, dass zwei Artikel beschädigt sind.

B: Sind sie *schwer beschädigt?*
A: Sie haben leichte *Kratzer* am Gehäuse.
B: Könnten Sie sie behalten, wenn wir Ihnen einen Rabatt gewährten?

A: Yes, we should be able to sell them.
B: OK, we'll *credit* 20% of the invoice.

A: Ja, wir müssten sie eigentlich verkaufen können.
B: In Ordnung, dann *schreiben* wir 20% des Rechnungsbetrages *gut.*

A: The quality is not up to your usual standard, the paper we received is too thin.
B: Our samples show that the material is *within our tolerance level.* I am sorry, but I *cannot accept your claim.*

A: Die Qualität entspricht nicht Ihrem üblichen Standard, das Papier, das wir bekommen haben, ist zu dünn.
B: Unsere Muster zeigen, dass das Material *innerhalb unserer Toleranzgrenze* liegt. Es tut mir leid, aber ich *kann Ihre Reklamation nicht annehmen.*

A: When we ordered, we *specifically stated* that the colour was to be the same as previously supplied.
B: I'm very sorry about that.
A: This material is for a special series and must be the same colour.

A: Als wir bestellten, haben wir *ausdrücklich darauf hingewiesen,* dass die Farbe genauso wie bei früheren Lieferungen sein muss.
B: Das tut mir sehr leid.
A: Dieses Material ist für eine Sonderreihe und muss die gleiche Farbe haben.

B: Could you let us have a sample, we will have this checked and get back to you.
A: We sent you a sample last week.

B: Könnten Sie uns ein Muster zuschicken, wir werden es überprüfen und uns wieder melden.
A: Wir haben Ihnen bereits letzte Woche ein Muster zugesandt.

B: Yes, we have had it examined and must agree that this material is not acceptable. How can we solve this problem, would you be able to sell this as a *closeout item* at 20% discount?

B: Ja, wir haben es überprüfen lassen und müssen zugeben, dass dieses Material nicht akzeptabel ist. Wie können wir dieses Problem lösen? Würden Sie die Ware als *Sonderposten* zu einem Rabatt von 20% verkaufen können?

A: No, I don't think so. I will have to *return* this material.

A: Nein, ich glaube nicht. Ich werde dieses Material *zurückschicken* müssen.

5. Rechnungswesen und Finanzen

Accounting	Rechnungswesen

He is our *chief accountant.*
Book-keeping plays a vital role in every business.
Accounting methods vary from business to business.
Our *balance sheets* of the past ten years show a steady rate of growth.

Our *budget* for 2012 is complete.

John, could you fetch our *account books and balance sheets?*
Ms. Clarke is in charge of our *financial accounting.*

According to our *calculations,* the profits for this year are less than those for 2011.
Our *sales analysis* for 2012 showed a 10% increase in sales within the EU.
We insist that members of staff provide a *receipt* for purchases from the *petty cash.*
Our *gross profits* are up on this time last year.

Neil's work is a fine example of *adequate and orderly accounting.*

The *end of our first quarter* is in July.
When does your *accounting reference day* fall?

Er ist unser *Buchhalter.*
Buchhaltung spielt in jedem Unternehmen eine zentrale Rolle.
Die *Buchführungsmethoden* sind von Unternehmen zu Unternehmen verschieden.
Unsere *Handelsbilanz* der letzten zehn Jahre zeigt ein stetiges Wachstum.

Unser *Haushalt* für 2012 ist vollständig.

John, könnten Sie bitte unsere *Geschäftsbücher* holen?
Frau Clarke ist für unsere *Finanzbuchhaltung* verantwortlich.

Nach unseren *Berechnungen* sind die diesjährigen Gewinne geringer ausgefallen als die von 2011.
Unsere *Absatzanalyse* für 2012 zeigte einen Zuwachs von 10% bei den Verkäufen innerhalb der EU.
Wir bestehen darauf, dass unsere Mitarbeiter eine *Quittung* für Einkäufe aus der *Portokasse* abliefern.
Unsere *Bruttogewinne* sind höher als zum selben Zeitpunkt des letzten Jahres.
Neils Arbeit ist ein ausgezeichnetes Beispiel *ordnungsgemäßer Buchführung.*
Unser *erstes Quartalsende* ist im Juli.

Wann ist Ihr *Bilanzstichtag?*

Our *accounting year* will end
in May.
We have published and filed our
annual accounts in Companies
House.
Our *internal accounting period*
is three months long.
Our accounting manager will
present the *annual economic report.*
Our *interim accounts* were
published in the Financial
Times in September.
The TEHV group have also
released *interim balance sheets.*
We have completed our *profit and
loss accounts.*

Our *opening balance sheets* for
this month are being prepared.
Our annual *audit* will take
place in April.
Auditing will be carried out
later this month.
The *audit fees* have been paid
for 2012.
The *fiscal audit of operating
results* for 2012 is complete.
Can you get in touch with our
auditor regarding the matter?

The *fiscal audit of operating
results* was completed in May.
We predict, applying *discounting,*
that our cash flow will remain
consistent.
Our *accounting profit* shows a
marked improvement in
comparison to 2011.
The *closing balance* of our
June accounts has already
been carried forward to July.

Unser *Buchführungsjahr* endet im
Mai.
Wir haben unseren *Jahresabschluss*
veröffentlicht und im Companies
House archiviert.
Unser *Abrechnungszeitraum* beträgt
drei Monate.
Der Leiter der Buchhaltung wird den
Jahreswirtschaftsbericht vorlegen.
Unsere *Zwischenkonten* wurden
im September in der Financial
Times veröffentlicht.
Die TEHV Gruppe hat auch ihre
Zwischenbilanz veröffentlicht.
Wir haben unsere *Ertragsrechnung*
fertig gestellt.

Unsere *Eröffnungsbilanz* für
diesen Monat wird vorbereitet.
Unsere jährliche *Buchprüfung*
findet im April statt.
Die *Wirtschaftsprüfung* wird gegen
Ende dieses Monats stattfinden.
Die *Kosten der Abschlussprüfung* für
2012 sind bezahlt worden.
Die *Betriebsprüfung* für 2012 ist
abgeschlossen.
Könnten Sie wegen dieses Problems
mit unserem *Betriebsprüfer* Kontakt
aufnehmen?
Die *Betriebsprüfung* wurde im Mai
abgeschlossen.
Nach durchgeführter *Abzinsung*
nehmen wir an, dass der Geldfluss
konstant bleiben wird.
Unser *Buchgewinn* zeigt einen
deutlichen Zuwachs gegenüber 2011.

Die *Schlussbilanz* unserer Bücher
vom Juni ist schon auf den Juli
übertragen worden.

Our *actual outlay* decreased considerably following *restructuring* in 2011. The *total costs* of our recent reorganisation were minimal.

The *variable costs* of commission to be paid to our sales staff cannot be approximated in view of the current unstable economic situation.

Our *turnover forecasts* for the 1990s proved to be incorrect. Our company's *turnover* increased tenfold in comparison to the previous decade. The *turnover increase* last year fulfilled our expectations. The *appreciation* of our assets is mainly due to the current *rate of inflation*. *Accounts payable* and *accruals* are to be entered as current liabilities on the balance sheet.

I instructed her to fax details of our *accounts receivable*. You should enter that under *special expenses*. Deterioration of our premises has been taken into account as *amortization*. The purchase of our new factory will be entered in the books as a *capital transaction*. The costs incurred during the *renovation* of our office buildings will be treated as *capital investment*.

Unsere *Istausgaben* haben seit der 2011 durchgeführten *Umstrukturierung* erheblich abgenommen. Die *Gesamtkosten* unserer unlängst durchgeführten Reorganisation waren minimal.

Die *variablen Kosten*, die durch unserem Verkaufspersonal gezahlte Kommissionen entstehen, können in Anbetracht der instabilen wirtschaftlichen Situation nicht abgeschätzt werden.

Die *Umsatzprognose* für die Neunziger Jahre hat sich als falsch herausgestellt. Der *Umsatz* unseres Unternehmens hat sich, im Vergleich zu vor zehn Jahren, verzehnfacht. Der *Umsatzanstieg* letztes Jahr hat unsere Erwartungen erfüllt. Der *Wertzuwachs* unserer Aktiva liegt hauptsächlich an der momentanen *Inflationsrate*. *Verbindlichkeiten* und *Rückstellungen* müssen als laufende Passiva in die Bilanz eingetragen werden.

Ich habe sie angewiesen, mir Details über die *Außenstände* zu faxen. Sie sollten das unter *Sonderausgaben* eintragen. Die Wertminderung unserer Gebäude wurde als *Amortisation* in die Bücher aufgenommen. Der Kauf unserer neuen Fabrik wird als *Kapitalverkehr* in die Bücher eingetragen. Die Kosten, die uns durch die *Renovierung* unserer Geschäftsgebäude entstanden sind, werden als *Kapitaleinlage* behandelt.

Our *calculation of the budget costs* for 2012 has changed little from that of 2011.

Our *prime costs* are low in relation to our profits.

We need to look at ways of lessening our *indirect labour costs* (US: *labor*).

The *rationalisation profits* following the modernisation of our factory last year were considerable.

Our *return on capital* was higher in 2009 than in the following years.

I think this *entry* is incorrect.

Our accounts don't *balance*.
It must be due to a *book-keeping error.*
Our *overhead costs* don't seem to be entered in the books.

The *tax assessment* we received for 2011 appears to be incorrect.

Someone has completed our *tax return* incorrectly.
We can reclaim *value added tax* at the end of the year.
Unfortunately, it seems we are liable for an *additional payment of taxes.*
Taking into account the *linear depreciation* of the value of our assets, there seems to be no alternative than to *declare ourselves bankrupt.*
The *annual profits* are fifteen percent down on last year's figures.
Despite stringent measures to bring our *budget* under *control,* we seem

Unsere *Plankostenrechnung* für 2012 hat sich gegenüber 2011 kaum verändert.

Unsere *Selbstkosten* sind im Vergleich zum Gewinn gering.

Wir müssen Wege finden, die *Lohnnebenkosten* zu senken.

Der *Rationalisierungsgewinn* nach der Modernisierung unserer Fabrik letztes Jahr war beachtlich.

Unser *Kapitalertrag* war 2009 höher als in den darauf folgenden Jahren.

Ich glaube, diese *Buchung* ist nicht korrekt.

Unsere Bücher *saldieren* nicht. Es muss an einem *Buchungsfehler* liegen.

Unsere *Gemeinkosten* sind scheinbar nicht in die Bücher eingetragen worden.

Die *Steuerveranlagung,* die wir für 2011 bekommen haben, scheint nicht korrekt zu sein.

Jemand hat unsere *Steuererklärung* falsch ausgefüllt.
Wir können die *Mehrwertsteuer* am Ende des Jahres zurückfordern.
Leider scheint es so, als ob wir zu einer *Steuernachzahlung* verpflichtet wären.
Unter Berücksichtigung der *linearen Abschreibung* des Wertes unserer Aktiva scheint es keine Alternative zu einer *Bankrotterklärung* zu geben

Der *Jahresgewinn* liegt fünfzehn Prozent unter dem des Vorjahres.
Trotz drastischer Maßnahmen um unseren *Haushalt* unter *Kontrolle* zu

to be unable to reach *break-even point* this summer.

We will have to introduce *budget cuts* in all departments.

Their *budgetary deficit* is huge.

Although we may have saved money in respect of the initial *outlay* required, the *operating expenses* of our factory in Nigeria have exceeded all expectations.

Our *basic income* has proved to be less than consistent.

We will have to *plough-back* the majority of our 2011 profits.

We have no alternative than to *write off* our obsolete machinery in our overseas factories.

bringen, werden wir in diesem Sommer wohl nicht in der Lage sein, die *Gewinnschwelle* zu erreichen.

Wir werden *Etatkürzungen* in allen Abteilungen durchführen müssen.

Ihr *Haushaltsdefizit* ist riesig.

Obwohl wir vielleicht Geld bei der anfänglichen *Auslage* gespart haben, haben die *Betriebskosten* unserer Fabrik in Nigeria unsere Befürchtungen übertroffen.

Es hat sich gezeigt, dass unsere *Basiseinkünfte* nicht konstant genug sind.

Wir werden den Großteil unserer Gewinne von 2011 *reinvestieren* müssen.

Wir haben keine andere Wahl als die veraltete Maschinenanlage unserer Fabriken in Übersee *abzuschreiben*.

Dialogbeispiele

A: Good morning, Ms. Parkin.
B: Good morning. Would you like to see our *ledger?*
A: Yes, please. I think that will be very informative. What *accounting system* do you use here?
B: We use *double entry bookkeeping* for our accounts.
A: And what does this column on the left show?
B: They are the *debits.*
A: And on this page – this figure – what does that represent?
B: They're the *development costs* we needed for the refurbishing of our old premises.
A: Do you keep your *real accounts* in a separate *ledger?*

A: Guten Morgen, Frau Parkin.
B: Guten Morgen. Möchten Sie das *Hauptbuch* sehen?
A: Ja bitte. Ich denke, das wäre sehr aufschlussreich. Was für ein *Buchführungssystem* benutzen Sie hier?
B: Wir benutzen *doppelte Buchführung* für unsere Bücher.
A: Und was bedeutet diese linke Spalte?
B: Das sind unsere *Belastungen.*
A: Und auf dieser Seite – diese Zahl – was bedeutet die?
B: Das sind die *Entwicklungskosten,* die bei der Renovierung unserer alten Gebäude anfallen.
A: Führen Sie Ihre *Bestandskonten* in einem separaten *Hauptbuch?*

B: No, we don't. It is all in this ledger here.

A: Have you valued your assets using *historical costing*?

B: Yes, we have.

A: And here are details of all *assets and liabilities*?

B: Yes. You can see the *net book value* of our assets here.

A: Thank you. Do you have details of *net profits* made in the previous ten years?

B: Certainly. Will that be all?

A: For the moment, thank you.

A: Our *debtors* have been slow settling their accounts this month.

B: *Settlement day* should have been this Tuesday for the Berry consignment.

B: Nein, es ist alles in diesem Hauptbuch.

A: Haben Sie Ihre Aktiva mit einer *Nachkalkulation* bewertet?

B: Ja, haben wir.

A: Und hier sind die Details über *Aktiva und Passiva?*

B: Ja. Hier können Sie den *Nettobuchwert* unseres Vermögens sehen.

A: Danke schön. Haben Sie Details über die *Nettogewinne,* die Sie in den letzten zehn Jahren gemacht haben?

B: Sicherlich. War das dann alles?

A: Im Moment ja, danke.

A: Unsere *Schuldner* haben diesen Monat Ihre Rechnungen spät bezahlt.

B: *Abrechnungstag* für die Berry Sendung hätte dieser Dienstag sein sollen.

Financial Policy

Finanzpolitik

Our *financial standing* has improved considerably.

Next year *sales financing* will take up a considerable percentage of our budget.

If our *financial status* does not improve, we will have to go into *liquidation.*

Maurice Motors have sold some of their *assets* to pay off their debts.

They have only their *fixed assets* remaining.

We will have to sell some of our *non-core assets* to resist takeover.

Unsere *Kreditfähigkeit* hat erheblich zugenommen.

Die *Absatzfinanzierung* wird kommendes Jahr einen beträchtlichen Teil unseres Budgets ausmachen.

Wenn unsere *Vermögenslage* sich nicht verbessert, werden wir in die *Liquidation* gehen müssen.

Maurice Motors haben einige ihrer *Vermögenswerte* verkauft, um ihre Schulden zu bezahlen.

Sie haben nur noch ihr *Vermögen* übrig.

Wir werden alles außer dem *Kernvermögen* verkaufen müssen, um eine Übernahme zu vermeiden.

The *fiscal year* begins in April in the UK.

Our *finances* are in dire straits.

WSC went into *receivership*.

Fiona will present our *financial report* for 2012.

Since 2011 we have faced increasing *financial difficulties*.

Our *financial assets* are steadily increasing.

I think we should consider taking the advice of a *financier*.

Our *fiscal policy* in Indonesia must adapt with the change of government.

Did you hear about the *fiscal fraud* of AW Enterprises?

Das *Geschäftsjahr* beginnt in Großbritannien im April.

Unsere *Finanzen* befinden sich in einer Notlage.

WSC ist in *Konkurs gegangen*.

Fiona wird uns den *Finanzbericht* für 2012 vorstellen.

Seit 2011 stehen wir wachsenden *finanziellen Schwierigkeiten* gegenüber.

Unser *Geldvermögen* wächst stetig.

Ich denke, wir sollten uns überlegen einen *Finanzier* hinzuzuziehen.

Unsere *Steuerpolitik* in Indonesien muss nach dem Regierungswechsel angepasst werden.

Haben Sie von dem *Steuerbetrug* von AW Enterprises gehört?

Banks and activities

Many *building societies* in Britain converted to banks in the 1990s.

I would like to invest in the ANA *mortgage bank*.

The MSG bank is one of the best-known *investment banks* in Asia.

We use the NRR *merchant bank* for our main company accounts.

The *regional banks* of this area are not to be recommended.

Our *savings bank* in Switzerland has neglected to send us our account balance.

We have our *business account* with TNT bank.

Banken und Bankgeschäfte

Viele *Bausparkassen* in Großbritannien wurden in den 90ern zu Banken umgewandelt.

Ich würde gerne in die ANA *Hypothekenbank* investieren.

Die MSG Bank ist eine der bekanntesten *Investmentbanken* Asiens.

Wir haben unsere Hauptgeschäftskonten bei der NRR *Handelsbank*.

Die *Regionalbanken* dieser Gegend kann man nicht empfehlen.

Unsere *Sparkasse* in der Schweiz hat vergessen, uns unseren Kontoauszug zu senden.

Wir haben unser *Geschäftskonto* bei der TNT Bank.

We have arranged *acceptance credit* with the MK bank in Japan.

Our *account balance* looks very positive at the present time.

Are you an *account holder* within this branch?

I would like to open an *interest account,* please.

May I speak to someone from your *loan department,* please?

Can you tell me your *account number,* please?

I have *special drawing rights* on that account.

There seems to be some mistake in our company's *bank statement.*

Your *bank charges* are too high.

I demand to see the *manager!*

We will repay the *bank loan* over a period of five years.

We could apply for a *bridging loan* to tide us over the first six months.

Overdrafts will be subject to interest six percent above our *base rate.*

We will pay for the goods, upon delivery, by *bank transfer.*

OL Incorporated have set up a *banker's order* to pay for their regular shipments of goods.

A *banking consortium* has loaned ten billion dollars to Mozambique.

I have brought a *bank letter of credit* with me from the SK bank, Germany.

Wir haben einen *Akzeptkredit* mit der MK Bank in Japan ausgehandelt.

Unser *Kontostand* sieht im Moment sehr gut aus.

Sind Sie *Kontoinhaber* bei dieser Filiale?

Ich würde gerne ein *Zinskonto* eröffnen, bitte.

Könnte ich mit jemanden aus Ihrer *Kreditabteilung* sprechen, bitte?

Können Sie mir bitte Ihre *Kontonummer* geben?

Ich habe *Sonderziehungsrechte* von diesem Konto.

Der *Kontoauszug* unseres Unternehmens ist scheinbar fehlerhaft.

Ihre *Bankgebühren* sind zu hoch.

Ich verlange den *Filialleiter* zu sprechen!

Wir werden das *Bankdarlehen* über einen Zeitraum von fünf Jahren zurückzahlen.

Wir könnten versuchen, einen *Überbrückungskredit* für die ersten sechs Monate zu bekommen.

Kontoüberziehungen werden mit sechs Prozent über dem *Leitzins* verzinst.

Bei Lieferung werden wir für die Waren per *Banküberweisung* bezahlen.

OL Incorporated haben einen *Dauerauftrag* erteilt, um für die regelmäßige Verschiffung ihrer Waren zu bezahlen.

Ein *Bankenkonsortium* hat Mosambik einen Kredit in Höhe von 10 Milliarden Dollar gewährt.

Ich habe ein *Bankakkreditiv* der SK Bank aus Deutschland dabei.

International Financial Markets   **Internationale Finanzmärkte**

Shares (US: *stocks*) are *at a premium* at the moment.
Our *shares* fell 2.9% yesterday.
I would like to check out share prices on the *stock exchange* this afternoon.
I would like a *quotation* of *share* (US: *stock*) *prices* for Megamarkets P.L.C.
Could I have a *quotation* for the *market price* for shares in MK Enterprises?
The *bottom price* for shares in our company has dropped to a new low.
We are planning to launch a euro-dominated *bond*.
If we reinvest the money we made from selling our assets under the enterprise investment scheme, we can avoid paying *capital gains tax*.

JMC Limited have recently made a loss on their *foreign bonds* in Switzerland.
The *stock exchange index* is showing signs of improvement.
Did you take note of the Dow Jones *share index*?

Die *Aktien* sind im Moment *über dem Nennwert.*
Unser *Aktienkurs* fiel gestern um 2,9%.
Ich würde mich heute Nachmittag gerne über die Aktienpreise an der *Börse* erkundigen.
Ich hätte gerne die *Notierung* des *Aktienkurses* von Megamarkets P.L.C.
Könnte ich die *Notierung* des *Börsenkurses* der Aktien von MK Enterprises haben?
Der *Niedrigstkurs* der Aktien unseres Unternehmens ist auf einen neuen Tiefststand gefallen.
Wir überlegen uns, Euro-dominierte *Rentenpapiere* einzuführen.
Wenn wir das Geld, das wir durch den Verkauf unserer Aktiva nach dem Investitionsentwurf verdient haben, reinvestieren, können wir die *Kapitalertragssteuer* vermeiden.
JMC Limited haben in der letzten Zeit mit ihren *Auslandsanleihen* in der Schweiz Verluste gemacht.
Der *Börsenindex* zeigt Indizien einer Verbesserung.
Haben Sie den Dow-Jones-*Aktienindex* zur Kenntnis genommen?

Stock Markets   **Aktienmärkte**

Stock markets all over the world were particularly unstable in September.
Dealing before official hours is taking place in Tokyo.
Stock market trading will begin at eight a.m.

Die *Aktienmärkte* auf der ganzen Welt waren im September besonders instabil.
Die *Vorbörse* findet in Tokio statt.

Der *Börsenhandel* wird um acht Uhr morgens beginnen.

Closing of the exchange is due to take place at seventeen hundred hours in London.	Der *Börsenschluss* wird um siebzehn Uhr in London stattfinden.
Allen and Walsh are a firm of *stockbrokers.*	Allen und Walsh haben eine *Börsenmakler*-Firma.
Global markets are currently experiencing a *boom.*	Die globalen Märkte erleben im Moment einen *Boom.*
The *stock market crash* of 1929 was the worst last century.	Der *Börsenkrach* von 1929 war der Schlimmste im letzten Jahrhundert.
Taking the strong global *bull market* into account, I think we can view the situation positively.	Wenn man den globalen *Haussemarkt* miteinbezieht, dann denke ich, dass wir die Situation positiv beurteilen können.
He's a *bull.*	Er ist ein *Haussier.*
The stock market this year has been a *buyers market.*	Der Aktienmarkt war dieses Jahr ein *Käufermarkt.*
The market's reaction was not too *bearish.*	Die Reaktion des Marktes war nicht übermäßig *pessimistisch.*
That stockbroker is participating in *bear sales.*	Dieser Börsenmakler beteiligt sich an *Leerverkäufen.*
At the moment, I fear we're looking at a *bear market.*	Ich befürchte, dass es zu einem *ständigen Fallen der Kurse am Markt (Baissemarkt)* kommen wird.
He's a *bear.*	Er ist ein *Baissier.*
It's a *seller's market* at the moment.	Im Moment gibt es einen *Verkäufermarkt.*
The bottom has fallen out of the market.	Die Nachfrage und die Preise sind auf einem Tiefstand.
A good place to find *stock exchange news* throughout Europe is the "Financial Times".	*Börsenberichte* aus ganz Europa findet man vor allem in der „Financial Times".
Our *share capital* played a part in our survival during the recession.	Unser *Aktienkapital* hat einen Teil zu unserem Überleben während der Rezession beigetragen.
They have invested heavily in *securities.*	Sie haben in großem Umfang in *Wertpapiere* investiert.
The Bank of Taiwan announced that it is trying to strengthen *securities business.*	Die Bank von Taiwan hat angekündigt, dass sie versuchen wird, ihre *Effektengeschäfte* zu verstärken.

Futures markets reached an all-time low in May.
A round of buying boosted Healthman Tea *futures* on the London International Financial Futures and Options Exchange.

JMC have been conducting *futures business* on the MATIF (Marché à Terme des Instruments Financiers).

Sugar has been selling extremely well on the *commodity futures exchange* last month.
We have recently purchased shares in your company via *internet.*
Internet share trading is on the up and up.
The internet provides *potential investors* with an easy method of buying shares.
Firms trading in stocks on the internet have gained a huge *competitive advantage.*

We offer on-line trading as part of a *package.*

The *flotation* of our company raised 120 million euro.

They are *shareholders* in our business.
We are interested in buying *a parcel of shares* (US: *stocks*) in your business.
We are planning to invest more heavily in *blue chip* companies.
Geiger's PLC holds the *controlling interest* in our company.
JMC is a *public limited company* (US: *joint stock company*).

Die *Terminbörse* hat im Mai einen Rekordtiefstand erreicht.
Eine Phase hoher Kaufbereitschaft hat *Termingeschäfte* der Healthman Tea auf der Londoner Börse für Finanz- und Terminkontrakte in die Höhe getrieben.

JMC haben *Termingeschäfte* an der MATIF abgewickelt.

Zucker hat sich an der *Warenterminbörse* im letzten Monat ausgezeichnet verkauft.
Wir haben neulich Aktien Ihres Unternehmens über das *Internet* gekauft.
Aktienhandel über das Internet nimmt immer weiter zu.
Das Internet gibt *potenziellen Investoren* die Möglichkeit, auf einem einfachen Weg Aktien zu kaufen.
Unternehmen, die Aktien über das Internet verkaufen, haben dadurch einen riesigen *Wettbewerbsvorteil* erlangt.
Wir bieten Online-Handel als Teil eines *Pakets* an.

Die *Emission von Aktien* brachte unserem Unternehmen 120 Millionen Euro ein.
Sie sind *Aktionäre* unseres Unternehmens.
Wir sind daran interessiert, ein *Aktienpaket* Ihres Unternehmen zu kaufen.
Wir planen, mehr in Unternehmen mit *erstklassigen Aktien* zu investieren.
Geigers PLC hält in unserem Unternehmen die *Aktienmehrheit.*
JMC ist eine *Aktiengesellschaft.*

The *issuing of shares* (US: *stock*) took place yesterday.
The *face value* of our shares is lower than their market value.
Did you make a satisfactory *earning per share* (US: *yield on stocks*)?
The *risk premium* for shares in the TEHV group was greater than expected last year.
The *price-earnings ratio* for shares in JMC reflects the fast growth rate of the company.
Last year, our shareholders received a *dividend* of ninety pence per share.
The TEHV group have paid out a *distribution* from their profits.
Their shares have become *ex-dividend*.
The executive has decided to make a *one-off pay-out* of sixty pence per share to all our shareholders.
We will pay a *percentage of profits* to all our investors.
We are planning to issue bonus shares with our profits from *share premiums* (*or agio*).
The next *shareholders' meeting* will take place on the 25th of January.
The *annual general meeting* (*AGM*) is scheduled to take place in March.
The company hopes that the introduction of a *profit sharing scheme* will inspire greater loyalty from our workers.
He has a *subscription right* (or *share option*) to shares (US: *stocks*) in Wharmby Foods.
Mergers and *acquisitions* are the favoured means of growth

Die *Aktienausgabe* fand gestern statt.
Der *Nennwert* unserer Aktien ist niedriger als ihr Marktwert.
Haben Sie eine zufrieden stellende *Aktienrendite* erreicht?
Die *Risikoprämie* für Aktien der TEHV Gruppe war letztes Jahr größer als erwartet.
Das *Kurs-Gewinn-Verhältnis* für JMC-Aktien spiegelt das schnelle Wachstum des Unternehmens wider.
Letztes Jahr erhielten unsere Aktionäre eine *Dividende* von neunzig Pence pro Aktie.
Die TEHV Gruppe hat eine *Gewinnausschüttung* durchgeführt.
Ihre Aktien sind jetzt *ohne Dividende*.
Der leitende Angestellte hat entschieden, eine *einmalige Ausschüttung* von sechzig Pence pro Aktie an alle Aktionäre durchzuführen.
Wir werden all unseren Investoren *Tantiemen* zahlen.
Wir planen mit unseren Gewinnen aus dem *Agio* Bonusaktien auszugeben.
Die nächste *Hauptversammlung* findet am 25. Januar statt.
Die *Jahreshauptversammlung* ist für März angesetzt.
Das Unternehmen hofft, dass die Einführung einer *Gewinnbeteiligung* die Arbeiter zu größerer Loyalität bewegen wird.
Er hat ein *Aktienbezugsrecht* für Aktien von Wharmby Foods.
Fusionen und *Akquisitionen* sind für viele Unternehmen die bevorzug-

and expansion for many companies.
The *hostile takeover* of Runge Ltd. by the TEHV group was the largest this year in the manufacturing sector.
The *hostile bid* to take over JLC failed last week.
Walker Developments took advantage of recent economic crises to take over STV of Italy.

Maurice Motors have sold some of their *assets* to pay off their debts. It seems that they have only their *fixed assets* and some securities remaining.
A black knight company has made a bid for JMC.

A *white knight* rescued Maurice Motors from a hostile takeover last week.

OL Incorporated and TRIX Products have *amalgamated.*
One of our more recent *business acquisitions* was ABC Limited.

We will have to sell some of our *non-core assets* to resist takeover.
TRIX Products also have debts in the form of *debenture loans.*
CDSA have *gone into liquidation.*
Holders of *preference shares* will receive some of their share capital, others may not be so lucky.

ten Instrumente für Wachstum und Expansion.
Die *feindliche Übernahme* von Runge Ltd. durch die TEHV Gruppe war im herstellenden Bereich die größte in diesem Jahr.
Das *feindliche Übernahmeangebot* für JLC scheiterte letzte Woche.
Walker Developments nutzte die vor kurzem aufgetretenen wirtschaftlichen Krisen aus, um die italienische STV zu übernehmen.

Maurice Motors haben einige ihrer *Vermögenswerte* verkauft, um ihre Schulden zu bezahlen. Es scheint so, als ob sie nur noch ihre *festen Anlagen* und einige Sicherheiten übrig hätten.
Ein *„schwarzer Ritter" (Investor, der eine Firma mit einer Übernahme bedroht)* hat ein Übernahmeangebot für JMC gemacht.

Ein *„weißer Ritter" (Investor, der eine Firma vor einer Übernahme rettet)* hat Maurice Motors vor einer feindlichen Übernahme bewahrt.
OL Incorporated und TRIX Products haben *fusioniert.*
Eines unserer neueren Geschäfte war die *Geschäftsübernahme* von ABC Limited.
Wir werden einige unserer *Aktiva* verkaufen müssen, um die Übernahme zu vermeiden.
TRIX Products haben zudem Schulden in Form von *Obligationsanleihen.*
CDSA sind *in Liquidation getreten.*
Die Besitzer von *Vorzugsaktien* werden einen Teil Ihres Aktienkapitals wiederbekommen. Andere werden vielleicht nicht so viel Glück haben.

Our *floating assets* have remained stable.
The figures suggest that we will be able to retain *financial sovereignty.*

Unser *Umlaufvermögen* ist stabil geblieben.
Die Zahlen sprechen dafür, dass wir in der Lage sein sollten, unsere *Finanzhoheit* zu behaupten.

Dialogbeispiele

A: It seems that wrangles over the eventual fate of JLC are becoming more complicated.
B: I know that two firms have already expressed their interest.
A: But now there is a third on the scene – a *grey knight.*

B: What are his intentions?
A: Well, that's the problem, nobody knows what his plans are.

A: Es scheint, als ob der Streit über das endgültige Schicksal von JLC immer komplizierter werden würde.
B: Ich weiß, dass schon zwei Firmen ihr Interesse angemeldet haben.
A: Aber es gibt noch einen dritten – einen *„grauen Ritter" (Investor mit unklaren Absichten).*
B: Was sind seine Absichten?
A: Das ist das Problem. Niemand weiß, was er will.

Currencies and Foreign Exchange

Währungen und Devisen

The *monetary zone* covered by the euro will expand in the future.

Die *Währungszone,* die vom Euro abgedeckt wird, wird in der Zukunft expandieren.

Currency risk was lessened by the introduction of the euro.

Das *Währungsrisiko* hat sich durch die Einführung des Euro vermindert.

The value of the US dollar is subject to the fluctuations of the *international monetary system.*
We would like the *currency unit of payment* to be the yen.
Although Scotland has its own parliament, the British Isles will still have a *unified currency.*
We will accept payment only in *hard currency.*

Der Wert des US-Dollars ist den Schwankungen der *internationalen Währungsordnung* unterworfen.
Als *Zahlungsmittel* hätten wir gerne den Yen.
Obwohl Schottland ein eigenes Parlament hat, werden die Britischen Inseln auch weiterhin eine *Einheitswährung* haben.
Wir werden die Bezahlung ausschließlich in *harter Währung* akzeptieren.

The Malawian Kwacha is a *soft currency.*
It is predicted that *devaluation* of the Indian rupee will take place in the near future.
We need to invest in a country with prospects of long-term *monetary stability.*
Has the *monetary policy* of New Zealand changed since the elections?

The rate of inflation in Brazil is problematic for our investments.
There have been considerable *currency reforms* in the area.
The *monetary agreement* between Canada and the USA has collapsed.

Does your company have sufficient *foreign exchange* to pay immediately?
Where is the nearest *exchange bureau?*

What is the *foreign currency rate* for yen in the USA at present?
We have participated in *foreign exchange dealings* in the past.
Our *foreign exchange operations* play an important role in our overseas business ventures.
I think we failed to take the *two-tier exchange rate* into consideration.
One way to minimize risk of loss when dealing in foreign currency are *forward exchange dealings.*

Foreign exchange markets show that the dollar is weakening in relation to the euro.

Der Kwacha Malavis ist eine *weiche Währung.*
Es wird davon ausgegangen, dass es in der nahen Zukunft eine *Abwertung* der indischen Rupie geben wird.
Wir müssen in einem Land mit Aussicht auf dauerhafte *Währungsstabilität* investieren.
Hat sich die *Währungspolitik* Neuseelands seit den Wahlen verändert?

Die *Inflationsrate* in Brasilien ist für unsere Investitionen problematisch.
In der Region gab es beachtliche *Währungsreformen.*
Das *Währungsabkommen* zwischen den USA und Kanada ist zusammengebrochen.

Hat ihr Unternehmen genügend *Devisen* um sofort zu bezahlen?
Wo ist die nächste *Wechselstube?*

Wie ist der momentane *Sortenkurs* für Yen in den USA?
In der Vergangenheit haben wir uns am *Devisenhandel* beteiligt.
Unsere *Devisenverkehrabkommen* spielen eine wichtige Rolle bei unseren Geschäftsvorhaben in Übersee.
Ich glaube, dass wir den *gespaltenen Wechselkurs* nicht in unsere Überlegungen einbezogen haben.
Ein Weg das Verlustrisiko bei Geschäften mit fremden Währungen zu minimieren, sind *Devisentermingeschäfte.*
Die *Devisenmärkte* zeigen, dass der Dollar im Vergleich zum Euro schwächer wird.

What is the current *exchange rate* of sterling against the dollar?
The euro fell to a new low against the dollar yesterday.
The *fluctuation margins* of the South African Rand have been extreme in the last few months.

Fixed exchange rates may help the Brazilian economy.
Sterling has a *flexible exchange rate.*

Wie ist der ***Devisenkurs*** des Pfund Sterling gegenüber dem Dollar?
Der Euro fiel gestern auf ein neues Tief gegenüber dem Dollar.
Die ***Schwankungsbandbreite*** des südafrikanischen Rand war in den letzten paar Monaten enorm hoch.

Feste Wechselkurse könnten der brasilianischen Wirtschaft helfen.
Das Pfund Sterling hat einen *flexiblen Wechselkurs.*

Dialogbeispiele

A: Hello, I seem to be having a problem with my *bank card.*
B: What exactly is the problem?
A: A little while ago, I tried to buy something with my bank card and the card was *rejected.* I have enough money in my *account,* so I don't understand why there should be a problem.
B: Did the sales clerk try a second machine?
A: Yes, she did, but it still didn't work. And the person who paid before me also paid with a card, so it couldn't be the machine.

B: Did you put the card on anything magnetic?
A: I don't believe so. It worked yesterday, when I *withdrew* some *money.*

B: Okay, let's go and see what happens when we try it here.
A: Yes, please do.
B: Hmm. What kind of account do

A: Hallo, ich habe anscheinend ein Problem mit meiner *Geldkarte.*
B: Was genau ist es für ein Problem?
A: Neulich habe ich versucht, mit meiner Geldkarte etwas zu kaufen, und die Karte wurde *abgewiesen.* Ich habe genug Geld auf meinem *Konto,* also verstehe ich nicht, warum es ein Problem geben soll.
B: Hat die Verkäuferin einen anderen Automaten ausprobiert?
A: Ja, das hat sie, aber es funktionierte immer noch nicht. Und die Person, die vor mir bezahlt hat, hat auch mit einer Karte bezahlt, also lag es nicht am Automaten.
B: Haben Sie die Karte auf etwas Magnetisches gelegt?
A: Das glaube ich nicht. Gestern hat sie noch funktioniert, als ich *Geld abhob.*
B: Okay, sehen wir, was passiert, wenn wir sie hier ausprobieren.
A: Ja, bitte.
B: Hmm. Was für ein Konto haben

you have with us, Ms Carter?

A: A *gold account.*

B: Okay, now I know what's wrong, ma'am. Didn't you get a letter from us several weeks ago, informing you of the change in our accounts?

A: I don't remember such a letter.

B: Well, we have reorganised our bank accounts and the gold account no longer exists. That's why the card no longer works. You were supposed to fill out a form and tell us what kind of account you want.

A: And since I didn't do that, you just *closed* my *account.*

B: I'm sorry, but all *customers* were sent two letters and one email requesting them to fill in a *form* and select a new account.

A: That's absurd …

B: I understand, but we can take care of everything right now, if you have a moment. It takes just five minutes.

I just need you to fill this in and sign here.

Sie bei uns, Frau Carter?

A: Ein *Goldkonto.*

B: Okay, jetzt weiß ich, was das Problem ist. Haben Sie nicht vor einigen Wochen einen Brief von uns bekommen, der Sie über die Änderungen zu unseren Konten informierte?

A: Ich kann mich an einen solchen Brief nicht erinnern.

B: Also, wir haben unsere Bankkonten umgestellt, und das Goldkonto existiert nicht mehr. Daran liegt es, dass die Karte nicht mehr funktioniert. Sie sollten ein Formular ausfüllen, um uns mitzuteilen, was für ein Konto Sie haben möchten.

A: Und weil ich das nicht gemacht habe, haben Sie mein *Konto* einfach *geschlossen.*

B: Es tut mir leid, aber allen *Kunden* wurden zwei Briefe und eine Mail zugeschickt, in denen sie gebeten wurden, ein *Formular* auszufüllen und ein neues Konto auszusuchen.

A: Das ist absurd …

B: Ich verstehe, aber wir können gleich jetzt alles regeln, wenn Sie einen Augenblick Zeit haben. Es dauert nur fünf Minuten.

Sie müssen nur das hier ausfüllen und hier unterschreiben.

Europe

The *European Union* has brought with it many benefits for our company.

The *European Monetary System* (EMS) controlled the exchange

Europa

Die *Europäische Union* hat unserem Unternehmen viel Vorteile gebracht.

Das *Europäische Währungssystem* (EWS) kontrollierte die Wechsel-

rates of European currencies in relation to each other. The European *Exchange Rate Mechanism* (ERM) was designed to keep currencies within laid down fluctuation margins.

The *European Monetary Union* has improved our profit margins on exported goods. We will pay for the goods by bank transfer in *euro* when we receive them.

The *European Annuities Market* is the second largest in the world after the USA since the *monetary union.*

Our company's *Eurobonds* are selling well, particularly in Japan.

The *Euromarket* is worth billions of dollars.

Their Polish company received a loan from the *European Bank for Reconstruction and Development.*

The *European Investment Bank* loaned us the necessary capital to upgrade our plant in Cork.

If we do not win in the British courts, we will take our case to the *European Parliament.*

The *European Central Bank* is based in Frankfurt.

kurse der europäischen Währungen untereinander. Der *Europäische Wechselkursmechanismus* wurde entwickelt, um die Währungen nur innerhalb einer festgelegten Bandbreite fluktuieren zu lassen.

Die *Europäische Währungsunion* hat die Gewinnspanne unserer Exporte verbessert. Wir werden für die Waren per Überweisung in *Euro* zahlen, sobald wir sie erhalten haben.

Der *Europäische Rentenmarkt* ist seit der *Währungsunion* der zweitgrößte der Welt hinter den USA.

Die *Eurobonds* unseres Unternehmens verkaufen sich sehr gut, vor allem in Japan.

Der *Euromarkt* ist Milliarden von Dollar wert.

Ihr polnisches Unternehmen erhielt einen Kredit von der *Europäischen Bank für Wiederaufbau und Entwicklung.*

Die *Europäische Investitionsbank* hat uns das notwendige Kapital zum Ausbau unserer Fabrik in Cork geliehen.

Sollten wir unseren Fall nicht vor britischen Gerichten gewinnen können, dann wenden wir uns an das *Europäische Parlament.*

Die *Europäische Zentralbank* hat ihren Sitz in Frankfurt.

6. Telefonieren

Calling and Answering Calls

Anrufen und Anrufe entgegennehmen

Is that Smith & Co.? (US: Is this ...)
David Jones here from Smith & Co.,
may I *speak to* .... please?
Could you *put me through to* ...
please?
Is ... *available*?
I'm sorry, I've *dialled* (US: *dialed*)
the wrong number.

Bin ich richtig bei Smith & Co.?
Hier David Jones von Smith & Co.,
kann ich bitte *mit ... sprechen?*
Könnten Sie mich bitte *mit ...
verbinden?*
Ist ... *zu sprechen?*
Es tut mir leid, ich habe *mich
verwählt.*

I can't hear you very clearly, *it's a
bad line.*
Who would you like to speak to?
Who's speaking please?/May I ask
who's calling?
Could I have your name, please?

Ich kann Sie nur undeutlich verstehen,
die Verbindung ist sehr schlecht.
Wen möchten Sie sprechen?
Mit wem spreche ich bitte?

Könnten Sie mir bitte Ihren Namen
sagen?

I'm sorry, he's *on the other line* at the
moment.
Sorry, he's *not in* right now.

Es tut mir leid, er spricht gerade auf
der anderen Leitung.
Tut mir leid, er ist im Augenblick
nicht im Büro.

Please *hold the line.*
Would you like to hold, or should he
call you *back*?
I'm sorry, but he has recently left the
company, Mr. Jones is now in charge
of that department.

Bleiben Sie *am Apparat.*
Möchten Sie warten oder soll er Sie
zurückrufen?
Es tut mir leid, aber er hat vor
kurzem die Firma verlassen,
Herr Jones ist jetzt Leiter dieser
Abteilung.

May I *give him a message*?
Can he *call* you *back*?
Would you hold the line for a moment,
I'll just *put you through.*
Speaking./This is he./This is she.
How can I help you?

Kann ich *ihm etwas ausrichten?*
Kann er Sie *zurückrufen?*
Warten Sie einen Moment, ich
verbinde Sie.
Am Apparat.
Wie kann ich Ihnen behilflich
sein?

What does it concern, please?	***Worum geht es*** bitte?
I'm afraid she's away on business this week.	Leider ist sie diese Woche geschäftlich unterwegs.
I'm sorry, but he's at the Munich fair all week.	Es tut mir leid, aber er ist die ganze Woche auf der Münchener Messe.
He's ***on holiday*** (US: ***on vacation***) until the end of next week.	Er befindet sich bis Ende nächster Woche ***in Urlaub.***
May I ***put*** you ***through*** to her assistant/her secretary?	Kann ich Sie mit ihrer Assistentin/ihrer Sekretärin ***verbinden?***
I have already called twice today.	Ich habe heute schon zweimal angerufen.
May I ***take your name and number*** and get someone to call you back?	Kann ich ***Ihren Namen und Ihre Telefonnummer notieren?*** Es wird Sie dann jemand zurückrufen.
All of our sales team are presently ***unavailable.***	Alle unsere Verkäufer sind zurzeit ***nicht zu erreichen.***
He's just taking his lunch break.	Er hat gerade Mittagspause.
He's in a meeting this morning, could you ***call back*** again this afternoon?	Heute Vormittag hat er eine Besprechung, könnten Sie heute Nachmittag ***wieder anrufen?***
She has asked for ***no calls to be put through.***	Sie hat mich gebeten, ***keine Anrufe durchzustellen.***
OK, I'll ***call back*** later.	Gut, ich ***rufe später zurück.***
All right, I'll ***try again*** this afternoon.	In Ordnung, ich ***probiere es noch einmal*** heute Nachmittag.
Could he give me a call back?	Könnte er mich zurückrufen?
I would just like to ***reconfirm*** our meeting tomorrow at 11 a.m.	Ich möchte nur unsere Besprechung morgen um 11.00 Uhr ***bestätigen.***
When would be the best time to ***reach*** you?	Wann wäre die beste Zeit, Sie zu ***erreichen?***
I'll be out of the office for the rest of the day.	Ich bin den Rest des Tages nicht mehr im Büro.

Talking | **Gespräche führen**

A: David Jones here from Smith & Co., may I speak to Mr. Müller please?

A: Hier David Jones von Smith & Co., kann ich bitte mit Herrn Müller sprechen?

B: I'm sorry, *he's on the other line at the moment. May I take a message?*

A: Yes. Could you please tell him to *call me back* this afternoon?

B: Yes, of course.

A: Could you *put* me *through* to John Smith please?

B: May I ask who's calling?

A: Jane Dawson, Reeve Electronics.

B: *Please hold the line for a moment,* I'll just put you through.

A: May I speak to someone in the sales department?

B: I'm sorry, they are all at lunch until 1.30 p.m. *May I take your name and number* and get someone to *call you back?*

A: All right, I'll *try again* this afternoon.

A: Harald Wagner, please.

B: He's just taking his lunch break. May I help you at all?

A: Yes, you could *give him a message.*

B: Yes, of course. What would you like to tell him?

A: I would just like to *reconfirm* our meeting tomorrow at 11.30 a.m. If there is a problem maybe he can call me back.

B: When would be the *best time to reach you?*

A: I'm also just going to lunch, but will be back in the office after 2 p.m.

B: Es tut mir leid, aber *er spricht gerade auf der anderen Leitung. Kann ich ihm etwas ausrichten?*

A: Ja. Könnten Sie ihm bitte sagen, dass er mich heute Nachmittag *zurückrufen soll?*

B: Ja, natürlich.

A: Könnten Sie mich bitte mit John Smith *verbinden?*

B: Mit wem spreche ich bitte?

A: Jane Dawson, Reeve Electronics.

B: *Einen Moment bitte,* ich verbinde.

A: Könnten Sie mich bitte mit der Verkaufsabteilung verbinden?

B: Es tut mir leid, dort sind alle bis 13.30 Uhr in der Mittagspause. *Kann ich Ihren Namen und Ihre Telefonnummer notieren?* Es wird Sie dann jemand *zurückrufen.*

A: In Ordnung, ich *probiere es noch einmal* heute Nachmittag.

A: Ich hätte gerne Harald Wagner gesprochen.

B: Er hat gerade Mittagspause. Kann ich Ihnen vielleicht behilflich sein?

A: Ja, Sie könnten *ihm etwas ausrichten.*

B: Selbstverständlich. Was soll ich ihm ausrichten?

A: Ich möchte nur unsere Besprechung morgen um 11.30 Uhr *bestätigen.* Vielleicht kann er mich zurückrufen, wenn es Probleme gibt.

B: Wann wäre *die beste Zeit, Sie zu erreichen?*

A: Ich gehe jetzt auch gerade zum Mittagessen, werde aber nach 14 Uhr wieder im Büro sein.

A: Hello, Peter. How are you?
B: I'm fine, thank you. How are you?
A: I'm having a *really busy* day. And with this wonderful weather outside ... I wish I could go home early.

B: Then why don't you?
A: Because we're having troubles with one of our machines. This is actually *the reason for my call.* I need to see you and talk over our *production schedules* as soon as possible. Do you have time for a short meeting tomorrow morning at 10?

B: Yes, I think I'll be able to make it.

A: Wonderful. See you tomorrow, then.
B: Yes, see you tomorrow.

A: Hallo Peter, wie geht's Ihnen?
B: Gut, danke. Und Ihnen?
A: Ich bin *furchtbar beschäftigt* heute. Und das bei diesem wunderbaren Wetter draußen ... Ich wünschte, ich könnte heute früher nach Hause.
B: Warum tun Sie es nicht?
A: Weil wir Schwierigkeiten mit einer unserer Maschinen haben. Übrigens ist das *der Grund, weshalb ich anrufe.* Wir müssen uns so bald wie möglich treffen und den *Produktionszeitplan* besprechen. Haben Sie morgen Vormittag um 10 Uhr Zeit für ein kurzes Meeting?
B: Ja, ich denke ich kann es einrichten.
A: Wunderbar. Dann also bis morgen.

B: Ja, bis morgen.

7. Geschäftskorrespondenz

Proper Letters and Fax Messages	**Briefe und Faxe**
Dear Sir,	Sehr geehrter Herr ...,
Dear Madam,	Sehr geehrte Frau ...,
Dear Sirs,	Sehr geehrte Damen und Herren,
Dear Sir or Madam,	Sehr geehrte Damen und Herren,
	(Adressat unbekannt)
To whom it may concern,	Sehr geehrte Damen und Herren,
	(Adressat unbekannt)
Dear Mr. Walsh,	Sehr geehrter Herr Walsh,
Dear Mrs. Walsh,	Sehr geehrte Frau Walsh,
	(verheiratete Frau)
Dear Miss Walsh,	Sehr geehrte Frau Walsh,
	(ledige Frau)
Dear Ms. Walsh,	Sehr geehrte Frau Walsh,
	(Familienstand nicht bekannt)
Dear Andrew,	Lieber Andrew,
Gentlemen,	Meine Herren,
Enc./Encl.	Anlage
cc.	Verteiler
Att:/Attn:	zu Händen von
F.A.O. (For attention of)	zu Händen von
Your ref.	Ihr Betreff
Our ref.	Unser Betreff
dd. (dated)	datiert
Yours sincerely,/ Sincerely yours,	Mit freundlichen Grüßen
Yours truly,	Mit freundlichen Grüßen
Yours faithfully,	Mit freundlichen Grüßen
Best regards,	Mit freundlichen Grüßen
Kind regards,	Mit herzlichem Gruß
With kindest regards,	Herzliche Grüße
	Mit herzlichen Grüßen
P.P.	i.A, i.V. oder ppa.
Dictated by/signed in absence	nach Diktat verreist
memo	Hausmitteilung/interne Mitteilung

registered letter	Einschreiben
by registered letter	per Einschreiben
recorded delivery (UK)	per Einschreiben
certificate of posting	Einlieferungsschein
express	Eilzustellung
air mail	Luftpost
parcel	Paket
small packet	Päckchen
courier service	per Eilbote
overnight service	per Eilbote
desk	Schreibtisch
typewriter	Schreibmaschine
photocopier/xerox copier/copy machine	Fotokopierer
printer	Drucker
word processing	Textverarbeitung
to dictate	diktieren
shorthand	Kurzschrift/Stenografie
envelope	Umschlag/Kuvert
label	Etikett
letterhead	Briefkopf
business card (US: calling card)	Visitenkarte
index card/filing card	Karteikarte
to file	ablegen, ordnen

We are *referring to* …/Referring to … *Further to* …/With reference to … With reference to … Thank you for *your letter of* …/*dated* … We are writing to you … We are pleased to note from your letter… We received your address from …/… (kindly) provided us with your address.

Wir *beziehen uns auf* … *Bezug nehmend auf* …/*Mit Bezug auf* … In Bezugnahme auf … Vielen Dank für *Ihr Schreiben vom* … Wir wenden uns an Sie … Ihrem Schreiben entnehmen wir gerne … Ihre Anschrift hat uns … (freundlicherweise) zur Verfügung gestellt.

Let us *draw your attention to* …/ We would like to *point out to you* … We learned from … that … *You have been mentioned/recommended to us* as one of the leading suppliers of …

Wir möchten *Sie darauf aufmerksam machen* … Wie wir von … erfahren haben … *Sie wurden uns* als einer der führenden Lieferanten für … *genannt/ empfohlen.*

We would be grateful if you would ...
Please send us further information.

We require .../We need the following goods ...
May we *draw* your *attention to* .../ *point out to* you ...

We look forward to hearing from you soon.
Awaiting your reply, we remain, yours faithfully
If you have any *further questions* ...

Please do not hesitate to contact us if you have any queries.
If we can be of further assistance to you, please do not hesitate to contact us (at any time).
Please let us know if you need any more help.

Please refax.

Please repeat *transmission.* The first transmission was difficult to read.

Someone using this *fax number* tried to fax us this morning.

Our *fax machine* ran out of paper. Please resend.

Dear Mike,
Please enter new order for 400 kg cement. *Please fax OK by return.*

Thank you.

Wir wären Ihnen dankbar, wenn ...
Bitte senden Sie uns weiteres Informationsmaterial zu.
Wir benötigen die folgenden Waren ...

Dürfen wir Sie *darauf aufmerksam machen* ...

Wir freuen uns darauf, bald von Ihnen zu hören.
In Erwartung Ihrer Antwort verbleiben wir mit freundlichen Grüßen
Sollten Sie noch *weitere Fragen* haben ...
Für Rückfragen stehen wir Ihnen gerne zur Verfügung.
Sollten wir Ihnen noch anderweitig behilflich sein können, zögern Sie nicht, uns (jederzeit) zu kontaktieren.
Sollten Sie noch weitere Hilfestellung benötigen, lassen Sie es uns einfach wissen.

Bitte noch einmal faxen.

Bitte *Übertragung* wiederholen. Die erste Übertragung war schwer leserlich.

Jemand mit dieser *Faxnummer* hat heute Morgen versucht uns etwas zu faxen.

Unser *Faxgerät* hatte kein Papier mehr. Bitte schicken Sie es noch einmal.

Lieber Mike,
bitte merken Sie folgenden Neuauftrag über 400 kg Zement vor. *Bitte bestätigen Sie per Fax.*
Vielen Dank.

Sample Letters   **Musterbriefe**

---

368 East 13th Avenue
Chicago Heights
Illinois 36597
U.S.A

May 5, 2012

Dear Sir/Madam,

I am writing to apply for the position of public relations manager,
which I saw advertised in the Chicago Herald on May 2 of this year.
I have had several years of experience in the field of public relations
and feel that I am fully capable of fulfilling your requirements.

I completed my first class business degree at the University
of Chicago in 1999 and was subsequently selected for the
graduate training programme with LVL, an affiliate of the
TEHV Group. Following my year's training with LVL, I
worked for four years in various subsidiaries of the TEHV
Group, including six months in Brazil and two years in Europe.
Thus I am fully aware of the business culture in South
America and in the European Union. My time overseas has
taught me to be versatile and flexible in my approach to public
relations and to adjust my strategies in accordance with the
expectations of very different cultures.

I am multilingual and can speak and write Spanish, French and
Portuguese to the high standard necessitated by your company.

I have enclosed my current résumé as requested, including details
of two referees and hope to be able to discuss the position with
you in more depth at interview.

Yours sincerely,

Mary Hughes (Ms.)

368 East 13th Avenue
Chicago Heights
Illinois 36597
U.S.A

5. Mai 2012

Sehr geehrte Damen und Herren,

ich schreibe, um mich für die Stelle eines Public Relations Managers zu bewerben, die ich im Chicago Herald vom 2. Mai dieses Jahres inseriert gesehen habe. Ich habe einige Jahre Erfahrung auf dem Public Relations Sektor und glaube, dass ich absolut in der Lage sein werde, Ihre Anforderungen zu erfüllen.

Ich habe mein Studium der Betriebswirtschaftslehre an der Universität von Chicago 1999 mit „Eins" abgeschlossen. Danach wurde ich für das Graduierten-Trainings-Programm der LVL, einer Tochtergesellschaft der TEHV Gruppe, ausgewählt. Nach meinem Trainingsjahr bei LVL arbeitete ich vier Jahre lang bei verschiedenen Tochtergesellschaften der TEHV Gruppe, unter anderem sechs Monate lang in Brasilien und zwei Jahre in Europa. Daher bin ich sowohl mit der südamerikanischen wie auch mit der europäischen Geschäftskultur gut vertraut. Die Zeit in Übersee hat mich gelehrt, vielseitig und flexibel in meinen Methoden in der Öffentlichkeitsarbeit zu sein, und meine Strategien den Erwartungen von verschiedenen Kulturen anzupassen.

Ich bin mehrsprachig und beherrsche Spanisch, Französisch und Portugiesisch in Wort und Schrift auf dem hohen Standard, der von Ihrem Unternehmen benötigt wird.

Wie gewünscht habe ich meinen aktuellen Lebenslauf inklusive zweier Referenzen beigefügt und hoffe, die Stelle mit Ihnen in größerer Ausführlichkeit beim Bewerbungsgespräch besprechen zu können.

Mit freundlichen Grüßen

Mary Hughes (Ms.)

Highland Hideouts
Aviemore
Inverness-shire
PH21 7AW
Scotland

Kincardine Cottage
Pityoulish
Aviemore
Inverness-shire
PH22 6JL

7th February 2012

Dear Mrs Norman,

We are delighted to offer you the position of accountant within our firm. We feel that you are fully capable of becoming a valuable and efficient member of our team. We hope that you will accept the position and would be extremely grateful if you could contact us as soon as possible to inform us of your decision.

If at all possible, we would like you to start work with us on Monday 13th February, although we realise that you may have to work a month's notice with your present company and will because of this perhaps not be available for work on this date.

I look forward to hearing from you.

Kind regards,

Geraldine Craig

Highland Hideouts
Aviemore
Inverness-shire
PH21 7AW
Scotland

Kincardine Cottage
Pityoulish
Aviemore
Inverness-shire
PH22 6JL

7. Februar 2012

Sehr geehrte Frau Norman,

wir schätzen uns glücklich, Ihnen die Stelle als Buchhalterin in unserer Firma anbieten zu können. Wir glauben, dass Sie dazu in der Lage sind, ein wertvolles und effizientes Mitglied unseres Teams zu werden. Wir hoffen, dass Sie unser Angebot wahrnehmen und wären Ihnen sehr dankbar, wenn Sie uns so früh wie möglich über Ihre Entscheidung informieren könnten.

Wenn irgend möglich, würden wir unsere Zusammenarbeit gerne am Montag dem 13. Februar beginnen, obwohl uns klar ist, dass Sie wahrscheinlich bei Ihrem jetzigen Unternehmen eine einmonatige Kündigungsfrist einhalten müssen und uns deshalb zu diesem Zeitpunkt vielleicht noch nicht zur Verfügung stehen werden.

Ich freue mich darauf, von Ihnen zu hören.

Mit freundlichen Grüßen

Geraldine Craig

Stanley Products Limited
Endon
Staffordshire
ST17 6TG
England

Oak Cottage
Bagnall Lane
Endon
ST16 8UG

5th September 2012

Dear Miss Mills,

We are sorry to inform you that despite your extremely convincing interview on August 23rd and your subsequent good performance during our assessment weekend in the Lake District, we cannot offer you the position of trainee marketing manager within our company. We were astonished by the unusually high standard of applicants and our decision was an extremely difficult one.

Your C.V. and application forms are enclosed.

We wish you all the best in your future career.

Yours sincerely,

Sue Hancock, *Personnel Manager*

Stanley Products Limited
Endon
Staffordshire
ST17 6TG
England

Oak Cottage
Bagnall Lane
Endon
ST16 8UG

5. September 2012

Liebe Frau Mills,

es tut uns sehr leid, Ihnen mitteilen zu müssen, dass wir Ihnen trotz Ihres sehr überzeugenden Bewerbungsgesprächs vom 23. August und Ihrer nachfolgenden guten Leistung während unseres Assessment-Wochenendes im Lake District die Stelle als Marketingmanagertrainee in unserem Unternehmen nicht anbieten können. Wir waren selbst von dem ungewöhnlich hohen Standard der Bewerber überrascht und die Entscheidung ist uns sehr schwergefallen.

Ihren Lebenslauf und die Bewerbungsunterlagen haben wir beigefügt.

Für Ihre berufliche Zukunft wünschen wir Ihnen alles Gute.

Mit freundlichen Grüßen,

Sue Hancock, *Leiterin der Personalabteilung*

Maurice Motors, Pentonville Industrial Estate, Newcastle-upon-Tyne.

MEMO 07/12

TO: All members of staff

FROM: The Board of Directors

SUBJECT: Planned flotation of Maurice Motors

All our staff are already aware of our future plans to float Maurice Motors on the stock market. The Board has now fixed a definite date; sales of our shares are as from today scheduled to begin on 1st September of this year.

As loyal members of staff within our company, we consider you deserving of receiving a share option to shares in our company. This means that you will be able to buy shares in Maurice Motors, at the reduced price of ninety per cent per share. We have agreed, after much discussion, to offer one hundred shares per employee at this special price.

We realise that many of our staff may never have purchased shares before and therefore are unaware of the advantages of doing so. We have decided therefore to give a presentation on shareholding and what you can expect to gain from being a shareholder. This is scheduled to take place on August 3rd.

If employees have any questions before this date or cannot attend the presentation, our financial manager Miss Joyce is prepared to give advice on the matter. Please contact her either via e-mail, address SJB.fin@mm.newc.uk, or by telephone on extension 257. Please do not visit her in her office without prior appointment.

Please note that employees wishing to buy shares must notify us of their interest on or before 14th August, in order to allow enough time for their issue before flotation on 1st September.

Maurice Motors, Pentonville Industrial Estate, Newcastle-upon-Tyne.

MEMO 07/12

An: Alle Mitarbeiter

Von: Verwaltungsrat

Betreff: Geplanter Börsengang von Maurice Motors

Allen unseren Mitarbeitern ist bekannt, dass wir planen, mit Maurice Motors an die Börse zu gehen. Die Direktion hat jetzt einen endgültigen Termin festgelegt. Der Verkauf unserer Aktien beginnt nach dem heute fixierten Zeitplan am 1. September dieses Jahres.

Wir sind der Meinung, dass Sie als loyale Mitarbeiter unserer Firma ein Aktienbezugsrecht für Aktien unseres Unternehmens verdienen. Das bedeutet, dass Sie die Gelegenheit haben werden, Aktien von Maurice Motors mit einem Preisnachlass von 90 Prozent pro Aktie zu erwerben. Wir sind nach langer Diskussion übereingekommen, jedem Mitarbeiter 100 Aktien zu diesem Vorzugspreis anzubieten.

Es ist uns klar, dass viele unserer Mitarbeiter niemals zuvor Aktien erworben haben und daher die Vorteile eines solchen Kaufes nicht kennen. Wir haben uns daher entschieden eine Informationsveranstaltung zum Aktienbesitz und den damit verbundenen Vorteilen abzuhalten. Diese Veranstaltung wird am 3. August stattfinden.

Wenn Mitarbeiter vor diesem Zeitpunkt Fragen haben sollten oder der Veranstaltung nicht beiwohnen können, so ist unsere Finanzleiterin Frau Joyce bereit, in dieser Sache zu beraten. Bitte kontaktieren Sie sie entweder über E-Mail unter SJB.fin@mm.newc.uk oder telefonisch unter der Durchwahl 257. Bitte besuchen Sie sie nicht in ihrem Büro ohne vorherige Anmeldung.

Bitte berücksichtigen Sie, dass Mitarbeiter, die Aktien zu kaufen wünschen, uns dies bis zum 14. August mitteilen müssen, sodass genügend Zeit für ihre Anfrage vor dem Börsengang am 1. September verbleibt.

Smith & Co., 19 Station Road, Liverpool

Jones Bros. Ltd.
5 Newton Street
Newport, Gwent

7th September 2012
Ref.: Our order no. 452 dated June 5th

Dear Mr Jones,

We refer to our order no. 452 dated June 5th for five boxes of article 372 in green and your order confirmation no. 1357 dated 11th June.

This order, which is the third part of our annual order, was due to leave your factory on the 5th of September to arrive in Liverpool by today, the 7th of September. Up to now, we have received neither your advice of dispatch, nor information as to the status of this order.
This material is now required by our depot in Manchester, as it is needed to make up a large order which we need to ship by the end of next week. If we delay our shipment, there is a danger of us losing the order altogether. Therefore we really must insist that the goods are dispatched tomorrow, otherwise this will cause us contractual difficulties.

Please let us know by return fax when we can expect delivery of these goods.
Looking forward to your positive reply, we remain

yours sincerely,

D. Smith (Mrs)

Smith & Co., 19 Station Road, Liverpool

Jones Bros. Ltd.
5 Newton Street
Newport, Gwent

07. 09. 2012
Unser Auftrag Nr. 452 vom 5. Juni

Sehr geehrter Herr Jones,

wir beziehen uns auf unseren Auftrag Nr. 452 vom 5. Juni über fünf Kisten des Artikels 372 in Grün und Ihre Auftragsbestätigung Nr. 1357 vom 11. Juni.

Dieser Auftrag, der dritte Teil unserer jährlichen Bestellung, sollte am 5. September Ihr Werk verlassen, um spätestens heute, am 7. September, in Liverpool anzukommen. Bis jetzt haben wir weder eine Versandanzeige noch Informationen über den Stand dieses Auftrags erhalten.
Das Material wird nun in unserem Lager in Manchester dringend benötigt, um unsererseits einen Auftrag fertigzustellen, den wir bis Ende nächster Woche verschiffen müssen. Wenn wir unsere Lieferung verzögern, besteht die Gefahr, dass wir den Auftrag ganz verlieren. Wir müssen daher darauf bestehen, dass die Ware morgen zum Versand kommt, ansonsten könnte es für uns zu vertragsrechtlichen Problemen kommen.

Bitte lassen Sie uns unverzüglich per Telefax wissen, wann wir mit der Lieferung der Ware rechnen können.
In Erwartung Ihrer positiven Antwort verbleiben wir

mit freundlichen Grüßen

D. Smith

Miller Machines Inc.
1552 South Cherry Avenue
Chicago, IL 60607

Fa. Georg Schmid GmbH
Neckarstraße 15
70469 Stuttgart
Germany

04/30/2012 ff/gn

Ref.: Enquiry

Dear Sirs,

The German Chamber of Commerce was kind enough to pass on the name and address of your company as a manufacturer of small motors for industrial uses. We would like to import your products to the American market and would also be interested to learn whether you are represented in this part of America. We are a medium-sized company with thirty employees. We have seven salesmen in the Chicago area and twelve more across the states of Illinois, Ohio and Indiana.

Please let us have your detailed offer as follows: For full 20' containers CIF port of Chicago via Montreal Gateway, including price per unit and present lead time.

As payment we would suggest 60 days after date of invoice, net.

Would you offer a discount for large quantities or for regular orders?

Please send us a company brochure and some catalogues showing the different kinds of motors and the different applications that you can offer.

We look forward to hearing from you.

Sincerely,

Frank Fitzpatrick
Purchasing Manager

Miller Machines Inc.
1552 South Cherry Avenue
Chicago, IL 60607

Fa. Georg Schmid GmbH
Neckarstraße 15
D-70469 Stuttgart
Germany

Angebotsanfrage

30. 4. 2012

Sehr geehrte Damen und Herren,

die Deutsche Handelskammer hat uns freundlicherweise den Namen und die Adresse Ihrer Firma als Hersteller von Kleinmotoren für industrielle Zwecke gegeben. Wir würden gerne Ihre Produkte in den amerikanischen Markt importieren und wären auch interessiert zu erfahren, ob Sie in diesem Teil der Vereinigten Staaten vertreten sind.
Wir sind ein mittelständisches Unternehmen mit 30 Angestellten. Im Raum Chicago beschäftigen wir sieben Verkäufer sowie zwölf weitere in den Staaten Illinois, Ohio und Indiana.
Bitte schicken Sie uns Ihr detailliertes Angebot wie folgt:
Auf Basis von vollen 20' Containern CIF Chicago über Montreal Gateway, einschließlich Preis pro Einheit und aktueller Lieferzeit.
Als Zahlungsbedingung würden wir 60 Tage nach Rechnungsdatum, netto vorschlagen.
Gewähren Sie Mengenrabatte oder Rabatte für regelmäßige Bestellungen?
Könnten Sie uns bitte auch eine Firmenbroschüre sowie Kataloge über die verschiedenen Motoren und deren Verwendungsmöglichkeiten zukommen lassen?

In Erwartung Ihrer baldigen Antwort verbleiben wir
mit freundlichen Grüßen

Frank Fitzpatrick
Einkaufsleiter

Georg Schmid GmbH, Neckarstraße 15, D-70469 Stuttgart

Miller Machines Inc.
Attn: Mr. Fitzpatrick
Purchasing Manager
1552 South Cherry Avenue
Chicago, IL 60607
USA

June 6, 2012 gs/st

Ref.: Your enquiry dated April 30, 2012

Dear Mr. Fitzpatrick,

Thank you for your letter of April 30, 2012 and the interest you showed in our products. We would first of all like to tell you something about our company: Our company was founded in 1935, has at present 120 employees and we are hoping to expand next year to a further unit in the Stuttgart area. We mainly sell our products here in Germany but are hoping to expand our export activities.

At the moment we are not represented in the eastern United States, and we would be very interested in arranging a meeting to discuss your proposal. We have enclosed our current price list. Please note the following:

All our prices are to be understood FOB German port including packing. For CIF deliveries we would have to charge an extra 10% on list price. These prices are based on a minimum quantity of 50 units per order in 20' containers. For regular orders we would offer a discount of 5%. Present lead time is ex works four weeks after receipt of order.

For the first order we would prefer payment "Cash against Documents", for which we would offer a discount of 3%. For further orders we would consider an open payment term.

We have enclosed the requested company brochure and various catalogues. We hope that we have made you a favorable offer and look forward to hearing from you soon.

With best regards,

G. Schmid

Georg Schmid GmbH, Neckarstraße 15, D-70469 Stuttgart

Miller Machines Inc.
z. Hd. Herrn Fitzpatrick
Einkaufsleiter
1552 South Cherry Avenue
Chicago, IL 60607
USA

05.06.2012   gs/st

Ihre Anfrage vom 30.04.2012

Sehr geehrter Herr Fitzpatrick,

vielen Dank für Ihren Brief vom 30.04.12 und Ihr Interesse an unseren Produkten. Wir möchten Ihnen zunächst etwas über unsere Firma erzählen: Unsere Firma wurde 1935 gegründet und hat zurzeit 120 Mitarbeiter und wir hoffen, nächstes Jahr eine weitere Fabrik in der Stuttgarter Gegend zu erwerben. Wir verkaufen unsere Produkte hauptsächlich in Deutschland, hoffen aber, unsere Exportaktivitäten weiter ausbauen zu können. Zurzeit sind wir nicht im Osten der USA vertreten und wir wären sehr daran interessiert, ein Treffen zu vereinbaren, um Ihren Vorschlag zu diskutieren. Anbei unsere aktuelle Preisliste, bitte beachten Sie Folgendes: Unsere Preise verstehen sich FOB deutscher Hafen einschließlich Verpackung. Für CIF-Lieferungen müssen wir einen Aufschlag von 10 % auf den Listenpreis berechnen. Diese Preise basieren auf einer Mindestabnahmemenge von 50 Stück pro Auftrag in 20' Containern. Für regelmäßige Bestellungen können wir einen Rabatt von 5 % anbieten. Aktuelle Lieferzeit ab Werk ist vier Wochen nach Auftragserhalt. Für den ersten Auftrag würden wir eine Zahlungskondition „Kasse gegen Dokumente" vorziehen, wofür wir aber einen Rabatt von 3 % anbieten würden. Für weitere Aufträge könnten wir ein offenes Zahlungsziel berücksichtigen. Wir haben die gewünschte Firmenbroschüre und verschiedene Kataloge beigelegt. Wir hoffen, Ihnen ein günstiges Angebot gemacht zu haben und würden uns freuen, bald von Ihnen zu hören.

Mit freundlichen Grüßen
G. Schmid

Candy Computer Components
Wall Grange Industrial Estate
Buxton
Derbyshire
DB26 8TG
Great Britain

Dandy Distributions Poland
21 Zapikamke Street
Gdansk
Poland

16th October 2012

Re: Agency Agreement

Dear Mr. George,

Following our meeting last week and in reply to yesterday's fax message,
I would like to suggest terms, as enclosed, for our proposed agency
agreement. This will, as agreed, award you sole agency for the distribution
and sale of our products in Poland.

I have enclosed two copies of our proposed contract. I hope you find
the terms acceptable for your company. If you would like to make any
amendments or have any questions regarding the terms of contract,
please do not hesitate to contact me and we can discuss the
matter further.

Please read the provisions in the agreement carefully. If you find them
to be acceptable to you, please sign both copies and return them
to me as soon as possible.

I look forward to our doing business together and hope that this marks the
beginning of a mutually profitable business relationship.

Best regards,

Andy Bartler

Candy Computer Components
Wall Grange Industrial Estate
Buxton
Derbyshire
DB26 8TG
Great Britain

Dandy Distributions Poland
21 Zapikamke Street
Gdansk
Poland

16. Oktober 2012

Vertretungsvertrag

Sehr geehrter Herr George,

nach unserem Treffen letzte Woche und als Antwort auf Ihr gestriges Fax möchte ich Ihnen hiermit die Bedingungen für unseren vorgeschlagenen Vertretungsvertrag übersenden. Diese geben Ihnen wie vereinbart das alleinige Vertretungsrecht für Vertrieb und Verkauf unserer Produkte in Polen.

Ich habe zwei Kopien des vorgeschlagenen Vertrages beigefügt. Ich hoffe, dass die Konditionen für Ihr Unternehmen annehmbar sind. Sollten Sie irgendwelche Nachbesserungen vornehmen wollen oder Fragen hinsichtlich der Vertragsbedingungen haben, so zögern Sie bitte nicht, mich zu kontaktieren, sodass wir die Angelegenheit weiter besprechen können.

Bitte lesen Sie die Bestimmungen des Vertrages sorgfältig. Sollten Sie sie annehmbar finden, so unterzeichnen Sie bitte beide Kopien und schicken Sie sie sobald als möglich an mich zurück.

Ich freue mich darauf, mit Ihnen zusammenzuarbeiten und hoffe, dass dies den Beginn einer für beide Seiten profitablen Geschäftsbeziehung darstellt.

Mit freundlichen Grüßen
Andy Bartler

Hans Müller GmbH & Co., Rosenstraße 76, D-60313 Frankfurt

Lloyd Automation Ltd.
Attn: Mr. Patrick Hughes
15 River Bank Industrial Estate
Birmingham B4
Great Britain

27 May 2012 hm/fe

Ref.: Addition to our product range

Dear Mr Hughes,

We are pleased to announce that item no. 12967 is now available in three different versions: the existing two products and now a third alternative in black leather. This is something we have been working on for almost six months and after extensive tests the new version has been released for sale. This is an important addition to our product range and we are sure that this will serve to complement the present products. We now have the unique opportunity to cover three different sectors of the market at once and to update our present technology.

We have enclosed a brochure and a revised price list which now includes this item. For initial orders we would be prepared to offer an introductory discount of 5%.

We hope that this new addition to our product range will enable you to consolidate and even to increase your sales, and we look forward to receiving your trial orders.

With best regards,

H. Müller

Encl.:   Brochure
       Revised price list

Hans Müller GmbH & Co., Rosenstraße 76, D-60313 Frankfurt

Lloyd Automation Ltd.
z. Hd. Herrn Patrick Hughes
15 River Bank Industrial Estate
Birmingham B4
Großbritannien

27. Mai 2012 hm/fe

Ergänzung unserer Produktpalette

Sehr geehrter Herr Hughes,

wir freuen uns, Ihnen mitteilen zu können, dass unser Artikel Nr. 12967 jetzt in drei verschiedenen Ausführungen lieferbar ist: Die zwei bereits existierenden Versionen und nun eine dritte Alternative in schwarzem Leder. Wir habe fast sechs Monate daran gearbeitet, und nach ausführlichen Tests ist die neue Version nun für den Verkauf freigegeben worden. Es handelt sich um eine wichtige Erweiterung unserer Produktpalette und wir sind sicher, dass dies unsere bestehenden Produkte ergänzen wird. Wir haben jetzt die einmalige Möglichkeit, drei verschiedene Marktsektoren gleichzeitig abzudecken und unsere jetzige Technologie auf den neuesten Stand zu bringen. Anbei eine Broschüre und eine revidierte Preisliste, die jetzt diesen Artikel enthält. Für Erstaufträge wären wir bereit, einen Sondereinführungsrabatt von 5 % zu gewähren. Wir hoffen, dass diese neue Ergänzung unserer Produktpalette es Ihnen ermöglichen wird, Ihre Umsätze zu konsolidieren oder sogar zu steigern. Wir freuen uns auf den Erhalt Ihrer Musterbestellungen.

Mit freundlichen Grüßen

H. Müller

Anlage: Broschüre
        Revidierte Preisliste

F. Huber Chemie GmbH, Isarstraße 102, D-80469 München

C. Bryan Chemicals Ltd.
Attn: Mr John Perkins
5 Green Lane
Brighton, East Sussex
Great Britain

10 December 2011 fh/me

Ref.: Price increase as from 1st of January, 2012

Dear Mr Perkins,

Unfortunately we have to inform you that as of the 1st of January we will be increasing our prices by 5%. This is the first adjustment in two years and has been made necessary by several factors.

The price of raw materials has increased by up to 20% within a matter of months; the prices for natural rubber in particular have been affected.

The introduction of motorway tolls for lorries at the beginning of this year has lead to a 5-10% increase in freight costs, which, as our orders are delivered CIP Brighton, has also to be covered by us.

The increasingly stringent environmental legislation in Great Britain makes it more and more difficult for us to ensure cost-effective production. Also the new laws make it more expensive for us to dispose of our waste and packing materials.

All of these factors leave us no other choice than to adjust our prices accordingly. We are, however, prepared to guarantee these new prices until the end of April 2007. The new price list will be forwarded in the near future.

We sincerely regret having to take this step, but hope that we can nevertheless maintain our position in the European market.

With kindest regards,

F. Huber

F. Huber Chemie GmbH, Isarstraße 102, D-80469 München

C. Bryan Chemicals Ltd.
z. Hd. Herrn John Perkins
5 Green Lane
Brighton, East Sussex
Großbritannien

10. Dezember 2011 fh/me

Preiserhöhung ab 1. Januar 2012

Sehr geehrter Herr Perkins,

leider müssen wir Ihnen mitteilen, dass wir ab 1. Januar 2012 eine Preiserhöhung von 5 % vornehmen werden. Es ist die erste Angleichung seit zwei Jahren und sie ist wegen verschiedener Faktoren notwendig geworden.
Die Preise für Rohstoffe sind innerhalb der letzten Monate um bis zu 20 % gestiegen; besonders die Preise für Naturkautschuk sind davon betroffen.
Die Einführung von Autobahngebühren für LKW Anfang dieses Jahres haben zu einer Anhebung der Frachtkosten um 5-10 % geführt, die, da unsere Aufträge CIP Brighton geliefert werden, auch von uns gedeckt werden müssen.
Die zunehmend strengen Umweltgesetze Großbritanniens erschweren es uns, eine kosteneffektive Produktion zu sichern. Zudem machen die neuen Verordnungen es für uns immer teurer, unseren Abfall und unser Verpackungsmaterial zu entsorgen.
All diese Faktoren lassen uns keine andere Wahl als unsere Preise entsprechend anzupassen. Wir sind jedoch bereit, diese neuen Preise bis Ende April 2007 zu garantieren. Die neue Preisliste erhalten Sie in Kürze.
Wir bedauern sehr, diesen Schritt unternehmen zu müssen, hoffen aber, dass wir dennoch unsere Position auf dem europäischen Markt beibehalten können.

Mit freundlichen Grüßen

F. Huber

Accounting Services, 159 Gastown Street, Vancouver, V1 7KH, British Columbia.

Marie Bardel
Software Showmen
145 Tenth Avenue West
Vancouver
V23 9HG

5th June 2012

Dear Marie,

I am sorry to persist in contacting you regarding this matter, but I remain doubtful of the quality of the service you have provided regarding the training of our staff in the new, "user-friendly" software packages you installed in our offices.

I realize that my employees may share the blame for this problem, but I must admit that it seems to me that they have quite simply been misinformed regarding some aspects of the potential uses of the software you provided. I wonder if it would perhaps be possible for us to arrange a second training day, perhaps at a reduced price with a more senior member of your team, in order to ensure that we can use the new computerised accounting systems to our full advantage.

I do realize that you made a considerable effort to help us in every way possible thus far and would be most grateful if you would assist us further in this matter.

I look forward to hearing from you.

Best Regards,

Paul Bernard

Accounting Services, 159 Gastown Street, Vancouver, V1 7KH, British Columbia.

Marie Bardel
Software Showmen
145 Tenth Avenue West
Vancouver
V23 9HG

5. Juni 2012

Liebe Marie,

es tut mir leid, Sie ein weiteres Mal in dieser Angelegenheit zu kontaktieren, aber ich habe immer noch Zweifel an der Qualität des von Ihnen zur Verfügung gestellten Services. Dabei beziehe ich mich auf das Training unserer Mitarbeiter an dem von Ihnen in unseren Büros installierten „benutzerfreundlichen" Softwarepaket.

Es ist mir klar, dass ein Teil des Problems bei unseren Mitarbeitern liegt, aber ich muss zugeben, dass es mir so scheint, als ob sie einfach falsch über einige Aspekte des von Ihnen gelieferten Softwarepakets informiert worden sind. Ich frage mich, ob es vielleicht möglich wäre, einen zweiten Trainingstag für uns zu arrangieren, und zwar möglicherweise zu einem reduzierten Preis und mit einem erfahreneren Mitglied Ihres Teams, sodass sichergestellt ist, dass wir das neue computerisierte Buchhaltungsprogramm zu unserem größtmöglichen Vorteil ausnützen können.

Es ist mir klar, dass Sie sich bisher große Mühe gegeben haben, uns soweit wie möglich zu unterstützen und ich wäre sehr dankbar, wenn Sie uns auch weiterhin in dieser Angelegenheit helfen würden.

Ich freue mich darauf, von Ihnen zu hören.

Mit freundlichen Grüßen

Paul Bernard

Taylor and Ball Constructions, 189 Paisley Road, Hamilton, Scotland.

Gulliver's Distributions
23 Lilliput Lane
Stoke-on-Trent
England

5th October 2012

Ref: Delivery of copper piping

Dear Mr Swift,

Following several telephone conversations with both your secretary and yourself, I feel I have no choice but to inform you that if we do not receive our delivery of copper piping by 10th October 2012 at the very latest, we will be forced to take legal action and sue for damages. I realise that problems can and do occur and I am always reasonable in respect of short delays. As yet, however, your firm has failed to provide a valid reason for the inexcusable delay and we have waited for more than two weeks for our consignment.

Obviously, I would like to avoid the time and trouble involved in a legal case, but feel that there is scarcely another option remaining open to me. We enjoy an extremely good reputation in the Hamilton area and have many loyal customers throughout Scotland who rely on our prompt service. The absence of the copper piping has brought our construction project in the Tomintoul Estate for our loyal customer, Lord Yahoo, to a standstill, as our engineers cannot work without their raw materials.

I expect a response from you or a member of your staff by return post or alternatively, by fax or e-mail.

Yours sincerely,

Christine Peters

Taylor and Ball Constructions, 189 Paisley Road, Hamilton, Scotland.

Gulliver's Distributions
23 Lilliput Lane
Stoke-on-Trent
England

5. Oktober 2012

Lieferung von Kupferrohren

Sehr geehrter Herr Swift,

nach mehreren Telefongesprächen mit Ihrem Sekretär und Ihnen, sehe ich keine andere Möglichkeit, als Sie darauf aufmerksam zu machen, dass wir uns gezwungen sehen, rechtliche Schritte einzuleiten und auf unseren Schaden zu klagen, wenn wir unsere Lieferung Kupferrohre nicht bis spätestens zum 10. Oktober 2012 erhalten. Es ist mir bewusst, dass Probleme auftreten können und ich bin sehr verständnisvoll bei kurzen Verzögerungen. Doch Ihre Firma hat bis heute keinen vernünftigen Grund für die unentschuldbare Verzögerung angegeben und wir haben bereits mehr als zwei Wochen auf Ihre Lieferung gewartet.

Natürlich möchte ich gerne die Zeit und den Ärger, die ein Gerichts-verfahren mit sich bringt, vermeiden, aber ich habe kaum noch eine andere Möglichkeit. Wir haben einen sehr guten Ruf in der Region um Hamilton und viele loyale Kunden in ganz Schottland, die sich auf unseren prompten Service verlassen. Das Fehlen der Kupferrohre hat unser Bauprojekt auf dem Tomitoul Besitz für unseren treuen Kunden, Lord Yahoo, zum Stillstand gebracht, und unsere Ingenieure können nicht ohne ihre Rohmaterialien arbeiten.

Ich erwarte eine Antwort von Ihnen oder einem Ihrer Mitarbeiter entweder auf dem Postweg oder alternativ via Fax oder E-Mail.

Hochachtungsvoll,

Christine Peters

Gulliver's Distributions, 23 Lilliput Lane, Stoke-on-Trent, England.

Taylor and Ball Constructions
189 Paisley Road
Hamilton
Scotland

7th October 2012

Ref: Delivery of copper piping

Dear Miss Peters,

I cannot apologise enough for the inconvenience caused by the delay in delivering the copper piping and am pleased to inform you that the piping left the yard this morning and should be with you by the time you receive this letter.

As I explained in our telephone conversation yesterday, our driver was injured during the loading of the piping and as a result, we have been very short-staffed over the past two weeks. I'm afraid to say that in the aftermath of the accident, my secretary failed to realise that the consignment had not been delivered. He also failed to pass on your telephone messages and thus I heard of the problem only when the consignment was already one week overdue. I have since taken appropriate action and given my secretary a written caution.

In view of the unfortunate situation which has arisen, I would like to offer you a discount of fifty percent on the normal delivery charge. I hope this settles the matter to your satisfaction and I hope that we can continue to do business together in the future.

Once again, please accept my sincere apologies.

Yours sincerely,

Jon Swift

Gulliver's Distributions, 23 Lilliput Lane, Stoke-on-Trent, England.

Taylor and Ball Constructions
189 Paisley Road
Hamilton
Scotland

7. Oktober 2012

Lieferung von Kupferrohren

Sehr geehrte Frau Peters,

ich kann mich nicht genug für die Unannehmlichkeiten entschuldigen, die Ihnen durch die Verzögerung bei der Lieferung der Kupferrohre entstanden sind und bin glücklich, Ihnen mitteilen zu können, dass die Rohre heute Morgen unseren Hof verlassen haben und zu dem Zeitpunkt, zu dem Sie diesen Brief erhalten, bei Ihnen eingetroffen sein sollten.

Wie ich Ihnen in unserem gestrigen Telefonat erklärt hatte, hat sich unser Fahrer beim Verladen der Rohre verletzt und infolgedessen waren wir während der letzten zwei Wochen ziemlich unterbesetzt. Ich befürchte, dass mein Sekretär auf Grund der Nachwirkungen des Unfalls übersehen hatte, dass die Lieferung noch nicht überbracht war. Er versäumte es außerdem, Ihre telefonischen Nachrichten an mich weiterzuleiten, sodass ich erst von dem Problem zu hören bekam, als die Lieferung bereits eine Woche überfällig war. Ich habe seither die angemessenen Schritte eingeleitet und meinen Sekretär schriftlich verwarnt.

Angesichts der unglücklichen Situation, die entstanden ist, möchte ich Ihnen einen fünfzigprozentigen Nachlass unseres üblichen Lieferpreises anbieten. Ich hoffe, dass die Angelegenheit auf diese Weise für Sie zufriedenstellend geklärt ist und ich hoffe, dass wir auch in Zukunft noch miteinander Geschäfte machen werden.

Ich möchte Sie noch einmal aufrichtig um Entschuldigung bitten.

Mit freundlichen Grüßen

Jon Swift

TRIX Products
78 South Richmond Avenue
Palm Springs
50227
California

The Nicey Bank
67 Generous Avenue
Palm Springs
50702
California

April 1st 2012

Re: Credit Application

Dear Sirs/Madams,

Having obtained credit from your bank at a competitive rate
of interest in the past, we would like to ask whether you
would consider offering our company a loan for $100,000.

As you are aware, we have always been very reliable patrons
of your bank and can provide good credit references if
necessary. We are a large firm with considerable assets, which
we could offer as ample security for a loan of this size. If
you were nevertheless to require additional securities, these
could also be obtained.

We have enclosed details of our accounts and our balance sheets
for the past five years. If you require any further information
please do not hesitate either to contact myself or a member of
our book-keeping division.

I look forward to receiving your reply.

Yours faithfully,

Alan Zimmerman, General Director, TRIX Products.

TRIX Products
78 South Richmond Avenue
Palm Spring
50227
California

The Nicey Bank
67 Generous Avenue
Palm Springs
50702
California

1. April 2012

Kreditantrag

Sehr geehrte Damen und Herren,

da wir bereits in der Vergangenheit von Ihrer Bank einen Kredit zu einem günstigen Zinssatz erhalten haben, wollten wir Sie bitten, in Erwägung zu ziehen, uns einen weiteren Kredit über $100.000 einzuräumen.

Wie Ihnen bekannt ist, waren wir immer äußerst zuverlässige Kunden Ihrer Bank und sind in der Lage, gute Kreditreferenzen beizubringen, wenn es nötig sein sollte. Wir sind ein großes Unternehmen mit einem beträchtlichem Vermögen, das wir als ausreichende Sicherheit für einen Kredit dieser Größenordnung anbieten können. Sollten Sie trotzdem zusätzliche Sicherheiten benötigen, so können diese beigebracht werden.

Wir haben eine detaillierte Aufstellung unserer Konten und Bilanzen der letzten fünf Jahre beigefügt. Sollten Sie noch zusätzliche Informationen benötigen, so zögern Sie nicht, mich oder einen Mitarbeiter unserer Buchhaltung zu kontaktieren.

Ich freue mich auf Ihre Antwort.

Hochachtungsvoll

Alan Zimmerman, Generaldirekor TRIX Products

Barmy Books
139 West Richmond Street
San Fransisco
58739
USA

Tardy Tattlers
35 Late Lane
San Fransisco
12345
USA

July 22nd 2012

Ref: SH 371772/hb

First Reminder

Dear Mr. Tardy,

When balancing our accounts for this month, it came to my attention that there appears to be a payment for $599 outstanding, for a consignment of goods delivered on July 10th, invoice number SH 371772/hb.

As you have always settled your accounts with us punctually in the past, I assume that this was an oversight in your accounts department.

I would be extremely grateful if you could send the outstanding amount to us within the next few days or contact us if you have any queries regarding the payment.

If you have already settled the account, please disregard this notice and accept our thanks for your payment.

Yours sincerely,

Ian Mickleson

Tardy Tattlers
35 Late Lane
San Fransisco
12345
USA

Barmy Books
139 West Richmond Street
San Fransisco
58739
USA

22. Juli 2012

SH 371772/hb

Erste Erinnerung

Sehr geehrter Herr Tardy,

beim diesmonatigen Abschluss unserer Konten ist mir aufgefallen,
dass noch eine Zahlung über $599 für eine Lieferung von Gütern
mit der Rechnungsnummer SH 371772/hb vom 10. Juli aussteht.

Da Sie Ihre Rechnungen in der Vergangenheit stets pünktlich
beglichen haben, nehme ich an, dass es Ihre Buchhaltung diesmal
nur übersehen hat.

Ich wäre Ihnen äußerst dankbar, wenn Sie uns den ausstehenden
Betrag innerhalb der nächsten Tage zukommen lassen würden
oder uns kontaktieren, falls Sie irgendwelche Fragen hinsichtlich
der Bezahlung haben sollten.

Sollten Sie die Rechnung bereits beglichen haben, so betrachten
Sie dieses Schreiben als hinfällig und wir bedanken uns für
Ihre Bezahlung.

Mit freundlichen Grüßen

Ian Mickleson

Brite-on Chemicals Limited
Smithfield Industrial Estate
Brighton
England

16th February 2012 ed/sh

Dear shareholder,

We would like to thank you for your support during the past
years and to invite you to our annual general meeting, which has
been scheduled for 27th March 2012. We hope you will be
able to attend.

This has perhaps been the most successful year for Brite-on
since our inauguration in 1963. Our researchers have successfully
developed several exciting new products and despite increasingly
intense competition we have succeeded in keeping our position
at the forefront of chemical dye production. Two of these new
products have already been launched and are on the market, one
is to be introduced in 2012.

We are pleased to inform you that over the past economic year
our net profits have increased by over ten percent. Consequently,
we are hoping to expand into eastern European markets in the
coming year and have signed a contract with a well-known
distribution company to maximize the possibilities for sales
in the region. If all goes according to plan, we hope to open a regional
office there in the year 2015.

Consequently, we anticipate that our dividend payments for 2011
will be higher than those paid in 2010. We will have precise
figures available at the AGM next month.

We hope to enjoy your company on 27th March and would like to
thank you once again for your support.

Yours faithfully,

Ewan Davidson, Managing Director

16. Februar 2012 ed/sh

Brite-on Chemicals Limited
Smithfield Industrial Estate
Brighton
England

Sehr geehrte(r) Aktionär(in),

wir möchten Ihnen für Ihre Unterstützung während der letzten Jahre unseren Dank aussprechen und Sie zu unserer jährlichen Hauptversammlung am 27. März 2012 einladen. Wir hoffen, dass Sie teilnehmen können.

Dieses Jahr war vielleicht das erfolgreichste seit unserer Gründung im Jahr 1963. Unsere Forscher haben einige neue aufregende Produkte erfolgreich entwickelt und trotz des zunehmenden Wettbewerbs ist es uns gelungen, unsere Position an der Spitze der chemischen Farbstoffproduktion zu behaupten. Zwei unserer neuen Produkte sind bereits lanciert und auf dem Markt, ein weiteres wird 2012 eingeführt.

Wir freuen uns, Ihnen mitteilen zu können, dass unsere Nettogewinne im Laufe des letzten Wirtschaftsjahres um zehn Prozent zugenommen haben. Folglich hoffen wir, im nächsten Jahr in die osteuropäischen Märkte zu expandieren und haben mit einer bekannten Vertriebsgesellschaft einen Vertrag abgeschlossen, um Verkaufsmöglichkeiten in der Region zu maximieren. Wenn alles gut geht, hoffen wir, im Jahr 2015 dort ein Regionalbüro einzurichten.

Deshalb gehen wir davon aus, dass unsere Dividende für 2011 höher sein wird als die von 2010. Wir werden die exakten Zahlen bei der Hauptversammlung nächsten Monat zur Verfügung haben.

Wir hoffen, uns am 27. März über Ihre Anwesenheit freuen zu können und möchten uns nochmals für Ihre Unterstützung bedanken.

Mit freundlichen Grüßen

Ewan Davidson, Generaldirektor

Sample Faxes   **Musterfaxe**

FAX MESSAGE

Hans Müller GmbH
Seestraße 7
D-28717 Bremen

TO: Mr B. Williams
Clark Industries

FROM: Mr R. Wagner

Date: 15 January 2012
Ref.: My visit next week

Dear Mr Williams,

As discussed, here my itinerary for next week's visit to England:
20th January
9.30 a.m.   Arrival London Heathrow on flight BA 723.
2.00 p.m.   Meeting at Clark Industries with Messrs. Smith, Jones
               and Williams. Subject: Market Strategy in Great Britain.
7.00 p.m.   Dinner with Mr. West from Smith & Partners.

21st January
10.00 a.m.   Visit to Brighton Seals & Coatings in Maidenhead.

22nd January
9.00 a.m.   Visit to Smiths Coatings. Subject: Market development.
3.00 p.m.   Depart London Heathrow on flight BA 724.

Could you please arrange for me to be picked up from the airport and
book me a room for two nights in a hotel near you?

Looking forward to seeing you again next week.
Best regards,
R. Wagner

FAXMITTEILUNG

Hans Müller GmbH
Seestraße 7
D-28717 Bremen

AN: Herrn B. Williams
Clark Industries

VON: Herrn R. Wagner

Datum: 15. Januar 2012
Mein Besuch in der nächsten Woche

Sehr geehrter Herr Williams,

wie besprochen mein Programm für den Besuch nächste Woche in England:

20. Januar
9.30 Uhr   Ankunft London Heathrow mit Flug BA 723
14.00 Uhr   Besprechung bei Clark Industries mit den Herren Smith,
              und Williams. Thema: Marktstrategie in Großbritannien
19.00 Uhr   Abendessen mit Herrn West von Smith & Partners

21. Januar
10.00 Uhr   Besuch bei Brighton Seals & Coatings in Maidenhead

22. Januar
9.00 Uhr   Besuch bei Smiths Coatings. Thema: Marktentwicklung
15.00 Uhr   Abflug London Heathrow mit Flug BA 724

Könnten Sie bitte meine Abholung vom Flughafen arrangieren und ein
Zimmer für zwei Nächte in einem Hotel in Ihrer Nähe buchen?

Ich freue mich, Sie nächste Woche wiederzusehen.
Mit freundlichen Grüßen

R. Wagner

FAX MESSAGE

W. Phillips & Co.
17 New Street
Liverpool

TO: Mr B. Clarke
Wayview Ltd.

FROM: Mr M. Taylor

Date: 7 June 2012
Ref.: Our order no. 159/12, your invoice no. 3479 dated 21st May, 2012

Dear Mr. Clarke,

We refer to our order no. 159/12 and your invoice no. 3479 dated 21st May, 2012. The material which was delivered the week before last is not acceptable. The cloth is torn in the middle and the edges are not neatly sewn. We have examined all the material and unfortunately must confirm that the contents of all boxes are faulty.

We have contacted our customer, who is also of our opinion. We must therefore ask you to cancel the invoice no. 3479 and to deliver replacement material without delay.

When could we expect this replacement delivery? The material is needed for some important samples that we need to dispatch to our customer by the end of next week.

Awaiting your comments.

Best regards,

M. Taylor

cc. Mr Phillips
    Mrs Green

FAXMITTEILUNG

W. Phillips & Co.
17 New Street
Liverpool

AN: Herrn B. Clarke
Wayview Ltd.

ABSENDER: Herr M. Taylor

Datum: 7. Juni 2012
Unser Auftrag Nr. 159/12, Ihre Rechnung Nr. 3479 vom 21. Mai 2012

Sehr geehrter Herr Clarke,

wir beziehen uns auf unseren Auftrag Nr. 159/12 und Ihre Rechnung Nr. 3479 vom 21. Mai 2012. Das Material, das Sie vorletzte Woche geliefert haben, ist nicht akzeptabel. Der Stoff ist in der Mitte zerrissen und die Ränder sind nicht sauber genäht. Wir haben das ganze Material überprüft und müssen leider feststellen, dass der Inhalt aller Kartons fehlerhaft ist.

Wir haben mit unserem Kunden Kontakt aufgenommen und er ist völlig unserer Meinung. Wir müssen Sie daher bitten, die Rechnung Nr. 3479 zu stornieren und sofort eine Ersatzlieferung vorzunehmen.

Wann können wir diese Ersatzlieferung erwarten? Wir brauchen das Material für einige wichtige Muster, die wir bis Ende nächster Woche an unseren Kunden abschicken müssen.

In Erwartung Ihrer Rückantwort verbleibe ich
mit freundlichen Grüßen

M. Taylor

Verteiler: Herr W. Phillips
                Frau C. Green

FAX MESSAGE

Walsh Electronics Co.
5 New Lane
Edinburgh

TO: Ms C. Schmidt
Wagner Maschinenbau GmbH

FROM: Robert Jeffries

Date: 21 September 2012
Ref.: Your order 729/12 dd. 2nd September

Dear Claudia,

We regret to have to inform you that order 729/12 dd. 2nd September will not be ready for dispatch on this coming Friday as originally confirmed. One of our machines has broken down, which in turn affects the whole production line, and until this can be mended our production is at a complete standstill. As a result all our orders are affected, not just yours for this particular item. We are hoping that the maintenance people will be able to start work this morning, and all being well our machines will be running again by tomorrow afternoon.

Unfortunately, I cannot let you have a more concrete answer as concerns dispatch until we know how long the repair work will take. I will, of course, let you know as soon as we have some firm answers. Half of the order is already complete and so we could at least send a part of the order if necessary. Please advise how we should proceed.

We apologize again for this delay and for any inconvenience that this may cause, but hope that we can settle this matter promptly.

Thank you and kind regards,

Robert Jeffries

FAXMITTEILUNG

Walsh Electronics Co.
5 New Lane
Edinburgh

AN: Fr. C. Schmidt
Wagner Maschinenbau GmbH

VON: Robert Jeffries

Datum: 21. September 2012
Ihre Bestellung 729/12 vom 2. September

Liebe Claudia,

wir bedauern, Ihnen mitteilen zu müssen, dass der Auftrag 729/12 vom
2. September nicht wie ursprünglich bestätigt am kommenden Freitag zum
Versand kommen kann. Eine unserer Maschinen ist defekt, wovon wiederum
die ganze Fertigungsstraße betroffen ist, und bis diese repariert ist, steht unsere gesamte Produktion still. Dies hat Auswirkungen auf alle unsere Aufträge,
nicht nur Ihren, die diesen bestimmten Artikel betreffen. Wir hoffen, dass unser Wartungspersonal noch heute Vormittag mit der Reparatur anfangen kann,
und wenn alles gut geht, können die Maschinen schon morgen Nachmittag
wieder anlaufen.

Ich kann Ihnen leider, was den Versand betrifft, keine konkretere Antwort
geben, bis wir wissen, wie lange die Reparaturarbeiten dauern werden. Ich
werde Sie selbstverständlich informieren, sobald wir genauere Antworten
haben. Die Hälfte des Auftrags ist bereits fertig, und wir könnten – wenn
notwendig – zumindest einen Teil des Auftrags verschicken. Bitte geben Sie
mir Bescheid.

Wir bitten nochmals um Entschuldigung für diese Verzögerung und für
eventuelle Unannehmlichkeiten. Wir hoffen aber, dass wir diese Angelegenheit schnellstens abschließen können.

Mit freundlichen Grüßen
Robert Jeffries

FAX MESSAGE   **PAGES: 2**

TO: Katherine   **FROM: Colin**
ADEN Products Limited   Taff Management Consultancy
Porthcawl, PC13 2EJ   Swansea, SW6 7JS
Phone/Fax: **01298 863 963**   Phone/Fax: **0121 631 2776**

Ref: Results!

27th September 2012

Dear Katherine,

I am pleased to inform you that following your initial consultation
with us on 13th August, our team of management consultants
have now completed their plans for what we consider to be the
most appropriate restructuring programme for ADEN Products Limited.

The next step forward in our advisory process usually takes the
form of a meeting with your executive, to present our recommen-
dations and answer any queries they might have regarding
implementation of our strategies. This is subsequently followed
by a meeting with all company staff, where we explain the
actual effect our measures will have upon the workers themselves.
Only after both management and all other members of staff are
fully informed of the changes our programme will introduce,
do we advise implementing reforms of the company's structure.

Because we suggest that our clients should begin reorganisation
as soon as possible to gain maximum benefit from our advice,
I have included a copy of our up-to-date appointments calendar
(see fax p.2). I have clearly marked when I am personally available.
Please reply promptly to ensure that your preferred date remains
available, or to make alternative arrangements.

I look forward to hearing from you in the near future,

Colin

FAXMITTEILUNG   **SEITEN: 2**

AN: Katherine   **VON: Colin**
   ADEN Products Limited   Taff Management Consultancy
   Porthcawl, PC13 2EJ   Swansea, SW6 7JS
   Phone/Fax: **01298 863 963**   Phone/Fax: **0121 631 2776**

Betreff: Ergebnisse!

                                        27. September 2012

Liebe Katherine,

ich freue mich, dir mitteilen zu können, dass auf der Grundlage unserer
ersten Beratung vom 13. August unser Unternehmensberatungsteam
jetzt unsere Pläne für eine nach unseren Vorstellungen angemessene
Umstrukturierung von Aden Products Limited fertiggestellt haben.

Der nächste Schritt in unserem üblichen Beratungsprozess ist jetzt ein
Meeting mit Eurer Verwaltung, um unsere Empfehlungen vorzustellen und
um mögliche Fragen zur Anwendung unserer Strategien zu beantworten.
Danach folgt ein Meeting mit dem gesamten Personal, bei dem wir die
tatsächlichen Konsequenzen unserer Maßnahmen für die Arbeiter selbst
erklären. Erst nachdem sowohl die Geschäftsleitung als auch alle anderen
Mitarbeiter voll über die Änderungen, die unser Programm mit sich
bringen wird, informiert worden sind, empfehlen wir die Anwendung der
Reformen der Unternehmensstruktur.

Da wir glauben, dass unsere Kunden so früh wie möglich mit der
Reorganisation beginnen sollten, um maximalen Vorteil durch unseren Rat
zu erlangen, habe ich eine Kopie unseres aktuellen Terminkalenders
beigefügt (siehe Fax S. 2). Ich habe deutlich markiert, wann ich persönlich
zur Verfügung stehe. Bitte antworte unverzüglich, um sicherzustellen,
dass dein bevorzugter Termin noch zur Verfügung steht, oder um alternative
Vereinbarungen zu treffen.

Ich freue mich auf deine baldige Antwort.

Colin

FAX MESSAGE

OL Incorporated
Los Angeles
59037
USA
Tel/Fax (001 54) 475869

TO: Linda Lombada
Toronto Trinx
Tel/Fax: (098) 1234567

FROM: Oliver Pebble
Fax: (001 54) 475869

Date: April 30, 2012

Dear Linda,

Here are the details you requested regarding our delegation for
the forthcoming conference in Toronto.

We will be a party of six, requiring four single rooms and one
double room with cot for a child, and we expect to arrive in
Toronto on 06/03/12. Our flight is scheduled to arrive at
6 p.m., flight number TWA 9874 and we would be grateful if
you could send your driver to collect us from the airport.

Our return flight is provisionally booked for 06/10/12, leaving
at 9 p.m. in the evening, flight number TWA 9875. Can I ask you
to confirm that these dates are suitable by fax?

If you require any further information please do not hesitate to
contact me. I am planning to be in the office all day today, so I should
be comparitively easy to get hold of.

I'm looking forward to seeing you on June 3rd.

Kind regards,

Oliver Pebble

FAXMITTEILUNG

OL Incorporated
Los Angeles
59037
USA
Tel/Fax (001 54) 475869

AN: Linda Lombada
Toronto Trinx
Tel/Fax: (098) 1234567

VON: Oliver Pebble
Fax: (001 54) 475869

Datum: 30. April 2012

Liebe Linda,

hier sind die von dir gewünschten Einzelheiten über unsere
Delegation für die bevorstehende Konferenz in Toronto.

Wir werden eine Gruppe von sechs Personen sein und benötigen vier
Einzelzimmer und ein Doppelzimmer mit einer Wiege für ein Kind.
Wir werden voraussichtlich am 3.6.12 um 18.00 Uhr in Toronto landen.
Die Flugnummer ist TWA 98749. Wir wären dankbar, wenn
du uns einen Fahrer schicken könntest, der uns vom Flughafen abholt.

Unser Rückflug ist vorläufig für den 10.6.12 gebucht und startet
um 21.00 Uhr. Die Flugnummer ist TWA 9875. Ich bitte dich, mir
per Fax zu bestätigen, dass diese Daten in Ordnung gehen.

Solltest du noch zusätzliche Informationen benötigen, zögere bitte
nicht mich zu kontaktieren. Ich bin heute wahrscheinlich den ganzen
Tag im Büro, sodass es relativ einfach sein sollte, mich zu erreichen.

Ich freue mich darauf, dich am 3. Juni zu treffen.

Mit freundlichen Grüßen

Oliver Pebble

Possum Products, The Gap, Brisbane, QL 986, Australia.

From: Michael Weber, Pommie Products
Tel/Fax: 475 6689

To: The Wallaby Walk-In Hotel
Fax: 908 9988

13/10/12

Dear Sir/Madam,

Our company is planning to organise a conference in Brisbane
this May and business associates of ours recommended your
hotel facilities to us. We would like information regarding
your facilities and your availability between the 12th and the
14th of December.

We require fifteen en-suite single rooms for all three nights,
a large conference room with overhead projector, a flip chart,
suitable seating facilities for at least forty people (preferably
in a circular formation) and both lunch and dinner on all
three days. If possible, we would like to keep numbers
approximate at this stage and confirm them nearer the time.

We were also interested in other facilities available at your
hotel: do you have a swimming pool or squash courts? Are
you centrally located in the city of Brisbane? How many bars
are there within the hotel itself?

I would be grateful if you could reply to my fax as soon as
possible, including a detailed description of your hotel's
facilities and a quotation of your best price for the conference.

Best regards,

    Michael Weber

Possum Products, The Gap, Brisbane, QL 986, Australia.

Von: Michael Weber, Pommie Products
Tel/Fax: 475 6689

An: The Wallaby Walk-In Hotel
Fax: 908 9988

13.10.12

Sehr geehrte Damen und Herren,

unser Unternehmen plant, diesen Mai eine Konferenz in Brisbane zu organisieren. Geschäftsfreunde von uns haben uns Ihr Hotel empfohlen. Wir hätten daher gerne Informationen über Ihre Ausstattung und über Ihre Raumauslastung für den Zeitraum vom 12. bis zum 14. Dezember.

Wir benötigen fünfzehn Einzelzimmer mit Bad für alle drei Nächte, einen großen Konferenzraum mit Overhead Projektor, Flipchart, geeignete Sitzgelegenheiten (vorzugsweise kreisförmig angeordnet) und sowohl Mittag- als auch Abendessen für alle drei Tage. Wenn möglich, würden wir die Zahlen im Moment gerne offen lassen und sie zu einem späteren Zeitpunkt bestätigen.

Wir sind zudem auch an den anderen Einrichtungen in Ihrem Hotel interessiert: Haben Sie ein Schwimmbad oder Squash-Courts? Liegen Sie im Zentrum von Brisbane? Wie viele Bars gibt es innerhalb des Hotels?

Ich wäre Ihnen dankbar, wenn Sie mir auf mein Fax sobald als möglich antworten und mir eine detaillierte Aufstellung der Ausstattung Ihres Hotels und ein Angebot über den günstigsten Preis für die Konferenz beifügen könnten.

Mit freundlichen Grüßen

Michael Weber

Minutes   **Protokolle**

Minutes of the meeting held on 15th July 2012 at Walter Hughes Ltd.

Participants:
Mr. W. Hughes
Mr. S. Davies
Mr. R. Humphries
Mr. L. Collins

1. Annual sales to date.

Mr. S. Davis of the sales department reported that the sales as per 30 June 2012 showed an increase of 12% compared to the previous year. This was seen as a positive development and could partly be attributed to the generally positive market trends in all lines of business.

2. Sales strategy.

It was agreed that the present sales strategies are successful and should be continued. New sales should be sought in the Far East, particularly in China. Mr. S. Davies will report on the development at our next quarterly meeting in October.

3. Production.

Mr. R. Humphries of the production department presented the figures for the half year to 30th June. These showed a trend to more cost-effective production which should be continued. There are still too many stoppages for repair and maintenance work. It was agreed to further analyse this area and present more detailed results in October.

4. Miscellaneous.

Several complaints from the staff regarding the new computer system. Mr. W. Hughes will discuss this personally with Mr. Matthews from the EDP department. Christmas shutdown agreed from 23rd December to 3rd January. Customers to be informed by the sales department.

The date for the next meeting was set for 20th October.
18/07/12 wh/fl

Protokoll der Besprechung vom 15. Juli 2012 bei Walter Hughes Ltd.

Teilnehmer:
Herr W. Hughes
Herr S. Davies
Herr R. Humphries
Herr L. Collins

1. Jahresumsatz bis dato

Herr S. Davies, Vertrieb, berichtete, dass die Umsätze bis 30. Juni 2012 einen Zuwachs von 12 % gegenüber dem Vorjahr aufwiesen. Dies wurde als eine positive Entwicklung bewertet und könnte teilweise auf die allgemein positiven Markttrends in allen Branchen zurückzuführen sein.

2. Verkaufsstrategie

Man war sich einig, dass die gegenwärtigen Verkaufsstrategien erfolgreich sind und daher weitergeführt werden sollen. Neue Märkte sollen im Fernen Osten, vor allem in China, gesucht werden. Herr S. Davies wird bei der nächsten Quartalsbesprechung im Oktober über die Entwicklung berichten.

3. Produktion

Herr R. Humphries, Produktion, präsentierte die Zahlen für das Halbjahr bis zum 30. Juni. Es zeigte sich ein Trend zu einer kosteneffektiveren Produktion, die fortgeführt werden sollte. Immer noch gibt es zu viele Unterbrechungen für Reparatur- und Wartungsarbeiten. Es wurde vereinbart, diesen Bereich weiter zu analysieren und detailliertere Ergebnisse im Oktober vorzustellen.

4. Sonstiges

Mehrere Beschwerden vom Personal wegen des neuen Computersystems. Herr W. Hughes wird dies mit Herrn Matthews von der EDV-Abteilung persönlich besprechen. Weihnachtsferien wurden festgelegt vom 23. Dezember bis zum 3. Januar. Die Kunden werden von der Verkaufsabteilung informiert.

Der Termin für die nächste Besprechung wurde für den 20. Oktober vorgemerkt.
18.07.12 wh/fl

Invitations

We take pleasure in *inviting you* to join us in celebrating this year's Christmas party.
We would be delighted if you could come.
Enclosed you will find a map of how to get there.
We should *like to take the opportunity* of the presentation of our new ...
We hope that you will *give us the pleasure* of your company.

I am looking forward to *meeting you in person* at this function.
Accommodation will be provided at ...
Many thanks for your invitation.
We were delighted to receive your invitation.
We look forward to seeing you again.

Thank you very much for *your invitation* which we *accept with the greatest pleasure.*
We would love to come.
I will be delighted to *join you* on Thursday.

I *hereby register* Mr Goody for the conference.
Thank you for the *directions of how to get there.*
We would like to *express our gratitude* for your invitation and would like to confirm ...
Many thanks for the *invitation to lunch,* which we will be delighted to accept.

Einladungen

Wir möchten *Sie* zu unserer diesjährigen Weihnachtsfeier *einladen.*

Über Ihr Kommen *würden wir uns sehr freuen.*
Anbei finden Sie eine Anfahrtsskizze.

Wir *möchten* die Vorstellung unseres neuen ... *zum Anlass nehmen* ...
Wir hoffen, Sie *bereiten uns die Freude* und nehmen teil.

Ich freue mich, *Sie* zu diesem Anlass *persönlich kennenzulernen.*
Für Ihre Unterkunft ist im Hotel ... gesorgt.
Vielen Dank für Ihre Einladung.
Über Ihre Einladung *haben wir uns sehr gefreut.*
Wir freuen uns darauf, Sie wiederzusehen.

Vielen Dank für *Ihre Einladung,* die wir *mit größtem Vergnügen annehmen.*
Wir kommen sehr gerne.
Ich freue mich sehr, am Donnerstag *dabei zu sein.*

Ich *melde hiermit* Herrn Goody für die Teilnahme an der Konferenz *an.*
Vielen Dank für die *Wegbeschreibung.*
Wir möchten Ihnen für Ihre Einladung *herzlich danken* und bestätigen ...

Vielen Dank für die *Einladung zum Mittagessen,* die wir sehr gerne annehmen.

We *deeply regret* being unable to …

Ms Schmidt is deeply sorry to *have to decline* your invitation due to family commitments.

Unfortunately, Mr Dräger will be on a business trip at this time.

Unfortunately I am *unable to come* to this event as I will be abroad in January.

Wir *bedauern außerordentlich,* dass es uns unmöglich ist …
Frau Schmidt bedauert außerordentlich, Ihre Einladung aus familiären Verpflichtungen *ablehnen zu müssen.*
Unglücklicherweise befindet sich Herr Dräger zu diesem Zeitpunkt auf Geschäftsreise.
Leider *kann* ich zu dieser Veranstaltung *nicht kommen,* da ich mich im Januar im Ausland aufhalte.

Invitation acceptance

Dear Mr Harper,

Ms Daisy Angel thanks you for the *kind invitation* to the opening of your new gallery on Sunday, 13th February at the Pittsburgh Mall in Cambridge and *gladly accepts the same.*

Yours sincerely,

Lisa Backhouse
(Secretary to Ms Angel)

Annahme einer Einladung

Sehr geehrter Herr Harper,

Frau Daisy Angel dankt Ihnen für die *freundliche Einladung* zur Eröffnung Ihrer neuen Galerie am Sonntag, dem 13. Februar, im Pittsburgh Einkaufszentrum in Cambridge, *die sie mit Freuden akzeptiert.*

Mit freundlichen Grüßen

Lisa Backhouse
(Sekretariat Frau Angel)

Declining an invitation

Dear Mr Smith,

Many thanks for your invitation. It is *with deep regret* that we inform you that Ms Davidson will not be able to join you *due to other commitments.*
Ms Davidson appreciates your inviting her and she hopes that she will soon

Ablehnung einer Einladung

Sehr geehrter Herr Smith,

vielen Dank für Ihre Einladung. Wir *bedauern zutiefst,* dass es Frau Davidson *aufgrund anderweitiger Verpflichtungen* leider nicht möglich ist, an den Feierlichkeiten teilzunehmen.
Frau Davidson hat sich sehr über Ihre

have the opportunity to meet you on a similar occasion.	Einladung gefreut und hofft, Sie bald bei einem ähnlichen Anlass kennenzulernen.
Yours sincerely, Delia Lawson	Mit freundlichen Grüßen Delia Lawson

---

Invitation

On the occasion of the presentation of this year's Bullog Design Award,
we request the pleasure of the company
of Mr David Glan.

The celebrations will be held on Sunday 5th June
at the Winston Churchill Hotel in London.

Following a brief reception by Nick Miller, chairman of the Modern Art
Association, presentation of the awards will take place in the Regent's Ball
Room accompanied by a 5-course dinner.

R.S.V.P.
black tie

Einladung

Aus Anlass der diesjährigen Verleihung des Bullog Design Award,
geben wir uns die Ehre
Herrn David Glan
zu Ihrer werten Teilnahme einzuladen.

Die Feierlichkeiten finden am Sonntag, den 5. Juni,
im Winston Churchill Hotel in London statt.

Nach einer kurzen Begrüßung durch Herrn Nick Miller, Vorsitzender der
Modern Art Association erfolgt die Verleihung der Auszeichnung im Regent
Ballsaal begleitet von einem fünfgängigen Menü.

u.A.w.g.
Smoking, Abendkleid

E-mails and the Internet

Due to a *malfunction* our entire computer network has *crashed* and we are unable to see your *homepage* at the present time.

We have finally *debugged* the *disc* you sent us last week.

We have sent you a *DVD* containing the information you requested under the *filename* 'Bod'.

If you need to use my PC, to *log in* type FOG.

Our *Internet connection* is very slow this afternoon.
You can *access* the *files* on our *webserver*.
I have downloaded the *data* onto a *hard disk.*
Please don't forget to *save* your work.
If you require photos on your web site, we have a *scanner* here in the office.
I will send my P.A. over to you this afternoon with a *CD-ROM* – our *printhead* is not working.

I think the new *update* has *overloaded* our system.

Our *programmer* lost the *best part* of a day's work yesterday because of a *disk crash.*

E-Mails und das Internet

Wegen einer *Fehlfunktion* ist unser gesamtes Computer-Netzwerk *abgestürzt* und wir sind daher nicht in der Lage, Ihre *Homepage* zum jetzigen Zeitpunkt anzuschauen.
Wir haben es endlich geschafft, die *CD,* die Sie uns letzte Woche geschickt haben, von *Fehlern zu befreien.*
Wir haben Ihnen eine *DVD* geschickt, die die Information, die Sie gewünscht hatten, unter dem *Dateinamen* 'Bod' enthält.
Wenn Sie meinen PC benutzen müssen, geben Sie FOG ein, um sich *einzuloggen.*
Heute Nachmittag ist unsere *Internetverbindung* sehr langsam.
Sie haben *Zugriff* auf diese *Dateien* auf unserem *Webserver*.
Ich habe die *Daten* auf die *Festplatte* heruntergeladen.
Bitte vergessen Sie nicht, Ihre Arbeit zu *speichern.*
Wenn Sie Fotos auf Ihrer Webseite benötigen, wir haben einen *Scanner* hier im Büro.
Ich werde Ihnen meinen persönlichen Assistenten heute Nachmittag mit einer *CD-ROM* vorbeischicken.
Unser *Druckkopf* funktioniert nicht.
Ich glaube, dass das neue *Update* unser System *überbeansprucht* hat.

Unser *Programmierer* hat gestern einen großen Teil seiner Tagesarbeit wegen der *Störung eines Laufwerkes* verloren.

Have you tried out the new *software*?
There seems to be a problem with the **CD drive**.
Are you *online*?
The address of our *web-page* is as follows ...
I was very interested in the *web site design concepts* described in your *e-mail* yesterday.
The *attachment* is in PDF format.
I had problems reading your message sent 12/12/12.
I had problems *converting* your attachment, sent yesterday. Could you *re-send* it in simple text format?

I could not open your attachment this morning; my *virus check program* detected a virus.

I apologise for not *forwarding* this message sooner, but due to a typing error your mail was returned marked "user unknown" on several occasions.

There's a lot of *spam* in my inbox, I think the *spam filter* doesn't work

For further information *please consult our web site at* www.ert.blag.

Our *modem* does not have the capacity needed to *download* the information.
To access our site, please use the Java *web browser*.

Haben Sie die neue *Software* schon ausprobiert?
Es scheint ein Problem mit dem *CD-Laufwerk* zu geben.
Sind Sie *online*?
Die Adresse unserer *Webseite* ist folgende ...
Ich war sehr an den *Entwurfskonzepten der Webseite* in Ihrer *E-Mail* von gestern interessiert.
Das *Attachment* ist im PDF-Format.
Ich hatte Schwierigkeiten, Ihre Mail vom 12.12.12 zu lesen.
Ich hatte Schwierigkeiten, Ihr gestriges Attachment zu *konvertieren*. Könnten Sie es *noch einmal* im Simple Text Format *schicken*?
Ich konnte heute Morgen Ihr Attachment nicht öffnen; mein *Anti-Virus-Programm* hat einen Virus entdeckt.
Ich bedaure, Ihre Nachricht nicht früher *weitergeleitet* zu haben, aber wegen eines Tippfehlers bekam ich Ihre Mail mehrere Male zurück mit dem Vermerk „user unknown".
In meinem Postfach sind viele *Spammails*, ich glaube der *Spamfilter* funktioniert nicht.
Für weitere Informationen *besuchen Sie bitte unsere Webseite unter* www.ert.blag.
Unser *Modem* hat nicht die erforderliche Kapazität, um die Information *herunterzuladen.*
Zugang zu unserer Webseite ist nur mit einem Java *Webbrowser* möglich.

Sample E-Mails   **Muster E-Mails**

Date: 14 February 2012
From: viertill@gfd.bav.de
To: wyattjl@dds.bham.uk
CC:

Hi Jeremy,
Many thanks for your mail which I received yesterday.

I have taken into account the changes you suggested and have attached, in simple text format, what I would suggest should be the final draft of the marketing concept for your new range of products.

If you have any problems reading the attachment, please let us know and we can fax the relevant documents to you.

I look forward to hearing from you soon,
Till

Datum: 14. Februar 2012
Von: viertill@gfd.bav.de
An: wyattjl@dds.bham.uk
Verteiler:

Hallo Jeremy,

vielen Dank für deine Mail, die ich gestern bekommen habe.

Ich habe deine Änderungen berücksichtigt und übersende dir jetzt ein Attachment im Simple Text Format, in welchem mein endgültiger Vorschlag für das Marketingkonzept für eure neue Produktpalette enthalten ist.

Solltest du irgendwelche Probleme haben, das Attachment zu lesen, bitte sage uns Bescheid, dann faxen wir dir die relevanten Dokumente.

Ich hoffe bald von dir zu hören.

Till

Date: December 10 2012
From: phildaniel@erba.arl
To: ugreen@xxtu.cam
CC:

Subject: Your order no. 123 of 12 units of article 2 in colour grey

Dear Ms. Green,
I would like to confirm your order dated December 4th 2012. Since we have this article in stock, we will be able to dispatch it this week. The invoice will be enclosed as usual.
Please note that we will shut down our plant for Christmas from December 22nd 2012 to January 7th 2013.

With best regards,

P. Daniel

Datum: 10. Dezember 2012
Von: phildaniel@erba.arl
An: ugreen@xxtu.cam
Verteiler:

Thema: Ihr Auftrag Nr. 123 über 12 Einheiten des Artikels 2 in Grau

Sehr geehrte Frau Green,
hiermit möchte ich Ihren Auftrag vom 4.12. 2012 bestätigen. Da wir diesen Artikel auf Lager haben, können wir ihn noch diese Woche verschicken. Die Rechnung wird, wie immer, beigelegt.
Bitte beachten Sie, dass unser Werk über Weihnachten vom 22.12.12 bis zum 7.1.13 geschlossen bleibt.

Mit freundlichen Grüßen

P. Daniel

Date: 12 July 2012
From: auction@data.can
To: CJK.mark@lds.usa
CC:

Dear all,
In response to your enquiry regarding our online auction site,
we would like to propose a visit to your company, where we could
explain the different packages we provide, and assess which would
be most appropriate for your company's requirements.

We are in no doubt that, in today's marketing climate, the way
forward for companies requiring new outlets for their products is
the Internet. Our attachment describes how the online auction
system works and details various options available to your firm.

We look forward to meeting you,
F. Watkins – marketing manager

Datum: 12. Juli 2012
Von: auction@data.can
An: CJK.mark.lds.usa
Verteiler:

An Alle,
als Antwort auf eure Frage nach unserer Online-Auktionsseite möchten wir euch
einen Besuch in unserem Unternehmen vorschlagen, bei dem wir euch die verschiedenen Pakete, die wir anbieten, erklären können, um dann abzuschätzen,
welches für die Bedürfnisse eures Unternehmens am besten geeignet ist.

Wir haben keine Zweifel, dass es unter den heutigen Marketingbedingungen
für Unternehmen, die neue Absatzmöglichkeiten benötigen, keinen besseren
Weg gibt als das Internet. Unser Attachment beschreibt wie ein Online-
Auktions-System funktioniert und stellt genau die verschiedenen Optionen,
die für eure Firma verfügbar sind, dar.

Wir freuen uns, euch bald begrüßen zu dürfen.
F. Watkins – Marketingmanager

Date: 11 January 2012
From: CJK.mark@lds.usa
To: auction@data.can
CC:

Dear Miss Watkins,
We have a couple of questions before we set a date for you to
visit our company and make your presentation. Firstly, are your
packages user-friendly? We are not a large firm and are concerned
that we will have difficulties designing our entries for the
online auction site – or would you do that for us in any event?
Secondly, we would like to see some figures regarding
the performance of your service. Have you any
statistics from other companies already using your site? If so,
please forward them ASAP.
Pending receipt of your info, I would like to suggest a visit to
us next week – how about Tuesday 19th January?
Best regards,
The team at CJK

Datum: 11. Januar 2012
From: CJK.mark@lds.usa
To: auction@data.can
CC:

Sehr geehrte Frau Watkins,

wir haben ein paar Fragen, bevor wir einen Termin für Ihren Besuch in unserem
Unternehmen und Ihre Präsentation vereinbaren. Erstens, sind Ihre Pakete
benutzerfreundlich? Wir sind keine besonders große Firma und befürchten,
dass wir Schwierigkeiten haben könnten, unsere Einträge für die Online-Seite
zu entwerfen – oder würden Sie das sowieso für uns erledigen? Zweitens würde
ich gerne einige Zahlen über die Leistungsfähigkeit Ihrer Dienstleistung
haben. Haben Sie Statistiken von anderen Unternehmen, die Ihre Seite schon
benutzen? Wenn ja, senden Sie sie bitte so schnell wie möglich an uns weiter.
Nach Erhalt dieser Informationen würde ich einen Besuch bei uns für nächste
Woche vorschlagen – wie wäre es mit Dienstag, den 19. Januar?
Herzliche Grüße,
Ihr CJK Team

8. Geschäftsreisen

Making Appointments	**Terminvereinbarungen**
May I come and *visit* you?	Kann ich Sie *besuchen* kommen?
Can we arrange a *meeting?*	Können wir ein *Treffen* vereinbaren?
I think we should meet.	Ich glaube, wir sollten uns treffen.
I would like an *appointment* to see Mr. Green, please.	Ich möchte bitte einen *Termin* bei Herrn Green.
This is best discussed *face to face.*	Wir sollten es besser *persönlich* besprechen.
When could we meet?	Wann könnten wir uns treffen?
When would it *suit* you?	Wann würde es Ihnen *passen?*
Is next Tuesday OK with you?	Passt Ihnen nächsten Dienstag?
Let me check my *appointment book.*	Lassen Sie mich in meinem *Terminkalender* nachsehen.
I'll *check with* my secretary.	Ich *frage* bei meiner Sekretärin nach.
I'll just see if I have any appointments on that day.	Ich sehe nur nach, ob ich an dem Tag irgendwelche Termine habe.
Four o'clock next Thursday?	16 Uhr nächsten Donnerstag?
I'll see *if he's free.*	Ich sehe nach, *ob er frei ist.*
He won't be in until about 10 a.m.	Er wird nicht vor 10 Uhr hier sein.
He has a meeting in the city in the morning.	Er hat vormittags eine Verabredung in der Stadt.
Could we make it *a bit earlier/later?*	Ginge es *ein bisschen früher/später?*
He has a meeting all day, how about Tuesday morning?	Er hat den ganzen Tag eine Besprechung, wie wäre es mit Dienstagvormittag?
He won't be back off holiday (US: back from vacation) until next Thursday.	Er ist bis nächsten Donnerstag im Urlaub.
Should we say Monday at 10 a.m.?	*Sollen wir* Montag um 10 Uhr *sagen?*
Let me check with John whether he can make it as well.	Lassen Sie mich bei John nachfragen, ob er auch kommen kann.
Can you *join* us next Monday at 4 p.m.?	Können Sie am nächsten Montag um 16 Uhr *teilnehmen?*
Where should we meet, in your office?	Wo sollen wir uns treffen, in Ihrem Büro?
In the *reception hall* (US: *lobby*).	In der *Eingangshalle.*
Thursday is *a holiday.*	Donnerstag ist *ein Feiertag.*

Dialogbeispiele

A: We have a problem with the new system.
B: I think this is best discussed *face to face*. Can we arrange a *meeting?*

A: Yes, fine. How would next Tuesday at 11 o'clock *suit* you?

B: Let me check my *appointment book.* No, that's no good. How about Monday, would 10.30 a.m. suit you?

A: Yes, that'll be fine.
B: OK, see you next Monday then.

A: May I come and *visit* you?
B: Yes, *is* next Wednesday *OK with you?*
A: Yes, fine, I'll *make a note* in my appointment book.

A: I would like an *appointment* to see Mr. Green, please.
B: Yes, when would you like to come?
A: Friday the 20th would suit me best.

B: I'm sorry, but he has a meeting in the city on that day. How about Monday the 23rd?

A: No, that's a holiday.
B: Oh yes, I overlooked that. On Tuesday the 24th then?
A: That's OK. At what time?
B: *About* 3 o'clock?
A: Fine. Thank you. See you then.

A: Could we meet for breakfast tomorrow?

A: Wir haben ein Problem mit dem neuen System.
B: Ich glaube, dass wir es besser *persönlich* besprechen sollten. Können wir ein *Treffen* vereinbaren?
A: Ja, in Ordnung. Würde Ihnen nächsten Dienstag um 11 Uhr *passen?*
B: Lassen Sie mich in meinem *Terminkalender* nachsehen. Nein, das geht nicht. Wie wäre es mit Montag, passt es Ihnen gegen 10.30 Uhr?
A: Ja, das passt mir gut.
B: Gut, dann bis nächsten Montag.

A: Kann ich Sie *besuchen?*
B: Ja, *passt es Ihnen* nächsten Mittwoch?
A: Ja, in Ordnung, ich werde es in meinem Terminkalender *notieren.*

A: Ich möchte bitte einen *Termin* bei Herrn Green.
B: Ja, wann möchten Sie kommen?
A: Am Freitag, den 20., würde es mir am besten passen.

B: Es tut mir leid, aber er hat an diesem Tag eine Besprechung in der Stadt. Wie wäre es am Montag, den 23.?

A: Nein, da ist ein Feiertag.
B: Ach ja, das habe ich übersehen. Dann am Dienstag, den 24.?
A: Ja, in Ordnung. Um wie viel Uhr?
B: *Gegen* 15 Uhr?
A: Gut. Danke. Bis dann.

A: Können wir uns morgen zum Frühstück treffen?

B: Let me check with my secretary if I've any appointments.

A: OK, I'll wait.
B: Yes, seems to be OK.
A: Should we say 8.30?
B: Fine, see you tomorrow.

A: When is the meeting due *to take place?*
B: On Wednesday afternoon at 2 p.m.

A: Do you have the *agenda?*
B: Yes, we are supposed to make a presentation of the sales figures.
A: Maybe we should meet for lunch to discuss this.

B: OK, tomorrow at 1 p.m. at "Dusty's"?
A: Fine. Who else will be at the meeting?
B: Stephen and John.
A: OK. I'll tell them to be there at 1.

A: Sorry to trouble you again, but *I can't make it* tomorrow at 4. Can we make it a bit earlier, say 2.30?

B: Fine, I'll change it.
A: Thank you. See you then.

B: Lassen Sie mich bei meiner Sekretärin nachfragen, ob ich schon Termine habe.

A: Gut, dann warte ich solange.
B: Ja, scheint in Ordnung zu sein.
A: Sagen wir 8.30 Uhr?
B: In Ordnung, bis morgen.

A: Wann soll die Besprechung *stattfinden?*
B: Am Mittwochnachmittag um 14 Uhr.

A: Haben Sie die *Tagesordnung?*
B: Ja, wir sollen die Verkaufszahlen präsentieren.
A: Vielleicht sollten wir uns zum Mittagessen treffen, um dies zu besprechen.

B: OK, morgen um 13 Uhr bei „Dusty"?
A: In Ordnung. Wer nimmt sonst noch an der Besprechung teil?
B: Stephen und John.
A: In Ordnung. Ich sage ihnen, dass sie um 13 Uhr da sein sollen.

A: Es tut mir leid, dass ich noch mal störe, aber morgen um 16 Uhr *passt mir nicht.* Geht es ein bisschen früher, sagen wir um 14.30 Uhr?
B: In Ordnung, ich ändere es.
A: Danke. Bis dann.

Reservations/Hotel

Do you have any *vacancies?*
I would like to *book a room.*

We have *singles and doubles.*

Reservierungen/Hotel

Haben Sie *freie Zimmer?*
Ich würde gerne *ein Zimmer buchen.*
Wir haben *Einzel- und Doppelzimmer.*

I would need the room for two nights.	Ich bräuchte das Zimmer für zwei Nächte.
Will there be a restaurant and a bar?	Gibt es dort ein Restaurant und eine Bar?
How will I get there from the **bus station?**	Wie werde ich von der **Bushaltestelle** dorthin kommen?
We would like to **place a reservation for a conference room.**	Wir würden gerne **einen Konferenzraum reservieren.**
Could you **fax** this for me?	Können Sie mir das **durchfaxen?**
Please **charge everything to my account.**	Bitte schreiben Sie **alles auf meine Rechnung.**
Please **charge this to my credit card.**	Bitte **buchen Sie das von meiner Kreditkarte ab.**
I would need an overhead projector.	Ich bräuchte einen Overheadprojektor.
I'm sorry, we're **fully booked** due to the exhibition starting next week.	Es tut mir leid, wir sind **völlig ausgebucht** wegen der Messe nächste Woche.
Maybe you could **try** the Regency.	Vielleicht **versuchen** Sie es beim Hotel Regency.
Do you have **special rates for business travellers?**	Haben Sie **Sondertarife für Geschäftsreisende?**
Could you **confirm** the reservation by fax?	Können Sie die Reservierung bitte per Fax **bestätigen?**
Could you let me have the full address and telephone and fax numbers, please?	Können Sie mir bitte die vollständige Adresse sowie Telefon- und Faxnummer geben?
Is it possible to get more information through the internet?	Ist es möglich, über das Internet mehr Informationen zu bekommen?
There's a photo of our hotel on our internet homepage.	Es gibt ein Foto unseres Hotels auf unserer Internet-Homepage.
Thank you for your **assistance.**	Vielen Dank für Ihre **Hilfe.**
What is the best way to get to the hotel from the airport?	Wie kommt man am besten vom Flughafen zum Hotel?
There is a **shuttle bus** to the **main station** every twenty minutes, the hotel is just around the corner.	Ein **Pendelbus** fährt alle zwanzig Minuten zum **Hauptbahnhof,** das Hotel ist gleich um die Ecke.
There is a **map** on our homepage where you can see how to get to us.	Auf unserer Homepage ist eine **Karte,** der Sie entnehmen können, wie Sie zu uns finden.

Dialogbeispiele

A: I would like to **book a single room** for two nights from the 21ˢᵗ to 23ʳᵈ April in the name of Jones. The company is Jones & Son, London.
B: Yes, we have **rooms left.**
A: Do you have small **conference rooms** available? We would need a room for eight people, **refreshments and lunch included.**
B: That would be no problem.
A: Could you send us a **brochure** and a **price list?**
B: We'll send it off today.
A: Is it possible to **rent a car** there?
B: I would recommend renting a car **at the airport.** We have sufficient parking here.
A: Is it also possible to place a reservation by e-mail?
B: Yes, you can do that.
A: Fine, thank you for your help.
B: You are welcome.

A: Are there any **messages** for me?
B: Yes, here, a fax.
A: Is **everything prepared** for our meeting tomorrow?
B: Yes, in the Berkeley room.
A: Do you have a television and DVD player available?
B: Yes, I'll have them brought over.
A: We would like to have a **coffee break** at 10 a.m.
B: No problem.

A: Ich möchte vom 21. bis zum 23. April ein **Einzelzimmer** auf den Namen Jones **reservieren.** Die Firma ist Jones & Son, London.
B: Ja, wir haben noch **Zimmer frei.**
A: Stehen kleine **Konferenzzimmer** zur Verfügung? Wir bräuchten einen Raum für acht Personen, **inklusive Erfrischungen und Mittagessen.**
B: Das wäre kein Problem.
A: Können Sie uns eine **Broschüre** und eine **Preisliste** zuschicken?
B: Schicken wir heute weg.
A: Ist es möglich, dort ein **Auto zu mieten?**
B: Ich würde empfehlen, ein Auto **am Flughafen** zu mieten. Wir haben hier genügend Parkplätze.
A: Ist es auch möglich, per E-Mail zu reservieren?
B: Ja, das können Sie tun.
A: In Ordnung, vielen Dank für Ihre Hilfe.
B: Gern geschehen.

A: Gibt es irgendwelche **Nachrichten** für mich?
B: Ja, hier, ein Fax.
A: Ist **alles** für unsere morgige Besprechung **vorbereitet?**
B: Ja, im Berkeley Zimmer.
A: Stehen ein Fernseher und ein DVD-Spieler zur Verfügung?
B: Ja, ich sorge dafür, dass sie herübergebracht werden.
A: Wir möchten um 10 Uhr eine **Kaffeepause** machen.
B: Kein Problem.

A: When Mr. Smith arrives, can you please tell him that I am waiting in the bar?

A: Wenn Herr Smith ankommt, könnten Sie ihm bitte sagen, dass ich in der Bar auf ihn warte?

Transportation

Verkehrsmittel

When does the next *flight* to London leave?

Wann geht der nächste *Flug* nach London?

Is it possible to *change my ticket* to stop over in Chicago for two days?

Kann ich eventuell *mein Ticket umtauschen,* damit ich zwei Tage in Chicago bleiben kann?

Is there somewhere here where I can *rent a car?*

Kann ich hier irgendwo *ein Auto mieten?*

Could you please tell me where I can find the closest *car rental?*

Könnten Sie mir bitte sagen, wo ich die nächste *Autovermietung* finden kann?

How much are the costs for a *rental car?*

Was kostet ein *Mietwagen?*

Does the price include tax, insurance and free mileage?

Beinhaltet der Preis Steuer, Versicherung und unbeschränkte Meilen?

What about *oneway* rentals?

Wie ist es mit „*Oneway*"-Mieten?

Where is the nearest *taxi stand?*

Wo ist der nächste *Taxistand?*

Dialogbeispiele

A: When does the next *flight* to London leave?
B: 7.30 p.m. *via* New York.
A: Is it possible to *change my ticket* to stop over in New York for two days?
B: Of course, no problem, but we would have to *charge* you $50.

A: Wann geht der nächste *Flug* nach London?
B: 19.30 Uhr *über* New York.
A: Kann ich eventuell *mein Ticket umtauschen,* damit ich zwei Tage in New York bleiben kann?
B: Natürlich, kein Problem, aber wir müssen eine *Gebühr* von $50 *berechnen.*

A: My name is Smith, you have a car reserved for me.
B: Yes, the white car over there.

A: Mein Name ist Smith, für mich ist ein Auto reserviert.
B: Ja, das weiße Auto da drüben.

A: There has been a change of plan, can I *hand it back* in Boston?

B: No problem, but that would cost a little more.

A: Please *charge it to my credit card.*

A: From which *platform* is the train to London leaving?

B: From platform 5. It *is delayed by* 15 minutes.

A: Meine Pläne haben sich geändert, kann ich das Auto in Boston *wieder abgeben?*

B: Kein Problem, aber das kostet ein bisschen mehr.

A: Bitte *buchen Sie es von meiner Kreditkarte ab.*

A: Von welchem *Gleis* fährt der Zug nach London ab?

B: Von Gleis 5. Der Zug *hat* 15 Minuten *Verspätung.*

Arrival and Reception

Good morning, how are you?
I am fine, thank you.
Nice to meet you.
How do you do?
Hello, it's nice to see you again.
I'm here to see Mr. Lewis.
I have an *appointment* with Mr. Green.
Is he *expecting* you?
Would you like to *wait* for him in this room?
Please *take a seat.*
Please make *yourself comfortable.*
He'll be along shortly.
May I *offer* you a cup of coffee?

With milk and sugar?
Would you like some tea?
Would you like something to drink?
Can I get you some more tea?

I'm afraid we have run out of biscuits (US: cookies).
Is there somewhere I can hang my coat?

Ankunft und Empfang

Guten Morgen, wie geht es Ihnen?
Mir geht es gut, danke.
Schön, Sie kennenzulernen.
Wie geht es Ihnen?
Guten Tag, schön, Sie wiederzusehen.
Ich bin mit Herrn Lewis verabredet.
Ich habe eine *Verabredung* mit Herrn Green.
Erwartet er Sie?
Möchten Sie hier in diesem Zimmer auf ihn *warten?*
Bitte *nehmen Sie Platz.*
Bitte *machen Sie es sich bequem.*
Er kommt sofort.
Darf ich Ihnen eine Tasse Kaffee *anbieten?*
Mit Milch und Zucker?
Möchten Sie eine Tasse Tee?
Möchten Sie etwas trinken?
Kann ich Ihnen noch etwas Tee anbieten?
Es tut mir leid, aber wir haben keine Kekse mehr.
Kann ich irgendwo meinen Mantel aufhängen?

May I *use the phone?*
Is there a phone here I can use?
Could you *dial this number* for me?

Could you fax this through to my
company in London?
Did you have a good flight?
How was your *trip?*

I'll have our driver *pick you up* at
about 1.30 p.m.
When are you *leaving* Germany?
When are you going back to the
States?
What time are you leaving?

Darf ich *telefonieren?*
Kann ich hier irgendwo telefonieren?
Könnten Sie für mich *diese Nummer
anwählen?*
Könnten Sie dies bitte an meine
Firma in London faxen?
Hatten Sie einen guten Flug?
Wie war die *Reise?*/Wie war Ihr
Flug?
Ich werde unserem Fahrer sagen, dass
er *Sie* gegen 13.30 *abholen* soll.
Wann *verlassen* Sie Deutschland?
Wann fliegen Sie zurück in die
Vereinigten Staaten?
Um wie viel Uhr fliegen/fahren
Sie ab?

Dialogbeispiele

A: Hello, it's nice to see you again.

B: Yes, it's been a long time. I'm here
to see Mr. Williams.
A: I'll just call him. Would you like *to
take a seat?*

A: *He'll be along shortly*, may I *offer*
you a cup of coffee?
B: Yes, please.
A: If you would like to wait in here,
I'll bring the coffee.

A: Mr. Gregory, how nice to see you.
Mr. Frank has been called away, but
should be back in ten minutes. Would
you like some coffee while you're
waiting?
B: I would prefer tea. Is there a phone
here I can use?
A: Yes, please *follow me.*

A: Guten Tag, schön, Sie wiederzu-
sehen.
B: Ja, ist schon lange her. Ich bin mit
Herrn Williams verabredet.
A: Ich rufe ihn schnell an. Möchten
Sie *Platz nehmen?*

A: *Er kommt sofort,* kann ich Ihnen
eine Tasse Kaffee anbieten?
B: Ja, bitte.
A: Wenn Sie hier warten möchten,
dann bringe ich den Kaffee.

A: Mr. Gregory, schön Sie wiederzusehen. Mr. Frank musste kurz weg,
aber er sollte in zehn Minuten wieder
hier sein. Möchten Sie eine Tasse
Kaffee, während Sie warten?
B: Ich trinke lieber Tee. Kann ich hier
irgendwo telefonieren?
A: Ja, bitte *folgen Sie mir.*

A: Can I get you some tea?
B: No, thank you. Do you have any cold drinks?
A: Yes, we also have orange juice, cola (US: coke) or mineral water.
B: I'll have some orange juice, then.
A: Here you are.
B: Thank you.
A: Not at all.

A: Kann ich Ihnen etwas Tee anbieten?
B: Nein, danke. Haben Sie auch kalte Getränke?
A: Ja, wir haben auch Orangensaft, Cola oder Mineralwasser.
B: Dann nehme ich einen Orangensaft.
A: Bitte sehr.
B: Danke.
A: Bitte schön.

Small Talk

Is it much colder in Germany than here in winter?
I hope that the **weather** was better in Hannover than it is here this morning.
Isn't it an awful day today?

The sun shone every day last week but that's very unusual for this time of year.
This rain is terrible, it's a shame that you can't see Liverpool on a sunny day.

Is **doing business** here very different from doing business in Britain?
How long have you been working for H.G.C. Limited?
Are you a member of an **employer's association?**
His latest business venture is proving to be a **cash cow**.
Do you travel abroad much on business?
Is there a strong **work ethic** in the US?

Smalltalk

Ist es in Deutschland viel kälter im Winter als hier?
Ich hoffe, dass das **Wetter** in Hannover heute Morgen besser war als hier.
Ist es nicht ein scheußlicher Tag heute?
Letzte Woche schien die Sonne jeden Tag, aber das ist sehr ungewöhnlich zu dieser Jahreszeit.
Dieser Regen ist schrecklich, es ist schade, dass Sie Liverpool nicht an einem sonnigen Tag sehen können.
Unterscheidet sich das **Geschäftsleben** hier sehr stark von dem in Großbritannien?
Wie lange sind Sie schon bei H.G.C. Limited?
Sind Sie ein Mitglied des **Arbeitgeberverbandes?**
Sein letztes Geschäft hat sich als wahrer **Goldesel** herausgestellt.
Machen Sie viele Geschäftsreisen ins Ausland?
Gibt es eine starke **Arbeitsmoral** in den USA?

The *Chancellor of the Exchequer* (US: *Finance Minister*) resigned at the weekend.
The *balance of payments deficit* in the UK contrasts starkly with the *balance of payments surplus* in Germany.
The *economic recovery* in New Zealand won't last.

I don't know if you enjoy the *theatre* ...?
I don't know whether this *exhibition* would interest you ...?
If you are interested in art, one possibility for this afternoon would be visiting the Alte Pinakothek here in Munich.
Would an evening in the *opera* be of interest to you?
I don't know whether you were considering any *sight-seeing* ...?
Are you interested in history?

Do you like classical music?
Do you enjoy shopping?
It's *half-day closing* today – if you need anything from the shops you should go this morning.
There are some very good *shops* in the town centre.
Market day is Wednesday in Leek.
In London, one of the most famous *shopping streets* is Oxford Street.

What is it like in Frankfurt?
Where do you live in Germany?
Do you like living in London?
Do you prefer living in Leipzig or in Berlin?

Der *Finanzminister* ist am Wochenende zurückgetreten.

Das *Zahlungsbilanzdefizit* in Großbritannien steht in völligem Gegensatz zum *Zahlungsbilanzüberschuss* in Deutschland.
Der *Konjunkturaufschwung* in Neuseeland wird nicht von Dauer sein.
Mögen Sie *Theater?*

Würde Sie diese *Ausstellung* interessieren?
Wenn Sie an Kunst interessiert sind, gäbe es hier in München die Alte Pinakothek, die wir besuchen könnten.
Wären Sie an einem Abend in der *Oper* interessiert?
Hatten Sie geplant, einige *Sehenswürdigkeiten* zu *besuchen?*
Sind Sie an Geschichte interessiert?
Mögen Sie klassische Musik?
Gehen Sie gerne einkaufen?
Die Geschäfte *schließen* heute schon *mittags.* Wenn Sie noch etwas einkaufen wollen, sollten Sie das heute Morgen erledigen.
Es gibt einige sehr gute *Geschäfte* in der Stadtmitte.
In Leek ist am Mittwoch *Markttag.*
Eine der bekanntesten *Einkaufsstraßen* in London ist die Oxford Street.

Wie ist es in Frankfurt?
Wo leben Sie in Deutschland?
Leben Sie gerne in London?
Leben Sie lieber in Leipzig oder in Berlin?

Are you married?
No, I'm divorced/separated/
single.
Do you have a *family?*
Does your husband work?
What does he do?
How old are your children?
Do you have a large family?
Do you ski?
Have you ever been horse-riding?
Do you like playing squash?
Have you ever tried sailing?

Do you enjoy jogging?
Do you play tennis?
Do you like doing crosswords?
Do you play chess?
Have you ever been to Italy?
Can you *speak* French?
Where did you go on *holiday*
(US: *vacation*) last summer?
Was the weather nice?
What did you do?
Did you *have a nice time?*
What was it like there?
Was it very different to the US?

Where would you like *to go for
lunch?*
Do you like Japanese food?
Would you like to try traditional
German food?
Are you *vegetarian?*
I am *allergic* to nuts.
I don't like spicy food.
Are you ready *to order?*
I think I need a few more minutes to
read the menu.

I would like the *dish of the day* with
a side salad, please.

Sind Sie verheiratet?
Nein, ich bin geschieden/
lebe getrennt/bin ledig.
Haben Sie *Familie?*
Arbeitet Ihr Mann?
Was macht er?
Wie alt sind Ihre Kinder?
Haben Sie eine große Familie?
Fahren Sie Ski?
Sind Sie schon mal geritten?
Spielen Sie gerne Squash?
Haben Sie schon mal Segeln ver-
sucht?
Mögen Sie Jogging?
Spielen Sie Tennis?
Lösen Sie gerne Kreuzworträtsel?
Spielen Sie Schach?
Waren Sie schon mal in Italien?
Sprechen Sie Französisch?
Wo haben Sie letzten Sommer Ihren
Urlaub verbracht?
Hatten Sie gutes Wetter?
Was haben Sie gemacht?
Hat es Ihnen *gefallen?*
Wie war es da?
War es sehr anders als in den
USA?
Wo möchten Sie *zu Mittag essen?*

Mögen Sie japanisches Essen?
Mögen Sie die traditionelle
deutsche Küche?
Sind Sie *Vegetarier?*
Ich bin gegen Nüsse *allergisch.*
Ich esse nicht gerne scharf.
Möchten Sie jetzt *bestellen?*
Ich denke ich brauche noch ein
paar Minuten, um die Speisekarte
zu lesen.
Ich hätte gerne das *Tagesgericht* und
als Beilage einen Salat, bitte.

Would you like a *starter?*
Yes, please. I would like the smoked
salmon paté.
What would you like to drink?
I would like a glass of mineral
water, please.
Could I have a glass of water, please?

Would you prefer red or white wine?

Would you like some coffee?
Yes please, *white,* no sugar.
Can I get you anything else?
No, I'm fine, thank you.
Could we have the bill, please?
What would you like to drink?
I would like a pint of lager and
half of bitter, please.
I'll get these.
Is it my round?
I'd like two brandys, please
– and have one yourself.

Same again, please.
Are we allowed to smoke here?
Could we have an ashtray,
please?
Last orders at the bar, please!

What time does your train leave?
I hope you *enjoyed your stay*
in Germany.

If you have any *queries,* please
do not hesitate to contact us.

It was *a pleasure* doing
business with you.
Likewise.
I hope that we can continue
to work together in the future.

Möchten Sie eine *Vorspeise?*
Gerne. Ich möchte die Pastete
vom geräucherten Lachs.
Was möchten Sie trinken?
Ich hätte gerne ein Glas
Mineralwasser, bitte.
Kann ich ein Glas Leitungswasser
haben, bitte?
Möchten Sie lieber Rotwein oder
Weißwein?
Möchten Sie einen Kaffee?
Ja, bitte, *mit Milch* und ohne Zucker.
Möchten Sie etwas anderes?
Nein danke.
Können wir zahlen, bitte?
Was möchten Sie trinken?
Ich hätte gern ein großes Bier und ein
kleines Bitter (britisches Bier).
Ich werde diese Runde zahlen.
Ist es meine Runde?
Ich hätte gerne zwei Weinbrand,
bitte – und nehmen Sie auch einen
(als Trinkgeld in Großbritannien).
Dasselbe nochmal, bitte.
Darf man hier rauchen?
Können wir einen Aschenbecher
haben, bitte.
Letzte Bestellungen vor der
Sperrstunde, bitte!
Um wie viel Uhr geht Ihr Zug?
Ich hoffe, Sie *hatten einen*
angenehmen Aufenthalt in
Deutschland.
Sollten Sie noch *irgendwelche* Fragen
haben, zögern Sie bitte nicht, mit
uns in Kontakt zu treten.
Es war *ein Vergnügen* mit
Ihnen Geschäfte zu machen.
Danke, gleichfalls.
Ich hoffe, dass wir auch in Zukunft
zusammenarbeiten werden.

I'll e-mail you to *keep you posted* of new developments.

Ich werde Ihnen mailen, um Sie über neue Entwicklungen *auf dem Laufenden zu halten.*

We'll see each other at the conference next month.

Wir sehen uns nächsten Monat auf der Tagung.

I hope we have the opportunity to discuss these developments *face to face* in the near future.

Ich hoffe, wir werden in naher Zukunft die Gelegenheit haben diese Entwicklungen *persönlich* zu besprechen.

Goodbye. It was a pleasure to meet you.

Auf Wiedersehen. Es war ein Vergnügen, Sie kennen gelernt zu haben.

I'm glad to have made your *acquaintance.*

Ich bin sehr erfreut, Ihre *Bekanntschaft* gemacht zu haben.

Dialogbeispiele

A: How was your *business year* in comparison to last year?
B: Our *business report* shows a considerable improvement.

A: Wie war Ihr *Wirtschaftsjahr* im Vergleich zum letzten Jahr?
B: Unser *Geschäftsbericht* zeigt eine beachtliche Verbesserung.

A: What is the *unemployment rate* in Switzerland?
B: Nowhere in Europe has *full employment.*
A: We have introduced many *job creation schemes* in Capetown to combat the problem.

A: Gibt es eine hohe *Arbeitslosenquote* in der Schweiz?
B: In Europa gibt es nirgendwo *Vollbeschäftigung.*
A: In Kapstadt haben wir viele *Arbeitbeschaffungsmaßnahmen* eingeführt, um das Problem zu bekämpfen.

A: Do you think the US economy is *on the upturn* at the moment?

A: Glauben Sie, dass sich die US-Wirtschaft im Moment *im Aufschwung* befindet?

B: The *balance of trade* does seem to indicate that it is improving.

B: Die *Handelsbilanz* scheint anzuzeigen, dass sie stärker wird.

A: Have you visited Berlin before?
B: Only briefly, in 2008.

A: Waren Sie schon mal in Berlin?
B: Nur kurz, 2008.

A: Were you hoping to do some sightseeing?
B: Certainly. What can you recommend?
A: Perhaps a walking tour of the *city centre* – to take advantage of the good weather. Afterwards, I can heartily recommend the Shiva restaurant for lunch.

A: Hatten Sie eine Sightseeingtour geplant?
B: Natürlich. Was würden Sie empfehlen?
A: Vielleicht einen Spaziergang durch das *Stadtzentrum* – bei diesem schönen Wetter. Danach empfehle ich dringend das Restaurant Shiva zum Mittagessen.

A: Does your wife work?
B: Yes, she works part-time s a midwife. After we had the children she gave up full time work.

A: Arbeitet Ihre Frau?
B: Ja, sie arbeitet Teilzeit als Hebamme. Seit wir die Kinder haben, hat sie aufgehört, Vollzeit zu arbeiten.

A: Is your *daughter* in school?
B: No, she has already *graduated* (UK: *finished school*).

A: Ist Ihre *Tochter* in der Schule?
B: Nein. Sie ist bereits *fertig*.

A: What subject is your daughter reading at university?
B: She is *reading* law at the University of Queensland.
A: My son graduated from Oxford last year.
B: Where does your *son* work?

A: Was studiert Ihre Tochter?

B: Sie *studiert* Jura an der Universität von Queensland.
A: Mein Sohn hat letztes Jahr seinen Abschluss in Oxford gemacht.
B: Wo arbeitet Ihr *Sohn*?

A: What *sports* do you enjoy?
B: I like golf and enjoy fishing in summer, if I have the time.

A: Welche *Sportarten* mögen Sie?
B: Ich spiele gerne Golf und im Sommer gehe ich Fischen, wenn ich Zeit habe.

A: You should go to Scotland – there are a lot of golf courses and good fishing rivers there.

A: Sie sollten Schottland besuchen – es gibt dort viele Golfplätze und gute fischreiche Flüsse.

B: I'd like to visit Scotland some day, especially the highlands.

B: Ich würde gerne mal nach Schottland fahren, besonders in die Highlands.

A: Edinburgh is well worth a visit, too.

A: Auch Edinburgh ist eine Reise wert.

B: Perhaps next year, I should visit Scotland.

A: Nicola, I'd like to introduce you to one of our overseas partners, Mr. Franz Deffner. Mr. Deffner, Mrs. Adam, our chief accountant.

B: Pleased to meet you, Mrs. Adam.

C: Please, *call me* Nicola.

A: Have a seat, Mr. Deffner.

B: Thank you. Please *call me* Franz.

A: *Did* you *enjoy your meal?*

B: It was *delicious*, thank you.

A: Can I get you anything else?

B: I would like a cup of coffee, please. Black, no sugar.

A: Can we have the bill, please?

B: *Let me get this.*

A: No, please, allow me.

B: Thank you.

A: You're welcome.

A: Was the hotel *to your satisfaction?*

B: Yes, everything was just fine, thank you.

A: When are you flying back to the States?

B: This evening (US: tonight) at 6.30 p.m.

A: I'll have our driver pick you up at 4.30 p.m.

B: That's great, thanks for all your help.

A: Not at all. Have a good trip back. I hope to see you again soon. *Please give my regards to* Jane.

B: Vielleicht sollte ich nächstes Jahr in Schottland Urlaub machen.

A: Nicola, ich würde dich gerne einem unserer ausländischen Partner vorstellen, Herrn Franz Deffner. Herr Deffner, Frau Adam, unsere Chefbuchhalterin.

B: Es freut mich Sie kennenzulernen, Frau Adam.

C: Bitte, *nennen Sie mich* Nicola.

A: Setzen Sie sich, Herr Deffner.

B: Danke, *nennen Sie mich* Franz.

A: *Hat es* Ihnen *geschmeckt?*

B: Es war *hervorragend*, danke der Nachfrage.

A: Möchten Sie noch etwas Anderes?

B: Ich hätte gerne eine Tasse Kaffee, bitte. Schwarz, ohne Zucker.

A: Können wir zahlen, bitte?

B: *Darf ich das übernehmen?*

A: Bitte überlassen Sie es mir.

B: Danke schön.

A: Keine Ursache.

A: War das Hotel *zufriedenstellend?*

B: Ja, es war alles völlig in Ordnung, danke.

A: Wann fliegen Sie in die USA zurück?

B: Heute Abend um 18.30 Uhr.

A: Ich werde unserem Fahrer sagen, dass er Sie so gegen 16.30 Uhr abholen soll.

B: Prima, und danke für Ihre Hilfe.

A: Bitte schön. Eine gute Heimreise, und ich hoffe, Sie bald wiederzusehen. *Bitte bestellen Sie Grüße an* Jane.

Idioms	Typische Redewendungen

I have heard that their finances are in a *sorry state of affairs.*
I think the dispute was definitely a case of *six of one and half a dozen of the other.*
I am determined to *get to the bottom* of this issue.
Our new products will be launched and *on the market* next week.

Ich habe gehört, dass Ihre Finanzen in *einem traurigen Zustand* sind.
Ich glaube, der Streit war sicherlich *von beiden Seiten gleichermaßen verursacht.*
Ich bin entschlossen, dieser Sache *auf den Grund zu gehen.*
Unser neues Produkt wird nächste Woche *auf dem Markt* lanciert.

I must say, we don't seem to have much *room for manoeuvre.*
At least we had the *last word.*
There is undoubtedly *room for improvement* in your management strategies.
He knows *all the tricks of the trade.*
His arguments *cut no ice* with me.

Ich muss sagen, wir haben *nur begrenzten Handlungsspielraum.*
Zumindest hatten wir *das letzte Wort.*
Es gibt zweifellos *noch Raum für Verbesserungen* in Ihren Managementstrategien.
Er kennt *alle Tricks in seinem Geschäft.*
Seine Argumente machen *keinen Eindruck* auf mich.

Our latest series of advertisements is designed *with the man in the street in mind.*
I would be grateful if you could *show Clare the ropes.*
She doesn't seem able to *make up her mind.*
I had the feeling they were *looking down their noses* at me.

Unsere letzte Anzeigenserie wurde *für den Mann auf der Straße* entworfen.
Ich wäre sehr dankbar, wenn Sie *Clare herumführen könnten.*
Sie scheint nicht zu *wissen, was sie will.*
Ich hatte das Gefühl, dass sie äußerst *hochnäsig mir gegenüber waren.*

When I *caught her secretary's eye* I had the feeling that she knew something.
My suggestion was met with a general *raising of eyebrows.*
Your experience here with us will *stand you in good stead* when furthering your career.
A stitch in time saves nine.

Als ich ihrer *Sekretärin einen Blick zuwarf,* hatte ich das Gefühl, dass sie etwas wusste.
Mein Vorschlag rief ein allgemeines *Stirnrunzeln* hervor.
Ihre Erfahrung hier bei uns wird sehr *nützlich* für Ihre weitere Karriere sein.
Vorsicht ist besser als Nachsicht.

It would have been better to have fully repaired our machinery in 2010 – as they say, *a stitch in time...*

Es wäre besser gewesen, wenn wir unsere Maschinenanlage 2010 vollständig repariert hätten – *das hätte uns viel Ärger erspart.*

When the cat's away, the mice will play.

Wenn die Katze aus dem Haus ist, tanzen die Mäuse.

I'm not at all surprised that deadlines were not met in your absence – *when the cat's away...*

Ich bin überhaupt nicht überrascht, dass die Deadlines in deiner Abwesenheit nicht eingehalten wurden – *wenn die Katze aus dem Haus ist...*

Birds of a feather flock together.

Gleich und gleich gesellt sich gern.

In for a penny, in for a pound.

Wer A sagt, muss auch B sagen.

Two's company, three's a crowd.

Drei sind einer zu viel.

What you make on the swings you lose on the roundabouts.

Wie gewonnen so zerronnen.

He has really *put his foot in it.*

Da ist er wirklich *ins Fettnäpfchen getreten.*

I think she is quite *down in the dumps* about the whole thing.

Ich glaube, sie ist ziemlich *am Boden zerstört* wegen dieser Geschichte.

She can't *stand the sight* of him.

Sie kann ihn *nicht ausstehen.*

The Clodock Herald has *dragged our name through the mud.*

Der Clodock Herald hat *unseren Namen durch den Schmutz gezogen.*

He seems to have *taken quite a shine to her.*

Ich glaube, *er ist sehr von ihr eingenommen.*

Dialogbeispiele

A: I was quite annoyed by his behaviour on Wednesday.
B: You have to *take him with a pinch of salt.*
A: Yes – but I don't *suffer fools gladly.*

A: Ich war ziemlich verärgert über sein Verhalten am Mittwoch.
B: Du darfst ihn *nicht zu ernst nehmen.*
A: Ja – aber ich *toleriere Ignoranten ungern.*

A: This delay is extremely annoying – I wish they'd come to a decision.

B: I fear they might *chicken out* eventually.

A: I think you've *hit the nail on the head*. Perhaps we should go ahead without them.

A: I would be grateful if you could inform me promptly of any further developments.

B: We'll keep our *ears to the ground.*

A: Would you be interested in participating in a joint marketing scheme?

B: I could certainly *bear it in mind* at the next board meeting.

A: Our sales have declined by ten per cent since we stopped doing business with JMC.

B: Perhaps we will have to *swallow our pride* and *settle our differences* with them.

A: Do you anticipate any problems updating our database?

B: To be honest, I could do it *standing on my head.*

A: Diese Verzögerung ist sehr ärgerlich – ich wünschte, sie würden zu einer Entscheidung kommen.

B: Ich fürchte, dass sie im letzten Moment *kalte Füße bekommen* werden.

A: Ich glaube, Sie haben den *Nagel auf den Kopf getroffen.* Vielleicht sollten wir ohne sie weitermachen.

A: Ich wäre dankbar, wenn Sie mich über weitere Entwicklungen auf dem Laufenden halten könnten.

B: Wir werden *unsere Augen offen halten.*

A: Wären Sie daran interessiert, an einem gemeinsamen Marketing-Projekt teilzunehmen?

B: Ich werde sicherlich bei der nächsten Direktionssitzung *daran denken.*

A: Unsere Verkäufe sind um zehn Prozent zurückgegangen seit wir aufgehört haben, mit JMC Geschäfte zu machen.

B: Vielleicht sollten wir unseren *Stolz herunterschlucken* und unsere *Streitigkeiten* mit ihnen *beilegen.*

A: Erwarten Sie irgendwelche Probleme mit dem Update unserer Datenbank?

B: Um ehrlich zu sein, das könnte ich *im Schlaf erledigen.*

A: I find them difficult to deal with when they're together in the office.
B: Well, *birds of a feather...*

A: Ich finde es schwierig mit ihnen auszukommen, wenn sie zusammen im Büro sind.
B: Na ja, *gleich und gleich...*

A: I was considering pulling out if I still could.
B: I honestly don't think that's possible. You might as well carry on now you've got this far – *in for a penny,* you know?

A: Ich habe mir überlegt, mich zurückzuziehen, wenn ich es noch könnte.
B: Ich glaube wirklich nicht, dass das noch möglich ist. Du kannst jetzt auch weiter machen, nachdem du so weit gegangen bist – *wer A sagt, muss auch B sagen.*

A: How have you found working with our new deputy manager?
B: Well, I preferred working just with Sarah – *two's company,* after all.

A: Wie hast du es gefunden, mit unserem neuen stellvertretenden Leiter zusammenzuarbeiten?
B: Ich habe es bevorzugt, nur mit Sarah zu arbeiten – schließlich *sind drei einer zu viel.*

A: Has your expansion in the USA paid off?
B: Well, at the moment it's all *swings and roundabouts.*

A: Hat sich die Expansion in die USA rentiert?
B: Im Moment *gleicht sich das alles aus.*

A: Are you sure you want me to take over this project?
B: Definitely – Alan *has had a fair crack of the whip.*

A: Sind Sie sicher, Sie wollen, dass ich das Projekt übernehme?
B: Auf jeden Fall. Alan *hat seine Chance gehabt.*

A: May I explain my plans to you in more depth?
B: I'm *all ears.*

A: Kann ich Ihnen meine Pläne etwas ausführlicher erklären?
B: Ich bin *ganz Ohr.*

9. Besprechungen

Presentations

We will schedule our next *quarterly meeting* for ...
We should *notify the participants* of the next annual production meeting as soon as possible.
Handouts containing the *agenda* should be sent out beforehand to everybody.
Will all the *staff* be able to come?

Shall we *postpone* the meeting?

Should we settle on a *later date?*

Would it be better to *cancel* the meeting altogether?
Ladies and gentlemen, *welcome* to today's meeting.
Ladies and gentlemen, I am happy to welcome you to our annual *business meeting.*

Welcome and thank you for coming today.
Ladies and gentlemen, we are gathered here today to listen to Mrs. Smith's *presentation* on ...

We have an extremely important session today.
This month's meeting will have the following subject: ...
The *subject* of tomorrow's session has been decided on by Mr. ...
Mr. Daniel's talk on ... will introduce us to today's *topic.*

Präsentationen

Wir werden unsere nächste *Quartalsbesprechung* für ... ansetzen.
Wir sollten die *Teilnehmer* der nächsten Jahresproduktionsbesprechung so schnell wie möglich *benachrichtigen.*
Handouts mit der *Tagesordnung* sollten vorab an alle verschickt werden.
Wird die gesamte *Belegschaft* kommen können?
Sollen wir die Besprechung *auf später verschieben?*
Sollten wir uns auf einen *späteren Termin* einigen?
Wäre es besser, die Besprechung ganz *abzusagen?*
Meine Damen und Herren, *ich begrüße Sie* zu der heutigen Sitzung.
Meine Damen und Herren, ich freue mich, Sie zu unserer jährlichen *Geschäftsbesprechung* willkommen zu heißen.
Herzlich willkommen und vielen Dank, dass Sie heute erschienen sind.
Meine Damen und Herren, wir haben uns heute hier versammelt, um Frau Smiths *Präsentation* über ... zu hören.
Wir haben heute eine ausgesprochen wichtige Sitzung.
Die Besprechung dieses Monats hat folgendes Thema: ...
Das *Thema* der morgigen Sitzung hat Herr ... bestimmt.
Herrn Daniels Vortrag ... wird uns in das heutige *Thema* einführen.

It is my pleasure to introduce our
guest, Mrs. Green, to you.
We are pleased to have Mr. Alfons as
our guest.
I am sorry to announce that Mr.
Wilbert will be late.

We will begin the meeting in five
minutes.
I hope that we will have an interesting
discussion.
We will start even if not everybody
has arrived.
Handouts are provided for every
member.
The *agenda* has been handed out *in
advance.*
Everybody should be in possession of
a detailed description of today's topic.

On the handout you can see this
meeting's agenda.

The meeting will follow the *items* on
the agenda.
Items can be *added* to today's agenda.

Items can be *deleted* from the agenda.

We need somebody to *keep
the minutes.*
Somebody has to be appointed to
keep the *minutes.*
Mr. Wilson, would you be so kind to
keep the minutes today?
If nobody *volunteers* I will have to
appoint someone.
Before going into detail I will give
you the necessary *background
information.*

Es ist mir eine Freude, Ihnen unseren
Gast, Frau Green, vorzustellen.
Wir freuen uns, Herrn Alfons als
unseren Gast zu haben.
Es tut mir leid, Ihnen mitteilen zu
müssen, dass Herr Wilbert sich
verspäten wird.
Wir werden in fünf Minuten mit der
Besprechung beginnen.
Ich hoffe, dass wir eine interessante
Diskussion haben werden.
Wir werden beginnen, auch wenn
noch nicht alle da sind.
Jedes Mitglied bekommt ein
Handout (Informationsblatt).
Die *Tagesordnung* ist schon *vorab*
ausgeteilt worden.
Jeder sollte im Besitz einer
detaillierten Beschreibung des
heutigen Themas sein.
Der Tischvorlage können Sie die
Tagesordnung dieser Besprechung
entnehmen.
Die Sitzung wird den *Punkten* der
Tagesordnung folgen.
Der Tagesordnung können Punkte
hinzugefügt werden.
Es können Punkte von der Tages-
ordnung *gestrichen* werden.
Wir brauchen jemanden, der
Protokoll führt.
Irgendjemand muss dazu ernannt
werden, *Protokoll* zu führen.
Herr Wilson, wären Sie so freundlich,
heute Protokoll zu führen?
Falls *sich* niemand *freiwillig meldet,*
muss ich jemanden bestimmen.
Bevor ich ins Detail gehe, werde
ich Ihnen die notwendigen
Hintergrundinformationen
geben.

I am going to confront you with some *controversial issues.*
Some *problematic aspects* will be *raised* during Mr. Daniel's talk.

Due to the controversial topic of the presentation we will probably have a very *lively* discussion.

Could you please *hold back* all questions and comments until after I am done?
I would prefer answering any questions after having finished my talk.
If any questions arise please do not hesitate to *interrupt* me.

Ms. Maier will be happy to react to your comments *any time.*
Please feel free to interrupt me any time.
There will be enough time for questions and comments after the presentation.
After the first half of the presentation there will be a *break* of ten minutes.

I will begin my presentation with giving you an *overview* of ...

We will use *foils* to present the facts.

Pie charts are best suited for the presentation of percentages.
He will be using *flip charts* to illustrate ...
To show you ... I have brought some *projector slides.*
This short film will introduce you to ...

Ich werde Sie mit einigen *sehr umstrittenen Punkten* konfrontieren.
Während Herrn Daniels Vortrag werden einige *problematische Aspekte aufgeworfen* werden.

Aufgrund des umstrittenen Themas der Präsentation werden wir wahrscheinlich eine sehr *lebhafte* Diskussion haben.

Könnten Sie bitte alle Fragen und Anmerkungen *zurückhalten* bis ich fertig bin?
Ich würde es vorziehen, Fragen erst zu beantworten, nachdem ich meinen Vortrag beendet habe.
Falls irgendwelche Fragen aufkommen, scheuen Sie sich bitte nicht, mich zu *unterbrechen.*

Frau Maier wird gerne *jederzeit* auf Ihre Kommentare eingehen.
Bitte zögern Sie nicht, mich jederzeit zu unterbrechen.
Im Anschluss an die Präsentation wird genug Zeit für Fragen sein.

Nach der ersten Hälfte der Präsentation wird es eine *Pause* von zehn Minuten geben.

Ich werden meine Präsentation damit beginnen, Ihnen einen *Überblick* über ... zu geben.

Wir werden *Folien* verwenden, um die Sachverhalte darzustellen.

Kreisdiagramme sind am geeignetsten für prozentuale Darstellungen.
Er wird *Flipcharts* zur Verdeutlichung von ... benutzen.
Um Ihnen ... zu zeigen, habe ich einige *Folien* mitgebracht.
Dieser kurze Film wird Sie mit ... vertraut machen.

I have brought a video to demonstrate ...
Ich habe ein Video mitgebracht, um zu zeigen, ...

From this *table* you can see ...
Aus dieser *Tabelle* können Sie ... entnehmen.

For this, two factors are *responsible.*
Hierfür sind zwei Faktoren *verantwortlich.*

First, ... Second, ...
Erstens, ... Zweitens, ...

I believe that there are several reasons. Firstly, ... Secondly, ...
Ich glaube, dass es verschiedene Gründe gibt. Erstens, ... Zweitens, ...

The *main reason* for this is, ...
Der *Hauptgrund* hierfür ist, ...

Furthermore, ...
Darüber hinaus/des Weiteren ...

Consequently, ...
Folglich ...

Therefore/because of this ...
Deshalb/deswegen ...

In addition, ...
Zusätzlich, ...

There are still the following aspects of the problem to talk about ...
Über folgende Aspekte des Problems müssen wir noch sprechen ...

I almost forgot to tell you ...
Beinahe vergaß ich, Ihnen zu sagen, dass...

I think that we have finally found a *compromise.*
Ich glaube, dass wir endlich einen *Kompromiss* gefunden haben.

The following *suggestions* have been made.
Folgende *Vorschläge* sind gemacht worden.

To present a possible way out of this conflict was the *intention* of my presentation.
Ziel meiner Präsentation war, einen möglichen Weg aus diesem Konflikt aufzuzeigen.

I hope that no *misunderstandings* will result from this paper, which I have presented here.
Ich hoffe, dass aus dem Aufsatz, den ich hier vorgestellt habe, keine *Missverständnisse* erwachsen.

To *sum up* ...
Um es *zusammenzufassen* ...

Finally I should say that ...
Abschließend sollte ich sagen, dass ...

With the following quotation I will bring my presentation to an end.
Mit dem folgenden Zitat möchte ich meine Präsentation beenden.

With this last *statement* we should open the discussion.
Mit dieser letzten *Feststellung* sollten wir die Diskussion eröffnen.

You may now ask all questions that arose during my presentation.
Sie dürfen jetzt sämtliche Fragen stellen, die während meiner Präsentation aufgekommen sind.

I am now willing to answer any questions.
Ich bin jetzt bereit, Fragen zu beantworten.

We can now discuss whatever you would like to be discussed.
Wir können jetzt alles diskutieren, was Sie zur Diskussion stellen möchten.

Now is the time to comment on Mr. Wilbur's *point of view,* which he has elaborated on this past hour.

Thank you, ladies and gentlemen, for being here today.

Thats's all for now, thank you for listening.

I think we should *call it a day* and leave this problem for the time being.

Jetzt ist der Zeitpunkt gekommen, Herrn Wilburs *Ansicht* zu kommentieren, die er in der letzten Stunde ausführlich dargelegt hat.

Meine Damen und Herren, vielen Dank, dass Sie heute gekommen sind.

Das ist fürs Erste alles; danke, dass Sie zugehört haben.

Ich denke, wir sollten *Feierabend machen* und dieses Problem vorläufig beiseite lassen.

Dialogbeispiele

A: I think we should *schedule* our next quarterly meeting for Monday next week.

B: That's a good idea, but then we should *notify* everybody as soon as possible. We should also send out *handouts containing the agenda.*

A: O.K., I will do this tomorrow. Do you think that all the *staff* will be able to come?

B: I don't know. If not, we can always *postpone* the meeting to a later date.

A: I hope that we will not have to *cancel* the meeting altogether.

A: Ladies and gentlemen, welcome to today's meeting. We are here to listen to Mrs. Smith's presentation on the recent marketing strategies of our European branches. Mrs. Smith, thank you for being here. Will you

A: Ich denke, wir sollten unsere nächste Quartalsbesprechung für Montag kommender Woche *ansetzen.*

B: Das ist eine gute Idee, aber wir sollten dann jeden so schnell wie möglich *benachrichtigen.* Außerdem sollten wir *Handzettel mit der Tagesordnung* verschicken.

A: In Ordnung. Das werde ich morgen machen. Glauben Sie, dass die gesamte *Belegschaft* kommen kann?

B: Ich weiß nicht. Falls nicht, können wir die Besprechung immer noch auf einen späteren Termin *verschieben.*

A: Ich hoffe, dass wir die Besprechung nicht ganz *absagen* müssen.

A: Meine Damen und Herren, herzlich willkommen zur heutigen Besprechung. Wir sind hier, um Frau Smiths Präsentation der aktuellen Marketingstrategien unserer europäischen Filialen zu hören. Frau

be kind and tell us how you will proceed?

B: Thank you. I am pleased to be here today. Before I begin, I will show you a short film about the changes in the European market situation over the last years. My presentation will then cover several very *controversial aspects* and I hope that we will have a very lively discussion afterwards. If you have any questions, feel free to interrupt me any time.

A: We are pleased to have Mr. Alfons, sales coordinator of our Russian branch, as our guest today. His presentation is not on the agenda but will nevertheless be an important *addition* to our topic.

A: Good morning, ladies and gentlemen. I am pleased to welcome Mr. Daniel of Talcum Industries as our guest. Mr. Daniel's talk on the possibilities of entry into the Chinese market will *introduce us to today's topic*. Mr. Daniel will you please begin?

B: Thank you. I am glad to be here. I will begin my presentation with giving you an overview of last year's development of the sales figures of different European companies. In order to present the facts, I will use *slides.* To illustrate the percentage of European companies

Smith, vielen Dank, dass Sie heute hier sind. Würden Sie uns bitte sagen, wie Sie verfahren werden?
B: Danke. Ich freue mich, heute hier zu sein. Bevor ich anfange, werde ich Ihnen einen kurzen Film über die Veränderungen der europäischen Marktsituation in den letzten Jahren zeigen. Meine Präsentation wird dann einige sehr *umstrittene Aspekte* abhandeln und ich hoffe, dass wir danach eine sehr lebhafte Diskussion haben werden. Sollten Sie irgend-welche Fragen haben, können Sie mich jederzeit gerne unterbrechen.

A: Wir freuen uns, Herrn Alfons, den Verkaufskoordinator unserer russischen Filiale, heute als unseren Gast zu haben. Seine Präsentation steht zwar nicht auf der Tagesordnung, aber sie wird dennoch eine wichtige *Ergänzung* unseres Themas sein.

A: Guten Morgen, meine Damen und Herren. Ich freue mich, Herrn Daniel von Talcum Industries als unseren Gast willkommen zu heißen. Herrn Daniels Vortrag über die Möglichkeiten des Markteinstiegs in China wird uns *in das heutige Thema einführen.* Herr Daniel, würden Sie bitte beginnen?
B: Danke. Ich freue mich, hier zu sein. Ich werde meine Präsentation damit beginnen, Ihnen einen Überblick über die Entwicklung der Verkaufszahlen des letzten Jahres verschiedener europäischer Firmen zu geben. Um die Fakten darzustellen, werde ich *Folien* verwenden. Ich habe

in the Chinese market, I have decided that *pie charts are most convenient.*

A: Mr. Daniel, sorry to interrupt you, but before you go into detail could you please give us the necessary *background information?*

B: Of course. That is what I had in mind. But could you then please *hold back* any questions and comments until after the first part of my presentation?

A: To show you the present situation, I have brought some slides.

Later on we can watch a video which shows how our Brazilian partners have set up the production.

A: From this table you can see how much the foundation of the NAFTA has affected import rates from Mexico.
The following *suggestions* have been made to end this intolerable situation.

A: I come now to the last point of my presentation. ... *To sum up*, we can say that there seem to be several ways to solve this problem.
The *intention* of my talk was to confront you with different alternative solutions.
Thank you for your attention.

beschlossen, dass für die Darstellung der Prozentanteile europäischer Firmen auf dem chinesischen Markt *Kreisdiagramme am geeignetsten sind.*

A: Herr Daniel, entschuldigen Sie, dass ich Sie unterbreche, aber könnten Sie uns bitte die nötigen *Hintergrundinformationen* geben, bevor Sie ins Detail gehen?

B: Sicher. Das hatte ich vor. Aber könnten Sie dann bitte alle Fragen und Anmerkungen bis nach dem ersten Teil meiner Präsentation *zurückhalten?*

A: Um Ihnen die aktuelle Situation zu zeigen, habe ich einige Folien mitgebracht.
Später können wir uns ein Video anschauen, das zeigt, wie unsere brasilianischen Partner die Produktion eingerichtet haben.

A: Aus dieser Tabelle können Sie entnehmen, wie stark sich die Gründung der NAFTA auf die Importraten aus Mexiko ausgewirkt hat.
Folgende *Vorschläge* sind zur Beendigung dieser unerträglichen Situation gemacht worden.

A: Ich komme nun zum letzten Punkt meiner Darstellung. ... *Zusammenfassend* können wir sagen, dass es mehrere Wege zu geben scheint, dieses Problem zu lösen.
Ziel meines Vortrags war es, Sie mit verschiedenen alternativen Lösungen zu konfrontieren. Vielen Dank für Ihre Aufmerksamkeit.

A: Finally, all I have to say is that I think we should *leave this aspect of the problem for the time being* and call it a day. Good bye, ladies and gentlemen, and thank you for being here. We will meet here again next week.

A: Abschließend bleibt mir nur zu sagen, dass ich denke, wir sollten *diesen Aspekt des Problems für heute beiseite lassen* und Feierabend machen. Auf Wiedersehen, meine Damen und Herren, vielen Dank, dass Sie hier waren. Nächste Woche treffen wir uns wieder hier.

Argumentation

I think that ...
I believe that ...
I am *sure/certain* that ...
I am absolutely sure that ...
In my opinion ...
From my point of view ...
In my eyes ...
I *presume/assume* that ...
As I see it ...
I am persuaded that ...
I am *positive* that ...

The first *reason* for this I would like to mention is ...
Second/secondly there is ... to talk about.
In addition, we shouldn't forget that ...
Furthermore ...
Moreover ...
I would like to add ...

Not only ... but also ...
On the one hand ... on the other hand ...
In general ...
Generally speaking ...
On the whole ...
All in all ...

Argumentation

Ich denke, dass ...
Ich glaube, dass ...
Ich bin *sicher,* dass ...
Ich bin absolut sicher, dass ...
Meiner Ansicht nach ...
Nach meiner Auffassung ...
In meinen Augen ....
Ich *nehme an/vermute,* dass ...
So wie ich das sehe ...
Ich bin überzeugt, dass ...
Ich bin (mir) *ganz sicher,* dass ...

Der erste *Grund* hierfür, den ich erwähnen möchte ist ...
Zweitens sollten wir über ... sprechen.
Zusätzlich sollten wir nicht vergessen, dass ...
Ferner/des Weiteren ...
Darüber hinaus ...
Ich würde gerne ... hinzufügen.

Nicht nur ... sondern auch.
Einerseits ... andererseits ...
Im Allgemeinen ...
Allgemein gesprochen ...
Im Großen und Ganzen ...
Alles in allem ...

Nevertheless I should not forget to mention ...	*Nichtsdestotrotz* sollte ich nicht vergessen zu erwähnen ...
In spite of ...	*Trotz* ...
Despite the fact that ...	*Trotz der Tatsache, dass* ...
However ...	*Aber/trotzdem/jedoch* ...
Although ...	*Obwohl* ...
Instead of ...	*Statt/anstatt* ...
Instead, ...	*Stattdessen* ...
Therefore ...	*Deshalb/deswegen* ...
For that reason ...	*Darum/aus diesem Grund* ...
I am not at all *convinced.*	Ich bin überhaupt nicht davon *überzeugt.*
I am not quite sure if I can agree.	Ich bin nicht ganz sicher, ob ich dem zustimmen kann.
What if you are wrong?	Was ist, wenn Sie sich irren?
Could it be that you *got something wrong here?*	Könnte es sein, dass Sie hier *etwas falsch verstanden haben?*
I am afraid I cannot follow your argument.	*Ich fürchte,* ich kann Ihrem Argument nicht folgen.
Could you please go more into detail?	Könnten Sie bitte mehr ins Detail gehen?
Wouldn't it be better if we stuck to the subject?	Wäre es nicht besser, wenn wir beim Thema blieben?
It might be better if ...	Es wäre vielleicht besser, wenn ...
What about Mr. Fielding's *proposal?*	Was ist mit Herrn Fieldings *Vorschlag?*
Shouldn't we *take into account* other opinions on this subject?	Sollten wir nicht andere Meinungen zu diesem Thema *berücksichtigen?*
Maybe you should *consider* what Ms. Green said earlier.	Vielleicht sollten Sie *bedenken,* was Frau Green vorhin gesagt hat.
Why don't you tell us more about ...?	Warum erzählen Sie uns nicht mehr zu ... ?
I agree with most of what you presented here, *yet* don't you think that ...	Dem meisten von dem, was Sie hier vorgestellt haben, *stimme ich zu, aber* denken Sie nicht, dass ...
Have you thought about looking at this problem *from a different angle?*	Haben Sie daran gedacht, dieses Problem *aus einem anderen Blickwinkel* zu betrachten?

Everything you said is fine, but one could also *take other aspects into account.*
Was Sie gesagt haben ist schön und gut, aber man könnte auch *andere Aspekte in Betracht ziehen.*

I *wonder* if you have taken into account that ...
Ich *frage mich,* ob Sie berücksichtigt haben, dass ...

Aren't there more sides to this *issue?*
Hat diese *Angelegenheit* nicht mehrere Seiten?

You are right with what you are saying.
Sie haben recht, mit dem was Sie sagen.

Yes, you could also look at it from this point of view.
Ja, Sie könnten es auch aus dieser Sicht sehen.

Let me see!
Lassen Sie mich überlegen!

Yes, you could actually be right.
Ja, Sie könnten tatsächlich recht haben.

No, I think you are *mistaken.*
Nein, ich denke, dass Sie hier *falsch liegen.*

Really, I am convinced that one couldn't say it this way at all.
Wirklich, ich bin davon überzeugt, dass man das so überhaupt nicht sagen kann.

Are you really convinced that this is a realistic project?
Sind Sie wirklich überzeugt davon, dass es sich um ein realistisches Projekt handelt?

Excuse me, Madam/Sir, *may I interrupt you?*
Entschuldigen Sie, meine Dame/mein Herr, *darf ich Sie unterbrechen?*

Sorry to *break in,* but ...
Tut mir leid, dass ich Sie *unterbreche,* aber ...

Excuse me, may I ask you a question?
Entschuldigen Sie, darf ich Ihnen eine Frage stellen?

I would like to say a few words.
Ich würde gerne einige Worte sagen.

There is something I would like to say.
Ich würde gerne etwas sagen.

It would be good if we could have other opinions on that.
Es wäre gut, wenn wir auch andere Meinungen dazu hören könnten.

If I might just *add something?*
Wenn ich dazu *etwas hinzufügen* dürfte?

Let me *conclude* with the following statement: ...
Lassen Sie mich mit der folgenden Feststellung *abschließen:* ...

To *wrap up* this discussion, ...
Um diese Diskussion *zusammenzufassen* ...

Before coming to a *hasty decision* we should leave it here.

I believe that most of us are *opposed* to this suggestion.

I am afraid we cannot *back up* your proposal.
I am sorry, but we cannot *support* your idea.
It is impossible to *accept* this offer.

I am absolutely sure that this point will not be accepted.
We will *definitely not* pursue this option.

Bevor wir zu einer *übereilten Entscheidung* kommen, sollten wir es hierbei belassen.

Ich glaube, dass die meisten von uns diesen Vorschlag *ablehnen.*

Ich befürchte, dass wir diesen Vorschlag nicht *unterstützen* können.
Es tut mir leid, aber wir können Ihre Idee nicht *unterstützen.*
Es ist (uns) unmöglich, dieses Angebot *anzunehmen.*
Ich bin absolut sicher, dass dieser Punkt nicht akzeptiert werden wird.
Wir werden diese Option *auf keinen Fall* weiterverfolgen.

Dialogbeispiele

A: Mr. Daniel, I am sure that most of us *agree* with you when you are saying that we should change our marketing strategies. *However,* I am not at all convinced that the suggestions you made are feasible.

B: Despite the fact that you seem to *disagree,* I believe that those strategies are realistic. Not only do we have to look at the future of our company in Germany, but we also have to *take into account* developments in other European countries. Therefore, in my eyes, new ideas are absolutely necessary.

A: What you are saying is fine, yet don't you think that we have to keep in mind our budget as well?

A: Herr Daniel, ich bin sicher, dass die meisten von uns *zustimmen,* wenn Sie sagen, dass wir unsere Marketingstrategien ändern sollten. *Trotzdem* bin ich überhaupt nicht davon überzeugt, dass die Vorschläge, die Sie gemacht haben, umsetzbar sind.

B: Trotz der Tatsache, dass Sie mir *nicht zuzustimmen* scheinen, halte ich diese Strategien für realistisch. Wir müssen nicht nur die Zukunft unserer Firma in Deutschland sehen, sondern auch Entwicklungen in anderen europäischen Ländern *in Betracht ziehen.* Deshalb sind in meinen Augen neue Ideen absolut notwendig.

A: Was Sie sagen ist schön und gut, aber denken Sie nicht, dass wir auch unser Budget im Auge behalten müssen?

C: Sorry for interrupting. May I just ask a question? I am afraid I cannot follow your *arguments*. Could you go more into detail, please?

C: Tut mir leid, wenn ich Sie unterbreche. Darf ich Sie etwas fragen? Ich fürchte, ich kann Ihren *Argumenten* nicht folgen. Könnten Sie bitte etwas mehr ins Detail gehen?

A: The *main reason* for this decline in sales figures is that we have lost one of our best clients. *Secondly,* the increase in prices that we introduced last year has also affected the sales of this product.

A: Der *Hauptgrund* für den Rückgang der Verkaufszahlen ist der, dass wir einen unserer besten Kunden verloren haben. *Zweitens* hat sich auch die Preiserhöhung, die wir letztes Jahr eingeführt haben, auf den Absatz ausgewirkt.

B: Excuse me, Sir, *may I interrupt you?* I would like to *add something.*

B: Entschuldigen Sie, *darf ich Sie unterbrechen?* Ich würde gerne *etwas hinzufügen.*

A: Go ahead, please.

A: Bitte sehr, fahren Sie fort/Nur zu!

B: Thank you. I *assume* that you are working with the sales figures from last month. *In addition,* we should not forget that our company is also *affected* by the closing of one of our American subsidiaries.

B: Danke. Ich *vermute,* dass Sie mit den Verkaufszahlen des letzten Monats arbeiten. *Zusätzlich* sollten wir nicht vergessen, dass unsere Firma auch von der Schließung einer unserer amerikanischen Tochterfirmen *betroffen* ist.

A: Agreeing with all that you talked about I still think that we should go more into detail in certain points. *First,* in my opinion, there is more than one solution to the problem. *Moreover,* I am sure that we will find a much cheaper alternative if we tried to adapt our production lines to the new technology. *Finally,* there is the question of timing that we should talk about. I am absolutely positive that we can save a lot more time than you have *estimated.*

A: Obwohl ich allem zustimme, worüber Sie gesprochen haben, denke ich trotzdem, dass wir in gewissen Punkten mehr ins Detail gehen sollten. *Erstens* gibt es meiner Ansicht nach mehr als eine Lösung für das Problem. *Darüber hinaus* bin ich sicher, dass wir eine viel billigere Alternative finden können, wenn wir versuchen, die Produktion an die neue Technologie anzupassen. *Schließlich* ist da noch die Frage des Timings, über die wir reden sollten. Ich bin ganz sicher, dass wir viel mehr Zeit einsparen können, als Sie *veranschlagt* haben.

B: *I wonder* if you realize that we are talking about different things here. I

B: *Ich frage mich,* ob Sie sich bewusst sind, dass wir über verschiedene

was not trying to point out just one solution. Instead, I intended to *set off* a discussion that would help to find the best of several options.

A: There seems to have been some slight *misunderstanding*. Could you please go back to your first point and *clarify* it?
B: Certainly. Let me put this *foil* on the overhead projector again to illustrate what I had in mind.

A: Ladies and gentlemen, thank you again for coming to this important meeting today. *To wrap up* our session, the only thing there to say for me is that I think that we have had a very *fruitful discussion*.
On the one hand it is true that we have not come to an agreement concerning the marketing strategies of our different foreign branches in the future. *On the other hand* we have decided on many other points that are equally important.
All in all, I am very *satisfied* with the result of this meeting. For this reason let me thank you for your *participation*.
I am positive that everybody has learned very much today.

Dinge sprechen. Ich habe nicht versucht, nur eine Lösung *aufzuzeigen*. Stattdessen war mein Ziel, eine Diskussion *in Gang zu bringen*, die uns helfen würde, die beste von mehreren Optionen herauszufinden.
A: Hier scheint ein kleines *Missverständnis* vorzuliegen. Könnten Sie bitte Ihren ersten Punkt noch einmal aufgreifen und *klären*?
B: Sicherlich. Lassen Sie mich diese *Folie* noch einmal auf den Overheadprojektor legen, um zu veranschaulichen, was ich im Sinn hatte.

A: Meine Damen und Herren, nochmals vielen Dank, dass Sie zu dieser wichtigen Besprechung heute gekommen sind. Um unsere Sitzung *zusammenfassend abzuschließen*, bleibt mir nur zu sagen, dass ich denke, dass wir eine sehr *ergiebige Diskussion* hatten. *Einerseits* konnten wir uns zwar nicht über die Marketingstrategien unserer Auslandsfilialen einigen. *Andererseits* haben wir über viele andere wichtige Punkte entschieden. *Im Großen und Ganzen* bin ich mit dem Ergebnis dieser Sitzung sehr *zufrieden*. Lassen Sie mich Ihnen aus diesem Grund für ihre *Teilnahme* danken.
Ich bin ganz sicher, dass jeder heute sehr viel gelernt hat.

Agreement/Disagreement

I *agree*.
I agree with you.

Zustimmung/Ablehnung

Ich *stimme zu/bin einverstanden*.
Ich bin Ihrer Meinung.

I can agree with what you said.

I can see his point.
I *absolutely/completely* agree with you.
We have come to an *agreement.*
Yes, *you are right.*
Maybe you are right.
This is a very *good concept.*
This is a great idea.
I hope that we can continue on such good terms.
I am definitely positive that this is correct.
I *sympathize* with your ideas very much.
I can *support* your concept.
This is exactly how I see it.
This is exactly my *opinion.*

Me too, I think that this is the only *feasible* way.
In my opinion this is *the best solution.*
We couldn't have found a better solution.
That's what I think.
These are exactly my words.
There is *no need to worry.*

I disagree.

I disagree with you.
We do not agree.
I cannot *share* your point of view.
I don't think I can agree with your idea.
I am absolutely *opposed* to his point of view.

Ich kann dem, was Sie sagen, zustimmen.
Ich verstehe, was er meint.
Ich bin *absolut/völlig* Ihrer Meinung.
Wir sind zu einer *Übereinstimmung* gelangt./Wir sind uns einig.
Ja, *Sie haben recht.*
Vielleicht haben Sie recht.
Dies ist ein sehr *gutes Konzept.*
Das ist eine großartige Idee.
Ich hoffe, dass wir unser gutes Verhältnis weiterhin aufrechterhalten können.
Ich bin absolut sicher, dass das richtig ist.
Ich bin von Ihren Ideen *sehr angetan.*
Ich kann Ihr Konzept *unterstützen.*
Genauso sehe ich es.
Das ist genau meine *Meinung.*

Auch ich denke, dass das der einzig *gangbare* Weg ist.
Meiner Meinung nach ist dies *die beste Lösung.*
Wir hätten keine bessere Lösung finden können.
Das ist genau, was ich denke.
Das sind genau meine Worte.
Es gibt *keinen Grund zur Sorge.*

Ich stimme nicht zu./Ich bin anderer Meinung.
Ich bin anderer Meinung als Sie.
Wir stimmen nicht zu.
Ich kann Ihre Ansicht nicht *teilen.*
Ich denke nicht, dass ich Ihrer Idee *zustimmen kann.*
Ich bin absolut *gegen* seine Ansicht.

In my opinion, his figures are wrong.

As a matter of fact, I am convinced that you are *on the wrong track.*

Actually, I do think that you are mistaken.

No, I believe that you are wrong.

I absolutely/completely disagree with you.

To be honest, don't you think that his suggestion is more realistic?

I'm afraid that we cannot come to an agreement.

We still have our *doubts* about the increase in sales.

I doubt that you have considered everything.

I can't quite agree with your statement.

I am afraid that *I cannot share your point of view.*

I am sorry to say that you are gravely *mistaken.*

I am sorry, but I disagree entirely.

We can not agree at all.

I would like to *contradict* you in this point.

I really have to contradict you here.

I am afraid we *cannot support* your proposal.

Unfortunately we have to *reject* your offer.

We cannot *back up* your suggestion.

In principle, I disagree with your concept, but there are certain points with which I can agree.

Meiner Meinung nach sind seine Zahlen falsch.

Ehrlich gesagt bin ich davon überzeugt, dass Sie *auf dem falschen Weg* sind.

Eigentlich denke ich wirklich, dass Sie sich irren.

Nein, ich glaube, dass Sie falsch liegen.

Ich kann Ihnen absolut/überhaupt nicht zustimmen.

Um ehrlich zu sein, denken Sie nicht, dass sein Vorschlag realistischer ist?

Ich fürchte, wir können zu keiner Übereinstimmung kommen.

Wir haben immer noch *Zweifel* an einer Verkaufssteigerung.

Ich bezweifle, dass Sie alles in Betracht gezogen haben.

Ich kann Ihrer Feststellung nicht ganz zustimmen.

Ich fürchte, dass *ich Ihre Ansicht nicht teilen kann.*

Leider muss ich Ihnen sagen, dass Sie sich sehr *irren.*

Es tut mir leid, aber ich bin ganz anderer Meinung.

Wir können überhaupt nicht zustimmen.

In diesem Punkt würde ich Ihnen gerne *widersprechen.*

Hier muss ich Ihnen wirklich widersprechen.

Ich fürchte, wir können Ihren Vorschlag *nicht unterstützen.*

Leider müssen wir Ihr Angebot *ablehnen.*

Wir können Ihren Vorschlag nicht *unterstützen.*

Im Prinzip stimme ich mit Ihrem Konzept nicht überein, aber einigen Punkten kann ich zustimmen.

I can see what you mean, *yet* I still think ...

Ich verstehe, was Sie meinen, *aber* trotzdem denke ich ...

I think that your *proposition* is very good, however, ...

Ich denke, dass Ihr *Antrag* sehr gut ist, dennoch ...

I can agree with you on this point, but ...

Ich stimme Ihnen in diesem Punkt zu, aber ...

Although I respect your *attitude* towards this development, I still think ...

Obwohl ich Ihre *Einstellung* gegenüber dieser Entwicklung respektiere, denke ich ...

Even though I can understand what you mean, I am *opposed* to your strategy.

Obwohl ich verstehe, was Sie meinen, *lehne* ich Ihre Strategie *ab.*

Although I am not convinced that this is feasible, I believe that we should *give it a try.*

Obwohl ich nicht überzeugt bin, dass das machbar ist, glaube ich, dass wir *einen Versuch wagen sollten.*

Wouldn't it be better if we tried to *settle on a compromise?*

Wäre es nicht besser, wenn wir versuchten, uns *auf einen Kompromiss zu einigen?*

What about *leaving the differences aside* and finding a solution?

Wie wäre es, wenn wir die *Meinungsverschiedenheiten beiseite ließen* und eine Lösung fänden?

Why can't we decide on the most important issues today and *postpone* everything else to the next meeting?

Warum können wir nicht über die wichtigsten Punkte heute entscheiden und alles andere auf die nächste Besprechung *verschieben?*

Would you be willing to support such a proposition?

Würden Sie einen solchen Antrag unterstützen?

Do you think that this would be satisfactory?

Denken Sie, dass dies zufrieden stellend wäre?

Would you have any *objections* to this idea?

Hätten Sie *Einwände* gegen diese Idee?

This should be negotiable, don't you think?

Darüber sollten wir verhandeln können, denken Sie nicht?

Would you be prepared to accept this offer?

Wären Sie bereit, dieses Angebot anzunehmen?

If you don't try to understand our point of view, we will not be willing to *strike a compromise.*

Wenn Sie nicht versuchen, unseren Standpunkt zu verstehen, werden wir nicht bereit sein, *einen Kompromiss zu finden.*

Provided that ..., I will accept your *conditions.*

Vorausgesetzt, dass ..., werde ich Ihre *Bedingungen* akzeptieren.

His solution is as good as mine.
I assume that, *in fact,* my example is
less realistic than yours.

This sounds good to me and I think I
can accept it.
Good then, I will accept your
suggestion.
I am glad that we found a common
solution.
No, we will not support this
compromise.
I still have to *reject* your offer.

That's all I have to say.
This is *my last offer.*
There is no way that you can
convince me.
There is no chance that we will *give in.*
He won't ever agree.
We will *never* say yes.

Seine Lösung ist so gut wie meine.
Ich nehme an, dass mein Beispiel *in
der Tat* weniger realistisch ist als Ihres.

Das klingt gut und ich denke, ich
kann es akzeptieren.
Also gut, ich werde Ihren Vorschlag
annehmen.
Ich bin froh, dass wir eine gemein-
same Lösung gefunden haben.
Nein, wir werden diesen *Kompromiss*
nicht unterstützen.
Ich muss Ihr Angebot immer noch
zurückweisen.
Das ist alles, was ich zu sagen habe.
Das ist *mein letztes Angebot.*
Sie werden es nie schaffen, mich zu
überzeugen.
Wir werden nie *nachgeben.*
Er wird niemals zustimmen.
Wir werden *niemals* ja sagen.

Dialogbeispiele

A: Mr. Wilson, I'm afraid I cannot
agree with you on the concept of new
marketing strategies. Even though I
can accept certain points, I still have
my *doubts* about the realisation of
your idea.
B: *I cannot see your point* here and
I am absolutely convinced that I am
right.
A: I am sorry, but *in my opinion* the
figures that you presented in your
table are wrong.

A: I hope that we *can settle on a
compromise* between our two

A: Mr. Wilson, ich fürchte, ich kann
Ihnen bei Ihrem Konzept neuer
Marketingstrategien nicht *zustimmen.*
Obwohl ich einige Punkte akzeptieren
kann, habe ich *Zweifel* an der
Realisierung Ihrer Idee.
B: *Ich verstehe nicht, was Sie
meinen,* und ich bin absolut über-
zeugt davon, dass ich recht habe.
A: Es tut mir leid, aber *meiner
Meinung nach* sind die Zahlen, die
Sie in Ihrer Tabelle gezeigt haben,
falsch.

A: Ich hoffe, dass wir uns *auf einen
Kompromiss* zwischen unseren

companies. We have heard Ms. Green's presentation on the new prototype. Mr. Daniel, would you be willing to support such a *proposition* and start with the production?

B: I am not sure if I can agree with everything Ms. Green said. Although *I am not convinced* that this plan is feasible, I believe that we should *give it a try.* Yet, I doubt that you have considered the problem of our tight schedule for the next year.

A: I can see your point, but I think that there is *no need to worry.* In my opinion this plan is very good. Of course we could change the timing a little bit. Would this be *satisfactory* for you?
B: Yes, I think that this is the only feasible way. This *sounds good* to me and I think we can accept it.
A: I see that *we have come to an agreement.*

A: I can *support* your concept, Mr. Alfons. Would you be willing to support Mr. Black's proposition?
B: No, I'm afraid *I cannot share your point of view.* I am sorry, but I think that you are *gravely mistaken* concerning the future market developments in Europe. You are wrong when you are saying that imports will become easier in the future. To be honest, don't you think that Mr. Miller's suggestion is more realistic?

beiden Firmen *einigen können.* Wir haben Frau Greens Präsentation über den neuen Prototyp gehört. Herr Daniel, würden Sie einen solchen *Antrag* unterstützen und mit der Produktion beginnen?
B: Ich bin nicht sicher, ob ich allem, was Frau Green gesagt hat, zustimmen kann. Obwohl *ich nicht* davon *überzeugt bin,* dass der Plan machbar ist, glaube ich, dass wir *einen Versuch wagen* sollten. Trotzdem bezweifle ich, dass Sie das Problem unseres engen Zeitplans für das kommende Jahr in Betracht gezogen haben.
A: Ich verstehe, was Sie meinen, aber ich denke, dass es *keinen Grund zur Sorge* gibt. Meiner Meinung nach ist der Plan sehr gut. Natürlich könnten wir das Timing ein wenig ändern. Wäre das für Sie *zufrieden stellend?*
B: Ja, ich denke, dass das der einzig machbare Weg ist. Das *klingt gut* und ich denke, wir können es akzeptieren.
A: Ich sehe, *wir sind uns einig.*

A: Ich kann Ihr Konzept *unterstützen,* Herr Alfons. Wären Sie bereit, Herrn Blacks Antrag zu unterstützen?
B: Nein, ich fürchte, *ich kann Ihre Ansicht nicht teilen.* Es tut mir leid, aber ich denke, dass Sie sich in Bezug auf die zukünftigen Marktentwicklungen in Europa *sehr irren.* Sie liegen falsch, wenn Sie sagen, dass Importgeschäfte in Zukunft einfacher sein werden. Um ehrlich zu sein, denken Sie nicht, dass Herrn Millers Vorschlag realistischer ist?

A: *I assume* that, in fact, my example is less realistic than his. Even though I can understand what you mean, *I am opposed to* Mr. Miller's strategy. That's all I have to say.

B: Well then, if you don't try to understand our point of view, we will not be willing to *strike a compromise.*

A: I am sorry, but I have to contradict you. We have to find a solution. *Provided that* Mr. Miller and I can *work out* a new strategy together, I will accept your conditions. Would you be prepared to accept this offer?

B: *There's no need trying to convince us* how good your ideas are. As a matter of fact, I am convinced that you are on the wrong track. *I'm afraid that* we cannot come to an agreement. There's no chance that we will *give in.*

A: This was a very fruitful discussion. I hope that we can *continue on such good terms.* Therefore I think that we should leave the differences aside and try to find a solution together.

B: This is exactly how I see it. *I sympathize* with your ideas very much and I can support your concept. If Talcum Industries agrees it should be negotiable, don't you think?

A: *Ich nehme an,* dass mein Beispiel tatsächlich weniger realistisch ist. Obwohl ich verstehe, was Sie meinen, *bin ich gegen* Herrn Millers Strategie. Das ist alles, was ich dazu zu sagen habe.

B: Gut, wenn Sie nicht versuchen, unseren Standpunkt zu verstehen, werden wir nicht bereit sein, *einen Kompromiss einzugehen.*

A: Es tut mir leid, aber ich muss Ihnen widersprechen. Wir müssen eine Lösung finden. *Vorausgesetzt, dass* Herr Miller und ich gemeinsam eine neue Strategie *erarbeiten* können, werde ich Ihre Bedingungen akzeptieren. Wären Sie bereit, dieses Angebot anzunehmen?

B: *Sie brauchen gar nicht versuchen, uns davon zu überzeugen,* wie gut Ihre Ideen sind. Ehrlich gesagt, bin ich überzeugt, dass Sie auf dem falschen Weg sind. *Ich fürchte,* wir werden uns nicht einigen können. Wir werden auf keinen Fall *nachgeben.*

A: Das war eine sehr ergiebige Diskussion. Ich hoffe, dass wir *weiterhin ein so gutes Verhältnis aufrechterhalten* können. Deshalb denke ich, dass wir die Meinungsverschiedenheiten beiseite lassen und versuchen sollten, gemeinsam eine Lösung zu finden.

B: Genauso sehe ich es auch. *Ich bin* von Ihren Ideen sehr *angetan* und kann Ihr Konzept unterstützen. Wenn Talcum Industries zustimmt, sollten wir darüber verhandeln können, meinen Sie nicht auch?

C: I disagree with you. I doubt that you have considered everything.
B: I really have to contradict you here. We have taken every aspect related to the problem into account.

C: Not only do I have my doubts about the figures you presented, but I also believe that your *estimation* of future sales is wrong.

B: Excuse me, Sir, you are the one who is wrong: the charts and diagrams showed exactly the percentages of different goods sold on the American market.

A: Sirs, I think we should end the discussion. I *propose* that we decide on the most important issues today and *postpone* everything else to the next meeting.

C: Ich bin nicht Ihrer Meinung. Ich bezweifle, dass Sie alles bedacht haben.
B: Hier muss ich Ihnen wirklich widersprechen. Wir haben jeden Aspekt, der mit dem Problem in Verbindung steht, in Betracht gezogen.

C: Ich habe nicht nur meine Zweifel was die Zahlen angeht, die Sie vorgestellt haben, sondern ich glaube auch, dass Ihre *Schätzung* zukünftiger Verkäufe falsch ist.

B: Entschuldigen Sie, Sie liegen falsch: die Schaubilder und Diagramme zeigten genau die Prozentanteile verschiedener Güter, die auf dem amerikanischen Markt verkauft werden.

A: Meine Herren, ich denke, dass wir die Diskussion beenden sollten. Ich *schlage vor,* dass wir über die wichtigsten Punkte heute entscheiden und alles andere auf die nächste Besprechung *verschieben.*

10. Konversation

Welcome	Begrüßung

Greeting people for the first time / Erste Begegnung

Mr .../Ms ...?	Herr .../Frau ...?
Excuse me, are you ...?	Entschuldigen Sie, sind Sie ...?
Hello, *you must be* Mr/Ms ...	Hallo, *Sie müssen* Herr/Frau ... *sein.*
Pleased to meet you. I'm ...	*Freut mich, Sie kennenzulernen.* Ich bin ...
I'm glad to meet you, too.	Freut mich ebenfalls, Sie kennenzulernen.

Introducing someone / Jemanden vorstellen

I'd like you to meet ...	*Ich möchte, dass Sie* ... kennenlernen.
Let me introduce you to ...	Darf ich Ihnen ... vorstellen?
May I introduce you to ...?	Darf ich Ihnen ... vorstellen?
Do you happen to know ...?	*Kennen Sie bereits* ...?
How do you do ...	Guten Tag ...
I'm honoured to meet you.	*Es ist mir eine Ehre, Sie kennenzulernen.*
I'm delighted to meet you.	Sehr erfreut, Sie kennenzulernen.
I'm very pleased to meet you.	Sehr erfreut, Sie kennenzulernen.
Nice to meet you.	Es freut mich, Sie kennenzulernen.
Glad to meet you, too.	Ganz meinerseits.
The pleasure is mine.	*Ganz meinerseits.*
I'm very pleased to make your *acquaintance.*	Sehr erfreut, Ihre *Bekanntschaft* zu machen.
I'd be honoured if you ...	Es wäre mir eine Ehre, wenn Sie ...
This is ... *I've been telling you about.*	Das ist ... , *von dem/der ich Ihnen erzählt habe.*
Come and join us!	Kommen Sie und leisten Sie uns Gesellschaft!
Any friend of ...'s is a friend of mine.	...s Freunde sind auch meine Freunde.

Greeting an acquaintance	**Eine(n) Bekannte(n) begrüßen**

Hello ..., *good to see you again.*   Hallo ..., *schön, Sie wiederzusehen.*
Nice to see you again.   Schön, Sie wiederzusehen.
How do you do?   Guten Tag.
Hello, *how are you?*   Hallo, *wie geht es Ihnen?*
How are things?   Wie läuft es so?
How's work?   Wie ist die Arbeit?
How are you keeping?   *Wie geht es bei Ihnen so?*
How about you?   Und Ihnen?
Fine, thanks.   Danke, *gut.*
I'm *very well.*   Mir geht es *sehr gut.*
Great.   Großartig.
Not so bad, thanks.   *Ganz gut,* danke.
OK, thanks.   *Gut,* danke.
I've been *very busy.*   Ich war *sehr beschäftigt.*/Ich hatte *viel zu tun.*
Very busy, as usual.   Ich bin wie immer sehr beschäftigt.
No complaints.   *Kein Grund zur Klage.*
Can't complain.   Ich *kann mich nicht beschweren.*
Pretty good, thanks.   *Ziemlich gut,* danke.
Things could be worse.   Es könnte schlimmer sein.
So-so.   *So lala.*
Well, surviving, thanks.   Mittelprächtig.
Not so good, actually.   Eigentlich nicht so gut.
And you?   Und Sie?
All right. *It's been some time.*   Gut. *Es ist schon lange her, dass wir uns gesehen haben.*
I haven't seen you for a while.   Ich habe Sie eine Weile nicht gesehen.

Becoming acquainted with someone	**Miteinander bekannt werden**
Asking someone's profession	**Jemanden nach dem Beruf fragen**

What do you do?   *Was machen Sie* (beruflich)?
I'm assistant director of sales.   Ich bin stellvertretender Direktor der Verkaufsabteilung.
And what do you do?   Und was machen Sie (beruflich)?
I'm (working) *in* finance.   *Ich arbeite im* Finanzwesen.
I used to ..., now I ...   Früher habe ich ..., heute ...

Asking about someone's hobbies	**Jemanden nach seinen Hobbys fragen**

What do you do at the weekend?
How do you *spend* your weekends?

Was machen Sie am Wochenende?
Wie *verbringen* Sie Ihre Wochenenden?

Have you got a hobby?
What are your hobbies?
I love ... in my *spare time.*
It's very relaxing.
It's very *absorbing.*

Haben Sie ein Hobby?
Welche Hobbys haben Sie?
Ich ... sehr gern in meiner *Freizeit.*
Es ist sehr entspannend.
Es *füllt* mich sehr *aus.*

Are you interested in sports?
What *kind of sports* do you do?
Yes, I'm interested in most kinds of sports and *enjoy playing myself.*

Interessieren Sie sich für Sport?
Welche *Sportarten* betreiben Sie?
Ja, ich interessiere mich für die meisten Sportarten und bin *selbst begeisterter Sportler.*

What do you enjoy reading?
I like *non-fiction.*
I enjoy reading the *daily papers.*
What are you reading at the moment?
Who's your *favourite author?*
I love ...'s books.
This book *reads well.*
Have you read the *editorial* today?

The editorial is very *controversial* today.

Was lesen Sie gern?
Ich lese gern *Sachbücher.*
Ich lese gern die *Tageszeitungen.*
Was lesen Sie denn im Moment?
Wer ist Ihr *Lieblingsschriftsteller?*
Ich liebe die Bücher von ...
Dieses Buch *liest sich sehr gut.*
Haben Sie heute den *Leitartikel* gelesen?
Der Leitartikel ist heute sehr *kontrovers.*

Making a date	**Sich verabreden**

Do let me invite you to ...
May I come and visit you?
I think *we should meet.*
How about meeting in ...?

What about meeting after ...?

Would you like to meet for lunch?

Darf ich Sie zu ... einladen?
Darf ich Sie besuchen kommen?
Ich glaube, *wir sollten uns treffen.*
Wie wäre es, wenn wir uns in ... treffen würden?
Vielleicht können wir uns nach ... treffen?
Sollen wir gemeinsam zu Mittag essen?

I suggest that I come and meet
you at ...
When could we meet?
When would it *suit you?*
Is next Thursday OK with you?
How about ...?
Could we make it a bit earlier/later?
Should we say Tuesday at 3 pm?
Where shall we meet, in ...?
Yes, *that'll be fine.*

Ich schlage vor, ich treffe Sie
in/bei ...
Wann könnten wir uns treffen?
Wann würde es *Ihnen passen?*
Passt es Ihnen nächsten Donnerstag?
Wie wäre es mit ...?
Ginge es etwas früher/später?
Sollen wir Dienstag um 15 Uhr *sagen?*
Wo sollen wir uns treffen, in ...?
Ja, *das passt mir gut.*

Social activites

Gemeinsame Unternehmungen

I would like to *visit the museum.*

There are some very interesting
galleries in the city centre.
I would like to see the *exhibition
about French Impressionism.*

Have you already visited the
cathedral?
Let's take a look at *the sights.*

Why don't we *get through the
cultural part* first?

There's so much to see at
the ... museum.
I never pass an opportunity to
visit it.
The *current exhibition* has received
major exposures in the press.

Would you like a *guide?*
I'll take a *catalogue.*
We'll *tackle* this gallery *first.*

Let's go to the cinema this evening.

Ich würde gern *das Museum
besuchen.*
Es gibt einige sehr interessante
Galerien in der Innenstadt.
Ich würde gern die *Ausstellung über
den französischen Impressionismus*
besuchen.
Haben Sie schon die *Kathedrale*
besucht?
Lassen Sie uns *die Sehenswürdigkeiten* besichtigen.
Warum *nehmen* wir uns nicht zuerst
den kulturellen Teil vor?

Es gibt im ... Museum *so viel zu
sehen.*
Ich lasse nie eine Gelegenheit aus,
es zu besuchen.
Die *aktuelle Ausstellung* hat
einen *großen Anklang* in der Presse
erfahren.
Hätten Sie gern einen *Führer?*
Ich nehme einen *Katalog.*
Nehmen wir uns diese Galerie
zuerst vor.

Lassen Sie uns heute Abend
ins Kino gehen.

What do you think about *going to the pictures?*	Was halten Sie davon, *ins Kino zu gehen?*
What's on at the moment?	*Was läuft* im Moment?
That film is very *popular* at the moment.	Der Film ist im Moment sehr *populär.*
The film *has received very good reviews.*	Der Film *hat sehr gute Kritiken bekommen.*
We should *ring and reserve tickets.*	Wir sollten *telefonisch Karten reservieren.*
I've seen that film before.	Ich habe diesen Film schon gesehen.
I'd love to see that film.	Ich würde diesen Film gern sehen.
Did you *enjoy* the film?	Hat Ihnen der Film *gefallen?*
I really enjoyed the film.	Mir hat der Film sehr gut gefallen.
I think it's *overrated.*	Ich glaube, er wird *überschätzt.*
The *acting* was very good.	Die *schauspielerischen Leistungen* waren sehr gut.
The *plot* was rather weak.	Die *Handlung* war etwas schwach.
The *performance* was a success.	Die *(Theater-)Aufführung* war ein Erfolg.
It's a very old play.	Es ist ein sehr altes Theaterstück.
This *is a controversial production.*	Die *Inszenierung ist umstritten.*
The *set* was wonderful.	Das *Bühnenbild* war fantastisch.
I was very impressed by the acting.	Die schauspielerische Leistung *hat mich sehr beeindruckt.*
The acting was *not very convincing.*	Die schauspielerische Leistung war *nicht sehr überzeugend.*
An *unknown actress* is cast in the *leading role.*	Die *Hauptrolle* hat eine *unbekannte Schauspielerin.*
The play has *a well-known cast.*	Das Stück ist mit *bekannten Schauspielern* besetzt.

Saying goodbye	**Sich verabschieden**
Goodbye.	Auf Wiedersehen.
Have a good journey.	Gute Reise.
Give my regards to ...	Grüßen Sie ... von mir.
See you again soon!	Bis bald!
Say hello to ... from me.	Grüßen Sie ... von mir.
I'll take you to the ...	Ich bringe Sie noch zu ...

I enjoyed it very much.
When are you leaving?
See you then!
I'll be back in touch once ...
I definitely look forward *to hearing*
from you.
I'm really looking forward to it.
It was nice to see you again.

Nice to meet you, too.

You're leaving already?
I'm sorry *I didn't get more of a*
chance to speak to you.
I'm sure *we'll have more*
opportunities later.
It's been a pleasure *talking to you.*

Here's my *card.*
And do take mine.
I can *put you in touch with* some
useful contacts.
I'll be pleased to see you *whenever*
you get over to London.

It's been lovely talking to you, but
I'm afraid I really have to go now.
We'll have to *get together again*
soon.
Give me a ring when you're free.

Es hat mir sehr gut gefallen.
Um wie viel Uhr reisen Sie ab?
Bis dann!
Ich melde mich bei Ihnen sobald ...
Ich freue mich wirklich darauf, *von*
Ihnen zu hören.
Ich freue mich schon darauf.
Es hat mich gefreut, Sie wieder-
zusehen.
Es hat mich auch gefreut.

Sie gehen schon?
Es tut mir leid, *dass ich nicht*
mehr Gelegenheit hatte, mit Ihnen
zu reden.
Ich bin sicher, *dass wir dazu* später
noch Gelegenheiten haben werden.
Es war mir ein Vergnügen, *mich mit*
Ihnen zu unterhalten.
Hier ist meine *Karte.*
Und hier ist meine.
Ich kann *Ihnen* einige *nützliche*
Kontakte vermitteln.
Es würde mich freuen, Sie wieder-
zusehen, *wenn Sie einmal wieder*
nach London kommen.
Es war schön, mit Ihnen zu reden,
aber *ich muss jetzt wirklich gehen.*
Wir müssen *uns* unbedingt *bald*
einmal wieder treffen.
Rufen Sie mich an, wenn Sie Zeit
haben.

Dialogbeispiele

Welcome

Begrüßung

A: *Hello, you must be* Mr Pale! *I'm*
so pleased to meet you.

A: *Guten Tag, Sie müssen* Herr Pale
sein! Es freut mich sehr, Sie kennen-
zulernen.

B: Hello, Mrs Jones? *I'm glad to meet you, too.*
A: Did you have a good trip?
B: Yes, thank you. The flight was very comfortable.
A: I'm glad to hear that.

A: Oh, there's Trevor Sharp, the Senior Consultant of Mino Ltd. Trevor! Over here! *Come and join us!* Trev, *I haven't seen you for ages.*
B: Hi, Mike. Nice to meet you.

A: *I'd like you to meet* my two friends from London. They're businessmen, too. Boys! This is Trevor Sharp, Senior Consultant of a big electronic company. Trev, *let me introduce you to* Peter Ross and Arthur May.

B: *How do you do, I'm honoured to meet you.*
C: How do you do, *I'm delighted to meet you.*

A: Hello, Daisy.
B: Hello, Roger. *Nice to see you again.*
A: *Good to see you, too. How are things?*
B: Pretty good, thanks. My new job is really interesting and my colleagues are very nice people.
A: *I'm glad to hear that,* Daisy.
B: *How about you,* Roger? *I haven't seen you for a while.* How's work?

A: *No complaints.* But we still miss you at N.N. Enterprises, Daisy.

B: Guten Tag, Frau Jones? *Freut mich ebenfalls, Sie kennenzulernen.*
A: Hatten Sie eine gute Reise?
B: Ja, vielen Dank. Der Flug war sehr angenehm.
A: Freut mich, das zu hören.

A: Ah. Da ist Trevor Sharp, der leitende Berater von Mino Ltd. Trevor! Hier drüben! *Komm und leiste uns Gesellschaft!* Trev, *ich habe dich eine Ewigkeit nicht gesehen.*
B: Hallo Mike. Schön, dich zu sehen.

A: *Ich möchte, dass du* meine beiden Freunde aus London *kennen lernst.* Sie sind ebenfalls Geschäftsleute. Jungs! Das ist Trevor Sharp, leitender Berater einer großen Elektrofirma. Trev, *lass mich dir* Peter Ross und Arthur May *vorstellen.*

B: *Guten Tag, es ist mir eine Ehre, Sie kennenzulernen.*
C: Guten Tag, *sehr erfreut, Sie kennenzulernen.*

A: Hallo Daisy.
B: Hallo Roger. *Schön, dich wieder-zusehen.*
A: *Ganz meinerseits. Wie läuft es so?*
B: Ziemlich gut, danke. Meine neue Arbeit ist wirklich interessant und meine Kollegen sind sehr nett.
B: *Freut mich, das zu hören,* Daisy.
A: *Und du,* Roger? *Ich habe dich eine Weile nicht gesehen.* Wie ist die Arbeit?
B: *Kein Grund zur Klage.* Aber bei N.N. Enterprises vermissen wir dich noch immer, Daisy.

Becoming acquainted with someone

Miteinander bekannt werden

A: And you, John, *what do you do?*
I know Janet just told me, but I didn't
catch it.
B: Actually, *I'm assistant director of
sales.* Our *director* is away on business at the moment, so I'm filling in
for him. *And what do you do?*

A: *I used to* design websites; *now I*
just tell other people what to do,
how to do it and when they have to
be done with it.
B: Oh.
A: Yeah, everybody says that. But
it's really an interesting job and it's
creative, too. You have to solve
quite a variety of technical problems.

A: *And what do you do at the
weekend,* Peter?
B: It depends on the time of year.
I go biking in the summer. In winter,
I often go swimming. And you?
A: I shop, go swimming, sometimes
go for bike rides with a friend. And *I
go to museums*, too, if there's an interesting *exhibition*. I get ideas for making adverts more interesting while
walking around a museum.

C: Yes, I get ideas in museums too –
in the Manchester museums. We have
quite a few. What about you, John,
how do you spend your weekends?

D: I work out, spend some time with
my daughters.

A: Und Sie, John, *was machen Sie?*
Ich weiß, Janet hat es mir gerade
erzählt, aber ich habe es nicht richtig
verstanden.
B: Eigentlich *bin ich stellvertretender
Leiter der Verkaufsabteilung.* Unser
Abteilungsleiter ist gerade auf
Geschäftsreise, also vertrete ich ihn.
Und was machen Sie?
A: *Früher habe ich* Webseiten gestal-
tet; *jetzt* sage ich einfach anderen
Mitarbeitern, was sie zu tun haben,
und bis wann sie fertig sein müssen.
B: Ach so.
A: Ja, das sagen alle. Aber *es ist wirk-
lich ein interessanter Job*, und auch
kreativ. Man muss viele verschiedene
technische Probleme lösen.

A: *Und was machen Sie am
Wochenende,* Peter?
B: Es kommt auf die Jahreszeit an. Im
Sommer *fahre ich Rad.* Im Winter
gehe ich oft schwimmen. Und Sie?
A: Ich gehe einkaufen, gehe
schwimmen, manchmal *mache* ich
mit einer Freundin *eine Fahrradtour.*
Und *ich besuche Museen,* wenn es
eine interessante *Ausstellung* gibt.
Beim Gang durch ein Museum komme
ich auf Ideen, wie man Werbung
interessanter gestalten kann.
C: Ja, ich komme in Museen auch auf
Ideen – in den Museen von Manchester.
Wir haben ziemlich viele davon. Und
was ist mit Ihnen, John, *wie ver-
bringen Sie Ihre Wochenenden?*
D: Ich trainiere, und ich verbringe
Zeit mit meinen Töchtern.

A: Oh, so *you have children.*
D: Yes, two daughters. *My wife and I are divorced,* but I get the girls every other weekend.

A: *What are your hobbies?*
B: Well, *I love painting.* It's very *absorbing. What about you?*
A: *I enjoy riding* very much.
B: Isn't that a bit expensive?
A: Yes, sometimes. But I love it so much that it's worth it.

A: *Have you got any children?*
B: Yes, two. A girl and a boy.

A: And *how old are they?*
B: The elder one is 17 and the younger is only nine.
A: That's a big difference! *Are they both still at school?*
B: My son is still at *primary school,* of course, but my daughter *is doing an apprenticeship* and *has* already *left home.*
A: That's interesting. What kind of apprenticeship is she doing?
B: *She's training to be a* jeweller.

A: *Are you interested in sports?*
B: Yes, I'm interested in most kinds of sports and *enjoy playing myself.*

A: *What kind of sports do you do?*
B: *I play tennis* and I also *play football* with some friends sometimes. And you?
A: Oh, I prefer to watch it on TV.

A: Ach, *Sie haben Kinder?*
D: Ja, zwei Töchter. *Meine Frau und ich sind geschieden,* aber ich bekomme die Mädchen jedes zweite Wochenende.

A: *Welche Hobbys haben Sie?*
B: Also, *ich male sehr gern. Es füllt mich* sehr *aus. Und Ihr Hobby?*
A: *Ich reite* unheimlich *gern.*
B: Ist das nicht ein bisschen teuer?
A: Ja, schon. Aber ich habe solche Freude daran, dass es sich lohnt.

A: *Haben Sie Kinder?*
B: Ja, zwei. Ein Mädchen und einen Jungen.
A: Und *wie alt sind sie?*
B: Die Ältere ist 17 und der Jüngere ist erst neun.
A: Das ist ja ein großer Unterschied! *Besuchen beide noch die Schule?*
B: Mein Sohn besucht natürlich noch die *Grundschule,* aber meine Tochter *macht eine Lehre* und *ist* schon *aus dem Haus.*
A: Das ist interessant. Was für eine Lehre macht sie denn?
B: *Sie macht eine Ausbildung zur* Juwelierin.

A: *Interessieren Sie sich für Sport?*
B: Ja, ich interessiere mich für die meisten Sportarten und *bin selbst begeisterter Sportler.*
A: *Welchen Sport betreiben Sie?*
B: *Ich spiele Tennis* und manchmal *spiele* ich auch mit ein paar Freunden *Fußball. Und Sie?*
A: Oh, ich bevorzuge Sport im Fernsehen.

A: *What do you enjoy reading?*
B: It depends. During the week,
I enjoy reading the *dailies* but at
the weekend or on holiday, I love to
lose myself in a good *novel.*

A: *Who's your favourite author?*
B: That's difficult to say. Perhaps
Turgenev.
A: Oh, I find his books *very heavy-
going.* I prefer *light reading,
detective novels,* for example.

A: *Was lesen Sie gern?*
B: Es kommt darauf an. Während
der Woche lese ich gern die *Tageszeitungen,* aber am Wochenende oder
im Urlaub vertiefe ich mich sehr gern
in einen guten *Roman.*
A: *Wer ist Ihr Lieblingsschriftsteller?*
B: Das ist schwer zu sagen, vielleicht
Turgenew.
A: Oh, ich finde seine Bücher *sehr
schwierig.* Ich bevorzuge *Unter-
haltungsliteratur,* z. B. *Krimis.*

Making a date

A: *When do you leave for* Berlin,
Peter?
B: The day after tomorrow, Ben.
A: I'm here until the following week,
you know. So we should have a little
farewell party. I'll call around and
see if people are free tomorrow
evening. *Unless you have something
else in mind?*

B: No, Ben. *I'd like that.*

A: *I'm free tomorrow afternoon,* so
let's make an excursion *together.* Do
you know Staten Island?

B: I know it's there, but *I haven't
been there yet.*
A: It's not the island that's so
interesting, but the means of getting
there and back – by ferry. If you
want to get to know a city on the
water then take a boat. So, *I'll*

Sich verabreden

A: *Wann fahren Sie nach* Berlin
zurück, Peter?
B: Übermorgen, Ben.
A: Ich bin bis nächste Woche hier,
wissen Sie. Also sollten wir eine
kleine *Abschiedsparty* machen. *Ich
werde herumtelefonieren* und
schauen, ob die Leute morgen Abend
Zeit haben. Das heißt, *wenn Sie
nichts anderes vorhaben?*
B: Nein, Ben. *Das würde mir Spaß
machen.*

A: *Morgen Nachmittag habe ich frei,
lassen Sie uns* einen Ausflug
zusammen machen. Kennen Sie
Staten Island?
B: Ich weiß, dass es das gibt, aber *ich
bin bisher noch nicht dort gewesen.*
A: Die Insel ist nicht so interessant,
aber die Art und Weise, wie man hin-
und zurückkommt – mit der Fähre.
Wenn Sie eine Stadt am Wasser
kennen lernen wollen, nehmen Sie

pick you up at the hotel at two o'clock.
B: Great! *I'm really looking forward to it,* Ben.

A: Will you be staying for the *final session,* John?
B: No, *I have to get moving.* But, look, *join me for a drink afterwards.* You can then fill me in on the rest of the day's proceedings. I'll wait for you in the lobby – *if you have nothing else in mind,* I mean.

A: No, of course. That's a great idea. *I'll come straight to* the hotel *after* the session *ends.*

ein Boot. Also, *ich hole Sie* dann um zwei vom Hotel *ab.*
B: Großartig! *Ich freue mich sehr darauf,* Ben.

A: Werden Sie bis zur *Abschlusssitzung* bleiben, John?
B: Nein, *ich muss weiter.* Aber *gehen wir danach doch noch auf einen Drink.* Sie können mich dann über den Rest des Tagesverlaufs informieren. Ich werde in der Lobby auf Sie warten – *wenn Sie nichts anderes vorhaben,* meine ich.
A: Nein, natürlich nicht. Eine großartige Idee. *Ich komme nach Ende der* Sitzung *direkt ins* Hotel.

Social Activites

A: *I would like to* see some art.

B: That's an excellent idea. *Do you mind if I accompany you* to the museum?
A: *On the contrary, I would appreciate it!* But I would like to visit some *art galleries,* too.
B: There are some excellent ones in the *city centre.* Very modern. Very avant-garde.
A: Indeed? So, *let's tackle* the galleries first, then go to the *museum* ...
B: ... and after getting through the *cultural part,* we should have dinner together.
A: Brilliant idea! I'm convinced you know a pretty good restaurant in town.

Gemeinsame Unternehmungen

A: *Ich würde* mir *gern* ein wenig Kunst ansehen.
B: Das ist eine hervorragende Idee. *Hätten Sie etwas dagegen, wenn ich Sie* ins Museum *begleiten würde?*
A: *Im Gegenteil, das wäre sehr angenehm.* Aber ich würde auch gern einige *Kunstgalerien* besuchen.
B: Es gibt einige sehr gute in der *Innenstadt.* Sehr modern. Sehr avantgardistisch.
A: Tatsächlich? Nun, *nehmen wir uns* zuerst die Galerien *vor,* anschließend gehen wir ins *Museum* ...
B: ... und wenn wir den *kulturellen Teil* hinter uns haben, *sollten wir gemeinsam zu Abend essen.*
A: Tolle Idee! Ich bin überzeugt davon, dass Sie ein wirklich gutes Restaurant in der Stadt kennen.

A: *Have you any plans for this evening?*
B: Actually, *I have nothing special in mind.*
A: *What do you think about* going to the pictures?
B: Good idea! *What's on* at the moment?
A: The new film by NN: It's very popular in Britain at the moment.
B: Yes, I've heard of it. It has received excellent *reviews.*

A: Well Janet, *how did you enjoy the performance?*
B: Very much! The *set* was wonderful and *I was really impressed by the acting! What do you think,* Roger?

A: The *main actor* was fantastic, but the *supporting actress* nearly stole the show!
B: You're right, Roger. *She's very promising.*

A: *Haben Sie heute Abend schon etwas vor?*
B: Eigentlich *habe ich nichts besonderes vor.*
A: *Was halten Sie davon,* ins Kino zu gehen?
B: Gute Idee! *Was läuft* zur Zeit?
A: Der neue Film von NN: Er ist in England momentan sehr populär.
B: Ja, ich habe davon gehört. Er hat hervorragende *Kritiken* bekommen.

A: Nun, Janet, *hat Ihnen die Aufführung gefallen?*
B: Sehr! Das *Bühnenbild* war fantastisch und *ich bin wirklich von der schauspielerischen Leistung beeindruckt! Was meinen Sie,* Roger?
A: Der *Hauptdarsteller* war herausragend, aber die *Nebendarstellerin* hat ihm fast die Show gestohlen!
B: Sie haben recht, Roger. *Sie ist sehr vielversprechend.*

Saying goodbye

A: *When are you leaving?*

B: My airplane leaves at 5.15, so I will arrive in Berlin in time to have dinner with my family.

A: Well, *goodbye then, and have a good journey.* And remember: I'll be visiting Germany next spring.

B: I'm really looking forward to it. *See you then!*

Sich verabschieden

A: *Um wie viel Uhr reisen Sie ab?*
B: Mein Flugzeug startet um 17.15, so dass ich in Berlin rechtzeitig ankomme, um mit meiner Familie zu Abend zu essen.
A: Nun, *dann auf Wiedersehen und eine gute Reise.* Und denken Sie daran: Ich komme im nächsten Frühjahr nach Deutschland.
B: Ich freue mich schon darauf. *Bis dann!*

A: *It was nice to see you again,* Angela.
B: *Nice to see you, too,* Harry.
A: *I'll be back in touch* once I've had a few more meetings and made some decisions.
B: Well, *I definitely look forward to hearing from you.* Goodbye.

A: Oh, *you're leaving already?*
B: Yes, I've got quite a lot of work to do at the moment and *I've got to catch an early flight* tomorrow morning.
A: Well, *I'm sorry I didn't get more of a chance to speak to you.*

B: *I'm sure we'll have more opportunities later.*

A: ... *It's been a pleasure talking to you,* Mr. Grant. *Here's my card.*

B: *And do take mine. I'll be pleased to see you* whenever you get over to London.

A: If you ever have to go to Germany *I can put you in touch with* some useful contacts there, too.

A: Well, *it's been lovely talking to you, but I'm afraid I really have to go now.*
B: That's a pity. *We'll have to get together again soon.*
A: That would be great. *Give me a ring when you're free.*

A: *Es hat mich gefreut, Sie wiederzusehen,* Angela.
B: *Es hat mich auch gefreut,* Harry.
A: *Ich melde mich bei Ihnen,* sobald ich einige weitere Besprechungen geführt und ein paar Entscheidungen getroffen habe.
B: Also, *ich freue mich wirklich darauf, von Ihnen zu hören.* Auf Wiedersehen.

A: Ach, *Sie gehen schon?*
B: Ja, ich habe momentan ziemlich viel Arbeit und *ich muss* morgen *einen frühen Flug nehmen.*
A: Also, *es tut mir leid, dass ich nicht mehr Gelegenheit hatte, mit Ihnen zu reden.*
B: *Ich bin sicher, dass wir dazu später noch Gelegenheiten haben werden.*

A: ... *Es war mir ein Vergnügen, mich mit Ihnen zu unterhalten,* Mr. Grant. *Hier ist meine Karte.*
B: *Und hier ist meine. Es würde mich freuen, Sie wiederzusehen,* wenn Sie einmal wieder nach London kommen.
A: Sollten Sie jemals nach Deutschland müssen, *kann ich Ihnen* auch *dort* einige nützliche Kontakte *vermitteln.*

A: *Es war schön, mit Ihnen zu reden, aber ich muss jetzt wirklich gehen.*
B: Das ist schade. *Wir müssen uns unbedingt bald einmal wieder treffen.*
A: Das wäre toll. *Rufen Sie mich an, wenn Sie Zeit haben.*

Anhang

Occupational Titles

accountant	Buchhalter(in), Rechnungsprüfer(in)
account manager	Kundenbetreuer(in)
administrative manager	Verwaltungsdirektor(in), Geschäftsführer(in)
advertising director/manager	Leiter(in) der Werbeabteilung, Werbeleiter(in)
agent	Vertreter(in)
area manager	Bereichsleiter(in), Gebietsleiter(in)
assistant	Assistent(in), Mitarbeiter(in), Stellvertreter(in)
assistant ...	...assistent(in), stellvertretende(r) ...
auditor	Wirtschaftsprüfer(in), Rechnungsprüfer(in)
bank director/manager	Bankdirektor(in)
branch manager	Filialleiter(in), Zweigstellenleiter(in)
broker	(Börsen-)Makler(in), Broker(in)
business (sales) manager	kaufmännische(r) Direktor(in)
business consultant	Unternehmensberater(in)
buyer	Einkäufer(in)
chairman	Vorsitzender, Präsident
chairperson	Vorsitzende(r), Präsident(in)
chairperson of the board (of directors)	Vorstandsvorsitzende(r)
chairperson of the supervisory board	Aufsichtsratsvorsitzende(r)
chairperson and managing director (UK)	Vorstandsvorsitzende(r)
chairwoman	Präsidentin, Vorsitzende
chief ...	Chef..., Haupt..., leitende(r) ...
chief accountant	Hauptbuchhalter(in), Leiter(in) der Buchhaltung
chief engineer	leitende(r) Ingenieur(in)
chief executive (officer) (US) CEO	Hauptgeschäftsführer(in), Vorstandsvorsitzende(r)
chief financial officer (US) CFO	Leiter(in) der Finanzabteilung
civil servant	Staatsbedienstete(r), Beamte(r)
commercial representative	Handelsvertreter(in)
consultant	Berater(in)
copywriter	Werbetexter(in)
customer relations manager	Kundendienstleiter(in)
customer service manager	Kundendienstleiter(in)
data processing manager	Leiter(in) der EDV-Abteilung, Leiter(in) des Rechenzentrums
departmental manager	Abteilungsleiter(in), Referatsleiter(in)
department head	Abteilungsleiter(in), Referatsleiter(in)
deputy	...assistent(in), stellvertretende(r) ...
design engineer	Konstrukteur(in)

development director/manager	Leiter(in) der Entwicklungsabteilung
development engineer	Entwicklungsingenieur(in)
director	Direktor(in), Leiter(in), Vorstandsmitglied
director general	Generaldirektor(in), Hauptgeschäftsführer(in)
director of finance	Leiter(in) der Finanzabteilung
director of marketing	Marketingleiter(in)
director of planning	Leiter(in) der Planungsabteilung
director of public relations/PR	PR-Leiter(in), Leiter(in) der Abteilung Öffentlichkeitsarbeit
director of sales	Verkaufsleiter(in)
director of the ... department	Abteilungsleiter(in) ...
distribution director/manager	Vertriebsleiter(in)
district manager	Gebietsleiter(in), Bezirksleiter(in)
divisional director/manager	Geschäftsbereichsleiter(in)
editor	Redakteur(in)
editor-in-chief	Chefredakteur(in)
employee	Angestellte(r)
engineer	Ingenieur(in)
engineering manager	Leiter(in) der technischen Abteilung
export director/manager	Leiter(in) der Exportabteilung
factory manager	Fabrikdirektor(in), Werksleiter(in)
field sales manager	Außendienstleiter(in)
financial manager	Leiter(in) der Finanzabteilung
general (executive) manager GM	Generaldirektor(in), leitende(r) Direktor(in), Geschäftsführer(in)
head	Chef(in), Leiter(in), Direktor(in)
head of department/division/section	Abteilungsleiter(in)
head of staff	Personalleiter(in), Leiter(in) der Personalabteilung
human resources manager	Personalleiter(in), Leiter(in) der Personalabteilung
import director/manager	Leiter(in) der Importabteilung
lawyer, solicitor; attorney *(US)*	Rechtsanwalt/Rechtsanwältin
lecturer	Dozent(in), Lektor(in)
logistics manager	Leiter(in) der Logistikabteilung
management consultant	Unternehmensberater(in)
manager	Geschäftsführer(in), (Abteilungs-)Leiter(in)
managing director *(UK)* MD	geschäftsführende(r) Direktor(in), Hauptgeschäftsführer(in)
managing partner	geschäftsführende(r) Gesellschafter(in)
marketing (and sales) manager	Verkaufsleiter(in), Vertriebsleiter(in)
marketing assistant	Assistent(in) der Marketingabteilung
marketing manager	Leiter(in) der Marketingabteilung
office manager	Geschäftsstellenleiter(in)
office staff	Bürokräfte

partner	Gesellschafter(in), Teilhaber(in), Partner(in)
personal assistant to managing director *(UK)*	Sekretär(in) der Geschäftsleitung, Direktionsassistent(in)
personnel director/manager	Personalleiter(in)
planning director	Leiter(in) der Planungsabteilung
plant manager	Fabrikdirektor(in), Werksdirektor(in)
president	Vorstandsvorsitzende(r)
press officer	Pressereferent(in), Pressesprecher(in)
principal	Direktor(in)
private secretary	Privatsekretär(in)
product manager	Produktmanager(in), Produktbetreuer(in)
production director/manager	Fertigungsleiter(in), Produktionsleiter(in), Betriebsleiter(in)
programmer	Programmierer(in)
project leader/manager	Projektleiter(in)
public relations/PR director	Leiter(in) der Abteilung Öffentlichkeitsarbeit, Leiter(in) der PR-Abteilung, Pressesprecher(in)
public servant	Staatsbedienstete(r), Beamte(r)
publicity manager	Werbeleiter(in)
purchasing executive/officer	Einkäufer(in)
purchasing manager	Einkaufsleiter(in), Leiter(in) der Abteilung Einkauf
regional director/manager	Bezirksleiter(in), Gebietsleiter(in)
research director/manager	Leiter(in) der Forschungsabteilung
sales director/manager	Verkaufsleiter(in), Vertriebsleiter(in)
sales engineer	Verkaufsingenieur(in), Vertriebsingenieur(in)
salesman	Verkäufer
salesperson	Verkäufer(in)
sales representative	Handelsvertreter(in), Verkäufer(in)
saleswoman	Verkäuferin
semi-skilled worker	angelernte(r) Arbeiter(in)
senior manager	leitende(r) Mitarbeiter(in)
service manager	Leiter(in) der Kundendienstabteilung
shareholder *(UK)*	Aktionär(in), Anteilseigner(in)
shipping agent	Spediteur(in)
skilled worker	Facharbeiter(in)
special assistant to managing director	Sekretär(in) der Geschäftsleitung, Direktionsassistent(in) mit besonderen Aufgaben
staff director/manager	Leiter(in)/Direktor(in) der Personalabteilung, Personalleiter(in), Personalchef(in)
stockholder *(US)*	Aktionär(in), Anteilseigner(in)
(computer) systems manager	Leiter(in) der EDV-Abteilung
team leader	Gruppenleiter(in), Teamleiter(in)

technical director/manager	technische(r) Direktor(in)/Leiter(in)
treasurer *(US)*	Finanzdirektor(in)
unskilled worker	ungelernte Arbeitskraft
vice chairman, vice president *(US)*	stellvertretende(r) Generaldirektor(in)
works manager	Werksleiter(in), Fabrikdirektor(in)

Berufsbezeichnungen

Abteilungsleiter(in)	department head, (departmental) manager
Abteilungsleiter(in) ...	director of the ... department, head of the ... department/division/section
Aktionär(in)	shareholder *(UK)*, stockholder *(US)*
angelernte(r) Arbeiter(in)	semi-skilled worker
Angestellte(r)	employee
Assistent(in)	assistant
...assistent(in)	assistant ..., deputy ...
Assistent(in) der Marketingabteilung	marketing assistant
Aufsichtsratsvorsitzende(r)	chairperson of the supervisory board
Außendienstleiter(in)	field sales manager
Bankdirektor(in)	bank director/manager
Beamte(r)	civil servant, public servant
Berater(in)	consultant
Bereichsleiter(in)	area manager
Betriebsleiter(in)	production director/manager
Bezirksleiter(in)	district manager, regional director/manager
Börsenmakler(in)	broker
Buchhalter(in)	accountant
Bürokräfte	office staff
Chefredakteur(in)	editor-in-chief
Direktionsassistent(in)	personal assistant to managing director *(UK)*
Direktor(in)	director, principal
Dozent(in)	lecturer
Einkäufer(in)	buyer, purchaser, purchasing executive/officer
Einkaufsleiter(in)	purchasing manager
Entwicklungsingenieur(in)	development engineer
Fabrikdirektor(in)	factory/plant manager
Facharbeiter(in)	skilled worker
Filialleiter(in)	branch manager
Finanzdirektor(in)	treasurer *(US)*
Gebietsleiter(in)	district manager, area manager
Generaldirektor(in)	director general; managing director *(UK)* MD, chief executive (officer) CEO

Geschäftsbereichsleiter(in)	divisional director/manager
Gesellschafter(in)	partner, director
geschäftsführende(r) Direktor(in)	managing director *(UK)* MD,
	chief executive (officer) *(US)* CEO
geschäftsführende(r) Gesellschafter	managing partner
Geschäftsführer(in)	manager
Geschäftsstellenleiter(in)	office manager
Gruppenleiter(in)	team leader
Handelsvertreter(in)	commercial representative,
	sales representative
Hauptbuchhalter(in)	chief accountant
Hauptgeschäftsführer(in)	general (executive) manager GM,
	managing director *(UK)* MD
Ingenieur(in)	engineer
kaufmännische(r) Direktor(in)	business (sales) manager
Konstrukteur(in)	design engineer
Kundenbetreuer(in)	account manager
Kundendienstleiter(in)	customer relations/service manager
leitende(r) Ingenieur(in)	chief engineer
leitende(r) Mitarbeiter(in)	senior manager
Leiter(in) der Abteilung	public relations director, PR director
Öffentlichkeitsarbeit	
Leiter(in) der EDV-Abteilung	data processing manager,
	(computer) systems manager
Leiter(in) der Entwicklungsabteilung	development director/manager
Leiter(in) der Exportabteilung	export director/manager
Leiter(in) der Finanzabteilung	director of finance, financial manager,
	chief financial officer *(US)* CFO
Leiter(in) der Forschungsabteilung	research director/manager
Leiter(in) der Importabteilung	import manager
Leiter(in) der Kundendienstabteilung	customer service manager
Leiter(in) der Logistikabteilung	logistics manager
Leiter(in) der Marketingabteilung	marketing manager
Leiter(in) der Personalabteilung	personnel director/manager,
	staff director/manager,
	human resources manager
Leiter(in) der Planungsabteilung	director of planning, planning director
Leiter(in) des Rechenzentrums	data processing manager,
	(computer) systems manager
Leiter(in) der technischen Abteilung	engineering manager
Leiter(in) der Werbeabteilung	advertising director/manager
Marketingleiter(in)	director of marketing
Personalleiter(in)	head of staff,
	human resources manager,
	personnel director/manager
Präsident(in)	chairman, chairwoman, chairperson

Pressesprecher(in)	press officer, PR director
Privatsekretär(in)	private secretary
PR-Leiter(in)	director of public relations, PR director
Produktionsleiter(in)	production director/manager
Produktmanager(in)	product manager
Programmierer(in)	programmer
Projektleiter(in)	project leader/manager
Rechnungsprüfer(in)	accountant, auditor
Rechtsanwalt/Rechtsanwältin	lawyer, solicitor, attorney *(US)*
Redakteur(in)	editor
Spediteur(in)	shipping agent
stellvertretende(r) ...	assistant ..., deputy ...
stellvertretende(r) Generaldirektor(in)	vice chairman, vice president *(US)*
technische(r) Direktor(in)/Leiter(in)	technical director/manager
Teilhaber(in)	partner, director
ungelernte Arbeitskraft	unskilled worker
Unternehmensberater(in)	business/management consultant
Verkäufer(in)	salesman, saleswoman, salesperson
Verkaufsleiter(in)	director of sales, sales director/manager, marketing (and sales) manager
Vertreter(in)	agent
Vertriebsleiter(in)	distribution director/manager, sales director/manager
Verwaltungsdirektor(in)	administrative manager
Vorsitzende(r)	chairman, chairwoman, chairperson
Vorstandsvorsitzende(r)	chairman/chairwoman/chairperson of the board (of directors), chairman/chairwoman/chairperson and managing director *(UK)*
Werbeleiter(in)	publicity manager, advertising director/manager
Werbetexter(in)	copywriter
Werksleiter(in)	factory/plant/works manager
Wirtschaftsprüfer(in)	auditor
Zweigstellenleiter(in)	branch manager

Im Englischen werden Berufsbezeichnungen bei der Anrede, auch in Briefen, üblicherweise groß geschrieben.
Der Trend in deutschen Unternehmen geht dahin, Titel aus dem anglo-amerikanischen Raum zu verwenden. Dabei ist allerdings zu beachten, dass sich die Aufgabenbereiche und Funktionen der einzelnen Positionen in der deutschen und der amerikanischen bzw. englischen Unternehmensstruktur stark unterscheiden.
„Manager", zum Beispiel, bedeutet vor allem im amerikanischen Englisch nicht generell Abteilungsleiter, sondern wird für eine verantwortungsvolle Position in einem bestimmten Bereich verwendet. Differenziert wird hierbei anhand des Artikels:
*He's **the** sales manager.* – Er ist (der) Verkaufsleiter.
*He's **a** sales manager.* – sinngemäß: Er ist Leiter eines Verkaufsteams.

Unternehmensaufbau

Chairman and Managing Director
Aufsichtsratsvorsitzende(r)/Vorstandsvorsitzende(r)

    Marketing Director
    Direktor(in) der Marketingabteilung

        Sales Manager
        Vertriebsleiter(in)

        Client Services Manager
        Leiter(in) der Kundendienstabteilung

    Personnel Director
    Leiter(in) der Personalabteilung

        Office Manager
        Geschäftsstellenleiter(in)

    Company Secretary
    Geschäftsführer(in)

        Chief Accountant
        Leiter(in) der Buchhaltung

    Technical Director
    Technische(r) Direktor(in)

        R&D Manager
        Leiter(in) Forschung und Entwicklung

    Production Director
    Fertigungsleiter(in)

        Factory Manager
        Werksleiter(in)

Die deutschen Übersetzungen sind nur ungefähre Entsprechungen und können je nach Unternehmen variieren.

Rechtsformen

Deutschland	UK	USA
Aktiengesellschaft (AG)	joint-stock company, public limited company (plc)	open corporation, general corporation (Inc., incorporated)
eingetragene Gesellschaft	registered company	incorporated (Inc.) company
Einzelunternehmung	sole proprietor(ship)	sole proprietor(ship)
gemeinnützige Gesellschaft	non-profit(-making) organization	non-profit(-making) organization
Gesellschaft des bürgerlichen Rechts (GbR)	civil-law company	civil-law company
Gesellschaft mit beschränkter Haftung (GmbH)	(private) limited company (Ltd., Limited)	close(d) corporation, limited liability company (LLC, Corp.)
Kapitalgesellschaft	joint-stock company	corporation
Kommandit- gesellschaft (KG)	limited partnership	limited partnership
Offene Handels- gesellschaft (OHG)	general partnership	ordinary partnership
öffentlich-rechtliche Gesellschaft	public-law corporation	public-law corporation
Personengesellschaft	partnership	partnership

Important International Organizations

Andean Community (CAN)	Gemeinschaft der Andenstaaten (CAN)
Asia-Pacific Economic Cooperation (APEC)	Asiatisch-Pazifische Wirtschafts-gemeinschaft (APEC)
Association of South East Asian Nations (ASEAN)	Verband Südostasiatischer Nationen (ASEAN)
Bank for International Settlements (BIS)	Bank für Internationalen Zahlungs-ausgleich (BIZ)
Caribbean Community and Common Market (CARICOM)	Karibische Gemeinschaft und Gemeinsamer Markt (CARICOM)
Common Market for Eastern and Southern Africa (COMESA)	Gemeinsamer Markt für das östliche und südliche Afrika (COMESA)
Economic Community of West African States (ECOWAS)	Wirtschaftsgemeinschaft Westafrikanischer Staaten (ECOWAS)
European Central Bank (ECB)	Europäische Zentralbank (EZB)
European Free Trade Association (EFTA)	Europäische Freihandelsassoziation (EFTA)
European Union (EU)	Europäische Union (EU)
General Agreement on Tariffs and Trade (GATT)	Allgemeines Zoll- und Handelsabkommen (GATT)
International Air Transport Association (IATA)	Internationaler Luftverkehrsverband (IATA)
International Atomic Energy Agency (IAEA)	Internationale Atomenergie-Organisation (IAEO)
International Bank for Reconstruction and Development (IBRD)	Internationale Bank für Wiederaufbau und Entwicklung (IBRD)
International Centre for Settlement of Investment Disputes (ICSID)	Internationales Zentrum für die Beilegung von Investitionsstreitigkeiten (ICSID)
International Chamber of Commerce (ICC)	Internationale Handelskammer (ICC)
International Development Association (IDA)	Internationale Entwicklungsorganisation (IDA)
International Energy Agency (IEA)	Internationale Energie-Agentur (IEA)
International Finance Corporation (IFC)	Internationale Finanz-Corporation (IFC)
International Labour Organization (ILO)	Internationale Arbeitsorganisation (IAO)
International Monetary Fund (IMF)	Internationaler Währungsfonds (IWF)
International Standards Organization (ISO)	Internationale Standardorganisation (ISO)
Mercosur (Southern Common Market)	Mercosur (Gemeinsamer Markt des Südens)
Multilateral Investment Guarantee-Agency (MIGA)	Multilaterale Investitions-Garantie-Agentur (MIGA)

North American Free Trade Agreement (NAFTA)	Nordamerikanisches Freihandelsabkommen (NAFTA)
Organization for Security and Cooperation in Europe (OSCE)	Organisation für Sicherheit und Zusammenarbeit in Europa (OSZE)
Organization for Economic Cooperation and Development (OECD)	Organisation für wirtschaftliche Zusammenarbeit und Entwicklung (OECD)
Organization of Petroleum Exporting Countries (OPEC)	Organisation Erdöl exportierender Länder (OPEC)
United Nations (UN)	Vereinte Nationen (VN, UNO)
United Nations Conference on Trade and Development (UNCTAD)	Handels- und Entwicklungskonferenz der Vereinten Nationen (UNCTAD)
United Nations Industrial Development Organization (UNIDO)	Organisation der Vereinten Nationen für industrielle Entwicklung (UNIDO)
World Bank (group)	Weltbank(gruppe)
World Customs Organization (WCO)	Weltzollorganisation (WZO)
World Intellectual Property Organization (WIPO)	Weltorganisation für geistiges Eigentum (WIPO)
World Trade Organization (WTO)	Welthandelsorganisation (WTO)

Wichtige Internationale Organisationen

Allgemeines Zoll- und Handelsabkommen (GATT)	General Agreement on Tariffs and Trade (GATT)
Asiatisch-Pazifische Wirtschafts-gemeinschaft (APEC)	Asia-Pacific Economic Cooperation (APEC)
Bank für Internationalen Zahlungsausgleich (BIZ)	Bank for International Settlements (BIS)
Gemeinsamer Markt für das östliche und südliche Afrika (COMESA)	Common Market for Eastern and Southern Africa (COMESA)
Gemeinschaft der Andenstaaten (CAN)	Andean Community (CAN)
Europäische Zentralbank (EZB)	European Central Bank (ECB)
Europäische Freihandelsassoziation (EFTA)	European Free Trade Association (EFTA)
Europäische Union (EU)	European Union (EU)
Handels- und Entwicklungskonferenz der Vereinten Nationen (UNCTAD)	United Nations Conference on Trade and Development (UNCTAD)
Internationale Arbeitsorganisation (IAO)	International Labour Organization (ILO)
Internationale Atomenergie-Organisation (IAEO)	International Atomic Energy Agency (IAEA)

Internationale Bank für Wiederaufbau und Entwicklung (IBRD)	International Bank for Reconstruction and Development (IBRD)
Internationale Energie-Agentur (IEA)	International Energy Agency (IEA)
Internationale Entwicklungsorganisation (IDA)	International Development Association (IDA)
Internationale Finanz-Corporation (IFC)	International Finance Corporation (IFC)
Internationale Handelskammer (ICC)	International Chamber of Commerce (ICC)
Internationaler Luftverkehrsverband (IATA)	International Air Transport Association (IATA)
Internationaler Währungsfonds (IWF)	International Monetary Fund (IMF)
Internationale Standardorganisation (ISO)	International Standards Organization (ISO)
Internationales Zentrum für die Beilegung von Investitionsstreitigkeiten (ICSID)	International Centre for Settlement of Investment Disputes (ICSID)
Karibische Gemeinschaft und Gemeinsamer Markt (CARICOM)	Caribbean Community and Common Market (CARICOM)
Mercosur (Gemeinsamer Markt des Südens)	Mercosur (Southern Common Market)
Multilaterale Investitions-Garantie-Agentur (MIGA)	Multilateral Investment Guarantee Agency (MIGA)
Nordamerikanisches Freihandelsabkommen (NAFTA)	North American Free Trade Agreement (NAFTA)
Organisation der Vereinten Nationen für industrielle Entwicklung (UNIDO)	United Nations Industrial Development Organization (UNIDO)
Organisation Erdöl exportierender Länder (OPEC)	Organization of Petroleum Exporting Countries (OPEC)
Organisation für Sicherheit und Zusammenarbeit in Europa (OSZE)	Organization for Security and Cooperation in Europe (OSCE)
Organisation für wirtschaftliche Zusammenarbeit und Entwicklung (OECD)	Organization for Economic Cooperation and Development (OECD)
Verband Südostasiatischer Nationen (ASEAN)	Association of South East Asian Nations (ASEAN)
Vereinte Nationen (VN, UNO)	United Nations (UN)
Weltbank(gruppe)	World Bank (group)
Welthandelsorganisation (WTO)	World Trade Organization (WTO)
Weltorganisation für geistiges Eigentum (WIPO)	World Intellectual Property Organization (WIPO)
Weltzollorganisation (WZO)	World Customs Organization (WCO)
Wirtschaftsgemeinschaft Westafrikanischer Staaten (ECOWAS)	Economic Community of West African States (ECOWAS)

Curriculum Vitae *(UK)*/Resumé *(US)*

Personal Information:
Name: Thomas Smith
Address: 5 Harbour Street, London, SW9 8RU
Telephone: 0181-1234567
Nationality: British
Date of Birth: 29/01/1982
Marital status: Single

Education:

10/05 – 05/06	**Know-How Institute of Management,** London: Advanced Diploma Advertising, E-Business & PR
10/04 – 08/05	**University of London**, Business School, final year B.A. International Business
10/03 – 07/04	**Philipps University Marburg**, Germany: one year Erasmus exchange programme - International Business
10/01 – 08/03	**University of London**, Business School, B.A. International Business & German
09/95 – 06/01	**Two Towers Secondary School**, London: A levels German and Mathematics

Professional Experience:

02/09 – 05/12	**AIC Bank Headquarters,** London: Investment Administrator
04/06 – 10/08	**Gilderoy,** London: Temporary Account Manager
01/03 – 10/03	**Brown David International,** London: internship with focus on market research and analysis
06/01 – 04/02	**Guppi,** London: Sales Consultant

Skills and Interests:

fluent German, good working knowledge of French, MS Office
sailing, web design, photography

References can be requested from:

Mrs Sarah McLean	Prof. John Knower
Human Resources Management	Business School
AIC Bank Headquarters	University of London
Central Road 01	London
London	NW2 1RD
SW1 2DA	

Tabellarischer Lebenslauf

Persönliche Daten:
Name: Thomas Smith
Adresse: 5 Harbour Street, London, SW9 8RU
Telefon: 0181-1234567
Nationalität: Brite
Geburtsdatum: 29.01.1982
ledig

Ausbildung:

10/05 – 05/06	**Know-How Management Institut,** London: Abschluss Werbung, E-Business & PR
10/04 – 08/05	**Universität London,** Fakultät für Wirtschaftswissenschaften: Abschluss: B.A. International Business (VWL)
10/03 – 07/04	**Philipps-Universität Marburg,** Deutschland: Auslandsjahr als Erasmus Student (VWL)
10/01 – 08/03	**Universität London,** Fakultät für Wirtschaftswissenschaften: B.A. International Business (VWL)
09/95 – 06/01	**Two Towers Secondary School,** London: A-Levels in Deutsch und Mathematik

Beruflicher Werdegang:

02/09 – 05/12	**AIC Bank Headquarters,** London: Sachbearbeiter Investment
04/06 – 10/08	**Gilderoy,** London: Kundenbetreuer
01/03 – 10/03	**Brown David International,** London: Praktikum im Bereich Marktforschung und Datenanalyse
06/01 – 04/02	**Guppi,** London: Verkaufsberater

Sonstige Qualifikationen und Interessen:
Deutsch (fließend), Französisch (gut), MS Office
Segeln, Webdesign, Fotografie

London, 16.05.2012

Countries and Continents

Continents

Africa
America
Asia
Australia
Europe

Countries of the World

Country	Region	Capital	Difference to CET in h
Afghanistan	Central Asia	Kabul	+ 3
Albania	Southeastern Europe	Tirana	0
Algeria	Northern Africa	Algiers	0
Andorra	Western Europe	Andorra la Vella	0
Angola	Southwestern Africa	Luanda	0
Antigua and Barbuda	Central America; Caribbean	St. John's	− 5
Argentina	South America	Buenos Aires	− 4
Armenia	Southwestern Asia	Yerevan	+ 3
Australia	Oceania	Canberra	+ 7/+ 9
Austria	Central Europe	Vienna	0
Azerbaijan	Southwestern Asia	Baku	+ 3
Bahamas	Central America; Caribbean	Nassau	− 6
Bahrain	Middle East	Manama	+ 3
Bangladesh	Southern Asia	Dhaka	+ 5
Barbados	Central America; Caribbean	Bridgetown	− 5
Belarus	Eastern Europe	Minsk	+ 1
Belgium	Western Europe	Brussels	0
Belize	Central America	Belmopan	− 7
Benin	Western Africa	Cotonou	− 1
Bhutan	Southern Asia	Thimphu	+ 7
Bolivia	Central South America	La Paz	− 5
Bosnia and Herzegovina	Southeastern Europe	Sarajevo	0
Botswana	Southern Africa	Gaborone	+ 1
Brazil	South America	Brasilia	− 3/− 6
Brunei Darussalam	Southeast Asia	Bandar Seri Begawan	+ 7
Bulgaria	Southeastern Europe	Sofia	+ 1

Burkina Faso	Western Africa	Ouagadougou	− 1
Burundi	Eastern Africa	Bujumbura	+ 1
Cambodia	Southeast Asia	Phnom Penh	+ 6
Cameroon	Central Africa	Yaoundé	0
Canada	North America	Ottawa	− 6/− 9
Cape Verde	Western Africa	Cidade de Praia	− 2
Central African Republic	Central Africa	Bangui	0
Chad	Central Africa	N'Djamena	0
Chile	South America	Santiago de Chile	− 5
China	East Asia	Beijing	+ 7/+ 8
Colombia	South America	Bogotá	− 6
Comoros	Eastern Africa	Moroni	+ 4
Congo	Central Africa	Brazzaville	0
Congo, The Democratic Republic	Central Africa	Kinshasa	0
Costa Rica	Central America	San José	− 5
Croatia	Southeastern Europe	Zagreb	0
Cuba	Central America; Caribbean	Havana	− 6
Cyprus	Southeastern Europe	Nicosia	+ 1
Czech Republic	Central Europe	Prague	0
Denmark	Northern Europe	Copenhagen	+ 7/+ 8
Djibouti	Northeastern Africa	Djibouti	+ 2
Dominica	Central America; Caribbean	Roseau	− 5
Dominican Republic	Central America; Caribbean	Santo Domingo	− 5
East Timor (Timor-Leste)	Southeast Asia	Díli	+ 8
Ecuador	South America	Quito	− 6
Egypt	Northeastern Africa	Cairo	+ 1
El Salvador	Central America	San Salvador	− 7
Equatorial Guinea	Central Africa	Malabo	0
Eritrea	Northeastern Africa	Asmara	+ 2
Estonia	Northeastern Europe	Tallinn	+ 1
Ethiopia	Northeastern Africa	Addis Ababa	+ 2
Fiji	Oceania	Suva	+ 11
Finland	Northern Europe	Helsinki	+ 1
France	Western Europe	Paris	0
Gabon	Central Africa	Libreville	0
Gambia	Western Africa	Banjul	− 1
Georgia	Southwestern Asia	Tbilisi	+ 3
Germany	Central Europe	Berlin	0
Ghana	Western Africa	Accra	− 1
Great Britain	Western Europe	London	− 1
Greece	Southeastern Europe	Athens	+ 1
Grenada	Central America; Caribbean	St. George's	− 5

Guatemala	Central America	Guatemala City	− 7
Guinea	Western Africa	Conakry	− 1
Guinea-Bissau	Western Africa	Bissau	− 1
Guyana	South America	Georgetown	− 5
Haiti	Central America; Caribbean	Port-au-Prince	− 6
Honduras	Central America	Tegucigalpa	− 7
Hungary	Central Europe	Budapest	0
Iceland	Northern Europe	Reykjavik	− 1
India	Southern Asia	New Delhi	+ 4
Indonesia	Southeast Asia	Jakarta	+ 6/+ 7
Iran	Middle East	Tehran	+ 2
Iraq	Middle East	Baghdad	+ 2
Ireland	Western Europe	Dublin	− 1
Israel	Middle East	Jerusalem	+ 1
Italy	Southern Europe	Rome	0
Ivory Coast (Cote D'Ivoire)	Western Africa	Abidjan	− 1
Jamaica	Central America; Caribbean	Kingston	− 6
Japan	East Asia	Tokyo	+ 8
Jordan	Middle East	Amman	+ 1
Kazakhstan	Central Asia	Astana	+ 3
Kenya	Eastern Africa	Nairobi	+ 2
Kiribati	Oceania	Bairiki	+ 11
Kuwait	Middle East	Kuwait	+ 2
Kyrgyzstan	Central Asia	Bishkek	+ 4
Laos	Southeast Asia	Vientiane	+ 6
Latvia	Northeastern Europe	Riga	+ 1
Lebanon	Middle East	Beirut	+ 1
Lesotho	Southern Africa	Maseru	+ 1
Liberia	Western Africa	Monrovia	− 1
Libya	Northern Africa	Tripoli	0
Liechtenstein	Central Europe	Vaduz	0
Lithuania	Northeastern Europe	Vilnius	+ 1
Luxembourg	Western Europe	Luxembourg	0
Macedonia	Southeastern Europe	Skopje	0
Madagascar	Southeastern Africa	Antananarivo	+ 2
Malawi	Southeastern Africa	Lilongwe	+ 1
Malaysia	Southeast Asia	Kuala Lumpur	+ 6/+ 7
Maldives	Southern Asia	Male	+ 4
Mali	Western Africa	Bamako	− 1
Malta	Southern Europe	Valletta	0
Marshall Islands	Oceania	Majuro	+ 11
Mauritania	Northwestern Africa	Nouakchott	− 1
Mauritius	Southeastern Africa	Port Louis	+ 3
Mexico	North America	Mexico City	− 7/− 9

Micronesia	Oceania	Palikir	+ 10
Moldova	Southeastern Europe	Chisinau	+ 1
Monaco	Western Europe	Monaco	0
Mongolia	Central Asia	Ulaanbaatar	+ 6
Morocco	Northwestern Africa	Rabat	− 1
Mozambique	Sotheastern Africa	Maputo	+ 1
Myanmar (Birma)	Southeast Asia	Rangoon	+ 5
Namibia	Southwestern Africa	Windhoek	+ 1
Nauru	Oceania	Yaren	+ 11
Nepal	Southern Asia	Kathmandu	+ 4
Netherlands	Western Europe	Amsterdam	0
New Zealand	Oceania	Wellington	+ 11
Nicaragua	Central America	Managua	− 7
Niger	Western Africa	Niamey	0
Nigeria	Western Africa	Abuja	0
North Korea	East Asia	Pyongyang	+ 8
Norway	Northern Europe	Oslo	0
Oman	Middle East	Muscat	+ 3
Pakistan	Southern Asia	Islamabad	+ 4
Palau	Oceania	Koror	+ 8
Panama	Central America	Panama City	− 6
Papua New Guinea	Oceania	Port Moresby	+ 9
Paraguay	South America	Asunción	− 5
Peru	South America	Lima	− 6
Philippines	Southeast Asia	Manila	+ 7
Poland	Central Europe	Warsaw	0
Portugal	Southwestern Europe	Lisbon	− 1
Qatar	Middle East	Doha	+ 2
Romania	Southeastern Europe	Bucharest	+ 1
Russia (Russian Federation)	Eastern Europe/Asien	Moscow	+ 1/+ 7
Rwanda	Eastern Africa	Kigali	+ 1
Samoa	Oceania	Apia	− 12
San Marino	Southern Europe	San Marino	0
São Tomé and Príncipe	Central Africa	São Tomé	− 1
Saudi Arabia	Middle East	Riyadh	+ 2
Senegal	Western Africa	Dakar	− 1
Serbia and Montenegro	Southeastern Europe	Belgrade	0
Seychelles	Eastern Africa	Victoria	+ 3
Sierra Leone	Western Africa	Freetown	− 1
Singapore	Southeast Asia	Singapore	+ 7
Slovakia	Central Europe	Bratislava	0
Slovenia	Central Europe	Ljubljana	0
Solomon Islands	Oceania	Honiara	+ 10
Somalia	Northeastern Africa	Mogadishu	+ 2
South Africa	Southern Africa	Pretoria (Tshwane)	+ 1

South Korea	East Asia	Seoul	+ 8
Spain	Southwestern Europe	Madrid	0
Sri Lanka	Southern Asia	Colombo	+ 4
St. Kitts and Nevis	Central America; Caribbean	Basseterre	− 5
St. Lucia	Central America; Caribbean	Castries	− 5
St. Vincent and the Grenadines	Central America; Caribbean	Kingstown	− 5
Sudan	Northeastern Africa	Khartoum	+ 1
Suriname	South America	Paramaribo	− 4
Swaziland	Southeastern Africa	Mbabane	+ 1
Sweden	Northern Europe	Stockholm	0
Switzerland	Central Europe	Bern	0
Syria	Middle East	Damascus	+ 1
Taiwan (Republik China)	East Asia	Taipei	+ 7
Tajikistan	Central Asia	Dushanbe	+ 4
Tanzania	Eastern Africa	Dodoma	+ 2
Thailand	Southeast Asia	Bangkok	+ 6
Togo	Western Africa	Lomé	− 1
Tonga	Oceania	Nuku'alofa	+ 12
Trinidad and Tobago	Central America; Caribbean	Port-of-Spain	− 5
Tunisia	Northern Africa	Tunis	0
Turkey	Southeastern Europe/ Southwestern Asia	Ankara	+ 1
Turkmenistan	Central Asia	Ashgabat	+ 4
Tuvalu	Oceania	Funafuti	+ 11
Uganda	Eastern Africa	Kampala	+ 2
Ukraine	Eastern Europe	Kiev	+ 1
United Arab Emirates	Middle East	Abu Dhabi	+ 3
United Kingdom (UK)	Western Europe	London	− 1
United States of America (USA)	North America	Washington D.C.	− 6/− 11
Uruguay	South America	Montevideo	− 4
Uzbekistan	Central Asia	Tashkent	+ 4
Vanuatu	Oceania	Port Vila	+ 10
Vatican City	Southern Europe	Vatican City	0
Venezuela	South America	Caracas	− 5
Viet Nam	Southeast Asia	Hanoi	+ 6
Yemen	Middle East	Sana	+ 2
Zambia	Southern Africa	Lusaka	+ 1
Zimbabwe	Southern Africa	Harare	+ 1

Länder und Kontinente

Kontinente

Afrika
Amerika
Asien
Australien
Europa

Länder der Welt

Land	Region	Hauptstadt	Zeitunterschied in h zur MEZ
Afghanistan	Zentralasien	Kabul	+ 3
Ägypten	Nordostafrika	Kairo	+ 1
Albanien	Südosteuropa	Tirana	0
Algerien	Nordafrika	Algier	0
Andorra	Südwesteuropa	Andorra la Vella	0
Angola	Südwestafrika	Luanda	0
Antigua und Barbuda	Mittelamerika; Karibik	St. John's	− 5
Äquatorialguinea	Zentralafrika	Malabo	0
Argentinien	Südamerika	Buenos Aires	− 4
Armenien	Vorderasien	Jerewan	+ 3
Aserbaidschan	Vorderasien	Baku	+ 3
Äthiopien	Nordostafrika	Addis Abeba	+ 2
Australien	Ozeanien	Canberra	+ 7/+ 9
Bahamas	Mittelamerika; Karibik	Nassau	− 6
Bahrain	Vorderasien	Manama	+ 3
Bangladesch	Südasien	Dhaka	+ 5
Barbados	Mittelamerika; Karibik	Bridgetown	− 5
Belarus (Weißrussland)	Osteuropa	Minsk	+ 1
Belgien	Westeuropa	Brüssel	0
Belize	Mittelamerika	Belmopan	− 7
Benin	Westafrika	Cotonou	− 1
Bhutan	Südasien	Thimphu	+ 7
Bolivien	Südamerika	La Paz	− 5
Bosnien-Herzegowina	Südosteuropa	Sarajevo	0
Botsuana	Südafrika	Gaborone	+ 1
Brasilien	Südamerika	Brasilia	− 3/− 6
Brunei Darussalam	Südostasien	Bandar Seri Begawan	+ 7
Bulgarien	Südosteuropa	Sofia	+ 1

Burkina Faso	Westafrika	Ouagadougou	− 1
Burundi	Ostafrika	Bujumbura	+ 1
Chile	Südamerika	Santiago de Chile	− 5
China	Ostasien	Peking (Beijing)	+ 7/+ 8
Costa Rica	Mittelamerika	San José	− 5
Dänemark	Nordeuropa	Kopenhagen	+ 7/+ 8
Deutschland	Mitteleuropa	Berlin	0
Dominica	Mittelamerika; Karibik	Roseau	− 5
Dominikanische Republik	Mittelamerika; Karibik	Santo Domingo	− 5
Dschibuti	Nordostafrika	Dschibuti	+ 2
Ecuador	Südamerika	Quito	− 6
Elfenbeinküste (Cote D'Ivoire)	Westafrika	Abidjan	− 1
El Salvador	Mittelamerika	San Salvador	− 7
Eritrea	Nordostafrika	Asmara	+ 2
Estland	Nordosteuropa	Tallinn	+ 1
Fidschi	Ozeanien	Suva	+ 11
Finnland	Nordeuropa	Helsinki	+ 1
Frankreich	Westeuropa	Paris	0
Gabun	Zentralafrika	Libreville	0
Gambia	Westafrika	Banjul	− 1
Georgien	Vorderasien	Tiflis	+ 3
Ghana	Westafrika	Accra	− 1
Grenada	Mittelamerika; Karibik	St. George's	− 5
Griechenland	Südosteuropa	Athen	+ 1
Großbritannien	Westeuropa	London	− 1
Guatemala	Mittelamerika	Guatemala-Stadt	− 7
Guinea	Westafrika	Conakry	− 1
Guinea-Bissau	Westafrika	Bissau	− 1
Guyana	Südamerika	Georgetown	− 5
Haiti	Mittelamerika; Karibik	Port-au-Prince	− 6
Honduras	Mittelamerika	Tegucigalpa	− 7
Indien	Südasien	Neu-Delhi	+ 4
Indonesien	Südostasien	Jakarta	+ 6/+ 7
Irak	Vorderasien	Bagdad	+ 2
Iran	Vorderasien	Teheran	+ 2
Irland	Westeuropa	Dublin	− 1
Island	Nordeuropa	Reykjavík	− 1
Israel	Vorderasien	Jerusalem	+ 1
Italien	Südeuropa	Rom	0
Jamaika	Mittelamerika; Karibik	Kingston	− 6
Japan	Ostasien	Tokio	+ 8
Jemen	Vorderasien	Sana	+ 2
Jordanien	Vorderasien	Amman	+ 1
Kambodscha	Südostasien	Phnom Penh	+ 6
Kamerun	Zentralafrika	Jaunde	0
Kanada	Nordamerika	Ottawa	− 6/− 9

Kap Verde-Inseln	Westafrika	Cidade de Praia	− 2
Kasachstan	Zentralasien	Astana	+ 3
Katar	Vorderasien	Doha	+ 2
Kenia	Ostafrika	Nairobi	+ 2
Kirgisistan	Zentralasien	Bischkek	+ 4
Kiribati	Ozeanien	Bairiki	+ 11
Kolumbien	Südamerika	Bogotá	− 6
Komoren	Ostafrika	Moroni	+ 4
Kongo	Zentralafrika	Brazzaville	0
Kongo,	Zentralafrika	Kinshasa	0
Demokratische Republik			
Kroatien	Südosteuropa	Zagreb	0
Kuba	Mittelamerika; Karibik	Havanna	− 6
Kuwait	Vorderasien	Kuwait	+ 2
Laos	Südostasien	Vientiane	+ 6
Lesotho	Südafrika	Maseru	+ 1
Lettland	Nordosteuropa	Riga	+ 1
Libanon	Vorderasien	Beirut	+ 1
Liberia	Westafrika	Monrovia	− 1
Libyen	Nordafrika	Tripolis	0
Liechtenstein	Mitteleuropa	Vaduz	0
Litauen	Nordosteuropa	Vilnius	+ 1
Luxemburg	Westeuropa	Luxemburg	0
Madagaskar	Südostafrika	Antananarivo	+ 2
Malawi	Südostafrika	Lilongwe	+ 1
Malaysia	Südostasien	Kuala Lumpur	+ 6/+ 7
Malediven	Südasien	Male	+ 4
Mali	Westafrika	Bamako	− 1
Malta	Südeuropa	Valletta	0
Marokko	Nordwestafrika	Rabat	− 1
Marshall-Inseln	Ozeanien	Majuro	+ 11
Mauretanien	Nordwestafrika	Nouakchott	− 1
Mauritius	Südostafrika	Port Louis	+ 3
Mazedonien	Südosteuropa	Skopje	0
Mexiko	Nordamerika	Mexiko-Stadt	− 7/− 9
Mikronesien	Ozeanien	Palikir	+ 10
Moldawien	Südosteuropa	Chisinau	+ 1
Monaco	Westeuropa	Monaco	0
Mongolei	Zentralasien	Ulan-Bator	+ 6
Mosambik	Südostafrika	Maputo	+ 1
Myanmar (Birma)	Südostasien	Yangon	+ 5
Namibia	Südwestafrika	Windhuk	+ 1
Nauru	Ozeanien	Yaren	+ 11
Nepal	Südasien	Kathmandu	+ 4
Neuseeland	Ozeanien	Wellington	+ 11
Nicaragua	Mittelamerika	Managua	− 7
Niederlande	Westeuropa	Amsterdam	0

Niger	Westafrika	Niamey	0
Nigeria	Westafrika	Abuja	0
Nordkorea	Ostasien	Pjöngjang	+ 8
(Demokratische			
Volksrepublik Korea)			
Norwegen	Nordeuropa	Oslo	0
Oman	Vorderasien	Maskat	+ 3
Österreich	Mitteleuropa	Wien	0
Osttimor (Timor-Leste)	Südostasien	Díli	+ 8
Pakistan	Südasien	Islamabad	+ 4
Palästinensische Gebiete	Vorderasien	Gaza/Ramallah	+ 1
Palau	Ozeanien	Koror	+ 8
Panama	Mittelamerika	Panama-Stadt	− 6
Papua-Neuguinea	Ozeanien	Port Moresby	+ 9
Paraguay	Südamerika	Asunción	− 5
Peru	Südamerika	Lima	− 6
Philippinen	Südostasien	Manila	+ 7
Polen	Mitteleuropa	Warschau	0
Portugal	Südwesteuropa	Lissabon	− 1
Ruanda	Ostafrika	Kigali	+ 1
Rumänien	Südosteuropa	Bukarest	+ 1
Russland	Osteuropa/Asien	Moskau	+ 1/+ 7
(Russische Föderation)			
Salomonen	Ozeanien	Honiara	+ 10
Sambia	Südafrika	Lusaka	+ 1
Samoa	Ozeanien	Apia	− 12
San Marino	Südeuropa	San Marino	0
São Tomé und Príncipe	Zentralafrika	São Tomé	− 1
Saudi-Arabien	Vorderasien	Riad	+ 2
Schweden	Nordeuropa	Stockholm	0
Schweiz	Mitteleuropa	Bern	0
Senegal	Westafrika	Dakar	− 1
Serbien und	Südosteuropa	Belgrad	0
Montenegro			
Seychellen	Ostafrika	Victoria	+ 3
Sierra Leone	Westafrika	Freetown	− 1
Simbabwe	Südafrika	Harare	+ 1
Singapur	Südostasien	Singapur	+ 7
Slowakei	Mitteleuropa	Bratislava	0
Slowenien	Mitteleuropa	Ljubljana	0
Somalia	Nordostafrika	Mogadischu	+ 2
Spanien	Südwesteuropa	Madrid	0
Sri Lanka	Südasien	Colombo	+ 4
St. Kitts und	Mittelamerika;	Basseterre	− 5
Nevis	Karibik		
St. Lucia	Mittelamerika;	Castries	− 5
	Karibik		

St. Vincent und	Mittelamerika;	Kingstown	− 5
die Grenadinen	Karibik		
Südafrika	Südafrika	Pretoria (Tshwane)	+ 1
Sudan	Nordostafrika	Khartum	+ 1
Südkorea (Republik Korea)	Ostasien	Seoul	+ 8
Suriname	Südamerika	Paramaribo	− 4
Swasiland	Südostafrika	Mbabane	+ 1
Syrien	Vorderasien	Damaskus	+ 1
Tadschikistan	Zentralasien	Duschanbe	+ 4
Taiwan (Republik China)	Ostasien	Taipeh	+ 7
Tansania	Ostafrika	Dodoma	+ 2
Thailand	Südostasien	Bangkok	+ 6
Togo	Westafrika	Lomé	− 1
Tonga	Ozeanien	Nuku'alofa	+ 12
Trinidad und	Mittelamerika;	Port-of-Spain	− 5
Tobago	Karibik		
Tschad	Zentralafrika	N'Djamena	0
Tschechien (Tschechische Republik)	Mitteleuropa	Prag	0
Tunesien	Nordafrika	Tunis	0
Türkei	Südosteuropa/ Vorderasien	Ankara	+ 1
Turkmenistan	Zentralasien	Aschgabat	+ 4
Tuvalu	Ozeanien	Funafuti	+ 11
Uganda	Ostafrika	Kampala	+ 2
Ukraine	Osteuropa	Kiew	+ 1
Ungarn	Mitteleuropa	Budapest	0
Uruguay	Südamerika	Montevideo	− 4
Usbekistan	Zentralasien	Taschkent	+ 4
Vanuatu	Ozeanien	Port Vila	+ 10
Vatikanstaat	Südeuropa	Vatikanstadt	0
Venezuela	Südamerika	Caracas	− 5
Vereinigte Arabische Emirate	Vorderasien	Abu Dhabi	+ 3
Vereinigte Staaten von Amerika (USA)	Nordamerika	Washington D.C.	− 6/− 11
Vereinigtes Königreich	Westeuropa	London	− 1
Vietnam	Südostasien	Hanoi	+ 6
Zentralafrikanische Republik	Zentralafrika	Bangui	0
Zypern	Südosteuropa	Nikosia	+ 1

Buchstabieralphabet – Spelling Alphabet

	Deutsch	UK	US	International (NATO)
A	Anton	Alfred	Abel	Alpha
B	Berta	Benjamin	Baker	Bravo
C	Cäsar	Charles	Charlie	Charlie
D	Dora	David	Dog	Delta
E	Emil	Edward	Easy	Echo
F	Friedrich	Frederick	Fox	Foxtrott
G	Gustav	George	George	Golf
H	Heinrich	Harry	How	Hotel
I	Ida	Isaac	Item	India
J	Julius	Jack	Jig	Juliet
K	Kaufmann	King	King	Kilo
L	Ludwig	London	Live	Lima
M	Martha	Mary	Mike	Mike
N	Nordpol	Nelly	Nan	November
O	Otto	Oliver	Oboe	Oscar
P	Paula	Peter	Peter	Papa
Q	Quelle	Queen	Queen	Quebec
R	Richard	Robert	Roger	Romeo
S	Siegfried	Samuel	Sugar	Sierra
T	Theodor	Tommy	Tare	Tango
U	Ulrich	Uncle	Uncle	Uniform
V	Viktor	Victor	Victor	Victor
W	Wilhelm	William	William	Whiskey
X	Xanthippe	X-Ray	X	X-Ray
Y	Ypsilon	Yello	Yoke	Yankee
Z	Zeppelin	Zebra	Zebra	Zulu
Ä	Ärger			
CH	Charlotte			
Ö	Ökonom			
SCH	Schule			
Ü	Übermut			

Unregelmäßige Verben im Englischen

Infinitiv	*Präteritum*	*Partizip*
abide	abided, abode	abided, abode
arise	arose	arisen
awake	awoke	awoken
babysit	babysat	babysat
be	was	been
bear	bore	born
beat	beat	beaten
become	became	become
befall	befell	befallen
beget	begot	begotten
begin	began	begun
behold	beheld	beheld
bend	bent	bent
bereave	bereft, bereaved	bereft, bereaved
beseech	besought	besought
beset	beset	beset
bet	bet, betted	bet, betted
betake	betook	betaken
bid *(bieten)*	bid	bid
bid *(sagen)*	bade, bid	bidden
bind	bound	bound
bite	bit	bitten
bleed	bled	bled
blow	blew	blown
break	broke	broken
breastfeed	breastfed	breastfed
breed	bred	bred
bring	brought	brought
broadcast	broadcast, broadcasted	broadcast, broadcasted
browbeat	browbeat	browbeaten
build	built	built
burn	burnt, burned	burnt, burned
burst	burst	burst
bust	bust, busted	bust, busted
buy	bought	bought
cast	cast	cast
catch	caught	caught
chide	chid	chidden
choose	chose	chosen
cleave *(spalten)*	cleft, clove	cleft, cloven
cleave *(treu bleiben)*	cleaved	cleaved
cling	clung	clung

come	came	come
cost	cost	cost
creep	crept	crept
cut	cut	cut
deal	dealt	dealt
dig	dug	dug
dive	dived, dove *(US)*	dived
do	did	done
draw	drew	drawn
dream	dreamt, dreamed	dreamt, dreamed
drink	drank	drunk
drip-feed	drip-fed	drip-fed
drive	drove	driven
dwell	dwelt, dwelled	dwelt, dwelled
eat	ate	eaten
fall	fell	fallen
feed	fed	fed
feel	felt	felt
fight	fought	fought
find	found	found
fit	fitted, fit *(US)*	fitted, fit *(US)*
flee	fled	fled
fling	flung	flung
fly	flew	flown
forbid	forbade	forbidden
forecast	forecast, forecasted	forecast, forecasted
foresee	foresaw	foreseen
foretell	foretold	foretold
forget	forgot	forgotten
forgive	forgave	forgiven
freeze	froze	frozen
get	got	got, gotten *(US)*
give	gave	given
go	went	gone
grind	ground	ground
grow	grew	grown
hang *(jdn erhängen)*	hanged	hanged
hang *(etw aufhängen)*	hung	hung
have	had	had
hear	heard	heard
heave	heaved, hove	heaved, hove
hew	hewed	hewed, hewn
hide	hid	hidden, hid
hit	hit	hit
hold	held	held
hurt	hurt	hurt
inlay	inlaid	inlaid
input	input	input
inset	inset	inset

keep	kept	kept
kneel	knelt, kneeled (US)	knelt, kneeled (US)
knit	knitted, knit	knitted, knit
know	knew	known
lay	laid	laid
lead	led	led
lean	leaned, leant	leaned, leant
leap	leapt, leaped	leapt, leaped
learn	learnt, learned	learnt, learned
leave	left	left
lend	lent	lent
let	let	let
lie	lay	lain
light	lit, lighted	lit, lighted
lose	lost	lost
make	made	made
mean	meant	meant
meet	met	met
miscast	miscast	miscast
mishear	misheard	misheard
mishit	mishit	mishit
mislay	mislaid	mislaid
mistake	mistook	mistaken
misunderstand	misunderstood	misunderstood
mow	mowed	mown, mowed
offset	offset	offset
overcome	overcame	overcome
overdo	overdid	overdone
overeat	overate	overeaten
overhang	overhung	overhung
overhear	overheard	overheard
overlay	overlaid	overlaid
overrun	overran	overrun
oversee	oversaw	overseen
oversleep	overslept	overslept
overtake	overtook	overtaken
overthrow	overthrew	overthrown
overwrite	overwrote	overwritten
partake	partook	partaken
pay	paid	paid
plead	pleaded, pled (US)	pleaded, pled (US)
prove	proved	proved, proven (US)
put	put	put
quit	quit, quitted (UK)	quit, quitted (UK)
read	read	read
rebuild	rebuilt	rebuilt
recast	recast	recast
redo	redid	redone
repay	repaid	repaid

resell	resold	resold
reset	reset	reset
restring	restrung	restrung
retake	retook	retaken
retell	retold	retold
rewind	rewound	rewound
rewrite	rewrote	rewritten
ride	rode	ridden
ring	rang	rung
rise	rose	risen
run	ran	run
saw	sawed	sawn, sawed *(US)*
say	said	said
see	saw	seen
seek	sought	sought
sell	sold	sold
send	sent	sent
set	set	set
sew	sewed	sewn, sewed
shake	shook	shaken
shear	sheared	shorn, sheared
shed	shed	shed
shine *(glänzen)*	shone	shone
shine *(Schuhe putzen)*	shined	shined
shit	shit, shat	shit, shat
shoot	shot	shot
show	showed	shown, showed
shrink	shrank, shrunk	shrunk
shut	shut	shut
sing	sang	sung
sink	sank, sunk	sunk
sit	sat	sat
slay	slew	slain
sleep	slept	slept
slide	slid	slid
sling	slung	slung
slink	slunk	slunk
slit	slit	slit
smell	smelt, smelled	smelt, smelled
smite	smote	smitten
sow	sowed	sown, sowed
speak	spoke	spoken
speed	sped, speeded	sped, speeded
spell	spelt, spelled	spelt, spelled
spend	spent	spent
spill	spilt, spilled *(US)*	spilt, spilled *(US)*
spin	spun	spun
spit	spat, spit *(US)*	spat, spit *(US)*
split	split	split

spoil	spoilt, spoiled	spoilt, spoiled
spread	spread	spread
spring	sprang, sprung *(US)*	sprung
stand	stood	stood
steal	stole	stolen
stick	stuck	stuck
sting	stung	stung
stink	stank, stunk	stunk
strew	strewed	strewed, strewn
strike	struck	struck
string	strung	strung
strive	strove	striven
swear	swore	sworn
sweep	swept	swept
swell	swelled	swollen, swelled
swim	swam	swum
swing	swung	swung
take	took	taken
teach	taught	taught
tear	tore	torn
tell	told	told
think	thought	thought
throw	threw	thrown
thrust	thrust	thrust
tread	trod	trodden
unbend	unbent	unbent
undercut	undercut	undercut
undergo	underwent	undergone
underlie	underlay	underlain
underpay	underpaid	underpaid
understand	understood	understood
undertake	undertook	undertaken
underwrite	underwrote	underwritten
undo	undid	undone
unfreeze	unfroze	unfrozen
unwind	unwound	unwound
upset	upset	upset
wake	woke, waked	waken, waked
wear	wore	worn
weave	wove	woven
wed	wedded, wed	wedded, wed
weep	wept	wept
wet	wet, wetted	wet, wetted
win	won	won
wind	wound	wound
withdraw	withdrew	withdrawn
withstand	withstood	withstood
wring	wrung	wrung
write	wrote	written

German Irregular Verbs

Infinitive	Past Tense	Past Participle	Prs. Sing. 1st + 2nd pers.
backen	backte/buk	gebacken	ich backe, du bäckst
bedürfen	bedurfte	bedurft	ich bedarf, du bedarfst
befehlen	befahl	befohlen	ich befehle, du befiehlst
befleißen	befliss	beflissen	ich befleiße, du befleißt
beginnen	begann	begonnen	ich beginne, du beginnst
behalten	behielt	behalten	ich behalte, du behältst
beißen	biss	gebissen	ich beiße, du beißt
bergen	barg	geborgen	ich berge, du birgst
bersten	barst	geborsten	ich berste, du birst
betrügen	betrog	betrogen	ich betrüge, du betrügst
bewegen *(induce)*	bewog	bewogen	ich bewege, du bewegst
biegen	bog	gebogen	ich biege, du biegst
bieten	bot	geboten	ich biete, du bietest
binden	band	gebunden	ich binde, du bindest
bitten	bat	gebeten	ich bitte, du bittest
blasen	blies	geblasen	ich blase, du bläst
bleiben	blieb	geblieben	ich bleibe, du bleibst
bleichen *(bleach)*	blich	geblichen	ich bleiche, du bleichst
braten	briet	gebraten	ich brate, du brätst
brechen	brach	gebrochen	ich breche, du brichst
brennen	brannte	gebrannt	ich brenne, du brennst
bringen	brachte	gebracht	ich bringe, du bringst
denken	dachte	gedacht	ich denke, du denkst
dreschen	drosch	gedroschen	ich dresche, du drischst
dringen	drang	gedrungen	ich dringe, du dringst
dünken	dünkte	gedünkt	mich dünkt, dich dünkt
dürfen	durfte	gedurft	ich darf, du darfst
empfangen	empfing	empfangen	ich empfange, du empfängst
empfehlen	empfahl	empfohlen	ich empfehle, du empfiehlst
empfinden	empfand	empfunden	ich empfinde, du empfindest
enthalten	enthielt	enthalten	ich enthalte, du enthältst
erbleichen	erblich	erblichen	ich erbleiche, du erbleichst
erküren	erkor	erkoren	ich erküre, du erkürst
erlöschen	erlosch	erloschen	ich erlösche, du erlöschst
erschallen	erscholl/erschallte	erschollen	es erschallst

erschrecken	erschrak/	erschrocken/	ich erschrecke,
	erschreckte	erschreckt	du erschrickst
essen	aß	gegessen	ich esse, du isst
fahren	fuhr	gefahren	ich fahre, du fährst
fallen	fiel	gefallen	ich falle, du fällst
fangen	fing	gefangen	ich fange, du fängst
fechten	focht	gefochten	ich fechte, du fich(t)st
finden	fand	gefunden	ich finde, du findest
flechten	flocht	geflochten	ich flechte, du flich(t)st
fliegen	flog	geflogen	ich fliege, du fliegst
fliehen	floh	geflohen	ich fliehe, du fliehst
fließen	floss	geflossen	ich fließe, du fließt
fressen	fraß	gefressen	ich fresse, du frisst
frieren	fror	gefroren	ich friere, du frierst
gären	gor/gärte	gegoren/gegärt	es gärt
gebären	gebar	geboren	ich gebäre,
			du gebärst/gebierst
geben	gab	gegeben	ich gebe, du gibst
gedeihen	gedieh	gediehen	ich gedeihe, du gedeihst
gefallen	gefiel	gefallen	ich gefalle, du gefällst
gehen	ging	gegangen	ich gehe, du gehst
gelingen	gelang	gelungen	es gelingt
gelten	galt	gegolten	ich gelte, du giltst
genesen	genas	genesen	ich genese, du genest
genießen	genoss	genossen	ich genieße, du genießt
geraten	geriet	geraten	ich gerate, du gerätst
gerinnen	gerann	geronnen	es gerinnt
geschehen	es geschah	geschehen	es geschieht
gestehen	gestand	gestanden	ich gestehe, du gestehst
gewinnen	gewann	gewonnen	ich gewinne, du gewinnst
gießen	goss	gegossen	ich gieße, du gießt
gleichen	glich	geglichen	ich gleiche, du gleichst
gleiten	glitt	geglitten	ich gleite, du gleitest
glimmen	glomm/glimmte	geglommen	es glimmt
graben	grub	gegraben	ich grabe, du gräbst
greifen	griff	gegriffen	ich greife, du greifst
haben	hatte	gehabt	ich habe, du hast
halten	hielt	gehalten	ich halte, du hältst
hängen	hing	gehangen	ich hänge, du hängst
hauen	hieb/haute	gehauen	ich haue, du haust
heben	hob	gehoben	ich hebe, du hebst
heißen	hieß	geheißen	ich heiße, du heißt
helfen	half	geholfen	ich helfe, du hilfst
kennen	kannte	gekannt	ich kenne, du kennst
klimmen	klomm	geklommen	ich klimme, du klimmst
klingen	klang	geklungen	ich klinge, du klingst
kneifen	kniff	gekniffen	ich kneife, du kneifst
kommen	kam	gekommen	ich komme, du kommst
können	konnte	gekonnt	ich kann, du kannst

kriechen	kroch	gekrochen	ich krieche, du kriechst
küren	kürte/kor	gekürt	ich küre, du kürst
laden	lud	geladen	ich lade, du lädst
lassen	ließ	gelassen	ich lasse, du lässt
laufen	lief	gelaufen	ich laufe, du läufst
leiden	litt	gelitten	ich leide, du leidest
leihen	lieh	geliehen	ich leihe, du leihst
lesen	las	gelesen	ich lese, du liest
liegen	lag	gelegen	ich liege, du liegst
löschen	losch/löschte	geloschen	ich lösche, du lischt
lügen	log	gelogen	ich lüge, du lügst
mahlen	mahlte	gemahlt	ich mahle, du mahlst
meiden	mied	gemieden	ich meide, du meidest
melken	molk	gemolken/gemelkt	ich melke, du melkst
messen	maß	gemessen	ich messe, du misst
misslingen	es misslang	misslungen	es misslingt
mögen	mochte	gemocht	ich mag, du magst
müssen	musste	gemusst	ich muss, du musst
nehmen	nahm	genommen	ich nehme, du nimmst
nennen	nannte	genannt	ich nenne, du nennst
pfeifen	pfiff	gepfiffen	ich pfeife, du pfeifst
pflegen	pflegte	gepflegt	ich pflege, du pflegst
preisen	pries	gepriesen	ich preise, du preist
quellen	quoll	gequollen	ich quelle, du quillst
raten	riet	geraten	ich rate, du rätst
reiben	rieb	gerieben	ich reibe, du reibst
reißen	riss	gerissen	ich reiße, du reißt
reiten	ritt	geritten	ich reite, du reitest
rennen	rannte	gerannt	ich renne, du rennst
riechen	roch	gerochen	ich rieche, du riechst
ringen	rang	gerungen	ich ringe, du ringst
rinnen	rann	geronnen	es rinnt
rufen	rief	gerufen	ich rufe, du rufst
salzen	salzte	gesalzen/gesalzt	ich salze, du salzt
saufen	soff	gesoffen	ich saufc, du säufst
saugen	sog/saugte	gesogen/gesaugt	ich sauge, du saugst
schaffen *(create)*	schuf	geschaffen	ich schaffe, du schaffst
schallen	schallte/scholl	geschallt	es schallt
scheiden	schied	geschieden	ich scheide, du scheidest
scheinen	schien	geschienen	ich scheine, du scheinst
scheißen	schiss	geschissen	ich scheiße, du scheißt
schelten	scholt	gescholten	ich schelte, du schiltst
scheren	schor	geschoren	ich schere, du scherst
schieben	schob	geschoben	ich schiebe, du schiebst
schießen	schoss	geschossen	ich schieße, du schießt
schinden	schund/schindete	geschunden	ich schinde, du schindest
schlafen	schlief	geschlafen	ich schlafe, du schläfst
schlagen	schlug	geschlagen	ich schlage, du schlägst
schleichen	schlich	geschlichen	ich schleiche, du schleichst

schleifen *(sharpen)*	schliff	geschliffen	ich schleife, du schleifst
schließen	schloss	geschlossen	ich schließe, du schließt
schlingen	schlang	geschlungen	ich schlinge, du schlingst
schmeißen	schmiss	geschmissen	ich schmeiße, du schmeißt
schmelzen	schmolz	geschmolzen	ich schmelze, du schmilzt
schnauben	schnaubte/schnob	geschnaubt/ geschnoben	ich schnaube, du schnaubst
schneiden	schnitt	geschnitten	ich schneide, du schneidest
schrecken	schrak	erschrocken	ich schrecke, du schrickst
schreiben	schrieb	geschrieben	ich schreibe, du schreibst
schreien	schrie	geschrien	ich schreie, du schreist
schreiten	schritt	geschritten	ich schreite, du schreitest
schweigen	schwieg	geschwiegen	ich schweige, du schweigst
schwellen	schwoll	geschwollen	ich schwelle, du schwillst
schwimmen	schwamm	geschwommen	ich schwimme, du schwimmst
schwinden	schwand	geschwunden	ich schwinde, du schwindest
schwingen	schwang	geschwungen	ich schwinge, du schwingst
schwören	schwor	geschworen	ich schwöre, du schwörst
sehen	sah	gesehen	ich sehe, du siehst
sein	war	gewesen	ich bin, du bist
senden	sandte/sendete	gesandt/gesendet	ich sende, du sendest
singen	sang	gesungen	ich singe, du singst
sinken	sank	gesunken	ich sinke, du sinkst
sinnen	sann	gesonnen	ich sinne, du sinnst
sitzen	saß	gesessen	ich sitze, du sitzt
sollen	sollte	gesollt	ich soll, du sollst
spalten	spaltete	gespalten/gespaltet	ich spalte, du spaltest
speien	spie	gespien	ich speie, du speist
spinnen	spann	gesponnen	ich spinne, du spinnst
sprechen	sprach	gesprochen	ich spreche, du sprichst
sprießen	spross	gesprossen	ich sprieße, du sprieß(es)t
springen	sprang	gesprungen	ich springe, du springst
stechen	stach	gestochen	ich steche, du stichst
stecken	steckte/stak	gesteckt	ich stecke, du steckst
stehen	stand	gestanden	ich stehe, du stehst
stehlen	stahl	gestohlen	ich stehle, du stiehlst
steigen	stieg	gestiegen	ich steige, du steigst
sterben	starb	gestorben	ich sterbe, du stirbst
stieben	stob	gestoben	ich stiebe, du stiebst
stinken	stank	gestunken	ich stinke, du stinkst

stoßen	stieß	gestoßen	ich stoße, du stößt
streichen	strich	gestrichen	ich streiche, du streichst
streiten	stritt	gestritten	ich streite, du streitest
tragen	trug	getragen	ich trage, du trägst
treffen	traf	getroffen	ich treffe, du triffst
treiben	trieb	getrieben	ich treibe, du treibst
treten	trat	getreten	ich trete, du trittst
triefen	triefte/troff	getrieft/getroffen	ich triefe, du triefst
trinken	trank	getrunken	ich trinke, du trinkst
tun	tat	getan	ich tu(e), du tust
überessen	überaß	übergessen	ich überesse, du überisst
verbieten	verbot	verboten	ich verbiete, du verbietest
verbrechen	verbrach	verbrochen	ich verbreche, du verbrichst
verderben	verdarb	verdorben	ich verderbe, du verdirbst
verdingen	verdingte	verdungen/verdingt	ich verdinge, du verdingst
verdrießen	verdross	verdrossen	ich verdrieße, du verdrießt
vergessen	vergaß	vergessen	ich vergesse, du vergißt
verhauen	verhaute	verhauen	ich verhaue, du verhaust
verlieren	verlor	verloren	ich verliere, du verlierst
verlöschen	verlosch	verloschen	es verlöscht
verraten	verriet	verraten	ich verrate, du verrätst
verschleißen	verschliss	verschlissen	ich verschleiße, du verschleißt
verschwinden	verschwand	verschwunden	ich verschwinde, du verschwindest
verstehen	verstand	verstanden	ich verstehe, du verstehst
verwenden	verwendete/verwandte	verwendet/verwandt	ich verwende, du verwendest
verzeihen	verzieh	verziehen	ich verzeihe, du verzeihst
wachsen	wuchs	gewachsen	ich wachse, du wächst
wägen	wog	gewogen	ich wäge, du wägst
waschen	wusch	gewaschen	ich wasche, du wäschst
weben	webte/wob	gewebt/gewoben	ich webe, du webst
weichen	wich	gewichen	ich weiche, du weichst
weisen	wies	gewiesen	ich weise, du weist
wenden	wandte/wendete	gewandt/gewendet	ich wende, du wendest
werben	warb	geworben	ich werbe, du wirbst
werden	wurde	geworden	ich werde, du wirst
werfen	warf	geworfen	ich werfe, du wirfst
wiegen	wog/wägte	gewogen	ich wiege, du wiegst
winden	wand	gewunden	ich winde, du windest
wissen	wusste	gewusst	ich weiß, du weißt
wollen	wollte	gewollt	ich will, du willst
wringen	wrang	gewrungen	ich wringe, du wringst
ziehen	zog	gezogen	ich ziehe, du ziehst
zwingen	zwang	gezwungen	ich zwinge, du zwingst

Wichtige Abkürzungen im Englischen

abbrev.	*abbreviation*	Abkürzung
AC	*alternating current*	Wechselstrom
A.D.	*anno Domini*	A.D.
a.m.	*ante meridiem*	vormittags
amt.	*amount*	Menge
approx.	*approximately*	ca.
attn.	*to the attention of*	z.Hd.
Ave.	*Avenue*	Allee
b.	*born*	geboren
B.A.	*Bachelor of Arts*	akademischer Grad vor dem M.A.
BBC	*British Broadcasting Corporation*	BBC
B.C.	*before Christ*	v. Chr.
BR	*British Rail*	Britische Eisenbahngesellschaft
Bros.	*brothers*	Gebrüder
c/ct	*cent*	Cent
Capt.	*Captain*	Kapitän
cd	*cash discount*	Rabatt für Barzahlung
CD	*compact disc*	CD
CEO	*Chief Executive Officer*	Generaldirektor
CET	*Central European Time*	MEZ
cf.	*confer*	vgl.
CIA	*Central Intelligence Agency*	CIA (der amerikanische Geheimdienst)
c/o	*care of*	bei, c/o
Co.	*company*	Fa.
C.O.D.	*cash on delivery*	per Nachnahme
CV	*Curriculum Vitae*	Lebenslauf
D.A.	*district attorney*	Staatsanwalt
dir.	*director*	Direktor
dbl.	*double*	doppel
D.C.	*direct current*	Gleichstrom
Dept.	*department*	Abteilung
€	*euro*	Euro
E.C.	*European Community*	Europäische Gemeinschaft
EDP	*Electronic Data Processing*	EDV
EEMU	*European Economics and Monetary Union*	EWWU, Europäische Wirtschafts- und Währungsunion
e.g.	*exempli gratia*	z. B.
encl.	*1. enclosed*	anbei
	2. enclosure	Anlage
esp.	*especially*	besonders
etc.	*et cetera*	usw.
EU	*European Union*	Europäische Union
FBI	*Federal Bureau of Investigation*	FBI (Bundespolizei in den USA)
ft.	*foot*	Fuß
GNP	*gross national product*	Bruttosozialprodukt
HP	*Hire Purchase*	Ratenkauf
H.R.H.	*His/Her Royal Highness*	Seine/Ihre Königliche Hoheit
ID	*identification*	Ausweis

i.e.	*id est*	das heißt
inc.	*incorporated*	eingetragen
incl.	*including*	einschließlich, inklusive
IOU	*I owe you*	Schuldschein
IQ	*intelligence quotient*	Intelligenzquotient
Jr.	*junior*	Junior
lb.	*pound*	Pfund
Ld	*Lord*	Herr (Teil eines Titels)
Ltd.	*limited*	GmbH
MD	*Medicinae Doctor*	Dr. med.
m.p.h.	*miles per hour*	Meilen pro Stunde
Mr	*Mister*	Herr
Mrs	*(nur als Abkürzung)*	Frau
Ms	*(nur als Abkürzung)*	Frau (auch für Unverheiratete)
Mt	*mount*	Teil des Namens vor einem Berg
n/a	*not applicable*	nicht zutreffend
NATO	*North Atlantic Treaty Organization*	NATO
NB	*nota bene*	bitte beachten
no.	*number*	Nr.
oz.	*ounce*	Unze
p.	*1. page*	S.
	2. pence	Penny
p.a.	*per annum*	jährlich
PC	*personal computer*	Personalcomputer
pd	*paid*	bezahlt
p.m.	*post meridiem*	nachmittags, abends
p.o.	*post office*	Post
pp.	*pages*	Seiten
PTO	*please turn over*	bitte wenden
Rd.	*road*	Str.
Ref.	*reference*	Bezug
ret.	*retired*	in Ruhestand
ROM	*read-only memory*	ROM
rpm	*revolutions per minute*	Umdrehungen pro Minute
RSVP	*répondez s'il vous plaît*	u.A.w.g.
RV	*recreational vehicle*	Wohnmobil
sq.	*square*	Quadrat
Sr.	*Senior*	Senior (nach einem Namen)
St.	*1. Saint*	St.
	2. Street	Str.
TV	*television*	Fernsehen
U.K.	*United Kingdom*	Vereinigtes Königreich (England, Schottland, Wales, Nordirland)
USA	*United States of America*	USA
VAT	*value-added tax*	Mwst.
VCR	*video cassette recorder*	Videorekorder
vol	*volume*	Band
VP	*vice president*	Vizepräsident
vs.	*versus*	gegen
yd.	*yard*	Yard
ZIP code	*Zone Improvement Plan*	Postleitzahl

Important German Abbreviations

Abb.	*Abbildung*	illustration
Abk.	*Abkürzung*	abbreviation
Abs.	*Absender*	sender
Abschn.	*Abschnitt*	paragraph
Abt.	*Abteilung*	department
Adr.	*Adresse*	address
AG	*Aktiengesellschaft*	joint stock company
allg.	*allgemein*	general
Anl.	*Anlage*	enclosure
Anm.	*Anmerkung*	note
AZUBI	*Auszubildende*	trainee, apprentice
Betr.	*Betreff*	reference
bezgl.	*bezüglich*	with regard to
Bj.	*Baujahr*	year of construction
BLZ	*Bankleitzahl*	sort code, *(US)* bank identification number
BRD	*Bundesrepublik Deutschland*	Federal Republic of Germany
b. w.	*bitte wenden*	please turn over
bzw.	*beziehungsweise*	or, or rather, respectively
ca.	*circa*	approx.
c/ct	*Cent*	cent
DB	*Deutsche Bahn*	German Railways
d.h.	*das heißt*	i.e.
DIN	*Deutsche Industrienorm*	German Industrial Standard
Dipl. Ing.	*Diplomingenieur*	academically trained engineer
Dipl. Kfm.	*Diplomkaufmann*	person with a degree in commerce
Dr.	*Doktor*	Dr.
Dr. med.	*Doktor medicinae*	M.D.
dt.	*deutsche(r,s)*	German
Dtzd.	*Dutzend*	dozen
€	*Euro*	euro
ebf.	*ebenfalls*	as well
EDV	*Elektronische Datenverarbeitung*	EDP
EWWU	*Europäische Wirtschafts- und Währungsunion*	EEMU European Economic and Monetary Union
einschl.	*einschließlich*	including
engl.	*englisch*	English
EU	*Europäische Union*	European Union
ev.	*evangelisch*	Protestant
e.V.	*eingetragener Verein*	registered society
evtl.	*eventuell*	possibly, perhaps
Fa.	*Firma*	firm
FCKW	*Fluorchlorkohlenwasserstoff*	fluorocarbon
ff.	*folgende Seiten*	in the following
Fr.	*Frau*	Mrs./Ms./Miss
geb.	*geboren*	born
Gebr.	*Gebrüder*	Bros.
ggf.	*gegebenenfalls*	if necessary

Ges.	*Gesellschaft*	Co.
GmbH	*Gesellschaft mit beschränkter Haftung*	Ltd.
Hbf	*Hauptbahnhof*	central railway station
Hbj.	*Halbjahr*	half year
hlg.	*heilig*	holy
HP	*Halbpension*	half board
Hr.	*Herr*	Mr.
i. A.	*im Auftrag*	on behalf of
inkl.	*inklusive*	incl.
i. R.	*im Ruhestand*	retired
i. V.	*in Vertretung*	on behalf of
Jh.	*Jahrhundert*	century
kath.	*katholisch*	Catholic
Kfz	*Kraftfahrzeug*	motor vehicle
KG	*Kommanditgesellschaft*	limited partnership
Kto.	*Konto*	account
Lkw	*Lastkraftwagen*	lorry, truck *(US)*
MEZ	*Mitteleuropäische Zeit*	CET
mtl.	*monatlich*	monthly
Mrd.	*Milliarde*	thousand million *(UK)*/billion *(US)*
Mwst.	*Mehrwertsteuer*	value-added tax
n. Chr.	*nach Christus*	A.D.
Nr.	*Nummer*	no.
n. V.	*nach Vereinbarung*	by arrangement
Pkt.	*Punkt*	point
Pkw	*Personenkraftwagen*	motor car, automobile
PLZ	*Postleitzahl*	postal code, ZIP code *(US)*
PS	*Pferdestärke*	horsepower
P.S.	*post scriptum*	P.S.
rd.	*rund*	approx.
s.	*siehe*	see
S.	*Seite*	page
s.o.	*siehe oben*	see above
SSV	*Sommerschlussverkauf*	summer sale
Std.	*Stunde*	hour
Str.	*Straße*	St.
s.u.	*siehe unten*	see below
TÜV	*Technischer Überwachungsverein*	Association for Technical Inspection
u.	*und*	and
u. a.	*unter anderem*	among other things
usw.	*und so weiter*	etc.
u. U.	*unter Umständen*	circumstances permitting
u. v. a.	*und viele(s) andere*	and much/many more
v. Chr.	*vor Christus*	B.C.
vgl.	*vergleiche*	cf.
Wdh.	*Wiederholung*	repetition
WSV	*Winterschlussverkauf*	winter sale
z. B.	*zum Beispiel*	e.g.
z. Hd.	*zu Händen*	attn.
z. T.	*zum Teil*	partly
zzt.	*zurzeit*	at present

SMS Glossary

AIUI	*as I understand it*	soweit ich es verstehe
ATM	*at the moment*	zurzeit, im Moment
BBL	*be back later*	ich komme später wieder
BCNU	*be seeing you*	man sieht sich, bis bald
BION	*believe it or not*	ob du es glaubst oder nicht
BRB	*be right back*	komme gleich zurück
CU	*see you*	bis bald
CUL	*see you later*	bis später
DIKU	*do I know you?*	kenne ich dich?
EOM	*end of message*	Ende der Nachricht
FYI	*for your information*	zu deiner Information
J/K	*just kidding*	war nur Spaß
JAM	*just a minute*	einen Moment bitte!
L8R	*later*	später
LOL	*laughing out loud*	ich muss laut lachen
MYOB	*mind your own business*	kümmere dich um deinen Kram
NRN	*no reply necessary*	keine Antwort nötig
RFD	*request for discussion*	Diskussionsbedarf
TIA	*thanks in advance*	vielen Dank im voraus
THX	*thanks*	vielen Dank
TTYL	*talk to you later*	wir sprechen uns später
4U	*for you*	für dich

Mobile rules: There are no rules governing the use of a mobile telephone in Britain, apart from during the take-off and landing of an aircraft. But the sensitive businessperson follows certain rules:

He or she switches their mobile off in a restaurant – and of course in the cinema, theatre, opera house and concert hall.

In the office, it's considerate to switch the mobile off during important staff conferences. The secretary can be instructed to break in with calls requiring urgent attention.

Legislation making it illegal to use a mobile in the hand while driving is also being considered in Britain.

Die Zahlen

Die Grundzahlen		Die Ordnungszahlen	
0	nought, zero	1st	first
1	one	2nd	second
2	two	3rd	third
3	three	4th	fourth
4	four	5th	fifth
5	five	6th	sixth
6	six	7th	seventh
7	seven	8th	eighth
8	eight	9th	ninth
9	nine	10th	tenth
10	ten	11th	eleventh
11	eleven	12th	twelfth
12	twelve	13th	thirteenth
13	thirteen	14th	fourteenth
14	fourteen	15th	fifteenth
15	fifteen	16th	sixteenth
16	sixteen	17th	seventeenth
17	seventeen	18th	eighteenth
18	eighteen	19th	nineteenth
19	nineteen	20th	twentieth
20	twenty	21st	twenty-first
21	twenty-one	22nd	twenty-second
22	twenty-two	23rd	twenty-third
etc.		24th	twenty-fourth
30	thirty	25th	twenty-fifth
40	forty	26th	twenty-sixth
50	fifty	27th	twenty-seventh
60	sixty	28th	twenty-eighth
70	seventy	29th	twenty-ninth
80	eighty	30th	thirtieth
90	ninety	40th	fortieth
100	one hundred	50th	fiftieth
101	one hundred and one	60th	sixtieth
200	two hundred	70th	seventieth
1,000	one thousand	80th	eightieth
1,001	one thousand and one	90th	ninetieth
1,000,000	one million	100th	(one) hundredth
		137th	(one) hundred and thirty-seventh
		1,000th	(one) thousandth

Numbers

cardinal numbers		ordinal numbers	
0	null	1.	erste
1	eins	2.	zweite
2	zwei	3.	dritte
3	drei	4.	vierte
4	vier	5.	fünfte
5	fünf	6.	sechste
6	sechs	7.	sieb(en)te
7	sieben	8.	achte
8	acht	9.	neunte
9	neun	10.	zehnte
10	zehn	11.	elfte
11	elf	12.	zwölfte
12	zwölf	13.	dreizehnte
13	dreizehn	14.	vierzehnte
14	vierzehn	15.	fünfzehnte
15	fünfzehn	16.	sechzehnte
16	sechzehn	17.	siebzehnte
17	siebzehn	18.	achtzehnte
18	achtzehn	19.	neunzehnte
19	neunzehn	20.	zwanzigste
20	zwanzig	21.	einundzwanzigste
21	einundzwanzig	22.	zweiundzwanzigste
22	zweiundzwanzig	23.	dreiundzwanzigste
23	dreiundzwanzig	24.	vierundzwanzigste
30	dreißig	25.	fünfundzwanzigste
40	vierzig	26.	sechsundzwanzigste
50	fünfzig	27.	siebenundzwanzigste
60	sechzig	28.	achtundzwanzigste
70	siebzig	29.	neunundzwanzigste
80	achtzig	30.	dreißigste
90	neunzig	40.	vierzigste
100	(ein)hundert	50.	fünfzigste
101	hundert(und)eins	60.	sechzigste
230	zweihundert(und)dreißig	70.	siebzigste
538	fünfhundert(und)achtundreißig	80.	achtzigste
1 000	(ein)tausend	90.	neunzigste
10 000	zehntausend	100.	(ein)hundertste
100 000	(ein)hunderttausend	230.	zweihundert(und)-dreißigste
1 000 000	eine Million	1 000.	(ein)tausendste

0 is always read as *null*.
Numbers less than one million are written as one word.

Maße und Gewichte

Seit 1996 gilt in Großbritannien parallel das internationale Einheitensystem
(Système International d'Unités = SI).

Längenmaße

1 mm		*0.03937 inches*
1 cm	10 mm	*0.3937 inches*
1 m	100 cm	*3.281 feet*
1 km	1000 m	*0.62138 miles*
1 inch		2,54 cm
1 foot	*12 inches*	30,48 cm
1 yard	*3 feet*	91,44 cm
1 mile	*5280 feet*	1,609 km
1 acre		4046,8 m^2

Handelsgewichte

1 Tonne	1.000 kg	*0.984 ton (UK)/* *1.102 tons (US)*
1 dt. Pfund	0,5 kg	
1 ounce		28,35 g
1 pound	*16 ounces*	453,59 g
1 ton	*2,240 s. (UK)*	1016,05 kg *(UK)*
	2,000 lbs. (US)	907,19 kg *(US)*
1 stone	*14 pounds*	6,35 kg

Flüssigkeitsmaße

1 l	*1.7607 pints (UK)*	*2.1134 pints (US)*
	0.8804 quarts (UK)	*1.0567 quarts (US)*
	0.2201 gallons (UK)	*0.2642 gallons (US)*

1 gill		0,142 l *(UK)*	0,118 l *(US)*
1 pint		0,568 l *(UK)*	0,473 l *(US)*
1 quart	*2 pints*	1,136 l *(UK)*	0,946 l *(US)*
1 gallon	*4 quarts*	4,546 l *(UK)*	3,785 l *(US)*

Temperaturumrechnung

Grad Celsius in Grad Fahrenheit: Grad Celsius mal 9 geteilt durch 5 plus 32
Grad Fahrenheit in Grad Celsius: Grad Fahrenheit minus 32 mal 5 geteilt durch 9

Celsius °C	Fahrenheit °F	Celsius °C	Fahrenheit °F	Celsius °C	Fahrenheit °F
–20	–4	0	32	25	77
–17,8	0	5	41	30	86
–15	5	10	50	35	95
–10	14	15	59	37,8	100
–5	23	20	68		